SCHILLERS WERKE

NATIONALAUSGABE

1940 begründet von
JULIUS PETERSEN

Fortgeführt von
LIESELOTTE BLUMENTHAL
BENNO VON WIESE
SIEGFRIED SEIDEL

Herausgegeben im Auftrag der
Stiftung Weimarer Klassik
und des Schiller-Nationalmuseums
in Marbach von

NORBERT OELLERS

Redaktor
HORST NAHLER

ZWEITER BAND
TEIL II B
GEDICHTE
(ANMERKUNGEN ZU BAND 2 I)

1993

VERLAG
HERMANN BÖHLAUS NACHFOLGER
WEIMAR

SCHILLERS WERKE

NATIONALAUSGABE

ZWEITER BAND
TEIL II B

GEDICHTE

(ANMERKUNGEN ZU BAND 2 I)

Herausgegeben von
Georg Kurscheidt und Norbert Oellers

1993

VERLAG
HERMANN BÖHLAUS NACHFOLGER
WEIMAR

> Die Deutsche Bibliothek – CIP-Einheitsaufnahme
>
> **Schiller, Friedrich:**
> [Werke]
> Schillers Werke / begr. von Julius Petersen. Fortgef. von
> Lieselotte Blumenthal ... Hrsg. im Auftr. der Stiftung
> Weimarer Klassik und des Schiller-Nationalmuseums in
> Marbach von Norbert Oellers. – Nationalausg. – Weimar:
> Verlag Hermann Böhlaus Nachfolger Weimar
> ISBN 3–7400–0031–7
> NE: Blumenthal, Lieselotte [Hrsg.]; Oellers, Norbert [Hrsg.]; Petersen, Julius [Begr.]; Schiller, Friedrich: [Sammlung]
>
> Nationalausg.
> Bd. 2.
> Teil 2. Gedichte.
> B. (Anmerkungen zu Band 2,1) / hrsg. von Georg Kurscheidt
> und Norbert Oellers. – 1993
> ISBN 3–7400–0819–9
> NE: Kurscheidt, Georg [Hrsg.]

ISBN 3-7400-0031-7
Bd. 2 II B ISBN 3-7400-0819-9

Erschienen im Verlag Hermann Böhlaus Nachfolger Weimar GmbH & Co.
© 1993 by Verlag Hermann Böhlaus Nachfolger Weimar GmbH & Co.

Alle Rechte vorbehalten. Ohne schriftliche Genehmigung des Verlages ist es nicht gestattet, das Werk unter Verwendung mechanischer, elektronischer und anderer Systeme in irgendeiner Weise zu verarbeiten und zu verbreiten. Insbesondere vorbehalten sind die Rechte der Vervielfältigung – auch von Teilen des Werkes – auf photomechanischem oder ähnlichem Wege, der tontechnischen Wiedergabe, des Vortrags, der Funk- und Fernsehsendung, der Speicherung in Datenverarbeitungsanlagen, der Übersetzung und der literarischen oder anderweitigen Bearbeitung.

Dieses Buch ist aus säurefreiem Papier hergestellt und entspricht den Frankfurter Forderungen zur Verwendung alterungsbeständiger Papiere für die Buchherstellung.

Printed in Germany
Satz und Druck: Druckhaus Köthen GmbH
Bindearbeiten: Druckerei zu Altenburg GmbH
L.-Nr. 2754

GEDICHTE
Anmerkungen

Vorbemerkung

Der vorliegende Band enthält die Anmerkungen zu Band 2 I der Nationalausgabe. Der Essay „Schillers Lyrik", das Literaturverzeichnis, die Übersicht über Vertonungen Schillerscher Gedichte, das Verzeichnis der von Schiller autorisierten Drucke sowie die vier Register beziehen sich sowohl auf die Textbände 1 und 2 I als auch auf den ersten Anmerkungsband 2 II A.

Die Herausgeber haben bei ihrer Arbeit vielfache Unterstützung erfahren, für die an dieser Stelle herzlich gedankt sei. Besonderer Dank gebührt dem verstorbenen Mitherausgeber Herrn Dr. sc. Siegfried Seidel, Herrn Dr. Horst Nahler, dem Redaktor der Ausgabe, und – für die Mitarbeit beim Korrekturlesen – Herrn Dr. Andreas Wistoff.

Weimar/Bonn, im Dezember 1992

Verzeichnis der
Siglen und Abkürzungen

H:	*Handschrift (Original).*
h:	*Abschrift von fremder Hand.*
hH:	*Abschrift von fremder Hand mit Eintragungen Schillers.*
KH:	*eigenhändige Korrekturen und Ergänzungen Schillers.*
E:	*der erste Druck.*
D:	*spätere Drucke, soweit sie für die Textgeschichte wichtig sind.*
GSA:	*Goethe- und Schiller-Archiv Weimar.*
SNM:	*Schiller-Nationalmuseum Marbach.*
SNM (Cotta):	*Cotta'sche Handschriftensammlung im Schiller-Nationalmuseum Marbach (Stiftung der Stuttgarter Zeitung).*
SBPK:	*Staatsbibliothek Preußischer Kulturbesitz Berlin.*
BA:	*Schiller. Sämtliche Werke in zehn Bänden. Berliner Ausgabe. Hrsg. von Hans-Günther Thalheim und einem Kollektiv von Mitarbeitern. Berlin und Weimar 1980ff. – Bd 1: Gedichte. Bearbeitet von Jochen Golz. Berlin und Weimar 1980.*
NA:	*Schillers Werke. Nationalausgabe. Im Auftrag des Goethe- und Schiller-Archivs, des Schiller-Nationalmuseums und der Deutschen Akademie hrsg. von Julius Petersen † und Gerhard Fricke. Bd 1. Weimar 1943. – Im Auftrag des Goethe- und Schiller-Archivs und des Schiller-Nationalmuseums hrsg. von Julius Petersen † und Hermann Schneider. Bd 3, 5, 8, 9, 13, 14, 16, 22, 23, 27. Weimar 1948–1958. – Begründet von Julius Petersen. Hrsg. im Auftrag der Nationalen Forschungs- und Gedenkstätten der klassischen deutschen Literatur in Weimar (Goethe- und Schiller-Archiv) und des Schiller-Nationalmuseums in Marbach von Lieselotte Blumenthal und Benno von Wiese. Bd 6, 7 I, 11, 17, 18, 20, 21, 25, 28, 29, 30, 35, 36 I, 36 II, 38 I, 42. Weimar 1961–1979. – Begründet von Julius Petersen. Fortgeführt von Lieselotte Blumenthal und Benno von Wiese. Hrsg. im Auftrag der Nationalen Forschungs- und Gedenkstätten der klassischen deutschen Literatur in Weimar (Goethe- und Schiller-Archiv) und des Schiller-Nationalmuseums in Marbach von Norbert Oellers und Siegfried Seidel. Bd 2 I, 2 II A, 4, 7 II, 10, 12, 24, 31, 32, 33 I, 34 I, 37 I, 37 II, 39 I, 40 I. Weimar 1980–1991. – 1940 begründet von Julius Petersen. Fortgeführt von Lieselotte Blumenthal und Benno von Wiese. Hrsg. im Auftrag der Stiftung Weimarer Klassik und des Schiller-Nationalmuseums Marbach von Norbert Oellers und Siegfried Seidel†. Bd 15 I, 26. Weimar 1992–1993.*
SA:	*Schillers Sämtliche Werke. Säkular-Ausgabe in 16 Bänden. In Verbindung mit Richard Fester u. a. hrsg. von Eduard von der Hellen. Stuttgart und Berlin [1904/1905]. – Bd 1: Gedichte I. Mit Einleitung und*

SIGLEN UND ABKÜRZUNGEN

	Anmerkungen von Eduard von der Hellen. – Bd 2: Gedichte II. Erzählungen. Mit Einleitungen und Anmerkungen von Eduard von der Hellen und Richard Weißenfels.
WA:	*Goethes Werke. Hrsg. im Auftrage der Großherzogin Sophie von Sachsen [Weimarer Ausgabe]. [I. Abtheilung.] Bd 1–55. – II. Abtheilung: Goethes Naturwissenschaftliche Schriften. Bd 1–13. – III. Abtheilung: Goethes Tagebücher. Bd 1–15. – IV. Abtheilung: Goethes Briefe. Bd 1–50. Weimar 1887–1919.*
ALG:	*Archiv für Litteraturgeschichte. Hrsg. von Richard Gosche [Bd 3ff. von Franz Schnorr von Carolsfeld]. Bd 1–15. Leipzig 1870–1887.*
ALZ:	*Allgemeine Literatur-Zeitung. [Hrsg. von Christian Gottfried Schütz und Gottlieb Hufeland.] Jena 1785–1803 [Fortsetzung Halle 1804–1849].*
Gedichte 1:	*Gedichte von Friederich Schiller. Erster Theil. Leipzig, 1800. / bey Siegfried Lebrecht Crusius.*
Gedichte ²1:	*Gedichte von Friederich Schiller. Erster Theil. Zweite von neuem durchgesehene Auflage. Leipzig, 1804. / bei Siegfried Lebrecht Crusius.*
Gedichte 2:	*Gedichte von Friederich Schiller. Zweyter Theil. Leipzig bey Siegfried Lebrecht Crusius 1803.*
Gedichte ²2:	*Gedichte von Friederich Schiller. Zweiter Theil. Zweite, verbesserte und vermehrte Auflage. Leipzig, 1805. / bei Siegfried Lebrecht Crusius.*
Goethe-Zelter:	*Der Briefwechsel zwischen Goethe und Zelter. Im Auftrag des Goethe- und Schiller-Archivs nach den Handschriften hrsg. von Max Hecker. Bd 1–3. Leipzig 1913–1918.*
JbGG:	*Jahrbuch der Goethe-Gesellschaft. Im Auftrage des Vorstandes hrsg. von Hans Gerhard Gräf [Bd 10ff. von Max Hecker]. Bd 1–21. Weimar 1914–1935.*
RA:	*Briefe an Goethe. Gesamtausgabe in Regestform. Bd 1ff. Weimar 1980ff. [Regest-Ausgabe].*
RB:	*Schwäbischer Schillerverein Marbach-Stuttgart. 1.–43. Rechenschaftsbericht über die Jahre 1895–1939. 1.–26. RB: Marbach a. N. 1897–1922. – 27.–43. RB: Stuttgart 1925–1939.*

*

erg.:	*ergänzt.*
gestr.:	*gestrichen.*
Jg.:	*Jahrgang.*
mhd.:	*mittelhochdeutsch.*
S:	*(Entstehungs-) Schicht.*
ü./v. d. Z.:	*über/vor der Zeile.*
verb.:	*verbessert.*
Wz.:	*Wasserzeichen.*
Z.:	*Zeile.*

GEDICHTE

ZWEITER BAND

TEIL I

NACHTRÄGE ZU BAND 1

IN DEN JAHREN 1780–1798 GEDRUCKTE GEDICHTE

8–12 Der Sturm auf dem Tyrrhener Meer

ENTSTEHUNG. *Schillers erste Übersetzung aus Vergils Epos „Äneis" (1. Gesang, V. 34–156) entstand im Jahre 1780. Sie wurde angeregt durch eine Vergil-Vorlesung des Altphilologen Friedrich Ferdinand Drück (1754–1807), die Schiller im letzten Jahr seines Studiums an der Karlsschule hörte.*

ÜBERLIEFERUNG. *H: ? – E: Schwäbisches Magazin von gelehrten Sachen auf das Jahr 1780. 11. Stück. S. 663–673. Der Beitrag erschien anonym; in einer Fußnote (S. 663) bemerkte der Herausgeber der Zeitschrift, Balthasar Haug:* Probe von einem Jüngling, die nicht übel gerathen ist. Kühn, viel, viel dichterisches Feuer! – *Textwiedergabe nach E.*

LESARTEN. *Anführungsstriche vor den Versen 6–20, 46–50, 52–56 und 73–82 E* 20 Altären?"] *Schlußstriche fehlen E* 40 „Aeolus] *Anführungsstriche fehlen E* 50 machen."] *Schlußstriche fehlen E* 82 dannen."] *Schlußstriche fehlen E* 106 greulichen] greulichem *E* 116 Gebot] gebot *E* 143 Wagen.] Wagen . *E*

ERLÄUTERUNGEN. *Publius Vergilius Maro (70–19 v. Chr.) ist der römische Dichter, mit dem Schiller sich am intensivsten beschäftigt hat. Im Mittelpunkt stand dabei dessen Hauptwerk, die „Äneis", an der Vergil zwölf Jahre lang bis zu seinem Tod arbeitete; das Hexameterepos erwuchs aus dem Studium Homers, an dessen große Epen, „Ilias" und „Odyssee", es sich künstlerisch und mythologisch anschließt; es greift die Geschichte vom Fall Trojas auf und führt sie mit Hilfe der Gestalt des „pius Aeneas" fort, in dessen Person die genealogische Verwurzelung Roms in Troja sinnfällig gemacht wird. Geschildert wird, ausgehend von Poseidons Prophezeiung in der „Ilias" (vgl. 20, 293–308), die dem Aeneas Überleben und seinem Geschlecht künftige Herrschaft verhieß, die Flucht des Aeneas aus der brennenden Stadt, seine Irrfahrten und seine Ankunft in Latium, wo im Kampf gegen die Rutuler die Grundlage für den Aufstieg Roms geschaffen wird.*
  Vergil, Zeitgenosse und Verehrer des Kaisers Augustus (63 v. Chr.–14 n. Chr.), entwirft in seiner nationalen Dichtung eine mythisch-historische Vergangenheit, vor deren Hintergrund die weltgeschichtliche und sittliche Sendung Roms gedeutet wird. Das Augusteische Kaiserreich begriff Vergil als Vollendung dieser Entwicklung.
  Zeugnisse für Schillers Auseinandersetzung mit dem Werk Vergils sind neben der vorliegenden fragmentarischen Übersetzung aus dem 1. Buch die vollständigen Übertragungen des 2. und 4. Buchs der „Äneis", „Die Zerstörung von Troja" und „Dido", aber auch schon das Lied „Abschied Andromachas und Hektors" aus den „Räubern". Schillers Bekanntschaft mit dem Epos reicht bis in die Jahre der Ludwigsburger Lateinschule zurück, die Schiller von 1767 bis 1772 besuchte; sein Jugendfreund Friedrich Wilhelm David Daniel

von Hoven berichtete, dort hätten sich bereits erste Spuren von Schillers Dichtergeist gezeigt: „Auf seine Konfirmation verfertigte er ein [nicht überliefertes] Gedicht in lateinischen Distichen [...]. Lateinische Verse machen lernte er durch das Lesen von Virgils Aeneis und Ovids Tristia" (in: Güntter, Zu Schillers Jugendjahren [1903], 85 – 86). Die Lektüre fand unter Anleitung des Oberpräzeptors Johann Friedrich Jahn (1728 – 1800) statt. Karl Philipp Conz, ein anderer Schulfreund Schillers, teilte mit, daß Vergil auch auf der Karlsschule in den Jahren 1773 – 1780 zu Schillers Lieblingsautoren gehörte (vgl. NA 42, 153); zuletzt besuchte Schiller dort die Vorlesungen des Altphilologen Friedrich Ferdinand Drück (1754 – 1807), der seit 1779 Professor an der Karlsschule war.

Zu Schillers Übersetzung bemerkte Conz: „Der Versuch ist nicht uninteressant. Zwar keine regelrechten Hexameter, und eben so wenig eine nach strengeren Regeln berechnete Verdeutschung finden wir hier. Aber das kecke, feurige Genie des jungen Mannes verräth sich mitten unter den Fesseln, die es sucht, und gegen die es sich mitten im Suchen wieder ungebärdig sträubt, und wie oft der Verfasser auch über sein Vorbild hinwegsprudelt, sein Eigenthümliches Fremden aufzuopfern nur wenig fähig, bleibt er doch in jenem rohen Versuche anziehend, eben durch das letzte." (Schillers Persönlichkeit 2, 245.) In ähnliche Richtung weist der Kommentar, mit dem Balthasar Haug die Veröffentlichung in seiner Zeitschrift begleitete (vgl. ÜBERLIEFERUNG).

Schiller übernahm das Versmaß der Vorlage, den Hexameter, in dem er sich – in lateinischer Sprache – schon im „[Danksagungsgedicht an Magister Georg Sebastian Zilling]" aus dem Jahr 1771 versucht hatte, das ebenso aus Distichen besteht wie das von Hoven erwähnte Konfirmationsgedicht. Nicht immer entsprechen die Verse der Regel; so ist V. 52 um einen Fuß zu kurz, V. 126 um einen zu lang, V. 85 ist lückenhaft. Inhaltlich wird die Übertragung durch Schillers Neigung charakterisiert, pathetische und erhabene Stellen auszumalen; dies führte dazu, daß Schiller für die 123 Vergil-Verse (Äneis 1, 34 – 156) 143 deutsche benötigte. – Über Einzelnes, insbesondere die philologische Kritik, vgl. Boltenstern, Schillers Vergilstudien I (1894), 4 – 6; Jarislowsky, Schillers Übertragungen aus Vergil (1928), 93 – 100.

Der eigene Versuch wurde für Schiller wieder interessant, als ein Jahr später „Proben einer deutschen Æneis nebst lyrischen Gedichten" von Gotthold Friedrich Stäudlin erschienen, mit dem Schiller in seiner „Anthologie auf das Jahr 1782" bald darauf als Lyriker in Konkurrenz trat. Er veröffentlichte eine Rezension, die – ähnlich wie die Besprechung der Bürgerschen Gedichte später – zugleich als kritische Betrachtung der eigenen Arbeit gelesen werden kann. Schiller hält dem Autor zunächst vor, daß es kein geringes Wagstück ist, das Abenteuer mit dem delikaten Lateiner zu bestehen (NA 22, 179), denn: Virgil wird und muß in jeder Übersetzung unendlich verlieren. (NA 22, 180.) Bemerkenswert erscheint, daß sich bereits hier, in der Kritik an Stäudlin, das Bewußtsein der Problematik einer Übersetzung in Hexametern abzeichnet, die Schiller später in der Vorrede zu „Die Zerstörung von Troja" ausführlich diskutierte (vgl. NA 2 I, 22 – 25); die Wahl des klassischen Versmaßes wird zwar gutgeheißen, doch anschließend durch viele, auch prinzipielle Argumente, insbesondere den Hinweis auf die Schwierigkeit, einen genuin deutschen Hexameter zu entwickeln, wieder in Frage gestellt.

Stäudlins Verse scheinen dem Rezensenten viel zu lateinisch und beleidigen nicht selten das teutsche Ohr (NA 22, 181). Auch kritische Einwände im einzelnen ließen sich auf Schiller rückbeziehen: etwa gegen die (vom Daktylus veranlaßten) vielen Partizipien oder die widerliche Hinweglassung der Artikel (die Schiller selbst nicht nur in seiner

Übersetzung [vgl. V. 58, 67, 128, 131, 142], sondern auch, nach Klopstocks Vorbild, in seinen frühen Gedichten als Stilmittel einsetzte) oder gegen eine gewisse Leichtigkeit der Behandlung, die um so mehr getadelt wird, da der Römer oft Monate der Präzision eines Verses aufgeopfert haben soll *(NA 22, 181 u. 182; im Brief an Körner vom 24. Oktober 1791 rühmte sich Schiller später selbst der Raschheit und Leichtigkeit der Arbeit am 2. Buch der „Äneis"). Für die eigene Person gesprochen ist schließlich, was Schiller über die Funktion einer Übersetzung für ihren Autor feststellt:* sich selbst in Tätigkeit zu setzen, seine Kraft zu messen, zu üben und vor der Welt zu entwickeln. [...] Dann ist der Weg zur Selbstschöpfung gebahnt, und der Ton gewonnen. *(NA 22, 185.) Dies gilt im übrigen auch noch für die Vergilübertragungen Schillers in den späteren Jahren (vgl. die Erläuterungen zu „Die Zerstörung von Troja"). – Rückblickend distanzierte sich Schiller von seinem Jugendversuch im Hexameter (vgl. an August Wilhelm Schlegel vom 9. Januar 1796).*

Vgl. über die folgenden Einzelerläuterungen hinaus – vor allem zu sprachlichen, grammatischen und stilistischen Fragen sowie zum Verhältnis von Übersetzung und Vorlage – die Anmerkungen in NA 15 I, 485 – 493.

Zur Handlung: Auf der Flucht von Troja landet Aeneas in Sizilien; von dort macht er sich nach Tod und Beerdigung seines Vaters Anchises weiter auf den Weg nach Italien. Hera, Schwester und Gattin des Zeus, die unbedingte Parteigängerin der Griechen im Trojanischen Krieg (vgl. zu V. 4), tritt dazwischen, und Aeneas wird durch einen Sturm an die libysche Küste nach Karthago verschlagen, wo ihn Königin Dido gastlich aufnimmt.

Titel Tyrrhener Meer] *an der Westküste Italiens; Tyrrhener: Etrusker.*
1 sie] *die Trojaner.*
1 der Schau] *Vergil hat* conspectu *(1, 34); gemeint ist also etwa: „den Blicken" (der Küste Siziliens, die hier personifiziert vorgestellt ist).*
3 mit ehernen Stacheln] *Bei Vergil heißt es* aere *(1, 35); gemeint sind die mit Erz beschlagenen Schiffskiele.*
4 Saturnia's ewige Wunde] *Die Gründe für die Feindschaft Heras gegen die Trojaner nennt die „Äneis" kurz vor dem Einsatz der Übersetzung: Sie fürchtete um ihre Lieblingsstadt Karthago, die einst von Aeneas' Nachkommen zerstört werden sollte; außerdem kränkte sie immer noch der Spruch des Paris, des trojanischen Königs Priamos Sohn, der Aphrodite, die Mutter des Aeneas, als die Schönste ihr und Athene vorgezogen hatte (vgl. 1, 12 – 33).*
7 Latium] *Landschaft zwischen dem Tiber und Kampanien mit der Hauptstadt Rom, das Land, das dem Aeneas und seinen Nachkommen als Ursprung künftiger Macht verheißen war.*
7 König der Teukrer] *Aeneas; Teukr(i)er wurden die Trojaner nach einem ihrer Vorfahren, dem König Teucer, Teucrus oder Teukros, genannt.*
9 Argische] *Argos war die Hauptstadt von Argolis auf der Peloponnes; hier meint das Adjektiv allgemein „griechische".*
29 mildet] *für „mildert"; ebenso in „Die Kindsmörderin" (V. 52).*
43 Ilium] *poetisch für Troja.*
43 die gebeugten Gözen] *Vergil hat* victos penatis *(1, 68); gemeint sind die in Troja besiegten Hausgötter (Penaten).*
45 Pontus] *lat.: das (hohe) Meer.*

46 vierzehn treffliche Mädchen] *Von Hera heißt es: „Man glaubete, daß sie jederzeit von vierzehn Nymphen bedienet würde." (Hederich, 1394.)*
47 Dei Opeia] *Deiopeia.*
62 Pelagus] *lat.: Meer.*
66 Pelagos] *griech.* πέλαγος: *Meer.*
77 Danaer] *die Griechen als Nachkommen des Danaos.*
78 Tydeus trefflicher Sohn] *Diomedes, mit dem Aeneas vor Troja in einen Zweikampf geriet (vgl. Ilias 5, 243–318).*
80 Simois] *Nebenfluß des Skamander bei Troja.*
95 Licias] *lat. Lycia: Lykien, Landschaft im Südwesten Kleinasiens zwischen Karien und Pamphylien.*
105 der Meergewaltige König] *Poseidon, lat. Neptun.*
123 durchs Loos] *Nach dem Sieg über den Vater Kronos teilten die drei Brüder Zeus, Poseidon und Hades die Herrschaft. Poseidon fiel das Meer zu (vgl. Ilias 15, 190).*
130 Cimothori] *Cymothoë.*
132 Posidaon] *griech.* Ποσειδάων: *Poseidon.*
144 hüpfenden Wagen] *Poseidon fährt „mit seinem blaulichten Wagen über die Oberfläche des Meeres leicht dahin [...]. Die Gewässer sinken nieder und die aufgeschwollenen Fluthen werden unter der donnernden Achse niedergedrückt." (Hederich, 1716.)*

13—18   **Lieder aus dem Schauspiel**
         „Die Räuber"

ENTSTEHUNG. *„Die Räuber" entstanden im wesentlichen in den Jahren 1779 und 1780 (vgl. NA 3, 260–266). Der Text der von Johann Rudolph Zumsteeg vertonten Gedichte basiert wahrscheinlich auf der im Mai oder Juni 1781 erschienenen Erstausgabe des Schauspiels; die Textveränderungen (darunter die von Schiller stammenden Satzkorrekturen) wurden vermutlich in der zweiten Hälfte des Jahres 1781 vorgenommen.*

ÜBERLIEFERUNG. H: ? KH: *Stadtarchiv Hannover. Das für Schiller bestimmte Umbruchexemplar für D mit des Dichters eigenhändigen Korrekturen und Ergänzungen. Titelblatt, Verlagsanzeige mit der Überschrift* CATALOGUE *(unpaginiert) und die Lieder (S. [5]–27). Titelblatt (unkorrigiert):* DIE GESÆNGE / aus dem Schauspiel die Räuber / von / FRIEDERICH SCHILLER / in Musik gesetzt / von / einem Meister der Tonkunst / Amalia im Garten   Hector und Andromacha / Brutus und Cæsar   Die Räuber Lieder / *[darunter ein Kupferstich: Amalia stürzt auf den alten Moor zu (V,2)]* / Mannheim / im Gözischen Verlag / N⁰ 77   Preis 2 fl: 24 K⸗. *Von Schiller korrigiert:* FRIEDERICH] FRIDERICH KH   *einem Meister der Tonkunst] gestr., Streichung von einem durch Unterpunktion aufgehoben, ü. d. Z. erg.:* Freund des Verfaßers KH   Amalia im Garten   Hector und Andromacha] *in der Mitte ü. d. Z. erg.:* (enthaltend) KH. *Auf der Rückseite des Titelblattes von Schillers Hand:*

NB.
Der Catalogue muß auf die lezte Seite zurükgesezt werden, damit man die Lieder auf

die erste Seite bringen kann, denn diese müßen wegen Undeutlichkeit der lateinischen Schrift über den Noten, vorher mit deutschen Lettres angedrukt werden.

Schiller.

Über die weiteren Korrekturen und Ergänzungen Schillers in KH vgl. LESARTEN zu den einzelnen Gedichten.

h¹: SNM (Cotta). 1 Folioblatt aus dem Nachlaß von Joachim Meyer. Auf der Vorderseite getreue Wiedergabe des Titelblatts von D (mit Blei), darüber (mit Blei): (Musik von J. R. Zumsteeg), daneben von anderer Hand (ebenfalls mit Blei): (NB! Diese Bemerkung ist, der Tinte [!] nach zu schließen, schon im vorigen Jahrhunderte beigefügt worden.) *Auf der Rückseite Beschreibung von D und Abschrift der Liedtexte; der Schluß von „Abschied Andromachas und Hektors" sowie der „[Räuberlied]"-Text stehen auf dem unteren und rechten Rand der Vorderseite; darunter (auf dem rechten Rand) von anderer Hand:* NB. *Der Name* Zumsteeg's *steht nirgends, die oberhalb des Titels stehende, nachher geschriebene Bemerkung ausgenommen; dagegen steht am Fuße von Blatt 2 a:* Ecrit par J. Herb...k.. *(der Name ist verwischt!)*

h²: SNM (Cotta). 1 Doppelblatt mit der Abschrift der Texte nach KH (einschließlich der Korrekturen Schillers) von der Hand Karl Goedekes. h³: SNM (Cotta). 1 Blatt aus einem Konvolut „Vollmersche Sammlungen zu einem Katalog der Schiller-Drucke". Abschrift des Titelblatts von D, darunter Abschrift des Titelblatts von KH (mit Schillers Korrekturen); auf der Rückseite Abschrift des Schillerschen Textes, der sich auf der Rückseite des Titelblatts von KH befindet. − E: Die Räuber. Ein Schauspiel. Frankfurt und Leipzig, 1781. D (erschienen Anfang 1782): DIE GESÆNGE / aus dem Schauspiel die Räuber / von FRIDERICH SCHILLER / Mannheim / In der Kuhrfürstlich Privilegirten Noten fabrique / Von Johann Michael Götz / *[darunter Kupferstich wie in KH]* / Amalia im Garten   Hector und Andromacha / Brutus und Caesar   die Räuber Lieder / N 77   Preis 2 fl.

13−14 [Brutus und Caesar]

ÜBERLIEFERUNG. KH, S. [5]−13. E, S. 168−170. D, S. 4−13. − *Textwiedergabe nach KH.*

LESARTEN. *Im folgenden bleiben die Abschriften von KH (= h²) und D (= h¹) unberücksichtigt. Zu den Varianten in E vgl. NA 3, 107−109. Der Zeilenfall ist in KH und D nicht markiert; das wird im einzelnen nicht verzeichnet; ebenso wird darauf verzichtet, Textwiederholungen innerhalb des Liedes, orthographische Fehler (sofern sie von Schiller nicht berichtigt wurden) und Beliebigkeiten der Interpunktion anzuführen. (Der Liedtext der Verse 1−2 des Gedichtes lautet in KH:* Sei will Kommen friedliches gefilde Sei will Kommen friedliches gefilde, nimm den lezten aller Römer, nimm den lezten aller Römer, aller Römer auf! *Die Anhäufung aller „Lesarten" würde den Gedichttext verfremden − gegen die Intention des Dichters.) Die Korrekturen in KH stammen in allen Fällen, in denen sie am Rand (mit Korrekturzeichen) durchgeführt wurden, von Schiller; Korrekturen einzelner Zeichen im Text, auf die am Rand durch einen Obolos hingewiesen wird, könnten auch von anderer Hand durchgeführt worden sein.*

LIEDER AUS „DIE RÄUBER" / BRUTUS UND CAESAR

Überschrift: Brutus u: Caesar *D*   5 Kaßius] *von Schiller verb. aus* Kasius *KH*   13 Reise?] *von Schiller (?) verb. aus* Reise! *KH*   16 Daß] daß *von Schiller verb. aus* das *KH* das *D*   22 Freiheit] freiheit *von Schiller (?) verb. aus* freuheit *KH*   23 verröchelt] Verröchelt *von Schiller (?) verb. aus* Verrächelt *KH*   26 du?] du *KH D*   27 Vater] *von Schiller verb. aus* Vatter *KH*   30 Da durch] da durch *von Schiller (?) verb. aus* dadurch *KH*   34 Lethes] *von Schiller verb. aus* lethes *KH*

ERLÄUTERUNGEN. Brutus und Cassius waren die Köpfe der Verschwörung, der im März 44 C. Iulius Caesar zum Opfer fiel. In der Schlacht bei Philippi im Jahr 42 führten sie die Republikaner und wurden von C. Octavianus, dem späteren Kaiser Augustus (63 v. Chr.– 14 n. Chr.), und Marcus Antonius (um 82–30 v. Chr.) geschlagen. Beide endeten durch Selbstmord. Das Lied (das ebenso wie die anderen Lieder in der Bühnenfassung des Schauspiels fehlt; vgl. zur Entstehungsgeschichte NA 3, 319–320), von Karl Moor gesungen (IV 5; NA 3, 107–109), läßt aus Anlaß der Schlacht dem Brutus den Geist Caesars begegnen.

Die Situation, vor allem in ihrer räumlichen Fixierung, ist nicht klar; der Beginn deutet auf das Reich der Toten, V. 18 dagegen auf die diesseitige Welt. Die Erscheinung von Caesars Geist (vor der Schlacht bei Philippi) fand Schiller in den „Vitae parallelae", den „Parallelbiographien" des Plutarch (Kapitel über Marcus Brutus, Abschnitt 36–37), der zu seinen Lieblingsautoren gehörte; Shakespeare hatte das Motiv in seine Tragödie „Julius Caesar" aufgenommen (vgl. IV 3; V 3). Brutus ist der vom jungen Schiller verehrte Typus des „edlen Verbrechers"; Tyrannenmord, Freiheitsstreben und selbstgewähltes Ende machen ihn zur geeigneten Projektionsfigur Karl Moors.

Als Schiller Goethe kennenlernte, schrieb er an Körner: Eine ganz sonderbare Mischung von Haß und Liebe ist es, die er in mir erweckt hat, eine Empfindung, die derjenigen nicht ganz unähnlich ist, die Brutus und Cassius gegen Caesar gehabt haben müssen; ich könnte seinen Geist umbringen und ihn wieder von Herzen lieben. *(An Körner vom 2. Februar 1789.)*

2 den lezten aller Römer] *So nennt Brutus den toten Cassius in Shakespeares „Julius Caesar" (vgl. V 3).*
6 Hinweggewürgt] *„würgen" allgemein im Sinn von „töten" (vgl. Grimm 3, 1073).*
7 des Todes Thoren] *biblisches Bild (vgl. Hiob 38, 17).*
17 dreiundzwanzigfachen Wunde] *Caesar wurde von den Verschwörern mit 23 Dolchstichen getötet.*
21 eisernem Altare] *Bild für das Schlachtfeld bei Philippi.*
26 Auch du Brutus – du?] *sprichwörtlich schon in dem biographischen Werk „De vita Caesarum" (Caesar 82, 2) des Suetonius Tranquillus Gaius (um 70–140), bei Cassius Dio (um 155–235) in seiner „Römischen Geschichte" (44, 19) und bei Shakespeare, der den sterbenden Caesar beim Anblick des Brutus lateinisch sagen läßt:* „Et tu, Brute" *(Die Tragödie von Julius Caesar III 1).*
27 dein Vater] *Ein solches Verhältnis, das auch von Zeitgenossen angenommen wurde, ist nicht erwiesen.*
36 Schwarzer Schiffer] *Charon.*
41 mochte] *„vermochte"; zum Gebrauch des einfachen statt des zusammengesetzten Verbs vgl. die Vorbemerkungen zum Stil der Jugendgedichte Schillers (NA 2 II A, 16–17).*
42 Brutus] *als Dativ aufzufassen.*
42 stehn] *„widerstehn"; vgl. zu V. 41.*

15 Amalia im Garten

ÜBERLIEFERUNG. KH, S. 15–19. E, S. 112. D, S. 15–19. Schiller nahm das Gedicht in veränderter Fassung unter der Überschrift „Amalia" in den zweiten Teil seiner „Gedichte" (Leipzig 1803. S. 78–79) auf und bestimmte es auch für den Druck in der geplanten Ausgabe letzter Hand. Vgl. NA 2 I, 210. – Textwiedergabe nach KH.

LESARTEN. Vgl. die Bemerkungen zu „[Brutus und Caesar]": Zu den Varianten in E vgl. NA 3, 73–74. Zu den Varianten der 2. Fassung vgl. NA 2 I, 210. – **1** Wonne] *von Schiller verb. aus* Wone *KH* **3** Blick] *von Schiller verb. aus* blick *KH* **6** feurig] *von Schiller verb. aus* feurich *KH* **9** Fühlen] *von Schiller verb. aus* fühlen *KH* **15** schwammen] Schwammen *von Schiller (?) verb. aus* Schwamen *KH* **19** Lust] *von Schiller verb. aus* lust *KH*

ERLÄUTERUNGEN. Das Lied wird, zur Eröffnung des 3. Akts, von Amalia, der Geliebten Karl Moors, gesungen (vgl. NA 3, 73–74). In Ton und Thema ist es mit den Laura-Gedichten aus der „Anthologie auf das Jahr 1782" verwandt, besonders mit „Die Entzükung / an Laura"; dieses Gedicht gehörte ebenso wie das vorliegende zu denen, die Schiller bei der Revision seiner Gedichte im Jahr 1793 der Erhaltung werth schienen: *auch* Amalia im Garten *verdient Pardon (an Körner vom 27. Mai 1793). Für die 2. Fassung strich Schiller die 2. Strophe und milderte* rasten *(V. 13) in* schmolzen *(2. Fassung, V. 9).*
1 Walhallas] *Vgl. die Erläuterungen zu „Eine Leichenfantasie" (V. 60; NA 2 II A, 85).*
5–6 Sein *bis* Herz] *ähnlich „Das Geheimniß der Reminiszenz" (V. 76–77).*
9–12 paradisisch *bis* Harmonie] *Die Interpunktion der 2. Fassung läßt dies als Parenthese erscheinen, so daß sich* Stürzten flogen rasten *(V. 13) auf* seine Küße *(V. 9) bezöge.*
13–14 Stürzten *bis* zitterten] *ähnlich die Schilderung in „Die Entzükung / an Laura" (V. 25–27).*
15–16 Seele *bis* Liebenden] *Vgl. „Die Entzükung / an Laura" (V. 1).*

16 Abschied Andromachas und Hektors

ÜBERLIEFERUNG: KH, S. 20–24. E, S. 64–65. D, S. 20–24. Schiller nahm das Gedicht in veränderter Fassung unter der Überschrift „Hektors Abschied" in den ersten Teil seiner „Gedichte" (Leipzig 1800. S. 301–302) auf und bestimmte es auch für den Druck in der geplanten Ausgabe letzter Hand. Vgl. NA 2 I, 199 und die Erläuterungen dazu im vorliegenden Band S. 148.

LESARTEN. Vgl. die Bemerkungen zu „[Brutus und Caesar]": Zu den Varianten in E vgl. NA 3, 45–46. Zu den Varianten der 2. Fassung vgl. NA 2 I, 199. – **1** dich] *von Schiller verb. aus* du *KH* **2** Aeaciden] *von Schiller verb. aus* Anaciden *KH* **6** hinunter] *von Schiller verb. aus* hinunder *KH* **8** Laß] laß *von Schiller verb. aus* las *KH* las *D* **17** weinet] *von fremder Hand verb. aus* Weinet *KH* Weinet *D* **18** Lethe] *von Schiller verb. aus* lethe *KH* lethe *D* **20** ertraenken] *von Schiller verb. aus* ertranken *KH* ertränken *D* **24** Lethe] *von Schiller verb. aus* lethe *KH* lethe *D*

AMALIA / ABSCHIED ANDROMACHAS

ERLÄUTERUNGEN. Das Lied, im Schauspiel von Amalia gesungen (vgl. II 2; NA 3, 45 u. 46), von ihr und Karl Moor später noch einmal aufgegriffen (vgl. IV 4; NA 3, 103), nimmt einen Stoff auf, der vor Schiller zahlreiche Gestaltungen erfuhr. Im Hintergrund steht die in der „Ilias" (6, 390–496) geschilderte Abschiedsszene zwischen Hektor, dem Sohn des trojanischen Königs Priamos, und seiner Gattin Andromache, ein in Dichtung und bildender Kunst beliebtes Motiv. In Plutarchs „Parallelbiographien" wird im Kapitel über Brutus (Abschnitt 23), dessen Lebensbeschreibung auch für das Lied „[Brutus und Caesar]" von Bedeutung ist, auf die Homerstelle Bezug genommen: Brutus' Gattin Porcia kann ihren Schmerz über die bevorstehende Trennung von ihrem Gemahl angesichts eines Gemäldes, das Hektors Abschied zeigt, nicht zurückhalten und identifiziert, ähnlich wie Amalia mit Blick auf Karl, ihre eigene Situation mit der Andromaches.

Ein anderes Gemälde mit dem gleichen Motiv ist wichtig: Helfrich Peter Sturz lieferte im 4. seiner „Briefe, im Jahre 1768 auf einer Reise im Gefolge des Königs von Dänemark geschrieben" (in: Schriften 1 [1779], 35–36, Fußnote) die Beschreibung eines Gemäldes der damals in London lebenden Malerin Maria Anna Angelika Kauffmann (1741–1806); Bild und Beschreibung entsprechen – durchaus im Gegensatz zu Homer – dem schwärmerisch-empfindsamen Ton von Schillers Lied. Vgl. hierzu: Borchmeyer, Hektors Abschied (1972), 278–280; über Schillers Lektüre der Schriften von Sturz: Schillers Persönlichkeit 2, 8; Hartmann, Jugendfreunde [1904], 205; die Erläuterungen zu „Die Kindsmörderin" (NA 2 II A, 67 u. 69–70).

Einflüsse sind außerdem offenbar von Klopstocks „Messias" ausgegangen; im 2. Gesang (V. 763) heißt es dort: Abdiel, mein Bruder, du willst dich mir ewig entreißen! (1, 41.) Vgl. dazu V. 1 von Schillers Gedicht sowie seine Äußerung über Amalia in der Selbstrezension der „Räuber": Das Mädchen hat mir zu viel im Klopstock gelesen. (NA 22, 130.) Über weitere Anregungen durch Ossian und Friedrich (Maler) Müller („Soldaten Abschied"; in: Balladen [1776], 52–53) vgl. Fielitz, „Hektors Abschied" (1879), und Ballof, Zu Schillers Gedicht „Hektors Abschied" (1914). Über Schillers Lektüre der Gedichte Müllers berichtet Petersen (vgl. Hartmann, Jugendfreunde [1904], 196).

Schiller bezeichnete das Lied 1793 bei der Revision seiner Gedichte als eins seiner beßten (an Körner vom 27. Mai 1793). Interessant ist, in welcher Weise er sich später im offenen Brief „An den Herausgeber der Propyläen" über die Behandlung des Motivs äußerte. Anläßlich der Weimarer Kunstausstellung von 1800 waren Gemälde zu besprechen, die als Wettbewerbsarbeiten zum gleichen Thema eingereicht wurden. Schiller erkannte (wie die Jury) den Preis einer Zeichnung von Johann August Nahl (1752–1825) zu, deren Vorzüge er folgendermaßen charakterisierte: Hektor hebt den Astyanax mit einem heitern Blick des Vertrauens zu den Göttern empor. Andromache, eine schöne Gestalt, [...] kein Ausdruck des Schmerzens entstellt ihre reinen Züge. *Über die Wärterin des Astyanax heißt es:* Auf sie, als die niedrigere Natur, hat der weise Künstler die ganze Schale der Leidenschaft ausgegossen, die er für diese Szene bereit hielt; aber in ihrem Affekt ist nichts Unwürdiges *(NA 22, 307). Den veränderten ästhetischen Auffassungen Schillers, die hierin zum Ausdruck kommen, trägt die Überarbeitung des Liedes Rechnung; vgl. die Erläuterungen zur 2. Fassung.*

2 Aeaciden] *Achilleus als Enkel des Aiakos.*

3 Patroklus] *Nachdem Patroklos von Hektor getötet worden war (vgl. den 16. Gesang der „Ilias"), griff der bis dahin untätige Achilleus in den Kampf ein und tötete aus Rache für seinen Freund viele Trojaner.*

4 deinen Kleinen] *Astyanax.*
6 Xanthus] *Im 22. Gesang der „Ilias" wird geschildert, daß ein Teil der fliehenden Trojaner sich in den Fluß Xanthus stürzt; viele von ihnen fallen Achilleus zum Opfer.*
9 Ilium] *poetisch für Troja.*
17 Der *bis* weinet] *griech.* Κωκυτός: *„Heulstrom" (vgl. Hederich, 763).*
22 der wilde] *Achilleus; der Kampf zwischen ihm und Hektor sowie dessen Tod werden in der „Ilias" erst im 22. Gesang geschildert; hier erscheint er als unmittelbar bevorstehend.*

17—18   **[Räuberlied]**

ÜBERLIEFERUNG. KH, S. 25—27. E, S. 89 (V. 21—24) und 161—162. D, S. 25—27. — Textwiedergabe nach KH.

LESARTEN. Vgl. die Bemerkungen zu „[Brutus und Caesar]": Zu den Varianten in E vgl. NA 3, 60 und 103—104. — Überschrift: Melodien / Zu den Raeuber-Liedern *KH,* Raeuber *von Schiller verb. aus* Reuber *KH* Melodien / Zu den Reuber-Liedern *D* Zahlen von 1 bis 7 markieren die Strophenanfänge in KH und D   **1** Karessiren Saufen balgen *D*   **5** freies] *von Schiller verb. aus* freues *KH* freues *D*   **8** handthieren] *von Schiller verb. aus* handthiren *KH* handthiren *D*   **12** Heut] *von Schiller verb. aus* heut *KH* heut *D*   **23** haengst] *von Schiller verb. aus* hangst *KH* hangst *D*   **24** du?] *von Schiller verb. aus* du *KH* du *D*   **29** wenn] *von Schiller (?) verb. aus* wen *KH* wen *D*

ERLÄUTERUNGEN. Das Lied wird im Schauspiel von Moors Räubern (IV 5) und teilweise (V. 21—24) von Spiegelberg (II 3) gesungen (vgl. NA 3, 103—104 u. 60).
13 masten] *mast: gemästet, feist (vgl. Grimm 6, 1713).*
14 Was drüber ist] *alles Jenseitige.*
28 Trommelhaut] *Trommelfell.*
38 heisen Traubensohn] *Branntwein.*

19   **Inschriften für Grabmäler**

ENTSTEHUNG. Die Inschriften erschienen 1782 im „Wirtembergischen Repertorium der Litteratur"; vgl. ÜBERLIEFERUNG. — Die Mitteilung von Johann Wilhelm Petersen, die lateinisch geschriebenen Inschriften stammten von Schiller (vgl. Hartmann, Jugendfreunde [1904], 307), ist nicht mit triftigen Gründen zu bezweifeln. Sie entstanden vermutlich vor Schillers Abgang von der Karlsschule, also spätestens 1780.

ÜBERLIEFERUNG. H: ? — E: Wirtembergisches Repertorium der Litteratur. Eine Vierteljahr-Schrift. 2. Stück. 1782. S. 222 ([Luther]), S. 223 ([Kepler]), S. 224 ([Haller], [Klopstock]); der Beitrag „Schreiben über einen Versuch in Grabmälern nebst Proben" (S. 217—224) ist unterzeichnet: J. A-l.

LESARTEN. [Klopstock] **3** TERRIS *(Druckfehler)*] TERRIS *E* INFERNIS *(Druckfehler)*] INFERIS *E*

ERLÄUTERUNGEN. *Hinter der Unterschrift* J. A-l. *verbirgt sich Jakob Atzel (1754 – 1816), Mitschüler Schillers auf der Karlsschule, nach seiner Entlassung Kabinettsdessinateur und Lehrer für Bauzeichnen an der herzoglichen Schule, Mitherausgeber von Schillers „Wirtembergischem Repertorium der Litteratur".*
Die Texte lauten auf deutsch: für Martin Luther (1483 – 1546): „Martin Luther ist bekannt auf der Erde, im Himmel und in der Hölle"; *für den Astronomen Johannes Kepler (1571 – 1630):* „Johannes Kepler (wurde), größer als sein irdisches Schicksal, der Führer Newtons durch die Sterne" *(in Atzels Aufsatz heißt es:* Im Vorgrund sizet das Glück, das Kepplern den Rücken kehrt *[S. 223])*; *für den Physiologen, Anatomen und Dichter Albrecht von Haller (1708 – 1777):* „Er hat dem Körper Gesetze, der Seele Pflichten vorgeschrieben"; *für Friedrich Gottlieb Klopstock (1724 – 1803):* „Gnade hat er Lebenden und Toten gesungen".

20–21   Aus „Iphigenie in Aulis"

[Die Hochzeit der Thetis]

ENTSTEHUNG. *Die Übersetzung der „Iphigenie in Aulis" des Euripides besorgte Schiller in den letzten Monaten des Jahres 1788. Vgl. seine Briefe an Körner vom 20. Oktober und 11. Dezember 1788.*

ÜBERLIEFERUNG. *H: ? – E^a:* Thalia. Siebentes Heft *[erschienen im Mai 1789]. S. 20 – 22. E^b: Nachdruck Göschens für:* Thalia. Herausgegeben von Schiller. Zweiter Band welcher das V. bis VIII. Heft enthält. 1789. Siebentes Heft. *S. 20 – 22. D:* Gedichte 1 *(1800). S. 327 – 329; danach in:* Gedichte ^{2}1 *(1804). S. 327 – 329. – Textwiedergabe nach E^a.*

LESARTEN. *Überschrift:* Die Hochzeit der Thetis. / Nach dem Euripides. *D   vor* 1 Chor] *fehlt D   In D beginnen alle Verse mit Großbuchstaben.*   2 Hochzeitgesang,] *Komma fehlt D*   3 Zitter] Cither *D*   4 Schalmei] Schalmey *D   Rohr,] Komma fehlt D*   7 Schönen!] Schönen. *D*   9 wolkichten Kranz,] wolkigten Kranz *D*   13 Glück.] Glück, *D*   18 Liebling,] *Komma fehlt D*   19 goldnen] gold'nen *D*   20 Funfzig] Fünfzig *D (in der 2. Auflage von 1804 wieder* Funfzig*)   Göttlichen]* göttlichen *D*   21 daneben] darneben *D   Band] Sand D*   22 Hochzeitreigen,] *Komma fehlt D*   23 reitzende] Reizende *D   vor* 24 Gegenstrophe] *fehlt D*   24 Grünen] Grüne *D   Haar,] Komma fehlt D*   27 Schar] Schaar *D*   32 Thessalerinnen] Thessalierinnen *D*   35 das] Der *D*   36 *Beginn einer neuen Strophe D*   40 Centaure –] Centaure, *D*   42 Königsitze] Königsitze *D*   44 Myrmidonenscharen] Myrmidonenschaaren *D*   47 Vaterland –] Vaterland, *D*   50 gediegnem] gedieg'nem *D*   51 Seligen,] Göttlichen *D (in der 2. Auflage von 1804:* Göttlichen,*)*   52 Seligen] Göttlichen *D*   54 begangen!] begangen. *D*

ERLÄUTERUNGEN. *Zu Schillers Übersetzertätigkeit vgl. die einleitenden Erläuterungen zu „Die Zerstörung von Troja" (in diesem Band S. 223 – 227). Der vorliegende Ausschnitt aus der Tragödie des Euripides entspricht, unter Weglassung der Epode, in der*

Iphigenies Opfer zur Versöhnung der Artemis beklagt wird, der „Vierten Zwischenhandlung" im Anschluß an den 3. Auftritt des 4. Akts (vgl. NA 15 I, 54–55, V. 1290–1343*). Darin erscheint Achilleus, erfährt von seiner geplanten Verlobung mit Iphigenie und von dem ihr bevorstehenden Opfertod und verspricht Klytaimnestra, der Mutter Iphigenies, das Mädchen zu retten.*

Über den Chor schreibt Schiller in den „Anmerkungen" zu seiner Übersetzung: Der Chor in diesem Stücke, wenn ich seine erste Erscheinung ausnehme, ist ein ziemlich überflüßiger Theil der Handlung [...] . Die gereimte Uebersetzung der Chöre giebt dem Stücke vielleicht ein zwitterartiges Ansehen, indem sie lyrische und dramatische Poesie mit einander vermengt; vielleicht finden einige sie unter der Würde des Drama. Ich würde mir diese Neuerung auch nicht erlaubt haben, wenn ich nicht geglaubt hätte, die in der Uebersetzung verloren gehende Harmonie der griechischen Verse [...] im Deutschen durch etwas ersetzen zu müssen *(Thalia 1789. 7. Heft. S. 56 u. 60).*

Vgl. über die folgenden Einzelerläuterungen hinaus – vor allem zu sprachlichen, grammatischen und stilistischen Fragen sowie zum Verhältnis von Übersetzung und Vorlage – die Anmerkungen in NA 15 I, 377–382.

3 Zitter] *Gemeint ist die Kithara, ein altgriechisches Saiteninstrument.*
4 Schalmei] *nach griech.* κάλαμος *(„Rohr", „Schilf"): Sammelbezeichnung für verschiedene flötenartige Instrumente aus Rohr.*
4 libyschen Rohr] *Der Aulos, ein oboenartiges Flöteninstrument, wurde aus dem Holz des libyschen Lotosbaums angefertigt.*
9 Pelion] *Gebirge in Thessalien, Aufenthaltsort der Kentauren.*
18 Jovis] *lat. Genitiv von Iupiter.*
18 phrygische Knabe] *Ganymedes.*
20 Funfzig Schwestern] *Nereus, der Vater der Thetis, hatte 50 Meernymphen zu Töchtern.*
30 Nereide] *Thetis als Tochter des Nereus.*
41 ihn] *Achilleus.*
44 Myrmidonenscharen] *Die Myrmidonen waren ein Volksstamm aus Thessalien, von Achilleus befehligt im Kampf um Troja.*
47 Räubers] *Gemeint ist Paris.*

22   Die Phönizierinnen
        aus dem Euripides übersezt

ERLÄUTERUNGEN. *Zu Schillers Übersetzertätigkeit vgl. die einleitenden Erläuterungen zu „Die Zerstörung von Troja" (in diesem Band S. 223–227), zu allem Weiteren* NA 15 I, 429–484.

22–25   Die Zerstörung von Troja
              [Vorrede zur 1. Fassung]

ENTSTEHUNG. *Schillers Vorbemerkungen zu seiner Übersetzung aus dem 2. Gesang der „Äneis" entstanden vermutlich kurz vor der Übersendung der 135 Stanzen an Göschen (am 7. November 1791).*

HOCHZEIT DER THETIS – DIE ZERSTÖRUNG VON TROJA

ÜBERLIEFERUNG: H: SNM. 1 Blatt 18,3×22,5 cm, 2 S. beschrieben. Vergilbtes geripptes Papier. Wz.: C [& I HONIG?]. Am linken Rand in der Mitte ist ein dreieckiges Stück (Basis ca 11,5 und Höhe ca 4 cm) herausgerissen, wodurch ein geringer Textverlust entstanden ist. H umfaßt den Anfang des Textes bis bey (23, 26). – E^a: Thalia. herausgegeben von F. Schiller. Erstes Stück des Jahrganges 1792 [erschienen im Januar 1792]. S. [3] – 10. E^b: Nachdruck Göschens für: Neue Thalia herausgegeben von Schiller. Erster Band, welcher das erste bis dritte Stück enthält. 1793. Erstes Stück. S. [3] – 10. – Textwiedergabe nach E^b. – Der Text der 2. Fassung der Übersetzung, die Schiller 1800 in den ersten Band seiner „Gedichte" aufnahm und später für die geplante Ausgabe letzter Hand bestimmte, ist abgedruckt in NA 2 I, 327–360; vgl. die Anmerkungen dazu. Vgl. auch NA 15 I, 113–151 und 494–535.

LESARTEN. Überschrift: Thalia. / Jahrgang 1792. / Erstes Stück. / I. / Die Zerstörung von Troja / Zweytes *(nach gestr.:* im Zweyten*)* Buch der Aeneide. / Neu übersetzt. *H*   **1** Einige] *Textverlust H*   Freunde des Verfassers] *über gestr.* von des Verfassers Freunden *H*   Sprache] *Textverlust H*   **2** sind,] *Komma fehlt H*   Klaßiker] Kla *fehlt (Textverlust)* ssiker *H*   **3** des] *Textverlust H*   **5** Uebersetzung] Uebersetzung E^a **11** einigermaßen] einigermaasen *H*   **13** Sylbenmaaß] S *verb. aus* d *H*   **14** Klopstockischen] Klopstokischen *H*   **15** Biegsamkeit,] *Komma fehlt (vielleicht abgerissen) H*   **16** welche] e *fehlt (Textverlust) H*   Uebersetzer] Übersetzer E^a **17** Durch] ch *fehlt (Textverlust) H*   glaubte] *danach gestr.* der Verfasser des *[des ü. d. Z. erg.]* gegenwä *[Textverlust der folgenden Buchstaben:* rtigen*] Versuchs H*   **18** zu] *fehlt H* E^a E^b der Schönheit] *Textverlust H*   **19** glaubte,] *Komma fehlt H*   die ganz] *Textverlust H*   **20** Virgilische] che *fehlt (Textverlust) H*   von] *Textverlust H*   **21** Majestät] aje- *fehlt (Textverlust) H*   **22** Seiner] seiner *H*   **23** Deutsche] deutsche *H*   **24** beyden] beiden *H*   **25–26** Uebersetzung] Übersetzung E^a **40** feierliche] feyerliche E^a **55** Freiheit] Freyheit E^a **56** Schrekhafte] Schreckhafte E^a **65–66** Uebersetzer] Übersetzer E^a **70** Uebersetzer] Übersetzer E^a **75** Uebersetzung] Übersetzung E^a **79** Uebersetzung] Übersetzung E^a **91** Uebersetzers] Übersetzers E^a **94** Uebersetzung] Übersetzung E^a betrift] betrifft E^a verbittet] verbietet E^a **103** Uebersetzung] Übersetzung E^a

ERLÄUTERUNGEN. Über Schillers Übersetzungen aus der „Äneis" Vergils, auch zur Wahl der italienischen Strophenform der Stanze vgl. des näheren die einleitenden Erläuterungen zur 2. Fassung von „Die Zerstörung von Troja" (in diesem Band S. 223–227).
12 *Der deutsche Hexameter] In seiner Kritik der Stäudlinschen „Äneis"-Übersetzung von 1781 hatte Schiller die Wahl des Hexameters noch gutgeheißen, freilich damals schon die Problematik der Übertragung dieser antiken Versart in die deutsche Sprache empfunden. Vgl. die Erläuterungen zu „Der Sturm auf dem Tyrrhener Meer".*
14 *unter bis Händen] Hexameter benutzten Klopstock für sein Epos „Der Messias" (1755–1773) und Voß für seine Übersetzung von Homers „Odyssee" (1781). Schiller kritisierte Voß später als Rigoristen (an Goethe vom 13. Dezember 1795), der das griechische Versmaß nur auf Kosten der deutschen Sprache durchsetze.*
47 *achtzeiligen Stanzen] Vgl. Schillers Distichon „Die achtzeilige Stanze" und die Erläuterungen dazu (NA 2 II A, 319), über Schillers Vorliebe für diese Strophenform die einleitenden Erläuterungen zur 2. Fassung der Vergil-Übersetzung und die dort gesammelten „Dokumente".*

53 Idris und Oberon] *Die beiden Epen Wielands (1768 und 1780 erschienen) haben freilich einen anderen Charakter als die „Äneis"; das erste wird im Untertitel (des Erstdrucks) als „Ein Heroischcomisches Gedicht" bezeichnet, das zweite als „romantisches Heldengedicht" (Sämmtliche Werke 22 [1796], 1).*
105 vierten] *Vgl. „Dido".*
105 sechsten Buch] *Eine Übersetzung des 6. Buches oder von Teilen desselben hat Schiller nicht geliefert, obwohl er diesen Teil des Epos sehr liebte und — wie Charlotte von Schiller mitteilte — mehrmals vom Blatt weg übersetzte (vgl. Charlotte von Schiller an Karl Ludwig von Knebel vom 30. Januar 1813; in: Briefe an einen vertrauten Freund [1856], 100). Allerdings veröffentlichte er in der „Neuen Thalia" andere „Äneis"-Übersetzungen: von einem unbekannten Verfasser „Die Seefahrt von Troja nach Carthago" (1792. T. 2. 6. Stück. S. 298—323) und von Christian Ludwig Neuffer (1769—1839) „Aeneis" (1793. T. 4. 6. Stück. S. 227—253); im ersten Fall handelt es sich um eine Übersetzung von V. 1—277 aus dem 3. Buch in Stanzen, im zweiten um die Übersetzung von V. 1—285 aus dem 7. Buch in Hexametern.*

(Über den Verfasser der „Seefahrt" wird die Vermutung angestellt, es könne ebenfalls Neuffer, der Stuttgarter Hilfsprediger und Freund Hölderlins, sein; vgl. Berresheim, Schiller als Herausgeber der Rheinischen Thalia [1914], 106—107.)
109 Blumauerischen Muse] *Anspielung auf Johann Aloys Blumauers „Virgils Aeneis travestirt" (1784—1788). Unter Einfluß von Lukian und Wieland verquickt Blumauer Mythologisches mit Zeitgenössischem, in der Absicht, aus den Anachronismen satirisches Kapital zu schlagen; auf diese Weise wird Kritik am Papsttum, an der katholischen Kirche und den Jesuiten geübt; Blumauers Travestie erfreute sich großer Beliebtheit, auch bei Wieland, Goethe, August Wilhelm Schlegel.*
110 Frivolität] *Als Beispiel für den Ton, der in Blumauers Werk herrscht, folgt die 1. Strophe:*

> Es war einmal ein großer Held,
> Der sich Aeneas nannte:
> Aus Troja nahm er's Fersengeld,
> Als man die Stadt verbrannte,
> Und reiste fort mit Sack und Pack:
> Doch litt er manchen Schabernak
> Von Jupiters Xantippe.

(V. 1—7; 1 [1784], 3.)

25—59   Dido

ENTSTEHUNG. *Die Übersetzung entstand im wesentlichen im November 1791. Vgl. Schillers Briefe an Körner vom 19. November und 4. Dezember 1791.*

ÜBERLIEFERUNG: H: ? — E^a: *Thalia. herausgegeben von F. Schiller. Zweytes Stück des Jahrganges 1792 [erschienen im März 1792]. S. [131]—172. (Darin Strophe 1—82.) Drittes Stück [...] [erschienen im Juni 1792]. S. [283]—306; danach E^b: Nachdruck Göschens für: Neue Thalia herausgegeben von Schiller. Erster Band, welcher das erste bis dritte Stück enthält. 1793. Zweytes Stück. S. [131]—172. Drittes Stück. S. [283]—306. D: Gedichte 2*

ZERSTÖRUNG VON TROJA (VORREDE) / DIDO 25

(1803). S. 241–305 (2. Fassung); danach in: Gedichte ²2 (1805). S. 245–309. – Textwiedergabe nach Eᵃ.

LESARTEN. Bloße Augenvarianten und Interpunktionsveränderungen in D werden im folgenden nicht verzeichnet. Vgl. dazu den Text der 2. Fassung (nach der Ausgabe von 1805) in NA 15 I, 153–183. – *Überschrift:* Dido. / Freie Uebersetzung des vierten Buchs der Aeneide. D In Eᵃ, Eᵇ und D stehen hinter den Strophenzahlen Punkte. In D beginnen alle Verse mit Großbuchstaben.
1–8 2. Fassung (D):
  Doch lange schon im stillen Busen nährt
  Die Königin die schwere Liebeswunde,
  Ergriffen tief hat sie des Mannes Werth,
  Des Volkes Glanz und seines Ruhmes Kunde,
  An seinen Blicken hängt sie, seinem Munde,
  Und leise schleichend an dem Herzen zehrt
  Ein stilles Feuer, es entfloh der Friede,
  Der goldne Schlaf von ihrem Augenliede.
23 vor Hymens Fackel – soll] An Hymens Banden – Soll *D*   **24** Der einz'ge könnte schwach mich sehn. *D*   **26** entfalten] erschließen *D*   **28** Der meine erste Liebe war, entrissen, *D*   **44** den Wurm des Kummers] den Kummer *D*   **45** süßen] holden *D*   **46** Cytherens Freuden] Der Venus süße Freuden *D*   **74** angeln] halten, *D*   **75** Laß königlich des Gastrechts Fülle walten, *D*   **80** tritt herbey] naht *D*   **98** Karthagos Stadt] die Tyrerstadt *D*   **114** bleichend] sinkend *D*   **145** Cytherens Blick] Idalia *D*   **146** Italiens] Hesperiens *D*   **156** Völker] Stämme *D*   **157** in Eine Nation] Zu Einem Volk *D*   **175** Mein Donner, und Gewitternacht *D*   **182** Cythere] die Andre *D*   **205** goldnem] goldnen *D (1805)*   **245** bezeigt] Bezeugt *D*   **280** als aufgelegt, die Wahrheit] Als fertig, Wahrheit *D*   **287** hier] sie *D (1805: s i e)*   **288** dort] Er *D (1805: E r)*   **294** bezeigen] bezeugen *D*   **310** Donnerkeule] Donnerkeile *D*   **338** liebliche] Göttinn von *D*   **357** über Thal und Höhn;] über Meer und Land, *D*   **365** Die hoch und steil den Himmel tragen. *D*   **369** Achseln] Achsel *D (1805)*
425–429   Still soll Kloanth versammeln alle Schaaren,
  Die Flotte ziehen in den Ocean,
  Doch nicht den Zweck der Rüstung offenbaren.
  Indessen sie in ihres Glückes Wahn
  Nicht träumt, daß solche Bande können reißen, *D*
441 So fährt, wenn der Orgyen Ruf erschallt, *D*   **461** Wie?] Ja! *D*   **500** Wars Hymens Fackel, die] Wars Hymen, der *D*   **537** höheren] mehr *D*
545–549   Trau einem Menschen! Nakt an meinem Strande
  Fand ich den Flüchtling, da er scheiterte,
  Zu wohnen gönnt ich ihm in meinem Lande,
  Erhielt ihm die Gefährten, rettete
  Der Flotte Trümmer – O, mich bringts von Sinnen! *D*
616 den Wind] dem Wind *D*   **623** weiche Seiten] Weichen *D (1805)*   **643** leicht gerührtes] fühlend *D*
655–656   Wie auch sein Herz in allen Tiefen leidet,
  Geschehen muß wie das Geschick entscheidet. *D*

Unter der Strophe 82: Die Fortsetzung im nächsten Stück. $E^a\ E^b$ *Überschrift über der Strophe 83:* Didos Tod. / Beschluß des vierten Buchs der Aeneide. $E^a\ E^b$ **674** grimmgem] wildem *D*   **745** Avernus] Averns *D (1805)*
755–760   Zum Tod entschloßen steht an den Altären,
Des Himmels Zorn, der Götter Strafgericht
Auf ihres Mörders Haupt herabzuschwören,
Und schützt ein Gott der Liebe fromme Pflicht,
Der Treue heiliges Versprechen,
Ihn ruft sie auf, zu strafen und zu rächen. *D*
786 gesetzt] Seis auch *D*   **794** Dir dank ich meinen Fall. Du, Schwester, gabest mich *D (1805)*   **795** meiner Thränen Fluth] meinem Flehn *D*   **825** Wacht auf, ruft er.] Wacht auf! *D*   **841** Jetzt eben] Und jetzo *D*   **855** Zeughaus] Werfte *D (1805)*   **857** Ach] Weh *D*   **881** Verworfne] Verworfene *D (1805)*   **892** Acheron] Styx *D*   **893** unbeerdigt] grablos *D (1805)*   **938** Schicksal und den Himmlischen] Glück, den Himmlischen, *D*   **945** weitberühmte] weltberühmte *D (1805)*   **946** Mauren] Mauern *D (1805)*   **947** Missethat] Freveltat *D (1805)*   **953** Küssen] Kissen *D (1805)*   **955** Gerochen] Gerächet *D*   **961** Eh] Ehe *D (1805)*   **964** Hand] Hand. *D*   **965** besprützt.] *fehlt D*   **973** Stadt] Thor *D (1805)*   **989** Und fleht'] Fleht' *D*   Tyrus] die *D*   **1023** das Haar ab] die Locke *D*

ERLÄUTERUNGEN. Zu Schillers Übersetzungen aus Vergils „Äneis" vgl. im einzelnen die Erläuterungen zu „Die Zerstörung von Troja"; außerdem zu „Der Sturm auf dem Tyrrhener Meer" (in diesem Band S. 223–229 u. 12–15). Für den 2. Teil der „Gedichte" Schillers wurde der Text in gleicher Weise überarbeitet wie „Die Zerstörung von Troja"; die 1. Strophe wurde ganz geändert. Über Stilistisches und Philologisches informieren: Hauff, Schiller und Vergil (1887/1888), 64–70; Neuhöffer, Schiller als Übersetzer Vergils (1893), 32–41; Boltenstern, Schillers Vergilstudien I (1894), 14–20; Dettmer, Schillers Umdichtungen des Vergil (1899); Jarislowsky, Schillers Übertragungen aus Vergil (1928), 162–230; vgl. auch Binder, Schiller und Virgil (1950).

Vgl. über die folgenden Einzelerläuterungen hinaus – vor allem zu sprachlichen, grammatischen und stilistischen Fragen sowie zum Verhältnis von Übersetzung und Vorlage – die Anmerkungen in NA 15 I, 536–586.

Zur Handlung: Dido war die Tochter des Belus, Gemahlin des Sychaeus, Schwester der Anna und des Pygmalion, Königin von Karthago; sie gründete die Stadt, wohin sie nach der Ermordung ihres Gatten durch ihren eigenen Bruder aus Tyros geflohen war (vgl. Äneis 1, 340–368). Dido hatte Aeneas, der mit seiner Flotte vom Sturm nach Karthago verschlagen worden war, als Gast aufgenommen und sich in ihn verliebt.
1 des Liebesgottes] Eros, *lat.* Amor.
6 seine Worte] Das 2. Buch der „Äneis" enthält Aeneas' Bericht von der Zerstörung Trojas, das 3. Buch die Erzählung von seinen Irrfahrten bis zur Ankunft in Karthago.
25–26 Ja *bis* entfalten.] *Im Brief an Körner vom 23. Februar 1793 analysiert Schiller das hier einsetzende Gespräch zwischen den Schwestern als Beispiel für die Schönheit des „Naiven":* Es sei die Natur selbst, welche das Geheimniß ausplaudert.
34 Jovis] *lat. Genitiv von* Iupiter.
54 Tyrus] *Stadt in Phönizien, Heimatstadt Didos und Mutterstadt Karthagos; oft für Karthago selbst gebraucht.*

58 Numider] *Reitervolk an der Nordküste Afrikas zwischen Mauretanien und Karthago.*
59 Getuler] *Gätuler: von Jarbas regiertes Volk im Nordwesten Afrikas.*
60 Syrte] *Golf an der afrikanischen Nordküste mit Sandbänken und Untiefen; poetisch für „Sandbank".*
62 Barzäer] *Barkäer: Bewohner der östlich von Karthago an der Nordküste Afrikas gelegenen Stadt Barkae.*
63 der *bis* entflohn] *Über Didos Flucht vor ihrem Bruder Pygmalion vgl. die Vorbemerkungen zur Handlung.*
66–67 Lucina *bis* getrieben] *Hera, die Schutzgöttin Karthagos, mit einem ihrer Beinamen Lucina genannt, hatte Aeneas durch einen Sturm nach Afrika treiben lassen, um seine Landung in Italien und die Gründung Roms zu verhindern; vgl. „Der Sturm auf dem Tyrrhener Meer".*
78 Orion] *Hier ist das Sternbild gemeint; bei seinem Aufgang im Herbst herrschen Regen und Sturm.*
92 das Eingeweide spricht] *Veränderungen am Eingeweide wurden wie der Vogelflug und andere Erscheinungen der Tierwelt zum Weissagen benutzt.*
99 Hindinn] *nach mhd. hinde: Hirschkuh.*
104 Diktys] *richtig Dikte: Berg auf Kreta.*
107 Sidons] *Sidon: Stadt in Phönizien, Mutterstadt von Tyros (vgl. zu V. 54).*
111 aufs neu] *Aeneas hatte bereits (im 2. Buch der „Äneis") ausführlich vom Untergang Trojas erzählt.*
138 Puner] *Punier: Karthager.*
142 Phrygers] *Die Phrygier waren ein Volksstamm im Innern Kleinasiens; hier steht der Name für „Trojaner".*
143 Tyrer] *Gemeint sind hier die Karthager; vgl. auch zu V. 54.*
146 Teukriern] *Teukrer wurden die Trojaner nach einem ihrer Vorfahren, dem König Teucer oder Teucrus, genannt.*
147 Libyens] *Libyen: der nördlichste Streifen Afrikas; hier ist Karthago gemeint.*
166 Titans] *Gemeint ist Helios als Sohn des Titanen Hyperion und der Titanin Theia.*
168 den Teukrer] *Aeneas.*
191 Maßylier] *numidischer Volksstamm (vgl. auch zu V. 58).*
209 Delos] *Auf der griechischen Insel wurde Apollon geboren.*
210 Xanthus] *Vgl. zu „Abschied Andromachas und Hektors" (V. 6).*
212 Agathyrsen] *Volksstamm im späteren Dakien, nördlich der unteren Donau (Karpatenbogen und Walachei).*
213 Dryopen] *Volksstamm in Thessalien im nordöstlichen Griechenland.*
216 Cynthus] *Berg auf Delos, Geburtsstätte des Apollon.*
225 tummelt] *tummeln: jagen, treiben (insbesondere Pferde), reiten (vgl. Grimm 11 I 2, 1730–1731).*
241 Elisa] *Dido.*
257 das Gerücht] *Fama (vgl. V. 265–272).*
258 durch Libyen] *zu Jarbas, dem libyschen König.*
313 Ein flüchtig Weib] *Vgl. die Vorbemerkungen zur Handlung.*
322 lyd'schen Mütze] *Vergils Text bietet* Maeonia mitra *(V. 216); das Attribut „mäonisch" bezieht sich auf eine Landschaft in Lydien; Mäonien bzw. Lydien kann für Kleinasien stehen, das (in nachhomerischer Zeit) als verweichlicht galt.*

334 Dardanier] *Aeneas als einer der Trojaner, die hier als Nachfahren des Dardanus angesprochen sind.*

339–340 entriß *bis* Speere] *Aphrodite entführte den von Diomedes verwundeten Aeneas vom Schlachtfeld (vgl. Ilias 5, 311–318) und veranlaßte ihn zur Flucht aus der brennenden Stadt (vgl. Äneis 2, 594–620).*

340 Myrmidonen] *Volksstamm aus Thessalien, vor Troja von Achilleus befehligt; hier allgemein für „Griechen".*

365 Olympus] *Berg in Thessalien, Sitz der Götter; hier Bezeichnung für „Himmel".*

383 mütterlichen Ahn] *Gemeint ist Atlas, der Vater von Merkurs Mutter Maja.*

408 Janikuls] *Janiculus, einer der sieben Hügel Roms.*

441 Orgyen] *Orgien: Kultfeste des Dionysos.*

442 Maenas] *eine der Mänaden.*

443 Cythärons] *Kithairon, Gebirge an der Grenze zwischen Attika und Böotien, Schauplatz der Orgien des Dionysoskults.*

490 der Teukrier] *Aeneas.*

511 Ausonien] *Grenzgebiet zwischen Latium und Campanien; poetisch, wie hier, für Italien.*

515 Olympus] *Vgl. zu V. 365.*

533–534 dich *bis* gezeugt] *Aeneas war der Sohn der Aphrodite (Cypria) und des Anchises, zu dessen Vorfahren Dardanos gehörte.*

584 wohlverpichten] *„verpichen" oder „verpechen": mit Pech verkleben.*

625 Aulis] *Hafenstadt in Böotien; von dort brach die griechische Flotte nach Troja auf.*

626 Ilium] *poetisch für Troja.*

628 des *bis* entwandt] *Nach Servius soll „Diomedes seine [des Anchises] Asche und Gebeine nach des Orakels Rathe, mit sich geführet, und endlich dem Aeneas zugestellet haben" (Hederich, 256–257).*

665 Manen] *nach römischer Vorstellung die Seelen der Verstorbenen.*

724 blödem] *blöde: unerfahren (vgl. Grimm 2, 139).*

743 Persephoneiens *bis* Gewalt] *Vergil nennt Hekate (vgl. V. 511); diese wurde – nach den dreierlei Gewalten über den Menschen – bei dessen Geburt mit Luna, bei dessen Leben mit Diana und bei dessen Tod mit Proserpina, griech. Persephone, gleichgesetzt; die drei Göttinnen repräsentieren zugleich die Macht am Himmel, auf der Erde und in der Unterwelt.*

744 Dianens *bis* Gestalt] *Es werden „drey Göttinnen dieses Namens" (Diana) gezählt, denen auch verschiedene Elternpaare zugeordnet werden (vgl. Hederich, 906); Diana, griech. Artemis, wurde im übrigen mit der Mondgöttin Luna, griech. Selene, und der Hekate gleichgesetzt (vgl. zum vorigen Vers). – Bei Vergil ist der Text des vorliegenden Verses Apposition zu Hekate; hier hat es den Anschein, als handle es sich in V. 743 und 744 um zwei verschiedene Gottheiten.*

745 Avernus] *hier: Unterwelt.*

750–752 Liebesbißen *bis* entrissen] *Nach antiker Vorstellung wurden Fohlen mit kleinen Knoten auf dem Kopf geboren, die vom Muttertier weggebissen wurden; diese Knoten wurden für Liebeszauber benutzt.*

788 Laomedontier] *Nachkommen des Laomedon, des Vaters des Priamos, der beim Bau der Stadt Troja Apollon und Poseidon gegenüber wortbrüchig wurde, indem er sie um den Lohn für ihre Hilfe betrog.*

866—867 Nicht *bis* Mahl?] *Atreus schlachtete die Kinder seines Bruders Thyestes und setzte sie dem Vater zum Mahl vor; Prokne und Philomele töteten den Itys und setzten ihn dessen Vater Tereus vor.*
881—904 Muß *bis* Wuth.] *Didos Verwünschungen enthalten Vorausdeutungen auf künftige Ereignisse; V. 884—888: Aeneas führt den von Jupiter (Äneis 1, 263—264) vorausgesagten Krieg gegen die Rutuler unter dem König Turnus um Lavinia, die Tochter des Königs Latinus (vgl. das 7.—12. Buch der „Äneis"); V. 886—887: Aeneas muß seinen Sohn Ascanius im Lager zurücklassen, um Hilfe von Euander, dem König von Arkadien, im Kampf gegen die Rutuler zu erbitten (vgl. das 8. und 9. Buch der „Äneis"); V. 888: Turnus überfällt in Abwesenheit des Aeneas das trojanische Schiffslager, das Freundespaar Nisus und Eurylaos wird beim Spähgang getötet (vgl. das 9. Buch der „Äneis"); V. 889: Nach dem Sieg über die Rutuler muß der Name Trojas aufgegeben werden; Trojaner und die Einwohner von Latium erhalten zu Ehren des Königs den gemeinsamen Namen „Latini"; V. 891: Wie Jupiter (Äneis 1, 265) prophezeit hatte, herrscht Aeneas nur drei Jahre über Latium, er stirbt in einem zweiten Krieg gegen die Rutuler in der Schlacht am Fluß Numicus auf mysteriöse Weise: Seine Leiche wird nicht gefunden; V. 894—904: die Punischen Kriege im Zeitraum von 264 bis 134 v. Chr.; V. 898: Hinweis auf Hannibal.*
916 unterirrdschen Zevs] *Hades.*
1009—1016 Erweicht *bis* geweiht.] *Hekate — oder Persephone, die Herrscherin der Unterwelt (vgl. zu V. 743) — fordert Sterbende zu sich, indem sie ihnen eine Locke abschneidet oder eine solche als Weihgabe erhält. Didos Schutzgöttin Hera, Tochter des Saturn (Saturnia), verkürzt Didos Todeskampf mit Hilfe der Iris, der geflügelten Götterbotin.*
1009 gebeut] *Flexionsform nach mhd. biuten: (ge)bieten.*

60 Einer jungen Freundin ins Stammbuch

ENTSTEHUNG. Schiller hat das Gedicht am 3. April 1788 in das Stammbuch Charlotte von Lengefelds geschrieben.

ÜBERLIEFERUNG. Vgl. NA 2 II A, 161. — E: Musen-Almanach für das Jahr 1796. S. 36—37; unterzeichnet: SCHILLER. — D: Gedichte 2 (1803). S. 119—120; danach in: Gedichte ²2 (1805). S. 119—120. — Textwiedergabe nach E.

LESARTEN. Vgl. die Varianten der ursprünglichen Fassung in NA 1, 189. — **2** Welt.] Welt, *D* **22** Blicken;] Blicken! *D*

ERLÄUTERUNGEN. Vgl. die Erläuterungen zu „[In das Stammbuch Charlottens von Lengefeld]" (NA 2 II A, 161—162). Die vorliegende Fassung unterdrückt den Bezug auf Schillers Gattin, mildert die Kritik an der (Hof-)Welt (V. 2) und gliedert das um drei Verse gekürzte Gedicht in zwei symmetrische Strophen.
8 ihm] *dem Leben (V. 9).*

61—64 Prolog zu Wallensteins Lager

ENTSTEHUNG. Mit dem Prolog, der mit einigen Veränderungen Goethes am 12. Oktober 1798 bei der Eröffnung des renovierten Weimarer Theaters von dem Schauspieler Johann Heinrich Vohs vorgetragen wurde, begann Schiller vermutlich erst nach Goethes am 1. Oktober beendeten Besuch in Jena. Am 4. Oktober schickte Schiller den Prolog an Goethe, vermutlich am gleichen Tag an Johann Christian Gottfried Göpferdt, der den Druck des „Musen-Almanachs für das Jahr 1799" besorgte. Vgl. auch Schillers Brief an Cotta vom 4. Oktober 1798.

ÜBERLIEFERUNG. H: ? h: GSA. Abschrift des auf der Bühne vorgetragenen Prologs aus dem Nachlaß Christian Gottlob Voigts, mit Varianten Goethes. Vgl. Goethes Brief an Schiller vom 6. Oktober 1798 und die Erläuterungen dazu. Aus der folgenden Verzeichnung, die auch Augenvarianten und Interpunktionsabweichungen enthält, ergibt sich, wie gravierend die Eingriffe Goethes in den Schillerschen Text sind. Wenn mit einem Versanfang kein neuer Satz beginnt, weist die Abschrift grundsätzlich Kleinschreibung auf (Ausnahmen: V. 5, 67 und 134); diese Abweichungen von E^1 werden nicht verzeichnet.

Überschrift: Prolog, von Schiller. **3** Geliehn] geliehen **4** aufs] auf's **5** Und sieh! er] Und sieh! – er **6** ausgeschmückt] ausgeschmückt, **8** edeln] edlen **10** dieß] dies **13** Alten] alten **14** warmen] wahrem **15** Platz,] *Komma fehlt* **17** Schöpfergenius] Schöpfergenius, **19** Würdigsten] würdigsten **20** Hoffnung,] Hofnung gehegt,] *Komma fehlt* **24** Kreis] Kreiß, **26** möcht] möcht' prüfen,] *Komma fehlt* **28** hier] hier, auserles'nen Kreis] auserlesnen Kreiß **29** Kunst] Kunst, **32** des Mimen Kunst] die Schauspielkunst **35** Dichters] Dichters, leben,] leben. **36** Hier] Hier. **37** Klang verhallet] Hall verklinget **38** Schöpfung,] *Komma fehlt* **40** d i e] die Preiß,] Preiß; **41—44** Dem Mimen *bis* versichern,] W i r hoffen von der Nachwelt keine Kränze,/ w i r müssen geizen mit der Gegenwart,/ den Augenblick der unser ist erfüllen,/ der gegenwärt'gen Mitwelt uns versichern **45** würdigsten und besten] Würdigsten und Besten **46—47** Ein *bis* voraus,] ein lebend Denkmal uns erbauen. So nehmen / wir unsers Namens Ewigkeit voraus. **50—53** Die neue Aera *bis* Kreis,] Bey der Epoche, die der Kunst Thaliens / auf dieser Bühne heut erscheint, wird auch / der Dichter kühn, die alte Spur verlassend,/ euch aus des Bürgerlebens enger Sphäre **58** aufzuregen,] aufzuregen. **59** Kreis] Kreiß **60** größern] höhern **61** jetzt] jetzt, Ende,] Ende. **65** Gegenstände] Gegenstände, **66** Freiheit] Freyheit gerungen,] gerungen; **70** Tagen] Tagen, **71** einst vor hundert] vor einhundert **72** funfzig] fünfzig **73** Reichen gab, die] Staaten gab – die **74** dreißig] dreyßig **75** laßt] lasst **77** blicket froher] blickt gelassen **78** hofnungsreiche] Hoffnungsreiche **81** Des Raubs *bis* dahingeflohn,] des Raubs und Elends sind dahin geflohn, **82** Welt,] *Komma fehlt* **83** Und *bis* fern.] und keines Friedens Hofnung strahlt von ferne, **88** Hohn,] *Komma fehlt* **90** dem] den **92** Unternehmen] Unternehmen, **93** Charakter] Character nach **93** Brauch' ich ihn erst zu nennen? Wallenstein! **94** Heere,] *Komma fehlt* **95** Abgott,] *Komma fehlt* Geissel] Geißel **98** emporgetragen,] *Komma fehlt* **99** erstieg,] *Komma fehlt* **100** ungesätigt] ungesättigt, **101** Opfer] Opfer, **102—110** Von der Partheyen *bis* Gestirnen zu.] *fehlt* **111—112** Nicht Er *bis* Schaaren,] Doch ists nicht Wallenstein der euren Augen heut / erscheinen

PROLOG ZU WALLENSTEINS LAGER 31

wird; Nur in den kühnern Schaaren 114 begegnen,] *Komma fehlt* 116 Gestalt,] Gestalt. *nach* 116 Erst lernt sie kennen seines Heeres Macht! — 117 seine] diese sein] in's 118 erkläret] erklärt euch 120 Schritts mit Einem mal] Schritts, mit einemmal 121 reißt,] reißt; 122 Gemählden] Gemälden 124 heutge Spiel gewinne] heut'ge Spiel gewinn' erst 125 Tönen,] Tönen; 126 zurück,] *Komma fehlt* 127 Bühne,] *Komma fehlt* 130 heut] heut, 131 Des Tanzes *bis* Gesangs] des Tactes, des Gesanges frohe Göttin, 133 fodert — tadelts nicht!] fordert, tadelt's nicht; 134 Ja danket ihr's, daß] Ja, danket ihr daß 135 Der Wahrheit *bis* Kunst] der Wirklichkeit mit bunten Farben schmückt. 136—138 Hinüberspielt *bis* unterschiebt,] *fehlt* 139 heiter ist die Kunst.] heiter sey die Kunst! — E^1: *Musen-Almanach für das Jahr 1799. S. 241–247; unterzeichnet:* SCHILLER. E^2: *Allgemeine Zeitung, 24. Oktober 1798. D: Wallenstein / ein dramatisches Gedicht / von / Schiller. / Erster Theil. / Tübingen, in der J. G. Cotta'schen Buchhandlung. / 1800. S. [3]–9.* — *Textwiedergabe nach E^1.*

LESARTEN. Da für E^1 und E^2 vermutlich nicht verschiedene von Schiller autorisierte Druckvorlagen verwendet wurden, sind Augenvarianten und Interpunktionsabweichungen in E^2 im folgenden nicht verzeichnet. — *Überschrift:* Prolog. D Wiedereröfnung] Wiedereröffnung D 8 edeln] edlen E^2 10 dieß] dis E^2 dies D 14 warmen] wahrem E^2 warmem D 19 unsre] unsere E^2 25 Zeugen] Zeuge E^2 32 des Mimen] die mimsche E^2 39 daurend] dauernd E^2 42 geitzen] geizen E^2 D 45 würdigsten und besten] Würdigsten und Besten D 47 Nahmens] Namens E^2 D 61 jetzt] izt E^2 64 Um] Und E^2 66 Freiheit] Freyheit D 67 Jetzt] Izt E^2 72 funfzig] fünfzig E^2 74 dreißig] dreyßig D 78 hofnungsreiche] hoffnungsreiche D 79 jetzt] izt E^2 83 Friedenshofnung] Friedenshoffnung D fern] ferne E^2 91 mahlet] malet D 95 Geissel] Geißel D 104 jetzt] izt E^2 122 Gemählden] Gemälden D 131 Göttinn] Göttin D 132 deutsches] teutsches E^2

ERLÄUTERUNGEN. Der „Prolog" wurde am 12. Oktober 1798 bei der Uraufführung von „Wallensteins Lager" aus Anlaß der Wiedereröffnung des umgebauten Weimarer Theaters gesprochen (vgl. zu V. 5–9). Vortragender war der Schauspieler Johann Heinrich Andreas Vohs (1762–1804). Goethe schrieb in seinem Bericht über die „Eröffnung des Weimarischen Theaters" dazu: Hr. Vo h s hielt ihn in dem Costum, in welchem er künftig als jüngerer Piccolomini erscheinen wird, […] er sprach mit Besonnenheit, Würde, Erhebung und dabey so vollkommen deutlich und präcis, daß in den letzten Winkeln des Hauses keine Sylbe verlohren ging. *(Schriften zur Literatur 3, 22.)*

Nachdem Schiller den Text am 4. Oktober 1798 mit der Bitte um ein Votum an Goethe geschickt hatte, äußerte dieser in seinem (ersten) Brief vom 6. Oktober folgende Änderungswünsche:

1.) daß von unsern Schauspielern etwas mehr *[vgl. V. 11–14]*,
2.) Von Iffland etwas weniger gesprochen würde *[vgl. V. 15–17]*
3.) daß irgend eine Stelle auf Schrötern gedeutet werden könne. *(Vgl. V. 18–21.)*
Schiller akzeptierte die Vorschläge (vgl. an Goethe vom 6. Oktober 1798). Trotzdem ist der vorliegende Text nicht mit dem vorgetragenen identisch; in seinem (zweiten) Brief vom 6. Oktober 1798 erklärte Goethe, er habe für die Rezitation Änderungen vorgenommen, und die Mimen *[V. 32, 41]* und Aeren *[V. 50]* bey Seite gebracht dagegen den

Wallenstein ein paar mal genannt, damit man nur irgend ohngefähr verstehe was
wir wollen. *Goethes Eingriffe gingen freilich erheblich weiter; vgl. hierzu die Mitteilungen
im Abschnitt ÜBERLIEFERUNG sowie deren Interpretation in Oellers, Die Heiterkeit
der Kunst (1991); Golz, „Ernst ist das Leben" (1991).*
*Am 29. Oktober 1798 urteilte Schiller selbst im Brief an Körner über den (im „Musen-
Almanach" erschienenen) „Prolog" und dessen Vortrag:* Für das beste im Almanach halte
ich [...], und Göthe auch, den Prolog zum Wallenstein. Er hat auch in Weimar sowohl
beim Lesen als beim Recitieren selbst viel Sensation gemacht.
1 Der *bis* Spiel] *Im antiken Theater trugen die Schauspieler Masken; eine komische und
eine tragische Maske waren außerdem die Attribute der Thaleia, der Muse der Komödie,
und der Melpomene, der Muse der Tragödie. Beide Musen werden hier mit Blick auf die
Wallenstein-Dramen zitiert: auf „Wallensteins Lager", das im Anschluß an den Prolog
gegeben wurde, für Goethe das Beispiel eines Lust- und Lärmspieles (Weimarischer, neudecorirter TheaterSaal. Dramatische Bearbeitung der Wallensteinischen Geschichte durch
Schiller; Schriften zur Literatur 3, 20), sowie auf die Tragödie von „Wallensteins Tod":
Masken, welche von der tragischen Würde an, bis zur komischen Verzerrung, nach
alten Mustern, mannigfaltige Charactere zeigen, gehörten zur neuen Dekoration des
Weimarer Theaters (ebd.; Schriften zur Literatur 3, 19).*
5—9 Und *bis* Gefühlen] *Über die Gestaltung gibt Goethes Bericht „Weimarischer,
neudecorirter TheaterSaal" Auskunft; von der* edeln Säulenordnung *(V. 8) heißt es:* Auf
elliptisch gestellten Pfeilern, die das Parterre einschliessen und wie Granit gemahlt
sind, sieht man einen SäulenKreis, von Dorischer Ordnung, vor und unter welchem
die Size für die Zuschauer, hinter einer bronzirten Balustrade bestimmt sind. Die
Säulen selbst stellen einen antiken gelben Marmor vor, die Kapitäle sind bronzirt, das
Gesims von einer Art graugrünlichem Cipollin, über welchem [...] verschiedne
Masken aufgestellt sind *(Schriften zur Literatur 3, 19; vgl. zu V. 1).*
11—14 Die *bis* ausgebildet] *Vgl. die Änderungswünsche Goethes.*
15—17 Ein *bis* entzückend.] *Anspielung auf August Wilhelm Iffland, der vom
25. März bis zum 26. April 1796 und vom 24. April bis 4. Mai 1798 in Weimar gastiert
hatte. Goethe hatte den Wunsch geäußert, auf Iffland im „Prolog" weniger ausführlich
einzugehen.*
18—21 O! möge *bis* zeigen.] *Die Verse lassen sich sowohl auf Iffland, den Schiller im
Brief vom 24. Dezember 1798 zu einem erneuten Gastspiel (u. a. in der Rolle des Wallenstein) aufforderte, als auch auf Friedrich Ludwig Schröder, den Hamburger Theaterdirektor, beziehen; Goethe hatte gebeten, im „Prolog" andeutungsweise von ihm zu sprechen;
am 7. Oktober schrieb er Schröder einen schmeichelhaften Brief und legte den Prolog bei
(vgl. WA IV 13, 287). Der Plan, Schröder in der Rolle des Wallenstein in Weimar auftreten
zu lassen (vgl. Schiller an Böttiger vom 25. Januar 1798 und an Goethe vom 20. Februar
1798), zerschlug sich jedoch.*
42 geitzen] *im Sinne von „sorgfältig umgehen" o. ä.*
48—49 Denn *bis* Zeiten] *Vgl. zu diesem Gedanken das Distichon „Wahl" in den „Tabulae votivae" (Nr 83).*
50—60 Die *bis* Zwecken.] *Der Abschnitt wendet sich gegen die Trivialdramatik
Ifflands, Schröders und Kotzebues, gegen die Schiller auch in den „Xenien" (Nr 390—412)
polemisiert hatte. Am 31. August 1798 schrieb er an Goethe, er habe in der Zeitung gelesen,
das Hamburger Publikum sei die Ifflandschen Stücke satt, dies könne für seinen „Wallen-*

stein" günstig sein: Unwahrscheinlich ist es nicht, daß das Publikum sich selbst nicht mehr sehen mag, es fühlt sich in gar zu schlechter Gesellschaft.
61—69 Und *bis* beschämen.] *Es ist nicht klar, worauf die Verse zu beziehen sind. Goethe brachte den „Wallenstein" mit dem Schicksal des französischen Generals Charles-François Dumouriez (1739 – 1823) in Verbindung; im Kampf gegen die Jakobinerherrschaft für eine konstitutionelle Monarchie verließen ihn am Ende seine Truppen, als es gegen Paris gehen sollte; Dumouriez flüchtete 1793 nach Österreich und lebte dort im Exil. Aktueller waren zur Zeit des „Prologs" die Auseinandersetzungen zwischen den Staaten der europäischen Koalition (unter der Ägide Englands) und Napoleon, dessen Ägyptenfeldzug und die Niederlage der französischen Flotte bei Abukir durch Admiral Nelson.*
67 Schattenbühne] *Zum Begriff des „Schattens" bei Schiller vgl. „Das Reich der Schatten" und die Erläuterungen dazu (NA 2 II A, 251 – 252).*
70—71 Zerfallen *bis* Form] *Mit dem Sonderfrieden von Basel vom 5. April 1797 zwischen Preußen und Frankreich und dem Friedensschluß von Campo Formio am 17. Oktober 1797 hatte sich der Zusammenbruch des Heiligen Römischen Reiches Deutscher Nation angebahnt; die Separatfriedensverträge zerbrachen eine alte Einheit, die mit der Niederlegung der Kaiserkrone durch Franz II. im Jahr 1806 endgültig aufgelöst wurde.*
72 ein willkommner Friede] *Gemeint ist der Westfälische Friede, der, 1648 in Münster und Osnabrück geschlossen, den Dreißigjährigen Krieg beendete.*
79 In jenes Krieges Mitte] *Die Handlung des „Wallenstein" spielt im Jahr 1634.*
85—86 Magdeburg / Ist Schutt] *Magdeburg war mit dem schwedischen König Gustav Adolf verbündet; am 20. Mai 1631 wurde es von Tilly erobert und verwüstet.*
102—103 Von *bis* Geschichte] *Eine zusammenfassende Charakterisierung Wallensteins gibt Schiller in der „Geschichte des Dreyßigjährigen Kriegs" (vgl. NA 18, 327 – 329).*
131 Des *bis* Gesangs] *Terpsichore war die Muse des Tanzes, Polyhymnia die des Gesangs.*
132 des Reimes Spiel] *„Wallensteins Lager" ist in kurzen gereimten Versen, etwa wie Göthes Puppenspiel und sein Faust geschrieben (Schiller an Iffland vom 15. Oktober 1798); gemeint ist der in der mittelalterlichen Dichtung aufgekommene Knittelvers, der im 18. Jahrhundert als freier vierhebiger Vers mit beliebiger Senkungszahl und Reimform wieder aufgegriffen wurde.*
139 Ernst *bis* Kunst] *wohl in Abwandlung von Hippokrates' Aphorismus* Ὁ βίος βραχύς, ἡ δὲ τέχνη μακρή, *den Seneca zum Motto seiner Schrift:* „De brevitate vitae" *(Über die Kürze des Lebens) wählte:* Vita brevis, ars longa. *(„Das Leben ist kurz, die Kunst [Hippokrates: Wissenschaft] ist lang.") Vgl. auch Schillers Stammbucheintragungen „[Für August Wilhelm Iffland]" und „[Für einen Unbekannten]" (Das Leben ist kurz) in den Nachträgen (in diesem Band S. 290 u. 291).*

AUS DEM NACHLASS

IN DEN JAHREN 1769 – 1796 ENTSTANDENE GEDICHTE

66—67   **[Gedicht zum Neujahr 1769]**

ÜBERLIEFERUNG. H: *GSA. 1 Doppelblatt 21,2 × 33,9 cm, 2 Seiten beschrieben (die 2. Seite mit dem deutschen Text, die 3. Seite mit dem lateinischen Text). Vergilbtes geripptes*

Papier. Wz.: Gekrönter Schild, darunter PRO PATRIA / SCHUM (?). h: GSA. Abschrift von der Hand Charlotte von Schillers, mit der Notiz über dem Text: Im zehnten Jahr seines Alters. *– E: Nachlese zu Schillers Werken, 5–6. – Textwiedergabe nach H.*

LESARTEN. Latine 1 toto] *verb. aus* tota *H* cor meum] *verb. aus* cormeum *H* abundat] abunbat *(Schreibversehen) H*

ERLÄUTERUNGEN. Es ist möglich, daß die deutschen Verse und deren lateinische Prosaübersetzung auf Anregungen oder (Übungs-)Vorlagen der Ludwigsburger Lateinschule zurückgehen, die Schiller von 1767 bis 1772 besuchte.

67 [Aus dem Begrüßungsgedicht für den Oberpräzeptor
Philipp Heinrich Winter
im Juni 1771]

ÜBERLIEFERUNG. H: ? h¹: SNM. Im Brief Immanuel Gottlieb Elwerts an Johann Wilhelm Petersen vom 10. Juli 1807 (S. 3). h²: SNM (Cotta). In J. W. Petersens Jugendgeschichte Schillers. – E: Goedeke, Schillers sämmtliche Schriften 1 (1867), 6. – Textwiedergabe nach E.

LESARTEN. pollicitusque] polliciturque *h¹ h²*

ERLÄUTERUNGEN. Der Text: „Und Winter versprach uns einen schönen Frühling." – Schillers bisheriger Lehrer auf der Lateinschule in Ludwigsburg, Johann Friedrich Jahn (1728–1800), wurde 1771 an die herzogliche Militär-Pflanzschule auf die Solitude bei Stuttgart versetzt; sein Nachfolger als Oberpräzeptor wurde Magister Philipp Heinrich Winter (1744–1812); er übte diese Funktion aus, bis er 1788 Pfarrer in Hohenacker wurde; später, ab 1800, war er Pfarrer in Oeschelbronn (nach freundlicher Auskunft des Stadtarchivs Ludwigsburg vom 21. August 1985).
Johann Wilhelm Petersen, Schillers Jugendfreund, berichtet: „Der Sitte gemäß mußte derselbe [Winter] bei seinem Amtsantritt mit lateinischen Versen empfangen werden. Das Bewillkommnungsgeschäft traf diesmal Schillern. Er verfertigte also ein Begrüßungsgedicht und glaubte seinem neuen Vorgesetzten in folgendem frostigen Witzspiel etwas sehr Schmeichelhaftes zu sagen" (Hartmann, Jugendfreunde, 194). Es folgt der lateinische Pentameter. – Petersen zitiert den Wortlaut, ebenso wie Immanuel Gottlieb Elwert, ein anderer Schulfreund Schillers, mit der Variante „polliciturque" statt pollicitusque *(vgl. LESARTEN); Elwert merkt dazu an: „Der neue Lehrer [...] hatte einen heimlichen Triumph darüber, daß ihm einer der Ersten in der Schule im Bewillkommnungscarmen einen solchen Wortschnitzer [pollicĭtur statt pollicētur] vorgesetzt, wie er es erst geraume Zeit nachher dann gelegentlich äußerte." (Ebd., S. 66.)*

68–69 [Danksagungsgedicht an Magister
Georg Sebastian Zilling]

ÜBERLIEFERUNG: H: SNM. 1 Doppelblatt 18,5×22 cm, 3 S. beschrieben. Vergilbtes

GEDICHT ZUM NEUJAHR 1769 – DANKSAGUNGSGEDICHT

geripptes Papier. Wz.: Posthorn in gekröntem Schild. – E: Schwab, Urkunden über Schiller und seine Familie (1840), 37–38. – Textwiedergabe nach H.

LESARTEN. Unterschrift observatissimus *(Druckfehler)*] observantissimus H **22** Figens] *verb. aus* Fingens H **31** parce] parcæ H **32** commendo] *danach Komma gestr.* H

ERLÄUTERUNGEN. In den lateinischen Distichen sprach Schiller seinen Dank an den Spezialsuperintendenten der Lateinschule in Ludwigsburg, Georg Sebastian Zilling (1725–1799), für die Gewährung der Herbstferien 1771 aus. Das Gedicht besteht aus einer Vielzahl von Entlehnungen aus lateinischen Dichtern, vor allem Ovid, Vergil und Horaz; diese drei Dichter waren in einer Sammlung lateinischer Autoren vertreten, die als Schulbuch in Gebrauch war. Vgl. zum Nachweis der Entlehnungen Jonas, Parallelstellen (1886). Der Text lautet übersetzt:

Gedicht,
womit
dem hochzuverehrenden und hochgelehrten Herrn
M[agister] ZILLINGIUS,
würdigstem und hochverdientem Dekan
eines heiligeren Kollegiums, welches zu Ludwigsburg in Christo versammelt wird,
seinem Patron, vor allen bei weitem zu verehren,
für
die gütigst erteilte Erlaubnis von Herbstferien
Dank sagen
und sich seinem Wohlwollen empfehlen will

Ludwigsburg eines solchen Mannes
den 28. September
1771. hochachtungsvoller Verehrer
 Johann Christoph Friedrich
 Schiller.

O mein Dekan, den ich wie keinen jemals verehre,
 Höre mit heiterer Stirn nun auch den Dank noch von mir,
Daß Du uns die Möglichkeit gabst, von Studium und Arbeit
 Auszuruhn, und sei's auch nur für kürzere Zeit.
5 Denn nicht immer vermag man, sich sorgend, die Pflicht zu erfüllen,
 Ruhe, im Wechsel auf Müh folgend, erfreuet uns auch.
Unstete Winde ermüden, die Fläche des Meeres zu quälen,
 Liegt in Ketten Gott Mars, ruhig kehrt Frieden zurück.
Jenen Gelehrten, Zierde der Griechen, geführt zum Triumph auf
10 Jubelndem Wagen, freut's, Pferde zu reiten aus Rohr.
Öfters pflegten die Musen, wenn Plektrum und Kithara ruhten,
 Blüten von Veilchen und Ros bunt zu vermengen im Spiel.
Wem im uralten Wald die heiligen Eichen erwachsen,
 Grünt, den Gottheiten lieb, auch Tamariskengesträuch.
15 Müh ohne jegliches Maß rät gleich Dir zu kurzer Erholung,

> *Wenn Du ihn immer spannst, bricht Dir der Bogen entzwei.*
> *Auch das Ochsengespann (bewehrt mit eisernem Nacken)*
> *Will nicht, zu lange gedrückt, mehr ins gebogene Joch.*
> *Recht der Natur, daß der Nacken vom Joch nach der Ernte befreit wird,*
> *So wie der Reiter dem Pferd lockert die Zügel im Sieg.* 20
> *Mit dem Rapier wird beschenkt der in Kämpfen erschöpfte Gladiator,*
> *Hängt an den Pfosten des Gotts Herkules er seine Wehr.*
> *Das ist der Grund, weshalb Du gewisse Erholung uns gönntest,*
> *Weißt ja, zu lernen vermag keiner zu jeglicher Stund.*
> *Nimm jetzt den Dank dafür an, aus dankbarem Herzen gespendet,* 25
> *Den ich Dir schulde zu Recht, da die Erlaubnis Du gabst.*
> *Mögst Du immer gesund sein, gesund auch die Gattin, so wünsch ich,*
> *Sei Dir ein Lebensgeschick mehr noch als glücklich vergönnt.*
> *Unangefochten sollst Du das Ziel Deines Lebens erreichen,*
> *Bis Dir Gottvater befiehlt, fort von der Erde zu gehn.* 30
> *Höchster Dekan! Ich bitte, verschon mein Gedicht vor Verachtung,*
> *Dir empfehl ich mich an von einer besseren Art.*

(*Frei nach Wolfgang Ritschel; BA 1, 590–591.*)
19 Jugera] *korrekt:* iuga.
27 Conjuge] *lat.* coniux: *Gattin. Catharina Louisa, geb. Georgii (gest. 1784).*

69—70 [Beantwortung der Frage des Herzogs: „Welcher ist unter euch der Geringste?"]

ENTSTEHUNG. *Das Gedicht entstand 1774. Vgl. Wagner, Geschichte der Hohen Carls-Schule 1 (1856), 521 (dazu das Facsimile von H).*

ÜBERLIEFERUNG. H: *SNM. 1 Doppelblatt 18,1 × 21,9 cm, 2. und 3. S. beschrieben. Vergilbtes geripptes Papier.* — E: *Goedeke, Schillers sämmtliche Schriften 1 (1867), 12 (nach dem Facsimile in Wagners „Geschichte der Hohen Carls-Schule", 1856).*

LESARTEN. **9** ignarusque] *verb. aus* innarusque H   **10** indoctus] *nach* i *ist ein* g *gestr.* H   *nach* **10** *sind am Ende der ersten beschriebenen Seite ein Hexameter und das erste Wort des folgenden Pentameters ausradiert* H

ERLÄUTERUNGEN. *Die Ende Januar 1774 den Schülern der Karlsschule vorgelegte, von Schiller in lateinischen Distichen beantwortete Frage war nicht die einzige ihrer Art, mit der Herzog Karl Eugen, Gründer und Schirmherr der Schule, seine Zöglinge konfrontierte. Im Herbst des gleichen Jahres erteilte er die Weisung, jeder der älteren Schüler habe eine Charakteristik seiner selbst und seiner Kameraden anzufertigen; die Betroffenen hatten sich dabei nach vom Herzog selbst vorgegebenen Fragen zu richten, die Gottesfurcht, Gesinnung gegen den Herzog, gegen Lehrer und Mitschüler, Zufriedenheit mit den Verhältnissen, Charakteranlagen, Fleiß und dergleichen betrafen. Schiller fertigte in diesem Zusammenhang einen „Bericht an Herzog Karl Eugen über die Mitschüler und sich selbst" an (NA 22, 3–16); darin legte er über seinen Kameraden Karl Georg Christoph*

Kempff (geb. 1753) ein ebenso ungünstiges Zeugnis ab wie in den vorliegenden Versen (vgl. V. 7–18 und NA 22, 6–7); auf die Erwähnung Kempffs als des „Geringsten" hatten sich im übrigen alle Mitschüler untereinander verständigt. – Kempff trat 1778 als Bereiter aus der Karlsschule aus, 1794 wurde er herzoglicher Stallmeister.
Wie im „[Danksagungsgedicht an Magister Georg Sebastian Zilling]" lehnte sich Schiller eng an Verse lateinischer Schriftsteller an.
Der Text lautet in deutscher Übersetzung:
                  Allergnädigster Herzog!
Wahren Gehorsam, Deine väterlichen Befehle
Lebenslang zu erfülln, fordert ein schwieriges Werk.
Schwer, beim Herkules, ist's, zu verraten die Sitten des andern,
Welcher Verfehlungen er schuldig, zu nennen demnach.

5 *Aber Du hast es befohlen; Dein ringsum spähender Wille*
Möcht's, Deine Sorge ist nichts andres als nur unser Wohl.
Also, ich glaube, Carl Kempff ist der schlimmste der ganzen Abteilung,
Schlimme Laster betreibt ununterbrochen er fort.
Seine Gefährten betrügt er, ist roh und ohne Verständnis,

10 *Lehrer, obzwar selbst dumm, haßt er und schmäht er zugleich.*
Ist auch die ganze Abteilung genug mit Fehlern behaftet,
Alle jedoch übertrifft jener durch Häufung des Fehls.
Wenn ich Dir doch, mein Fürst, nicht einen zu nennen vermöchte,
Welcher nicht würdig der Lieb, die Du als Vater verströmst.

15 *Doch es bleibt mir die Hoffnung, er wird mit der Zeit sein Betragen*
Ändern, und endlich, ermahnt, läßt er von Schlechtigkeit ab.
Fürst, wir flehen, eracht Deiner Gunst uns auch fernerhin würdig,
Wie Du sie unverdient früher von selber uns gabst.
                                   Mit diesen Bitten
                                        wirft sich
                                    zu Deinen Füßen,
                              Allergnädigster Herzog,
                                                  Schiller.
(Frei nach Wolfgang Ritschel; BA 1, 592.)

70   [Als vier Fräuleins einen Lorbeerkranz schickten]

ENTSTEHUNG. *Das Gedichtfragment, eine Gemeinschaftsarbeit Schillers und Wilhelm Friedrich Hermann Reinwalds, entstand vermutlich Anfang 1783. Vgl. Kurscheidt, „Als 4. Fraülens mir einen Lorbeerkranz schickten" (1990) und* ERLÄUTERUNGEN.

ÜBERLIEFERUNG. H: SNM. *1 Blatt 13,8 × 19,5 cm, 2 S. beschrieben (Vorderseite und 1. Hälfte der Rückseite von Schiller). Vergilbtes geripptes Papier; linker, rechter und unterer Rand ornamentiert.* – E: Minor, *Aus dem Schiller-Archiv (1890), 25–26.* – *Textwiedergabe nach H.*

LESARTEN. Im folgenden ist der von Schiller gestrichene Text durch eckige Klammern kenntlich gemacht. Auf der Vorderseite von Schillers Hand:

[Vier Nymfen haben diesen Kranz gewunden

 Doch]

[Die Mädchen die den Kranz gewunden?

 Wer sind sie]

   senden mir den Kranz
Vier Mädchen [flochten diesen] Kranz?

Wer sind sie – sag es Dichter König –

[Sinds Grazien? – sie wären vier *[v verb. aus d]* zu viel?]
   So   fünf
Sinds Musen? Nein [hier] wären [vier] zu wenig?
[Doch ich besinne mich]
Ich
 Sinds Grazien? – [Sie *[S verb. aus D]* wären]
    die Vierte
    Nein! [Eine] wär zu viel.

[Wer mag die Vierte seyn –]

[Doch nein! die Grazien]

[Sie haben ja die]

[Doch nein! die Grazien]

 Hab ich [wie ich] von Wieland einst vernommen

Auf der Rückseite der Text des Schillerschen Fragments; über dem Text: 2. Unter dem Text: 1; darunter der Text Reinwalds. Dieser sollte also die erste Strophe dichten, nachdem Schiller seine Verse als zweite Strophe geschrieben hatte.
1 mir] *von Reinwald gestr., darüber von seiner Hand* dir *H* **4** fünf] *von Schiller gestr., darüber von seiner Hand* vier, vier *gestr., Unterpungierung von gestr.* fünf *H* **6** Doch] *danach* nein – *gestr., danach* Wie *gestr. H* hab] *über gestr.* Wie *H* nicht] *ü. d. Z. erg. H* jüngst] *über gestr.* nicht *H*
Unter Schillers Text, von der Hand Reinwalds: R.r *(Abkürzung für* Ritter, *Schillers damaliges Pseudonym) H*
Reinwalds Text, dessen erste Zeile durch die von Schiller geschriebene Zahl 1 *getrennt ist, lautet:*
   Als 4. Fraülens neml.
   mir einen Lorbeerkranz schickten
   Vier Musen krönten mich zum König

Denn teutscher Musen sind noch wenig:
Doch gilt der Krönungsakt für voll
Denn ihn bestätigten ᵃ⁾Minerva und Apoll[b)].
                              R.d

a) Fr. Hofprediger

b) H. Hofprediger   Pfranger

ERLÄUTERUNGEN. In der Zeit vom 7. Dezember 1782 bis zum 24. Juli 1783 hielt sich Schiller auf Einladung von Henriette von Wolzogen (1745–1788) in Bauerbach in der Nähe von Meiningen auf, wo diese ein Gut besaß. Schiller lernte dort u. a. Wilhelm Friedrich Hermann Reinwald (1737–1815), Bibliothekar in Meiningen und späteren Gatten von Schillers Schwester Christophine, kennen, der ihn bei seinem Eintreffen empfing, ihm Literatur besorgte und Bekanntschaften vermittelte. Die vorliegenden Verse sind die 2. Strophe eines mit Reinwald gemeinsam verfaßten zweistrophigen Gedichtentwurfs.

Die nähere Betrachtung der Handschrift scheint zu ergeben, daß die Übersendung eines Lorbeerkranzes, welche das Gedicht veranlaßte, nicht Schiller, sondern Reinwald zum Empfänger hatte, und daß Schiller sich an der poetischen Danksagung für diese Gabe beteiligte. Vieles spricht für die Vermutung, daß zu den Absenderinnen des Kranzes und Adressatinnen des Gedichts Charlotte von Kalb (1761–1843), damals noch Charlotte Marschalk von Ostheim, gehörte. Wer die anderen „Fräuleins" waren, ob Charlottes Schwestern und wer von ihnen, ob Damen aus dem Freundeskreis, die Töchter von Charlottes Onkel von Stein in Nordheim oder auch Charlotte, die Tochter Henriette von Wolzogens, läßt sich nicht sagen. – Vgl. zu Handschrift und Hintergrund des Gedichts des näheren Kurscheidt, „Als 4. Fraülens mir einen Lorbeerkranz schickten" (1990).

6 von Wieland] *In Wielands Fragment „Psyche unter den Grazien" (in: Die Grazien [1770], 191–206) heißt es:*

    Doch, dazu wähl' ich mir den schönern Augenblick,
    Wie sie, entdeckt vom ganzen kleinen Schwarme
    Der Götterchen, den G r a z i e n in die Arme
    Getragen wird, und, was ihr süß Erstaunen mehrt,
    Sich Schwesterchen, sich Psyche nennen hört,
    [...].

(S. 203.)

70   An die Frommen

ENTSTEHUNG. Das Gedicht entstand vermutlich bald nach dem Erscheinen von Stolbergs Epigramm „An die Weltweisen" im Herbst 1796.

ÜBERLIEFERUNG. H: SNM. 1 Blatt, oben und unten ungleichmäßig beschnitten, ca 19,3 × ca 10,5 cm, 1 S. beschrieben. Grünliches geripptes Papier, leicht vergilbt. Wz.: Untere Hälfte eines Schilds mit Lilie und angehängter Vierpaßmarke, darunter IA WUN[NERLICH]. – E: Goedeke, Schillers sämmtliche Schriften 11 (1871), 160. – Textwiedergabe nach H.

LESARTEN. Verse 2 und 4 ohne Einzug H   2 Spott!] Spott. H

ERLÄUTERUNGEN. Die Verse sind eine Parodie von Friedrich Leopold Graf zu Stolbergs Epigramm „An die Weltweisen":
>Fort, fort mit eurer Weisheit! laßt mir lieber
>Das, was ihr Thorheit nennt in eitlem Stolz!
>Lichtlos ist eure Glut ein heißes Fieber,
>Glutlos ist euer Licht ein faules Holz.

(Musenalmanach für das Jahr 1797. Herausgegeben von Johann Heinrich Voss. Hamburg. S. 84.) Das Epigramm gehört thematisch in den Umkreis von Schillers Distichen gegen „Moralische Schwätzer" (Tabulae votivae, Nr 42), zu denen Schiller auch den Grafen zu Stolberg zählte; vgl. Xenion Nr 15 (Der Teleolog) und die Erläuterungen dazu (NA 2 II A, 460).

71   Ueber der Kammerthüre manches Berühmten

ENTSTEHUNG. Der handschriftliche Befund macht deutlich, daß die Verse unmittelbar nach dem Gedicht „An die Frommen", also vermutlich im Herbst 1796, geschrieben worden sind.

ÜBERLIEFERUNG. H: SNM. 1 Blatt (vgl. ÜBERLIEFERUNG zu „An die Frommen"); am unteren Rand Überschrift, erster Vers, die Baggesen-Zeile sowie die Oberlängen des folgenden Wortes A n t w o r t. *h: GSA. Abschrift von unbekannter Hand mit dem vollständigen Text. − E: Schmidt/Suphan (1893), 208. − Textwiedergabe nach H und h.*

ERLÄUTERUNGEN. Die erste Zeile paraphrasiert V. 3−4 des Epigramms „Ueber die Kammerthür manches großen Schriftstellers" von dem deutsch-dänischen Dichter Jens Immanuel Baggesen (1764−1824); der Text lautet vollständig:
>Geht, fromme Leser, nicht hinein;
>Ihr würdet euren Zweck verfehlen!
>Man sucht vergebens Mondenschein
>Im Monde selber, gute Seelen!

(Poetische Werke [1836] 2, 295.) Welche Schriftsteller gemeint sind, bleibt offen; Schillers Replik scheint darauf hinzudeuten, daß er sich, womöglich auch Goethe, angesprochen fühlten; vgl. über Baggesens Beziehung zu beiden die Erläuterungen zu Xenion Nr 275 (B**; NA 2 II A, 552−553).

Zum Stichwort Nachttopf *in der zweiten Antwort vgl. Schillers Brief an Goethe vom 23. [25.?] Juli 1796, in dem er von einem Epigramm Baggesens gegen den „Musen-Almanach für das Jahr 1796" berichtet, worinn die [Venezianischen] Epigramme [Goethes] übel wegkommen sollen. Die Pointe ist, daß „nachdem man erst idealische Figuren an dem Leser vorübergehen lassen, endlich ein venetianischer Nachttopf über ihn ausgeleert werde"; der (bearbeitete) Text des Epigramms ist abgedruckt in NA 28, 601. Baggesen spielt auf die Gliederung des Almanachs an, der von Schiller Gedichte wie „Die Macht des Gesanges", „Der Tanz", „Die Ideale", „Würde der Frauen" enthielt und mit Goethes (anonym veröffentlichten) „Epigrammen. Venedig 1790" beschlossen wurde.*

XENIEN AUS DEM NACHLASS

74—93 Nicht in den Musen-Almanach für das Jahr 1797
aufgenommene Xenien Goethes und Schillers
aus einer Sammelhandschrift

ENTSTEHUNG. Vgl. NA 2 II A, 333 und 426—454.

ÜBERLIEFERUNG. Vgl. NA 2 II A, 334—340 und 356—361.

TEXTWIEDERGABE. Die „Xenien" aus dem Nachlaß sind fast vollständig in der Sammelhandschrift h^8 enthalten; die Textwiedergabe erfolgt für Nr 415—569 nach dieser Handschrift. Die letzten 33 „Xenien" (Nr 570—602) sind jeweils nur in einem Textzeugen überliefert; sie sind — mit Ausnahme der „Xenien" Nr 599—601 — ebenfalls nach den Handschriften (vgl. NA 2 II A, 360—361) wiedergegeben.

74 Nr 415—419

Diese fünf Distichen gehörten in der Sammelhandschrift zu einer später aufgelösten Gruppe einleitender Epigramme, die über Herkunft, Charakter und Funktion der „Xenien" Aufschluß geben; vgl. die „Konkordanz der ‚Xenien'-Sammelhandschrift [...]"; NA 2 II A, 362[1].

74 Nr 415 Das doppelte Amt

ERLÄUTERUNGEN. Mit der Anrufung Apollons als des strafenden Gottes in Nr 415 und 416 wurde (in der Sammelhandschrift) das literarische Strafgericht der „Xenien" eröffnet. — Bogen und Leier sind die Attribute des Gottes: Mit dem Bogen besiegte er den Drachen Python, der das Orakel der Gaia, seiner Mutter, in Delphi bewachte, mit der Leier bezwang er seinen Konkurrenten Marsyas in einem musikalischen Wettstreit. Die Verwandtschaft zwischen dem den Gegner erreichenden Pfeil und dem „treffenden" Lied betonte bereits Klopstock:

> Bald ist das Epigramm ein Pfeil,
> Trift mit der Spitze;
> [...]
> Ist manchmal auch (die Griechen liebten's so)
> Ein klein Gemäld', ein Strahl gesandt
> Zum brennen nicht, nur zum erleuchten.

---

[1] *Als „Konkordanz der ‚Xenien'-Sammelhandschrift [...]" oder einfach „Konkordanz [...]" wird im folgenden die „Konkordanz der ‚Xenien'-Sammelhandschrift h^8 (H^b) mit den ‚Tabulae votivae' und ‚Xenien' in NA 1/2 I" abgekürzt (vgl. NA 2 II A, 362—383). Der Hinweis „Konkordanz der überlieferten Textzeugen [...]" bezieht sich auf die „Konkordanz der überlieferten Textzeugen, Erstdrucke und späterer Drucke der ‚Tabulae votivae' (T) und ‚Xenien' (X) in NA 1/2 I" (vgl. NA 2 II A, 341—361).*

(Elfte, vergeßne Vorrede. In: Kayserlich-privilegirte Hamburgische Neue Zeitung 1771. 183. Stück vom 15. November.) In Nr 29 werden die „Xenien" als Feuerwerk, in Nr 30 als leuchtende Kugeln, *in Nr 43 allerdings auch als* Füchse mit brennenden Schwänzen bezeichnet. *In den Zusammenhang gehört auch Goethes Gedicht „Deutscher Parnaß"; entstanden als satirische Antwort auf Gleims 1797 erschienene Anti-„Xenien"-Schrift „Kraft und Schnelle des alten Peleus" (vgl. zu Nr 343, 344) und zuerst im „Musen-Almanach für das Jahr 1799" (S. 91–101) mit dem Titel „Sängerwürde" und unter dem Pseudonym* Justus Amman *veröffentlicht; dort heißt es:* Nicht die Leier nur hat Saiten, / Saiten hat der Bogen auch. *(V. 196–197; WA I 2, 29.)*

Nr 506, 526 und 557 greifen noch einmal die Gestalt des Bogen und Leier beherrschenden Gottes auf, zu dem sich im übrigen zwei weitere mythologische Schirmherren der „Xenien" gesellen: Odysseus, der sich an den Freiern rächt (vgl. Nr 414), und Herakles (vgl. Nr 392).

74 Nr 416 **Das Monodistichon**

ERLÄUTERUNGEN. Die „Xenien" bestehen jeweils aus einem Distichon; vgl. zu dieser lyrischen Form das Epigramm „Das Distichon". In den „Tabulae votivae" kommen vereinzelt Gruppen von Distichen vor; auch für die Sammlung seiner „Gedichte" faßte Schiller einige Versgruppen unter einer gemeinsamen Überschrift zusammen.
1 Musageten] *Apollon.*
2 schmalen Rain] *Gemeint ist der geringe Raum, den die zwei Verse eines Distichons bieten. Nr 416 greift auf Nr 415 zurück: Nicht als Musenführer (griech.* μουσηγέτης*), sondern als strafender Gott erscheint Apollon in den „Xenien"; vgl. aber auch Nr 557.*

74 Nr 417 **Uebersetzung**

ERLÄUTERUNGEN. Vgl. die Erläuterungen zum folgenden Xenion.

74 Nr 418 **Unser Vorgänger**

ERLÄUTERUNGEN. Der römische Dichter M. Valerius Martialis (um 40–um 104) nannte das 13. Buch seiner 15 Bücher umfassenden Epigrammsammlung „Xenia", also „Gastgeschenke", wie sie nach griechischem Brauch der Gastgeber dem Gast nach der Mahlzeit zu überreichen pflegte. Es handelt sich um eine Sammlung von Zweizeilern, die man als poetische Begleitkarten zu Gastgeschenken, die am Saturnalien- und Neujahrsfest übersandt wurden, verwendete; diese Verse waren im Unterschied zu Martials satirischen Epigrammen harmlose Gelegenheitsgedichte. Schiller und Goethe mischten diesen Küchenpräsenten gehörig Pfeffer *bei (vgl. Nr 364, 365) und versahen ihre „Xenien" mit dem ursprünglichen satirisch-kritischen Charakter der Martialischen Epigramme.*

Der Gedanke, die geplanten Distichen in ironischer Umkehrung nach Martial „Xenien" zu nennen, stammte von Goethe; er teilte ihn Schiller am 23. Dezember 1795 mit, entstanden aber ist er schon früher; so hatte Goethe bereits seine „Epigramme. Venedig 1790" als ein artig Gastmahl *empfehlen wollen (WA I 1, 466). — Schiller seinerseits machte sich über Ramlers Übersetzung mit Martial bekannt (vgl. an Humboldt vom 29. [und 30.] November 1795), „Martialis in einem Auszuge" (1787–1793, 1794), nahm aber auch das Original zur Hand (vgl. zu Nr 452).*

74 Nr 419 An die ernsthaften Xenien

ERLÄUTERUNGEN.
1 lustigen Brüder] Es sind die Füchse mit brennenden Schwänzen *aus der Nr 43 gemeint, die in der Sammelhandschrift unmittelbar vorherging (vgl. „Konkordanz [...]"; NA 2 II A, 362) und die Überschrift „An die lustigen Xenien" trug.*

75–77 Nr 420–438

Mit Nr 420 begann in der Sammelhandschrift eine 37 Distichen umfassende „Xenien"-Gruppe (in Nr 438 wird aufgerundet von vierzig Epigrammen *gesprochen), die sich besonders gegen Johann Friedrich Reichardt wendet, zugleich aber auch allgemein gegen politisch-revolutionäres Gedankengut, wie es sich im Gefolge der Französischen Revolution in einer großen Zahl von Flugschriften, politischen Zeitungen und Journalen widerspiegelt (vgl. die „Konkordanz [...]"; NA 2 II A, 362–363). Über Reichardt und weitere ihm gewidmete „Xenien" vgl. die Erläuterungen zu Nr 80 (Zeichen des Scorpions; NA 2 II A, 484–486).*

75 Nr 420–426

Vgl. zu diesen Goetheschen „Xenien" seine „Epigramme. Venedig 1790" (Nr 50–58), die sich in ähnlich kritischer Weise mit den französischen Verhältnissen nach der Revolution auseinandersetzen.

75 Nr 420 Die Journale Deutschland und Frankreich

LESARTEN. Am linken Rand von Schillers Hand mit Blei NB *h⁸*

ERLÄUTERUNGEN. In den Jahren 1795–1797 gab Reichardt zusammen mit dem Altonaer Unternehmer Pieter Poel die (bis 1805 anonym erscheinende) Zeitschrift „Frankreich im Jahre 1795 [–1805]" (Altona) heraus, im Jahr 1796, ebenfalls anonym, das Journal „Deutschland" (in 4 Bänden bei Unger in Berlin). Die ersten Stücke von „Frankreich" hatte Reichardt Schiller übermittelt, der sich dafür, wenig begeistert, bedankte und bereits bei dieser Gelegenheit vorsichtige Bedenken gegen die politische Tendenz der Zeitschrift äußerte (vgl. an Reichardt vom 3. August 1795).

75 Nr 421   Das Local

LESARTEN. 1 in Frankreich?] in Frankreich – h⁶   2 vom] von h⁶   Das Distichon – von Goethes Hand mit Blei, sehr verblaßt und kaum lesbar – gestr. h⁷; mit Blei (von Schiller?) gestr. h⁸

ERLÄUTERUNGEN. Reichardts Journal „Frankreich" trug den Untertitel „Aus den Briefen Deutscher Männer in Paris". – Der Hinweis auf den Publizisten und Historiker Gottlob Benedikt von Schirach (1743–1804), der seit 1791 in Altona ein gegen die Französische Revolution gerichtetes „Politisches Journal" herausgab, ist nicht ganz zutreffend; neben Übersetzungen aus aktuellen französischen Schriften enthielt Reichardts Zeitschrift auch Originalbeiträge aus Paris und dem übrigen Frankreich; zu den Mitarbeitern gehörten u. a. Carl Friedrich Cramer, der seit 1796 in Paris lebte (siehe über ihn zu Nr 230, 231, 438), sowie eine Reihe französischer Korrespondenten. Vgl. Salmen, Johann Friedrich Reichardt (1963), 179–181; Hocks/Schmidt (1975), 73.

75 Nr 422   Der Wolf in Schafskleidern

LESARTEN. 1 den] ü. d. Z. erg. h⁶   dumm,] dumm? h⁶   2 euch ists nur um die Herrschafft] es ist euch nur um die Herrschaft h⁶   Das Distichon (von Schiller?) mit Blei gestr. h⁸

ERLÄUTERUNGEN. Im Neuen Testament heißt es: „Hütet euch vor den falschen Propheten; sie kommen zu euch wie (harmlose) Schafe, in Wirklichkeit aber sind sie reißende Wölfe." (Matth. 7, 15.)

75 Nr 423   Das Merkmal

LESARTEN. Überschrift: Ein anderes h⁶   Das Merkmal von Schiller mit Blei nachgetragen h⁸   1 sonderst bis Partheygeist,] ist leicht vom stumpfen Partheygeist zu sondern h⁶   stumpfem] stumpfen h⁸   2 begehrt] will h⁶

ERLÄUTERUNGEN. Der an Reichardt gerichtete Vorwurf mangelnder (politischer) Ueberzeugung erscheint nicht treffend; immerhin kostete ihn seine politische Einstellung das Amt des königlichen Kapellmeisters in Berlin (vgl. zu Nr 80, 424).

75 Nr 424   Verlegene Waare

LESARTEN. Überschrift fehlt h⁷ und (zweimal) h¹¹   1 Frankreich] Franckreich h⁷   ist] ist, h¹¹ (S. 3)   noch] Noch h⁷   immer,] Komma fehlt h⁷   2 dem Pöbel] dem verb. aus der; Pöbel über gestr. Menge h⁷   kriecht.] Punkt fehlt h⁷   Das Distichon zusammen mit dem folgenden (von Schiller?) mit Blei gestr. h⁸; mit Blei (zweimal) gestr. h¹¹

ERLÄUTERUNGEN. *Das Distichon bezieht sich über Reichardt hinaus auf die deutschen Anhänger der Französischen Revolution, die Intellektuellen und Aristokraten unter ihnen, die sich durch ihr revolutionäres Engagement — für Goethe eine widrige Vorstellung (vgl. Nr 425, 426) — mit dem Pöbel gemein machen. Mit Blick auf Frankreich ließe sich dabei an Honoré Gabriel de Riqueti, Graf von Mirabeau (1749–1791), oder Ludwig Philipp Joseph, Herzog von Orléans, genannt Philippe Egalité (vgl. über ihn zu Nr 350), denken. Überhaupt war zur „Xenien"-Zeit die Revolution vorbey und Napoleon in Sicht. Daß in Deutschland Revolution nur „gespielt" wird, dies karikiert auch Nr 215.*

Titel Verlegene] verliegen: „durch liegen schaden nehmen"; „verlegen" bezeichnet „längst vergangenes" oder etwas, das „durch liegen beschädigt" ist (Grimm 12 I, 791 u. 792).

75 Nr 425   Eure Absicht

LESARTEN. *Fassung h^7 (ohne Überschrift):*
    Pobel wagst du zu sagen, Wo ist der der Pobel
    Verzeiht mir
    Giebt es keinen durch Euch würde das Volck
            es bald.
*(*1 Wo ist der] *über gestr.* Es giebt nicht   2 es bald] *nach gestr.* dazu.*)*
Fassung h^{11} (S. 6) bietet nur den Anfang:
    Pöbel! wagst du zu sagen, wo ist der Pöbel?
1 sagen] sagen, h^{11} *(S. 3)* wo] *verb. aus* Wo h^{11} *(S. 3)* Ihr machtet,] *über nicht gestr.* Verzeiht mir, h^{11} *(S. 3)* 2 Ging *bis* dazu.] *unter nicht gestr.* Giebt es keinen, durch euch würden die Völker es bald. h^{11} *(S. 3)* *Das Distichon zusammen mit dem vorangehenden (von Schiller?) mit Blei gestr.* h^8; *mit Blei (zweimal) gestr.* h^{11}

ERLÄUTERUNGEN. *Das Distichon bedient sich offenbar des etymologischen Zusammenhangs zwischen (lat.)* populum *(„Volk") und „Pöbel". Vgl. im übrigen die Erläuterungen zu Nr 424.*

75 Nr 426   Nicht lange

LESARTEN. 2 Und] und h^6 wir] *von Goethe über gestr.* den h^6 *Das Distichon (von Schiller?) mit Blei gestr.* h^8

ERLÄUTERUNGEN. *Vgl. Nr 432 und 424 sowie die Erläuterungen dazu.*
1 Paroxismus] *griech.* παροξυσμός: *Anregung, Erbitterung; medizinisch: heftiger Anfall, höchste Steigerung einer Krankheit.*

75 Nr 427   Der Stöpsel

LESARTEN. *Überschrift von Schiller mit Blei erg.* h^8

ERLÄUTERUNGEN. Gemeint sein könnte: Du magst ruhig den Staat durcheinanderzubringen versuchen, du wirst doch nie Gewicht und Bedeutung genug haben, um Unruhe in die Tiefe der Gesellschaft zu bringen.
Im Vertrauen auf die Beharrungskraft der staatlichen Ordnung verspottet das Xenion die Bemühungen der deutschen Revolutionäre als Sturm im Wasserglas. – Der (von Schiller hinzugefügte) Titel will nicht recht zu dem Distichon passen, wie überhaupt das ganze Bild schief erscheint; die Vorstellungen einer geschlossenen Flasche und eines schwimmenden Korks gehen nicht recht zusammen, vielleicht ein Grund, warum das Epigramm von der Veröffentlichung ausgeschlossen wurde.

76 Nr 428   Die Staatsverbesserer

ERLÄUTERUNGEN. Der Titel ist möglicherweise eine Anspielung auf die Schrift „Ueber Staatsverfassungen und ihre Verbesserung" (1793–1794) von Johann August Eberhard (1739–1809), Professor der Philosophie in Halle.

76 Nr 429   Das Kennzeichen

LESARTEN. 2 Göttliche nicht!] göttliche nicht. h^6

ERLÄUTERUNGEN. Der Witz des Epigramms besteht wohl darin, daß die Vorliebe der Französischen Revolution für die Antike zitiert und wörtlich genommen wird, wobei diese gegen jene ausgespielt wird. Die römische „Libertas" wurde mit Zepter oder „Spieß" und einem Hut, dem „Zeichen der Freyheit", stets aber als Göttin, würdevoll und erhaben, dargestellt (Hederich, 1465). Die Revolution verkündet die Freiheit, schmückt sich auch mit dem gleichen Hut, knirscht aber dabei mit den Zähnen, womit – so das Distichon – erwiesen ist, daß die Freyheits Priester oder Freyheitsapostel (Nr 422) die Göttin niemals gesehen haben, also „falsche Propheten" (vgl. zu Nr 422) oder, im Sinn von Nr 214, „Baalspfaffen" sind.

76 Nr 430   Er in Paris

LESARTEN. Überschrift: Er] r von Schiller mit Blei erg. h^8

ERLÄUTERUNGEN. Reichardt hielt sich viermal in Paris auf: 1785, 1786, 1788 und 1792. Seine Musik war dort keineswegs durchgefallen, wenn ihm auch über Achtungserfolge hinaus nicht der Durchbruch gelang. Vgl. Salmen, Johann Friedrich Reichardt (1963), 59, 61, 66 u. 72–73.

76 Nr 431   Böse Waare

ERLÄUTERUNGEN. Gegen die aus dem Pentameter hervorgehende Beurteilung könnte sprechen, daß etwa Reichardts „Vertraute Briefe über Frankreich" (1792–1793) nicht nur *in Deutschland viel gelesen wurden, sondern auch in Frankreich Beachtung fanden; noch hundert Jahre später wurde eine französische Ausgabe veranstaltet: "Un Prussien en France en 1792" (1892).*

76 Nr 432   Meister und Diletant

LESARTEN. *Fassung h^6 und h^{11}:*
Meister und Diletant. *(Überschrift fehlt h^{11})*
Melodien verstehst du und Harmonien zu binden,
   Aber die Worte, mein Freund, glaub' *(h^{11}:* glaub*)* es, verbindest du schlecht.
Fassung h^7 (ohne Überschrift):
Melodien verstehst du und Formen zu binden
   Aber die Worte mein Freund glaub es verbindest du schlecht.
(1 Melodien *bis* binden] *über gestr.* Noten kannst du wohl schreiben die stehen nebeneinander *[*die stehen] *darüber und* Melodien verbinden *gestr.])*

ERLÄUTERUNGEN. *Dieses Xenion geht ebenso wie das in der Sammelhandschrift ursprünglich folgende, Nr 220, gegen Reichardt als literarischen Dilettanten (vgl. über den Begriff das Epigramm „Dilettant" [Tabulae votivae, Nr 87] und die Erläuterungen dazu; NA 2 II A, 414); in seinem Brief an Goethe vom 5. Februar 1796 sprach Schiller Reichardt auch dessen Verdienst als Musiker ab (vgl. „Dokumente zu Entstehung und Aufnahme" der „Xenien", Nr 28; NA 2 II A, 435).*

76 Nr 433   Der Zeitschriftsteller

LESARTEN. *Überschrift:* Der Zeitschriftsteller. *h^7 und (zweimal) h^{11}*   1 demokratischem] *von Goethe über gestr.* dem ogratischen *(Hörfehler) h^6* demokratischen *h^8* Futter,] *Komma fehlt h^6 h^7 und (zweimal) h^{11}*   2 Und] *und h^6 Das Distichon gestr. h^7 h^8 und (zweimal) h^{11}*

ERLÄUTERUNGEN. *Der Vorwurf des politischen Opportunismus, den auch Nr 216 erhebt, trifft Reichardt, falls er sich ausschließlich gegen ihn richten soll, nur bedingt. Zwar führte Reichardts politischer Weg von einer zunächst preußisch-konservativen, königstreuen Gesinnung zu Revolutionsbegeisterung und Kosmopolitismus (und schließlich, gegen Ende seines Lebens, wieder in die Nähe des Ausgangspunkts zurück), doch vertrat er seine politischen Überzeugungen durchaus auch mit der Konsequenz persönlicher Nachteile (vgl. zu Nr 424).*
   Über Reichardt als Zeitschriftsteller informiert Salmen, Johann Friedrich Reichardt (1963), 166–188. Das Distichon ist ein frühes Zeugnis für einen Begriff, der vertraut ist als einer der Schlagworte des Jungen Deutschland.

76—77 Nr 434—437

Diese „Xenien" richten sich wie Nr 223, 225 und 227–229, die ursprünglich dazugehörten (vgl. „Konkordanz [...]"; NA 2 II A, 363), gegen Reichardts Journal „Deutschland".

76 Nr 434   [Schlechtes zu fertigen ...]

LESARTEN. Das Distichon (von Schiller?) mit Blei gestr. h^8

ERLÄUTERUNGEN. Vgl. die Erläuterungen zu Nr 225 (NA 2 II A, 534).

76 Nr 435   **Kennzeichen**

LESARTEN. Überschrift: Das *(von Goethe über gestr.* Die*)* Kennzeichen. h^6 Kennzeichen *von Schiller mit Blei nachgetragen* h^8
1 G r o b h e i t] Grobheit h^6 Biederkeit?] *Fragezeichen erg.* h^6 Leichtlich,] leichtlich h^6 **2** stets,] *Komma fehlt* h^6 nie.] *Punkt fehlt* h^6

ERLÄUTERUNGEN. Über Reichardts Grobheit *vgl. auch Nr 229.*

77 Nr 436   [Ist das Knie nur geschmeidig ...]

LESARTEN. Das Distichon mit dem folgenden (von Schiller?) mit Blei gestr. h^8

ERLÄUTERUNGEN. Der Vorwurf, ein „bissiger Schmeichler" (Schmidt/Suphan [1893], 117) zu sein, bezieht sich hier wohl nicht auf das politische Verhalten Reichardts (vgl. zu Nr 424 u. 433), sondern auf die literaturkritische Tätigkeit in seinem Journal „Deutschland", in dem, je nach Zusammenhang, ein und dasselbe Werk, ein und derselbe Autor gelobt und getadelt oder der eine gegen den andern ausgespielt werden. So werden z. B. Goethes „Unterhaltungen deutscher Ausgewanderten", die 1795 in den „Horen" erschienen, heftig kritisiert (vgl. Deutschland 1796. Bd 1. S. 59 – 63), seine „Römischen Elegien" aus den „Horen" 1795 dagegen sehr gelobt, zugleich jedoch wieder – unter moralischem Aspekt – abgelehnt: Diese im Sinne der Alten gedichteten Elegien sind schön, sehr schön, meisterhaft [...]. Aber Bilder seiner [des Dichters] muthwilliger Sinnlichkeit und Laune in den ofnen Hallen des Tempels aufzustellen, der sich dem reinen Interesse der Menschheit *[vgl. Schillers Ankündigung der „Horen"; NA 22, 106 – 109]* widmete [...] – Welch ein gebieterisches Schicksal vermochte also das Urtheil des strengen Herausgebers zu lenken? *(Deutschland 1796. Bd 1. S. 90.) (Die gleiche Kritik traf die im 1. und 3. „Horen"-Stück 1796 erschienene Übersetzung der „Elegien von Properz" von Karl Ludwig von Knebel; vgl. ebd., S. 384 – 385.) Die Stelle aus Reichardts „Horen"-Rezension demonstriert, wie ihr Verfasser gewissermaßen unter dem Schutz des Beifalls für Goethe gegen Schiller vorgeht. Zu dem Bemühen, Schiller zu befehden und sich gleichzeitig Goethes Gunst zu bewahren, vgl. auch die Erläuterungen zu Nr 80 (Zeichen des Scorpions; NA 2 II A, 486).*

77 Nr 437   [Was du mit Beissen verdorben ...]

LESARTEN. Das Distichon mit dem vorangehenden (von Schiller?) mit Blei gestr. h^8

ERLÄUTERUNGEN. Vgl. die Erläuterungen zu Nr 436.

77 Nr 438   Die Bestimmung

LESARTEN. 1 vierzig] funfzig h^6 ihn] ihm h^6

ERLÄUTERUNGEN. Die Angabe vierzig bezieht sich auf die ursprünglich 37 Distichen umfassende „Xenien"-Gruppe gegen Johann Friedrich Reichardt. Vgl. zu Nr 420–438.
2 Nachbar] Von der womöglich allgemeinen Bedeutung der Formulierung abgesehen, könnte Carl Friedrich Cramer gemeint gewesen sein; ihm galten in der Sammelhandschrift die unmittelbar folgenden „Xenien" (vgl. „Konkordanz [...]"; NA 2 II A, 363; über Cramer die Erläuterungen zu Nr 230 u. 231; NA 2 II A, 536).

77 Nr 439   An einige Repräsentanten

ERLÄUTERUNGEN. Der Bezug des Xenions ist nicht sicher; in Frage kommen Johann Friedrich Reichardt oder, wahrscheinlicher, Carl Friedrich Cramer, der in der Sammelhandschrift auf jenen folgenden „Xenien"-Adressat.
2 seccanten] ital. seccare: (hier) ärgern, belästigen.

77–78 Nr 440–448

Diese „Xenien" gehörten in der Sammelhandschrift zu einem Kontingent von 36 Epigrammen gegen politische Schwärmer (Nr 440) und solchen allgemein politischen Inhalts, die sich den Distichen gegen Reichardt und Cramer anschlossen; vgl. „Konkordanz der ‚Xenien'-Sammelhandschrift [...]"; NA 2 II A, 363–365. Von diesen fanden nach Schillers Redaktion später etliche außerhalb von „Xenien" und „Tabulae votivae" Aufnahme in den Musenalmanach; Goethe, von dem die meisten stammen, wies einigen von ihnen einen Platz im „Herbst" seiner „Vier Jahreszeiten" zu (vgl. WA I 1, 351–357).

77 Nr 440   Der Unterschied

LESARTEN. Das Distichon mit dem folgenden (von Schiller?) mit Blei gestr. h^8

ERLÄUTERUNGEN. Den politischen Schwärmern wird Ludwig Timotheus Spittler (1752–1810) entgegengestellt; er war Professor für Geschichte in Göttingen und galt als Experte für Verfassungsgeschichte; er hatte einen vielbeachteten „Entwurf der Geschichte der Europäischen Staaten" (1793–1794) vorgelegt, in dem allerdings von den deutschen Staaten nur Preußen, und auch nur kurz, behandelt war (vgl. 2, 430–453). Schiller schätzte seinen (in Stuttgart geborenen) Landsmann, dessen Werke er für seine eigenen historischen Studien benutzte (vgl. an Huber vom 29. Juli 1788, an Hufeland vom 20. August

1788, an Crusius vom 9. März 1789, an Körner vom 26. März 1789 sowie die „Geschichte des Abfalls der vereinigten Niederlande [...]"; NA 17, 9). Über Spittler vgl. auch Nr 512, *über die Schwärmer* Nr 446, *über die Frage der Verfassung* Nr 232.

77 Nr 441 Venus in der Schlacht

LESARTEN. *Das Distichon mit dem vorangehenden (von Schiller?) mit Blei gestr.* h⁸

ERLÄUTERUNGEN. Dieses und das folgende Distichon richten sich gegen politische revolutionäre Gesinnung und Aktivität der Frauen. So entwickelte sich z. B. im Gefolge der Französischen Revolution eine Frauenrechtsbewegung; 1789 versuchten die in besonderen Klubs zusammengeschlossenen Pariser Frauen unter ihrer Führerin Marie Olympe de Gouges (1755–1793 [sie starb auf dem Schafott]) die Verkündung der Menschen- und Bürgerrechte durch eine „Erklärung der Frauenrechte" zu ergänzen. Zu denken ist auch an den Zug der Pariser Marktfrauen vom 5. Oktober 1789 nach Versailles oder an die Mainzer Klubistinnen in der Zeit der „Rheinischen Republik".

Ein Schlaglicht auf die zeitgenössische Einschätzung der politischen Betätigung von Frauen werfen Journalbeiträge wie „Ueber die Revolutionssucht deutscher Weiber" in der „Eudämonia" (1795. Bd 1. S. 369–390), in dem der warnende Brief einer besorgten Frau von hohem Verstand zitiert wird; darin heißt es u. a.: „Wehe denen, die bey der jezt so sehr im Schwang gehenden Lesesucht, durch ihre Schriften das weibliche Geschlecht so erbärmlich verderben! Das männliche Geschlecht bedenkt die Gefahr, das Unglük zu wenig, das es sich selbst zurichtet. Macht die Freydenkerey größere Progressen unter uns, welcher Mann wird länger in seinem eigenen Hause sicher seyn können? [...]" (S. 369.) (Über die Zeitschrift vgl. Nr 449 und die Erläuterungen dazu.) – Eine der bekanntesten „politischen Frauen" in Deutschland war Caroline Böhmer (vgl. zu Nr 347; NA 2 II A, 578–579.)

2 Marsfeld] *Gemeint sind sowohl der Champ de Mars in Paris, wo am 14. Juli 1790 der Jahrestag des Sturms auf die Bastille gefeiert worden war, als auch das „Schlachtfeld" in wörtlicher Anspielung auf den 5. Gesang von Homers „Ilias", in dem Aphrodite im Kampf vor Troja verwundet wird, als sie ihrem Sohn Aeneas zu Hilfe eilt, und, auf den Olymp zurückgekehrt, von Zeus ermahnt wird:* Töchterchen, dein Geschäft sind nicht die Werke des Krieges. / Ordne du lieber hinfort anmutige Werke der Hochzeit. *(5, 428–429; nach Voß, Homers Werke [1976], 85.)*

77 Nr 442 Zevs zur Venus

LESARTEN. 2 besing] besieg, *über* e *von Schillers Hand mit Blei* n h⁸ *Das Distichon (von Schiller?) mit Blei gestr.* h⁸

ERLÄUTERUNGEN. Vgl. die Erläuterungen zu Nr 441.

77 Nr 443　　　　　An unsere Repräsentanten

LESARTEN. Überschrift: Repräsentanten] *zweites* t *verb. aus* d *h⁶*　　2 Schwänzen] Schwätzen *h⁸*　　Einem] E *verb. aus* e *h⁶*

ERLÄUTERUNGEN. Im Gegensatz zu den Schwärmern für Demokratie und Republik (das vielköpfige Thier) wird hier offenbar eine Art konstitutioneller Monarchie befürwortet. Vgl. die übrigen politischen Epigramme Goethes im „Musen-Almanach für das Jahr 1797" (siehe „Konkordanz [...]"), in denen er eine gemäßigt aristokratische Haltung einnimmt.

78 Nr 444　　　　　Verkehrter Beruf

ERLÄUTERUNGEN. Ganz anders als dieses und das folgende Xenion hatte sich Platon in seinem Staatsentwurf dafür ausgesprochen, daß die Philosophen Könige oder die Könige Philosophen sein sollten (vgl. das 6. Buch der „Politeia"). Mit Bezug darauf hatte jedoch schon Kant in seiner Schrift „Zum ewigen Frieden" (1795; ²1796) festgestellt: Daß Könige philosophiren, oder Philosophen Könige würden, ist nicht zu erwarten, aber auch nicht zu wünschen *(Kant's Werke 8, 369). Auch Wieland hegte an Platons Leitsatz Zweifel, die er in seinem Aufsatz „Athenion, genannt Aristion, oder das Glück der Athenienser unter der Regierung eines Philosophen" im „Teutschen Merkur" (1781. Juli. S. 3–22 u. August. S. 140–170) darlegte.*

78 Nr 445　　　　　Die Unberufenen

LESARTEN. Überschrift: Prüfung. *von Goethes Hand h⁶*　　1 handeln,] *Komma fehlt h⁶*　　sich,] *Komma fehlt h⁶*　　2 Was] *h⁶*　　That?] *Fragezeichen fehlt (aus Platzmangel am äußersten rechten Rand) h⁸*

ERLÄUTERUNGEN. Vgl. die Erläuterungen zu Nr 444.

78 Nr 446　　　　　Doppelter Irrthum

ERLÄUTERUNGEN. Über die politischen Schwärmer vgl. Nr 440, zum Weltmann Nr 444 und 445. – Im Brief an Schiller vom 31. Juli 1799 stellte Goethe später die Möglichkeiten einer prinzipiell guten oder prinzipiell schlechten Anlage des Menschen einander gegenüber und resümierte abschließend: Man sieht daher auch wie Kant nothwendig auf ein radikales Böse kommen mußte. *Schiller antwortete darauf am 2. August 1799, die Kantische Entwicklung des Problems scheine ihm* gar zu mönchisch, *und kritisierte, daß Kant, um dem menschlichen Hang zum Bösen ein Gegengewicht zu schaffen,* den Trieb zum Guten und den Trieb zum sinnlichen Wohl völlig als gleiche Potenzen behandle, obwohl sie zwei unendlich heterogene Dinge seien. *Goethe wie Schiller bezogen sich auf Kants Schrift „Die Religion innerhalb der Grenzen der bloßen Vernunft" (1793).*

78 Nr 447 Trost

LESARTEN. *Vor der Überschrift ein Kreuz h⁶* **2** biederen Sinns] *verb. aus* biederem Sinnes *h⁶*

ERLÄUTERUNGEN. *Das Xenion steht in engem Zusammenhang mit den in der Sammelhandschrift ursprünglich unmittelbar vorhergehenden Schillerschen Epigrammen „Majestas populi" und „Das Lotto", die im Musenalmanach zusammengefaßt unter dem erstgenannten Titel erschienen (vgl. NA 1, 278). Demnach wäre zu paraphrasieren: Mit dem hundertsten Teil der Menschheit sind wir zufrieden, wenn (falls) sich zeigt – oder: denn es zeigt sich –, daß dieser Teil „gemäßigt" und „tüchtig" ist. – Vielleicht zitiert das Xenion verkappt die biblische Wendung, sie umkehrend, in der von hundertfacher Frucht des Wortes Gottes die Rede ist (vgl. Matth. 13, 23; Mk 4, 8).*

78 Nr 448 Warnung

LESARTEN. *Vor der Überschrift ein Kreuz h⁶* **1** Wesen] *danach Ausrufezeichen erg.* h⁶ **2** diesseit] disseit *h⁸* Mayns,] Mains *h⁶*

ERLÄUTERUNGEN. *Wenn die geographischen Angaben im Pentameter wörtlich genommen werden, ließe sich* diesseit des Mayns *vielleicht als „nördlich des Mains" verstehen; dann könnte der Versuch Frankreichs gemeint sein, die Revolution militärisch in die Nachbarländer zu exportieren; um die Jahreswende 1794/1795 hatten die französischen Revolutionsarmeen Holland eingenommen und im Januar 1795 die „Batavische Republik" errichtet; von Belgien aus drangen sie weiter nach Deutschland vor und besetzten Köln, Bonn, Koblenz und Trier. – Es könnten die geographischen Angaben aber auch eher rhetorischen Charakter haben. In diesem Fall könnte gelesen werden: Deutsche, haltet an eurem Wesen fest, wo auch immer – ob diesseits des Mains oder jenseits der Rheins – Frankreich euch betört.* Frankreich *stünde für das französische Wesen, dem Deutsche jetzt in ihrer Revolutionsbegeisterung anhingen wie früher in ihrer* Gallomanie *(Nr 320); zum deutschen Wesen gehörte, wie aus Nr 447 hervorgeht,* mäßig und biederen Sinns *zu sein.*

78 Nr 449–451

Diese Distichen gehörten in der Sammelhandschrift zur Gruppe der Tierkreis-„Xenien" (Nr 68–90; vgl. die „Konkordanz [...]"; NA 2 II A, 365). Nr 449 wurde, wie Nr 519, aus metrischen Gründen (unkorrekte Länge des i bei Eudaemonia*) gestrichen (vgl. Goethe an Schiller vom 30. Juli 1796).*

78 Nr 449 Zeichen der Hunde

ERLÄUTERUNGEN. *Das Epigramm zielt auf die Zeitschrift „Eudämonia, oder deutsches Volksglük ein Journal für Freunde von Wahrheit und Recht" (Bd 1–6. Leipzig [Bd 2–5: Frankfurt/M., Bd 6: Nürnberg] 1795–1798) und auf Leopold Alois Hoffmann,* den Herausgeber der „Wiener Zeitschrift". — Die von einer Gesellschaft durch ganz Deutschland zerstreuter Gelehrten von allen Konfessionen, Fakultäten und Ständen *(1795. Bd 1. S. V)* anonym herausgegebene Zeitschrift „Eudämonia", „ein Denunciantenblatt schlimmster Art" *(Schmidt/Suphan [1893], 124)*, zog, wie Schirachs „Politisches Journal" *(vgl. Nr 421)*, gegen die schwärmerische Revolutionslust zu Felde wie überhaupt gegen Gottesverleugnung und Lästerung, Fürstenhaß, öffentliche Verspottung der Fürsten und Obrigkeiten *(ebd., S. III)*. — Vgl. *zur kritischen Einschätzung der „Eudämonia" auch: „Oberdeutsche allgemeine Litteraturzeitung" (1795. 98. Stück vom 19. August. Sp. 365–366), ALZ (1796. Nr 12 vom 11. Januar. Sp. 89–93), „Intelligenzblatt" der ALZ (1796. Nr 29 vom 5. März. Sp. 233; Nr 43 vom 6. April. Sp. 353–355; Nr 50 vom 16. April. Sp. 409–413).*

Leopold Alois Hoffmann (1748–1806) war Publizist und Professor für Rhetorik in Wien; er gab die „Wiener Zeitschrift" (6 Bde. Wien 1792–1793) heraus, die von der politischen Tendenz her ein Vorläufer der „Eudämonia" war. Der „Prolog" der Zeitschrift informiert über die Absicht der Zeitschrift; sie kämpfte gegen den jetzigen allgemeinen Freiheittaumel in Europa, die Empörungen und Aufwieglungen gutmüthiger Nationen wider ihre Souveräne, alle politischen Gährungen *und den* heutigen Unglauben aller Arten, *kurz, gegen* demokratische Zügellosigkeit *und die* Anarchie der philosophischen Aufklärung *(1792. Bd 1. S. 3 u. 4). Solches Engagement veranlaßte Friedrich Wilhelm II., König von Preußen,* sogleich, *auf* zwölf Exemplare [zu] pränumeriren, und sonst zur Beförderung des Werkes gern die Hand [zu] biethen *(1792. Bd 1. S. 274). Unter den* falschen Aposteln *der* herrschenden Aufklärungsbarbarei *(ebd., S. 5), die Hoffmanns Verdikt traf, befanden sich der Jurist und Professor für Staatswissenschaften in Wien Joseph von Sonnenfels (1733–1817), der Göttinger Publizist und Professor für Politik und Geschichte August Ludwig von Schlözer (1735–1809), der Mainzer Republikaner Johann Georg Forster (1754–1794) und, in vorderer Linie, der Braunschweiger Schulrat und Buchhändler Joachim Heinrich Campe (1746–1818), dessen französische Ehrenbürgerschaft ebenso wie die Klopstocks und Schillers Anlaß zu heftigen Ausfällen war.*

Dabei erfuhr Schiller zunächst noch Schonung: Kann man es Schillern so hoch anrechnen, wenn er vom Dichterfeuer durchglüht in den Neufranken [...] eben so wakkere Männer erblikt, als seine vortreflichen Räuber waren, und es nicht unter seiner Würde hält, ihnen ebenfalls beigezählt zu werden? *(1793. Bd 5. S. 36.) In einem „Nachtrag" der „Wiener Zeitschrift" dagegen, in dem Hoffmann seinen Feldzug fortsetzte, heißt es über den französischen Aktivbürger Schiller unverblümt:* Dieser Hofrath Schiller mag allerdings in Absicht seiner mahlerischen Darstellungskraft ein braver Schöngeist sein, obschon seine Schauspiele auf keinem gesitteten und civilen Theater vorgestellt werden können. Seine Räuber sind ein wahres Schandstük, und das bitterste Pasquill auf deutsche Theaterfreiheit. Aber nun das dumme, kriechende Wesen, womit z.B. seine zusammengestoppelte allgemeine Sammlung historischer Memoiren [...] angezeigt wird! (Höchst wichtige Erinnerungen zur rechten Zeit, über einige der allerernsthaftesten Angelegenheiten dieses Zeitalters. [...] Von Alois Leopold Hoffmann [...]. Als erster Nachtrag der W. Zeitschrift, den Lesern und Gegnern derselben gewidmet. Wien 1795. S. 337.) (Vgl. die Ankündigung von Schillers „Allgemeiner Sammlung Historischer Memoires [...]" [2. Abteilung. Bd 1–3] in der ALZ 1794. Nr 106 vom 28. März. Sp. 841–843.)*

Vermutlich hatte Schiller von den Ausfällen der „Wiener Zeitschrift" nicht unmittelbar,

sondern durch die ALZ Kenntnis, die in einer ausführlichen Besprechung der ersten vier Bände über Charakter und Inhalt des Journals berichtete (1793. Nr 286 vom 10. Oktober. Sp. 65–72; Nr 287 vom 11. Oktober. Sp. 73–80). Zur kritischen Einschätzung der „Wiener Zeitschrift" vgl. auch: „Berlinische Monatsschrift" (Bd 26. 1795. S. 470–471 u. 474–475), Nicolais „Beschreibung einer Reise durch Deutschland und die Schweiz" (9, XIII), Adolph von Knigges „Die Reise nach Braunschweig" ([²1794], 43), „Genius der Zeit" (1796. Bd 7. S. 17–20), Johann Paul Friedrich Richters „Hesperus, oder 45 Hundsposttage" ([1795], 278–279).
1 Südwärts] *mit Blick auf Wien.*

78 Nr 450   Die Eiche

ERLÄUTERUNGEN. *Johann Friedrich Reichardts Journal „Deutschland" (vgl. Nr 208 u. 420) wurde in Berlin von Johann Gottlieb Unger (1753–1804) verlegt; es trug auf der Titelseite eine grüne Girlande aus Eichenlaub und Eicheln. Über Reichardt vgl. zu Nr 80 (NA 2 II A, 484–486).*
2 styptische Frucht] *griech.* στυπτικός: *(ver)stopfend. Eichelkaffee und Eichelkakao galten als Mittel gegen Durchfall.*
2 kein reinliches Thier] *Eicheln waren Schweinefutter.*

78 Nr 451   Die Kronen

LESARTEN. **1** Vor] Von h^8 vor] von h^8

ERLÄUTERUNGEN. *Gemeint sind der preußische König Friedrich Wilhelm II. (1744–1797; seit 1786 König) und der österreichische Kaiser Franz II. (1768–1835; seit 1792 Kaiser, seit 1804 als Franz I.). Beide standen im Gegensatz zu ihren der Aufklärung und dem Gedanken der Toleranz verpflichteten Vorgängern Friedrich II., dem Großen (1712–1786; seit 1740 König), und Joseph II. (1741–1790; seit 1765 Kaiser).*

79 Nr 452   [Ista quidem mala sunt ...]

LESARTEN. **1** Ista *bis* negemus,] Ista tamen mala sunt. Quasi nos manifesta negemus. H^1

ERLÄUTERUNGEN. *Das Distichon stammt aus Martials Epigrammen (2. Buch, Nr 8, V. 7–8). Eine deutsche Version Schillers findet sich unter Nr 591. Ramlers Übersetzung, die Schiller neben dem Original zur Vorbereitung der „Xenien" benutzte, lautet:*
   Aber sie sind doch schlecht. – Wer läugnet, was allen bekannt ist?
   Ja, sie sind schlecht; doch du machst sie nicht besser, mein Freund.
(Martialis in einem Auszuge 2 [1788], 77.) Die Rede ist von diesen Blättern (V. 1 von Martials Epigramm; ebd.). Schiller notierte sich einige Epigramme, die ihm zur Übertragung geeignet erschienen: außer dem vorliegenden das den „Xenien" im Musenalmanach vorangestellte Motto sowie Nr 497 (deutsch: Nr 592) und 570 (ohne Übersetzung).

79 Nr 453 Reichsländer

LESARTEN. 2 Geist] Geist, H²

ERLÄUTERUNGEN. Diesem Epigramm ging in der Sammelhandschrift Nr 95 voraus. Beide Distichen handeln von der Idee der Einheit Deutschlands (vgl. auch das Gedichtfragment „[Deutsche Größe]").

79 Nr 454—456

Die drei Epigramme gehörten zur großen „Xenien"-Gruppe der „Flüsse" (NA 2 I, 149 u. NA 1, 321—323); vgl. die „Konkordanz [...]"; NA 2 II A, 365—366.

79 Nr 454 Sein Schicksal

ERLÄUTERUNGEN. Wahrscheinlich ist gemeint: Wie der deutsche Rhein den Ocean, das „Weltmeer", nicht erreicht, so mangelt der deutschen Kunst die Weltgeltung. So läse sich das Xenion als Beitrag zur Frage nach Bedeutung und Geltung der deutschen Kunst und Literatur im Vergleich zu den anderen Nationen, die u. a. Herder gerade in der achten Sammlung seiner „Briefe zu Beförderung der Humanität" (1796) erörterte und positiv entschied.

Eine andere Deutung des Pentameters kann von der Tatsache ausgehen, daß der Rhein nicht als „mächtiger" Strom, sondern in mehreren Flußarmen mit jeweils eigenem Namen in die Nordsee mündet.

2 Ocean] „das Weltmeer, ein beträchtlicher Theil des allgemeinen Weltmeeres, welcher mehr als Einen Welttheil berühret" (Adelung 3, 574).

79 Nr 455 Donau bey Wien

ERLÄUTERUNGEN.
2 Leopoldina] (Nieder-)Österreich nach seinem Landespatron Leopold: Markgraf Leopold III. (um 1073—1136), seit 1095 Markgraf, 1485 heiliggesprochen (Tag: 15. November).

79 Nr 456 Die Fajaken

ERLÄUTERUNGEN. Das Xenion gehört zur ursprünglich unmittelbar vorhergehenden Nr 100. — Die Fajaken, Phäaken, sind das gastfreundliche Volk auf der Insel Scheria, das dem gestrandeten Odysseus freundliche Aufnahme gewährte; das Epigramm bezieht sich auf die Verse 246—249 des 8. Gesangs der „Odyssee".

Es zitiert ein verbreitetes Vorurteil über die Österreicher; Nicolai teilte z.B. in seiner „Beschreibung einer Reise durch Deutschland und die Schweiz" mit: [...] von Wien und von Oestreich überhaupt ist es charakteristisch, daß die Liebe zu Zerstreuung und

Lustbarkeiten bis auf die untersten Stände geht. *Über die Wiener heißt es:* Sie sitzen da, als ob sie bloß zum Essen geschaffen wären. Man kann an keinem Orte so essen sehen, wie in Wien. *(5 [1785], 253 u. 254.)*
2 halter] *Austriazismus: Lieben nur halt ... (vgl. auch Nr 110).*
2 Feuerwerk, Hatzen] *Nicolai widmete diesen Veranstaltungen eigene Abschnitte (vgl. 4 [1784], 622 – 630; 630 – 641); die Tierhetze nennt er ein* abscheuliches Schauspiel *(S. 630). In den Briefen „Ueber die ästhetische Erziehung des Menschen" erwähnt Schiller die Thierhatzen in Wien* neben den *Wettrennen in London,* den *Stiergefechten in Madrid u. a. als soziokulturelle Erscheinungen, die den Geschmack dieser verschiedenen Völker gegeneinander zu nüancieren vermögen (15. Brief; NA 20, 358).*

79—80 Nr 457—460

Die vier Distichen gehörten in der Sammelhandschrift zu einer großen Sequenz über Erkenntnis, Wahrheit und Schönheit in Wissenschaft, Philosophie, Ethik und Ästhetik (vgl. die „Konkordanz [...]"; NA 2 II A, 367 – 368). Die meisten Epigramme aus diesem Umkreis wurden in die „Tabulae votivae" des „Musen-Almanachs für das Jahr 1797" aufgenommen.

79 Nr 457   Metaphysiker und Physiker

ERLÄUTERUNGEN. *Vgl. die Erläuterungen zum gleichnamigen Distichon in den „Tabulae votivae" (Nr 32; NA 2 II A, 394).*

79 Nr 458   Aerzte

ERLÄUTERUNGEN. *In der Sammelhandschrift folgten zwei weitere Epigramme, „Empiriker" und „Theoretiker" (Tabulae votivae, Nr 35 u. 36), die sich zunächst wohl auch auf die Medizin bezogen (vgl. die 1. Fassung der beiden Distichen), die hier jedoch der wissenschaftlichen Theoriebildung allgemein gelten. Schmidt/Suphan ([1893], 134) vermuten, sie könnten durch Humboldts Brief an Schiller vom 4. Dezember 1795 angeregt worden sein; Humboldt schrieb, er beschäftige sich gegenwärtig mit physiologischer Literatur, weil es interessant sei zu sehen, welche Art Philosophie in den Köpfen der Aerzte herrscht, und er rät Schiller zu gleicher Lektüre. Er wies auf Hufelands „Ideen über Pathogenie" (1795) und Johann Christian Reils Schrift „Von der Lebenskraft" (1795) hin. Hufeland vertrat die Ansicht, die menschliche Seele, sofern sie die „Lebenskraft" beeinflusse, übe Wirkungen auf Entstehung und Verlauf von Krankheiten aus. Reil widersprach dem, weil diese Einwirkung nicht erfahrbar sei, und entwickelte eine empirische Bestimmung der „Lebenskraft". – Vgl. des näheren die Erläuterungen zu Humboldts Brief.*

79 Nr 459   [Was ist das schwerste von allem? ...]

ERLÄUTERUNGEN. *Die in dem Distichon geäußerte Ansicht wird auch in dem Epigramm „An die Mystiker" in den „Tabulae votivae" (Nr 52) vertreten.*

80 Nr 460 Die neue Entdeckung

ERLÄUTERUNGEN. Schmidt/Suphan ([1893], 136) möchten das Xenion auf „Morallehrer wie Jakob und Heydenreich und die gemeine sittlich-belletristische Bearbeitung des Menschen" beziehen. Kant selbst, dessen Philosophie die beiden Genannten vertraten, hatte, durchaus im Sinne des Epigramms, in der Vorrede zur „Kritik der praktischen Vernunft" (1788) − mit Blick auf seine „Grundlegung zur Metaphysik der Sitten" (1785) und das im kategorischen Imperativ formulierte moralische Gesetz − festgestellt: Ein Recensent, der etwas zum Tadel dieser Schrift *[der „Grundlegung"]* sagen wollte, hat es besser getroffen, als er wohl selbst gemeint haben mag, indem er sagt: daß darin kein neues Princip der Moralität, sondern nur eine n e u e F o r m e l aufgestellt worden. Wer wollte aber auch einen neuen Grundsatz aller Sittlichkeit einführen und diese gleichsam zuerst erfinden? gleich als ob vor ihm die Welt in dem, was Pflicht sei, unwissend oder in durchgängigem Irrthume gewesen wäre. *(Kant's Werke 5, 8.)*

80 Nr 461−466

Diese „Xenien" befanden sich in der Sammelhandschrift in einer Reihe von Epigrammen über Mediokrität und Genialität (vgl. die „Konkordanz [...]"; NA 2 II A, 368−369); die meisten von ihnen gingen in die „Tabulae votivae" des „Musen-Almanachs für das Jahr 1797" ein.

80 Nr 461 [Sucht ihr das menschliche Ganze! ...]

ERLÄUTERUNGEN. Zum Ganzen vgl. die Epigramme „Pflicht für jeden" und „Schöne Individualität" in den „Tabulae votivae" (Nr 18 u. 59) sowie „Das Ehrwürdige" und „Unsterblichkeit"; zum schönen Gemüth „Tabulae votivae", Nr 7, „Der moralische und der schöne Character".

80 Nr 462 [Welches Genie das größte wohl sey? ...]

ERLÄUTERUNGEN. Vgl. „Ueber naive und sentimentalische Dichtung", wo am Anfang über das Verhältnis von Kunst und Natur gehandelt und daraus der Genie-Begriff entwickelt wird (NA 20, 413−436), ebenso Kants „Kritik der Urtheilskraft" (§§ 46 u. 47; Kant's Werke 5, 307−310).

80 Nr 463 [Sorgend bewacht der Verstand ...]

ERLÄUTERUNGEN. Vgl. die Erläuterungen zu den Epigrammen „Verstand" und „Der Genius" in den „Tabulae votivae" (Nr 64 u. 67; NA 2 II A, 405 u. 406).

80 Nr 464 [Darum haßt er dich ewig Genie! ...]

ERLÄUTERUNGEN. Vgl. die Erläuterungen zu Nr 64–70 der „Tabulae votivae" (NA 2 II A, 405–408).

80 Nr 465 Böser Kampf

ERLÄUTERUNGEN. Gewissermaßen ein Pendant zu diesem Xenion ist Nr 75 der „Tabulae votivae", „Lehre an den Kunstjünger".

80 Nr 466 Zeit

LESARTEN. Überschrift: An die Zeit H^5 2 gelind.] gelind! H^5

ERLÄUTERUNGEN. In der Malerei begegnet das Motiv der „Veritas filia temporis" (Die Wahrheit, die Tochter der Zeit): Chronos, die personifizierte Zeit (nicht identisch mit Kronos), enthüllt seine Tochter, rettet sie und erhebt sie in den Himmel. Vgl. im einzelnen: Saxl, Veritas filia temporis (1963).

80–82 Nr 467–477

Alle elf Epigramme entstammen der „Xenien"-Sequenz über Christoph Friedrich Nicolai (vgl. die „Konkordanz [...]"; NA 2 II A, 369–370; über Nicolai die Erläuterungen zu Nr 142–144; NA 2 II A, 506–507).

80 Nr 467 Einführung

LESARTEN. 1 Göttinn] Gottinn h^8

ERLÄUTERUNGEN. Der Pentameter spielt ironisch auf eine Stileigentümlichkeit Nicolais an; „deutlich" und „Deutlichkeit" waren Lieblingswörter Nicolais und Leitbegriffe seiner streng aufklärerischen und rationalistischen Schriftstellerei. In der „Vorrede" zum 11. Band (1796) seiner „Beschreibung einer Reise [...]" weist er Kritik am Umfang seines Werks folgendermaßen zurück: Wenn indeß jemand in meiner Reisebeschreibung etwas allzuweitschweifig findet, der versuche dieß kürzer und doch eben so deutlich, eindringend u.s.w. zu sagen. (S. XXXIV.) Vgl. auch Nr 199.

81 Nr 468 Polyphem auf Reisen

ERLÄUTERUNGEN. Das Distichon paraphrasiert auf seine Weise V. 292–293 und 373–374 des 9. Gesangs der „Odyssee"; dort wird von dem Kyklopen Polyphem erzählt, der Odysseus' Gefährten verschlang. – Das Reisegefäß ist Nicolais Reisebeschreibung.

81 Nr 469　　　　　　　Die zwey Sinne

ERLÄUTERUNGEN. Mit horchen *dürfte ein (bloß) rezeptives Vermögen des Schriftstellers Nicolai gemeint sein, mit* Anecdoten *der assoziative und kompilatorische Stil seiner Reisebeschreibung.* Mit − eigenen − Augen zu sehn, *also selbst produktiv zu sein, vermag er, so das Xenion, dagegen nicht.*

81 Nr 470　　　　　　　Das Kennzeichen

ERLÄUTERUNGEN. *Über Humboldts Begriff der* „Gestalt" *hatte Nicolai ausführliche Erörterungen aus Anlaß von Humboldts* „Horen"-*Aufsätzen (Ueber den Geschlechtsunterschied [...], Ueber die männliche und weibliche Form; 2.* „Horen"-*Stück 1795. S. 99 − 132, 3.* „Horen"-*Stück 1795. S. 80 − 103, 4.* „Horen"-*Stück 1795. S. 14 − 40) angestellt (vgl. die* „Horen"-*Kritik im 11. Band der Reisebeschreibung, S. 264 − 266 u. 269 − 271). Hier deutet der Begriff den Gegensatz zur Formlosigkeit von Nicolais eigenem Werk an (vgl. Nr 186 u. 187). Auf ein Beispiel für den konfusen Kopf wurde Schiller in Humboldts Brief vom 9. April 1796 aufmerksam gemacht: Nicolai hatte Humboldts Aufsätze mit Körners* „Horen"-*Beitrag* „Ueber Charakterdarstellung in der Musik" *verwechselt.*

81 Nr 471　　　　　　　Polizey Trost

LESARTEN. *Überschrift von Goethe mit Blei nachgetragen* h[8]

ERLÄUTERUNGEN. *Der Leutrabach wurde durch die Gassen von Jena geleitet, auf denen man zuvor den Abfall zusammengekehrt hatte, und auf diese Weise zur Stadt- und Straßenreinigung benutzt. Nicolai berichtete über diese* vortrefliche Policeyanstalt *in seinem Reisewerk (1 [1783], 52); vgl. auch Goethe an Schiller vom 12. und 14. August 1797.*
Titel Polizey] *im 18. Jahrhundert noch im Sinne von* „Regierung", „Staats-, Stadtverwaltung", „Politik" *gebraucht.*

81 Nr 472　　　　　　　Der bunte Styl

ERLÄUTERUNGEN. *Zum kritisierten* „bunten Styl" *gehört etwa die Kombination deutscher Satzteile mit* − druckgraphisch hervorgehobenen − *französischen, z. B. in folgender Art:* Ich weiß sehr gut, que toutes les vérités ne sont pas bonnes à dire *(Beschreibung einer Reise 11 [1796], II).*

81 Nr 473　　　　　　　Ueberfluß und Mangel

ERLÄUTERUNGEN. *Nicolais Bemühen um Detailtreue und Genauigkeit der Fakten führte u. a. zur Ausbreitung statistischen Materials; der 11. Band der Reisebeschreibung informiert den Leser beispielsweise in einer „Beylage XII, 2 b)" mit Hilfe einer Statistik über die „Anzahl der Einwohner in Tübingen nach dem Seelenregister. Von den Jahren 1782 bis 1795" (S. 59).*

81 Nr 474   Keine Rettung

ERLÄUTERUNGEN. *Kant nannte später in seiner kleinen Schrift „Über die Buchmacherei. Zwei Briefe an Herrn Friedrich Nicolai" (1798) die Buchproduktion in Nicolais Verlag* f a b r i k e n m ä ß i g *(Kant's Werke 8, 436). – Was das Xenion vermutete, trat ein: Nicolai publizierte einen (217 Seiten starken) „Anhang zu Friedrich Schillers Musen-Almanach für das Jahr 1797" (Berlin und Stettin o. J.). Vgl. auch Schiller an Goethe vom 9. [10.] Februar 1797 und Goethes Antwort vom 11. Februar.*

81 Nr 475   [Nahe warst du dem Edeln ...]

LESARTEN. **2** e r] *Hervorhebung durch nachträgliche Unterstreichung mit Blei* h^8

ERLÄUTERUNGEN. *Das Distichon spielt auf Nicolais Freundschaft mit Lessing an; beide lernten sich 1752, in Lessings Berliner Zeit, kennen. In Zusammenarbeit mit Lessing und Mendelssohn entstanden einige literaturkritische Werke; vgl. zu Nr 142–144 (NA 2 II A, 506).*

82 Nr 476   Apolog

LESARTEN. *Überschrift von Goethe mit Blei nachgetragen* h^8 **2** ähnliches, Freund,] *Kommata mit Blei erg.* h^8

ERLÄUTERUNGEN. *griech.* ἀπόλογος: *lehrreiche Erzählung, Fabel. – In der Sammelhandschrift leitete das Distichon die im Musenalmanach unter dem Titel „Der Fuchs und der Kranich. An F. Nicolai" zusammengefaßte „Xenien"-Gruppe ein, die auf der äsopischen, u. a. von Phädrus erzählten Fabel basiert.*

82 Nr 477   Dem Buchhändler

LESARTEN. *Überschrift:* Dem] *von Goethe mit Blei vor gestr.* Der h^8

ERLÄUTERUNGEN. *Das Distichon verspottet Nicolais Geschäftssinn, den Kant sarkastisch so kommentierte: [...] der Eigennutz, der dem Polizeigesetze nicht widerspricht, ist kein Verbrechen (Über die Buchmacherei; Kant's Werke 8, 437). Der Buchhändler Nicolai verkauft aus eigenem Laden, was den Autor Nicolai an den Pranger stellt, und dies für ein Drittheil Rabatt, die Buchhändlerprovision. – In der Sammelhandschrift ging Nr 205 voraus.*

82—83 Nr 478—488

Die „Xenien" gehörten in der Sammelhandschrift zur Sequenz gegen „Frömmler" und „moralische Schwätzer" (vgl. die „Konkordanz [...]"; NA 2 II A, 370—371).

82 Nr 478 Dioscuren

ERLÄUTERUNGEN. *Vgl. die Erläuterungen zum gleichnamigen Xenion Nr 357 über die Brüder Stolberg (NA 2 II A, 583). Dessen Pentameter spricht aus, was hier mit dem gleicheren Loos angedeutet ist.*

82 Nr 479 Neueste Theorie der Liebe

ERLÄUTERUNGEN. *Das Epigramm belustigt sich über die Schrift „Fortsetzung des Platonischen Gesprächs von der Liebe" (1796) von Goethes Schwager Johann Georg Schlosser (1739—1799). Dieser ist auch in anderen „Xenien" im gleichen Umkreis angesprochen, aber bewußt nicht namentlich genannt; vgl. „Dokumente zu Entstehung und Aufnahme", Nr 65 (NA 2 II A, 442). In Schillers Distichon „Liebe und Begierde", außerhalb der „Xenien", wird er dann doch beim Namen genannt.*

Schlosser vertrat die Auffassung, die Liebe sei nichts als der Genuß *(S. 22). Körperlicher Genuß — wie der Genuß des Essens und Trinkens, und die gemeine Liebe (S. 31) — ist unvollkommen; die Anteilnahme der Seele am Genuß hebt diesen bereits auf eine höhere Stufe; Vollkommenheit des Genusses jedoch ist Gott vorbehalten:* Nur ein solches Wesen hat den reinen Genuß, also nur das die reine Liebe. Die Gottheit als das vollkommenste Wesen, hat diese Liebe im höchsten Grad *(S. 25). — Sokrates im platonischen Dialog, von der weisen Seherin Diotima berichtend, hatte dargelegt, die große Tat des Eros bestehe darin, den Menschen durch die Liebe zum Schönen an der Unsterblichkeit der Götter teilhaben zu lassen, und zwar auf einem Stufenwege, der von der Liebe zum schönen menschlichen Körper über die Liebe zur schönen Seele und zu den schönen Wissenschaften bis zur Schau des reinen Schönen, welches göttlicher Natur sei, führe (vgl. Symposion 201 d—212 c).*

82 Nr 480 Gewisse Romane

ERLÄUTERUNGEN. *Schmidt/Suphan ([1893], 147) fragen, ob hier wie im folgenden Xenion Hermes gemeint sein könnte, dessen populärster Roman „Sophiens Reise von Memel nach Sachsen" (1769—1772) war. Xenion Nr 14 wirft Hermes vor, die Darstellung des Lasters mit vordergründiger Moral zu verbrämen. — Der Pentameter erinnert an Schillers Bestimmung in seiner Dissertation, der Mensch sei das* unseelige Mittelding von Vieh und Engel *(Versuch über den Zusammenhang der thierischen Natur des Menschen mit seiner geistigen; NA 20, 47).*

82 Nr 481   Qui pro quo

LESARTEN. *Überschrift von Goethe mit Blei nachgetragen h^8*

ERLÄUTERUNGEN. *Vgl. die Erläuterungen zu Nr 480.*
Titel Qui pro quo] *lat.: einer für einen anderen; Verwechslung einer Person mit einer anderen.*
1 Dämon] *griech. δαίμων: Geist; in der griechischen Mythologie bezeichnen Dämonen eine Stufe zwischen Menschen und Göttern, bei Homer noch die olympischen Götter selbst.*

82—83 Nr 482—485

Die vier Distichen, die sich mit der Doppelnatur des Menschen als vernünftig-triebhaften Wesens beschäftigen, stellen gewissermaßen die Antwort auf die beiden vorangehenden „Xenien" dar.

82 Nr 482   Humanität

„Humanität" hier im Sprachgebrauch des 18. Jahrhunderts im Sinne von „Menschlichkeit" (vgl. Nr 481), beides nicht in der (moralischen) Bedeutung von „Mitmenschlichkeit", sondern das Wesen des Menschen, die Gattung des Menschen als solche betreffend.

82 Nr 483   An die Väter

LESARTEN. *Überschrift von Goethe mit Blei nachgetragen h^8*

83 Nr 484   An die Jünglinge

LESARTEN. *Überschrift von Goethe mit Blei nachgetragen h^8*

83 Nr 485   An die Bußfertigen

LESARTEN. *Überschrift von Goethe mit Blei nachgetragen h^8*   1 Ueberascht] Üeberascht h^8

83 Nr 486   Procul profani

LESARTEN. *Überschrift von Goethe mit Blei nachgetragen h^8*

Titel Procul profani] *lat.: Weicht fort, Unheilige! Vgl. Vergils „Äneis" (6, 258).*
1 Gemeinen] *Die Verwendung des Adjektivs „gemein" im 18. Jahrhundert läßt die*

Herkunft des Wortes noch erkennen, das ursprünglich „mehreren abwechselnd zukommend" bedeutete, also „gemeinsam", „gemeinschaftlich"; da das, was „allgemein" ist, nicht wertvoll sein kann, entwickelte sich die pejorative Bedeutung „unheilig", „alltäglich", „roh", „gewöhnlich".

83 Nr 487 Derselbe [Manso] über die Verläumdung der Wissenschaften

ERLÄUTERUNGEN. Das Epigramm folgte in der Sammelhandschrift auf Nr 33 und gehörte mit den sich dort anschließenden Nummern zur „Xenien"-Sequenz gegen Manso (vgl. die „Konkordanz [...]"; über Manso zu Nr 33; NA 2 II A, 466–467).

Manso hatte unter dem Titel „Ueber die Verläumdung der Wissenschaften" (1796) eine in gereimten Versen abgefaßte kunst- und kulturgeschichtliche Schrift veröffentlicht, in der er Rousseaus Kritik an Kunst und Wissenschaft zurückweist. Die durch Rousseau ausgelöste kulturkritische Diskussion wurde im Gefolge der Französischen Revolution von neuem intensiv geführt (vgl. etwa die „Deutsche Monatsschrift" von 1794/1795). Manso entwickelt in seiner Schrift ein Bild der Bestrebungen und Erfolge der Antike, schildert den Niedergang des Geistes im Mittelalter und feiert schließlich Renaissance und Humanismus als Beginn der neuen Aufklärung.

Friedrich Schlegel schrieb in einer Rezension: Man muß gestehn, einen recht entschiednen Verächter der geistigen Ausbildung würden die hier vorgetragnen Gründe schwerlich bekehren; allein Herr Manso schont [...] seine poetischen Kräfte, und macht sie mit Fleis geringer als sie sind *(Deutschland 1796. Bd 3. S. 214).*

83 Nr 488 Alte Jungfern und Manso

LESARTEN. 1 lesen;] lesen, h^3 2 Werk.] Werk! h^3

ERLÄUTERUNGEN. Nach Schmidt/Suphan ([1893], 148) soll Mansos Tasso-Übersetzung „Das befreyte Jerusalem" ein buchhändlerischer Mißerfolg gewesen sein; nach einem ersten, fünf Gesänge umfassenden Band, der 1791 in Leipzig erschien und ohne Fortsetzung blieb, folgte erst 1798 in Wilhelm Gottlieb Beckers Zeitschrift „Erholungen" der sechste Gesang (Bd 1. S. 78–118). Vgl. auch Nr 34.

83–86 Nr 489–512

Auf die Sequenz gegen „Frömmler" und „moralische Schwätzer" folgten in der Sammelhandschrift „Xenien", einzeln oder in kleinen Gruppen, an diverse Adressaten (vgl. die „Konkordanz [...]"; NA 2 II A, 371–372).

83 Nr 489 Bibliothek schöner Wissenschafften

ERLÄUTERUNGEN. Vgl. die Erläuterungen zu Nr 45 (NA 2 II A, 472–473).

83 Nr 490 **Moritz**

LESARTEN. Überschrift: Moriz h^2 **1** Armer *bis* erlitten] Armer Moriz wieviel hast du im Leben gelitten! h^2 **2** gerecht;] gerecht, h^2

ERLÄUTERUNGEN. Über den (seit 1786) mit Goethe befreundeten Karl Philipp Moritz (1756–1793) war in Schlichtegrolls „Nekrolog auf das Jahr 1793" (4. Jg. Bd 2. Gotha 1795. S. 169–276) anonym ein Nachruf erschienen (vgl. Nr 44). Er stammte von dem Gothaer Gymnasialprofessor und Schriftsteller Karl Gotthold Lenz (1763–1809) (vgl. Supplementband des Nekrologs für die Jahre 1790, 91, 92 und 93, rückständige Biographien / Zusätze und Register enthaltend. Von Friedrich Schlichtegroll. Gotha 1798. S. 182). Es heißt über Moritz: Sein Körper war unvollkommen organisirt. Sein Gesicht plump und mit Negerzügen; sein Mund breit; sein Auge und Blick todt und geistlos. *[...]* Die Grundlage seines Charakters war eine schwache Lebenskraft und überhaupt Schwäche aller Vermögen *[...].* Er folgte daher meist niedern Maximen der Eitelkeit, der Ruhmsucht, der Begierde Aufsehen zu erregen, in seinen Handlungen. *(S. 225 u. 226.) Moritz sei durch einen* Mangel an reinem Gehalt und an sittlicher Würde in seinem Wirken und Seyn *charakterisiert (S. 227).*

Nicht nur Goethe, der Schlichtegroll verantwortlich machte, war über diese Darstellung empört (vgl. „Dokumente zu Entstehung und Aufnahme" der „Xenien", Nr 83; NA 2 II A, 446), sondern auch die Öffentlichkeit. In der „Oberdeutschen allgemeinen Litteraturzeitung" (Stück 46 vom 15. April 1796. Sp. 729–737) wurde ein heftiger Protest veröffentlicht: Hier wird nicht geschont, nicht entschuldiget: jede Blöße des Mannes wird aufgedeckt; *[...]* sogar das Gute wird ins Arge gezogen. Rhadamanth mag dem Schatten gnädiger seyn! *(Sp. 733.)*

Der Konflikt setzte sich fort, als in August Hennings' Journal „Der Genius der Zeit" (Januar 1797. S. 54) unter dem Titel „Schlichtegrolls Nachricht ans Publikum fürs Jahr 1797" Schmähverse gegen Goethe und Schiller erschienen, von denen Schlichtegroll sich allerdings distanzierte (vgl. des näheren die Erläuterungen zu Schillers Brief an Goethe vom 25. Oktober 1796). Daß er an dem Nachruf auf Moritz selbst keinen Anstoß nahm, scheint aus dem Umstand hervorzugehen, daß er später, als Nachtrag dazu, ein anonymes Schreiben „An den Herausgeber des Nekrologs" publizierte, in dem der Absender umständlich und in scharfer Form die Vorwürfe der „Oberdeutschen allgemeinen Litteraturzeitung" aufgreift, zurückweist und dabei die früheren Verunglimpfungen wiederholt (vgl. Supplement-Band des Nekrologs [...]. Gotha 1798. S. 182–218).

83 Nr 491 **Philosophische Annalen**

LESARTEN. **2** Geld.] *Punkt fehlt* h^8

ERLÄUTERUNGEN. Die „Annalen der Philosophie und des philosophischen Geistes" wurden von Ludwig Heinrich von Jakob herausgegeben; vgl. die Erläuterungen zu Nr 253 (NA 2 II A, 543).

XENIEN AUS DEM NACHLASS Nr 490–495 65

84 Nr 492   Verfehlter Beruf

ERLÄUTERUNGEN. Wie das vorangehende Xenion ist auch dieses an Jakob adressiert.

84 Nr 493   [Was mich bewegt...]

Vgl. Goethes Wort von den „Xenien" als Kriegserklärung gegen die Halbheit („Dokumente zu Entstehung und Aufnahme" der „Xenien", Nr 6; NA 2 II A, 430).

84 Nr 494   B. T. R.

LESARTEN. Überschrift: An die Herrn A.B.C. h^2 1 Epheu,] *Komma fehlt* h^2
2 rankst kriechender Epheu] rankst, kriechender Epheu, h^2

ERLÄUTERUNGEN. Hinter der Überschrift soll Karl August Böttiger (1760–1835), Oberkonsistorialrat und Gymnasialdirektor in Weimar, erkannt werden. Trotz der Würdigung seiner Verdienste als Altertumsforscher und Philologe hatten Schiller und Goethe Vorbehalte gegen ihn, die das Epigramm widerspiegelt. Sie empfanden ihren Freund ubique (Goethe an Schiller vom 28. Februar 1798 u.ö. im Briefwechsel) als aufdringlich, klatschsüchtig, intrigant und unzuverlässig. Vielleicht dachte Goethe im Brief an Schiller vom 30. Januar 1796 (vgl. „Dokumente zu Entstehung und Aufnahme", Nr 23; NA 2 II A, 433) an das vorliegende Xenion.

Böttigers Reaktion auf die „Xenien": Der neue Schillersche Musenalmanach ist ein wahres Revolutionstribunal, ein Terrorism, gegen welche alle guten Köpfe in Masse aufstehen müssen. (An Friedrich Jacobs vom 9. Oktober 1796; Fambach 2, 172.) Und: Alle, die ihre Knie nicht vor den göttlichen Horen gebeugt haben, werden darinnen guillotinirt. (An Friedrich Schulz vom 30. Oktober 1796; Fambach 2, 173.) – Über Böttiger und sein Verhältnis zu Schiller und Goethe vgl. Sondermann, Böttiger (1983), insbesondere S. 187–214.

84 Nr 495   [Ueberall bist du Poët...]

ERLÄUTERUNGEN. Die Kommentatoren seit Schmidt/Suphan ([1893], 152) erwägen, mit Vorsicht, Wieland als Adressaten. Letztere verweisen auf Briefe von Charlotte von Schiller an Karl Ludwig von Knebel vom 9. September 1815 und von Jean Paul an denselben vom 2. November 1801, in denen von Wieland in einer Weise gesprochen wird, die an das Xenion erinnert; sie erwähnen auch Wielands Vorliebe fürs L'hombre-Spiel.

Aufschlußreicher als die späten Briefe an Knebel erscheint jedoch Schillers Charakteristik in der Abhandlung „Ueber naive und sentimentalische Dichtung"; Schiller erklärt, daß ein Dichter, der sich etwas gegen den Anstand herausnimmt, und seine Freyheit in Darstellung der Natur bis zu dieser Grenze treibt (NA 20, 464), nur dann ästhetisch und moralisch gerechtfertigt sei, wenn seine Schilderungen poetisch, menschlich und naiv sind; eben dies vermisse er bei Wieland, dessen Dichtungen in Plan und Ausführung vom kalten Verstand beherrscht seien, und er stellt die Frage, ob überhaupt ein Plan poetisch heißen kann, der *[...] nicht kann ausgeführt werden, ohne die keusche Empfindung des Dichters sowohl als seines Lesers zu empören (NA 20, 465–466).*

84 Nr 496 [Meine Freude verdarb er mir ...]

LESARTEN. **2** and're] *verb. aus* andere h^8

ERLÄUTERUNGEN. *Da in der Sammelhandschrift Nr 145–147 vorangingen, bezieht sich das Distichon wohl auf Reichardts Vertonung von Schillers „An die Freude", erschienen in den „Liedern geselliger Freude" (1 [1796], 76–80).*

84 Nr 497 [Ecce rubet quidam ...]

LESARTEN. **1** odit,] odit. H^1 **2** Haec volo, nunc] Hoc volo. Nunc H^1

ERLÄUTERUNGEN. *Das Zitat stammt aus Martials Epigrammen (VI 60, 3–4):*
  Und ein Jemand wird rot und wird blaß, starrt, gähnt und zeigt Abscheu.
  Grade das will ich; erst jetzt sagt meine Dichtung mir zu.
(Nach Rudolf Helm; Martial, Epigramme, 241.) Die Übersetzung Schillers findet sich unter Nr 592. Vgl. auch zu Nr 452.

84 Nr 498 Nikolais Romane

ERLÄUTERUNGEN. *In Goethes „Reineke Fuchs" (1794) wird die Höhle der Meerkatzen beschrieben:*
  Welch ein Nest voll häßlicher Thiere, großer und kleiner!
  [...]
       Im faulen Heue gebettet
  Fand ich die garstige Brut, und über und über beschlabbert
  Bis an die Ohren mit Koth, es stank in ihrem Reviere
  Ärger als höllisches Pech.
(11, 184 u. 193–196; WA I 50, 161.) In diese Umgebung versetzt das Xenion Nicolais Romane; in erster Linie ist wohl an die „Geschichte eines dicken Mannes" (1794) gedacht (vgl. Nr 142); mit Blick auf diesen komischen Roman *bezeichnete Schiller dessen Verfasser als Karikatur und rechnete ihn, im Sinne des Epigramms, unter die geschworenen Feinde alles poetischen Geistes (Ueber naive und sentimentalische Dichtung; NA 20, 480).*

84 Nr 499 Verfasser des Hesperus

ERLÄUTERUNGEN. *Über Jean Pauls Roman „Hesperus, oder 45 Hundsposttage" (1795) vgl. Nr 41 und die Erläuterungen dazu (NA 2 II A, 469–471).*

85 Nr 500 Der Wolfische Homeer

ERLÄUTERUNGEN. Vgl. die Erläuterungen zu Nr 264 (NA 2 II A, 548).

85 Nr 501 Die Epopeen

LESARTEN. 2 traf] Traf h^8

ERLÄUTERUNGEN. Klopstocks „Messias" schildert den Leidensweg Christi als Heilsgeschichte der Menschheit, die sich mit der Himmelfahrt und Rückkehr zum Thron Gottvaters vollendet; Goethe im „Reineke Fuchs" führt den Leser hinab ins animalische Reich der Tiere.

85 Nr 502 Richter

ERLÄUTERUNGEN. Über Johann Paul Friedrich Richter (Jean Paul) vgl. die Erläuterungen zu Nr 41 (NA 2 II A, 469– 471). Goethe und Schiller machten seine (vermeintlich) isolierte Lebensweise und den Mangel einer aesthetischen Nahrung und Einwirkung von aussen (Schiller) dafür verantwortlich, daß er bey manchen guten Parthieen seiner Individualität nicht zu Reinigung seines Geschmacks kommen *könne (Goethe); vgl. Schillers Brief vom 17. August 1797 und den Goethes vom 18. Juni 1795. – Die Gegenüberstellung Londons, der Weltstadt, und Hofs, der Provinzstadt, wo Richter lebte, könnte durch die Figur des englischen Lords Horion in Richters Roman „Hesperus" (1795) angeregt worden sein; dort wird am Schluß eine Begegnung zwischen dem Engländer und dem Autor in Hof geschildert.*

85 Nr 503 Auswahl

LESARTEN. 1 weg,] *über gestr.* aus h^2 misfiele,] mißfiele; h^2 2 Und *bis* stehn.] Und wetten es bleibt keines von tausenden stehn. h^2

ERLÄUTERUNGEN. Ursprünglich, am Beginn der „Xenien"-Produktion, war im Pentameter von tausenden *die Rede; vgl. LESARTEN.*

85 Nr 504 Hildegard von Hohenthal

LESARTEN. 1 zu,] *Komma fehlt* h^2 machst,] *Komma fehlt* h^2

ERLÄUTERUNGEN. Im Zentrum von Heinses Roman „Hildegard von Hohenthal" (1795–1796) steht die Musik, so wie im „Ardinghello" (1787) die Malerei. Neben die Gespräche über Ästhetisches tritt die bis an die Grenze des „Schicklichen" gehende Schilderung der leidenschaftlichen Liebe des Kapellmeisters Lockmann zum ebenso musikalischen wie schönen Fräulein von Hohenthal.

Als Goethe sein Xenion am 27. Januar 1796 an Schiller schickte, verwunderte sich Schiller in seiner Antwort vom selben Tag über eine Rezension des Romans in Reichardts „Deutschland" (1796. Bd 1. 1. Stück. S. 127—147). Der Rezensent sprach vom niedrigen Despotism einer übermächtigen Sinnlichkeit (S. 128); er nahm sich dennoch 20 Seiten für die Besprechung des Romans, den er unter die wichtigsten Werke der Zeit rechnete (S. 126). — Über Heinse vgl. auch Nr 588.
2 hundische Liebe] *Äußerung Hildegards über Lockmanns Neigung (vgl. 1, 276).*

85 Nr 505 Herr Schatz, a. d. Reichsanzeiger

LESARTEN. *Überschrift:* Herr Schatz (aus dem Reichsanzeiger genommen) H^4
1 recensirte für Jena, für Leipzig!] recensierte in Jena und Leipzig, H^4 2 vertraun!] vertraun? H^4

ERLÄUTERUNGEN. *Georg Gottlieb Schatz (1763—1795), Übersetzer, Kritiker und Privatgelehrter in Gotha, war u. a. Mitarbeiter der ALZ in Jena und der in Leipzig erscheinenden „Neuen Bibliothek der schönen Wissenschaften und der freyen Künste". Der Gothaer „Reichs-Anzeiger" (1795. Nr 262 vom 11. November. Sp. 2649) hatte nach dem Tode von Schatz rückblickend geschrieben, man könne sich einer gewissen gerechten Furcht vor einem so hohen Grade litterarischer Macht in den Händen eines Mannes nicht erwehren. — Zum „Reichs-Anzeiger" vgl. Nr 252 u. 283 (NA 2 II A, 542 u. 555).*

85 Nr 506 Apollos Bildsäule in einem gewissen Gartentempel

ERLÄUTERUNGEN. *Das Epigramm eröffnete eine Sequenz von „Xenien", die sich auf Schiller und Goethe selbst und ihre Werke beziehen (vgl. die „Konkordanz [...]; NA 2 II A, 372—373).*
Das Distichon geht an Schillers eigene Adresse. Die Apollonstatue steht im Tempel des Schloßgartens zu Schwetzingen; sie war dem zeitgenössischen Kunstinteressierten bekannt, weil sie den Gott die Leier mit der linken Hand spielen läßt. Schiller, der im Sommer 1784 in Schwetzingen wohnte, spielt ironisch auf seine Mannheimer Zeit an.

85 Nr 507 [Was mit glühendem Ernst ...]

ERLÄUTERUNGEN. *In der Sammelhandschrift ging Nr 137 unmittelbar voraus. Es könnte also von Goethes „Mährchen" die Rede sein, das als Abschluß der „Unterhaltungen deutscher Ausgewanderten" in den „Horen" (1795. 10. Stück. S. 108—152) erschienen war. Goethe schrieb darüber am 7. September 1795 an Schiller:* Wenn nur Einer von den hundert Kobolden des Alten von Ferney drinne spuckt; so bin ich schon zufrieden.

86 Nr 508 [Eine gesunde Moral empfiehlt ...]

ERLÄUTERUNGEN. Der Kontext des Epigramms (vgl. die "Konkordanz der 'Xenien'-Sammelhandschrift [...]"; NA 2 II A, 372) läßt vermuten, daß einer der "Xenien"-Dichter spricht. Dann würde der Hexameter ein offenbar wohlgemeintes Urteil über ein (Goethesches, Schillersches) Werk zitieren, welches im Pentameter, überraschend, nicht akzeptiert wird. Genauer: Die gesunde Moral wird als unangemessenes Kriterium ästhetischer Beurteilung zurückgewiesen. Das Xenion entspräche so der Maxime Goethes, "Xenien" über sich selbst zu machen, indem man einfach alberne Ansichten anderer ironisch zitiere (vgl. "Dokumente zu Entstehung und Aufnahme"; Nr 11; NA 2 II A, 431).

86 Nr 509 [Zwey Jahrzehende kostest du mir ...]

ERLÄUTERUNGEN. Schmidt/Suphan ([1893], 160 – 161) vermuten eine Anspielung auf Schillers Auseinandersetzung mit der Kantischen Philosophie seit 1787, von der er sich, wie überhaupt aus der metaphysischmephitischen Luft (an Voigt vom 13. September 1795), lösen wollte, um sich wieder der Poesie zuzuwenden. Die Kommentatoren nehmen damit das Verb begreifen *wörtlich und verwerfen zugleich andere Spekulationen, es könne sich um das Verhältnis Goethes zu Herder oder Lavater handeln: Deren Philosophie zu verstehen, habe ihn, Goethe, keineswegs Jahre gekostet. Wie aber, wenn* begreifen *lediglich "durchschauen" oder "erkennen" meinte? Vgl. Eibl, Xenien-Kommentar (in: Goethe, Sämtliche Werke [Frankfurter Ausgabe] 1, 1176).*

86 Nr 510 Bürger

LESARTEN. 1 Toden] Todten h^2 Minos] Minos, h^2 2 Bürger] Bürger, h^2 wenn] wie *nach gestr.* so h^2

ERLÄUTERUNGEN. Vgl. die Erläuterungen zu Nr 345 (NA 2 II A, 577 – 578). – Der Hexameter zitiert das lateinische Wort: "De mortuis nihil nisi bene".

86 Nr 511 Fichte

ERLÄUTERUNGEN. Im Hintergrund steht Schillers Streit mit Fichte über dessen Abhandlung "Ueber Geist und Buchstab in der Philosophie"; sie war für die "Horen" vorgesehen, von Schiller aber wegen ihres, wie er fand, schwerfälligen Stils und dessen unnötiger Härten *zurückgewiesen worden (an Fichte vom 24. Juni 1795 [Konzept]); vgl. die Erläuterungen zu Schillers Brief an Fichte vom 4. August 1795.*

86 Nr 512 Spittler

ERLÄUTERUNGEN. In der Sammelhandschrift folgte Nr 299; dort wird offenbar ein Historiker verspottet, der angesichts der stets wachsenden Faktenfülle den Überblick über die Geschichte als ganzes zu verlieren droht. Spittler verkörpert einen anderen Typus des Wissenschaftlers. Sein Hauptwerk, der „Entwurf der Geschichte der Europäischen Staaten" (1793), den Goethe in Nr 440 als vorbildlich preist, versteht sich selbst, wie die „Vorrede" ausführt, lediglich als „Entwurf"; als Kompendium für Vorlesungen; den Erfolg des Werks erklärt der Bearbeiter der 2. Auflage folgendermaßen: Zuvor ahndete man es vielleicht kaum, daß in einem bloßen Abriß so viel geleistet werden könne. Aber eben dieser Abriß war auch nicht, wie sonst so oft der Fall ist, der erste Versuch der historischen Arbeiten des Verfassers, sondern vielmehr ihre Krone, die Frucht tiefer Forschung, eines langen Studiums *(Vorrede zur zweyten Ausgabe 1807. S. VIII).*

Das Distichon scheint, 1796, davon auszugehen, daß diese „Krone" noch aussteht: nach den Prolegomena des „Entwurfs" und anderer Arbeiten ein Werk universalhistorischer Art, in dem der Verfasser, als Künstler, aus den Einzelschriften ein „Ganzes" machte. Die Idee einer Universalhistorie war Schiller schon bei der Beschäftigung mit Spittlers „Grundriß der Geschichte der christlichen Kirche" (1782; ²1785) gekommen *(vgl. an Körner vom 26. März 1789). Ein entsprechendes Werk blieb aus; die Früchte ernteten, dem Wunsch des Xenions entgegen, andere:* Der große und herrliche Schatz historisch-politischer Ideen, der hier *[im „Entwurf"]* niedergelegt wurde, hat reichliche Zinsen in anderer Hand getragen. *(Vorrede zur zweyten Ausgabe 1807. S. VIII.)*

86 Nr 513   Die Foderungen

ERLÄUTERUNGEN. *Das Distichon gehörte in der Sammelhandschrift zu der später „Jeremiade" genannten „Xenien"-Gruppe, in der die literarische Öffentlichkeit über die schlimmen Zeiten klagt (vgl. Nr 309/318); es folgte auf Nr 312. Demnach könnte wie dort das Publikum sprechen. In der Zwangslage, daß Jener es sich natürlich, der ideal wünscht, sucht es sein Heil in einer dritten Position, aus der heraus aber weder die „natürliche" noch die „ideale" Dichtung verstanden werden kann. Damit bekennen die Leser indirekt, überhaupt kein – kongeniales – Publikum zu sein, – und bestätigen so wiederholte Vorwürfe Schillers und Goethes.*

86—87 Nr 514—517

Diese „Xenien" gehörten in der Sammelhandschrift wiederum zu einem größeren Kontingent von kleinen Epigrammgruppen und Einzeldistichen an diverse Adressaten (vgl. die „Konkordanz [...]"; NA 2 II A, 373–374).

86 Nr 514   Das Dorf Döbritz

ERLÄUTERUNGEN. *Im „Calender der Musen und Grazien für das Jahr 1796" (Berlin [1795]) von Friedrich Wilhelm August Schmidt von Werneuchen waren die Versdichtung „Das Dorf Döbritz, an Rudolph Agrikola" (S. 71h–71u) und eine „Epistel, an Herrn Prediger C. H. Schultze in Döbritz" (S. 95–98) erschienen. Das Epigramm stellt die ländliche Poesie des Kalenders dem idyllischen Gedicht „Luise" von Johann Heinrich Voß entgegen, dessen Schauplatz das Pfarrhaus zu Grünau ist. Einen ähnlichen Vergleich, ebenfalls zuungunsten Schmidts, hatte Tieck im „Berlinischen Archiv der Zeit und ihres Geschmacks" angestellt: Lesen Sie nur [...] das Dorf* Döberitz *S. 71, wo der Dichter spatziren geht, sich dann an den Tisch setzt und ißt. Unter der Feder eines Voß könnte selbst diese Idee ein Interesse erhalten. (1796. März. S. 222–223.) Goethe lieferte eine Parodie auf Schmidts Kalender, die im „Xenien"-Almanach veröffentlicht wurde: „Musen und Grazien in der Mark" (S. 68–71). Vgl. auch Nr 246.*

86 Nr 515 Anschlagzettel zum Otto v. Wittelspach. a. d. Hamburg. Theater

ERLÄUTERUNGEN. *Nach Auseinandersetzungen mit einer konkurrierenden französischen Schauspieltruppe, die dem deutschen Theater in der Publikumsgunst den Rang abgelaufen hatte, kündigte Friedrich Ludwig Schröder (1744–1816), zuletzt seit 1785 Direktor des Theaters in Hamburg, an, sein Amt im Lauf des Jahres 1796 niederzulegen. Mit seinem Auftritt als* Kaiser *Philipp von Schwaben in dem „vaterländischen Trauerspiel" „Otto von Wittelsbach, Pfalzgraf in Bayern" (1782) von Joseph Marius Babo wollte er am 27. März 1795 Abschied von der Bühne nehmen. Schröder blieb noch bis 1798 Direktor.*

87 Nr 516 Preisfrage zur Aufmunterung des deutschen Genies

LESARTEN. *Überschrift:* Preisfrage] Preißfrage H^4 1 Ducaten erhalt] Dukaten erhält H^4 2 Gesellschafft] Gesellschaft H^4

ERLÄUTERUNGEN. *Das Xenion spielt, wie Nr 288, auf die „gelehrten Gesellschaften" an, speziell vielleicht auf die „Kurfürstliche deutsche gelehrte Gesellschaft" in Mannheim, deren Geschäftsverweser Anton von Klein (1748–1810), Professor der Dichtkunst und Philosophie, war. Die Gesellschaft honorierte siegreiche Arbeiten im Rahmen verschiedener Preisaufgaben mit einem Geldpreis und veröffentlichte sie; seit 1787 erschienen „Schriften der Kurfürstlichen deutschen Gesellschaft in Mannheim". Der Titel des Distichons zitiert eine der üblichen Formulierungen der Preisaufgaben; im Jahr 1780 wurde z. B. ein Preis ausgesetzt „zur ermunterung von genies in den rheinischen gegenden" – es ging um ein „gedicht auf einen rheinischen gegenstand" (Seuffert, Deutsche Gesellschaft [1880], 289). Schiller war Mitglied der Gesellschaft; vgl. seinen Brief an Klein vom 8. Januar 1784.*

87 Nr 517 E$_{**}$ Hymenäus zu der St$_*$ und Sch$_*$. Heirath

LESARTEN. *Überschrift:* Hymenäus] Hymenäus. h^8 1 vermählten] vermahlten h^8

ERLÄUTERUNGEN. *Goethes Schwager Johann Georg Schlosser hatte seiner Schrift „Fortsetzung des platonischen Gesprächs von der Liebe" (1796) (vgl. zu Nr 479) zwei*

Widmungsbriefe vorangestellt; im ersten wendet er sich selbst an Friedrich Leopold zu Stolberg und schreibt mit Bezug auf seine Übersiedlung zu Stolberg nach Eutin: Die frohe Aussicht, die ich vor mir habe, den Ueberrest meines Lebens mit Ihnen zuzubringen, hat in mir den Gedanken erweckt, diese Blätter Ihnen zu widmen. *(S. 5.) Im zweiten, gleichfalls an Stolberg gerichteten Brief singt Johann Ludwig Ewald (vgl. zu Nr 258) beiden den "Hymenäus", den (antiken) Hochzeitsgesang, d. h. er beglückwünscht sie zur künftigen Gemeinsamkeit und bringt den Wunsch zum Ausdruck, sich anzuschließen (vgl. S. 7).*

87–88 Nr 518–525

Diese "Xenien" gehörten in der Sammelhandschrift zur Sequenz gegen die Journale (vgl. die "Konkordanz [...]"; NA 2 II A, 374–375). Einige von ihnen stammen aus der frühesten "Xenien"-Produktion (vgl. die "Konkordanz der überlieferten Textzeugen [...]").

87 Nr 518 Archiv der Zeit

LESARTEN. *Fassung* h^1:
    Unglückseelige Zeit! wenn einst aus diesem Archiv dich
    Schätzet die Nachwelt, wie kommst du ihr so bettelhafft vor.

ERLÄUTERUNGEN. *Vgl. die Erläuterungen zu Nr 255 (NA 2 II A, 544).*

87 Nr 519 Der Bär wehrt die Fliegen

LESARTEN. *Vor der Überschrift ein Kreuz* h^6 1 Eudämonia] Eudemonia h^6 2 Hochverräthrische] Hochverrätherische h^6

ERLÄUTERUNGEN. *Über die Zeitschrift "Eudämonia, oder deutsches Volksglük" vgl. die Erläuterungen zu Nr 449. Das Distichon spielt auf den Umstand an, daß das reaktionäre Journal in Auseinandersetzung mit verdächtigen Schriftstellern und Zeitschriften deren theologisch, philosophisch oder politisch bedenklich erscheinende Ansichten kommentierte, nachdem es sie zuvor ausführlich zitiert hatte; auf diese Weise kam es sogar zum Abdruck jakobinischer Flugschriften. – Zur Überschrift siehe die Erläuterungen zu Nr 73 (NA 2 II A, 481).*

87 Nr 520 Besorgniß

LESARTEN. *Überschrift:* Sorge *(verb. aus* Sorgen*)* h^6 Zu den Xenien. *(vor gestr.* Sorge.*) /* 1797. h^{11} *(1)* Zu den Xenien / 1797 h^{11} *(5)*   1 Gedichtchen] Gedichtchen: h^6 2 Wenn] wenn h^6 W-] Wiener h^6 *und (zweimal)* h^{11} bekränzt) k *verb. aus* g h^6

ERLÄUTERUNGEN. Die Erwartung, der "Musen-Almanach für das Jahr 1797" könne die Wiener Zensur passieren, erfüllte sich nicht. Den nach dem Tode Josephs II. (1790) verschärften Zensurbestimmungen war schon der vorhergehende Almanach zum Opfer gefallen – wegen Goethes "Epigrammen. Venedig 1790"; mit Blick darauf schrieb Schiller am 23. [25.?] Juli 1796 an Goethe: Mein voriger MusenAlmanach ist in Wien verboten, wir haben also in Rücksicht auf den neuen um so weniger zu schonen.

87 Nr 521 Flora

LESARTEN. 2 den] *verb. aus dem* h^1

ERLÄUTERUNGEN. Die Zeitschrift "Flora. Teutschlands Töchtern geweiht von Freunden und Freundinnen des schönen Geschlechts", herausgegeben von Christian Jakob Zahn und Ludwig Ferdinand Huber, erschien von 1793 bis 1803 in Tübingen bei Cotta. Auch Schiller lieferte einen Beitrag: einen wohlwollenden Brief an die Herausgeber, der in dem Journal veröffentlicht wurde (vgl. an Cotta vom 14. November 1794). – Über die zeitgenössische Damenliteratur vgl. auch Nr 149 und 150 sowie die Erläuterungen dazu (NA 2 II A, 510–511).

87 Nr 522 Flüchtlinge

ERLÄUTERUNGEN. In der Ankündigung der Zeitschrift "Flüchtlinge, ein Oppositions-Journal", die Schillers früherer Verleger Michaelis in verschiedenen Blättern einrücken ließ, heißt es: Wer diese Flüchtlinge sind, – woher sie kommen und wohin sie gehen – was sie wollen und warum sie wandern – wird man durch ihre Bekanntschaft von ihnen selbst am besten erfahren. *(Gothaische gelehrte Zeitungen. Beylage zum 8ten Stück, den 30sten Januar 1796. S. 67; vgl. auch: Oberdeutsche allgemeine Litteraturzeitung. 33. Stück vom 16. März 1796. Sp. 527–528.) Zugleich ließ sich das Xenion durch Homer anregen (vgl. Odyssee 9, 252–254). Von dem Journal erschien offenbar nur ein Heft. Vgl. die Erläuterungen zu Michaelis' Brief an Schiller vom 11. März 1796.*

87 Nr 523 Meißners Apollo

LESARTEN. 1 Menschen.] *Punkt fehlt* h^8

ERLÄUTERUNGEN. August Gottlieb Meißner (1753–1807), Professor der Ästhetik in Prag, gab seit 1793 die Monatsschrift "Apollo" (Prag und Leipzig) heraus; sie enthielt belletristische und populärwissenschaftliche Beiträge. Nach Erscheinen des September-Stücks 1794 wurde ihr Fortgang unterbrochen; als Begründung gab Meißner Schwierigkeiten mit dem Verlag Albrecht an sowie Behinderungen durch die Zensur; vgl. Meißners Antwort vom 15. Dezember 1795 auf eine entsprechende Anfrage im "Reichs-Anzeiger" (1796. Nr 5. Sp. 39–40) sowie seine "Nachricht an das Publikum" im "Apollo" (1794. Bd 3. S. 399–400). Fortgesetzt wurde die Zeitschrift mit dem Erscheinen der ausstehenden Hefte des Jahrgangs 1794 im Jahre 1796.

88 Nr 524   Lyrische Blumenlese

ERLÄUTERUNGEN. *Verspottet wird Ramlers „Lyrische Bluhmenlese" (1774–1778), unter Anspielung auf seine – mehrfach, zuletzt im Göttinger „Musen-Almanach" für 1796 (S. 68–76) publizierte – Ode „Lob der Stadt Berlin; bei Gelegenheit eines Granatapfels, der daselbst zur Reife gekommen war". Vgl. auch Nr 74 und 571.*
1 Granate] *Frucht des Granatapfelbaums, bei den Griechen Symbol der Fruchtbarkeit.*

88 Nr 525   Beckers Taschenbuch

ERLÄUTERUNGEN. *Über Wilhelm Gottlieb Beckers „Taschenbuch zum geselligen Vergnügen" vgl. Nr 132 und die Erläuterungen dazu (NA 2 II A, 502–503).*

88 Nr 526   [Ein paar Jahre rühret euch nun ...]

LESARTEN. *Überschrift:* Zusage h^6 **1** Jahre] Jahre, h^6 wieder] wieder, h^6 **2** Ist bis heut.] ist uns günstig Apoll frisch und gesund wie zuvor h^6

ERLÄUTERUNGEN. *In der Sammelhandschrift folgte das Xenion auf Nr 414, welche, das Gericht des Odysseus über die Freier zitierend, den Abschluß der Almanach-„Xenien" bildet; Nr 526 führt das Motiv weiter, hier bezogen auf die Journalherausgeber in den Epigrammen zuvor.*

88–89 Nr 527–538

Diese Epigrammgruppe gehörte ursprünglich zum großen Unterwelt-Zyklus (Nr 332–414), der die „Xenien" des „Musen-Almanachs für das Jahr 1797" abschließt (vgl. die „Konkordanz der Sammelhandschrift [...]"; NA 2 II A, 375–376).

88 Nr 527   Im Ueberfahren

ERLÄUTERUNGEN. *In der Sammelhandschrift ging Nr 335 über Manso voraus. Der Schatten, der hier Charons Totenkahn besteigt, ist Johann Jakob Engel (1741–1802). Dessen „Lobrede auf den König" galt Friedrich II.; sie wurde zu dessen Geburtstag, am 24. Januar 1781, gehalten und war 1795 in Engels „Kleinen Schriften" (S. 1–38) erneut erschienen. Engel war Mitarbeiter der „Horen"; vielleicht wurde das Epigramm deswegen unterdrückt.*

88 Nr 528   Recensendum

ERLÄUTERUNGEN. *Voraussetzung für die Überfahrt in die Unterwelt war die Bestattung der sterblichen Überreste des Verstorbenen. Hier klagt ein Autor, daß seine Werke*

von der ALZ in Jena noch nicht in einer Rezension "zu Grabe getragen" worden seien.
Titel Recensendum] *lat.: das zu Rezensierende; es ist zu rezensieren.*

88 Nr 529 Der Höllenhund

ERLÄUTERUNGEN. *Da das Xenion auch in der Sammelhandschrift auf Nr 528 folgte, spricht wohl wieder der Einlaß suchende Autor aus diesem Epigramm. Kerberos, der den Eingang zur Unterwelt bewacht, macht ihn darauf aufmerksam, daß es einen zweiten Wächter gebe, den er beim Einzug in die (literarische) "Unsterblichkeit" überwinden müsse: den Literaturkritiker Nicolai.*

88 Nr 530 Salmoneus

ERLÄUTERUNGEN. *Pierre Corneille (1606–1684), König der französischen klassischen Tragödie, wird mit Salmoneus verglichen, der sich den Rang des Zeus anmaßte und von diesem in die Unterwelt verbannt wurde, wo er höllische Qualen erdulden mußte.*

88 Nr 531 Antwort

ERLÄUTERUNGEN. *Corneilles Selbstanklage greift die seit Lessings "Hamburgischer Dramaturgie" vorgebrachte Kritik an der "Unnatur" des französischen Klassizismus auf.* Die Menschen des Peter Korneille sind frostige Behorcher ihrer Leidenschaft – altkluge Pedanten ihrer Empfindung, *schrieb Schiller 1782 (Ueber das gegenwärtige teutsche Theater; NA 20, 82).*
1 witzgen] *Witz: franz. esprit; zum Verhältnis von "Witz" und "Genie" vgl. die "Tabulae votivae" (Nr 70 u. 71).*

89 Nr 532 Tityos

LESARTEN. 1 hinweg,] hinweg. h^8

ERLÄUTERUNGEN. *Der Riese Tityos war so groß, daß sein Körper neun Hufen Landes bedeckte (vgl. Odyssee 11, 577). Mit ihm vergleicht das Xenion Voltaire (1694–1778) und spielt auf seine große literarische Wirkung an, welcher ein umfangreiches Werk entspricht: Die "Kehler Ausgabe" seiner "Œuvres complètes" (1784/85–1789) umfaßt 70 Bände ("volumes"). – Auf Voltaires bändereiches Werk spielt Schiller auch in seiner Abhandlung "Ueber naive und sentimentalische Dichtung" an, wenn er von dessen* voluminöser Laufbahn *(NA 20, 448) spricht.*

89 Nr 533 [Sohn der Erde! ...]

ERLÄUTERUNGEN. *Wieder ist Tityos angesprochen, der von der Erde geboren wurde.*

89 Nr 534 [Ach das ist Frerons unsterblicher Schnabel...]

ERLÄUTERUNGEN. Der Schriftsteller und Journalist Elie-Cathérine Fréron (1719[?]–1776) hatte Voltaire mit Spottgedichten und Persiflagen (vor allem in seiner Zeitschrift „Année littéraire") angegriffen. Voltaire reagierte darauf mit seiner Satire „Le pauvre diable" (1758) und dem Lustspiel „Le caffé ou l'écossaise" (1760). – Schmidt/Suphan ([1893], 181) schlagen im Pentameter – wenig überzeugend – die Konjektur „Olympus" vor; die Vermutung, es werde zugleich auf Voltaire als „den Entehrer der Leto-Pucelle" (ebd.), mit Blick auf Schillers „Die Jungfrau von Orleans", angespielt, erscheint abwegig.

89 Nr 535 Der ungeheure Orion

ERLÄUTERUNGEN. Das Distichon paraphrasiert auf seine Weise Homers „Odyssee" (11, 573–574), um hinter dem riesenhaften Jäger Orion den Literaturkritiker Lessing erkennen zu lassen, dessen „Briefe, die Neueste Litteratur betreffend" im Pentameter erwähnt werden.
1 Asphodelos Wiese] *Asphodelos, ein Liliengewächs, wuchs auf den Wiesen der Unterwelt.*

89 Nr 536 Agamemnon

ERLÄUTERUNGEN. Das Epigramm bezieht die Erzählung der abgeschiedenen Seele Agamemnons über seine glücklich bestandene Heimfahrt und seine Ermordung (vgl. Odyssee 11, 404–434) auf Friedrich II. von Preußen, dem von Daniel Jenisch – als Aigisthos – mit den Hexametern seines Epos „Borussias" (1794) gewissermaßen ein literarischer Tod bereitet wurde. Über Jenisch und sein Werk vgl. auch zu Nr 268 (NA 2 II A, 549–550).

89 Nr 537 Ovid

ERLÄUTERUNGEN. Ovid, Verfasser der „Ars amatoria", erkundigt sich nach Manso, dem Autor der „Kunst zu lieben" (vgl. zu Nr 33, 35, 38 u. 335).
1 Odysseus] *Vgl. zu Nr 332–414.*

89 Nr 538 Antwort

ERLÄUTERUNGEN. Vgl. zum vorangehenden Xenion.
1 hektisches] *hektisch: (mediz.) schwindsüchtig.*
2 Noscitur *bis* viri.] *lat.: Man erkennt aus dem Buch, wie groß der Speer des Mannes ist. – Die Herkunft des (mittellateinischen [?]) Spruches ist unbekannt.*

89 Nr 539 Alexandriner

ERLÄUTERUNGEN. Das Distichon ist das vierte einer kleinen „Xenien"-Gruppe über poetische Versmaße; die übrigen drei wurden im „Musen-Almanach für das Jahr 1797" außerhalb der „Xenien" veröffentlicht (vgl. die „Konkordanz [...]"; NA 2 II A, 377).

Der Alexandriner ist ein sechshebiger jambischer Vers, gereimt und mit einer Zäsur nach der dritten Hebung; er war der Vers der französischen klassischen Tragödie, von Gottsched auch dem deutschen Drama empfohlen und von ihm selbst verwendet. Vgl. Schillers Charakterisierung dieses Versmaßes im Brief an Goethe vom 15. Oktober 1799.

90—91 Nr 540—548

Die „Xenien" gehörten in der Sammelhandschrift zu einer Epigrammreihe über die bildenden Künste (vgl. die „Konkordanz [...]"; NA 2 II A, 377—378). In seinem Brief vom 27. Juni 1796 hatte Schiller Goethe vorgeschlagen, Epigramme auf die wichtigsten Antiken und die schönern italienischen MahlerWerke zu machen; *dies geschah nicht. Die vorliegenden Distichen stammen vermutlich von Schiller und wurden zum Teil erst im „Musen-Almanach für das Jahr 1798" veröffentlicht. Vielleicht gingen, indirekt, Anregungen von Karl Philipp Moritz' Buch „Vorbegriffe zu einer Theorie der Ornamente" (1793) aus; jedenfalls lesen sich die „Xenien" wie eine Stichwortsammlung zu der kleinen Schrift: „Arabesken" (S. 25—28), „Die Säule" (S. 18—24), „Die Tempel der Alten" (S. 87—88), „Ueber Kuppeln, Thürme, Obelisken und Denksäulen" (S. 29—33), „Die Verzierungen der Peterskirche in Rom" (S. 97—100), der Genius mit der umgekehrten Fackel (vgl. S. 103—104), „Verzierungen [Basreliefs] an den Marmorsärgen der Alten" (S. 101—106).*

90 Nr 540 Arabesken

ERLÄUTERUNGEN. Arabesken: Wir bezeichnen mit diesem Namen eine willkürliche und geschmackvolle mahlerische Zusammenstellung der mannichfaltigsten Gegenstände, um die innern Wände eines Gebäudes zu verzieren. *(Goethe, Von Arabesken [1789]; WA I 47, 235.) Kant hatte, im Sinne des Epigramms, in der „Kritik der Urtheilskraft" (1790) von Blumen, bestimmten Tieren und dem Laubwerk zu Einfassungen gesagt,* sie bedeuteten für sich nichts: sie stellen nichts vor, [...] und sind freie Schönheiten. *(Kant's Werke 5, 229.)*

90 Nr 541 [Alle die andern, sie haben zu tragen ...]

ERLÄUTERUNGEN. Wieder reden die Arabesken; zu den andern vgl. Nr 542—545.

90 Nr 542 Architectur

ERLÄUTERUNGEN. Im Unterschied zu den Arabesken kann ein Gebäude, nach Schillers Auffassung, nie ein ganz freies Kunstwerk seyn *(an Körner vom 23. Februar 1793).*

Architektur aber als eine Kunst, die nach Zweckmäßigkeit, Ordnung, Proportion, Vollkommenheit (ebd.) strebt, kann ein Beispiel strenger Zucht in künstlerischem Schaffen geben (Über den Gartenkalender auf das Jahr 1795; NA 22, 286). Ende 1795 hatte Schiller mit Goethe einen regen Gedankenaustausch über Fragen der Baukunst (vgl. Schiller an Humboldt vom 9. November 1795).

90 Nr 543 [Hüpfe nur leichtes Geschlecht ...]

ERLÄUTERUNGEN. *Vgl. zum folgenden Epigramm.*

90 Nr 544 [Freylich kann ich dich nicht ...]

ERLÄUTERUNGEN. *Die Architektur im Gespräch mit den Arabesken? Auf diese ließen sich die* schlängelnden Wellen *beziehen. Die Schlangenlinie galt Schiller als Exempel für den Zusammenhang von Schönheit und Freiheit (vgl. Schiller an Körner vom 23. Februar 1793), und als „freie Schönheiten" werden die Arabesken in Nr 540 und 541 charakterisiert.*

90 Nr 545 Säule

ERLÄUTERUNGEN. *Vgl. „Die Künstler" (V. 161–162).*
2 glänzende Last] *das Tempeldach (vgl. Nr 546) oder Statuen.*

90 Nr 546 Tempel

ERLÄUTERUNGEN. *Moritz beschreibt die Säule als* ein feines und schlankes Ganze [...], welches gleichsam noch mehr Kraft in sich hat, als nur das auf ihm ruhende Gebälk zu tragen *(Vorbegriffe zu einer Theorie der Ornamente, 23); diesen Eindruck vermittle die korinthische Säule,* welche das Gebälk nur gleichsam s c h w e b e n d über sich trägt. *(Ebd., 24.)*

90 Nr 547 Gewölb

ERLÄUTERUNGEN. *Anspielung auf das Konstruktionsprinzip eines offenbar kuppelartigen Gewölbes, auf dessen einzelne Elemente (Steine) der Druck des Ganzen gleichmäßig verteilt ist.*

91 Nr 548 Grenzscheide

ERLÄUTERUNGEN. *Das Stadttor als – kulturgeschichtlich verstandene – „Grenzscheide" zwischen Natur und Zivilisation: Vgl. dazu „Elegie" (V. 69–94) und das Epigramm „Das Thor", das in der Sammelhandschrift unmittelbar vorherging.*

91 Nr 549—550

In der Sammelhandschrift finden sich einige weitere „Xenien" zum Umkreis von Tod und Grab (vgl. die „Konkordanz [...]"; NA 2 II A, 378).

91 Nr 549   Die Basreliefs

ERLÄUTERUNGEN. *Mit Basreliefs — Flachreliefs, im Unterschied zu Hochreliefs — waren antike Sarkophage und Urnen geschmückt; vgl. „Die Urne und das Skelet", „Der Genius mit der umgekehrten Fackel" und das erste von Goethes „Epigrammen. Venedig 1790".*
    Lessing hatte in seiner Abhandlung „Laokoon" (1766) die These vertreten, die Griechen hätten den Tod nie als Skelett dargestellt, und in seiner Schrift „Wie die Alten den Tod gebildet" (1769) ausführlich erläutert. Die Schreckgestalt des Todes als Gerippe sei erst Gegenstand der christlichen Kunst, während bei Griechen und Römern die Vorstellung vom Tod als heiterem Zwillingsbruder des Schlafes vorgeherrscht habe. Diese Auffassung wurde von Herder in seinem Aufsatz gleichen Titels (1774) zustimmend aufgegriffen, und Schiller schloß sich ihr in den „Göttern Griechenlandes" an (vgl. V. 105—112; hier allerdings wird der Versuch, mit Hilfe der Kunst den Tod in milderem Lichte erscheinen zu lassen, mit Skepsis betrachtet.

91 Nr 550   Pompeji

LESARTEN. 1 zerstöhrenden [Zeit] und] zerstöhrenden und h^8

ERLÄUTERUNGEN. *Die antike Stadt Pompeji, die zusammen mit dem nahegelegenen Herculanum im Jahr 79 durch einen Ausbruch des Vesuvs verschüttet wurde, war 1748 wiederentdeckt worden.*
1 zerstöhrenden Gothen] *Unter dem Westgoten Alarich kam es 410 zur Plünderung Roms; um die Wende vom 5. zum 6. Jahrhundert errichtete der Ostgote Theoderich die erste Fremdherrschaft in Italien.*

91—92 Nr 551—558

Diese „Xenien" über Leben und Liebe folgten in der Sammelhandschrift den Epigrammen zum Thema Tod und Zerstörung (vgl. die „Konkordanz [...]"; NA 2 II A, 378). Zum Anlaß ihrer Entstehung vgl. die Erläuterungen zu „Das Geschenk" (NA 2 II A, 320).

91 Nr 551   [Verse! Wo irret ihr hin? ...]

ERLÄUTERUNGEN. *Distichon zur Überleitung; ähnliche Epigramme an anderen Nahtstellen: Vgl. z. B. Nr 68, 332, 413.*

91 Nr 552 [Nie erscheinen die Götter allein ...]

ERLÄUTERUNGEN. Zum Motiv – Besuch der Götter im Hause der Menschen – vgl. auch „Elegie" (V. 83–90), „Die vier Weltalter" (V. 13–18). – Dieses Xenion und die beiden folgenden Distichen fanden, bearbeitet, Eingang in Schillers Gedicht „Der Besuch".

91 Nr 553   Die Dichterstunde

ERLÄUTERUNGEN. Vgl. die Erläuterungen zum vorangehenden Xenion.

91 Nr 554 [Wie bewirth ich die Götter? ...]

ERLÄUTERUNGEN. Vgl. die Erläuterungen zu Nr 552.

91 Nr 555 [Liebe du mächtige ...]

ERLÄUTERUNGEN. Die Liebe hatte Schiller schon in seiner Dissertation als die grose Kette der empfindenden Natur *bezeichnet (Philosophie der Physiologie; NA 20, 11). In „Die Götter Griechenlandes" heißt es:* Zwischen Menschen, Göttern und Heroen / knüpfte Amor einen schönen Bund. *(V. 37–38.) Daß die Schönheit die Götter auf die Erde holt, dafür bietet die Mythologie viele Beispiele; doch läßt sich der Hexameter auch anders verstehen, etwa im Sinne des „Reichs der Schatten": Schönheit – und Kunst – als Vermittler des Göttlichen;* wer schon auf Erden Göttern gleichen will *(V. 21), der* fliehe in der Schönheit Schattenreich *(V. 40).*

92 Nr 556 [Alles streitende lößt sich ...]

ERLÄUTERUNGEN. Das Distichon gehört zum vorhergehenden und folgenden über die Liebe. Daß es sich auf den „Xenien"-Streit selbst bezieht (hier), ist nicht anzunehmen.

92 Nr 557   Apollo der Hirt

ERLÄUTERUNGEN. Apollon, der dem Admetos zur Strafe für die Tötung der Kyklopen als Hirte diente, schenkte dem Hermes eine Rinderherde und bekam dafür dessen Leier (vgl. Hederich, 331). Neben dem Bogen, der ihn als sühnenden Gott ausweist (vgl. Nr 415 u. 416), wurde die Leier das zweite Attribut des Apollon.

92 Nr 558   **Die Idealwelt**

ERLÄUTERUNGEN. *Die Sequenz über ein Leben der Liebe und Freude mündet in die Vorstellung, der Mensch könne vom Mensch in der Zeit zum Menschen in der Idee sich veredeln (Ueber die ästhetische Erziehung des Menschen; NA 20, 316).*

92 Nr 559—560

ÜBERLIEFERUNG. *Die beiden Distichen sind, entsprechend der Anordnung in h^8 (vgl. NA 2 II A, 360), zu vertauschen.*

Beide Epigramme entstammen einer Sequenz über die Generationen, über Jugend und Alter (vgl. die „Konkordanz [...]"; NA 2 II A, 379).

92 Nr 559   **[Einmal sollst du dich nur ...]**

ERLÄUTERUNGEN. *Vgl. Goethes Venezianisches Epigramm „Alle Weiber sind Waare" aus dem Nachlaß; dessen zweites Distichon lautet:*
       Glücklich ist die beständige die den Beständigen findet
           Einmal nur sich verkauft und auch nur einmal verkauft wird.
(WA I 1, 465.)

92 Nr 560   **[Herrlich siehst du ...]**

LESARTEN. **2** Göttinn] Gottinn *h^8*

ERLÄUTERUNGEN. *Das Epigramm gehörte zu der „Xenien"-Gruppe, die Schiller später zum Gedicht „Die Geschlechter" zusammenfaßte.*
2 Göttinn von Gnid] *Aphrodite, nach der Stadt Gnidus, wo sie in einer von Praxiteles geschaffenen Statue verehrt wurde (vgl. Hederich, 1165).*

92 Nr 561—562

Die „Xenien" gehörten zur Sequenz über Literatur und Literaten (vgl. die „Konkordanz [...]"; NA 2 II A, 380).

92 Nr 561   **E. v. B. —**

LESARTEN. *Überschrift:* E. v. B. *nach gestr.* Den (?) *H^2*   **1** Matrone] Matrone, *H^2*

ERLÄUTERUNGEN. *Emilie von Berlepsch (1757—1830); ihre Bekanntheit verdankte sie in erster Linie verschiedenen Liebesaffären; vgl. die Erläuterungen zu Körners Briefen an*

Schiller vom 11. und vom 21. Januar 1797. Zur Formulierung des Hexameters siehe Goethe an Schiller vom 26. Dezember 1795: Alles will schreiben und schreibt [...].

92 Nr 562 [Enthousiasmus suchst du ...]

ERLÄUTERUNGEN. Zur Klage über das literarische Publikum vgl. „Die Dichter der alten und neuen Welt".
1 Enthousiasmus] Das Epigramm verwendet den Begriff eindeutig, als „Begeisterung", während er Ende des 18. Jahrhunderts bereits vielfach abgewertet war.

92—93 Nr 563—566

Die Distichen finden sich in der Sammelhandschrift in einer Gruppe allgemeiner moralischer und ästhetischer Sprüche (vgl. die „Konkordanz [...]"; NA 2 II A, 381).

92 Nr 563 [Eines verzeih ich mir nicht ...]

ERLÄUTERUNGEN. Das Xenion folgte ursprünglich dem Epigramm „Das Göttliche" (Tabulae votivae, Nr 63), in dem die Schönheit über die Vernunft gestellt wird, weil diese ein höchstes *nur zu denken*, jene dieses aber der sinnlichen Anschauung zu vermitteln vermag. Insofern gibt es nichts Höheres *über der Kunst*. – Vielleicht eine Replik auf Schillers eigene philosophische Studien.

92 Nr 564 [Manch verwandtes Gemüth ...]

ERLÄUTERUNGEN. „Den Spruch [...] hat wohl nur ein Zufall dem Almanach vorenthalten" (Schmidt/Suphan [1893], 194).

93 Nr 565 [Geistige Liebe ...]

ERLÄUTERUNGEN. Das Xenion ging ursprünglich dem zweiten Distichon des Epigramms „Moral der Pflicht und der Liebe" (Tabulae votivae, Nr 47) voraus; es stellt dessen positiven Gegensatz dar.

93 Nr 566 [Falschheit nur und Verstellung ...]

ERLÄUTERUNGEN. In der Sammelhandschrift dem Epigramm „Innerer Werth und äußere Erscheinung" folgend, variiert das Xenion dessen Gedanken.

93 Nr 567 Die Bedingung

ERLÄUTERUNGEN. Der Pentameter widerspricht der im Hexameter (ironisch?) aufgestellten Behauptung, daß durch Wahrheit (literarische Kritik) ein Etwas (ein Dichter) völlig „vernichtet" werden könne. Nur das nicht Vorhandene ist nichts. Ein Kritiker kann allenfalls die „Nichtigkeit" eines literarischen Werkes aufweisen, kann sie aber nicht herbeireden. – Denkbar ist allerdings auch, daß zu nichts im Pentameter bedeuten soll „nicht zu etwas": Der Kritiker soll einen Dichter nicht (künstlich) erheben, um ihn desto wirkungsvoller annihilieren zu können.

93 Nr 568 W. v. H.

ERLÄUTERUNGEN. Anspielung auf Wilhelm von Humboldts „Horen"-Beiträge „Ueber den Geschlechtsunterschied und dessen Einfluß auf die organische Natur" (1795. 2. Stück. S. 99–132) und „Ueber die männliche und weibliche Form" (1795. 3. Stück. S. 80–103, 4. Stück. S. 14–40).

93 Nr 569 [Lebet, ist Leben in euch ...]

ERLÄUTERUNGEN. Das Distichon bildet den Abschluß der Sammelhandschrift.

94–98 Xenien Schillers von Anfang 1796, die nicht in den Musen-Almanach für das Jahr 1797 und nicht in die Sammelhandschrift aufgenommen wurden

94 Nr 570 [Qui gravis es nimium ...]

ERLÄUTERUNGEN. Das Distichon stammt aus Martials Epigrammen (XI 16, 1–2):
  Bist du, Leser, zu ernst, so kannst du hier ja schon fortgehn,
    wohin du willst. Bis hierher schrieb ich für Würden der Stadt
(nach Rudolf Helm; Martial, Epigramme [1957], 415). Die Verse blieben ohne weitere Verwendung in den „Xenien". Vgl. auch zu Nr 418 und 452.

94 Nr 571 Ramler im Gött. M. Alm. 1796

ERLÄUTERUNGEN. Das Xenion spottet darüber, daß Ramler eher fremde als eigene Verse zu „verbessern" pflege (vgl. dazu auch Nr 74); es nimmt dabei Bezug auf eine Anmerkung Karl Reinhards im „Musen-Almanach 1796", in dem Ramlers Ode „Lob der Stadt Berlin" (vgl. auch Nr 524) erschienen war (S. 68–76); im Inhaltsverzeichnis heißt es, trotz mehrerer früherer Publikationen habe die Ode doch jetzt so beträchtliche Verbesserungen erhalten, daß ich sie als ganz neues Stück unsern Lesern mittheilen kann. (S. 266.)

Der Untertitel des Distichons zitiert die Ode:
>Verfolgt der Wesen lange Kette,
>Bis an den allerhöchsten Ring,
>Der an Zeus Ruhebette
>Hängt, hangen wird und hing.

(V. 37–40; S. 74.)

94 Nr 572 An einen Herrn + tz +

LESARTEN. **2** Hungrigen] *durch* Darbenden *geschrieben* H¹

ERLÄUTERUNGEN. Boas (*Schillers's und Goethe's Xenien-Manuscript* [1856], 57) *vermutet, Kotzebue sei der Adressat des Xenions gewesen; es sei dann unterdrückt worden, weil im Almanach doch einige kritische Distichen über ihn erschienen (vgl. Nr 271 u. 396–412).*

Schmidt/Suphan ([1893], 199) *denken an den Wiener Zensor Joseph Friedrich von Retzer (1754–1824). Über Retzer vgl. Schillers Brief an Goethe vom 8. Mai 1798. Golz schließlich* (BA 1 [1980], 773) *erwähnt Wilhelm Franz Ueltzen (1759–1808), Pfarrer in Langlingen bei Celle; dieser hatte im Göttinger Musenalmanach für 1793 ein „Stegreifslied zum Lobe des vollen Brotkorbes" (S. 138–139) veröffentlicht. Ob der Pentameter – unter Anspielung auf die „Odyssee" (6, 207–208) – damit in Verbindung zu bringen ist, bleibt, wie im Fall Kotzebues und Retzers, Spekulation.*

Vielleicht ist „+ tz +" gar nicht in einen bürgerlichen Namen aufzulösen, sondern soll eine Verfasser-Sigle in einem Almanachs- oder Journal-Beitrag sein. Dazu könnte der unbestimmte Artikel in der Überschrift passen.

94 Nr 573 Wxx und Jxx

ERLÄUTERUNGEN. *Weimar und Jena als geistige Metropolen im Vergleich zur Großstadt Berlin (ähnlich Nr 103).*

94 Nr 574 Nicolai

ERLÄUTERUNGEN. *Vgl. die Erläuterungen zu Nr 142–144 und 354 (NA 2 II A, 506–507 u. 582).*
2 geschneutzt] *„das licht schneuzen" im Sinne von putzen (Grimm 9, 1324–1325).*

94 Nr 575 Nicolai auf Reisen

LESARTEN. **1** Schreiben] *über gestr.* Leer war H²

ERLÄUTERUNGEN. *Anspielung auf Nicolais „Beschreibung einer Reise durch Deutschland und die Schweiz" (1783–1796); siehe dazu auch Nr 184–206 und 467–473.*

94 Nr 576   **Abschied von Nicolai**

ERLÄUTERUNGEN.
2 Hundert] *Knapp fünfzig Distichen gegen Nicolai sind überliefert.*

95 Nr 577—579

Die drei Epigramme gehören in den Zusammenhang von Schillers „Xenien"-Zyklus der Flüsse; vgl. Nr 97—113, 454—456.

95 Nr 577   **Donau**

ERLÄUTERUNGEN. Eine ähnliche Version bietet Nr 99.
2 Euxin] *lat. Pontus Euxinus: Schwarzes Meer.*

95 Nr 578   **Rhein und Donau**

ERLÄUTERUNGEN. In Bd 12 seiner „Beschreibung einer Reise durch Deutschland und die Schweiz" (1796. S. 32) berichtete Nicolai von einem Kanalprojekt aus der Zeit Karls des Großen; es handelte sich um die 793 begonnene, aber nicht fertiggestellte Fossa Carolina, einen Kanal zwischen der Rezat und der Altmühl, der den Main – mithin auch den Rhein – und die Donau verbinden sollte. Ist die Vereinigung hier als eine politische oder, ähnlich wie in Nr 98, poetische zu verstehen?
2 Torus] *lat.: Ehebett.*

95 Nr 579   **Weser und Elbe**

LESARTEN. 2 krächzenden] krächz *über gestr.* lerm H^2

ERLÄUTERUNGEN. In der Sammelhandschrift waren zwei „Xenien" mit der Überschrift „Elbe" und „Weser" ohne Text geblieben; erst im Musenalmanach ist ein solcher überliefert. Das vorliegende Epigramm ist beiden Flüssen zugleich gewidmet; es spielt in der Gegenüberstellung von Grazien *und* T h o r s *krächzenden Stimmen auf die Bardendichtung Klopstocks und des Göttinger Hains an, die sich auf genuin germanische Ursprünge der Poesie zurückbesannen und sie wiederzubeleben suchten: Dem Parnaß als Sitz der Musen trat der Hain als Aufenthaltsort der Barden entgegen. Vgl. in diesem Zusammenhang Schillers Einschätzung der Bedeutung der nordischen Mythologie für die Poesie im Brief an Herder vom 4. November 1795.*
2 T h o r s] *Thor: germanischer Gott des Donners.*

95 Nr 580   Auf zwey Sudler die einander loben

ERLÄUTERUNGEN. Das Xenion will wahrscheinlich „Manso und Genossen" (Schmidt/Suphan [1893], 200) treffen. Dafür spricht, daß in der Handschrift drei Epigramme gegen Manso unmittelbar vorhergehen (Nr 35, 40, 42); kurz darauf folgt eins gegen Dyk und seine Mitarbeiter (Nr 582). In Dyks „Neuer Bibliothek der schönen Wissenschaften und der freyen Künste" (1794. Bd 53. S. 296–335) war Mansos „Kunst zu lieben" ausführlich gewürdigt worden. Der Kreis der „Genossen" ist freilich größer; einen Eindruck vermittelt Wilhelm Gottlieb Beckers Journal „Erholungen" (vgl. Nr 276), in dem Manso, Gleim, Klamer Schmidt und andere des Halberstädter Dichterkreises sich gegenseitig Gedichte, Oden und Ansprachen widmeten. – Das Xenion insinuiert, daß ein Sudel-Kritiker dem Kritisierten nicht durch Lob, wohl aber durch Tadel nützlich sein kann.

95 Nr 581   Die kritischen Wölfe

LESARTEN. 1 Menschenwittrung] *von Goethe über gestr.* Pferdegeruch h^3

ERLÄUTERUNGEN. Vielleicht dachte Schiller neben anderen Literaturzeitschriften vor allem an Dyks „Neue Bibliothek" (vgl. Nr 45), die Leipziger GeschmacksHerberge, die er kurz zuvor, im Brief an Goethe vom 29. Dezember 1795, in einer Stoffsammlung für die künftigen „Xenien" notiert hatte. Vgl. Nr 45.

95 Nr 582   Die Dykische Sippschaft

ERLÄUTERUNGEN. Vgl. die Erläuterungen zu Nr 45 (NA 2 II A, 472–473).

95 Nr 583   Uebergang

LESARTEN. Überschrift: Uebergang. *von Goethe mit Verweisungszeichen am Fuß der Seite nachgetragen* h^3

ERLÄUTERUNGEN. In der Handschrift (h^3) bildete das Distichon den „Übergang" zwischen Feind (Nr 35, 42, 40, 580, 254, 581, 582, 265, 140, 488) und Freund (Nr 584–586).

95 Nr 584   Charlotte

ERLÄUTERUNGEN. Das Xenion wird weder mit Charlotte von Stein noch mit Charlotte von Kalb oder Charlotte Schiller zu tun haben. Es treibt lediglich mit dem Leser, der den literarisch und biographisch bedeutungsvollen Vornamen kennt, und mit den vielen Leserinnen dieses Namens sein Spiel, indem es sich an eine Unbekannte wendet, die den

Schillerschen Musenalmanach gar nicht liest. Vielleicht könnte eine solche Charlotte auch eine literarische Figur sein: Lotte im „Werther".

96 Nr 585   **An xxx**

LESARTEN. Das Distichon von Schiller fast unlesbar gemacht h³

ERLÄUTERUNGEN. Der Umstand, daß das Distichon in der Handschrift (h³) „Buchstab für Buchstab dick gestrichen" ist (Schmidt/Suphan [1883], 247), spricht dafür, daß es als zu persönlich, als heikel in Rücksicht auf bestehende Beziehungen empfunden wurde. Es könnte auf Charlotte von Kalb bezogen werden.

96 Nr 586   **An meine Freunde**

LESARTEN. 2 bleibt.] bleibt *(ohne Punkt)* von Goethe nach gestr. ist. h³

96 Nr 587   **An einen Quidam**

LESARTEN. 2 viele] von Goethe über gestr. alle h³

ERLÄUTERUNGEN. Einige der möglichen Paraphrasen könnten lauten: Alle habe ich kritisiert, aber Quidam, als Unperson, habe ich geschont; damit erweisen sich die vielen Kritisierten doch wenigstens als solche, mit denen auseinanderzusetzen sich lohnt und werden auf diese Weise dem (oder den) Übergangenen gegenüber „geschont". – Ich habe niemand „geschont"; d.h. ich habe viele arg kritisiert; aber ich „schonte" doch dich, d.h. dich habe ich glimpflich behandelt; eigentlich habe ich, mit dir verglichen, viele „geschont", noch allzu glimpflich behandelt. – Ich habe alle arg kritisiert, mit Ausnahme deiner; indem ich dich schonte, d.h. von den „Xenien" unkritisiert ließ, habe ich viele geschont, denn du bist eine bedeutende Persönlichkeit, die viele mittelmäßige Gegner aufwiegt. – Golz (BA 1 [1980], 774) denkt an Herder; es scheint aber, als ob das Distichon damit rechnete, nach Gutdünken adressiert zu werden.
Titel Quidam] lat.: ein gewisser, irgendeiner; jemand.

96 Nr 588   **Der Heinsische Ariost**

ERLÄUTERUNGEN. Heinses Prosaübersetzung „Roland der Wüthende" (1782–1783) von der in Stanzen verfaßten epischen Dichtung „Orlando furioso": „ein Heldengedicht von Ludwig Ariost dem Göttlichen"; so apostrophiert Heinse selbst den italienischen Dichter. Vielleicht wurde das Xenion, ebenso wie das folgende, wegen mangelnder Aktualität nicht publiziert.

96 Nr 589 Gedikes Pindar

LESARTEN. *Überschrift:* Pindar] *r verb. aus* s *h³*

ERLÄUTERUNGEN. *Friedrich Gedike (1754–1803), Gymnasialdirektor in Berlin, hatte 1777 und 1779 Übersetzungen von Pindars olympischen und pythischen Hymnen veröffentlicht.*

96 Nr 590 Der schlechte Dichter

LESARTEN. *Das ganze Distichon gestr. h³*

ERLÄUTERUNGEN. *Verspottet wird Manso und seine „Kunst zu lieben"; vgl. Nr 35–38.*
1 Jupiters Tochter] *Venus.*

96 Nr 591 Nach Martial

LESARTEN. 1 Geschwätz.] *Punkt fehlt h³*

ERLÄUTERUNGEN. *Vgl. die Erläuterungen zu Nr 452.*

96 Nr 592 Nach eben demselben

LESARTEN. 1 erblaßt] *danach Komma gestr. h³*   gewisser,] *Komma nachträglich eingefügt h³*

ERLÄUTERUNGEN. *Vgl. die Erläuterungen zu Nr 497.*

97 Nr 593 Vorschlag des R. Anzeigers, die A.L.Z. betreffend

ERLÄUTERUNGEN. *Vermutlich persifliert das Distichon irgendeinen Vorschlag des Gothaer „Reichs-Anzeigers" (vgl. zu Nr 252; NA 2 II A, 542) an die Adresse der Jenaer „Allgemeinen Literatur-Zeitung". Solche Vorschläge finden sich in Rubriken wie „Anfragen" oder „Nützliche Anstalten und Vorschläge". Im „Reichs-Anzeiger" 1795 (Nr 282 vom 5. Dezember. Sp. 2868) wird z. B. angefragt:* Werden die Herausgeber der allgem. Lit. Zeit. auch dieses Jahr ein besonderes Register liefern, oder kommen die versprochenen Supplementbände zur L. Z. heraus? Einsender wünscht, daß sich recht viele Leser für die letztern erklärt haben möchten, damit diese in so großem Ansehen stehende Zeit-

schrift endlich einmal mit Recht eine allgemeine L. Z. genannt werden könne. *Auf diesen Anspruch scheint auch das Xenion ironisch abzuzielen: Alle Leser der ALZ sollten verpflichtet werden, dem vom „Reichs-Anzeiger" geäußerten Wunsch zu entsprechen. — Vgl. auch Nr 283.*
2 Membrum] *lat. Glied, Mitglied, Teil.*

97 Nr 594 Andre französische Stücke, von Dyk

ERLÄUTERUNGEN. *Das Xenion steht in Zusammenhang mit Nr 292. Der Einfall ist der gleiche: Dyks Übersetzung verwandelt, verunstaltet die Vorlage. Dort kennen sich die einst „witzigen" Komödien nicht wieder, hier ihre Figuren: Sie haben, dem Geschmack des deutschen Publikums zuliebe, eine soziale Aufwertung erfahren.*
2 Duns] *„ein aufgeblasener eingebildeter geistloser gelehrter" (Grimm 2, 1557).*

97 Nr 595 Philosoph

ERLÄUTERUNGEN. *Gegen das modische Philosophieren, wie in Nr 63.*

97 Nr 596 Der falsche Messias zu Constantinopel

LESARTEN. *Unter der Überschrift:* an H. xxx *H⁵*

ERLÄUTERUNGEN. *Das Xenion spielt auf Sabbatai Zwi (1626–1676), den Gründer der Sabbatäersekte, an. Dieser in Smyrna lebende jüdische Wanderprediger gab sich als Messias aus; als die türkische Regierung ihn verhaftete, um dem Treiben seiner Sekte ein Ende zu bereiten, trat er zum Islam über, um seinen Kopf zu retten. — Vielleicht ist Karl Heinrich Heydenreich gemeint, der in Leipzig Philosophie lehrte, aber vornehmlich durch religiöse Schriften hervorgetreten war (vgl. LESARTEN und Xenion Nr 122). — Nach Golz (BA 1,775) wäre auch an Lavater zu denken.*

97 Nr 597 Der Eschenburgische Shakespeare

ERLÄUTERUNGEN. *Johann Joachim Eschenburgs Übersetzung „William Shakespear's Schauspiele" (1775–1782) (vgl. zu Nr 390; NA 2 II A, 593). Ein Nachdruck der Ausgabe (Straßburg und Mannheim 1778–1783) ging so weit, auch Shakespeares Vornamen ins Deutsche zu übersetzen: „Willhelm Shakespears Schauspiele".*

97 Nr 598 An die Menge

ERLÄUTERUNGEN. *An Literaturkritiker adressiert; ähnlich, mit Bezug auf Dyks „Neue Bibliothek der schönen Wissenschaften und der freyen Künste", Nr 582.*

97 Nr 599   **Poetische Erdichtung und Wahrheit**

ÜBERLIEFERUNG. H: ? Nach Goedeke (Schillers sämmtliche Schriften 11, 159) 1871 im Besitz Emilie von Gleichens. – Textwiedergabe nach dem – offenbar nicht zuverlässigen – Druck bei Schmidt/Suphan ([1893], 82). Vgl. LESARTEN.

LESARTEN. Fassung bei Goedeke (Schillers sämmtliche Schriften 11, 159) nach der Handschrift:
Poet. Erdichtung und Wahrheit.
Wozu nützt denn die ganze Erdichtung? Ich will es dir sagen
Leser, sagst du mir erst, wozu die Wirklichkeit nützt.

Dazu die Lesarten: Poet, Erdichtung und Wahrheit. H *(ändert:* Dichtung und Wahrheit*)* *[zur Überschrift]* Zuerst stand: Aber was nützt *[zu V. 1]*

Fassung h¹²:
Poët. Erdichtung und Wahrheit
Wozu <i>[über gestr.</i> Aber was<i>]</i> nützt denn die ganze Erdichtung? Ich will es dir sagen
Leser sagst du mir erst, wozu die Wirklichkeit nützt.

ERLÄUTERUNGEN. *Wie Nr 96 der „Tabulae votivae" auf ernsthafte und Xenion Nr 137 auf spöttische Weise Leser zurechtweist, die ein poetisches Werk verstehen wollen, indem sie dessen „Bedeutung" zu ermitteln suchen, so wird hier, im Pentameter, der Leser frappiert mit der Aufforderung, den „Sinn" und „Zweck" der Wirklichkeit anzugeben. Dichtung und Wirklichkeit, so soll er erkennen, sind gleichermaßen („sinnvoll") interpretierbar – oder nicht. – Der Begriff „Wahrheit" in der Überschrift entspricht offenbar dem der „Wirklichkeit", so daß es um den Gegensatz Fiktionalität und Realität geht, nicht um das Verhältnis von „Dichtung" und „Wahrheit".*

97 Nr 600   **Socrates**

ÜBERLIEFERUNG. Vgl. zu Nr 599.

LESARTEN. Fassung bei Goedeke (Schillers sämmtliche Schriften 11, 159):
Socrates.
Weil er unwissend sich rühmte, nannt' ihn Apollo den Weisen,
Freund, wieviel weiser bist du; was er bloß rühmte, du bists.

Dazu die Lesart: nannt'] zuerst stand: hiess *[zu V. 1]*

Fassung h¹²:
Socrates.
Weil er unwissend sich rühmte, nannt' ihn Apollo den Weisen
Freund, wie viel weiser bist du? was er blos rühmte, du bist's.

ERLÄUTERUNGEN. *Das Distichon soll Friedrich Leopold zu Stolberg und seine „Auserlesenen Gespräche des Platon" (vgl.* Nr 116) *treffen; es spielt auf das bekannte Wort des Sokrates an, er wisse, daß er nichts wisse,* – *wiewohl das Orakel in Delphi ihn für den weisesten der Griechen erklärt (Auserlesene Gespräche 1, 318). Goethe schrieb über Stolberg und die Vorrede zu seinem Werk:* Wie unwissend überhaupt diese Menschen sind ist unglaublich *(an Schiller vom 25. November 1795).*

98 Nr 601   Socrates

ÜBERLIEFERUNG. *Vgl. zu Nr 599.*

LESARTEN. **1** Griechen.] Griechen, h^{12} **2** weiseste] Weiseste H *(nach Goedeke; vgl. zu Nr 599)*

ERLÄUTERUNGEN. *Vgl. zum vorangehenden Xenion.*

98 Nr 602   Jakob der Kantianer

LESARTEN. *Vgl. den ursprünglichen Text Schillers und die von Goethe stammenden Varianten in NA 28, 171 und 510.*

ERLÄUTERUNGEN. Devisen: *Denk-, Sinn-, Wahlsprüche, Motti.* – *Der Pentameter antwortet bissig auf die rhetorische Frage im Hexameter: Natürlich faßt der hohle Schädel Kantische Worte, denn auch die hohle Nuß, der hohle Kopf, kann sich mit (fremden) Weisheiten großtun.* – *Über Ludwig Heinrich von Jakob vgl. die Erläuterungen zu Nr 54 und 253 (NA 2 II A, 475* – *476 u. 543).*

STAMMBUCHBLÄTTER 1776 – 1792

100   [Für Ferdinand Moser]

ÜBERLIEFERUNG. *H: SNM. Stammbuch Christoph Ferdinand Mosers, S. 267 u. 268. 1 Blatt 17,7× 11 cm, beidseitig beschrieben. Leicht vergilbtes geripptes Papier, etwas stockfleckig. Wz.: Teil eines gekrönten Schildes.* – *Der eigentliche Eintrag (auf S. 267) stammt von Schillers Vater; den Zusatz hat Schiller vermutlich darunter geschrieben, als er seinen zweiten Eintrag in Mosers Stammbuch (vgl. zu NA 2 II A, 34) auf die Rückseite des Blattes setzte.* – *E: Goedeke, Schillers sämmtliche Schriften 1 (1867), 361 (offenbar nach einer im selben Jahr erschienenen, von Carl Künzel besorgten Photographie).* – *Textwiedergbe nach H.*

ERLÄUTERUNGEN. *Christoph Ferdinand Moser war ein Schulfreund Schillers; vgl. zur späteren Stammbucheintragung „Seelig ist der Freundschafft himmlisch Band" (NA 2 II A,*

34). *Schiller schloß sich mit seiner Unterschrift dem Seneca-Zitat seines Vaters Johann Kaspar an; in Senecas „Epistulae morales ad Lucilium" (Moralische Briefe an Lucilius) heißt es (41, 6):* Quis est ergo hic animus? qui nullo bono nisi suo nitet. *("Und was ist das für eine Seele? Eine, die nur das dem eigenen Inneren entstammende Gute ausstrahlt"; nach Ernst Glaser-Gerhard [1965] 1, 92.)*

Solitudinis: *die Solitude bei Stuttgart.*

Die Unterschrift heißt: „Diesen Spruch empfiehlt seinem verehrungswürdigen und wertesten Freund J[ohann] C[aspar] Schiller, Hauptmann; dies bestätigt auch J[ohann] C[hristoph] F[riedrich] Schiller, Sohn."

100   [Für Wilhelmina Friederica Schneider]

ÜBERLIEFERUNG. *H: Brigitte Freiesleben, Detmold. Stammbuch Wilhelmina Friederica Schneiders, S. 58 u. 59. 2 Blätter 18,4×11,5 cm. 1) Festes geripptes Papier. 2) Festes geripptes Papier. Wz.: Vermutlich Teil eines gekrönten Schilds. – Der erste Eintrag (von* (Karlos) *bis* Schiller.*), der mit 5) (von Schillers Hand?) überschrieben ist, befindet sich auf der Rückseite des 29. Blattes in dem insgesamt 138 Blätter umfassenden Stammbuch, der zweite Eintrag auf der Vorderseite des 30. Blattes. Vor Schiller haben sich (am 10. August 1785) Huber – unter der Ordinalzahl 1) – sowie (am 7. August 1785) – unter den Zahlen 2), 3) und 4) – Dora Stock, Körner und Minna Stock in das Stammbuch eingetragen. (Nach freundlicher Auskunft von Dr. Norbert Eke, Paderborn, vom 5. September 1990.) – E: Jahrbuch der Deutschen Schillergesellschaft 25 (1981). S. 4 (mit Facsimile auf S. 5) (Hans Freiesleben). – Textwiedergabe nach Photokopien.*

ERLÄUTERUNGEN. *Wilhelmina Friederica Schneider (1755–1795) war die Frau des Leipziger Buchhändlers Carl Friedrich Schneider (1743–1795). Schillers Stammbucheintragung zeugt von seiner engen Beziehung zu ihr, ebenso wie sein Brief einen Monat später, in dem er sie der* unwandelbaren Fortdauer *seiner Freundschaft feierlich versichert (Brief vom 13. September 1785). Vgl. auch Schillers Brief vom 11. Dezember 1786. Näheres über sie geht aus Körners Brief an Schiller vom 12. April 1789 hervor.*

In Leipzig hielt sich Schiller, der seit Anfang Mai 1785 in Gohlis wohnte, aus Anlaß der Hochzeit Körners mit Minna Stock am 7. August auf; am 12. August brachen Körners nach Dresden auf; vom Vorabend datiert die Stammbucheintragung. Zum Kreis der Freunde zählten neben Körners auch Huber und Dora Stock; sie alle haben sich in das Stammbuch eingetragen.

Die Zitate stammen aus dem „Thalia"-Fragment des „Don Karlos" (I 9. V. 1329–1332 u. 1348–1349; NA 6, 405 u. 406) und aus Klopstocks Ode „Der Zürchersee" (V. 61–64).

101   [Für Daniel Schütte]

ÜBERLIEFERUNG. *H: SNM. 1 Blatt 20,6×13,1 cm (paginiert: 3. und 4). Festes geripptes Papier, leicht vergilbt und etwas stockfleckig. – Der Text auf der Vorderseite. – Ungedruckt.*

ERLÄUTERUNGEN. Daniel Schütte (1763–1850) aus Bremen hatte in Göttingen Jurisprudenz studiert, war nach der Promotion auf Reisen gegangen, kehrte 1785 nach Bremen zurück. Auf der Heimreise hielt er sich einige Monate in Leipzig auf, wo er zu Schillers Freundes- und Bekanntenkreis gehörte, der sich in Gohlis bei Leipzig während des Sommers 1785 zu abendlicher Geselligkeit traf. Auf der Handschrift vermerkte Schütte:
  Auf meiner Rükreise v Wien, brachte ich mit dem Großen Dichter der damals in dem Dorfe Gohlis bey Leipzig wohnte einige interessante Monate in Gesellschaft *[Johann Friedrich]* Jüngers, des großen Schauspielers *[Johann Friedrich]* Reineke der Dichterin Soph: Albrecht u ihres Gatten zu. Wo wir uns oft Abends in dem Bauren Wirtshause versammelten und den Livius vorlasen, was zu komischen Scenen Anlaß gab.
  In seinen Erinnerungen berichtete Schütte ähnlich: Eine große Freude war es mir, hier den großen Dichter Schiller, den ich in Mannheim nur kurz hatte kennen lernen, sowie den Arzt Dr. Albrecht und seine Gattinn [...], den Theaterdichter Jünger von Wien und den berühmten Landschaftsmahler C. Reinhart, die sämtlich in dem schönen Dorfe Gohlis wohnten, *zu treffen,* mit denen ich abends in der Dorfschenke zusammen kam und mich herrlich unterhielt. Tausend komische Anekdoten würzten diese Unterhaltung. *(Seedorf, Die Autobiographie des bremischen Theaterfreundes Dr. Daniel Schütte [1919], 123.)*
  Schütte wurde Advokat, später, ab 1797, war er, mit Unterbrechungen, Theaterunternehmer in Bremen (vgl. des näheren Seedorf, 125–129).
  Das Zitat stammt aus dem ersten Buch von Wielands „Musarion" (V. 40–44 u. 46–48).
8 Lais] *Es gibt zwei Hetären dieses Namens; die ältere, aus Korinth, zu deren Verehrern der Philosoph Aristippos (geb. um 435 v. Chr.) gehörte, und die jüngere, aus Sizilien, die dem griechischen Maler Apelles (4. Jahrhundert v. Chr.) Modell gestanden haben soll.*

101 [Für Alexander Baron von Podmaniczky]

ÜBERLIEFERUNG. H: Niedersächsische Staats- und Universitätsbibliothek Göttingen. Stammbuch des Barons Alexander von Podmaniczky, S. 242. 1 Blatt 16,5 × 11 cm. Festes geripptes Papier. (Nach freundlicher Auskunft von Dr. H. Rohlfing, Göttingen.) – E: Göttinger Studenten-Stammbuch aus dem Jahre 1786. In Auswahl hrsg. und mit einem Vorwort versehen von Wilhelm Ebel. Göttingen 1966. Bl. 57 (mit Facsimile). – Textwiedergabe nach einer Xerokopie von H.

ERLÄUTERUNGEN. Die Eintragung für den ungarischen Baron und späteren Bergrat Sándor von Podmaniczky (1758–1830) zitiert aus dem ersten Buch von Wielands „Musarion" (V. 79–82). Podmaniczky studierte in den Jahren 1784–1786 in Göttingen Jura und machte im Frühjahr und Frühsommer 1786 eine Reise, auf der er u. a. Weimar und Jena besuchte. Im Winter 1802/03 hielt er sich noch einmal in Jena auf (vgl. Karl Bertuchs Tagebuch, 7. März 1803; H: GSA).
4 Plutarch] *Anspielung auf Plutarchs „Vitae parallelae" (Parallelbiographien), Lebensbeschreibungen berühmter Griechen und Römer.*

102 [Für einen Unbekannten]

ÜBERLIEFERUNG. H: GSA. 1 Blatt 14,4×9,5 cm, ¹/₂ S. beschrieben. Festes geripptes Papier. – Ungedruckt. (Facsimile in: Basler Bücherfreund 1 [1925]. H 3. S. 110.)

ERLÄUTERUNGEN. Der Text stammt aus Horaz' Brief an die Pisonen „De arte poetica" (V. 70–71): „Viel abgestorbne Wörter werden wieder / ins Leben kehren, viele andere fallen, / die jetzt in Ehren sind" (nach Wieland, Horaz, Episteln [1963], 235). Die Unterschrift lautet: „Dies schrieb zur Erinnerung an ihn Fr. Schiller." Unter demselben Datum ist ein Stammbucheintrag „[Für Georg Friedrich Creuzer]" überliefert (vgl. NA 1, 219).

Schiller hielt sich seit August 1791 in Erfurt zur Nachkur im Anschluß an seine schwere Erkrankung im Verlauf des Jahres auf; im September begannen Vorbereitungen für eine „Don Karlos"-Aufführung mit Weimarer Schauspielern; Schiller blieb bis zum 1. Oktober. Während seines Aufenthalts verkehrte Schiller oft im Hause von Karl Theodor von Dalberg, dem Statthalter des Kurfürsten von Mainz in Erfurt; vielleicht fand hier die Begegnung mit dem Unbekannten statt.

102 [Für Christian Rausch]

ÜBERLIEFERUNG. H: SNM. Stammbuch Christian Rauschs, S. 49. 1 Blatt 16,6× 12,2 cm, Vorderseite beschrieben. Leicht vergilbtes geripptes Papier. Rechts oben von unbekannter Hand: 49. Das F. des Vornamens von unbekannter Hand ergänzt zu Friedr. – E: Stargardt: Auktionskatalog 618 (November 1979). S. 184. Nr 598 (mit Facsimile auf S. 101). – Textwiedergabe nach H.

ERLÄUTERUNGEN. Christian Rausch wurde am 5. September 1754 in Langenberg bei Gera geboren (nach freundlicher Auskunft des ev.-luth. Pfarramtes Gera-Langenberg vom 1. April 1986); ob er mit dem Zeugmachermeister Christian Rausch identisch ist, der laut Sterberegister am 20. September 1799 in Langenberg starb, ist unsicher. Am 24. Februar 1778 wurde ein Christian Rausch an der Universität Leipzig immatrikuliert; eine akademische Prüfung legte er nicht ab (nach freundlicher Auskunft von Frau Prof. Dr. sc. G. Schwendler, Archiv der Universität Leipzig). Näheres konnte nicht ermittelt werden.

Schiller zitiert aus Horaz' „Episteln" (I 2, 40); Kants Übersetzung in seinem Aufsatz „Beantwortung der Frage: Was ist Aufklärung?" (1784) lautet: Habe Muth dich deines e i g e n e n Verstandes zu bedienen! (Kant's Werke 8, 35.) Schiller übersetzte im 8. Brief „Ueber die ästhetische Erziehung des Menschen": Erkühne dich, weise zu seyn. (NA 20, 331.) – Die Unterschrift: „Zur Erinnerung schrieb [dies] F. Schiller."

102 [Für Bohuslaus Tablitz]

ÜBERLIEFERUNG. H: Matica Slovenská, Martin (Slowakei). – Ungedruckt. – Textwiedergabe nach einer Photokopie.

ERLÄUTERUNGEN. Der slowakische Dichter Bohuslav Tablic (1769–1823) war von 1790 bis 1792 Student an der Universität Jena, wo er auch Schiller hörte; später, ab 1793, lebte er als Pfarrer in der Slowakei. – Zum Text siehe die Erläuterungen zur Eintragung „[Für einen Unbekannten]" (in diesem Band S. 94). Die Unterschrift lautet übersetzt: „Zum wohlwollenden Andenken an ihn schrieb [dies] Frid. Schiller."

GEDICHTE IN DER REIHENFOLGE IHRES ERSCHEINENS 1799–1805

MUSEN-ALMANACH FÜR DAS JAHR 1800

Vgl. zu den Gedichten „Spruch des Konfucius", „Die Erwartung" und „Das Lied von der Glocke" die Erläuterungen S. 244, 149 u. 162–174 in diesem Band.

GEDICHTE. ERSTER THEIL. 1800

113–115   **Pegasus im Joche**

ENTSTEHUNG. Vgl. NA 2 II A, 221 (zu „Pegasus in der Dienstbarkeit").

ÜBERLIEFERUNG. Vgl. NA 2 II A, 221. – D¹: Gedichte 1 (1800). S. 187–191. D²: Gedichte ²1 (1804). S. 187–191. – Textwiedergabe nach D¹.

LESARTEN. Vgl. den Text der 1. Fassung in NA 1, 230–232. – **33** beschwingte] beschwingt *(Druckfehler)* D¹ *(nicht in allen Exemplaren)* **51** Eh] Ehe D² **61** Wiederstand] Widerstand D² **78** Gespann!] Gespann: D²

ERLÄUTERUNGEN. Vgl. die Erläuterungen zu „Pegasus in der Dienstbarkeit" (NA 2 II A, 221–223); die Änderung des Titels mag dem Wunsch nach Präzisierung entsprungen sein; das Bild des Joches macht das Entwürdigende der „Dienstbarkeit" sogleich deutlich.

116   **Die Johanniter**

ENTSTEHUNG. Vgl. NA 2 II A, 224 (zu „Die Ritter des Spitals zu Jerusalem").

ÜBERLIEFERUNG. Vgl. NA 2 II A, 224. – Textwiedergabe nach D.

LESARTEN. Vgl. den Text der 1. Fassung in NA 1, 233.

ERLÄUTERUNGEN. Vgl. die Erläuterungen zur 1. Fassung des Gedichts (NA 2 II A, 224–225).

5 Aber *bis* umgiebt] *Die Änderung sollte wohl die frühere Parallelität von V. 1 und V. 5 beseitigen.*

8 niedrige] *Stärker als zuvor* ruhmlose *betont das Adjektiv den Gegensatz zur hohen Abkunft der Ritter.*

117 Deutsche Treue

ENTSTEHUNG. *Vgl. NA 2 II A, 267.*

ÜBERLIEFERUNG. *Vgl. NA 2 II A, 267. — D¹: Gedichte 1 (1800). S. 200–201. D²: Gedichte ²1 (1804). S. 200–201. — Textwiedergabe nach D¹.*

LESARTEN. *Vgl. den Text der 1. Fassung in NA 1, 258 und LESARTEN in NA 2 II A, 267–268.* — **2** beyde] beide D^2 **7** frey] frei D^2

ERLÄUTERUNGEN. *Die neue Fassung verzichtet auf die ursprünglichen Verse 3 und 4 und weist in V. 5–7 (jetzt V. 3–5) einige Änderungen auf, wahrscheinlich aus metrischen Gründen:* Oesterreichs *(V. 5) und* Freyheit; sein *(V. 7) mögen Schiller als Daktylen problematisch erschienen sein. Bei der Streichung der beiden Verse hatte Schiller vielleicht den Hinweis August Wilhelm Schlegels im Sinn, der geschrieben hatte, der Charakter des Gedichts als* einfache Erzählung *hätte durch jede hinzugefügte Bemerkung nur geschwächt werden können (ALZ 1796. Nr 5 vom 5. Januar. Sp. 33; Fambach 2, 191); so mögen die historischen Details als auch noch entbehrlich betrachtet worden sein.*

118 Das Reich der Formen *(Überschrift)*

ERLÄUTERUNGEN. *Auf den Gedanken, in der Überschrift des Gedichts „Schatten" durch „Formen" zu ersetzen, kam Schiller vermutlich schon Ende 1795/Anfang 1796, nachdem das Schattenreich als Totenreich mißdeutet worden war (vgl. die „Dokumente", Nr 20 u. 22; NA 2 II A, 244 u. 245). Der neugewählte Begriff soll klarer machen, um was es geht: um das „Reich der schönen Formen" (vgl. zu V. 111–113 der 1. Fassung; NA 2 II A, 256). Über Kürzung und Veränderung einiger Stellen siehe die Erläuterungen zu „Das Ideal und das Leben"; in V. 122 heißt es z. B. jetzt, dem Titel entsprechend,* die reinen Formen *statt* die Schatten selig *(früher V. 152).*

119 Der Kampf

ENTSTEHUNG. *Vgl. NA 2 II A, 141 (zu „Freigeisterei der Leidenschaft").*

ÜBERLIEFERUNG. *Vgl. NA 2 II A, 141. — Textwiedergabe nach D.*

LESARTEN. *Vgl. den Text der 1. Fassung in NA 1, 163–165 und LESARTEN in NA 2 II A, 141.*

ERLÄUTERUNGEN. *Das Gedicht ist die um die Strophen 3–5 und 10–22, also um insgesamt 16 Strophen, gekürzte 2. Fassung von „Freigeisterei der Leidenschaft". Es fehlen neben der Bezugnahme auf die Figur Lauras der Hinweis auf den ehelichen Stand der geliebten Frau sowie die Anklage gegen Gott und seine Gesetze. Weitgehend vom persönlichen Hintergrund gelöst, erhält das Gedicht allgemeineren und gemäßigten Charakter, thematisch konzentriert auf den „Kampf" zwischen Pflicht und Neigung; auf diese Weise kontrastiert es mit der im folgenden Gedicht besungenen schönen Welt ohne* Finstren Ernst und trauriges Entsagen *(V. 41), in der die „Götter Griechenlandes" regierten.*

121 Mittheilung

ENTSTEHUNG. *Vgl. NA 2 II A, 333 (zu „Tabulae votivae"/„Xenien").*

ÜBERLIEFERUNG. *Vgl. NA 2 II A, 342 (Nr 9 der „Tabulae votivae"), 335 und 337 (Beschreibung der Handschriften H³ und h⁸). – D¹: Gedichte 1 (1800). S. 305. D²: Gedichte ²1 (1804). S. 305. – Textwiedergabe nach D¹.*

LESARTEN. *Vgl. den Text der 1. Fassung in NA 1, 292 und LESARTEN in NA 2 II A, 387.*

ERLÄUTERUNGEN. *Vgl. die Erläuterungen zur 1. Fassung (NA 2 II A, 387).*

122 Die idealische Freiheit

ENTSTEHUNG. *Vgl. NA 2 II A, 302 (zu „Ausgang aus dem Leben").*

ÜBERLIEFERUNG. *Vgl. NA 2 II A, 302. – Textwiedergabe nach D¹ (1800). – Die folgenden Lesarten beziehen sich auf die 2. Auflage der Gedichte (1804).*

LESARTEN. *Vgl. den Text der 1. Fassung in NA 1, 272. –* 1 zwey] zwei *D¹ (1804)* geöfnet] geöffnet *D¹ (1804)*

ERLÄUTERUNGEN. *Dem ursprünglichen Titel gegenüber scheint die neue Überschrift zu betonen, daß der Ausgang aus dem Leben ins Reich des Ideals eine Möglichkeit (bloß) subjektiver Freiheit ist.*

124 Die Philosophieen

ENTSTEHUNG. *Vgl. NA 2 II A, 333 (zu „Tabulae votivae"/„Xenien").*

ÜBERLIEFERUNG. *Vgl. NA 2 II A, 343 (Nr 39 der „Tabulae votivae") und 337 (Beschreibung der Handschrift h⁸). – D¹: Gedichte 1 (1800). S. 323. D²: Gedichte ²1 (1804). S. 323. – Textwiedergabe nach D¹.*

LESARTEN. Vgl. den Text der 1. Fassung in NA 1, 296.

ERLÄUTERUNGEN. Vgl. die Erläuterungen zur 1. Fassung (NA 2 II A, 396).

GEDICHTE 1800–1802
IN TASCHENBÜCHERN AUF DIE JAHRE 1801–1803

126–127   **Der Fischer**

ENTSTEHUNG. Schiller bearbeitete Shakespeares „Macbeth" für die Weimarer Bühne in den ersten Monaten des Jahres 1800. Am 30. Juni 1800 schickte er das Lied „Der Fischer" an den Bremer Buchhändler Friedrich Wilmans. Vgl. NA 30, 364 und Wilmans' Brief an Schiller vom 9. November 1800.

ÜBERLIEFERUNG. H: ? h^1, h^2 und h^3 (Dirigierbücher des Weimarer, Stuttgarter und Frankfurter Theaters): vgl. NA 13, 373. – E: Macbeth / ein / Trauerspiel / von Shakespear / zur Vorstellung / auf dem Hoftheater zu Weimar / eingerichtet / von / Schiller. / Tübingen, / in der J. G. Cotta'schen Buchhandlung / 1801. S. 10–12 (V. 104–143). D: Taschenbuch auf das Jahr 1802. Der Liebe und Freundschaft gewidmet. Bremen, bei Friedrich Wilmans [erschienen im September 1801]. S. [175]–178 (mit der nicht korrekten Fußnote zu „Macbeth" auf der Titelseite [175]: Aus einer neuen noch ungedruckten Bearbeitung dieses Trauerspiels.). – Textwiedergabe nach D.

LESARTEN. vor **1** Hexe] Erste Hexe *E*   **1** ich] ich, *E*   **2** trocknete] flickte *E*   **5** Morgen *bis* müde,] Morgen und Abend nimmer müd *E*   **6** Begrüßt'] *kein Apostroph E*   Liede] Lied *E*   **8** lang.] lang – *E*   *nach* **8** *keine neue Strophe E*   **10** finden] finden, *E*   **11** *keine Kommata E*   *nach* **14** Chor der Hexen] Die zwey andern Hexen *E*   **16** aus.] aus! *E*   *nach* **16** Hexe] Erste Hexe *E*   **17** verlorene] verlorne *E*   **18** allen] allem *E*   **19** Mammon] Mammon, *E*   **22** zollt.] zollt! *E*   *nach* **22** Chor der Hexen] Die zwey andern Hexen *E*   **23** Thor!] Thor, *E*   **24** zollt.] zollt! *E*   *nach* **24** Hexe] Erste Hexe *E*   **28** Feinde,] Feinde. *E*   **29** Hand,] *Komma fehlt E*   *nach* **30** *bis nach* **32** Chor der Hexen *bis* Hexe] *fehlt E*   **35** stehn] stehn, *E*   **36** gehärmeten] gehärmten *E*   Wangen.] *Punkt fehlt E*   **38** Nixe!] Nixe, *E*   betrogen.] betrogen, *E*   *nach* **40** Chor der Hexen] Die zwey andern Hexen *E*   **41** nach,] nach! *E*   **42** Bach.] Bach! *E* – *Vgl. auch NA 13, 377. (Der ‚modernisierte' Text der Verse 104–143 in NA 13, 79–80 weist gegenüber E, der Druckvorlage, etwa 20 Abweichungen auf.)*

ERLÄUTERUNGEN. Die Ballade vom Fischer stammt aus Schillers Bearbeitung von Shakespeares „Macbeth" (I 4; NA 13, 79–80). Die erste Aufführung fand am 14. Mai 1800 in Weimar statt. In der Vorlage (I 3) erzählt eine der Hexen an dieser Stelle die Geschichte eines Schiffers, den sie zu verderben gedenkt, weil seine Frau sie beleidigt hat.

Körner fand, daß Schiller für das Weggelassene ein glückliches Surrogat *gefunden habe* (an Schiller vom 26. Juni 1800).

DIE PHILOSOPHIEEN – AN***

21 Hexengold] *Im Volksglauben hatte Geld oder Gold, das jemand von einer Hexe erhielt, die Eigenschaft, wieder zu verschwinden und in die Hand der Hexe zurückzukehren (vgl. Handwörterbuch des deutschen Aberglaubens 3, 1873–1874).*
22 zollt] *„einem zollen ist ein zeichen der abhängigkeit und heiszt in der dichtersprache ‚die hoheit, herrschaft eines anderen anerkennen, ihm unterthänig sein'" (Grimm 16, 53).*

128–129   An***

ENTSTEHUNG. *Das Gedicht schickte Schiller am 19. Juni 1801 an Cotta zur Veröffentlichung in dessen „Taschenbuch für Damen"; es wurde angeregt durch einen Wunsch Cottas, der auch von Göschen in seinem Brief an Schiller vom 16. Februar 1801 geäußert wurde:* Ich möchte gern ein Gedicht von einem Bogen auf den Frieden *[von Lunéville]* mit mir möglichster Schönheit drucken. *Vgl. auch Schillers Antwort vom 26. Februar, aus der hervorgeht, daß er den Wunsch einstweilen nicht zu erfüllen gesonnen war. Vielleicht hat Cottas Besuch in Weimar am 16. Mai 1801 dazu beigetragen, daß Schiller das Gedicht wenig später schrieb.*

ÜBERLIEFERUNG. *H: SBPK (Sammlung Härtel). Druckvorlage für E. 1 Blatt 18,7×23,1 cm, 2 S. beschrieben. Leicht vergilbtes geripptes Papier. Wz.: Obere ³/₄ eines gekrönten Schilds mit Posthorn. (Es handelt sich offenbar um die Handschrift, von der es in Paul Trömels „Schiller-Bibliothek. Verzeichniß derjenigen Drucke, welche die Grundlage des Textes der Schiller'schen Werke bilden" [Leipzig 1865]. S. 88] heißt: „Eine von Schiller gefertigte und an Körner geschenkte Abschrift dieses Gedichts befindet sich, nach Dr. Wenzel's Mittheilung, im Besitz des Dr. Härtel in Leipzig.") Vgl. das Facsimile in NA 2 I, nach S. 240. h: GSA. Abschrift Rudolphs für die Prachtausgabe, Bl. 157. – E: Taschenbuch für Damen auf das Jahr 1802. Hrsg. von Huber, Lafontaine, Pfeffel und andern. Tübingen in der J. G. Cotta'schen Buchhandlung [erschienen im September 1801]. S. 167–168; unterzeichnet: Schiller. D¹: Gedichte 2 (1803). S. [3]–5 (2. Fassung unter dem Titel „Der Antritt des neuen Jahrhunderts. An ***"). D²: Gedichte ²2 (1805). S. [3]–5. Schiller bestimmte die 2. Fassung des Gedichts – unter dem Titel „Am Antritt des neuen Jahrhunderts / An ***" – auch für die Prachtausgabe. Vgl. den Text in NA 2 I, 362–363. – Textwiedergabe nach H.*

LESARTEN. **9** Zwo] *verb. aus* Zwey H   gewaltge] gewalt'ge E   **11** verschlingen,] *Komma fehlt* E   **13** Gold muß] *die zusammengeschriebenen Wörter durch einen senkrechten Strich getrennt* H   **20** schließen] schliessen E   **31** unermessnen] unermeßnen E   unterzeichnet: Schiller *(unterstrichen)* H – *Vgl. auch die Varianten der 2. Fassung in NA 2 I, 362–363 und LESARTEN dazu in diesem Band S. 230.*

ERLÄUTERUNGEN. *Das Gedicht bezieht sich auf den Jahreswechsel 1800/1801. Zunächst war Schiller der Ansicht gewesen, das 19. Jahrhundert beginne mit dem Jahr 1800 (vgl. an Goethe vom 27. August 1799 und 1. Januar 1800), hatte dann jedoch seine Meinung geändert.*
Im Hintergrund stehen die politischen Ereignisse der jüngsten Vergangenheit, der zweite Koalitionskrieg unter Teilnahme Österreichs gegen das napoleonische Frankreich

1798–1801, der zwischen Frankreich und Österreich am 9. Februar 1801 mit dem Frieden von Lunéville beendet wurde (England blieb im Krieg). Für die deutschen Fürsten bedeutete er die De-jure-Abtretung des linken Rheinufers, dessen faktische Annexion bereits der Friede von Campo Formio 1797 bestätigt hatte; dafür wurden die Fürsten durch die Säkularisierung der geistlichen Herrschaften und die Mediatisierung der Reichsstädte entschädigt.

Schiller äußerte seine Meinung über den Vertrag im Brief an Göschen vom 26. Februar 1801; dieser hatte (am 16. Februar) den Wunsch ausgesprochen, Schiller möge ein Gedicht auf den Friedensschluß machen; Schiller lehnte dies in seiner Antwort u. a. mit folgender Begründung ab: Auch fürchte ich werden wir Deutschen eine so schändliche Rolle in diesem Frieden spielen, daß sich die Ode unter den Händen des Poeten in eine Satyre auf das deutsche Reich verwandeln müßte.

Vgl. auch die Erläuterungen zur 2. Fassung des Gedichts und zum Entwurf „[Deutsche Größe]".

3—4 Das *bis* Mord.] *Im Mai 1800 überschritt Napoleon mit seinen Truppen die Alpen und schlug am 14. Juni beim Dorf Marengo die Österreicher; auf deutschem Gebiet fiel bei Hohenlinden (in der Nähe Münchens) die Entscheidung am 3. Dezember, als ein österreichisches Heer von den Franzosen vernichtend geschlagen wurde. Der Krieg mit England jedoch setzte sich ins neue Jahrhundert fort; erst am 27. März 1802 kam es zum Friedensvertrag von Amiens. Am 23. März 1801 wurde der zur Verständigung mit Frankreich neigende Zar Paul I. ermordet.*

5—6 Und *bis* ein] *Lunéville beschleunigte den Zerfall der politischen und rechtlichen Grundlagen des alten Römischen Reiches, der mit dem Reichsdeputationshauptschluß 1803 besiegelt wurde, in dem eine territoriale Neuordnung Deutschlands vorgenommen wurde.*

7 Nicht *bis* Schranken] *möglicherweise Anspielung auf den Kampf Englands um die holländischen Kolonien, auf den Konflikt zwischen Frankreich und den Vereinigten Staaten von Amerika.*

8 Nicht *bis* Rhein] *Anspielungen auf die Auseinandersetzung zwischen Frankreich und England in Ägypten um die Vormachtstellung im Mittelmeer, die mit dem Seesieg Admiral Nelsons bei Abukir 1798 beendet wurde, und den Einmarsch französischer Truppen unter General Moreau in rechtsrheinisches Gebiet 1796, u. a. in Schillers Heimat Württemberg.*

9—12 Zwo *bis* Blitz.] *Gemeint sind Großbritannien und Frankreich; Dreizack, das Attribut des Poseidon, und Blitz, den Zeus schleuderte, versinnbildlichen die militärische Macht zu Wasser und zu Lande.*

13 Gold *bis* wägen] *Anspielung auf die Kontributionsforderungen der Franzosen in den eroberten Gebieten.*

14—16 Und *bis* Gerechtigkeit] *Brennus war der keltische Heerführer einer senonischen Truppe, die (wahrscheinlich) 387 v. Chr. die Römer an der Allia schlug und Rom eroberte; beim Abwiegen des Lösegeldes, das die Römer für seinen Abzug zu zahlen hatten, soll Brennus falsche Gewichte benutzt und, als die Römer protestierten, mit den Worten „Vae victis!" („Wehe den Besiegten!") sein Schwert in die Waagschale geworfen haben; dies berichtet Livius in seinem Werk „Ab urbe condita" (Vom Ursprung der Stadt an; 5, 38–48).*

19—20 Und *bis* Haus] *Anspielung auf die Restriktionen der internationalen, selbst der neutralen Schiffahrt durch England.*

21 des *bis* Sternen] *In den Jahren 1750–1753 unternahm der französische Mathematiker, Astronom und Geodät Nicolas Louis de Lacaille (1713–1762) eine Reise zum Kap der Guten Hoffnung und entdeckte neue Sternörter am Südhimmel. Ob dies im Hintergrund des Verses steht, wie gelegentlich vermutet wird, sei dahingestellt. Mit Blick auf das Possessivpronomen* sein, *das sich auf* der Britte *(V. 17) bezieht, ist auch an den englischen Weltumsegler James Cook (1728–1779) zu denken, der bei seiner zweiten Erdumsegelung 1772–1775 den südlichen Polarkreis überquerte; auf Cook ließen sich auch die folgenden Verse beziehen.*
36 Und *bis* Gesang] *Vgl. „Nänie".*

129 Voltaires Püçelle und die Jungfrau von Orleans

ENTSTEHUNG. *Das Gedicht entstand nach Abschluß der Arbeit an der Tragödie „Die Jungfrau von Orleans". (Schillers Kalendereintrag unter dem 16. April 1801 lautet:* Jungfrau v. O. fertig. *Der Eintrag unter dem 20. [19?] April:* Jungfrau von Orleans fertig, *ist gestrichen.) Das Gedicht ist wahrscheinlich eine Antwort auf die Kritik, die das Drama vor allem durch den Herzog Carl August erfahren hatte (vgl. Schillers Brief an Goethe vom 28. April und die Erläuterungen dazu [mit vier Briefen des Herzogs an Caroline von Wolzogen]); es nimmt vielleicht auch Bezug auf die Reaktion der Zuhörer, denen Schiller am 24. April (Kalender:* Die Jungfrau den Damen vorgelesen*) das Drama bekannt gemacht hatte. Das Gedicht könnte also bereits Ende April 1801 entstanden sein. Da Schiller es erst am 19. Juni an Cotta schickte (vgl. NA 31, 41 und 288), ist auch ein Entstehungsdatum im Mai oder Juni denkbar.*

ÜBERLIEFERUNG. H: ? – E: *Taschenbuch für Damen auf das Jahr 1802 [...] [erschienen im September 1801]. S. 231; unterzeichnet:* Schiller. *D^1: Gedichte 2 (1803). S. 76–77 (2. Fassung unter dem Titel „Das Mädchen von Orleans"). D^2: Gedichte ^{2}2 (1805). S. 76–77. – Textwiedergabe nach E.*

LESARTEN. Überschrift: Das Mädchen von Orleans. D^1 D^2 **2** Spott.] Spott, D^1 D^2 **5** Hoheit] Schätze D^1 D^2 **10** ewgen] ew'gen D^1 D^2 **12** Herz! Du] Herz, du D^1 D^2 **13** Welt,] *Komma fehlt* D^1 D^2 **14** Erhabne] Erhab'ne D^1 D^2 ziehn] zieh'n D^1 D^2 **15** nicht, es] nicht! Es D^1 D^2 **16** entglühn] entglüh'n D^1 D^2 **17** wilden] lauten D^1 D^2 M o m u s] Momus D^1 D^2

ERLÄUTERUNGEN. *Das Gedicht richtet sich gegen Voltaires 1733 entstandenes heroisch-komisches Versepos „La pucelle d'Orléans"; dort wird die Geschichte der Jungfrau von Orléans in antiklerikal-satirischer Absicht auf das Thema der Jungfräulichkeit konzentriert, die Jeanne in grotesker Weise gegen Anfechtungen zu verteidigen hat, um Frankreich vor dem Untergang zu bewahren, die sie aber mit Freuden opfert, nachdem dies geschehen ist. Schiller wendet sich aber auch an die Zeitgenossen, die dem Stoff seiner Tragödie durch Voltaire genährte Vorurteile entgegenbrachten. So äußerte Herzog Carl August in einem Brief an Caroline von Wolzogen von April 1801 seine Bedenken:* Das Sujet ist äußerst scabrös, und einem Lächerlichen ausgesetzt, das schwer zu vermeiden sein wird, zumal bei Personen, die das Voltairsche Poëm fast auswendig wissen.

(Literarischer Nachlaß 1 [1848], 450; vgl. auch NA 31, 264–265.) Böttiger berichtete später, Anlaß des Gedichts seien Mißdeutungen und Mißverständnisse in der Weimarer Öffentlichkeit gewesen: Da ergrimmte ob dieser Verstockung und Herzenshärtigkeit der Dichter und schrieb *[...] die bekannten Strophen (Gallerie zu Schillers Gedichten [...]; in: Minerva. Taschenbuch für das Jahr 1812. S. 3–4 u. 6–7); siehe dazu* ENTSTEHUNG. *Vgl. auch die Erläuterungen zur 2. Fassung des Gedichts.*
3 Witz] *Dem „Witz", dem Esprit Voltaires wird das „Herz" (V. 5, 12 u. 15) entgegengestellt.*

131–132 Drei Räthsel

Die drei Gedichte gehören zu einer Gruppe von insgesamt fünfzehn solcher Rätsel (vgl. NA 14, 139–146); vgl. außerdem das Rätsel „Ein Mühlwerk mit verborgner Feder" sowie „[Rätsel]" (Wer kraftvoll sein Geschick bezwungen); sie entstanden im Zusammenhang der Schillerschen Versbearbeitung von Gozzis tragikomischem Märchen „Turandot" (1762) für die Weimarer Bühne. Schiller benutzte die Prosaübersetzung von Friedrich August Clemens Werthes (1748–1817), synoptisch abgedruckt unter Schillers Text in NA 14, 1–135.

Die chinesische Prinzessin Turandot will unter ihren Bewerbern nur den erhören, der in der Lage ist, drei von ihr gestellte Rätsel zu lösen; wer versagt, wird enthauptet; Prinz Calaf ist der einzige, der die Aufgabe bewältigt.

Schiller hoffte die Attraktivität der Aufführungen, deren erste am 30. Januar 1802 stattfand, dadurch zu erhöhen, daß immer neue Rätsel und Auflösungen eingefügt wurden. Von den fünfzehn überlieferten Rätseln stammen vierzehn von Schiller; eines davon ist nach Gozzi bearbeitet („Der Baum, auf dem die Kinder"; NA 14, 139, Nr 1, und NA 14, 44–45; zu Gozzis Version vgl. die Übersetzung von Werthes; NA 14, 46). Ein Rätsel steuerte Goethe bei („Ein Bruder ist's von vielen Brüdern"; NA 14, 141, Nr 5; vgl. auch „[Rätsel]"; NA 2 I, 475).

Über die Zuordnung der Texte zu den einzelnen Aufführungen vgl. die jeweiligen Angaben zur Entstehung der Rätsel. Die Weimarer Uraufführung brachte das Rätsel nach Gozzi, außerdem die Rätsel „Kennst du das Bild auf zartem Grunde" und „Wie heißt das Ding, das wen'ge schätzen"; sie wurden auch in den Druck des Stückes aufgenommen (vgl. Turandot, 48–57). Zu den letzten gehörten die drei in der 2. Auflage des 2. Teils der „Gedichte" erschienenen Rätsel – „Ein Gebäude steht da von uralten Zeiten", „Wir stammen, unsrer sechs Geschwister", „Ich drehe mich auf einer Scheibe" –, die für die Weimarer Aufführung vom 11. Januar 1804 bestimmt waren.

Was die Auflösungen angeht, so wurden zu Schillers Lebzeiten nur die der drei Rätsel in der Buchausgabe veröffentlicht, später dann noch die zur letztgenannten Gruppe gehörigen im „Taschenbuch für Damen auf das Jahr 1806"; im übrigen liegen die Auflösungen nur handschriftlich überliefert und unvollständig vor.

131 1 [Von Perlen baut sich eine Brücke]

ENTSTEHUNG. *Das Rätsel entstand für die zweite Aufführung der Schillerschen „Turandot"-Bearbeitung am Weimarer Hoftheater; die Aufführung fand am 3. Februar 1802 statt. Das Rätsel, das Schiller wohl am 1. Februar schrieb, schickte er am folgenden Tag an Goethe.*

VOLTAIRES PÜCELLE / DREI RÄTHSEL 103

ÜBERLIEFERUNG. H: SNM. 1 Blatt 19,1× 24,9 cm, zusammen mit der Auflösung (vgl. NA 2 I, 173) 1 S. beschrieben. Vergilbtes geripptes Papier. Auf der Rückseite Goethes Rätsel „Ein Bruder ist's von vielen Brüdern" (vgl. NA 2 I, 475) und Schillers Auflösung (vgl. NA 2 I, 174). – E: Taschenbuch für das Jahr 1803. Der Liebe und Freundschaft gewidmet. Frankfurt am Mayn, bei Friedrich Wilmans [erschienen im September 1802]. S. 213. D^1: Gedichte 2 (1803). S. 223. D^2: Gedichte ^{2}2 (1805). S. 223. – Textwiedergabe nach E.

LESARTEN. In H sind die Verse 2, 4, 6, 8, 10 und 12 nicht eingerückt. **1** Von] Aus *H* **2** See,] See. *H* **4** glänzend] schwindelnd $D^1 D^2$ Höh'] Höh *H $D^1 D^2$* **7** Lasten] Lasten, $D^1 D^2$ **8** nahst,] *Komma fehlt H* **9** wird] w i r d *H $D^1 D^2$* mit] m i t *H $D^1 D^2$*   schwindet,] *Komma fehlt $D^1 D^2$* **10** Wassers] Waßers *H* Fluth] Flut *H D^1* **11** sprich] sag *H*   wo] wo *H $D^1 D^2$*

ERLÄUTERUNGEN. Die Brücke ist der Regenbogen, mit dem seinerseits Schiller in der „Elegie" (V. 131–132) die Brücke verglichen hatte. Auflösung: „[Zu den Parabeln und Rätseln]" (– Erdreiste eure Rätsel aufzulösen). Vgl. auch NA 14, 141.

131   **2 [Ich wohne in einem steinernen Haus]**

ENTSTEHUNG. Das Rätsel entstand vermutlich Mitte April 1802 für die am 24. April stattfindende „Turandot"-Aufführung. Vgl. Schillers Brief an Goethe vom 16. April 1802; außerdem NA 14, 328.

ÜBERLIEFERUNG. H: ? – E: Taschenbuch für das Jahr 1803. Der Liebe und Freundschaft gewidmet [...] [erschienen im September 1802]. S. 213–214. D^1: Gedichte 2 (1803). S. 232. D^2: Gedichte ^{2}2 (1805). S. 235. – Textwiedergabe nach E.

LESARTEN. In D^1 und D^2 sind die Verse 2, 4, 6, 8 und 10 nicht eingerückt. **1** Haus] Haus, $D^1 D^2$ **2** lieg] lieg' D^1 **7** Und ein Regentropfe] Ein Regentropfe D^1 Ein Regentropfen D^2 **10** furchtbarn] furchtbar'n $D^1 D^2$

ERLÄUTERUNGEN. Der Text einer Auflösung ist nicht überliefert; vielleicht: Funke und Feuer und ihre mächtige Schwester, die Luft.

131   **3 [Unter allen Schlangen ist Eine]**

ENTSTEHUNG. Das Rätsel ist vermutlich Anfang Februar 1802 entstanden. Vgl. die Erläuterungen zum 1. Rätsel.

ÜBERLIEFERUNG. H: ? h: Staats- und Universitätsbibliothek Hamburg (Signatur: Theater-Bibliothek 2024). Bühnenmanuskript von unbekannter Hand für das Hamburger Theater: Turandot, / Prinzeßin von Schiras. / China. / Ein Tragi-komisches Mährchen / in fünf Aufzügen. / Nach Gozzi von Schiller. *S. 65. Vgl. NA 14, 300 (zu h^3). In dieser Bühnenfassung (S. 67) findet sich auch die Auflösung des Rätsels, die möglicherweise*

von Schiller selbst stammt:
  – Diese Schlange, der an Schnelle keine gleicht,
  Die aus der Höhe schießt, die stärksten Eichen
  Wie dünnes Rohr zerbricht, durch Schloß und Riegel dringt,
  Vor der kein Harnisch kann beschützen,
  Die sich in eignem Feuer selbst verzehrt,
  – Es ist der Blitz, der aus der Wolke fährt.

(Diese Verse wurden zuerst von Joachim Meyer veröffentlicht in: Neue Beiträge zur Feststellung, Verbesserung und Vermehrung des Schiller'schen Textes. Nürnberg 1860. S. 40.) –
E: *Taschenbuch für das Jahr 1803. Der Liebe und Freundschaft gewidmet [...] [erschienen im September 1802]. S. 214.* D^1: *Gedichte 2 (1803). S. 229–230.* D^2: *Gedichte* ^{2}*2 (1805). S. 230–231.* – *Textwiedergabe nach E.*

LESARTEN. *In h sind die Verse nicht in Strophen eingeteilt; es gibt keine Vers-Einzüge.*
4 vergleicht.] vergleicht! *h*   **7** Vertilgt] Verzehrt *h*   **8** Roß.] Roß; *h*   **12** Harnisch lockt] Harnisch – lokt D^1 Harnisch – lockt D^2 **14** entzwei] entzwey D^1
16 dicht und fest] fest und dicht *h*   sey.] sey; *h* sey, D^1 D^2 **17** Doch] Und D^1 D^2 **18** Hat zweymal nur gedroht – D^1 Hat zweimal nur gedroht – D^2
19 verbrennt] stirbt D^1 D^2 in eignem] im eig'nen D^1 D^2 **20** tödtet] tödet *h* todt.] todt! *h* D^1 D^2

ERLÄUTERUNGEN. *Auflösung: der Blitz (vgl. zur Überlieferung sowie NA 14, 142); V. 18–19 spielen auf die volkstümliche Vorstellung an, wonach ein zweiter Blitzschlag den ersten in seiner Wirkung aufhebe (vgl. Goedeke, Schillers sämmtliche Schriften 11, 458).*

133–134   **Dem Erbprinzen von Weimar
                als Er nach Paris reiste**

ENTSTEHUNG. *Das Gedicht entstand Mitte Februar 1802. Vgl. Schiller an Henriette von Egloffstein vom 15., 16. oder 17. Februar (NA 31, Nr 119) und an Goethe vom 17. Februar 1802.*

ÜBERLIEFERUNG. H^1: *GSA. 1 Blatt 18,7×23,1 cm, 1 $^1/_4$ S. beschrieben. Dünnes geripptes Papier, leicht vergilbt. Wz.: Buchstabenreste (oberer Teil) von C & I HONIG.* H^2: *? Bis 1945 im Archiv der Familie von Fritsch auf Gut Seerhausen, seitdem verschollen.* h^1: *GSA. Abschrift Karl Ludwig von Knebels.* h^2: *GSA. Abschrift Charlotte von Schillers.* – E: *Taschenbuch zum geselligen Vergnügen. Dreizehnter Jahrgang. Hrsg. von W. G. Becker. Leipzig, bei Christian Adolph Hempel [erschienen im Oktober 1802]. S. 293–294; unterzeichnet: Schiller.* D^1: *Gedichte 2 (1803). S. 28–30 (2. Fassung; vgl. den Text in NA 2 I, 137–138).* D^2: *Gedichte* ^{2}*2 (1805). S. 28–30.* – *Textwiedergabe nach H^1.*

LESARTEN. *Überschrift:* Zum Abschied. h^1 Abschiedslied auf unsern Erbprinzen h^2 Dem Erbprinzen von Weimar, / als er nach Paris reiste, in einem / freundschaftlichen Zirkel gesungen. / Mel. Bekränzt mit Laub den lieben ϰ. E   **1** lezte] *fehlt* h^2 letzte E   **2** dar,] dar; h^2 **3** nimmt] nimt h^2 Thale,] *Komma fehlt* h^1 **5** väterlichen] Väterlichen h^1 6 Aus] aus h^2 8 groß] gros h^1 9 wildbewegte] wild bewegte E 11 Ein rein Gefühl] Ein reines Herz h^1 h^2 12 bring] bring' E zurück.] zurück! h^1 E 14 zertrat,] zertrat. h^2 15 Gefilde,] *Komma fehlt* h^1 16 Und] u. h^2 17 Den] Dem h^1 18 Ahns] Ahn's h^2 19 Gedenken] Gedencken h^1 solang] so lang h^1 h^2 E 21 opfre du des] opfere des h^1 h^2 Manen,] *Komma fehlt* h^1 22 Und] u. h^2 Rheins,] *Komma fehlt* h^1 E 23 Germanen] Germanen, E 24 Weins;] Weins, h^1 Weins. h^2 25 vaterländsche] vaterländ'sche h^2 26 Wenn] wenn h^2 Bret] Brett h^2 27 Hinüber trägt] Hinüberbringt h^2 jene] iene h^2 linke] lincke h^1 28 Wo] wo h^2 *unterzeichnet:* Schiller. H^1 h^2 – Vgl. die Varianten der 2. Fassung in NA 2 I, 137–138.

ERLÄUTERUNGEN. Das Gedicht gehört in die Gruppe der Gesellschaftslieder, die Schiller für Goethes „Mittwochskränzchen", dessen Mitglied er war, verfaßte; vgl. auch zu „An die Freunde". Da die Zeit drängte, wurde das Lied nicht mit einer eigenen Komposition versehen, sondern der Melodie von Johann André (1741–1799) zum „Rheinweinlied" von Matthias Claudius unterlegt und am 22. Februar 1802 gesungen.

Erbprinz Karl Friedrich von Sachsen-Weimar-Eisenach (1783–1853), ältester Sohn von Herzog Carl August, brach am 23. Februar zu einer Bildungsreise auf, die ihn zuerst nach Paris führte (vgl. Schiller an Körner vom 18. Februar 1802). Schiller maß dem Gelegenheitsgedicht keinen allzu hohen Wert bei (vgl. zu „Die Gunst des Augenblicks").

Vgl. auch die Erläuterungen zur 2. Fassung des Gedichts.

7–8 Nach *bis* groß] *Die Pariser Museen füllten sich mit Kunstschätzen, die Frankreich aus den besetzten Ländern, insbesondere Italien, fortschaffte; vgl. hierüber „Die Antiken zu Paris".*

13–14 Die *bis* zertrat] *Anspielung wohl auf die Auswirkungen des zweiten Koalitionskriegs; vgl. die Erläuterungen zu „An***".*

18 großen Ahns] *Herzog Bernhard von Sachsen-Weimar (1604–1639), erfolgreicher Heerführer im Dreißigjährigen Krieg auf protestantischer Seite; 1637/1638 unternahm er einen Rheinfeldzug, im Verlaufe dessen Rheinfelden, Neuenburg, Freiburg und die Festung Breisach erobert wurden.*

21 Manen] *bei den Römern die Geister der Verstorbenen.*

26 das schwanke Bret] *die Rheinbrücke bei Kehl.*

27 linke Seite] *Die linksrheinischen Gebiete waren seit dem Frieden zu Lunéville französisch.*

GEDICHTE. ZWEYTER THEIL. 1803

137–138   **Dem Erbprinzen von Weimar als er nach Paris reis'te**

ENTSTEHUNG. Diese 2. Fassung des Gedichts, dessen 1. Fassung (vgl. NA 2 I, 133–134 und die Lesarten dazu in diesem Band S. 104–105) am 22. Februar 1802 in Weimar vorgetragen wurde, weist zwar eine bemerkenswerte Übereinstimmung mit den Ab-

schriften, die Knebel und Charlotte von Schiller von dieser 1. (ursprünglichen?) Fassung genommen haben, auf (vgl. LESARTEN zum Vers 11 der 1. Fassung), ist aber gewiß für die Ausgabe des zweiten Teils der „Gedichte", der Anfang 1803 gesetzt wurde und im Mai desselben Jahres erschien, überarbeitet worden; die nun dritte Strophe, die in der 1. Fassung fehlt, könnte sich auf den am 27. März 1802 in Amiens geschlossenen Frieden zwischen Frankreich und England beziehen.

ÜBERLIEFERUNG. H: ? Vgl. in diesem Band S. 104. − D^1: Gedichte 2 (1803). S. 28−30. D^2: Gedichte ^{2}2 (1805). S. 28−30. − Textwiedergabe nach D^1.

LESARTEN. Vgl. die 1. Fassung, in der die 3. Strophe (V. 9−12) noch fehlt, in NA 2 I, 133−134; außerdem LESARTEN dazu in diesem Band S. 104−105. − **27** Germanen] Germanen, D^2

ERLÄUTERUNGEN. Die 2. Fassung des Gedichts enthält eine neue Strophe (V. 9−12), die sich auf den vorübergehenden Zustand des Friedens nach dem zweiten Koalitionskrieg bezieht (vgl. zu ENTSTEHUNG). Außerdem wurden einige stilistische Änderungen vorgenommen; so verwendet Schiller nun in V. 15 den Begriff „Herz" (für „Gefühl"), der schon in „Voltaires Püçelle und die Jungfrau von Orleans" als Hinweis auf den deutschen Nationalcharakter im Gegensatz zum französischen gedient hatte.

139   **Das Mädchen von Orleans** *(Überschrift)*

ERLÄUTERUNGEN. Die neue Überschrift vermeidet den Begriff „Jungfrau" und damit den Vergleich mit Voltaire; vielleicht bestand die Absicht, durch die neue Leseanweisung im Titel die Gewichte zugunsten Johannas zu verlagern oder doch wenigstens den Hinweis auf das Thema der Jungfräulichkeit zu unterdrücken.

140   **Der Triumph der Liebe** *(Überschrift)*

ERLÄUTERUNGEN. Durch die vorgenommenen Kürzungen (vgl. NA 2 II A, 73) fällt u. a. der Bezug auf Laura fort; vgl. V. 157−159 der 1. Fassung.

142   **Der Flüchtling** *(Überschrift)*

ERLÄUTERUNGEN. Die neue Überschrift bringt eine biographische Komponente in das Gedicht, welche das Naturerlebnis intensiver werden läßt, im Kontrast zwischen dem Bild des friedlosen Flüchtlings und der überwältigenden Naturerscheinung des heranbrechenden Morgens. Ob freilich das lyrische Ich mit Schiller zu identifizieren ist und ob mit der Titeländerung eine Anspielung auf dessen Flucht aus Stuttgart, die damals kurz bevorstand, beabsichtigt war, sei dahingestellt.

143   Das Glück und die Weißheit

ENTSTEHUNG. Vgl. NA 2 II A, 80.

ÜBERLIEFERUNG. Vgl. NA 2 II A, 80. – D^1: *Gedichte 2 (1803). S. 157–158.* D^2: *Gedichte* ^{2}*2 (1805). S. 157–158.* – *Textwiedergabe nach* D^1.

LESARTEN. Vgl. den Text der 1. Fassung in NA 1, 85. – Überschrift: Das Glück und die Weisheit. D^2 **2** Weißheit] Weisheit D^2 **4** Sei] Sey D^2 **14** Angesicht:] Angesicht; D^2

ERLÄUTERUNGEN. Die neue Fassung will den parabelhaften Charakter des Gedichts stärker betonen. Neben Fortuna erhält nun auch die Weisheit ihren (antiken) Namen: Sophia; die Bilder werden allgemeiner (vgl. V. 10 u. 15) und stimmiger (vgl. V. 13: Schaufel paßte nicht zum Bild des Pflügens in V. 10); Einzelnes wird deutlicher gemacht (vgl. V. 12), mundartliche Reime werden ersetzt (vgl. V. 5/7 u. 13/15).
13 Sophia] griech. σοφία: Weisheit.

144–146   Männerwürde

ENTSTEHUNG. Vgl. NA 2 II A, 89 (zu „Kastraten und Männer").

ÜBERLIEFERUNG. Vgl. NA 2 II A, 89. – D^1: *Gedichte 2 (1803). S. 171–176.* D^2: *Gedichte* ^{2}*2 (1805). S. 171–176.* – *Textwiedergabe nach* D^1.

LESARTEN. Vgl. den Text der 1. Fassung („Kastraten und Männer") in NA 1, 96–99. – **2** Wers] Wer's D^2 **3** Frey] Frei D^2 **10** Geh'ts] Geht's D^2 **17** schreyn] schrein D^2 **18** Ertapp] Ertapp' D^2 **23** Jag] Jag' D^2 **31** braußt] braust D^2 **47** speyt] speit D^2 **51** Karthagos] Karthago's D^2 **81** tret'] tret D^2

ERLÄUTERUNGEN. Schiller kürzte die ursprüngliche Fassung von 29 auf 21 Strophen; es fehlen die ehemaligen Strophen 9, 18 und 22–27. Darüber hinaus wurden die 15. und 17. Strophe weitgehend geändert. Die Bearbeitung beseitigt einige stark erotische Passagen und sorgt hier und da für sprachlich-stilistische Glätte; so entfallen z. B. die schwäbische Form weißt *in V. 15 und der bedeutungslose identische Reim* Römersmann *(1. Fassung, V. 57/59) sowie die Anapher in den früheren Versen 59 und 60.*
41–42 Den Perser *bis* bezwungen] Am Granikus, einem Fluß in Kleinasien, besiegte 334 v. Chr. Alexander der Große die Perser.
61 kombabischen Geschlecht] Vgl. zu V. 61–62 der 1. Fassung (NA 2 II A, 90).

147   An einen Moralisten

ENTSTEHUNG. Vgl. NA 2 II A, 80.

ÜBERLIEFERUNG. Vgl. NA 2 II A, 80. – D^1: Gedichte 2 (1803). S. 177–178. D^2: Gedichte ^{2}2 (1805). S. 177–178. – Textwiedergabe nach D^1.

LESARTEN. Vgl. den Text der 1. Fassung in NA 1, 86–87. – **4** May] Mai D^2 **22** gottgebohrnen] gottgebornen D^2 **23** mir] mir, D^2

ERLÄUTERUNGEN. Die Kürzung des Gedichts von ursprünglich 12 auf 6 Strophen betrifft durchweg als anstößig zu empfindende Passagen der früheren Fassung.
3 starrest] starren: erstarren (vgl. Grimm 10 II 1, 918–919).

150   Zenith und Nadir

ENTSTEHUNG. Das Gedicht entstand vermutlich im September 1795; es war ursprünglich für das 10. Stück der „Horen" dieses Jahres bestimmt (vgl. Schiller an Cotta vom 25. September 1795).

ÜBERLIEFERUNG. H: ? – E^1: Gedichte 2 (1803). S. 207. E^2: Gedichte ^{2}2 (1805). S. 207. – Textwiedergabe nach E^1.

ERLÄUTERUNGEN. Das Epigramm gehörte zu den „Kleinigkeiten", die Schiller Cotta als Lückenfüller zur Verfügung stellte: Das kleine Gedicht Zenith und Nadir laßen Sie da einrücken, wo eine Abhandlung schließt und noch weißer Raum übrig bleibt. (An Cotta vom 25. September 1795.) Dann sollte es im 12. „Horen"-Stück erscheinen (vgl. Schiller an Cotta vom 27. November 1795); doch der Abdruck unterblieb wieder.
    Zenit und Nadir sind zwei aus dem Arabischen stammende astronomische Begriffe: Zenit („Weg"; „Richtung [des Kopfes]") bezeichnet den Scheitelpunkt, den höchsten Punkt der Himmelskugel über einem irdischen Beobachter, Nadir („gegenüberliegend") den diametral entgegengesetzten Fußpunkt an dem Himmelsgewölbe, das sich über der dem Beobachtungspunkt gegenüberliegenden Erdhalbkugel erstreckt; die Verbindungslinie zwischen Zenit und Nadir durchläuft also die Erde sowie deren Mittelpunkt und den Standpunkt des Beobachters.
    Herder, der das Gedicht im Manuskript kennenlernte, kritisierte dieses astronomische Gleichnis für das Verhältnis von Wollen und Handeln: Die eiserne Vestigkeit dieser mathematischen Bestimmung, durch die der Mensch ans Weltall angespießt sei, wie der Hase am Spieß, widerspreche der Freiheit des Willens und des Handelns (vgl. seinen Brief an Schiller vom 10. Oktober 1795).

152   Das Spiel des Lebens

ENTSTEHUNG. Das Gedicht ist wahrscheinlich Anfang Oktober 1796 entstanden. Am 20. August 1796 hatte der Berliner Buchhändler und Verleger Johann Karl Philipp Spener den Dichter um einen kurzen, sentenziösen Jahres-Wunsch gebeten, den dieser in seiner Antwort vom 4. September zu erfüllen versprochen hatte. Auf wiederholte Bitten Speners (vgl. seine Briefe vom 10. und 27. September) schickte Schiller ihm am 10. Oktober eine sehr flüchtige Arbeit, *mit der wohl „Das Spiel des Lebens" gemeint ist. Warum das Gedicht dann doch nicht für Speners Neujahrsgabe gedruckt wurde, erklärte der Verleger in seinem Brief vom 22. November 1796. Vgl. die genannten Briefe sowie Speners Brief vom 15. April 1797 und die Erläuterungen dazu; außerdem Goedeke in: Schillers sämmtliche Schriften 11, 441–443, und Eduard von der Hellen in: SA 1, 354–356.*

ÜBERLIEFERUNG. *H: ? – E^1: Gedichte 2 (1803). S. 221–222. E^2: Gedichte ^{2}2 (1805). S. 221–222. – Textwiedergabe nach E^1.*

LESARTEN. **2** kleinen] Kleinen E^2

ERLÄUTERUNGEN. *Der Berliner Verleger und Buchhändler Johann Karl Philipp Spener (1749–1827) bat Schiller in seinem Brief vom 20. August 1796 um ein paar Strophen für seine kommende Neujahrsgabe, einen kolorierten Kupferstich von Johann Friedrich Bolt mit dem Titel „Guckkastenmann für Neujahr 1797". Der Stich zeigt einen Guckkastenmann mit seinem Gerät, der von einem Zettel die moralische Nutzanwendung zu den vom Betrachter erblickten Szenen abliest. Auf Schillers Bitte erläuterte Spener im Brief vom 10. September seinen Plan: Die Verse seien für den* Anschlags, Einladungs oder WarnungsZettel *des Guckkastenmanns bestimmt, je nachdem irgend einer dieser Gesichtspuncte gewählt würde; das Leben solle mit einem Guckkasten verglichen und sein* Unbestand und Wechsel *hervorgehoben werden; das Ganze sollte die qualität eines* Denk- Wahl- und Sittenspruches erhalten und *– dem Kupferstich eine bleibende Stätte im Wohnzimmer seines Besitzers sichern. Am 10. Oktober schickte Schiller, von Spener am 27. September noch einmal gedrängt, unter Hinweis auf die Besorgung seines Musenalmanachs und familiäre Unglücksfälle, (vermutlich) die vorliegenden Verse, die ihn selbst keineswegs zufriedenstellten (vgl. zu ENTSTEHUNG). Sie kamen am Ende zu spät und erfüllten auch Speners Erwartungen nicht (vgl. an Schiller vom 22. November 1796). Dessen Bitte, den Text zu überarbeiten, kam Schiller nicht nach; vgl. auch die Erläuterungen zu „[Neujahrswunsch 1799]":*
11–14 Ein *bis* zurück] *ähnlich das Bild im „Reich der Schatten" (V. 81–90).*

153–156 Parabeln und Räthsel

Vgl. die Erläuterungen zu „Drei Räthsel" (in diesem Band S. 102).

153 1 [Von Perlen baut sich eine Brücke]

Vgl. in diesem Band S. 102–103.

153 2 [Es führt dich meilenweit von dannen]

ENTSTEHUNG. *Das Rätsel entstand für die Weimarer „Turandot"-Aufführung vom 9. März 1803.*

ÜBERLIEFERUNG. H: Goethe-Museum Düsseldorf. 1 Blatt 18×11,5 cm. Leicht vergilbtes geripptes Papier. – E^1: Gedichte 2 (1803). S. 224. E^2: Gedichte ^{2}2 (1805). S. 224. – Textwiedergabe nach E^1.

LESARTEN. *In H ist nur der 1. Vers eingerückt.* **2** stets] selbst *H* **3** auszuspannen,] Komma fehlt *H* **5** Fähre,] Komma fehlt *H* **9** genug!] genug. *H*

ERLÄUTERUNGEN. *Das Sehrohr; Auflösung:* „*[Zu den Parabeln und Rätseln]*" *(Dieß leichte Schiff); vgl. auch NA 14, 144.*

153–154 3 [Auf einer großen Weide gehen]

ENTSTEHUNG. *Das Rätsel entstand für die Weimarer* „*Turandot*"-*Aufführung vom 9. März 1803.*

ÜBERLIEFERUNG. H:? – E^1: Gedichte 2 (1803). S. 225. E^2: Gedichte ^{2}2 (1805). S. 225. – Textwiedergabe nach E^1.

LESARTEN. **15** Die] Die E^2

ERLÄUTERUNGEN. *Der Text einer Auflösung ist nicht bekannt; gemeint sind aber Mond und Sterne; V. 13 und 14 spielen auf die Sternbilder des Hundes und des Widders an.*

154 4 [Es steht ein groß geräumig Haus]

ENTSTEHUNG. *Das Rätsel entstand für die Weimarer* „*Turandot*"-*Aufführung vom 9. März 1803.*

ÜBERLIEFERUNG. H:? – E^1: Gedichte 2 (1803). S. 226. E^2: Gedichte ^{2}2 (1805). S. 226. – Textwiedergabe nach E^1.

LESARTEN. **3** mißts und gehts] mißt's und geht's E^2 **7** stekt] steckt E^2

ERLÄUTERUNGEN. *Der Text einer Auflösung ist nicht überliefert; das Haus aber ist das* „*Weltgebäude*".

154 5 [Zwei Eimer sieht man ab und auf]

ENTSTEHUNG. *Das Rätsel entstand für die Weimarer* „*Turandot*"-*Aufführung vom 24. April 1802.*

ÜBERLIEFERUNG. H:? – E^1: Gedichte 2 (1803). S. 227. E^2: Gedichte ^{2}2 (1805). S. 227. – Textwiedergabe nach E^1.

LESARTEN. 10 Augenblik] Augenblick E^2

ERLÄUTERUNGEN. Der Text einer Auflösung liegt nicht vor; das Rätsel umschreibt Tag und Nacht.

155   6 [Kennst du das Bild auf zartem Grunde]

ENTSTEHUNG. Das Rätsel findet sich in der „Turandot"-Bearbeitung Schillers, die der Dichter von Ende Oktober bis Ende Dezember 1801 besorgte und die am 30. Januar 1802 zum erstenmal auf der Weimarer Bühne aufgeführt wurde. Vgl. NA 14, 46 (V. 886–901). Das Rätsel entstand im November 1801.

ÜBERLIEFERUNG. H: ? h^1: *GSA. Rollenheft der „Turandot":* Turandot, / Prinzessin von China. / Frl. Knauff. / Turandot. / *[von Schillers Hand:]* Mad. Vohs *[(von Goethe?) gestr.] / [das Folgende von Goethes Hand:]* Mad. Lorzing. / NB Die Räzel werden nicht gelernt / indem neue eingelegt werden. 24 S. *(unpaginiert). S. [6]. Vgl. auch NA 14, 301 (zu h^4). h^2 (Bühnenmanuskript für das Berliner Theater, seit 1945 verschollen [vermutlich verbrannt]): vgl. NA 14, 299 (zu h^1). h^3: Staats- und Universitätsbibliothek Hamburg (vgl. in diesem Band S. 103; zum dritten Rätsel). S. 61–62. – E: Turandot / Prinzessin von China. / Ein tragicomisches Mährchen / nach Gozzi / von / Schiller. / Tübingen, / in der J. G. Cotta'schen Buchhandlung. / 1802. S. 51. D^1: Gedichte 2 (1803). S. 228. D^2: Gedichte ^{2}2 (1805). S. 228. – Textwiedergabe nach D^1.*

LESARTEN. In h^1, h^3 und E ist nur Vers 9 eingerückt. 2 giebt] gibt E Glanz.] Glanz, h^1 h^3 E 3 and'res] andres h^1 h^3 E ists] ist's h^1 h^3 Stunde,] *Komma fehlt* h^1 7 Größe] Größe, h^1 h^3 E D^2 14 Ring,] Ring. h^1 h^3 E 16 Noch] *mit Blei gestr., davor (von Goethes Hand?) mit Blei* oft h^1 Oft h^3 schöner] schöner, h^1 h^3 E empfieng.] empfing. h^1

ERLÄUTERUNGEN. Das Auge; Auflösung: Dies zarte Bild, das in den kleinsten Rahmen [...] *(NA 14, 140). – V. 9–16 beziehen sich auf Irisring und Pupille.*

155   7 [Unter allen Schlangen ist Eine]

Vgl. in diesem Band S. 103–104.

155–156   8 [Wie heißt das Ding, das wen'ge schätzen]

ENTSTEHUNG. Das Rätsel entstand im November 1801; es gehört zur „Turandot"-Bearbeitung, die Schiller Ende Dezember 1801 abschloß. Vgl. NA 14, 49 (V. 947–958).

ÜBERLIEFERUNG. H: ? h (Bühnenmanuskript für das Berliner Theater): vgl. NA 14, 299. – E: Turandot [...] (vgl. zu Nr 6). 1802. S. 54–55. D^1: Gedichte 2 (1803). S. 231. D^2: Gedichte ^{2}2 (1805). S. 234. – Textwiedergabe nach D^1.

LESARTEN. 1 wen'ge] wenige D^2 4 ist's] ists E 5 vergießt's] vergießts, E 6 beraubt's] beraubts E 9 größten] grösten E hat's] hats E 10 ält'sten] ältsten E hat's] hats E 12 Volk] Volk, E D^2 vertraut!] vertraut E

ERLÄUTERUNGEN. *Der Pflug;* Auflösung: Dies Ding von Eisen, das nur wen'ge schätzen [...] (NA 14, 140). – Zum Pflug als Symbol beginnender Zivilisation vgl. „Bürgerlied" (V. 125–128).

156   9 [Ich wohne in einem steinernen Haus]

Vgl. in diesem Band S. 103.

156   10 [Ein **Vogel** ist es und an **Schnelle**]

ENTSTEHUNG. *Das Rätsel entstand für die Weimarer „Turandot"-Aufführung vom 24. April 1802.*

ÜBERLIEFERUNG. H: ? – E^1: *Gedichte 2 (1803). S. 233.* E^2: *Gedichte ^{2}2 (1805). S. 237.* – *Textwiedergabe nach* E^1.

LESARTEN. 5 ist's] ist's, E^2

ERLÄUTERUNGEN. *Der Text einer Auflösung ist nicht überliefert; aber geraten werden soll das Schiff.* – *Die Metapher vom Vogel evoziert den Vergleich zwischen Flügeln und Segeln; der (Kriegs-)Elefant mit Türmen auf dem Rücken läßt die Vorstellung eines Kriegsschiffes entstehen (wie im Gedicht „Die unüberwindliche Flotte", V. 5), die Spinnen weisen auf ein Ruderschiff; der* Eisenzahn *ist der Anker.*

157   **Dido**
         Freie Uebersetzung des vierten Buchs der Aeneide
         (Überschrift)

ERLÄUTERUNGEN. *Zur Überarbeitung der Vergil-Übersetzung vgl. die Erläuterungen zur 1. Fassung (in diesem Band S. 24–29).*

LETZTE GEDICHTE 1803–1805

160—161   **Lied aus „Der Parasit"**

         Liebesklage

ENTSTEHUNG. *Das Gedicht entstand vermutlich im April 1803; es war (als Liedeinlage) für die am 5. Mai 1803 abgeschlossene Übersetzung des Lustspiels „Médiocre et rampant* ou le moyen de parvenir" (unter der Überschrift „Der Parasit") von Louis-Benoit Picard (1769–1828) bestimmt. Schiller schickte das Gedicht am 1. Juni 1804 an Cotta, der es im „Taschenbuch für Damen auf das Jahr 1805" erneut veröffentlichte.

ÜBERLIEFERUNG. H: Biblioteka Narodowa Warszawa (Warschau). 1 Blatt, 2 S. beschrieben. (Eine genaue Beschreibung der Handschrift war nicht zu erhalten.) Vgl. das Facsimile in NA 2 I, nach S. 240. Wahrscheinlich war H die Textvorlage für E. – E: Gesänge mit Begleitung der Chittarra eingerichtet von Wilhelm Ehlers. Tübingen, in der J. G. Cotta'schen Buchhandlung 1804 [erschienen Ende 1803]. S. 62–63; unterzeichnet: Schiller. D¹: Taschenbuch für Damen auf das Jahr 1805. Hrsg. von Huber, Lafontaine, Pfeffel und andern. Tübingen in der J. G. Cotta'schen Buchhandlung [1804]. S. [1]–2; unterzeichnet: Schiller. (2. Fassung unter dem Titel „Der Jüngling am Bache.") D²: Gedichte ²2 (1805). S. 338–340. D³: Theater / von / Schiller. / Zweyter Band. / Tübingen / in der J. G. Cotta'schen Buchhandlung / 1806. S. 624–626 (in: Der Parasit, IV 4). Schiller bestimmte das Gedicht auch für die Prachtausgabe. Vgl. den Text in NA 2 I, 222. – Textwiedergabe nach einer Photokopie von H.

LESARTEN. Im folgenden werden die Lesarten in H sowie die Varianten in E und D¹ gegenüber H verzeichnet. Die Fassung D² entspricht dem Druck in NA 2 I, 222. (Schiller hat das Gedicht zwar in das Inhaltsverzeichnis der geplanten Prachtausgabe aufgenommen. Aber es fehlt die Abschrift des Textes.) Die Fassung D³ vgl. in NA 15 II. – Überschrift: Liebes-Klage. E   Der Jüngling am Bache. D¹   2 band] wand D¹   3 fortgerissen,] fortgerissen, E D¹   4 Tanz.] Tanz! D¹   5–32 vor jedem Vers Anführungsstriche, keine Schlußstriche D¹   6 hin,] hin! D¹   7 schwindet] welket D¹   8 verblühn."] Punkt fehlt H, Schlußstriche fehlen E D¹   10 Blüthenzeit!] Blüthenzeit. E   11 reget] freuet D¹   hoffet] hoffet, E   12 erneut,] erneut: E   erneut. D¹   14 Natur] Natur, E   16 nur.] Punkt fehlt H   nur! E   17 „Was] Anführungsstriche fehlen H   19 Eine] E i n e D¹   20 nah] nah' D¹   weit.] weit! E   21 Meine bis sehnend] Sehnend breit' ich meine Arme D¹   breit'] breit E   23 Ach] Ach! E D¹   erreichen,] erfassen D¹   25 „Komm] Anführungsstriche fehlen H   Holde] holde, E   26 Schloß,] Schloß! D¹   27 Blumen] Blumen, D¹   gebohren] gebohren, E D¹   28 Streu] über gestr. Schütt H   Schütt D¹   Schoos.] Schooß! E   29 Horch] Horch! E   Horch, D¹   Hayn] Hain E   30 klar!] klar, E   klar. D¹   32 Paar."] Schlußstriche fehlen H   Paar! E

ERLÄUTERUNGEN. In „Der Parasit" schreibt Firmin das Lied für Charlotte, die es im 4. Auftritt des 4. Aufzugs singt (vgl. NA 15 II). Vielleicht gingen, wie für „Des Mädchens Klage", zu dem die „Liebesklage" eine Art Gegenstück darstellt, wieder Anregungen von stimmungsverwandten altenglischen Volksliedern aus, die Herder übersetzt hatte.
Vgl. auch die Erläuterungen zur 2. Fassung des Gedichts.
11–16 Alles bis nur.] Im Brief vom 20. März 1802 an Goethe bekannte Schiller, daß ihn der Frühlingsbeginn immer traurig zu machen pflegt, weil er ein unruhiges und gegenstandsloses Sehnen hervorbringt.
18 beut] Flexionsform nach mhd. biuten: bieten (vgl. Pfleiderer, 373–374).

162   **Der Graf von Habspurg** *(Überschrift)*

ERLÄUTERUNGEN. *Über den Inhalt der Anmerkung vgl. die Erläuterungen zu „Der Graf von Habsburg" (in diesem Band S. 186–187).*
162,1 Tschudi] *Aegidius Tschudi (1505–1572), schweizerischer Geschichtsschreiber; sein Werk „Chronicon Helveticum" bot Schiller die Vorlage zu seiner Ballade (vgl. S. 186).*
162,3 Churfürsten von Mainz] *Werner von Eppstein (Eppenstein) (gest. 1284), Erzbischof von Mainz.*
162,8 Böhmen] *Ottokar II. (1233–1278), (seit 1253) König von Böhmen. Er hatte Rudolf die Stimme verweigert.*

164   **Das Ideal und das Leben** *(Überschrift)*

ERLÄUTERUNGEN. *Über die zweimalige Veränderung der Überschrift vgl. die Erläuterungen zu „Das Reich der Schatten" (NA 2 II A, 250–253), „Das Reich der Formen" (Überschrift) und „Das Ideal und das Leben" (in der Ausgabe letzter Hand) (in diesem Band S. 96 u. 237).*

165—166   **An Minna**

ENTSTEHUNG. *Vgl. NA 2 II A, 114.*

ÜBERLIEFERUNG. *Vgl. NA 2 II A, 114. – Textwiedergabe nach D^2 (= Gedichte ^{2}2 [1805]. S. 154–155).*

LESARTEN. *Vgl. den Text der 1. Fassung in NA 1, 120–121; außerdem die Lesarten (die sich auf D^1 beziehen) in NA 2 II A, 114.*

ERLÄUTERUNGEN. *Die Überarbeitung des Gedichts vermeidet Härten (z. B. V. 24: Thörin für Hure) und Wiederholungen; durch die Komprimierung der letzten drei Strophen auf nunmehr zwei entfällt die Wiederholung der früheren Verse 25–28 und 41–44.*

166   **Die Führer des Lebens** *(Überschrift)*

ERLÄUTERUNGEN. *Die frühere Überschrift, „Schön und erhaben", gab eine Art Verständnishilfe, die jetzt zurückgenommen wird. Möglicherweise stellte Schiller die Kenntnis seiner 1801 erschienenen Schrift „Ueber das Erhabene" in Rechnung, die über den Inhalt des Gedichts Aufschluß zu geben vermag; vgl. die Erläuterungen zum Erstdruck (NA 2 II A, 301).*

167—168   **Parabeln und Räthsel**

Vgl. die Erläuterungen zu „Drei Räthsel" (in diesem Band S. 102).

DER GRAF VON HABSPURG – PARABELN UND RÄTHSEL

167   **7 [Ein Gebäude steht da von uralten Zeiten]**

ENTSTEHUNG. Das Rätsel entstand für die Weimarer „Turandot"-Aufführung vom 11. Januar 1804.

ÜBERLIEFERUNG. H: Bayerisches Hauptstaatsarchiv (Geheimes Hausarchiv) München. 1 Blatt 18,5 × 23,2 cm, 2 S. beschrieben. Festes graues Papier. Wz.: Möglicherweise oberer Teil eines gekrönten Schilds. (Beschreibung nach Angaben von Archivdirektor Dr. Hans Puchta, Bayerisches Hauptstaatsarchiv.) Auf der Vorderseite das Rätsel „Wir stammen, unsrer sechs Geschwister" (vgl. NA 2 I, 167–168 und die Erläuterungen dazu);
                                                                                                                                                      *Uhr
auf der Rückseite das Rätsel „Ein Mühlwerk mit verborgner Feder" (vgl. NA 2 I, 173 und die Erläuterungen dazu) sowie „Ein Gebäude steht da". – E: Gedichte² 2 (1805). S. 229. D: Taschenbuch für Damen auf das Jahr 1806. Hrsg. von Huber, Lafontaine, Pfeffel und andern. Tübingen in der J. G. Cotta'schen Buchhandlung [1805]. S. 63; unterzeichnet: Schiller. – Textwiedergabe nach E.

LESARTEN. In H und D gibt es keine Einteilung in Strophen; in H sind die Verse 2, 4, 6, 8, 11 und 12 eingerückt, in E ist nur der 1. Vers eingezogen. Über den Versen sowohl in H wie in D: 3. – **1** von] seit *H*   Zeiten,] *Komma fehlt D*   **3** Reiter] Reuter *D*   reiten] reuten *D*   **4** reitets] reutets *D*   **5** geflogen,] *Komma fehlt D*   **6** trotzte] trotze *H*   Heer,] *Komma fehlt D*   **8** Es reicht in] Es trägt *H*   netzt] nezt *H D*   **9–10** Es sieht zur Rechten die Sonne sinken, / Wenn sie ihm aufgeht zu seiner linken, *H*   **9** Prahlsucht] Prachtsucht *D*   **11** bekannt,] *Komma fehlt D*   **12** *darunter in D die Rätselauflösung (vgl. NA 2 I, 175)*
Die Benutzung von H mit freundlicher Genehmigung S. K. H. Herzog Albrechts von Bayern.

ERLÄUTERUNGEN. Die Chinesische Mauer; Auflösung: „[Zu den Parabeln und Rätseln]" (Dieß alte festgegründete Gebäude); vgl. auch NA 14, 146. – Die ursprüngliche Mauer stammt aus dem 3. Jahrhundert v. Chr.; seine heutige Form erhielt das 2.500 km lange Bauwerk erst im 15. Jahrhundert.

167–168   **9 [Wir stammen, unsrer sechs Geschwister]**

ENTSTEHUNG. Das Rätsel entstand für die Weimarer „Turandot"-Aufführung vom 11. Januar 1804.

ÜBERLIEFERUNG. H: Bayerisches Hauptstaatsarchiv. Vgl. die Angaben zum vorstehenden 7. Rätsel. – E: Gedichte² 2 (1805). S. 232–233. D: Taschenbuch für Damen auf das Jahr 1806. [...] Tübingen [1805]. S. 61. – Textwiedergabe nach E.

LESARTEN. In H und D gibt es keine Einteilung in Strophen; in H ist jeder zweite Vers, in D nur der erste Vers eingerückt. Über den Versen in D: 1. – **1** stammen,] *Komma fehlt D*   **5** Tugend,] *Komma fehlt D*   **6** die Milde] den Ernst *H*   Glanz;] Glanz,

H D **7** ew'ger] ewger *H* ewiger *D* **8** Zirkeltanz] ZirkelTanz *H* **9** Höhlen,] *Komma fehlt D* **11** Wir] W i r *H* **13** lust'ge] lustge *H D* Boten,] Bothen *D* **15** Todten,] *Komma fehlt H D* **18—20** Und alle Welt fühlt unsre Macht, / Und läßt der Kaiser sich verehren, / So leihen wir ihm unsre Pracht. *H* **20** Wir] Wir *D* **20** *danach in D (S. 62) die Auflösung des Rätsels (vgl. NA 2 I, 174) Die Benutzung von H mit freundlicher Genehmigung S. K. H. Herzog Albrechts von Bayern.*

ERLÄUTERUNGEN. *Die Farben; Auflösung: „[Zu den Parabeln und Rätseln]" (Die sechs Geschwister); vgl. auch NA 14, 145.* — *Das Rätsel schließt sich an Goethes Farbenlehre an, die von sechs Grundfarben ausgeht; deren „Vater" und „Mutter" sind Licht und Finsternis, von deren uranfänglichem ungeheurem Gegensatz Goethe spricht (Zur Farbenlehre. Didaktischer Theil; WA II 1, 298). Goethe wählte das Gedicht als Motto des Kapitels „Statt des versprochenen Supplementaren Theils" in seinen Schriften „Zur Farbenlehre" (WA II 4, 314).*

168   **12 [Ich drehe mich auf einer Scheibe]**

ENTSTEHUNG. *Das Rätsel entstand für die Weimarer „Turandot"-Aufführung vom 11. Januar 1804.*

ÜBERLIEFERUNG. *H (Entwurf): GSA. 1 Blatt 10,4 (—10,9)×18,3 cm, $^1/_2$ S. beschrieben. Grünliches geripptes Papier, leicht vergilbt. Wz.: Teil eines Schildes, darunter IA [WUNNERLICH]. — E: Gedichte ^{2}2 (1805). S. 236. D: Taschenbuch für Damen auf das Jahr 1806. [...] Tübingen [1805]. S. 62. — Textwiedergabe nach E.*

LESARTEN. *Der Gedichtentwurf (H) lautet:*

    Ich brauche viele tausend Meilen um
    von einem Strich zu andern zu
    gelangen.
    Klein ist mein Feld
    Du kannst es mit einer Hand um-
                    spannen,
    Doch brauch ich viele tausend Meilen
    Um
    Schnell flieg ich wie der Pfeil
           von Bogen
    Klein

In D ist nur der erste Vers eingerückt; über dem Text: 2. — **4** zwei] zwey *D* zu —] zu: *D* **6** durchzogen,] durchzogen: *D* **7** Eilen,] *Komma fehlt D* **8** *darunter in D die Rätselauflösung (vgl. NA 2 I, 175)*

ERLÄUTERUNGEN. *Der Schatten an der Sonnenuhr; Auflösung: „[Zu den Parabeln und Rätseln]" (Was schneller läuft als wie der Pfeil); vgl. auch NA 14, 146.*

GEDICHTE AUS DEM NACHLASS
IN DER REIHENFOLGE IHRER MÖGLICHEN ENTSTEHUNG
1800–1805

171   [Für August von Goethe]

ÜBERLIEFERUNG. H: ? h^1: *Universitätsbibliothek Leipzig (Sammlung Hirzel)*. *Abschrift von Henry Crabb Robinson aus dem Jahre 1804.* h^2: *SNM (Cotta)*. *Abschrift von Walther Wolfgang von Goethe, die dieser am 16. Juni 1859 an Johann Georg von Cotta schickte. In dem Begleitbrief heißt es:* Den ersten Frühjahrsbesuch in den verschiedenen Bibliotheks-Räumen unseres Hauses habe ich dazu benutzt, um bezüglich auf das, für Ew. Hochwohlgeboren verdienten Nürnberger Freund *[d. i. Joachim Meyer],* zur Vergleichung gewünschte Stammbuchblatt Schillers an unsern geliebten Vater, Nachforschung anzustellen.

Ew. Hochwohlgeboren empfangen beifolgend das kürzlich erzielte Resultat solcher Nachforschung und dürfte dasselbe, schon wegen der Abweichungen welche das Original, gegenüber der bisherigen Lesart, darbietet, dem Verehrer Schillers nicht ohne Interesse seyn.

E: *Abend-Zeitung 1825. Nr 165 vom 12. Juli. S. 659; unter der Überschrift:* Eine Reliquie von Schiller. *Darunter:* Dem damals jungen Sohne seines großen Freundes G ö t h e schrieb Schiller folgende Verse in das Stammbuch: [...] *Unter dem Gedicht:* **n*r. – *Textwiedergabe nach einer (nicht ganz korrekten) Abschrift von* h^2.

LESARTEN. *In* h^1 *und* h^2 *ist kein Vers eingerückt. In* h^1 *sind die Formen des Pronomens der 2. Person* – Dich, Dir, Du – *kleingeschrieben.* **1** Güter] Guter h^1 **2** köstlichstes – Dich] Köstliches Dich – h^1 köstlichstes: Dich *E*   freun.] freuen h^1 freu'n! *E*   **3** Jetzo] Jezo h^1 Seele,] *Komma fehlt* h^1 **4** gereift,] gereift; h^2 verstehn] versteh'n *E*   **5** Gefühlen] Gefühle h^1 *E*   **6** treflichen] trefflichen h^1 Trefflichen *E*   Brust,] *Komma fehlt* h^1 jetzt] jezt h^1 ist.] ist: h^2 **7** ewigen] herrlichen *E*   Werken,] *Komma fehlt* h^1 **8** er] er, h^1 *E*   erschuf.] *Punkt fehlt* h^1 erschuf, *E*   **9** herzliche] herzl. h^1 Wechselneigung] wechsel Neigung h^1 Treue,] *Komma fehlt* h^1 **10** Das] Daß h^1 Väter] Söhne *E*   verknüpft,] *Komma fehlt* h^1 Söhne] Väter *E*   fort.] fort! *E*   *Datumszeile (mit Verfasserangabe) fehlt* h^1 *E*   1800] 1800. h^2 FSchiller] FSchiller. h^2

ERLÄUTERUNGEN. *Die Stammbucheintragung ist Goethes Sohn August (1789–1830) gewidmet; V. 10 bezieht sich auf ihn und auf Schillers Sohn Karl (1793–1857).*

171   [Für Johannes Büel]

Das Bild der Isis

ÜBERLIEFERUNG. H: *Zentralbibliothek Zürich. Stammbuch Johannes Büel, S. 258 (von 355). 1 Blatt 17,8 × 10,6 cm. Leicht vergilbtes geripptes Papier. Wz.: Posthorn in gekröntem Schild mit angehängter Dreipaßmarke, darunter D & C BLAUW.* – E: Zürcher Taschenbuch auf das Jahr 1892. Hrsg. von einer Gesellschaft zürcherischer Geschichtsfreunde. N.F. 15. Jg. Zürich 1892. S. 139 (J[akob] Bächtold). – Textwiedergabe nach einer Abschrift von H, die Lieselotte Blumenthal (Leipzig) zur Verfügung stellte.

ERLÄUTERUNGEN. Der Schweizer Diakon und Lehrer Johannes Büel (1761–1830) unternahm 1802–1803 eine Reise durch Deutschland, die ihn auch nach Weimar führte. Vgl. die Erläuterungen zu Schillers Brief an Körner vom 4. September 1802 sowie Blumenthal, Büel (1993). – Schiller schrieb über die Bekanntschaft mit Büel am 11. Oktober 1802 an Körner: *Ich wünschte, daß er Dir gefiele, ich hab ihn recht lieb gewonnen.* Büel berichtete über seinen Besuch bei Schiller an Johann Georg Müller am 28. Juli 1802: *Dieser [Schiller] nahm mich besonders gut auf und ich werde, wenn ich wieder zurück komme, einige Tage bei ihm bleiben. Er ist sonst ziemlich unzugänglich; mit mir machte er eine Ausnahme und ich war mit ihm, seiner Frau und seinen Kindern so lustig, wie du wahrscheinlich einst bei Herders. (Aus Hofrath Büel's Stammbüchern [1892], 139.)* Der Stammbucheintrag zitiert die Inschrift unter dem Bild der Göttin Isis, deren Warnung der Jüngling im „Verschleierten Bild zu Sais" mißachtete.

171 [Für Amalie von Imhoff]

ENTSTEHUNG. Die beiden Distichen sind Teil von Schillers Brief an Amalie von Imhoff vom 21. Februar 1803. Vgl. NA 32, 13–14 und 269–271.

ÜBERLIEFERUNG. H: SNM. Vgl. NA 32, 269. – E: Henriette von Bissing: *Das Leben der Dichterin Amalie von Helvig, geb. Freiin von Imhoff.* Berlin 1889. S. 33. – Textwiedergabe nach H.

ERLÄUTERUNGEN. Am 22. Februar 1803, aus Anlaß der Fastnacht, fand bei Hofe ein Maskenfest mit Figuren aus Schillers Werken statt. Anna Amalia von Imhoff (1776–1831), Nichte von Charlotte von Stein, Dichterin und Hofdame in Weimar, trat als Kassandra auf; vgl. Schillers Brief an sie vom 21. Februar 1803 und die Erläuterungen dazu.
3 Auch bis schön] Vgl. V. 13 der „Nänie".

172 [Für einen Unbekannten]

ENTSTEHUNG. Das Blättchen mit der Widmung Schillers enthält (nach den Bemerkungen J. E. Wackernells zum Erstdruck) auch Orts- und Datum-Angabe: *Weimar 24. Jan. 1803.*

ÜBERLIEFERUNG. H: ? 1905 im Museum Ferdinandeum, Innsbruck. – E: Euphorion 12 (1905). S. 147 (J. E. Wackernell). Ebd.: „Unter den acht Schillerbildnissen [in einer Mappe des Innsbrucker Museums] trägt eines (das Deckersche, ein Stich in Kleinfolio) einen

Streifen mit der eigenhändigen Widmung Schillers: Weimar 24. Jan. 1803. Vale et fave Schiller. *Der Streifen wurde erst später, wahrscheinlich aus einem eigenen Widmungsblatt, zurechtgeschnitten und unter das Bild geklebt." — Textwiedergabe nach E.*

LESARTEN. Vgl. ÜBERLIEFERUNG.

ERLÄUTERUNGEN. Die lateinische Abschiedsformel lautet übersetzt: Lebe wohl und bleibe wohlgesonnen [dem Unterzeichneten].

172 Scharade

ENTSTEHUNG. Wahrscheinlich entstand das Gedicht in Schillers letzten Lebensjahren. Möglicherweise hängt es mit dem Kartenalmanach zusammen, den Cotta mit seinem Brief vom 23. Dezember 1804 an Schiller schickte. Vgl. dazu die Erläuterungen zu diesem Brief und Gleichen-Rußwurm, Ein klassischer Abend (1929/30).

ÜBERLIEFERUNG. H: ? — E: 34. RB (1929/30). S. 63 (Alexander von Gleichen-Rußwurm). — Textwiedergabe nach E.

ERLÄUTERUNGEN. Scharade: Wort- oder Silbenrätsel, oft in Gedichtform, das den zu erratenden Begriff in Wortteile oder Silben zerlegt, die zu finden und zusammenzusetzen sind. Mit dem stechend Ding *(V. 1)* ist das „As" des französischen Kartenspiels gemeint, das vierfach vorkommt, als Herz- und Karo-As *(vgl. V. 3 u. 6)* in roter Farbe *(vgl. V. 2)*, als Kreuz- und Pik-As *(vgl. V. 4 u. 5)* in schwarzer Farbe *(vgl. V. 2)*.

Die 2. Strophe dreht sich um „Pik"; engl. peak: Berg, Berggipfel. Bald grün, bald weiß *(V. 8)* ist der Berg im Sommer und im Winter; die Jungfrau *(V. 11)* ist ein Berg in den Schweizer Alpen, ein Kamin ein schlotartiger Felsspalt.

Das Ganze *(V. 13)* ergibt sich aus der Kombination beider Wörter: „Aspik" — oder, nach verkürztem französischen Sprachgebrauch beim Kartenspiel: „As (de) pique"; höchste Karte beim L'hombre-Spiel. Vgl. Weiteres in: Gleichen-Rußwurm, Ein klassischer Abend (1929/30).

18 brennt man sich] Es könnte gemeint sein: „täuscht man sich" *(vgl. von Gleichen-Rußwurm, S. 64).*

173 [Rätsel]

ENTSTEHUNG. Die Überlieferung macht es wahrscheinlich, daß die Verse Anfang 1804 entstanden: Sie stehen in der Handschrift zwischen den Rätseln, die Schiller für die Weimarer „Turandot"-Aufführung vom 11. Januar 1804 schrieb. Vgl. in diesem Band S. 115 (zu Rätsel 7).

ÜBERLIEFERUNG. H: Bayerisches Staatsarchiv. Vgl. die Angaben zum 7. Rätsel (S. 115 dieses Bandes). — Ungedruckt.

LESARTEN. 12 steht] *über gestr.* ruht *H*

ERLÄUTERUNGEN. *Das Gedicht gehört in den Umkreis der Rätsel für Schillers „Turandot"-Bearbeitung. Herz, Blutkreislauf und Lunge sind in ihm versteckt.*

173—175   [Zu den Parabeln und Rätseln]

173   [— Erdreiste eure Räthsel aufzulösen]

ENTSTEHUNG. *Die Verse entstanden Anfang Februar 1802. Vgl. die Erläuterungen zum Rätsel „Von Perlen baut sich eine Brücke" (in diesem Band S. 102—103).*

ÜBERLIEFERUNG. *H: SNM. Vgl. die Angaben zum Rätsel „Von Perlen baut sich eine Brücke" (in diesem Band S. 103). — E: NA 14, 141. — Textwiedergabe nach H.*

LESARTEN. 4 schwindet] *unter gestr.* schwin *(am Zeilenende) H*

174   [Der Sohn, der seinen vielen Brüdern]

ENTSTEHUNG. *Die Verse entstanden Anfang Februar 1802. Vgl. die Erläuterungen zum Rätsel „Von Perlen baut sich eine Brücke" (in diesem Band S. 102—103).*

ÜBERLIEFERUNG. *H: SNM. Vgl. die Angaben zum Rätsel „Von Perlen baut sich eine Brücke" (in diesem Band S. 103). — E: WA I 2 (1888). S. 358. — Textwiedergabe nach H.*

LESARTEN. 3—4 Und dennoch *bis* schleicht —] *unter Vers 3 als Alternativvariante und Fortsetzung (Vers 4):* Und dennoch nur wie eingeschoben / In ihrer Reih mitunter schleicht —; *danach* nur *bis* Reih *gestr., so daß als möglicher (fragmentarischer?) Vers 3* Und dennoch mitunter schleicht — *stehen blieb; danach* Wie eingeschoben *über gestr.* Und dennoch *und durch Verbindungszeichen mit* mitunter schleicht — *zum neuen Vers 4 gemacht; der ursprüngliche Vers 3 blieb also unverändert erhalten H*

ERLÄUTERUNGEN. *Vgl. den Text von Goethes Rätsel in NA 14, 141.*

174   [Dieß leichte Schiff...]

ENTSTEHUNG. *Die Verse sind vermutlich zur selben Zeit entstanden wie das Rätsel, das sie auflösen. Das Rätsel „Es führt dich meilenweit von dannen" (vgl. NA 2 I, 153) war für die Weimarer „Turandot"-Aufführung vom 9. März 1803 bestimmt.*

ÜBERLIEFERUNG. *H: SNM. 1 Blatt 18×10 cm, $^2/_3$ S. beschrieben. Festes gerripptes Papier. Auf der Rückseite der Vermerk:*

RÄTSEL – FÜR L. VON OERTZEN 121

Handschrift Schillers. Auflösung eines Räthsels aus Turandot.
Dies Räthsel selbst besitzt Mad: Ungher-Sabatier in Florenz.
EGenast.
E: NA 14, 144. – Textwiedergabe nach H.

ERLÄUTERUNGEN. Die „Doctores" sind bei der Prüfung der Bewerber durch Turandot anwesend und befinden über die Korrektheit der Antworten.

174 [Die sechs Geschwister, die freundlichen Wesen]

ENTSTEHUNG. Die Verse entstanden (wie das Rätsel, das sie auflösen) vermutlich im Januar 1804.

ÜBERLIEFERUNG. H: ? – E: Taschenbuch für Damen auf das Jahr 1806. [...] Tübingen [1805]. S. 62. – Textwiedergabe nach E.

175 [Was schneller läuft als wie der Pfeil vom Bogen]

ENTSTEHUNG. Das Rätsel „Ich drehe mich auf einer Scheibe" schrieb Schiller für die Weimarer „Turandot"-Aufführung vom 11. Januar; die Auflösung entstand vermutlich zur selben Zeit.

ÜBERLIEFERUNG. H: ? – E: Taschenbuch für Damen auf das Jahr 1806. [...] Tübingen [1805]. S. 62. – Textwiedergabe nach E.

175 [Dieß alte fest gegründete Gebäude]

ENTSTEHUNG. Die Auflösung des Rätsels entstand vermutlich – wie dieses – im Januar 1804.

ÜBERLIEFERUNG. H: ? – E: Taschenbuch für Damen auf das Jahr 1806. [...] Tübingen [1805]. S. 63. – Textwiedergabe nach E.

175 [Für Leopold von Oertzen]

ENTSTEHUNG. Leopold von Oertzen hielt sich im Winter 1803/04 in Weimar auf. Am 27. Februar 1804, kurz vor seiner Abreise, bat er Goethe, dieser möge sich in seinem Erinnerungsbuche verewigen (vgl. RA 4, 434, Nr 1403). Vermutlich äußerte er zur gleichen Zeit eine gleiche Bitte an Schiller.

ÜBERLIEFERUNG. H: ? h: Staatsarchiv Weimar (Aktenband A XXII Carl Friedrich Nr 559, Bl. 48^b). Abschrift von der Hand Carl Friedrichs, des Großherzogs von Weimar;

davor: Ein Curfürstl. Sächs. Ober-Forstmeister Baron von Oertzen, welcher sehr geistlos war, besuchte sein Stammbuch, in Folio-Format, mit sich führend, im J. 1803 oder 4, auf längere Zeit, Weimar. Besagten Cavalier's Wunsch gemäß, schrieben sich, in jenes Buch, Goethe nebst Schiller ein und zwar Ersterer folgendes:
die Straße nach Athen ist nicht für Jedermann!

Schiller sezte hinein: *[...] (Textwiedergabe nach einer Kollation von Frau Dr. Renate Grumach, Berlin.) – E: JbGG 6 (1919). S. 248 (Hans Gerhard Gräf). – Textwiedergabe der Stammbuchverse nach einer Kollation von Frau Karin Küntzel, Weimar.*

LESARTEN. **5, 7** und **8:** *Zur Erklärung der Punkte teilte Renate Grumach (in einem Brief vom 6. Juni 1983) mit, „daß die fragliche eigenhändige Kopie Carl Friedrichs sich in einem Sammelband findet, der viele vergleichbare, sämtlich eigenhändige Abschriften enthält. Und da läßt sich denn deutlich erkennen, daß es Carl Friedrichs Manier ist, und nicht etwa Schillers oder Gräfs, lange Punktreihen anstelle von Gedankenstrichen in seine Abschriften einzufügen."*

ERLÄUTERUNGEN. *Leopold Karl Ludwig Graf von Oertzen (1778–1807) war kurfürstlicher Oberforst- und Wildmeister in Bautzen; um die Jahreswende 1803/1804 besuchte er längere Zeit Weimar. Im Fourierbuch des Weimarer Hofes wird er erstmals am 3. Januar, zuletzt am 1. März erwähnt. Er überbrachte Schiller einen Brief von Wilhelm Gottlieb Becker aus Dresden, in dem er von diesem als einer von den seltenen Cavalieren empfohlen wird, die für das Hohe und Schöne in der Kunst Sinn haben (an Schiller vom 4. Dezember 1803).*

Der Eindruck, den von Oertzen in Weimar machte, scheint dem nicht entsprochen zu haben: Vgl. die Stammbucheintragung Goethes (in ÜBERLIEFERUNG), der einen Besuch von Oertzens in seinem Tagebuch unter dem 22. Februar 1804 vermerkt (vgl. WA III 3, 99). In den „Oertzen-Blättern. Nachrichten für die Mitglieder des Geschlechts v. Oertzen" (2. Jahrgang. August 1930. Nr 2. S. 14) heißt es dazu erklärend: „Aus der Geschichte des Geschlechts v. Oertzen [...] wissen wir, daß der Graf Leopold von schwacher Gesundheit gewesen ist; dazu kam nun noch [...] ein schwacher Geist." In einem Brief vom 27. Februar kündigte von Oertzen an, sein Stammbuch bei Goethe wieder abholen zu wollen (vgl. RA 4, 434; Goethe, Begegnungen und Gespräche 5 [1985], 444).

Auch Caroline von Wolzogen scheint sich in das Stammbuch eingetragen zu haben; in einem Brief vom 28. März schreibt von Oertzen: Für die schöne L i l i e, mir der Sie, liebenswürdige Dichterin, die Erinnerungs-Flora der Freundschaft, geschmückt haben, sage ich meinen unterthänigsten Dank. – Gern [?] und freudig wil ich suchen auf beiden Tugendwegen zu wandeln. Doch dürfte ich den handelnden, den leidenden vorziehen. *(H: GSA.)*

176—178   Lieder aus Wilhelm Tell

ENTSTEHUNG. *Das Schauspiel „Wilhelm Tell" entstand in der Zeit von Mai 1803 bis Februar 1804. Am 16. Januar 1804 schrieb Schiller an Zelter, er habe für sein Stück verschiedene Lieder, besonders aber am Anfang des Stücks einen Kuhreihen nöthig;*

die Komposition übernahm Bernhard Anselm Weber (vgl. Schillers Brief an Iffland vom 20. Februar 1804 und die Erläuterungen dazu sowie Webers Briefe an Schiller vom 20. März und 24. Juli 1804). Webers Vertonungen (mit den von Schiller vermutlich nicht autorisierten Liedtexten) erschienen bereits im September 1804; das Titelblatt des Klavierauszugs lautet: Gesänge, Marsch, und Chor / zum Schauspiel / Willhelm Tell / vom Herrn von Schiller. / In Musik gesetzt / von / Bernhart Anselm Weber. / Clavier-Auszug. / Die complette Partitur ist durch die Rellstabsche Musikhandlung für 4 Ducaten, franco eingesandt, zu haben. / Preis: 12 Gr. Op. CCCXLIX. 3 Bogen. / Berlin, in Commission bei Rellstab. *Zu den Vertonungen vgl. Schaefer, Verzeichnis sämtlicher Tonwerke zu den Dramen Schillers (1886), 75–77; Fischer, Bernhard Anselm Weber (1923), 136 (vgl. S. 357–358 sowie 378–379 dieses Bandes). – Der erste Druck des „Wilhelm Tell" erschien Anfang Oktober 1804.*

176   [Eingangslied]

ÜBERLIEFERUNG. *H: ? – E^1: Der Freimüthige oder Ernst und Scherz 1804. Nr 137 vom 10. Juli. S. 26–27 (V. 13–24; nach der Berliner Erstaufführung des „Wilhelm Tell" am 4. Juli 1804; mit der Komposition Webers und dem nicht autorisierten Text Schillers). E^2:* Gesänge, Marsch und Chor [...]. In Musik gesetzt von Bernhart Anselm Weber. [...] *Berlin [1804]. S. 2–6 (Komposition und Text). E^3:* Wilhelm Tell / Schauspiel / von / Schiller. / Zum Neujahrsgeschenk / auf 1805. / Tübingen, / in der J. G. Cotta'schen Buchhandlung. / 1804. *S. 1–3. – Textwiedergabe nach E^3.*

LESARTEN. *Augenvarianten und Interpunktionsabweichungen der von Schiller nicht autorisierten Drucke E^1 und E^2 sind im folgenden nicht verzeichnet.* – **10** m e i n] mein E^2 *vor* **13** Hirte] Hirtenlied aus dem Schillerschen Schauspiel Willhelm Tell. E^1 Hirte auf dem Berg. E^2 **21–24** Ihr *bis* hin.] Da / Capo dal Segno. E^1 E^2 **32** des *(Druckfehler)]* der E^3 – *Vgl. auch die Varianten in den erhaltenen Bühnenfassungen des „Wilhelm Tell" (NA 10, 476).*

ERLÄUTERUNGEN. *Das Lied wird zu Beginn im 1. Auftritt des 1. Aufzuges gesungen (NA 10, 131–132); vgl. dazu die Erläuterungen (NA 10, 494–495).*

177   Jägerliedchen für Walther Tell

ÜBERLIEFERUNG. *H: ? Früher Preußische Staatsbibliothek Berlin (Sammlung Lessing), seit dem Zweiten Weltkrieg verschollen. Facsimile u. a. in:* Schiller's Werke. Nach den vorzüglichsten Quellen revidirte Ausgabe. Unter Mitwirkung von Wendelin von Maltzahn. T. 1. *Berlin [1868]. Zwischen Titelblatt u. Inhaltsverzeichnis;* Schillers Werke. [...] neu hrsg. [...] von Arthur Kutscher. 15 Tle. *Berlin, Leipzig, Wien, Stuttgart [1909]. T. 1. Zwischen S. 416 u. 417. Bei der Handschrift handelt es sich vermutlich um die von Schiller zur Komposition nach Berlin geschickte (vgl. ENTSTEHUNG). – E^1:* Gesänge, Marsch, und Chor [...]. In Musik gesetzt von Bernhart Anselm Weber. [...] *Berlin [1804]. S. 7 (Komposition und Text). E^2:* Wilhelm Tell [...]. *Tübingen 1804. S. 103. – Textwiedergabe nach dem Facsimile von H.*

LESARTEN. Augenvarianten und Interpunktionsabweichungen des von Schiller nicht autorisierten Drucks E^1 sind im folgenden nicht verzeichnet. – Überschrift: Walther Tell. E^1 *unter der Überschrift:* womit Actus III. anzufangen. *H* 1 Bogen] Bogen, E^2 2 Gebirg] Gebürg E^1 3 gezogen,] *Komma fehlt* E^2 4 im] am E^2 6 Weih,] Weih, – E^2 7 Gebirg] Gebürg E^1 9 Weite,] *Komma fehlt* E^2 12 fleugt] fleucht E^1 fleugt und kreucht] kreucht und fleugt E^2 – *Vgl. auch die Varianten in den erhaltenen Bühnenfassungen des „Wilhelm Tell" (zu V. 1466–1477; NA 10, 481).*

ERLÄUTERUNGEN. Tells Sohn singt das Lied zu Beginn des 3. Aufzuges (NA 10, 193); zum Motiv vgl. „Der Alpenjäger".

178 Chor der barmherzigen Brüder

ÜBERLIEFERUNG. H: ? Früher Preußische Staatsbibliothek Berlin (Sammlung Lessing), seit dem Zweiten Weltkrieg verschollen. Facsimile u. a. in: Schillers Werke. […] neu hrsg. von Arthur Kutscher. 15 Tle. Berlin, Leipzig, Wien, Stuttgart [1909]. T. 6. Vor S. [1]. Vermutlich handelt es sich bei der Handschrift um die von Schiller zur Komposition nach Berlin geschickte (vgl. ENTSTEHUNG). – E^1: *Gesänge, Marsch, und Chor […]. In Musik gesetzt von Bernhart Anselm Weber. […] Berlin [1804]. S. 10–11 (Komposition und Text).* E^2: *Wilhelm Tell. […] Tübingen 1804. S. 205.* – *Textwiedergabe nach dem Facsimile von H.*

LESARTEN. Augenvarianten und Interpunktionsabweichungen des von Schiller nicht autorisierten Drucks E^1 sind im folgenden nicht verzeichnet. – Überschrift: Chor der Mönche. E^1 *unter der Überschrift:* umringen den Leichnam *H* 5 gehen] gehn E^1 6 stehen!] stehn. E^1 – *Vgl. auch die Varianten in den erhaltenen Bühnenfassungen des „Wilhelm Tell" (zu V. 2833–2838; NA 10, 488–489).*

ERLÄUTERUNGEN. Das Lied wird im 3. Auftritt des 4. Aufzuges, nach Geßlers Tod, gesungen (NA 10, 255); vgl. dazu die Erläuterungen (NA 10, 517).

179 [Für Carl Theodor von Dalberg]

ENTSTEHUNG. Schiller schickte das für Carl Theodor von Dalberg bestimmte Exemplar des „Wilhelm Tell", in das er das Widmungsgedicht eingetragen hatte, am 25. April 1804 nach Aschaffenburg. (Kalendereintrag von diesem Tag: Tell an Erzkanzler.*) Das Gedicht entstand vermutlich kurz vor seiner Absendung.*

ÜBERLIEFERUNG. H: Hofbibliothek Aschaffenburg, Schloß Johannisburg. Seite 5 des sogenannten „Aschaffenburger Manuskripts" des „Wilhelm Tell", das Schiller dem Erzkanzler Carl Theodor von Dalberg dediziere. Handschriftenbeschreibung in NA 10, 468. Auf Seite 3 des Manuskripts von Schillers Hand: Seiner Churfürstlichen Gnaden / Dem hochwürdigen Fürsten und Herrn / Karl / Des heil. röm. Reichs Churfürsten / und Erzkanzler / unterthänigst gewidmet / von dem Verfaßer. *– E: Taschenbuch für*

Damen auf das Jahr 1807. Hrsg. von Huber, Lafontaine, Pfeffel und andern. Tübingen in der J. G. Cotta'schen Buchhandlung [1806]. S. 1; *überschrieben:* Wilhelm Tell. / Seiner Churfürstl. Gnaden, / dem hochwürdigsten Fürsten und Herrn, Karl, / des h.-röm. Reichs Churfürsten und Erzkanzler, / unterthänigst gewidmet – vom Verfasser. *Unterzeichnet:* Schiller. – *Textwiedergabe nach H.*

ERLÄUTERUNGEN. Das Gedicht war die Widmung einer Prachthandschrift des „Wilhelm Tell", des sogenannten Aschaffenburger Manuskripts, das Schillers Schreiber Rudolph für Carl Theodor Anton Maria Reichsfreiherrn von Dalberg (1744–1817), seit 1802 Kurfürst von Mainz mit dem Titel des Erzkanzlers des Deutschen Reichs, anfertigte; vgl. die Erläuterungen zum „Wilhelm Tell" (NA 10, 468–469). Schiller war mit Dalberg seit 1789, als er sich mit der Bitte um berufliche Förderung an ihn wandte, freundschaftlich verbunden. – Vgl. auch „Das Geschenk".
1–8 Wenn *bis* Gesängen!] *Ähnlich lauten V. 350–360 vom „Lied an die Glocke"; wie dort ist wohl an die Französische Revolution gedacht.*
7 Den *bis* hängen] *Das Bild vom Anker findet sich, in gleichem Zusammenhang, auch in der „Elegie" (V. 147–148).*
9 ein Volk *bis* weidet] *Attinghausen nennt die Schweizer ein harmlos Volk von Hirten (IV 2. V. 2440; NA 10, 238).*
12–13 Doch *bis* bescheidet] *So maßvoll äußert sich Walther Fürst auf dem Rütli (vgl. II 2. V. 1366–1375; NA 10, 188–189).*

179 [Für Christian von Mechel]

ÜBERLIEFERUNG. H: Privatbesitz. Stammbuch Christian von Mechel, S. 1. 11× 17,5 cm. Geripptes Papier, koloriert umrahmt; am unteren Rand der Aufdruck: Bey Wiederhold in Göttingen. *(Beschreibung nach freundlicher Auskunft des Besitzers.) Facsimile in: Basler Jahrbuch 1923. Hrsg. von August Huber und Ernst Jenny. Basel. Zwischen S. 230 und 231. (Ebd., 231–242: Wilhelm Altwegg: Schillers letztes Gedicht.) – h: Abschrift auf einem Kupferstich mit dem Porträt Mechels, dem eine Radierung des Nürnberger Künstlers Christian Wilhelm Karl Joachim Haller von Hallerstein, die dieser im August oder September 1805 in Dresden gefertigt hatte, zugrunde lag. – D: Taschenbuch für Damen auf das Jahr 1806. Hrsg. von Huber, Lafontaine, Pfeffel und andern. Tübingen in der J. G. Cotta'schen Buchhandlung [1805].* S. 64; *überschrieben:* Einem Freund ins Stammbuch. / Herrn von Mecheln aus Basel 1805. *Unterzeichnet:* Schiller. – *Textwiedergabe nach h.*

LESARTEN. Fassung H (nach dem Facsimile):

> Unerschöpflich an Reiz, an immer erneuerter Schönheit
>   Ist die Natur! – Die Kunst ist unerschöpflich wie sie.
> Heil Dir würdiger Greis! Für beide bewahrst Du im Herzen
>   Warmes Gefühl, und so ist ewige Jugend Dein Loos.
> Weimar 16. März
>   1805.   Schiller

ERLÄUTERUNGEN. *Die Stammbucheintragung ist Schillers letztes Gedicht. Sie ist dem Kupferstecher und Kunsthändler Christian von Mechel (1737–1818) aus Basel gewidmet, der sich von Anfang März bis Anfang April 1805 in Weimar aufhielt; er reiste auch nach Leipzig, Dresden und Berlin, um die Möglichkeiten einer neuen geschäftlichen Existenz zu prüfen, nachdem seine Basler Kunsthandlung in Schwierigkeiten geraten war. Als Charlotte von Schiller eine Abschrift der Verse am 12. Juni 1805 an Cotta schickte, schrieb sie dazu:* Die Copie [...] hat mein Gemüth bewegt. Der alte lebendige Mann machte Schiller Freude vorigen Winter, er sprach so lebendig von der Schweiz mit ihm, sah seine Kupfer mit großem Interesse, freute sich, die Gegenden zu sehen! *(Schiller-Cotta, 558.)*

1–2 Unerschöpflich *bis* Natur!] *Ein ähnlicher Gedanke findet sich in der „Elegie" (V. 209–210).*

[181]   AUSGABE LETZTER HAND
              NACH DEM PLAN DER PRACHTAUSGABE

ENTSTEHUNG. *Am 8. Januar 1803 schrieb der Leipziger Verleger Crusius an Schiller, daß er ihn* gehorsamst bitte, auch auf eine neue Auflage des ersten Theiles davon [*der 1800 erschienenen Gedichte*] geneigt Bedacht zu nehmen, die in kurzen nothwendig wird [...]. *Und Crusius fügte hinzu:* Wollten mir Ew: HochWohlgeb: es zu gestatten geruhen, so wäre ich entschloßen, bey dieser neuen Auflage deßelben neben der gewöhnlichen eine Prachtausgabe in groß Format zu veranstalten, die einige Kupfer von unsern vorzüglichsten Meistern zieren sollten, zu denen die Sujets mir Dero Güte entwerfen würde. *In seinem Brief vom 10. März 1804 ging Schiller auf Crusius' Vorschlag ein:* Eine Prachtausgabe der Gedichte wird mir recht sehr angenehm seyn, und ich weiß auch, daß man im Publicum sie wünscht. *An dem Plan, den ersten Teil seiner Gedichtsammlung auch als Prachtausgabe erscheinen zu lassen, hielt Schiller einige Monate fest (vgl. seine Briefe an Crusius vom 3. April und 5. Juni); dann aber kam ihm die Idee, die Sammlung für die Prachtausgabe neu zusammenzustellen und in sie auch Gedichte aus dem im Mai 1803 erschienenen zweiten Teil seiner Sammlung aufzunehmen. Am 3. Oktober 1803 schrieb er an Crusius:* Um ganz gewiß zu wissen, welche Räume auszufüllen sind, lasse ich jetzt ein Exemplar der Gedichte für die Prachtausgabe in der Ordnung und nach der Auswahl, wie die Gedichte aufeinander folgen sollen, abschreiben, wobei ich mich streng an den Probebogen halte, den Sie mir im Frühjahr zugeschickt. *Zur Abschrift der Gedichte kam es allerdings nicht so schnell; zu sehr war Schiller einstweilen mit seinem „Wilhelm Tell" beschäftigt, um den Prachtausgabe-Plan nebenher realisieren zu können. Doch auch nach der Fertigstellung des „Wilhelm Tell" (im Februar 1804) ließ sich Schiller Zeit. Zwar begann sein Diener Georg Gottfried Rudolph vermutlich schon vor dem Erscheinen der zweiten Auflage des ersten Teils der Gedichte (im Juni 1804) mit der Abschrift (denn einige Gedichte – wie „Das Glück" – erscheinen im Wortlaut der ersten Auflage), aber der größte Teil der Gedichte wurde erst später (vermutlich im Herbst 1804) abgeschrieben – nach dem Text der zweiten Auflage. Die Gedichte, die Schiller aus dem zweiten Teil seiner Sammlung auswählte, wurden aus deren erster Auf-*

lage (1803) übernommen; die zweite Auflage erschien vermutlich erst kurz vor Schillers Tod (zur Ostermesse 1805).
In einem Brief Schillers an Crusius vom 21. November 1804 heißt es: Was die Prachtausgabe betrifft, so habe ich nun die Eintheilung dazu gemacht, und sämmtliche Gedichte, die darinn Platz finden sollen mit genau ausgerechneter Zeilen Zahl und in der Ordnung, die ich für die schicklichste hielt abschreiben lassen.
Es sind vier Bücher, deren jedes im Durchschnitt 10 Bogen oder 80 Quartseiten hält. Mit nächster MontagsPost hoffe ich Ihnen das Mscrpt zusenden zu können.
Freilich würde mirs angenehm seyn, wenn in der MichaelisMeße kommenden Jahrs dieses Werk erscheinen könnte, da ich selbst eine Freude daran habe. – *Crusius hat das Manuskript nie bekommen.*

Die weitere Verzögerung des Unternehmens erklärt sich damit, daß Schiller im Drang der laufenden Geschäfte – Arbeit am „Demetrius", an der „Phädra"-Übersetzung, an der „Othello"-Übersetzung von Voß; Vorbereitung der „Theater"-Ausgabe – und wegen seines häufig schlechten Gesundheitszustandes nicht dazu kam, die abgeschriebenen Gedichte genau durchzusehen und, falls nötig, zu überarbeiten. (Vgl. ÜBERLIEFERUNG und LESARTEN.) Ganz sicher wollte er für die Prachtausgabe „Die Künstler" neu bearbeiten, die er in ihrer alten Gestalt für durchaus unvollkommen hielt (an Körner am 21. Oktober 1800); in dem von Schiller geschriebenen Inhaltsverzeichnis ist das Gedicht angeführt, und an der entsprechenden Stelle in den Abschriften Rudolphs finden sich zwei ineinandergelegte Doppelblätter – leer.

Nach Schillers Tod bat Crusius, Charlotte möge ihm das Manuskript der Prachtausgabe zusenden. Diese erfüllte die Bitte nicht und bat ihrerseits im Januar 1806 Crusius, Cotta die Ausgabe zu überlassen. Da Crusius sich weigerte, auf das Privilegium zu verzichten, und da sich die Schillerschen Erben weigerten, ihm das Manuskript und damit den Druck der Prachtausgabe zu überlassen, blieb die (fast fertige) Ausgabe letzter Hand der Gedichte Schillers nahezu ein Jahrhundert ungedruckt: Sie erschien erstmals 1904 (im ersten Band der von Eduard von der Hellen herausgegebenen „Säkular-Ausgabe" der sämtlichen Werke Schillers) – verlegt durch die „J. G. Cottasche Buchhandlung Nachfolger". Diese Edition ist freilich nicht nur wegen der (seinerzeit üblichen) mangelhaften Textwiedergabe zu kritisieren, sondern auch wegen der unbegründeten Aufnahme der Gedichte „Pegasus im Joche", „Das verschleierte Bild zu Sais" und „Die Macht des Gesanges" ins 4. Buch sowie der Fortlassung von „Die Zerstörung von Troja" am Ende des 3. Buches. – Zur Geschichte der Prachtausgabe vgl. Eduard von der Hellen in: SA 1, XVII–XXII; Otto Güntter: Acht Briefe von Crusius an Schiller. In: 29./30. RB (1924/25 u. 1925/26). S. 74–84.

ÜBERLIEFERUNG. H: GSA. *Das von Schiller geschriebene Inhaltsverzeichnis der Prachtausgabe. 1 Doppelblatt 19,7(–21)×35 cm, 4 S. beschrieben. Graues geripptes Konzeptpapier, sehr fest (packpapierartig). Wz.: Stilisierte sternförmige Blume mit 12 unterschiedlich langen spitzen Blütenblättern um eine kreisrunde Mitte / H. Das erste Blatt ist am unteren Rand wasserfleckig und etwas beschädigt, so daß nicht alle Buchstaben der drei letzten Gedichttitel deutlich lesbar sind. Das zweite Blatt ist unten um 15 (–15,5) cm gekürzt; dadurch Textverlust auf der 4. S.; über dem Schnitt ist die Oberlänge eines Großbuchstbens – vermutlich eines H, vielleicht auch eines P oder eines S – zu erkennen. Vgl. die Facsimilia in NA 2 I.*

Inhalt von H:[1]

S. 1:   Erstes Buch

Das Mädchen aus der Fremde.	*([1796]*	*1800*	*1804)*
An die Freude.	*(1786*	*1803*	*1805)*
Dithyrambe.	*([1796]*	*1800*	*1804)*
Das Siegesfest	*([1803]*	*1805)*	
Die vier Weltalter.	*([1802]*	*1803*	*1805)*
Das Geheimniß	*([1797]*	*1800*	*1804)*
Sehnsucht.	*([1802]*	*1803*	*1805)*
Thekla.	*([1802]*	*1803*	*1805)*
Hektors Abschied.	*(1781*	*1800*	*1804)*
Des Mädchens Klage.	*([1798]*	*1800*	*1804)*
Die Erwartung.	*([1799]*	*1800*	*1804)*
Reminiscenz an Laura.	*(1782*	*1803*	*1805)*
Würde der Frauen.	*([1795]*	*1800*	*1804)*
An Emma.	*([1797]*	*1800*	*1804)*
Der Abend.	*([1795]*	*1800*	*1804)*
Die Blumen.	*(1782*	*1800*	*1804)*
Amalia.	*(1781*	*1803*	*1805)*
Die Kindsmörderin.	*(1782*	*1803*	*1805)*
Punschlied.	*(1803*	*1805)*	
Berglied.	*([1804]*	*1805)*	
Reiterlied.	*([1797])*		
Nadoweßiers Todtenlied.	*([1797]*	*1800*	*1804)*
Der Pilgrim.	*(1803*	*1805)*	
Der Jüngling am Bache.	*([1803]*	*[1804]*	*1805)*
Punschlied im Norden zu singen.	*([1803]*	*1805)*	
An die Freunde	*([1802]*	*1803*	*1805)*
Das Lied von der Glocke.	*([1799]*	*1800*	*1804)*

S. 2:   Zweites Buch

Der Ring des Polykrates.	*([1797]*	*1800*	*1804)*
Die Kraniche des Ibykus.	*([1797]*	*1800*	*1804)*
Damon und Pythias.	*([1798]*	*1800*	*1804)*
Kaßandra.	*([1802]*	*1803*	*1805)*
Hero und Leander.	*([1801]*	*1803*	*1805)*

---

[1] *In Klammern das Jahr des Erstdrucks und späterer Drucke; eckige Klammern beziehen sich auf das Erscheinungsjahr von Musenalmanachen und Taschenbüchern, die gegen Ende des Jahres zu erscheinen pflegten, das demjenigen vorausging, für das sie bestimmt waren (z. B. erschien Schillers „Musen-Almanach für das Jahr 1797", der u. a. „Das Mädchen aus der Fremde" enthält, schon Ende September 1796); 1800: Gedichte 1; 1803: Gedichte 2; 1804: Gedichte ²1; 1805: Gedichte ²2.*

Der Taucher.	([1797]	1800	1804)
Ritter Toggenburg.	([1797]	1800	1804)
Der Handschuh.	([1797]	1800	1804)
Der Graf von Habsburg.	([1803]	1805)	
Der Gang nach dem Eisenhammer.	([1797]	1800	1804)
Der Alpenjäger.	([1804]	1805)	
Der Kampf mit dem Drachen.	([1798]	1800	1804)

S. 3:   Drittes Buch.

Die Sänger der Vorwelt.	(1795	1800	1804)
Der Tanz	([1795]	1800	1804)
Das Glück	([1798]	1800	1804)
Der Genius	(1795	1800	1804)
Pompeji und Herkulanum.	([1796]	1800	1804)
Shakespear.	([1796]	1800	1804)
Die Geschlechter.	([1796]	1800	1804)
Der Spaziergang.	(1795	1800	1804)
Votivtafeln.	([1796]	1800	1804)
Nänie	(1800	1804)	
Trojas Zerstörung.	(1792	1800	1804)

S. 4:   Viertes Buch

Am Antritt des neuen Jahrhunderts.	([1801]	1803	1805)
Die Götter Griechenlands.	(1788	1800	1804)
Die Ideale.	([1795]	1800	1804)
Worte des Glaubens	(1797	1800	1804)
Worte des Wahns.	(1800	1804)	
Klage der Ceres.	([1796]	1800	1804)
Das Eleusische Fest.	([1798]	1800	1804)
Die Künstler.	(1789	1803	1805)
Ideal und das Leben	(1795	1800	1804)
Resignation.	(1786	1800	1804)
An Goethe.	(1800	1804)	
Theilung der Erde.	(1795	1800	1804)
Die Antiken zu Paris	([1802]	1803	1805)
Deutsche Muse.	(1803	1805)	

Das Inhaltsverzeichnis wurde erst nach der Abschrift der Gedichte zusammengestellt; das ergibt sich aus der Änderung zweier Titel, die Schiller in der Abschrift vorgenommen hat und die verändert im Inhaltsverzeichnis erscheinen (aus Nadowessische Todtenklage *wurde* Nadoweßiers Todtenlied, *und aus* Die Bürgschaft *wurde* Damon und Pythias*).*

h: GSA. Abschrift der Gedichttexte von Georg Gottfried Rudolphs Hand, mit eigenhändigen Korrekturen Schillers (hH). 202 – erst im Oktober 1938 im GSA numerierte – Blätter 17,7×21,2 (–21,9) cm; von Schiller bis „Die deutsche Muse" in die überlieferte Reihenfolge gebracht, nachdem die Abschriften der Gedichte vorlagen. Jedes Gedicht – mit Ausnahme von „Nänie" – steht auf einem einzelnen Blatt, einem einzelnen Doppelblatt oder einer einzelnen Blätterlage für sich. In welche Reihenfolge Schiller die Gedichte, die im Inhaltsverzeichnis nicht mehr erscheinen, gebracht hat (oder hatte bringen wollen), läßt sich nicht zweifelsfrei entscheiden. Doch kann als gewiß angenommen werden, daß es eine andere war als die im GSA überlieferte. Da es keine triftigen Gründe zu geben scheint, die Ordnung in Eduard von der Hellens „Säkular-Ausgabe" (Bd 1 [1904]. S. 210–216 u. 218) zu ändern, wurde diese für den Abdruck der Gedichte in NA 2 I beibehalten.

Für die Abschrift wurden im wesentlichen folgende drei Papiersorten verwandt: 1. Geripptes Papier. Wz. des (Folio-)Doppelblatts: a) Gekrönter Doppeladler mit Zepter und Reichsapfel; b) IGH. 2. Geripptes Papier. Wz. des (Folio-)Doppelblatts: a) Sächsisches Wappen; b) IGH. 3) Wie H.

Im folgenden wird die Ordnung der einzelnen Blätterlagen – mit Inhaltsangabe – beschrieben. (Die römischen Ordinalzahlen befinden sich nicht in der Handschrift.)
Erstes Buch (Bl. 1–52):
Erstes Titelblatt: 1. S. eines Umschlags aus festem Schreibpapier (Wz.: DINW [?]), der die Bll. 1 und 52 bildet. Mitten auf der Seite mit Tinte von der Hand Emilie von Gleichen-Rußwurms (?): E r s t e s B u c h. – Zweites Titelblatt (gewonnen durch Zurückfaltung des letzten – unbeschriebenen – Blattes der Lage II). Bl. 2^r: in der Mitte von Schillers Hand: E r s t e s B u c h.; am unteren Rand, ebenfalls von Schillers Hand: Mscrpt zu der Prachtausgabe. Bl. 2^v unbeschrieben.
I. Einzelblatt (Wz.: 1 b). Bl. 3: Das Mädchen aus der Fremde. (Auf der Rückseite die beiden letzten Strophen.)
II. 2 ineinandergelegte Doppelblätter (Wz.: 1 a; 1 b). Bl. 4, 5, 6, 2 (das letzte Blatt ist von Schiller zurückgefaltet und zum Titelblatt des Ersten Buches gemacht worden): An die Freude. (Die letzte Strophe steht auf Bl. 6^r; das übrige ist unbeschrieben.)
III. Einzelblatt (Wz.: untere Hälfte von 1 a). Bl. 7: Dithyrambe. (Auf der Rückseite die 3. Strophe.)
IV. 2 ineinandergelegte Doppelblätter (Wz.: 1 b; 1 a). Bl. 8–11^r: Das Siegesfest.
V. Doppelblatt (Wz.: 1 b). Bl. 12–13: Die vier Weltalter. (Auf Bl. 13^v die letzte Strophe.)
VI. Einzelblatt (Wz.: obere Hälfte von 1 a). Bl. 14 (ursprünglich mit Bl. 15 ein Folioblatt): Das Geheimniß. (Die Rückseite zur Hälfte beschrieben.)
VII. Einzelblatt (Wz.: untere Hälfte von 1 a). Bl. 15 (ursprünglich mit Bl. 14 ein Folioblatt): Sehnsucht. (Die Rückseite zur Hälfte beschrieben.)
VIII. Einzelblatt (Wz.: untere Hälfte von 1 a). Bl. 16: Thekla. Eine Geisterstimme. (Auf der Rückseite die beiden letzten Strophen.)
IX. Einzelblatt (Wz.: untere Hälfte von 1 b). Bl. 17 (ursprünglich mit Bl. 18 ein Folioblatt): Hektors Abschied. (Auf der Rückseite die letzte Strophe.)
X. Einzelblatt (Wz.: obere Hälfte von 1 b). Bl. 18 (ursprünglich mit Bl. 17 ein Folioblatt): Des Mädchens Klage. (Auf der Rückseite die letzte Strophe.)
XI. Doppelblatt (Wz.: 1 b). Bl. 19–20: Die Erwartung. Auf dem unbeschriebenen Bl. 20^v von Schillers Hand: D e s M ä d c h e n s K l a g e. (Das bedeutet: Schiller hat eine Umstellung des Gedichts an diese Stelle erwogen.)

XII. *Doppelblatt (Wz.: 1 a). Bl. 21–22:* Das Geheimniß der Reminiszenz. An Laura. *(Die letzten 1 ¹/₂ S. unbeschrieben.) Auf Bl. 22ᵛ von Schillers Hand:* Dithyrambe. *(Auch hier hat Schiller an eine Umstellung des Gedichts gedacht.)*
XIII. *Doppelblatt (Wz.: 1 b). Bl. 23–24:* Würde der Frauen. *Auf dem unbeschriebenen Bl. 24ᵛ von Schillers Hand:* Der Abend / Nach einem Gemählde. *(Auch hier hat Schiller eine Umstellung erwogen.)*
XIV. *Einzelblatt (Wz.: obere Hälfte von 1 a). Bl. 25:* An Emma. *(Rückseite unbeschrieben.)*
XV. *Einzelblatt (Wz.: untere Hälfte von 1 b). Bl. 26 (ursprünglich mit Bl. 27 ein Folioblatt):* Der Abend. Nach einem Gemählde. *(Rückseite unbeschrieben.)*
XVI. *Einzelblatt (Wz.: untere Hälfte von 1 a). Bl. 27 (ursprünglich mit Bl. 26 ein Folioblatt):* Die Blumen. *(Auf der Rückseite die letzte Strophe.)*
[XVII. *„Amalia": Der Text fehlt im Manuskript; im Inhaltsverzeichnis steht das Gedicht zwischen „Die Blumen" und „Die Kindsmörderin". Möglicherweise hat Rudolph die Abschrift besorgt; dann wäre das Blatt später verloren gegangen. Vgl. zu XX und XXIV.]*
XVIII. *2 ineinandergelegte Doppelblätter (Wz.: 1 a; 1 b). Bl. 23–31:* Die Kindsmörderin. *(Auf Bl. 30ᵛ die letzte Strophe; Bl. 31 unbeschrieben).*
XIX. *Einzelblatt (Wz.: obere Hälfte von 1 a). Bl. 32:* Punschlied. *(Auf der Rückseite die beiden letzten Strophen.)*
[XX. *„Berglied": Der Text fehlt im Manuskript; im Inhaltsverzeichnis steht das Gedicht zwischen „Punschlied" und „Reiterlied". Möglicherweise hat Rudolph das Gedicht abgeschrieben; das Blatt wäre dann später verloren gegangen. Vgl. zu XVII und XXIV.]*
XXI. *Doppelblatt (Wz.: 2 a). Bl. 33–34:* Reiterlied. *(Auf Bl. 34ʳ die beiden letzten Strophen; Bl. 34ᵛ unbeschrieben.)*
XXII. *Doppelblatt (Wz.: 2 b). Bl. 35–36:* Nadoweßiers Todtenlied. *(Die letzten 1 ¹/₂ S. unbeschrieben.)*
XXIII. *Einzelblatt (Wz.: 1 a). Bl. 37:* Der Pilgrim.
[XXIV. *„Der Jüngling am Bache": Der Text fehlt im Manuskript; im Inhaltsverzeichnis steht das Gedicht zwischen „Der Pilgrim" und „Punschlied im Norden zu singen". Möglicherweise hat Rudolph das Gedicht abgeschrieben; das Blatt wäre dann später verloren gegangen. Vgl. zu XVII und XX.]*
XXV. *Doppelblatt (Wz.: 1 b). Bl. 38–39:* Punschlied. Im Norden zu singen. *(Die letzten 1 ¹/₂ S. unbeschrieben.)*
XXVI. *Doppelblatt (Wz.: 1 a). Bl. 40–41:* An die Freunde. *(Auf Bl. 41ʳ die letzten sechs Verse; Bl. 41ᵛ unbeschrieben.)*
XXVII. *5 ineinandergelegte Doppelblätter (Wz.: 1 b; 1 a; 1 b; 1 a; 1 a). Bl. 42–51:* Das Lied von der Glocke. *(Unteres Drittel von Bl. 50ᵛ und Bl. 51 unbeschrieben.)*
Zweites Buch *(Bl. 53–103):*
Zweites Titelblatt: 1. S. eines Umschlags aus festem Schreibpapier wie beim Umschlag des Ersten Buches (Wz.: stilisierter Tannenbaum), der die Bll. 53 und 103 bildet. Mitten auf der Seite von der Hand Emilie von Gleichen-Rußwurms (?): Zweites Buch. *– Zweites Titelblatt (gewonnen durch Zurückfaltung des letzten – unbeschriebenen – Blattes der Lage XXVIII). Bl. 54ʳ: in der Mitte von Schillers Hand:* Zweites Buch. *(Bl. 54ᵛ unbeschrieben.)*
XXVIII. *2 ineinandergelegte Doppelblätter (Wz.: 1 a; 1 b). Bl. 55, 56, 57, 54 (das letzte Blatt hat Schiller zurückgefaltet und zum Titelblatt des Zweiten Buches gemacht):* Der

Ring des Polykrates. *(Auf Bl. 57ʳ die letzte Strophe; Bl. 57ᵛ unbeschrieben.)*
XXIX. 2 ineinandergelegte Doppelblätter (Wz.: 1 a; 1 b). Bl. 58–61: Die Kraniche des Ibycus.
XXX. 2 ineinandergelegte Doppelblätter (Wz.: 1 a; 1 b). Bl. 62–65: Damon und Pythias. *(Auf Bl. 65ʳ die letzten fünf Verse; Bl. 65ᵛ unbeschrieben.)*
XXXI. Ursprünglich 2 ineinandergelegte Doppelblätter (Wz.: 1 b; 1 a). Bl. 66–68 (das mit Bl. 66 zusammenhängende Blatt ist bis auf einen schmalen Rest – 3–3,5 cm – abgeschnitten): Kassandra. *(Auf Bl. 68ᵛ die beiden letzten Strophen.)*
XXXII. 3 ineinandergelegte Doppelblätter (Wz.: 1 b; 1 a; 1 b). Bl. 69–74: Hero und Leander. *(Auf Bl. 74ᵛ die letzten sechs Verse.)*
XXXIII. 2 ineinandergelegte Doppelblätter (Wz.: 1 a; 1 b). Bl. 75–78: Der Taucher. *(Bl. 78ᵛ unbeschrieben.)*
XXXIV. Doppelblatt (Wz.: 1 a). Bl. 79–80: Ritter Toggenburg.
XXXV. Doppelblatt (Wz.: 1 a). Bl. 81–82: Der Handschuh. *(Bl. 82ᵛ unbeschrieben.)*
XXXVI. 2 ineinandergelegte Doppelblätter (Wz.: 3 a; 3 b). Bl. 83–86: Der Graf von Habsburg. *(Auf Bl. 85ᵛ die letzten sechs Verse; Bl. 86 unbeschrieben.)*
XXXVII. 2 ineinandergelegte Doppelblätter (Wz.: 1 b; 1 a; 1 a). Bl. 87–92: Der Gang nach dem Eisenhammer. *(Auf Bl. 92ʳ die letzte Strophe; Bl. 92ᵛ unbeschrieben.)*
XXXVIII. Doppelblatt (Wz.: 3 a). Bl. 93–94: Der Alpenjäger. *(Auf Bl. 94ʳ die letzte Strophe; Bl. 94ᵛ unbeschrieben.)*
XXXIX. 4 ineinandergelegte Doppelblätter (Wz.: 1 a; 1 a; 1 b; 1 b). Bl. 95–102: Der Kampf mit dem Drachen. Romanze. *(Die letzten 3 Seiten unbeschrieben.)*
Drittes Buch *(Bl. 104–154):*
Erstes Titelblatt: 1. S. eines Umschlags aus glattem Maschinenpapier (ohne Wz.), der die Bll. 104 und 154 bildet. Mitten auf der Seite von unbekannter Hand: Drittes Buch. – *Zweites Titelblatt: 1. S. eines Umschlags von altem Schreibpapier (Wz.: 2 a), der die Blätter 105 und 153 bildet. Mitten auf der Seite von Schillers Hand:* Drittes Buch.
XL. Einzelblatt (Wz.: obere Hälfte von 1 b). Bl. 106: Die Sänger der Vorwelt. *(Rückseite unbeschrieben.)*
XLI. Einzelblatt (Wz.: obere Hälfte von 1 b). Bl. 107: Der Tanz. *(Rückseite zur Hälfte unbeschrieben.)*
XLII. Doppelblatt (Wz.: 1 a). Bl. 108–109: Das Glück. *(Bl. 109ʳ zu ¹/₄, Bl. 109ᵛ ganz unbeschrieben.)*
XLIII. Doppelblatt (Wz.: 1 b). Bl. 110–111: Der Genius. *(Auf Bl. 111ʳ die letzten sechs Verse; Bl. 111ᵛ unbeschrieben.)*
XLIV. Doppelblatt (Wz.: 1 b). Bl. 112–113: Pompeji und Herkulanum. *(Auf Bl. 113ʳ die letzten acht Verse; Bl. 113ᵛ unbeschrieben.)*
XLV. Einzelblatt (Wz.: Oberer Teil eines Trompete blasenden Löwen). Bl. 114: Shakespears Schatten. Parodie.
XLVI. Einzelblatt (Wz.: untere Hälfte von 1 b). Bl. 115: Die Geschlechter. *(Rückseite zur Hälfte unbeschrieben.)*
XLVII. 2 ineinandergelegte Doppelblätter (Wz.: 1 a; 1 b). Bl. 116–119: Der Spaziergang.
XLVIII. 2 ineinandergelegte Doppelblätter (Wz.: 2 a; 2 b). Bl. 120–123: Votivtafeln. *(Bis „Die zwei Tugendwege".)*

XLIX. *Doppelblatt (Wz.: 2 b). Bl. 124–125ʳ: Fortsetzung der „Votivtafeln"; Bl. 125ᵛ:* Nänie.

L. *Die S. 207–262 aus der 2. Auflage des 1. Bandes der „Gedichte" (1804); S. 207/208 ist mit Siegellack auf dem Bogen O (S. 209–224) befestigt; der Bogen O ist aufgeschnitten, die Bogen P (S. 225–240) und Q (S. 241–256) sind unaufgeschnitten. Das 1. Bl. des Bogens R (S. 257/258) ist mit Siegellack an dem Bogen Q befestigt. Die Blätter 259/260 und 261/262 sind mit Siegellack verbunden. S. 262, den Anfang des Gedichtes „Das Ideal und das Leben" enthaltend, ist mit Rötel senkrecht gestrichen. Die S. 207–261 enthalten „Die Zerstörung von Troja". Im gedruckten Text ist keine Änderung vorgenommen worden; oben auf S. 207 von Schillers Hand:* Auf die erste Seite kommen zwey, / auf alle folgenden immer drey Strophen. – *Die Blätter sind im GSA nach der Ordnung des Manuskripts der Prachtausgabe durch die Bleistiftnummern 126–152 bezeichnet, wobei die Seiten 215/216 des gedruckten Textes versehentlich keine Nummer erhalten haben. Das Blatt wäre als 129ᵃ zu bezeichnen.*

Viertes Buch *(Bl. 155–201):*
Erstes Titelblatt: 1. S. eines Umschlags aus festem Schreibpapier (Wz.: DINW), der die Bll. 155 und 201 bildet. Mitten auf der Seite mit Tinte von der Hand Emilie von Gleichen-Rußwurms (?): Viertes Buch. – *Zweites Titelblatt (gewonnen durch Zurückfaltung des letzten – unbeschriebenen – Blattes der Lage LII). Bl. 156ʳ: In der Mitte von Schillers Hand:* Viertes Buch.

LI. *Einzelblatt (Wz.: untere Hälfte von 1 b). Bl. 157:* Am Antritt des neuen Jahrhunderts. An ***.

LII. *2 ineinandergelegte Doppelblätter (Wz.: 1 b; 1 a). Bl. 158, 159, 160, 156 (das letzte Blatt ist von Schiller zurückgefaltet und zum Titelblatt des Vierten Buches gemacht worden):* Die Götter Griechenlandes.

LIII. *Doppelblatt (Wz.: 1 b). Bl. 161–162:* Die Ideale.

LIV. *Einzelblatt (Wz.: untere Hälfte von 1 b). Bl. 163:* Die Worte des Glaubens. *(Rückseite zur Hälfte unbeschrieben.)*

LV. *Einzelblatt (Wz.: untere Hälfte von 1 a). Bl. 164:* Die Worte des Wahns. *(Rückseite zur Hälfte unbeschrieben.)*

LVI. *2 ineinandergelegte Doppelblätter (Wz.: 1 a; 1 b). Bl. 165–168:* Klage der Ceres. *(Bl. 168 unbeschrieben.)*

LVII. *3 ineinandergelegte und geheftete Doppelblätter (Wz.: 1 b; 1 a; 1 a). Bl. 169–174:* Das Eleusische Fest. *(Auf Bl. 173ᵛ die letzte Strophe; Bl. 174 unbeschrieben.)*

LVIII. *2 ineinandergelegte Doppelblätter (Wz.: 2 a; 2 b). Bl. 175–178. Auf Bl. 175 die Überschrift von Schillers Hand:* Die Künstler. *Der Text des Gedichtes, das Schiller für die Prachtausgabe zu bearbeiten gedacht hatte, fehlt. (Die geringe Zahl der für die Niederschrift vorgesehenen Blätter läßt vermuten, daß Schiller das Gedicht erheblich kürzen wollte.)*

LIX. *2 ineinandergelegte Doppelblätter (Wz.: 1 a; 1 b). Bl. 179–182:* Das Ideal und das Leben. *(Die letzten 1 ½ S. unbeschrieben.)*

LX. *Ursprünglich 2 aneinandergeheftete Doppelblätter (Wz.: 1 a; 1 b). Bl. 183–185 (das mit Bl. 185 zusammenhängende Blatt ist bis auf einen schmalen Rest von 1,3 cm abgeschnitten worden):* Resignation. *(Die letzten 1 ½ S. unbeschrieben.)*

LXI. Doppelblatt (Wz.: 1 b). Bl. 186–187: An Göthe als er den Mahomet von Voltaire auf die Bühne brachte. *(¹/₃ der letzten S. unbeschrieben.)*
LXII. Einzelblatt (Wz.: untere Hälfte von 1 a). Bl. 188: Die Theilung der Erde.
LXIII. Einzelblatt (Wz.: obere Hälfte von 1 a). Bl. 189: Die Antiken zu Paris. *(Rückseite unbeschrieben.)*
LXIV. Einzelblatt (Wz.: untere Hälfte von 1 a). Bl. 190: Die deutsche Muse. *(Rückseite unbeschrieben.)*
Es gibt verschiedene Erklärungsgründe für die Reihenfolge, in der die offenbar nicht planmäßig geordneten Abschriften der folgenden acht Gedichte überliefert sind. Diese Gründe brauchen hier nicht angeführt zu werden, weil sich aus ihnen nicht erschließen läßt, wie sich Schiller die Ordnung gedacht hatte. – Die Gedichte liegen in einem Umschlag (Bl. 191 u. 200; Papiersorte wie der Umschlag zum Zweiten Buch) beieinander; so mögen sie 1938 gelegen haben, als sie im GSA numeriert wurden. – Über die Entscheidung für die Reihenfolge des Abdrucks in NA 2 I vgl. in diesem Band S. 130.
LXV. Einzelblatt (Wz.: obere Hälfte von 1 a). Bl. 192: Sängers Abschied. *(Auf der Rückseite die letzte Strophe.)*
LXVI. Einzelblatt (Wz.: obere Hälfte von 1 a). Bl. 193: Poesie des Lebens.
LXVII. Einzelblatt (Wz.: obere Hälfte von 1 b). Bl. 194: Hoffnung. *(Rückseite unbeschrieben.)*
LXVIII. Einzelblatt (Wz.: obere Hälfte von 1 b). Bl. 195: Breite und Tiefe. *(Rückseite unbeschrieben.)*
LXIX. Einzelblatt (Wz.: obere Hälfte von 1 b). Bl. 196: Spruch des Confucius. *(Rückseite unbeschrieben.)*
LXX. Einzelblatt (Wz.: untere Hälfte von 1 a). Bl. 197: Licht und Wärme. *(Rückseite unbeschrieben.)*
LXXI. Einzelblatt (Wz.: untere Hälfte von 1 b). Bl. 198: Spruch des Konfucius. *(Rückseite unbeschrieben.)*
LXXII. Einzelblatt (Wz.: untere Hälfte von 1 b). Bl. 199: Die Gunst des Augenblicks.

GEDICHTE. ERSTES BUCH

184   Das Mädchen aus der Fremde

ENTSTEHUNG. Vgl. NA 2 II A, 303.

ÜBERLIEFERUNG. Vgl. NA 2 II A, 303. – *h: GSA. Abschrift Rudolphs für die Prachtausgabe (nach D²), Bl. 3.* – *D¹: Gedichte 1 (1800). S. 3–4. D²: Gedichte ²1 (1804). S. 3–4.* – *Textwiedergabe nach h.*

LESARTEN. Vgl. die geringfügigen Varianten in NA 1, 275.

ERLÄUTERUNGEN. Vgl. die Erläuterungen zum Erstdruck (NA 2 II A, 303–304).

185—187   **An die Freude**

ENTSTEHUNG. Vgl. NA 2 II A, 146.

ÜBERLIEFERUNG. Vgl. NA 2 II A, 146. – h: GSA. Abschrift Rudolphs für die Prachtausgabe (nach D¹), Bl. 4 – 6 u. 2; mit eigenhändigen Korrekturen Schillers (= hH). – D¹: Gedichte 2 (1803). S. 121 – 127. D²: Gedichte ²2 (1805). S. 121 – 127. – Textwiedergabe nach hH.

LESARTEN. Vgl. den Text der 1. Fassung in NA 1, 169 – 172 und die Lesarten in NA 2 II A, 146 – 147. – Die Verseinzüge in D¹ und D² entsprechen denen in E (vgl. NA 1). Über den Versen 9, 21, 33, 45, 57, 69, 81 und 93: Chor. D¹ D² (vgl. NA 1, 169 – 172)   **9** Seyd] Seid $D^1 D^2$ **17** Eine] eine D^2 **24** Unbekannte] *gesperrt $D^1 D^2$, unterstr. h, Unterstreichung von Schiller aufgehoben hH*   thronet] trohnet D^1 **29** uns] *gesperrt $D^1 D^2$, unterstr. h, Unterstreichung von Schiller aufgehoben hH*   Reben] *gesperrt $D^1 D^2$, unterstr. h, Unterstreichung von Schiller aufgehoben hH*   **34** Ahndest] *gesperrt $D^1 D^2$*   **41** lockt] lokt D^1 **43** Räumen] Räumen, $D^1 D^2$ **45** fliegen] fliegen, $D^1 D^2$ h, *Komma von Schiller gestr.* hH   **46** prächtgen] pracht'gen D^2 **47** Wandelt] Laufet $D^1 D^2$ h, *gestr. und v. d. Z. von Schiller* Wandelt *erg.* hH   **50** sie] *gesperrt $D^1 D^2$, unterstr. h, Unterstreichung von Schiller aufgehoben hH*   **52** sie] *gesperrt $D^1 D^2$, unterstr. h, Unterstreichung von Schiller aufgehoben hH*   **54** ihre] *gesperrt $D^1 D^2$, unterstr. h, Unterstreichung von Schiller aufgehoben hH*   **56** Sie] *gesperrt $D^1 D^2$, unterstr. h, Unterstreichung von Schiller aufgehoben hH*   **58** beß're] bess're D^2 **62** seyn!] seyn. $D^1 D^2$ h, *Ausrufezeichen von Schiller verb. aus Punkt* hH   **66** verziehn,] verziehn. $D^1 D^2$ h, *Komma von Schiller verb. aus Punkt* hH   **69** vernichtet,] vernichtet! $D^1 D^2$ h, *Komma vor gestr. Ausrufezeichen von Schiller erg.* hH   **72** Gott,] *Komma fehlt* D^1 **73** Freude] *gesperrt $D^1 D^2$, unterstr. h, Unterstreichung von Schiller aufgehoben hH*   **76** Heldenmuth.] Heldenmuth – – $D^1 D^2$ h, *Punkt vor gestr. Gedankenstrichen von Schiller erg.* hH   **78** kreist] kreißt D^1 **79** spritzen] sprützen D^1 **82** preist] preißt D^1 **83** Dieses Glas dem guten] *gesperrt D^1, unterstr. h, Unterstreichung von Schiller aufgehoben hH*   Geist] *nicht gesperrt D^2*   **89** Königsthronen,] Königsthronen, – $D^1 D^2$ h, *Gedankenstrich von Schiller gestr.* hH   **90** Blut!] Blut – $D^1 D^2$ h, *Ausrufezeichen vor gestr. Gedankenstrich von Schiller erg.* hH   **94** bey] bei D^2 Wein,] Wein; D^2 **96** bey] bei D^2 Sternenrichter.] Sternenrichter! $D^1 D^2$

ERLÄUTERUNGEN. Bei der Überarbeitung der 1. Fassung des Gedichts milderte Schiller zunächst das ursprüngliche Bild von der Mode Schwerd in V. 6 und wählte für V. 7 eine allgemeinere Formulierung, wo zunächst von der Überwindung ausdrücklich sozialer Gegensätze die Rede war. Vor allem aber wurde die letzte Strophe ersatzlos gestrichen; möglicherweise, weil das Thema von V. 97 bereits in V. 86 und 89 anklingt, oder auch, weil V. 98 nicht recht zu V. 92 paßt. Durch den Verzicht auf die letzte Strophe entfällt deren versöhnlicher Liberalismus, und die ursprünglich vorletzte Strophe wird als neue Schlußstrophe aufgewertet, in der das Gedicht nun mit dem Gedanken eines Bundes Gleichgesinnter ausklingt.

Daß Schiller das Gedicht, von dem er sich selbst ausdrücklich distanziert hatte (vgl. die Erläuterungen zur 1. Fassung; NA 2 II A, 149–150), doch in die Prachtausgabe aufnahm, könnte damit zu tun haben, daß er ihm hier bewußt die „Dithyrambe" folgen läßt, auch ein Lied auf die Freude, aber nicht mehr im Sinne dionysischer Ausgelassenheit, sondern apollinischer Gemessenheit: Bacchus erscheint, aber ihm zur Seite Apollon. Auch das „Siegesfest" verstand Schiller als poetische Überwindung des vorliegenden Gedichts. – Zur verbreiteten Ansicht, das Gedicht sei ursprünglich eine Ode „An die Freiheit" gewesen, vgl. Christoph Bruckmann: „Freude! sangen wir in Thränen, / Freude! in dem tiefsten Leid." Zur Interpretation und Rezeption des Gedichts „An die Freude" von Friedrich Schiller. In: Jahrbuch der Deutschen Schillergesellschaft 35 (1991). S. 96–112.

188   Dithyrambe

ENTSTEHUNG. Vgl. NA 2 II A, 330 (zu „Der Besuch").

ÜBERLIEFERUNG. Vgl. NA 2 II A, 330 (zu „Der Besuch"). – h: GSA. Abschrift Rudolphs für die Prachtausgabe (nach D^2), Bl. 7; mit eigenhändigen Korrekturen Schillers (= hH). – D^1: Gedichte 1 (1800). S. 151–152. D^2: Gedichte ^{2}1 (1804). S. 151–152. – Textwiedergabe nach hH.

LESARTEN. Vgl. die 1. Fassung des Gedichts – mit dem Titel „Der Besuch" – in NA 1, 289; außerdem die Lesarten in NA 2 II A, 330. – **1** erscheinen die Götter] *von Schiller in d. Z. erg. hH, der ursprüngliche Vers 2 –* Erscheinen die Götter, *(h D^1 D^2) – gestr. hH*   **6** die Himmlischen alle] *von Schiller in d. Z. erg. hH, der ursprüngliche Vers 8 –* Die Himmlischen alle, *(h D^1 D^2) – gestr. hH*   **7** die irdische Halle.] *von Schiller in d. Z. erg. hH, der ursprüngliche Vers 10 –* Die irdische Halle. *(h D^1 D^2) – gestr. hH*   **8** der Erdegebohrne] *von Schiller in d. Z. erg. hH, der ursprüngliche Vers 12 –* Der Erdegebohrne, *(h D^1 D^2) – gestr. hH*   **10** Leben,] *Komma fehlt D^1*   **13** in Jupiters Saale] *von Schiller in d. Z. erg. hH, der ursprüngliche Vers 18 –* In Jupiters Saale, *(h D^1 D^2) – gestr. hH*   **14** o reicht mir die Schaale!] *von Schiller in d. Z. erg. hH, der ursprüngliche Vers 20 –* O reicht mir die Schale! *(h [verb. aus Schaale] D^1 D^2) – gestr. hH*   **15** Schenke dem Dichter] *von Schiller in d. Z. erg. hH, der ursprüngliche Vers 22 –* Schenke dem Dichter *(h D^1 D^2) – gestr. hH*   **20** die himmlische Quelle,] *von Schiller in d. Z. erg. hH, der ursprüngliche Vers 28 –* Die himmlische Quelle, *(h D^1 D^2) – gestr. hH*   **21** das Auge wird helle.] *von Schiller in d. Z. erg. hH, der ursprüngliche Vers 30 –* Das Auge wird helle. *(h D^1 D^2) – gestr. hH*

ERLÄUTERUNGEN. Dithyrambos war ein Beiname des Dionysos, die Dithyrambe ein altes griechisches Kultlied mit freier Metrik und Musik zum Preise des Gottes.
  Für die Änderung des ursprünglichen Titels „Der Besuch" mögen verschiedene Gründe maßgebend gewesen sein. Zunächst hat der Wechsel eine Erweiterung des Blickwinkels, unter dem das Gedicht zu betrachten ist, zur Folge; die Überschrift schränkt ihn nicht mehr auf das vordergründige Geschehen ein und verdeckt den Anlaß seiner Entstehung (vgl. die Erläuterungen zu „Das Geschenk"; NA 2 II A, 320). Sodann macht die Gattungsbezeichnung das Gedicht geeignet, dem in der Prachtausgabe vorangehenden, ebenfalls

dithyrambischen Preisgesang "An die Freude" zur Seite gestellt zu werden. Schließlich kann damit das Gedicht als Gegenstück zur Gattung des antiken Klageliedes, der "Nänie", angesehen werden.

189—193   Das Siegesfest

ENTSTEHUNG. *Das Gedicht entstand im Mai 1803. Am 22. Mai trug Schiller in seinen Kalender ein:* Helden vor Troja fertig! *Am 24. Mai schickte er das Gedicht an Goethe, am 7. Juni zur Veröffentlichung an Cotta.*

ÜBERLIEFERUNG. *H: ? h: GSA. Abschrift Rudolphs für die Prachtausgabe (vermutlich nach E), Bl. 8—11; mit eigenhändigen Korrekturen Schillers (= hH). (Eine weitere erhaltene Abschrift von Therese Huber, vermutlich ebenfalls nach E, befindet sich im SNM; sie ist, beginnend mit der Überschrift – „Siegeslied" –, sehr flüchtig und ohne jeden textkritischen Wert.) – E: Taschenbuch für Damen auf das Jahr 1804. Hrsg. von Huber, Lafontaine, Pfeffel und andern. Tübingen [1803]. S. 116—122; unterzeichnet: Schiller. D: Gedichte ²2 (1805). S. 323—331. — Textwiedergabe nach hH.*

LESARTEN. *In E sind die Strophenanfänge nicht eingerückt.*   **3** Griechen,] *Komma fehlt E, von Schiller erg. hH*   **6** Strand,] *Komma fehlt E, von Schiller erg. hH*   **11** zugekehrt,] *Komma fehlt E, von Schiller erg. hH*   **16** Bleich,] *Komma fehlt D*   aufgelößtem] aufgelöstem *D*   **21** wohl,] *Komma fehlt E D*   **22** fern,] *Komma fehlt E D*   **26** jetzt] jetzt *D*   an;] an. *E D*   **44** wenge] wen'ge *D*   **45** Lieder,] *Komma fehlt E D*   **48** wieder.] wieder! *D*   **49** kehren,] *Komma fehlt E*   **54** blutge] blut'ge *D*   **55** Sprachs] Sprach *E, von Schiller verb. aus* Sprach *hH*   Warnungsblicke] Warnungs Blicke *D*   **57** Glücklich,] *Komma fehlt E D*   Gattinn] Göttin *(Druckfehler) D*   **59** Art,] *Komma fehlt E D, von Schiller erg. hH*   **60** Neue.] Neue! *D*   **68** Rath.] Rath! *D*   **71** Gastesrecht,] *Komma fehlt E*   **90** deinem] d e i n e m *E, Unterstreichung von Schiller aufgehoben hH*   **92** Theil.] Theil! *D*   **96** Ach,] *Komma fehlt E D*   **97** jetzt] jetzt *D*   **99** irdschen] ird'schen *D*   **105** Schimmer] *von Schiller verb. aus* Schimmers *hH*   **107** irdsche] ird'sche *D*   **109** Wenn] Weil *E D*   **111** i c h] ich *E*   **112** an;] an, *E* an; – *D*   **116** Ziel.] Ziel! *D*   **120** Nahmens] Namens *D*   **121** jetzt] jetzt *D*   **122** drey] drei *D*   **123** Laubumkränzten] laubumkränzten *E D*   **124** Hekuba:] Hekuba; *D*   **140** festgebannt.] festgebannt! *D*   **144** Fortgespühlt] Fortgespült *D*   **146** jetzt] jetzt *D*   Seherin,] *Komma aus Punkt von Schiller verb. hH*   **148** Heimat] Heimath *E*   **149** irdsche] ird'sche *D*   **153** Reuters] Reiters *D*

ERLÄUTERUNGEN. *Das Gedicht berichtet vom Siegesfest der* Helden vor Troja *– so lautete die Überschrift zunächst (vgl. ENTSTEHUNG) – nach der Eroberung der Stadt durch die griechischen Belagerer. Es gehört in die Reihe der Gedichte, die im Zusammenhang mit dem von Goethe gegründeten „Mittwochskränzchen" entstanden; vgl. die Erläuterungen zu „An die Freude". Am 24. Mai 1803 schrieb Schiller an Goethe:* Das Siegesfest ist die Ausführung einer Idee, die unser Kränzchen vor anderthalb Jahren mir gegeben hat, weil alle Gesellschaftlichen Lieder die nicht einen poetischen Stoff behandeln in den platten Ton der Freimäurerlieder verfallen. Ich wollte also gleich in das volle Saatenfeld der Ilias hineinfallen, und mir da hohlen was ich nur schleppen konnte.

Über die künstlerische Problematik der Gattung des Gesellschaftslieds hatte sich Schiller schon ein Jahr zuvor Körner gegenüber in ähnlicher Weise geäußert; vgl. die Erläuterungen zu „An die Freunde"; er wiederholte seine Bedenken im Brief an Humboldt vom 18. August 1803 und erklärte seine Absicht, mit dem vorliegenden Gedicht dem gesellschaftlichen Gesang einen höheren Text unterzulegen. *Das Ergebnis ist nach Schillers Worten* ein ernstes Gesellschaftslied im Geschmack des Lieds an die Freude, auch mit der gleichen metrischen Form wie dieses, doch wie ich hoffe, etwas beßer gerathen. *(An Körner vom 10. Juni 1803.)*

Körner, der das Gedicht zusammen mit „Der Graf von Habsburg" und dem „Punschlied. Im Norden zu singen" kennenlernte, erklärte die Ballade zu seinem Liebling *und teilte sonst nur mit:* Das Siegesfest ist eine glückliche Idee, und hat viel poetischen Werth. *(An Schiller vom 19. Juni 1803.) Schiller zeigte Verständnis für diese zurückhaltende Bewertung:* Das Siegesfest kann euch nicht so interessieren, weil ihr weniger im Homer zu leben gewohnt seid. *(An Körner vom 16. Juli 1803.) Humboldt rückte das Gedicht neben „Die Kraniche des Ibycus"; in beiden Fällen faszinierte ihn der* auf die schönste und geistvollste Weise belebte Geist des Alterthums, hier im Umkreis der Homerischen Dichtung *(vgl. Ueber Schiller [1830], 19).*

1 Priams Veste] *Pergamos, die Stadtburg von Troja.*

5 hohen Schiffen] *die hohen Bordwände der Schiffe mit mehreren Reihen von Ruderbänken übereinander.*

6 Hellespontos] *Straße der Dardanellen; vgl. zum Namen die Erläuterungen zu Helle im Verzeichnis der mythologischen Namen und Begriffe.*

13—14 Und *bis* Schaar] *nach Vergils „Äneis" (2, 766 — 767); vgl. auch „Die Zerstörung von Troja" (V. 1023 — 1024).*

15—16 Schmerzvoll *bis* Haar] *Vgl. zu dieser antiken Trauersitte die „Ilias" (18, 27; 18, 31; 18, 51; 22, 406; 24, 711).*

24 Ach *bis* Todten] *So klagte auch Andromacha unter Hinweis auf Priamos' Tochter Polyxene, die am Grabe des Achilleus getötet wurde; vgl. die einleitenden Erläuterungen zu „Kassandra".*

27—28 Pallas *bis* zertrümmert] *Pallas Athene stand auf der Seite der Griechen und war so maßgeblich am Untergang Trojas beteiligt. Städteschirmerin wird sie in der „Ilias" (6, 305) genannt; als Städtegründerin tritt sie im „Bürgerlied" auf (vgl. V. 129 — 136).*

29—30 Neptun *bis* schlingt] *Homer nennt Neptun* γαιήοχος: *erdumfassend (Ilias 13, 43; 20, 34).*

31—32 Zeus *bis* schwingt] *Bei Homer wird Zeus* αἰγίοχος: *ägisführend, genannt (Ilias 3, 426; 5, 733); auch von Zeus wird gesagt, er habe schon vielen Städten das Haupt zu Boden geschmettert (vgl. Ilias 2, 117).*

34 lange] *Der Krieg währte, wie von Kalchas vorausgesagt, zehn Jahre.*

35 Ausgefüllt *bis* Zeit] *Übersetzung von „Äneis" 6, 745;* perfecto temporis orbe.

37—44 Atreus *bis* zurück.] *Agamemnon, den Oberbefehlshaber der Griechen vor Troja, nennt Homer* ἄναξ ἀνδρῶν, *von Voß „Völkerfürst" übersetzt (Ilias 2, 441). Zu Beginn der Ilias werden die Volksstämme aufgezählt, die mit nach Troja zogen (vgl. 2, 494—759).*

40 Scamanders] *Skamander war ein Fluß bei Troja.*

41—42 des *bis* Blick] *Bei Homer findet sich dieses Bild auf Achilleus bezogen, der um Patroklos trauert (vgl. Ilias 18, 22).*

51—52 An *bis* seyn] *Anspielung auf das Schicksal Agamemnons; vgl. auch V. 59 — 60.*

51 häuslichen Altären] *In der Antike wurden als Schutzgottheiten Haus- und Familiengötter verehrt, deren Bild in einem Schrein auf dem Herd oder in einer kleinen Kapelle aufgestellt war; bekannt sind die römischen Laren und Penaten. Aeneas rettete Trojas Schutzgötter aus der brennenden Stadt (vgl. Äneis 2, 293 – 297; Die Zerstörung von Troja, V. 409 – 416) und brachte sie nach Italien.*

55 Ulyß] *Odysseus, nach der lat. Form Ulixes.*

56 Athenens] *Odysseus gehörte, seiner Klugheit wegen, zu den Schutzbefohlenen Athenes.*

57–58 Glücklich *bis* bewahrt] *Anspielung auf Odysseus' Gattin Penelope.*

59–60 Denn *bis* Neue] *Vgl. zu V. 51–52.*

61 erkämpften Weibes] *Helena.*

62 Atrid] *Menelaos als Sohn des Atreus.*

68 des Chroniden Rath] *Chronide, besser Kronide: Zeus als Sohn des Kronos. Die Formulierung entspricht dem Homerischen* Διὸς βουλή *(Ilias 1, 5; 12, 241).*

71–72 Rächet *bis* Händen] *Als* Ζεὺς ξένιος *war Zeus der Beschützer des Gastrechts (vgl. Die Kraniche des Ibycus, V. 23), das Paris im Hause des Menelaos gebrochen hatte.*

73–80 Wohl *bis* zurück!] *Dem Gedanken eines gerechten Schicksals widerspricht der „kleine" Aias. Als zweifelnder Kritiker der göttlichen Gerechtigkeit schien er wohl wegen seiner trotzigen Reden gegen die Götter geeignet; als er glaubte, sich gegen deren Willen aus Seenot gerettet zu haben, richtete ihn Poseidon zugrunde (vgl. Odyssee 4, 499 – 511).*

80 Thersites] *Der Überlieferung zufolge soll er von Achilleus nach dem Tod der Penthesilea erschlagen worden sein; Schiller hatte aber wohl die Szene in Sophokles' Tragödie „Philoktet" (vgl. V. 433 – 452) im Sinn, in der Philoktet von Neoptolemos die Nachricht erhält, daß Patroklos gefallen sei, Thersites aber noch lebe, und darauf ähnlich reagiert wie hier Aias.*

81 Tonnen] *alte Form des schwachen Femininums; die Tonne hier, wie das Füllhorn, als Attribut der Fortuna.*

85–92 Ja *bis* Theil.] *Es spricht Teukros über seinen Halbbruder, den „großen" Aias; dieser galt nach Achilleus als der tapferste der Griechen. Er rettete die griechischen Schiffe, die von den Trojanern unter Hektor in Brand gesteckt worden waren; vgl. die Schilderung im 15. und 16. Buch der „Ilias".*

85 Ja *bis* Besten!] *So kommentiert auch Philoktet (in der gleichnamigen Tragödie) die Nachricht vom Tod des Patroklos (vgl. V. 446 – 452).*

88 Thurm *bis* Schlacht] *so auch „Odyssee" (11, 556).*

91–92 Doch *bis* Theil] *Nach Achilleus' Tod gerieten Odysseus, der „Vielgewandte" (griech.* πολύτροπος*), wie ihn Homer nennt (Odyssee 1, 1), und Aias in Streit um die Waffen des Gefallenen; mit kluger Beredsamkeit brachte es Odysseus dahin, daß ihm die Waffen zugesprochen wurden; Aias tötete sich darauf in wahnsinnigem Zorn selbst; vgl. „Odyssee" (11, 543–551) und Ovids „Metamorphosen" (12, 620–13, 398).*

95 Ajax *bis* Kraft] *nach „Metamorphosen" (13, 390): [...] / ne quisquam Aiacem possit superare nisi Aiax.*

99 des Weins] *Genitivus partitivus.*

102–104 Von *bis* noch.] *Thetis hatte ihrem Sohn Achilleus ein zweifaches Schicksal vorhergesagt: die Heimkehr nach Griechenland bringe ihm ein langes Leben, doch verwelke sein Ruhm; bleibe er vor Troja, sei ihm ein kurzes Leben, aber ewiger Nachruhm beschieden (vgl. Ilias 9, 410 – 416).*

105—108 Tapfrer *bis* immer.] ähnlich „Die Götter Griechenlandes" *(2. Fassung, V. 127—128)* und „Nänie".
105—106 Tapfrer *bis* Lied] *Diesen Gedanken spricht auch Homer aus (vgl. Ilias 6, 357—358; Odyssee 8, 579—580).*
109—116 Wenn *bis* Ziel.] *Diomedes, der Sohn des Tydeus, ragte nicht nur durch Tapferkeit, sondern auch durch Besonnenheit hervor; diese bewies er in der Begegnung mit dem Trojaner Glaukos, mit dem er gegenseitige Schonung im Felde vereinbarte, Freundschaft schloß und die Waffen tauschte, als er in ihm einen Freund der Familie aus Väterzeiten erkannte (vgl. Ilias 6, 119—236). Schiller nannte diese Episode ein Beispiel für den schönen Sieg der Sitten über die Leidenschaft (Ueber naive und sentimentalische Dichtung; NA 20, 434). Vor diesem Hintergrund wird Diomedes hier die Ehrung seines Feindes Hektor in den Mund gelegt.*
113—114 Der *bis* fiel] *Als Verteidiger von Familie und Vaterland wird Hektor auch in* „Das Glück" *(V. 49—50) und in* „Hektors Abschied" *(V. 10—11) ehrenvoll erwähnt. Schillers Formulierung ist dem Lateinischen nachgebildet: „pro aris et focis pugnare".*
121—128 Nestor *bis* Herz.] *Der alte, weise Nestor, der nach Homer schon zwei Menschenalter gesehen hatte, „die man auf [je] 30 oder 33 Jahre setzet" (Hederich, 1733), war mit Diomedes einer der wenigen Griechen, die unversehrt nach Hause kamen.*
133—140 Denn *bis* festgebannt.] *Es spricht, wie zuvor, Nestor; er zitiert der Hekabe gegenüber, wie Achilleus in der Szene mit dem um Hektor trauernden Priamos, die Erzählung von Niobe, die um den Verlust ihrer Kinder vierzehn Tage lang klagte, aber doch Nahrung zu sich nahm (vgl. Ilias 24, 602—620).*
145—148 Und *bis* hin.] *Die Rede ist von Kassandra, die Agamemnon als Sklavin erhalten hatte.*
153—154 Um *bis* her] *nach Horaz'* „Carmina" *(III 1, 38—40): [...] neque / decedit aerata triremi et / post equitem sedet atra cura. («, [...] und die schwarze Sorge verläßt das eherne Schiff nicht, sie setzt sich hinter dem Reiter"; nach Herzlieb/Uz, Horaz, Oden und Epoden [1981], 187).*
155—156 Morgen *bis* leben] *nach Horaz'* „Carmina" *(I 7, 31—32): [...] nunc vino pellite curas: / cras ingens iterabimus aequor. („,[...] vertreibt jetzt mit Weine die Sorgen, morgen befahren wir wieder das unermeßliche Weltmeer"; nach Herzlieb/Uz, Horaz, Oden und Epoden [1981], 79.)*

193—195 Die vier Weltalter

ENTSTEHUNG. *Das Gedicht, das zunächst* „Der Sänger" *hieß, entstand Ende Januar/Anfang Februar 1802; am 4. Februar 1802 schickte es Schiller zur Vertonung an Körner. Die überarbeitete Fassung wurde am 16. März an Cotta geschickt. Vgl. auch Schillers Brief an Körner vom 17. März 1802.*

ÜBERLIEFERUNG. H^1: *SNM. Fragment eines Entwurfs. 1 Blatt 19,7×6,5 cm, 2 S. beschrieben. Graues geripptes Konzeptpapier, ziemlich fest; alle Kanten beschnitten.* H^2: *Bodleian Library Oxford. 1 Doppelblatt 18,8×23,1 cm, 4 S. beschrieben. Leicht vergilbtes geripptes Papier. Wz.: Posthorn in gekröntem Schild mit angehängter Dreipaßmarke, darunter PIETER DE VRIES / & / COMP. Auf der 3. S. unten:* Dieses Gedicht ist von Schillers eigener Hand geschrieben. er sendete jedes Neue, was sein unendlicher Geist schuf von seiner Hand geschrieben, an Körner – ohne NahmensUnterschrifft. / Maria Körner. *h: GSA. Abschrift von Rudolph für die Prachtausgabe (vermutlich nach D¹), Bl. 12–13; mit eigenhändigen Korrekturen Schillers (= hH). – E (von „Die vier Weltalter"): Taschenbuch für Damen auf das Jahr 1803. Hrsg. von Huber, Lafontaine, Pfeffel und andern. Tübingen [1802]. S. 205–208; unterzeichnet: Schiller. D¹: Gedichte 2 (1803). S. 33–37. D²: Gedichte ²2 (1805). S. 33–37. – Textwiedergabe nach hH.*

LESARTEN. *Fassung H¹:*
Vorderseite: Wohl perlet im Glase der purpurne Wein
  Wohl glänzen die Augen der Gäste,
  Es naht sich der Sänger, er tritt herein,
  Zu dem Guten bringt er das Beste,
über dem Schnitt sind noch die Oberlängen von Buchstaben des folgenden Verses – von D, von h und von d – sowie ein u-Bogen (zu Leuer gehörig?) erkennbar.
Rückseite: Dort Sorel
  Die Perle der liebenden Frauen,
    sonnenhell
  Wie Sonnen des Himmels zu schauen,
Dieser Entwurf der ursprünglich wohl 4. Strophe wurde bei der Ausarbeitung des Gedichts nicht berücksichtigt. Der Zusammenhang mit der Poesie- und Liebes-Utopie Karls VII. in „Die Jungfrau von Orleans" (vgl. besonders I,3) ist deutlich. Vgl. auch die Fragmente „[Wandersänger (I)]" und „Wandersänger [II]" (NA 2 I, 428–429) und die Erläuterungen dazu (in diesem Band S. 254–255).

Fassung H²: **Der Sänger.**

 Wohl perlet im Glase der purpurne Wein,
  Wohl glänzen die Augen der Gäste,
 Es zeigt sich der Sänger, er tritt herein,
  Zu dem Guten bringt er das Beste,
5 Denn, ohne die Leier, im himmlischen Saal
 Ist die Freude gemein auch beim Nektarmahl.

 Ihm gaben die Götter das reine Gemüth,
  Wo die Welt sich, die ewige spiegelt,
 Er hat alles gesehn, was auf Erden geschieht,
10 Und was uns die Zukunft versiegelt,
 Er saß in der Götter urältestem Rath
 Und behorchte der Dinge geheimste Saat.

 Er breitet es lustig und glänzend aus
  Das zusammengefaltete Leben,
15 Zum Tempel schmückt er das irdische Haus,

Ihm hat es die Muse gegeben,
Kein Dach ist so niedrig, keine Hütte so klein,
Er führt einen Himmel voll Götter hinein.

Und wie der erfindende Sohn des Zeus
   Auf des Schildes einfachem Runde 20
Die Erde, das Meer und den Sternenkreis
   Gebildet mit göttlicher Kunde,
So prägt er ein Bild des unendlichen All
In des Augenblicks flüchtig verrauschenden Schall.

Er kommt aus dem kindlichen Alter der Welt, 25
   Wo die Völker sich jugendlich freuten,
Er hat sich ein fröhlicher Wandrer gesellt
   Zu allen Geschlechtern und Zeiten,
Vier Menschenalter hat er gesehn,
Und läßt sie am fünften vorübergehn. 30

Erst regierte Saturnus schlicht und gerecht,
   Da war es heute wie morgen,
Da lebten die Hirten, ein harmlos Geschlecht,
   Und brauchten für gar nichts zu sorgen.
Sie liebten und thaten weiter nichts mehr, 35
Die Erde gab alles freiwillig her.

Drauf kam die Arbeit, der Kampf begann
   Mit Ungeheuern und Drachen
Und die Helden fiengen, die Herrscher an,
   Und den Mächtigen suchten die Schwachen, 40
Und der Streit zog in des Skamanders Feld,
Doch die Schönheit blieb immer der Gott der Welt.

Aus dem Kampfe gieng endlich der Sieg hervor,
   Und der Kraft entblühte die Milde,
Da sangen die Musen im himmlischen Chor, 45
   Da erhuben sich Göttergebilde.
Das Alter der göttlichen Phantasie,
Es ist verschwunden, es kehret nie.

Die Götter sanken vom Himmelsthron,
   Es stürzten die herrlichen Säulen, 50
Und gebohren wurde der Jungfrau Sohn,
   Die Gebrechen der Erde zu heilen.
Verbannt ward der Sinne fröhlicher Reiz
Und erhöht ward das Zeichen der Marter, das Kreutz.

Und aller blühende Schmuck entwich,
　　Der die frohe Jugendwelt zierte,
　　Der Mönch und die Nonne zergeißelten sich
　　Und der eiserne Ritter turnierte.
　　Doch war das Leben auch finster und wild,
So blieb doch die Liebe lieblich und mild.

Und Einen heiligen keuschen Altar
　　Bewahrten sich stille die Musen,
　　Es lebte, was edel und sittlich war,
　　In der Frauen züchtigem Busen.
　　Und die Flamme des Liedes entbrannte neu
An der schönen Minne und Liebestreu.

Drum soll auch ein ewiges zartes Band
　　Die Frauen, die Sänger umflechten,
　　Sie wirken und weben Hand in Hand
　　Den Gürtel des Schönen und Rechten.
　　Und Gesang und Liebe in schönem Verein
Erhalten dem Leben den Jugendschein.

4 Beste,] Beste; *E*　　**8** spiegelt] *nach gestr.* S *H²*　　**12** Saat.] *Punkt nach nicht gestr. Komma H²*　　**23** drückt] drükt *E*　　**24** Augenblicks] Augenbliks *E*　　**28** Zeiten,] Zeiten. *E D¹ D², Komma aus Punkt von Schiller verb.* hH　　**29** Vier] Vi *verb. aus* Dr[ei] *H²*, V i e r *D¹ D² h, Unterstreichung von Schiller aufgehoben* hH　　**30** Fünften] F ü n f t e n *D¹ D² h, Unterstreichung von Schiller aufgehoben* hH　　**31** Saturnus,] *Komma fehlt D²*　　**35** liebten,] *Komma fehlt D²*　　**39** fingen] fiengen *E*　　**51** gebohren] geboren *D²*　　**61** einen] Einen *E*

ERLÄUTERUNGEN. *Bei Hesiod und anderen antiken Autoren werden vier oder fünf Weltalter unterschieden. Hesiod schildert aus pessimistischer Grundhaltung das Bild eines im Verlauf seiner Entwicklung verfallenden Weltzustandes (vgl.* Ἔργα καὶ ἡμέραι *[Werke und Tage], V. 106–201): Das Goldene Zeitalter unter Kronos kannte weder Schuld noch Sorge, weder Krankheit noch Alter; die Menschen lebten friedlich im Genuß der Güter, die ihnen die Erde bot (vgl. V. 31–36 des Gedichts); das Silberne Zeitalter war ein gott- und sittenloses, es wurde von Zeus vertilgt; das Eherne Weltalter stand im Zeichen des Krieges, es ging durch sich selbst zugrunde; dem vierten, dem Heroischen Weltalter, gehören die Helden des trojanischen und thebanischen Sagenkreises an (vgl. V. 37–42); das fünfte Weltalter schließlich war das gegenwärtige; der Verfasser bedauerte, es erleben zu müssen, denn ohne Schamgefühl und heilige Scheu (griech.* αἰδώς*) und Gerechtigkeit (griech.* νέμεσις*) werde es in einem Zustand völliger Rechtlosigkeit enden. – Schillers Auffassung der kulturgeschichtlichen Entwicklung geht aus Gedichten wie „Die Götter Griechenlandes", „Die Künstler", „Elegie" und „Bürgerlied" hervor.*

Als Schiller das Gedicht, zunächst unter der Überschrift „Der Sänger", die allerdings nur zu den ersten fünf Strophen paßt und deswegen wohl geändert wurde, am 4. Februar an Körner zur Vertonung schickte, wünschte er eine recht belebte, dithyrambische Musik, um eine recht exaltierte Stimmung auszudrücken. *Das Gedicht sollte, ebenso wie das Lied „An die Freunde", das Schiller im gleichen Brief mitschickte, im Rahmen von Goethes „Mittwochskränzchen" am 17. Februar 1802 vorgetragen werden. Körner fand beide Gedichte vortrefflich, beide hätten ganz das Gepräge einer geistvollen deutschen Natur, welche sich durch die exaltirte Stimmung in die Ideenwelt führen lasse (an Schiller vom 10. Februar 1802). Kritik übte Körner an der Behandlung des christlichen Zeitalters. V. 53–56 der Fassung H², aus denen eine Bitterkeit gegen das Mönchswesen spreche, schienen ihm geeignet, von den Feinden des Christenthums gemisbraucht zu werden. Körner machte Schiller auf seine Verantwortung als eines der Lieblingsdichter der Nation aufmerksam, und dieser änderte die Stelle umgehend (vgl. an Körner vom 18. Februar 1802).*

1–12 Wohl bis Saat.] *Eine ähnliche Situation beschreibt „Der Graf von Habsburg" (V. 21–27). Vorbild ist das gemeinsame Mahl der Götter bei Homer, begleitet von der Leier Apollons und dem Gesang der Musen (vgl. Ilias 1, 601–604).*

9–10 Er bis versiegelt] *In Hesiods „Theogonie" (Göttergeburt; vgl. V. 36–40) haben die Musen diese Fähigkeit.*

15–16 Zum bis gegeben] *Solche Macht der Verwandlung teilt der Sänger mit Zeus, der die Hütte von Philemon und Baucis in einen Tempel verwandelte; vgl. Ovids „Metamorphosen" (8, 699–702).*

19–22 Und bis Kunde] *In der „Ilias" (18, 478–608) schildert Homer, wie Hephaistos, der Sohn des Zeus und der Hera, den Schild des Achilleus anfertigt; Schiller schätzte diese Schilderung sehr (vgl. die Erläuterungen zu „Das Lied von der Glocke").*

19 erfindende] *griech. πολύμητις: homerisches Beiwort des Hephaistos (Ilias 21, 355).*

24 des bis Schall] *ähnlich im „Prolog zu Wallensteins Lager" (V. 37–39).*

31–36 Erst bis her.] *Vgl. die einleitenden Erläuterungen.*

36 Die bis her] *Ebenso heißt es in den „Metamorphosen" (1, 102).*

37–42 Drauf bis Welt.] *Das Heroische Zeitalter erscheint bei Hesiod als viertes.*

37–38 Drauf bis Drachen] *Anspielung auf Taten und Abenteuer des Herakles und des Theseus.*

37 Arbeit] *hier im Sinn von mhd. arebeit: Mühe, Mühsal, Not.*

41 Skamanders] *Fluß bei Troja; gemeint ist hier der Trojanische Krieg.*

43–48 Aus bis nie.] *Schillers drittes Weltalter entspricht der in politischer und kultureller Hinsicht klassischen Zeit Griechenlands von 500 bis 338 v. Chr., von den Perserkriegen über die Entwicklung der Polisdemokratie bis zur Niederlage gegen Philipp von Makedonien.*

49–60 Die bis mild.] *Vgl. die Darstellung des Christentums in „Die Götter Griechenlandes".*

53–56 Verbannt bis zierte] *Vgl. die 1. Fassung dieser Verse in H² und die einleitenden Erläuterungen.*

65–66 Die bis Liebestreu] *Gemeint ist der mittelalterliche Minnesang, lyrischer Ausdruck des Minnedienstes für die „frouwe" als der irdischen Verwirklichung der höchsten Vollkommenheit.*

70 Gürtel des Schönen] *Der Ausdruck erinnert an den Gürtel der Aphrodite, der seiner Trägerin Anmut und Schönheit verleiht.*

196 Das Geheimniß

ENTSTEHUNG. Vgl. *NA 2 II A, 636.*

ÜBERLIEFERUNG. Vgl. *NA 2 II A, 636. – h: GSA. Abschrift Rudolphs für die Prachtausgabe (nach D²), Bl. 14; mit einer eigenhändigen Korrektur Schillers (= hH). – D¹: Gedichte 1 (1800). S. 15–16. D²: Gedichte ²1 (1804). S. 15–16. – Textwiedergabe nach hH.*

LESARTEN. Vgl. *die geringfügigen Varianten von E in NA 1, 391.* – **3** durft'] durft *h*, Apostroph von Schiller erg. *hH* **19** stören] stöhren *D¹* **25** Zehen] Zähen *D¹ D²*

ERLÄUTERUNGEN. Vgl. *die Erläuterungen zum Erstdruck (NA 2 II A, 637).*

197 Sehnsucht

ENTSTEHUNG. Im Inhaltsverzeichnis seiner Gedichtsammlung von 1803 (= D¹) hat Schiller als Entstehungsjahr 1801 angegeben. Wahrscheinlich wurde das Gedicht aber erst im Frühjahr 1802 fertig. Mit seinem Brief vom 18. März 1802 schickte Schiller es zusammen mit anderen Gedichten (über Körner) an Wilhelm Gottlieb Becker zur Veröffentlichung in dessen „Taschenbuch zum geselligen Vergnügen".

ÜBERLIEFERUNG. H: ? h: GSA. Abschrift Rudolphs für die Prachtausgabe (nach D¹), Bl. 15; mit einer eigenhändigen Korrektur Schillers (= hH). (Eine weitere Abschrift, von Charlotte von Schillers Hand, befindet sich ebenfalls im GSA; sie wurde nach E oder D angefertigt und hat keinen textkritischen Wert.) – E: Taschenbuch zum geselligen Vergnügen. 13. Jg. 1803. Hrsg. von W. G. Becker. Leipzig [1802]. S. 251–252; unterzeichnet: Schiller. Mit der Komposition von Friedrich Franz Hurka. – D¹: Gedichte 2 (1803). S. 23–24. D²: Gedichte ²2 (1805). S. 23–24. – Textwiedergabe nach hH.

LESARTEN. Überschrift: Sehnsucht. / Mit Compos. vom H. *[d. i. Herrn]* Hurka. *E* **1** Gründen,] *Komma fehlt E* **2** drückt] drükt *E D¹* **4** Ach] Ach, *E* **6** jung] hell *E* grün!] grün. *E* **8** zög] zög' *E* **9–16** *fehlt E* **14** Laub,] *Komma von Schiller erg. hH* **17** Ach] Ach, *E* **19** Höhen] Höhen, *E* **20** O wie] Ach, wie *E* **25** seh] seh' *E* **26** fehlt!] fehlt. *E D¹ D²* **30** Pfand,] Pfand; *E*

ERLÄUTERUNGEN. Es sei nicht viel daran, an jenen Kleinigkeiten, schrieb Schiller am 17. März 1802 an Körner und bat ihn, diese Wilhelm Gottlieb Becker zukommen zu lassen (vgl. zu „Die Gunst des Augenblicks"). Unter ihnen befand sich auch das Gedicht „Sehnsucht". Körner war besserer Meinung darüber; nur in der letzten Strophe wünschte er eine kleine Nachläßigkeit noch verbessert (an Schiller vom 29. März 1802). In seiner Antwort fand dann auch Schiller etwas gefühltes poetisches in dem kleinen Stück (an Körner vom 20. April 1802). Auf seine Nachfrage der Nachläßigkeit wegen erfuhr Schiller von Körner in dessen Brief vom 2. Mai, es handle sich um V. 30:

Denn die Götter leihn kein Pfand.

Schon der Ausdruck will mir nicht gefallen, und die drey schweren einsylbigen Wörter auf einander, nebst den Trochäus: leihn kein,, machen einen Uebelklang. *Schiller änderte nichts.*

Thematik und Motivik setzen das Gedicht in Beziehung zu „Das Reich der Schatten", in dem der Übertritt des Menschen ins Reich der Schönheit als möglich beschworen wurde; die Vehemenz dieser Beschwörung fehlt hier; ein resignativer Ton ist ebenso unüberhörbar wie im verwandten Gedicht „Der Pilgrim".

Ob bei der allegorisierenden Landschaftsbeschreibung das puritanische Erbauungsbuch „The pilgrim's progress" von dem englischen Prediger und Schriftsteller John Bunyan (1628–1688), ähnlich wie im Fall des Gedichts „Der Pilgrim", anregend gewirkt hat, muß dahingestellt bleiben; vgl. Kettner, Zu Schillers Gedichten (1885), 111–114, sowie die Erläuterungen zu „Der Pilgrim". In Bunyans Buch finden sich – nach einer Übersetzung von 1702 – folgende Beschreibungen, nachdem Christian und sein Gefährte Hopeful, die Pilger, nach langer Wanderung in das Land der Verheißung gekommen sind: [...] allhier war die Lufft sehr lieblich und ergetzlich / [...]. Allhier höreten sie unaufhörlich das Singen der Vögel. Jeden Tag sahen sie die Blumen im Lande / und höreten die Stimme der Turtel-Tauben. In dieser Landschafft scheinet die Sonne Tag und Nacht / denn sie lieget an der Seite gegen dem finstern Thal über / [...] Nun sahe ich zwischen ihnen und der Pforten einen Fluß / darüber aber keine Brücke war / und der Strohm war sehr tieff. Als die Reisenden diesen Strom sahen / wurden sie sehr bekümert / die Männer aber / die mit ihnen gangen waren / sagten: Ihr müsset hierüber / oder ihr könnet nicht in die Pforte kommen. [...] Da fragten sie diese Männer; Ob das Wasser aller Orthen gleich tieff wäre / welche antworten / nein / aber das kan euch nicht helffen / denn ihr werdet es tieffer oder seichter finden / nachdem ihr an den König des Orthes gläubet. *(Eines Christen Reise / Nach der seligen Ewigkeit [1702], 248, 251 u. 252.)*

Zum emblematischen Charakter des Gedichts vgl. die Erläuterungen zu „Columbus" (NA 2 II A, 233–234).

1–4 Ach *bis* beglückt!] *Vgl. „Ausgang aus dem Leben".*

7–8 Hätt' *bis* hin.] *Das Bild vom Flug zu der Schönheit Hügel findet sich auch im „Reich der Schatten" (vgl. V. 37–40 u. 77–80).*

9–16 Harmonieen *bis* Raub.] *Die Strophe fehlte im Erstdruck. Vielleicht wurde sie ergänzt, um den Gegenstand der „Sehnsucht", das schöne Wunderland (V. 32), stärker hervortreten zu lassen.*

13–14 Gold'ne *bis* Laub] *Mignons Lied, mit dem das 3. Buch von Goethes Roman „Wilhelm Meisters Lehrjahre" eröffnet wird, beginnt mit den Versen:* Kennst du das Land, wo die Citronen blühn, / Im dunkeln Laub die Gold-Orangen glühn *(WA I 21, 233).*

21–24 Doch *bis* ergraußt.] *Im „Reich der Schatten" begegnet das gleiche Bild (vgl. V. 128–130), doch vermag es dort nicht den Glauben zu beeinträchtigen, den tobenden Strom überwinden zu können (vgl. V. 131–134, auch V. 43–44).*

25–26 Einen *bis* fehlt!] *Im Hintergrund steht die griechische Vorstellung vom Totenfährmann Charon.*

28 Seine *bis* beseelt] *In der „Odyssee" wird von den Schiffen der Phäaken erzählt, sie bedürften weder des Steuers noch des Steuermanns, sie wüßten von selbst Willen und Gedanken der Reisenden (vgl. 8, 557–562).*

31–32 Nur *bis* Wunderland] *Im „Reich der Schatten" war Herakles das Vorbild eines*

Menschen, der durch eigene Kraft den Weg in das schöne Wunderland vollendete (vgl. V. 161–180).

198 Thekla. Eine Geisterstimme

ENTSTEHUNG. *Das Gedicht entstand Mitte 1802. Vgl. Schillers Briefe an Körner vom 6. [7.] Juni und an Cotta vom 9. Juli 1802 sowie die Erläuterungen dazu.*

ÜBERLIEFERUNG. *H: ? h: GSA. Abschrift Rudolphs für die Prachtausgabe (nach D¹), Bl. 16. – E: Taschenbuch für Damen auf das Jahr 1803. Hrsg. von Huber, Lafontaine, Pfeffel und andern. Tübingen [1802]. S. 201–202; unterzeichnet: Schiller. D¹: Gedichte 2 (1803). S. 31–32. D²: Gedichte ²2 (1805). S. 31–32. – Textwiedergabe nach h.*

LESARTEN. **2** flücht'ger] flüchtger *E*   **3** Hab'] Hab *E*   **4** Hab'] Hab *E*   **8** so lang] solang *E*   **10** vereint] vereint, *E D¹ D²*   **15** Vater,] *Komma fehlt D²*   **16** blut'ge] blutge *E*   **20** Heil'ge] Heilge *E*   **24** kindschem] kind'schem *D²*

ERLÄUTERUNGEN. *Das Gedicht nimmt Bezug auf den Schluß des 4. Aufzuges von „Wallensteins Tod" (vgl. IV 11–14, V. 3087–3202; NA 8, 313–320), wo Theklas weiteres Geschick nach dem Tod Max Piccolominis angedeutet wird:*
> Sein Geist ists, der mich ruft. [...]
> Was ist das Leben ohne Liebesglanz?
> Ich werf es hin, da sein Gehalt verschwunden.

(IV 12, V. 3155 u. 3163–3164; NA 8, 317.) Zugleich korrespondiert es mit „Des Mädchens Klage", deren erste beiden Strophen Thekla in „Die Piccolomini" (III 7, V. 1757–1766; NA 8, 130) zur Gitarre singt. Die „Geisterstimme" antwortet gewissermaßen aus jenen Räumen (V. 21) auf die Frage, was aus Thekla geworden sei.

Körner fand viel anziehendes in dem Gedicht, eine hohe Rührung mit der größten Einfachheit verbunden, und er fügte hinzu: Hier hast Du Dich ungestört Deiner Phantasie überlassen, und sie hat Dich belohnt. *(An Schiller vom 19. September 1802.) Schiller freute sich über den Beifall für sein* Liedchen, das er mit Liebe gemacht habe *(an Körner vom 11. Oktober 1802).*

3–4 Hab' *bis* gelebt?] *Die Verse knüpfen an „Des Mädchens Klage" (V. 13–14) an.*
17–24 Und *bis* Spiel.] *Max Piccolomini rechtfertigt Wallensteins Glauben an die Astrologie in ähnlicher Weise:*
> O! nimmer will ich seinen Glauben schelten
> An der Gestirne, an der Geister Macht.
> [...]
>   tiefere Bedeutung
> Liegt in dem Märchen meiner Kinderjahre,
> Als in der Wahrheit, die das Leben lehrt.

(Die Piccolomini III 4, V. 1619–1620 u. 1624–1626; NA 8, 124.)
24 kindschem] „kindlichem".

199 Hektors Abschied

ENTSTEHUNG. Vgl. in diesem Band S. 15 (zu „Lieder aus dem Schauspiel 'Die Räuber'"). Die geänderte Fassung entstand vermutlich im Herbst 1799 bei der Zusammenstellung der Gedichte für die Sammlung, die 1800 bei Crusius in Leipzig erschien.

ÜBERLIEFERUNG. Vgl. in diesem Band S. 18 (zu „Abschied Andromachas und Hektors"). – h: GSA. Abschrift Rudolphs für die Prachtausgabe (nach D), Bl. 17. – E: Gedichte 1 (1800). S. 301–302. D: Gedichte ²1 (1804). S. 301–302. – Textwiedergabe nach h.

LESARTEN. Vgl. die Varianten der 1. Fassung in NA 2 I, 16; außerdem die Lesarten in diesem Band S. 18. – **23** Schwert] Schwerdt E D

ERLÄUTERUNGEN. Die Überarbeitung des Gedichts mäßigt einzelne Formulierungen der 1. Fassung; das ergibt schon ein Vergleich der Verse 1, 2 und 8. Die 2. Strophe wurde weitgehend verändert; vielleicht mißfiel, psychologisch und sachlich, die Situation, daß Andromache dem (bereits bewaffneten) Hektor die Lanze holen soll; gewiß sollten die ursprünglich sechs Hebungen von V. 12 und die Tonbeugung bei dem Eigennamen Astyanax sowie die Ellipse in V. 10 vermieden werden. Zur metrischen Glättung gehört auch, daß V. 19 nun fünf (statt vier) Hebungen enthält, während V. 21, seiner Bedeutung entsprechend, nach wie vor vier Hebungen aufweist.

2 unnahbar'n Händen] nach griech. χεῖρες ἄαπτοι in Homers „Ilias" (7, 309; 11, 169; 12, 166 u. ö.; von Achilleus: 20, 503).
9 Pergamus] Stadtburg von Troja.

200 Des Mädchens Klage

ENTSTEHUNG. Vgl. NA 2 II A, 657.

ÜBERLIEFERUNG. Vgl. NA 2 II A, 657. – h: GSA. Abschrift Rudolphs für die Prachtausgabe (nach D²), Bl. 18; mit eigenhändigen Korrekturen Schillers (= hH). – D¹: Gedichte 1 (1800). S. 67–68. D²: Gedichte ²1 (1804). S. 67–68. – Textwiedergabe nach hH.

LESARTEN. Vgl. den Text der 1. Fassung in NA 1, 434. – **1** die Wolken ziehn] von Schiller in d. Z. erg. hH, der ursprüngliche Vers 2 – Die Wolken ziehn, (D¹ D² h) – gestr. hH **2** an Ufers Grün,] von Schiller in d. Z. erg. hH, der ursprüngliche Vers 4 – An Ufers Grün, (D¹ D² h) – gestr. hH **6** die Welt ist leer] von Schiller in d. Z. erg. hH, der ursprüngliche Vers 9 – Die Welt ist leer, (D¹ D² h) – gestr. hH **7** dem Wunsche nichts mehr (ohne Punkt)] von Schiller in d. Z. erg. hH, der ursprüngliche Vers 11 – Dem Wunsche nichts mehr. (D¹ D² h) – gestr. hH **11** vergeblicher Lauf,] von Schiller in d. Z. erg. hH, der ursprüngliche Vers 16 – Vergeblicher Lauf, (D¹ D² h) – gestr. hH **12** die Todten nicht auf,] von Schiller in d. Z. erg. H, der ursprüngliche Vers 18 – Die Todten nicht auf, (D¹ D² h) – gestr. hH **16** vergeblichen Lauf,] von

Schiller in d. Z. erg. hH, der ursprüngliche Vers 23 − Vergeblichen Lauf, *(D¹ D² h)* − *gestr. hH*   **17** den Todten nicht auf,] *von Schiller in d. Z. erg. hH, der ursprüngliche Vers 25* − Den Todten nicht auf, *(D¹ D² h)* − *gestr. hH*

ERLÄUTERUNGEN. *Vgl. die Erläuterungen zum Erstdruck (NA 2 II A, 657−658).*

201−202   Die Erwartung

ENTSTEHUNG. *Im Inhaltsverzeichnis der Gedichtsammlung von 1800 ist als Entstehungsjahr 1796 angegeben. Wahrscheinlich ist das Gedicht in diesem Jahr entworfen, nicht aber fertiggestellt worden; vielleicht geschah dies erst kurz vor der Veröffentlichung im „Musen-Almanach für das Jahr 1800", also im Herbst 1799. Die Gedicht-Beiträge für den Musenalmanach schickte Schiller am 24., 27. und 29. September 1799 an den Weimarer Buchdrucker Gädicke. Vgl. auch dessen Brief an Schiller vom 28. September 1799.*

ÜBERLIEFERUNG. *H: ? h: GSA. Abschrift Rudolphs für die Prachtausgabe (nach D²), Bl. 19−20; mit eigenhändigen Korrekturen Schillers (= hH). − E: Musen-Almanach für das Jahr 1800. S. 226−229; unterzeichnet: Schiller. D¹: Gedichte 1 (1800). S. 165−168. D²: Gedichte ²1 (1804). S. 165−168. − Textwiedergabe nach hH.*

LESARTEN. **8** umfangen] *von Schiller verb. aus* empfangen *hH*   **9** wach,] *Komma fehlt E D¹ D², von Schiller erg. hH*   **17** Fackel] Fackel, *E*   Hervor] hervor *E*   **20** Umspinn'] Umspinn *E*   **23** der] d *verb. aus* v *h*   **27** ist's] ists *E*   **30** angenehmem] *von Schiller verb. aus* angenehmen *hH*   **31** bei] bey *E D¹*   **32** seh'] seh *E* tauschen,] tauschen; *E*   **34** lauschen,] lauschen; *E*   **36** heißen] heissen *D¹ D²* **44** hassen,] *Komma von Schiller erg. hH*   **47** gelößt] gelöst *E*   **49** weißes] weisses *D¹* **53** mehr,] *Komma fehlt E*   **54** süßen] süssen *D¹ D²*   **57** Lebende] *von Schiller verb. aus* Liebende *hH*   **63** genaht,] *Komma fehlt E*

ERLÄUTERUNGEN. *Zu seinem „Musen-Almanach für das Jahr 1800" steuerte Schiller lediglich drei Gedichte bei: neben dem „Spruch des Konfucius" und dem „Lied von der Glocke" das vorliegende, dessen Konzeption vermutlich schon einige Jahre zurücklag (vgl. ENTSTEHUNG). Die lyrische Produktion wurde durch die Arbeit an „Maria Stuart" zurückgedrängt; vgl. Schillers Brief an Körner vom 26. September 1799.*

Die Situation erinnert an den Monolog der Beatrice in der „Braut von Messina" (vgl. V. 981−1108; NA 10, 55−58): die (enttäuschte) Erwartung der Ankunft des Geliebten im abendlichen Garten.
21 Lauschers] *Vgl. die Erläuterungen zu „Das Geheimniß" (NA 2 II A, 637).*

203−204   Das Geheimniß der Reminiszenz

ENTSTEHUNG. *Vgl. NA 2 II A, 97. − Die 2. Fassung, die im wesentlichen durch eine erhebliche Kürzung des Gedichtes entstand, besorgte Schiller vermutlich bei der Zusammenstellung des 1803 erschienenen 2. Teils seiner Gedichtsammlung.*

ÜBERLIEFERUNG. Vgl. NA 2 II A, 97. — *h: GSA. Abschrift Rudolphs für die Prachtausgabe (nach D²), Bl. 21–22.* — *D¹: Gedichte 2 (1803). S. 237–240. D²: Gedichte ²2 (1805). S. 241–244.* — *Textwiedergabe nach h.*

LESARTEN. Vgl. den Text der 1. Fassung in NA 1, 104–108. — *In h keine Durchschüsse zwischen den Strophen* **18** Sonnen] Sonnen, D^2 **33** lößten] lösten D^2 **34** lichten *(Druckfehler)*] lichtem *h* **39** verlorne] verlor'ne D^1 D^2 **53** von *(wie in D^1; dort Druckfehler?)*] vom D^2 **54** langgetrennten] *verb. aus* lang getrennten *h*

ERLÄUTERUNGEN. Schiller kürzte die ursprüngliche Fassung um mehr als die Hälfte, von 29 auf 12 Strophen. Verworfen wurden die früheren Strophen 4, 7, 8, 10, 11, 16–18 und 20–29; eine Strophe kam neu hinzu (V. 26–30). Die Kürzung betrifft also besonders den Schlußteil des Gedichts, der erhebliche Verständnisprobleme aufwarf. An den Stellen, die überarbeitet wurden, versuchte Schiller, Gedankengang, Bildgehalt und Ausdruck zu disziplinieren. Außerdem wurden einige schwäbische Reime beseitigt, wie Sklaven / Waffen *(V. 6/7) oder* Drängen / einzuschlingen *(V. 58/59). Mehr Klarheit verdankt die 2. Fassung auch der Neuformulierung von V. 26–30: Sie bilden den zuerst fehlenden Bezugsrahmen für V. 36 (vgl. zu V. 56 der 1. Fassung).*

Eine Kürzung lag inhaltlich und strukturell nahe. Durch den Verzicht auf die früheren Strophen 20–29 wird eine Konzentration auf den zentralen Gedanken der „Reminiszenz", der Erinnerung an das vormalige Einssein mit der Geliebten, erreicht. Der schwierige Versuch, den Verlust dieses Zustandes zu erklären, wird dagegen nicht mehr unternommen. Formal bot sich ein Schnitt nach der ursprünglichen Strophe 15, nun 11, an, die wie die beiden jeweils vorhergehenden mit den drei Anfangsstrophen korrespondiert und so das Ganze abgeschlossen hätte. Warum Strophe 19 zur neuen Schlußstrophe bestimmt wurde, erscheint nicht unmittelbar deutlich; sie war zunächst lediglich als Übergang zum Schlußteil gedacht, und eine andere Funktion ist hier nicht erkennbar.

22 Aeonen] *nach griech.* αἰών: *unbegrenzte Zeit, Ewigkeit.*
33 der Dinge Siegel] *Anspielung auf das biblische Buch mit den sieben Siegeln (vgl. Off. 5, 1 ff.), das niemand zu öffnen und zu lesen vermag.*

205–206 Würde der Frauen

ENTSTEHUNG. Vgl. NA 2 II A, 234. — *Die 2. Fassung, die im wesentlichen durch eine Kürzung des Gedichtes entstand, kam vermutlich bei der Zusammenstellung der 1800 erschienenen Gedichte zustande.*

ÜBERLIEFERUNG. Vgl. NA 2 II A, 235. — *h: GSA. Abschrift Rudolphs für die Prachtausgabe (nach D²), Bl. 23–24.* — *D¹: Gedichte 1 (1800). S. 330–333. D²: Gedichte ²1 (1804). S. 330–333.* — *Textwiedergabe nach h.*

LESARTEN. Vgl. den Text der 1. Fassung in NA 1, 240–243 und die Lesarten in NA 2 II A, 235. — **4** *Kommata fehlen* D^1 **51** Schwert] Schwerdt D^2

ERLÄUTERUNGEN. Schillers Unzufriedenheit mit dem Gedicht in seiner 1. Fassung äußerte sich schon vor der teilweise heftigen öffentlichen Kritik; sie dokumentiert sich in

der radikalen Kürzung von 17 auf 9 Strophen. Die früheren Strophen 6 und 7 sowie 12 bis 17 fielen vor allem der Absicht zum Opfer, den in seiner Länge monoton wirkenden antithetischen Aufbau des Gedichts etwas aufzulockern. Zudem ist anzunehmen, daß einzelne problematische Stellen beseitigt werden sollten, etwa in der 6. und 7. Strophe, besonders V. 37–38, wo Bild und Gedanke unklar blieben. Das gilt auch für die Bearbeitung anderer Verse, wie z. B. V. 4–6 (die schon in der 1. Fassung Schwierigkeiten machten), 9, 31, 33, 49–56 und 64; die gänzliche Umarbeitung der ehemaligen Strophe 8 ergab sich wohl aus der Notwendigkeit, V. 49–50 des Sinnes wegen (warum und wem widerstrebend?) zu verändern; auch der harte Zeilensprung sollte vermieden werden.
5 das ewige Feuer] *Die Vestalinnen, die römischen Priesterinnen, hüteten das heilige Feuer im Vesta-Tempel.*

207 An Emma

ENTSTEHUNG. *Vgl. NA 2 II A, 608.*

ÜBERLIEFERUNG. *Vgl. NA 2 II A, 608. – h: GSA. Abschrift Rudolphs für die Prachtausgabe (nach D^2), Bl. 25. – D^1: Gedichte 1 (1800). S. 300. D^2: Gedichte ^{2}1 (1804). S. 300. – Textwiedergabe nach h.*

LESARTEN. *Vgl. den Text der 1. Fassung in NA 1, 371.*

ERLÄUTERUNGEN. *Die 2. Fassung des Gedichts variiert in den beiden Schlußversen: Statt eine Antwort auf die vorangehenden Fragen zu geben, führen sie den zweifelnden Gedanken des Liebenden an die Vergänglichkeit der Liebe fort. Vielleicht wirkte Körners Kritik an der dritten Strophe nach; vgl. die Erläuterungen zu „Elegie an Emma" (NA 2 II A, 608).*

208 Der Abend. Nach einem Gemählde

ENTSTEHUNG. *Vgl. NA 2 II A, 231.*

ÜBERLIEFERUNG. *Vgl. NA 2 II A, 231. – h: GSA. Abschrift Rudolphs für die Prachtausgabe (nach D^2), Bl. 26. Die Leerzeilen zwischen den Strophen sind durch Rötelstriche, quer über die ganze Breite, markiert. Am unteren Rand von Schillers Hand:* NB Wo der rothe Strich, wird immer eine Zeile leer gelaßen. *– D^1: Gedichte 1 (1800). S. 41. D^2: Gedichte ^{2}1 (1804). S. 41. – Textwiedergabe nach h.*

LESARTEN. *Vgl. den Text der 1. Fassung in NA 1, 238. – Überschrift:* Der Abend, / nach einem Gemählde. D^1

ERLÄUTERUNGEN. *Vgl. die Erläuterungen zum Erstdruck (NA 2 II A, 232).*

209 Die Blumen

ENTSTEHUNG. *Vgl. NA 2 II A, 96. – Die 2. Fassung entstand vermutlich bei der Zusammenstellung der Gedichte für die 1800 erschienene Sammlung.*

ÜBERLIEFERUNG. *Vgl. NA 2 II A, 96. – h: GSA. Abschrift Rudolphs für die Prachtausgabe (nach D^2), Bl. 27. – D^1: Gedichte 1 (1800). S. 47–48. D^2: Gedichte ^{2}1 (1804). S. 47–48. – Textwiedergabe nach h.*

LESARTEN. *Vgl. die 1. Fassung des Gedichts in NA 1, 103.* – **3** zur Lust] zu Lust D^1 **12** Loos] Loos, D^1 D^2

ERLÄUTERUNGEN. *Die Überarbeitung entzieht das Gedicht dem Umkreis der Laura-Gedichte, indem sie den Namen Lauras durch den Nannys ersetzt. Im Zusammenhang damit strich Schiller den schwer verständlichen Vers 21 und drehte zugleich die Situation um: Nicht mehr Lauras, sondern des Dichters Berührung versieht die Blumen mit der von der Natur versagten Seele. Die Blumen werden im übrigen, worauf auch der neue Titel hinweist, stets allgemein, nicht als Veilchen angesprochen. Damit erhält das frühere Liebesgedicht anderen Charakter: Es wird ein Gedicht über die Poesie und deren lebensspendende Macht; vgl. zu dieser Thematik die „Poesie des Lebens" (V. 27–35).*

Außer Dom (V. 21) wurden weitere, offenbar als problematisch empfundene Bilder vermieden, z. B. des Busens Perlenthau (V. 7) oder Gattet sich das Fliegenreich (V. 14); auch fehlen jetzt die refrainartigen Strophenschlüsse.
1 der verjüngten Sonne] *der wieder jung gewordenen (Frühlings-)Sonne.*
13 Sylphiden] *weibliche Luftgeister, Elfen.*
17 Pfühl] *Ruhekissen (vgl. Grimm 7, 1805–1806).*
21—27 Aber *bis* ein] *Der Satz* Aber *bis* verbannt *ist wohl kausal oder temporal zu verstehen, so daß der syntaktische Zusammenhang insgesamt folgender ist: Aber da/seit der Mutter Spruch mich verbannt hat, gießt (statt* Goß, *vermieden wegen* Schließt *in V. 29?) euch meine Berührung* Leben *usw.* ein, *wenn euch meine Hände pflücken usw.*
28 der mächtigste der Götter] *Eros.*

210 Amalia

ENTSTEHUNG. *Vgl. in diesem Band S. 15 (zu „Lieder aus dem Schauspiel 'Die Räuber'").*

ÜBERLIEFERUNG. *Vgl. in diesem Band S. 18. – Von dem Gedicht, das im Inhaltsverzeichnis der Prachtausgabe an dieser Stelle eingeordnet ist, fehlt die Abschrift Rudolphs. – D^1: Gedichte 2 (1803). S. 78–79. D^2: Gedichte ^{2}2 (1805). S. 78–79. – Textwiedergabe nach D^2.*

LESARTEN. *Vgl. den Text in NA 2 I, 15 und die Lesarten in diesem Band S. 18.* – **5** paradiesisch] Paradiesisch D^1 **13** vergebens, ach] *Komma fehlt* D^1 **15** Lebens] Lebens, D^1

ERLÄUTERUNGEN. *Vgl. die Erläuterungen zu „Amalia im Garten".*

211–214 Die Kindesmörderin

ENTSTEHUNG. Vgl. NA 2 II A, 66. – Die Änderungen gegenüber der Fassung des Erstdrucks hat Schiller vermutlich bei der Vorbereitung der Gedichtsammlung von 1803 vorgenommen.

ÜBERLIEFERUNG. Vgl. NA 2 II A, 66. – h$^{(2)}$: GSA. Abschrift Rudolphs für die Prachtausgabe (nach D^1), Bl. 28–31. – D^1: Gedichte 2 (1803). S. 90–96. D^2: Gedichte ^{2}2 (1805). S. 90–96. – Textwiedergabe nach h$^{(2)}$.

LESARTEN. Vgl. den Text des Erstdrucks in NA 1, 66–69 und die Lesarten in NA 2 II A, 66. – **26** Lilien] Liljen D^1 D^2 **115** meiner] meine *(Schreibfehler)* h$^{(2)}$ **119** Lilie] Lilje D^1 D^2

ERLÄUTERUNGEN. Die letzte Fassung des Gedichts zeigt vor allem eine sprachliche Überarbeitung: weißliche *für* weißlichte *(V. 22),* Todtenband *für* Todenband *(V. 24),* Lilien *für* Liljen *(V. 26),* schrecklichmahnend *für* schröklichmahnend *(V. 44) usw. Auch stilistisch wurde einiges geändert:* hallen *für* weinen *(V. 1),* Sein geliebtes theures Bild mich an *für* Des geliebten Schelmen Konterfey *(V. 62) u. a. m.*
99–100 Sah' bis dahin] *In August Gottlieb Meißners Gedicht „Die Mörderin" heißt es:* Da strömen die Fluten / der Adern, und bluten / dein Leben dahin *(V. 5–7).*

215 Punschlied

ENTSTEHUNG. Vermutlich ist das Gelegenheitsgedicht im Frühjahr 1803 entstanden – freilich nicht unmittelbar vor dem 26. April dieses Jahres, wie nach einer Tagebucheintragung von Carl Bertuch, dem Sohn des Weimarer Schriftstellers Friedrich Johann Justin Bertuch, vermutet werden könnte; denn das Gedicht erschien bereits Anfang Mai 1803 im 2. Teil der Gedichtsammlung Schillers, und für seine Vertonung benötigte Wilhelm Ehlers wohl auch mehr als ein paar Tage. Der handschriftliche Befund (vgl. ÜBERLIEFERUNG) macht es allerdings wahrscheinlich, daß ein zeitlicher Zusammenhang zwischen „Punschlied" und „Punschlied. Im Norden zu singen" besteht – letzteres entstand vermutlich im April 1803 (vgl. in diesem Band S. 159). In Carl Bertuchs Tagebuch (H: GSA) wird unter dem 26. April 1803, einem Dienstag, von einem theatralischen Souper berichtet (das auch Schiller in seinem Kalender erwähnt: Souper und Punsch auf dem Stadthaus*): Schiller saß neben seiner Jungfrau, der Mad. Miller. – Nach dem Souper, wo mehrere Lieder gesungen wurden, benutzten wir die Musick, und drehten einige Zeit. Der Kreis war bunt; die alten Schauspieler durch Wein erhitzt, machten dumme komische Gruppen. Beim Punsch sang Ehlers folgendes PunschLied von Schiller, das er zum heutigen Abend gedichtet hatte:*

Vier Elemente innig gesellt
Bilden das Leben, bauen die Welt. – –
Preßt der Zitrone saftigen Stern,
Herb ist des Lebens innerster Kern. –
Jezt mit des Zukkers lindernden Saft,
Zähmet die herbe hemmende *[?]* Kraft. –
Gießet des Wassers siedenden Schwall,
Wasser umfänget ruhig das All.
Tropfen des Geistes gießet hinein,
Leben dem Leben giebt er allein.
Eh es verdüftet schöpfet es schnell,
Nur wenn es glühet, lebet der Quell.

Wenig glaubwürdig ist der versifizierte Bericht des aus Weimar stammenden Schriftstellers Wilhelm Gerhard (1780–1858), der angibt, das „Punschlied" sei unmittelbar nach der ersten Aufführung von „Wallensteins Lager" (am 12. Oktober 1798) – „im heitern Abendzirkel von Mitgliedern der weimarischen Bühne" – entstanden. Vgl. Gerhard, Wie Schillers's Punschlied entstand. (1855), 22–23.

ÜBERLIEFERUNG. *H: Saltykow-Stschedrin-Bibliothek St. Petersburg. 1 Doppelblatt 17,1 × 22,2 cm, 4. S. beschrieben. Leicht vergilbtes geripptes Papier. Wz.: Gekröntes Schild. (Beschreibung nach Angaben von Siegfried Seidel.) Auf den ersten 2 ³/₅ Seiten „Punschlied. Im Norden zu singen", auf S. 4 „Punschlied". Neben der Überschrift von fremder Hand: Mit Feuer, doch nicht geschwind. (Bei einer Handschrift in der Herzog August Bibliothek Wolfenbüttel handelt es sich eindeutig um eine Gerstenbergksche Fälschung.) h: GSA. Abschrift Rudolphs für die Prachtausgabe (nach E¹), Bl. 32. – E: Gedichte 2 (1803). S. 235–236. D: Gedichte ²2 (1805). S. 239–240. – Textwiedergabe nach h.*

LESARTEN. *Vgl.* ENTSTEHUNG *(Varianten der Textwiedergabe Carl Bertuchs).* – **2** gesellt] gesellt, *H*   **5** Citrone] Zitrone *H*   **9** Jezt] Jetzt *E D*   **11** Zähmet] *verb. aus* zähmet *H*   **13** Waßers] Wassers *E D*   **15** Waßer] Wasser *H E D*   **20** Giebt] Gibt *D*   **23** glühet] glühet, *D*

ERLÄUTERUNGEN. *Seinem Charakter nach gehört das Gedicht in die Reihe von Schillers Gesellschaftsliedern für Goethes „Mittwochskränzchen", das freilich schon 1802 aufgelöst wurde; vgl. die Erläuterungen zu „An die Freunde". – Die Aufzählung der* Vier Elemente *(V. 1) des Punsches läßt den Tee außer acht, der zu den fünf Grundbestandteilen des Getränks gehört (engl.* punch, *nach altind.* pantscha: *fünf). Ob bei der Vierzahl an die Elementenlehre in der griechischen Philosophie bei Empedokles und Aristoteles gedacht ist oder an die aktuelle Naturphilosophie Schellings, sei dahingestellt. Die Griechen gingen von den Elementen Erde, Wasser, Feuer und Luft aus, Schelling von Kohlenstoff, Wasserstoff, Stickstoff und Sauerstoff.*

Körner lernte das Gedicht zugleich mit dem „Punschlied. Im Norden zu singen" kennen; über jenes schrieb er: Auch freute mich das andre neue Punschlied, das ich in den Gedichten fand. *(An Schiller vom 19. Juni 1803.)*
21–22 Eh *bis* schnell] *ähnlich „Reiterlied" (2. Fassung, V. 40).*

216–217 Berglied

ENTSTEHUNG. Schiller wollte das Gedicht am 4. Januar 1804 seinem Brief an Körner als etwas beilegen, was neben dem Tell gelegentlich entstanden. Daß er sein Versprechen nicht erfüllte (vgl. Körners Antwortbrief vom 15. Januar 1804), macht es dennoch nicht problematisch, die Entstehung des Gedichts auf Ende 1803 (oder die Jahreswende 1803/04) zu datieren. Vgl. auch Schillers Briefe an Goethe vom 26. Januar und an Cotta vom 22. Mai 1804 sowie die Erläuterungen dazu.

ÜBERLIEFERUNG. H^1: SNM. 1 Blatt 12,7 × 10,3 cm, beidseitig beschrieben (die Verse 1–12 auf der Vorderseite, die Verse 21–31 auf der Rückseite). Vergilbtes geripptes Papier. H^2: Biblioteca Nazionale Centrale Florenz. 1 Streifen 19,2 × 3,1 cm, beidseitig beschrieben (die Verse 10–12 auf der Vorderseite, die Verse 31–32 und die obere Hälfte von Vers 33 auf der Rückseite). Leicht vergilbtes geripptes Papier. – Von dem Gedicht, das im Inhaltsverzeichnis der Prachtausgabe an dieser Stelle eingeordnet ist, fehlt die Abschrift Rudolphs. – E: Taschenbuch für Damen auf das Jahr 1805. Hrsg. von Huber, Lafontaine, Pfeffel und andern. Tübingen [1804]. S. 173–174; unterzeichnet: Schiller. D: Gedichte ^{2}2 (1805). S. 313–315. – Textwiedergabe nach D.

LESARTEN. Überschrift fehlt H^1 **1** *nicht eingerückt H^1* Am Abgrund] An dem Abgrund H^1 **2** *eingerückt H^1* Er] *über gestr.* Doch H^1 führt] fü *durch zw geschrieben H^1* **4** *eingerückt H^1* **5** Löwin] Löwinn H^1 L ö w i n E **6** Straße] S t r a ß e H^1 Schrecken.] *Punkt hinter gestr. Komma H^1* **7** *nicht eingerückt H^1* Brücke,] *Komma fehlt H^1 E* B r ü c k e H^1 **8** *eingerückt H^1* furchtbaren] *über gestr.* schwindlichten H^1 **9** Menschenhand] Menschen Hand H^1 **10** *eingerückt H^1 H^2* **11** braust] braußt H^1 H^2 E und] u: H^1 **13** öffnet] öfnet E **16** gatten,] gatten. E **20** Quell,] *Komma fehlt E* verborgen,] verborgen. E **22** *eingerückt H^1* Nach Abend und Mittag und Morgen, H^1 E **23** geboren,] gebohren H^1 gebohren, E **25** *nicht eingerückt H^1* Zwei] Zwey H^1 E Z i n k e n] S ä u l e n H^1 **26** *eingerückt H^1* Hoch] Weit H^1 **27** tanzen,] *Komma fehlt H^1* **28** *eingerückt H^1* Töchter.] Töchter, H^1 **29** dort oben] dortoben H^1 E **30** irdischer,] Irdischer H^1 **31** *nicht eingerückt H^1 H^2* sitzt] sizt H^1 H^2 E Königin] Königinn H^2 K ö n i g i n E **32** *eingerückt H^2* **34** Krone,] Krone. E **36** nur,] *Komma fehlt E* – *Vgl. auch NA 2 I, 168.*

ERLÄUTERUNGEN. Schiller schickte das Gedicht am 26. Januar 1804 mit der Bemerkung an Goethe: Hier lege ich eine kleine poetische Aufgabe zum Dechiffrieren bey. *Goethe erkannte die beschriebenen geographischen Lokalitäten sofort; er antwortete Schiller am selben Tag:* Ihr Gedicht ist ein recht artiger Stieg auf den Gotthardt dem man sonst noch allerley Deutungen zufügen kann. *Er hatte den St. Gotthard wiederholt, zuerst 1775 (vgl. Dichtung und Wahrheit. 18. Buch; WA I 29, 120–123), bestiegen; für die „Horen" stellte er Schiller den zweiten Teil der Aufzeichnungen seiner (zweiten) Reise in die Schweiz 1779 zur Verfügung: „Briefe auf einer Reise nach dem Gotthardt" (Horen 1796. 8. Stück. S. 29–94; zur Gotthardbesteigung vgl. S. 77–94). Auch während seiner dritten Schweizerreise 1797 führte der Weg dorthin; im Brief an Schiller vom 14. [und 17.] Oktober 1797 erwähnt Goethe den Aufstieg, den er im Tagebuch der „Reise in die Schweiz*

1797" ausführlich beschreibt (vgl. WA I 34 I, 395–400); die Route ging von Wasen über Göschenen an der Reuß entlang; unter den Stationen sind Teufelsbrücke, Urner Loch und Urserental wie in Schillers Gedicht.

Als unmittelbare Quelle für seine Schilderung benutzte Schiller die „Staats- und Erd-Beschreibung der ganzen Helvetischen Eidgenoßschaft" (2 [1766], 195–199; abgedruckt bei Goedeke, Schillers sämmtliche Schriften 11, 460–461) von Johann Conrad Fäsi, die für „Wilhelm Tell" studiert und exzerpiert wurde (vgl. NA 10, 401–402). Schiller folgt der Darstellung des Reiseweges von Göschenen bis zur Teufelsbrücke und durch das Urner Loch bis zum Urserental (vgl. V. 1–24); die beiden letzten Strophen lassen sich geographisch nicht eindeutig beziehen.

Auch andere für die Arbeit am „Tell" herangezogene Werke über die Schweiz und die Alpen lieferten Anregungen; vgl. die Einzelstellenerläuterungen und Schillers Kollektaneen (NA 10, 409, Z. 26). Ob Schiller auch Friederike Bruns „Tagebuch einer Reise durch die [...] Schweiz" (1800) benutzte, bleibt trotz einiger Parallelen (vgl. Kettner, Schiller-Studien [1888]) ungewiß, da es keinen Anhaltspunkt dafür gibt, daß Schiller das Buch gekannt hat.

Das Gedicht korrespondiert mit dem 2. Auftritt im 5. Aufzug des „Wilhelm Tell" (V. 3241–3270), in dem Tell Parricida den Weg nach Italien in sehr ähnlicher Weise beschreibt (vgl. NA 10, 275–276).

1–6 Am *bis* **Schrecken.]** *Bei Fäsi heißt es:* Von Geschenen bis zur Teufels-Brüke reiset man immer der Reuß nach die Schöllenen hinauf. [...] Eine gräßliche und wegen der vielen Lauwenen gefährliche Gegend! *(S. 195.) Weiter ist von vielen Toten durch Steinschlag die Rede (vgl. S. 196). Zum Begriff* Löwin *für Lawine gab Schiller selbst in der 2. Auflage des 2. Teils seiner „Gedichte" die notwendige Erklärung (vgl. NA 2 I, 168).*

7–12 Es *bis* **nie.]** *Von der sogenannten Teufelsbrücke berichtet Fäsi, sie sei* der merkwürdigste Ort auf der ganzen Land-Strasse nach der obersten Höhe des Gotthards [...]. Von der Ursache ihres Namens erzählt man viel abgeschmakt Fabelhaftes, *daß nämlich der Teufel sie erbaut habe.* Oberhalb der Brüke stürzt der Strom mit fürchterlichem Getös über Felsen 5. bis 6. Klafter tief herab. Durch diesen Fall und oftmalige Brüche des Wassers wird ein grosser Theil derselben in Staub und Nebel verwandelt *und die Brücke in* ganze Wolken *gehüllt (S. 197).*

10 verwogen] *verwegen; vgl. zu „Der Alpenjäger" (V. 29).*

13–14 Es *bis* **Schatten]** *Bei Fäsi heißt es im Anschluß an die Beschreibung der Teufelsbrücke:* Nach einer Streke von drey- bis vierhundert Schritten gelangt man zu einem Felsen, durch welchen Ao. 1707. die Strasse mit grossen Unkosten theils durchgehauen, theils gesprengt worden. [...] Man nennt diesen merkwürdigen Paß das Urner-Loch. *(S. 197.)*

15–18 Da *bis* **Thal]** *Fäsi berichtet:* Hat man den Weg durch den Felsen zurükgelegt, so stellt sich das angenehme Urseren-Thal sogleich auf eine recht bezaubernde Weise dem Auge dar. *(S. 198.) Zu V. 16 vgl. die Bemerkung:* Frühling und Herbst sind in demselben unbekannt. *(S. 199.)* Der kurze Sommer und der lange Winter gingen unmittelbar ineinander über. *In den Exzerpten aus Fäsi notierte sich Schiller:* alle 4 Jahrszeiten erscheinen oft nebeneinander. Eis. Blumen. Früchte. *(NA 10, 402.)*

19–24 Vier *bis* **verloren.]** *Gemeint sind Reuß, Tessin, Rhein und Rhone, deren Quelle verborgen ist, weil sie aus Gletschereis entspringt. In Schillers Fäsi-Exzerpten (aus Bd 1 [²1768], 9–10) heißt es von den Schweizer Bergen:* Von ihnen strömen viele Flüsse in

die Welt hinab in alle vier Straßen der Welt *(NA 10, 401; ähnlich auch Goethes „Briefe auf einer Reise nach dem Gotthardt" [S. 94]).*
25 Zwei Z i n k e n] *Die Kommentatoren haben verschiedene Vorschläge gemacht, welche Gipfel gemeint sein könnten. Es ist aber unsicher, ob hier, ebenso wie bei der* Königin *(V. 31), überhaupt bestimmte Berge angedeutet werden sollen.*
27 Duft] *Dunst (vgl. Grimm 2, 1500).*
33–34 Die *bis* Krone] *Die Verse spielen auf das Alpenglühen an; in den Vorarbeiten zum „Wilhelm Tell" notierte Schiller:* Alpen und Schneeberge verglichen mit einer diamantenen Krone *(NA 10, 407).*
35–36 Drauf *bis* nicht] *In Johannes Müllers „Geschichten schweizerischer Eidgenossenschaft" findet sich über den schneebedeckten Titlisberg die Bemerkung,* er trage, wenn die menschlichen Wohnungen das Taglicht lang nicht mehr sehen, seine Krone von ewigem Eis goldroth über die umliegenden Berge empor *(1 [1786], 319).*

217–218   Reiterlied

ENTSTEHUNG. Vgl. NA 2 II A, 612.

ÜBERLIEFERUNG. Vgl. NA 2 II A, 612. – h: GSA. Abschrift Rudolphs für die Prachtausgabe (nach E?), Bl. 33–34; mit eigenhändigen Korrekturen Schillers (= hH). – E: Musen-Almanach für das Jahr 1798. S. 137–140. – Textwiedergabe nach hH.

LESARTEN. Vgl. den Text der 1. Fassung in NA 1, 377–378 und die Lesarten in NA 2 II A, 612. – Überschrift von Schiller unterstr. hH   **2** gezogen!] *Ausrufezeichen von Schiller verb. aus Punkt hH*   **4** gewogen,] *Komma von Schiller verb. aus Punkt hH*   **6** *danach der Refrain (Text der Verse 5 u. 6) von Schiller gestr. hH*   **10** Menschengeschlechte,] *Komma von Schiller verb. aus Punkt hH*   **12** Mann!] *Ausrufezeichen von Schiller verb. aus Punkt hH*   **12** *danach der Refrain (Text der Verse 11 u. 12) von Schiller gestr. hH*   **18** *danach der Refrain (Text der Verse 17 u. 18) von Schiller gestr. hH, darunter am linken Rand – vermutlich von Schillers Hand – ein waagrechter Rötelstrich (2 cm) hH*   **22** erheben,] *Komma von Schiller verb. aus Punkt hH*   **23** schaufelt,] *Komma von Schiller erg. hH*   **24** *danach der Refrain (Text der Verse 23 u. 24) von Schiller gestr. hH*   **30** *danach der Refrain (Text der Verse 29 u. 30) von Schiller gestr. hH*   **34** bewahren,] *Komma von Schiller verb. aus Punkt hH*   **36** Ruhe] *von Schiller verb. aus* Ruh' *hH*   **36** *danach der Refrain (Text der Verse 35 u. 36) von Schiller gestr. hH (die Korrektur von* Ruh' *zu* Ruhe *vor der Streichung durchgeführt)*   **38** gelüftet!] *Ausrufezeichen von Schiller verb. aus Punkt hH*   **40** verdüftet!] verduftet. *h; von Schiller verb. hH*   **42** *danach der Refrain (Text der Verse 41 u. 42) von Schiller gestr. hH*

ERLÄUTERUNGEN. Die 2. Fassung des Gedichts ist um die Schlußstrophe vermehrt, die in der Erstausgabe des „Wallenstein" (1800) erschien (vgl. NA 8, 54). Zu einer weiteren Schlußstrophe vgl. NA 2 I, 471 und die Erläuterungen dazu in diesem Band S. 281–282.

219–220   Nadoweßiers Todtenlied

ENTSTEHUNG. Vgl. NA 2 II A, 615.

ÜBERLIEFERUNG. Vgl. NA 2 II A, 616. – h: GSA. Abschrift Rudolphs für die Prachtausgabe (nach D²), Bl. 35–36; mit Korrektur der Überschrift durch Schiller (= hH). – D¹: Gedichte 1 (1800). S. 202–204. D²: Gedichte ²1 (1804). S. 202–204. – Textwiedergabe nach hH.

LESARTEN. Überschrift: Nadoweßiers Todtenlied.] von Schiller über gestr. Nadowessische Todtenklage. hH **30** Ließ] verb. aus Lies h – Vgl. auch die Fußnote in NA 1, 380; außerdem NA 2 II A, 616.

ERLÄUTERUNGEN. Die veränderte Überschrift des zunächst unter der Überschrift „Nadowessische Todtenklage" erschienenen Gedichts trägt dem „realistischen" Charakter Rechnung, den Goethe an ihm lobend hervorhob (vgl. NA 2 II A, 616): Sie lenkt den Blick auf die Figur des klagenden Indianers.

220–221   Der Pilgrim

ENTSTEHUNG. Das Gedicht ist vermutlich im Frühjahr (spätestens im April) 1803 entstanden: Am 26. April regte der Jenaer Buchdrucker Göpferdt an, Schiller möge besorgt sein, die bis dahin leer gebliebene 2. Seite des Bogens U des 2. Teils der Gedichtsammlung durch ein klein Gedicht [...] anzufüllen. Am folgenden Tag schickte Schiller das Gedicht „Der Pilgrim" nach Jena.

ÜBERLIEFERUNG. H: ? h: GSA. Abschrift Rudolphs für die Prachtausgabe (nach E), Bl. 37. – E: Gedichte 2 (1803). S. 306–308. D: Gedichte ²2 (1805). S. 310–312. – Textwiedergabe nach h.

LESARTEN. **5** Haabe] Habe D   **11** Wandle,] Komma fehlt E   **21** Wege,] Komma fehlt E   **23** baut'] baut E

ERLÄUTERUNGEN. Seine Thematik setzt das Gedicht in Beziehung zu Gedichten wie „Die Gröse der Welt", in dem ebenfalls das Bild einer Pilgerfahrt benutzt wird, und „Resignation", „Die Ideale" sowie „Sehnsucht". Wie dieses hat es allegorischen Charakter, angeregt vermutlich durch das puritanische Erbauungsbuch „The pilgrim's progress" (1678–1684) des englischen Predigers John Bunyan. Dort wird die Vision von Aufbruch, gefahrvoller Reise und Ankunft des Pilgers Christian in der „Stadt Gottes" entfaltet, wobei die auf dem Weg zu bestehenden Gefahren den Versuchungen eines christlichen Lebens entsprechen, in der Begegnung mit dem „Sumpf der Verzagtheit", dem „Jahrmarkt der Eitelkeiten", der „Burg des Zweifels" u. a.; vgl. im einzelnen Kettner, Zu Schillers Gedichten (1885), 109–111.

Das Gedicht diente als Lückenfüller für den 2. Teil von Schillers „Gedichten" (vgl. ENTSTEHUNG).
12 nach dem Aufgang] nach Osten.
13 Pforten] alte schwache Flexionsform des Dativs.
21–24 Berge bis Fluß.] Vgl. ähnliche Bilder in „Sehnsucht" (V. 21–24) und „Das Reich der Schatten" (V. 128–130), auch im Epigramm „Schön und erhaben" (V. 5–8).

222 Der Jüngling am Bache

ENTSTEHUNG. Vgl. in diesem Band S. 112–113 (zu „Liebesklage").

ÜBERLIEFERUNG. Vgl. in diesem Band S. 113 (zu „Liebesklage"). – Von dem Gedicht, das im Inhaltsverzeichnis der Prachtausgabe an dieser Stelle eingeordnet ist, fehlt die Abschrift Rudolphs. – Textwiedergabe nach D^2 (Gedichte ^{2}2 [1805]. S. 338–340).

LESARTEN. Vgl. den Text von „Liebesklage" in NA 2 I, 160–161 sowie die Lesarten dazu in diesem Band S. 113.

ERLÄUTERUNGEN. Vielleicht spielte bei der Änderung des früheren Titels „Liebesklage" der Gedanke eine Rolle, die neue Überschrift solle das Gedicht zu einem Gegenstück von „Des Mädchens Klage" machen; sie klingt jetzt wie das Pendant zu dem altenglischen Volkslied „Das Mädchen am Ufer"; vgl. des näheren die Erläuterungen zu „Des Mädchens Klage".

223–224 Punschlied. Im Norden zu singen

ENTSTEHUNG. Das Gedicht ist wahrscheinlich im April 1803 entstanden, möglicherweise im Zusammenhang mit der Veranstaltung, die Schiller in seinem Kalender unter dem 26. April notiert hat: Souper und Punsch auf dem Stadthaus. Vgl. auch in diesem Band S. 153–154 (zu „Punschlied"). – Schiller schickte das Gedicht am 2. Mai 1803 an Wilhelm Gottlieb Becker zur Veröffentlichung in dessen „Taschenbuch zum geselligen Vergnügen".

ÜBERLIEFERUNG. H: Saltykow-Stschedrin-Bibliothek St. Petersburg. Vgl. in diesem Band S. 154 (zu „Punschlied"). h: GSA. Abschrift Rudolphs für die Prachtausgabe (nach E), Bl. 38–39; mit eigenhändigen Korrekturen Schillers (= hH). – E: Taschenbuch zum geselligen Vergnügen. 1804. Hrsg. von W. G. Becker. Leipzig [1803]. S. 163–165: Punschlied. / Im Norden zu singen. / Mit Musik von Herrn Zelter. (Die Musikbeilage, mit der Seitenzahl 163, zwischen den Seiten 162 und 163.) Unterzeichnet: Schiller. D: Gedichte ^{2}2 (1805). S. 332–334. – Textwiedergabe nach hH.

LESARTEN. 1 freien] *verb. aus* freiem *h* 5 hats] s *erg. h* hat *E* 10 Feuerquell,] *Komma fehlt H* 11 Tonne] Tonne, *H* 12 krystallenhell.] *Punkt – vermutlich von Schiller – verb. aus Semikolon hH* krystallenhell; *E* 13 Sinnen] Herzen *H* 14 bange] traurge *H* 18 Licht,] Licht: *E* 20 nicht.] *Punkt fehlt H* 22 lebt,] *Komma fehlt H D* erfreun;] erfreun, *H* 25 bereiten] *verb. aus* bereitet *H* 26 häuslichen] irdischen *H E, über gestr.* irdischen *h* Altar;] Altar, *H* 27 bildet,] *Komma fehlt H* 28 ist's] ists *H* 29 Schaale] Schale *D* 30 Flut] Fluth *D* 31 K u n s t] Kunst *H* 32 ird'scher] irdscher *H* 34 Reich;] Reich, *H* 35 Alten,] *Komma fehlt H* 38 Trennt] Lößt *H* 39 ird'schen] Heerdes *H D* 41 Fernhin] *vielleicht verb. aus unlesbarem Wort H* sel'gen] selgen *H* 43 Südens] ens *von Schiller über gestr.* meers *hH* 46 Sei] Sey *D* uns] *über gestr.* euch *H* 48 dem] *verb. aus* den *H*

ERLÄUTERUNGEN. *Das Gedicht ist auf eine gesellige Situation berechnet wie die für Goethes „Mittwochskränzchen" entstandenen Lieder (vgl.* zu „An die Freunde"*), vermutlich für eine Feier aus Anlaß des Besuchs von Cotta in Weimar auf der Reise zur Frühjahrsmesse in Leipzig.* Schiller betrachtete das Lied als unbedeutendes Product, das er, auf Unkosten seines poetischen Gewißens, Wilhelm Gottlieb Becker nur zur Verfügung stellte, um seinen guten Willen diesem gegenüber zu beweisen *(vgl. an Becker vom 2. Mai 1803).* Körner dagegen bemerkte einen ernsten deutschen Charakter an dem Gedicht, den ich zu Gesellschaftslieder sehr liebe, denn: Es ist nun einmal in unsrer nordischen Natur, daß uns selbst die Freude zum Denken auffodert. *(An Schiller vom 19. Juni 1803.)*

14—15 Und bis Hoffen] *nach Horaz'* „Carmina" *(III 21, 17—18):* tu spem reducis mentibus anxiis / virisque *(„Hoffnung führst und Kraft zurück in die bange Brust"; nach Herzlieb/Uz,* Horaz, Oden und Epoden *[1981], 241).*

26 häuslichen Altar] *Gemeint ist der Herd, als Feuerstätte auch bei den Germanen heilig.*

37—38 Selbst bis Gebot] *Es ist unklar, was gemeint ist. Vielleicht steht, wie in den folgenden Versen, im Hintergrund die Vorstellung vom Verbrennen des über den Zuckerhut gegossenen Alkohols.*

43 Früchte] *wohl u. a. die zur Punschherstellung benötigten Zitronen.*

225—226 An die Freunde

ENTSTEHUNG. *Das Gedicht entstand wahrscheinlich Anfang 1802; am 4. Februar schickte es Schiller mit der Bitte um Vertonung an Körner. Vgl. auch dessen Antwort vom 10. Februar. Am 16. (?) März übersandte Schiller das Gedicht als einen Beitrag für das „Taschenbuch für Damen auf das Jahr 1803" an Cotta.*

ÜBERLIEFERUNG. H: ? h: *GSA. Abschrift Rudolphs für die Prachtausgabe (nach D^1), Bl. 40—41. (Eine weitere Abschrift des Gedichts von der Hand Charlotte von Schillers befindet sich im GSA; sie ist ohne textkritischen Wert.)* — E: Taschenbuch für Damen auf das Jahr 1803. *Hrsg. von Huber, Lafontaine, Pfeffel und andern. Tübingen [1802]. S. [1]—2; unterzeichnet:* Schiller. D^1: Gedichte 2 *(1803). S. 38—40.* D^2: Gedichte ^{2}2 *(1805). S. 38—40.* — *Textwiedergabe nach* h.

LESARTEN. 1 schön're] schönre *E*   11 glücklichere] glüklichere *E*   12 das] verb. aus der oder den *h*   worinn] worin *E D^2*   22 Schätze] Schäze *E*   29 eb'ner] ebner *E*   30 Sonnenbild] Sonnen-Bild *E*   32 Engelspforten] Engels Pforten *E*   41 Größ'res] Größres *E*   45 Bretern] Brettern *E*   47 wiederhohlt] wiederholt *D^1 D^2*

ERLÄUTERUNGEN. *Das Gedicht war für die Teilnehmer an dem von Goethe im November 1801 ins Leben gerufenen „Mittwochskränzchen" bestimmt; dieses traf sich alle vierzehn Tage in Goethes Haus:* Es geht recht vergnügt dabei zu, obgleich die Gäste zum Theil sehr heterogen sind, denn der Herzog selbst und die fürstlichen Kinder werden auch eingeladen. Wir laßen uns nicht stören, es wird fleißig gesungen und poculirt. Auch soll dieser Anlaß allerlei lyrische Kleinigkeiten erzeugen *(Schiller an Körner vom 16. November 1801).*

PUNSCHLIED. IM NORDEN / AN DIE FREUNDE

Die Teilnehmer außer den Genannten: Charlotte Schiller, Wilhelm und Caroline von Wolzogen, Friedrich Hildebrand von Einsiedel, Kammerherr, 1802 Geheimer Rat und Oberhofmeister, Wolfgang Gottlob Christoph von Egloffstein, Hofmarschall und Oberkammerherr, dessen Frau Caroline und dessen Schwester Henriette, dessen Bruder August, Hauptmann in Weimar, Johann Heinrich Meyer, die beiden Hofdamen Henriette von Wolfskeel und Louise von Göchhausen sowie Amalie von Imhoff.

Zu den lyrischen Kleinigkeiten, die Schiller beisteuerte, gehörten „Die vier Weltalter", „Die Gunst des Augenblicks", „Dem Erbprinzen von Weimar [...]"; im Umkreis dieser Lieder stehen „Das Siegesfest" sowie das „Punschlied" und das „Punschlied. Im Norden zu singen". Schiller bemerkte über die Gattung des Gesellschaftsliedes: Es ist eine erstaunliche Klippe für die Poesie, Gesellschaftslieder zu verfertigen – die Prosa des wirklichen Lebens hängt sich bleischwer an die Phantasie und man ist immer in Gefahr in den Ton der FreyMäurerlieder zu fallen, der (mit Erlaubniß zu sagen) der heilloseste von allen ist. *(An Körner vom 18. Februar 1802.)*

Als Schiller das Gedicht, zusammen mit der ursprünglichen Fassung der „Vier Weltalter" unter der Überschrift „Der Sänger", am 4. Februar 1802 zum Vertonen an Körner schickte, bat er um Eile, denn es sollte am 17. Februar im Kränzchen gesungen werden; er wünschte, daß die 4 lezten Zeilen immer einen muntern Gang hätten, und auch vom Chor wiederhohlt würden. *Körner tat sich schwer, obwohl er die beiden TafelGesänge* in ihrer *geistvollen deutschen Natur* durchaus vortrefflich *fand (an Schiller vom 10. Februar 1802). Vgl. auch die Erläuterungen zu „Die vier Weltalter".*

Das Gedicht ist eine Apologie Weimarischer Provinzialität, die in einem Preislied auf das Weimarische Theater gipfelt, um dessen künstlerisches Niveau sich Goethe und Schiller gemeinsam bemühten.

1 Lieben Freunde!] *im 18. Jahrhundert noch häufiger gebrauchte schwache Form des Vokativ.*

3 ein edler Volk] *die Griechen.*

13 der weitgereiste Wandrer] *unter den Teilnehmern des Kränzchens etwa Goethe und Meyer.*

14—15 Aber *bis* gewogen] *ähnlich „Punschlied. Im Norden zu singen" (V. 25 – 32).*

18 Myrthe] *immergrüner Baum und Strauch in den warmen Ländern Südeuropas, Afrikas und Asiens mit ledrigen Blättern und weißen Blüten.*

21—26 Wohl *bis* Geld.] *London als Metropole weltweiten Handelsverkehrs; vgl. auch die Beschreibung Englands im Gedicht „An***" (V. 17 – 20).*

31—33 Prächtiger *bis* Rom!] *In der „Italienischen Reise" (Neapel, 28. Mai 1787) zitiert Goethe den niederländischen Philosophen und Schriftsteller Cornelis de Pauw (1739 – 1799):* Ein armer, uns elend scheinender Mensch könne in den dortigen [südlichen] Gegenden die nöthigsten und nächsten Bedürfnisse nicht allein befriedigen, sondern die Welt auf's schönste genießen; und eben so möchte ein sogenannter neapolitanischer Bettler die Stelle eines Vicekönigs in Norwegen leicht verschmähen und die Ehre ausschlagen, wenn ihm die Kaiserin von Rußland das Gouvernement von Sibirien übertragen wollte. *(WA I 31, 260 – 261.)*

32 Wohnt *bis* Engelspforten] *Die Engelspforte ist das Tor der seit dem 11./12. Jahrhundert so genannten Engelsburg in Rom mit der Statue des Erzengels Michael auf dem Dach, nach ihrer Erbauung in den Jahren 136 – 139 ursprünglich Grabstätte der römischen Kaiser. Goethe berichtet in der „Italienischen Reise" (Neapel, 28. Mai 1787),*

derjenige, der weder ein eigenes Haus hat, noch zur Miethe wohnt, wohne im Sommer unter den Überdächern, auf den Schwellen der Paläste und Kirchen, und bringe die Nacht in den öffentlichen Hallen zu (WA I 31, 261).
35—36 Und *bis* Dom] *Vgl. das Epigramm "Die Peterskirche".*
40 die grüne Stunde] *wohl: des Frühlings.*
41—50 Größ'res *bis* nie!] *Solches Selbstbewußtsein demonstriert ähnlich auch Xenion Nr 103 (Ilm).*

227—239 Das Lied von der Glocke

ENTSTEHUNG. *Die Anregung zu dem Gedicht hat Schiller vermutlich schon bei seinen gelegentlichen Besuchen der Rudolstädter Glockengießerei im Sommer 1788 (und später) erhalten. Ob der Satz im Brief an Körner vom 10. April 1791:* Zu einem lyrischen Gedicht habe ich einen sehr begeisternden Stoff ausgefunden, den ich mir für meine schönsten Stunden zurücklege *auf das Glocken-Gedicht zu beziehen ist (wie es zumeist geschieht), ist so wenig ausgeschlossen wie gewiß. Von einer ernsthaften vorbereitenden Beschäftigung mit dem Gedicht ist zum erstenmal in Schillers Brief an Goethe vom 7. Juli 1797 die Rede:* Ich habe jetzt überlegt, daß der musicalische Theil des Almanachs vor allen Dingen fertig seyn muss [...]. Deßwegen bin ich jetzt an mein Glockengießerlied gegangen [...]. Dieses Gedicht liegt mir sehr am Herzen, es wird mir aber mehrere Wochen kosten [...]. *— "Das Lied von der Glocke" wurde für den "Musen-Almanach für das Jahr 1798" nicht fertig (vgl. Schillers Brief an Goethe vom 22. September 1797) und auch nicht für den Almanach des nächsten Jahres. Zur Niederschrift der endgültigen Fassung kam Schiller erst in der zweiten Hälfte Septembers des Jahres 1799. Vgl. die "Dokumente zu Entstehung und Kritik" und die folgenden Erläuterungen.*

ÜBERLIEFERUNG. *H: ? h: GSA. Abschrift Rudolphs für die Prachtausgabe (nach D², Bl. 42—51. — E: Musen-Almanach für das Jahr 1800. S. 243—264; unterzeichnet:* SCHILLER. *D¹: Gedichte 1 (1800). S. 91—111. D²: Gedichte ²1 (1804). S. 91—111. — Textwiedergabe nach h.*

LESARTEN. *Motto:* frango] frange *h*   **1** Erden,] *Komma fehlt E*   **9** *nicht eingerückt E D¹ D²*   **13** jezt] jetzt *E D¹ D²*   **25** Brei] Brey *E D¹*   **26** herbei,] herbey, *E D¹* herbei. *D²*   **29** *nicht eingerückt E D¹ D²*   **41** Weisse] Weiße *E*   **44** befördert] *verb. aus* beföret *h*   **49** *nicht eingerückt E D¹ D²*   Feierklange] Feyerklange *E D¹*   **59** in's] ins *E*   hinaus] hinaus, *E D²* hinaus. *D¹*   **60** Wanderstabe,] Wanderstabe. *D¹*   **69** Reih'n] Reihn *E*   **70** ihren] Ihren *E D¹*   **71** beglückt,] beglückt; *E*   **72** schönste] Schönste *E*   **82** überglas't] überglast *E D¹ D²*   **84** Jezt] Jetzt *E D¹ D²*   **88** *nicht eingerückt E D¹ D²*   **88—145** *eine einzige Strophe (ohne Einzug des Verses 88) E D¹ D²*   **94—101** *eingerückt E*   **98** Feier] Feyer *E D¹*   **99** Lebens-Mai] Lebens-May *E D¹*   **100** Schleier] Schleyer *E D¹*   **101** entzwei] entzwey *E D¹*   **102—105** *doppelter Einzug E*   **102** flieht!] flieht, *E*   **106—112** *eingerückt E*   **113** herbei] herbey *E D¹*   **116—125** *eingerückt E*   **121** *zwei Verse E D¹ D²:* Und lehret die Mädchen, *[Komma fehlt E]* / Und wehret den Knaben,   **123** fleissigen] fleißigen *E*   **125** Sinn.] Sinn, *E*   **132** *Fortsetzung der*

Strophe E D¹, aber eingerückt E **140** *Kommata fehlen E* **154–216** *eine einzige Strophe E D¹* **154** *nicht eingerückt E D¹ D²* **156** bildet] bildet, *E D¹ D²* **161** freie] freye *E D¹* **168** *Fortsetzung der Strophe E D¹ D²* **173** Thurm!] *Ausrufezeichen verb. aus Komma h* **176** Himmel,] Himmel. *E* **177** Glut] Glut! *E D¹ D²* **188** wimmern,] *Komma fehlt E* **197** sucht.] sucht, *E* **204** des] *verb. aus der h* **210** *Fortsetzung der Strophe E D¹* **221** Wanderstabe,] Wanderstabe. *E* **226** ists] ist's *E D¹ D²* **232** *keine Kommata E* **234** *nicht eingerückt E D¹* **243** *Fortsetzung der Strophe E D¹* Dome,] *Komma fehlt E* **244** bang,] *Komma fehlt E* **249** *Fortsetzung der Strophe E D¹, aber eingerückt E* Gattinn] Gattin *E* **268** sich] *verb. aus sie h* **270** Pflicht,] *Komma fehlt E* **273** *zwei Verse E D¹:* Munter fördert / Seine Schritte **276–279** *fünf Verse E D¹:* Blöckend ziehen / Heim die Schaafe, / Und der Rinder / Breitgestirnte, *[Komma fehlt E]* / Glatte Schaaren kommen brüllend, **287** *zwei Verse E D¹:* Und das junge / Volk der Schnitter **289** *Fortsetzung der Strophe, aber eingerückt E; zwei Verse E D¹:* Markt und Straße / Werden stiller, stiller] stiller, *D²* **290** Licht's] Lichts *E* **292** *zwei Verse E D¹:* Und das Stadtthor / Schließt sich knarrend. **293** *Fortsetzung der Strophe E D¹ D², aber eingerückt E* **299** *Fortsetzung der Strophe E D¹, aber eingerückt E* **301** Frei] Frey *E D¹* **309** *Fortsetzung der Strophe E D¹* fleiß'ge] fleiße *E* **314** Freiheit] Freyheit *E D¹* **316** Trutz.] Trutz, *E* **320** u n s] uns *E* **321** *Fortsetzung der Strophe E D¹, aber eingerückt E* **339** auferstehen,] *Komma fehlt E D¹* **341** *nicht eingerückt E D¹* **344** befreit] befreyt *E D¹* **345** Blindwüthend] Blind wüthend *E* **348** Speit] Speyt *E D¹* **351** befrein] befreyn *E D¹* **352** Wohlfarth] Wohlfahrt *E D¹ D²* **353** *Fortsetzung der Strophe, aber eingerückt E D¹* **361** *Fortsetzung der Strophe, aber eingerückt E D¹* Freiheit] Freyheit *E D¹* **369** Heiliges] heiliges *E* **372** frei] frey *E D¹* **373** *Fortsetzung der Strophe E D¹ D²* **374** Verderblich] Und grimmig *E* **377** Weh'] Weh *E* **379** strahlt ihm] leuchtet *E* **389** *nicht eingerückt E D¹ D²* **390** Reihen,] *Komma fehlt E* **395** *Fortsetzung der Strophe, aber eingerückt D¹* **396** erschuf!] erschuf: *E* **397** über'm] überm *E* **399** Nachbarinn] Nachbarin *E* **410** S e l b s t] Selbst *E* **422** schwebt,] schwebt. *E*

Dokumente zu Entstehung und Kritik

1) Caroline von Wolzogen, August–November 1788 (?); NA 42, 282–283
Die Glocke erschien für den Musenalmanach 1800. Lange hatte Schiller dieses Gedicht in sich getragen, und mit uns oft davon gesprochen als einer Dichtung, von der er besondere Wirkung erwarte. Schon bei seinem Aufenthalt in Rudolstadt ging er oft nach einer Glockengießerei vor der Stadt spazieren; um von diesem Geschäft eine Anschauung zu gewinnen.

2) Johann Mayer, August–November 1788 (?); NA 42, 115
Es wird berichtet, daß der alte Gußmeister Mayer sich oft gerühmt, Schiller habe ihm gar manchmal die Hand gedrückt, wenn er ihn bei seiner Arbeit besucht und ausgefragt. *[Vgl. zwei weitere Zeugnisse für solche Besuche in NA 42, 513.]*

3) Schiller an Körner, 10. April 1791
Zu einem lyrischen Gedicht habe ich einen sehr begeisternden Stoff ausgefunden, den ich mir für meine schönsten Stunden zurücklege.

4) Schiller an Goethe, 7. Juli 1797
Ich habe jetzt überlegt, daß der musicalische Theil des Almanachs vor allen Dingen fertig seyn muss, weil der Componist sonst nicht fertig wird. Deßwegen bin ich jetzt an mein Glockengießerlied gegangen, und studiere seit gestern in Krünitz Encyclopædie, wo ich sehr viel profitiere. Dieses Gedicht liegt mir sehr am Herzen, es wird mir aber mehrere Wochen kosten, weil ich so vielerley verschiedene Stimmungen dazu brauche und eine große Masse zu verarbeiten ist.

5) Schiller an Goethe, 30. August 1797
Bei solchen Störungen *[Fieber, Husten, Redaktionsgeschäfte]* werde ich Mühe haben, Stimmung und Zeit für meine Glocke zu finden, die noch nicht lange nicht gegoßen ist.

6) Schiller an Goethe, 7. [und 8.] September 1797
Sie drücken Sich so aus, als wenn es hier *[beim sentimentalen Phänomen]* sehr auf den Gegenstand ankäme, was ich nicht zugeben kann. Freilich der Gegenstand muß etwas b e d e u t e n, so wie der poetische etwas s e y n muß; aber zulezt kommt es auf das G e m ü t h an, ob ihm ein Gegenstand etwas bedeuten soll, und so däucht mir das Leere und Gehaltreiche mehr im Subject als im Object zu liegen. Das Gemüth ist es, welches hier die Grenze steckt, und das Gemeine oder Geistreiche kann ich auch hier wie überal nur in der Behandlung nicht in der Wahl des Stoffes finden. Was Ihnen die zwey angeführten Plätze *[das Haus von Goethes Großvater und das seiner Mutter in Frankfurt, wo er auf dem Weg in die Schweiz wohnte]* gewesen sind, würde Ihnen unter andern Umständen, bei einer mehr aufgeschloßenen poetischen Stimmung jede S t r a s s e, B r ü c k e, jedes S c h i f f, ein P f l u g oder irgend ein anderes mechanisches Werkzeug vielleicht geleistet haben.

7) Goethe an Schiller, 12. September 1797
Wenn Sie nur noch für diesen Almanach mit der Glocke zu Stande kommen! denn dieses Gedicht wird eins der vornehmsten und besondersten Zierden desselben seyn.

8) Schiller an Goethe, 14. [und 15.] September 1797
Das Lied von der Glocke habe ich bei meinem übeln Befinden nicht vornehmen können noch mögen.

9) Schiller an Körner, 15. September 1797
Meine mir vorgesetzten Lieder kann ich erst nächstes Jahr liefern, dießmal hat meine Unpäßlichkeit die Ausführung unmöglich gemacht.

10) Schiller an Goethe, 22. September 1797
Mein letzter Brief hat Ihnen schon gemeldet, daß ich die Glocke liegen lassen mußte. Ich gestehe daß mir dieses, da es einmal so seyn mußte, nicht so ganz unlieb ist. Denn indem ich diesen Gegenstand noch ein Jahr mit mir herumtrage und warm halte, muß das Gedicht, welches wirklich keine kleine Aufgabe ist, erst seine wahre Reife erhalten. Auch ist dieses einmal das Balladenjahr, und das nächste hat schon ziemlich den Anschein das Liederjahr zu werden, zu welcher Klasse auch die Glocke gehört.

11) Goethe an Schiller, 14. [und 17.] Oktober 1797
Es wird recht gut seyn wenn der nächste Almanach reich an Liedern wird, und die Glocke muß nur um desto besser klingen als das Erz länger in Fluß erhalten und von allen Schlacken gereinigt ist.

12) Schiller an Goethe, 12. August 1799
Etwas werde ich wohl für den Almanach geben müssen, um Cotta mein Wort zu halten, wenn auch die Glocke daran müßte.

13) Goethe an Schiller, 14. August 1799
Lassen Sie sich allenfalls die Glocke nicht reuen, ich will auch mein mögliches thun einen Beytrag zu schaffen, ob ich gleich bis jetzt weder wüßte was noch wie.

14) Schiller an Goethe, 21. September 1799
Das Paquet *[mit Herders Almanachbeiträgen]* überrascht mich nicht wenig, und ob es gleich meine alte Unentschloßenheit wieder zurückruft (denn ich habe mich heute schon ernstlich entschloßen gehabt, den Beitrag zum Almanach *[Das Lied von der Glocke]* aufzugeben und mich deßwegen schon wieder an die Maria gemacht) so belebt es doch auch wieder meinen Muth, vielleicht hat es diese Wirkung auch bei Ihnen.

15) Schiller an Körner, 26. September 1799
Der Almanach ist jetzt bald gedruckt, und die Umstände haben mich genöthigt, gegen meine Neigung, eine Pause in meiner dramatischen Arbeit zu machen, und einige Gedichte auszuführen. Morgen aber hoffe ich zu der theatralischen Muse wieder zurückzukehren.

16) Schiller an Johann Christian Gädicke, 27. September 1799
Das Schlußgedicht *[Das Lied von der Glocke] [...]*, ohngefehr 16 gedruckte Seiten stark kann ich heute nicht mitsenden, es folgt auf den Montag.

17) Schiller an Johann Christian Gaedicke, 29. September 1799
Der Schluß der Gedichte folgt hier.

18) Schiller an Cotta, 12. Oktober 1799
Für den Almanach habe ich glücklicherweise selbst noch etwas bedeutendes thun können, ich wünsche daß Sie mit meinem guten Willen möchten zufrieden seyn.

19) Caroline Schlegel an Auguste Böhmer, 21. Oktober 1799; Caroline 1, 570
Schillers Musencalender ist auch da, *[...]* über ein Gedicht von Schiller, das Lied von der Glocke, sind wir gestern Mittag fast von den Stühlen gefallen vor Lachen, es ist a la Voss, a la Tiek, à la Teufel, wenigstens um des Teufels zu werden.

20) Christian Gottlob Voigt an Schiller, 23. Oktober 1799
Die Unart, daß ich eingehende Briefe immer das erstemal rückwärts lese, wandelte mir auch bey dem Musen Almanach an, und ich mag diesmal mich wohl befunden haben, weil mir das Glockenlied angenehm getönt hat.

21) *Körner an Schiller, 6. November 1799*
Das Lied von der Glocke kann sich besonders neben Deine vorzüglichsten Produkte stellen. Es ist ein gewisses Gepräge von deutscher Kunst darin, wie in dem Gange nach dem Eisenhammer, das man selten ächt findet, und das manchem bey aller Prätension auf Deutschheit sehr oft mislingt.

22) *August Wilhelm Schlegel, Winter 1799 (?); in: Musenalmanach für das Jahr 1832. Hrsg. von Amadeus Wendt. Leipzig o. J. [1831]. S. 330–331*

Das Lied von der Glocke.

1.
A propos de cloches.

Wenn jemand schwatzt die Kreuz und Quer
Was ihm in Sinn kommt ungefähr,
Sagt man in Frankreich wohl zum Spotte:
„Il bavarde à propos de bottes."
Bei uns wird nun das Sprüchwort seyn:
„Dem fällt bei Glocken vieles ein."
Der Dichter weiß ins Glockengießen
Das Loos der Menschheit einzuschließen.
Er bricht die schönen Reden, traun!
Vom Glockenthurm, und nicht vom Zaun.

2.
Kritik eines Küsters.

„Mein ich bitt, daß wir vnsere Glocken
sampt jhren Klipffeln haben möchten. — —
Date nobis glockas nostras, nostra Tiatina,
Tiatina."
Fischhart
in seiner Geschichtklitterung nach Rabelais.

Wir Küster, würd'ger Herr, sind hoch erfreut,
Daß Sie so schön der Glocken Lob gesungen;
Es hat uns fast wie Festgeläut geklungen.
Nur haben Sie sich etwas weit zerstreut,
Und doch dabei den Hauptpunkt übergangen:
Die Klöpfel meyn' ich, die darinnen hangen.
Denn ohne Zung' im Munde, — mit Respekt
Zu sagen, — müßte ja der Pfarrer selbst verstummen.
So, wenn kein Klöpfel in den Glocken steckt,
Wie sehr man auch am Seile zerrt und reckt,
Man bringt sie nicht zum Bimmeln oder Brummen.

3.
Der idealische Glockengießer.

Nicht Zinn und Kupfer, nach gemeiner Weise,
Nein, Wortgepräng' und Reim, mühsam in eins verschmelzt,
Bis sich die zähe Mass' in Strophen weiter wälzt:
Das ist im Glockenlied die edle Glockenspeise.

23) [August Ferdinand Bernhardi,] April 1800; in : Berlinisches Archiv der Zeit und ihres Geschmacks 1800. Bd 1. April. S. 290
Es *[Das Lied von der Glocke]* ist ein kleines Drama, an welches der Dichter mit vielem Scharfsinne heterogene Gegenstände geknüpft hat; und es ist interessant zu sehen, mit welcher Genauigkeit er die Momente des Gußes darstellt, und die Gelegenheit ergreift, sie durch eingemischte treuherzige Betrachtungen, und eingestreute schöne Schilderungen hie und da zu einer Art von Allegorie zu erheben.

24) Humboldt an Schiller, 16. Juni 1800
Das Lied von der Glocke hat mir Sie sehr lebhaft wieder vor die Augen gestellt. Es ist eine sehr eigne und eine äußerst genievolle Production. Einzelne Stellen haben mich tief gerührt, und ich war auch für das Ganze empfänglicher, weil ich die Glocken immer sehr geliebt habe, und mein Ohr durch Spanien wieder mehr an sie gewöhnt war. Der Uebergang von der Handarbeit an der Glocke zu den ganz allgemeinen Betrachtungen ist ein sehr glücklicher Gedanke. Bei den Stellen der ersteren Art hat diese Dichtung einen gewissen Meistersängercharakter, der – was immer sehr gute Wirkung thut – an die Stärke, Naivetät, und gleichsam dumpfe Beschränktheit des Mittelalters erinnert, und unmittelbar daran schließt sich nun das freiste, höchste und schönste, dessen die Einbildungskraft fähig ist.

Es giebt gewisse Kunstwerke, die ich Nordische nennen möchte, weil sie weder das Alterthum, noch der Süden hätte hervorbringen können. Ein Muster dieser Gattung in ihrer höchsten idealischen Erweiterung möchte ich Ihr Lied von der Glocke nennen. Es hat und soll etwas Gothisches haben, und so wenig der Gothische Stil an sich dichterisch ist, so gut bereitet er das Gemüth zu einer dichterischen Wirkung vor. Indem er den Menschen in seiner Bedürftigkeit und Beschränktheit zeigt, versetzt er das Gemüth in eine Rührung und Dumpfheit aus der die Freiheit der wahrhaft poetischen Einbildungskraft es hernach desto energischer emporhebt.

25) Friedrich Schlegel an Rahel Levin, 1. April 1802; in: BA 1, 829
Ach wie gefällt die „Glocke" dem Volk und die „Würde der Frauen"?
Weil im Takte da klingt alles, was sittlich und platt.

26) Humboldt, 1830; in: Ueber Schiller (1830), 67–68
Die wundervollste Beglaubigung vollendeten Dichtergenie's aber enthält das L i e d v o n   d e r   G l o c k e, das in wechselnden Sylbenmaßen, in Schilderungen der höchsten Lebendigkeit, wo kurz angedeutete Züge das ganze Bild hinstellen, alle Vorfälle des menschlichen und gesellschaftlichen Lebens durchläuft, die aus jedem entspringenden Gefühle ausdrückt, und dieß Alles symbolisch immer an die Töne der Glocke heftet,

deren fortlaufende Arbeit die Dichtung in ihren verschiednen Momenten begleitet. In keiner Sprache ist mir ein Gedicht bekannt, das in einem so kleinen Umfang einen so weiten poetischen Kreis eröffnet, die Tonleiter aller tiefsten menschlichen Empfindungen durchgeht, und auf ganz lyrische Weise das Leben mit seinen wichtigsten Ereignissen und Epochen, wie ein durch natürliche Gränzen umschlossenes Epos zeigt. Die dichterische Anschaulichkeit wird aber noch dadurch vermehrt, daß jenen der Phantasie von ferne vorgehaltenen Erscheinungen ein als unmittelbar wirklich geschilderter Gegenstand entspricht, und die beiden sich dadurch bildenden Reihen zu gleichem Ende parallel neben einander fortlaufen.

ERLÄUTERUNGEN. Überlegungen zur Entstehung des Gedichts pflegen mit dem Hinweis auf den Bericht Caroline von Wolzogens einzusetzen (vgl. „Dokumente", Nr 1); ihm zufolge hatte Schiller bei seinem Aufenthalt in Rudolstadt wiederholt eine Glockengießerei vor der Stadt besucht und dort womöglich erste Anregungen empfangen. Von solchen Besuchen soll auch der Rudolstädter Gußmeister Johann Mayer (1726–1796) erzählt haben (vgl. „Dokumente", Nr 2). Unklar ist in beiden Fällen die Datierung dieser Besuche. Schillers erster Aufenthalt in Rudolstadt fiel in die Zeit von August bis November 1788; für die Möglichkeit, daß hier bereits der Gedanke an ein Gedicht nach Art der „Glocke" entstand, könnte die Tatsache sprechen, daß Schiller im Sommer des Jahres intensive Homer-Lektüre betrieb (vgl. an Körner vom 20. August 1788); die Beschreibung vom Schild des Achilleus in der „Ilias" hat offenbar inspirierend gewirkt; es ist allerdings zu vermuten, daß erst später Schillers Aufmerksamkeit auf diese Stelle gelenkt wurde (s. u.).

Drei Jahre später, von April bis Anfang Juli 1791, hielt Schiller sich erneut in Rudolstadt auf; am 10. April, zu einer Zeit, als er sich mit der epischen Gattung auseinandersetzte und an der Übersetzung von Vergils „Äneis" arbeitete, berichtete Schiller in einem Brief an Körner vom Plan zu einem lyrischen Gedicht, für das er einen sehr begeisternden Stoff gefunden habe (vgl. „Dokumente", Nr 3); die Frage ist unbeantwortet, ob dieses Projekt, wie es Kommentatoren seit Jonas (Schillers Briefe 3, 511) tun, mit dem „Lied von der Glocke" in Verbindung zu bringen ist. Kurz vor Fertigstellung des Gedichts war Schiller noch einmal in Rudolstadt, vom 4. bis zum 13. September 1799 zu einem Besuch der Schwiegermutter; dabei könnte er die Glockengießerei (wieder) in Augenschein genommen haben.

Nach mündlicher Überlieferung besuchte Schiller wiederholt den Turm der Rudolstädter Stadtkirche mit der Andreasglocke, die, wie die Schaffhausener Glocke (s. u.), in etwas erweiterter Fassung, jenen Sinnspruch trägt, den Schiller als Motto seines Gedichtes wählte; vgl. Rein, Schiller in Rudolstadt (1955). (Nach freundlicher Mitteilung von Horst Nahler, Weimar, vom 20. November 1985.)

Von Bedeutung war möglicherweise auch Schillers Besuch in Ludwigsburg von September 1793 bis März 1794; dort war er schon als Kind der Kunst des Glockengießens begegnet, als er mit seinen Eltern in der Stuttgarter Straße 26 wohnte; einer seiner Schulkameraden in der zweiten Klasse der Ludwigsburger Lateinschule war 1768 Georg Friderich Neubert (geb. 1760), ein Sohn des Glockengießers Christian Ludwig Neubert (1727–1796); dieser hatte sein Gießhaus in der Stuttgarter Straße 56, Schiller könnte also sehr wohl Bekanntschaft mit diesem Handwerk gemacht haben. (Neubert hatte seine Lehre in Schaffhausen absolviert, so daß Schiller durch ihn vom Motto der Münsterglocke gehört haben könnte, bevor er sie bei Krünitz wiederentdeckte; vgl. die Erläuterungen zum Motto.) In

der Familie Neubert wurde erzählt, Schiller habe der Glockengießerei während seines Ludwigsburger Aufenthalts 1793/1794 einen Besuch abgestattet.
Die unmittelbare Entstehungsgeschichte setzt im Sommer 1797 ein. In Schillers Korrespondenz taucht das Gedicht erstmals am 7. Juli auf, als der kommende „Musen-Almanach" nach Beiträgen verlangte. Das Weitere lassen im einzelnen die „Dokumente zu Entstehung und Kritik" nachvollziehen. Schillers Arbeit an dem Gedicht, einem Exempel für die sentimentalische Behandlung eines Gegenstandes, wie Schiller sie während der Beschäftigung mit der „Glocke" im Brief an Goethe vom 7. [und 8.] September 1797 beschreibt (vgl. „Dokumente", Nr 6), vollzog sich in zwei Phasen: Nachdem Krankheit und Redaktionsgeschäfte für den Almanach sie trotz Goethes Ermunterung zum Erliegen gebracht hatten, nahm Schiller sie erst im August 1799 wieder auf und führte sie in der zweiten Septemberhälfte zu Ende.
Schiller nahm dabei verschiedene literarische Anregungen auf. Zu ihnen gehörte Goethes Übersetzung der Autobiographie des italienischen Bildhauers und Goldschmieds Benvenuto Cellini (1500–1571), die in den „Horen" erschien; in der 9. Fortsetzung (Horen 1797. 3. Stück. S. 45–88) wird der Guß der Perseus-Statue geschildert (vgl. besonders S. 64–72); interessant ist Schillers Reaktion auf die Lektüre: In dem neuen Stück Cellini habe ich mich über den Guß des Perseus recht von Herzen erlustigt. Die Belagerung von Troja oder von Mantua kann keine größere Begebenheit seyn, und nicht pathetischer erzählt werden, als diese Geschichte. (An Goethe vom 7. Februar 1797.) Schillers Vergnügen wurde von der Schilderung des handwerklichen Vorgangs als einer großen Begebenheit veranlaßt, vergleichbar seinem eigenen Verfahren im Gedicht, vom beschränkten Ereignis des Glockengusses Verbindungen zum Allgemeinen des menschlichen und politischen Lebens zu ziehen. Auch die Situation erinnert an die „Glocke": der Meister inmitten seiner Gehilfen, Anweisungen gebend.
Im Juni 1797 beendete Goethe seine Versdichtung „Herrmann und Dorothea", an deren Entstehung Schiller lebhaften Anteil nahm. Bedeutsamer als gelegentliche Parallelen zwischen Goethes bürgerlichem Epos und Schillers Gedicht (vgl. Fries, Quellenstudien [1911]; Laudien, Goethes „Hermann und Dorothea" [1923]) scheint das gemeinsame thematische Umfeld der Bürgerlichkeit, insbesondere die Verknüpfung der engen Welt kleinbürgerlichen Familienlebens mit den großen Verhältnissen der Weltgeschichte, die in den Auswirkungen der Französischen Revolution spürbar werden.
Demgegenüber sind, von Homers „Ilias" abgesehen, Anregungen aus der antiken Literatur, auf die aufmerksam gemacht wurde, peripher: Vergils Schilderung des brennenden Troja im 2. Buch der „Äneis", das Schiller übersetzt hatte (als Vorbild der Brandszene, V. 168–209), oder bestimmte Chorpartien aus griechischen Dramen (vgl. dazu: Hasse, Schillers „Glocke" [1896]). In der „Ilias" (18, 478–608) wird beschrieben, wie Hephaistos den Schild des Achilleus herstellt, welche Bildmotive er zum Schmuck des Schildes einarbeitet: Szenen aus Stadt und Land, Ackerbau und Viehzucht, Krieg und Frieden u. a., eingefaßt von Himmel und Erde und, am Rand des Schildes, vom Strom Okeanos. Schiller übertrug dieses Verfahren später in der 4. Strophe von „Die vier Weltalter" auf die Poesie: So [wie Hephaistos] drückt er [der Sänger] ein Bild des unendlichen All / In des Augenblicks flüchtig verrauschenden Schall. (V. 23–24.) Im März 1799 hatte Schiller die Homer-Passage (erneut) gelesen (vgl. seinen Brief an Goethe vom 19. März 1799), und wieder faszinierte ihn die Erfahrung, daß in der Beschreibung eines handwerksmäßigen Geschäfts [...] ein unendliches in Stoff und Form enthalten sein könne.

Die technischen Details entnahm Schiller dem Artikel „Glocke" in der „Oekonomisch-technologischen Encyklopädie" (T. 19. Berlin ²1788. S. 88–175) von Johann Georg Krünitz; vgl. hierzu des näheren die Einzelstellenerläuterungen.

Die Aufnahme des Gedichts bei Schillers Freunden war positiv. Körner und Humboldt fiel ein gewisses Gepräge von deutscher Kunst (Körner), etwas Gothisches und Nordisches (Humboldt) auf (vgl. „Dokumente", Nr 21, 24), was wohl, von Inhaltlichem abgesehen, seinen Teil zu der außerordentlich starken Rezeption des Gedichts als eines Bildungsgutes des deutschen Bürgertums beigetragen hat.

Die Kritik setzte, ebenso entschieden, unmittelbar nach Erscheinen des „Musen-Almanachs für das Jahr 1800" ein: Vgl. die Zeugnisse aus dem Kreise der Schlegels („Dokumente", Nr 19, 22, 25). Ein abwägendes Urteil wie das von August Ferdinand Bernhardi steht vereinzelt in diesem Zusammenhang (vgl. „Dokumente", Nr 23). Wohl keines von Schillers Gedichten wurde im übrigen so oft parodiert wie „Das Lied von der Glocke"; Louis Mohr zählte bereits 1877, beginnend mit Gottfried Günther Röllers „Der Kaffee", über 70 derartiger Produkte (vgl. Schiller's Lied von der Glocke, 26–33). Die Schwierigkeit, gerade mit diesem Gedicht umzugehen, zeigt Hans Magnus Enzensbergers editorische Entscheidung, „Das Lied von der Glocke" in seine Auswahlsammlung Schillerscher Lyrik (in Bd 3 der Insel-Ausgabe von „Schillers Werken" [1966]) gar nicht aufzunehmen: „Festgemauert aber entbehrlich" (1966).

Benno von Wiese kommentiert die zunehmende Distanzierung von Schillers Gedicht: „Je mehr Bestand und Überlieferung dieser bürgerlichen Welt im weiteren Verlauf der Geschichte brüchig und zweifelhaft wurde, um so mehr mußte die Pathetik eines dichterischen Sprechens unverstanden bleiben, das die Empfindung des Lesers zum Gültigen, überdauernd Menschheitlichen dieser bürgerlichen Welt hinauftragen wollte." (Schiller [1959], 572.)

1801 schon entstand der Plan einer Inszenierung des Gedichts mit der Musik von Karl Friedrich Zelter, angeregt offenbar durch Körner, mit dem Schiller im September zusammentraf; am 5. Oktober schrieb er ihm: Deine Vorschläge wegen d e r G l o c k e werde ich nächster Tage Zeltern mittheilen. *Ein halbes Jahr später, am 5. März 1802, erkundigte sich Körner nach dem weiteren Verlauf der Dinge. Der Plan wurde nicht verwirklicht. Als eine im März des gleichen Jahres von Kotzebue projektierte Schillerfeier nicht zustande kam, äußerte sich Schiller erleichtert darüber,* daß sie ihm seine G l o c k e nicht aufgeführt haben. *(NA 42, 339.) Zum Hintergrund vgl. NA 42, 657 und Goethes Darstellung in den „Tag- und Jahres-Heften" für 1802 (WA I 35, 122–124). Von einer Aufführung des Dresdner Hofmarschalls von Racknitz berichtete Körner am 25. Februar 1805; er hielt sie für mißlungen, weil die Musik aus verschiedenen Kompositionen zusammengesetzt worden war, eine solche Aufführung könne aber mit einer eigens komponierten Musik durchaus gelingen. Schiller stimmte dem am 5. März zu und ergänzte:* Dem Meister Glockengißer muß ein kräftiger bidrer Charakter gegeben werden, der das ganze trägt und zusammenhält. Die Musik darf nie Worte mahlen und sich mit kleinlichen Spielereien abgeben sondern muß nur dem Geist der Poesie im Ganzen folgen. *Nach Schillers Tod verfolgte Goethe den Gedanken weiter; Zelter, um eine symphonische Bearbeitung gebeten, lieferte jedoch nichts. So kam es schließlich nur zu einer szenischen Darstellung der „Glocke", von Goethe mit einem „Epilog zu Schillers Glocke" versehen, die bei der Schillergedenkfeier in Lauchstädt am 10. August 1805 dargeboten wurde.*

Motto Vivos bis frango.] *lat.:* Die Lebenden rufe ich. Die Toten beklage ich. Die Blitze *breche ich.* – *Krünitz zitiert dieses Motto als Inschrift der Münsterglocke von Schaffhausen aus dem Jahr 1486 (vgl. S. 99). Die Fähigkeit, Blitze zu „brechen", schrieb der Volksglaube geweihten Glocken zu: „Soweit die Glocken hörbar sind, soll man vor Blitzgefahr geschützt sein. Manche Glockeninschriften weisen auf diese alte Volksmeinung hin." (Pesch, Die Glocke [1918], 63.)* Krünitz berichtet, die Glocken hätten den Namen von Heiligen erhalten, um bey ihrem Geläute, durch die Kraft eines geschäftigen Heiligen, das Gewitter zu vertreiben *(S. 102)*.

1–2 Fest *bis* gebrannt.] *Krünitz beschreibt, wie mit Hilfe einer* Schablone *die* Form zu der Glocke *verfertigt wird (vgl. S. 109–111):* Die beträchtlichste Masse, woraus die Form zusammen gesetzt wird, ist Thon oder Lehm *[...]*. Die Form großer Glocken wird in einer Grube *[...]* vor dem Gießofen aufgerichtet, welche die Gießer die Dammgrube nennen. Sie muß etwas tiefer seyn, als die Glocke hoch werden soll, theils damit man unter der Form ein Fundament von Steinen legen, theils aber auch, damit man dem flüssigen Metall zu seiner Zeit einen gehörigen Fall geben könne. Es muß dieselbe aber auch etwas weiter seyn, als die Form werden soll, weil der Gießer bey der Arbeit um die Form herum gehen muß. *(S. 111–112.)*

21–22 Nehmet *bis* seyn] *Krünitz:* Nebst einer guten Mischung kommt auch viel darauf an, ob das Holz gehörig trocken ist. Nasses Holz bringt nie das Metall in einen guten Fluß, und daher können sich die Bestandtheile auch nicht gehörig vermischen. Das Fichtenholz ist hierzu das beste. *(S. 128)*.

23–24 Daß *bis* hinein] *Krünitz:* Das Holz wird auf den Rost *[...]* durch das Schürloch *[des Feuerherdes] [...]* geworfen; und da letzteres mit einem eisernen Deckel verschlossen wird, so wird die Flamme hierdurch genöthigt, durch das Loch (den S c h w a l c h) *[...]* in den *[Schmelz-]*Ofen zu schlagen, und seine ganze Hitze auf das Metall zu richten. *(S. 126.)*

25–28 Kocht *bis* Weise.] *Krünitz:* In diesem Ofen nun wird die Glockenspeise zum Schmelzen gebracht. Das Zinn wird in kurzer Zeit flüssig, und daher wirft man es erst in den Ofen, wenn das Kupfer und Messing bereits geschmolzen ist. *(S. 127)*.

29 des *bis* Grube] *Vgl. zu V. 1–2.*

31 Glockenstube] *Krünitz:* Dasjenige Behältniß auf den Thürmen u. s. f. wo eine oder mehrere Glocken hangen, heißt die G l o c k e n s t u b e. *(S. 135.)*

41–48 Weisse *bis* schalle.] *Krünitz:* So bald das Metall durchgängig in Fluß gebracht ist, hat es einen weißen Schaum, und alsdann wird auf jede 10 Centn. Metall, 1 Pfund Pottasche in den Ofen geschüttet, um das Schmelzen und die Vereinigung der Metalle noch mehr zu befördern. *[...]* Während der Zeit, da das Metall im Ofen ist, muß dasselbe wenigstens zwey Mahl abgeschäumet werden *(S. 127)*.

51 erstem Gange] *zur Taufe.*

53–56 Ihm *bis* Morgen] *ähnlich* „Der spielende Knabe".

58–79 Vom *bis* Liebe!] *Vgl. hierzu Gedichte wie* „Würde der Frauen"*,* „Die Geschlechter" *und die Epigramme über die Frau (NA 1, 286–287), zum Knaben auch* „Der Alpenjäger".

80–83 Wie *bis* seyn.] *Krünitz:* Wenn die Masse nicht sehr groß ist, bleibt das Metall höchstens nur 12 Stunden in dem Ofen; und wenn um diese Zeit die Windpfeiffen *[Zuglöcher] [...]* gelb werden, so ist dieses ein Zeichen für die Gießer, daß das Metall gehörig flüssig ist. Es ist dieses auch daran zu erkennen, *[...]* wenn ein in das geschmolzene Metall gestoßener Stab beym Herausziehen wie mit einer feinen Glasur überzogen aussieht. *(S. 127–128.)*

85—87 Prüft *bis* Zeichen.] *Krünitz:* Nunmehr muß aber auch der Gießer untersuchen, ob er eine gute Mischung getroffen habe. Er gießt daher in eine Grube im Sande, oder besser, in einen ausgehöhlten und gewärmten Stein, etwas von seinem Metall, und zerbricht es nach dem Erkalten. Gar zu kleine Zacken des Bruches [...] sind ein Zeichen, daß das Metall zu viel Zinn habe, und daß noch Kupfer hinzugesetzt werden müsse. Im Gegentheil muß man alsdenn nach Gutdünken noch etwas Zinn hinzu setzen, wenn die Zacken zu groß sind *(S. 128).*
132—134 Und *bis* Glück] *ähnlich zu Beginn von "Der Ring des Polykrates":*
135 der Pfosten ragende Bäume] *Möglicherweise sind die Pfosten gemeint, welche die Schutzdächer der Heuschober tragen, oder auch Zaunpfähle.*
143—145 Doch *bis* schnell.] *Vgl. das Schicksal des Polykrates (NA 1, 363—365).*
147 Schön *bis* Bruch] *Vgl. zu V. 85—87.*
150—153 Stoßt *bis* Wogen.] *Krünitz:* So bald also der Gießer mit einer eisernen Stichstange den Zapfen aus dem Gießloche [...] des Ofens stößt, fließt das Metall in der Hauptrinne zu der mittelsten Form [...]. Dieser eiserne Zapfen in dem Innern des Ofens wird in das Zapfenloch gesteckt, ehe man das Metall in den Ofen wirft. Der Druck des Metalles preßt also selbst den Zapfen beständig fester in das Zapfenloch, ohne ihn heraus zu stoßen. *(S. 128—129.)*
151 Gott *bis* Haus.] *Als Benvenuto Cellini die Statue des Perseus goß, fing seine Werkstatt Feuer; vgl. Goethes Übersetzung (Horen 1797. 3. Stück. S. 67).*
152 des Henkels Bogen] *Durch die Henkelbogen fließt das geschmolzene Metall in die Form (vgl. Krünitz, 121—122).*
157 Himmelskraft] *Anspielung auf die Geschichte von Prometheus.*
184—185 Kochend *bis* Lüfte] *vielleicht eine Reminiszenz an Ovids Phaeton-Erzählung in den "Metamorphosen", die Schiller von Johann Heinrich Voß in einer Übersetzung erhalten und in den "Horen" (1797. 5. Stück. S. 31—54) veröffentlicht hatte; bei Ovid heißt es:* ferventesque auras velut e fornace profunda *(2, 229); bei Voß:* Denn aufsiedende Luft, wie aus tiefem Schlunde des Ofens *(S. 45).*
234—242 Dem *bis* Loos.] *Zur biblischen Vorstellung von der Auferstehung der Toten vgl. 1. Kor. 15, 42.*
251 der schwarze *bis* Schatten] *Hades, wie in "Triumf der Liebe" (V. 112).*
265—272 Bis *bis* plagen.] *Krünitz:* Man läßt die gegossenen Glocken insgemein eine Nacht über in der Form stehen; alsdenn kann man die Dammgrube aufreißen, den Mantel mit einem Hammer abschlagen, und die Glocke [...] aus der Grube ziehen. *(S. 129). — Auch nach dem Guß der Perseus-Statue durch Cellini wird, unter Einschluß des Meisters, während der Abkühlungszeit des Metalls gefeiert (vgl. Horen 1797. 3. Stück. S. 72).*
271 Vesper] *Vgl. zu "Der Gang nach dem Eisenhammer" (V. 10).*
278 Breitgestirnte] *homerischer Ausdruck:* εὐρυμέτωπος *(Odyssee 3, 382).*
286 Kranz] *Erntekranz.*
298 Denn *bis* wacht] *Der Satz bezieht sich auf V. 295—296.*
299—308 Heil'ge *bis* Vaterlande!] *Im "Bürgerlied" tritt Ceres als Städtegründerin, als Begründerin der Zivilisation auf; vgl. auch "Elegie" (V. 41—44).*
300 Himmelstochter] *ähnlich die Personifikation der Freude im Lied "An die Freude" (V. 2).*
309—312 Tausend *bis* kund.] *Vgl. die Schilderung in der "Elegie" (V. 76—77).*
333—340 Nun *bis* gehen.] *Vgl. zu V. 265—272.*

341 Der *bis* zerbrechen] *Vgl. zur hier einsetzenden Kritik an der Französischen Revolution die Darstellung in der „Elegie" (V. 141–182).*

361 Freiheit und Gleichheit!] *„Liberté, egalité, fraternité" („Freiheit, Gleichheit, Brüderlichkeit") lauteten die Ziele der Französischen Revolution.*

364 Würgerbanden] *Anspielung auf den Terror der Jakobiner.*

365–368 Da *bis* Herz] *Im Brief vom 12. und 13. November 1789 berichtete Charlotte von Lengefeld an Schiller: Eben erhalte ich einen Brief von B*eulwitz *[aus Paris] [...] – von den Pariser Frauens erzählt er schöne Geschichten die hoffe ich, nicht so sein sollen, es hätten sich einige bei einen erschlagnen Garde du Corps versammelt, sein Herz heraus gerißen, und sich das Blut in Pokalen zu getrunken.*

Eine Strophe aus Johann Arnold Eberts Gedicht „Auf Sr. Hochfürstlichen Durchlaucht, Carl Wilhelm Ferdinand, regierenden Herzogs zu Braunschweig und Lüneburg, höchst erfreuliche Zurückkunft. / Braunschweig, den 6. Februar, 1794" klingt, als seien Schillers Verse hier vorgebildet:

    Euch, deutsche Weiber, Heil! Denn ihr,
    So ungleich jener Furienbande,
    Ihr seid noch des Geschlechtes Zier,
    Wie jene, des Geschlechtes Schande.
    O bleibt euch selbst auch ferner gleich;
    Fromm, edel, sittsam, mild und weich,
    Und haßt Mänaden und Megären,
    Die, selbst mit der Natur entzweit,
    Die Milch der sanften Weiblichkeit
    In Geifer, Gall' und Gift verkehren.

(V. 81–90; Musen-Almanach fürs Jahr 1795. Hrsg. von Johann Heinrich Voß. S. 43).

373 Gefährlich *bis* wecken] *Das Bild findet sich schon in Schillers Brief an Körner vom 10. Juni 1792: Die sogenannten* u n t e r n *Seelenkräfte sind wie schlafende Löwen, die man oft beßer thut nicht zu wecken.*

377–380 Weh' *bis* ein.] *Der 7. Brief „Ueber die ästhetische Erziehung des Menschen" reflektiert eine ähnliche Problematik: Wo der Naturmensch seine Willkühr noch so gesetzlos mißbraucht, da darf man ihm seine Freyheit kaum zeigen [...]. Das Geschenk liberaler Grundsätze wird Verrätherey an dem Ganzen, wenn es sich zu einer noch gährenden Kraft gesellt (NA 20, 329). – Die Lichtmetaphorik der kritischen Verse über die Aufklärung (vgl. auch „Elegie", V. 142) findet sich in sehr ähnlicher Form und in gleichem Zusammenhang bei Wieland; in den „Gesprächen unter vier Augen" (1798) wird* die *Aufklärung des menschlichen Verstandes mit einem langsamen unmerklichen Zunehmen des Lichtes verglichen und vor denjenigen Aufklärern gewarnt, die ihre Pechfackeln so ungeschickt und unvorsichtig handhaben, als ob es ihnen weniger darum zu thun sey uns zu leuchten, als uns die Häuser über dem Kopf anzuzünden (Sämmtliche Werke 31, 43).*

Schillers Verse haben schon früh Widerspruch ausgelöst. Im Leipziger „Allgemeinen litterarischen Anzeiger" (Oktober 1801. Sp. 1461–1463) macht ein mit J. C. S. Unterzeichneter einen „Vorschlag zu einer Verbesserung in Friedrich Schiller's vortrefflichem Liede: Von der Glocke"; er nennt es einen *Mißbrauch der Dichtkunst, GrundSätze der Unterdrückung der Menschen in schöne, verführerische Verse zu kleiden, und gibt zu bedenken:* Wie wäre es also, wenn der Meister, um das gegebene Aergerniß wieder gut zu

machen, jene Worte etwa so umänderte:
> Weh' denen, die dem Langeblinden
> Des Himmels Fackel plötzlich leihn!
> Sie könnte blenden, könnte zünden,
> Und Fluch für ihn Statt Segen sein.

(Sp. 1462.)

385 Von dem Helm zum Kranz] *Krünitz:* Der Kranz *[...] ist nur ein einziger Kreis der Glocke, wo sie die größte Dicke hat, und wo sie dem Stoße des Klöppels ausgesetzt ist. (S. 106–107.)* Der Helm *oder die* Haube *ist der oberste Teil der Glocke (vgl. S. 107).*

389–394 Herein *bis* Gemeine.] *Eine Glockentaufe oder -weihe beschreibt ausführlich Krünitz (vgl. S. 101–104).*

404 das bekränzte Jahr] *wohl mit Anspielung auf die Horen als Göttinnen der Jahreszeiten, die gemeinhin tanzend und mit Kränzen auf dem Haar dargestellt wurden.*

GEDICHTE. ZWEITES BUCH

242–244   Der Ring des Polykrates

ENTSTEHUNG. Vgl. NA 2 II A, 601.

ÜBERLIEFERUNG. Vgl. NA 2 II A, 601. – h: GSA. Abschrift Rudolphs für die Prachtausgabe (nach D²), Bl. 55–57; mit einer Korrektur Schillers in der Überschrift (= hH). – D¹: Gedichte 1 (1800). S. 143–148. D²: Gedichte ²1 (1804). S. 143–148. – Textwiedergabe nach hH.

LESARTEN. Vgl. den Text des Erstdrucks in NA 1, 363–365 sowie die Lesarten in NA 2 II A, 601. – Überschrift: Der Ring / des Polykrates. / Ballade. *h, von Schiller* Ballade. *gestr. hH*   **9** jezt] jetzt $D^1 D^2$ **40** Der Sparter nie besiegte Schaaren D^1 **47** Kreter] Sparter D^1 **48** Vorbei] Vorbey D^1 **54** Theil.] Theil." $D^1 D^2 h$ **56** Bei] Bey D^1 **58** hatt'] hatt D^1 **63** verleihn] verleyhn D^1 **82** „Herr] Herr *h*   **84** ihn."] ihn. *h*   **86** herbeigeeilet,] *Komma fehlt* D^1

ERLÄUTERUNGEN. Schiller änderte die Ballade gegenüber dem Erstdruck an drei Stellen. In V. 40 und 47 sind die Kreter an die Stelle der von Herodot erwähnten Sparter getreten, vermutlich, um der Flotte des Polykrates einen Gegner entgegenzustellen, der für seine Seemannschaft berühmt war; die Kreter galten als Seefahrervolk. Außerdem wurde in V. 86 die auffallende Wiederholung von der Koch *vermieden.*

245–250   Die Kraniche des Ibycus

ENTSTEHUNG. Vgl. NA 2 II A, 621.

ÜBERLIEFERUNG. Vgl. NA 2 II A, 621. – h: GSA. Abschrift Rudolphs für die Prachtausgabe (nach D²), Bl. 58–61; mit Korrekturen Schillers (= hH). – D¹: Gedichte 1 (1800). S. 155–164. D²: Gedichte ²1 (1804). S. 155–164. – Textwiedergabe nach hH.

LESARTEN. Vgl. den Text des Erstdrucks in NA 1, 385–390 sowie die Lesarten in NA 2 II A, 621. – Überschrift: Die Kraniche des Ibycus. / Ballade. h, *von Schiller* Ballade. *gestr.* hH 1 Gesänge,] *Komma fehlt* D¹ 17 „Seyd] „Seid D¹ 23 Sey] Sei D¹ 28 Zwei] Zwey D¹ 47 Klag'] Klag D¹ 58 bei] bey D¹ 62 Wut,] *Komma fehlt* D¹ 74 Jetzt] Jetzt D¹ D² 83 Herbeigeströmt] Herbeygeströmt D¹ 91 Kekrops] Theseus D¹ D², Kekrops *über gestr.* Theseus hH 116 Frevler] Sünder D¹ D², Frevler *über gestr.* Sünder hH 118 Erinnyen] *über gestr.* Erinnyen *(verb. aus* Erynnyen*)* hH 120 Leyer] Leier D¹ 121 „Wohl] Wohl D¹ D² h 139 ganzen] z *verb. aus* s h 170 fliegt's] flieg'ts D¹ D² 176 war."] war". D¹

ERLÄUTERUNGEN.
91 Kekrops Stadt] Athen.

250–254 Damon und Pythias

ENTSTEHUNG. Zur Entstehung des in allen von Schiller autorisierten Drucken „Die Bürgschaft" überschriebenen Gedichts vgl. NA 2 II A, 649. Zur neuen Überschrift entschloß sich Schiller erst nach der durch Rudolph besorgten Abschrift, also vermutlich Ende 1804.

ÜBERLIEFERUNG. Vgl. NA 2 II A, 649. – h: GSA. Abschrift Rudolphs für die Prachtausgabe (nach D²), Bl. 62–65; mit Korrekturen Schillers (= hH). – D¹: Gedichte 1 (1800). S. 34–40. D²: Gedichte ²1 (1804). S. 34–40. – Textwiedergabe nach hH.

LESARTEN. Vgl. den Text des Erstdrucks in NA 1, 421–425 („Die Bürgschaft") und die Lesarten in NA 2 II A, 649. – Überschrift: Die Bürgschaft. / Ballade. D¹ D² h, *von Schiller in* h *gestr. (zuerst* Ballade. *durch drei senkrechte Striche, danach* Die Bürgschaft. *durch einen waagrechten Strich), darüber* Damon und Pythias. hH 2 Damon] Möros D¹ D² h, *von Schiller in* h *gestr. und am linken Rand durch* D a m o n *ersetzt* hH 7 Kreutze] Kreuze D¹ D² 11 drei] drey D¹ 17 Drei] Drey D¹ 22 „Der] „der D¹ D² 23 Kreuz] Kreutz D¹ 25 drei] drey D¹ 60 Da treibt ihn die Angst] Da treibet die Angst ihn D¹ 61 Fluth] Flut D¹ D² 66 stürzt] stürzet D¹ D² 69 Wanderers] Wanderes *(Druckfehler)* D² h *(von Schiller nicht korrigierter Fehler)* 76 drei] drey D¹ 78 Brand,] *Komma fehlt* D¹ 94 Schatten;] Schatten, D¹ 95 zwei] zwey D¹ 98 Jezt] Jetzt D¹ D² Kreuz] Kreutz D¹ 118 zweie] zweye D¹ 121 Kreuz] Kreutz D¹

ERLÄUTERUNGEN. Die neue Überschrift der Ballade geht auf die Überlieferung des Stoffes außerhalb des von Schiller benutzten Hyginus zurück; dort lauten die Namen der Freunde Damon und Pythias oder Phintias, so schon in den „Factorum et dictorum memorabilium libri novem" (Denkwürdige Taten und Aussprüche in neun Büchern) von Valerius Maximus, oder auch bei Cicero (De officiis [Über die Pflichten] 3, 10).

*In Zedlers „Universal Lexicon" ist zu lesen: „*Pythias*, von einigen auch* Phintias*, ingleichen* Pinthias *genannt, ein Weltweiser von der Pythagorischen Secte, [...] richtete mit* Damon *einem andern Pythagorischen Weltweisen eine sonderbare vertraute Freundschafft auf [...]" (29, 1872).* Der Grund für die Änderung der Überschrift in der geplanten Prachtausgabe mag darin gelegen haben, daß sie mit den Titeln der vorhergehenden und folgenden Balladen korrespondieren sollte; dort kommt stets ein Personenname vor.

255–258   Kassandra

ENTSTEHUNG. *Am 11. Februar 1802 schrieb Schiller an Goethe,* ein kleines Gedicht, Cassandra das ich in einer ziemlich glücklichen Stimmung angefangen, habe *nicht viel Fortschritte gewinnen können. Am 9. Juni 1802 kündigte Schiller die Zusendung des Gedichts an Cotta an; diese erfolgte einen Monat später, am 9. Juli.*

ÜBERLIEFERUNG. H: ? h: *GSA. Abschrift Rudolphs für die Prachtausgabe (nach D^1), Bl. 66–68. –* E: *Taschenbuch für Damen auf das Jahr 1803. Hrsg. von Huber, Lafontaine, Pfeffel und andern. Tübingen [1802]. S. 210–214; unterzeichnet: Schiller.* D^1: *Gedichte 2 (1803). S. 66–72.* D^2: *Gedichte ^{2}2 (1805). S. 66–72. – Textwiedergabe nach* h.

LESARTEN. 2 Eh'] Eh *E*   4 gold'nes] goldnes *E*   9 geschmückt] geschmükt *E*   11 heil'gen] heilgen *E*   16 traur'ge] traurge *E*   20 Apollos] Apollo's D^2 26 beglückt] beglükt *E*   28 geschmückt] geschmükt *E*   32 Seh'] Seh *E* D^2 33 Fakel] Fackel D^2 seh'] seh *E*   35 seh'] seh *E*   37 seh'] seh *E*   39 Hör'] Hör *E*   45 Glücklichen] Glüklichen *E*   51 blinden] Blinden D^2 52 aufgeschloß'nen] aufgeschloßnen *E*   53 mir,] *Komma fehlt* D^2 57 Frommt's] Frommts *E*   61 traur'ge] traurge *E*   62 Aug'] Aug *E*   blut'gen] blutgen *E*   63 Schrecklich] Schreklich *E*   67 sang'] sang *E*   freud'ge] freudge *E*   70 Augenblick] Augenblik *E*   72 zurück] zurük *E*   73 Schmuck] Schmuk *E*   74 duft'ge] duftge *E*   81 seh'] seh *E*   86 schmückt] schmükt *E*   88 blickt] blikt *E*   90 trunk'nem] trunknem *E*   92 umfah'n] umfahn *E*   97 hab'] hab *E*   99 Blicke] Blike *E*   101 möcht'] möcht *E*   102 heim'sche] heimsche *E*   103 styg'scher] stygscher *E*   105 Larven] *danach* L *durch Rasur unleserlich gemacht* h   107 wand're] wandre *E*   walle] walle, D^2 111 entsetzliches] entsezliches *E*   113 seh'] seh *E*   114 des Mörders Auge] das Mörderauge D^2 116 flieh'n] fliehn *E*   117 Blicke] Blike *E*   119 Geschick] Geschik *E*   122 Da] da *E*   verworr'ner] verworrner *E*   126 flieh'n] fliehn *E*

ERLÄUTERUNGEN. *Kassandra, die Tochter des trojanischen Königs Priamos, war nach Homer die schönste von dessen Töchtern (vgl. Ilias 13, 365), schön wie Aphrodite (ebd. 24, 699); in der „Odyssee" wird von ihrem Tod berichtet: Sie sei von Agamemnons treuloser Gemahlin Klytaimnestra nach dessen Rückkehr von Troja mit dem Schwert ermordet worden (vgl. 11, 421–424). Von Kassandras Wahrsagekunst und ihrem Verhältnis zu Apollon ist erst in nachhomerischer Zeit die Rede, bei den griechischen Tragikern – im „Agamemnon" des Aischylos – und bei Vergil (vgl. Äneis 2, 246–247).*

Nach dem Vergil-Kommentar des lateinischen Grammatikers Servius (um 360–420) zu der erwähnten Stelle hat es mit Kassandras Gabe der Weissagung folgende Bewandtnis: Von Apollon geliebt, versprach Kassandra, dem Gott zu Willen zu sein, wenn er ihr die Wahrsagekunst verleihe; als Apollon den Wunsch erfüllte, sie aber ihr Versprechen nicht hielt, bestrafte er sie damit, „daß niemand ihren Prophezeyungen geglaubet. [...] Dieses soll er dadurch zuwege gebracht haben, daß er sie in verstellter Weise zum wenigsten um einen Kuß gebethen, und als sie ihm diesen endlich geben wollen, so habe er ihr in den Mund gespyen, wodurch es denn geschehen, daß man alle ihre Weißagungen für Lügen und Unwahrheiten gehalten." (Hederich, 640.) Besonders schwerwiegende Folgen hatte diese Strafe, als die Trojaner Kassandras Warnung vor dem hölzernen Pferd der Griechen unbeachtet ließen (vgl. Schillers Vergil-Übersetzung „Die Zerstörung von Troja" [V. 331–334]).

Ebenso wie der Mythos um Kassandra ist die Erzählung von ihrer Schwester Polyxene, die den äußeren Rahmen des Gedichts liefert, späteren Ursprungs: Dem Achilleus gefiel Polyxene so gut, daß er dem Priamos versprach, ihm Frieden mit den Griechen zu verschaffen, wenn er sie zur Frau erhalte. Als es im Tempel des Apollon in Thymbra bei Troja zur Unterhandlung kam, wurde Achilleus von dem dort versteckten Paris tödlich verwundet. In der Sammlung der „Fabulae" des Hyginus, die Schiller auch für „Die Bürgschaft" benutzte, wird in der 110. Fabel weiter berichtet, die Stimme des verstorbenen Achilleus habe sich nach der Eroberung Trojas beschwert, daß ihm nicht auch etwas von der Beute zugekommen sei, worauf denn Polyxene am Grabe des Achilleus von dessen Sohn Pyrrhus getötet worden sei.

Schiller rechnete „Kassandra", wiederholt als kleines Gedicht bezeichnet (vgl. an Goethe vom 11. Februar 1802, an Körner vom 9. September 1802), in der Prachtausgabe später unter die Balladen aufgenommen, zu den gewichtigeren lyrischen Produkten der Zeit. An Körner schrieb er mit Blick auf seine Gesellschaftslieder „An die Freunde" und „Die vier Weltalter" für Goethes „Mittwochskränzchen": Ich habe noch verschiedene andere [Gedichte] angefangen, die mir aber ihrem Stoffe nach, zu ernsthaft und zu poetisch sind um bei einer vermischten Societät und bei Tische zu cursieren. *(Brief vom 18. Februar 1802.) Die Idee des Gedichts, so Schiller nach dessen Fertigstellung am 9. September 1802 in einem Brief an Körner, hätte auch vielleicht der Stoff zu einer Tragödie werden können – ein Gedanke, den Körner aufgriff und ergänzte:* Die Chöre der Griechen und Trojaner, und die festlichen Handlungen im Tempel gäben einen herrlichen Stoff zu einer Oper. Nur giebt es für das Drama keinen befriedigenden Schluß. Der eigentliche Schluß ist die Zerstörung von Troja, und bey Deiner Behandlung erscheint sie im Hintergrunde. In Deiner Darstellung schätze ich besonders die rührende Weiblichkeit ohne Nachtheil der Kraft. *(An Schiller vom 19. September 1802.)*

Zum Dramatischen in dem Gedicht gehört sein überwiegend monologischer Charakter; Kassandras Klage (vgl. besonders V. 61–64) erinnert an Johannas Monolog in der „Jungfrau von Orleans" (IV 1. V. 2518–2613; NA 9, 268–271), gesprochen in vergleichbarer Situation, im Kontrast zwischen allgemeiner Festesfreude und einsamem Schmerz über die Größe der eigenen Berufung, die als unerträgliche Last empfunden wird. Johanna beendet ihren Monolog (bis auf das in V. 2598–2613 abweichende Reimschema) in der gleichen metrischen Form, wie sie das Gedicht aufweist: Strophen aus acht vierhebigen trochäischen Versen in doppeltem Kreuzreim, der regelmäßig alternierend weiblich und männlich schließt.

Bei den Vorbereitungen für die geplante Prachtausgabe gehörte „Kassandra" neben „Der Graf von Habsburg", dem „Lied von der Glocke" und „Hero und Leander" zu den Gedichten, nach welchen Kupferstiche zum Schmuck des Buches gemacht werden sollten (vgl. Schiller an Crusius vom 24. Juni 1804).

2 die hohe Veste] *Pergamos, die Stadtburg Trojas.*

5—8 Alle bis freit.] *Vgl. die einleitenden Erläuterungen.*

6 thränenvollen] *homerisches Beiwort:* δακρυόεις *(Ilias 5, 737).*

7 der herrliche Pelide] *Achilleus als Sohn des Peleus; das Attribut entspricht wieder einem homerischen Epitheton:* ἀγαυός *(Ilias 10, 392).*

12 Zu des Thymbriers Altar] *zum Tempel Apollons in Thymbra bei Troja; Apollon trug u. a. den Beinamen Thymbraeus (vgl. Äneis 3, 85).*

23 Priesterbinde] *weißes Stirnband zum Zeichen priesterlicher Würde (vgl. Äneis 6, 665; 10, 538).*

27 hoffen] *auf das Ende des Krieges.*

32 Verderben] *Tod des Achilleus und Fortsetzung des Krieges bis zur Eroberung Trojas.*

33—36 Eine bis Opferbrand.] *Hymen, der Gott der Hochzeit, wurde als „Jüngling mit einem Kranze von Bluhmen und Majorane vorgestellt, der in der rechten Hand eine Fackel" trägt (Hederich, 1308). Die Stelle spielt auf Sinon an, den betrügerischen Griechen, der die Trojaner überredete, das hölzerne Pferd in die Stadt zu schaffen; er erhielt von den im Hinterhalt lauernden Griechen durch eine Fackel das Zeichen zum Öffnen des Pferdes, und er war derjenige, der die ersten Brände in der Stadt legte (vgl. Äneis 3, 256—259, 329—330).*

39 des Gottes] *Um wen es sich handelt, bleibt bewußt im dunkeln. Wie in „Der Taucher" (vgl. V. 127) soll das Unbestimmte als Ingrediens des Schrecklichen empfunden werden (Vom Erhabenen; NA 20, 191).*

48 Pythischer] *Apollon.*

52 aufgeschloß'nen Sinn] *der Zukunft geöffneten Sinn.*

53—54 Warum bis kann?] *Vgl. über Kassandra und Apollon und die Herkunft ihrer Sehergabe die einleitenden Erläuterungen. Schiller klammert, seiner Interpretation der Kassandra-Figur zuliebe, diese Hintergründe ebenso aus wie das antike Bild einer vom Gott beseelten, im Anblick kommenden Unheils rasenden Seherin; so erscheint sie in Friedrich Leopold zu Stolbergs Ode „Kassandra" (Musenalmanach für das Jahr 1797. [Hrsg. von Johann Heinrich Voß.] Hamburg.] S. 197—201).*

57—64 Frommt's bis seyn.] *Vgl. zum Motiv des Schleiers „Das verschleierte Bild zu Sais", ebenso zur Frage nach der Zuträglichkeit der Wahrheit für den Menschen, Wahrheit hier als Vorausblick in die Zukunft verstanden.*

61—64 Nimm bis seyn.] *Vgl. Johannas Monolog in der „Jungfrau von Orleans" (IV 1; NA 9, 270).*

91 Besten der Hellenen] *So nennt auch Homer den Achilleus (vgl. Ilias 1, 244).*

92 umfah'n] *nach mhd. umbevâhen: umfangen.*

97—104 Und bis ihn.] *Nach Vergils „Äneis" war Kassandra dem Koroebos verlobt; er eilte Priamos noch im brennenden Troja zu Hilfe und fiel, als er die mit Gewalt fortgeschleppte Kassandra retten wollte; vgl. „Die Zerstörung von Troja" (V. 481—488, 561—568 u. 593—594).*

105—112 Ihre bis seyn.] *ähnlich Homers Beschreibung der Begegnung des Odysseus mit den Geistern der Verstorbenen in der „Odyssee" (vgl. 11, 627—637).*

105 Larven] *Gespenster, Schreckgestalten (vgl. Grimm 6, 207).*
113—120 Und *bis* Land.] *Kassandra wird nach der Eroberung Trojas dem Agamemnon zugesprochen; nach ihrer Ankunft in Mykene werden beide von Klytaimnestra und Aigisthos umgebracht.*
122—124 Da *bis* Sohn!] *Zum Tod des Achilleus vgl. die einleitenden Erläuterungen.*
125 Eris *bis* Schlangen] *Eris trug nach Vergil Schlangenhaare (vgl. Äneis 6, 281).*
126 Alle *bis* davon] *Die Götter, hier als Hochzeitsgäste gedacht, eilen davon, wohl auch, um den beiden Kampfparteien, wie zuvor, erneut beizustehen.*
127 des Donners Wolken] *Blitz und Donner, Zeichen des Zeus für Verderben und Untergang.*
128 Ilion] *Troja.*

259—266 Hero und Leander

ENTSTEHUNG. Die Ballade entstand wahrscheinlich — wenigstens zum größten Teil — im Juni 1801. Am 17. Juni notierte Schiller in seinen Kalender: Hero und Leander fertig gemacht. *Am 19. Juni wurde das Gedicht an Cotta geschickt. Vgl. auch Schillers Brief an Goethe vom 28. [und 29.] Juni 1801.*

ÜBERLIEFERUNG. H: The Pierpont Morgan Library New York. 6 Blätter (ursprünglich 3 ineinanderliegende Doppelblätter?) 18,3 × 23 cm, 10 1/5 S. beschrieben. Über Herkunft, Anordnung und Zustand der Handschrift teilte Frau Christine Nelson (The Pierpont Morgan Library) am 30. August 1991 mit: „The manuscript came to the Library in 1911 in a Riviere & Son binding of red morocco, with a gilt-lettered spine and a border of three gold-tooled fillets on the upper and lower covers. Each of the six leaves of manuscript has been inlaid (mounted) into a larger leaf, and these bound together with a typed transcript of the poem. / It is possible that the binder trimmed the leaves before mounting them, so I cannot say with confidence whether the manuscript was originally written on six loose leaves, or on several folded sheets. The watermarks and chain lines, of which you have a record, might indicate whether various leaves came from the same sheet." Leicht vergilbtes geripptes Papier, etwas stockfleckig. Wz.: Posthorn in gekröntem Schild mit angehängter Bienenkorbmarke, darunter C & I HONIG. Auf der 12. Seite unten von Minna Körner: Schiller sendete jede neue Arbeit von sich, an Körner zur Beurtheilung, schrieb sie eigenhändig, und setzte daher seinen Nahmen nicht darunter. / verwittwete Staats Räthin Körner / Berlin / d 14 Jenner / 1836. *h¹: GSA. Abschrift Rudolphs für die Prachtausgabe (nach D¹), Bl. 69—74; mit einer Korrektur Schillers in der Überschrift (= h¹H). h²: SNM. Abschrift von Carl Künzel nach H, am 24. August 1861 an Joachim Meyer übersandt. Am unteren Rand der letzten Seite von der Hand Künzels:* Hier verehrter Herr Professor, die getreue Abschrift meines Schillerschen Autographs, die rothen Abänderungen nach Schillers eigener Correctur. Darf ich Sie wohl noch um ein Exemplar der fr[üheren?] und neuen Beiträge zur Feststellung pp des Schiller'schen Textes bitten? Das ältere Heft wurde mir nicht mehr zurückgegeben, das neue, das unter [... *(Textverlust)*] cursirt, will den Rückweg zu mir auch nicht finden, doch möchte ich solche stets [zur] Hand haben. Für heute nur die herzlichsten Grüsse. Hochachtend Carl Künzel / d. 24 Aug 1861. *— E: Taschenbuch für Damen auf das Jahr 1802. Hrsg.*

von Huber, Lafontaine, Pfeffel und andern. Tübingen [1801]. S. 153–162. D¹: Gedichte 2 (1803). S. 6–19. D²: Gedichte ²2 (1805). S. 6–19. – Textwiedergabe nach h¹H.

LESARTEN. *Im folgenden wird h², die – recht sorgfältige – Abschrift Künzels von H, nicht berücksichtigt. – Überschrift:* Hero und Leander / Ballade *H* Hero und Leander. / Ballade. *E D h¹;* Ballade. in h¹ *von Schiller mit drei senkrechten Strichen gestr.* h¹H   **2** Schlößer] Schlösser *E D¹ D²*   **7** stürmen] stürmen, *H E D¹ D²*   **9** riß] riss *H*   **10** schreckt] schrekt *E*   **11** Heros und Leanders] Hero's und Leander's *D²*   **13** heilge] heil'ge *D²*   **15** Gebirge] Gebürge *H*   **19** süße] süsse *E D¹*   **21** Dort auf Sestos] *über gestr.* Auf Abydos *H*   **22** ew'gem] ewgem *H E*   **25** Abydos] *über gestr. der theuren H*   **26** Heißgeliebte] heiß geliebte *H*   heiß Geliebte *E* wohnt.] wohnt, *H E*   **27** Ach,] *Komma fehlt H*   **32** sie] sie *H*   Faden] Faden, *H E D²*   **35** Feuer sprüh'nden] Feuer sprühnden *H*   Feuersprüh'nden *E*   Stiere] Thiere *E*   **36** diamant'nen] diamantnen *H E*   **37** fließet] fliesset *E*   **40** des] *verb. aus der* h¹   **41** Gewässers] Gewäßers *H*   **42** feur'gen] feurgen *H E*   **46** des] *verb. aus der* h¹   **48** Steurend nach dem fernen Strand, *H E*   **52** Glückliche] Glükliche *E* erwarmen,] *Komma fehlt H E*   **53** schwer bestand'nen] schwer bestandnen *verb. aus schwer lesbarem Wort, Künzel (h²) las* schwerdevollen *(*bestandnen *über gestr.* vollen*) de gestr. H* schwer bestandnen *E*   **56** aufgespart,] aufgespart. *H*   **58** weckt] wekt *E*   **59** Bett'] Bett *H*   **60** Schoos] Schooß *H*   schreckt] schrekt *E*   **61** dreyßig] dreißig *H D²*   **62** Schnell,] *Komma fehlt H*   verstohl'ner] verstohlner *H E* Wonnen,] *Komma fehlt H*   **63** beglückten] beglükten *E*   **64** süsse] süße *H E D¹*   **67** das] *verb. aus des* h¹   Glück] Glük *E*   **68** des] *verb. aus den H*   **69** Höllenflusses] Höllenflußes *H*   **70** Schauervollem] Schaudervollem *H E,* Schauder *verb. aus* Grauen *H*   **73** Glücklichen] G *verb. aus* g *H* Glücklichen *E*   **74** Schmuck] Schmuk *E*   **75** beeißten] beeisten *D²*   **76** Sich den rauhen Winter nahn. *H*   **79** läng're] längre *H E*   Glück] Glük *E*   **81** gleichte] *verb. aus* theilte (?) *H* Waage] Waage, *E*   **83** die] *verb. aus der H*   **84** Felsenschlosse] Felsenschloße *H* **85** Sonnenrosse] Sonnenroße *H*   **86** Rand.] Rand, *H*   **89** Weben] Wehen *H (*Weben *vermutlich Druckfehler in E D¹ D²)*   **91** Delphinenschaaren] *verb. aus* Delphinenscharen h¹   **96** buntes] *über gestr.* ganzes *H*   Heer.] *Punkt verb. aus Semikolon H* **102** Meeres,] *Komma fehlt H*   **105** Nein,] *Komma fehlt H*   Frevler] *über gestr.* Lästrer *H*   **111** Felsenmauern] Felsenmauren *H E*   **112** trauern] trauren *H E* **113** Und] *davor gestr.* Hof (?) *H*   ew'gem] ewgem *H*   **114** Rücken] Rüken *E* **115** Brücken] Brüken *E*   **120** bezwingt] *verb. aus* gewinnt (?) *H*   **122** mächt'ger] mächtger *H*   **123** gold'nen] goldnen *H E*   **124** Helle,] *Komma fehlt H* **125** Schön in Jugendfülle] Schön *verb. aus* Nach; in Jugendfülle *über gestr.* dem fernen Kolchos *H*   **128** Griffst du] *über gestr.* Schauend *H*   Schlund] Teich *H E* **129** Rücken] Rüken *E*   **130** den Meeresgrund."] dein flutend Reich." *E H; Schlußstriche fehlen D¹ D²*   **131** Göttin] Göttinn *H*   **132** Wassergrotte] Waßergrotte *H*   **133** jezt] jetzt *D²*   **134** Liebe] Liebe, *H*   **137** Göttin] Göttinn *H* **139** *über gestr.* Führe mir den vielgeliebten *H*   **140** *über gestr.* Glücklich auf der Wogen Bahn. *H*   **141** Fluthen] Fluten *H E D¹ D²*   **142** Fackel] Fakel *E*   **147** saußt] saust *D²*   **148** kräußelt] kräuselt *H E D¹ D²*   **154** Blitze zucken] Blize zuken *E*

157 ungeheu're] ungeheure *H E*   **158** Wasserschlund] Waßerschlund *H*   **160** Oefnet] Oeffnet *D²*   **162** großer] grosser *E*   **166** Preis] Preiß *H*   **168** eil'ger] eilger *H*   **169** *über gestr.* Selbst das Schiff, mit Eichenrippen *H*   **170** Bergen] *verb. aus* Birgt *H*   sich'rer] sichrer *über gestr.* der sichren *H*   **171–180** *zweimal je fünf Verse auf S. 7 quer am rechten Rand, also nachträglich eingefügt H*   **173** mächt'ger] mächter *(Schreibversehen) H*   **175** heil'gen] heilgen *H E*   **177** Augenblicke] Augenblike *E*   **178** Wuth] Wut *H E*   **180** Fluth] Flut *H E D¹ D²*   **181** Falscher] *verb. aus* Falser *h¹*   **184** Tückisch] Tükisch *E*   Wogen,] *Komma fehlt H*   **186** falsches] *verb. aus* falscher *h¹*   **187** Jezt] Jetzt *D²*   **188** Rückkehr] Rükkehr *E*   verschloß,] *Komma fehlt H E*   **189** Lässest] Läßest *H*   **190** Schrecken] Schreken *E*   **191** wächßt] wächst *D²*   Stromes *(vielleicht Abschreibefehler)]* Sturmes *H E D¹ D²*   Toben,] *Komma fehlt H*   **194** Schäumend] Donnernd *H E*   **197** Fackel] Fakel *E*   **198** des Pfades Leuchte war] *über gestr.* Beleuchterin *[danach Wort aus vermutlich drei Buchstaben unlesbar gemacht]* der Bahn *H*   **199** *über gestr.* Und es sprüzt der Schaum der Brandung *H*   Schrecken] Schreken *E*   Gewässer] Gewäßer *H*   **200** *in d. Z. nach gestr.* Gischend an dem Felsen an. *H*   Schrecken] Schreken *E*   **206** gold'nem] goldnem *H E*   **212** Hallen,] *Komma fehlt H*   **213** Leucothea] Leucothea *H*   **217** Reich'] Reich *H E*   heil'gen] heilgen *H E*   **219** unverletzlich] unverlezlich *H E*   **220** Fluthen] Fluten *H E D*   **223** Eos Pferde in die Höh.] Pferde *verb. aus* Rosenpferde, *danach* auf *gestr. H*   **229** schwemmen,] *Komma fehlt H*   **231** Ja] *nach gestr.* Ist *H*   ist's] ists *H*   **232** heil'gen Schwur] heilgen *über gestr.* Liebes; Schwur *verb. aus* schwur *H*   **233** Blicks] Bliks *E*   **236** hin.] hin, *H E*   **237** Trostlos] *verb. aus* Kraftlos *H*   **238** Blickt sie] *über gestr.* Trostlos *H,* Blikt sie *E*   **241** erkenn'] erkenn *H E*   **243** Furchtbar,] *Komma fehlt H*   **244** beschlossen] beschloßen *H*   **245** das] *danach* schönste *gestr. H*   Glück] Glük *E*   genossen] genoßen *H*   **247** ich] *danach* dir ge *gestr. H*   **249** sterb'] sterb *H*   ich,] *Komma fehlt H*   **250** große] grosse *E*   **253** Meerfluth] Meerflut *H E D¹ D²*   **254** Fluthenreichen] Flutenreichen *H E D¹ D²*   **255** heil'gen] heilgen *H E*

ERLÄUTERUNGEN. *Die Geschichte von Hero und Leander ist ein viel behandelter Stoff; vgl. zur Motivgeschichte Jellinek,* Die Sage von Hero und Leander *(1890); Malten,* Motivgeschichtliche Untersuchungen *(1950). Schon in Vergils „Georgica" (3, 258–263) wird sie erwähnt; im 2. Teil von Ovids „Heroides", einer Sammlung von fiktiven Liebesbriefen, in denen Frauen aus mythischer Vorzeit ihren fernen Geliebten ihr Liebesleid klagen, finden sich Briefe Leanders an Hero und Heros an Leander (vgl. die 18. und 19. Epistel). Beide Überlieferungen werden Schiller ebenso bekannt gewesen sein wie die Darstellung des Musaios (um 500), der das Motiv in einem Epyllion verarbeitete; eine Übersetzung war Schiller 1797 von Christian Wilhelm Ahlwardt (1760–1830), Rektor in Anklam, für die „Horen" angeboten worden; Ahlwardt hatte zuvor eine Übersetzung aus den „Heroides" veröffentlicht (vgl. Schiller an Goethe vom 30. Juni 1797 und die Erläuterungen dazu; einen Überblick über die umfangreiche antike Überlieferung bietet Färber,* Hero und Leander *(1961). Als zeitgenössische Quelle kommt, wie im Fall vom „Lied von der Glocke", die „Oekonomisch-technologische Encyclopädie" von Krünitz in Frage (vgl. T. 66. Berlin 1795. S. 655–658; abgedruckt bei Leitzmann [1911], 27–28).*

Ursprünglich hatte Goethe den Stoff bearbeiten wollen (vgl. Schiller an Körner vom 23. Mai 1796 und Goethe an Schiller von Ende Mai oder Anfang Juni 1796); Humboldt zufolge gab Goethe den Plan auf, weil er meinte, es sei ein fremdes Sujet, das sich nie recht frei würde behandeln lassen. *(An Caroline von Humboldt vom 7. April 1797; Wilhelm und Caroline von Humboldt in ihren Briefen 2, 37).* So ist verständlich, daß Goethe nach Ankündigung der Fertigstellung der Ballade im Brief Schillers vom 28. Juni 1801 sich recht neugierig zeigte *(an Schiller vom 7. oder 8. und 12. Juli 1801).*

In der geplanten Prachtausgabe der Gedichte sollte „Hero und Leander" (neben „Der Graf von Habsburg", „Kassandra", dem „Lied von der Glocke" und der Juno Ludovisi) das Sujet für ein Kupfer abgeben *(vgl. Schiller an Crusius vom 24. Juni 1804 und vom 24. Januar 1805).*

1—10 Seht bis nicht.] *Die Schlösser, von den Sultanen Mohammed II. (1430–1481) und Mohammed IV. (1638–1692) erbaut, lagen zu beiden Seiten der Dardanellen, der Meerenge zwischen der europäischen Halbinsel Gallipoli und dem türkischen Festland; die Dardanellen verbinden das Ägäische mit dem Schwarzen Meer.*

4 Hellespont] *So wurden im Altertum die Dardanellen genannt; über die Entstehung des Namens vgl. zu V. 123–130.*

21—26 Dort bis wohnt.] *Die Stadt Sestos lag auf der europäischen, Abydos auf der kleinasiatischen Seite der Meerenge, die an dieser Stelle nach antiker Berechnung (vgl. Herodot 7, 34) sieben Stadien, etwa 1300 m, breit ist. Der persische König Xerxes I. (um 519–465 v. Chr.) ließ im Jahr 480 an dieser Stelle eine Brücke errichten.*

31—32 Aus bis Faden] *Anspielung auf Ariadne und Theseus.*

33 Blöden] *blöde: schüchtern, zaghaft; schwach (vgl. Grimm 2, 139).*

34 Beugt bis Thiere] *Admetos, König von Thessalien, erhielt seine Frau Alkestis von deren Vater Pelias nur unter der Bedingung, daß er einen Löwen und ein wildes Schwein vor einen Wagen spanne und so zu ihm komme.*

35—36 Spannt bis Pflug] *Als Jason in Kolchis von König Aietes das Goldene Vlies verlangte, stellte ihm der König zwei Aufgaben; die erste lautete, er solle feuerschnaubende Stiere mit ehernen Füßen vor den Pflug spannen und mit ihnen pflügen; des Königs Tochter Medea, in Jason verliebt, gab ihm eine Salbe, die ihn gegen den Feueratem der Tiere schützte.*

36 diamant'nen] *Das Attribut erklärt sich aus griech. ἀδάμας, was sowohl „Stahl" wie „Diamant" bedeutet.*

37—40 Selbst bis Haus.] *Anspielung auf die Geschichte von Orpheus und Eurydike.*

46 Pontus] *lat.: Meer.*

49 Söller] *nach lat. solarium: Sonnendach, flaches Dach; offener Anbau an einem Gebäude, Balkon, Altan.*

81—82 Und bis Tage] *Gemeint ist der Eintritt des Äquinoktiums, der Tag- und Nachtgleiche am 23. September (und 21. März); Schiller orientierte sich bei der Formulierung offenbar an Vergils „Georgica" (I 208–209):* Libra die somnique pares ubi fecerit horas / et medium luci atque umbris iam diuidit orbem *(„Theilet die Wage gleich die Stunden des Tags und des Schlafes, / Grade dem Licht und den Schatten des Himmels Hälfte bescheidend"; nach Johann Heinrich Voß, Des Publius Virgilius Maro Landbau [1789], 29).*

85 Sonnenrosse] *Helios lenkte die Pferde seines Sonnenwagens.*

96 Thetys] *Tethys.*

96 buntes Heer] *Fischschwärme.*

100 Hekate] *Hekate wurde (u. a.) nach einer möglicherweise nicht von Hesiod stammenden Passage der „Theogonie" als Göttin aller Elemente verehrt; als solche herrschte sie auch über das Meer.*

104 Schöner Gott] *Poseidon.*
123–130 Als *bis* Meeresgrund] *Auf der Flucht vor ihrer Stiefmutter Ino setzten sich Helle und ihr Bruder Phrixos auf einen von der Mutter gesandten Widder mit goldenem Fell, der sie durch die Luft nach Kolchis bringen sollte; unterwegs stürzte Helle über den Dardanellen ins Meer, das nach ihr Hellespont genannt wurde. Von Poseidons Liebe zu Helle ist nichts bekannt, bei Hederich, den Schiller in mythologischen Fragen zu Rate zog, heißt es jedoch, daß „Neptun mit ihr auch so noch den Almopes gezeuget haben" soll (Sp. 1232).*
136 Port] *lat. portus: Hafen.*
201 Und *bis* Afrodite] *Hero war eine Priesterin der Aphrodite (vgl. V. 252–253); als dem Meer entstammende Göttin wurde dieser auch Gewalt über das Meer zugeschrieben.*
213 Leucothea] *Ino wurde in eine Meergöttin verwandelt und Leukothea genannt; als solche rettete sie Odysseus mit ihrem Schleier aus Seenot (vgl. Odyssee 5, 333–375).*
255 der Gott] *Poseidon.*

266–271 Der Taucher

ENTSTEHUNG. Vgl. NA 2 II A, 608.

ÜBERLIEFERUNG. Vgl. NA 2 II A, 608. – h: GSA. Abschrift Rudolphs für die Prachtausgabe (nach D²), Bl. 75–78; mit Korrekturen Schillers (=hH). – D¹: Gedichte 1 (1800). S. 129–138. D²: Gedichte ²1 (1804). S. 129–138. – Textwiedergabe nach hH.

LESARTEN. Vgl. den Text des Erstdrucks in NA 1, 372–376 und die Lesarten in NA 2 II A, 608. – Überschrift: Der Taucher. / Ballade. *D¹ D² h; von Schiller* Ballade. *durch zwei diagonale Striche in h gestr. hH* **1** Rittersmann] Ritter *(Druckversehen?) D¹* **4** Mund,] Mund. *D¹ D², Komma aus Punkt verb. (vermutlich von Schiller) hH* **16** will,] will. *D, Komma aus Punkt verb. (vermutlich von Schiller) hH* **18** hinunter waget] hinunterwaget *D¹* **28** jezt] jetzt *D* **34** ohn'] ohn *D¹* **36** gebähren.] gebähren, *D²* **43** Jezt] Jetzt *D* **46** hinweggespült,] hinweggespült; *D¹ D², Komma aus Semikolon verb. (vermutlich von Schiller) hH* **56** Kron'] Kron *D¹ D²* **58** Lohn,] Lohn. *D¹ D², Komma aus Punkt verb. (vermutlich von Schiller) hH* **60** lebende,] *Komma fehlt D¹ D²* **92** rosigten] *verb. aus* rosigen *h* **97** blitzesschnell] Blitzesschnell *D¹* **101** Drehen] Drehen, *D¹* **112** hinunter sah] hinuntersah *D¹* **114** regt'] regte *D¹* **138** Grunde.] Grunde? *D¹ D²* **150** jezt] jetzt *D¹ D²* **152** blitzt] *verb. aus* blizt *h*

ERLÄUTERUNGEN. Vgl. die Erläuterungen zum Erstdruck (NA 2 II A, 608–612).

272–274 Ritter Toggenburg

ENTSTEHUNG. Vgl. NA 2 II A, 607.

ÜBERLIEFERUNG. Vgl. NA 2 II A, 607. – h: GSA. Abschrift Rudolphs für die Pracht-

ausgabe (nach D²), Bl. 79–80; mit einer Korrektur Schillers in der Überschrift (= hH). – D¹: Gedichte 1 (1800). S. 73–77. D²: Gedichte ²1 (1804). S. 73–77. – Textwiedergabe nach hH.

LESARTEN. *Vgl. den Text des Erstdrucks in NA 1, 368–370. – Überschrift:* Ritter Toggenburg. / Ballade. *D¹ D² h; von Schiller* Ballade. *durch zwei diagonale Striche in h gestr. hH* 6 sehn,] sehn. *D¹ D²* 9 hörts] hört's *D¹* 37 Schleier] Schleyer *D¹* 39 Feier] Feyer *D¹* 57 drüben,] *Komma fehlt D¹* 58 Stundenlang] Stundenlang, *D¹* 63 herunter neigte] herunterneigte *D¹* 69 Tage,] *Komma fehlt D¹*

ERLÄUTERUNGEN. *Vgl. die Erläuterungen zum Erstdruck (NA 2 II A, 607–608).*

274–276   Der Handschuh

ENTSTEHUNG. *Vgl. NA 2 II A, 605.*

ÜBERLIEFERUNG. *Vgl. NA 2 II A, 605. – h:* GSA. *Abschrift Rudolphs für die Prachtausgabe (nach D²), Bl. 81–82; mit einer Korrektur Schillers in der Überschrift (=hH). – D¹: Gedichte 1 (1800). S. 139–142. D²: Gedichte ²1 (1804). S. 139–142. – Textwiedergabe nach hH.*

LESARTEN. *Vgl. den Text der 1. Fassung in NA 1, 366–367 und die Lesarten in NA 2 II A, 605. – Überschrift:* Der Handschuh. / Erzählung. *D¹ D² h; von Schiller* Erzählung. *durch sechs diagonale Striche in h gestr. hH* 35 Zwei] Zwey *D¹* 48 *Beginn einer neuen Strophe D¹ D²* 52 Ei,] Ey *D¹* Ei *D²*

ERLÄUTERUNGEN. *Für die vorliegende 2. Fassung des Gedichts stellte Schiller den ursprünglichen Wortlaut von V. 65 wieder her, den er im Erstdruck geändert hatte, weil er Anstoß erregt hatte; vgl. die Erläuterungen zur 1. Fassung (V. 65).*

276–279   Der Graf von Habsburg

ENTSTEHUNG. *Das Gedicht entstand im Frühjahr 1803. Am 25. April 1803 trug Schiller in seinen Kalender ein:* Rudolph v Hapsburg fertig. *Am 26. April und am 21. Mai besuchte Cotta (auf der Hinreise nach Leipzig und der Rückreise von dort) Schiller in Weimar. Möglicherweise übergab ihm Schiller bei einer dieser Gelegenheiten (vermutlich am 21. Mai) das Gedicht für den Druck.*

ÜBERLIEFERUNG. *H:* SNM. *a) 1 Blatt 18,9 (–19,3)×23,2 cm, 2 S. (1–2) beschrieben. Festes geripptes Papier, leicht vergilbt und etwas stockfleckig. Wz.: Ornamentierung am linken Rand. Auf der Vorderseite über dem Text (vielleicht von der Hand Friedrich Heinrich Bothes, eines Vorbesitzers der Handschrift):* Schillers Hand. *b) 1 Doppelblatt 19,2×24,2 cm, 4 S. (3–6) beschrieben. Festes geripptes Papier, leicht vergilbt und etwas stockfleckig. Wz.:* H. *c) 1 Blatt 16,8×20,8 cm, ½ S. beschrieben. Geripptes Papier, vergilbt und stockfleckig. Wz.: Teil eines Schilds (?) am linken Rand. Auf der Rückseite*

Siegelreste. Vgl. Friedrich Schiller: Der Graf von Habspurg. Faksimile der Handschrift. Hrsg. von Bernhard Zeller (= Marbacher Schriften 20). Marbach am Neckar 1982. Die zahlreichen Varianten ('Lesarten') der Handschrift lassen erkennen, daß sie nicht die Vorlage für den Erstdruck gewesen ist. – h: GSA. Abschrift Rudolphs für die Prachtausgabe (vermutlich nach E), Bl. 83–86. – E: Taschenbuch für Damen auf das Jahr 1804. Hrsg. von Huber, Lafontaine, Pfeffel und andern. Tübingen [1803]. S. 1–5; unter der Anmerkung (vgl. NA 2 I, 162): Schiller. D: Gedichte ²2 (1805). S. 316–322. – Textwiedergabe nach h.

LESARTEN. *In den Versen 53, 60, 61, 70, 71, 80, 81, 90, 91 und 100 keine Anführungsstriche in H; die Verse 112, 114, 117 und 120 ohne Einzug in H. – Überschrift:* Der Graf von Habspurg *H E* Der Graf von Habsburg. / Ballade. *D* **1** Kaiserpracht] Kaiserpracht, *H D* **2** Saale] Saale, *H D* **11–14** Und rings *bis* Menge.] = *S 5 H*
S 1:   Und herab von der Brüstung des hohen Balkons
    Frohlockte die freudige Menge.
    Es wälzte sich bis an die Stuffen des Throns
    Das Volk in verworrnem Gedränge. *H*
S 2 (Korrekturen der Verse 13–14: Es wälzte sich *gestr., darunter:* Und zeigte sich; *Vers 14 gestr., darunter:* Dem Kaiser im Festesgepränge,*):*
    Und herab von der Brüstung des hohen Balkons
    Frohlockte die freudige Menge,
    Und zeigte sich bis an die Stuffen des Throns
    Dem Kaiser im Festesgepränge, *H*
S 3 (Korrektur des Verses 11: herab von der Brüstung des hohen Balkons *gestr., darüber:* rings vom geländerten hohen Balkon*):*
    Und rings vom geländerten hohen Balkon
    Frohlockte die freudige Menge,
    Und zeigte sich bis an die Stuffen des Throns
    Dem Kaiser im Festesgepränge, *H*
S 4 (Korrekturen der Verse 11–14: vom geländerten *gestr., darüber:* erfüllte den, *Vers 12 gestr., darüber:* Das Volk in freudgem Gedränge, *Vers 13 gestr., darüber:* Laut mischte sich in der Posaunen Siegeston, *Vers 14 gestr., über gestr. S 1:* Das jauchzende Rufen der Menge.*):*
    Und rings erfüllte den hohen Balkon
    Das Volk in freudgem Gedränge,
    Laut mischte sich in der Posaunen Siegeston
    Das jauchzende Rufen der Menge. *H*
S 5: Siegeston *gestr., darunter:* Ton *H*   **23** Mahl] Mahl, *D*   **26** süßem Klang] *verb. aus* süßen Klängen *H*   bewege] *über gestr.* öfne *H*   **29** was] *verb. aus* wie *H*   **30** Nicht] *über gestr.* Ich *H*   **33** Ihm] Es *H* silberweiß] silberweiß, *H*   **35** Wohllaut] laut *über gestr.* klang *H*   **37** preißet] preiset *D*   **38** das Herz] das *verb. aus* der; Herz *über gestr.* Sinn *H*   der Sinn] der *verb. aus* das; Sinn *über gestr.* Herz *H*   **44** Stunde.] Stunde: *D*   **45** saußt] saust *D* **46** braußt] braust *D*   **48** schallt] schallt, *H D*   **55** Ihm folgte der Knapp] *über gestr.* Ein Knappe folgt ihm *H*   **60** Voran] Vor ihm *H*   **63** Christensinn] Christensinn, *H*   **66** reissenden Fluten] reißenden Fluthen *H D*   **67** Tritte,] Tritte. *H* **68** beiseit'] beiseit *H*   **71** du?] du?" *D*   **76** strömende] *über gestr.* rauschende *H*

78 daß] *verb. aus* das *h* 79 Wäßerlein] Wässerlein *E D* jezt] jetzt *D* 81 sezt] setzt *D* 82 die prächtigen Zäume] die prächtigen *über gestr.* das prächtge; Zäume *verb. aus* Gezaum *H* 83 begehrt,] *Komma fehlt D* 86 Vergnüget noch] *über gestr.* Verfolget *H* 87 die Reise vollführet,] die Reise vollführet. *über gestr.* labet den Kranken *H* 88 *über gestr.* Und kaum daß der Morgen die Berge *H* 89 zurück] *über gestr.* geführt *H* 90 Bescheiden am Zügel geführet. *(= S 3) über gestr.* Mit freudig ergoßenem Danken. *(= S 1), darunter gestr.* Und wird nicht satt ihm zu danken. *(= S 2) H* im] am *D* 93 Das] Daß *(Schreibversehen) h* 94 getragen!] getragen. *H* 95 magst] *über gestr.* kannst *H* du's] dus *E* haben] *verb. aus* wagen (?) *H* zu] *ü. d. Z. erg. H* Gewinnst] Gewinst *E D* 97 dem] d e m *H D* 98 Ehre] Ehren *H* 99 trage] *verb. aus* tragen *H* 101 Gott,] *Komma fehlt H* Hort,] *Komma fehlt H* 104 jezt] jetzt *D* 105 seid] seyd *D* bekannt] bekannt genannt *H* 106 ritterlich Walten] *über gestr.* rühmliche Thaten *H* Schweitzerland] Schweizerland *D* 107 Töchter.] Töchter, *H* 110 Geschlechter!] Geschlechter. *H* 112 dächt] dächt' *D* 113 Jezt] Jetzt *D* 114 Bedeuten.] Bedeuten, *H* 115 schnell,] *Komma fehlt H* 117 Falten.] Falten, *H* 120 verehrte] verehrt *E* Walten.] *Punkt fehlt H*

ERLÄUTERUNGEN. *Den Stoff der Ballade lieferte, wie Schiller selbst in einer Anmerkung zum Erstdruck mitteilte (vgl. NA 2 I, 162), eine der Quellen für „Wilhelm Tell": Tschudis „Chronicon Helveticum" (1 [1734], 166; abgedruckt in: Schmidt, 287–289; Leitzmann [1911], 28–29; Goedeke, Schillers sämmtliche Schriften 11, 459–460). Danach verlief die auf das Jahr 1266 datierte Begebenheit so, wie der Sänger sie, in teilweise wörtlicher Anlehnung (in V. 68–70 und V. 91–100), schildert; nach der Weigerung Rudolfs, sein Pferd zurückzunehmen, wird dann jedoch von einer Klosterfrau berichtet, die Rudolf und seinen Nachkommen Gottes Segen prophezeit, und der Zusammenhang von Rudolfs Hilfe für den Priester mit der späteren Königswahl auf die Weise hergestellt, wie Schiller in seiner Anmerkung erläutert (vgl. NA 2 I, 162). So ist also vor allem die Figur des Sänger-Priesters Schillers Erfindung.*

Thematik und Bildlichkeit führen gelegentlich in den Umkreis von Gedichten wie „Die Macht des Gesanges" und „Das Mädchen aus der Fremde" (vgl. die Einzelstellenerläuterungen); die Situation – die Souveränität des Künstlers vor den Mächtigen der Welt – erinnert an Goethes Ballade „Der Sänger" (1795), die formale Struktur – das Lied im Lied – an dessen spätere „Ballade" (1820). Indem balladeskes Erzählen selbst Gegenstand des Gedichts wird, verweist „Der Graf von Habsburg" auf die zwischen Schiller und Goethe geführte Diskussion der Gattung im Jahr 1797. Schiller bestätigte Körners Lob der Ballade als gelungenes Exempel der Gattung (vgl. an Schiller vom 19. Juni 1803) in seinem Brief vom 16. Juli 1803: Ich bin selbst mit der Art, wie ich diese Anecdote genommen und eingekleidet habe, besonders zufrieden.

1 Aachen] *Seit Karl dem Großen (742–814; 800 zum Kaiser gekrönt) fand bis 1562 die Krönung der deutschen Könige im Münster zu Aachen statt, später in Frankfurt am Main, wo auch die Wahl durchgeführt wurde.*

1 Kaiserpracht] *Seit der Stauferzeit war die Königswahl potentiell zugleich Kaiserwahl, d. h. sie gewährte dem Gewählten die vorläufige Ausübung weltlicher Regierungsrechte im Reichsgebiet; trotz seiner offiziellen Anerkennung als „Rex Romanorum" durch Papst Gregor X. (1210–1276; seit 1271 Papst) kam es nach dem Tod des Papstes nicht zur Krönung Rudolfs zum römischen Kaiser.*

3 Rudolphs] *Rudolf I. von Habsburg (1218–1291), Stammvater der Habsburgischen Dynastie, wurde am 24. Oktober 1273 zum König gekrönt; die Wahl hatte am 1. Oktober in Frankfurt am Main stattgefunden.*
3 heilige Macht] *Johann Heinrich Voß übersetzte so die Homerische Formulierung* ἱερὸν μένος *(Odyssee 7, 167).*
5–7 Die *bis* Sieben] *Der König wurde von sieben Kurfürsten, vier weltlichen und drei geistlichen, gewählt; jene bekleideten zugleich vier Erzämter (juristisch fixiert wurde dies erst in der Goldenen Bulle 1356): Als Erztruchseß (vgl. V. 5) fungierte der Pfalzgraf bei Rhein, als Erzmundschenk der König von Böhmen (zur Zeit Rudolfs Ottokar II. [1233–1278; seit 1253 König], der sein Amt jedoch nicht ausübte, weil er Rudolf seine Stimme verweigert hatte; vgl. Schillers Anmerkung, NA 2 I, 162), als Erzkämmerer der Markgraf von Brandenburg, als Erzmarschall der Herzog von Sachsen-Wittenberg (vgl. auch zu V. 107–110). Die geistlichen Kurfürsten waren die Erzbischöfe von Köln, Mainz und Trier.*
8 Wie *bis* stellt] *Nach ptolemäischer Vorstellung umgaben Planeten die Erde; Schiller verbindet die Siebenzahl mit dem Keplerschen heliozentrischen Weltbild.*
16 die kaiserlose *bis* Zeit] *Rudolf beendete die als Interregnum bezeichnete Zeit zwischen 1254 und 1273, in der nach dem Scheitern der Staufer die Zentralgewalt durch Doppelkönigtum und Auseinandersetzungen zwischen den Territorialfürsten weitgehend geschwächt war.*
27 Und *bis* Lehren] *vergleichbar die Situation in „Die vier Weltalter" (V. 1–12).*
41–44 Nicht *bis* Stunde.] *Ähnlich äußert sich Telemachos seiner Mutter Penelope gegenüber zur Entschuldigung des Sängers Phemios, der von der traurigen Heimfahrt der Griechen von Troja gesungen und die Frau des Odysseus betrübt hatte: Es sei Zeus selbst, der den Sänger begeistere (vgl. Odyssee 1, 346–349).*
45–50 Wie *bis* schliefen.] *Vgl. die Beschreibung der „Macht des Gesanges" im gleichnamigen Gedicht (V. 1–10).*
45–46 Wie *bis* braußt] *Im Neuen Testament heißt es über den aus dem Geisthauch neu Geborenen: „Der Wind weht, wo er will; du hörst sein Brausen, weißt aber nicht, woher er kommt und wohin er geht." (Joh. 3, 8.)*
46 Man *bis* braußt] *so auch „Das Mädchen aus der Fremde" (V. 6).*
55 Jägergeschoß] *wohl Bogen oder Armbrust mit Pfeilen.*
60 Meßner] *Kirchendiener (vgl. Adelung 3, 190).*
74 Himmelskost] *die Hostie, nach katholischem Glauben das durch den Vollzug des Altarssakraments in den Leib Christi verwandelte Brot.*
86 Vergnüget] *vergnügen: befriedigen, erfreuen (vgl. Grimm 12 I, 463).*
99 Lehen] *mhd. lêhen: geliehenes Gut.*
106 im Schweitzerland] *Rudolf hatte von seinem Vater Albrecht IV. (gest. 1240) die Grafschaften im Zürichgau und Aargau geerbt; in der Auseinandersetzung der Städte und Landgemeinden wie Zürich und Uri mit dem Papst um den Status der Reichsunmittelbarkeit stand Rudolf auf deren Seite.*
107–110 Euch *bis* Geschlechter] *Rudolf hatte in der Tat sechs Töchter, die alle standesgemäß verheiratet wurden: Mathilde (1251–1304) mit Ludwig II. (1229–1294), Herzog von Bayern in Oberbayern und Pfalzgraf bei Rhein; Agnes (gest. 1322) mit Albrecht II. (gest. 1298), Herzog von Sachsen-Wittenberg (beide heirateten noch im Krönungsjahr 1273); Hedwig (gest. 1303) mit Otto IV. (gest. 1303), Markgraf in Bran-*

denburg; Katharina (gest. 1282) mit Otto III. (1261–1312), Herzog von Niederbayern, König von Ungarn; Jutta (1271–1297) mit Wenzel II. (1271–1305), 1278 König von Böhmen, Sohn von Rudolfs Gegenspieler Ottokar II. (vgl. zu V. 5–7); Clementia (gest. 1293) mit Karl I. (Martellus) (1272–1295), König von Ungarn.
111–120 Und *bis* Walten.] *Die letzte Strophe schlug Schiller dem Leipziger Maler Schnorr von Carolsfeld als Sujet einer Zeichnung für einen Kupferstich zum Schmuck der geplanten Prachtausgabe der Gedichte vor (vgl. Schiller an Crusius vom 24. Juni 1804).*
115–117 Die *bis* Falten.] *Die Verse erinnern an die von Homer geschilderte Situation, in der Odysseus bei den Phaiaken nach dem Lied des Demodokos, der vom Streit zwischen Odysseus und Achilleus sang, seine Tränen verbarg, indem er den purpurnen Mantel über den Kopf zog (vgl. Odyssee 8, 83–86).*

280–286 Der Gang nach dem Eisenhammer

ENTSTEHUNG. Vgl. NA 2 II A, 637.

ÜBERLIEFERUNG. Vgl. NA 2 II A, 637. – h: GSA. *Abschrift Rudolphs für die Prachtausgabe (nach D²), Bl. 87–92; mit eigenhändigen Korrekturen Schillers (= hH). – D¹: Gedichte 1 (1800). S. 171–183. D²: Gedichte ²1 (1804). S. 171–183. – Textwiedergabe nach hH.*

LESARTEN. Vgl. den Text des Erstdrucks in NA 1, 392–398 und die Lesarten in NA 2 II A, 637. – Überschrift: Der Gang nach dem Eisenhammer. Ballade. *D¹ D² h;* von Schiller Ballade. *durch sechs senkrechte Striche gestr. hH* **4** Gräfin] Gräfinn *D¹ D²* **8** um Gottes willen] um Gotteswillen *D¹ D²* **11** Lebt'] Lebt *D¹ D²* **13** Mach] mach *D¹ D², verb. aus* mach *hH* **18** Gräfin] Gräfinn *D¹ D²* **33** seyd] seid *D¹* **40** glücken."] glücken". *D¹* **49** andre] andere *D², verb. aus* andere *hH* spricht:] *Doppelpunkt fehlt D¹ D²* **57** „Ja] *Anführungsstriche fehlen hH* **60** ichs] ich's *D¹* **63** Aug'] Aug *D¹* **64** Blonden."] Blonden". *D¹* **65** Gestalt,"] *Schlußstriche fehlen D² hH* **68** bei] bey *D¹* **79** jezt] jetzt *D¹ D²* **85** spat] *ü. d. Z. erg. h* **104** Aug'] Aug *D¹* **124** s i e] Sie *D¹* sie *D²* **140** im schnellen] in schnellem *D¹* **167** Sanctus] S a n c t u s *D²* **169** neigt,] *Komma fehlt D¹ D²* **200** loben."] loben". *D¹* **210** gieng] ging *D¹ D², verb aus* ging *h* **216** ihre."] *Schlußstriche fehlen D¹ D² h* **219** dir] *verb. aus* dier *h* **220** Sprich] *verb. aus* Sprech *h* **226** Wird glühend und wird blaß. *D¹* **228** zum Wald.] die Straß'! *D¹*

ERLÄUTERUNGEN. Vgl. die Erläuterungen zum Erstdruck (NA 2 II A, 637–641).

287–288 Der Alpenjäger

ENTSTEHUNG. Das Gedicht entstand Mitte 1804. Mit einem Postscriptum vom 4. Juli 1804 schickte Schiller es am folgenden Tag an Wilhelm Gottlieb Becker zur Veröffentlichung in dessen „Taschenbuch zum geselligen Vergnügen". Vgl. NA 32, 148–150 und 494. Die Wiedergabe des Gedichts dort ist an drei Stellen zu korrigieren: Ranft! *– (V. 4),* In *statt* Zu *(V. 10),* finstern *statt* finstren *(V. 22).*

ÜBERLIEFERUNG. *H¹ (der für Beckers Taschenbuch bestimmte Text): The Pierpont Morgan Library New York. Vgl. die Handschriftenbeschreibung in NA 32, 494. H²: Universitätsbibliothek Leipzig (Sammlung Clodius). Unterer Teil eines Blattes 19,1×9,9 (−10,4) cm (oben unregelmäßig beschnitten), 2 S. beschrieben. Vergilbtes geripptes Papier. Auf der Vorderseite mit schwarzer Tinte von fremder Hand: Schiller. Auf der Rückseite unten mit schwarzer Tinte von fremder Hand: Sch. Die Handschrift enthält die Strophen 3, 4, 7 (ohne den ersten Vers) und 8 des Gedichts (also die Verse 13−24 und 38−48). h: Abschrift Rudolphs für die Prachtausgabe, Bl. 93−94; mit eigenhändigen Korrekturen Schillers (= hH). − E: Taschenbuch zum geselligen Vergnügen. 15. Jg. 1805. Hrsg. von W. G. Becker. Leipzig [1804]. S. 279−281; unterzeichnet: Schiller. D: Gedichte ²2 (1805). S. 335−337. − Textwiedergabe nach hH.*

LESARTEN. 1 hüten?] hüten, H^1 3 Blüthen] Blüten E 4 Ranft? −] Ranft! − H^1 Ranft. − E Ranft? D 5 „Mutter, Mutter] „Mutter, Mutter, H^1 E, *Anführungsstriche von Schiller in h erg. hH*   gehen] gehen, D 6 „Jagen nach den Bergeshöhen!" H^1 E Höhen."] Höhen!" D 9 der Schall] das Spiel H^1 E 10 Lustgesang.] Lustgesang. − H^1 E 11 „Mutter, Mutter] „Mutter, Mutter, H^1 E, *Anführungsstriche von Schiller in h erg. hH*   gehen] gehen, D 12 Schweifen] „Schweifen H^1 E wilden] freien H^1 E 16 ists] ist's E D Höh'n] Höhn! − H^1 E 17 „Laß] *Anführungsstriche von Schiller in h erg. hH*   lass] laß H^1 H^2 E D blühen,] blühen! H^2 18 Mutter, Mutter] „Mutter, Mutter, H^1 E D „Mutter! Mutter! H^2 laß] Laß H^2 ziehen!"] *von Schiller Ausrufezeichen aus Punkt in h verb., Schlußstriche erg. hH*   19 gieng] ging E D 21 fort,] *Komma fehlt* H^1 H^2 E D Wagen,] *Komma fehlt* H^1 H^2 E D 22 Ort,] Ort; E 23−24 Vor sich her mit Windesschnelle / Scheucht er fliehend die Gazelle. H^1 H^2 E 25 nakte] nackte E D 26 Sezt *[E:* Setzt*]* sie mit behendem Schwung, H^1 E 27 Riss] Riß H^1 E D gespalter] *von Schiller in h über gestr.* geborstner *hH*, geborstner D 28 Sprung,] Sprung; E 29 Doch von Fels zu Fels verwogen H^1 Doch von Fels zu Fels, verwogen, E 31 schroffen] steilen H^1 E 32 sie,] *Komma fehlt* E steilen] höchsten H^1 E D, *von Schiller in h über gestr.* höchsten *hH*   Grat,] *Komma von Schiller in h erg. hH*   33 Felsen] Klippen H^1 E 34−35 Und der wilde Jäger naht, / Unter sich die schroffe Jähe, H^1 E 34 Pfad,] *Komma von Schiller in h erg. hH*,   Pfad. D 36 Nähe!] Nähe. H^1 E D, *Ausrufezeichen von Schiller in h verb. aus Punkt hH*   38 Mann −] Mann, H^1 H^2 E D, *von Schiller in h Gedankenstrich erg. (nach gestr. Komma) hH*   39 umsonst!] umsonst, H^1 H^2 E D, *von Schiller in h Gedankenstrich erg. (nach gestr. Komma) hH*   loszudrücken] loszudrücken, D 40 an,] an. *(Punkt verb. aus Komma)* H^2 E D, *von Schiller in h Komma verb. aus Punkt hH*   41 Plötzlich] Plözlich H^1 H^2 42 Geist,] *Komma fehlt* H^2 der Bergesalte] der Berges Alte H^1 E 43−44 Schützend mit den Götterhänden / Deckt er das verfolgte Thier: H^1 E 44 Schüzt] Schützt D Thier:] Thier. D 45 „Mußt] „Darfst H^1 E, *Anführungsstriche von Schiller in h vor Mußt erg. hH*   senden,] senden," E 46 bis] „bis E 47 Raum] Raums H^1 „Raums H^2 E 48 Was] „Was H^2 E meine] *unterstr.* H^1, *gesperrt* E Heerde?"] *Schlußstriche von Schiller in h erg. hH*

ERLÄUTERUNGEN. *Wie im Fall der Gedichte „Der Graf von Habsburg" und „Berglied" entnahm Schiller Anregung und Stoff der Literatur, die er im Zusammenhang mit seiner Arbeit am „Wilhelm Tell" benutzt hatte; hier sind es die „Briefe über ein schweizerisches Hirtenland" (1782) von Carl Victor von Bonstetten, die er am 9. August 1803 bei Cotta bestellt hatte. Dort wird im 13. Brief erzählt:*

Alte Eltern hatten einen ungehorsamen Sohn, der nicht wollte ihr Vieh weiden, sondern Gemse jagen. Bald aber gieng er irre in Eisthäler und Schneegründe: er glaubte sein Leben verlohren. Da kam der Geist des Berges, und sprach zu ihm, die Gemse die du jagest, sind meine Heerde; was verfolgest du sie? Doch zeigte er ihm die Straße; er aber gieng nach Haus und weidete sein Vieh. *(S. 116; abgedruckt auch in: Goedeke, Schillers sämmtliche Schriften 11, 461.)*

Das Stichwort Geist des Berges *findet sich auch in Schillers Kollektaneen zum „Tell" (NA 10, 409; Z. 25). – Der Dialog der Mutter mit dem Sohn zu Beginn des Gedichts erinnert an das Gespräch zwischen Hedwig und Tell in der 1. Szene des 3. Aufzugs; Tell:* Zum Hirten hat Natur mich nicht gebildet, / Rastlos muß ich ein flüchtig Ziel verfolgen *(V. 1487–1488; NA 10, 194).*

4 Ranft] *mhd.* ranft, ramft: *Einfassung, Rand.*

24 Gazelle] *die Gemse; ob Schiller den Namen des Reimes wegen wählte oder aus dem Wunsch, mit Hilfe des zerbrechlich wirkenden Tieres die Vorstellung bedrohter Ohnmacht verstärkt hervorzurufen (vgl. V. 37–38), sei dahingestellt.*

29 verwogen] *verwegen; Neubildung des Partizips Praeteritum von mhd.* verwëgen *(sich frisch entschließen; etwas aufs Spiel setzen):* „in älterer zeit vereinzelt unter reimzwang [...], später bei Schiller" *(Grimm 12 I, 2152).*

288–296 Der Kampf mit dem Drachen

ENTSTEHUNG. Vgl. NA 2 II A, 646.

ÜBERLIEFERUNG. Vgl. NA 2 II A, 646. – h: Abschrift Rudolphs für die Prachtausgabe (nach D^2), Bl. 95–102. – D^1: Gedichte 1 (1800). S. 113–128. D^2: Gedichte ^{2}1 (1804). S. 113–128. – Textwiedergabe nach h.

LESARTEN. Vgl. den Text des Erstdrucks in NA 1, 412–420 und die Lesarten in NA 2 II A, 646. – **32** getödet] getödtet D^1 **35** Felsensteg] *erstes* s *über durch Rasur getilgtes* ß h **53** „Herr] *Anführungsstriche fehlen* E D^1 D^2 h richte,] *Komma fehlt* D^1 **60** Versucht] *durch Rasur verb. aus* Versuchts h **71** Gram,] *Komma fehlt* D^1 **78** Heidenthum] *nach Rasur verb. aus* Heiligthum h **87** er] der D^1 **104** zusammenfügen] g *über durch Rasur getilgtes* ch h **106** langen] *zweites* n *über durch Rasur getilgtes* s h **110** Höllenthor,] *Komma fehlt* D^1 **126** Doggenpaar] gg *über durch Rasur getilgtes* pp h **137** Geschoß,] *Komma fehlt* D^1 **163** unterricht] untterricht *(Schreibversehen)* h **176** drei] drey D^1 **193** jezt] jetzt D^1 D^2 **207** keuchen] keuchen, D^1 D^2 **213** pfeilgeschwind,] *Komma fehlt* D^1 **254** jezt] jetzt D^1 D^2 **260** kröne] kröne, D^1 D^2 **277** Mameluck] Mameluk D^1

ERLÄUTERUNGEN. Vgl. die Erläuterungen zum Erstdruck (NA 2 II A, 646–649).

GEDICHTE. DRITTES BUCH

298   **Die Sänger der Vorwelt**

ENTSTEHUNG. Vgl. NA 2 II A, 299 (zu „Die Dichter der alten und neuen Welt").

ÜBERLIEFERUNG. Vgl. NA 2 II A, 299 (zu „Die Dichter der alten und neuen Welt"). – h: GSA. Abschrift Rudolphs für die Prachtausgabe (nach D^2), Bl. 108. – D^1: Gedichte 1 (1800). S. 169–170. D^2: Gedichte ^{2}1 (1804). S. 169–170. – Textwiedergabe nach h.

LESARTEN. Vgl. den Text der 1. Fassung des Gedichts („Die Dichter der alten und neuen Welt") in NA 1, 271. – Die Änderung der Überschrift nahm Schiller schon für den Druck in der Gedichtsammlung von 1800 vor; außerdem strich er die beiden letzten Verse. Das Gedicht in dieser Fassung (D^1) schließt mit den Versen:
  Weh ihm, wenn er von außen sie jetzt noch glaubt zu vernehmen,
    Und ein betrogenes Ohr leiht dem verführenden Ruf!
Diese Schlußverse strich Schiller für den Druck in der 2. Auflage der Gedichtsammlung (D^2), dessen Text mit dem für die Prachtausgabe bestimmten völlig übereinstimmt.

ERLÄUTERUNGEN. Das Gedicht ist die um die letzten beiden Distichen gekürzte und überarbeitete Fassung von „Die Dichter der alten und neuen Welt". Durch die Kürzung wird die frühere Antithetik herabgemildert, so daß die Überschrift geändert werden mußte. Der neue Titel verteilt das Gewicht zugunsten der alten Dichter neu. Herder nannte in seinem „Horen"-Beitrag „Homer, ein Günstling der Zeit" (1795. 9. Stück) das Epos die Stimme der Vorwelt (S. 84) und Homer den Boten der Vorwelt (S. 86).
  Auch sonst sind einige Akzente verschoben. In V. 9–10 wird die Rezeption des poetischen Vortrags durch das Publikum mit dem Empfang von Göttern verglichen (zuvor mit der Geburt eines Sohnes); in V. 13–14 wird das Volk als Zuhörerschaft geschildert, welche das Vernommene (bloß noch) widerspiegelt, früher war der Stimme des Volkes die Würde eines Orakels zugesprochen worden: Das Verhältnis zwischen Dichter und Publikum scheint distanzierter.

299   **Der Tanz**

ENTSTEHUNG. Vgl. NA 2 II A, 217. Die 2. Fassung entstand vermutlich nicht lange vor ihrer Veröffentlichung in der Gedichtsammlung von 1800.

ÜBERLIEFERUNG. Vgl. NA 2 II A, 217. – h: GSA. Abschrift Rudolphs für die Prachtausgabe (nach D^2), Bl. 107. – D^1: Gedichte 1 (1800). S. 12–14. D^2: Gedichte ^{2}1 (1804). S. 12–14. – Textwiedergabe nach h.

LESARTEN. Vgl. den Text der 1. Fassung in NA 1, 228. – **9** Jezt] Jetzo D^1 Jetzt D^2 **10** muthiges] holdes D^1 **12** öffnet] öfnet D^1 **13** Jezt] Jetzt D^1 D^2 durcheinander] durch einander D^1 D^2 **23** Gottheit,] *Komma fehlt* D^1 **28** erhabnen] *verb. aus* erhaben *h*

ERLÄUTERUNGEN. *Die gründliche Umarbeitung der 1. Fassung des Gedichts von 1795 verfolgte verschiedene Zielsetzungen. Vor allem scheint Schiller auf metrische Perfektion Wert gelegt zu haben, der zuliebe er schon zuvor Ausstellungen Humboldts dankbar beachtet hatte (vgl. an Humboldt vom 7. September und vom 29. [und 30.] November 1795). Nun griff er u. a. auf Hinweise Körners in dessen Brief vom 9. September 1795 zurück: Dieser hatte in V. 1 den Daktylus* sie durchein *als zu hart getadelt; vermutlich hatte Schiller demgegenüber* Sieh, wie sie *als ersten Daktylus betrachtet, den er aber wohl wegen des übelklingenden dreifach gleichen Vokals, den Körner ebenfalls monierte, ändern wollte; außerdem hatte Körner an der Stelle* Verwirrt durcheinander *(V. 13) Anstoß genommen.*

Auch andernorts ist die Tendenz zur Glättung bemerkbar. In V. 11 hieß es früher seine Bahn, *wobei* seine *als zweifache Senkung oder Kürze zu lesen war, was durch den Diphthong problematisch erscheint; V. 12 begann ursprünglich* Leis wie durch, *ein harter Daktylus, der durch einen Spondeus ersetzt wurde.*

Neben metrischen Verbesserungen stehen Änderungen in der Wahl der Bilder. Es fehlen die kühnen Schlangen *(V. 1) ebenso wie die* schlängelnden Bahnen *(V. 31) und die Bestimmung* auf schlüpfrigem Plan, *vielleicht weil sie nicht recht zu dem gehobenen Ton des Gedichts zu passen schienen. Das Bild* Elysiums Hain *(V. 4), das die Vorstellung vom Tanz Abgeschiedener evoziert, wurde zugunsten des Elfenreigens unterdrückt. Unstimmig erschien V. 13:* jetzt verliert es der suchende Blick; *nun ist die Verkehrung der Reihenfolge beseitigt.*

4 Elfen] *Das Motiv der tanzenden Elfen war bekannt aus Wielands „Oberon" und Shakespeares „Sommernachtstraum".*

27 Harmonieen des Weltalls] *Zur sogenannten „Sphärenmusik" der Pythagoreer vgl. die Erläuterungen zu „Die Künstler" (V. 285; NA 2 II A, 201).*

32 Das *bis* Maaß.] *Die Antizipation des Relativsatzes dient der Hervorhebung des zentralen Begriffs des Maßes am Ende des Verses und des Gedichts.*

300–301 Das Glück

ENTSTEHUNG. *Vgl. NA 2 II A, 643.*

ÜBERLIEFERUNG. *Vgl. NA 2 II A, 643.* – *h:* GSA. Abschrift Rudolphs für die Prachtausgabe (nach D^2), Bl. 108–109. – D^1: Gedichte 1 (1800). S. 17–22. D^2: Gedichte ^{2}1 (1804). S. 17–22. – *Textwiedergabe nach h.*

LESARTEN. *Vgl. den Text der 1. Fassung in NA 1, 409–411. (Dort muß ein – allerdings nicht in allen Exemplaren erscheinender – Fehler korrigiert werden: In Vers 1 ist nach* gnädigen *ein Komma zu setzen.)* – **13** Unwürdigem] unwürdigem D^1 **24** Freien] Freyen D^1 **26** zu himmlischen Höhn] zu seinem Olymp, D^1 **29** Jezt] Jetzt D^1 D^2 jezt] jetzt D^1 D^2 **36** *danach die beiden später gestrichenen Verse:*
  Ein gebohrener Herrscher ist alles Schöne und sieget
  Durch sein ruhiges Nahn wie ein unsterblicher Gott. D^1

42 Schwert] Schwerdt D^1 **51** herabkömmt] herabkommt $D^1 D^2$ **53** Hörer] *über durch Rasur getilgtes* Gotte *h*   **58** Beglückter] *verb. aus* Beglükter *h*   **59** Menschliche] menschliche D^1 **61** werden,] *Komma fehlt* D^1 **63** irdische] irrdische D^1 **66** Donnerers] Donneres *(Schreibversehen) h*   Lichts.] *Punkt fehlt h*

ERLÄUTERUNGEN. *Die 2. Fassung des Gedichts ist um drei Distichen gekürzt und an einigen Stellen, meist aus stilistischen Gründen, geändert worden. Gestrichen wurden zunächst die ursprünglichen Verse 37 und 38; vielleicht erschien eine solch abstrakte Verallgemeinerung inmitten anschaulicher Beispiele nicht recht am Platze, vielleicht sollte auch die Vorstellung von der „Macht des Schönen" im Kontext der Darstellung des „Glücks" nicht so stark hervorgehoben werden. Das könnte auch der Grund für die Änderung von V. 35 sein. Weiter fehlen die Verse 49 und 50 der 1. Fassung; möglich, daß der Fall Hektors als Gegenbeispiel für den götterbegünstigten Achilleus unpassend erschien, jedenfalls wurde auch Hektor von den Göttern geliebt (vgl. Ilias 24, 66 – 67). Schließlich wurden V. 71 und 72 unterdrückt; vermutlich, um den Hymnus über „Das Glück" nicht mit einem „Aber" zu beenden, die Flut der poetischen Bilder nicht mit einem Räsonnement ausklingen zu lassen.*

35 Ihm *bis* Leu] *Anspielung auf die römische Fabel vom entlaufenen Sklaven Androklus, der durch einen Löwen, dem er einen Dorn aus der Pranke gezogen hatte, vom Tod im Zirkus errettet wurde: Als Androklus dem Löwen vorgeworfen wird, erkennt dieser seinen Wohltäter und legt sich ihm zu Füßen. Die Geschichte ist durch Aulus Gellius (2. Jahrhundert n. Chr.) und Claudius Aelianus (etwa 175 – 235) überliefert.*

302–303 Der Genius

ENTSTEHUNG. *Vgl. NA 2 II A, 259 (zu „Natur und Schule").*

ÜBERLIEFERUNG. *Vgl. NA 2 II A, 259 (zu „Natur und Schule"). – h:* GSA. *Abschrift Rudolphs für die Prachtausgabe (nach D^2), Bl. 110–111. – D^1:* Gedichte 1 (1800). *S. 23–27.* D^2: *Gedichte ^{2}1 (1804). S. 23–27. – Textwiedergabe nach h.*

LESARTEN. *Vgl. den Text der 1. Fassung („Natur und Schule") in NA 1, 252–253.* – **11** dunklen] dunkeln D^1 **16** kindlich] einfach D^1 **17** im Leben] in der Menschheit D^1 **18** das Gefühl] der Instinkt D^1 **22** freiere] freyere D^1 **23** Da nicht irrend der Sinn und treu,] Da ein sichres Gefühl noch treu, D^1 **24** wies? –] wies? D^1 **26** bei] bey D^1 **49** ergeht] ergeht, D^1

ERLÄUTERUNGEN. *Die 2. Fassung des zunächst unter der Überschrift „Natur und Schule" erschienenen Gedichts nimmt außer der Kürzung (die früheren Verse 31–38 wurden zusammengezogen, nun V. 31–34; V. 49, 50, 61 und 62 wurden gestrichen) einige Veränderungen des Textes vor. Dabei erscheint die Wahl des neuen Titels von Bedeutung. Er hebt den ursprünglich zum Ausdruck kommenden Antagonismus zugunsten der „Natur" auf, was der Vorrangstellung entspricht, die der Gestalt des „naiven" Jünglings schon in der 1. Fassung eingeräumt war.*

Dennoch soll mit dem Begriff „Genius" — bei den Römern der persönliche Schutzgeist des einzelnen Menschen — ein neuer Akzent gesetzt werden. Die Überschrift veranlaßt, das, was früher über Natur als allgemeinen Weltzustand gesagt wurde, nun mehr unter dem Aspekt der subjektiven „Natur" des Individuums zu betrachten; Natur als „Genius" des „naiven Genies" — die Beobachtung dieses Zusammenhangs will der Titel vorbereiten, indem er den Blick vom Allgemeinen aufs Individuelle lenkt. Solch einer Wendung zum Subjektiven entspräche die (zunächst unbedeutend erscheinende) Änderung von V. 1: Die mit Ist es denn wahr *beginnende Frage sucht nach einer allgemeinen Wahrheit; die mit* Glaub' ich *(im Sinne von* „Soll ich glauben?"*) beginnende verlangt (nur noch) nach einem persönlichen Ratschlag.*

304—305 Pompeji und Herkulanum

ENTSTEHUNG. *Vgl. NA 2 II A, 304.*

ÜBERLIEFERUNG. *Vgl. NA 2 II A, 304. — h: Abschrift Rudolphs für die Prachtausgabe (nach D²), Bl. 112—113. — D¹: Gedichte 1 (1800). S. 288—292. D²: Gedichte ²1 (1804). S. 288—292. — Textwiedergabe nach h.*

LESARTEN. *Vgl. den Text der 1. Fassung in NA 1, 276—277 und die Lesarten in NA 2 II A, 304. —* **20** Reih'n] Reyh'n *D¹* **35** Herbei] Herbey *D¹* **37** Dreifuß] Dreyfuß *D¹*

ERLÄUTERUNGEN. *Die 2. Fassung des Gedichts ist um V. 25—26 erweitert worden; vgl. im übrigen die Erläuterungen zur 1. Fassung (NA 2 II A, 304—307).*
12 Atreus Sohn] *Agamemnon.*

306—307 Shakespears Schatten

ENTSTEHUNG. *Dem Gedicht liegen die im Sommer 1796 entstandenen „Xenien" Nr 390—412 (NA 1, 357—360) zugrunde; bei der Zusammenstellung entfielen die Überschriften der einzelnen Distichen. Vgl. NA 2 II A, 333, 355—356, 426—429 und 593—600.*

ÜBERLIEFERUNG. *Vgl. NA 2 II A, 334—338 und 355—356. — h: GSA. Abschrift Rudolphs für die Prachtausgabe (nach D), Bl. 114. — E: Gedichte 1 (1800). S. 275—278. D: Gedichte ²1 (1804). S. 275—278. — Textwiedergabe nach h.*

LESARTEN. *Vgl. den Text der „Xenien" Nr 390—412 in NA 1, 357—360 und die Lesarten in NA 2 II A, 593—600. — Überschrift:* Shakespears Schatten. *E* **3** Vögelgeschrei, das Geschrei] Vögelgeschrey, das Geschrey *E* **11** hohlst] holst *E D, verb. aus* holst *h* **15** bei] bey *E* **16** hohlen] holen *E D* **18** geharnischter] *verb. aus* geharnichter *h* **23** bei] bey *E* **24** ernsten] *verb. aus* ersten *h* **25** beiden] beyden *E* **28** Achill] Anton *E* **29** siehet] *verb. aus* sieht *h* bei] bey *E* **32** geschehn] *verb. aus* gesehn *h* **41** ist ein] *zwischen den beiden eng zusammengeschriebenen Wörtern ein senkrechter Strich h* **43** euern] euren *E* **45** lezte] letzte *E D* **46** sezt] setzt *E D*

ERLÄUTERUNGEN. Vgl. die Erläuterungen zu den „Xenien" Nr 390–412 (NA 2 II A, 593–600).
28 Achill] *Vgl. die Erläuterungen zu Xenion Nr 403 (NA 2 II A, 597).*

307–308 Die Geschlechter

ENTSTEHUNG. Vgl. NA 2 II A, 315.

ÜBERLIEFERUNG. Vgl. NA 2 II A, 315. – h: Abschrift Rudolphs für die Prachtausgabe (nach D²), Bl. 115. – D¹: Gedichte 1 (1800). S. 69–71. D²: Gedichte ²1 (1804). S. 69–71. – Textwiedergabe nach h.

LESARTEN. Vgl. den Text des Erstdrucks in NA 1, 284 und die Lesarten in NA 2 II A, 315–317. – **1** zwei] zwey D^1 **2** beide] beyde D^1 **3** entzweien] entzweyen D^1 **16** braußende] brausende D^1 D^2 **17** Jezt] Jetzt D^1 D^2

ERLÄUTERUNGEN. Vgl. die Erläuterungen zum Erstdruck (NA 2 II A, 317).

308–314 Der Spaziergang

ENTSTEHUNG. Vgl. NA 2 II A, 273 (zu „Elegie").

ÜBERLIEFERUNG. Vgl. NA 2 II A, 273 (zu „Elegie"). – h: Abschrift Rudolphs für die Prachtausgabe (nach D²), Bl. 116–119. – D¹: Gedichte 1 (1800). S. 49–65. D²: Gedichte ²1 (1804). S. 49–65. – Textwiedergabe nach h.

LESARTEN. Vgl. den Text der 1. Fassung („Elegie") in NA 1, 260–266 und die Lesarten in NA 2 II A, 273–275. – **1** strahlenden] stralenden D^1 **13** Frei] Frey D^1 **19** jezt] jetzt D^1 D^2 **24** schlängelnder] mystischer D^1 **42** ehernen] *verb. aus* ehrn *h* **43** freieren] freyeren D^1 **44** Jezt] Jetzt D^1 D^2 jezt] jetzt D^1 D^2 **48** Gesang.] Gesang, D^1 **55** Freiheit] Freyheit D^1 **57** Aernten] *verb. aus* Aernden *h* **62** reiht] reyht D^1 **66** an.] *Punkt fehlt (Druckfehler)* D^1 **70** leiht] leyht D^1 **78** theuren] *verb. aus* theuer *h* **80** geweihten] geweyhten D^1 **91** Mütter,] *Komma fehlt* D^2 *h* **101** freie] freye D^1 **118** Strahl] Stral D^1 **122** Freiheit] Freyheit D^1 **125** jonischen] ionischen D^1 D^2 **126** Olimp] Olymp D^1 D^2 **135** leiht] leyht D^1 **137** Wahnes,] *Komma fehlt* D^1, Wahnes *verb. aus* Wahns *h* **140** den Fesseln] den *ü. d. Z. erg. h* **156** freien] freyen D^1 **167** Tigerinn] Tygerin D^1 **178** rohe] *fehlt h (Schreibversehen)* **192** Wiederhohlter] Wiederholter D^1 D^2

ERLÄUTERUNGEN. Für die 2. Fassung des Gedichts, das zunächst die Überschrift „Elegie" trug, berücksichtigte Schiller vor allem die Kritik Humboldts. Dieser hatte in seinem Brief vom 23. Oktober 1795 20 Stellen beanstandet; vgl. im einzelnen „Dokumente zu Entstehung, Kritik und Selbstdeutung" (NA 2 II A, 276–278). Betroffen waren die Verse 13, 15, 41, 58, 60, 79 (zweimal), 98, 99, 105, 109, 118, 119, 126, 128, 133, 158, 166,

167 und 197; Schiller nahm in 14 Fällen Änderungen vor; ohne Korrektur blieben die Verse *58, 79* (Brüsten), *98, 105, 109* und *197*.

Schiller bemühte sich vor allem um die Verbesserung der Metrik (vgl. an August Wilhelm Schlegel vom 9. Januar 1796, „Dokumente" Nr 16); dazu gehörten die Beseitigung von zuvor nicht ganz korrekt als Trochäen gebrauchten Wörtern und die Vermeidung des Hiatus (vgl. die „Dokumente" zu den einzelnen Versen sowie Schiller an Humboldt vom 29. [und 30.] November 1795, „Dokumente" Nr 15, und Schlegels Rezension der „Horen" in der ALZ 1796. Nr 5 vom 5. Januar. Sp. 37–38; Fambach 2, 194–195). Daneben stehen stilistische Änderungen wie die der Satzstellung (z. B. in den jetzigen Versen 13 und 189).

Acht Distichen wurden gestrichen: V. 17–18 (weil Sonnenfaden nicht recht zu der Sonne Pfeil *[V.19]* paßte?), V. 67–68, V. 153–154 (weil die Verse in gewisser Weise V. 145–146 wiederholen?), V. 157–158, V. 169–170 (weil in V. 173–174 Ähnliches folgt?), V. 177–178 (weil das Bild von den Erkenntnissen als Führer von aussen mißfallen hat?), V. 185–188 (weil Ähnliches markanter in V. 207–216 gesagt ist?).

Der neue Titel trägt der poetischen B e w e g u n g Rechnung, die nach Schillers Meinung das Gedicht auszeichnet (vgl. an Körner vom 21. September 1795, „Dokumente" Nr 2).

27 Flor] *zartes Zeug aus Seide, Nesselgarn oder Wolle (vgl. Adelung 2, 217).*

131 der Magnete Hassen und Lieben] *Anziehung und Abstoßung der magnetischen Pole, die in der zeitgenössischen Physik mit seelischen Kräften in Verbindung gebracht wurden.*

314—326 Votivtafeln

Vgl. allgemein die einleitenden Erläuterungen zu den „Tabulae votivae" (NA 2 II A, 384).

314 Nr 1 [Was der Gott mich gelehrt ...]

ENTSTEHUNG. *Mit dem Distichon eröffnete Schiller die Reihe der „Tabulae votivae", die im „Musen-Almanach für das Jahr 1797" erschienen und zum größten Teil im Sommer 1796 entstanden waren. Vgl. NA 2 II A, 333 (zu „Tabulae votivae"/„Xenien").*

ÜBERLIEFERUNG. *Vgl. NA 2 II A, 341 (zu T 1) und 337–339 (zu h^8 und D^1). – h: GSA. Abschrift Rudolphs für die Prachtausgabe (nach D^2), Bl. 120ʳ. – D^1: Gedichte 1 (1800). S. 303. D^2: Gedichte ²1 (1804). S. 303. – Textwiedergabe nach h.*

LESARTEN. *Vgl. den Text des Erstdrucks in NA 1, 291 und die Lesarten in NA 2 II A, 384. (Ergänzung:* **1** *geholfen,] Komma fehlt D^1 D^2)*

ERLÄUTERUNGEN. *Vgl. NA 2 II A, 384.*

314 Nr 2 Die verschiedne Bestimmung

ENTSTEHUNG. *Vgl. NA 2 II A, 333 (zu „Tabulae votivae"/„Xenien").*

ÜBERLIEFERUNG. Vgl. NA 2 II A, 341 (zu T 2) und 337–339 (zu h^8 und D^1). – h: GSA. Abschrift Rudolphs für die Prachtausgabe (nach D^2), Bl. 120^r. – D^1: Gedichte 1 (1800). S. 303. D^2: Gedichte ^{2}1 (1804). S. 303. – Textwiedergabe nach h.

LESARTEN. Vgl. den Text des Erstdrucks in NA 1, 291 und die Lesarten in NA 2 II A, 384.

ERLÄUTERUNGEN. Vgl. NA 2 II A, 384.

314 Nr 3   Das Belebende

ENTSTEHUNG. Vgl. NA 2 II A, 333 (zu „Tabulae votivae"/„Xenien").

ÜBERLIEFERUNG. Vgl. NA 2 II A, 342 (zu T 3; Text in NA 1, 291) und 337–339 (zu h^8 und D^1). – h: GSA. Abschrift Rudolphs für die Prachtausgabe (nach D^2), Bl. 120^r. – D^1: Gedichte 1 (1800). S. 304. D^2: Gedichte ^{2}1 (1804). S. 304. – Textwiedergabe nach h.

ERLÄUTERUNGEN. Vgl. NA 2 II A, 385.

314 Nr 4   Zweierlei Wirkungsarten

ENTSTEHUNG. Vgl. NA 2 II A, 333 (zu „Tabulae votivae"/„Xenien").

ÜBERLIEFERUNG. Vgl. NA 2 II A, 342 (zu T 4) und 337–339 (zu h^8 und D^1). – h: GSA. Abschrift Rudolphs für die Prachtausgabe (nach D^2), Bl. 120^r. – D^1: Gedichte 1 (1800). S. 304. D^2: Gedichte ^{2}1 (1804). S. 304. – Textwiedergabe nach h.

LESARTEN. Vgl. den Text des Erstdrucks in NA 1, 291 und die Lesarten in NA 2 II A, 385.

ERLÄUTERUNGEN. Vgl. NA 2 II A, 385.

315 Nr 5   Unterschied der Stände

ENTSTEHUNG. Vgl. NA 2 II A, 333 (zu „Tabulae votivae"/„Xenien").

ÜBERLIEFERUNG. Vgl. NA 2 II A, 342 (zu T 5) und 337–339 (zu h^{8}und D^1). – h: GSA. Abschrift Rudolphs für die Prachtausgabe (nach D^2), Bl. 120^r. – D^1: Gedichte 1 (1800). S. 304. D^2: Gedichte ^{2}1 (1804). S. 304. – Textwiedergabe nach h.

LESARTEN. Vgl. den Text der 1. Fassung in NA 1, 291 und die Lesarten in NA 2 II A, 385. – 1 Welt] *fehlt h (Schreibversehen)*

ERLÄUTERUNGEN. Vgl. NA 2 II A, 385.

315 Nr 6 Das Werthe und Würdige

ENTSTEHUNG. Vgl. NA 2 II A, 333 (zu „Tabulae votivae"/„Xenien").

ÜBERLIEFERUNG. Vgl. NA 2 II A, 342 (zu T 6) und 337–339 (zu h^8 und D^1). – h: GSA. Abschrift Rudolphs für die Prachtausgabe (nach D^2), Bl. 120^r. – D^1: Gedichte 1 (1800). S. 305. D^2: Gedichte ^{2}1 (1804). S. 305. – Textwiedergabe nach h.

LESARTEN. Vgl. den Text der 1. Fassung in NA 1, 291 und die Lesarten in NA 2 II A, 386.

ERLÄUTERUNGEN. Vgl. NA 2 II A, 386.

315 Nr 7 Die moralische Kraft

ENTSTEHUNG. Vgl. NA 2 II A, 333 (zu „Tabulae votivae"/„Xenien").

ÜBERLIEFERUNG. Vgl. NA 2 II A, 342 (zu T 8; Text in NA 1, 292) und 337–339 (zu h^8 und D^1). – h: GSA. Abschrift Rudolphs für die Prachtausgabe (nach D^2), Bl. 120^v. – D^1: Gedichte 1 (1800). S. 305. D^2: Gedichte ^{2}1 (1804). S. 305. – Textwiedergabe nach h.

ERLÄUTERUNGEN. Vgl. NA 2 II A, 386–387.

315 Nr 8 Aufgabe

ENTSTEHUNG. Vgl. NA 2 II A, 333 (zu „Tabulae votivae"/„Xenien").

ÜBERLIEFERUNG. Vgl. NA 2 II A, 343 (zu T 56) und 337–339 (zu h^8 und D^1). – h: GSA. Abschrift Rudolphs für die Prachtausgabe (nach D^2), Bl. 120^v. – D^1: Gedichte 1 (1800). S. 308. D^2: Gedichte ^{2}1 (1804). S. 308. – Textwiedergabe nach h.

LESARTEN. Vgl. den Text in NA 1, 298 und die Lesarten in NA 2 II A, 402. – 1—2 sey (3×)] sei (3×) D^1

ERLÄUTERUNGEN. Vgl. NA 2 II A, 402.

315 Nr 9 Pflicht für jeden

ENTSTEHUNG. Vgl. NA 2 II A, 333 (zu „Tabulae votivae"/„Xenien").

ÜBERLIEFERUNG. Vgl. NA 2 II A, 342 (zu T 18; Text in NA 1, 293) und 338–339 (zu D^1). – h: GSA. Abschrift Rudolphs für die Prachtausgabe (nach D^2), Bl. 120^v. – D^1: Gedichte 1 (1800). S. 308. D^2: Gedichte ^{2}1 (1804). S. 308. – Textwiedergabe nach h.

ERLÄUTERUNGEN. Vgl. NA 2 II A, 390.

315 Nr 10   An die Proselytenmacher

ENTSTEHUNG. Vgl. NA 2 II A, 230 (zu „Ein Wort an die Proselytenmacher"). Die 2. Fassung des Gedichts entstand vermutlich nicht lange vor der Veröffentlichung in der Gedichtsammlung von 1800.

ÜBERLIEFERUNG. Vgl. NA 2 II A, 231 (zu „Ein Wort an die Proselytenmacher"). – h: GSA. Abschrift Rudolphs für die Prachtausgabe (nach D^2), Bl. 120^v. – D^1: Gedichte 1 (1800). S. 298 [recte: 198]. D^2: Gedichte ^{2}1 (1804). S. 198. – Textwiedergabe nach h.

LESARTEN. Vgl. die 1. Fassung des Gedichts in NA 1, 238. – 2 Mann] Maan (Schreibversehen) h

ERLÄUTERUNGEN. Das Epigramm ist die in Distichen umgearbeitete Fassung des Gedichts „Ein Wort an die Proselytenmacher". Vgl. die Erläuterungen dazu (NA 2 II A, 231).

316 Nr 11   Archimedes und der Schüler

ENTSTEHUNG. Vgl. NA 2 II A, 297.

ÜBERLIEFERUNG. Vgl. NA 2 II A, 297–298. – h: GSA. Abschrift Rudolphs für die Prachtausgabe (nach D^2), Bl. 120^v. – D^1: Gedichte 1 (1800). S. 149. D^2: Gedichte ^{2}1 (1804). S. 149. – Textwiedergabe nach h.

LESARTEN. Vgl. den Text des Erstdrucks in NA 1, 270. – 8 Weib."] Schlußstriche fehlen D^1

ERLÄUTERUNGEN. Vgl. NA 2 II A, 298.

316 Nr 12   Jetzige Generation

ENTSTEHUNG. Vgl. NA 2 II A, 312.

ÜBERLIEFERUNG. Vgl. NA 2 II A, 312. – $h^{(2)}$: GSA. Abschrift Rudolphs für die Prachtausgabe (nach D^2), Bl. 120^v. – D^1: Gedichte 1 (1800). S. 307. D^2: Gedichte ^{2}1 (1804). S. 307. – Textwiedergabe nach $h^{(2)}$.

LESARTEN. Vgl. den Text des Erstdrucks in NA 1, 283 und die Lesarten in NA 2 II A, 312. – 1 jezt] jetzt D^1 D^2

ERLÄUTERUNGEN. Vgl. NA 2 II A, 312.

316 Nr 13 Die Uebereinstimmung

ENTSTEHUNG. Vgl. NA 2 II A, 333 (zu „Tabulae votivae"/„Xenien").

ÜBERLIEFERUNG. Vgl. NA 2 II A, 342 (zu T 21) und 337–339 (zu h^8 und D^1). – h: GSA. Abschrift Rudolphs für die Prachtausgabe (nach D^2), Bl. 121^r. – D^1: Gedichte 1 (1800). S. 310. D^2: Gedichte ^{2}1 (1804). S. 310. – Textwiedergabe nach h.

LESARTEN. Vgl. den Text des Erstdrucks in NA 1, 293 und die Lesarten in NA 2 II A, 390.

ERLÄUTERUNGEN. Vgl. NA 2 II A, 390–391.

316 Nr 14 Politische Lehre

ENTSTEHUNG. Vgl. NA 2 II A, 307.

ÜBERLIEFERUNG. Vgl. NA 2 II A, 307. – $h^{(2)}$: GSA. Abschrift Rudolphs für die Prachtausgabe (nach D^2), Bl. 121^r. – D^1: Gedichte 1 (1800). S. 311. D^2: Gedichte ^{2}1 (1804). S. 311. – Textwiedergabe nach $h^{(2)}$.

LESARTEN. Vgl. den Text des Erstdrucks in NA 1, 278 und die Lesarten in NA 2 II A, 307. – 1 sey] sei D^1 4 Sey] Sei D^1 sey] sei D^1

ERLÄUTERUNGEN. Vgl. NA 2 II A, 307.

316 Nr 15 Majestas populi

ENTSTEHUNG. Vgl. NA 2 II A, 309.

ÜBERLIEFERUNG. Vgl. NA 2 II A, 309. – $h^{(2)}$: GSA. Abschrift Rudolphs für die Prachtausgabe (nach D^2), Bl. 121^r. – D^1: Gedichte 1 (1800). S. 311. D^2: Gedichte ^{2}1 (1804). S. 311. – Textwiedergabe nach $h^{(2)}$.

LESARTEN. Vgl. den Text des Erstdrucks in NA 1, 278 und die Lesarten in NA 2 II A, 309.

ERLÄUTERUNGEN. Vgl. NA 2 II A, 309.

317 Nr 16 An die Astronomen

ENTSTEHUNG. Vgl. NA 2 II A, 325.

ÜBERLIEFERUNG. Vgl. NA 2 II A, 326. – $h^{(2)}$: GSA. Abschrift Rudolphs für die

VOTIVTAFELN Nr 13–19 201

Prachtausgabe (nach D²), Bl. 121ʳ. – D¹: Gedichte 1 (1800). S. 313. D²: Gedichte ²1 (1804). S. 313. – Textwiedergabe nach h⁽²⁾.

LESARTEN. *Vgl. die 1. Fassung in NA 1, 287 und die Lesarten in NA 2 II A, 326.*

ERLÄUTERUNGEN. *Für* Schöpfer *heißt es nun* Natur *im ersten Pentameter; offenbar, weil, genaugenommen, sie* Gegenstand *(V. 3) der Astronomen ist, nicht Gott. Vgl. im übrigen NA 2 II A, 326.*

317 Nr 17   Meine Antipathie

ENTSTEHUNG. *Vgl. NA 2 II A, 333 (zu „Tabulae votivae"/„Xenien").*

ÜBERLIEFERUNG. *Vgl. NA 2 II A, 343 (zu T 43) und 337–339 (zu h⁸ und D¹). – h: GSA. Abschrift Rudolphs für die Prachtausgabe (nach D²), Bl. 121ʳ. – D¹: Gedichte 1 (1800). S. 313. D²: Gedichte ²1 (1804). S. 313. – Textwiedergabe nach h.*

LESARTEN. *Vgl. den Text des Erstdrucks in NA 1, 296 und die Lesarten in NA 2 II A, 398. –* **1** zuwider] w *verb. aus* r h   **3** wollte,] *Komma fehlt* D¹   **4** will's] wills D¹

ERLÄUTERUNGEN. *Vgl. NA 2 II A, 398.*

317 Nr 18   Der Genius

ENTSTEHUNG. *Vgl. NA 2 II A, 333 (zu „Tabulae votivae"/„Xenien").*

ÜBERLIEFERUNG. *Vgl. NA 2 II A, 343 (zu T 67) und 338–339 (zu D¹). – h: GSA. Abschrift Rudolphs für die Prachtausgabe (nach D²), Bl. 121ᵛ. – D¹: Gedichte 1 (1800). S. 318. D²: Gedichte ²1 (1804). S. 318. – Textwiedergabe nach h.*

LESARTEN. *Vgl. den Text des Erstdrucks in NA 1, 300. –* **2** ihr] i *verb. aus* e h

ERLÄUTERUNGEN. *Vgl. NA 2 II A, 406.*

317 Nr 19   Der Nachahmer

ENTSTEHUNG. *Vgl. NA 2 II A, 333 und 384 (zu „Tabulae votivae"/„Xenien").*

ÜBERLIEFERUNG. *Vgl. NA 2 II A, 343 (zu T 68) und 337–339 (zu h⁸ und D¹). – h: GSA. Abschrift Rudolphs für die Prachtausgabe, Bl. 121ᵛ. – D¹: Gedichte 1 (1800). S. 318. D²: Gedichte ²1 (1804). S. 318. – Textwiedergabe nach h.*

LESARTEN. *Vgl. den Text des Erstdrucks („Der Nachahmer und der Genius") in NA 1, 300 und die Lesarten in NA 2 II A, 406.*

ERLÄUTERUNGEN. *Vgl. NA 2 II A, 407.*

317 Nr 20 Genialität

ENTSTEHUNG. Vgl. NA 2 II A, 333 (zu „Tabulae votivae"/„Xenien").

ÜBERLIEFERUNG. Vgl. NA 2 II A, 343 (zu T 69) und 338–339 (zu D^1). – h: GSA. Abschrift Rudolphs für die Prachtausgabe (nach D^2), Bl. 121^v. – D^1: Gedichte 1 (1800). S. 319. D^2: Gedichte ^{2}1 (1804). S. 319. – Textwiedergabe nach h.

LESARTEN. Vgl. den Text des Erstdrucks in NA 1, 300 und die Lesarten in NA 2 II A, 407.

ERLÄUTERUNGEN. Gegenüber dem Erstdruck ersetzte Schiller im 3. Vers das Attribut unergründlicher durch unermeßlicher – vermutlich, weil die Tätigkeit des „Messens" besser dem (hier versagenden) Verstandesvermögen (als empirischer Erkenntnis) entspricht, während „ergründen" sich mehr auf den Umgang der Vernunft mit transzendentalen Ideen (wie die Unendlichkeit Gottes) bezieht; vgl. auch die Erläuterungen zu „Tabulae votivae" (Nr 67), „Der Genius".

318 Nr 21 Die Forscher

ENTSTEHUNG. Vgl. NA 2 II A, 333 (zu „Tabulae votivae"/„Xenien").

ÜBERLIEFERUNG. Vgl. NA 2 II A, 342 (zu T 32 und 33) und 337–339 (zu h^8 und D^1). – h: Abschrift Rudolphs für die Prachtausgabe (nach D^2), Bl. 121^v. – D^1: Gedichte 1 (1800). S. 319. D^2: Gedichte ^{2}1 (1804). S. 319. – Textwiedergabe nach h.

LESARTEN. Vgl. die 1. Fassung (die Distichen „Metaphysiker und Physiker" und „Die Versuche") in NA 1, 295 und die Lesarten in NA 2 II A, 394. – **1** jetzt] jetzt $D^1 D^2$ **3** Stangen,] Komma fehlt D^1

ERLÄUTERUNGEN. Vgl. NA 2 II A, 394.

318 Nr 22 Der Sämann

ENTSTEHUNG. Vgl. NA 2 II A, 225.

ÜBERLIEFERUNG. Vgl. NA 2 II A, 225–226. – h: GSA. Abschrift Rudolphs für die Prachtausgabe (nach D^2), Bl. 121^v. – D^1: Gedichte 1 (1800). S. 186. D^2: Gedichte ^{2}1 (1804). S. 186. – Textwiedergabe nach h.

LESARTEN. Vgl. den Text des Erstdrucks in NA 1, 233 und die Lesarten in NA 2 II A, 226.

ERLÄUTERUNGEN. Vgl. NA 2 II A, 226.

VOTIVTAFELN Nr 20–26

318 Nr 23   Schöne Individualität

ENTSTEHUNG. Vgl. NA 2 II A, 333 (zu „Tabulae votivae"/„Xenien").

ÜBERLIEFERUNG. Vgl. NA 2 II A, 343 (zu T 59) und 337–339 (zu h^8 und D^1). – h: GSA. Abschrift Rudolphs für die Prachtausgabe (nach D^2), Bl. 122^r. – D^1: Gedichte 1 (1800). S. 316. D^2: Gedichte ^{2}1 (1804). S. 316. – Textwiedergabe nach h.

LESARTEN. Vgl. den Text des Erstdrucks in NA 1, 298 und die Lesarten in NA 2 II A, 402.

ERLÄUTERUNGEN. Vgl. NA 2 II A, 403.

318 Nr 24   Die Mannichfaltigkeit

ENTSTEHUNG. Vgl. NA 2 II A, 333 (zu „Tabulae votivae"/„Xenien").

ÜBERLIEFERUNG. Vgl. NA 2 II A, 343 (zu T 62) und 337–339 (zu h^8 und D^1). – h: GSA. Abschrift Rudolphs für die Prachtausgabe (nach D^2), Bl. 122^r. – D^1: Gedichte 1 (1800). S. 317. D^2: Gedichte ^{2}1 (1804). S. 317. – Textwiedergabe nach h.

LESARTEN. Vgl. den Text des Erstdrucks in NA 1, 299 und die Lesarten in NA 2 II A, 404. – **3** tausendfach wechselnden] ein Wort D^1 D^2

ERLÄUTERUNGEN. Vgl. NA 2 II A, 404.

318–319 Nr 25   Menschliches Wissen

ENTSTEHUNG. Vgl. NA 2 II A, 298.

ÜBERLIEFERUNG. Vgl. NA 2 II A, 298. – h: GSA. Abschrift Rudolphs für die Prachtausgabe (nach D^2), Bl. 122^r. – D^1: Gedichte 1 (1800). S. 72. D^2: Gedichte ^{2}1 (1804). S. 72. – Textwiedergabe nach h.

LESARTEN. Vgl. den Text des Erstdrucks in NA 1, 271. – **2** reihst] reyhst D^1

ERLÄUTERUNGEN. Vgl. NA 2 II A, 299.

319 Nr 26   An die Mystiker

ENTSTEHUNG. Vgl. NA 2 II A, 333 (zu „Tabulae votivae"/„Xenien").

ÜBERLIEFERUNG. Vgl. NA 2 II A, 343 (zu T 52; Text in NA 1, 298) und 337–339 (zu

h^8 und D^1). – h: GSA. Abschrift Rudolphs für die Prachtausgabe (nach D^2), Bl. 122^r. – D^1: Gedichte 1 (1800). S. 309. D^2: Gedichte ^{2}1 (1804). S. 309. – Textwiedergabe nach h.

ERLÄUTERUNGEN. Vgl. NA 2 II A, 400.

319 Nr 27   Weisheit und Klugheit

ENTSTEHUNG. Vgl. NA 2 II A, 269.

ÜBERLIEFERUNG. Vgl. NA 2 II A, 269. – h: GSA. Abschrift Rudolphs für die Prachtausgabe (nach D^2), Bl. 122^v. – D^1: Gedichte 1 (1800). S. 310. D^2: Gedichte ^{2}1 (1804). S. 310. – Textwiedergabe nach h.

LESARTEN. Vgl. den Text des Erstdrucks in NA 1, 258.

ERLÄUTERUNGEN. Vgl. NA 2 II A, 269–270.

319 Nr 28   Würden

ENTSTEHUNG. Vgl. NA 2 II A, 220.

ÜBERLIEFERUNG. Vgl. NA 2 II A, 220 – h: GSA. Abschrift Rudolphs für die Prachtausgabe (nach D^2), Bl. 122^v. – D^1: Gedichte 1 (1800). S. 194. D^2: Gedichte ^{2}1 (1804). S. 194. – Textwiedergabe nach h.

LESARTEN. Vgl. den Text des Erstdrucks in NA 1, 229 und die Lesarten in NA 2 II A, 220.

ERLÄUTERUNGEN. Vgl. NA 2 II A, 220–221.

319–320 Nr 29   An einen Weltverbesserer

ENTSTEHUNG. Vgl. NA 2 II A, 270.

ÜBERLIEFERUNG. Vgl. NA 2 II A, 270. – h: GSA. Abschrift Rudolphs für die Prachtausgabe (nach D^2), Bl. 122^v. – D^1: Gedichte 1 (1800). S. 312. D^2: Gedichte ^{2}1 (1804). S. 312. – Textwiedergabe nach h.

LESARTEN. Vgl. den Text der 1. Fassung in NA 1, 259 und die Lesarten in NA 2 II A, 270.

ERLÄUTERUNGEN. Vgl. NA 2 II A, 270.

320 Nr 30   Der beste Staat

ENTSTEHUNG. Vgl. NA 2 II A, 231.

VOTIVTAFELN Nr 26–33   205

ÜBERLIEFERUNG. Vgl. NA 2 II A, 231. – h: GSA. Abschrift Rudolphs für die Prachtausgabe (nach D²), Bl. 122ᵛ. – D¹: Gedichte 1 (1800). S. 314. D²: Gedichte ²1 (1804). S. 314. – Textwiedergabe nach h.

LESARTEN. Vgl. den Text des Erstdrucks in NA 1, 238.

ERLÄUTERUNGEN. Vgl. NA 2 II A, 231.

320 Nr 31   Der Schlüssel

ENTSTEHUNG. Vgl. NA 2 II A, 233 (zu „Tabulae votivae"/„Xenien").

ÜBERLIEFERUNG. Vgl. NA 2 II A, 342 (zu T 23) und 337–339 (zu h^8 und D^1). – h: GSA. Abschrift Rudolphs für die Prachtausgabe (nach D²), Bl. 123ʳ. – D¹: Gedichte 1 (1800). S. 309. D²: Gedichte ²1 (1804). S. 309. – Textwiedergabe nach h.

LESARTEN. Vgl. den Text des Erstdrucks in NA 1, 294 und die Lesart in NA 2 II A, 391.

ERLÄUTERUNGEN. Vgl. NA 2 II A, 391.

320 Nr 32   Der Aufpasser

ENTSTEHUNG. Vgl. NA 2 II A, 314.

ÜBERLIEFERUNG. Vgl. NA 2 II A, 314–315. – $h^{(2)}$: GSA. Abschrift Rudolphs für die Prachtausgabe (nach D²), Bl. 123ʳ. – D¹: Gedichte 1 (1800). S. 309. D²: Gedichte ²1 (1804). S. 309. – Textwiedergabe nach $h^{(2)}$.

LESARTEN. Vgl. den Text des Erstdrucks in NA 1, 283 und die Lesarten in NA 2 II A, 315.

ERLÄUTERUNGEN. Vgl. NA 2 II A, 315.

320 Nr 33   Mein Glaube

ENTSTEHUNG. Vgl. NA 2 II A, 333 (zu „Tabulae votivae"/„Xenien").

ÜBERLIEFERUNG. Vgl. NA 2 II A, 343 (zu T 41) und 337–339 (zu h^8 und D^1). – h: GSA. Abschrift Rudolphs für die Prachtausgabe (nach D²), Bl. 123ʳ. – D¹: Gedichte 1 (1800). S. 314. D²: Gedichte ²1 (1804). S. 314. – Textwiedergabe nach h.

LESARTEN. Vgl. den Text des Erstdrucks in NA 1, 296 und die Lesarten in NA 2 II A, 397.

ERLÄUTERUNGEN. Vgl. NA 2 II A, 397.

320 Nr 34   **Inneres und Aeußeres**

ENTSTEHUNG. Vgl. NA 2 II A, 326 (zu „Innerer Werth und äußere Erscheinung").

ÜBERLIEFERUNG. Vgl. NA 2 II A, 326 (zu „Innerer Werth und äußere Erscheinung"). − h$^{(2)}$: GSA. Abschrift Rudolphs für die Prachtausgabe (nach D^2), Bl. 123^r. − *D^1:* Gedichte 1 (1800). S. 315. *D^2:* Gedichte ^{2}1 (1804). S. 315. − *Textwiedergabe nach h$^{(2)}$.*

LESARTEN. Vgl. den Text der 1. Fassung in NA 1, 287 und die Lesarten in NA 2 II A, 327.

ERLÄUTERUNGEN. Vgl. NA 2 II A, 327.

321 Nr 35   **Freund und Feind**

ENTSTEHUNG. Vgl. NA 2 II A, 327.

ÜBERLIEFERUNG. Vgl. NA 2 II A, 327. − h$^{(2)}$: GSA. Abschrift Rudolphs für die Prachtausgabe (nach D^2), Bl. 123^r. − *D^1:* Gedichte 1 (1800). S. 315. *D^2:* Gedichte ^{2}1 (1804). S. 315. − *Textwiedergabe nach h$^{(2)}$.*

LESARTEN. Vgl. den Text des Erstdrucks in NA 1, 288 und die Lesarten in NA 2 II A, 327.

ERLÄUTERUNGEN. Vgl. NA 2 II A, 327.

321 Nr 36   **Das Unwandelbare**

ENTSTEHUNG. Vgl. NA 2 II A, 216.

ÜBERLIEFERUNG. Vgl. NA 2 II A, 216. − h: GSA. Abschrift Rudolphs für die Prachtausgabe (nach D^1), Bl. 123^r. − *D^1:* Gedichte 2 (1803). S. 208. *D^2:* Gedichte ^{2}2 (1805). S. 208. − *Textwiedergabe nach h.*

LESARTEN. Vgl. den Text des Erstdrucks in NA 1, 227. − **1** enteilet] enteileit *(Schreibversehen)* h   **2** ewige] ew'ge D^2

ERLÄUTERUNGEN. Vgl. NA 2 II A, 216.

321 Nr 37   **Kolumbus**

ENTSTEHUNG. Vgl. NA 2 II A, 233 (zu „Columbus").

ÜBERLIEFERUNG. Vgl. NA 2 II A, 233 (zu "Columbus"). — h: GSA. Abschrift Rudolphs für die Prachtausgabe (nach D²), Bl. 123ʳ. — D¹: Gedichte 1 (1800). S. 32. D²: Gedichte ² 1 (1804). S. 32. — Textwiedergabe nach h.

LESARTEN. Vgl. den Text des Erstdrucks ("Columbus") in NA 1, 239. — 6 jezt] jetzt D¹ D²

ERLÄUTERUNGEN. Vgl. NA 2 II A, 233—234.

321 Nr 38 Der gelehrte Arbeiter

ENTSTEHUNG. Vgl. NA 2 II A, 333 (zu "Tabulae votivae"/"Xenien").

ÜBERLIEFERUNG. Vgl. NA 2 II A, 342 (zu T 16) und 337—339 (zu h⁸ und D¹). — h: GSA. Abschrift Rudolphs für die Prachtausgabe (nach D²), Bl. 123ᵛ. — D¹: Gedichte 1 (1800). S. 307. D²: Gedichte ² 1 (1804). S. 307. — Textwiedergabe nach h.

LESARTEN. Vgl. den Text der 1. Fassung ("Der Philister") in NA 1, 293 und die Lesarten in NA 2 II A, 389.

ERLÄUTERUNGEN. Der neue Titel des früher "Der Philister" überschriebenen Epigramms erinnert an Schillers Unterscheidung des Brodgelehrten *vom philosophischen Kopf in seiner akademischen Antrittsrede "Was heißt und zu welchem Ende studiert man Universalgeschichte?" Über jenen heißt es: […] nicht bey seinen Gedankenschätzen sucht er seinen Lohn, sondern erwartet diesen vielmehr von fremder Anerkennung, von Ehrenstellen, von Versorgung (NA 17, 361). Vgl. auch die Erläuterungen zum Erstdruck (NA 2 II A, 389).*

321 Nr 39 Das Naturgesetz

ENTSTEHUNG. Vgl. NA 2 II A, 333 (zu "Tabulae votivae"/"Xenien").

ÜBERLIEFERUNG. Vgl. NA 2 II A, 344 (zu T 79) und 337—339 (zu h⁸ und D¹). — h: GSA. Abschrift Rudolphs für die Prachtausgabe (nach D²), Bl. 123ᵛ. — D¹: Gedichte 1 (1800). S. 320. D²: Gedichte ² 1 (1804). S. 320. — Textwiedergabe nach h.

LESARTEN. Vgl. den Text des Erstdrucks in NA 1, 301 und die Lesarten in NA 2 II A, 411.

ERLÄUTERUNGEN. Vgl. NA 2 II A, 411.

322 Nr 40 Korrektheit

ENTSTEHUNG. Vgl. NA 2 II A, 333 und 384 (zu "Tabulae votivae").

ÜBERLIEFERUNG. Vgl. NA 2 II A, 344 (zu T 74) und 337–339 (zu h^8 und D^1). – h: GSA. Abschrift Rudolphs für die Prachtausgabe (nach D^2), Bl. 123^v. – D^1: Gedichte 1 (1800). S. 320. D^2: Gedichte ^{2}1 (1804). S. 320. – Textwiedergabe nach h.

LESARTEN. Vgl. den Text des Erstdrucks in NA 1, 301 und die Lesarten in NA 2 II A, 410.

ERLÄUTERUNGEN. Vgl. NA 2 II A, 410.

322 Nr 41   Sprache

ENTSTEHUNG. Das Distichon entstand vermutlich im Januar 1796. Vgl. NA 2 II A, 335 (zu H^4).

ÜBERLIEFERUNG. Vgl. NA 2 II A, 344 (zu T 84), 335 (zu H^4) und 337–339 (zu h^8, D^1 und D^2). – h: GSA. Abschrift Rudolphs für die Prachtausgabe (nach D^2), Bl. 123^v. – D^1: Gedichte 1 (1800). S. 321. D^2: Gedichte ^{2}1 (1804). S. 321. – Textwiedergabe nach h.

LESARTEN. Vgl. den Text des Erstdrucks in NA 1, 302 und die Lesarten in NA 2 II A, 413.

ERLÄUTERUNGEN. Vgl. NA 2 II A, 413.

322 Nr 42   An den Dichter

ENTSTEHUNG. Vgl. NA 2 II A, 333 (zu „Tabulae votivae"/„Xenien").

ÜBERLIEFERUNG. Vgl. NA 2 II A, 344 (zu T 85) und 337–339 (zu h^8 und D^1). – h: GSA. Abschrift Rudolphs für die Prachtausgabe (nach D^2), Bl. 123^v. – D^1: Gedichte 1 (1800). S. 322. D^2: Gedichte ^{2}1 (1804). S. 322. – Textwiedergabe nach h.

LESARTEN. Vgl. den Text des Erstdrucks in NA 1, 302 und die Lesarten in NA 2 II A, 413.

ERLÄUTERUNGEN. Vgl. NA 2 II A, 413.

322 Nr 43   Der Meister

ENTSTEHUNG. Vgl. NA 2 II A, 333 (zu „Tabulae votivae"/„Xenien").

ÜBERLIEFERUNG. Vgl. NA 2 II A, 344 (zu T 86) und 337–339 (zu h^8 und D^1 und D^2). – h: GSA. Abschrift Rudolphs für die Prachtausgabe (nach D^2), Bl. 123^v. – D^1: Gedichte 1 (1800). S. 322. D^2: Gedichte ^{2}1 (1804). S. 322. – Textwiedergabe nach h.

LESARTEN. Vgl. den Text des Erstdrucks in NA 1, 302 und die Lesarten in NA 2 II A, 414. – 1 Jeden] anstelle von durch Rasur getilgtem In dem h   2 Styls] Stils D^1

ERLÄUTERUNGEN. Vgl. NA 2 II A, 414.

322 Nr 44   Der Gürtel

ENTSTEHUNG. Das Distichon ist möglicherweise erst kurz vor seiner Erstveröffentlichung (1800), vielleicht aber auch schon in den Jahren zuvor entstanden.

ÜBERLIEFERUNG. H: ? h: GSA. Abschrift Rudolphs für die Prachtausgabe (nach D), Bl. 123^v. – E: Gedichte 1 (1800). S. 322. D: Gedichte ^{2}1 (1804). S. 322. – Textwiedergabe nach h.

ERLÄUTERUNGEN. Der Gürtel der Aphrodite verlieh seiner Trägerin Anmut und die Fähigkeit, Liebe zu erwerben. (Vgl. Schillers Deutung des Gürtels als Symbol der beweglichen Schönheit in „Anmuth und Würde" [NA 20, 252].) Hier erscheint der Gürtel allgemein als Sinnbild der Scham. Die Zuordnung des Epigramms zu den drei vorhergehenden „Votivtafeln" (Nr 41–43) weckt den Gedanken, das Motiv auf den poetischen Styl (Nr 43) zu beziehen; es bezeichnete dann so etwas wie „Sprachscham" im Sinne des Epigramms „Der Meister".

322 Nr 45   Die zwei Tugendwege

ENTSTEHUNG. Vgl. NA 2 II A, 226.

ÜBERLIEFERUNG. Vgl. NA 2 II A, 227. – $h^{(2)}$: GSA. Abschrift Rudolphs für die Prachtausgabe (nach D^2), Bl. 123^v. – D^1: Gedichte 1 (1800). S. 206. D^2: Gedichte ^{2}1 (1804). S. 206. – Textwiedergabe nach $h^{(2)}$.

LESARTEN. Vgl. den Text des Erstdrucks in NA 1, 234 und die Lesarten in NA 2 II A, 227. In NA 1, 234 ist zu korrigieren: d u l d e n d . (V. 3) und geführt! (V. 4). – Überschrift: zwei] zwey D^1 1 Zwei] Zwey D^1

ERLÄUTERUNGEN. Vgl. NA 2 II A, 227.

323 Nr 46   Licht und Farbe

ENTSTEHUNG. Vgl. NA 2 II A, 333 (zu „Tabulae votivae"/„Xenien").

ÜBERLIEFERUNG. Vgl. NA 2 II A, 343 (zu T 53; Text in NA 1, 298) und 337–339 (zu h^8, h^9 und D^1). – h: GSA. Abschrift Rudolphs für die Prachtausgabe (nach D^2), Bl. 124^r. – D^1: Gedichte 1 (1800). S. 315. D^2: Gedichte ^{2}1 (1804). S. 315. – Textwiedergabe nach h.

LESARTEN. Vgl. den Text des Erstdrucks in NA 1, 298 und die Lesarten in NA 2 II A, 400.

ERLÄUTERUNGEN. Vgl. NA 2 II A, 401.

323 Nr 47 Die schwere Verbindung

ENTSTEHUNG. Vgl. NA 2 II A, 333 (zu „Tabulae votivae"/„Xenien").

ÜBERLIEFERUNG. Vgl. NA 2 II A, 343 (zu T 73; Text in NA 1, 301) und 337–339 (zu h^8 und D^1). – h: GSA. Abschrift Rudolphs für die Prachtausgabe (nach D^2), Bl. 124^r. – D^1: Gedichte 1 (1800). S. 320. D^2: Gedichte ^{2}1 (1804). S. 320. – Textwiedergabe nach h.

ERLÄUTERUNGEN. Vgl. NA 2 II A, 409.

323 Nr 48 Dilettant

ENTSTEHUNG. Das Distichon entstand im Januar 1796. Vgl. NA 2 II A, 334–335 (zu H^1).

ÜBERLIEFERUNG. Vgl. NA 2 II A, 344 (zu T 87), 334–335 (zu H^1) und 337–339 (zu h^8 und D^1). – h: GSA. Abschrift Rudolphs für die Prachtausgabe (nach D^2), Bl. 124^r. – D^1: Gedichte 1 (1800). S. 323. D^2: Gedichte ^{2}1 (1804). S. 323. – Textwiedergabe nach h.

LESARTEN. Vgl. den Text des Erstdrucks in NA 1, 302 und die Lesarten in NA 2 II A, 414.

ERLÄUTERUNGEN. Vgl. NA 2 II A, 414.

323 Nr 49 Die Kunstschwätzer

ENTSTEHUNG. Vgl. NA 2 II A, 333 (zu „Tabulae votivae"/„Xenien").

ÜBERLIEFERUNG. Vgl. NA 2 II A, 344 (zu T 99) und 337–339 (zu h^8 und D^1). – h: GSA. Abschrift Rudolphs für die Prachtausgabe (nach D^2), Bl. 124^r. – D^1: Gedichte 1 (1800). S. 323. D^2: Gedichte ^{2}1 (1804). S. 323. – Textwiedergabe nach h.

LESARTEN. Vgl. den Text des Erstdrucks in NA 1, 304 und die Lesarten in NA 2 II A, 418. – 1 Seyd] Seid D^1

ERLÄUTERUNGEN. Vgl. NA 2 II A, 418.

323 Nr 50 G. G.

ENTSTEHUNG. *Das Distichon, eines der „Xenien" (Nr 288), entstand im Januar 1796. Vgl. NA 2 II A, 334–335 (zu H¹).*

ÜBERLIEFERUNG. *Vgl. NA 2 II A, 352 (zu X 288), 334–335 (zu H¹), 337 (zu h⁸) und 339 (zu D²). – h: GSA. Abschrift Rudolphs für die Prachtausgabe (nach D²⁽¹⁾), Bl. 124ʳ. – D²⁽¹⁾: Gedichte 2 (1803). S. 189. D²⁽²⁾: Gedichte ²2 (1805). S. 189. – Textwiedergabe nach h.*

LESARTEN. *Vgl. den Text des Erstdrucks in NA 1, 344 und die Lesarten in NA 2 II A, 557.*

ERLÄUTERUNGEN. *Vgl. NA 2 II A, 557.*

323 Nr 51 Die drei Alter der Natur

ENTSTEHUNG. *Das Distichon ist möglicherweise erst kurz vor seiner Erstveröffentlichung (1800), vielleicht aber auch schon einige Jahre vorher entstanden.*

ÜBERLIEFERUNG. *H: ? h: GSA. Abschrift Rudolphs für die Prachtausgabe (nach D), Bl. 124ʳ. – E: Gedichte 1 (1800). S. 317. D: Gedichte ²1 (1804). S. 317. – Textwiedergabe nach h.*

LESARTEN. *Überschrift:* drei] drey *E*

ERLÄUTERUNGEN. *Der im Hexameter formulierte Gedanke wird ausführlich in Schillers Gedicht „Die Götter Griechenlandes" entwickelt. Christentum und rationalistische Aufklärung sind dort für die „Entgötterung" der Natur verantwortlich, deren Erscheinungen und Vorgänge von den Griechen als Wirkungen und Handlungen göttlicher und mythischer Wesen versinnlicht worden waren. Zum Begriff der* Schule *vgl. die Erläuterungen zum Gedicht „Natur und Schule"; zu Begriff und Funktion der* Vernunft *im Unterschied zum „Schul"-Verstand der empirischen (Natur-)Wissenschaften die Erläuterungen zu Nr 67 der „Tabulae votivae", „Der Genius".*

324 Nr 52 Die Antike an den nordischen Wanderer

ENTSTEHUNG. *Vgl. NA 2 II A, 266 (zu „Die Antike an einen Wanderer aus Norden").*

ÜBERLIEFERUNG. *Vgl. NA 2 II A, 266. – h: GSA. Abschrift Rudolphs für die Prachtausgabe (nach D²), Bl. 124ʳ. – D¹: Gedichte 1 (1800). S. 150. D²: Gedichte ²1 (1804). S. 150. – Textwiedergabe nach h.*

LESARTEN. *Vgl. die 1. Fassung in NA 1, 257. – Überschrift:* Die Antike an den nordischen Wandrer *D¹ D²*   6 jezt] jetzt *D¹ D²*

ERLÄUTERUNGEN. *Gegenüber der 1. Fassung wurde die vorliegende um acht Verse gekürzt; dabei hatte Schiller vermutlich die Kritik August Wilhelm Schlegels im Blick; vgl. die Erläuterungen in NA 2 II A, 266–267.*

324 Nr 53 Der Obelisk

ENTSTEHUNG. *Vgl. NA 2 II A, 617.*

ÜBERLIEFERUNG. *Vgl. NA 2 II A, 617.* – $h^{(2)}$: *GSA. Abschrift Rudolphs für die Prachtausgabe (nach D^1), Bl. 124^v.* – D^1: *Gedichte 2 (1803). S. 205.* D^2: *Gedichte ^{2}2 (1805). S. 205.* – *Textwiedergabe nach $h^{(2)}$.*

LESARTEN. *Vgl. den Text des Erstdrucks in NA 1, 382 und die Lesarten in NA 2 II A, 617.* – **2** Stehe] Stehe, D^2

ERLÄUTERUNGEN. *Vgl. NA 2 II A, 617–618.*

324 Nr 54 Die Peterskirche

ENTSTEHUNG. *Vgl. NA 2 II A, 619.*

ÜBERLIEFERUNG. *Vgl. NA 2 II A, 619.* – $h^{(2)}$: *GSA. Abschrift Rudolphs für die Prachtausgabe (nach D^1), Bl. 124^v.* – D^1: *Gedichte 2 (1803). S. 206.* D^2: *Gedichte ^{2}2 (1805). S. 206.* – *Textwiedergabe nach $h^{(2)}$.*

LESARTEN. *Vgl. den Text des Erstdrucks in NA 1, 382 und die Lesarten in NA 2 II A, 619.*

ERLÄUTERUNGEN. *Vgl. NA 2 II A, 619.*

324 Nr 55 Der Triumphbogen

ENTSTEHUNG. *Vgl. NA 2 II A, 618.*

ÜBERLIEFERUNG. *Vgl. NA 2 II A, 618.* – $h^{(2)}$: *GSA. Abschrift Rudolphs für die Prachtausgabe (nach D^1), Bl. 124^v.* – D^1: *Gedichte 2 (1803). S. 205.* D^2: *Gedichte ^{2}2 (1805). S. 205.* – *Textwiedergabe nach $h^{(2)}$.*

LESARTEN. *Vgl. den Text des Erstdrucks in NA 1, 382 und die Lesarten in NA 2 II A, 618.* – **2** Dich] Die *(Schreibversehen)* $h^{(2)}$

ERLÄUTERUNGEN. *Vgl. NA 2 II A, 618.*

324 Nr 56 Das Distichon

ENTSTEHUNG. Vgl. NA 2 II A, 318.

ÜBERLIEFERUNG. Vgl. NA 2 II A, 318–319. – $h^{(2)}$: GSA. Abschrift Rudolphs für die Prachtausgabe (nach D^1), Bl. 124^v. – D^1: Gedichte 2 (1803). S. 204. D^2: Gedichte ^{2}2 (1805). S. 204. – Textwiedergabe nach $h^{(2)}$.

LESARTEN. Vgl. den Text des Erstdrucks in NA 1, 285. – 1 flüssige] flüßige D^1

ERLÄUTERUNGEN. Vgl. NA 2 II A, 319.

324 Nr 57 Die achtzeilige Stanze

ENTSTEHUNG. Vgl. NA 2 II A, 319 und 318.

ÜBERLIEFERUNG. Vgl. NA 2 II A, 319. – $h^{(2)}$: Abschrift Rudolphs für die Prachtausgabe (nach D^1), Bl. 124^v. – D^1: Gedichte 2 (1803). S. 205. D^2: Gedichte ^{2}2 (1805). S. 204. – Textwiedergabe nach $h^{(2)}$.

LESARTEN. Vgl. den Text des Erstdrucks in NA 1, 285 und die Lesarten in NA 2 II A, 319. – 1 Stanze] Stanze, D^2 2 schaamhaft] schamhaft D^2

ERLÄUTERUNGEN. Vgl. NA 2 II A, 319.

325 Nr 58 Tonkunst

ENTSTEHUNG. Das Distichon ist möglicherweise erst kurz vor seiner Erstveröffentlichung (1800), vielleicht aber auch schon einige Jahre zuvor entstanden.

ÜBERLIEFERUNG. H: ? h: GSA. Abschrift Rudolphs für die Prachtausgabe (nach D), Bl. 124^v. – E: Gedichte 1 (1800). S. 321. D: Gedichte ^{2}1 (1804). S. 321. – Textwiedergabe nach h.

ERLÄUTERUNGEN. Von der Problematik, die Seele in Sprache zu fassen, handelt auch Votivtafel Nr 41, „Sprache" (Nr 84 der „Tabulae votivae"). Über das Ausdrucksvermögen der Musik heißt es in Schillers Rezension „Über Matthissons Gedichte": Nun besteht aber der ganze Effekt der Musik [...] darin, die innern Bewegungen des Gemüts durch analogische äußere zu begleiten und zu versinnlichen. Auf diese Weise werde der Tonkünstler zum wahrhaften Seelenmaler (NA 22, 272).

325 Nr 59 Odysseus

ENTSTEHUNG. Vgl. NA 2 II A, 215.

ÜBERLIEFERUNG. Vgl. NA 2 II A, 215. – h: GSA. Abschrift Rudolphs für die Prachtausgabe (nach D²), Bl. 124ᵛ. – D¹: Gedichte 1 (1800). S. 33. D²: Gedichte ²1 (1804). S. 33. – Textwiedergabe nach h.

LESARTEN. Vgl. den Text des Erstdrucks in NA 1, 227. – 1 durchkreuzt', die Heimat zu finden,] Kommata fehlen D¹

ERLÄUTERUNGEN. Vgl. NA 2 II A, 215–216.

325 Nr 60   Theophanie

ENTSTEHUNG. Vgl. NA 2 II A, 296.

ÜBERLIEFERUNG. Vgl. NA 2 II A, 296 (zum Text des Erstdrucks in NA 1, 269). – h: GSA. Abschrift Rudolphs für die Prachtausgabe (nach D¹), Bl. 125ʳ. – D¹: Gedichte 2 (1803). S. 208. D²: Gedichte ²2 (1805). S. 208. – Textwiedergabe nach h.

LESARTEN. Überschrift: Teophanie h

ERLÄUTERUNGEN. Vgl. NA 2 II A, 297.

325 Nr 61   Die Gunst der Musen

ENTSTEHUNG. Vgl. NA 2 II A, 333 (zu „Tabulae votivae"/„Xenien").

ÜBERLIEFERUNG. Vgl. NA 2 II A, 342 (zu T 17) und 338–339 (zu D¹). – h: GSA. Abschrift Rudolphs für die Prachtausgabe (nach D²), Bl. 125ʳ. – D¹: Gedichte 1 (1800). S. 324. D²: Gedichte ²1 (1804). S. 324. – Textwiedergabe nach h.

LESARTEN. Vgl. den Text des Erstdrucks in NA 1, 293 („Das ungleiche Schicksal").

ERLÄUTERUNGEN. Vgl. NA 2 II A, 389.

325 Nr 62   Der Homeruskopf als Siegel

ENTSTEHUNG. Vgl. NA 2 II A, 321.

ÜBERLIEFERUNG. Vgl. NA 2 II A, 321. – h⁽²⁾: GSA. Abschrift Rudolphs für die Prachtausgabe (nach D²), Bl. 125ʳ. – D¹: Gedichte 1 (1800). S. 324. D²: Gedichte ²1 (1804). S. 324. – Textwiedergabe nach h⁽²⁾.

LESARTEN. Vgl. den Text des Erstdrucks in NA 1, 285 und Lesarten in NA 2 II A, 321.

ERLÄUTERUNGEN. Vgl. NA 2 II A, 321.

325 Nr 63   Astronomische Schriften

ENTSTEHUNG. Vgl. NA 2 II A, 426–429 (zu „Xenien").

ÜBERLIEFERUNG. Vgl. NA 2 II, 349 (zu X 180) und 337–339 (zu h^8 und D^1). – h: GSA. Abschrift Rudolphs für die Prachtausgabe (nach D^2), Bl. 125^r. – D^1: Gedichte 1 (1800). S. 314. D^2: Gedichte ^{2}1 (1804). S. 314. – Textwiedergabe nach h.

LESARTEN. Vgl. die 1. Fassung („Der astronomische Himmel") in NA 1, 331 und die Lesarten in NA 2 II A, 521.

ERLÄUTERUNGEN. Vgl. NA 2 II A, 521.

326 Nr 64   Die Danaiden

ENTSTEHUNG. Das Distichon, eines der „Xenien" (Nr 45), entstand im Januar 1796. Vgl. NA 2 II A, 334–335 (zu H^1) und 336 (zu h^1).

ÜBERLIEFERUNG. Vgl. NA 2 II A, 346 (zu X 45), 336 (zu h^1), 337 (zu h^8) und 339 (zu D^2). – h: GSA. Abschrift Rudolphs für die Prachtausgabe (nach $D^{2(1)}$), Bl. 125^r. – $D^{2(1)}$: Gedichte 2 (1803). S. 189. $D^{2(2)}$: Gedichte ^{2}2 (1805). S. 189. – Textwiedergabe nach h.

LESARTEN. Vgl. den Text des Erstdrucks („Bibliothek schöner Wissenschaften") in NA 1, 314 und die Lesarten in NA 2 II A, 472.

ERLÄUTERUNGEN. Vgl. NA 2 II A, 472–473.

326 Nr 65   An die Muse

ENTSTEHUNG. Vgl. NA 2 II A, 333 (zu „Tabulae votivae"/„Xenien").

ÜBERLIEFERUNG. Vgl. NA 2 II A, 342 (zu T 15) und 337–339 (zu h^8 und D^1). – h: GSA. Abschrift Rudolphs für die Prachtausgabe (nach D^2), Bl. 125^r. – D^1: Gedichte 1 (1800). S. 307. D^2: Gedichte ^{2}1 (1804). S. 307. – Textwiedergabe nach h.

LESARTEN. Vgl. den Text des Erstdrucks in NA 1, 292 und die Lesarten in NA 2 II A, 389.

ERLÄUTERUNGEN. Vgl. NA 2 II A, 389.

326 Nr 66   Der Kaufmann

ENTSTEHUNG. Vgl. NA 2 II A, 230.

ÜBERLIEFERUNG. Vgl. NA 2 II A, 230. – h: GSA. Abschrift Rudolphs für die Prachtausgabe (nach D²), Bl. 125ʳ. – D¹: Gedichte 1 (1800). S. 185. D²: Gedichte ²1 (1804). S. 185. – Textwiedergabe nach h.

LESARTEN. Vgl. den Text der 1. Fassung in NA 1, 237. – 2 von dem] von den (Schreibversehen) h

ERLÄUTERUNGEN. Vgl. NA 2 II A, 230.

326 Nänie

ENTSTEHUNG. Der gelegentlich geäußerten Vermutung, das Gedicht sei unmittelbar nach Abschluß von „Wallensteins Tod", also im März 1799 entstanden (vgl. Oellers, Das verlorene Schöne [1984], bes. S. 187–189), ist entgegenzuhalten, daß dann schwer zu erklären wäre, warum das Gedicht nicht in den „Musen-Almanach für das Jahr 1800" Aufnahme gefunden hat. Ein späteres Entstehungsdatum ist wahrscheinlicher: Am 15. Oktober 1799 kündigte Schiller seinem Verleger Crusius an: Mit der Edition meiner Gedichte [...] wollen wir nun endlich Ernst machen. Das Manuscript [...] ist eben in der Hand des Abschreibers [...]. Es ist denkbar, daß Schiller das Gedicht zwischen dieser Ankündigung und der Absendung des Manuskripts am 6. Dezember geschrieben hat. (Daß an diesem Tag nicht das vollständige Manuskript an Crusius ging, ist auch in Rechnung zu stellen: Das im Januar 1800 entstandene Gedicht „An Göthe" wurde noch in die Sammlung aufgenommen.)

ÜBERLIEFERUNG. H: ? h¹: GSA. Abschrift Rudolphs für die Prachtausgabe (nach D), Bl. 125ᵛ. h²: SNM. Abschrift Christophine Reinwalds (wahrscheinlich nach E; ohne textkritischen Wert). – E: Gedichte 1 (1800). S. 325–326. D: Gedichte ²1 (1804). S. 325–326. – Textwiedergabe nach h¹.

LESARTEN. 4 zurück] zurük E

ERLÄUTERUNGEN. „Naenia" oder „Nenia" hieß in Rom das zur Flöte gesungene Klagelied bei einem Leichenzug. – Schillers Gedicht gehört inhaltlich und formal zur elegischen Gattung: als Klagelied über den Untergang des Schönen im klassischen Versmaß der Elegie, in reimlosen Zweizeilern, in Distichen.
  Seine Thematik setzt das Gedicht in Beziehung zu früheren Gedichten, in denen Schiller seine Schönheitslehre entwickelte, wie in „Die Künstler" und „Das Reich der Schatten"; dort war die Frage nach der Möglichkeit des Schönen auf der Erde positiv beantwortet worden; mit einer Idylle, deren Konzeption in Schillers Brief an Humboldt vom 29. [und 30.] November 1795 und in der Abhandlung „Ueber naive und sentimentalische Dichtung" (vgl. NA 20, 466–473) entworfen wurde, sollte dies bestätigt werden. Nach dem Scheitern dieses Plans kommt der vorliegenden Elegie auf das Schöne programmatische Bedeutung zu. Die Elegie (im engeren Sinne), so hatte Schiller erläutert, setze, wie die Idylle, die Natur der Kunst und das Ideal der Wirklichkeit entgegen, jedoch so, daß die Natur und das Ideal ein Gegenstand der Trauer sind, wenn jene als verloren, dieses

als unerreicht dargestellt wird. *(Ueber naive und sentimentalische Dichtung; NA 20, 448).* Das Schöne als Gegenstand der Trauer — so findet es sich auch in der Totenklage Theklas nach dem Tod Max Piccolominis, die den Gedanken der „Nänie" in nuce enthält:

> — Da kommt das Schicksal — Roh und kalt
> Faßt es des Freundes zärtliche Gestalt
> Und wirft ihn unter den Hufschlag seiner Pferde —
> — Das ist das Los des Schönen auf der Erde!

(Wallensteins Tod IV 12, V. 3177–3180; NA 8, 318.)
Anregungen gingen von Goethe aus. Im „Musen-Almanach für das Jahr 1799" (S. 1–13) erschien seine Elegie „Euphrosyne" auf die jung verstorbene Weimarer Schauspielerin Christiane Luise Becker-Neumann (1778–1797), darin heißt es:

> Laß nicht ungerühmt mich zu den Schatten hinabgehn!
> Nur die Muse gewährt einiges Leben dem Tod.
> Denn gestaltlos schweben umher in Persefoneias
> Reiche, massenweiß, Schatten vom Nahmen getrennt.
> Wen der Dichter aber gerühmt der wandelt, gestaltet,
> Einzeln, gesellet dem Chor aller Heroen sich zu.

(V. 121–126; S. 11.) Am 26. März 1799, während seines Besuchs in Jena vom 21. März bis 10. April, machte Goethe Schiller mit Teilen seines im Entstehen begriffenen Epos „Achilleis" bekannt; in der Ansprache Athenes an Hera, in der sie den bevorstehenden Tod des Achilleus beklagt, sagt die Göttin:

> Ach! daß schon so frühe das schöne Bildniß der Erde
> Fehlen soll! die breit und weit am Gemeinen sich freut.
> Daß der schöne Leib, das herrliche Lebensgebäude,
> Fressender Flamme soll dahingegeben zerstieben,
> *[...]*
> Also sprach sie und blickte schrecklich hinaus in den weiten
> Äther. Schrecklich blicket ein Gott da wo Sterbliche weinen.

(V. 365–368, 384–385; WA I 50, 284.) — Vgl. Oellers, Das verlorene Schöne (1984); zum emblematischen Charakter des Gedichts die Erläuterungen zu „Columbus".
2 stygischen Zeus] *Hades als Bruder des Zeus; Homer nennt ihn* Ζεὺς καταχθόνιος *(unterirdischer Zeus; Ilias 9, 457), Vergil* Iupiter Stygius *(Äneis 4, 638).*
3–4 Einmal *bis* Geschenk.] *Anspielung auf die Geschichte von Orpheus und Eurydike.*
5 Knaben] *Adonis.*
7 Held] *Achilleus.*
7 Mutter] *Thetis.*
9–10 Aber *bis* Sohn.] *Von der Wehklage der Thetis und der Nereiden berichtet die „Odyssee" (vgl. 24, 47–64).*
13 Auch *bis* herrlich] *In Goethes Elegie „Hermann und Dorothea" lautet V. 30:* Doch Homeride zu sein, auch nur als letzter, ist schön. *(WA I 1, 294.)*
14 Denn *bis* hinab] *Am Schluß (V. 25–26) der 7. von Goethes „Römischen Elegien" heißt es: [...]* und Hermes führe mich später, / Cestius Mal vorbei, leise zum Orkus hinab. *(WA I 1, 242.)*

327—360 Die Zerstörung von Troja

ENTSTEHUNG. *Die Vergil-Übersetzung entstand im wesentlichen im Herbst 1791. (Vgl. im einzelnen NA 15 I, 248–251.) Am 7. November 1791 schickte Schiller das Manuskript an seinen Verleger Göschen, am 19. November eine Abschrift an Körner. (Vgl. auch Schillers Brief an Körner vom 24. Oktober 1791.) – Die Bearbeitung für die Gedichtsammlung von 1800 erfolgte vermutlich im Herbst 1799.*

ÜBERLIEFERUNG. *H^1: Bayerische Staatsbibliothek München. Die Strophen 81–88 (V. 641–704) der 1. Fassung. Vgl. NA 15 I, 494. H^2: SNM. Die Strophen 77 und 79 (V. 609–616 und 625–632). Vgl. NA 15 I, 494. h: GSA. Die an Körner geschickte Abschrift (mit Korrekturen Schillers). Vgl. NA 15 I, 494. – E^a: Thalia. / herausgegeben von F. Schiller. Erstes Stück des Jahrganges 1792. S. 11–78. E^b: Nachdruck Göschens für: Neue Thalia / herausgegeben von Schiller. Erster Band, welcher das erste bis dritte Stück enthält. 1793. Erstes Stück. S. 11–78. Vgl. NA 15 I, 494–495. D^1: Gedichte 1 (1800). S. 207–261 (2. Fassung). D^2: Gedichte ^{2}1 (1804). S. 207–261. Dieser gedruckte Text (D^2) liegt den Abschriften Rudolphs für die Prachtausgabe bei (zwischen „Nänie" und „Viertes Buch"). Über dem Text (S. 207 des Drucks) von Schillers Hand:* Auf die erste Seite kommen zwey, auf alle folgenden immer drey Strophen. *Vgl. auch in diesem Band S. 133 (zur Lage L). – Textwiedergabe nach D^2.*

LESARTEN. *Vgl. den Text der 1. Fassung in NA 15 I, 117–151 sowie die Lesarten dazu (495–535). – Im folgenden sind die Lesarten im Text der Gedichtsammlung von 1800 (= D^1) verzeichnet.* – 46 meint] meynt   75 Geschrei] Geschrey   77 freiwillig] freywillig   87 Reihen] Reyhen   100 gestanden,] gestanden.   101 Redlichkeit,] Redlichkeit.   117 übergeben,] *Komma fehlt*   126 erwecken,] *Komma fehlt*   129 bis] biß   141 bei] bey   160 meine] meyne   161 Geschrei] Geschrey   173 bei] bey   183 Wuth] Wut   185 bei] bey   211 giebt's] gibt's   238 Feir] Feyr   279 Am Rachen wetzen zischend sich die Zungen,] Gewetzt am Rachen zischen ihre Zungen.   289 Beistand] Beystand   290 ergreifen] ergreifen,   293 Zwei] Zwey   294 Zwei] Zwey   299 besprengt] besprengt,   300 Binde,] Binde.   331 Beim] Beym   339 Hain] Hayn   345 Feuerbrande,] *Komma fehlt*   350 giebt] gibt   370 Zweigespann] Zweygespann   371 blut'gem] blutgem   Füßen,] *Komma fehlt*   408 hätt'] hätt   441 Kriegsgeschrei] Kriegsgeschrey   447 ruf'] ruf   449 seh'] seh   477 Geschrei] Geschrey   479 giebt] gibt   485 bracht'] bracht   494 beizustehn] beyzustehn   499 Wuth] Wut   500 trocknem] trok-nem   501 Schwerdter] Schwerter   534 bei] bey   542 griech'schen] griech-schen   554 heiße] heisse   556 schaarenweis] schaarenweiß   578 Geschrei] Geschrey   580 herbei] herbey   605 Und,] *Komma fehlt*   630 beizustehn] beyzustehn   637 frei] frey   638 Andromacha] Andromache   641 bringt] bracht'   683 Stein,] Stein.   693 Auen] Auen,   695 Achilliden] Achilleiden   696 Atriden] Atreiden   701 funfzig] fünfzig   711 Schwerdt] Schwert   723 wohin,] wohin?   726 Schwerdt] Schwert   734 Daher gerannt] Dahergerannt   759 Feier] Feyer   793 entbrennt, es] entbrennt. Es   802 Schwerdt] Schwert   821 Schwerdts] Schwerts   832 Dreizack] Dreyzack   841 Gieb] Gib   853 Wipfel,] Wipfel;   864 untergehn.] *Punkt fehlt (Druckfehler)*   877 aus, gleichviel] aus. Gleichviel **878** mich, wozu] mich. Wozu **902** her!] her. **924** freudehellen] Freudehellen **942** Beiden] Beyden **954** Cerestempel] Ceres Tempel **978** frei] frey **981** Dunkeln] dunkeln **991** hab'] hab **1011** bei] bey Schweigen,] *Komma fehlt* **1014** wehn] wehn, **1020** Freiheit] Freyheit **1022** Zier,] Zier. **1032** graußts] graust's **1038** sehen,] sehen. **1043** segenvolle] seegenvolle **1053** bei] bey **1061** Dreimal] Dreymal **1062** Dreimal] Dreymal **1070** herbei] herbey

Dokumente zu Schillers Vergil-Übersetzungen[1]

1) 1767–1772
Über Schillers Bekanntschaft mit Vergil zur Zeit seines Besuchs der Lateinschule in Ludwigsburg vgl. die einleitenden Erläuterungen zu „Der Sturm auf dem Tyrrhener Meer".

2) 1773–1780, Karl Philipp Conz; NA 42, 153
Schon in der Militärakademie hatte er diesen Dichter *[Vergil]*, wie den Homer, den er damals auch im Originale las, liebgewonnen. Drück erklärte den ersten, Nast den zweiten.

3) 1781
Über Schillers Rezension der „Proben einer deutschen Æneis" (1781) von Gotthold Friedrich Stäudlin vgl. ebenfalls die Erläuterungen zu „Der Sturm auf dem Tyrrhener Meer".

4) 1787–1789, Karl Philipp Conz; NA 42, 153–154
Wieland, der während des ersten Aufenthaltes, den Schiller [...] in Weimar hatte, in freundschaftliche Annäherung mit Schiller getreten, und keineswegs ohne Einfluß auf seine fortschreitende, dem Edlen, Klassischen immer mehr sich zuwendende Bildung geblieben war, hatte ihm große Liebe für die Ottaven beigebracht, wie für den Reim überhaupt. Ich erinnere mich, daß er damals für die antiken Silbenmaße wenig Geschmack bezeugte, und auch die Vossische Hexametrik, die er später erst würdigen und schätzen lernte, als ungefüg, und dem Ohr zu wenig schmeichelnd, nicht sehr achtete. *(Über Wielands Vorbild vgl. auch die Vorrede zu „Die Zerstörung von Troja"; NA 2 I, 22–25.)*

5) An Körner, 20. August 1788
Ich lese jezo fast nichts als Homer. Ich habe mir Voßens Uebersetzung der Odyssee kommen laßen, die in der That ganz vortreflich ist; die Hexameter weggerechnet, die ich gar nicht mehr leiden mag [...]. In den nächsten 2 Jahren, habe ich mir vorgenom-

---

[1] *In wesentlich größerem Umfang bietet Band 15 I „Dokumente" zu Schillers Vergilübersetzungen (vgl. S. 252–276), die mit den vorliegenden zum Teil identisch sind. Es erschien dennoch sinnvoll, einige notwendige Zitate und Informationen, auf die in den Erläuterungen immer wieder Bezug genommen wird, auch hier anzubieten, um den Leser nicht stets auf einen anderen Band verweisen zu müssen.*

men, lese ich keine moderne Schriftsteller mehr. [...] die Alten geben mir jezt wahre Genüße. Zugleich bedarf ich ihrer im höchsten Grade, um meinen eigenen Geschmack zu reinigen, der sich durch Spizfündigkeit, Künstlichkeit und Witzeley sehr von der wahren Simplizität zu entfernen anfieng.

6) Von Körner, 14. Oktober 1788
Ich hatte einen flüchtigen Einfall, ob ein episches Gedicht auf Friedrich keine Arbeit für Dich wäre. Versteht sich ohne die conventionellen Schnörkel von Feerey und allegorischen Wesen. Auch könntest Du etwas andres an die Stelle der Hexameter brauchen.

7) An Körner, 20. Oktober 1788
Deine Idee zu dem Epischen Gedichte ist gar nicht zu verwerfen, nur kommt sie 6 biß 8 Jahre für mich zu früh. Laß uns späterhin wieder darauf kommen.

Ich bin jezt mit einer Uebersetzung der Iphigenia von Aulis aus Euripides beschäftigt. [...] Die Arbeit übt meine dramatische Feder, führt mich in den Geist der Griechen hinein, gibt mir wie ich hoffe unvermerkt ihre Manier [...].

8) An Caroline von Beulwitz, 27. November 1788
Jezt übersetze ich die Phönizierinnen des Euripides; [...] die Arbeit gibt mir Vergnügen, und kann am Ende doch keine andre als vortheilhafte Wirkungen auf meinen eigenen Geist haben.

9) An Körner, 12. [11.] Dezember 1788
Noch immer habe ich den Euripides vor. [...] Die Hauptsache ist die Manier [...]. Mein Styl hat dieser Reinigung sehr nöthig.

10) An Körner, 9. März 1789
Dein Urtheil über die Iphigenie unterschreibe ich im Grunde ganz, und die Gründe, aus denen Du mich rechtfertigst, daß ich mich damit beschäftige, sind auch die meinigen: mehr Simplicität in Plan und Stil daraus zu lernen.

Könntest Du mir innerhalb eines Jahrs eine Frau von 12000 Thl. verschaffen, [...] so wollte ich Dir in 5 Jahren — eine Fridericiade, eine klassische Tragödie und weil Du doch so darauf versessen bist, ein halb Duzend schöner Oden liefern [...].

11) An Körner, 10. März 1789
Deine Idee, ein episches Gedicht aus einer merkwürdigen Action Fridrichs II zu machen, fängt an sich bey mir zu verklären und füllt manche heitre Stunden bey mir aus. Ich glaube, daß es noch dahin kommen wird, sie zu realisiren; an den eigenthümlichen Talenten zum epischen Gedichte glaube ich nicht daß mirs fehlt. Ein tiefes Studium unsrer Zeit [...] und ein eben so tiefes Studium Homers werden mich dazu geschickt machen. [...] Aber welches Metrum ich dazu wählen würde, ganz entschieden wählen würde, erräthst Du wohl schwerlich? — Kein andres als ottave rime. Alle andern, das Jambische ausgenommen, sind mir in den Tod zuwider, und wie ange-

nehm müßte der Ernst, das Erhabene in so leichten Feßeln spielen! Wie sehr der epische Gehalt durch die weiche sanfte Form schöner Reime gewinnen!

12) An Caroline von Beulwitz und Charlotte von Lengefeld, 30. April 1789
Bürger war vor einigen Tagen hier [...]. Wir haben uns vorgenommen einen kleinen Wettkampf, der Kunst zu Gefallen, miteinander einzugehen. Er soll darinn bestehen, daß wir beide das Nehmliche Stück aus Virgils Aeneide, jeder in einer anderen Versart, übersetzen. Ich habe mir Stanzen gewählt. *(Vgl. auch Schillers Brief an Körner vom selben Tag.)*

13) An Körner, 26. März 1790
Das epische Gedicht will mir nicht aus dem Kopfe, ich muß einmal dazu Beruf in mir haben. Vor einiger Zeit konnte ich der Versuchung nicht widerstehen, mich in achtzeiligten Stanzen zu versuchen. Ich übersetzte etwas aus der Æneis, fertig ist aber noch nichts, denn es ist eine verteufelte schwere Aufgabe, diesem Dichter wiederzugeben, was er nothwendig verlieren muß.

14) Von Körner, 2. April 1790
Den Virgil in Stanzen zu übersetzen, ist eine kühne Unternehmung, theils wegen der Eigenthümlichkeiten des Virgils überhaupt, theils weil die vorhandenen Abtheilungen, mit den Abtheilungen der Stanzen so wenig zusammentreffen. Und mir fällt es immer auf, wenn zu Ende der Stanze nicht eine Art von Ruhepunkt ist.

15) April 1791, Karl Philipp Conz; NA 42, 154
Es war nach einem Krankheitsanfalle, der ihm angestrengtere Arbeiten verbot, als Schiller sich entschloß, wie er einst in Hexametern die Probe gemacht hatte, nun in vollständigern Gemälden in einer noch freieren, aber dem Ohre mehr zusagenden Bearbeitung den Virgil rhythmisch zu bearbeiten.

16) An Körner, 10. April 1791
Dieser Tage habe ich mich beschäftigt ein Stück aus dem 2ten Buch der Aeneide in Stanzen zu bringen, eine Idee wovon ich Dir wohl sonst schon geschrieben habe. Der Wunsch, mich in Stanzen zu versuchen und ein Kitzel Poesie zu treiben hat mich dazu verführt. Du wirst, denke ich, daraus finden, daß sich Virgil, so übersetzt, ganz gut lesen ließ. Es ist aber beynahe Originalarbeit, weil man nicht nur den lateinischen Text neu eintheilen muß, um für jede Stanze ein kleines Ganze daraus zu erhalten, sondern weil es auch durchaus nöthig ist, dem Dichter im Deutschen von einer andern Seite wieder zu geben, was von der einen unvermeidlich verloren geht.

17) An Körner, 24. Oktober 1791
Ich schrieb Dir schon im Frühjahr, daß ich ein Stück aus dem Virgil in Stanzen übersetzt habe. Es waren 32 Stanzen, und binnen neun Tage, denn solang ists daß ich wieder an diese Arbeit kam, habe ich 103 Stanzen noch dazu übersetzt so daß das ganze zweyte Buch in nächster Thalia erscheinen kann. So schwer diese Arbeit scheint und vielleicht manchem auch seyn würde, so leicht gieng sie mir von statten nachdem ich einmal in Feuer gesetzt war. Es gab Tage wo ich 13 auch 16 Stanzen fertig machte,

ohne länger Zeit als des Vormittags 4 Stunden und eben soviel des Nachmittags daran zu wenden. Die Arbeit wird Dich freuen, denn sie ist mir gelungen. Für die ersten Stanzen die ich je gemacht und für eine Uebersetzung, bey der ich oft äuserst genirt war, haben sie eine Leichtigkeit, die ich mir nimmer zugetraut hätte.

18) An Göschen, 7. November 1791
Hier, mein theurer Freund, die Stanzen *[Die Zerstörung von Troja]* nebst noch einem kleinen Aufsatz.

19) An Körner, 19. November 1791
Heute habe ich das IVte Buch der Aeneide auch geendigt *[...]*.

20) Von Körner, 2. [22.] November 1791
Du hast mir große Freude durch Deine Stanzen *[Die Zerstörung von Troja]* gemacht. Das Unternehmen war kühn, und ich glaube daß Du jeden Dichter auffodern kannst ein solches Abentheuer besser zu bestehen. Im Ganzen herrscht eine Leichtigkeit der Versifikation, die man desto höher schätzt, wenn man bey Vergleichung des Originals eine unerwartete Treue in der Uebersetzung findet. Viele Stanzen lesen sich ganz wie ein neues Gedicht. Schwächere Stellen, die ich in einigen fand, sind gröstentheils durch zu große Treue entstanden. Man darf nicht vergessen, daß der Aeneide die letzte Hand des Meisters fehlte. *[...]* Den Ton des Ganzen überzutragen war, däucht mich, die Hauptsache, und dieß ist Dir nach meinem Gefühl trefflich gelungen. Hast Du einmal Lust einem solchen Werke noch einen Grad von Vollendung mehr zu geben, so wirst Du leicht die Stellen finden, die nicht in den herrschenden Ton zu passen scheinen, die Schuld mag nun an Dir, oder an Virgilen liegen.
 In die Versart der Stanzen bin ich ganz verliebt. Wäre Virgil jetzt in dem Falle ein deutsches Gedicht zu schreiben, sein für Wohlklang so empfängliches Ohr wählte sie gewiß statt der Hexameter. Von den Stanzen kann man sagen:
 „Es wurden B l u m e n jetzt in einen Kranz gewunden."
Die Hexameter sind nur einzelne Blätter. Die höchste Kunst bey den Hexametern wäre vielleicht sie zu einer Art von freyen Stanzen zu verbinden. Ein schöner Rhythmus, in dem die Bilder der Phantasie uns umtanzen, giebt doch wohl mehr Genuß, als der steife gravitätische Schritt mit dem sie der Hexameter gleichsam aufmarschieren läßt. Und welche Mannichfaltigkeit im Bau der Stanzen! Wie läßt sich nur allein der Schluß so vortheilhaft nach dem Innhalte abändern! Wie schön wirken nicht oft die zwey weiblichen Reime aufeinander vor dem letzten männlichen (als S*tanze* 33. *[V. 257–264])*, als Vorbereitung einer Pointe, und wieder zwey weibliche zuletzt (wie S*tanze* 29. *[V. 225–232])*, als eine befriedigende Vollendung des kleinen Gemäldes! Alle diese Kunstvortheile hast Du schon jetzt in der Gewalt und Du m u ß t also selbst ein großes episches Gedicht unternehmen. Dieser Gedanke verfolgt mich seit der Lesung Deiner Stanzen, und ich zerbreche mir den Kopf um Dir einen Stoff vorzuschlagen. Friedrichs Geschichte hat gewisse wesentliche Mängel um derentwillen ich sie nicht für tauglich halte. Ich wünschte einen Stoff von allgemeinem (nicht bloß nationalen) Interesse für das bessere Publikum, wobey sich philosophischer Gehalt mit lebendiger Darstellung und aller Pracht der Sprache vereinigen ließe.

21) An Körner, 28. November 1791
Es freut mich sehr zu hören, daß Du an den Stanzen Geschmack gefunden hast *[...]*. Etwa 30 ausgenommen sind die meisten im Flug hingeworfen, daher kommt vielleicht die Ungleichheit des Tons, wozu Virgil mich oft verführt haben mag. Aber die Eilfertigkeit selbst, mit der ich sie hinwarf, gibt mir großes Vertrauen zu mir selbst *[...]*. Dein Gedanke nach Durchlesung der Stanzen war ganz auch der meinige: daß ich ein episches Gedicht machen sollte. *[...]* Von den Requisiten, die den Epischen Dichter machen, glaube ich alle, eine einzige ausgenommen, zu besitzen: Darstellung, Schwung, Fülle, philosophischen Geist und Anordnung. Nur die Kenntniße fehlen mir, die ein homerisirender Dichter nothwendig brauchte, ein lebendiges Ganze seiner Zeit zu umfassen und darzustellen, der allgemeine über alles sich verbreitende Blick des Beobachters. *[...]* Fridrich II ist kein Stoff für mich *[...]*. Ich kann diesen Karakter nicht lieb gewinnen; er begeistert mich nicht genug, die Riesenarbeit der Idealisirung an ihm vorzunehmen.

22) An Körner, 4. Dezember 1791
Die Stanzen *[Dido]* kann ich Dir jetzt noch nicht schicken, weil ich mit mehrern darunter noch nicht zufrieden bin und diese Arbeit lieber einige Wochen ruhen laßen will, daß sie mir wieder etwas fremd wird.

23) Anfang 1792, Karl Philipp Conz; NA 42, 154
Er betrachtete diesen Versuch *[Die Zerstörung von Troja],* wie er mir sagte, als Studium zugleich, um, wenn er sich an eine Epopee geben wollte, der Kunstgriffe im Technischen voraus schon mehr Meister zu sein. –
Der Gedanke an eine solche Epopee war damals noch lebhaft in ihm.

24) An Körner, 25. Mai 1798
Voßens Behandlung der Griechen und Römer ist mir, seine alte Odyßee ausgenommen, immer ungenießbarer. Es scheint mir eine bloße rhythmische Kunstfertigkeit zu seyn, die um den Geist des jedesmaligen Stoffs wenig bekümmert, bloß ihren eignen und eigensinnig kleinlichen Regeln genüge zu thun sucht. Ovid ist in solchen Händen noch übler dran als Homer, und auch Virgil hat sich nicht zum beßten dabey befunden. *(Gemeint sind Vergils „Ländliche Gedichte" in Voß' Übersetzung [1797–1800].)*

ERLÄUTERUNGEN. Bereits im letzten Karlsschuljahr hatte Schiller die Übersetzung einiger Passagen aus dem 1. Buch der „Äneis" geliefert: „Der Sturm auf dem Tyrrhener Meer". Seine erneute Beschäftigung mit Vergil hatte mit dem Versuch zu tun, die eigene poetische Praxis weiterzuentwickeln; zu diesem Zweck setzte er sich, in den Jahren 1788 bis 1792, mit der antiken Dichtung im allgemeinen und mit der epischen Gattung im besonderen auseinander.

Der Plan zu einem epischen Gedicht, von Körner im Brief vom 14. Oktober 1788 in die Diskussion gebracht (vgl. „Dokumente", Nr 6), wird im Briefwechsel der Freunde wiederholt erörtert. Nachdem Schiller zunächst zurückhaltend reagiert hatte (vgl. an Körner vom 20. Oktober 1788; „Dokumente", Nr 7), gewann die Idee ein halbes Jahr später neues Interesse (vgl. an Körner vom 10. März 1789; „Dokumente", Nr 11): Schiller geht in Gedanken mit dem Entwurf eines Epos auf Friedrich den Großen um. Dieser Stoff, den Körner vorgeschlagen hatte (vgl. an Schiller vom 14. Oktober 1788; „Dokumente", Nr 6), wurde im folgenden dann mehrfach erwogen, schließlich aber sowohl von Körner als auch von Schiller zurückgestellt (vgl. Körners Brief vom 2. [22.] November und Schillers Brief an Körner vom 28. November 1791; „Dokumente", Nr 20 u. 21). Andere Überlegungen blieben im Vagen und verloren sich schließlich, obwohl Karl Friedrich Conz noch von Anfang 1792 berichtet, daß die Idee eines Epos damals noch lebendig gewesen sei (vgl. „Dokumente", Nr 23).

Wichtiger als die Diskussion des Sujets sind die mit dem Epenplan verbundenen Reflexionen allgemeiner Art. Sie betreffen zunächst die Frage des eigenen epischen Talents, von dem Schiller – in sonderbarem Mißgriff, wie Humboldt später befand (Ueber Schiller, 76) – 1789 ebenso überzeugt war wie zwei Jahre später (vgl. „Dokumente", Nr 11 u. 21); sie betreffen außerdem die Frage nach einer adäquaten epischen Technik, insbesondere nach einer geeigneten metrischen Form. Schon Körner hatte bei der ersten Erwähnung des Epenplans den traditionellen Hexameter zur Disposition gestellt, dessen Problematik Schiller seit seiner Rezension der „Äneis"-Übersetzung von Gotthold Friedrich Stäudlin zunehmend bewußt geworden war (vgl. zu „Der Sturm auf dem Tyrrhener Meer") und dessen Bedenklichkeit er noch Jahre später empfand (vgl. an Körner vom 25. Mai 1798; „Dokumente", Nr 24). Aus Anlaß des Friedrich-Epos fiel die Entscheidung für die Stanze, deren Eignung als epische Strophenform die Vorrede zur 1. Fassung von „Die Zerstörung von Troja" ausführlich begründet (vgl. NA 2 I, 22–25); ein zentrales Argument findet sich schon im Brief an Körner vom 10. März 1789: die Herstellung einer Balance zwischen der Schwergewichtigkeit des epischen Gehalts und der Leichtigkeit der äußeren Form (vgl. „Dokumente", Nr 11). Wielands Vorbild beeinflußte diese Wahl maßgeblich (vgl. die Vorrede und „Dokumente", Nr 4), ebenso der Blick aufs Publikum.

Im selben Grad, in dem Schiller Klarheit über das Formale gewann, rückte Vergils „Äneis" wieder in den Blickpunkt; weniger der mit Gottfried August Bürger im April 1789 verabredete poetische Wettstreit (vgl. „Dokumente", Nr 12), wo zum ersten Mal von einer „Äneis"-Übersetzung in Stanzen die Rede war, als vielmehr der Versuch, den Plan des eigenen Epos voranzutreiben, war ein Jahr später Anlaß zu dem Entschluß, an Vergils Werk die Probe aufs Exempel zu machen (vgl. an Körner vom 26. März 1790; „Dokumente", Nr 13), – eine kühne Unternehmung, wie Körner meinte („Dokumente", Nr 14), die Schiller erst wiederum ein Jahr später in die Tat umzusetzen begann (vgl. an Körner vom 10. April 1791; „Dokumente", Nr 16). Dabei fand er bestätigt, was Körner (im zuletzt genannten Brief) vorausgesehen hatte: daß das für die Stanzenform charakteristische Problem darin bestehe, den lateinischen Text neu gliedern zu müssen, um für jede Stanze einen zusammenhängenden Abschnitt zu erhalten. Doch im Herbst desselben Jahres berichtete Schiller dem Freund wiederholt von der Leichtigkeit, ja sogar Eilfertigkeit, mit der er die Strophen niedergeschrieben habe (vgl. an Körner vom 24. Oktober und 28. November 1791; „Dokumente", Nr 17 u. 21), eine Arbeitsweise, deren Eindruck ihm bei Stäudlin noch Bedenken erregt hatte (vgl. die Erläuterungen zu „Der Sturm auf dem Tyrrhener Meer").

Schillers Vergil-Übersetzungen haben zugleich die Funktion, auf dem Weg eines intensiven Studiums der antiken Dichtung ästhetische Selbstschulung zu betreiben. Schon 1788 hatte Schiller sich vorgenommen, in den kommenden zwei Jahren keine modernen Schriftsteller mehr zu lesen, zur Reinigung des eigenen Geschmacks und des Styls („Dokumente", Nr 5 u. 9). Die Stichworte Simplicität und Classicität deuten das selbst-

gesteckte Ziel an. Ihm sollten auch die Euripides-Übersetzungen dienen, „Iphigenie in Aulis" und „Die Phönizierinnen", die beide in der „Thalia" von 1789 erschienen (vgl. „Dokumente", Nr 7–9), ebenso die Beschäftigung mit dem „Agamemnon" aus Aischylos' „Orestie" (vgl. an Körner vom 24. Oktober 1791). Die Lektüre Homers trieb Schiller in gleicher Absicht (vgl. „Dokumente", Nr 5). Daß ihm als Übersetzer jedoch Vergil näher lag als Homer, mag nicht nur mit der Abneigung gegen den Hexameter und dem Umstand, daß seit 1781 bereits die (von Schiller geschätzte) Vossische Übersetzung der „Odyssee" vorlag, in Verbindung stehen, sondern, abgesehen von Schillers wenig ausgeprägten Griechischkenntnissen, mit dem unterschiedlichen Charakter beider Dichter: Während Homer das (unerreichbare) Ideal eines „naiven" Dichters repräsentierte, fand Schiller in Vergil immerhin Spuren einer „sentimentalischen" Empfindungsweise (vgl. Ueber naive und sentimentalische Dichtung; NA 20, 432.)

Schillers ästhetische Neuorientierung mit Hilfe der Epik Vergils fand im Rahmen der sechsjährigen poetischen Schaffenspause zwischen 1789 und 1795, zwischen den Gedichten „Die Künstler" und „Poesie des Lebens", statt; in diese Zeit fallen historische Forschungen, das Studium der Kantischen Philosophie und – in Auseinandersetzung damit – die Arbeit an den ästhetischen Abhandlungen, in denen auf theoretischer Ebene das gleiche Ziel wie zuvor auf praktischer erstrebt wurde: Klärung der eigenen Auffassung von Poesie und Dichtung. – Schillers Übersetzung hat weniger philologische als poetische Ambitionen; unter diesem Gesichtspunkt steht sie vereinzelt im Kontext der Vergil-Übersetzungen des 18. Jahrhunderts (bis 1792); ähnliche Versuche hatten zuvor lediglich Bürger (Dido [1777]) und Stäudlin (Proben einer deutschen Æneis [1781]) unternommen, beide in Hexametern; vgl. im einzelnen Jarislowsky, Schillers Übertragungen aus Vergil (1928). Über die Hilfsmittel, Kommentare und Übersetzungen, die Schiller benutzte – insbesondere die von dem Göttinger Altphilologen Christian Gottlob Heyne herausgegebene und kommentierte Ausgabe „P. Virgilii Maronis Opera" (^{2}1787–1789), die er selbst besaß (vgl. Schüddekopf, Schillers Bibliothek, Nr 1900–1904), sowie die Ausgabe von Minellius –, vgl. die Erläuterungen in NA 15 I, 228–241.

Körners Urteil über „Die Zerstörung von Troja" war enthusiastisch. Seine früheren Bedenken gegen die Strophenform verkehrten sich in ihr Gegenteil: Er lobte ihre Variabilität, insbesondere im Wechsel der Reimfolge und der Gestaltung des Strophenschlusses. Wichtiger noch schien die poetische Qualität: Schiller habe ein neues Gedicht geschaffen, ohne den Ton des Ganzen zu verfehlen (vgl. an Schiller vom 2. [22.] November 1791; „Dokumente", Nr 20).

Kritischer verhielt sich der Rezensent der „Neuen Bibliothek der schönen Wissenschaften und der freyen Künste" (1792. Bd 47. 1. Stück. S. 238–270), der in seiner Besprechung der ersten beiden Stücke der „Thalia" 1792 ausführlich auf die ersten zwölf Strophen der Übersetzung eingeht. Nach einem Lob für die Wahl der Stanzenform (vgl. S. 240–242) heißt es dann: [...] oft besticht ein Gemählde, eine Statüe, ein Gedicht, bey dem ersten Anblick am meisten und verliert bey einer genauern Ansicht. Wir können es nicht bergen, daß es uns bey dieser deutschen Aeneis so ergangen ist. (S. 245.) So herrsche zunächst der Eindruck vor, die Sprache sei gut und edel (ebd.), die Reime seien rein und richtig (S. 246) und die Strophen angemessen abgeteilt (vgl. ebd.), doch ergebe die Prüfung rasch Verstöße wider die deutsche Grammatik und den Sprachgebrauch, Mißgriffe in der Wahl des Ausdrucks und Schwierigkeiten in der Kunst, das rechte Wort an die rechte Stelle zu setzen (ebd.). Es folgen Beispiele:

(V. 1–16:) Gleich in der ersten Zeile will uns das Hingegossen auf hohen Polstersitz nicht ganz gefallen. Hingießen dünkt uns *[...]* zu weit hergehohlt *[...]*. Wunden wieder bluten machen ist eine französische Wendung, die selbst die Prose nicht für vollkommen gültig erkennt, und in Feuerfluten vergehn ein Ausdruck, den mehr der Reim entschuldigt, als die Simplicität der Erzählung rechtfertigt. Auch sagt man Troja's Stadt wohl so wenig, als man Londons Stadt, oder Madrids Stadt sagt. Endlich kann man wohl beynah ein Opfer der Gefahr werden, nicht aber meistens ihr Opfer seyn. *[...]* Wir wetten, daß der Dichter, ohne von schauern geleitet zu werden sicher nicht betrauern, sondern, wie die Natur der Sache es wollte, hören gereimt haben würde. Ob man vom Arme das Prädikat der Umschattung brauchen kann, bezweifeln wir gleichfalls. *(S. 247, 248.)*

(V. 24:) Am tadelnswürdigsten *[in der 3. Strophe]* ist jedoch unstreitig das eiserne Eingeweide der letzten Zeile. Nur eine alte Erinnerung an das armato milite complent, leitete uns auf den Sinn. *(S. 249.)*

(V. 40:) *[...]* was bedeutet das Donnern eines Handgemenges, zumahl in Zeiten, die unsre donnernden Kriegsmaschinen nicht kannten. Wir glauben kaum, daß sich das Ueberspannte dieses figürlichen Ausdrucks auf irgend eine Weise rechtfertigen läßt. *(S. 250.)*

(V. 68:) Die neunte Stanze wäre tadellos, wofern sich die vollgestopften Grüfte nicht eingeschlichen hätte. Warum gerade dieser zweydeutige gesuchte Ausdruck? *(S. 252.)*

Alle die hier zitierten Einlassungen hat Schiller bei der vorliegenden Bearbeitung der Übersetzung aufgegriffen, viele andere, die der Rezensent außerdem vortrug, nicht.

Als Friedrich Jacobs den 1. Teil von Schillers „Gedichten" (1800) in der „Neuen Bibliothek" rezensierte (1801. Bd 65. 1. Stück. S. 80–124), stellte er bei Betrachtung der Übersetzung fest: Viele Stellen erscheinen hier verbessert, und unsre, von Hrn. Schiller und seinen Freunden so gemißhandelte Bibliothek *[vgl. Xenion Nr 69 und die Erläuterungen dazu]* hat wenigstens die Genugthuung, daß hier und in mehrern andern Gedichten *[...]* die gemachten Ausstellungen (eines andern Rezensenten) gewissenhaft beherzigt worden sind. *(S. 119.) In der Tat hat Schiller, mitunter bis ins Detail, die Kritik der ersten zwölf Strophen berücksichtigt (vgl. hierzu auch Jonas, Zu Schillers Uebersetzungen aus dem Euripides und dem Virgil [1878], 201–203).*

Die 1. und 2. Strophe wurden ebenso ganz umgearbeitet wie die 58. (V. 456–464) und 76. (V. 601–608); die im übrigen vielfach vorgenommenen Änderungen zielen auf Vereinheitlichung des Tons und Vereinfachung des gelegentlich superlativischen Stils ab; vgl. als Beispiele etwa die Fassungen von V. 357, 435, 482, 537, 764, 1030. Auch metrische Korrekturen wurden vorgenommen; z. B. bestand die 56. Strophe (V. 441–448) aus zunächst nur sieben Versen, die 108. (V. 857–864) aus neun Versen, wie auch die unverändert gebliebene Schlußstrophe.

Vgl. zu den Fassungen im einzelnen sowie zur philologischen Kritik Jarislowsky, 110–124, 162–230; auch die Angaben in den Erläuterungen zu „Dido"; vor allem schließlich – über die folgenden Einzelerläuterungen hinaus – zu sprachlichen, grammatischen und stilistischen Fragen sowie zum Verhältnis von Übersetzung und Vorlage – die Anmerkungen in NA 15 I, 228–241 u. 494–535.

Jenseits sachlicher Kritik liegen die erst vierzig Jahre später veröffentlichten (möglicherweise früher entstandenen) Verse August Wilhelm Schlegels: „Trost bei einer schwierigen

Unternehmung" (zur Datierung vgl. Oellers, Schiller – Zeitgenosse aller Epochen 1 [1970], 592):

>Nur wenig Englisch weiß ich zwar,
>Und Shakespeare ist mir gar nicht klar:
>Doch hilft der treue Eschenburg
>Wohl bei dem Macbeth mir hindurch.
>Ohn' alles Griechisch hab' ich ja
>Verdeutscht die Iphigenia.
>Lateinisch wußt' ich auch nicht viel,
>Und zwängt' in Stanzen den Virgil.

(Musenalmanach für das Jahr 1832. Hrsg. von Amadeus Wendt. Leipzig o. J. [1831]. S. 316.)
Zur Handlung: Das 1. Buch der „Äneis" berichtet, wie Aeneas auf der Fahrt von Sizilien nach Italien von einem Sturm an die libysche Küste nach Karthago verschlagen und dort von der Königin Dido gastlich aufgenommen wird. Am Ende des 1. Buchs bittet Dido um die Erzählung vom Fall Trojas. – Zur Metrik vgl. die Erläuterungen zu „Die achtzeilige Stanze".

2 Pfühl] *nach lat. pulvinus, mhd. phülwe: Polster, (Ruhe-)Kissen.*
9 Myrmidon] *Myrmidonen: von Achilleus befehligter Volksstamm aus Thessalien; Myrmidon, hier allgemein: Grieche.*
14 Teukrer] *die Trojaner als Nachkommen des Teucer oder Teucrus.*
25 Tenedos] *Insel im Ägäischen Meer vor der trojanischen Küste.*
26 Priams Stadt] *Troja.*
28 verrätherischer Strand] *„unsicherer Landungsplatz".*
32 Mycenen] *Mykene: Stadt in Argolis auf der Peloponnes, Herrschersitz Agamemnons.*
43 Thimät] *Thymoetes.*
52 Pergams Thurm] *Pergamos, die Stadtburg von Troja.*
53 Dardanier] *Trojaner als Nachkommen des Dardanos.*
56 Laertens Sohn] *Odysseus.*
72 Ilium] *Troja.*
134 dem Ithaker] *Odysseus.*
135 Söhne Atreus] *Agamemnon und Menelaos.*
151 Latonens Sohne] *Apollon.*
154 Jungfrau] *Iphigenie.*
154 Deliens] *Delia: Beiname der Artemis, nach der Insel Delos, wo sie geboren und besonders verehrt wurde.*
175 Binde] *Schmuck des Opfertiers.*
176 Mehl] *Vor Beginn der Opferhandlung wurden Altar und Opfertier mit Mehl und beigemischtem Salz bestreut.*
184 Danaer] *die Griechen als Nachkommen des Danaos, der Argos gründete.*
185 Dämonen] *griech. δαίμων: Geist, Gottheit.*
192 Es *bis* Natur] *Der Gedanke gehört Schiller und dem 18. Jahrhundert an, nicht Vergil. „Äneis" 2, 145 lautet wörtlich übersetzt: „Diesen Tränen gewähren wir das Leben und bedauern ihn von Herzen" (nach NA 15 I, 502).*
202 Pelasger] *Ureinwohner Griechenlands; als hinterhältig und arglistig kommen sie auch sonst bei Vergil vor (vgl. Äneis 2, 83, 152).*

219–221 Doch bis erkühnt] *Odysseus und Diomedes schlichen sich in die Stadt Troja hinein und raubten das Palladion, ein Bildnis der Minerva, griech. Athene, die den Beinamen Pallas trug. Von diesem Bild hing – der Sage nach – die Sicherheit Trojas ab.*
241 Argos] *Hauptort der Landschaft Argolis auf der Peloponnes; hier allgemein: Griechenland.*
244 Pallas] *Athene.*
255 So bis Wogen] *Gemeint ist: So würde (Klein-)Asien (Troja) seinerseits einen (Angriffs-)Krieg gegen Griechenland führen.*
260 Tydiden] *Diomedes.*
261 der thessalische Achill] *Vgl. zu V. 9.*
269–312 Da bis Speere.] *Vgl. Schillers Interpretation der Laokoon-Szene bei Vergil in seiner Schrift „Ueber das Pathetische" (NA 20, 207–210).*
306 Tritonide] *Athene.*
311 Das Heilige und Hehre] *das hölzerne Pferd.*
354 Stenelus] *richtig: Sthenelus.*
369–372 So bis entstellt!] *Wie Achilleus mit dem Leichnam des besiegten Hektor verfuhr, schildert die „Ilias" (22, 395–405).*
369 Skamanders] *Skamandros: Fluß bei Troja.*
373–376 Der bis Flotte.] *Der Kampf um die griechischen Schiffe wird in der „Ilias" (15, 591–746) geschildert; im 17. Gesang raubt Hektor dem toten Patroklos die Rüstung des Achilleus, in welcher er gekämpft hatte (vgl. V. 125–131).*
374 Peliden] *Achilleus als Sohn des Peleus.*
401 Göttinnsohn] *Aeneas als Sohn der Aphrodite.*
439 sigäischen] *Sigeum: Vorgebirge bei Troja.*
442 Achaiers] *Achaia: Küstenlandschaft im Norden der Peloponnes; Achaier, hier allgemein: Grieche.*
452 zum Strand] *Vergil hat ad limina: zum Hause (des Aeneas, um dort die Götter in Sicherheit zu bringen). Vgl. des näheren NA 15 I, 228 u. 511.*
461 Argeier] *Grieche.*
465 zweifach offnen] *lat. bipatens: mit beiden Flügeln offen.*
480 Ripheus] *richtig: Rhipheus oder Rhipeus.*
579 Dolopen] *thessalischer Volksstamm, von Achilleus befehligt.*
580 Ajax] *der „kleine" Aias.*
580 Atriden] *Menelaos und Agamemnon als Söhne des Atreus.*
583 Titans] *Gemeint ist Sol, griech. Helios, als Sohn des Titanen Hyperion und der Titanin Theia.*
607 laß] *nach mhd. laz: matt, müde, schwach (vgl. Grimm 6, 268).*
640 Enkel] *Astyanax.*
667 Skyros] *eine der Kykladeninseln im Ägäischen Meer; Neoptolemos wuchs dort auf.*
695 Achilliden] *Neoptolemos oder Pyrrhus.*
697 hundert Töchter] *Priamos hatte, der Sitte gemäß, mehrere Frauen, von denen er viele Kinder gehabt haben soll; es heißt, „daß er allein funfzig Söhne, und unter denselben neunzehn von der einigen Hekuba, nebst zwölf verheuratheten Töchtern, außer den unverheuratheten, gehabt habe." (Hederich, 2074.)*
775–776 Jetzt bis nennen.] *bezieht sich auf Priamos, nicht auf Troja.*
788 Tochter Tyndars] *Helena.*

DIE ZERSTÖRUNG VON TROJA / ANTRITT D. NEUEN JHDTS 229

789 Phrygier] *Volksstamm im Inneren Kleinasiens; hier: Trojaner.*
796 Lacedämons] *Lakedaimon: Sparta, wo Menelaos König war.*
808 Mutter] *Aphrodite.*
810 Jovis] *lat. Genitiv von Iupiter.*
818 des Vaters] *Anchises.*
833 Skäerthor] *Das skäische Tor war das Westtor Trojas zum Meer hin; vgl. auch „Nänie". Hektor erwartete hier den Achilleus zum Zweikampf (vgl. Ilias, 22. Gesang); hier hatte er sich von Andromache und seinem Sohn Astyanax verabschiedet (vgl. Ilias 6, 390–496).*
833 Saturnia] *Hera, lat. Juno als Tochter des Saturn (griech. Kronos).*
837 Gorgo] *Gemeint ist das Haupt des Ungeheuers Gorgo oder Medusa auf dem Schild der Athene.*
839 Des *bis* Thron] *Zeus, der auf dem Ida, dem Gebirgszug im südlichen Troas, Kultstätten hatte.*
841 eitle] *eitel: unnütz, vergeblich (vgl. Grimm 3, 386).*
870–872 Genug *bis* überdauert!] *In Anchises' Jugend zerstörte Herakles Troja, nachdem er von König Laomedon um seinen Lohn für die Rettung der Königstochter Hesione betrogen worden war.*
880 Jovis Blitz] *Jupiters Blitz hatte Anchises getroffen, weil dieser sich laut seiner Verbindung mit der Göttin Aphrodite gerühmt hatte.*
933 Zenith] *in der Astronomie der senkrecht über dem Beobachter gelegene höchste Punkt des Himmelsgewölbes.*
1020 Freiheit] *Gemeint ist „Freistätte" im Umkreis des Heiligtums der Göttin; der lateinische Text bietet* asylum. *Vgl. des näheren NA 15 I, 533.*
1042 Hesperien] *in der Vorstellung der Griechen das Abendland, die Westländer, besonders Italien.*
1044 Der lyd'sche Tiberstrom] *Die Etrusker, in deren Land der Tiber entsprang, galten als Einwanderer aus Lydien.*
1046 Königstochter] *Aeneas erhielt Lavinia, die Tochter des Königs Latinus, zur Frau.*
1052 Ich *bis* anverwandt] *Als Tochter des Priamos stammte Kreusa von Dardanos ab; durch Aeneas, den Sohn der Aphrodite, war sie die Schwiegertochter einer Göttin.*
1054 Der Götter hohe Mutter] *Kybele.*
1064 Titans] *Vgl. zu V. 583.*

GEDICHTE. VIERTES BUCH

362–363   **Am Antritt des neuen Jahrhunderts**
                         An***

ENTSTEHUNG. *Vgl. in diesem Band S. 99 (zu „An ***").*

ÜBERLIEFERUNG. *Vgl. in diesem Band S. 99 (zu „An ***"). – h: GSA. Abschrift Rudolphs für die Prachtausgabe (nach D¹), Bl. 157. – D¹: Gedichte 2 (1803). S. [3]–5. D²: Gedichte ²2 (1805). S. [3]–5. – Textwiedergabe nach h.*

*LESARTEN. Vgl. den Text der 1. Fassung in NA 2 I, 128–129 und die Lesarten zu „An ***" in diesem Band S. 99. – Überschrift:* Der Antritt des neuen Jahrhunderts. An ***. D^1 D^2 **1** öfnet] öffnet D^2 **4** öfnet] öffnet D^2 dem Mord] mit Mord D^1 D^2 **20** sein] *fehlt h (Schreibversehen)*   **30** Schiffarth] Schiffahrt D^2 **31** ihren] ihrem D^2 **34** Mußt] Must D^1

*ERLÄUTERUNGEN. Die Änderung der ursprünglichen Überschrift „An***" stellt den Bezug zur Thematik des Gedichts her, die für den Leser zuvor nicht unmittelbar erkennbar war; sie vermindert zudem den mit dem Epistelcharakter des Gedichts verbundenen Eindruck einer bloß subjektiven Zustandsschilderung, besonders im 2. Teil der „Gedichte", wo der Titel noch „Der Antritt des neuen Jahrhunderts" lautete.*

363–367   Die Götter Griechenlandes

ENTSTEHUNG. Vgl. NA 2 II A, 162. – Die Bearbeitung der 1. Fassung besorgte Schiller schon im Mai (und Juni?) 1793. Vgl. seine Briefe an Körner vom 5. und 27. Mai 1793.

ÜBERLIEFERUNG. Vgl. NA 2 II A, 162. – h: GSA. Abschrift Rudolphs für die Prachtausgabe *(nach $D^{1(2)}$), Bl. 158–160 und 156. – $D^{1(1)}$:* Gedichte 1 (1800). *S. 281–287. $D^{1(2)}$:* Gedichte ^{2}1 (1804). *S. 281–287. – Textwiedergabe nach h.*

LESARTEN. Vgl. die 1. Fassung des Gedichts in NA 1, 190–195 und die Lesarten in NA 2 II A, 162. – **17** jezt] jetzt $D^{1(1)}$ $D^{1(2)}$ sagen,] *Komma fehlt* $D^{1(1)}$ **59** grossen] großen $D^{1(1)}$ $D^{1(2)}$ **67** Lippe] *anstelle von durch Rasur getilgtem* Liebe *h*   **77** Lieder] Lieder, $D^{1(1)}$ $D^{1(2)}$ **111** Schwere] *anstelle von durch Rasur getilgtem* Seher (?) *h*

ERLÄUTERUNGEN. Die 2. Fassung des Gedichts entstand im wesentlichen 1793, als Schiller mit der Überarbeitung seiner Gedichte für die bei Crusius geplante Sammlung beschäftigt war. Am 5. Mai 1793 schrieb er an Körner: […] die Götter Griechenlandes welches Gedicht beinahe die meiste Correction hat, kosten mir unsägliche Arbeit, da ich kaum mit 15 Strophen darin zufrieden bin. *Am 26. Juli las Schiller Jens Immanuel Baggesen die neuen „Götter Griechenlands" vor (NA 42, 162).*
Von den ursprünglich 25 Strophen übernahm Schiller lediglich 14 (dabei wurden die 14. und 15. Strophe zusammengefaßt; nun Strophe 9). Zu den aufgeopferten gehören neben den Strophen 7–9, 13, 23–25 mit der 6., 11. und 17. Strophe drei, die zunächst zu Schillers liebsten Stellen gehörten *(vgl. an Körner vom 12. Juni 1788; vgl. „Dokumente zu Entstehung und Aufnahme", Nr 6; NA 2 II A, 164); zwei neue, Strophe 6 und 16 der 2. Fassung, kamen hinzu; von diesen abgesehen, blieb die alte Reihenfolge der Strophen erhalten, sie wurde nur in einem Punkt geändert: Die ursprünglich 10. Strophe trat zwischen die 12. und 14. – In metrischer Hinsicht zeigt die neue Fassung im jeweils letzten Strophenvers einheitlich vier Hebungen. Einige sprachliche Veränderungen mögen der Absicht stilistischer Glättung entsprungen sein.*
Durch die Bearbeitung erhält das Gedicht eine klar antithetische Struktur. Elf Strophen beziehen sich auf das griechische, vier auf das moderne Zeitalter, die letzte zieht das Re-

sümee. Zugleich reagierte Schiller auf die Kritik, die das Gedicht erfahren hatte, vor allem die Goethes (vgl. „Dokumente", Nr 11; NA 2 II A, 165), Körners (vgl. „Dokumente", Nr 2; NA 2 II A, 163) und Stolbergs (vgl. „Dokumente", Nr 7; NA 2 II A, 164).

Das Gedicht ist nicht nur erheblich kürzer, es verzichtet auch auf einige Ausfälle gegen die christliche Religion, die Körner entbehrlich gefunden und Stolberg verurteilt hatte. (Von 44 Versen, die Stolberg in seiner Rezension angegriffen hatte [V. 69–70, 81–88, 101–104, 129–136, 153–156, 177–184, 191–200], strich Schiller 40, d. h. alle außer V. 153–156, nun V. 97–100; vgl. auch zu V. 9–10.)

Caroline von Wolzogen berichtete später, im Hintergrund der Bearbeitung habe Schillers Absicht gestanden, „die bessere Ueberzeugung und das Heilige in keinem Menschenherzen zu beleidigen" (Schillers Leben 1, 282). Darüber hinaus war Schiller jedoch auch bestrebt, den Gegenstand seines Gedichts klarer herauszuheben. Die beiden neu entstandenen Strophen machen deutlich, daß es nicht so sehr um theologische und religiöse Probleme geht, sondern um die Frage nach den Bedingungen der Möglichkeit von Kunst und Schönheit in alter und moderner Zeit.

Im Brief an Körner vom 5. Mai 1793, in dem Schiller seine Unzufriedenheit mit der früheren Fassung äußert, erklärt er auch: Ueber meine Schönheitstheorie habe ich unterdeßen wichtige Aufschlüße erhalten. Da zur gleichen Zeit die Abhandlung „Ueber Anmuth und Würde" entstand, ist anzunehmen, daß neben dem Versuch, Mißverständnisse abzuwehren, die fortschreitende Klärung von Schillers ästhetischen Auffassungen bei der Überarbeitung des Gedichts eine Rolle gespielt hat, mit der er selbst, trotz anfänglicher Klagen, sehr zufrieden war; am 27. Mai schrieb er an Körner: Ich denke Du sollst gestehen, daß mich die Musen noch nicht verlaßen haben; und daß die Critik die Begeisterung nicht verscheuchte. Vgl. auch Oellers, Souveränität und Abhängigkeit (1973).

Um so bemerkenswerter erscheint die Tatsache, daß „Die Götter Griechenlandes" im 2. Teil der „Gedichte" (1803) noch einmal in der Ursprungsfassung vorgelegt wurden (vgl. NA 2 I, 151) – ein bei Schiller singulärer Fall. Denkbar ist, daß die (nahezu) parallele Veröffentlichung von Erst- und Zweitfassung beide Text in ein indirekt kommentierendes Verhältnis zueinander setzen sollte. So könnte der Schritt vom alten zum neuen Gedicht als paradigmatisch gedeutet werden für den in der zweiten Schlußstrophe (vgl. V. 127–128) formulierten „Prozeß der Beseelung im Gewinn der höchsten Schönheit des Kunstwerks aus dem Untergang, – auch und gerade aus dem Untergang des eigenen Gedichtes", womit „das eigene Werk Schiller zum Symbol der Entwicklung menschlichen Daseins" würde (Frühwald, „Die Götter Griechenlandes" [1969], 270–271).

Die Umarbeitung des Gedichts rief unterschiedliche Reaktionen hervor. In einer Besprechung des 1. Teils der „Gedichte" schrieb Johann Friedrich Schink in der „Neuen allgemeinen deutschen Bibliothek" (1801. Bd 61. 2. Stück. 6. Heft. S. 302): Niemand, der diese herrliche Dichtung in ihrer alten Gestalt kennt, wird ohne Wehmuth den wahrhaft bethlehemitischen Kindermord gewahren, den das kritische Würgemesser hier angerichtet hat. Welcher unglückliche, Stolbergisch-frömmelnde Dämon bemächtigte sich hier des Schillerschen Genius [...]? Friedrich Wilhelm Jacobs erklärte dagegen in der „Bibliothek der schönen Wissenschaften und der freyen Künste" (1801. Bd 65. 1. Stück. S. 119–120): Dieses Gedicht, welches in seiner ersten Gestalt, nicht ganz mit Unrecht, großen Anstoß gegeben hat, ist jetzt erst, durch zweckmäßige Abkürzungen [...] neue Zusätze und eine geschicktere Anordnung, zu einem wahrhaft poetischen Ganzen geworden.

Auch an poetischen Erwiderungen fehlte es, wie zuvor (vgl. „Dokumente", Nr 20 u. 21; NA 2 II A, 167), nicht; der „Neue Teutsche Merkur" brachte im Märzheft 1802 (S. 173–177) ein mit der Sigle Th* *unterschriebenes Gedicht „Die Götter Griechenlandes. An Schiller"; in der letzten Strophe heißt es:*

        Ja, sie kehrten heim; doch alles Schöne,
        Alles Hohe nahmen sie nicht fort.
        [...]
        In der Dichtung reich umwebten Träumen
        – Süßer Sänger unbegränzte Wahl –
        Sehen wir sie h o l d e r n o c h erscheinen,
        Als in Jovis Göttersaal.

(S. 177.)

9—10 Da der Dichtung *bis* wand] *Die Verse enthalten (möglicherweise) ein Indiz für die unmittelbare Berücksichtigung der Stolbergschen Einwände gegen die 1. Fassung. In Stolbergs Rezension heißt es dazu:* Jeder Leser der Alten wird bekennen, daß zur Zeit
        Da der Dichtkunst malerische Hülle
        Sich noch lieblich um die Wahrheit wand,
[...] eben diese Dichtkunst so oft allen Zauber der Fantasie und des Witzes aufbot, um die heilige Wahrheit vom Werthe der Tugend und von der Schändlichkeit des Lasters mit reizenden Vorstellungen jeder bösen Leidenschaft zu verdrängen. *(Deutsches Museum. 8. Stück. August 1788. S. 100.) Daß Schiller* mahlerische Hülle *durch* zauberische Hülle *ersetzte, könnte auf den Einfluß der zitierten Stelle zurückzuführen sein (vgl. Oellers, Souveränität und Abhängigkeit, 145).*
36 der Läto Sohn] *Apollon (1. Fassung:* Hyperion*).*
41 Finstrer Ernst *bis* Entsagen] *Beides gehört zu den charakteristischen Merkmalen des Gottesbildes in den Gedichten „Resignation" und „Freigeisterei der Leidenschaft".*
77 Linus] *In der 1. Fassung war von Orpheus die Rede, dessen Name wohl unterdrückt wurde, weil der Sänger schon in V. 71–72 erwähnt ist.*
126 Pindus] *Gebirge an der Grenze zwischen Epirus und Thessalien. „Es war dem Apollo und den Musen gewiedmet." (Hederich, 2015.)*
127–128 Was *bis* untergehn.] *Vgl. diesen Gedanken auch in der „Nänie".*

367–369   Die Ideale

ENTSTEHUNG. *Vgl. NA 2 II A, 227. Die Überarbeitung für die Gedichtsammlung von 1800 besorgte Schiller vielleicht erst im Herbst 1799, vielleicht aber auch schon 1796 nach der Lektüre von Friedrich Schlegels Kritik. Vgl. NA 2 II A, 228–229.*

ÜBERLIEFERUNG. *Vgl. NA 2 II A, 227–228* – h: *GSA. Abschrift Rudolphs für die Prachtausgabe (nach D²), Bl. 161–162.* – D¹: *Gedichte 1 (1800). S. 42–46.* D²: *Gedichte ²1 (1804). S. 42–46.* – *Textwiedergabe nach* h.

LESARTEN. *Vgl. die 1. Fassung des Gedichts in NA 1, 234–237 und die Lesarten in NA 2 II A, 228.* – **34** All] All, *D¹ D²*   **35** Leben,] *Komma fehlt D¹*   **72** dem *(Schreibversehen?)*] den *D¹ D²*   **74** bei] bey *D¹*

ERLÄUTERUNGEN. Kürzung und Bearbeitung der ursprünglichen Fassung des Gedichts lassen die Tendenz erkennen, die Vielzahl der zunächst verwendeten Bilder und Vergleiche zu vermindern und in sich stimmiger zu machen sowie im Einzelfall auf Kritik Rücksicht zu nehmen; vgl. die Erläuterungen zur 1. Fassung (NA 2 II A, 228–230).

13–16 Er ist *bis* war] *Vielleicht wurde die Änderung durch die Überlegung veranlaßt, daß die ursprünglich unmittelbar aufeinander folgenden Bilder von den Idealen als „erhellende heitere Sonnen" und als „soeben keimende, doch schon erstarrte Früchte" nicht recht zueinander paßten. Die Unterdrückung der ersten Hälfte der früheren dritten Strophe mag zugleich der Absicht entsprungen sein, Bruchstücke reflektierender Poesie (Wirklichkeit mit ihren Schranken, Schöpfung der Gedanken) aus einem Gedicht zu entfernen, in dem Gefühl und Empfindung überwiegen sollten; eben dies könnte die Lesart* Der rauhen Wirklichkeit *(V. 15) für* Der feindlichen Vernunft *(früher V. 23) veranlaßt haben.*

21–24 So *bis* Dichterbrust] *Friedrich Schlegel hatte in seiner Rezension des „Musen-Almanachs für das Jahr 1796" an den Formulierungen* meiner Liebe Knoten *(früher V. 29) und* Säule der Natur *(früher V. 30) Anstoß genommen.*

25 Flammentriebe] *Der Ausdruck mag Schiller poetischer erschienen sein als zunächst* sympathetschem Triebe *(früher V. 33).*

40 klein und karg] *Im Anschluß folgte früher die 7. Strophe, die das Bild des immer gewaltiger dahinfließenden Stromes, der sich schließlich* mit stolzen Masten in den Ozean stürzt *(früher V. 55–56), entwickelte; möglicherweise empfand Schiller den Widerspruch zu dem Jüngling, der seine Ziele gerade nicht erreicht, worauf später auch Jean Paul aufmerksam machte (vgl. Vorschule der Aesthetik [²1813] 3, 885).*

42–44 Beglückt *bis* Bahn] *V. 44 wurde im Anschluß an V. 42 geändert, an dessen ursprünglicher Fassung Humboldt kritisiert hatte, er sei infolge des Stabreims* ein wenig hart *(an Schiller vom 31. August 1795).*

65–68 Ich *bis* Liebeszeit.] *Vielleicht störte Schiller an V. 81–84 der 1. Fassung die Aufeinanderfolge der „verfinsterten Wahrheit" (früher V. 79–80, nun V. 63–64) und der* Des Ruhmes Dunstgestalt *„enthüllenden Weisheit" (früher V. 81–82).*

370 Die Worte des Glaubens

ENTSTEHUNG. Vgl. NA 2 II A, 614.

ÜBERLIEFERUNG. Vgl. NA 2 II A, 614. – h$^{(2)}$: GSA. Abschrift Rudolphs für die Prachtausgabe (nach D²), Bl. 163. – D¹: Gedichte 1 (1800). S. 28–29. D²: Gedichte ²1 (1804). S. 28–29. – Textwiedergabe nach h$^{(2)}$.

LESARTEN. Vgl. den Text der 1. Fassung in NA 1, 379 und die Lesarten in NA 2 II A, 614. – **1** Drei] Drey *D¹* innhaltschwer,] Komma fehlt *D¹* **3** außen] aussen *D¹* **6** drei] drey *D¹* **7** frei] frey *D¹* **8** geboren] gebohren *D¹* **9** Geschrei] Geschrey *D¹* **12** freien] freyen *D¹* **15** sollt'] sollt *D¹ D²* **23** kreis't] kreist *D¹* **25** drei] drey *D¹* **30** drei] drey *D¹*

ERLÄUTERUNGEN. Vgl. die Erläuterungen zum Erstdruck (NA 2 II A, 614–615).

371 Die Worte des Wahns

ENTSTEHUNG. Schiller schrieb das Gedicht vermutlich im Herbst 1799, als er seine 1800 erschienene Gedichtsammlung zusammenstellte. Ein früheres Entstehungsdatum ist unwahrscheinlich, weil es Schiller sonst wohl in seinen „Musen-Almanach für das Jahr 1800" aufgenommen hätte.

ÜBERLIEFERUNG. H: ? h^1: Abschrift Rudolphs für die Prachtausgabe (nach D^2), Bl. 164. h^2: GSA. Abschrift Christophine Reinwalds (vermutlich nach E; ohne textkritischen Wert). – E: Gedichte 1 (1800). S. 298–299. D^1: Taschenbuch für Damen auf das Jahr 1801. Hrsg. von Huber, Lafontaine, Pfeffel und andern. Tübingen [1800]. S. 197; unterzeichnet: Schiller. D^2: Gedichte ^{2}1 (1804). S. 289–299. – Textwiedergabe nach h^1.

LESARTEN. 1 Drei] Drey D^1 man bedeutungschwer] man, bedeutungschwer, D^1 2 Besten.] Besten, D^1 4 trösten.] trösten, D^1 6 So lang'] Solang' E Solang D^1 sucht.] sucht; D^1 7 So lang'] Solang' E Solang D^1 8 siegen, –] siegen, D^1 11 erstickst] erstikst D^1 frei] frey D^1 12 neu.] neu; D^1 13 So lang'] Solang' E Solang D^1 bulende Glück] buhlende Glük D^1 14 werde.] werde, D^1 15 Liebesblick] Liebesblik D^1 19 glaubt] wähnt D^1 ird'schen] irdschen D^1 22 meinen] meynen E   24 freie] Freye D^1 25 Seele,] Seele! D^1 Wahn] Wahn, D^1 26 bewahre!] bewahre. D^1 28 dennoch] dennoch, D^1 29 draußen] draussen D^1

ERLÄUTERUNGEN. Das Gedicht bildet zusammen mit den „Worten des Glaubens" – wie der zweifache „Spruch des Confucius [Konfucius]" – ein Doppelgedicht. Die gleiche metrische Form unterstreicht die Zusammengehörigkeit. – Körner rechnete „Die Worte des Wahns" zu den vorzüglichsten der neuen Gedichte (an Schiller vom 10. September 1800).

1–4 Drei *bis* trösten.] *In der Abhandlung „Ueber das Erhabene" heißt es:* Es ist ein Kennzeichen guter und schöner aber jederzeit schwacher Seelen, immer ungeduldig auf Existenz ihrer moralischen Ideale zu dringen, und von den Hindernissen derselben schmerzlich gerührt zu werden. *(NA 21, 41.)*
7 goldene Zeit] *Über den Mythos vom „Goldenen Zeitalter" vgl. die Erläuterungen zu „Natur und Schule" (V. 15; NA 2 II A, 261–262).*
11–12 Und *bis* neu] *Anspielung auf den Riesen Antaios.*
13–14 So *bis* werde.] *Der gleiche Gedanke findet sich in „Das Glück" (V. 9–12).*
21 Ihren *bis* Hand] *Vgl. die Geschichte des Jünglings in „Das verschleierte Bild zu Sais".*
27 Was *bis* sahn] *biblisch nach 1. Kor. 2, 9.*
29–30 Es *bis* hervor.] *ähnlich der Schluß von „An ***"; später „Der [Am] Antritt des neuen Jahrhunderts".*

372–375 Klage der Ceres

ENTSTEHUNG. Vgl. NA 2 II A, 310.

ÜBERLIEFERUNG. *Vgl. NA 2 II A, 310.* – *h: GSA. Abschrift Rudolphs für die Prachtausgbe (nach D²), Bl. 165–168.* – *D¹: Gedichte 1 (1800). S. 5–11. D²: Gedichte ²1 (1804). S. 5–11.* – *Textwiedergabe nach h.*

LESARTEN. *Vgl. den Text des Erstdrucks in NA 1, 279–282 und die Lesarten in NA 2 II A, 310.* – 90 Horn] Horn, *D¹ D²*   121 begrüßen] begrüssen *D¹ D²*

ERLÄUTERUNGEN.
64 Schluß] *Beschluß (vgl. Grimm 9, 868).*

376–382   Das Eleusische Fest

ENTSTEHUNG. *Vgl. NA 2 II A, 651 (zu „Bürgerlied").*

ÜBERLIEFERUNG. *Vgl. NA 2 II A, 652 (zu „Bürgerlied").* – *h: GSA. Abschrift Rudolphs für die Prachtausgabe (nach D²), Bl. 169–174.* – *D¹: Gedichte 1 (1800). S. 78–88. D²: Gedichte ²1 (1804). S. 78–88.* – *Textwiedergabe nach h.*

LESARTEN. *Vgl. den Text des Erstdrucks („Bürgerlied") in NA 1, 426–432 und die Lesarten in NA 2 II A, 652.* – 1 Aehren,] *Komma fehlt D¹*   2 euch] *auch D¹*   4 ein,] *Komma fehlt D¹*   14 Land,] *Komma fehlt D¹*   29 kreis'te] *kreiste D¹*   32 Fall.] *Punkt fehlt h (Schreibversehen)*   52 mütterlichen] *mütterlichem (Schreibversehen) h*   70 bescheert] *beschert D¹*   92 jezt] *jetzt D¹ D²*   104 Aar] *verb. aus Ar h*   113 steigen] *verb. aus steigt h*   154 schilfbekränzte] *Schilfbekränzte D¹*

ERLÄUTERUNGEN. *Die Wahl des neuen Titels des zunächst „Bürgerlied" überschriebenen Gedichts mag mit der Überlegung zu tun gehabt haben, die erste Überschrift in ihrer Allgemeinheit auf die griechischen Verhältnisse (in Eleusis) einzuschränken und den historisch-mythologischen Kontext des Liedes deutlich zu machen. Vielleicht war dies auch eine Reaktion auf Körners Kritik an dem* fremden Costum *(vgl. die Erläuterungen zum Erstdruck; NA 2 II A, 653): Dieses wird nun von vornherein in Aussicht gestellt und gerechtfertigt.*

383–396   Die Künstler

ENTSTEHUNG. *Vgl. NA 2 II A, 178–183.*

ÜBERLIEFERUNG. *Vgl. NA 2 II A, 178 und in diesem Band S. 133 (zu LVIII). (Eine Abschrift Rudolphs für die Prachtausgabe unterblieb, weil Schiller nicht zur beabsichtigten Bearbeitung des Gedichts kam.)* – *D¹: Gedichte 2 (1803). S. 41–65. D²: Gedichte ²2 (1805). S. 41–65.* – *Textwiedergabe nach D², dem letzten von Schiller autorisierten Druck.*

LESARTEN. *Vgl. den Text des Erstdrucks in NA 1, 201–214 und die Lesarten in NA 2 II A, 178–179.* – *Im folgenden werden die Lesarten in D¹ gegenüber D² verzeich-*

net. — **4** Geistesfülle,] *Komma fehlt* **7** Frei] Frey **8** Schätze,] *Komma fehlt* **20** befleckende] beflekende **37** Reize] Reitze **38** Saitenklang] Seitenklang **70** Antlitz] Antliz **88** Gewalt] Gewalt, **103** Gleichmaß] Gleichmaaß **116** vorüberfuhr] vorüber fuhr **140** umstrickt] umstrikt **159** trug,] *Komma fehlt* **161** Gleichmaß] Gleichmaaß **170** Leier] Leyer **172** so lang] solang **202** bess'rer] beß'rer **220** Drang,] *Komma fehlt* **233** Löst] Lößt **238** Ebenmaß] Ebenmaas **256** erstehen,] *Komma fehlt* **270** Mensch] Mensch, **281** Maßen] Maaßen **289** Gleichmaß] Gleichmaas **299** Harmonienbach,] *Komma fehlt* **303** winden,] *Komma fehlt* **305** schwinden,] *Komma fehlt* **307** Harmonienmeere,] *Komma fehlt* **314** Busen] Busen, **318** Theuerste] theuerste sie,] *Komma fehlt* **329** Geist,] *Komma fehlt* **330** umzogen,] *Komma fehlt* **333** schreckt] schrekt **345** Deckt] Dekt **354** Sieg] Sieg, **360** Lebenswelle,] *Komma fehlt* **372** Wiederschein] Widerschein **374** Göttin] Göttinn **383** frei] frey **393** Euch] euch **397** kein Einzug **414** Harmonienspiele,] *Komma fehlt* **462** verschwunden,] *Komma fehlt* **480** Wahrheit,] *Komma fehlt*

ERLÄUTERUNGEN. Dem Erstdruck von 1789 gegenüber nahm Schiller lediglich in einigen Fällen eine Neugliederung der Versgruppen sowie gelegentliche, unbedeutende Änderungen im Text vor. Zweimal berücksichtigte er dabei die Kritik August Wilhelm Schlegels (vgl. zu V. 189 u. 262).

105—106 Ein *bis* beschienen] *Die Veränderung der Interpunktion führt dazu, die Bestimmung* Nächst um ihn her *auf* Flor der Nacht *sowie* beschienen *auf* Bau *zu beziehen; vgl. dagegen Interpunktion und Deutung der Verse in der 1. Fassung (NA 2 II A, 197).*

170 des Sängers Leier] *Die Leier läßt an Apollon denken, so wie die Zitter, d. h. Kithara, früher an Orpheus.*

189 nach erhab'nen Fernen] *August Wilhelm Schlegel hatte in der Rezension des Gedichts (vgl. zum Erstdruck) bemerkt:* Die Versetzung der Worte: in erhabnen Fernen, die hinter dem Sonnenlicht stehen sollten, ist eine in unsrer Sprache schwerlich zu verstattende Licenz. (S. 158.) *Schiller reagierte mit Veränderung der Präposition.*

262 des Ringers Muskel] *Zunächst war von einem Fechter die Rede; Schlegel dazu:* Statt Fechter wünschte ich, es möchten lieber Ringer oder Kämpfer stehen. Die Kunst hat nie Fechter, Gladiatoren gebildet (S. 169).

445 Sie *bis* heben!] *Der Vers wies zunächst ungewöhnlicherweise sieben Hebungen auf, die hier auf fünf reduziert sind.*

396—400   Das Ideal und das Leben

ENTSTEHUNG. Vgl. NA 2 II A, 238 (zu „Das Reich der Schatten").

ÜBERLIEFERUNG. Vgl. NA 2 II A, 238—239 (zu „Das Reich der Schatten"). — h³: GSA. Abschrift Rudolphs für die Prachtausgabe (nach D²), Bl. 179—182. — D¹: Gedichte 1 (1800). S. 262—269. D²: Gedichte ²1 (1804). S. 262—269. — Textwiedergabe nach h³.

LESARTEN. Vgl. die 1. Fassung des Gedichts („Das Reich der Schatten") in NA 1, 247–251 und die Lesarten in NA 2 II A, 239–240. – Überschrift: Das Reich der Formen. *D¹* **12** Frei] Frey *D¹* **48** Bei] Bey *D¹* **67** Aufgelößt] Aufgelöst *D¹ D²* zärter] zarter *D¹ D²* **68** freiem] freyem *D¹* **105** euern] euren *D¹* **113** nahmenlosem] Namenlosem *D¹* **135** befreien] befreyen *D¹* **139** Verhaßten,] Komma fehlt *D¹* **140** ist –] ist. *D¹* **147** Olympus] Olimpus *D¹ D²*

ERLÄUTERUNGEN. Die erneute Änderung der Überschrift läßt sich nicht ausschließlich auf den Versuch zurückführen, Mißverständnisse abzuwehren; vgl. die Erläuterungen zu „Das Reich der Schatten" und „Das Reich der Formen" (NA 2 II A, 252–253 u. S. 96 in diesem Band). Sie trägt vielmehr der Bearbeitung des Gedichttextes Rechnung, die schon für den 1. Teil der „Gedichte" vorgenommen wurde.

Die 2. Fassung verzichtet auf die ursprünglichen Strophen 2, 5 und 6; alle drei betonten die Möglichkeit, ins „Reich der Schönheit" bereits in dieser Welt Zugang zu erlangen, die Strophen 5 und 6 forderten nachdrücklich dazu auf, sich ihm zuzuwenden. Im gleichen Zusammenhang änderte Schiller den früheren V. 40: Statt In der Schönheit Schattenreich *heißt es jetzt (V. 30)* In des Ideales Reich; *dementsprechend bezieht sich das Adverb* hier *in V. 33 (früher V. 63), das den Ort menschlicher* Vollendung *(V. 32; früher V. 62) angibt, nicht mehr auf die Schönheit, sondern auf das Ideal. Beide Begriffe sind, anders als zuvor* Schatten *und* Formen, *nicht synonym. Während* Schönheit *der Welt immanent gedacht wird, gerät das* Ideal *in Opposition zum* Leben *und bezeichnet einen transzendenten Bereich.*

Gründe für diese Akzentverschiebung lassen sich vermuten. Was zuvor im Gedicht über die Schönheit *als ästhetische Realisierung des* Ideals *gesagt wurde, erschien Schiller nach dem Scheitern des Idyllenplans (vgl. zur 1. Fassung; NA 2 II A, 253), dessen Verwirklichung die Aufhebung des im neuen Titel unterstrichenen Dualismus bedeutet hätte, problematisch; zwar gilt nach wie vor seine Aufforderung, der Menschheit* Götterbild *(V. 33) zu errichten, doch der Glaube, dies sei schon auf* Erden *(V. 11) möglich, ist erschüttert.*

112 dort Priams Sohn] *So lautete die Stelle schon in der „Horen"-Fassung, war aber, auf Hinweis Humboldts in seinem Brief an Schiller vom 30. Oktober 1795, noch im Verzeichnis der „Druckfehler und Verbesserungen" im 12. Stück der „Horen" 1795 korrigiert worden in* Laokoon, *denn dieser, der keineswegs ein Sohn des Priamos war, ist gemeint. Durch ein Versehen Schillers blieb der Fehler in der Ausgabe seiner „Gedichte" erhalten.*
136 Todtenschiffers Kahn] *Die Änderung macht die zugrundeliegende mythologische Vorstellung etwas deutlicher; vielleicht ist sie aber auch eine späte Reaktion auf Humboldts Kritik (vgl. „Dokumente zu Entstehung, Kritik und Selbstdeutung", Nr 35; NA 2 II A, 247).*

401–403   Resignation

ENTSTEHUNG. Vgl. NA 2 II A, 143.

ÜBERLIEFERUNG. Vgl. NA 2 II A, 143. – h: GSA. Abschrift Rudolphs für die Prachtausgabe (nach D²), Bl. 183–185. – D¹: Gedichte 1 (1800). S. 293–297. D²: Gedichte ²1 (1804). S. 293–297. – Textwiedergabe nach h.

LESARTEN. Vgl. die 1. Fassung in NA 1, 166–169 und die Lesarten in NA 2 II A, 143. –
21 Hier, spricht man,] Hier spricht man – D^1 **32** Gieb] Gib D^1 **36** Gieb] Gib D^1
37 Gieb] Gib D^1 **44** dir] *verb. aus* die *h*   **64** gestiegen,] *Komma fehlt* D^1 **72**
Jezt] Jetzt D^1 D^2 **80** heißen] heissen D^1 D^2 **90** Giebt] Gibt D^1

ERLÄUTERUNGEN. In der 2. Fassung des Gedichts fehlen die früheren Verse 41–45 und 56–60; erstere wahrscheinlich wegen ihrer Unstimmigkeit mit V. 11–15, letztere möglicherweise wegen des nicht ganz deutlichen Bildgehalts. Daß das Gedicht in der Prachtausgabe unmittelbar auf „Das Ideal und das Leben" folgen sollte, mag zusammenhängen mit dem, was Schiller am 21. September 1795 Körner mitteilte: Dieses Gedicht enthalte den Begriff einer völligen Abwesenheit einschränkender Bestimmungen und des u n e n d l i - c h e n Vermögens im Subjecte des Schönen. *Mit der (ästhetischen) Erhebung des Menschen über die Schranken des Irdischen steht es in genauem Gegensatz zum vorliegenden Gedicht, in dem gerade die Beschränkung des Menschen auf die Grenzen der* Weltgeschichte *(V. 85) deutlich wird.*

404–406   **An Göthe als er den Mahomet von Voltaire auf die Bühne brachte**

ENTSTEHUNG. Das Gedicht entstand Anfang Januar 1800. Vgl. Schillers Briefe an Goethe vom 6. und 9. Januar 1800.

ÜBERLIEFERUNG. H: ? h: GSA. Abschrift Rudolphs für die Prachtausgabe (nach D), Bl. 186–187. – E: Gedichte 1 (1800). S. 270–274. D: Gedichte ^{2}1 (1804). S. 270–274. – Textwiedergabe nach h.

LESARTEN. **6** Priesterbinde] Priesterstirne *(Schreibversehen) h*   **25** in] *danach die gestr. h*   **33** jezt] jetzt *E D*   **76** der Sinn, d e r] der Sinn, der *E*   d e r Sinn, der *D*

ERLÄUTERUNGEN. Die Anregung für Goethes Übersetzung des Trauerspiels „Mahomet" von Voltaire (uraufgeführt 1741), eines von den Ideen der Aufklärung getragenen Dramas um den Propheten Mohammed, das sich gegen Intoleranz und religiösen Fanatismus wendet, ging von Herzog Carl August aus, der die französische Literatur sehr schätzte und das Stück 1775 in Paris gesehen hatte. Er hoffte, die Übersetzung werde eine Epoche in der Verbesserung des deutschen Geschmacks machen. *(Brief an Karl Ludwig von Knebel vom 4. Januar 1800; Knebel's literarischer Nachlaß 1 [1835], 181.) Auch Goethe verfolgte didaktische Zwecke, doch ging es ihm um die* Bildung unserer Schauspieler am Weimarer Theater; *in den „Tag- und Jahresheften" für 1800 notierte er:* Sie mußten sich aus ihrem Naturalisiren in eine gewisse Beschränktheit zurückziehen, deren Manirirtes aber sich gar leicht in ein Natürliches verwandeln ließ. Wir gewannen eine Vorübung in jedem Sinne zu den schwierigeren reicheren Stücken *(WA I 35, 85).*

Die Aufführung fand am 30. Januar 1800 statt. Schillers Gedicht war zunächst als Prolog gedacht; Goethe hatte darum gebeten: Ich habe heute angefangen auf den Prolog quæstionis zu denken *(Schiller an Goethe vom 6. Januar 1800). Die Absicht dabei war, der erwarteten Opposition gegen den Rekurs auf das klassische französische Theater die Spitze zu nehmen; am 8. Januar schrieb Schiller, er sei bemüht, seine Stanzen zu Ende zu bringen, damit wir das Publicum mit geladener Flinte bei dem Mahomet erwarten können. Daß es nicht zur Rezitation kam, mag mit Rücksichten auf den Herzog in Verbindung gestanden haben, denn das Gedicht würdigt zwar das französische Drama im Kontrast zum flachen Realismus (wie er in den „Xenien" Nr 390–412 verspottet wurde) und zur phantastischen Romantik der Gegenwart, enthält jedoch zugleich dessen ästhetische Ablehnung; es galt Schiller als Beispiel für eine überwundene Kunstepoche.*

Nach der Veröffentlichung im 1. Teil der „Gedichte" schrieb Körner, in dem Gedicht sei ihm besonders viel aus der Seele gesprochen *(an Schiller vom 10. September 1800).*

1 falschem Regelzwange] *Die klassische französische Tragödie bestand auf der Einheit des Ortes, der Zeit und der Handlung. Diese von Gottsched auch der deutschen Literatur empfohlenen Regeln waren schon von Lessing zurückgewiesen worden.*

3–4 Der bis Erstickt] *Anspielung auf Herakles. Möglicherweise ist hier an Goethes „Götz von Berlichingen" (1773) gedacht.*

8 Aftermuse] *mhd.* after: *hinter, nach; das französische Drama.*

12 Pindus] *Gebirge in Nordgriechenland, einer der Musensitze.*

13–16 Selbst bis nachgeschritten] *Auf Anregung Lessings fand eine Neuorientierung des deutschen Dramas an der antiken Tragödie und Shakespeare statt; vgl. dazu das Epigramm „Deutscher Genius".*

17–24 Denn bis Seelen.] *Der Gedanke findet sich auch in „Die deutsche Muse".*

18 eitle] eitel: *leer, nichtig (vgl. V. 29).*

20 Ludwig] *In die Regierungszeit Ludwigs XIV. (1638–1715; Alleinregent seit 1661) fällt die Hochklassik der französischen Literatur, auf dem Gebiet des Dramas repräsentiert durch Corneille, Racine und Molière.*

28 Minderjährigkeit] *in Abhängigkeit von der französischen Literatur.*

31 Stunden] Horen; ὥρα *bedeutet im Griechischen die Zeit, die etwas reifen läßt.*

37 der Sitten falsche Strenge] *Vgl. Schillers Kritik an der* Dezenz *des französischen Dramas in der Abhandlung „Ueber das Pathetische" (NA 20, 197).*

41 Thespis Wagen] *Nach Horaz ließ der attische Dichter Thespis (6. Jahrhundert v. Chr.) seine Stücke auf einem Karren spielen, mit dem er umherzog (vgl. De arte poetica, V. 275–277).*

43 Idole] *Charon, der Totenfährmann, setzte die Seelen der Verstorbenen, bei Homer* εἴδωλα *(Trug-, Schattenbilder) genannt, in die Unterwelt über.*

49 Scene] *griech.* σκηνή: *hölzernes Gerüst, auf dem die Schauspieler agieren; Bühne.*

53–56 Aufrichtig bis berücken] *Im 26. Brief „Ueber die ästhetische Erziehung des Menschen" hatte Schiller geschrieben:* Nur soweit er aufrichtig ist, (sich von allem Anspruch auf Realität ausdrücklich lossagt) [...] ist der Schein ästhetisch. *(NA 20, 402.) Täuschend dagegen ist der logische Schein, der Realität heuchelt (NA 20, 399, 402).*

56 berücken] *Das aus der Sprache der Fischer und Vogelsteller stammende Verb bedeutet: überlisten, täuschen, in eine Falle locken (vgl. Grimm 1, 1529).*

58 wildes bis Phantasie] *gegen den von Schiller befürchteten Einfluß der Romantiker auf das Theater, vielleicht vor dem Hintergrund der soeben erschienenen „Romantischen Dichtungen" (1799–1800) von Tieck.*

406–407 Die Theilung der Erde

ENTSTEHUNG. *Vgl. NA 2 II A, 294. Die 2. Fassung für die Gedichtsammlung von 1800 entstand vielleicht im Herbst 1799; diese Fassung hat Schiller für die 2. Auflage der Gedichte (1804) noch einmal überarbeitet. Vgl. die Lesarten.*

ÜBERLIEFERUNG. *Vgl. NA 2 II A, 294. – h$^{(2)}$: GSA. Abschrift Rudolphs für die Prachtausgabe (nach D^2), Bl. 188. – D^1: Gedichte 1 (1800). S. 30–31. D^2: Gedichte ^{2}1 (1804). S. 30–31. – Textwiedergabe nach h$^{(2)}$.*

LESARTEN. *Vgl. die 1. Fassung in NA 1, 267–268 und die Lesarten in NA 2 II A, 294. –*
2 zu, nehmt, sie] zu. Nehmt! Sie D^1 3 zum Erb' und ew'gen Lehen] zum ew'gen Lehen D^1 5 Da eilt was Hände hat] Da lief was Hände hatte zu D^1 9–12
  Der Kaufmann füllte sein Gewölb'; die Scheune
  Der Fermier, das Faß der Seelenhirt,
  Der König sagte: Jeglichem das Seine,
  Und mir zollt, was geärntet wird. D^1
14 Naht] Erschien auch D^1 Fern'] Fern D^1 16 Herrn.] Herrn! D^1, *Punkt fehlt h* 17 denn ich] ich denn D^1 21 Wenn du zu lang dich in der Träume Land verweilet, D^1 22 Versetzt] Versetzt D^2 Versezt der Gott] Antwortet' ihm der Gott D^1 23 denn,] *Komma fehlt* D^1 25 Angesichte,] Stralenangesichte D^1 29 Was thun! spricht Zeus,] Was thun, spricht Zeus! D^1 weggegeben,] *Komma fehlt* D^1

ERLÄUTERUNGEN. *Die (neue) Fassung des Gedichts zeigt eine gründliche metrische Überarbeitung des ursprünglichen Textes; die ersten drei Verse der Strophen weisen regelmäßig fünf Hebungen auf, die jeweils vierten Verse vier Hebungen, mit Ausnahme des letzten, der fünfhebig ist. Neben einigen Textänderungen fällt der häufige Wechsel von präsentischen und präteritalen Verbformen auf, wobei der Gebrauch der ersten als Präsens historicum nicht immer deutlich, jedenfalls in sich widersprüchlich scheint.*
10 Firnewein] *alter, abgelagerter Wein (vgl. Grimm 3, 1677).*
12 der Zehente] *Der Zehnt war eine regelmäßige Abgabe des landwirtschaftlichen Ertrags an den Zehntherrn; auch andere Formen des Zehnts als einer Art Steuer wurden erhoben.*

408 Die Antiken zu Paris

ENTSTEHUNG. *Im Inhaltsverzeichnis der Gedichtsammlung von 1803 (= D^1) hat Schiller als Entstehungsjahr 1800 angegeben. Freilich ist nicht auszuschließen, daß das Gedicht erst 1801 oder 1802 entstand. Am 18. März 1802 schickte es Schiller an Wilhelm Gottlieb Becker zur Veröffentlichung in dessen „Taschenbuch zum geselligen Vergnügen".*

ÜBERLIEFERUNG. *H: GSA. 1 Blatt 14,7×19,2 cm, 1 S. beschrieben. Leicht vergilbtes geripptes Papier. Wz.: Unteres Viertel eines Schilds mit angehängter Glockenmarke, darunter: [C] & I HONIG. h: GSA. Abschrift Rudolphs für die Prachtausgabe (nach D^1),*

Bl. 189. – *E: Taschenbuch zum geselligen Vergnügen. 13. Jg. 1803. Hrsg. von W. G. Becker. Leipzig [1802]. S. 231; unterzeichnet:* Schiller. *D¹: Gedichte 2 (1803). S. 25. D²: Gedichte ²2 (1805). S. 25.* – *Textwiedergabe nach h.*

LESARTEN. *Fassung H (Druckvorlage für E?):*

> Die Antiken in Paris
>
> Was der Griechen Kunst erschaffen
> Mag der Franke mit den Waffen
> Führen an der S e i n e Strand,
> Und in prangenden Musäen
> Zeig er seine Siegstrophäen
> Dem erstaunten Vaterland.
> Ewig werden sie ihm schweigen,
> Nie von den Gestellen steigen
> In des Lebens frischen Reihn.
> Der allein besitzt die Musen,
> Der sie trägt im warmen Busen,
> Dem Vandalen sind sie Stein.
>   Schiller

In E ist nur der Beginn der 2. Strophe (Vers 7) eingerückt. Überschrift: Die Antiken in Paris. *E*   **2** Waffen] Waffen, *E*   **3** nach der S e i n e] an der Seine *E*   **4** Musäen] Museen *D²*   **5** Zeig] Zeig' *E*   **6** Vaterland!] Vaterland. *E*   **11** Busen,] Busen; *E*

ERLÄUTERUNGEN. *Das Gedicht wendet sich gegen den Vandalism der Franzosen (Schiller an Goethe vom 23. Januar 1798), die in den nach dem Italienfeldzug Napoleons 1796 besetzten Gebieten in organisierter Weise Kunstschätze fortschafften, darunter den Apoll von Belvedere und die Laokoon-Gruppe, die Papst Pius VI. nach dem Friedensvertrag von Tolentino am 19. Februar 1797 hatte ausliefern müssen. Wielands „Neuer Teutscher Merkur" berichtete ausführlich über die Vorgänge (vgl. des näheren die Erläuterungen zum zitierten Brief Schillers an Goethe und zu Körner an Schiller vom 7. Juni 1796).*

Schon früher hatte Schiller Gedichte gegen diesen Kunstraub publiziert: „Die entführten Götter" von August Wilhelm Schlegel (Musen-Almanach für das Jahr 1798. S. 199–203) und „Die Gallier in Rom" von Johann Diederich Gries (Horen 1797. 9. Stück. S. 79–82). Im Fragment „[Deutsche Größe]" macht Schiller auch den Briten den Vorwurf, sich fremder Kunstschätze zu bemächtigen (vgl. NA 2 I, 434, Z. 1–16).

Schiller wertete das Gedicht als anspruchslose Kleinigkeit, auch Körner rechnete es nicht zu Schillers vorzüglichsten Producten (vgl. zu „Die Gunst des Augenblicks").

Zur Problematik einer angemessenen Antike-Rezeption überhaupt vgl. „Die Antike an einen Wanderer aus Norden" und das Distichon „Der griechische Genius".

7 Ewig *bis* schweigen] *Diesen Gedanken enthält auch das Epigramm „Der griechische Genius", das mit Johann Heinrich Meyer den entgegengesetzten Typus eines Rezipienten antiker Kunst feiert.*

8–9 Nie *bis* Reihn] *Anspielung auf die Geschichte von Pygmalion; ebenso in „[Deutsche Größe]" (NA 2 I, 434, Z. 7–12).*

12 Vandalen] *Die Vandalen plünderten Rom im Jahr 455.*

408 Die deutsche Muse

ENTSTEHUNG. *Im Inhaltsverzeichnis der Gedichtsammlung von 1803 (= E) hat Schiller angegeben, das Gedicht sei 1800 entstanden.*

ÜBERLIEFERUNG. *H: ? h: GSA. Abschrift Rudolphs für die Prachtausgabe, Bl. 190. – E: Gedichte 2 (1803). S. 26–27. D: Gedichte ^{2}2 (1805). S. 26–27. – Textwiedergabe nach h.*

ERLÄUTERUNGEN. *Das Gedicht führt einen Gedanken aus, der im Fragment „[Deutsche Größe]" (vgl. NA 2 I, 432, Z. 28–30) und im Gedicht „An Göthe als er den Mahomet von Voltaire auf die Bühne brachte" (vgl. V. 20–22) angedeutet ist: die Souveränität der deutschen Literatur gegenüber den politischen Verhältnissen.*
1 Augustisch Alter] *Der römische Kaiser Augustus (63 v. Chr.–14 n. Chr.) regierte seit dem Jahr 30 v. Chr.; in seine Regierungszeit fiel die Blütezeit der römischen Literatur; es entstand das Werk Vergils, Horaz' und Ovids.*
2 Medizäers Güte] *Gemeint ist die Förderung von Künsten und Wissenschaften durch das florentinische Patriziergeschlecht der Medici, Stadtherren, später Herzöge von Florenz und Großherzöge von Toscana; vor allem ist an Cosimo den Alten (1389–1464) und dessen Enkel Lorenzo I. („il magnifico" [der Prächtige]) (1499–1492) sowie Cosimo I. (1519–1574) zu denken. Lorenzo holte in den Jahren 1490–1492 Michelangelo an seinen Hof. Vgl. zur Renaissance in Italien und deren Bedeutung für Kunst und Wissenschaft auch „Die Künstler" (V. 363–382).*
8–9 Von *bis* ungeehrt] *Friedrich II. (1712–1786; König seit 1740) hatte eine Vorliebe für französische Kunst und Kultur; seine Kritik an der deutschen Literatur legte er in einer Schrift nieder: „De la littérature allemande; des defauts qu'on peut lui reprocher; quelles en sont les causes; et par quels moyens on peut les corriger" (Über die deutsche Literatur, die Mängel, die man ihr vorwerfen kann, die Ursachen derselben und die Mittel, sie zu verbessern; Berlin 1780).*
15 Barden] *ursprünglich keltische Hofdichter und Sänger bei Galliern, Schotten, Iren, Wallisern und Bretonen im Mittelalter; im 18. Jahrhundert bezeichnet der Begriff, unter Einfluß Klopstocks, eine sich bewußt an altdeutscher Literatur und deutscher „Art" orientierende Dichtung, die ihren poetischen Höhepunkt in Klopstocks Oden erreichte.*
18 der Regeln Zwang] *Vgl. zu „An Göthe als er den Mahomet von Voltaire auf die Bühne brachte" (V. 1).*

409 Hoffnung

ENTSTEHUNG. *Vgl. NA 2 II A, 641 (zu „Hofnung").*

ÜBERLIEFERUNG. *Vgl. NA 2 II A, 641 (zu „Hofnung"). – h: GSA. Abschrift Rudolphs für die Prachtausgabe (nach D^2), Bl. 194; mit einer Korrektur Schillers (= hH). – D^1: Gedichte 1 (1800). S. 205. D^2: Gedichte ^{2}1 (1804). S. 205. – Textwiedergabe nach hH.*

LESARTEN. Vgl. den Text des Erstdrucks in NA 1, 401. – **9** locket] begeistert $D^1 D^2$, von Schiller in h über gestr. begeistert hH   **16** gebohren!] gebohren $D^1 D^2$

ERLÄUTERUNGEN. Vgl. die Erläuterungen zum Erstdruck (NA 2 II A, 641).

410 Licht und Wärme

ENTSTEHUNG. Vgl. NA 2 II A, 619.

ÜBERLIEFERUNG. Vgl. NA 2 II A, 620. – h: GSA. Abschrift Rudolphs für die Prachtausgabe (nach D^2), Bl. 197. – D^1: Gedichte 1 (1800). S. 184. D^2: Gedichte ^{2}1 (1804). S. 184. – Textwiedergabe nach h.

LESARTEN. Vgl. den Text des Erstdrucks in NA 1, 383 und die Lesart in NA 2 II A, 620. – **3** schwellt] schnellt (Druckfehler?) D^1 **5** edlem] edelm D^1

ERLÄUTERUNGEN. Vgl. die Erläuterungen zum Erstdruck (NA 2 II A, 620).

411 Breite und Tiefe

ENTSTEHUNG. Vgl. NA 2 II A, 620.

ÜBERLIEFERUNG. Vgl. NA 2 II A, 620. – h: GSA. Abschrift Rudolphs für die Prachtausgabe (nach D^1), Bl. 195. – D^1: Gedichte 2 (1803). S. 202–203. D^2: Gedichte ^{2}2 (1805). S. 202–203. – Textwiedergabe nach h.

LESARTEN. Vgl. den Text des Erstdrucks in NA 1, 384. – **10** gebohren] geboren D^2

ERLÄUTERUNGEN. Vgl. die Erläuterungen zum Erstdruck (NA 2 II A, 620–621).

412 Spruch des Confucius

ENTSTEHUNG. Vgl. NA 2 II A, 219.

ÜBERLIEFERUNG. Vgl. NA 2 II A, 219. – h: GSA. Abschrift Rudolphs für die Prachtausgabe (nach D^2), Bl. 196. – D^1: Gedichte 1 (1800). S. 66. D^2: Gedichte ^{2}1 (1804). S. 66. – Textwiedergabe nach h.

LESARTEN. Vgl. den Text des Erstdrucks in NA 1, 229. – **1** Dreifach] Dreyfach D^1 **3** Jezt] Jetzt $D^1 D^2$

ERLÄUTERUNGEN. Vgl. die Erläuterungen zum Erstdruck (NA 2 II A, 219–220).

413 Spruch des Konfucius

ENTSTEHUNG. Vermutlich entstand das Gedicht im September 1799. Am 26. dieses Monats schrieb Schiller an Körner: *Der Almanach ist jetzt bald gedruckt, und die Umstände haben mich genöthigt, gegen meine Neigung, eine Pause in meiner dramatischen Arbeit zu machen, und einige Gedichte auszuführen.*

ÜBERLIEFERUNG. H: ? h: GSA. *Abschrift Rudolphs für die Prachtausgabe (nach D²), Bl. 198. – E: Musen-Almanach für das Jahr 1800. S. 209–210; unterzeichnet:* SCHILLER. *D¹: Gedichte 1 (1800). S. 112. D²: Gedichte ²1 (1804). S. 112. – Textwiedergabe nach h.*

LESARTEN. **1** Dreifach] Dreyfach *E*   **2** Rastlos] Rastlos, *E*   ohn'] ohn *E*   **3** weite] Weite *E*   **6** gegeben,] gegeben. *E*   **10** Breite] Weite *E*   nach **10** Mit allfassendem Gefühl, *E*   **13** zeigen,] zeigen. – *E*   **15** Klarheit] Klarheit, *E*

ERLÄUTERUNGEN. Vgl. die Erläuterungen zum ersten „Spruch des Confucius" *(NA 2 II A, 219–220).*

414–415 Die Gunst des Augenblicks

ENTSTEHUNG. Das Gedicht, das Schiller am 18. März 1802 an Wilhelm Gottlieb Becker zur Veröffentlichung in dessen „Taschenbuch zum geselligen Vergnügen" schickte, ist vermutlich kurz zuvor entstanden, und zwar veranlaßt durch Goethes „Mittwochskränzchen", an dem Schiller zuweilen teilnahm.

ÜBERLIEFERUNG. H¹ (Druckvorlage für E?): Bibliotheca Bodmeriana Cologny-Genève. *1 Blatt 19,1×23,1 cm, 2 S. beschrieben. Leicht vergilbtes geripptes Papier. Vgl. das Facsimile in NA 2 I, zwischen S. 240 und 241. H²ᵃ:* The Pierpont Morgan Library New York. *1 Streifen 16,7×8,1 cm, beidseitig beschrieben. Leicht vergilbtes geripptes Papier, an den Seiten und unten unregelmäßig beschnitten. Auf der Vorderseite Überschrift und Vers 1–4, auf der Rückseite Vers 17–23 und die obere Hälfte von Vers 24. H²ᵇ:* Bis 1945 Preußische Staatsbibliothek Berlin, danach Biblioteka Jagiellońska Kraków (Krakau). *1 Streifen 14,8×4,1 (–4,5) cm, beidseitig beschrieben. Leicht vergilbtes geripptes Papier, das oben, unten und am rechten Rand beschnitten ist. Der Streifen ist auf ein Blatt geklebt, auf dem von fremder Hand notiert ist:* Schillers Handschrift, aus dem Manuskript seiner Gedichte. *Auf der Vorderseite Vers 5–8, auf der Rückseite Vers 25–27 sowie die untere Hälfte von Vers 24 und die Oberlängen von Vers 28; auf Grund der Beschneidung des Papiers fehlen am linken Rand der Rückseite jeweils die ersten vier Buchstaben des Textes. Es ist nicht fraglich, daß H²ᵃ und H²ᵇ Teile derselben Handschrift (Druckvorlage für D?) sind. h:* GSA. *Abschrift Rudolphs für die Prachtausgabe (nach D¹), Bl. 199. – E:* Taschenbuch zum geselligen Vergnügen. 13. Jg. 1803. Hrsg. von W. G. Becker. Leipzig [1802]. *S. 205–206. D¹: Gedichte 2 (1803). S. 20–22. D²: Gedichte ²2 (1805). S. 20–22. – Textwiedergabe nach h.*

LESARTEN. **2** heitern] heitern, *E*   **5** Aber] Aber, *E*   **7** allen] allem *H¹*   singen,] Komma fehlt *H¹*   **9** was] nichts *H¹ E*   es,] *Komma fehlt H¹*   **10** geschmückt?] geschmückt, *H¹ E*   **12** Bachus] Bacchus *H¹ E D¹ D²*   drückt?] drückt, *H¹* drückt. *E*   **13** Zückt] Zuckt *H¹ E*   **14** sezt] setzt *E D¹ D²*   **16** unergezt] unergetzt *H¹ E D¹ D²*   **18** Schooß] Hand *H¹* Hand, *E*   **22** Natur,] *Komma fehlt H¹ E*   **25** Horen,] *Komma fehlt H¹ E*   **26** Fügt der Stein zum Steine sich, *H¹ E*   **27** Schnell] Schnell, *H¹* gebohren] gebohren, *H¹* geboren, *E* geboren *D²*   **28** Rührt des Werkes Seele dich. *H¹ E*   **32** schwebt,] schwebt; *E*   **34** Flüchtig] Flüchtig, *E* *unterschrieben:* Schiller *(unterstrichen) H¹*

ERLÄUTERUNGEN. Das Gedicht gehört in die Reihe derer, die im Zusammenhang mit Goethes „Mittwochskränzchen" entstanden (vgl. zu „An die Freunde"). Zusammen mit „Sehnsucht", „Dem Erbprinzen von Weimar [...]" und „Die Antiken in Paris" schickte Schiller es am 18. März 1802 über Körner an Wilhelm Gottlieb Becker, den Herausgeber des „Taschenbuchs zum geselligen Vergnügen" (vgl. Xenion Nr 132, „B**s Taschenbuch", und die Erläuterungen dazu). Dabei schrieb er am 17. März an Körner: Es sind einige Kleinigkeiten von Poesie [...] viel ist nicht dran. Körner dankte am 29. März in Beckers Namen für die Übersendung und fügte hinzu: Auch mir machten sie Freude, ob sie gleich nicht zu Deinen vorzüglichsten Produkten gehören. – „Die Gunst des Augenblicks" ist eines der Gedichte, die nach Schillers Plan das Sujet für einen Kupferstich in der Prachtausgabe der Gedichte abgeben sollten (vgl. Schiller an Crusius vom 24. Januar 1805).
6 Zoll] *Das Grimmsche Wörterbuch zitiert die vorliegende Stelle und kommentiert sie folgendermaßen: „Zoll" bezeichne „die verschiedenartigen beweise der liebe" und werde „so von poetischen huldigungen gebraucht" (Grimm 16, 46 u. 47).*
7 Ihn *bis* singen] *Diese antikisierende Redeweise stammt aus den alten Sprachen; sie begegnet vor allem am Anfang einer Dichtung: Vgl. Homers „Ilias" (1, 1–2), Vergils „Äneis" (1, 1), Horaz' „Carmina" (I 12, 1–3); sie findet sich auch, nachempfunden, zu Beginn von Klopstocks „Messias" (1, 1).*
13–14 Zückt *bis* sezt] *Das Bild findet sich auch im „Bürgerlied" (vgl. V. 97–102).*
16 unergezt] *nach mhd.* ergetzen: *entschädigen; erfreuen; „ergötzen".*
17–18 Aus *bis* Glück] *ebenso in „Das Glück" (vgl. V. 14) und „Das Geheimniß" (vgl. V. 15–16).*
21–24 Von *bis* nur.] *Im Hintergrund steht der biblische Schöpfungsbericht, wonach Gott die Welt aus dem Nichts erschuf (Creatio ex nihilo), lediglich indem er sprach. (Gen. 1, 3: „Gott sprach: Es werde Licht. Und es wurde Licht.")*
25–28 Langsam *bis* seyn.] *ähnlich in „Das Glück" (vgl. V. 56–66), auch in „Das Reich der Schatten" (vgl. V. 114–116).*
31–32 Wie *bis* schwebt] *Vgl. das Rätsel „Von Perlen baut sich eine Brücke".*

415–416   Poesie des Lebens / An ***

ENTSTEHUNG. Vgl. NA 2 II A, 655.

ÜBERLIEFERUNG. Vgl. NA 2 II A, 655–656. – h: GSA. Abschrift Rudolphs für die Prachtausgabe (nach D²), Bl. 193. – D¹: Gedichte 1 (1800). S. 153–154. D²: Gedichte ²1 (1804). S. 153–154. – Textwiedergabe nach h.

LESARTEN. Vgl. den Text des Erstdrucks in NA 1, 433. – **22** Schwestergöttinnen] Schwester göttinnen D^1 **25** Schleier] Schleyer D^1

ERLÄUTERUNGEN. Vgl. die Erläuterungen zum Erstdruck (NA 2 II A, 656–657).

417 Sängers Abschied

ENTSTEHUNG. Vgl. NA 2 II A, 237 (zu „Stanzen an den Leser").

ÜBERLIEFERUNG. Vgl. NA 2 II A, 237 (zu „Stanzen an den Leser"). – *h:* GSA. Abschrift Rudolphs für die Prachtausgabe (nach D^2), Bl. 192. – D^1: Gedichte 1 (1800). S. 334–335. D^2: Gedichte ^{2}1 (1804). S. 334–335. – Textwiedergabe nach h.

LESARTEN. Vgl. den Text des Erstdrucks („Stanzen an den Leser") in NA 1, 244. – Überschrift: Abschied vom Leser D^1 D^2 **8** werth,] Komma fehlt D^1

ERLÄUTERUNGEN. Vgl. die Erläuterungen zum Erstdruck (NA 2 II A, 238).

PLÄNE, ENTWÜRFE UND FRAGMENTE
IN DER REIHENFOLGE DER MÖGLICHEN ENTSTEHUNG

421 [Arie aus „Oberon"]

ENTSTEHUNG. Am 19. Dezember 1787 schrieb Schiller an Körner: Weil Du mir neulich von der O p e r Medea schriebst so muss ich Dir sagen, daß ich Wieland habe versprechen müssen den Oberon doch noch zu bearbeiten und ich halte es wirklich für ein trefliches Sujet zur Musik. Es wird hier ein Musicus K r a n z von Reisen zurück erwartet, der sehr große Erwartungen erregt und dem ich es auch wahrscheinlich übergebe. *Vermutlich entstand das Arien-Bruchstück in dieser Zeit.*

ÜBERLIEFERUNG. H: GSA. 1 Blatt 18×20,8 cm, 1 $^1/_4$ S. beschrieben. Festes geripptes Papier, stark vergilbt und stockfleckig. – *E:* Goedeke, Schillers sämmtliche Schriften 6 (1869), 5. – Textwiedergabe nach H.

LESARTEN. **20** Bart] *verb. aus* Haare H   **21** Ich bringe beides] *unter gestr.* Ich bringe beides H

ERLÄUTERUNGEN. Die Arie galt dem Sänger des alten Scherasmin, des Freundes und Begleiters seines Herrn, des jungen Ritters Hüon. Zur Situation: Hüon hat sich mit Kaiser Karl dem Großen überworfen; um ihn zu versöhnen, soll Hüon vier Backenzähne und ein Büschel Barthaare des Kalifen von Bagdad erbeuten; der Weg dorthin führt durch einen Wald, in dem Oberon, der Elfenkönig haust; Scherasmin fürchtet sich, in den Wald hineinzureiten.

POESIE DES LEBENS – DER FISCHER   247

Schiller verfolgte den Plan, Wielands Verserzählung „Oberon" (1780) zum Gegenstand einer Oper zu machen, nicht weiter; dies mag mit Körners Unbehagen zu tun haben, das dieser in seiner Antwort vom 24. Dezember 1787 äußerte.

7 Tartaren] *nach zeitgenössischem Sprachgebrauch (in Anlehnung an Tartaros: die Unterwelt) fälschlich für Tataren, die mongolisch-türkischen Bewohner des Wolgabeckens, der Krim und Westsibiriens.*
7 Sarazenen] *Vgl. zu „Der Kampf mit dem Drachen" (V. 85).*

421   Der Fischer

ENTSTEHUNG. *Über die Entstehung des Gedichtfragments lassen sich nur Vermutungen anstellen. Möglich erscheint, wie im Fall der vorangehenden Arie aus „Oberon", ein Zusammenhang mit Wieland und den Geschichten aus „Tausendundeine Nacht", die dieser gelegentlich als Quelle seiner Märchen und Erzählungen benutzte. Es ist daher denkbar, daß die Verse um 1788 geschrieben worden sind. Die Handschrift spricht ebenfalls für eine Datierung in diese Zeit.*

ÜBERLIEFERUNG. *H: SNM. 1 Blatt 18,1×9,5 cm, 1 S. beschrieben. Vergilbtes grünliches Papier. Wz.: Teil einer Krone oder eines Schildes. Das Blatt ist an allen Seiten beschnitten; eine Oberlänge am unteren Rand macht deutlich, daß die Beschneidung zu einem Textverlust geführt hat. Am unteren und rechten Rand mit Tinte:* Von Schillers Hand / geschrieben. T. D. Justinus Kerner. *Unter* Von Schillers Hand, *ebenfalls von Kerner, mit Tinte:* Von Frau v. Wohlzogen erhalten. *h¹: SNM (Cotta). Abschrift von Johann Georg Fischer in einem Brief an Joachim Meyer vom 11. Mai 1863. h²: SNM (Cotta). Offenbar Abschrift von h¹. – E: Goedeke, Schillers sämmtliche Schriften 11 (1871), 417. – Textwiedergabe nach H.*

ERLÄUTERUNGEN. *Die Figurenkonstellation Fischer und Sultan findet sich wiederholt in den arabischen Fabeln, so auch in der Geschichte von dem Fischer und dem Dschinni aus der dritten bis neunten Nacht, die Wieland zu seiner Verserzählung „Das Wintermährchen" (1776) verarbeitete (Sämmtliche Werke 18, 213–279); zu Beginn ist dort von einem Fischer die Rede, der sein Netz immer wieder vergeblich einholt; der Anfang, im gleichen Versmaß, lautet:* Ein guter alter Fischer stand / Frühmorgens einst am Meeresstrand *(S. 219). Auch das Motiv vom Herrscher, der von seinen Beamten betrogen und seinen Untertanen entfremdet wird, begegnet bei Wieland; in dessen Roman „Der goldne Spiegel oder die Könige von Scheschian" (1772), der ebenfalls an „Tausendundeine Nacht" anknüpft, wird u. a. vom gutherzigen König Azor berichtet: Dieser habe nichts davon gewußt, daß seine Provinzen mit raubgierigen Statthaltern besetzt, seine Gerichtsstellen an unwissende und leichtsinnige Gecken verhandelt* waren, so daß er glaubte, daß seine Völker glücklich wären, wie er es selbst war *(Sämmtliche Werke 6, 175–176). – Ob von diesem Umkreis Anregungen ausgegangen sind, läßt sich mit Gewißheit freilich nicht sagen, ebensowenig etwas über den vielleicht schon fixierten Inhalt des Gedichts.*
1 Baßen] *Bassa: europäisch für Pascha von türk. Padischah, Titel der obersten islamischen Offiziere und Beamten.*

2 Weßieren] *Wesire hießen die Minister der islamischen Staaten.*
5 Bajazet] *Bajasid, Bajesid, Bajazet: Name osmanischer Sultane aus dem 14. bis 16. Jahrhundert.*

422 [Themen geplanter Gedichte]

ENTSTEHUNG. *Die Themen hat Schiller auf die 4. Seite des Briefes Wilhelm von Humboldts vom 24. Mai 1796 notiert, vermutlich also Ende Mai oder Anfang Juni 1796. Vgl. NA 36 II, 478–479; Jahrbuch der Deutschen Schillergesellschaft 27 (1983), 11–13 (Norbert Oellers).*

ÜBERLIEFERUNG. *H: Bis 1945 Preußische Staatsbibliothek Berlin (Sammlung Radowitz), danach Biblioteka Jagiellońska Kraków (Krakau). 1 Doppelblatt 18,7×22,6 cm. Leicht vergilbtes geripptes Papier. Wz.: J. HONIG. Die Themen der Gedichte sind auf der 4. Seite notiert. – E: Jahrbuch der Deutschen Schillergesellschaft 27 (1983). S. 12 (Norbert Oellers). – Textwiedergabe nach H.*

ERLÄUTERUNGEN. *In einigen Fällen lassen sich Bezüge zu den angeführten Gedichtthemen herstellen. So verweist* Venus Urania *auf die Venus-Allegorie in Gedichten wie „Triumf der Liebe" und „Die Götter Griechenlandes"; besonders aber „Die Künstler"; vgl. V. 54–65 und die Erläuterungen dazu.*

Herkules im Himmel *läßt an die Apotheose des Herakles am Schluß des Gedichts „Das Reich der Schatten" denken (vgl. V. 161–180); dort wird der* Uebertritt des Menschen in den Gott *geschildert (Schiller an Humboldt vom 29. [und 30.] November 1795); als Fortsetzung plante Schiller eine* Idylle, *welche die* Vermählung des Herkules mit der Hebe *zum Gegenstand haben sollte (ebd.); die Überschrift, die Schiller sich notierte, ist der Arbeitstitel dieser Idylle. Vgl. auch Oellers, „Herkules im Himmel" und „Orpheus in der Unterwelt" (1986).*

Das Thema Würde des Mannes *erinnert an das Gedicht „Würde der Frauen"; in dessen Umfeld einige weitere zum Thema des geschlechtsspezifischen Charakters von Mann und Frau gehören.*

422–424 [Don Juan]

ENTSTEHUNG. *Über den Plan einer Ballade zum Don Juan-Stoff gibt Schillers Briefwechsel mit Goethe Aufschluß. Am 2. Mai 1797 bat sich Schiller von Goethe das Libretto von Lorenzo da Ponte zu Mozarts Oper „Don Giovanni" (1787) aus:* Ich habe die Idee, eine Ballade draus zu machen, und da ich das Mährchen nur von Hörensagen kenne, so möchte ich doch wißen, wie es behandelt ist. *Bereits am folgenden Tag schickte Goethe den Text und bemerkte dazu:* Der Gedanke, eine Romanze aus diesem zu machen, ist sehr glücklich. Die allgemein bekannte Fabel, durch eine poetische Behandlung, wie sie Ihnen zu Gebote steht, in ein neues Licht gestellt wird guten Effect thun. *Nach kurzer Prüfung sandte Schiller den „Don Juan" mit Dank zurück und schrieb:* Ich glaube wohl, das Sujet wird sich ganz gut zu einer Ballade qualifiziren. *(An Goethe vom 5. Mai 1797.)*

DER FISCHER – DON JUAN

ÜBERLIEFERUNG. H: GSA. 1 Doppelblatt 20,6 (– 21,1)×34,4 cm, 2¹/₃ S. beschrieben. Festes geripptes Papier, vergilbt und stockfleckig. Wz.: Rautenkranzwappen / IGH als verschlungenes Monogramm. Vom 2. Blatt ist der untere Teil in einer Höhe von 8 cm abgeschnitten. h: GSA. Abschrift von unbekannter Hand (ohne textkritischen Wert). Die von Goedeke (vgl. Schillers sämmtliche Schriften 11, 216) dem „[Don Juan]"-Fragment zugeordnete Abschrift gehört zum Dramenentwurf „Rosamund oder die Braut der Hölle". Zu demselben Entwurf gehören auch die beiden „Strophen", die Minor (vgl. Aus dem Schiller-Archiv, 103) zu „einer früheren Fassung" der „Don Juan"-Ballade gerechnet hat. Vgl. NA 12, 266, Z. 20–34 und Z. 9–19. – E: Goedeke, Schillers sämmtliche Schriften 11 (1871), 216–219. – Textwiedergabe nach H.

LESARTEN. **11** Schweig] *davor waagrechter Strich* H   **22** Schönen,] *verb. aus* schönen. H   **23** Und *bis* an,] = *(4). (1)* Und viele *(2)* viele *gestr., danach* neben *erg. (3)* neben *gestr., danach* lustig ritten neben an, *erg. (4)* lustig *gestr.,* stattlich *über gestr.* viele *erg.* H   **25** das holde Fräulein] = *(3). (1)* die Schöne *(2)* die Schöne *gestr., danach* das schöne Fräulein *erg. (3)* schöne *gestr., darüber* holde *erg.* H   **33** Diß] *verb. aus* Dieß H   Fräulein] Fraulein *(Schreibversehen?)* H   **34** ist,] *Komma verb. aus Punkt* H   **53** Der] D *verb. aus nicht lesbarem Buchstaben* H   **58** den] *danach zu gestr. (ohne u-Bogen, vielleicht Ansatz zu* zü[chtgen]*)* H   **64** Hoch] *am Rande vor gestr.* Es H   Bräutigam und Braut.] *schon vorher, etwa 2¹/₂ cm tiefer, als Versende und möglicher Strophenschluß notiert* H*; vgl. die folgende Lesart*   **65** Zurück] *darunter der vorher notierte Versschluß* Bräutigam und Braut! *(vgl. V. 64) gestr.* H   **67** Fort] *verb. aus* Zurück H   **73–88** *Der Entwurf der beiden letzten Strophen steht auf der 3. Seite des Doppelblatts. Es ist nicht ausgeschlossen, daß ein eingelegtes Blatt mit weiteren Strophen verloren gegangen ist.*   **81** Er] *davor am Rand ein waagrechter Strich* H   **87** Da war mirs] *über gestr.* Mir war es H

ERLÄUTERUNGEN. Der Plan gehört in Schillers Balladenjahr (an Goethe vom 22. September 1797). Unklar ist, wodurch Schiller auf den Stoff aufmerksam wurde. Mozarts Oper wurde in Weimar erstmals am 30. Januar 1782, in der Folgezeit mehrmals gegeben, zuletzt vor Schillers Anfrage am 18. März 1797. Schiller hat erst Jahre später, am 7. Juni 1802, eine Aufführung gesehen.

Am 6. Juni 1797 war der „Don Juan" noch Gegenstand der Gespräche zwischen Schiller und Goethe (vgl. Goethes Tagebucheintragung; NA 42, 232), danach verliert sich die Spur der Ballade. Später, 1801, taucht der Name Don Juan noch einmal auf. Caroline Schlegel teilte August Wilhelm Schlegel am 5. Mai 1801 als ein tiefes Geheimnis mit, daß Schillers nächstes Stück ein Don Juan sein wird (NA 42, 320); er sei mit Studien dazu beschäftigt. Näheres hierüber ist nicht bekannt. Obwohl Schiller einige Wochen zuvor, am 20. März, den „Don Juan" in einem Hauskonzert bei Gottfried Hufeland in Jena gehört hatte, ist zu vermuten, daß es sich bei Schillers Auskunft um eine bewußte Fehlinformation gehandelt hat (vgl. NA 42, 641).

Aus einem Gesprächsbericht des Weimarer Kammermusikers Daniel Gottlieb Schlömilch (1775–1861), der sich freilich auf Herbst 1803 bezieht, geht hervor, daß Mozart und seine Opern dominierende Gesprächsthemen für musikinteressierte Kreise waren, Schiller demgegenüber aber seine Neigung zu Gluck vertreten habe (vgl. NA 42, 368–369). Sein Interesse an Mozart ist aber auch (schon) für die Balladenzeit 1797/1798 bezeugt; so suchte

er um einen Klavierauszug der „Zauberflöte" nach (vgl. an Breitkopf vom 23. Oktober 1797), später korrespondierte er mit Goethe über dessen Plan, die Oper fortzusetzen (vgl. an Goethe vom 11. Mai 1798).
1—8 Herr bis Ort.] *Es spricht Don Juans Diener, bei Mozart/da Ponte ist es Leporello, hier offenbar mit dem (alten spanischen Geschlechts-)Namen Guzmán (vgl. V. 84). Die Strophe bezieht sich ebenso wie V. 73—88 auf das Motiv des „steinernen Gastes": Don Juan tötet den Komtur, bei Mozart Vater der Donna Anna, im Duell; dessen Statue, von Don Juan später frevelhaft zum Gastmahl eingeladen, erscheint wunderbarerweise tatsächlich und zieht Don Juan zur Rechenschaft.*
9—72 Siehst bis Sakrament.] *Die Entwicklung des Geschehens benutzt ein in der Tradition des Don Juan-Stoffes verbreitetes Motiv: der Verführer, der sich einer falschen Identität bedient, um zum Ziel zu kommen. Die Rolle des falschen Verlobten spielt Don Juan bereits im Schauspiel von Tirso de Molina (1583[?]—1648).*
19 cymbeln] *Unter Zimbel ist, außerhalb der Bibelsprache, „eine art glocke von verschiedener gestalt und grösze" zu verstehen (Grimm 15, 1277), daneben auch ein viereckiges Saiteninstrument, das mit Holzschlegeln gespielt wird (vgl. Grimm 15, 1279).*
73—88 o Herr bis ja.] *Vgl. zu V. 1—8.*
84 Gußmann] *Vgl. zu V. 1—8.*

425 [Orpheus in der Unterwelt]

ENTSTEHUNG. Der Entwurf gehört wahrscheinlich zu einem Gedichtplan aus der Zeit der großen Balladen; er kann sowohl (in der zweiten Hälfte) 1797 wie 1798 entstanden sein. Einzelnes erinnert an andere Balladen, der Anfang etwa — Gedräng im Orkus — an die Schilderungen der Situationen, mit denen „Die Kraniche des Ibycus" (entstanden im August/September 1797) und „Der Kampf mit dem Drachen" (entstanden im August 1798) einsetzen, die Larven und Scheusale an den „Taucher" (entstanden im Juni 1797).

ÜBERLIEFERUNG. H: Privatbesitz (USA). 1 Blatt 22,1×34,2 cm, 1 S. beschrieben. Graubraunes festes (Konzept-) Papier. Wz.: Königskrone, darunter ein verschlungenes Ⅰ, darunter B. (Angaben nach freundlicher Mitteilung des Besitzers.) — E: Festgruß. Herrn Geheimen Staatsrath Dr. jur. Julius Schomburg in Weimar [...] dargebracht von den Familien Schomburg und Schwenke. (Weimar 1890.) S. 9—11. Facsimile: Orpheus in der Unterwelt. Ein Balladen-Entwurf von Schiller. Seinen Münchner Freunden zum 26. September 1909. Der Berliner Bibliophilen-Abend. — Textwiedergabe nach einer Xerokopie von H.

LESARTEN. **6** jugendlich blühender] *ü. d. Z. erg. (nachfolgendes Komma fehlt) H* ungefärdet *(Druckfehler)]* ungefährdet *H* **7** geht,] *Komma verb. aus Punkt H* **26** Refrain] *ü. d. Z. erg., kein Spatium zum folgenden Text H*

ERLÄUTERUNGEN. Ob bei der Vorarbeit zu dem Gedicht Glucks Oper anregend wirkte (ähnlich wie Mozarts Oper im Fall des „[Don Juan]"), erscheint fraglich. Zwar schätzte Schiller die Werke Christoph Willibald Glucks, dessen Oper „Orpheus und Eurydike" 1762 uraufgeführt wurde, sehr und stellte den Komponisten neben Mozart (vgl. zu „[Don Juan]"), doch ist die Entwicklung der Fabel, poetisch am vollendetsten in Ovids „Metamorphosen"

(vgl. 10, 1–77) überliefert, unabhängig von Gluck (und dessen Librettisten Ranieri Calzabigi). Allenfalls der Beginn erinnert an die Furienszene bei Gluck (in der 1. Szene des 2. Akts: Orpheus mit der Lyra gegen Furien und Schatten anspielend, die ihn zu erschrecken versuchen). Schiller konzentriert die Geschichte offenbar auf die Szene zwischen Orpheus und Hades: auf den (vorläufigen) Sieg des Sängers (der Kunst) über den Tod.
 Möglicherweise hängt diese Thematik mit Schillers Überlegungen zur Idylle zusammen (vgl. an Humboldt vom 29. [und 30.] November 1795); in diesem Umkreis ist auch das gleichfalls unausgeführte Gedichtprojekt „Herkules im Himmel" (vgl. NA 2 I, 422) anzusiedeln. Schillers Elegie „Nänie", vermutlich in der zweiten Jahreshälfte 1799 entstanden, die von der Unbezwingbarkeit des Todes durch das Schöne, von der Todesverfallenheit auch des Vollkommenen handelt, mag die Erfahrung des Scheiterns dieser Gedichtpläne reflektieren. – Vgl. Oellers, „Herkules im Himmel" und „Orpheus in der Unterwelt" (1986).
3 Larven] *Gespenster, Schreckgestalten (vgl. Grimm 6, 207).*
15–16 Macht der Leier] *Vgl. zu diesem Thema das Gedicht „Die Macht des Gesanges"; auch die „Poesie des Lebens"; zum Motiv – der Sänger vor dem Thron des Herrschenden – „Der Graf von Habsburg", „Nänie" (V. 1–4), „Die vier Weltalter" (V. 1–6).*
24 Manen] *nach römischer Auffassung die Seelen der Verstorbenen.*

426 [König Theoderich]

ENTSTEHUNG. *Der Entwurf befindet sich auf dem Blatt, auf das Schiller zahlreiche Themen geplanter Gedichte eingetragen hat, und ist vermutlich kurz vor deren Niederschrift entstanden. Da sich auf der Liste kein Titel eines Gedichts, das bis 1800 geschrieben wurde, befindet, ist anzunehmen, daß die Notizen in diesem Jahr, vielleicht sogar erst im Frühjahr 1801 gemacht wurden. Der Terminus ante quem ergibt sich aus dem von Schiller gestrichenen Titel „Ehrenrettung der Pucelle": Das Gedicht „Voltaires Pücelle und die Jungfrau von Orleans" entstand vermutlich Ende April oder Anfang Mai 1801.*

ÜBERLIEFERUNG. *H: GSA. 1 Blatt 18,7×22,9 cm. Leicht vergilbtes gerripptes Papier. Wz.: Unteres Viertel eines Schilds mit angehängter Glockenmarke, darunter C & I HONIG. Das Blatt ist längs gefaltet. Auf der Vorderseite in der linken Spalte der Text von* Dem König *bis* wahrsagt. *(1–23); in der rechten Spalte von* Orpheus *bis* Der Alpenjäger. *(1–7), mit dunklerer Tinte als der übrige Text und sicher zuletzt geschrieben. Der folgende Text auf der linken Spalte der Rückseite. – E (des ganzen Blatts): Goedeke, Schillers sämmtliche Schriften 11 (1871), 407–408. – Textwiedergabe nach H.*

ERLÄUTERUNGEN. *Der ostgotische König Theoderich der Große (um 456–526) ist eine der Lieblingsgestalten der germanischen Heldendichtung; als Dietrich von Bern steht er im Mittelpunkt eines eigenen Sagenkreises, dem sich auch märchenhafte Erzählungen wie die vom Riesen Sigenot, vom Zwergenkönig Laurin, vom riesenhaften Ritter Ecke und von der Bergkönigin Virginal anschließen. Ob aus diesem Umfeld Anregungen ausgegangen sind, ist nicht bekannt. Der Hinweis auf die* Macht der Verhängniße *läßt an den Plan zu einer Ballade denken. „Die Kraniche des Ibycus" behandeln eine ähnliche Thematik. –* Catastrophe: *griech.* καταστροφή: *Umkehr, Umsturz, Wendung; bezeichnet als dramaturgischer Begriff den entscheidenden Wendepunkt der dramatischen Handlung.*

426–427 [Themen geplanter Gedichte]

ENTSTEHUNG. Vgl. zu „[König Theoderich]":

ÜBERLIEFERUNG. Vgl. zu „[König Theoderich]":

ERLÄUTERUNGEN. Aus den Notizen könnte vermutet werden, daß es sich in den meisten Fällen um Balladenpläne handelte.

426,18–20 Schwedenborg *bis* weigern] *Emanuel von Swedenborg (1688–1772), schwedischer Naturforscher, wandte sich nach einer Berufungsvision der Theosophie zu; seinen Anhängern galt er als medialer Seher einer jenseitigen Welt; in seinen Schriften entwickelte er exakte Vorstellungen über den Himmel und das Jenseits und beschrieb das Geisterreich der Verstorbenen: „Arcana cœlestia [...]" (1749–1756), „De cœlo et ejus mirabilibus, et de inferno [...]" (1758). Kant, der Swedenborg in den „Träumen eines Geistersehers" (1766) satirisch begegnete, nannte ihn einen* Erzgeisterseher *und* Erzphantast *(Kant's Werke 2, 354). Johann Kaspar Lavater, dem Schiller das Epigramm „Fratzen" (Tabulae votivae, Nr 46) widmete, legte, im Gefolge Swedenborgs, eine Schrift über „Aussichten in die Ewigkeit" (1768–1778) vor (vgl. die Erläuterungen zu dem Epigramm).*

426,21–23 Das Schiff *bis* wahrsagt.] *Der Stoff dieses Gedichtplans stammt aus dem Umkreis der Geschichte von Jason und den Argonauten; die Stadt Dodone, lat. Dodona, in Epirus, schon zu Homers Zeit berühmt für ihr Orakel, hat ihren Namen von Dodone, in der Überlieferung gelegentlich als Tochter des Zeus und der Europa bezeichnet; das Orakel wurde ursprünglich im Rauschen der heiligen Eiche vernommen; die Argo, das Schiff des Jason, soll u. a. mit Eichenholz aus Dodone gebaut worden sein und die Fähigkeit gehabt haben zu reden.*

426,22 auch] *Vermutlich wollte Schiller* aus *schreiben.*

426,24–25 Die Echo *bis* 104.] *Ovid erzählt die Geschichte von Narkissos und Echo in den „Metamorphosen" (3, 339–510). Auf welche Ovid-Ausgabe sich die Seitenzahlen hier und im folgenden beziehen, konnte nicht ermittelt werden.*

426,26–27 Bacchus *bis* Schiffer.] *Bacchus wird, nach einer Erzählung in den „Metamorphosen" (3, 583–691), unerkannt von Seeleuten gefangengenommen und entführt; als der Gott jedoch Wunderzeichen wirkt, das Schiff stillstehen, Efeu und Wein um Ruder und Segel ranken, allerlei wilde Tiere erscheinen läßt, stürzen diese Seeleute ins Meer und werden in Delphine verwandelt.*

426,28 Niobe] *Vgl. „Metamorphosen" (6, 146–312).*

426,29 Thekla *bis* Gräfin.] *Über den Inhalt des geplanten Gedichts ist nichts Näheres bekannt. Vermutlich sollte, wie im Falle von „Thekla. Eine Geisterstimme", ein Bezug zu der Figur in „Wallenstein" hergestellt werden; ob neben Thekla an die Gestalt der Gräfin Terzky gedacht ist, die den Fall ihres Hauses bis zum Schluß miterlebt und zuletzt, wie Thekla zuvor, den Freitod wählt, darüber läßt sich nur spekulieren.*

426,30–31 Der Troubadour *bis* Wandersänger.] *Vgl. die Erläuterungen zu den Fragmenten „[Wandersänger (I)]" und „Wandersänger [II]":*

427,32 ⟨Ehrenrettung der Pucelle.⟩] *„Voltaires Pücelle und die Jungfrau von Orleans"; die Notiz wurde gestrichen, weil der Plan ausgeführt wurde.*

427,33–37 Die Götter *bis* Pforten.] *Über diese beiden Pläne konnte nichts Näheres ermittelt werden.*

427,38—39 Die Braut bis Juan.] *Die Höllenbraut war, wie Goethes Brief an Schiller vom 1. August 1800 zu erkennen gibt, als ein Gegenstück zu Faust, oder vielmehr Don Juan geplant: Ein äußerst eitles, liebloses Mädchen, das seine treuen Liebhaber zu Grunde richtet, sich aber einem wunderlichen unbekannten Bräutigam verschreibt, der sie denn zuletzt wie billig als Teufel abholt. Die Beziehung zwischen diesem und dem folgenden „Don Juan"-Plan wird auch dadurch unterstrichen, daß einige der versifizierten Passagen des dramatischen Fragments „Rosamund oder die Braut der Hölle" mit Teilen des Gedichtfragments „[Don Juan]" übereinstimmen; vgl. die Erläuterungen dazu sowie NA 12, 531—542.*

427,40—43 Der Fromme bis Freigeist.] *Über die drei Gedichtprojekte ist nichts Näheres bekannt. — Die Nornen waren die Schicksalsgottheiten der altnordischen Mythologie.*

426,1 Orpheus] *Die Notiz steht vermutlich in Zusammenhang mit dem Prosaentwurf zu dem Gedicht „[Orpheus in der Unterwelt]".*

426,2 Empedocles] *Empedokles von Agrigent (um 490—um 430 v. Chr.) war eine der schillerndsten Persönlichkeiten des Altertums: gefeierter Politiker, Redner, Priester, Arzt, Philosoph und Dichter. Von seinen Anhängern wurde er als Wundertäter mit magischen Eigenschaften verehrt. Die ihm angebotene Königswürde soll er abgelehnt haben. Sein Tod ist geheimnisumwoben; es wird, außer von Unfällen, u. a. berichtet, er sei während eines Gastmahls auf wunderbare Weise verschwunden, nach anderer Version, er habe sich in den Ätna gestürzt. Unter welchem Aspekt Schiller sich für Empedokles interessierte, ist nicht bekannt. — Vermutlich handelt es sich hier und im folgenden um Notizen für geplante Balladen.*

426,4 Surenen Gespenst] *In den Kollektaneen Schillers zur Vorbereitung des „Wilhelm Tell" findet sich folgende Notiz aus Johann Jacob Scheuchzers „Beschreibung der Natur-Geschichten Des Schweitzerlands": Gespenst auf den Surener Alpen, ein Hirte hat ein Schaaf getauft, es wird ein Ungeheuer draus, welches alles Land verödet. Ein fahrender Schüler aus Salamanca hebt den Bann auf. (NA 10, 406.) Die bei Scheuchzer berichtete Geschichte endet mit dem Tod des von Gott in ein Ungeheuer verwandelten Schafes im Kampf mit einem Stier, der neun Jahre lang nach Rat des fahrenden Schülers auf besondere Weise mit Milch ernährt worden war; dieser soll dann verendet sein, nachdem er in vollem Schweiß Wasser getrunken hatte. — Der Text der Fabel findet sich abgedruckt in Goedeke, Schillers sämmtliche Schriften 14, XII—XIII.*

426,5 Drusus Erscheinung] *Es ist unklar, welcher Träger dieses römischen Namens gemeint ist; am ehesten kommt Drusus Nero Claudius (38—9 v. Chr.), Stiefsohn des Augustus und Bruder des Kaisers Tiberius, gewöhnlich Drusus der Ältere genannt, in Frage; Mut, Ausdauer, glänzendes Feldherrentalent, eine charismatische Persönlichkeit machten ihn zum Liebling seines Stiefvaters, zum Günstling des römischen Volkes und zum Abgott seiner Soldaten; im Mittelpunkt seiner militärischen Erfolge standen wiederholte Züge nach Germanien, die ihn über die Weser bis an die Elbe führten; auf dem Rückzug starb er an den Folgen eines Sturzes vom Pferd; der Leichnam wurde nach Rom gebracht, das Begräbnis mit großem Prachtaufwand begangen. Auf manche Weise wurde sein Andenken gefeiert; in Athen entstand ein eigener Kult, Horaz widmete ihm schon zu Lebzeiten Preisgesänge (vgl. Carmina IV 4 und 14), Gaius Plinius Caecilius Secundus (der Ältere) (23/24—79) schrieb eine Geschichte der germanischen Kriege, wozu ihn angeblich ein*

Traumgesicht veranlaßte, bei dem ihm Drusus selbst erschienen war (vgl. Horaz, Epistulae III 5, 4).

426,6 Kaiser Max] *Maximilian I. (1459–1519), Sohn Friedrichs III. (1415–1493), war nach dessen Tod König, seit 1508 (römischer) Kaiser. Er gilt als Repräsentant der Zeitenwende vom Mittelalter zum Humanismus, dem er ebenso begeistert anhing, wie er sich der Vergangenheit der höfischen Kultur als „Der letzte Ritter" (so der Titel des Romanzenzyklus von Anastasius Grün [1829]) verpflichtet fühlte. Für seine politische Tätigkeit ist u. a. die Aushandlung des „Ewigen Landfriedens" mit den Reichsständen von Bedeutung; dieser verbot jegliche Fehde und Eigenhilfe und sah die Einsetzung eines (vom Kaiser unabhängigen) Reichskammergerichts vor. Für Schiller möglicherweise von besonderem Interesse war Maximilians Rolle als Kunstmäzen; selbst Sammler und Produzent, pflegte und förderte er alle Gattungen der zeitgenössischen Literatur; seine eigenen Werke gehören in Inhalt, Anlage und Erfindung ihm selbst an, die Ausführung übernahmen Beamte seiner Kanzleien und Fachleute. Zu seinen wichtigsten Werken zählen seine (lateinische) Autobiographie und das Versepos „Theuerdank", ein allegorisches Rittergedicht, bearbeitet von dem Nürnberger Geistlichen Melchior Pfinzing (1481–1535). – Deutsches Nationalgefühl führte zur Romantisierung der Gestalt Maximilians (etwa in Achim von Arnims [unvollendetem] Roman „Die Kronenwächter" [Bd 1. 1817]).*

426,7 Der Alpenjäger] *Dieser Plan wurde ausgeführt; vgl. das gleichnamige Gedicht.*

427 Rosamund oder die Braut der Hölle

ERLÄUTERUNGEN. *Vgl. die Erläuterungen in NA 12, 531–542 sowie zu „[Themen geplanter Gedichte]" in diesem Band S. 253 (zu 2 I, 427, Z. 38–39).*

428 [Wandersänger (I)]

ENTSTEHUNG. *Es kann vermutet werden, daß dieser Entwurf und der folgende nach der Niederschrift der „[Themen geplanter Gedichte]", also 1800 oder 1801 entstanden sind. Daß der Hof des Königes Karl („Wandersänger [II]", V. 13) in dem Gedicht geschildert werden sollte, läßt zudem auf einen Zusammenhang mit der „Jungfrau von Orleans" schließen; die Tragödie schloß Schiller im April 1801 ab.*

ÜBERLIEFERUNG. H: *Freies Deutsches Hochstift Frankfurt a. M. 1 Blatt 18,7 × 11,2 cm, 1 S. beschrieben. Vergilbtes Velinpapier. Das Blatt enthält den Text von* Es liebt sich *bis* Begier; *(1–8).* – E: *Goedeke, Schillers sämmtliche Schriften 11 (1871), 409.* – *Textwiedergabe nach H und E.*

LESARTEN. **2** zu gleiten] gleiten *nach gestr.* hüpfen, H   **3** Sänger] *in der folgenden Lücke von Charlotte von Schillers Hand:* des Schönen H   **4** Wie] *nach gestr.* Und   H   Zeiten.] Punkt *verb. aus Komma* H   **5** Sommers] omm *verb. aus unlesbaren Buchstaben* H   **8** Sie] *verb. aus* Er H   Begier;] *Semikolon verb. aus Komma* H   **11** Es *(Druckfehler)*] Er E   **13** singt] *danach von Charlotte von Schillers Hand:* von der Liebe heiligen wahn E

ERLÄUTERUNGEN. Diese und die folgende Entwurffassung gehören zu dem Gedichtplan Der Troubadour *oder der* Wandersänger *(vgl. NA 2 I, 426). Die Thematik erinnert an „Die vier Weltalter", wo Figur und Funktion des Sängers/Dichters behandelt werden (das Versmaß ist in beiden Fällen das gleiche), auch an die Ballade „Der Graf von Habsburg" (vgl. V. 31 – 50). Troubadoure spielen außerdem in Schillers Dramenplan „Die Gräfin in Flandern" eine Rolle (vgl. NA 12, 285 und 558).*
7 – 8 Des *bis* Begier] *Vgl. dagegen die Ballade „Die Kraniche des Ibycus".*

428 – 429 Wandersänger [II]

ENTSTEHUNG. Vgl. zu „[Wandersänger (I)]".

ÜBERLIEFERUNG. H: SNM. 1 Blatt 20,7(– 21,4) × 23,2(– 23,6) cm; die Vorderseite beschrieben (bis Engeln gleich*), auf der Rückseite oben Wortreste (vielleicht von* hactier, *von* Kopf*) und die drei letzten Zeilen in Abständen. Graues geripptes (Konzept-) Papier, vergilbt. Wz.: Heraldische Lilie in gekröntem Schild mit angehängter Vierpaßmarke. Das Blatt ist am oberen und linken Rand beschnitten. – E: Frankfurter Zeitung 1924. Abendblatt. Nr 67 vom 25. Januar (ohne die drei letzten Zeilen). – Textwiedergabe nach H.*

LESARTEN. 2 getränket,] *Komma verb. aus Punkt H* nach 3 Und des wandernden] *zwischen den Zeilen erg. H* 6 mit sorglos] *über gestr.* daher mit *H* 8 glückliche] *durch* heilige *geschr. H* 9 dem] *verb. aus den H* 10 Sein Haupt ist heilig] Sein *über nicht gestr.* Des; Haupt ist heilig *über gestr.* Lorbeers harmlos *H* 11 locket] *durch* reizet *geschr. H* 14 Holden] *danach* und *gestr. H*

ERLÄUTERUNGEN.
13 – 18 Ich *bis* gleich] *Es ist wohl an Karl VII. (1403 – 1461) gedacht. Zu Beginn des 1. Aufzuges der „Jungfrau von Orleans" wird Karl inmitten von Sängern und Troubadouren geschildert, der Kunst mehr als der Politik zugewandt. V. 17 mag auf Karls Vertreibung durch Johann von Burgund nach Bourges und seine Enterbung durch Karl VI., seinen Vater, anspielen, V. 18 auf seine Geliebte Agnes Sorel.*

429 – 430 Aus dem Umkreis der Seestücke [I] / [II]

ENTSTEHUNG. Wann die beiden Entwürfe entstanden sind, läßt sich nur vermuten. Da die zweite Hälfte des Marbacher Dramenverzeichnisses, in der „Die Flibustiers" und „Das Schiff" aufgeführt sind (vgl. NA 12, 623 – 624), wahrscheinlich erst 1803 entstanden ist, spricht vieles dafür, daß Gedicht-Fragment und Prosaentwurf im selben Jahr entstanden sind. Ein früheres Datum ist freilich nicht ausgeschlossen. Eine genauere Datierung ist auch wegen des Fehlens der Schillerschen Handschrift kaum möglich.

ÜBERLIEFERUNG. H: ? h: GSA. Abschrift von unbekannter Hand. 1 Blatt 18,4 × 8,9 cm, 2 S. beschrieben (auf der 1. S. „Nach dem fernen Westen [...]", auf der 2. S. „Seine Götter [...]"). Festes geripptes Papier, vergilbt. Auf der 1. S. am rechten Rand, quer zur Schreibrichtung, von Ernst von Schillers Hand: N° 6 / Das Original Manuscript befindet / sich in den Händen des Staatsarchivars / Meyer von Knonau in Zürich. / Köln im August. 39. Ernst Schiller. *(In Zürich angestellte Nachforschungen nach dem Original blieben ergebnislos.)* – *E: Hoffmeister, Nachlese zu Schillers Werken 3 (1840), 274–275.* – *Textwiedergabe nach h.*

LESARTEN. *über* **429,3** *und mit und* Kähnen] *die Ergänzungen sind als Alternativvarianten aufzufassen; möglicherweise hat der Abschreiber* kühnen *falsch gelesen, so daß als 2. Fassung von Vers 3 zu denken wäre:* Und mit seinem kühnen Wanderschiffe / [...].

ERLÄUTERUNGEN. *Zu den Seestücken gehören drei dramatische Entwürfe:* „Das Schiff", „Die Flibustiers" *und* „Seestück" *(vgl.* NA 12, 303–320). *Über den Zusammenhang des vorliegenden Vers-Fragments und des folgenden Prosaentwurfs mit diesen Stücken können nur Vermutungen angestellt werden. Im Falle des Versfragments gibt es offenbar thematische Parallelen:* Europa und die neue Welt stehen gegeneinander, *lautet eine Notiz zum* „Seestück" *(NA 12, 317); es sollen* Europäer, die in ihr Vaterland heimstreben, ebenso auftreten wie solche, die es verließen, und das Glück unter einem andern Himmel aufsuchen *(ebd.). Europamüde spielen auch im Entwurf* „Das Schiff" *eine Rolle: der* sich expatriierende Europæer, *der die* fremde Erde *anredet (NA 12, 306), oder der in der Neuen Welt eintreffende* reiche Kaufmann *(NA 12, 307); vielleicht ist unter ihnen der Sprecher der Verse zu suchen. – Zur Figur des Kolumbus vgl. Schillers gleichnamiges Gedicht, zur (pessimistisch beantworteten) Frage nach der Freiheit jenseits der alten Welt das (metrisch gleichartige) Gedicht* „An ***" *(später:* „Der [Am] Antritt des neuen Jahrhunderts") *(V. 25–36).*

Im Prosaentwurf verweist das Stichwort Meerkönig *möglicherweise auf die Notizen zum* „Seestück". *Dort soll in einem Zwischenact der* Oceanus *auftreten und den ungeheuren Sprung im* Wechsel des Handlungsortes von einem andern Welttheil nach Europa zurück launigt entschuldigen *(NA 12, 317). – Der Gedanke der Entgöttlichung der Welt (vgl. Z. 4–7) erinnert an* „Die Götter Griechenlandes"; *die Rede von den* beyden Äthiopien *geht wohl auf griechisch-römischen Sprachgebrauch zurück, wonach unter Äthiopien sowohl das südliche Ägypten und das Land südlich von Ägypten als auch das Gebiet von Völkern östlich des Roten Meeres verstanden wurde.*

430   [Es tanzen drei Schwestern ...]

ENTSTEHUNG. *Vgl. zu* „[Deutsche Größe]".

ÜBERLIEFERUNG. *Vgl. zu* „[Deutsche Größe]". – *E: Goedeke, Schillers sämmtliche Schriften 11 (1871), 415. – Textwiedergabe nach H.*

LESARTEN. **2** In] *nach gestr.* Und H

ERLÄUTERUNGEN. *Es ist denkbar, daß dieses Bruchstück der Anfang zu einem der vielen* „Turandot"-*Rätsel war, die Schiller für die verschiedenen Aufführungen seiner Bearbeitung dieses Stückes entwarf; vgl. die Erläuterungen zu* „Drei Räthsel". *Das Versmaß gleicht dem Rätsel „Ich wohne in einem steinernen Haus [...]" (NA 2 I, 131). Weniger wahrscheinlich ist: Das Bruchstück gehört, wie der Handschriftenbefund nahelegen könnte, zum Fragment „[Deutsche Größe]". Mit den drei Schwestern könnten die tanzenden Horen gemeint sein, für Schiller die Repräsentanten von Wohlanständigkeit und Ordnung, Gerechtigkeit und Friede (Ankündigung der „Horen"; NA 22, 107), Grundlagen eines unter den beschriebenen Verhältnissen fernen idealen politischen und gesellschaftlichen Zustandes. Vgl. dazu Malles, „Deutsche Größe", bes. S. 78.*

431–436 [Deutsche Größe]

ENTSTEHUNG. Über die Entstehung des größten überlieferten Gedichtfragments Schillers ist sich die Forschung nicht einig geworden; solange Zeugnisse zur Entstehungsgeschichte fehlen, werden die bisher vorgebrachten Argumente wiederholt werden können. In seinem ausführlichen Kommentar zur ‚Prachtausgabe' von 1902 hat Bernhard Suphan dargelegt, warum vieles für und nichts gegen das Jahr 1801 spricht; dabei spielte für ihn der Frieden von Lunéville (9. Februar 1801) als Terminus post quem eine entscheidende Rolle. (Vgl. Deutsche Größe / ein unvollendetes Gedicht Schillers / 1801 / Nachbildung der Handschrift / im Auftrage des Vorstands der Goethe-Gesellschaft / herausgegeben und erläutert / von / Bernhard Suphan / Weimar / 1902.) Wenig später hat sich Albert Leitzmann mit Entschiedenheit für das Jahr 1797 ausgesprochen (vgl. Euphorion 12 [1905]. S. 3–25; Euphorion 17 [1910]. S. 605–606); für ihn bildete der Frieden von Campo Formio (17. Oktober 1797) den Anlaß für das Schillersche Friedensgedicht. Da sich die politischen Anspielungen nicht eindeutig einem politischen Ereignis zuordnen lassen, gewinnen die literarhistorischen Überlegungen bei dem Datierungsversuch die entscheidende Rolle. Dabei ergibt sich: Die Nähe des Fragmenttextes zu 1800 und 1801 geschriebenen Gedichten (vgl. ERLÄUTERUNGEN) ist so offenkundig, daß eine Entstehungszeit vor 1800 nicht sonderlich wahrscheinlich ist. Da Schiller aber ein konkretes Politicum von herausragender Bedeutung mitbedacht hat, liegt es nahe, dieses im Frieden von Lunéville zu sehen. Allerdings hat er offenbar noch Ende Februar 1801 den Plan nicht ernsthaft in Erwägung gezogen, wie sein Brief an Cotta vom 26. dieses Monats zu erkennen gibt. Wohl nicht vor Sommer 1801, wahrscheinlich noch später ist der Entwurf in Angriff genommen worden. Für eine mögliche Entstehungszeit im letzten Quartal 1801 ließe sich unter anderem die Tatsache geltend machen, daß auf dem ersten Blatt der Handschrift (auf einer eigenen Seite) der Text „Es tanzen drei Schwestern [...]" steht, der vielleicht in Zusammenhang mit der von Oktober bis Dezember 1801 entstandenen „Turandot"-Bearbeitung zu bringen ist. Dabei ist freilich daran zu denken, daß dieser Text (als Fragment eines geplanten Rätsels) eventuell erst im Frühjahr 1802 geschrieben wurde – ob vor oder nach der Niederschrift von „[Deutsche Größe]", ist nicht mit Bestimmtheit zu sagen. (Der handschriftliche Befund erlaubt beide Annahmen, die allerdings von unterschiedlichem Gewicht sind: Da „Es tanzen drei Schwestern [...]" auf der ansonsten freien Seite des 1. Blattes von „[Deutsche Größe]" steht, während die Rückseiten der Blätter 2 und 3 beschrieben wurden, kann vermutet werden, daß die Seite nicht mehr unbeschrieben war, als Schiller mit dem Entwurf des großen Gedichts begann. Dem könnte die Überlegung entgegenstehen, daß für ein Gedicht von 8 oder 12 Versen kein Folioblatt nötig gewesen wäre.) Für die Ansicht, der Gedichtentwurf „[Deutsche Größe]" sei nach dem Frühjahr 1802 entstanden, scheint es keine gewichtigen Gründe zu geben.

ÜBERLIEFERUNG. H¹: GSA. Drei Einzelblätter. 1) 20,8×35,3 cm, 1 S. beschrieben (von Darf der Deutsche bis gebildet.) [S. 431]; auf der Rückseite Es tanzen drei Schwestern [...]. Leicht vergilbtes geripptes Papier. Wz.: Harfe spielender König David in gekröntem Rokokorahmen. 2) 21×35 cm, 2 S. beschrieben (recto: von Dem, der den Geist bis Arten. [S. 432]; verso: von Finster zwar bis das heilige heilig. [S. 434–435]). Leicht vergilbtes geripptes Papier, etwas stockfleckig. Wz.: Posthorn in gekröntem Schild mit angehängter (seitenverkehrter) Vierermarke zwischen F und S. 3) 20,8×35,3 cm, 1²/₃ S. beschrieben (recto: von Ewge Schmach bis schönes Bild! [S. 433]; verso: von Mag der Britte bis Haupt! [S. 434]). Papier wie 2). Alle drei Blätter sind an den linken Rändern beschnitten (wodurch auf dem 1. Blatt geringfügige Teile einzelner Zeilenanfänge verloren gegangen sind); auf allen drei Blättern ist rechts ein 6,5 cm breiter Rand abgefaltet.

Der handschriftliche Befund erlaubt folgende Annahme über die Reihenfolge des Geschriebenen: Schiller hat zunächst den Prosa-Entwurf auf den Vorderseiten des 1. und 2. Blattes zu Papier gebracht. Nur die 1. Zeile des 3. Absatzes auf dem 1. Blatt geht über den Rand hinaus. Wahrscheinlich wurde in der Kultur u: ergänzt, bevor die Randbemerkungen angebracht wurden. Von diesen sind die letzten des 1. Blattes (von Er hat sich längst bis Deutsche) mit derselben (hellen) Tinte und derselben Feder geschrieben worden wie der 'Haupttext'; sie sind früher zu datieren als die mit breiterer Feder und schwarzer Tinte an den Rand geschriebenen Versifikationsversuche neben den beiden ersten Absätzen auf dem 1. Blatt. Zum selben Arbeitsgang wie diese Versuche gehören wohl auch die Randbemerkungen auf den Vorderseiten des 2. und 3. Blattes sowie auf der Rückseite des 2. Blattes; diese scheinen allerdings später entstanden zu sein als die schon den Vers erprobenden Partien auf der Vorder- und Rückseite des 3. sowie die Verse (mit sich anschließendem neuen Prosaentwurf) auf der Rückseite des 2. Blattes. Der Text auf der Rückseite des 2. Blattes läßt sich sowohl nach dem handschriftlichen Befund wie auch nach seinem Inhalt als vermutlich zuletzt geschriebener annehmen. Dabei wird freilich davon ausgegangen, daß im fertigen Gedicht die – möglicherweise abschließende – Darstellung der deutschen Größe der Beschreibung der imperialen Politik der Briten und Franzosen entgegengesetzt worden wäre (und nicht umgekehrt) und daß diese 'Struktur' im Fragment schon vorgebildet ist. Daß die Reihenfolge, in der die 5 Seiten von H¹ beschrieben worden sind, nicht ganz zweifelsfrei bestimmt werden kann, ist allerdings festzuhalten. (Dagegen Eduard Castle, dem nicht fraglich war, „daß Schiller von den drei Blättern zuerst die Vorderseiten beschrieb und dann die Rückseiten des dritten und zweiten Blattes benützte"; „Deutsche Größe"; in: Chronik des Wiener Goethe-Vereins 42 [1937]. S. 27.)

H²: GSA. 1 Blatt 20,6×6 (–7,1) cm, 1 S. beschrieben (von Finster zwar bis Reich! [S. 436]). Vergilbtes geripptes Papier. H³: Bibliotheca Bodmeriana, Cologny-Genève. 1 Blatt 20,5×14,6 cm, 1¹/₂ S. beschrieben (recto zur Hälfte: von Er suchte bis gesenkte; verso: von Weiß er bis Göttin nicht [S. 436]). Vergilbtes geripptes Papier. Durch Beschneidung am oberen Rand sind auf der Vorderseite Teile der 1. Zeile verloren gegangen. Der Text ist offenbar in großer Eile geschrieben; vor allem die Rückseite vermittelt den Eindruck einer fremden Schrift, während die Vorderseite eindeutig von Schiller beschrieben ist: die ersten Zeilen (von Er suchte bis Fackel an) anscheinend mit der Feder und der Tinte wie der 'Haupttext'; die folgenden (von Keine freie bis gesenkte) anscheinend mit der Feder und der Tinte wie Textteile auf den Rändern der Blätter von H¹. – E von H¹: Goedeke, Schillers sämmtliche Schriften 11 (1871), 410–414. (Facsimilia in der Ausgabe von Bernhard Suphan [vgl. ENTSTEHUNG].) E von H²: BA 1 (1980), 558. E von H³:

DEUTSCHE GRÖSSE

Neues Wiener Tagblatt. 10. November 1936 (Nr 310); danach (mit Facsimilia) in: Chronik des Wiener Goethe-Vereins 42 (1937). S. 28–29 (Eduard Castle). – *Textwiedergabe nach* $H^1 - H^3$.

LESARTEN. **431,18** einen eigenen] *verb. aus* eine eigene H^1 **431,28** gothischen] *ü. d. Z. erg.* H^1 **431,31** Hauß] *danach Komma gestr.* H^1 er] *verb. aus* ein H^1 **431,14** *(Rand)* Und] *darunter ohne Lor gestr.* H^1 **431,28** *(Rand)* sich] *ü. d. Z. erg.* H^1 **432,3** anders] *ü. d. Z. erg.* H^1 **432,15** Das] *verb. aus* Der H^1 **432,14** *(Rand)* löchrigten] *verb. aus* löchrigen H^1 **432,18/19** *(Rand)* Wellenthrone] throne *am rechten Rand erg. (?)* H^1 **433,1** Ewge] *über gestr.* Weh *und* H^1 **433,2** angebohrne Krone] *zwischen den Zeilen erg.* H^1 **433,4** seines] *nach gestr.* Von sich wirft mit H^1 Menschenadels] *nach gestr.* Adels H^1 **433,5** Der sich beugt vor] *zwischen den Zeilen erg.* H^1 **433,9** soll] *über gestr.* darf H^1 **433,29/30** *(Rand)* glänzt] *nach gestr.* scheint H^1 **433,30/31** *(Rand)* Einst] *über gestr.* Glänzt H^1 **433,36** *(Rand)* schen] *nach gestr.* kom H^1; *das Fehlen der Buchstaben ein erklärt sich aus der Begrenzung durch den Seitenrand* **434,2** die edeln Steine] *nachträglich (mit breiterer Feder und dunklerer Tinte) eingefügt* H^1 **434,14** Bleiben *bis* St] *darunter gestr.* Nie zum Leben auferstehen, H^1 **434,17** Denn der Witz] *unter gestr.* Mit dem Witze hat H^1 **434,20** Und den] *am linken Rand vor gestr.* Allen H^1 **434,14/15** *(Rand)* heimisch] *über gestr.* zu Hause H^1 **434,4** *(unten)* Doch] *nach gestr.* Aber H^1 **434,5** *(unten)* Ruinen] *am Anfang des folgenden Verses* Und *gestr.* H^1 **435,10** *zwischen den Zeilen erg.* H^1 **434,5** *(unten, Rand)* mit] *über gestr.* bringt er *der folgenden Zeile (nach* Lorbeer*); diese steht* $^1/_2$ *Zeile höher* H^1 **434,7** *(unten, Rand)* zurück] *vor gestr.* mit.; *am Anfang der folgenden Zeile* Er *gestr.* H^1 **436,3** *(oben)* Steht] *verb. aus* Stammt H^2 **436,1** *(Mitte)* Er suchte zu rühren] *Oberlängen abgeschnitten* H^3 **436,6** *(unten)* Licht,] *danach das* G *gestr.* H^3

ERLÄUTERUNGEN. *Die Fragmente des vorliegenden Gedichtentwurfs, dem Bernhard Suphan in seiner Ausgabe von 1902 (vgl.* ENTSTEHUNG*) die Überschrift „Deutsche Größe" gegeben hat, gehören thematisch in den Umkreis von Gedichten wie „An ***" (später: „Der [Am] Antritt des neuen Jahrhunderts"), „Voltaires Püçelle und die Jungfrau von Orleans", „Die Antiken zu Paris", und „Die deutsche Muse"; die letzten beiden stimmen, soweit das zu beurteilen ist, auch im Versmaß mit dem geplanten Gedicht überein. In allen Fällen reagiert Schiller auf die politischen Verhältnisse seiner Gegenwart, in allen Fällen bezieht er dabei einen nationalen und künstlerischen Standpunkt, von dem aus in dem geplanten Gedicht der Gedanke nationaler Identität durch Kunst und Kultur entfaltet werden sollte. – Die Idee der Kulturnation wurde von Lessing bis Fichte immer wieder vertreten; in Schillers Gedicht ist sie – wie in Fichtes „Reden an die deutsche Nation" (1808) – Reflex auf die politische Situation Europas unter französischer Vorherrschaft. Schiller verbindet sie in charakteristischer Weise mit der Humanitätsidee (vgl.* NA 2 I, 433*).*

Über Schillers Einschätzung der Lage nach der Beendigung des zweiten Koalitionskrieges gegen Napoleon durch den Frieden von Lunéville am 9. Februar 1801 (vgl. die einleitenden Erläuterungen zu „An***") gibt seine Antwort auf einen Brief Göschens Aufschluß; dieser hatte am 16. Februar 1801 geschrieben: Ich möchte gern ein Gedicht von einem Bogen auf den Frieden mit mir möglichster Schönheit drucken aber es müste von einem Manne wie Sie seyn. *Schiller erwiderte am 26. Februar, unter Hinweis auf seine frühere Ablehnung eines ähnlichen Wunsches von Cotta, er fürchte, daß* wir Deutschen eine so schändliche Rolle in diesem Frieden spielen, daß sich die Ode unter den Händen des Poeten in eine Satyre auf das deutsche Reich verwandeln müßte. *Schiller bezieht sich auf Cottas Brief vom 27. Oktober 1794, in dem dieser den Vorschlag zu einem Gedicht auf den in Aussicht stehenden Frieden zwischen Frankreich und Preußen machte, der am 5. April in Basel zustandekam. – Zum Stand der Forschung über das Fragment vgl. Grawe, „Deutsche Größe" (1992).*

431,2–3 thränenvollen Kriege] *Unter der Voraussetzung, daß der Entwurf 1801 oder 1802 entstand (vgl. ENTSTEHUNG), ist an den zweiten Koalitionskrieg gegen Napoleon zu denken (vgl. zu „An***"); thränenvollen ist ein Homerisches Beiwort (vgl. zu „Kassandra" [V. 6]).*

431,3 zwey übermüthige Völker] *Zum kritischen Urteil über Frankreich und England vgl. Schillers Gedicht „An***".*

431,10–11 Lächelnd *bis* Friede.] *ähnlich die Vision des Friedens von Max Piccolomini in „Wallenstein" (Die Piccolomini I 4, V. 534–558; NA 8, 79–80).*

431,19 Imperium] *Das Heilige Römische Reich Deutscher Nation – so lautete der Titel des alten deutschen Reiches, das seit 962, seit der Kaiserkrönung Ottos I. (912–973) durch Papst Johannes XII., mit der Tradition des römischen Reiches verbunden war. Mit dem Frieden von Lunéville wurde sein Verfall eingeleitet (vgl. zu „An***" [V. 5–6]).*

431,27–29 unter *bis* Verfaßung] *Gemeint ist das zerbrechende Heilige Römische Reich Deutscher Nation. Das Adjektiv „gotisch", das hier auf die mittelalterliche Vergangenheit hinweist, hatte schon in der italienischen Renaissance ähnlich pejorative Bedeutung wie hier; in George Sulzers „Allgemeiner Theorie der Schönen Künste" (1, 489) heißt es:* Man bedienet sich dieses Beyworts in den schönen Künsten vielfältig, um dadurch einen barbarischen Geschmak anzudeuten, d. h. einen Mangel der Schönheit und guter Verhältnisse *(in der bildenden Kunst und Architektur) und* eine in Verhältnis und Bewegung verdorbene Natur *(in der Malerei). Zur kritischen Verwendung des Begriffs vgl. die Erläuterungen zu S. 432, Z. 15–18, und die Verse „Finster zwar und grau von Jahren [...]" (S. 434).*

432,1–7 Dem *bis* erliegen] *In den Briefen „Ueber die ästhetische Erziehung des Menschen" stellt Schiller im 2. bis 6. Brief* Überlegungen über die Grundsätze an, durch welche sich die Vernunft überhaupt bey einer politischen Gesetzgebung leitet. *(NA 20, 312.) Im 7. Brief wird die Errichtung eines Vernunftstaates nicht von außen, sondern durch die Entwicklung des innern Menschen (NA 20, 329) erwartet.*

432,8 langsamste] *Anspielung auf die politische und ökonomische Zurückgebliebenheit Deutschlands als Folge der territorialen Zersplitterung seit dem Ende des Dreißigjährigen Krieges.*

432,15–18 Das *bis* ist.] *In der Vorrede zu „Die Zerstörung von Troja" heißt es dagegen von der deutschen Sprache, sie sei* schwankend, unbiegsam, breit, „gotisch" und rauhklingend *(vgl. NA 2 I, 25); in ähnlichem Sinn äußerte Schiller sich im Brief an Friedrich Christian von Augustenburg vom 5. April 1795.*

432,19–27 Unsre *bis* ausdrücken.] *Zur Entwicklung eines nationalsprachlichen Bewußtseins, auch mit Hilfe des Arguments, die deutsche Sprache sei wie keine fähig, die Sprache der Griechen und Römer abzubilden, trugen besonders Herders „Briefe zu Beförderung der Humanität" (7. und 8. Sammlung, 1796) bei. Anders hatte früher Klopstock,*

DEUTSCHE GRÖSSE

der „Barden"-Dichter, gerade die Eigenständigkeit der deutschen Sprache betont; sein Epigramm „Unsre Sprache" (1771) lautet:

> Daß keine, welche lebt, mit Deutschlands Sprache sich
> In den zu kühnen Wettstreit wage!
> Sie ist, damit ich's kurz, mit ihrer Kraft es sage,
> An mannigfalter Uranlage
> Zu immer neuer, und doch deutscher Wendung reich;
> Ist, was wir Selbst in jenen grauen Jahren,
> Als Tacitus uns forschte, waren,
> Gesondert, ungemischt, und nur sich selber gleich.

(Werke und Briefe. Folge 1. Abteilung Werke 2, 20.)

432,28—32 Keine *bis* Arten.] *Diese Auffassung äußert Schiller auch in „Die deutsche Muse"; hier wird das Fehlen nationaler Einheit als Basis kulturellen Reichtums gedeutet.*

433,7 des *bis* Schätzen] *Vgl. die Verse „Mag der Britte die Gebeine [...]" (S. 434).*

433,12—16 Ihm *bis* Blatt.] *Denselben Gedanken spricht Xenion Nr 96, „Deutscher Nationalcharacter", aus; über die Ausbildung der* Menschheit *(„Menschlichkeit", humanitas) handelt die Abhandlung „Ueber die ästhetische Erziehung des Menschen". Dort wird ein Menschenbild entwickelt, in dem wie hier* Die Natur und das Ideal *(S. 433, Z. 10) zu harmonischem Ausgleich gebracht sind; Menschen solcher Art wären Mitglieder eines ästhetischen Staats; am Schluß fiel Schillers Antwort auf die Frage, ob denn ein solcher Staat des schönen Scheins auch existiere, freilich skeptisch aus: dem Bedürfniß nach wohl, der That nach schwerlich (NA 20, 412).*

433,15—16 So *bis* Blatt] *Das Bild von Kern und Blatt findet sich ähnlich auch im Gedicht „Breite und Tiefe" (V. 13—18).*

433,19 Menschenbildung] *Ausbildung von „Menschlichkeit".*

433,22—28 Daher *bis* Jahrhunderten] *In diesem Sinne äußerte Schiller sich nach der Erinnerung von Christiane von Wurmb auch in einem Gespräch am 28. März 1801 (vgl. NA 42, 314).*

434,1—6 Mag *bis* kann.] *Die Briten wurden bereits in den Gedichten „An die Freunde" (vgl. V. 21—26) und „An***" (vgl. V. 17—32) als Seefahrer- und Handelsnation charakterisiert; hier gilt die Kritik dem Aufkauf antiker Kunstwerke durch britische Kaufleute und Adlige. Mit der Erwähnung von Herkulan ist möglicherweise eine Anspielung auf den britischen Gesandten in Neapel, Sir William Hamilton (1730—1803), verbunden, von dessen prachtvollem Haus Goethe in der „Italienischen Reise" unter dem 22. März 1787 berichtet (vgl. WA I 31, 67—68); Hamilton verfolgte die Ausgrabungen in Pompeji und Herkulanum und erwarb eine bedeutende Sammlung antiker Vasen, bevor er 1800 nach Hause zurückkehrte. Bekannt sind auch die „Elgin Marbles", eine große Sammlung altgriechischer Skulpturen, die Thomas Bruce, Earl of Elgin and Kincardine (1766—1841), seit 1799 Diplomat in Konstantinopel, mit Erlaubnis der Türken erwarb und abtransportierte; seine 1800 gestartete Expedition nach Griechenland galt besonders Athen, wo er Ausgrabungen anstellen ließ; vgl. Goethes Bemerkungen zum Katalog der Sammlung anläßlich des Verkaufs an das Britische Museum im Jahr 1816 (WA I 49 II, 21—22). An anderer Stelle, im Gedicht „Die Antiken zu Paris", erhebt Schiller gegen die Franzosen den Vorwurf, ihre Museen mit fremden Kunstschätzen zu füllen, die als Kriegsbeute betrachtet wurden.*

434,7—14 zum Leben *bis* Strande] *Dieser Gedanke wird in fast der gleichen Formu-*

lierung in "Die Antiken zu Paris" (vgl. V. 7–12) vertreten. Die Problematik der Antike-Rezeption behandelt auch das Gedicht "Die Antike an einen Wanderer aus Norden".
434,15–16 Denn *bis* gemein!] *Zum Begriff "Witz", oft im Sinne von franz.* esprit *zu verstehen, vgl. "Tabulae votivae" Nr 67–70 und die Erläuterungen dazu. Über die Beziehung von "Witz" und Schönheit heißt es in der Abhandlung "Ueber naive und sentimentalische Dichtung":* Jede andere Art zu wirken [als durch die Natur], ist dem poetischen Geiste fremd; daher, beiläufig zu sagen, alle sogenannten Werke des Witzes ganz mit Unrecht poetisch heißen, ob wir sie gleich lange Zeit, durch das Ansehen der französischen Litteratur verleitet, damit vermenget haben. *(NA 20, 436.) In "Voltaires Püçelle und die Jungfrau von Orleans" wird dem französischen Witz das (deutsche) Herz entgegengesetzt. Mit Bezug auf die Engländer ist wohl an die ihnen nachgesagte Neigung zu bloß zweckrationaler Denkweise sowie philosophischem Empirismus und Skeptizismus (im Sinne des Gedichts "Poesie des Lebens") zu erinnern. – Vgl. auch S. 435, Z. 32–40.*
434,18 Waßergotte] *Im Gedicht "An***" war in ähnlichem Zusammenhang von Amphitrite, der Gattin des Poseidon, die Rede (vgl. V. 17–20).*
434,20–22 den *bis* Haupt] *nach der Französischen Revolution.*
434,1–6 *(unten)* Finster *bis* gleich.] *Vgl. eine weitere Fassung dieser Verse auf S. 436; zum Inhalt die Prosaversion des Gedankens auf S. 431 (Z. 26–30); zu den Randnotizen das zweite Bruchstück S. 436 (Z. 4–6).*
435,8–9 Das *bis* Schwert] *Ähnliches berichtet Christiane von Wurmb von einem Gespräch mit Schiller (vgl. zu S. 433, Z. 22–28).*
435,11 Vorurtheile zu besiegen] *Vgl. Z. 15–26.*
435,15–20 Schwere *bis* bestach.] *die Reformation als Sieg (Z. 21) der Wahrheit (Z. 22) über den Wahn (Z. 13) des katholischen Kirchenglaubens.*
435,21–26 Höhern *bis* Zeit.] *Anspielung auf die Aufklärung, wohl personifiziert in Kant; von Wahrheit und Erkenntnis ist auch im letzten Bruchstück auf S. 436 die Rede.*
435,32–40 Nicht *bis* heilig.] *Vgl. das zweite Bruchstück auf S. 436 sowie S. 434, Z. 15–16, und die Erläuterungen dazu.*
435,36 Materialism] *wohl der Materialismus der französischen Aufklärung und der Enzyklopädisten im Umkreis Diderots.*
436,1–8 Finster *bis* Reich!] *Variante zu S. 434 (unten), Z. 1–5.*
436,1–3 *(Mitte)* Er *bis* an] *ähnlich S. 435, Z. 32–40.*
436,4–6 *(Mitte)* Keine *bis* gesenkte] *Variante zu den Randbemerkungen auf S. 434 (unten) – 435, Z. 1–6 und Z. 13–14.*
436,1–11 *(unten)* Weiß *bis* nicht] *ähnlich S. 435, Z. 21–26. – Das Doppelkreuz vor diesen Versen läßt vermuten, daß sich auf einem nicht überlieferten Blatt ein gleiches (Einweisungs-) Zeichen befunden hat.*

437 [Bianca]

ENTSTEHUNG. *Vermutlich entstand der Prosa-Entwurf im Jahre 1804, und zwar im Zusammenhang mit dem Balladen-Entwurf "Herzogin Vanda".*

ÜBERLIEFERUNG. H: GSA. *1 Blatt 20,5 × 34,1 cm, 1 1/5 S. beschrieben. Leicht vergilbtes geripptes Papier, etwas stockfleckig. Wz.: 3 Herzen, davon 2 wegen Beschneidung des rechten Rands unvollständig, in gleicher Höhe auf der linken Seite 10 S. Auf der rechten Seite ein Rand von 6,5 cm abgefaltet. h: GSA. Abschrift von Caroline von Wolzogen (ohne textkritischen Wert). – E: Goedeke, Schillers sämmtliche Schriften 11 (1871), 415. – Textwiedergabe nach H.*

LESARTEN. 1 dreimal] *nach gestr.* f[ünfmal?] H   6 edel die Gräfin] edel auch die Gräfin H

ERLÄUTERUNGEN. Der Balladenplan kehrt das verbreitete Märchen- und Sagenmotiv der Freierprobe um. Näheres ist nicht bekannt.

438 Herzogin Vanda

ENTSTEHUNG. Der Entwurf entstand wahrscheinlich in der zweiten Hälfte 1804 bei den Vorarbeiten zum „Demetrius". Vgl. ERLÄUTERUNGEN.

ÜBERLIEFERUNG. H: GSA. 1 Blatt 21×35,2 cm, ³/₅ S. beschrieben. Festes graues (Konzept-)Papier, leicht vergilbt. Wz.: Auf den Hinterbeinen sich aufrichtender, eine Trompete blasender Löwe. Der Text ist schnell geschrieben. h: GSA. Abschrift von Caroline von Wolzogen (ohne textkritischen Wert). – E: Goedeke, Schillers sämmtliche Schriften 11 (1871), 416. – Textwiedergabe nach H.

LESARTEN. 2 Cracus] *verb. aus* Cracas H

ERLÄUTERUNGEN. Den Stoff zu dem fragmentarisch gebliebenen Balladenentwurf fand Schiller bei seinen vorbereitenden Studien zum „Demetrius" in der „Pohlnischen Chronicke [...]" (1727) von Samuel Friederich Lauterbach; vgl. Schillers Exzerpte aus diesem Werk (NA 11, 197–200). Im 1. Aufzug des „Demetrius" wird Marina aufgefordert: Besteig den weißen Zelter *[vgl. Z. 14],* waffne dich / Und eine zweyte Vanda führe du / Zum sichern Siege deine muthgen Schaaren. *(V. 757–759; NA 11, 34–35.) In Lauterbachs Chronik ist Kapitel 4 (S. 21–28) Vanda gewidmet; dort heißt es:*

§. 6. *[S. 25]* Unsere Polen, haben auch gar zeitig, das Regiment, der weiblichen Familie gegönnet. Denn, als sie Lechum, um des Bruders Mords willen, ins Elend jagten, machten sie dieser beyden leibliche Schwester Vandam, oder Wendam, zu ihrer Hertzogin. Sie soll eine ausbündig-schöne, und dabey hoch-ver- *[S. 26]* ständige Princeßin, gewesen seyn, davon sie auch ihren Nahmen herhaben soll, der so viel heist, als hamus, ein Hacken, oder Angel, weil sie durch ihre ungemeine Freundlichkeit, aller Gemüther an sich gezogen.

§. 7. Unter andern soll auch ein gewisser Teutscher Fürst, mit Nahmen, Ridiger, oder Rhitogarus, sich um ihre Liebe beworben, aber allezeit eine abschlägichte Antwort, erhalten haben, wie sie nicht gesonnen sey zu heurathen, weil sie lieber seyn wolle, Rex, quam Regis Vxor, lieber ein König, als eine Königin, oder lieber eine Königin allein, als eines Königs Gemahlin. Und als jener mit Gewalt, sich holen wollen, was ihm in der Güte versaget würde, auch deswegen wider Polen zu Felde zog, kam ihm die unerschrockene Vanda, mit ihrem Volcke, so gleich entgegen, und jagte sein gantzes Heer, in die Flucht, wie es einige haben. Oder, nach anderer Bericht, hatten seine eigene Leute, keine Lust, wider ein solch heroisch Frauen-Bild zu fechten, und legten das Gewehr nieder. Darob sich der Fürst so gegrämet, daß er auch nicht mehr leben mögen, und sich angesichts seiner gantzen Armee, mit diesen Worten, selbst entleibet: Vanda mari, Vanda terræ, Vanda aeri, imperat, pro suis victimet, & ego pro vobis, o mei proceres, solennem inferis hostiam, devoveo. [...] Vanda beherrschet das Meer, Erde und Lufft. Vanda mag für die Ihrigen, den unsterblichen Göttern, opfern, und ich will für euch, ihr meine Officierer, mich selbst zum Opfer geben. Worauf die Vanda als Uberwinderin, wieder umgekehret, und mit grossem Triumph, in Cracau eingezogen.

§. 8. Nicht längst darauf hat sie die Land-Stände beruffen, und auf Heidnische Weise, ein grosses Fest, mit Aufopferung vieles Viehes, begangen, und so denn sich von der Brücke, in die Weichsel, gestürzet, und ertränket. Unwissend, was sie zu dieser That beweget. Ob, weil sie keine Lust [S. 27] zum Heurathen gehabt, dazu sie doch die Stände nöthigen wollen? Oder, ob sie besorget, ihr Ruhm möchte durch widrige Zufälle, vergeringert werden? Oder, ob sie sich hiemit bey der Nach-Welt, gar verewigen wollen, dergleichen Einbildung nicht selten, die Heyden, zu solcher Selbst-Entleibung gebracht, läst man ununtersuchet. Der Cörper ist eine Meile, von Cracau, bey dem Dorffe, Mogila, begraben, und wie ihrem Vater auch geschehen, ein erhabener Hügel, darüber aufgeführet worden, so noch von denen daselbst wohnenden gezeiget wird. Auch soll eine Säule, auf ihrem Grabe, mit dieser Schrifft, gestanden haben:

> [...] [Es folgt die lateinische Inschrift, dann deren Übersetzung:]
> Hier liegt in dieser Grufft ein schönes Rosen-Bild,
> So für den Rosen-Ruch ein schnöder Grauß umhüllt.
> Sie war des Graci Kind, und hieß deswegen Vande,
> Weil sie dem Namen gleich die Hertzen an sich bande,
> Die sie einmahl erblickt. Ein Fürst sucht zwar bey ihr
> Die Eh, und kriegte doch nur einen Korb dafür.
> Denn sie ihr Hochzeit-Fest im Wasser wolte machen,
> Und sprang aus eignem Trieb zum Charon in den Nachen.

[S. 28] [...]

§. 11. Was der Vandæ Bildniß anbetrifft, so siehet sie noch gut genug aus, als eine junge Dame, mit langen Haaren, und einem ziemlichen Haupt-Schmucke, auch grosser Perlen Schnur um den Halß, mit einer güldenen Rosen auf der Brust. Dergleichen sie auch um die Stirne hat, und wird ihr Tod gesetzet in die Mitte des achten Jahr-Hunderts, oder in das 750. Jahr [...].

Wenige Jahre später befäßte sich Zacharias Werner mit dem Stoff: „Wanda, Königin der Sarmaten. Eine romantische Tragödie mit Gesang" (Tübingen 1810); das Stück wurde unter Goethes Leitung am 30. Januar 1808 in Weimar erstaufgeführt. Auch Kosegarten behandelte die Sage; unter den „Rügischen Sagen" berichtet eine, in Versform, die Geschichte von „Rithogar und Wanda" (Dichtungen 5 [1824], 89–144).

16 haranguiret] *harang(u)iren: eine Ansprache halten.*

ZWEIFELHAFTES UND UNECHTES
IN DER REIHENFOLGE DER MUTMASSLICHEN ENTSTEHUNG

441   Kurze Schilderung des menschlichen Lebens

ÜBERLIEFERUNG. H: ? h: Archiv der Stadt Remscheid. Abschrift von unbekannter Hand. Möglicherweise Druckvorlage für D¹, wahrscheinlicher aber Abschrift dieses Drucks. Überschrift: Kurze Schilderung des menschlichen Lebens / von Schiller in seinem 16ten Jahr gedichtet. – E: Neues Magazin für Frauenzimmer. Mai 1787. S. 115–116 (vgl. ERLÄUTERUNGEN). D¹: Morgenblatt für gebildete Stände 1810. Nr 252 (20. Oktober). S. 1005. Überschrift: Kurze Schilderung des menschlichen Lebens. / (Von Schiller in seinem sechzehnten Jahre gedichtet.) D²: Boas, Nachträge 3 (1840), 7–8. D³: Hoffmeister, Nachlese 3 (1840), 351–352. – Textwiedergabe nach D¹.

ERLÄUTERUNGEN. Das Gedicht wurde nach seiner Veröffentlichung im „Morgenblatt für gebildete Stände" (1810) auch von Boas als Gedicht Schillers angesehen. Doch korrigierte er sich später, als er die Verse in nur leicht variierender Fassung in dem von David Christoph Seybold herausgegebenen Journal „Neues Magazin für Frauenzimmer" (1787) aufgefunden hatte (vgl. Boas, Schiller's Jugendjahre [1856] 1, 23–26). Verfasser ist Johann Michael Armbruster (1761–1814), Schillers Jugendgefährte aus der Stuttgarter Zeit. Er wurde im Register der Zeitschrift als „Ueberseßer" des Gedichts angeführt. – Armbruster war 1779 Gärtner in Hohenheim, 1782 Sekretär bei Lavater in Zürich, kam über Konstanz und Freiburg i. Brsg. 1801 nach Wien, wurde dort 1802 Zensor, 1805 Hofsekretär; vgl. über ihn Hartmann, Jugendfreunde, 324–325.

Das Gedicht im „Neuen Magazin" (5. Stück. S. 115–116) lautet:

   Menschenleben,
    nach
   J. B. Roußeau.
Wahrlich! Wahrlich Arme Jammersöhne
 Sind wir hochgeprießne Herrn der Welt;
Vom Beginn an, bis die lezte Thräne
 Aus des armen Schächers Auge fällt.

Schlüpfen wir kaum erst aus unsrer Tonne
 In dieß große weite Narrenhaus,
Grüßen wir schon mit Geheul die Sonne,
 Alles Elend fühlen wir voraus.

Trägt der Knabe seine erste Hosen,
 Steht schon ein Pedant im Hinterhalt,
Der ihn hudelt, hah! und ihm der großen
 Römer Weisheit auf den Rükken mahlt.

Beut uns Jugend ihre Rosenhände,
 Sagt: Was Gutes reichet sie uns wohl?

> Mädchen, Schulden, Eifersucht – am Ende
> Hörner oder gar noch den Pistol.
>
> Sind wir Männer, kommt ein andrer Teufel:
> Ehrgeiz heißt er – und oft heißt er: We i b!
> Nahrungssorgen quälen, wie die Zweifel
> Eines Narren Scheitel, unsern Leib!
>
> Kommt das Alter endlich hergeschlichen,
> O! Was hat der arme Greiß denn da?
> Husten und Verachtung, einen siechen
> Körper, Brustweh und das Podagra!
>
> Um das Maas des Jammers auszufüllen
> Müssen wir der Erben Lächeln sehn!
> Lohnt es sich – um dieses Plunders willen –
> Wohl der Müh': aus Mutterleib zu gehn?
>
> J. M. Ar.

Wie es zum Abdruck 1810 unter Schillers Namen kam, darüber kann nur spekuliert werden. Boas glaubte, Schiller habe sich für das Gedicht seines Bekannten interessiert und eine (bearbeitende) Abschrift angefertigt (die freilich nicht überliefert ist), welche später von einem anderen Freund dem „Morgenblatt" mitgeteilt worden sei (vgl. Boas, Schiller's Jugendjahre 1, 26).

442 Morgengedanken

ÜBERLIEFERUNG. Als Text Schillers u.a. gedruckt in: Boas, Nachträge 2 (1839), 352–355; Hoffmeister, Nachlese 4 (1840), 28–30.

ERLÄUTERUNGEN. Am 6. März 1777 schrieb Schubarts Frau dem befreundeten Johann Martin (?) Miller: Der Morgengedanke von meinem Mann ist in das Magazin gedrukt worden. (Schubart's Leben in seinem Briefen [²1878], 259.) Vgl. ausführlich Schröder, Vom jungen Schiller (1904), 220–230.

442 Sinngedicht auf die Stadt Stuttgard bei der Anwesenheit des Grafen von Falkenstein

ÜBERLIEFERUNG. Als Gedicht Schillers u.a. veröffentlicht von Julius Hartmann in: Staats-Anzeiger für Württemberg. Beilage zu Nr 85 vom 15. April 1903.

ERLÄUTERUNGEN. In „Das gelehrte Wirtemberg" (1790) führt Haug unter seinen Schriften ein Gedicht „Auf die Anwesenheit des Kaisers. Stuttg. 1777" (S. 91) an. Dabei kann es sich nur um das vorliegende Gedicht in dem von Haug herausgegebenen „Schwäbischen Magazin" handeln. Vgl. im einzelnen Schröder, Vom jungen Schiller (1904), 239–242.

443–445 Auf die Ankunft des Grafen von Falkenstein in Stuttgart

ÜBERLIEFRUNG. H: ? – E: Schwäbisches Magazin 1777. 7. Stück. S. 575–578. – Das Gedicht wurde nach der Veröffentlichung durch Goedeke (Schillers sämmtliche Schriften 1 [1867], 50–52) gelegentlich als von Schiller stammend gedruckt. Vgl. auch ERLÄUTERUNGEN. – Textwiedergabe nach E.

ERLÄUTERUNGEN. Kaiser Joseph II. (1741–1790) besuchte am 7. und 8. April 1777 unter dem Namen eines Grafen von Falkenstein die herzogliche Militärakademie in Stuttgart. Darüber berichtet ausführlich der Beitrag „Der Graf von Falkenstein in Stuttgart [...]. Ein Brief von Herrn S. in T." in Balthasar Haugs Journal „Schwäbisches Magazin von gelehrten Sachen auf das Jahr 1777" (S. 557–575), dem das vorliegende Gedicht unmittelbar vorhergeht. Äußere Anhaltspunkte für die Verfasserschaft Schillers, dessen Gedichte „Der Abend" und „Der Eroberer" bei Haug erschienen waren, liegen nicht vor. Sie ist, wenn nicht unmöglich, so doch unwahrscheinlich. Hinweise wie: „Sprache und Inhalt sind Schillers" (Goedeke, Schillers sämmtliche Schriften 1, 52), reichen ebensowenig für einen schlüssigen Nachweis aus wie Untersuchungen zum für Schiller „untypischen" Wortgebrauch (vgl. Schröder, Vom jungen Schiller [1904], 231–242). Offenbar spricht aber einiges dafür, daß der Herausgeber Haug selbst nicht annahm, Schiller sei der Verfasser; andernfalls erschiene es befremdlich, daß er den Abdruck mit folgender Anmerkung kommentierte:

Dieses kleine Gedicht ist, wie es scheint, von einem jungen Menschen. Wir wollen unsre Meinung davon redlich sagen. Es hat zwar keinen förmlichen Plan; doch von der Ode so wohl die Grösse, als auch den Zuschnitt, nur daß es nicht immer gleich erhaben ist. Wir halten zwar nicht dafür, daß man jugendliche Arbeiten zu strenge beurtheilen soll; die Geseze sind gleichsam ein Bley an die Flügel junger Dichter. Doch muß man denen, aus welchen etwas werden kan, nachhelfen; und hier ist der Fall. Mein Freund, Sie müssen sich nicht so bald an grosse Gegenstände wagen. Hernach müssen vorher Materialien genug vorhanden seyn. Die drei besten Quellen sind: die Natur, die heilige Schrift, und die Menschen oder Weltkenntniß. Alsdann list man zwar viele alte Autores, und auch neuere: wählt aber einen oder zween, die mit uns besonders sympathisiren, zum Muster. Richten Sie sich nicht nach denen, die die Dichtkunst verachten: suchen Sie aber auch darinnen ihr Glüke nicht. Sie verfehlen des Wegs. Zu bald ist ein Fehler, und zu spät ist noch ein grösserer. Fragen Sie die Kenner. Versification und Sprachrichtigkeit haben Sie zimlich; doch sind hier und da Metathesen, die jezt zwar sehr gewöhnlich sind. (Schwäbisches Magazin, S. 575–577.)

Es folgt eine detaillierte Kritik von Einzelstellen. Haug schließt: Unsere Aufrichtigkeit muß Ihnen gefallen, wenn Sie einer Besserung fähig sind. *(Ebd., S. 577.) Aus dem Vergleich mit den Anmerkungen, mit denen Haug wenig früher Schillers Gedichte „Der Abend" und „Der Eroberer" begleitet hatte, läßt sich schließen, daß Haug hier nicht zu einem und demselben Autor gesprochen hat. Doch damit ist keineswegs schlüssig bewiesen (so wenig wie mit Stil-Argumenten), daß Schiller als Verfasser des Gedichts nicht in Frage kommt. Vgl. auch Schröder, Vom jungen Schiller (1904), 231–234. (Ebd., S. 234: „[...] der Verfasser des Gedichtes auf den Grafen Falkenstein, der auf engem Raume zweimal G l ü c k e anwendet, kann schon darum nicht Schiller sein!")*

445   Ode auf die glückliche Wiederkunft unsers gnädigsten Fürsten

ÜBERLIEFERUNG. H: ? h: SNM (Cotta). Abschrift von unbekannter Hand. — E: Nachrichten zum Nuzen und Vergnügen 1781. Nr 19 (6. März). S. 73–74. — Das Gedicht wurde immer wieder, so auch von Goedeke (Schillers sämmtliche Schriften 1 [1867], 185), Schiller zugesprochen; dessen Verfasserschaft wurde allerdings auch nicht seltener bestritten. Vgl. ERLÄUTERUNGEN. — Textwiedergabe nach E.

ERLÄUTERUNGEN. Die Annahme, dieses Gedicht auf die Rückkunft Herzogs Karl Eugen von einer zweimonatigen Reise nach Norddeutschland und Holland stamme von Schiller, beruft sich auf den Bericht in den „Fragmenten, Schillers Jugendjahre betreffend" im „Freimüthigen" vom 4. und 5. November 1805, die mit – s – unterschrieben sind und vermutlich von Karl Philipp Conz stammen. Dort heißt es: Auch ließ er [Schiller] im Jahr 1781 auf die glückliche Wiederkunft des Herzogs Carl in die Mäntlerische Zeitung, welche er kurze Zeit redigierte, ein Gedicht einrücken, und geriet über einige zu starke Ausdrücke mit dem Zensor in scharfen Wortwechsel. (NA 42, 16.)

    Zweifel an der Verfasserschaft Schillers mit dem Hinweis auf das im folgenden Jahr in der „Anthologie auf das Jahr 1782" veröffentlichte, ganz andersartige Gedicht „Die schlimmen Monarchen" oder auf „Die Räuber" setzen an der Formulierung „einrücken lassen" an: Damit sei nicht gesagt, daß Schiller die Strophen „gedichtet" habe, auch nicht, daß er sie als Redakteur zur Veröffentlichung gebracht habe. Außerdem wird angeführt, daß Schiller erst ab Mai 1781 (vgl. NA 22, 359–361), nicht aber schon am 6. März, dem Erscheinungsdatum des Gedichts in Nr 19 der „Nachrichten zum Nuzen und Vergnügen" von Christoph Gottfried Mäntler, Redakteur dieser Zeitung war.

    Untersuchungen zum „typischen" Sprachgebrauch, als Grundlage einer Zuordnung ohnehin problematisch, werden sowohl von Vertretern der Echtheitsthese als auch von deren Gegnern unternommen. Jene stützen sich im wesentlichen auf folgende Argumente: Der devote Ton des Gedichts, der nur schwer mit Schiller in Verbindung zu bringen sei, darf angesichts von (Auftrags-)Gedichten wie „Empfindungen der Dankbarkeit" oder „Todenfeyer am Grabe Philipp Friederich von Riegers" nicht befremden, er ist zu einem guten Teil der Gattung und dem Zeitgeschmack zuzuschreiben. Die Rede vom „Einrückenlassen" ist nur als Versuch des Berichterstatters zu verstehen, den Ausdruck zu wechseln, weil er wiederholt Texte von Schiller zitiert hat; davon abgesehen, ist diese Formulierung im Sinne von „veröffentlichen" durchaus üblich. Die Tatsache, daß Schiller noch nicht Redakteur der Mäntlerschen Zeitung war, spricht vielleicht gegen die Genauigkeit des Berichts im „Freimüthigen", nicht aber grundsätzlich gegen die Autorschaft Schillers (der zuvor schon bei Mäntler die „Elegie auf den frühzeitigen Tod Johann Christian Weckerlins" als Einzeldruck veröffentlicht hatte). Bedenkenswert erscheinen schließlich Parallelen zwischen den ersten Strophen der vorliegenden Ode und den „Empfindungen der Dankbarkeit", deren erster Vers lautet: Ein großes Fest! – Laßt, Freunde, laßt erschallen! – Zusammenfassend ist festzustellen: Solange kein unzweideutiges Indiz Schillers Verfasserschaft außer Frage stellt, bleibt sie zweifelhaft, wenn auch, nach den vorgetragenen Argumenten, nicht ausgeschlossen.

Zur Diskussion in der Forschungsliteratur vgl. NA 42, 459–460, außerdem: Schröder, Vom jungen Schiller (1904), 242–253; Hermann Müller, Schillers journalistische Tätigkeit (1915), 26–31.

446 [Joh. Simon Kerner]

ÜBERLIEFERUNG. H: ? – E: Schwäbischer Musenalmanach / Auf das Jahr 1782. Hrsg. von Gotthold Friedrich Stäudlin. Tübingen [1781]. S. 68 (unter der Überschrift: Auf einen Kräuterkenner); unterzeichnet: Armbruster.

ERLÄUTERUNGEN. Goedeke (Schillers sämmtliche Schriften 15 I, 418) berief sich bei dem Abdruck des – ein wenig variierten – Gedichtes auf eine Kernersche „Familientradition", die ihm L. Pfau, „der auch das Epigramm mitgetheilt hat" (ebd.), berichtet habe. – Über Armbruster vgl. die Erläuterungen zu „Kurze Schilderung des menschlichen Lebens". Vgl. auch Minor, Aus dem Schiller-Archiv, 66–67.

446–458 Aus der „Anthologie auf das Jahr 1782"

Schillers „Anthologie auf das Jahr 1782" enthält 83 Beiträge. Diese sind mit insgesamt 23 Chiffren (zumeist Buchstaben, außerdem ein Asteriskus und eine Crux) unterschrieben, in einem Fall mit dem Hinweis Vom Verfasser der Räuber (S. 180 unter dem Gedicht „Monument Moors des Räubers"). Die zuverlässige Auflösung der Chiffren und die eindeutige Zuordnung der Texte zum Kreis der Mitarbeiter an der „Anthologie" sind nur zum Teil möglich. (Zur lange geführten Diskussion dieses Problems vgl. die Literaturangaben unten.)

Einen Hinweis gab Jakob Friedrich Abel; in seinen autobiographischen Aufzeichnungen (vgl. Hartmann, Schillers Jugendfreunde, 110–111) teilte er mit, er sei der Verfasser des Gedichts „Fluch eines Eifersüchtigen"; dieses trägt, wie „An Fanny", „An mein Täubchen" und „An Gott", die Chiffre X. – Als von Schiller selbst stammende Stücke erwiesen sich alle in NA 1, 43–134 abgedruckten Gedichte, nämlich 48, von denen Schiller einige später in die Sammlung seiner Gedichte aufnahm; hinzu kommt „Semele, eine lyrische Operette von zwo Scenen" (vgl. NA 5, 111–136). Es handelt sich um alle Texte, die mit den Chiffren Y., W. D., W., M., O., v. R., A., Rr., den Siglen * und †. sowie mit der erwähnten Unterschrift Vom Verfasser der Räuber versehen sind. Überlegungen, ob nicht auch die „Grabschrift" und die folgenden sechs Gedichte Schiller zuzuschreiben sind, werden durch äußere und innere Gründe veranlaßt, die freilich nicht zur notwendigen Gewißheit führen. Folgende Gedichte stehen in Frage: „Grabschrift", „Der hypochondrische Pluto", „Der einfältige Bauer" und „Der Satyr und meine Muse", die zusammen die Gruppe der vier mit P. gekennzeichneten „Anthologie"-Beiträge ausmachen; „Passanten-Zettel *am Thor der Hölle"* / *„Item am Thor des Himmels"; die, wie drei andere Stücke (,,Der wirthschaftliche Tod", „Die Büchse der Pandora" und „Alte Jungfern") mit Z. unterschrieben sind; ferner „Die Alten und Neuen", wie ein zweites („An einen Galgen zu schreiben") versehen mit dem Vermerk C.; schließlich „Die alten und neuen Helden", einer von ebenfalls zwei Texten mit der Chiffre L. (das andere Gedicht ist das von Petersen stammende „In Fuldas Wurzellexikon").*

Zu den äußeren Indizien für Schillers Verfasserschaft gehören Abschriften von ihrem Bruder zugeschriebenen „Anthologie"-Gedichten Christophine Reinwalds; darunter befindet sich ein Heft „Auszüge aus der Anthologie / vom Jahr 1782. von Schiller" (H: GSA). Daraus geht hervor, daß sie u. a. auch Gedichte mit den Chiffren P., Z., C. und L. für Schiller in Anspruch nahm. Unstimmigkeiten in der Zuordnung der Chiffren (auch bei anderen Abschriften Christophine Reinwalds) nähren jedoch den Verdacht, daß hier „nach bloßem Gutdünken" entschieden wurde (vgl. Minor, Schiller 1, 581.) Ein anderer Anhaltspunkt ist die Vorbemerkung in der Metzlerschen Titelauflage der 1. Ausgabe der „Anthologie" aus dem Jahr 1798; darin heißt es: Vorzüglich die mit **M. P. Wd.** und **Y.** bezeichneten Gedichte sind von S c h i l l e r. *Diese Angabe, auch wenn sie in drei Fällen zutreffend ist, „beruht gleichfalls auf Vermuthung, der freilich Schiller nicht widersprochen hat, die aber in Bezug auf das P [...] nur mit Vorsicht aufgenommen werden darf." (Goedeke, Schillers sämmtliche Schriften 1, 355.)*

Prinzipiell problematisch blieben auch alle Versuche, für die Zuweisung innere Gründe, d. h. textimmanente Kriterien wie etwa die folgenden, heranzuziehen: Die Stichelei gegen die Journalisten in der „Grabschrift" spreche für Schiller, von dem auch „Die Journalisten und Minos" stamme (vgl. Minor, Schiller 1, 580; die medizinische Fachterminologie in „Der hypochondrische Pluto" deute auf den Regimentsarzt Schiller (vgl. ebd. 1, 437, 480; Petersen, Anthologie [1932], 26*); für Schiller sprächen außerdem „Ausdruck, Reimart, politische Anspielungen und selbst die eigenthümlich gestellten Gedankenstriche" (Boas, Schiller's Jugendjahre [1856] 2, 185) oder ebenso die Parallele schwarzer Kaiser *(V. 177)* mit schwarzer König *(Der Triumf der Liebe [V. 112]) als Bezeichnung für Hades (vgl. Minor, Schiller 1, 580; Weltrich, 537) oder auch die Erwähnung von* Niesewurz *(V. 189) hier und in der „Philosophie der Physiologie" (NA 20, 26, Z. 17; vgl. Minor, Schiller 1, 580). Die Beispiele dieser Art ließen sich vermehren. Stilistische Beobachtungen − etwa: die derbe und sorglose Sprache in „Der Satyr und meine Muse" sei „ganz die des jungen Schillers" (Weltrich, 519), oder „die große Virtuosität in der Versifikation" von „Der hypochondrische Pluto" zeuge für Schillers Talent (Zobeltitz, Anthologie [1905], 17, im Anschluß an Bülow, Anthologie [1850], XXXVI−XXXVII) − helfen bei der keineswegs schon charakteristisch entwickelten Schreibart der meist jugendlichen Autoren der „Anthologie" ebensowenig weiter wie die Feststellung im Falle des Epigramms „Die Alten und Neuen", es sei „nicht ohne Geist" und spiegle „mehr oder weniger Schillers Denkart" wider (Weltrich, 507). Vollends nutzlos sind Untersuchungen zum Reimgebrauch (vgl. Petersen, Anthologie [1932], 9*) oder Spekulationen wie die, Schiller habe in der Selbstrezension der „Anthologie" nur eigene Beiträge erwähnt (vgl. Jonas, Erläuterungen [1900], 99).*

Auch auf anderem Wege bleibt der Erfolg aus; von der (ohne Anlaß nicht zu bestreitenden) Annahme ausgehend, daß gleiche Chiffren den gleichen Verfasser bezeichnen, stellt sich die Frage, ob nicht für die jeweils anderen Gedichte von C., L. und Z. ein Autor sicher zu ermitteln ist. Mehr als Vermutungen ergeben sich dabei jedoch nicht. So wurde überlegt, ob nicht das Epigramm „In Fuldas Wurzellexikon" mit der Unterschrift L. von

Johann Wilhelm Petersen stammen könnte, weil dieser, später Bibliothekar, Sprachstudien betrieben habe, so daß ihm auch „Die alten und neuen Helden" zuzurechnen wären (vgl. Minor, Schiller 1, 580; Petersen, Anthologie [1932], 27*; Mommsen, Anthologie [1973], 42*); oder es wurde argumentiert: Das Epigramm „An den Galgen zu schreiben" von C. sei „ganz in Schiller's damaligem Styl" (Boas, Schiller's Jugendjahre 2, 200), also stamme auch „Die Alten und Neuen" von ihm. – Im einzelnen wurden, sofern die Gedichte nicht für Schiller reklamiert werden, folgende Namen genannt; für P.: Ferdinand Friedrich Pfeiffer, Petersen; für C.: Petersen; für Z.: Petersen, Graf Georg Johann von Zuccato, Georg Friedrich Scharffenstein; für L.: Petersen.

Dabei ist keineswegs gesichert, daß Pfeiffer und Zuccato überhaupt an der „Anthologie" mitgearbeitet haben; denn alle Spekulationen basieren auf einer von Heinrich Döring 1824 geäußerten Behauptung: „In diese Zeit [1781] fällt auch die Herausgabe der Anthologie *in Verbindung mit* Stäudlin [!] *worin Schiller mehrere seiner frühern Gedichte, unter andern die an Laura so wie die Poesien von seinen Freunden, die mit ihm auf der Carlsschule studirten, dem Grafen von* Zuccato *aus* Parenzo, *Ferd. Friedr.* Pfeiffer *aus* Pfullingen, *dem vorhin erwähnten Bibliothekar* Petersen *u.a.m. aufnahm." (Friedrichs [!] von Schiller Leben [1824], 58 – 59.) Über die Unzuverlässigkeit der Schiller-Biographie Dörings vgl. Oellers, Schiller (1967), 138 – 141.*

Die Frage der Verfasser der „Anthologie"-Gedichte wird in folgender Literatur behandelt: Bülow, Anthologie (1850), XXX–XLII; Boas, Schiller's Jugendjahre (1856) 2, 114–212; Goedeke, Schillers sämmtliche Schriften 1, 355–356; Boxberger, Schillers Werke 2, V–VI; Minor, Schiller (1890) 1, 579–582; Ernst Müller, Schillers Jugenddichtung (1896), 35–46; Weltrich (1899), 501–514; Jonas, Erläuterungen (1900), 99, 101–103; SA 2, 367–370; Zobeltitz, Anthologie (1905), 5–6; Stammler, Anthologie-Gedichte (1912), 69; Petersen, Anthologie (1932), 7*–11*; Mommsen, Anthologie (1973), 25*–58*.

Die Vorbemerkung der von Johann Benedikt Metzler (Stuttgart) besorgten Titelauflage der Sammlung – „Anthologie / auf das Jahr 1782. / Herausgegeben / von Friedrich Schiller" – hat folgenden Wortlaut:

Schiller, dessen Namen der Deutsche, wie die Namen Klopstock, Göthe und Wieland mit patriotischem Stolz' und Ehrerbietung ausspricht, gründete seinen Ruhm schnell und auf immer. Nächstens erhalten wir an seinem Wallenstein ein neues Meisterwerk. Wenn nun auch die frühsten Begeisterungs-Produkte eines vortreflichen Schriftstellers überhaupt an sich und besonders in so fern stets merkwürdig bleiben, als die Leser schon in den frühesten Jünglings-Versuchen das „os magna sonaturum" erkennen und nur desto mehr staunen müssen, wie rasch und zu welcher Höhe sich sein Genius aufschwang; so hoft der Verleger der Schillerischen Anthologie auf das Jahr 1782. den Dank des Publikum zu verdienen, wenn er sie unter ihrer wahren Firma in den Buchhandel bringt, und so die vielen Liebhaber des langen Fragens und Suchens von diesem Buch, das wegen des verschwiegenen Namens des Herausgebers und des erdichteten Drukorts nicht allgemein bekannt worden ist, mit Einemmal' überhebt. Vorzüglich die mit **M. P. Wd.** und **Y.** bezeichneten Gedichte sind von **Schiller**. Vielleicht findet der Herr Verfasser mehrere derselben der Aufnahme in eine künftige Sammlung seiner Werke nicht unwürdig.

Ostermesse 1798.

446 Grabschrift

ÜBERLIEFERUNG. H: ? – E: Anthologie auf das Jahr 1782. S. 53; unterzeichnet: P.

ERLÄUTERUNGEN. Als Verfasser des Gedichts werden auch Schillers Mitschüler auf der Karlsschule Ferdinand Friedrich Pfeiffer (1759–1806) und – mit besseren Gründen (vgl. zu „Der Satyr und meine Muse") – Johann Wilhelm Petersen (1758–1815) genannt. – Pfeiffer war in den Jahren 1782–1794 Professor für Englisch, Landwirtschaft, Ökonomie und Technologie an der Karlsschule. Über poetische Arbeiten von ihm (als „Anthologie"-Dichter) hat nur Heinrich Döring in seiner Schiller-Biographie berichtet (vgl. die einleitenden Erläuterungen).

447–453 Der hypochondrische Pluto

ÜBERLIEFERUNG. H: ? h: GSA. Christophine Reinwalds „Auszüge aus der Anthologie [...]". S. [29–39]. – E: Anthologie auf das Jahr 1782. S. 88–99; unterzeichnet: P. – Textwiedergabe nach E.

ERLÄUTERUNGEN. Auch in diesem Falle wird zuweilen Ferdinand Friedrich Pfeiffer (vgl. die einleitenden Erläuterungen) als möglicher Verfasser (hinter der Chiffre P.) genannt.

453 Die Alten und Neuen

ÜBERLIEFERUNG. H: ? h: GSA. Christophine Reinwalds „Auszüge aus der Anthologie [...]". S. [15]. – E: Anthologie auf das Jahr 1782. S. 105; unterzeichnet: C. – Textwiedergabe nach E.

ERLÄUTERUNGEN. Als Verfasser kommt Johann Wilhelm Petersen eher in Frage als Schiller.

454 Der einfältige Bauer

ÜBERLIEFERUNG. H: ? – E: Anthologie auf das Jahr 1782. S. 106; unterzeichnet: P.

ERLÄUTERUNGEN. Als Verfasser kommen eventuell Pfeiffer und – mit größerer Wahrscheinlichkeit (vgl. zu „Grabschrift") – Petersen in Frage.

454 Die alten und neuen Helden

ÜBERLIEFERUNG. H: ? h^1 und h^2: GSA. Christophine Reinwalds „Auszüge aus der Anthologie [...]". S. [16] und S. [43]. – E: Anthologie auf das Jahr 1782. S. 125; unterzeichnet: L. – Textwiedergabe nach E.

LESARTEN. Titel Die alten und die neuen Helden *(Druckfehler)]* Die alten und neuen Helden *E*

ERLÄUTERUNGEN. *Neben Schiller ist auch Petersen als Verfasser des Gedichts denkbar.*

455 Passanten-Zettel am Thor der Hölle / Item am Thor des Himmels

ÜBERLIEFERUNG. *H: ? h: GSA. Christophine Reinwalds „Auszüge aus der Anthologie [...]". S. [10]. – E: Anthologie auf das Jahr 1782. S. 131; unterzeichnet: Z. – Textwiedergabe nach E.*

ERLÄUTERUNGEN. *Auch in diesem Fall könnte Petersen der Verfasser sein (mit größerer Wahrscheinlichkeit als der zuweilen genannte Johann Georg Graf zu Zuccato, der nur durch Dörings Nennung [vgl. die einleitenden Erläuterungen] als „Anthologie"-Dichter überliefert ist).*

455 An Fanny

ÜBERLIEFERUNG. *H: ? h: GSA. Abschrift von Christophine Reinwald. 1 Doppelblatt in Oktavformat. Überschrift: An Fanny. Daneben (am rechten Rand): 1782. v. Schiller. Am unteren Rand der 4. S. umgekehrt – offenbar später hinzugefügt – die Notiz: Fanny Jäger von Seba / den 29 Nvbr. – E: Anthologie auf das Jahr 1782. S. 152–155; unterzeichnet: X. – Textwiedergabe nach E.*

ERLÄUTERUNGEN. *Die wahrscheinliche Verfasserschaft Abels ergibt sich aus den Angaben in seinen autobiographischen Aufzeichnungen (vgl. die einleitenden Erläuterungen).*

456–458 Der Satyr und meine Muse

ÜBERLIEFERUNG. *H: ? – E: Anthologie auf das Jahr 1782. S. 263–267; unterzeichnet: P.*

ERLÄUTERUNGEN. *Als Verfasser wird Pfeiffer (vgl. zu „Grabschrift") ebenso oft vermutet wie Schiller. Für diesen spricht allerdings nicht nur, daß sich Thema und ‚Ton' des Gedichts mit anderen „Anthologie"-Gedichten, die nachweislich von ihm stammen, eng berühren, sondern auch, daß Pfeiffer sich als Dichter nie in der Öffentlichkeit vorgestellt hat. Vgl. auch die einleitenden Erläuterungen.*

459 An Laura

ÜBERLIEFERUNG. *H: ? h^1: GSA. Abschrift (einer Abschrift) von unbekannter Hand. Auf der Vorderseite des Blattes vor dem Gedichttext: Abschrift eines ungedruckten Gedichtes von Schiller, (aus dem Nachlaß der Frau Adam geb. Wezel, die zu Anfang*

des Jahrhunderts im Schiller'schen Hause als Köchin diente.) NB. Nicht Original. – Die Handschrift scheint eine weibliche, an mehreren Stellen die Abschrift fehlerhaft). *Am unteren Rand der Rückseite umgekehrt von offenbar weiblicher Hand mit Bleistift geschrieben:*
>Als du sagtest ich must scheiden
>Faßt ich jene Drauung kaum, ungewiss sind künftge Leiden
>Wie ein Lichter Morgen Traum.
>O! könnte dich ein Unfall kränken, – dich den mein Treuer Arm umwand,
>O! wen ich an die Zeiten denke Wo er selig vor mir stand.

Am rechten Rand: SchreckensZeit du bist gekommen, Furcht umring mich und Gefahr / Freud und Luft sind mir genommen. Jede Stunde wird ein Jahr. h^2: SNM. *Abschrift (einer Abschrift) von Adolf Haakh. Auf der 1. Seite des Doppelblattes:* Gedicht von Schiller / (Copie eines Textes, den ich mehrere Jahre *[über gestr.* früher*]* in Händen hatte, und der sich *[gestr.* selbst*]* als Abschrift des Originals erwies. Die betreffende Abschrift war mir anvertraut von der Besitzerin, Frau Bäckermeister Heim's Wittwe in Heilbronn, Schwester des Profeßors Adam in Urach, deren Mutter, Frau Adam, zu Ende des vorigen und zu Anfang dieses Jahrhunderts im Hause von Schillers Schwägerin, Caroline v. Wolzogen, in Diensten stund, während eine Schwester derselben, Christine, in Schillers Hause und nach dem Tode des Dichters im Hause der Wittwe diente, bis zum Jahr 1814, in welchem sie zu Weimar starb (vgl. die unten S. 5–11 folgenden Briefe). / Stuttgart im Juli 1869. A. Haakh. *Auf der 4. S.:* (Auf dem Rande der zweiten Seite des Blattes, das die Abschrift des obigen Gedichtes enthielt, stunden folgende Zeilen von Laura's Hand, nur mit Bleistift geschrieben; manche einzelne Worte zeigten mangelhafte Orthographie.)

>Schreckenszeit, du bist gekommen,
> Furcht umringt mich und Gefahr;
>Freud' und Luft sind mir genommen,
> Jede Stunde wird ein Jahr.

>Als du sagtest, ich muß scheiden,
> Faßt' ich jene Drohung kaum;
>Ungewiß sind künft'ge Leiden
> Wie ein lichter Morgentraum. –

>O, könnte dich ein Unfall kränken,
> Dich, den mein treuer Arm umwand;
>O, wenn ich an die Zeiten denke,
> Da er selig vor mir stand!

Ungedruckt. – Textwiedergabe nach h^1.

LESARTEN. **9** ich] [ich] h^1 **12** zerrinnt] *danach Komma* h^2 Schaum.] Schaum! h^2 **19** Trunknen] Trunkenen h^2 **20** Leid!] Leid. h^2 **25** soll's] sollt' h^2 **26** Andrer] anderer h^2 **27** sehen,] sehen! – h^2 **32** Blut.] Blut. – h^2

ERLÄUTERUNGEN. *Über Schillers Laura-Gedichte geben die Erläuterungen zu „Die Entzükung / an Laura" allgemeine Auskunft. Ob das vorliegende Gedicht, das nur in*

Abschriften von Abschriften überliefert ist, zu diesen Jugendgedichten Schillers zu rechnen ist, erscheint zweifelhaft.

460–461 Trost am Grabe

ÜBERLIEFERUNG. H: ? – E: *Dem Andenken Friedrich von Schillers. Poetische und prosaische Aufsätze, vor dieser noch in keiner Sammlung von Schillers Werken abgedruckt, also zum ersten Mahle gesammelt von Johann Lorenz Greiner.* Grätz 1829. S. 40–42.

ERLÄUTERUNGEN. *Der Herausgeber versah den Abdruck des Gedichts mit folgender Erklärung: „Dieses Gedicht wurde mir zur Einrückung für den Ergänzungsband von Schillers Werken, als bisher noch in keiner Sammlung gedruckt, von Prag durch eine hohe Person eingesandt, mit der bestimmten Versicherung: daß jene Dichtung von Schiller zum Troste für eine junge Dame in Weimar, verfaßt worden sey; die ihren geliebten Gemahl im ersten Jahre ihrer glücklichen Ehe verlor, und dadurch in eine solche Trostlosigkeit verfiel, die selbst für ihre Gesundheit schlimme Folgen befürchten ließ." – Daß auch der an der Echtheit des Gedichts immerhin zweifelnde Hoffmeister (Nachlese 2, 277–280; mit der Jahreszahl 1789) und Boas (Nachträge 1, 80–82) die Verse als Gedicht Schillers abdruckten, besagt nichts über dessen Verfasserschaft; diese kann wohl ohne weitere Begründung ausgeschlossen werden. – Über die Qualität der Schiller-Arbeiten Greiners vgl. Oellers, Schiller (1967), 141–143 und 310–311.*

462–463 Der Tod

ÜBERLIEFERUNG. H: ? – E: *Tilskueren. Maanedsskrift for Litteratur, Kunst [...].* (Kopenhagen) 1919. 1. Halbband. Märzheft. S. 277–278 (Julius Clausen).

ERLÄUTERUNGEN. *Das Gedicht befand sich um 1820 im Besitz eines Fräulein Hommel in Nyborg, einer früheren Gouvernante auf einem holsteinischen Herrenhof, und wurde später von der Schauspielerin Pauline Petersen (verh. Clausen) abgeschrieben und in ihre Lebenserinnerungen eingefügt. Bei der Veröffentlichung der Erinnerungen (Erindringer af Pastorinde Pauline Petersen f. Clausen [...]. Kopenhagen 1919) wurde das Gedicht allerdings nicht gedruckt, weil es zur gleichen Zeit in der Zeitschrift „Tilskueren" erschien. (Vgl. Erindringer [...], S. 53 [Fußnote].) – Vgl. auch Chr. Sarauw: Et utrykt Digt af Schiller. In: Tilskueren [...] 1919. 1. Halbband. Aprilheft. S. 359–362.*

„Der Tod" mag als Gelegenheitsgedicht verstanden werden; doch ist es gedanklich und poetisch so schwach (trivial und unbeholfen), daß Schiller – auch der junge Schiller – als Verfasser kaum in Frage kommt.

464–465 Lied [I] / Lied [II]

ÜBERLIEFERUNG. I) H: ? – E: *Taschenbuch für Damen auf das Jahr 1809.* Tübingen [1808]. S. 250; überschrieben: Lied von Schiller. – II) H: ? – E: *Schillers Lied: „Es tönen die Hörner" für Sopran, Tenor und Baß [...], in Musik gesetzt [...] von Albert Methfessel. Leipzig [1809]. (Angaben nach Goedeke, Schillers sämmtliche Schriften 4, 350). – Textwiedergabe von II – da der Erstdruck nicht erreichbar war – nach Goedeke, Schillers sämmtliche Schriften 4 (1868), 350.*

ERLÄUTERUNGEN. Im Falle beider Lieder, die nach Schillers Tod veröffentlicht wurden, fehlen sichere Anhaltspunkte für Schillers Verfasserschaft, die allerdings nicht unwahrscheinlich ist. Immerhin gibt es einen Hinweis auf den Zusammenhang, in dem beide Lieder entstanden sein könnten. In seinem Brief an Ludwig Ferdinand Huber vom 17. Mai 1786 schrieb Schiller: Kannst Du Dir vorstellen, daß ich gestern 2 Arien und 1. Terzett zu einer Operette gemacht habe, und daß der Text schon in den Händen des Musikus ist. Möglicherweise ist hier von einem Operettenplan des zu Beginn des Briefes erwähnten Mannheimer Musikdirektors und Konzertmeisters Ignaz Franz Joseph Fränzl (1736–1811) die Rede, der sich seinerzeit zusammen mit seinem Sohn Ferdinand (1767–1833) in Dresden aufhielt.

Schiller hatte Fränzl, der als Violinist, Konzertreisender und Komponist hervorgetreten war, während seiner Zeit in Mannheim kennengelernt (vgl. an Zumsteeg vom 19. Januar 1784). Fränzls Sohn Ferdinand hatte für „Die Verschwörung des Fiesko" zur Mannheimer Aufführung vom 11. Januar 1784 die Ouvertüre, Zwischenakte, und die darinnen vorkommende Musik geliefert (vgl. den Theaterzettel; NA 4, 270), so daß auch eine erneute Zusammenarbeit zwischen dem jungen Fränzl und Schiller denkbar ist.

Ferdinand Fränzl hatte mit dem zweiaktigen Singspiel „Die Luftbälle" im März 1786 seinen ersten großen Erfolg als Komponist. In Christoph Friedrich Bretzners Textbuch zu diesem Singspiel sind die beiden vorliegenden Lieder allerdings nicht zu finden (nach freundlicher Auskunft von Dr. Robert Müster und Dr. Helmut Hell, Bayerische Staatsbibliothek München, vom 11. und 24. März 1986), ebensowenig im gedruckten Text: „Die Luftbälle, oder: der Liebhaber à la Montgolfier. Posse, in zwey Akten, von C. F. Bretzner" (Leipzig 1786). – Über Fränzl informiert ausführlich Würtz, Ignaz Fränzl (1970). – Vgl. auch die Erläuterungen zu „Ein Wechselgesang".

466 [Zuversicht im Glauben]

ÜBERLIEFERUNG. H: ? – h¹: SNM (Cotta). Abschrift von unbekannter Hand; ohne Titel, überschrieben: Schiller / *ungedruckt. – h²: SNM (Cotta). Abschrift von h¹ von der Hand Karl Goedekes. Unter der Abschrift: Eine Abschrift dieses Gedichtes fand sich zwischen Briefen von Buchhändlern (Göschen, Crusius usw) an Schiller [...]. – E: Goedeke, Schillers sämmtliche Schriften 11 (1871), 430; mit der von Goedeke stammenden Überschrift: [Glaube.]. – D: Modern Philology 18 (1920/21). S. 343–344 (Starr Willard Cutting); dazu die einleitende Bemerkung des Herausgebers: „In the summer of 1904 I purchased of Friedrich Strobel in Jena an album of prose and verse, in the handwriting of Caroline Junot (née Schiller), the oldest daugther of Friedrich Schiller. [...] There appears no valid reason for doubting the genuineness of the poem [...]." – Textwiedergabe nach h¹.*

ERLÄUTERUNGEN. Es gibt keinerlei äußere Indizien, die zuverlässig auf Schiller hinweisen. Auch unter textimmanenten Gesichtspunkten dürfte es schwerfallen, das

Gedicht, das wie ein Gegenstück zu "Kurze Schilderung des menschlichen Lebens" wirkt, für Schiller zu reklamieren. Der Angabe auf der Druckvorlage von D, das ungedruckte Gedicht stamme von Schiller, ist mit Mißtrauen zu begegnen; auch der Umstand, daß diese sich unter Briefen von Göschen, Crusius u. a. an Schiller fand, ist nur ein schwaches Argument für die Verfasserschaft Schillers.

467 [Für den Mundharmonikaspieler Koch]

ÜBERLIEFERUNG. H: ? h: GSA; überschrieben: In den Stammbuche eines MundHarmonika / Spielers von Fr: v Schiller. *– E: Minor, Aus dem Schiller-Archiv (1890), 69 (nach h). – Textwiedergabe nach h.*

ERLÄUTERUNGEN. Ob das Gedicht, das in einer orthographisch mangelhaften Abschrift aus dem Nachlaß von Schillers Schwager Reinwald mit der Bemerkung: von Fr: v Schiller *überliefert ist, tatsächlich von Schiller stammt, dafür gibt es keine zuverlässigen Anhaltspunkte. Minor glaubte, Schillers Name sei hier "als Dichtername mißbraucht worden", um fremde Verse aufzuwerten (Aus dem Schiller-Archiv, 69).*

Immerhin lernte Schiller Koch offenbar in Mannheim kennen; in seinem Brief an Zumsteeg vom 19. Januar 1784 heißt es: Deinem MaultrommelVirtuosen ist durch H. Conzertmeister Fränzel protection wiederfahren. *– Franz (Paul) Koch (geb. 1761) war ein musikalischer Autodidakt; er trat in Konzerten mit einer doppelten Mundharmonika, einem Paar Maultrommeln oder Brummeisen, auf. Besondere Berühmtheit erlangte er durch Jean Pauls Roman "Hesperus, oder 45 Hundsposttage" (1795), in welchem Koch und seinem Spiel ein Kapitel gewidmet ist (vgl. 28. Hundsposttag, Dritter Osterfeiertag). In (Johann Gottlieb) "Schummels Breslauer Almanach für den Anfang des neunzehnten Jahrhunderts" (T. 1. Breslau 1801) findet sich eine Lebensbeschreibung Kochs (S. 322–328), in der von einem umfangreichen Stammbuch die Rede ist, das Koch auf seinen Reisen mitführe und das bereits zum dritten Bande angewachsen sei (S. 327); von denen, die sich einschrieben, werden Klopstock und Jean Paul, nicht aber Schiller genannt.*

467 [In das Fremdenbuch von Schwarzburg-Paulinzella (I)]

ÜBERLIEFERUNG. H: ? – E: ALG 13 (1884/85). S. 425 (Bernhard Anemüller). Der Druck erfolgte "nach einer Copie der Fürstin Caroline Louise von Schwarzburg 1810: v. Schiller, Gedicht, das er in das Fremdenbuch in Paulinzelle eingeschrieben." *Unter dem Gedicht:* v. Schiller

ERLÄUTERUNGEN. Mit der Handschrift der Eintragung fehlt ein sicheres Indiz für Schillers Verfasserschaft. Die angeblich von Schiller selbst stammende Unterschrift erweckt große Zweifel an der Authentizität der Eintragung; denn zur Zeit der mutmaßlichen Entstehung war Schiller noch nicht geadelt, und es ist wohl auszuschließen, daß er sich durch v. Schiller *als Verfasser bezeichnete.*

Schiller unternahm 1788 mit Charlotte von Lengefeld einen Ausflug nach Schwarzburg und Königsee südlich von Rudolstadt im nördlichen Thüringer Wald (vgl. an Charlotte

vom 28. September 1788). Die Ruine des dortigen Benediktinerklosters ist Gegenstand des Gedichts und Anlaß der Betrachtung über die Vergänglichkeit.

468   [In das Fremdenbuch von Schwarzburg-Paulinzella (II)]

ÜBERLIEFERUNG. H: ? – E: *[Christian Wilhelm Oemler:] Schiller, der Jüngling, oder Scenen und Charakterzüge aus seinem frühern Leben. Allen Verehrern des großen Dichters gewidmet.* Stendal 1806. S. 114. (Danach Heinrich Döring *[Friedrich von Schillers Leben.* Weimar 1822. S. 106*]* und viele andere Schiller-Biographen und -Herausgeber.)

ERLÄUTERUNGEN. Oemlers Schillerbuch – wie auch sein zuvor (ebenfalls anonym) erschienenes Werk (*Schiller, oder Scenen und Charakterzüge aus seinem spätern Leben.* Stendal 1805) – besteht fast ausschließlich aus erfundenen Anekdoten und Fälschungen. Vgl. Oellers, Schiller (1967), 88 – 102.

468   Im October 1788

ÜBERLIEFERUNG. *Das Gedicht, das in der „Thalia" mit S. unterzeichnet ist, wurde zuerst von Joachim Meyer (vgl. Beiträge [1858], 16 – 18) Schiller zugewiesen. Vgl. auch Meyer, Neue Beiträge (1860), 34 – 39.*

ERLÄUTERUNGEN. *Körner, der das Gedicht zunächst Schiller zugeschrieben hatte (vgl. seinen Brief an Schiller vom 24. Dezember 1790), nahm es später in die von ihm veranstaltete Schiller-Ausgabe nicht auf. Es stammt, wie Goedeke nachgewiesen hat (vgl. Schillers sämmtliche Schriften 6, 429 – 430), von Gustav Schilling (1766 – 1839), der schon zum 7. Heft der „Thalia" (1789) zwei Gedichte beigesteuert hatte: „An die Wohlthätigkeit" (S. 121 – 124) und „Ode an Gott" (S. 125 – 128).*

468   [Oft, wenn das wunde Herz noch blutet]

ÜBERLIEFERUNG. Vgl. ERLÄUTERUNGEN.

ERLÄUTERUNGEN. *Die Verse finden sich am Ende eines Doppelblatts mit Abschriften Charlotte von Schillers aus dem „Don Karlos" und den „Räubern" (H: GSA). Sie wurden in einer anderen Tinte als die vorhergehenden Dramenstellen, also offenbar in einem anderen Zusammenhang niedergeschrieben. Es könnte sich um Verse Charlottes handeln.*

468   [Für einen Unbekannten]

ÜBERLIEFERUNG. H: ? h: SNM (Cotta). *Abschrift des Erstdrucks von Karl Goedeke.* – E: *Hamburgischer Briefträger. Eine Wochenschrift für Freunde und Feinde bearbeitet von A. F. Bonaventurus [d.i. Adam Friedrich Schultze (1752 – 1800); nach dessen Tod setzte seine Witwe die Zeitschrift fort].* 25. Mai 1805. S. 312.

ERLÄUTERUNGEN. Der Adressat der Stammbucheintragung ist nicht bekannt; möglicherweise verbirgt er sich hinter der Chiffre S.; im „Hamburgischen Briefträger" vom 25. Mai 1805, in dem die Verse zuerst gedruckt wurden, geht unmittelbar voraus ein Artikel über „Schillers Tod"; an diesen schließt sich eine Nachschrift an, in der es heißt: und zum Desert manchem unserer Leser folgende Denkschrift von Ihm [Schiller] in meinem Stammbuche (S. 312), *worauf die vorliegenden Verse folgen. Die Chiffre ist nun so plaziert, daß sie sich auch auf den Verfasser der Nachschrift oder des vorangehenden Beitrags beziehen könnte. Außer dem Hinweis des anonymen Stammbuchbesitzers gibt es keine Anhaltspunkte, die Schiller als Autor ausweisen, auch wenn Thematik (Wahrheit, Irrtum, Naivität) „schillerisch" ist. Goedekes Vermutung, Karl Leonhard Reinhold, Professor der Philosophie in Kiel, könnte der Inhaber des Stammbuchs gewesen sein (vgl. Schillers sämmtliche Werke 11, 379), bleibt ohne Begründung.*

469 [Für einen Unbekannten]

ÜBERLIEFERUNG. H: ? h: GSA. („Angebliches Gedicht Schillers im Stammbuch eines Unbekannten.") Abschrift von fremder Hand aus dem Besitz Gustav von Loepers.

LESARTEN. Datumszeile: 92. h

ERLÄUTERUNGEN. Da die für Schiller in Anspruch genommenen Verse nur in einer Abschrift fremder Hand aus dem Besitz des Goethe-Forschers Gustav von Loeper (1822–1891), des Herausgebers von Goethes Lyrik in der Weimarer Ausgabe, überliefert sind, muß die Frage der Verfasserschaft offen bleiben, auch wenn diese aus inhaltlichen und formalen Gründen durchaus Schiller zukommen könnte.

469 Das Orakel

ÜBERLIEFERUNG. H: ? – Die Verse wurden als vielleicht von Schiller stammendes Gedicht (aus dem Stammbuch des Jenenser Studenten Johann Anton Christian Sesemann, eingetragen von Johann Friedrich Heinrich Schwabe am 5. März 1799) veröffentlicht von Fritz Jonas in: Zeitschrift für vergleichende Litteraturgeschichte N. F. 12 (1898). S. 100.

ERLÄUTERUNGEN. Das mit E. unterzeichnete Gedicht in Schillers „Musen-Almanach für das Jahr 1796" stammt von Herder (vgl. die Erläuterungen zu Schillers Brief an Körner vom 17. August 1795). Vgl. auch Albert Leitzmann in: Euphorion 6 (1899). S. 339.

469 Unger über seine beyden Verlagsschriften: Wilhelm Meister und das Journal Deutschland

ÜBERLIEFERUNG. Als von Schiller stammendes Epigramm von Goedeke (Schillers sämmtliche Schriften 11 [1871], 160) gedruckt. Vgl. ERLÄUTERUNGEN.

ERLÄUTERUNGEN. Die Verse werden von Schiller im Brief an Goethe vom 23. [25.?] Juli 1796 als das neueste aus Berlin zitiert; insofern ist Schiller wohl nicht als ihr Verfasser zu betrachten, auch wenn sie bisher in keiner Berliner Zeitung nachgewiesen werden konnten; vgl. Näheres in den Erläuterungen zu Schillers Brief.

470 Der Mensch

ÜBERLIEFERUNG. H: ? h: SNM. Abschrift von unbekannter Hand; über dem Text: Gedichte von Schiller vor seinem Tode geschrieben. / nr 9.; daneben von anderer Hand: J. L. Evers. – Als Gedicht Schillers veröffentlicht: Der Mensch / ein Gedicht von Schiller / in Musick gesetzt / und / für die Guitarr eingerichtet / von [Amandus Eberhard] Rodatz. Mainz o. J.

ERLÄUTERUNGEN. Das Gedicht in den „Vierhundert Liedern [...]" ist mit L. Evers unterzeichnet; vgl. zur Verfasserschaft im übrigen Hoffmann von Fallerslebens Sammlung „Unsere volksthümlichen Lieder" (2. Aufl. Leipzig 1859. S. 138). – Joachim Lorenz Evers (1758–1807) war Goldschmied in Altona.

470 Die Danaiden

ÜBERLIEFERUNG. H: ? – Als Gedicht Schillers veröffentlicht in: Schillerlieder von Goethe, Uhland, Chamisso, Rückert, Schwab, Seume, Pfizer und Anderen. Nebst mehreren Gedichten Schillers, die sich in den bisherigen Ausgaben von Schillers Werken nicht finden. Gesammelt von Ernst Ortlepp. Stuttgart 1839. S. 340–348.

ERLÄUTERUNGEN. Daß Gries der Verfasser des Gedichts ist, geht aus dem „Inhalts-Verzeichniß der Horen Jahrgang 1797" am Ende des 12. Stücks (nach S. 80) sowie aus Schillers Brief an Gries vom 22. Dezember 1797 hervor. Johann Diederich Gries (1775–1824) war damals Student der Jurisprudenz in Jena, später trat er als Übersetzer romanischer Literatur hervor.

470 Stanzen an Amalien

ÜBERLIEFERUNG. H: ? – Als Schiller-Gedicht veröffentlicht von Ernst Ortlepp (Schillerlieder [vgl. zu „Die Danaiden"], 349–350).

ERLÄUTERUNGEN. Verfasser ist laut „Inhalts-Verzeichniß" der „Horen" der Leipziger Schriftsteller Karl Ludwig Methusalem Müller (1771–1837). Vgl. seinen Brief an Schiller vom 30. November 1797.

470 Die Schatten auf einem Maskenball

ÜBERLIEFERUNG. H: ? – Als Einzelblatt von Fr. Campe & Sohn (Nürnberg o. J.) gedruckt (vermutlich Mitte des 19. Jahrhunderts); unter dem Gedichttext am linken Rand: 1796; am rechten Rand: Schiller.

ERLÄUTERUNGEN. Das Gedicht war für die Geburtstagsredoute der Weimarer Herzogin Luise am 14. Februar 1797 bestimmt, auf der Amalie von Imhoff (1776 – 1831) – wie auch ihre Mutter – als Schatten verkleidet auftrat. Vgl. Düntzer, Charlotte von Stein (1874) 2, 64. Schiller wollte es zunächst im „Musen-Almanach" veröffentlichen. Vgl. den Brief der Verfasserin an Matthisson vom 26. November 1797, abgedruckt in: Raabe, Die Horen (1959), 100 – 101.

471 Cosmopoliten

ÜBERLIEFERUNG. H: ? – Als Gedicht Schillers veröffentlicht von Ernst Ortlepp (Schillerlieder [vgl. zu „Die Danaiden"], 351).

ERLÄUTERUNGEN. Vgl. die Erläuterungen zu „Das Neue".

471 Das Neue

ÜBERLIEFERUNG. H: ? – Als Gedicht Schillers veröffentlicht von Ernst Ortlepp (Schillerlieder [vgl. zu „Die Danaiden"], 352).

ERLÄUTERUNGEN. Zu diesem wie zu dem vorangegangenen Gedicht bemerkt das „Inhalts-Verzeichniß" der „Horen": von M. Gelegentlich wurde vermutet, dahinter verberge sich Johann Georg Friedrich Messerschmid; aus dessen Brief an Schiller vom 6. Juni 1798 geht aber hervor, daß vorher noch keine Kontakte zwischen ihm und Schiller bestanden. (Das „Horen"-Stück, das die Gedichte enthält, wurde im Februar 1798 ausgeliefert.) Raabe hält es für denkbar, daß beide Gedichte von Karl Ludwig Woltmann (1770 – 1817) stammen (vgl. Die Horen [1959], 101 – 102).

471 Reiterlied [Schlußstrophe]

ENTSTEHUNG. Vgl. ERLÄUTERUNGEN.

ÜBERLIEFERUNG. H: ? h^1: GSA. Auszüge aus „Wallenstein", als Abweichungen eines Weimarer Bühnenmanuskripts vom Erstdruck verzeichnet, von der Hand Amalie Voigts. h^2: GSA. Eintragungen des Schauspielers Johann Jacob Graff in sein „Wallenstein"-Exemplar. Vgl. dazu NA 8, 413 – 414 und BA 4, 551; außerdem Hoffmeister, Nachlese 3 (1840), 219 – 220 und NA 8, 422 – 423. – E^1: Taschenbuch für Damen auf das Jahr 1808. Tübingen [1807]. S. XII (nur die Schlußstrophe). E^2: Reiterlied / von / Schiller. / Stein Druck. / Stuttgard / in der Steindruckerey / und Tübingen / in der J. G. Cotta'schen Buchhandlung. / Geschrieben und in Stein gegraben von J: Carl Ausfeld. 1807 (das ganze Lied mit der Schlußstrophe auf 5 Folioblättern). – Textwiedergabe nach E^1.

LESARTEN. Die Varianten der verschiedenen bekannt gewordenen Fassungen (vgl. ÜBERLIEFERUNG) „sind auf die mündliche Überlieferung zurückzuführen" (NA 8,

422). *Fast völlig übereinstimmend mit dem Text des Erstdrucks ist der von Hoffmeister (Nachlese 3, 220) nach einem "Weimarer Theaterexemplar" (ebd., 219) wiedergegebene Druck. Vermutlich geht der Erstdruck auf dieses (offenbar nicht erhaltene) Exemplar zurück.*

ERLÄUTERUNGEN. *Daß die Schlußstrophe des "Reiterlieds" auf dem Theater in Weimar (und Lauchstädt) gesungen wurde (nach Hoffmeister [Nachlese 3, 219] noch "wenigstens in den Jahren 1805 und 1806"), kann kaum bezweifelt werden; auch nicht, daß sie von Schiller stammt. Vermutlich entstand sie nicht lange nach der ersten Aufführung (12. Oktober 1798). – Vgl. auch die Erläuterungen zu "Reiterlied".*

472–474   Gedanken bei dem Scheiden des 1798sten Jahres

ÜBERLIEFERUNG. H: ? – *E: Tägliche Volkszeitung (St. Paul, Minneapolis / USA) vom 9. Juli 1907; danach in: Die Gegenwart. Wochenschrift für Literatur, Kunst und öffentliches Leben. 36. Jg. Nr 33 vom 17. August 1907. S. 110–111.*

ERLÄUTERUNGEN. *Nicht nur der Inhalt des Gedichtes, sondern auch die dem Erstdruck beigefügten Facsimilia der Anfangs- und Schlußstrophen schließen Schillers Verfasserschaft aus.*

474   [Neujahrswunsch 1799]

ÜBERLIEFERUNG. H: ? – *E: Jonas 5 (1895), 499 (nach einem von Johann Friedrich Bolt besorgten Kupferstich, auf dem die Verse hinzugefügt sind).*

ERLÄUTERUNGEN. *Es wird vermutet, die Verse könnten Ergebnis der Überarbeitung des Gedichts "Das Spiel des Lebens" sein; Schiller hatte dieses Gedicht dem Berliner Buchhändler und Verleger Johann Karl Philipp Spener zur Verwendung für dessen Neujahrsgabe 1797, den Stich eines Guckkastenmannes, zur Verfügung gestellt; vgl. im einzelnen die Erläuterungen zu "Das Spiel des Lebens". Weil das Gedicht zu spät eintraf und den Erwartungen Speners nicht entsprach, bat dieser im Brief vom 22. November 1796 um eine Überarbeitung des Textes für die Neujahrsgabe 1798. Nach Mahnungen Speners schickte ihm Schiller schließlich am 27. April 1797 fünf Kleinigkeiten, unter denen er die für seinen Zweck geeignetste auswählen sollte. Ob sich darunter auch vorliegende Verse befanden, läßt sich wegen des lückenhaft überlieferten Briefwechsels zwischen Schiller und Spener nicht mit Bestimmtheit sagen. Jonas (s. u.) stellt die Vermutung an, daß in den von Schiller in seinem Kalender vermerkten, nicht bekannten Briefen Speners vom 3. Juni 1797 und 25. November 1798 von dem Gedicht die Rede gewesen sei: Im ersten könne Spener mitgeteilt haben, daß die Zeit zur Herstellung der Neujahrsgabe wieder zu kurz sei und er den Text für 1799 vorsehen werde, im zweiten sei möglicherweise die Fertigstellung des Kupferstichs angezeigt worden. – Der Gedanke des Gedichts – wahres Glück liegt nur im Innern des Menschen – widerspräche Schiller nicht (vgl. z. B. "Die Worte des Wahns").*

Vgl. zur Echtheitsfrage Goedeke, Schillers sämmtliche Schriften 11, 441–443; Jonas 5, 498–499; SA 2, 354–356; Jonas, Ein Neujahrswunsch (1905/06).

474 [Zum Geburtstage des Hofrats Loder]

ÜBERLIEFERUNG. H: ? – E: Gedenkbuch an Friedrich Schiller. Am 9. Mai 1855 funfzig Jahre nach dem Tode Schiller's hrsg. vom Schiller-Verein zu Leipzig. Leipzig (1855). S. 246–247. Ebd., 239: „An der Aechtheit dieses [...] Gedichtes wird man vielleicht versucht zu zweifeln. Angegeben jedoch wird: Böttiger, damals Rektor des weimarischen Gymnasiums, habe alsbald eine Abschrift durch den Primaner Kunze nehmen lassen und diesem gestattet, das Gedicht auch für sich abzuschreiben. Kunze wurde in der Folge Lehrer an der Bürgerschule zu Leipzig und übergab dem Schillerverein im Jahre 1843 seine Abschrift [...]."

ERLÄUTERUNGEN. Unter einer Abschrift des Gedichts, die sich unter den Briefen Christian Gottfried Schütz' an Böttiger fand, vermerkte Böttiger als Verfasser Schütz. Außerdem geht aus dem Brief Loders an Böttiger vom 6. Februar [verschrieben für März] 1799 hervor, daß er ein Geburtstagsgedicht von Schütz erhielt, bei dem es sich nur um das vorliegende handeln kann. Vgl. im einzelnen Boxbergers Miszelle „Das Gedicht auf den Geburtstag des Hofraths Loder nicht von Schiller" (in: ALG 7 [1878]. S. 154–155) und seinen ergänzenden Hinweis dazu (ebd. S. 408).

475 [An Carl Katz nach Subiacco]

ÜBERLIEFERUNG. H: ? h: SNM (Cotta). Abschrift einer Abschrift des Gedichtes als eines Briefes von Schiller an seinen Freund Bildhauer Katz in Subjaco vom 30. August 1802. – E: Morgenblatt für gebildete Stände 1810. Nr 258 vom 27. Oktober.

ERLÄUTERUNGEN. Das Gedicht trägt im Erstdruck den Titel „An Carl Katz nach Subiacco. / Eine Elegie von Fr. Schiller" und ist am Ende datiert: Den 30 August 1802. Inhalt und Form der Elegie lassen es ebenso wie die Beziehung zwischen Schiller und dem Dresdner Landschaftsmaler Karl Ludwig Katz (Kaaz) (1776–1810) ausgeschlossen erscheinen, daß Schiller der Verfasser ist. Für die Verfasserschaft Böttigers spricht eine entsprechende Zuschreibung in Cottas Redaktionsexemplar des „Morgenblatts". (Diese Zuschreibung schließt allerdings nicht aus, daß Böttiger lediglich der Einsender des Gedichts war.) Bei der erneuten Veröffentlichung des Gedichts im „Morgenblatt für gebildete Leser" (1841. Nr 104 vom 1. Mai S. 413–414) läßt Gustav Schwab die Verfasserfrage offen; neben Schiller zieht er auch Hölderlin in Betracht (vgl. S. 414).

475 [Rätsel] (Wer kraftvoll sein Geschick bezwungen)

ENTSTEHUNG. Die erste Aufführung von Schillers Bearbeitung der „Turandot" fand am 30. Januar 1802 in Weimar statt. Wenn ein Zusammenhang mit den für „Turandot" vorgesehenen Rätseln besteht (was durchaus wahrscheinlich ist), dann könnte das Gedicht in der Zeit von Ende Oktober 1801 bis Ende Januar 1802, vielleicht auch für eine der folgenden Aufführungen geschrieben worden sein.

ÜBERLIEFERUNG. H: ? h^1 und h^2: GSA. 2 Abschriften der ersten 4 Verse von Christophine Reinwalds Hand auf je einem Einzelblatt. h^3: GSA. Abschrift der ersten 4 Verse von Christophine Reinwald im Stammbuch Reinwalds (S. 156). h^4: SNM. Abschrift der Verse 1 und 3–9 auf der Vorderseite eines Einzelblatts. h^5: SNM. Abschrift der Verse 1–9 auf der Rückseite desselben Blattes. – E: Monat-Rosen. Blätter aus Franken zur Belehrung und Unterhaltung (Bad Mergentheim). 4. Jg. Juni 1846. S. 96. (Veröffentlicht von Ottmar Schönhuth, dem Herausgeber des Blattes, nach einer Handschrift im Besitz Eduard Mörikes [nach freundlicher Mitteilung von Dr. Hans-Ulrich Simon, Marbach a. N.].) – Textwiedergabe nach E.

LESARTEN. Überschrift: Der wahre Adel h^1 h^2 h^3 Ungedrucktes Räthsel von Schiller. E   1 kraftvoll] standhaft h^1 h^2 h^3 2 Würdigste] Würdige h^1 h^2 3 dornevoller] dornevoller h^1 h^2 4 Der] D e r h^1 h^2 5 leerem] stolzem h^3 h^4 6 Sich] Nur h^4 nur h^5 8 wünscht] sucht h^4 h^5 9 Der will mich seinen Geist erringen h^4 h^5

ERLÄUTERUNGEN. Das Rätsel stammt wahrscheinlich von Schiller, auch wenn die Varianten in den Fassungen h^4 und h^5 sowie die unvollständigen Abschriften h^1–h^3 mit der Überschrift „Der wahre Adel" an Verse Christophine Reinwalds denken lassen könnten. Doch gibt es ähnliche Eingriffe Christophines (Veränderungen, Kürzungen) nicht selten in ihren vielen Abschriften von Gedichten ihres Bruders. – Auflösung des Rätsels: Adel – Leda.

475   [Rätsel] (Ein Bruder ist's von vielen Brüdern)

ÜBERLIEFERUNG. H: SNM. Abschrift des Goetheschen Rätsels von Schillers Hand; auf der Rückseite desselben Blatts, auf dessen Vorderseite Schiller sein Rätsel „Aus Perlen baut sich [...]" geschrieben hat. Vgl. ÜBERLIEFERUNG und LESARTEN zu „Von Perlen baut sich [...]".

ERLÄUTERUNGEN. Goethe steuerte das Rätsel zur „Turandot"-Aufführung am 3. Februar 1802 bei; vgl. seinen Brief an Schiller vom 2. Februar 1802.

476   Gedichte aus dem Drama „Die zwey Emilien"

ÜBERLIEFERUNG. H: ? – Die Gedichte seien, so glaubte Goedeke (Schillers sämmtliche Schriften 11 [1871], 420), „möglicherweise von Schiller"; deshalb nahm er sie in seine Ausgabe auf (ebd., 421–422).

ERLÄUTERUNGEN. Das Stück (Die zwey Emilien. Drama in vier Aufzügen. Nach dem Englischen. Tübingen, in der J. G. Cotta'schen Buchhandlung 1803) stammt, wie die in ihm enthaltenen drei Gedichte „Lied", „Grabschrift" und „Der Klosterbruder", von Charlotte von Stein. Schiller vermittelte den Druck bei Cotta. Vgl. seinen Brief an Cotta vom 9. Juli 1802 und die Erläuterungen dazu.

476 Orphischer Gesang

ÜBERLIEFERUNG. Anton Schlossar veröffentlichte 1896 den Hymnus als „Eine ungedruckte poetische Bearbeitung Schillers" (in: Die Dioskuren. Literarisches Jahrbuch des ersten allgemeinen Beamtenvereins der österreichisch-ungarischen Monarchie. S. 64–66) und versicherte: „Das nachfolgende Gedicht, 24 Hexameter, ist im Originale von Schillers eigener Hand mit bereits etwas verblaßter Tinte in des großen Dichters kräftigen Zügen niedergeschrieben und dürfte ohne Zweifel eine unbekannte Dichtung, das heißt poetische Bearbeitung Schillers [...] sein." (S. 64.) Die Angabe zur Handschrift konnte nicht überprüft werden, weil die gegenwärtige Besitzerin des Hammer-Purgstallschen Archivs eine Einsichtnahme verweigerte und auch nicht bereit war, eine Kopie der Handschrift zur Verfügung zu stellen.

ERLÄUTERUNGEN. Der Verfasser (Bearbeiter) des Gedichts ist Friedrich Bouterwek, der es 1804 in der von ihm herausgegebenen Zeitschrift „Neues Museum der Philosophie und Litteratur" (Bd 2. Heft 1. S. 3–4) veröffentlichte. Vgl. auch Leitzmann, Schiller als Übersetzer eines Orphischen Hymnus? (1909).

477 [Kampf und Ergebung]

ÜBERLIEFERUNG. H: ? – E: Dresdner Morgen-Zeitung 1827. Nr 40 vom 9. März. Zum Gedicht und der Überschrift „Kampf und Ergebung" findet sich dort folgende Erklärung: „Die Morgenzeitung verdankt diese Reliquie der wohlwollenden Theilnahme des kön. Biblioth. Secr., Herrn Constantin Karl von Falkenstein zu Dresden, in dessen reichhaltiger Handschrift-Sammlung sich das aus der sichersten Quelle erhaltene Original befindet. Da sich der Dichter ‚von Schiller' unterzeichnet hat, so rührt dieses Blatt aus seinen letzten Lebensjahren her, indem er erst im Jahre 1802 durch die Huld des Großherzogs von Sachsen-Weimar in den Adelstand erhoben ward. Die Ueberschrift fehlt im Originalentwurf. / Kr." – Das Gedicht findet sich auch in den Ausgaben Boas' (Nachträge 1 [1839], 85–86), Hoffmeisters (Nachlese 3 [1840], 371) und Goedekes (Schillers sämmtliche Werke 11, 375). (Hoffmeister bestritt die Verfasserschaft Schillers.)

ERLÄUTERUNGEN. Der Text des Gedichts bietet keinen Anhaltspunkt für die Annahme, Schiller könne der Verfasser sein.

477 Der Eroberer

ÜBERLIEFERUNG. H: ? – Das Gedicht wurde zuerst 1813 in Karl Müchlers Gedichten veröffentlicht, danach in verschiedenen Publikationen unter verschiedenen Verfassernamen. Der Druck im „Morgenblatt für gebildete Stände" (1835. Nr 50 vom 27. Februar) unter der Überschrift „Aus Schiller's Nachlaß" veranlaßte Müchler wenig später zu seiner ausführlichen „Berichtigung eines Irrthums" (vgl. ERLÄUTERUNGEN). Dennoch wurden die (1806 entstandenen) Verse später noch häufig Schiller zugewiesen. Vgl. auch Goedeke, Grundriß [...] ²6, 378–379.

ERLÄUTERUNGEN. In seinem Artikel „Berichtigung eines Irrthums" in der Dresdner „Abend-Zeitung" (Nr 149. 23. Juni 1835. S. 593–594) korrigierte Karl Friedrich Müchler (1763–1857) die Annahme, das Gedicht sei von Schiller oder Kotzebue oder Christian Daniel Erhard, und erklärte, selbst dessen Verfasser zu sein.

477 [Gelegenheitsgedicht]

Vgl. zu „Gesang der Heloise und ihrer Nonnen am Grabe Abälards".

478 Andenken an Seifersdorf

Vgl. zu „Gesang der Heloise und ihrer Nonnen am Grabe Abälards".

478 Der verlorne Abend

Vgl. zu „Gesang der Heloise und ihrer Nonnen am Grabe Abälards".

478 Gesang der Heloise und ihrer Nonnen am Grabe Abälards

ÜBERLIEFERUNG. Die vier Gedichte erschienen unter der Überschrift „Vier noch nicht gedruckte Gedichte von Schiller" in: Literarisches Conversations-Blatt 1823. Nr 151 vom 1. Juli. S. 603–604. Einleitend bemerkte der Herausgeber: „Nachfolgende vier Gedichte schrieb Schiller während seines Aufenthaltes in Dresden. So viel mir bewußt, stehen sie in keiner Sammlung seiner Gedichte. Nr. 1. ist ein förmliches Gelegenheitsgedicht – den übrigen liegen Veranlassungen zum Grunde, über welche wohl der Hr. Geheime-Regierungsrath Körner in Berlin, auf dessen Weinberge bei Dresden Schiller einst wohnte, die beste Auskunft geben könnte." – Die Gedichte nahm Ernst Ortlepp 1839 in seine „Schillerlieder" (vgl. zu „Die Danaiden") auf (S. 331–337).

ERLÄUTERUNGEN. Alle vier Gedichte stammen, nach seiner eigenen „Erklärung" im „Literarischen Conversations-Blatt" vom 14. Oktober 1823 (Nr 237. S. 948), von Johann Georg Friedrich Messerschmid (1776–1831). Es heißt da: „Zur Form der Sonette, wie sie in Nr. 2 und 3 der angeblichen Gedichte erscheint, hat sich Sch. Genius nie hingeneigt, und nie hätte er sich herabgelassen, ein modernes Machwerk wie in Nr. 4 nachzubilden. [...] Um der Wahrheit die Ehre zu geben, muß ich mich zum Verfasser jener Gedichtchen bekennen [...]." – Vgl. des weiteren die Erläuterungen zum Brief Messerschmids an Schiller vom 6. Juni 1798.

478 Charade

ÜBERLIEFERUNG. Das Gedicht erschien zuerst in der „Wartburg-Korrespondenz" 1904 (Nr 7), danach u. a. in den „Deutschen Buchhandelsblättern" (1904. Nr 4. S. 396); dort mit *folgender Vorbemerkung des Herausgebers: "Es geht ein Meinungsaustausch durch die Presse über ein angebliches neu entdecktes Gedicht von Friedrich Schiller, das in einem alten Fremdenbuch der Wartburg aufgefunden sein soll. Nach Ansicht der Herausgeber der Wartburg-Korrespondenz, Hermann Walter und Dr. Gustav Adolf Müller, trägt die Handschrift Schillers charakteristische Züge. Das Gedicht ist ein Rätsel, dessen Lösung ‚Aberglaube' ist, und lautet: [...]." – Gegen die Zweifel an der Verfasserschaft Schillers wandten sich H. Walter und G. A. Müller in einer „Extranummer" der „Wartburg-Korrespondenz" (21. Juni 1904): Weiteres über die neuentdeckte Charade Schillers.*

ERLÄUTERUNGEN. *Aus der Handschrift im Gästebuch der Wartburg (Wartburg-Stiftung, Eisenach) geht hervor, daß nicht Schiller die Verse eingetragen hat, sondern, der Unterschrift nach:* Scherber, *und zwar zwischen dem 8. und 23. März 1810. Es könnte sich um den Pfarrer und Prediger Johann Heinrich Scherber (1761–1837) handeln.*

NACHTRÄGE ZU BAND 1 UND 2 I
IN DER REIHENFOLGE DER ENTSTEHUNG

[An Pius VI.]

Redde aquilam Imperio Fran[c]orum Lilia Regi
Sidera redde Polo — cetera Brasche tibi

ENTSTEHUNG. *Das Distichon ist wahrscheinlich Ende November/Anfang Dezember 1787 entstanden (vgl. ERLÄUTERUNGEN).*

ÜBERLIEFERUNG. *H: Goethe-Nationalmuseum, Weimar. Das Distichon befindet sich quer auf der Rückseite eines Blattes mit einer Tuschzeichnung von Johann Christian Reinhart „Schiller in Meiningen" (1787). 1 Blatt 12,7×17,6 cm. Vergilbtes geripptes Papier, wasser- und stockfleckig. Unter den Text hat Schiller das metrische Schema der beiden Verse (Hexameter und Pentameter) notiert. Vgl. das Facsimile in: Redslob, Ein neues Schillerbild (1924), 195.*

ERLÄUTERUNGEN. *Schiller hielt sich in der Zeit vom 22. November bis Anfang Dezember 1787 in Meiningen auf; dort entstanden vermutlich sowohl Reinharts Zeichnung wie Schillers Distichon; vgl. Redslob. — Der Text lautet übersetzt: „Laß dem Reiche den Adler, dem König der Franken die Lilien, / Laß die Sterne dem Pol, Brasche, das andre sei dein!" (Nach Redslob, 196.) Das Distichon ist an Giovanni Angelo Graf Braschi (1717–1799) gerichtet, der 1775 als Papst Pius VI. den Heiligen Stuhl bestiegen hatte. Es wendet sich gegen die Einmischung des Papstes in die politischen Verhältnisse anderer Länder. Pius VI. setzte sich beispielsweise gegen die Reformpolitik Josephs II. in Österreich ein; insbesondere bekämpfte er das österreichische Staatskirchentum. Auch innerkirchlich versuchte er die Macht des Papsttums auszubauen; dagegen wandten sich auf dem Emser Kongreß im August 1786 die Erzbischöfe von Mainz, Trier, Köln und Salzburg; in der sogenannten Emser Punktation trafen sie eine Übereinkunft, durch welche die Unabhängigkeit des Episkopats gegenüber der römischen Kurie gesichert werden sollte.*

[Für Joseph von Stichaner]

Fridrich Schiller.
Jena d. 22. May.
1789.

ÜBERLIEFERUNG. *H: 1942 in Privatbesitz, Deidesheim. — Textwiedergabe nach einer Photokopie.*

ERLÄUTERUNGEN. *Franz Joseph Wigand Edler von Stichaner (1769–1856), späterer bayerischer Regierungspräsident und Staatsrat, studierte 1787/88 Rechts- und Staatswissen-*

schaften in Göttingen, 1789/90 in Ingolstadt. Über eine Begegnung mit Schiller ist nichts Näheres bekannt.

[Für einen Unbekannten]

Freyheit des Geistes und Liebe
Wissenschaft und Kunst verbrüdern die
entferntesten Geister.
              Jena den 27. 8br 1789
                Fridrich Schiller.

ÜBERLIEFERUNG. *H: Privatbesitz. 1 Blatt mit einer Wiederholdschen Kupferstichumrahmung, bis an den Rand beschnitten, 12,2 × 8 cm. (Angaben nach freundlicher Mitteilung von Klaus Mecklenburg, Autographenhandlung J. A. Stargardt.)* – *Facsimile: „Als Motto für das Schillerjahr 1959 den Freunden der Firma J. A. Stargardt gewidmet von Günther und Klaus Mecklenburg."* – *E: Ebd.*

ERLÄUTERUNGEN. *Am Montag, dem 26. Oktober 1789, begann Schiller an der Universität Jena mit den historischen Kollegstunden des Wintersemesters, die er täglich (außer sonnabends) nachmittags von 17 bis 18 Uhr abhielt. Vielleicht gehörte der Besitzer des Stammbuchs zum Kreis der Studenten oder zu den Besuchern, die Schiller empfing und im Hause von Johann Jakob Griesbach, in dem er häufig verkehrte, kennenlernte (vgl. Schiller an Caroline von Beulwitz und Charlotte von Lengefeld vom 23. und vom 26. Oktober 1789 und die Erläuterungen dazu).* – *Vgl. den ähnlichen Stammbucheintrag für Friedrich Nicolai (NA 1, 28).*

[Für Johan Niclas Lindahl]

   In den Meinungen Streit, Eintracht in Gefühl und Gesinnung
     Bringt in das Leben zugleich Wärme und Farben und Licht.
Jena 2. September 1798   FSchiller.

ÜBERLIEFERUNG. *H: Universitätsbibliothek Göteborg. Stammbuch von Johan Niclas Lindahl. Es trägt einen dunkelgrünen Ledereinband, umfaßt 220 paginierte Blätter mit Goldschnitt (Seite 1–443); es fehlen die Seiten 41–42, 265–266 und 441–442; am Ende sind 8 Blätter mit einem Namensregister eingeklebt. Schillers Eintragung befindet sich auf Blatt 111, Seite 224. (Angaben nach freundlicher Mitteilung von Frau Inger Westberg, Universitätsbibliothek Göteborg, vom 9. Juni 1989).* – *Facsimile in: Norrköpings Historia. IV. Tiden 1719–1870. Utgiven av Norrköpings stads historiekommitté under redaktion av [...] Björn Helmfrid och Salomon Kraft. Stockholm 1968. S. 76.* – *E: Svenska autografsällskapets tidskrift I. 1879–1888. Nr 4. Juni 1882. S. 86.* – *Vgl auch NA 29, 623.*

ERLÄUTERUNGEN. Johan Niclas Lindahl (1762–1813), Großkaufmann aus Norrköping, Bibliophile und Sammler; er unternahm Reisen nach Deutschland, Frankreich und England. Schiller lernte ihn bei seinem Besuch in Jena sehr schätzen (vgl. an Goethe vom 2. September 1798). Am 3. September 1798 war Lindahl in Weimar; sein Stammbuch enthält unter diesem Datum u. a. eine Eintragung von Jean Paul (Facsimile in: Hesperus. Blätter der Jean-Paul-Gesellschaft. Nr 13. März 1957. S. 21).

[Überschriften vollendeter Gedichte]

    x Meine Blumen.
    x Entzückung an Laura.
    x Vorwurf an Laura.
    x Phantasie an Laura.
    x Geheimniß der Reminiscenz.   5
    x Scheidebrief an Minna.
    x Kastraten und Männer.
    Proselytenmacher.
    Die Geschlechter.
    Odyßeus.
    Zeus zu Herkules.

ENTSTEHUNG. Die Liste könnte im Herbst 1799 entstanden sein (vgl. ERLÄUTERUNGEN).

ÜBERLIEFERUNG. H: Biblioteka Jagiellońska Kraków (Krakau). 1 Blatt 20,6 (–20,9)× 16,9 (–17,1) cm, 1 S. beschrieben. Grünliches geripptes Papier, leicht vergilbt. Wz.: Obere ²/₃ von HOF. Das Blatt ist an allen vier Rändern beschnitten. – Ungedruckt.

ERLÄUTERUNGEN. Möglicherweise steht die Liste mit Überschriften von Gedichten in Zusammenhang mit Schillers Vorbereitungen seiner Gedichtsammlung von 1800; die Notizen könnten sich auf deren geplanten Inhalt beziehen. Von den markierten Gedichten sind allerdings sechs erst im 2. Teil der „Gedichte" (1803) erschienen. „Meine Blumen" (unter der Überschrift „Die Blumen"), „An die Proselytenmacher", „Die Geschlechter" und „Odysseus" nahm Schiller in den 1. Teil auf. Die Gedichte „Vorwurf an Laura" und „Zevs zu Herkules" wurden in keine der beiden Sammlungen aufgenommen.
6 Scheidebrief an Minna] „An Minna".

[Für einen Unbekannten]

    Das Leben ist kurz,
      die Kunst ist lang.
    Weimar   zum Andenken
    4. März. 1801.   an F. Schiller

ÜBERLIEFERUNG. H: Privatbesitz. 1 Blatt in Queroktav, mit Goldschnitt; Papier etwas gebräunt; drei leichte Falten (Angaben nach: J. A. Stargardt, Katalog 645 zur Auktion am 4./5. Oktober 1989 in Marburg, S. 124). – Facsimile: Ebd.

ERLÄUTERUNGEN. Das Wort geht auf Hippokrates zurück; vgl. die Erläuterungen zum „Prolog zu Wallensteins Lager" (V. 139). – Im Brief an Körner vom 5. März 1801 beklagte Schiller die Zerstreuungen der letzten Wochen in Weimar und kündigte einen Aufenthalt in Jena an, um „Die Jungfrau von Orleans" zu vollenden. Der Inhaber des Stammbuches ist wohl unter den Besuchern der zahlreichen Gesellschaften zu suchen, bei denen auch Schiller zugegen war. Am 1. März nahm Schiller zum Beispiel an einer Teegesellschaft bei Goethe teil, wo er – offenbar zum erstenmal – mit einem Iren namens Hamilton zusammentraf. (Vgl. Goethes Tagebuch von diesem Tag; WA III 3, 8.) Es ist nicht ausgeschlossen, daß der Stammbucheintrag für diesen bestimmt war.

[Für August Wilhelm Iffland]

Ars longa, vita brevis.

Zum Andenken von Friedrich Schiller.
Berlin 16. May 1804.

ÜBERLIEFERUNG. H: Niedersächsische Landesbibliothek Hannover. Stammbuch von August Wilhelm Iffland. 20,3 × 13,5 cm; gut erhaltener, brauner Ledereinband mit goldgeprägter Verzierung, Papier schwach stockfleckig, aber in gutem Zustand. Schillers Eintragung befindet sich auf S. 161. (Angaben nach freundlicher Mitteilung von Felix Ekowski, Niedersächsische Landesbibliothek Hannover, vom 17. Mai 1988.) – Facsimile in: Karl Ernst Henrici, Katalog CXX zur Versteigerung vom 27./28. Mai 1927. S. 79. – E: Deutsche Bühnen-Genossenschaft. Officielles Organ der Genossenschaft deutscher Bühnen-Angehöriger 2. 1873. Nr 6 vom 16. Februar. S. 23 (Hermann Uhde).

ERLÄUTERUNGEN. Das Wort stammt von Seneca, der es nach Hippokrates zitiert; vgl. die Erläuterungen zum „Prolog zu Wallensteins Lager" (V. 139). – Schiller hielt sich vom 1. bis 17. Mai 1804 in Berlin auf, um die Bedingungen eines möglichen Wechsels von Weimar nach Berlin zu prüfen. Während seines Besuchs traf er wiederholt mit Iffland zusammen. Die Eintragung datiert vom Vorabend seiner Abreise.

NACHTRÄGE ZU „ZWEIFELHAFTES UND UNECHTES"

Die Entstehung der rothen Rosen

An dem schönsten Rosenstrauch,
Der so weis wie Schnee,
In die Lüfte Balsamhauch
Von sich athmete.

Wählte, von der Arbeit las, 5
Der Geschäfte satt,
Damon auf dem kühlen Gras
Seine Lagerstatt.

Süsse Freuden träumend, schlief
Er in stiller Ruh, 10
Amor schlich herbey und rief: –
„Guter Jüngling! du

„Schlummerst ohne Gram und Schmerz
„Diesen Abend ein –
„Aber morgen soll dein Herz 15
„Voller Schwermuth seyn."

Drauf zog er den Bogen an,
Sein verliebt Geschos,
Zielt und drükt, so gut er kann,
Auf den Armen los. 20

Doch der Schus verfehlt ihn – weil
Er zur Seite wich,
Nur die Rosen traf der Pfeil,
Und sie färbten sich.

ENTSTEHUNG. *Es ist anzunehmen, daß der Text für Boßlers „Blumenlese" entstand, also 1783/84 oder kurz zuvor (vgl. ÜBERLIEFERUNG).*

ÜBERLIEFERUNG. *H: ? – E: [Heinrich Philipp Boßler:] Neue Blumenlese für Klavierliebhaber. Eine musikalische Wochenschrift. Zweiter Theil 1784. [...]. S. 69 (1. Strophe, Komposition von Hrn. Steibelt); vollständig im Textbuch zur „Blumenlese": Lieder zur neuen Blumenlese für Klavierliebhaber. Zweiter Theil 1784. Speier [...]. S. 33–34. Das Gedicht ist mit Schiller. unterzeichnet.*

LESARTEN. **16** seyn."] seyn. *(Druckfehler) E*

ERLÄUTERUNGEN. *In der ersten Hälfte des Oktobers 1783 unternahm Schiller mit dem befreundeten Johann Friedrich Christmann (1752–1817), damals Magister theol., eine Reise von Mannheim nach Speyer, wo er um den 10. Oktober Sophie von La Roche besuchte. Sowohl Christmann als auch Sophie La Roche gehörten zu den Bekannten des Musikverlegers Heinrich Philipp Boßler (1744–1812) in Speyer, den Schiller ebenfalls besucht haben soll (vgl. Schneider, Boßler [1985], 69). Mit Frau von La Roche bestand reger gesellschaftlicher Verkehr (vgl. ebd.); Christmann hatte bei Boßler ein „Elementarbuch der Tonkunst" (1782) veröffentlicht und zur „Blumenlese" etliche Kompositionen beigetragen; später gab er mit Boßler zusammen die „Musikalische Realzeitung" heraus. Diese Umstände könnten die Zuschreibung des Textes stützen. Christmann oder auch Sophie von*

La Roche haben Schiller vielleicht zur Abfassung des Gedichts (wenn dieses nicht gar aus dem Fundus der „Anthologie"-Gedichte übriggeblieben war) angeregt und es an Boßler vermittelt. Andererseits berührt sich der Text weder inhaltlich noch sprachlich mit einem der von Schiller stammenden Gedichte aus der „Anthologie"; das Adjektiv ‚laß' (vgl. V. 5) z. B. findet sich in Schillers Gedichten an keiner Stelle, so daß unter diesem Gesichtspunkt Schillers Verfasserschaft wenig wahrscheinlich ist. – Der Komponist ist Daniel Steibelt (1765–1823), der bis dahin nur durch zwei andere Liedkompositionen hervorgetreten war. Ob sich der damals noch sehr jugendliche Musiker, den sein Vater in Berlin aus disziplinarischen Gründen zum Militärdienst gezwungen hatte, bereits auf der Flucht von Berlin befand und sich auch in Speyer oder in der Nähe (in Mannheim?) aufhielt, ist ungeklärt; vgl. Gottfried Müller, Steibelt (1933), 5–20, besonders 15–17. Über eine Bekanntschaft Schillers mit Steibelt ist nichts bekannt.

Nacht und Träume
(Von Matthäus Edler von Collin)

Heil'ge Nacht du sinkest nieder
[...]

[Text in: Die junge Nonne. Gedicht von Craigher. Nacht und Träume. Gedicht von Fr: Schiller. In Musik gesetzt für eine Singstimme mit Begleitung des Pianoforte von Franz Schubert. 43tes Werk. Wien, bei A. Diabelli u. Comp: o. J. (Entstehung der Komposition „Anfang 1823, vielleicht auch bereits 1822"; Reclams Musikführer. Franz Schubert [1991], 104) S. 9–14.]

ÜBERLIEFERUNG. D: *Matthäus Edlen von Collin's nachgelassene Gedichte, ausgewählt und mit einem biographischen Vorworte begleitet von Joseph von Hammer. 2 Bändchen. Wien 1827. Bd 2. S. 134.* – *Die dort abgedruckte geänderte Fassung lautet:*
Nacht! verschwiegne, sankst du nieder?
Nieder durch die dunklen Räume
Wallen heimlich jetzt die Träume
In der Menschen stille Brust,
Die belauschen sie mit Lust;
Rufen, wenn der Tag erwacht:
Kehre wieder heil'ge Nacht!
Holde Träume, kehret wieder.

ERLÄUTERUNGEN. *Das Gedicht stammt nicht, wie der Wiener Druck von Franz Schuberts Komposition angibt, von Schiller, sondern von Matthäus Casimir von Collin (1779–1824), Schauspieldichter in Wien. Er war 1808 Professor der Ästhetik in Krakau, 1812 Professor der Geschichte und Philosophie in Wien, 1814 redigierte er die „Wiener Allgemeine Literaturzeitung" und wurde 1815 Erzieher des Herzogs von Reichstadt. Sein Bruder war der Dramatiker Heinrich Joseph von Collin.*

ERGÄNZUNGEN UND KORREKTUREN ZU BAND 2 II A

S. 32, *Die Entzükung / an Laura*
  In den LESARTEN *ist zu ergänzen:*
    8 angenehmern *(Druckfehler)*] angenehmen E

S. 62, *Rouſseau*
  In den LESARTEN *ist zu ergänzen:*
    Überschrift fehlt im Inhaltsverzeichnis von D.

S. 66, *Die Kindsmörderin*
  In ÜBERLIEFERUNG *ist zu ergänzen:*
    Schiller bestimmte das Gedicht auch für die Prachtausgabe.

S. 97, *Das Geheimniß der Reminiszenz*
  In ÜBERLIEFERUNG *ist zu ergänzen:*
    Schiller bestimmte das Gedicht auch für die Prachtausgabe.

S. 123, *Die Winternacht*
  In ÜBERLIEFERUNG *muß es heißen:*
    [...] Das Gedicht ist mit †♦ unterzeichnet.
  In den einführenden ERLÄUTERUNGEN *muß es heißen:*
    Karlsschule

S. 135, *Unserm theuren Körner*
  In ÜBERLIEFERUNG *ist nach den Angaben zu E zu ergänzen:*
    Nach BA 1,625 (ohne Quellenangabe) gab es einen Einzeldruck bei Göschen in Leipzig, der nicht überliefert ist.

S. 138, *Unterthänigstes Pro memoria*
  Der Titel ist korrekt (nach H) zu schreiben:
    Unterthänigstes Pro Memoria

S. 143, *Resignation*
  In ÜBERLIEFERUNG *ist zu ergänzen:*
    Schiller bestimmte das Gedicht auch für die Prachtausgabe.

S. 263, *Das verschleierte Bild zu Sais*
  In ÜBERLIEFERUNG *muß es heißen:*
    E: Horen 1795. 9. Stück. S. 94–98.

ERGÄNZUNGEN UND KORREKTUREN ZU BAND 2 II A   295

S. 265, *Der philosophische Egoist*
In ÜBERLIEFERUNG ist die Angabe zu D
(„Die zwey Tugendwege")
zu streichen.

S. 299, *Die Dichter der alten und neuen Welt*
In ÜBERLIEFERUNG muß es heißen:
[...] D^1: Gedichte 1 (1800). S. 169–170 (2. Fassung unter dem Titel „Die Sänger der Vorwelt"). D^2: Gedichte ^{2}1 (1804). S. 169–170. Schiller bestimmte die 3. Fassung des Gedichts auch für die Prachtausgabe. [...]
In den LESARTEN muß es heißen:
Vgl. die Varianten der 3. Fassung in NA 2 I, 298.

S. 321, *Grabschrift*
In ÜBERLIEFERUNG muß es heißen:
[...] unterzeichnet (wie auch in E^b und E^c): Schiller.

S. 333, *Die Sachmänner*
In ÜBERLIEFERUNG muß es heißen:
[...] unterzeichnet (wie auch in E^b und E^c): Schiller. [...]

S. 338, *Tabulae votivae / Xenien*
In ÜBERLIEFERUNG muß es in den Angaben zu E^a heißen:
[...] S. [197]–302: Xenien [...]

S. 384, *[Was der Gott mich gelehrt]*
Die Überschrift muß lauten:
[Was der Gott mich gelehrt ...]
In den LESARTEN ist zu ergänzen:
1 geholfen,] Komma fehlt D^1 D^2

S. 385, *Zweyerley Wirkungsarten*
In den LESARTEN ist zu ergänzen:
1 Pflanze,] Pflanze; E^b

S. 407, *Genialität*
In den LESARTEN ist zu ergänzen:
1 Schöpfer] Schöpfer, E^a E^c

S. 425, *Einer*
In ÜBERLIEFERUNG ist bei den Angaben zu E^a zu ergänzen:
[...] S. 192–195; unterzeichnet (wie auch in E^b und E^c): G. und S. [...]

S. 482, *Zeichen des Krebses*
In den ERLÄUTERUNGEN muß es heißen:
[...] „Lyrischen Bluhmenlese" [...]

ERGÄNZUNGEN UND KORREKTUREN ZU BAND 2 II A

S. 534, *Sein Handgriff*
  Am Ende der ERLÄUTERUNGEN muß es heißen:
    Nr 226

S. 544, *Deutsche Monatschrift*
  Am Beginn der ERLÄUTERUNGEN muß es heißen:
    Gottlob Nathanael Fischer

S. 566, *Das goldne Alter*
  In den ERLÄUTERUNGEN muß es heißen:
    Adam Gottfried Uhlich

S. 605, *Der Handschuh*
  In ÜBERLIEFERUNG muß es heißen:
    [...] D: Gedichte 1 (1800). S. 139–142 (2. Fassung); [...]

S. 630, *Die Kraniche des Ibycus*
  Im ersten Absatz der ERLÄUTERUNGEN muß es heißen:
    proverbia

S. 644, *Das Glück*
  In den LESARTEN ist zu ergänzen:
    31 Glücklichen *(Druckfehler)*] glücklichen E

ANHANG

SCHILLERS LYRIK

Schiller wurde von seinen strengen, frommen Eltern zu einem frommen, gottesfürchtigen Kind erzogen. Schon bevor er lesen konnte, war er mit der Bibel und anderen geistlichen Texten, besonders Kirchenliedern, vertraut; und einige Jahre, so ist überliefert (vgl. NA 42, 5–6), teilte er den Wunsch seiner Eltern, er möge seine Bestimmung im geistlichen Beruf finden. Die ersten Verse, die von der Hand des Kindes erhalten sind, bilden ein gebetsähnliches Gedicht, das den Eltern Gehorsam Fleiß und zarte Liebe verspricht – mit Gottes Hilfe, amen. (Vgl. NA 2 I, 66.) Als erstes ‚richtiges' Gedicht erkannten die Eltern aber offensichtlich nicht dieses an, sondern ein unbekannt gebliebenes, das, wie sich die Mutter erinnerte, am Tag vor Schillers Konfirmation (am 25. April 1772) entstanden sei. (Vgl. NA 42, 6.) Es wird von der Liebe des Knaben zu Gott und den Eltern gehandelt haben.

Für Mit- und Nachwelt beginnt die Laufbahn des Lyrikers Schiller mit seinen ersten gedruckten Versen. Balthasar Haug nahm 1776 das Gedicht „Der Abend" in sein „Schwäbisches Magazin" auf, in das er im folgenden Jahr auch den „Eroberer" einrückte. Beide Gedichte weisen in mancher Hinsicht (‚Ton', Thema, Tendenz) bereits auf viele Gedichte voraus, mit denen Schiller ein Jahrfünft später zum wichtigsten Beiträger der von ihm herausgegebenen „Anthologie auf das Jahr 1782" wurde. Fast allen seinen Jugendgedichten ist auch gemeinsam, daß sie anerkannten Vorbildern verpflichtet sind, von denen Haug schon andeutend gesprochen hatte, als er den Lesern den sechzehnjährigen Verfasser des Gedichts „Der Abend" vorgestellt hatte: „Es dünkt mich, der [...] habe schon gute Autores gelesen, und bekomme mit der Zeit os magna sonaturum." (Vgl. NA 2 II A, 17.) Zu den guten Dichtern, die Schiller bis zu seinem achtzehnten Lebensjahr – zum Teil mit schwärmerischer Begeisterung – gelesen hatte, gehörten neben Vergil und Shakespeare die Dramatiker des (später so genannten) Sturm und Drang (Gerstenberg, Klinger, Leisewitz, Goethe), daneben Albrecht von Haller, Lessing, Uz, Gleim, Ewald von Kleist, Maler Müller, Schubart und – allen voran – Klopstock. Von diesem ließ sich Schiller in den ersten Jahren seiner lyrischen Produktion anregen wie von keinem anderen.

*

Bis weit in die zweite Hälfte des 18. Jahrhunderts war die Lyrik ein Stiefkind der deutschen Literatur. Zwar wurden Dichter wie Johann Christian Günther und Barthold Heinrich Brockes von ihren Zeitgenossen geschätzt, und noch in der vierten Auflage seines „Versuchs einer Critischen Dichtkunst" (1751) hat sich Gottsched mit ihnen beschäftigt, aber ihre Wirkung verlief sich schnell, und ihr Einfluß auf die folgenden Dichtergenerationen war gering. Ob Schiller ihre Werke kannte, ist ungewiß.

Von den Lyrikern, deren wichtigste Werke in der ersten Hälfte des 18. Jahrhunderts entstanden, genoß Albrecht von Haller (1708–1777) über seinen Tod hinaus besonderes Ansehen. So sahen beispielsweise Herder und Goethe in ihm einen Erneuerer der deutschen Dichtung. Wie sehr Schiller von Haller – der übrigens von nur wenigen Zeitgenossen Anerkennung erfuhr und auch bei Gottsched unerwähnt blieb – angeregt wurde, zeigen einige Entlehnungen aus dessen Gedichten in seiner eigenen Jugendlyrik (beispielsweise in den Gedichten „Die Herrlichkeit der Schöpfung", „Hymne an den Unendlichen" und

„Die Gröse der Welt"). Daß er ihn auch später noch schätzte, bekundete er in seiner Abhandlung „Ueber naive und sentimentalische Dichtung" (vgl. NA 20, 452–454). – Hallers bekanntestes, schon 1729 geschriebenes Gedicht „Die Alpen" wurde erst um 1770 als poetisches Manifest der Aufklärung und gleichzeitig als Dokument der Krise der Aufklärung wie auch ihrer Überwindung durch Poesie verstanden: Nicht auf einen ‚vernünftigen' Gang der Geschichte kann sich die Hoffnung der Menschheit richten, sondern allein auf die Bewahrung der Natur und das Festhalten an der ‚natürlichen' Ordnung der Welt, die durch zivilisatorische ‚Fortschritte' (schon 1729!) aufs äußerste gefährdet schien. Dem Dichter wies Haller die Aufgabe zu, die drohenden Verluste ins Bild zu setzen, um sie aufzuhalten.

Weit größer als die Wirkung Hallers auf die deutsche Literatur in den letzten Jahrzehnten des 18. Jahrhunderts war diejenige Klopstocks, über den Goethe in „Dichtung und Wahrheit" sagte: „Nun sollte aber die Zeit kommen, wo das Dichtergenie sich selbst gewahr würde, sich seine eignen Verhältnisse selbst schüfe und den Grund zu einer unabhängigen Würde zu legen verstünde. Alles traf in Klopstock zusammen, um eine solche Epoche zu begründen." (WA I 27, 296.) Klopstock war zu seiner Zeit anerkannt, verehrt, ja geliebt wie kein anderer deutscher Dichter des 18. Jahrhunderts; durch seine lyrischen Gedichte wie durch sein Versepos „Der Messias" wirkte er nicht nur stilbildend, sondern vermittelte den um eine Generation jüngeren Dichtern auch ein Selbstwertgefühl, das sich in einem gesteigerten Subjektivismus und nicht selten in einer trotzigen Originalitätssucht, die sich mit kraftgenialischen Posen verband, bekundete. Er galt vielen als der ‚Meister' schlechthin: der Meister der Form, der Sprache, der Imagination, der Reflexion und vor allem des die Reflexion beherrschenden und durch sie geprüften Gefühls. Früh schon hatte er die lehrhafte Poetik Gottscheds als ein Übel für die Poesie angesehen, dagegen Johann Jacob Breitingers „Critische Dichtkunst" (1740) als theoretische Begründung seines eigenen Dichterverständnisses akzeptiert. Die Kräfte der Einbildung und des Gemüts waren für ihn die Voraussetzung jeder künstlerischen Produktion, die nicht den Realien der ‚wirklichen' Welt, sondern immer nur ganz anderem gelten sollte: was jenseits der in Raum und Zeit zu gewinnenden Erfahrungen als möglich, neu und wunderbar denk- und fühlbar ist. Da er tiefreligiös war, verstand sich Klopstock als ‚heiliger Sänger'; mit Kontingenzproblemen (wie Liebe, Freundschaft, Krankheit, Tod) verfuhr er, als seien sie metaphysische Signale; Gott, Freiheit und Unsterblichkeit waren ihm keine bloßen Postulate, sondern unbezweifelbare Lebensgewißheiten, gleichsam erfüllte Sehnsüchte.

Vor allen Dichtern seiner Zeit ist Klopstock in seinen vorzüglichsten Gedichten ausgezeichnet durch einen Enthusiasmus, der sich auf viele seiner Leser übertrug, durch ein Pathos, das den ‚edlen' Gegenständen seiner Dichtungen angemessen ist, durch sprachliche Originalität, die selten gesucht erscheint, und durch den Willen zum ‚hohen Ton', der in einer strengen Form seine Entsprechung und damit Erfüllung findet. Die „Zweyte Ode / Von der Fahrt auf dem Zürcher-See" (1750) vereinigt diese Qualitäten auf beinahe vollkommene Weise. Doch der Gefahr, die in der Kanonisierung nicht nur der Dichtung, sondern auch aller ‚wahren' Dichter liegt, entging Klopstock nicht: Da er absolut setzte, was immer nur – da historisch – relativ ist, wollte er seinen Platz auch nicht räumen, als die Geschichte ihn hinter sich gelassen hatte. Er wollte als Fünfzigjähriger sein, was er als Dreißigjähriger gewesen war, und wurde damit zum Epigonen seiner selbst. Jugendliches Gefühl läßt sich nur künstlich im Alter behaupten – als erinnertes oder als aus Mythologie und Poesie geborgtes. Auf die Liebes-, Freundschafts- und Todes-Gedichte des jungen

Klopstock fallen zuweilen Schatten der Spätwerke des Dichters, der, durch eine Dichterpension vor Problemen des Lebensunterhalts geschützt, immer mehr sich selbst genug war. Am Ende des Jahrhunderts verblaßte sein Ruhm.

Schiller, der schon mit vierzehn Jahren Klopstocks Werke gelesen hatte, blieb nicht lange ein Bewunderer und Nachahmer des „Messias"-Dichters; wahrscheinlich schon 1779 setzte die Distanzierung ein, zu der nicht zuletzt die allgemeine Klopstock-Begeisterung beitrug. Ihr entzog sich Schiller, um eigene Wege gehen zu können, auf denen er sich lieber der Leitung Wielands anvertraute. (Vgl. die „Anthologie"-Verse „Klopstok und Wieland"; NA 1, 81.) Dennoch blieben auch in späterer Zeit die sprachschöpferische Kraft und die formale Perfektion Klopstocks für Schiller vorbildlich. Noch in seiner Abhandlung „Ueber naive und sentimentalische Dichtung" (vgl. NA 20, 455 – 458) spart er nicht mit Anerkennung und kritisiert im wesentlichen Schwächen, die auch seine eigenen sind: Seine Sphäre ist immer das Ideenreich, und ins Unendliche weiß er alles, was er bearbeitet, hinüberzuführen. Man möchte sagen, er ziehe allem, was er behandelt, den Körper aus [...]. Beynahe jeder Genuß, den seine Dichtungen gewähren, muß durch eine Übung der Denkkraft errungen werden [...]. *(Ebd., 457.) Dabei verschwieg Schiller, daß ihm Klopstock fremd geworden war, weil das von ihm eröffnete Ideenreich nicht das Ergebnis streng philosophischen Denkens, sondern der Ausdruck von in Bildern konzentrierter Empfindung war. Gerade zu dem, was Klopstock als ‚Überwinder' des Barocks auszeichnete, hatte Schiller keinen unmittelbaren Zugang.*

Weniger durch eine Übung der Denkkraft als durch die Empfänglichkeit für die Darstellung sinnlichen Vergnügens wollten zur selben Zeit, als Klopstock die Ewigkeit sang, die Anakreontiker Genuß bereiten. Johann Wilhelm Ludwig Gleims Gedichte „Anakreon" (1744) und „An die Alten" (1745) schlagen den Ton an und bezeichnen die Themen, die in den folgenden beiden Jahrzehnten die lyrische Literatur in Deutschland beherrschten: „Anakreon, mein Lehrer, / Singt nur von Wein und Liebe [...]"; „Väter, stört uns nicht im Tanze! / Kommt, und mischt euch in die Reihen [...]." *Liebe, Wein und unbeschwerte Geselligkeit wurden in zierlichen Versen von vielen Dichtern gefeiert, denen die Freuden des Lebens hauptsächlich in ihren Werken zukamen; nicht selten erfanden sie Träume, um die Objekte ihrer Wünsche ungeniert darstellen zu können:* „Da sah ich durch die Sträuche / Mein Mädchen bey dem Teiche, / Das hatte sich, zum Baden, / Der Kleider meist entladen" *(Johann Peter Uz: Ein Traum [1749], V. 7 – 10; in: Ders., Lyrische Gedichte, 12). Nicht so sehr durch die ausgedachten Stoffe, die ihnen den Zuspruch des Publikums sicherten, haben sich die Anakreontiker in die Literaturgeschichte hineingeschrieben, als vielmehr durch ihren Versuch, antike Poesie (Anakreon, Horaz) nachahmend wiederzubeleben, wobei zuweilen das Ziel erreicht wurde, das Interesse am Dargestellten durch den ‚Wohlklang' der Darstellung aufzuheben (wie in Johann Friedrich von Cronegks „An Chloris" [1761]:* „Schweigend senkt sich der Schlaf von dem Olymp herab [...]"*).*

Wie genau Schiller die anakreontische Lyrik kannte, ist nicht mit Gewißheit zu sagen; die gelegentliche Erwähnung von Dichtern jener Epoche (vgl. NA 20, 458) besagt nicht viel. Allerdings kann das Gedicht „An den Frühling" als Beispiel für anakreontische Lyrik gelesen werden, und einige andere „Anthologie"-Gedichte, und zwar die am wenigsten geglückten, erscheinen wie ein Nachklang der Anakreontik, auch wenn sie als Parodien verstanden werden sollten. Eindeutig ist indes die Wirkung eines anderen – mit den Anakreontikern verbundenen – Dichters auf Schiller zu bestimmen, die Ewald von Kleists.

Kleist, der 1759 als preußischer Major bei Kunersdorf sein Leben verlor (und nicht zuletzt diesem Ende seinen Nachruhm verdankt), hat weder durch seine anakreontischen Tändeleien noch durch seine patriotischen Lieder Schillers Jugendlyrik mitbestimmt, sondern durch seine versifizierten Naturanschauungen in der Nachfolge Hallers (Der Frühling [1749]), durch seinen poetischen Schöpfungsjubel (Hymne [Groß ist der Herr!]; 1758) und vor allem durch die bilder- und gedankenreiche ‚Zeit- und Ewigkeits-,Schau' seines vielleicht vorzüglichsten Gedichts „Sehnsucht nach Ruhe" (1744), das in formaler Strenge die Barocklyrik fortschreibt und als Dokument einer persönlich erfahrenen Lebens- und Geschichts-Krise zeitlos erscheint. Wenn Schiller 1795 sagt, das Gedicht sei wahr und gefühlt (NA 20, 454), dann deutet er an, welchen Wert es für ihn hatte; wenn er an Kleist kritisiert: Was er fliehet, ist in ihm, was er suchet, ist ewig außer ihm (ebd.), dann benennt er damit die eigenen Probleme, die er nicht zu überwinden hoffen konnte; sie waren größer als die Kleists, der nicht nach einem Lorbeer verlangte, der nur dem vollkommenen Dichter gebührt.

Die Lyrik des 1772 gegründeten Göttinger Dichterbundes, der sich ganz dem schwärmerisch verehrten Vorbild Klopstock verpflichtet fühlte, hat in den Gedichten Schillers keine deutlichen Spuren hinterlassen. Die gelegentliche Erwähnung Ludwig Heinrich Christoph Höltys in der Bürger-Rezension (vgl. NA 22, 260) und in „Ueber naive und sentimentalische Dichtung" (vgl. NA 20, 458) besagt kaum mehr, als daß Schiller diesen Dichter (wie auch die Brüder Stolberg, Johann Heinrich Voß und Johann Martin Miller) gekannt hat. Der von den Göttingern getriebene Freundschafts-, Vaterlands- und Tugendkult entsprach so wenig der ‚Weltanschauung' des jungen Schiller wie ihre Begeisterung für die (ländliche) Natur seinen Empfindungen. Höltys Gedicht „Das Landleben" (1776) – „Wunderseliger Mann, welcher der Stadt entfloh!" – mag zwar an Schillers „Elegie" denken lassen, aber darüber hinaus fehlt es an Gemeinsamkeiten, die auf einen Zusammenhang zwischen diesem Gedicht und jenem hindeuteten. Wie entschieden sich Schiller von den Göttinger Dichtern distanziert hat, ist am einfachsten aus seinen „Anthologie"-Gedichten herauszulesen, die eine Art Manifest gegen Gotthold Friedrich Stäudlins „Schwäbischen Musenalmanach / Auf das Jahr 1782" sein wollten. Dieser Almanach besteht zum großen Teil aus epigonalen Gedichten im Stile Klopstocks, Höltys, der Brüder Stolberg und Bürgers. Daß diese Unselbständigkeit Stäudlins Unternehmen nicht über das übliche Mittelmaß hinausgelangen ließ, hat Schiller in seiner Besprechung des Almanachs (vgl. NA 22, 186–188) deutlich gemacht.

Auch Gottfried August Bürger war Schiller lange bekannt, bevor dieser in seiner Rezension aus dem Jahre 1791 (vgl. NA 22, 245–264) gegen ihn zu Felde zog. Da die Kritik sich auf Bürgers mangelnde Idealisierkunst (NA 22, 253) konzentrierte, war sie auch eine Kritik des Verfassers an seinen eigenen jugendlichen Produktionen; wahrscheinlich vor allem daran, daß er sich vordem insbesondere von des nun Angegriffenen derb-realistischen und halb-obszönen Schilderungen menschlicher Schwächen hatte anregen lassen. „Der Triumf der Liebe" ist ja ein Seitenstück zu Bürgers „Die Nachtfeier der Venus" (1773), und daß die Weib-, Wein- und Unmännlichkeits-Satiren „Der Venuswagen", „Bacchus im Triller" und „Kastraten und Männer" von Bürgers „Fortunens Pranger" (1778) und „Männerkeuschheit" (1778) angeregt wurden, erscheint ziemlich gewiß.

Zu den Anregern der Jugendlyrik Schillers gehört auch Christian Friedrich Daniel Schubart, dessen Schicksal – seit 1777 war er Gefangener im württembergischen Staatsgefängnis auf dem Hohenasperg – die Wirkung seiner Werke auf den jugendlichen Dichter gewiß beförderte; und da Schubarts Sohn Ludwig kurz nach der Verhaftung seines Vaters in die Militärakademie eintrat und für beinahe vier Jahre mit Schiller zusammenlebte, sind die zuweilen geäußerten Ansichten, Schiller habe Schubarts Gedichte erst 1781 oder 1782 kennengelernt, wenig wahrscheinlich. Auf jeden Fall sind die Spuren Schubarts in Schillers „Anthologie" zu entdecken, und zwar in jenen Gedichten, die — in hochfahrender Sprache und etwas ungebärdig im Gestus — den Protest gegen den ‚Geist der Zeit' ausdrücken, die (wie vor allem „Die schlimmen Monarchen") die Freiheitsliebe und den Tyrannenhaß des Verfassers unverblümt und anscheinend ohne Bedenken gegen sich selbst artikulieren.

Daß Schiller in späteren Jahren von seinen Jugendgedichten (wie auch von seinen Jugenddramen) keine vorteilhafte Meinung mehr hatte, ist sicher in seiner Ansicht begründet, sie seien formal und inhaltlich zu unselbständig (also zu wenig ‚originell'), um als Zeugnisse seiner ‚Klassizität' gelten zu können. Dabei wäre seine Selbstkritik vielleicht weniger rigide ausgefallen, wenn er sich auf die Anlehnung an Goethe hätte berufen können, den er vermutlich schon lange vor seiner Freundschaft mit ihm als ‚Meister' anerkannt hat und in seinem Bekenntnis: Aber gegen Göthen bin ich und bleib ich eben ein poetischer Lump *(an Körner, 27. Juni 1796) — nach zwei Jahren dieser Freundschaft — als für ihn unerreichbar über sich gestellt hat.*

Von einem Einfluß Goethes auf Schillers Jugendlyrik ist kaum zu sprechen; am leichtesten ex negativo: Nicht nur die erwähnten Lyriker, die in der Geschichte der deutschen Literatur — auf unterschiedlichen Rängen — lebendig geblieben sind, sondern auch schon zu Lebzeiten ganz oder fast Vergessene, vor allem die Mitschüler Karl Philipp Conz, Johann Christoph Friedrich Haug, Johann Wilhelm Petersen und Georg Friedrich Scharffenstein haben Schillers lyrische Produktion um 1780 erkennbar angeregt — nicht so Goethe.

Welche der zumeist in Periodica — in den Musenalmanachen von Boie und Voß, in J. G. Jacobis „Iris", in Wielands „Teutschem Merkur" u. a. — und oft anonym oder mit einer Sigle erschienenen Gedichte des bewunderten „Götz"-Dichters Schiller überhaupt kannte, als er sich selbst auf das lyrische Feld begab, bleibt vermutlich unerforschbar. Und darum ist auch die hypothetische Frage, wie Schiller auf Goethes Gedichte, falls er sie kannte, wohl reagiert habe, ebenso müßig wie die andere: wie er reagiert hätte, wenn sie ihm bekannt gewesen wären. Der historische Befund gibt weder biographisch noch werkgeschichtlich einen Anhaltspunkt für Gemeinsamkeiten, und so ist für Goethes Gedichte „Der Wandrer", „Der Adler und die Taube", „Kleine Blumen, kleine Blätter [...]", „Mayfest", „Willkommen und Abschied", „Jägers Nachtlied", „Seefahrt", „Wandrers Nachtlied", „Der König von Thule" und viele andere kein Platz in einer Darstellung, die Anregungen, die der jugendliche Lyriker Schiller ‚von außen' empfangen hat, mehr oder weniger summarisch zusammenstellt. Natürlich ist es ein leichtes, den großen Abstand, der die beiden Lyriker voneinander trennte, zu beschreiben und ihre Eigenarten als grundsätzlich inkompatibel zu behaupten und zu begründen — aber damit würde nur deutlich, was die Lektüre der Goetheschen und Schillerschen Jugendgedichte ohnehin unmittelbar erkennen läßt: daß Schiller, im Gegensatz zu Goethe, die Erfahrungen, die er poetisch umsetzte, nicht als persönliche ‚Erlebnisse', als individuell Besonderes, zusammenfaßte, sondern sie in Form von Konklusionen als rational gewonnene Ansichten und intersubjektiv austauschbare Erkenntnisse an die Leser weitergab. Kein Liebesgedicht Schillers ist ‚privat', kein Trauergedicht wird beherrscht von persönlicher Betroffenheit und ganz eigenem Schmerz.

Und auch dies unterscheidet die Lyrik Schillers prinzipiell von der Goethes: Die Einfachheit der Sprache, die nicht tönt, sondern nur ausspricht, stand ihm nur selten zu Gebote. Selbst das einzige Gedicht der „Anthologie", das Schiller nach fast zwanzig Jahren wert erschien, in seine erste Sammlung ausgewählter Gedichte (überarbeitet) aufgenommen zu werden, „Meine Blumen", ächzt förmlich unter der Last erdachter Anschauungen und schwerer Wörter.

Am 7. September 1794 übersandte Schiller seine wenig später in der „Allgemeinen Literatur-Zeitung" veröffentlichte Rezension der Gedichte Matthissons (vgl. NA 22, 265–283) *an Goethe und schrieb dazu:* Bey der Anarchie, welche noch immer in der poetischen Critik herrscht und bey dem gänzlichen Mangel objectiver Geschmacksgesetze befindet sich der Kunstrichter immer in großer Verlegenheit, wenn er seine Behauptung durch Gründe unterstützen will; denn kein Gesetzbuch ist da, worauf er sich berufen könnte. *Wie dem Kritiker erging es auch dem Poeten: Auch er konnte sich nicht an einem Gesetzbuch orientieren, das ihn über die Eigenheiten (das ‚Wesen') lyrischer Dichtkunst und gleichzeitig über die notwendigen Verfahren poetischer Produktion belehrte. Natürlich war Schiller Horaz' „De arte poetica" mit seinen Forderungen, ein poetisches Werk sei „simplex et unum" (V. 23) und ein „totum" (V. 34) und müsse für den Leser „utile et dulce" (V. 343) sein (mit anderen Worten: „aut prodesse volunt aut delectare poetae"; V. 333), bekannt; aber damit hatte er keine Regeln (‚Gesetze') an der Hand, wie der Dichter praktisch verfahren müsse, um die geforderten Wirkungen erzielen zu können. Es mutet sonderbar an, daß Schiller noch 1794 nicht ausschloß, es könne ein solches Rezeptbuch für Dichter geben. Als er sich 1797 – bei der Arbeit am „Wallenstein" – mit Aristoteles' Poetik beschäftigte (zum erstenmal, wie er im Brief an Goethe vom 5. Mai 1797 sagte), erwartete er keine Handlungsanweisung mehr, sondern war zufrieden, die Forderungen des Philosophen an eine geglückte Dichtung (eine Tragödie) erfüllt zu haben.*

Wahrscheinlich hatte sich Schiller mit Johann George Sulzers Kunstlexikon „Allgemeine Theorie der Schönen Künste", das zuerst 1771–1774 und dann wieder 1778–1779 in vier Teilen erschienen war, schon früh bekannt gemacht. Aber die Ausführungen über das „Gedicht" (das Wort gebrauchte Sulzer, dem Gebrauch der Zeit entsprechend, synonym mit „Dichtung") werden ihm (wie anderen Dichtern) kaum förderlich gewesen sein; sie handelten von Stoffen, Empfindungen und Tendenzen und schließlich auch von möglicher Vollkommenheit: „Nur das Gedicht kann vollkommen werden, das von einem wirklich dichterischen Genie, in wahrer, nicht zum Schein angenommener, poetischer Laune entworfen, und nach den Regeln der Kunst mit feinem Geschmak ausgearbeitet worden." (T. 2 [1778]. S. 206.) *Und zu „Geschmak" heißt es:* „Der Geschmak ist im Grunde nichts anders, als das Vermögen das Schöne zu empfinden, so wie die Vernunft das Vermögen ist, das Wahre, Vollkommene und Richtige zu erkennen; das sittliche Gefühl, die Fähigkeit das Gute zu fühlen." (Ebd. S. 240.) *Unter dem Stichwort „Lyrisch" notierte Sulzer:* „Also ist der Inhalt des lyrischen Gedichts immer die Aeußerung einer Empfindung, oder die Uebung einer fröhlichen, oder zärtlichen, oder andächtigen, oder verdrießlichen Laune, an einem ihr angemessenen Gegenstand." (T. 3 [1779]. S. 190.) *Welcher lyrische Dichter des 18. Jahrhunderts hätte dieser Bestimmung widersprochen? Wer hätte der Forderung nicht zugestimmt, Kunst müsse immer* „wie ein natürlicher Gegenstand erscheinen" (ebd. S. 306)? *Sulzers Lexikon gewinnt seine „Theorie" der Dichtkunst durch das ‚Anschauen' (griech.* ϑεωρία) *der Geschichte der Literatur und ihrer Gattungen, bietet also keine ‚reine Erkenntnis', die unabhängig von jeder Erfahrung bleibende Gültigkeit hätte. Mit der*

Geschichte der schönen Künste ist deren so verstandene Theorie also stets neu zu schreiben. Und dabei sind apodiktische Festlegungen wie die Schillers in seiner Matthisson-Rezension: Es ist, wie man weiß, niemals der Stoff, sondern bloß die Behandlungsweise, was den Künstler und Dichter macht *(NA 22, 266), stets zu bestreiten.*

Daß Schiller je gewillt war, seine Werke nach einem Gesetzbuch der Dichtkunst, wenn er es denn tatsächlich hätte finden können, zu verfertigen, kann füglich bezweifelt werden. Zu sehr vertraute er, vor allem in seiner Frühzeit, auf seine eigenen poetischen Fähigkeiten, auf das im Umgang mit alten und neuen Dichtern gewonnene Vermögen, Beliebiges in Versen auszudrücken, auf die lebhafte Imagination, die ihm Gedanken, Einfälle und Ansichten zutrug, und auf die gleichsam ‚natürliche' Begabung der rhetorischen Sicherheit, also der Effizienz des Gesprochenen. Aus Sulzers Theorie hatte er weniger gelernt als aus den Werken verschiedener Dichter; und so wenig er sich Goethes Lyrik zu öffnen vermochte, so sehr durfte er sich durch dessen Anreger Herder ermuntert sehen.

Es ist zu vermuten, daß Schiller bis zu seiner ersten lyrischen Hauptphase in den Jahren 1779–1781 nicht nur die auf der Karlsschule gelesene Herdersche Schrift „Auch eine Philosophie der Geschichte zur Bildung der Menschheit" (1774) kannte, sondern auch andere Werke des vielgerühmten jungen Gelehrten, so etwa die „Fragmente"-Sammlungen „Ueber die neuere Deutsche Litteratur" (1766–1768), die ästhetische Schrift „Kritische Wälder" (1769), die „Abhandlung über den Ursprung der Sprache" (1772) oder auch die verschiedenen von Herder herausgegebenen „Volkslieder"-Bücher (1774–1779).

Gerade die Tatsache, daß Herder keine konzise Dichtkunst-Lehre formulierte, sondern die Qualität eines Dichters danach bemaß, in welcher Weise sein Gedanken-, sein Empfindungs- und sein Ausdrucksvermögen miteinander harmonierten, konnte dem jungen Schiller nicht anders als Bestätigung seiner poetischen Praxis erscheinen. Der Dichter, so heißt es in den Literaturbriefen, solle „Empfindungen ausdrücken"; und zwar so, daß er „Einfalt und Reichthum, Stärke und Kolorit der Sprache" beherrsche, „um das durch die zu bewürken, was [...] durch die Sprache des Tons und der Geberden" von ihm erstrebt werde (Sämmtliche Werke 1, 394–395). Und über einen „Originalschriftsteller" führte Herder aus: „Ein Mann, dessen Seele, von Gedanken schwanger, zu gebären ringet, denket nie darauf, wie ein Aesthetischer Regelnschmid einst an ihm sizzen wird, um Beispiele des Ausdrucks zu seinen Schulgesezzen auszuklauben: und es wird ihm also unmöglich, den Ausdruck abgesondert vom Gedanken zu behandeln, zu ordnen, zu wählen. Er bildet sich das Ganze des Gedankens in seinem Geiste, stellet jeden Theilbegrif schnell an seinen Platz, in sein gehöriges Licht, zu seinem eigenthümlichen Zweck, in allem erforderlichen Gleichmaaße: das Bild schaffet sich in seinem Kopf und tritt, vollständig an Gliedmaaßen und gesund an der Farbe, mit glänzenden Waffen gerüstet, hervor, und wird Ausdruck." (Ebd., 402–403.) Die Empfindung (etwa als Wirkung eines ‚Erlebnisses') findet demnach nicht unmittelbaren Ausdruck, sondern bedarf der Übernahme und Umsetzung durch den reflektierenden Verstand, in dem sich der adäquate Ausdruck der Empfindung sammelt. Da Empfindungen so gut aus dem Kopf wie aus dem Herzen kommen können, erscheint eine abstrakte Erkenntnis (wie Kants kategorischer Imperativ) prinzipiell nicht weniger geeignet für eine dichterische (auch lyrische) Behandlung als ein konkretes Erlebnis (wie Goethes Liebe zu Friederike Brion). Mag auch die Unterscheidung zwischen ‚Erlebnislyrik' und ‚Gedankenlyrik' in bezug auf den Ausgangspunkt der poetisch zum Ausdruck gebrachten Empfindung für eine Kategorienbildung tauglich sein (wobei das Problem der ausgedachten Erlebnisse unberücksichtigt bleibt), so ist eine solche

Unterscheidung doch zur qualitativen Bestimmung von Lyrik so wenig geeignet wie die zwischen einer Ode und einem Sonett.

Das Problem, das der Lyriker Schiller hatte und an seine Leser weitergab, ist dieses: Seine Gedanken lösten sich nicht in Empfindungen auf, bevor sie Ausdruck gewannen. Es scheint, als habe er diesen Umweg nicht nehmen können; möglich ist aber auch, daß er ihn nicht hat nehmen wollen, weil er fürchtete, durch Empfindungen vorzutäuschen, sie gründeten in Erlebnissen – unabhängig davon, ob es solche gab oder nicht. Sie wurden, wenn es sie gab, immer gedanklich zerlegt, bevor sie durch eine neue Form verfremdet wurden. Das Problem hat Schiller in seinem Brief an Goethe vom 31. August 1794 angedeutet, in dem er sagte: [...] gewöhnlich übereilte mich der Poet, wo ich philosophieren sollte, und der philosophische Geist, wo ich dichten wollte. Noch jetzt begegnet es mir häufig genug, daß die Einbildungskraft meine Abstraktionen, und der kalte Verstand meine Dichtung stört. *Dabei wußte er, daß ihm beim* Poesieren oft die Zeit fehlte, um sich auf das weite Meer zu wagen, so daß er sich gezwungen sah, am Ufer der Philosophie zu bleiben. *(An Körner vom 3. August 1795; ähnlich im Brief an August Wilhelm Schlegel vom 29. Oktober 1795.)*

Wilhelm von Humboldt hat in seiner „Vorerinnerung" zu seinem 1830 erschienenen Briefwechsel mit Schiller (Ueber Schiller und den Gang seiner Geistesentwicklung) die Eigenart des Schillerschen Dichtens so bestimmt: „[...] dieß Dichtergenie war auf das engste an das Denken in allen seinen Tiefen und Höhen geknüpft, es tritt ganz eigentlich auf dem Grunde einer Intellectualität hervor, die Alles, ergründend, spalten, und Alles, verknüpfend, zu einem Ganzen vereinen möchte." (Ueber Schiller, 10.) Und weiter: „Was jedem Beobachter an Schiller am meisten, als charakteristisch bezeichnend, auffallen mußte, war, daß in einem höheren und prägnanteren Sinn, als vielleicht je bei einem Andern, der Gedanke das Element seines Lebens war. Anhaltend selbstthätige Beschäftigung des Geistes verließ ihn fast nie [...]." (Ebd., 12.) Und schließlich: Schillers poetische und philosophische Entwicklung sei dadurch gekennzeichnet, „daß die lebendigere Aneignung immer reicheren Stoffs, und die Kraft des ihn beherrschenden Gedanken[s] sich unaufhörlich zu wechselseitiger Steigerung bestimmten. Der Endpunct, an den er Alles knüpfte, war die Totalität *in der menschlichen Natur durch das Zusammenstimmen ihrer geschiedenen Kräfte in ihrer absoluten Freiheit." (S. 23.) Auch wenn Humboldt erkannte, daß Schiller auf dem dramatischen Felde in seinem eigentlichen poetischen Element war, schätzte er, der Bewunderer des Schillerschen Denkens, dessen Rang als Lyriker doch höher ein, als es die meisten zeitgenössischen und nachlebenden Beurteiler für angemessen hielten. Daß auch Schiller in den Chor der Kritiker seiner Gedichte einstimmte, hat seinen Grund nicht in einem generellen Mißtrauen gegenüber der von ihm gepflegten Gedankenlyrik, sondern in der Einsicht, daß es ihm nicht gelingen konnte, den Stoff (und dazu gehören dann auch die Ideen) formal so zu bewältigen, wie er es von der vollkommenen Dichtung erwartete:* Darinn also besteht das eigentliche Kunstgeheimniß des Meisters, daß er den Stoff durch die Form vertilgt. *(Ueber die ästhetische Erziehung des Menschen; NA 20, 382.)*

Im Rückblick auf das erste Jahrzehnt seiner lyrischen Produktion, kurz vor Vollendung des großen Gedichts „Die Künstler", das ihn so lange beschäftigt hat wie kein anderes lyrisches Werk, resümierte Schiller in einem Brief an Körner (vom 25. Februar 1789): Das lyrische Fach, das Du mir anweisest, sehe ich eher für ein Exilium, als für eine eroberte Provinz an. Es ist das kleinlichste und auch undankbarste unter allen. Zuweilen ein Gedicht lasse ich mir gefallen; wiewohl mich die Zeit und Mühe, die mir die Künstler gekostet haben, auf viele Jahre davon abschrecken. – *Sechs Jahre hat Schiller danach das Exil gemieden.*

*

Schillers Jugendlyrik ist fast vollständig in die von ihm herausgegebene „Anthologie auf das Jahr 1782", für die er seit November 1781 Beiträge sammelte und die im Februar 1782 erschien, eingegangen. Die wenigen Gedichte, die kurz zuvor als Einzeldrucke (Der Venuswagen, Trauer-Ode auf den Todt des Hauptmanns Wiltmaister, Elegie auf den frühzeitigen Tod Johann Christian Weckerlins, Todenfeyer am Grabe Philipp Friderich von Riegers) und in Stäudlins „Schwäbischem Musenalmanach / Auf das Jahr 1782" (Die Entzükung / an Laura) veröffentlicht worden waren, bilden thematisch wie in Ton und Tendenz eine Einheit mit den „Anthologie"-Gedichten.

Daß Schillers Anthologie als eine Art ‚Gegenalmanach' zu Gotthold Friedrich Stäudlins im September 1781 auf den Markt gekommenem „Schwäbischen Musenalmanach" aufgenommen werden sollte, ist die erklärte Absicht des Herausgebers gewesen: Er wollte dem selbsternannten Präzeptor, Protektor und Erneuerer der schwäbischen Poesie eine ganz andere Art ‚heimischer' Lyrik entgegenstellen, als dieser sie mit dem Schwall von Mittelmäßigkeit, dem Froschgequäke der Reimer *(so Schiller in seiner Rezension des Stäudlin-Almanachs; NA 22, 188) geboten hatte: ungeschminkte Zeitkritik, bissige Satiren, witzige Parodien und auch frivole lyrische Quodlibets über Unzulänglichkeiten der menschlichen Natur.*

Stäudlins Almanach bot Schiller einen willkommenen Anlaß zur Veröffentlichung seiner Anthologie; denn die zahlreichen Gedichte, die er bis zum Herbst 1781 geschrieben hatte, hätte er schwerlich anders als durch eine eigene Publikation bekannt machen können. Die Zahl der Periodica innerhalb Schwabens, denen Schiller seine Gedichte anbieten konnte, war ziemlich gering, die Kompetenz der Herausgeber war oft fragwürdig, und ihre Entscheidungen hingen nicht selten von der Rücksicht auf die Zensur ab; außerdem war die Konkurrenz der Beiträger groß, so daß die Startbedingungen für junge Dichter sehr ungünstig waren.

Die im (nicht genannten) Stuttgarter Metzler-Verlag und mit fingiertem Druckort („Tobolsko") anonym erschienene Anthologie enthält insgesamt 83 Gedichte von etwa zehn schwäbischen Verfassern, mit denen Schiller während seiner Schulzeit persönliche Beziehungen hatte. Die weitaus meisten der Gedichte – etwa 50 – stammen von Schiller selbst. – In der Zusammenstellung der Beiträge ist keine planmäßige Ordnung zu erkennen: Themen und Formen sind anscheinend willkürlich gemischt. Über Politik und Religion, über Liebe und Tod werden in Epigrammen und Oden, in Hymnen und ‚Gesängen', in balladenartigen und elegischen Versgruppen ernsthaft und scherzhaft eine Vielzahl von Überzeugungen und Ansichten vorgetragen, die für den Leser um so bemerkenswerter sind, je ungekünstelter sie sich zum Ausdruck bringen, je weniger sie also in der Attitüde des Spielerischen zurückgenommen sein sollen und je weniger sie die Mühen der Darstellung ausgedachter Erlebnisse und forcierter Empfindungen kaschieren können. Für Schillers Gedichte bedeutet dies, daß nicht die halb geschmacklosen Witzeleien (Bacchus im Triller, Vergleichung, Aktäon, Kastraten und Männer), nicht die angestrengten Liebesgedichte und nicht die in deutlicher Anlehnung an Klopstock oder andere Vorbilder formulier-

ten Lobpreisungen *(Die Herrlichkeit der Schöpfung, Hymne an den Unendlichen, Die Gröse der Welt, Die Freundschaft)* den ‚wahren' Poeten verraten, sondern die Stücke, die „ex ungue leonem" (Plutarch), die ‚an der Pranke den Löwen' erkennen lassen: Die politischen Gedichte, in denen der Verfasser der „Räuber" aufbegehrt gegen unchristlichen Kirchenwahn (Roußeau), gegen die gesellschaftliche Ächtung lediger Mütter mit all ihren schrecklichen Folgen *(Die Kindsmörderin)* oder gegen Fürstenwillkür und Fürstenverderbtheit *(Die schlimmen Monarchen)*.

Viele der Schillerschen Jugendgedichte sind gekennzeichnet durch das Bemühen des Verfassers, sie als Ergebnisse persönlicher Probleme erscheinen zu lassen. Sie handeln von Themen, die ihn betreffen (Liebe, Tod, Gewalt, Gott, Unsterblichkeit), doch machen sie aus persönlichen Problemen fast stets allgemeine und geraten so in ein Dilemma; denn sie wollen (und können) keine philosophischen Gedichte sein. Weder vermittelt der Dichter eine gegründete Diesseits- und Jenseitsvorstellung, noch verdeutlicht er eine schlüssige Geschichtsauffassung; und weit entfernt ist er von einer expliziten Kunstansicht, die auf Erfahrungen mit Kunst oder auf theoretisch gewonnenen ästhetischen Prinzipien basierte.

Schiller beabsichtigte, mit seiner Anthologie Stäudlin zu „zermalmen", wie sich sein Jugendfreund Scharffenstein erinnerte (Hartmann, Jugendfreunde, 153). Wollte er deshalb die Demonstration seiner Kraft und die Wirkung seines Angriffs nicht durch Feinheiten (des Stils, der Empfindungen, der Urteile) gefährden? Das hieße: dem jugendlichen Dichter sei es nicht so sehr um Poesie als um ‚Politik' gegangen. In seiner Selbstrezension, die er – unter der Chiffre Gz. – der Anthologie unmittelbar hinterherschickte, war weniger von den Stärken als von den Schwächen der Gedichte die Rede: Möchten sich doch unsere junge Dichter überzeugen, daß Überspannung nicht Stärke, daß Verletzung der Regeln des Geschmacks und des Wohlstands nicht Kühnheit und Originalität, daß Phantasie nicht Empfindung, und eine hochtrabende Ruhmredigkeit der Talisman nicht sei, von welchem die Pfeile der Kritik splitternd zurückprellen *[...]. (NA 22, 134.) Auch später richtete Schiller* Pfeile der Kritik *gegen seine Jugendlyrik: Als er für den zweiten Band seiner Gedichtsammlung (1803) auf diese* wilden Produkte eines jugendlichen Dilettantism *(NA 22, 112) nicht verzichten konnte, um dem Band den erwünschten Umfang zu geben, begründete er das damit, daß sie* schon ein verjährtes Eigentum des Lesers seien, der sich oft auch das Unvollkommene nicht gern entreißen läßt, weil es ihm durch irgendeine Beziehung oder Erinnerung lieb geworden ist *[...]. (Ebd.)*

*

In der im Oktober 1784 gedruckten Ankündigung seiner „Rheinischen Thalia" hat Schiller noch einmal seine bis dahin erschienenen Werke kritisiert und ihre Schwächen – vor allem die der „Räuber" – damit erklärt, daß er zur Zeit ihrer Abfassung unbekannt gewesen sei mit der wirklichen [Welt], von welcher mich eiserne Stäbe schieden – unbekannt mit den Menschen *[...]* – unbekannt mit den Neigungen freier, sich selbst überlassener Wesen *[...]* – unbekannt mit dem schönen Geschlecht *[...]* – unbekannt mit Menschen und Menschenschicksal *[...]. (NA 22, 93–94.) Es bedurfte gemehrter Lebenserfahrungen und eines gründlicheren Studiums der Geschichte und der Kunst, um den Lyriker Schiller über seine* wilden Produkte eines jugendlichen Dilettantism *hinauszuführen. Seine Mannheimer Zeit (1782–1785) war reich an – meist bitteren – Erfahrungen, die ihren Niederschlag auch in den vermutlich gegen Ende dieser*

Epoche geschriebenen Gedichten „Freigeisterei der Leidenschaft" und „Resignation", die beide im Februar 1786 in der „Thalia" erschienen, gefunden haben. Die Gedichte setzen Schillers Beziehung zu Charlotte von Kalb voraus, die er (wie andere Frauen) mit dem Synonym für Geliebte: „Laura" ansprach, und zwar nicht nur, um sie als Person unkenntlich zu machen, sondern auch, um ihre Besonderheit aufzuheben. Denn es ging Schiller nicht um die Darstellung privater Erlebnisse, sondern um die weltanschaulichen Konflikte, die sich aus ihnen ergeben hatten und nun poetisch zu ‚bewältigen' waren; sie wurden stilisiert zu metaphysischen, zu religiösen Problemen. Dem Glauben der Väter: daß beim Riesenkampf der Pflicht *(mit der Neigung)*, beim Streit zwischen Sinnenglück und Seelenfrieden *(wie es in „Freigeisterei der Leidenschaft", V. 2, und in „Das Reich der Schatten", V. 7, heißt)* die Befolgung des göttlichen Gebots wie selbstverständlich die ‚richtige' Entscheidung herbeiführt – diesem Glauben setzte Schiller den radikalen Zweifel des Nicht-Gläubigen entgegen, der Gott schmäht: D i c h hätten sie als den Allguten mir gepriesen, / als Vater mir gemahlt? / So wucherst du mit deinen Paradiesen? / Mit meinen Tränen machst du dich bezahlt? *(Freigeisterei der Leidenschaft, V. 77–80.)* Und die Resignation gilt dem Glauben, nicht dem im Genuß gesuchten Glück: Genieße wer nicht glauben kann. Die Lehre / ist ewig wie die Welt. Wer glauben kann, entbehre. / Die Weltgeschichte ist das Weltgericht. *(Resignation, V. 93–95.)* Mit diesen Gedichten hat Schiller nicht nur zum erstenmal auf eine ernste Lebenskrise reagiert, sondern auch die ersten Proben seiner ‚Gedankenlyrik' geliefert, mit der er Rechenschaft abgelegt hat über die Entwicklung seiner ästhetischen, moralischen, religiösen, anthropologischen und geschichtsphilosophischen Ansichten. So entschieden diese in jedem Gedicht erscheinen: sie waren selten von Dauer, ja konnten in kürzester Zeit variiert oder modifiziert werden, so daß nicht unwahrscheinlich ist, daß Goethe einmal aus Überzeugung zu K. F. A. von Conta hat sagen können, was dieser am 27. Mai 1820 seiner Frau berichtete: „Ja, seine [Schillers] Fortschritte seien so außerordentlich gewesen, daß er [Goethe] ihn nach vier Tagen oft nicht mehr gekannt habe." (Biedermann/Herwig 3 I, 173.) – Die Gedichte „Freigeisterei der Leidenschaft" und „Resignation" zeigen Schiller als selbständigen Lyriker von Format; sie sind auch in formaler Hinsicht weit sicherer (‚gekonnter') als die meisten früheren und entsprechen damit der Dignität des Gedichteten wie der des Dichters, und sie verhelfen der Dichtung selbst zu dem ihr eigenen Recht. – Daß die Gefahr der Form- und Schreibgewandtheit für Schiller zuweilen zu einer poetischen Klippe wurde, zeigen manche seiner flüchtig hingeworfenen Gelegenheitsgedichte, von denen „An die Freude" (entstanden im Herbst 1785 und erschienen im Februar 1786) nicht zuletzt wegen der Vertonung durch Beethoven die größte Wertschätzung erfahren hat. Dieses „Lied" ist indes gedanklich so oberflächlich, in seiner Bild-Häufung so ‚barock' und in seiner ‚Botschaft' so plakativ wie viele Vereinslieder unberühmter Verfasser; deshalb kann Schillers spätere Ablehnung des Gedichts nicht überraschen: es sei durchaus fehlerhaft, schrieb er am 21. Oktober 1800 an Körner, es sei doch ein schlechtes Gedicht und bezeichnet eine Stufe der Bildung, die ich durchaus hinter mir laßen mußte um etwas ordentliches hervorzubringen.

In den Jahren, die Schiller in Dresden und Leipzig lebte (1785–1787), stellte er seine lyrische Produktion fast völlig ein, und auch in seiner ersten Weimarer Zeit (1787–1789) entstanden nur wenige Gedichte. Doch waren zwei darunter, die sich als etwas ordentliches behauptet haben: „Die Götter Griechenlandes" (entstanden im Frühjahr 1788 und erschienen im März desselben Jahres in Wielands „Teutschem Merkur") und „Die Künstler", das umfangreichste aller Schillerschen Gedichte, mit dessen Verfertigung sich der –

von Körner und Wieland intensiv beratene – Dichter vier Monate lang plagte (von Oktober 1788 bis Februar 1789) und das dann genau ein Jahr nach den „Göttern Griechenlandes" im „Teutschen Merkur" gedruckt wurde.

Die beiden Gedichte, die auf Anregungen Wielands entstanden, dem sich Schiller in Weimar vertrauensvoll angeschlossen hatte, bedeuten einen erneuten, wenn auch nicht den wichtigsten Fortschritt in der Entwicklung des Lyrikers Schiller. Es beginnt die geschichtsphilosophische Auseinandersetzung mit der griechischen Antike und damit die poetische Adaptation des Mythos, von der Schiller schon damals hoffte, sie werde schließlich zu einem ‚neuen Mythos', zur vollendeten Dichtung am Ende der Geschichte führen. „Die Götter Griechenlandes" sind gewissermaßen als Prolegomena einer künftigen Ästhetik, die als Poesie wird auftreten können, zu verstehen. Die scharfe Kritik am Christentum ist als Geschichtsphilosophie ästhetisch motiviert: Durch den Verlust der einstmals – in einem glücklichen Arkadien – gewesenen Einheit von Menschen und Göttern, Natur und Kunst, Denken und Handeln wird dem in nachchristlicher Zeit lebenden Künstler die Voraussetzung, vollkommen zu sein, genommen. Schöne Welt, wo bist du? – Kehre wieder, / holdes Blüthenalter der Natur! *(V. 145–146) klagt und bittet der Dichter, der doch weiß, daß* ein Andrer in des Aethers Reichen / auf Saturnus umgestürztem Thron *(V. 179–180) herrscht, und der am Ende dem Befund:* Da die Götter menschlicher noch waren, / waren Menschen göttlicher *(V. 191–192), kein Zeichen der Hoffnung entgegensetzt.*

Aus dem Status anscheinender Hoffnungslosigkeit führt das folgende Gedicht fast schon triumphierend hinaus, indem es auf die Misere der Geschichte mit der Möglichkeit ihrer Überwindung antwortet: Da, so wird es nun in den „Künstlern" dargestellt, die Kunst sich, unabhängig vom jeweiligen Weltzustand, stets als Beförderin des geschichtlichen Fortschritts behauptet und dabei allen Rückschlägen barbarischen Terrors getrotzt hat, ist die konkrete Utopie erlaubt, es werde den Künstlern gelingen, die entzweite Welt wieder zu vereinen und in einen glücklichen Zustand hinüberzuleiten, dem durch die Trinität der Schönheit, Wahrheit und Sittlichkeit Dauer verbürgt sei. Sie selbst, die sanfte Cypria, / umleuchtet von der Feuerkrone / steht dann vor ihrem mündgen Sohne / entschleyert – als Urania *(V. 433–436) – so bringt Schiller das wirklich gewordene Elysium ins Bild, und den Dichtern ruft er eindringlich zu:* Der Menschheit Würde ist in eure Hand gegeben, / bewahret sie! / Sie sinkt mit euch! Mit euch wird die Gesunkene sich heben! *(V. 443–445.) – Schiller hat in späteren Jahren gelegentlich daran gedacht, „Die Künstler" einer Bearbeitung zu unterziehen, um das Gedicht mit seinen entwickelteren ästhetischen Auffassungen in Übereinstimmung zu bringen und ihm formal (vielleicht auch inhaltlich) mehr Geschlossenheit zu geben. Die Absicht wurde nicht realisiert. Es fehlte wohl an der nötigen Zeit, vor allem aber wußte Schiller, daß durch die Bearbeitung ein neues Gedicht entstehen würde. Hatte er aber das, was es dann zu sagen gäbe, nicht schon in anderen Gedichten gesagt?*

*

Während der ersten sechs Jahre in Jena (1789–1795) hat Schiller keine Dramen und keine Gedichte geschrieben. Er war in dieser Zeit vornehmlich mit historischen und philosophischen Arbeiten beschäftigt. Vor allem die letzteren waren für die weitere Entwicklung des Lyrikers von großer Bedeutung; alle großen Gedanken- (oder Ideen-) Gedichte, die er bis zum Ende des Jahrhunderts schrieb, sind in ihrer Substanz mit den ästhetischen

Schriften „Ueber Anmuth und Würde", „Ueber die ästhetische Erziehung des Menschen" und „Ueber naive und sentimentalische Dichtung" verbunden.

Es waren nicht zuletzt finanzielle Gründe, die Schiller 1794, nach der wegen seiner andauernden Kränklichkeit notwendig gewordenen Entpflichtung von den Universitätsgeschäften, dazu bewogen, mit dem Tübinger Verleger Johann Friedrich Cotta einen Vertrag über die Herausgabe einer Zeitschrift (Die Horen) und mit dem Neustrelitzer Hofbuchhändler Salomo Michaelis einen Vertrag über die Herausgabe eines „Musen-Almanachs" abzuschließen. Die Zeitschrift erschien in den Jahren 1795–1797, der Almanach – seit dem zweiten Jahrgang von Cotta verlegt – 1795–1799 (für die Jahre 1796–1800). Die eingegangenen Verpflichtungen nötigten Schiller zur literarischen, auch zur lyrischen Produktion. Also begann er 1795 aufs neue, Gedichte zu schreiben. Dabei hatte er zunächst vorgesehen, die besseren in den „Horen" zu veröffentlichen; doch schon 1796 gab er diese Absicht, zu der er in Erwartung eines besonders anspruchsvollen „Horen"-Publikums gekommen war, wieder auf, weil der Almanach entschieden günstigere wirtschaftliche Perspektiven bot, aber nur dann für längere Zeit erfolgreich zu bleiben versprach, wenn die Qualität der Beiträge über der vergleichbarer Unternehmen lag; das Publikumsinteresse an der Zeitschrift ließ schon im zweiten Jahr so nach, daß ihr schnelles Ende abzusehen war – unabhängig von ihrem Inhalt.

Ebenso wichtig wie seine eigene ästhetische Theorie war für Schillers Lyrik im letzten Jahrzehnt seines Lebens die 1794 begründete und sich dann schnell vertiefende Freundschaft mit Goethe. Die gemeinsame Arbeit fand vordergründig ihren Niederschlag in den 1796 verfaßten „Tabulae votivae" und „Xenien" der beiden Dichter sowie in den im folgenden Jahr entstandenen, gegenseitig ‚kontrollierten' Balladen. Doch bedeutsamer war die Wirkung, die von Goethe auf das lyrische Schaffen Schillers insgesamt ausging.

Es sei erstaunlich, schrieb Schiller am 21. März 1796 an Wilhelm von Humboldt, wieviel realistisches schon die zunehmenden Jahre mit sich bringen, wieviel der anhaltendere Umgang mit Göthen und das Studium der Alten [...] bey mir nach und nach entwickelt hat. In der Tat ist mit der so angedeuteten Entwicklung der poetischen Praxis auch für Schillers Lyrik ein bemerkenswerter Wandel verbunden; das gilt nicht weniger für die Wahl der Stoffe als für die Behandlungsart, also für die poetische Form der Gedichte und für die durch sie vermittelte Tendenz der Welt-, Geschichts- und Kunstauffassung.

Schillers ‚Realismus' hat nichts mit einer verstärkten Hinwendung zu konkreten Erscheinungen der ihn umgebenden Welt zu tun und nichts mit einer Annäherung an eine ‚natürliche' Art des Vortrags; er hängt vielmehr mit seiner Überzeugung zusammen, die er schon 1791 in der Bürger-Rezension geäußert hatte: Alles, was der Dichter uns geben kann, ist seine I n d i v i d u a l i t ä t. Diese muß es also wert sein, vor Welt und Nachwelt ausgestellt zu werden. Diese seine Individualität so sehr als möglich zu veredeln, zur reinsten herrlichsten Menschheit hinaufzuläutern, ist sein erstes und wichtigstes Geschäft, ehe er es unternehmen darf, die Vortrefflichen zu rühren. (NA 22, 246.) Der Dichter reflektiert sich demnach in seiner Dichtung als unverwechselbares Individuum; die Realität seiner Intellektualität und Moralität gibt seiner Poesie das Gepräge. Dies kann um so deutlicher werden, je näher er sich an seine eigene Wirklichkeit anschließt, um, von der Beobachtung des Besonderen ausgehend, dem Allgemeinen seiner Lebensansichten und -maximen ein Fundament zu geben, von dessen Stärke schließlich die Haltbarkeit des auf ihm errichteten Ideen-Gebäudes abhängt. Daß die poetologischen Einsichten Schillers, die sich unter dem Einfluß Goethes mehr und mehr herausbildeten, nur in Ansätzen dichte-

risch umgesetzt wurden, hängt mit den Eigenarten seiner ‚Natur' zusammen, die ausschlossen, daß er dem bewunderten Freund ähnlich werden konnte, den er in seinem ersten großen Brief an ihn (vom 23. August 1794) so charakterisiert hat, als ginge es um ein Gegenbild zu sich selbst: Ihr beobachtender Blick, der so still und rein auf den Dingen ruht, setzt Sie nie in Gefahr, auf den Abweg zu gerathen, in den sowohl die Speculation als die willkührliche und bloß sich selbst gehorchende Einbildungskraft sich so leicht verirrt. [...] Von der einfachen Organisation steigen Sie, Schritt vor Schritt, zu den mehr verwickelten hinauf, um endlich die verwickeltste von allen, den Menschen, genetisch aus den Materialien des ganzen Naturgebäudes zu erbauen. *Schillers Blick pflegte nicht still und rein auf den Dingen zu ruhen, bis diese sich ihm zu erkennen gaben; das fast zwanghafte Bedürfnis zur schnellen Produktion führte immer wieder dazu, daß er den für ihn sichersten Weg wählte: besondere Fälle zu schildern, als seien sie nichts als Exempel allgemein anerkannter Gesetze. Aber keiner wußte besser als er, daß er damit dem poetischen Ideal, das er in Goethe (fast) verwirklicht sah, weit entrückt blieb. Freilich gab er die Hoffnung nicht auf, die erkannte Distanz verringern zu können. Im Juni 1797, nach vierwöchigem Umgang mit Goethe, bedankte er sich bei diesem für die förderlichen Unterhaltungen und formulierte dabei die Probleme, die für ihn nie restlos zu lösen waren:* Sie gewöhnen mir immer mehr die Tendenz ab (die in allem praktischen, besonders poetischen eine Unart ist) vom allgemeinen zum individuellen zu gehen, und führen mich umgekehrt von einzelnen Fällen zu großen Gesetzen fort. Der Punkt ist immer klein und eng, von dem Sie auszugehen pflegen, aber er führt mich ins Weite, und macht mir dadurch, in meiner Natur, wohl, anstatt daß ich auf dem andern Weg, dem ich, mir selbst überlaßen, so gerne folge, immer vom weiten ins enge komme, und das unangenehme Gefühl habe, mich am Ende ärmer zu sehen als am Anfang. *(Brief vom 18. Juni 1797.)*

Auch wenn die Probleme fortbestanden: Der Weg, den der Lyriker Schiller nach 1794 ging, führte ihn weit weg von der vormals bevorzugten Praxis, seinen Gedichten zufällige Erfahrungen und Augenblickseinfälle ‚unterzuschieben' und diese mit großem rhetorischen Aufwand als grundsätzliche Konflikte mit der Welt zu inszenieren. Der kleine und enge Punkt, der ihn ins Weite zog, war nun – in seinen philosophischen Gedichten – sein eigenes Denken als das Besondere, dem er das Ansehen des Allgemeinen zu geben bestrebt war, und dazu bedurfte es der strengsten Form, die für ihn in klassischen Mustern vorgegeben war.

Daß Lyrik in Versen zu schreiben war, ist Schiller wohl stets selbstverständlich gewesen, und er wußte auch – in den „Kallias"-Briefen an Körner vom Frühjahr 1793 – das Schöne von Versen zu bestimmen: Eine Versifikation ist schön, wenn jeder einzelne Vers sich selbst seine Länge und Kürze, seine Bewegung und seinen Ruhepunkt gibt, jeder Reim sich aus innrer Nothwendigkeit darbietet und doch wie gerufen kommt – kurz, wenn kein Wort von dem andern, kein Vers von dem andern Notiz zu nehmen, bloß seiner selbst wegen da zu stehen scheint, und doch alles so ausfällt, als wenn es verabredet wäre. *(NA 26, 214.) Der Vers ist also ein Stilmittel, durch das* die höchste Unabhängigkeit der Darstellung von allen subjektiven und allen objektivzufälligen Bestimmungen *(NA 26, 225) erreicht werden soll. Diesen theoretischen Erklärungen hat Schiller einige Jahre später eine praktische Erwägung hinzugefügt: Die Prosa sei, bemerkte er, als er sich entschlossen hatte, den Prosa-‚„Wallenstein" in Blankverse umzuschreiben,* bloß gut für den gewöhnlichen Hausverstand, *während der Vers* schlechterdings Beziehungen auf die Einbildungskraft fordere und sich notwendig über das gemeine erhebe. *(Brief an*

Goethe vom 24. November 1797.) Warum indes eine bestimmte Gattung oder eine Dichtart eine bestimmte metrische Form verlange, warum zum Beispiel der Blankvers dem (deutschen) Drama angemessener sei als der Alexandriner und im (deutschen) Epos die Stanze den Vorzug vor dem Hexameter verdiene (vgl. Schillers Brief an Körner vom 20. August 1788), darüber hat sich Schiller nicht deutlich ausgesprochen. Gelegentlich hat er – vermutlich auch selbstkritisch – Bedenken gegen den Reim vorgebracht: Das ist eine Unart des Reims, daß er fast immer an den Poeten erinnert, so wie in der freyen Natur eine mathematisch strenge Anordnung, eine Allee z.B. an die Menschenhand. *(Brief an Humboldt vom 21. März 1796.) – Die Versform, deren sich Schiller während seiner ‚klassischen' Periode besonders häufig bediente, ist das Distichon, das reimlose – aus einem Hexameter und einem Pentameter bestehende – Verspaar, das in der Antike die Form des Epigramms und der Elegie bestimmte. Das Distichon ermöglicht durch seine formale Ungleichartigkeit bei gleichzeitig enger Zusammengehörigkeit den Aufbau einer Spannung im ersten und deren (oft überraschende) Lösung im zweiten Vers; es drängt zur Prägnanz, zur Polarisierung und zur antithetischen Argumentation – und kann im folgenden Distichon fortgeführt, variiert, modifiziert, negiert oder sonstwie aufgehoben werden. Es verlangt strengste Disziplin, damit Maß und Ordnung der Form nicht durch einen unpassenden (‚unbedeutenden') Inhalt (Gedanken) gestört werden. Die Möglichkeiten, die das Distichon bietet, nutzte Schiller in einigen seiner vielleicht schönsten Gedichte (Der Spaziergang, Der Tanz, Das Glück, Nänie). Wie sehr Schiller seine Distichon-Gedichte geschätzt hat, belegt seine Entscheidung, sie fast vollständig in die geplante Prachtausgabe seiner Gedichte aufzunehmen und ihnen darin das dritte Buch vorzubehalten. Dies ist um so beachtenswerter, als er im übrigen bei der Auswahl für die Ausgabe so selbstkritisch verfuhr, daß sogar einige der vom Publikum besonders anerkannten Gedichte (wie „Die Macht des Gesanges", „Das verschleierte Bild zu Sais", „Pegasus im Joche", „Das Mädchen von Orleans") ausgeschlossen wurden.*

*

Schillers kritische Einstellung gegenüber seiner eigenen Lyrik kann erklären, warum er nur wenige seiner Gedichte bearbeitete, als er sie für die Auswahlausgabe von 1800 zusammenstellte. Und die Selbstkritik war auch der Grund für seine Bedenken gegen Gedichte Hölderlins, die dieser ihm zugeschickt hatte: Aufrichtig, ich fand in diesen Gedichten viel von meiner eigenen sonstigen Gestalt, und es ist nicht das erstemal, daß mich der Verfaßer an mich mahnte. Er hat eine heftige Subjectivität, und verbindet damit einen gewißen philosophischen Geist und Tiefsinn. *(Brief an Goethe vom 30. Juni 1797.) Schon vorher hatte Schiller geraten, was Hölderlin lassen und tun solle:* Fliehen Sie wo möglich die philosophischen Stoffe, sie sind die undankbarsten, und in fruchtlosem Ringen mit denselben verzehrt sich oft die beßte Kraft, bleiben Sie der Sinnenwelt näher, so werden Sie weniger in Gefahr seyn, die Nüchternheit in der Begeisterung zu verlieren, oder in einen gekünstelten Ausdruck zu verirren. *(An Hölderlin vom 24. [25.?] November 1796.)*

In Zusammenhang mit Schillers Zweifeln an der Vorzüglichkeit vieler seiner lyrischen Produkte steht sicher auch seine Bereitschaft, auf von außen kommende Kritik entgegenkommend zu reagieren. Nicht nur, daß er mit Einwänden der Freunde (Körner, Humboldt, Goethe), denen er zahlreiche Gedichte vor der Drucklegung mit der Bitte um

Beurteilung zusandte, in der Regel einverstanden war – er nahm auch öffentliche Besprechungen ernst, die zuweilen mit polemischer Heftigkeit oder sanfter Ironie gegen einzelne Gedichte zu Felde zogen. Doch er pflegte sich mit Bearbeitungen und Einzelkorrekturen nicht lange zu plagen. Wie er mit Gedichten anderer verfuhr, so verfuhr er auch mit seinen eigenen: Er strich kurzerhand weg, was Anstoß erregt hatte.

Karl Philipp Conz, mit dem Schiller auf der Karlsschule freundschaftlich verbunden war, hat berichtet: „Ich erinnere mich, daß Schiller [1781] in seinem Exemplare von Klopstocks Oden in der Ode [Mein Vaterland]: ‚So schweigt der Jüngling lang etc.' nach den Worten [des Schlußverses der 5. Strophe]: ‚Ich liebe dich mein Vaterland!' die übrigen [13] Strophen durchstrich, weil sie den großen Eindruck sonst nur schwächen. ‚Die Genesung' durchstrich er ganz [...]." (NA 42, 19.) – Als Schiller für seine Gedichtsammlung von 1800 auf „Die Götter Griechenlandes" nicht verzichten wollte, schien ihm eine Bearbeitung dringend geboten, hatte dieses Gedicht bei seinem Erscheinen doch heftige Kritik, vor allem von Friedrich Leopold Grafen zu Stolberg erfahren. Das Gedicht sei, so hatte dieser bemerkt, entschieden unchristlich, ja eine Lästerung Gottes. 44 der insgesamt 200 Verse hatte Stolberg als Beleg seiner Ansicht eindeutig mißbilligend zitiert. Schiller antwortete darauf mit der ersatzlosen Streichung von 40 dieser Verse. Doch damit nicht genug: Von den 25 Strophen der ersten Fassung übernahm Schiller nur 14 in die zweite Fassung, darunter nur 7 von 10 Strophen, die ihm 1788 besonders lieb gewesen waren. (Vgl. Schillers Brief an Körner vom 12. Juni 1788.) Zwei neue Strophen (die nun 6. und 16.) kamen hinzu. Es scheint, als habe Schiller bei der Herstellung der zweiten Fassung Stolbergs Kritik als ‚Arbeitsmaterial' verwendet. Ähnlich verfuhr der Dichter auch in anderen Fällen, so bei der Bearbeitung der „Würde der Frauen". Friedrich Schlegel hatte sich über das Gedicht mokiert (vgl. NA 2 II A, 236), und auch andere Kritiker (darunter Ludwig Tieck) hatten wenig Geschmack an ihm gefunden. Auch hier wußte Schiller schnellen Rat: Für die zweite Fassung strich er von den ursprünglich 118 Versen nicht weniger als 68 und dichtete 12 hinzu. Ob die Kritiker mit dieser ‚Operation' einverstanden waren, ist nicht bekannt.

Wie leicht sich Schiller offenbar tat, kritischen Einwänden seiner Freunde Rechnung zu tragen, sei an einem Beispiel gezeigt. Bei der in großer Eile verfertigten Ballade „Der Handschuh" mißfiel einigen Zuhörern die ursprüngliche Fassung des 27. Verses, in dem es vom Tiger hieß: Und lecket die Zunge [...] *oder:* Und leckt sich die Zunge [...]. *(Vgl. Goethes Brief an Schiller vom 29. Juli 1797.) Schiller löste das Problem, indem er die Liquida „l" durch die andere Liquida „r" ersetzte, so daß der Tiger nun die Zunge* recket.

*

Als Schiller im Sommer 1795 zum lyrischen Schaffen zurückkehrte, setzte er das Thema fort, das ihn sechs Jahre zuvor in den „Künstlern" beschäftigt hatte: wie es der Schönheit gelingen könne, Wahrheit und Sittlichkeit zu vermitteln. Daß er in den zunächst entstandenen Gedichten „Poesie des Lebens" und „Die Macht des Gesanges" auf Verse, die ursprünglich für „Die Künstler" geschrieben waren, zurückgriff, mag in der Notwendigkeit der raschen Produktion begründet gewesen sein, es kann aber als Indiz für Schillers Bestreben nach Kontinuität im Weiterdenken des einmal Vorgedachten verstanden werden. Beides deutete er im Brief an Goethe vom 12. Juni 1795 an, in dem es heißt: [...] der Uebergang von einem Geschäft zum andern war mir von jeher ein harter Stand, und jetzt vollends, wo ich von Metaphysik zu Gedichten hinüberspringen soll. Indeßen habe ich mir so gut es angeht eine Brücke gebaut, und mache den Anfang mit einer gereimten Epistel, welche Poesie des Lebens überschrieben ist, und also, wie Sie sehen, an die Materie, die ich verlassen habe, grenzt.

Doch schon bald erweiterte sich Schillers Gesichts- und Gedankenkreis: In „Das Reich der Schatten" (später „Das Reich der Formen" und schließlich „Das Ideal und das Leben" genannt) wird der Versuch unternommen, das ästhetische Reich des schönen Scheins ohne alle Rücksicht auf physische oder moralische Resultate (Schiller an Körner vom 21. September 1795) als in der Geschichte (und nicht erst am Ende der Geschichte) zu verwirklichendes Ziel darzustellen: Aber dringt biß in der Schönheit Sphäre, / Und im Staube bleibt die Schwere / Mit dem Stoff, den sie beherrscht, zurück. *(V. 111–113.) Die verlorene Einheit der Welt wird durch die Kunst wiederhergestellt; der Gang der Geschichte wird durch die Kunst bestimmt. Der Olymp – über, nicht außerhalb der Welt – kehrt zu dieser zurück und macht aus ihr das ersehnte Elysium. Von einem jenseitigen Gott spricht Schiller nicht mehr; stattdessen:* Nehmt die Gottheit auf in euren Willen, / Und sie steigt von ihrem Weltenthron. *(V. 135–136.) Am Ende des Gedichts wird Herkules in den Himmel aufgenommen,* Und die Göttin mit den Rosenwangen / Reicht ihm lächelnd den Pokal. *(V. 179–180.) Die Verbindung der Welt mit dem Olymp ist vollzogen; das vollendete Leben im Elysium darzustellen, dazu bedurfte es eines weiteren, des allerletzten poetischen Schritts.*

Am 30. November 1795 entwickelte Schiller in einem Brief an Humboldt seinen Plan, eine Idylle zu schreiben, um das Ideal der Schönheit objektiv zu individualisieren. Er wolle da anschließen, wo „Das Reich der Schatten" endet: Die Vermählung des Herkules mit der Hebe würde der Inhalt meiner Idylle seyn. Ueber diesen Stoff hinaus giebt es keinen mehr für den Poeten, denn dieser darf die menschliche Natur nicht verlassen, und eben von diesem Uebertritt des Menschen in den Gott würde diese Idylle handeln. *[...]* Denken Sie Sich aber den Genuß, lieber Freund, in einer poetischen Darstellung alles Sterbliche ausgelöscht, lauter Licht, lauter Freyheit, lauter Vermögen – keinen Schatten, keine Schranke, nichts von dem allen mehr zu sehen – Mir schwindelt ordentlich, wenn ich an diese Aufgabe – wenn ich an die Möglichkeit ihrer Auflösung denke. *– Mit dem Plan der Idylle war Schiller offenbar noch länger beschäftigt; denn auf dem Brief Humboldts vom 24. Mai 1796 hat Schiller einige Titel geplanter Gedichte notiert, darunter auch „Herkules im Himmel".*

Die Idylle konnte nicht gelingen, weil, wie Schiller selbst erklärt hatte, der Dichter die menschliche Natur nicht verlassen *darf. Das Scheitern brachte den Dichter dazu, das Ideal der versöhnten Welt nicht länger poetisch zu verfolgen, und veranlaßte ihn zugleich, sich mit der dem Ideal entgegengesetzten Wirklichkeit, also der Geschichte, und der Funktion der Kunst in ihr neu auseinanderzusetzen. Die Gedichte, die sich mit dieser Thematik befassen, sind vorzugsweise in Distichen, im elegischen Versmaß geschrieben.*

Schon bevor der Idyllen-Plan aufkam, hatte Schiller in der „Elegie" (später „Der Spaziergang" genannt) ein beklemmendes Bild der Geschichte, insbesondere der Geschichte seiner Zeit entworfen, die durch Roheit, Verheerung und Depravation gekennzeichnet schien. Keine Aussicht auf eine bessere Zukunft wird gegeben, sondern der Blick auf eine bessere Vergangenheit zurückgelenkt, aus der nicht alles geschwunden ist: Und die Sonne Homers, siehe! sie lächelt auch uns. *(V. 216.) Das 1798 entstandene Gedicht „Das Glück" kompensiert den Schmerz über die Glücklosigkeit der Gegenwart mit der Erinnerung an das längst vergangene, das vorhomerische Glück:* Selig, welchen die Götter, die gnädigen, vor der Geburt schon / Liebten, welchen als Kind Venus im Arme gewiegt, / Welchem Phöbus die Augen, die Lippen Hermes gelöset, / Und das Siegel der Macht Zeus auf die Stirne gedrückt! *(V. 1 – 4.)* In der vermutlich im Herbst 1799 entstandenen „Nänie" schließlich wird die Klage über die Vergänglichkeit alles Irdischen, zu dem auch das Schöne gehört, potenziert: Sie wird zur Klage der Klage über das Los des Schönen auf der Erde *(Wallensteins Tod, V. 3180).* Nur noch eines kann die Kunst (die Dichtung) für sich in Anspruch nehmen: Auch ein Klaglied zu seyn im Mund der Geliebten ist herrlich, / Denn das Gemeine geht klanglos zum Orkus hinab. *(V. 13 – 14.)* Die Hoffnung, daß die Dichtung, da sie herrlich ist, im Prozeß der Geschichte etwas bewirken könne, ist gering. So ist es verständlich, daß der Lyriker Schiller im letzten Jahrfünft seines Lebens immer mehr verstummte. Gelegentlich dichtete er noch Klagelieder über eine aus den Fugen geratene und auch durch das Schöne nicht rettbare Welt; und die Ratschläge, die er erteilte, waren nur noch der Ausdruck tiefer Resignation: In des Herzens heilig stille Räume / Must du fliehen aus des Lebens Drang, / Freiheit ist nur in dem Reich der Träume, / Und das Schöne blüht nur im Gesang. *(An ***, V. 33 – 36.)*

Zu den seit jeher populärsten Gedichten Schillers gehören die meisten seiner Balladen, die größtenteils 1797 in Zusammenarbeit mit Goethe entstanden, als der „Musen-Almanach für das Jahr 1798" nach Beiträgen verlangte. Sie zeichnen sich fast ausnahmslos durch spannende, historisch beglaubigte Handlungen, durch eine effektvolle Sprache und eine Vielzahl von eindeutig moralisierenden Sentenzen aus, die oft zu geflügelten Worten wurden. Die dramatischen Elemente überwiegen die epischen, die lyrischen werden durch Vers und Metrum, Reim und Strophe repräsentiert. Die Belehrungen, die Schiller gibt, liegen fast stets offen zu Tage, auch dann, wenn sie nicht wörtlich formuliert sind: Und der Mensch versuche die Götter nicht *(Der Taucher, V. 94);* der Mensch versuche den selbstlos Liebenden nicht *(Der Handschuh);* Des Lebens ungemischte Freude / Ward keinem Irdischen zu Theil *(Der Ring des Polykrates, V. 53 – 54);* Gott schützt, wer reinen Sinnes ist *(Der Gang nach dem Eisenhammer); u. a. Es scheint, daß Schiller die Ballade nicht zuletzt deshalb besonders schätzte, weil sie ihm, wie er glaubte, die Lizenz gab, Sittengesetze als Wahrheiten im Gewand des Kunstschönen vorzutragen. Dabei hätte er sicher Goethe zugestimmt, der sich in einem Brief an Heinrich Meyer (vom 20. Juni 1796) einmal über Herders Forderung erregt hat,* „daß die Künste das Sittengesetz anerkennen und sich ihm unterordnen sollen. Das erste haben Sie immer gethan […], thäten sie aber das zweyte, so wären sie verloren und es wäre besser daß man ihnen gleich einen Mühlstein an den Hals hinge und sie ersäufte, als daß man sie nach und nach ins nützlich-platte absterben ließe." *(WA IV 11, 101.) Schiller, den Goethe vielleicht bei seinem Dictum mitgedacht hat, hätte leicht erwidern können, daß seine Kunst keineswegs vom Sittengesetz abhänge, diesem allerdings Geltung verschaffen wolle.*

Die philosophisch anspruchsvollste und formal strengste Ballade, für deren Entstehung Schiller die für ihn ungewöhnlich lange Zeit von einigen Wochen (August – September 1797) benötigte, ist gleichsam im Auftrag Goethes geschrieben worden, der den Stoff zunächst selbst hatte behandeln wollen: „Die Kraniche des Ibycus". *Hier geht es nicht, wie oft geglaubt wird, um die Entdeckung eines Mordes durch die Nemesis, sondern um die Macht des Gesanges, um die Wirkung der Poesie, die das Amt der Rachegöttin übernommen hat, indem sie Rache denen weissagt, die* Des Mordes schwere That vollbracht *(V. 126) haben. Es ist der Chor derer, die als Eumeniden auftreten, durch den der Kranichzug angezogen wird, bei dessen Erscheinen sich die Mörder selbst verraten (müssen). Das*

Sittengesetz, das Schiller so oft unmittelbar ausgesprochen hat, bleibt in diesem Fall abhängig von der Kunst, die es zur Geltung bringt, wenn es ihr, der Kunst, notwendig erscheint. Anders als „Die Kraniche des Ibycus" ist „Das Lied von der Glocke", das Schiller 1799 nach seinen großen Balladen schrieb, so zeit- und gesellschaftsbezogen, daß es vielfach nur noch als historisches Dokument gilt, nachdem es über ein Jahrhundert das beliebteste Gedicht Schillers gewesen ist. („Unter allen lyrischen Gedichten Schillers", befand Max Wilhelm Götzinger schon 1832 [Deutsche Dichter 2, 248], „hat die Glocke die gröste Berühmtheit erworben und wurde gleich bei ihrem Erscheinen mit entschiedenem Beifall aufgenommen; ja unter den deutschen lyrisch-didaktischen Dichtungen mag dies Gedicht wohl überhaupt das beliebteste und bekannteste seyn.") Beifall und Kritik wurden und werden im wesentlichen vom Inhalt des Gedichts bestimmt, der die ebenso einfache wie kunstvolle Form leicht aus dem Blick geraten läßt. In der Tat ist „Das Lied von der Glocke" nichts weniger als das Hohelied bürgerlicher Tugenden und Verhaltensmuster, deren Behauptung für den dritten Stand um 1800 von beträchtlicher Bedeutung war: Vom Mädchen reißt sich stolz der Knabe, / Er stürmt in's Leben wild hinaus (V. 58–59); Lieblich in der Bräute Locken / Spielt der jungfräuliche Kranz (V. 94–95); Der Mann muß hinaus / In's feindliche Leben (V. 106–107); Und drinnen waltet / Die züchtige Hausfrau (V. 116–117). Klischee-Vorstellungen eines Ehemanns und Familienvaters, der nicht aus der Stube kam? Das erwünschte geordnete Familienleben, das sich Schiller ausdachte, sollte ja nichts anderes sein als das Gleichnis für den erwünschten allgemeinen Frieden, den die Glocke, der eigentliche ‚Gegenstand' des Gedichts, am Ende einläuten möchte: gegen die Schrecknisse der Kriege, gegen das Toben terroristischer Banden. „Das Lied von der Glocke" enthält Verse äußerster Schlichtheit, die wie Gebete aus der Tiefe anmuten, etwa diese: Holder Friede, / Süße Eintracht, / Weilet, weilet / Freundlich über dieser Stadt! / Möge nie der Tag erscheinen, / Wo des rauhen Krieges Horden / Dieses stille Thal durchtoben, / Wo der Himmel, / Den des Abends sanfte Röthe / Lieblich malt, / Von der Dörfer, von der Städte / Wildem Brande schrecklich strahlt! (V. 321–332.)

Aus der Tiefe und nur noch schwermütig dichtete Schiller 1802 den „Kassandra"-Monolog, eines seiner letzten Gedichte, dem er in der geplanten Prachtausgabe einen Platz unter den Balladen zuwies. Die Sängerin und Seherin ist eine um das Leben Betrogene, da sie von der Zukunft eingeholt wird, bevor diese sich erfüllt. Der Geschichtspessimismus, in den Schiller seit seiner Arbeit am „Wallenstein" immer tiefer hineingetrieben wurde, hat – wie den Dramen – auch den späten lyrischen Werken Schillers ihr unverwechselbares Gepräge und darüber hinaus: ihre Würde gegeben.

*

Weniger das Bewußtsein, ein großer Lyriker zu sein, als die Hoffnung, durch seine Gedichte in den von ihm herausgegebenen Periodica seine finanzielle Lage zu verbessern, hatte Schiller in den Jahren 1795–1799 immer wieder dazu veranlaßt, die lyrische Produktion in Gang zu halten. Nachdem er beschlossen hatte, auf den „Musen-Almanach für das Jahr 1800" keinen weiteren folgen zu lassen, begann er, den schon lange gehegten Plan, seine vorzüglichsten Gedichte in einer eigenen Sammlung zu veröffentlichen, mit der ihm eigenen Eile und Intensität zu verwirklichen. Zwar hatte er schon in den im Oktober 1798 erschienenen „Musen-Almanach für das Jahr 1799" einrücken lassen: Bei Hrn. Crusius in Leipzig erscheint auf Michaelis 1799 eine Sammlung meiner

Gedichte von mir selbst ausgewählt, verbessert und mit neuen vermehrt *(S. 248), aber erst ein Jahr später kündigte der Dichter seinem Verleger an:* Mit der Edition meiner Gedichte [...] wollen wir nun endlich Ernst machen. Das Manuscript [...] ist [...] in der Hand des Abschreibers und in 14 Tagen wird Ihnen solches abgeliefert. *(Brief an Crusius vom 15. Oktober 1799.) Wie so oft, war auch in diesem Fall Schillers Kalkulation zu knapp. Erst am 6. Dezember ging die Sendung nach Leipzig:* Hier erhalten Sie endlich das Mscrpt meiner Gedichte (Vorrede und einige Anmerkungen als Anhang ausgenommen, die erst wenn alles gedruckt ist nachfolgen können) Ich wünsche d e u t s c h e Lettern [...]. *Die Sammlung erschien dann schließlich im August 1800 mit einem Titelkupfer zum „Handschuh" nach einer Zeichnung von Heinrich Meyer und gestochen von Amadeus Wenzel Böhm, aber ohne Vorrede und einige Anmerkungen. Das Titelblatt – „Gedichte von Friederich Schiller. Erster Theil" – verhieß bereits die Fortsetzung.*

Schiller schickte den Band am 4. September 1800 an Körner und schrieb dazu: Hier erhältst Du meine Gedichte. Du wirst manche vergeblich darinn suchen, theils weil sie ganz wegbleiben theils auch weil es mir an Stimmung fehlte, ihnen nachzuhelfen. Diese bleiben also entweder auf einen möglichen zweiten Theil oder doch auf eine neue und erweiterte Ausgabe des gegenwärtigen verspart. Auch in denen, welche eingerückt sind, wirst Du manches Einzelne, und vielleicht ungern, vermissen; aber ich habe nach meinem kritischen Gefühl gehandelt und der Ründung des Ganzen das einzelne, wo dieß störte, aufgeopfert. Besonders habe ich die Gedichte von gewißen abstracten Ideen möglichst zu befreien gesucht; es war eine Zeit, wo ich mich allzusehr auf jene Seite neigte. Ganz neue wirst Du nicht viele finden und auch nicht erwarten, da Du weißt, wie unhold dieser Winter mir gewesen ist. Indeßen ist doch einiges, was Du noch nicht kennst, dazu gekommen. *Körner zeigte in seinem Antwortbrief vom 10. September Verständnis für Schillers strenge Auswahl, wenngleich er zwei nicht aufgenommene Gedichte offenbar sehr vermißte.* „Daß Du aber auch die Künstler und die Freude nicht aufgenommen hast, werden Dir viele nicht verzeihen".

Schillers Sammlung enthält 65 Gedichte (darunter als eines die „Votivtafeln" mit 55 Epigrammen), außerdem die Euripides-Übersetzung „Die Hochzeit der Thetis" und die Vergil-Übersetzung „Die Zerstörung von Troja". Nur fünf dieser Gedichte stammen aus den Jahren vor 1795, und sie alle wurden für die Sammlung erheblich überarbeitet: „Meine Blumen" (nun „Die Blumen"), „Freigeisterei der Leidenschaft" (nun „Der Kampf"), „Die Götter Griechenlandes", „Resignation" und „Abschied Andromachas und Hektors" (nun „Hektors Abschied"). Die Eingriffe in die Texte aus den „Horen" und den Musenalmanachen waren vergleichsweise gering. Allerdings hat der Dichter etwa einem Viertel der Gedichte neue Überschriften gegeben und sie schon dadurch als Zweitfassungen gekennzeichnet: So erschien – um nur die wichtigsten Gedichte zu nennen – „Natur und Schule" jetzt als „Der Genius", „Elegie" als „Der Spaziergang", „Bürgerlied" als „Das Eleusische Fest", „Der Besuch" als „Dithyrambe", „Das Reich der Schatten" als „Das Reich der Formen", „Stanzen an den Leser" als „Abschied vom Leser". Neue Gedichte waren Mangelware: Außer von einigen „Votivtafeln" (Die drey Alter der Natur, Tonkunst, Der Gürtel) gab es nur zwei Erstdrucke von bemerkenswerten Gedichten, nämlich von „An Göthe als er den Mahomet von Voltaire auf die Bühne brachte" und „Nänie".

Es ist schwer, in Schillers Gedichtsammlung ein Anordnungsprinzip zu erkennen. Zwar lassen sich zuweilen aufeinanderfolgende Gedichte als ‚Gruppen' ansehen – wie der

Anfang mit „Das Mädchen aus der Fremde"; „Klage der Ceres"; „Der Tanz" und „Das Geheimniß" oder die Balladensequenz mit „Der Kampf mit dem Drachen"; „Der Taucher"; „Der Handschuh" und „Der Ring des Polykrates" –, aber wichtiger als eine erkennbare Ordnung nach inhaltlichen oder formalen Gesichtspunkten war für Schiller offenbar die Ordnung, die sich durch das Interesse am schnellen Wechsel des Verschiedenartigen finden ließ.

Der Erfolg der Gedichtsammlung war gut. Sie war Ostern 1803 vergriffen (vgl. Crusius an Schiller vom 26. September 1803), obwohl bereits, wenn die Angaben auf den Titelblättern korrekt sind, 1801 wenigstens drei unrechtmäßige Nachdrucke erschienen waren: „Gedichte von Friedrich Schiller. Erster Theil. Zweite Auflage [!]. Kreuznach bei Ludwig Christian Kehr"; „Gedichte von Friederich Schiller. Erster Theil. Köln, bey J. P. Cassidanius" und „Gedichte von Friedrich Schiller. Mit einem Porträt des Verfassers. Leipzig" (ohne Verlagsangabe und ohne die Gedichte „Die Götter Griechenlandes" und „Resignation"!). Der Verleger drängte seit Anfang 1803 auf eine neue Auflage. Diese erschien im Juni 1804 mit einer neuen Titelvignette (zu „Das Mädchen aus der Fremde") nach einer Zeichnung von Schnorr von Carolsfeld, wieder von Böhm gestochen, und mit einem neuen Titel für „Das Reich der Formen" (wie Schiller „Das Reich der Schatten" 1800 umbenannt hatte): „Das Ideal und das Leben".

Einige Zeit, bevor sich Schillers Hoffnung erfüllte, daß der erste Teil seiner Gedichte vom Publikum zustimmend aufgenommen werde, war der Plan für den zweiten Teil bereits gemacht. Die Zusammenstellung der Gedichte erfolgte 1802, der Druck in den ersten Monaten des Jahres 1803, die Auslieferung des Bandes (der ohne Titelkupfer erschien) im Mai desselben Jahres. Um diesen zweiten Teil der Sammlung nicht zu schmal werden zu lassen, füllte ihn Schiller mit vielen der für den ersten Teil ausgeschlossenen Jugendgedichte. Dies begründete er in seiner „Vorerinnerung" damit, daß sie ohnehin schon ein verjährtes Eigenthum des Lesers seien, und machte gleichzeitig deutlich, daß er mit seiner Sammlung der unrechtmäßigen Ausgabe seiner Gedichte entgegenwirken wolle, die 1800/01 durch den Frankfurter Buchhändler Theodor Franz Behrens auf den Markt gekommen war (Sämmtliche Gedichte von Friedrich Schiller, Professor in Jena [mit verschiedenen Druckorten: Jena und Weimar, Frankfurt und Leipzig, Jena und Leipzig]): Möchte diese rechtmäßige, korrekte und ausgewählte Sammlung diejenige endlich verdrängen, welche vor einigen Jahren von den Gedichten des Verfassers in drei Bänden erschienen ist, und ungeachtet eines unverzeihlich fehlerhaften Drucks und eines schmutzigen Aeußern zur Schande des guten Geschmacks und zum Schaden des rechtmäßigen Verlegers dennoch Käufer findet. In einer dem ersten Band der unrechtmäßigen Sammlung beigegebenen „Vorrede" hatte Behrens erklärt: „Der Herausgeber dieser Sammlung Schillerischer Gedichte glaubt sich ein Verdienst um seine Zeitgenossen zu erwerben, indem er den so lange vergeblich genährten Wunsch der zahlreichen Verehrer des genievollsten deutschen Dichters, in Erfüllung bringt. / Vielleicht wird endlich der Verfasser dadurch selbst bewogen, den überall zerstreuten Kindern seines Geistes mehr Aufmerksamkeit zu schenken, und sie unter seiner väterlichen Obhut dem Publikum vorzustellen. Geschieht es, dann ist der Hauptzweck des Herausgebers dieser Sammlung erreicht. / Da es übrigens sehr wahrscheinlich ist, daß der Verfasser eine strengere Wahl bei einer selbst besorgten Ausgabe treffen wird, so behält die vorliegende dennoch immer ihren Werth, da sie neben den vollendetsten Meisterwerken zugleich auch die charaktervollen Erstlinge unsers Lieblingsdichters enthält. / Deutschland, im Frühling 1800."

Für den zweiten Teil seiner Gedichte hatte Schiller also nicht mehr die freie Auswahl. Nur etwa ein Viertel der aufgenommenen Gedichte, nämlich 15 (und dazu ein paar Rätsel) waren nach der Veröffentlichung des ersten Teils entstanden (und zum größten Teil bereits in verschiedenen Taschenbüchern veröffentlicht worden), so daß der Dichter nun außer 18 Anthologie-Gedichten auch andere Texte berücksichtigen mußte, die seinem Qualitätsanspruch an sich nicht mehr genügten. Darunter waren „Die Künstler", „Die Macht des Gesanges", „An die Freude" und „Das Spiel des Lebens". Schließlich erweiterte er die Sammlung durch die Vergil-Übersetzung „Dido" und die Euripides-Übersetzung „Scenen aus den Phönizierinnen".

Eine Art Potpourri war entstanden, und die öffentliche Kritik sparte nicht mit Tadel. Dennoch – und obwohl die Nachdrucker in Kreuznach und Leipzig schnell handelten (dieser schon 1803, jener im folgenden Jahr) – war auch diese Sammlung schnell vergriffen, so daß Schiller im November 1804 zur Ergänzung der zweiten Auflage neue Texte an Crusius übersandte: Da in den lezt verflossenen anderthalb Jahren verschiedene neue Gedichte entstanden sind, und es noch viele Jahre anstehen kann, bis sich Stoff genug zu einem Dritten Bande findet, so habe ich diese neuen Gedichte diesem Zweiten Bande noch einverleibt [...]. *(Brief an Crusius vom 21. November 1804.) Bei den neuen Gedichten handelte es sich um „Berglied", „Der Graf von Habsburg", „Das Siegesfest", „Punschlied. Im Norden zu singen", „Der Alpenjäger", „Der Jüngling am Bache" sowie um drei „Turandot"-Rätsel.*

Der Band erschien in der zweiten Hälfte April 1805, etwa drei Wochen vor des Dichters Tod: „Gedichte von Friederich Schiller. Zweiter Theil. Zweite, verbesserte und vermehrte Auflage".

Die „Prachtausgabe" seiner Gedichte, die Schiller vorbereitet hatte und deren Manuskript fast vollständig vorlag, als er starb, wurde erst nach hundert Jahren gedruckt. (Vgl. dazu in diesem Band S. 126 – 127.) Die Ausgabe zeichnet sich nicht nur durch eine sorgfältige Auswahl aus, sondern auch durch eine strenge Gliederung, nach der in den vier Büchern jeweils Gedichte eigenen Charakters zusammengefaßt wurden: Lieder und liedartige Gedichte (1. Buch); Balladen (2. Buch); Elegien und Epigramme (3. Buch); philosophische Gedichte (4. Buch). Die Ausgabe schließt mit den letzten Versen aus „Sängers Abschied": Der Lenz entflieht! Die Blume schießt in Saamen, / Und keine bleibt von allen, welche kamen.

*

Es war schon vor Schillers Tod kaum anders als in späteren Jahren: Die lyrischen Werke des Dichters wurden von vielen zeitgenössischen Kritikern nicht als Komplemente, sondern als Supplemente, als Nebenprodukte seiner ‚eigentlichen' poetischen Werke – der Dramen – angesehen. Zu denen, die dem Lyriker Schiller öffentlich hohe Anerkennung zollten, gehörte Friedrich Jacobs, der in den „Xenien" als Widder mit einem Streifschuß bedachte Bibliothekar und Lehrer aus Gotha. In einer langen Rezension des ersten Teils der Schillerschen Gedichtsammlung (Neue Bibliothek der schönen Wissenschaften und der freyen Künste. Bd 65 [1801]. 1. Stück. S. 80 – 124) pries er den Dichter, „welcher philosophischen Tiefsinn mit allen Gaben der Musen" *vereinige und seinen* „Tiefsinn [...] auf dem Boden der Einbildungskraft [habe] Wurzeln" *fassen lassen.* „Ein Commentar über diese Gedichte würde eine Theorie der Kunst seyn, und man würde mit Bewunderung entdecken, daß die Gesetze, welche sie aufstellen, dieselben sind, denen sie ihre Entstehung *verdanken."* – *Enthusiastisch äußerte sich auch ein unbekannter Rezensent in der Erlanger „Litteratur-Zeitung" vom 29. Juni 1801 (Nr 125) über die Gedichte: „Wer kennt und schätzt sie nicht? Sie sind in den Händen aller gebildeten Menschen [...]. Eine schöpferische Einbildungskraft, eine glühende Phantasie, unter der Herrschaft einer klaren Besonnenheit, durch welche die Begeisterung des Dichters ein edler, gehaltener Flug im Gebiete des Schönen und Anmuthigen wird; ein mehr tiefes als zärtliches Gefühl, verbunden mit ungewöhnlicher Kenntniß der Welt und des Menschen [...]." Nach vielen weiteren Aufzählungen der Besonderheiten Schillers heißt es: „[...] dies sind die Hauptzüge zu dem Bilde des Dichters, dessen Werke wir vor uns haben."* – *Und auch Johann Friedrich Schink stand nicht an, in Nicolais „Neuer allgemeiner deutscher Bibliothek" (Bd 61 [1801]. 2. Stück. S. 297–303) eine sehr lobende Besprechung der Schillerschen Gedichte einzurükken. Sie beginnt: „Eine schätzbare Sammlung gereifter Früchte eines ächten Dichtergeistes. Der Bogen sind wenige; aber desto inhaltvoller. Mit Vergnügen sieht man den Genius, der alles darin bezeichnet, dem jugendlichen Alter entrückt, immer reifer dem männlichen zuschreiten; mit Vergnügen die kühne, lebendige Phantasie nun auch mit der Schönheit, und Kraft und Stärke mit der Grazie vermählt; den üppigen Auswuchs verschwunden, und an seiner Stelle nährende Fruchtbarkeit; nicht bloß durch Originalität und Neuheit seine Einbildungskraft überrascht, auch durch Fein- und Correktheit seinen Geschmack befriedigt."*

Die Periodica aus Leipzig, Erlangen und Berlin standen unter den Literaturbeflissenen um 1800 in keinem sonderlichen Ansehen. Sie hatten, so schien es, die Revolution in der deutschen Literatur, die sich im letzten Jahrzehnt des 18. Jahrhunderts vollzogen hatte, nicht zur Kenntnis genommen oder nicht verstanden; sie lieferten größtenteils subjektive Empfindungs- oder Geschmacks- oder Weltanschauungsurteile und kümmerten sich wenig um Prinzipien der Ästhetik (Poetik), Literatur (Poesie) und Literaturkritik. Ihnen weit überlegen (an Qualität, Bedeutung und Ansehen) war die (noch) in Jena erscheinende „Allgemeine Literatur-Zeitung", zu deren Mitarbeitern Schiller einst gezählt hatte; sie begleitete und förderte die idealistische deutsche Philosophie und Dichtung wie kein anderes zeitgenössisches Rezensionsorgan. In ihrer Prinzipientreue und Strenge ist es begründet, daß die Zeitung sich nur schwer auf neue Entwicklungen einstellen konnte, weil diese zunächst als vielleicht nur modisch beargwöhnt wurden. (Dennoch wurde die Frühromantik von der „Allgemeinen Literatur-Zeitung" weniger kritisch aufgenommen als von anderen Blättern, etwa Nicolais „Neuer allgemeiner deutscher Bibliothek".)

Dem Urteil der „Allgemeinen Literatur-Zeitung" kam mehr Gewicht zu als dem Urteil anderer Blätter; deshalb ist die Rezension der Schillerschen Gedichte, die am 28. und 29. Dezember 1802 (in den Nummern 366 und 367) erschien und deren geistreicher Verfasser bis heute nicht bekannt ist, vermutlich auf viele kritische Köpfe der Zeit nicht ohne Wirkung geblieben. Sie bezeichnet die Richtung, in der die Eigentümlichkeit des Lyrikers Schiller seit fast zweihundert Jahren immer wieder gesucht wurde und gesucht wird. Es ist nicht ausgeschlossen, daß Schiller sich durch die im großen und ganzen sehr ‚freundliche' Besprechung in seiner kritischen Selbsteinschätzung bestätigt gefunden hat.

„Es giebt Dichter", beginnt der Rezensent, „die von der Natur, welche sie darstellen, so innig ergriffen werden, daß ihr Geist ganz in dieselbe übergeht, und daß sie in ihren Werken nichts von ihrer Individualität offenbaren. Es giebt andere, die da sie früher reflectiren als empfinden, die Natur, welche sie darstellen, nicht sowohl empfangen als erzeugen, so daß nicht ihr Geist die Form und Farbe des Gegenstandes annimmt, sondern dieser die

Form und Farbe ihres Geistes, und daß sich in ihren Werken etwas Charakteristisches offenbaret, welches den gemeinschaftlichen Ursprung derselben kenntlich macht.

Von den Werken der zuerst erwähnten Dichter bildet jedes ein für sich bestehendes Ganzes, und setzt in dem Hörer, um gefühlt und verstanden zu werden, nur Kunstsinn voraus. Die Werke der andern stehen unter sich in einer gewissen Verbindung, und erfodern, um gefühlt und verstanden zu werden, außer dem Kunstsinne eine positive Kenntniß von der Individualität des Dichters. Diese prägt sich nirgends bestimmter aus, als in denen lyrischen Poesien, in welchen der Dichter darstellt, was die durch Selbstbeschauung erregte Begeisterung ihm eingiebt. — Ohne hier über den Vorzug der einen Classe von Dichtern vor der andern etwas auszumachen, bemerken wir nur, daß S c h i l l e r unserer Meynung nach zu der zweyten gehört, und daß man sich daher das Studium seiner lyrischen Poesien vorzüglich muß angelegen seyn lassen." Nach einer Erinnerung an Schillers Unterscheidung zwischen naiven und sentimentalischen Dichtern setzt der Rezensent seine grundsätzlichen Bemerkungen über Schillers Lyrik fort: „Die Erscheinungen nun, die dieser tiefsinnige Philosoph sieht, wenn in Stunden der Begeisterung seine Ideen sich in Bilder verwandeln, sind der Inhalt der angeführten Poesien. Diese wunderbare Vereinigung der Speculation mit dem Talente der Darstellung giebt Schillers Werken folgende Eigenthümlichkeiten. Die erste besteht darin, daß ihnen etwas Geheimnißvolles und Mystisches beywohnet. Die ästhetischen Ideen haben das Unterscheidende, daß sie zwar angeschaut, aber nicht begriffen werden, die Ideen der Vernunft, daß sie zwar begriffen, aber nicht angeschauet werden. Der naive Dichter, indem er die Natur, das Wirkliche, das in den Sinnen Gegenwärtige, zum Objecte der Einbildungskraft macht, e r h ö h t durch die Darstellung den Gegenstand. Der sentimentale Dichter hingegen, wenn er die Natur nicht nur auf Ideen bezieht, sondern, wie S c h i l l e r oft thut, die Ideen selbst darstellt, muß seinen Gegenstand gewissermaßen v e r n i c h t e n: denn durch die Darstellung raubt er den Ideen der Vernunft ihre Begreiflichkeit und macht, daß sie für den Verstand an Deutlichkeit verlieren, was sie für die Empfindung an Fülle gewinnen. Durch den Inhalt e r w e c k t er die Reflexion, durch die Form e r s c h w e r t er sie. Daher jenes Mystische und Geheimnißvolle." Nachdem der Kritiker seine Auffassung an Schillerschen Texten verdeutlicht hat, fährt er fort: „Außer dem Mystischen unterscheidet S c h i l l e r s Dichtungen die in denselben durchgängig herrschende Erhabenheit. Erhaben nennt man die Werke der Kunst, welche das Gefühl von der Würde, die uns als vernünftigen, selbstthätigen und freyen Wesen zukommt, entweder darstellen oder durch die Darstellung erwecken." (Ein Beispiel: „Der Spaziergang"; Gegenbeispiele: Gedichte Goethes.) Und weiter: „Eine dritte aus den bisher gemachten Bemerkungen leicht zu erklärende Eigenthümlichkeit in Schillers Gedichten besteht, wie uns scheint, darin, daß die Stimmung, worein sie versetzen, fast nie rein künstlerisch ist." Schließlich: „Alles bisher Gesagte wird nur angeführt, um zu zeigen, daß Schillers Gedichte zwar einen vielfachen, höchst edeln, in seiner Art einzigen Genuß gewähren, aber nicht einen rein künstlerischen, und daß die Ursache hievon nicht in der Gattung liegt, worin er arbeitet, sondern in seinem Genie, darin, daß seine Einbildungskraft fast nie ganz frey wirket, sondern selbst in ihren kühnsten Schwüngen unter der Herrschaft nicht des Verstandes (denn das muß sie bey jedem Dichter immer und überall), sondern der Vernunft bleibt."

Anfang Oktober 1795 hatte Schiller bei einem Besuch Goethes in Jena diesen mit seinen neuesten Gedichten bekannt gemacht. Die Reaktion war sehr freundlich gewesen: „Diese sonderbare Mischung von Anschauen und Abstraction die in Ihrer Natur ist, zeigt sich nun in vollkommenem Gleichgewicht, und alle übrigen poetischen Tugenden treten in schöner Ordnung auf." (Brief Goethes an Schiller vom 6. Oktober 1795.) Die Freundlichkeit läßt nicht übersehen, daß sie einem Dichter galt, von dem sich Goethe nicht zuletzt wegen dessen fremder Eigentümlichkeit angezogen und festgehalten fühlte. Er liebte ihn als die ihm notwendige Ergänzung seiner selbst. „Lassen Sie uns", schrieb er dem Freund am 17. Mai 1797, „so lange wir beysammen bleiben, auch unsere Zweyheit immer mehr in Einklang bringen [...]." Und so fand er sich – natürlich – nach Schillers Tod verwaist, wie er am 1. Juni 1805 an Zelter schrieb: „Ich dachte mich selbst zu verlieren [nach einer Krankheit im Frühjahr 1805], und verliere nun einen Freund und in demselben die Hälfte meines Daseyns." *(WA IV 19, 8.)*

Nie hat Goethe in den folgenden 27 Jahren, die er ohne Schiller auskommen mußte, einen Hehl aus seiner Bewunderung für den Freund gemacht, für den Menschen und Dichter. Die Distanz, die ihn von dem Lyriker Schiller trennte, hat er zuletzt in einem Brief an Zelter (vom 27. März 1830) indirekt ausgedrückt: „Ich habe nun noch eine besondere Qual daß gute, wohlwollende, verständige Menschen meine Gedichte auslegen wollen und dazu die Specialissima, wobey und woran sie entstanden seyen, zu eigentlichster Einsicht unentbehrlich halten, anstatt daß sie zufrieden seyn sollten daß ihnen irgend Einer das Speciale so in's Allgemeine emporgehoben, damit sie es wieder in ihre eigene Specialität ohne Weiteres aufnehmen können." *(WA IV 46, 286.)*

Der Reiz der Lyrik Schillers wird weiterhin darin bestehen, daß sie auslegbar ist als das ins gesuchte Speziale eingebundene Allgemeine, von dem der Dichter geleitet wurde und an dessen Vermittlung ihm so viel lag.

VERZEICHNIS DER ABGEKÜRZT ZITIERTEN LITERATUR

Das folgende Verzeichnis ist keine Bibliographie zu Schillers Lyrik (vgl. dazu die „Vorbemerkungen zu den Erläuterungen" in Band 2 II A, S. 10–11), es enthält lediglich die Auflösung der in den Erläuterungen abgekürzt gegebenen bibliographischen Angaben über Literatur, die je nach den Bedürfnissen des Kommentars, nicht nach dem Gesichtspunkt der Vollständigkeit ausgewählt und aufgenommen wurde. Gelegentlich verwendete Virgeln dienen dazu, durch Zeilensprung verursachte orthographische Besonderheiten zu erklären.

Acerbi, Aus Klopstock's letzten Jahren: [Guiseppe Acerbi:] Aus Klopstock's letzten Jahren. Aufzeichnungen eines Italieners. In: Deutsche Rundschau 79 (1894). S. 55–73.
Adelung: Grammatisch-kritisches Wörterbuch der Hochdeutschen Mundart, mit beständiger Vergleichung der übrigen Mundarten, besonders aber der Oberdeutschen. [...] Zweyte vermehrte und verbesserte Ausgabe. T. 1–4. Leipzig 1793–1801.
(1. Ausgabe 1774–1786 unter dem Titel „Versuch eines vollständigen grammatischkritischen Wörterbuches"; Schiller besaß die zweite Ausgabe [vgl. Schüddekopf, Schillers Bibliothek, Nr 4], Goethe die erste [vgl. Ruppert, Goethes Bibliothek, Nr 638].)
–, Ueber den Deutschen Styl: Ueber den Deutschen Styl, von Johann Christoph Adelung. T. 1–3. Berlin 1785.
Alsleben, Funde und Forschungen: Andreas Alsleben: Funde und Forschungen eines Bücherfreundes. In: Zeitschrift für Bücherfreunde. N. F. 12 (1920). S. 42–44.
Ariosto, Roland der Wüthende: Roland der Wüthende / ein Heldengedicht von Ludwig Ariost dem Göttlichen. Aus dem Italiänischen aufs neue übersetzt durch Wilhelm Heinse. T. 1–4. Hannover 1782–1783.
Arvelius, Gedichte: Gedichte von M[artin] H[einrich] Arvelius. Leipzig 1794.
(Vgl. Ruppert, Goethes Bibliothek, Nr 827.)

Babo, Otto von Wittelsbach: [Joseph Marius Babo:] Otto von Wittelsbach, Pfalzgraf in Bayern. Ein vaterländisches Trauerspiel in fünf Aufzügen. Berlin und Leipzig 1782.
Baggesen, Poetische Werke: Jens Baggesen's poetische Werke in deutscher Sprache. Hrsg. von den Söhnen des Verfassers, Carl und August Baggesen. T. 1–5. Leipzig 1836.
Baggesen-Reinhold/Jacobi: Aus Jens Baggesen's Briefwechsel mit Karl Leonhard Reinhold und Friedrich Heinrich Jacobi. In zwei Theilen. Leipzig 1831.
Ballof, Zu Schillers Gedicht „Hektors Abschied": Rudolf Ballof: Zu Schillers Gedicht „Hektors Abschied". In: Euphorion 21 (1914). S. 298–299.
Beiträge zur Schillerlitteratur: Beiträge zur Schillerlitteratur als Einladungsschrift zur Schillerjubelfeier der Universität Tübingen. Hrsg. von Adelbert von Keller. Tübingen 1859.
Belling, Die Metrik Schillers: Die Metrik Schillers bearbeitet von Dr. Eduard Belling. Breslau 1883.
Berger, „Die Künstler": Franz Berger: „Die Künstler" von Friedrich Schiller. Entstehungsgeschichte und Interpretation. Zürich 1964.

Berger, Schiller und die Mythologie: Kurt Berger: Schiller und die Mythologie. Zur Frage der Begegnung und Auseinandersetzung zwischen christlicher und antiker Tradition in der klassischen Dichtung. In: Deutsche Vierteljahrsschrift 26 (1952). S. 178–224.

Berghahn, Maßlose Kritik: Klaus L. Berghahn: Maßlose Kritik. Friedrich Nicolai als Kritiker und Opfer der Weimarer Klassiker. In: Formen und Formgeschichte des Streitens. Der Literaturstreit. Hrsg. von Franz Joseph Worstbrock, Helmut Koopmann (= Akten des 7. Internationalen Germanisten-Kongresses Göttingen 1985. Bd 2). Tübingen 1986. S. 189–200.

Bernays, Friedrich Schlegel und die Xenien: Michael Bernays: Friedrich Schlegel und die Xenien. An R[udolf] Haym. In: Die Grenzboten 28 (1869). Bd 4. S. 401–420, 445–464.

Berresheim, Schiller als Herausgeber der Rheinischen Thalia: Schiller als Herausgeber der Rheinischen Thalia, Thalia und Neuen Thalia, und seine Mitarbeiter von Fritz Berresheim. Stuttgart 1914.

Biedermann/Herwig: Goethes Gespräche. Eine Sammlung zeitgenössischer Berichte aus seinem Umgang. Auf Grund der Ausgabe und des Nachlasses von Flodoard Freiherrn von Biedermann ergänzt und hrsg. von Wolfgang Herwig. Bd 1–5. Zürich und Stuttgart (Bd 4–5: Zürich und München) 1965–1987.

Binder, Schiller und Virgil: Hermann Binder: Schiller und Virgil. In: Deutsche Vierteljahrsschrift 24 (1950). S. 101–128.

Blaschke, Schillers Gedichte in der Musik: Julius Blaschke: Schillers Gedichte in der Musik. In: Neue Zeitschrift für Musik. Nr 19 vom 3. Mai 1905. S. 397–404.

Blumauer, Virgils Aeneis travestirt: Virgils Aeneis travestirt von [Johann Aloys] Blumauer. Bd 1–3. Wien 1784–1788.

Blumenthal, Büel: Lieselotte Blumenthal: Johannes Büel bei Schiller. In: Lieselotte Blumenthal zum Gedenken. Weimar/Marbach a. N. 1993. S. 21–41.

Boas, Nachträge: Nachträge zu Schiller's sämmtlichen Werken. Gesammelt und hrsg. von Eduard Boas. Bd 1–3. Stuttgart 1839–1840.

–, *Schiller's Jugendjahre:* Schiller's Jugendjahre von Eduard Boas. Hrsg. von Wendelin von Maltzahn. Bd 1–2. Hannover 1856.

–, *Schiller's und Goethe's Xenien-Manuscript:* Schiller's und Goethe's Xenien-Manuscript. Zum erstenmal bekannt gemacht von Eduard Boas und hrsg. von Wendelin von Maltzahn. Berlin 1856.

–, *Xenienkampf:* Schiller und Goethe im Xenienkampf. Von Eduard Boas. T. 1–2. Stuttgart und Tübingen 1851.

–, *Xenien-Manuscript:* Siehe Boas, Schiller's und Goethe's Xenien-Manuscript.

Boelitz, Schillers Gedichte: Schillers Gedichte […] erläutert und gewürdigt […] von Dr. O[tto] Boelitz. T. 1–3. Leipzig 1910–1911.

Boltenstern, Schillers Vergilstudien I: Paul von Boltenstern: Schillers Vergilstudien I (= Programm des Königlichen Gymnasiums zu Cöslin 1893–1894). Cöslin 1894.

–, *Schillers Vergilstudien II:* Schillers Vergilstudien T. II., von […] Paul von Boltenstern. Köslin 1900 (Wissenschaftliche Abhandlung zum Jahresbericht des Königlichen Gymnasiums in Köslin).

Bonstetten, Briefe über ein schweizerisches Hirtenland: [Carl Victor von Bonstetten:] Briefe über ein schweizerisches Hirtenland. Basel 1782.
(Vgl. Schüddekopf, Schillers Bibliothek, Nr 21.)

Borchmeyer, Hektors Abschied: Dieter Borchmeyer: Hektors Abschied. Schillers Aneignung *einer homerischen Szene.* In: *Jahrbuch der Deutschen Schillergesellschaft 16 (1972).* S. 277–298.

Bothár, *Aus einem alten Stammbuch:* Daniel Bothár: *Aus einem alten Stammbuch. Zur Erinnerung an Schillers akademische Antrittsrede.* In: *Neue Jahrbücher für Pädagogik 13 (1910).* S. 95–101.

Bouterwek, *Paullus Septimius:* Paullus Septimius, *oder das lezte Geheimniß des Eleusinischen Priesters. Hrsg. von Friedrich Bouterwek. T. 1–2. Halle 1795.*

Boxberger: Siehe Schillers Werke.

–, *Schillers Lectüre:* Robert Boxberger: *Schillers Lectüre.* In: *ALG 2 (1872).* S. 198–216.

Brandstaeter, *Schiller's Lyrik im Verhältnisse zu ihrer musikalischen Behandlung:* Ueber Schiller's Lyrik im Verhältnisse zu ihrer musikalischen Behandlung, (allgemeine Betrachtung und spezielle Aufzählung) von Dr. F[ranz] A[ugust] Brandstaeter [...]. Programm Danzig 1863.

Braun: *Schiller und Goethe im Urtheile ihrer Zeitgenossen. Zeitungskritiken, Berichte und Notizen Schiller und Goethe und deren Werke betreffend, aus den Jahren 1773–1812, gesammelt und hrsg. von Julius W. Braun. Eine Ergänzung zu allen Ausgaben der Werke dieser Dichter. Erste Abtheilung: Schiller. Bd 1–3. Leipzig 1882.*

Brechenmacher, *Schillers „Bürgschaft":* Joseph Karlmann Brechenmacher: *Schillers „Bürgschaft". Zur Literaturgeschichte des Balladenstoffs.* In: *Pädagogische Warte 18 (1911).* S. 1433–1448.

Breymayer, *Der endlich aufgefundene Autor einer Vorlage von Schillers „Taucher":* Reinhard Breymayer: *Der endlich aufgefundene Autor einer Vorlage von Schillers „Taucher": Christian Gottlieb Göz (1746–1803), Pfarrer in Plieningen und Hohenheim, Freund von Philipp Matthäus Hahn?* In: *Blätter für württembergische Kirchengeschichte 83/84 (1983/1984).* S. 54–96.

Brockes, *Auszug der vornehmsten Gedichte:* Auszug der vornehmsten Gedichte, aus dem von Herrn Barthold Heinrich Brockes in fünf Theilen herausgegebenen Irdischen Vergnügen in Gott, mit Genehmhaltung des Herrn Verfassers gesammlet und mit verschiedenen Kupfern ans Licht gestellet. Hamburg 1738.

Brun, *Tagebuch einer Reise durch die [...] Schweiz:* Tagebuch einer Reise durch die östliche, südliche und italienische Schweiz. Ausgearbeitet in den Jahren 1798 und 1799 von Friederike Brun geb. Münter. Kopenhagen 1800.

Bruyn, de, *Vertraute Briefe:* Günter de Bruyn: *Vertraute Briefe. Versuch über Friedrich Nicolai.* In: *Sinn und Form 34 (1982).* S. 782–794.

[Büel] *Aus Hofrath Büel's Stammbüchern:* Aus Hofrath Büel's Stammbüchern. Mitgetheilt von J. Bächtold. In: *Zürcher Taschenbuch auf das Jahr 1892.* S. 139.

Bülow, *Anthologie:* Siehe Schiller, Anthologie.

[Bürger] *Briefe von und an Gottfried August Bürger:* Briefe von und an Gottfried August Bürger. Ein Beitrag zur Literaturgeschichte seiner Zeit. Aus dem Nachlasse Bürger's und anderen, meist handschriftlichen Quellen hrsg. von Adolf Strodtmann. Bd 1–4. Berlin 1874.

–, *Dido:* Gottfried August Bürger: *Dido, ein episches Gedicht, aus Virgils Aeneis gezogen.* In: *Deutsches Museum 1777.* 3. Stück. S. 193–210.

–, *Gedichte: Gedichte von Gottfried August Bürger. Frankfurt und Leipzig 1778.* (Vgl. Schüddekopf, Schillers Bibliothek, Nr 30.)

Bulling, Schiller als Benutzer der Universitätsbibliothek Jena. Karl Bulling: Schiller als Benutzer der Universitätsbibliothek Jena. In: Wissenschaftliche Zeitschrift der Friedrich-Schiller-Universität Jena 8 (1958/59). Gesellschafts- und sprachwissenschaftliche Reihe. H. 4/5. S. 471–473.

Bunyan, Eines Christen Reise / Nach der seligen Ewigkeit: Eines Christen Reise / Nach der seligen Ewigkeit / Welche in unterschiedlichen artigen Sinnen-Bildern / Den gantzen Zustand einer Bußfertigen und Gottsuchenden Seelen vorstellet. In / Englischer Sprache beschrieben / Durch Mr. Johann Bunian, Prediger zu Betford [...] und nun umb seiner Fürtrefflichkeit willen in die / Hochteutsche Sprache übersetzet. Durch J. L. M. C. Basel 1702.

Caroline: Caroline. Briefe aus der Frühromantik. Nach Georg Waitz vermehrt hrsg. von Erich Schmidt. Bd 1–2. Leipzig 1913.

[Carver] Johann Carvers Reisen: Johann Carvers Reisen durch die innern Gegenden von Nord-Amerika in den Jahren 1766, 1767 und 1768, mit einer Landkarte. Aus dem Englischen. [Hrsg. von Christoph Daniel Ebeling.] Hamburg 1780 (= Neue Sammlung von Reisebeschreibungen. T. 1).

—, *Travels through the Interior Parts of North America*: Travels through the Interior Parts of North America, in the Years 1766, 1767, and 1768. By J[onathan] Carver [...]. London ²1779 [1. Auflage: 1778].

Castle, „Deutsche Größe": Eduard Castle: Neuaufgefundene Bruchstücke zu Schillers Gedichtentwurf „Deutsche Größe". In: Chronik des Wiener Goethe-Vereins 42 (1937). S. 26–29.

—, *Schillers „Dithyrambe"*: Eduard Castle: Schillers „Dithyrambe". Die Entstehung eines Gedichts. In: Chronik des Wiener Goethe-Vereins 43 (1938). S. 27–29.

Charaktere der vornehmsten Dichter aller Nationen: Charaktere der vornehmsten Dichter aller Nationen; nebst kritischen und historischen Abhandlungen über Gegenstände der schönen Künste und Wissenschaften von einer Gesellschaft von Gelehrten. Bd 1–8 (= Nachträge zu Sulzers allgemeiner Theorie der schönen Künste). Leipzig 1792–1808.

Charlotte: Charlotte von Schiller und ihre Freunde. [Hrsg. von Ludwig Urlichs.] Bd 1–3. Stuttgart 1860–1865.

Chézy, Unvergessenes: Unvergessenes. Denkwürdigkeiten aus dem Leben Helmina von Chézys. Von ihr selbst erzählt. T. 1–2. Leipzig 1858.

Cicero, Gespräche in Tusculum: Marcus Tullius Cicero: Gespräche in Tusculum. Lateinisch-deutsch mit ausführlichen Anmerkungen neu hrsg. von Olof Gigon. Darmstadt ⁵1984.

Claudius, Irrthümer und Wahrheit: Irrthümer und Wahrheit, oder Rückweiß für die Menschen auf das allgemeine Principium aller Erkenntniß. [...] Von einem unbek. Ph. Aus dem Französischen übersetzt von Matthias Claudius. Breslau 1782; Halberstadt ²1795.

—, *Urians Nachricht von der neuen Aufklärung*: Urians Nachricht von der neuen Aufklärung, nebst einigen andern Kleinigkeiten. Von dem Wandsbecker Bothen [d.i. Matthias Claudius]. Hamburg 1797.

Collins, A Discourse of Freethinking: [Anthony Collins:] A Discourse of Freethinking, Occasion'd by The Rise and Growth of a Sect call'd Free-Thinkers. [...]. London 1713.

Cramer, Klopstock: [Karl Friedrich Cramer:] Klopstock. In Fragmenten aus Briefen von Tellow an Elisa. Frankfurt und Leipzig 1777.

—, *Klopstock. Er; und über ihn:* Klopstock. Er; und über ihn / hrsg. von C[arl] F[riedrich] Cramer. T. 1–7. T. 1: Hamburg 1780; T. 2, 3: Dessau 1781–1782; T. 4–7: Leipzig und Altona 1790–1793.

Cronegk, Schriften: Des Freyherrn Johann Friederich von Cronegk Schriften. Bd 1–2. Zweyte verbesserte Auflage. Leipzig 1761–1763.

Crugot, Der Christ in der Einsamkeit: [Martin Crugot:] Der Christ in der Einsamkeit. [...]. Neue verbesserte Auflage. Breslau 1760 [zuerst: Breslau 1756].

Crusius, Annales Suevici: Annales Suevici sive chronica rerum gestarum antiquissimæ et inclytæ Suevicæ gentis [...] auctore Martino Crusio [...] [Bd 2]. Francoforti, [...] M.D.XCVI.

Deile, Freimaurerlieder als Quellen zu Schillers Lied „An die Freude": Gotthold Deile: Freimaurerlieder als Quellen zu Schillers Lied „An die Freude". Wortgetreue Neudrucke bisher noch unbekannter Quellen mit einer Einleitung „Ueber das Verhältnis der Freimaurer zu Schiller". Ein Beitrag zur Erklärung des Liedes „An die Freude". Leipzig 1907.

Dettmer, Schillers Umdichtungen des Vergil: Hermann Dettmer: Zur Charakteristik von Schillers Umdichtungen des Vergil. Hildesheim 1899.

Diderot, Les bijoux indiscrets: [Denis Diderot:] Les bijoux indiscrets. Bd 1–2. Paris 1748.

Döring, Friedrichs von Schiller Leben: Friedrichs [!] von Schiller Leben von Heinrich Döring. Zweite verbesserte Auflage. Weimar 1824. [1. Auflage (Friedrich [...]) Weimar 1822.]

Düntzer, Charlotte von Stein: Heinrich Düntzer: Charlotte von Stein, Goethe's Freundin. Ein Lebensbild, mit Benutzung der Familienpapiere entworfen. Bd 1–2. Stuttgart 1874.

—, *Schillers lyrische Gedichte:* Schillers lyrische Gedichte. Erläutert von Heinrich Düntzer. Bd 1–4. Leipzig ³1888–1892 (zuerst: Wenigen-Jena 1864–1865).

Dyck, Die Gedichte Schillers: Martin Dyck: Die Gedichte Schillers. Figuren der Dynamik des Bildes. Bern und München 1967.

Dyk, Komisches Theater der Franzosen: Komisches Theater der Franzosen / Für die Deutschen. Hrsg. von J[ohann] G[ottfried] Dyk. T. 1–10. Leipzig 1777–1786.

Eberhard, Ueber Staatsverfassungen und ihre Verbesserung: Ueber Staatsverfassungen und ihre Verbesserung. Ein Handbuch für Deutsche Bürger und Bürgerinnen aus den gebildeten Ständen. In kurzen und faßlichen Vorlesungen über bürgerliche Gesellschaft, Staat, Monarchie, Freyheit, Gleichheit, Adel und Geistlichkeit. Von Johann August Eberhard [...]. Bd 1–2. Berlin 1793–1794.

Ebert, Dr. Eduard Young's Klagen: Dr. Eduard Young's Klagen, oder Nachtgedanken über Leben, Tod, und Unsterblichkeit. In neun Nächten. [...]. Aus dem Englischen ins Deutsche übersetzt, durchgehends mit kritischen und erläuternden Anmerkungen begleitet, und mit dem nach der letzten englischen Ausgabe abgedruckten Originale hrsg. von J[ohann] A[rnold] Ebert, [...]. Bd 1–5. Braunschweig 1760–1771.

Eckermann: Gespräche mit Goethe in den letzten Jahren seines Lebens. Von Johann Peter Eckermann. Einundzwanzigste Originalauflage. Nach dem ersten Druck, dem Originalmanuskript des dritten Teils und Eckermanns handschriftlichem Nachlaß neu hrsg. von [...] H[einrich] H[ubert] Houben. [...] Leipzig 1925.

Egen, Ein uraltes Gegenstück zu Schillers Taucher: Alfons Egen: Ein uraltes Gegenstück zu Schillers Taucher. In: Zeitschrift für den deutschen Unterricht 23 (1909). S. 688–691.

[Eibl, Xenien-Kommentar] Johann Wolfgang Goethe: Gedichte 1756–1799. Hrsg. von Karl Eibl (= Goethe, Sämtliche Werke 1). Frankfurt/M. 1987. S. 1157–1189.

Ende, Beitrag zu den Briefen an Schiller aus dem Kestner-Museum: Karl Ende: Beitrag zu den Briefen an Schiller aus dem Kestner-Museum. In: Euphorion 12 (1905). S. 364–402.

Engel, Kleine Schriften: Kleine Schriften von J[ohann] J[akob] Engel. Berlin 1795.

—, *Lobrede auf den König:* Lobrede auf den König. Gehalten im Joachimsthalischen Gymnasium den 24. Januar 1781. Von J[ohann] J[akob] Engel. Berlin o. J. [1781].

Enneking, Das Hochstift Fulda: Das Hochstift Fulda unter seinem letzten Fürstbischof Adalbert III. von Harstall 1788–1802. Von P[ater] Nicephorus Enneking [...]. Fulda 1935.

Enzensberger, Festgemauert aber entbehrlich: Hans Magnus Enzensberger: Festgemauert aber entbehrlich. Warum ich Schillers berühmte Balladen wegließ. In: Die Zeit 1966. Nr 44 vom 28. Oktober. S. 26.

[Erasmus von Rotterdam, Adagia] Erasmi Roterodami adagiorum chiliades tres, ac centuriae fere totidem. [...] [Venedig 1508].

Eschenburg, Auserlesene Stücke der besten Deutschen Dichter: Auserlesene Stücke der besten Deutschen Dichter. Von Martin Opitz bis auf gegenwärtige Zeiten. Nach des sel. Zachariä Tode fortgesetzt und mit historischen Nachrichten und kritischen Anmerkungen versehen von Johann Joachim Eschenburg. Bd 3. Braunschweig 1778.

—, *Beispielsammlung:* Beispielsammlung zur Theorie und Literatur der schönen Wissenschaften von Johann Joachim Eschenburg [...]. Bd 1–8. Berlin und Stettin 1788–1795.

—, *Entwurf einer Theorie und Literatur der schönen Wissenschaften:* Entwurf einer Theorie und Literatur der schönen Wissenschaften. Zur Grundlage bey Vorlesungen. / von Johann Joachim Eschenburg, [...]. Berlin und Stettin 1783.

—, siehe auch Shakespeare.

Färber, Hero und Leander: Hans Färber: Hero und Leander. Musaios und die weiteren antiken Zeugnisse. München 1961.

Fäsi, Staats- und Erd-Beschreibung der ganzen Helvetischen Eidgenoßschaft: Johann Conrad Fäsis [...] genaue und vollständige Staats- und Erd-Beschreibung der ganzen Helvetischen Eidgenoßschaft, derselben gemeinen Herrschaften und zugewandten Orten. Erster Band. Zweyte und verbesserte Auflage. Zürich 1768; Bd 2–4. Zürich 1766 und 1768.

Fambach: Oscar Fambach: Ein Jahrhundert deutscher Literaturkritik (1750–1850). Bd 2: Schiller und sein Kreis in der Kritik ihrer Zeit. Berlin 1957. – Bd 3: Der Aufstieg zur Klassik in der Kritik der Zeit. Berlin 1959. – Bd 4: Das große Jahrzehnt in der Kritik seiner Zeit. Berlin 1958.

[Fazello, De rebus Siculis] F. Thomæ Fazelli [...] de rebus Siculis decas prima [...]. Catanæ 1749.

Fénelon, Telemaque: [François de Salignac de la Mothe Fénelon:] Les avantures de Telemaque fils d'Ulysse, ou suite de quatrième livre de l'Odicée d'Homere. Den Haag 1700 [unvollständig Paris 1699].

Fergusons Grundsätze der Moralphilosophie: Siehe Garve, Fergusons Grundsätze [...].
Fichte, Friedrich Nicolai's Leben und sonderbare Meinungen: Friedrich Nicolai's Leben und sonderbare Meinungen. Ein Beitrag zur LitterarGeschichte des vergangenen und zur Pädagogik des angehenden Jahrhunderts. Von Johann Gottlieb Fichte. Hrsg. von A[ugust] W[ilhelm] Schlegel. Tübingen 1801.

—, *Ueber Geist und Buchstab in der Philosophie:* Johann Gottlieb Fichte: Ueber Geist und Buchstab in der Philosophie. In einer Reihe von Briefen. In: Philosophisches Journal einer Gesellschaft Teutscher Gelehrten. Bd 9 (1798). H. 3. S. 199–232; H. 4. S. 293–305.

—, *Wissenschaftslehre:* Grundlage der gesammten Wissenschaftslehre [...] von Johann Gottlieb Fichte. Leipzig 1794.
(Vgl. Ruppert, Goethes Bibliothek, Nr 3051.)

Fielitz, „Hektors Abschied": Wilhelm Fielitz: „Hektors Abschied" und Ossian. In: ALG 8 (1879). S. 534–543.

Fischer: Schwäbisches Wörterbuch. [...] bearbeitet von Hermann Fischer. Bd 1–6 II. Tübingen 1904–1936.

Fischl, Quelle und Nachwirkung von Julius Wilhelm Zincgrefs „Vermanung zur Dapfferkeit": Oskar Fischl: Quelle und Nachwirkung von Julius Wilhelm Zincgrefs „Vermanung zur Dapfferkeit". In: Euphorion 18 (1911). S. 27–41.

[Forster] Georg Forster's sämmtliche Schriften: Georg Forster's sämmtliche Schriften. Hrsg. von dessen Tochter und begleitet mit einer Charakteristik Forster's von G[eorg] G[ottfried] Gervinus. Bd 1–9. Leipzig 1843.

—, *Werke:* Georg Forsters Werke. Sämtliche Schriften, Tagebücher, Briefe. Hrsg. von der Deutschen Akademie der Wissenschaften zu Berlin (seit 1973: Hrsg. von der Akademie der Wissenschaften der DDR. Zentralinstitut für Literaturgeschichte). Bd 1ff. Berlin 1958ff.

Francisci, Neu-polirter Geschicht- Kunst- und Sitten-Spiegel ausländischer Völcker: Neupolirter Geschicht- Kunst- und Sitten-Spiegel ausländischer Völcker [...]: Dem Schaubegierigen Leser dargestellt von Erasmo Francisci. Nürnberg 1670.

Frenzel, Motive der Weltliteratur: Elisabeth Frenzel: Motive der Weltliteratur. Ein Lexikon dichtungsgeschichtlicher Längsschnitte. 2., verbesserte und um ein Register erweiterte Auflage. Stuttgart 1980.

Friedlaender, Das deutsche Lied: Max Friedlaender: Das deutsche Lied im 18. Jahrhundert. Quellen und Studien. [...] Bd 2: Dichtung. Stuttgart 1902.

—, *Kompositionen zu Schillers Werken:* Max Friedlaender: Kompositionen zu Schillers Werken. In: Deutsche Rundschau 123. April–Juni 1905. S. 261–271.

—, *Schillers Gedichte in der Musik:* Max Friedlaender: Schillers Gedichte in der Musik. In: Berichte des Freien Deutschen Hochstifts zu Frankfurt am Main. N. F. 12 (1896). H. 2. S. 19*–36*.

Fries, Quellenstudien: Bettina Fries: Quellenstudien zu Schillers „Lied von der Glocke". In: Zeitschrift für den deutschen Unterricht 25 (1911). S. 727–731.

Frühwald, „Die Götter Griechenlandes": Wolfgang Frühwald: Die Auseinandersetzung um Schillers Gedicht „Die Götter Griechenlandes". In: Jahrbuch der Deutschen Schillergesellschaft 13 (1969). S. 251–271.

Garve, Fergusons Grundsätze der Moralphilosophie: Adam Fergusons Grundsätze der

Moralphilosophie. Uebersetzt und mit einigen Anmerkungen versehen von Christian Garve. Leipzig 1772.

–, *Versuche über verschiedene Gegenstände aus der Moral, der Litteratur und dem gesellschaftlichen Leben: Versuche über verschiedene Gegenstände aus der Moral, der Litteratur und dem gesellschaftlichen Leben von Christian Garve.* T. 1–2. Breslau 1792–1796.

Gedike: Siehe Pindar.

Gegel, Beleuchtung einer Regierungsperiode des gegenwärtigen Regenten Würtembergs: Georg Jakob Gegel: *Beleuchtung einer Regierungsperiode des gegenwärtigen Regenten Würtembergs, zur Beherzigung und Belehrung für / Meine Landsleute in Rücksicht meiner damaligen Dienstjahre.* O.O. 1789.

Gerhard, Wie Schiller's Punschlied entstand: W[ilhelm] Gerhard: *Wie Schiller's Punschlied entstand.* In: *Gedenkbuch an Friedrich Schiller. […]* hrsg. vom Schiller-Verein zu Leipzig. Leipzig (1855). S. 22–23.

Geschäftsbriefe: Siehe Schiller, Geschäftsbriefe.

Gleichen-Rußwurm, Ein klassischer Abend: Alexander von Gleichen-Rußwurm: *Ein klassischer Abend und ein Rätsel. Plauderei um ein neugefundenes Schillergedichtchen.* In: *RB* 34 (1929/30). S. 61–64.

Gleim, Kraft und Schnelle des alten Peleus: [Johann Wilhelm Ludwig Gleim:] *Kraft und Schnelle des alten Peleus.* O.O. Im Jahr 1797.

–, *Preussische Kriegslieder […] von einem Grenadier:* [Johann Wilhelm Ludwig Gleim:] *Preussische Kriegslieder in den Feldzügen 1756 und 1757 von einem Grenadier. Mit Melodieen.* Berlin o.J. [1758].

–, *Sämmtliche Werke:* J[ohann] W[ilhelm] L[udewig] *Gleim's sämmtliche Werke. Erste Originalausgabe aus des Dichters Handschriften durch Wilhelm Körte.* Bd 1–8. [Bd 1–7:] Halberstadt 1811–1813; [Bd 8:] Leipzig 1841.

Goedeke: Siehe Schillers sämmtliche Schriften.

–, *Grundriß:* Karl Goedeke: *Grundriß zur Geschichte der deutschen Dichtung. Aus den Quellen.* 2., ganz neu bearbeitete Aufl. Bd 1–13. Dresden 1884–1953. – Bd 5: 1893.

Goethe, Begegnungen und Gespräche: Goethe. Begegnungen und Gespräche. Hrsg. von Ernst Grumach und Renate Grumach [Bd 3 ff.: Begründet von Ernst Grumach und Renate Grumach. Hrsg. von Renate Grumach]. Bd 1ff. Berlin [Bd 3ff.: Berlin, New York] 1965ff. – Bd 5: 1800–1805. 1985.

–, *Beyträge zur Optik:* J[ohann] W[olfgang] von Goethe, *Beyträge zur Optik. Erstes [–Zweytes] Stück […].* Weimar 1791–1792.

–, *Die Leiden des jungen Werthers:* [Johann Wolfgang Goethe:] *Die Leiden des jungen Werthers.* T. 1–2 [durchpaginiert]. Leipzig 1774.

–, *Sämtliche Werke:* Johann Wolfgang Goethe: *Sämtliche Werke. Briefe, Tagebücher und Gespräche.* [Frankfurter Ausgabe.] 40 Bde. Hrsg. von Hendrik Birus u. a. Frankfurt/M. 1985ff.

–, *Sämtliche Werke nach Epochen:* Johann Wolfgang Goethe: *Sämtliche Werke nach Epochen seines Schaffens.* Münchner Ausgabe. 21 Bde. Hrsg. von Karl Richter in Zusammenarbeit mit Herbert G. Göpfert, Norbert Miller und Gerhard Sauder. München, Wien 1985ff.

–, *Schriften zur Literatur:* Goethe. *Schriften zur Literatur. Historisch-kritische Ausgabe.* Hrsg. von der Deutschen Akademie der Wissenschaften zu Berlin (seit 1973 [Bd 3]: Hrsg. von der Akademie der Wissenschaften der DDR). Bd 1–7. Berlin 1970–1982.

Goethe-Meyer: Goethes Briefwechsel mit Heinrich Meyer. Hrsg. von Max Hecker. Bd 1–4 (= Schriften der Goethe-Gesellschaft. Bd 32, 34, 35 I–II). Weimar 1917–1932.

Götzinger, Deutsche Dichter: Deutsche Dichter. Erläutert von M[ax] W[ilhelm] Götzinger. Für Freunde der Dichtkunst überhaupt und für Lehrer der deutschen Sprache insbesondere. T. 1–2. Leipzig und Zürich 1831–1832.

Golz, „Ernst ist das Leben": Anita und Jochen Golz: „Ernst ist das Leben, heiter sey die Kunst!" Goethe als Redakteur des „Wallenstein"-Prologs. In: Im Vorfeld der Literatur [...]. Studien hrsg. von Karl-Heinz Hahn. Weimar 1991. S. 17–29.

Grawe, „Deutsche Größe": Christian Grawe: Schillers Gedichtentwurf „Deutsche Größe": „Ein Nationalhymnus im höchsten Stil"? Ein Beispiel ideologischen Mißbrauchs in der Germanistik seit 1871. In: Jahrbuch der Deutschen Schillergesellschaft 36 (1992). S. 167–196.

Grimm: Deutsches Wörterbuch von Jacob Grimm und Wilhelm Grimm. Bd 1–16. Leipzig 1854–1961.

Gruber, Wielands Leben: C[hristoph] M[artin] Wielands Leben. Neu bearbeitet von J[ohann] G[ottfried] Gruber. Mit Einschluß vieler noch ungedruckter Briefe Wielands. T. 1–4. Leipzig 1827–1828.

Günther, Der Dichtung Schleier: Vincent J. Günther: Der Dichtung Schleier. In: Arcadia 13 (1978). 3. Heft. S. 255–267.

Güntter, Zu Schillers Jugendjahren: Otto Güntter: Zu Schillers Jugendjahren. In: RB 7 (1902/03). S. 70–94.

Güntter/Witkowski, Schillers Werke: Siehe Schillers Werke.

Hagedorn, Oden und Lieder: [Friedrich Hagedorn:] Oden und Lieder in fünf Büchern. Hamburg 1747.

Haller, Alfred König der Angel-Sachsen: Alfred König der Angel-Sachsen von Albrecht von Haller [...]. Göttingen und Bern 1773.

–, *Briefe über einige Einwürfe nochlebender Freygeister wieder die Offenbarung:* [Albrecht von Haller:] Briefe über einige Einwürfe nochlebender Freygeister wieder die Offenbarung. T. 1–3. Bern 1775–1777.

–, *Die Alpen:* Albrecht von Haller: Die Alpen. In: [Ders.:] Versuch Schweizerischer Gedichte [...]. Bern 1732. S. 1–25.

–, *Elementa physiologiæ corporis humani:* Elementa physiologiæ corporis humani. Auctore Alberto v. Haller, [...]. Tomus primus [-octavus]. Lausanne 1757–1766.

–, *Fabius und Cato:* [Albrecht von Haller:] Fabius und Cato, ein Stück der Römischen Geschichte. [...]. Bern und Göttingen 1774.

–, *Usong:* Usong. Eine Morgenländische Geschichte, in vier Büchern. Durch den Verfasser des Versuches Schweizerischer Gedichte [Albrecht von Haller]. Bern 1771.

–, *Versuch Schweizerischer Gedichte:* D. Albrechts von Haller [...] Versuch Schweizerischer Gedichte. Neunte, rechtmäßige, vermehrte und veränderte Auflage. Göttingen 1762.

(Es ist möglich, daß Schiller diese Ausgabe benutzte. Im Unterschied zu anderen bietet sie exakt den Text, den Schiller als Motto für die „Elegie auf den frühzeitigen Tod Johann Christian Weckerlins" aus Hallers „Unvollkommenes Gedicht über die Ewigkeit" zitiert.)

Handwörterbuch des deutschen Aberglaubens: Handwörterbuch des deutschen Aberglaubens. Hrsg. unter besonderer Mitwirkung von E. Hoffmann-Krayer und Mitarbeit zahlreicher Fachgenossen von Hanns Bächtold-Stäubli. Bd 1–11. Berlin und Leipzig (Bd 9–11: Berlin) 1927–1942.

Harnack, Die klassische Ästhetik der Deutschen: Otto Harnack: Die klassische Ästhetik der Deutschen. Würdigung der kunsttheoretischen Arbeiten Schiller's, Goethe's und ihrer Freunde. Leipzig 1892.

Harsdörffer, Fravenzimmer Gesprechspiele: [Georg Philipp Harsdörffer:] Fravenzimmer Gesprechspiele / so bey Ehr- und Tugendliebenden Gesellschaften mit nutzlicher Ergetzlichkeit beliebet und geübet werden mögen. T. 1–8 [T. 1–2: 2. Auflage]. Nürnberg 1644–1649 [T. 1–2: 1. Auflage 1641].

Hartmann, Jugendfreunde: Julius Hartmann: Schillers Jugendfreunde. Stuttgart und Berlin 1904.

Hasse, Schillers „Glocke": Ernst Hasse: Schillers „Glocke" und das griechische Chorlied. Sonderdruck aus der Festschrift für Oskar Schade. Königsberg 1896.

Hasse, Der aufgefundene Eridanus: Der aufgefundene Eridanus oder neue Aufschlüsse über den Ursprung, die Zeit der Entstehung, das Vaterland und die Geschichte des Bernsteins nach griechischen und römischen Schriftstellern von D[r]. Johann Gottfried Hasse [...]. Riga 1796.

Hauff, Schiller und Vergil: Gustav Hauff: Schiller und Vergil. In: Zeitschrift für Vergleichende Litteraturgeschichte und Renaissance-Litteratur. N. F. 1 (1887/1888). S. 46–71.

Haug, Das gelehrte Wirtemberg: Das gelehrte Wirtemberg, von Balthasar Haug. Stuttgart 1790.

Hederich: Benjamin Hederichs [...] gründliches mythologisches Lexicon [...], sorgfältigst durchgesehen, ansehnlich vermehret und verbessert von Johann Joachim Schwaben [...]. Leipzig 1770.

–, *Reales Schul-Lexicon:* Reales Schul-Lexicon [...]. Verfasset von Benjamin Hederich [...]. Leipzig 1717.

Hegel, Aesthetik: Georg Wilhelm Friedrich Hegel: Vorlesungen über die Aesthetik. Bd 1–3. Mit einem Vorwort von Heinrich Gustav Hotho. Stuttgart ³1953 (= Georg Wilhelm Friedrich Hegel: Sämtliche Werke. Jubiläumsausgabe in zwanzig Bänden. Auf Grund des von Ludwig Boumann u. a. besorgten Originaldruckes im Faksimileverfahren neu hrsg. von Hermann Glockner. Bd 12–14).

Heinisch, Der Wassermensch: Klaus J. Heinisch: Der Wassermensch. Entwicklungsgeschichte eines Sagenmotivs. Stuttgart 1981.

Heinse, Ardinghello: [Johann Jakob Wilhelm Heinse:] Ardinghello und die glückseeligen Inseln. Eine Italiänische Geschichte aus dem sechzehnten Jahrhundert. Bd 1–2. Lemgo 1787.

–, *Hildegard von Hohenthal:* [Johann Jakob Wilhelm Heinse:] Hildegard von Hohenthal. T. 1–3. Berlin 1795–1796.

–, siehe auch *Ariosto.*

Henkel/Schöne, Emblemata: Emblemata. Handbuch zur Sinnbildkunst des XVI. und XVII. Jahrhunderts. Hrsg. von Arthur Henkel und Albrecht Schöne. Im Auftrage der Göttinger Akademie der Wissenschaften. Stuttgart 1967. – Supplement der Erstausgabe. Stuttgart 1976.

Herbst, Voss: Johann Heinrich Voss von Wilhelm Herbst. Bd 1–3. Leipzig 1872–1876.
Herder, Briefe zu Beförderung der Humanität: Briefe zu Beförderung der Humanität. Hrsg. von J[ohann] G[ottfried] Herder. Erste–zehnte Sammlung. Riga 1793–1797.
–, *Ideen zur Philosophie der Geschichte der Menschheit: Ideen zur Philosophie der Geschichte der Menschheit von Johann Gottfried Herder. Erster–Vierter Theil. Riga und Leipzig 1784–1791.*
–, *Sämmtliche Werke: Johann Gottfried von Herder's sämmtliche Werke. I–III. Bd 1–60. Stuttgart und Tübingen 1827–1830.*
–, *Sämtliche Werke: Johann Gottfried Herder: Sämtliche Werke. Bd 1–33. Hrsg. von Bernhard Suphan [Bd 25–33: Poetische Werke. Hrsg. von Carl Redlich]. Berlin 1877–1913.*
–, *Terpsichore: Terpsichore von J[ohann] G[ottfried] Herder. T. 1–3. Lübeck 1795–1796.*
–, *Tithon und Aurora: Johann Gottfried Herder: Tithon und Aurora. In: Zerstreute Blätter von J. G. Herder. Vierte Sammlung. Gotha 1792. S. 343–388.*
–, *Volkslieder: [Johann Gottfried Herder:] Volkslieder. [...]. T. 1–2. Leipzig 1778–1779.*
–, *Von und an Herder: Von und an Herder. Ungedruckte Briefe aus Herders Nachlaß. Hrsg. von Heinrich Düntzer und Ferdinand Gottfried Herder. Bd 1–3. Leipzig 1861–1862.*
–, *Wie die Alten den Tod gebildet: [Johann Gottfried Herder:] Wie die Alten den Tod gebildet? In: Hannoverisches Magazin 1774. 95. Stück vom 28. November. S. 1505–1532 [zugleich als Einzeldruck: Hannover 1774].*
Herders Reise nach Italien: Herders Reise nach Italien. Herders Briefwechsel mit seiner Gattin, vom August 1788 bis Juli 1789. Hrsg. von Heinrich Düntzer und Ferdinand Gottfried von Herder. Gießen 1859.
Hermes, Für Töchter edler Herkunft: [Johann Timotheus Hermes:] Für Töchter edler Herkunft / Eine Geschichte / [...]. T. 1–3. Leipzig 1787.
–, *Sophiens Reise von Memel nach Sachsen: [Johann Timotheus Hermes:] Sophiens Reise von Memel nach Sachsen. T. 1–5. Leipzig 1770–1772.*
–, *Zween litterarische Märtyrer und deren Frauen: Zween litterarische Märtyrer und deren Frauen vom Verfasser von Sophiens Reise [Johann Timotheus Hermes]. Bd 1–2. Leipzig 1789.*
[Herodot] Herodots Geschichte: Herodots Geschichte. Aus dem Griechischen übersetzt von Johann Friedrich Degen [...]. Bd 1–2. Frankfurt/M. 1783–1788.
Heydenreich, Briefe über den Atheismus: Briefe über den Atheismus. Hrsg. von Karl Heinrich Heydenreich. Leipzig 1796.
–, *Gedichte: Gedichte von Karl Heinrich Heydenreich. Leipzig 1794.*
–, *Philosophisches Taschenbuch für denkende Gottesverehrer: Philosophisches Taschenbuch für denkende Gottesverehrer von K[arl] H[einrich] Heydenreich. Jg. 1–4. Leipzig 1796–1799.*
–, *System der Aesthetik. Bd 1 [mehr nicht erschienen]. Leipzig 1790.*
Hippel, Lebensläufe nach Aufsteigender Linie: [Theodor Gottfried von Hippel:] Lebensläufe nach Aufsteigender Linie nebst Beylagen A, B, C. T. 1–3. Bd 1–4. Berlin 1778–1781.
Hocks/Schmidt: Paul Hocks/Peter Schmidt: Literarische und politische Zeitschriften 1789–1805. Von der politischen Revolution zur Literaturrevolution. Stuttgart 1975.
Hölderlin, Sämtliche Werke: Hölderlin: Sämtliche Werke. [Große Stuttgarter Ausgabe. Im Auftrag des Kultusministeriums Baden-Württemberg hrsg. von Friedrich Beißner (und Adolf Beck).] Bd 1–8. Stuttgart 1943–1985.

Hoffmeister: Siehe Schiller, Nachlese zu Schillers Werken.
Hofmann, Pantheon der Deutschen: Pantheon der Deutschen. [Hrsg. von Karl Gottlieb Hofmann.] T. 1–3. Chemnitz [T. 3: Leipzig] 1794–1800.
Hofmannswaldau, Auserlesene Gedichte: Herrn von Hoffmannswaldau und andrer Deutschen auserlesener und bißher ungedruckter Gedichte erster theil, nebenst einer vorrede von der deutschen poesie. [...]. Franckfurt und Leipzig 1725.
Hojer, Die Bildungslehre F. I. Niethammers: Ernst Hojer: Die Bildungslehre F. I. Niethammers. (Ein Beitrag zur Geschichte des Neuhumanismus.) Frankfurt/M., Berlin, Bonn 1965 (= Forschungen zur Pädagogik und Geistesgeschichte hrsg. von Martin Rang 2).
Homer, Odüßee: Homers Odüßee übersezt von Johann Heinrich Voß. Hamburg 1781. (Vgl. Schüddekopf, Schillers Bibliothek, Nr 85.)
Homers Werke [Bodmer]: Homers Werke. Aus dem Griechischen übersetzt von dem Dichter der Noachide [Johann Jakob Bodmer]. Bd 1–2. Zürich 1778.
Homers Werke [Voß]: Homer: Ilias. Odyssee. In der Übertragung von Johann Heinrich Voß. Vollständige Ausgabe. Nach dem Text der Erstausgaben (Ilias Hamburg 1793, Odyssee Hamburg 1781), mit einem Nachwort von Wolf Hartmut Friedrich. München [1976].
Horaz, Episteln: Horaz: Episteln. Lateinisch und Deutsch. Übersetzt und erläutert von C[hristoph] M[artin] Wieland. Bearbeitet und hrsg. von Gerhard Wirth. [Reinbek bei Hamburg] 1963.
–, *Oden und Epoden:* Q[uintus] Horatius Flaccus: Oden und Epoden. Lateinisch und deutsch. Übersetzt von Christian Friedrich Karl Herzlieb und Johann Peter Uz. Eingeleitet und bearbeitet von Walther Killy und Ernst A. Schmidt. Zürich und München 1981.
[Hoven, von] Biographie des Doctor Friedrich Wilhelm von Hoven: Biographie des Doctor Friedrich Wilhelm von Hoven [...]. Von ihm selbst geschrieben und wenige Tage vor seinem Tode noch beendiget, hrsg. von einem seiner Freunde und Verehrer [Dr. Heinrich Merkel]. Nürnberg 1840.
Hufeland, Ideen über Pathogenie: Ideen über Pathogenie und Einfluß der Lebenskraft auf Entstehung und Form der Krankheiten als Einleitung zu pathologischen Vorlesungen von D[octor] Christ[oph] Wilh[elm] Hufeland [...]. Jena 1795.
Humboldt, Die Eumeniden: Wilhelm von Humboldt: Die Eumeniden. Ein Chor aus dem Griechischen des Aeschylos. In: Berlinische Monatsschrift 22 (1793). S. 149–156.
–, *Gesammelte Schriften:* Wilhelm von Humboldts Gesammelte Schriften. Hrsg. von der Königlich Preussischen Akademie der Wissenschaften. Abteilung 1–4. Bd 1–17. Berlin 1903–1936.
–, *Gesammelte Werke:* Wilhelm von Humboldt's gesammelte Werke. Bd 1–7. Berlin 1841–1852.
–, *Ueber Schiller:* Wilhelm von Humboldt: Ueber Schiller und den Gang seiner Geistesentwicklung. In: Schiller-Humboldt, 3–84.
–, *Werke in fünf Bänden:* Wilhelm von Humboldt: Werke in fünf Bänden. Hrsg. von Andreas Flitner und Klaus Giel. Darmstadt [Bd 1] ³1980, [Bd 2] ⁴1986, [Bd 3] ⁵1979, [Bd 4] ³1982, [Bd 5] 1981.
[–] Wilhelm und Caroline von Humboldt in ihren Briefen: Wilhelm und Caroline von Humboldt in ihren Briefen. Hrsg. von Anna von Sydow. Bd 1–7. Berlin 1906–1916.
Humboldt-Brinkmann: Wilhelm von Humboldts Briefe an Karl Gustav Brinkmann. Hrsg. und erläutert von Albert Leitzmann. Leipzig 1939.

Hume, Gespräche über natürliche Religion: Gespräche über natürliche Religion von David Hume. Nach der zwoten Englischen Ausgabe. Nebst einem Gespräch über den Atheismus von Ernst Platner. Leipzig 1781.

[Hyginus] Hygini Quæ hodie extant, adcurante Joanne Scheffero Argentotarensi, Qui simul adjecit Notas [...]. Hamburg und Amsterdam 1674.

Iffland, Bewustseyn: Bewustseyn! Ein Schauspiel in fünf Aufzügen von Wilhelm August Iffland. Für die Kurfürstl. Nationalbühne geschrieben. Manheim, 1786. Berlin 1787.

Jacobi, Nachlaß: Aus F[riedrich] H[einrich] Jacobi's Nachlaß. Ungedruckte Briefe von und an Jacobi und Andere. [...] Hrsg. von Rudolf Zoeppritz. Bd 1–2. Leipzig 1869.

—, Werke: Friedrich Heinrich Jacobi's Werke. Bd 1–6. Leipzig 1812–1825.

Jäger, Der reisende Enzyklopäd: Hans-Wolf Jäger: Der reisende Enzyklopäd und seine Kritiker. Friedrich Nicolais „Beschreibung einer Reise durch Deutschland und die Schweiz im Jahre 1781". In: Jahrbuch der Deutschen Schillergesellschaft 26 (1982). S. 104–124.

Jakob, Philosophische Sittenlehre: Philosophische Sittenlehre von Ludwig Heinrich Jakob [...]. Halle 1794.

Jarislowsky, Schillers Übertragungen aus Vergil: Johanna Jarislowsky: Schillers Übertragungen aus Vergil im Rahmen der deutschen Aeneisübersetzung des 18. Jahrhunderts. Jena 1928.

Jean Paul: Siehe Richter, Johann Paul Friedrich.

Jellinek, Die Sage von Hero und Leander: Max Hermann Jellinek: Die Sage von Hero und Leander in der Dichtung. Berlin 1890.

Jenisch, Borussias: Borussias in zwölf Gesängen. Bd 1–2. Berlin 1794.
(Vgl. Schüddekopf, Schillers Bibliothek, Nr 1894–1895.)

—, Geist und Sitten der Vorzeit in komischen Erzählungen: Geist und Sitten der Vorzeit in komischen Erzählungen von Friz Frauenlob [d. i. Daniel Jenisch]. Berlin 1792.

—, Litterarische Spiessruthen: [Daniel Jenisch:] Litterarische Spiessruthen oder die hochadligen und berüchtigten Xenien. Mit erläuternden Anmerkungen ad modum Min-Ellii et Ramleri [...]. Weimar, Jena und Leipzig, im eisernen Zeitalter der Humanität [1797].

—, Philosophisch-kritischer Versuch über die Kunst, schlecht zu schreiben: Gottschalk Nekker [d. i. Daniel Jenisch]: Philosophisch-kritischer Versuch über die Kunst, schlecht zu schreiben. In: Berlinisches Archiv der Zeit und ihres Geschmacks 1795. Bd 2. S. 38–65.

Jonas: Schillers Briefe. Hrsg. und mit Anmerkungen versehen von Fritz Jonas. Kritische Gesamtausgabe. Bd 1–7. Stuttgart, Leipzig, Berlin, Wien (1892–1896).

—, Ein Neujahrswunsch: Fritz Jonas: Ein Neujahrswunsch auf das Jahr 1799 mit Versen, die vielleicht von Schiller verfaßt worden sind. In: Zeitschrift für Bücherfreunde 9 (1905/1906). Bd 1. S. 81–84.

—, Erläuterungen: Erläuterungen der Jugendgedichte Schillers. Von Fritz Jonas. Berlin 1900.

—, Parallelstellen: Fritz Jonas: Parallelstellen zu Schillerschen Worten. In: ALG 14 (1886). S. 211–216.

—, *Zu Schillers Uebersetzungen aus dem Euripides und dem Virgil:* Fritz Jonas: Zu Schillers Uebersetzungen aus dem Euripdes und dem Virgil. In: ALG 7 (1878). S. 195–203.

Jung-Stilling, *Das Heimweh:* Das Heimweh von Heinrich Stilling. Marburg 1794.

—, *Lebensbeschreibung:* [Johann He(i)nrich Jung-Stilling:] Henrich Stillings Jugend. Eine wahrhafte Geschichte. Berlin und Leipzig 1777; Henrich Stillings Jünglings-Jahre. Eine wahrhafte Geschichte. Berlin und Leipzig 1778; Henrich Stillings Wanderschaft. Eine wahrhafte Geschichte. Berlin und Leipzig 1778; Henrich Stillings häusliches Leben. Eine wahrhafte Geschichte. Berlin und Leipzig 1789; Henrich Stillings Lehr-Jahre. Eine wahrhafte Geschichte. Berlin und Leipzig 1804; Heinrich Stillings Alter. Eine wahre Geschichte. [...] Herausgegeben nebst einer Erzählung von Stillings Lebensende von dessen Enkel Wilhelm Schwarz [...]. Heidelberg 1817.

Juvenal, *Satiren:* Des Decimus Junius Juvenalis Satiren. Im Versmaße des Originals übersetzt und erläutert von Alexander Berg. 3. Auflage. Berlin o. J.

Kaiser, *Geschichte der deutschen Lyrik:* Gerhard Kaiser: Geschichte der deutschen Lyrik vom jungen Goethe bis zu Heinrich Heine. Ein Grundriß in Einzelinterpretationen. Das ‚Erlebnisgedicht'. Kurseinheit 2. Hagen 1986.

Kant, *Werke:* Kant's Werke. Bd 1–9. In: Kant's gesammelte Schriften. Erste Abtheilung: Werke. Hrsg. von der Königlich Preußischen Akademie der Wissenschaften. Bd 1–9. Berlin 1902–1923.

Kasch: Friedrich M. E. Kasch: Mundartliches in der Sprache des jungen Schiller. Diss. Greifswald 1900.

Kauffmann, *Vom Dom umzingelt:* Friedrich Kauffmann: Vom Dom umzingelt. In: Zeitschrift für deutsche Philologie 47 (1918). S. 10–22.

Kettner, *Schiller-Studien:* Gustav Kettner: Schiller-Studien. In: Zeitschrift für deutsche Philologie 20 (1888). S. 336–340.

—, *Zu Schillers Gedichten:* Gustav Kettner: Zu Schillers Gedichten. In: Zeitschrift für deutsche Philologie 17 (1885). S. 109–115.

Kink, *Geschichte der kaiserlichen Universität zu Wien:* Geschichte der kaiserlichen Universität zu Wien. Im Auftrage des k. k. Ministers für Cultus und Unterricht, Leo Grafen von Thun, nach den Quellen bearbeitet von Rudolf Kink. Erster Band. Geschichtliche Darstellung der Entstehung und Entwicklung der Universität bis zur Neuzeit. Sammt urkundlichen Beilagen. T. 1–2. Wien 1854.

Klarmann, *Geschichte der Familie von Kalb:* Geschichte der Familie von Kalb auf Kalbsrieth. Mit besonderer Rücksicht auf Charlotte von Kalb und ihre nächsten Angehörigen. Nach den Quellen bearbeitet von Johann Ludwig Klarmann. Erlangen 1902.

Klatt, *„... Des Wissens heißer Durst":* Norbert Klatt: „... des Wissens heißer Durst". Ein literarkritischer Beitrag zu Schillers Gedicht „Das verschleierte Bild zu Sais". In: Jahrbuch der Deutschen Schillergesellschaft 29 (1985). S. 98–112.

Kleist, Ewald Christian von, *Sämmtliche Werke:* Des Herrn Ewald Christian von Kleist sämmtliche Werke. T. 1–2. Berlin ⁴1778.
(Vgl. Schüddekopf, Schillers Bibliothek, Nr 99.)

Kleist, Franz Alexander von, *Zamori oder die Philosophie der Liebe:* Zamori oder die Philosophie der Liebe in zehn Gesängen. / von Franz von Kleist. Berlin 1793.

Klopstock, *Messias:* Friedrich Gottlieb Klopstock: Der Messias. Bd 1: Text; Bd 2: Text. Hrsg.

von Elisabeth Höpker-Herberg. Berlin, New York 1974 (= Werke und Briefe. Folge 1. Abteilung Werke IV 1 und IV 2).
(Das Werk erschien zuerst in 4 Bänden in Kopenhagen [Bd 1 – 3] und Halle [Bd 4] 1755 – 1773.)
–, *Oden:* Oden von Klopstock. Carlsruhe [Schmieder] 1776 (= Sammlung der besten deutschen prosaischen Schriftsteller und Dichter. T. 28).
(Schiller besaß diese Ausgabe in seiner Stuttgarter Zeit; vgl. NA 42, 19, 462.)
–, *Werke und Briefe:* Friedrich Gottlieb Klopstock: Werke und Briefe. Historisch-kritische Ausgabe [Hamburger Klopstock-Ausgabe]. Begründet von Adolf Beck, Karl Ludwig Schneider und Hermann Tiemann. Hrsg. von Horst Gronemeyer, Elisabeth Höpker-Herberg, Klaus Hurlebusch und Rose-Maria Hurlebusch. Folge 1. Abteilung Werke. Berlin, New York 1974 ff.
–, *siehe auch Cramer.*
Kluge/Mitzka, Etymologisches Wörterbuch: Friedrich Kluge: Etymologisches Wörterbuch der deutschen Sprache. 20. Auflage bearbeitet von Walther Mitzka. Berlin 1967.
Knigge, Die Reise nach Braunschweig: Die Reise nach Braunschweig; ein comischer Roman. Von Adolph, Freyherrn Knigge. Zweyte, verbesserte Auflage. Hannover 1794.
Knebel's literarischer Nachlaß: K[arl] L[udwig] Knebel's literarischer Nachlaß und Briefwechsel. Hrsg. von K[arl] A[ugust] Varnhagen von Ense und Th[eodor] Mundt. Bd 1 – 3. Leipzig 1835 – 1836.
Körner, Nachrichten von Schillers Leben: [Christian Gottfried Körner:] Nachrichten von Schillers Leben. In: Friedrich von Schillers sämmtliche Werke. [Hrsg. von Christian Gottfried Körner.] Bd 1. Stuttgart und Tübingen 1812. S. I – LX.
Köster, Schillers Handbibliothek: Albert Köster: Schillers Handbibliothek. In: Zeitschrift für Bücherfreunde 9 (1905/06). Bd 1. S. 62 – 67.
–, *Die ritter- und räuberromane:* Albert Köster (Rez.): Die ritter- und räuberromane. ein beitrag zur bildungsgeschichte des deutschen volkes von Carl Müller-Fraureuth. Halle [...] 1894. In: Anzeiger für deutsches Alterthum und deutsche Litteratur 23 (1896/97). S. 294 – 301.
Kosegarten, Dichtungen: Dichtungen von Ludwig Gotthard Kosegarten. 5. Ausgabe. Bd 1 – 12. Greifswald 1824 – 1827.
–, *Poesieen:* Ludwig Theobul Kosegarten's Poesieen. Bd 1 – 2. Leipzig 1798.
Kraus, Nochmals „Die berühmte Frau": Ernst Kraus: Nochmals „Die berühmte Frau". In: Euphorion 18 (1911). S. 104 – 107.
Krünitz, Oeconomische Encyclopädie: Oeconomische [T. 9 ff.: Oekonomisch-technologische] Encyclopädie, oder allgemeines System der Staats- Stadt- Haus- und Landwirthschaft [...] von D[octor] Johann Georg Krünitz [...]. T. 1 ff. Berlin u. a. 1773 ff.
Kuhn, Auch ich in Arcadien: Auch ich in Arcadien. Kunstreisen nach Italien 1600 – 1900. Sonderausstellung des Schiller-Nationalmuseums. Katalog Nr 16. Ausstellung und Katalog: Dorothea Kuhn unter Mitarbeit von Anneliese Hofmann und Anneliese Kunz. Marbach a. N. 1966.
Kurscheidt, „Als 4. Fraülens mir einen Lorbeerkranz schickten": Georg Kurscheidt: „Als 4. Fraülens mir einen Lorbeerkranz schickten". Zum Entwurf eines Gedichts von Schiller und Reinwald. In: Jahrbuch der Deutschen Schillergesellschaft 34 (1990). S. 24 – 36.
–, *„Poesie des Lebens":* Georg Kurscheidt: „Poesie des Lebens" – Schillers Gedicht zwischen Poesie und Philosophie. In: Zeitschrift für deutsche Philologie 103 (1984). S. 178 – 194.

Laudien, Goethes „Hermann und Dorothea": Arthur Laudien: Goethes „Hermann und Dorothea" verglichen mit Schillers „Lied von der Glocke". In: Zeitschrift für den deutschen Unterricht 37 (1923). S. 276–279.

Lauter, Kleinstaatenpolitik: Karl Theodor Lauter: Kleinstaatenpolitik in der Dichtung. Zugleich ein Beitrag zur Schillerforschung. In: Zeitschrift des Vereins für Thüringische Geschichte und Altertumskunde. N. F. Bd 37. [Jena] 1943. S. 284–315.

Lauterbach, Pohlnische Chronicke: Pohlnische Chronicke, / Oder Historische Nachricht von dem Leben und Thaten aller Hertzoge und Könige in Pohlen, von Lecho an bis auf jetzt glorwürdigst-/Regierende Königliche Majestätt Avgvstvm II. [...], Zusammen getragen von Samuel Friederich Lauterbach, [...]. Frankfurt und Leipzig 1727.

Lavater, Aussichten in die Ewigkeit: [Johann Kaspar Lavater:] Aussichten in die Ewigkeit, in Briefen an Herrn Joh. Georg Zimmermann [...]. Bd 1–4. Zürich 1768–1778.

—, Jesus Messias. Oder / Die Evangelien und Apostelgeschichte: Johann Kaspar Lavater: Jesus Messias. Oder / Die Evangelien und Apostelgeschichte, in Gesängen. Bd 1–4. O.O. 1783–1786.

—, Physiognomische Fragmente: Physiognomische Fragmente, zur Beförderung der Menschenkenntniß und Menschenliebe, von Johann Caspar Lavater. [...]. Erster–Vierter Versuch. Leipzig und Winterthur 1775–1778.

—, Pontius Pilatus: Johann Kaspar Lavater: Pontius Pilatus. Oder / Die Bibel im Kleinen und / Der Mensch im Großen. Bd 1–4. Zürich 1782–1785.

Leibniz, Theodicee: Herrn Gottfried Wilhelms Freyherrn von Leibnitz Theodicee, das ist, Versuch von der Güte Gottes, Freyheit des Menschen, und vom Ursprunge des Bösen, bey dieser vierten Ausgabe durchgehends verbessert, auch mit verschiedenen Zusätzen und Anmerkungen vermehrt von Johann Christoph Gottscheden [...]. Hannover und Leipzig 1744.

Leisewitz, Julius von Tarent: [Johann Anton Leisewitz:] Julius von Tarent, / Ein Trauerspiel. Leipzig 1776.

Leitzmann, Die Quellen von Schillers Pompeji und Herculanum: Albert Leitzmann: Die Quellen von Schillers Pompeji und Herculanum. In: Euphorion 12 (1905). S. 557–561.

—, Die Quellen von Schillers und Goethes Balladen. Zusammengestellt von Albert Leitzmann. Bonn 1911.

—, Georg Forsters Beziehungen zu Goethe und Schiller: Albert Leitzmann: Georg Forsters Beziehungen zu Goethe und Schiller und seine Verteidigung Schillers. In: Archiv für das Studium der neueren Sprachen und Litteraturen. Bd 88 (1892). S. 129–156.

—, Schiller als Übersetzer eines Orphischen Hymnus?: Albert Leitzmann: Schiller als Übersetzer eines Orphischen Hymnus? In: Marbacher Schillerbuch III. Stuttgart und Berlin 1909. S. 59–63.

Lessing, Gotthold Ephraim, Briefe die Neueste Litteratur betreffend: [Gotthold Ephraim Lessing, Moses Mendelssohn, Christoph Friedrich Nicolai u. a.:] Briefe die Neueste Litteratur betreffend. T. 1–24. Berlin [und Stettin] 1759–1765 [T. 6. Berlin 1760].

—, Briefwechsel mit seinem Bruder: [Karl Gotthelf Lessing (Hrsg.):] Gotthold Ephraim Lessings Briefwechsel mit seinem Bruder Karl Gotthelf Lessing. Berlin 1794.

—, Die Erziehung des Menschengeschlechts: Die Erziehung des Menschengeschlechts. [...]. Hrsg. von Gotthold Ephraim Lessing. Berlin 1780.

—, *Laokoon: Laokoon: oder über die Grenzen der Mahlerey und Poesie. [...] Mit beyläufigen Erläuterungen verschiedener Punkte der alten Kunstgeschichte; von Gotthold Ephraim Lessing.* T. 1. Berlin 1766 [mehr nicht erschienen].

—, *Sämtliche Schriften: Gotthold Ephraim Lessings sämtliche Schriften.* Hrsg. von Karl Lachmann. Dritte, auf's neue durchgesehene und vermehrte Auflage, besorgt durch Franz Muncker. Bd 1–22 und ein Registerband (Bd 23). Stuttgart [ab Bd 12: Leipzig] 1886–1924.

—, *Wie die Alten den Tod gebildet: Wie die Alten den Tod gebildet: [...] eine Untersuchung von Gotthold Ephraim Lessing.* Berlin 1769.

Lessing, Karl Gotthelf, *Gotthold Ephraim Lessings Leben: Gotthold Ephraim Lessings Leben, nebst seinem noch übrigen litterarischen Nachlasse.* Hrsg. von K[arl] G[otthelf] Lessing. T. 1–3. Berlin 1793–1795.

Lichtenberg, *Briefe: Lichtenbergs Briefe.* Hrsg. von Albert Leitzmann und Carl Schüddekopf. Bd 1–3. Leipzig 1901–1904.

—, *Vermischte Schriften: Georg Christoph Lichtenberg's vermischte Schriften nach dessen Tode aus den hinterlassenen Papieren gesammelt und hrsg. von Ludwig Christian Lichtenberg [...] und Friedrich Kries [...].* Bd 1–9. Göttingen 1800–1806.

Lieder mit Melodien zum Gebrauch der Loge zu den drey Degen in Halle: Lieder mit Melodien zum Gebrauch der Loge zu den drey Degen in Halle. Halle 1784.

Lieder, zu singen für die Freimäurerlogen: Lieder, zu singen für die Freimäurerlogen. Hrsg. von Balthasar Ockel. Erstes Theilchen. Wetzlar 1782.

Lukian, *Sämtliche Werke: Lucians von Samosata Sämtliche Werke. Aus dem Griechischen übersetzt und mit Anmerkungen und Erläuterungen versehen von C[hristoph] M[artin] Wieland.* T. 1–6. Leipzig 1788–1789.

(Vgl. Schüddekopf, Schillers Bibliothek, Nr 115; Ruppert, Goethes Bibliothek, Nr 1307.)

Lux, Johann Kaspar Friedrich Manso: *Konrad Lux: Johann Kaspar Friedrich Manso / der schlesische Schulmann, Dichter und Historiker.* Diss. Breslau. Leipzig 1908.

Malles, „Deutsche Größe": Hans-Jürgen Malles: *Friedrich Schillers Gedichtfragment „Deutsche Größe". Eine Interpretation.* In: Impulse. Aufsätze, Quellen, Berichte zur deutschen Klassik und Romantik 11 (1988). S. 61–96.

Malten, *Motivgeschichtliche Untersuchungen:* L. Malten: *Motivgeschichtliche Untersuchungen zur Sagenforschung III. Hero und Leander.* In: Rheinisches Museum für Philologie N. F. 93 (1950). S. 65–81.

Manchot, Martin Crugot: *Martin Crugot, der ältere Dichter der unüberwindlichen Flotte Schiller's. Urkundlich nachgewiesen von Carl Hermann Manchot.* Bremen 1886.

Manso, *Das befreyte Jerusalem: [Johann Kaspar Manso:] Das befreyte Jerusalem. Erster Theil* [mehr nicht erschienen]. Leipzig 1791.

—, *Die Kunst zu lieben: [Johann Kaspar Friedrich Manso:] Die Kunst zu lieben. Ein Lehrgedicht in drey Büchern.* Berlin 1794.

—, *Ovid: Ovid.* In: Ders.: *Ueber die römischen Elegiker.* In: Charaktere der vornehmsten Dichter aller Nationen [...] (= Nachträge zu Sulzers allgemeiner Theorie der schönen Künste). Bd 3. 2. Stück. Leipzig 1795. S. 325–394.

—, *Ueber den Einfluß der Grazien: Johann Kaspar Friedrich Manso: Ueber den Einfluß der Grazien. Eine Epistel.* In: Neue deutsche Monatsschrift 1795. Bd 1. S. 316–325.

—, *Ueber die Verläumdung der Wissenschaften: Ueber die Verläumdung der Wissenschaften. Eine poetische Epistel an Herrn Professor Garve von I[ohann] C[aspar] F[riedrich] Manso. Leipzig 1796.*
Martial, Epigramme: Martial: Epigramme. Eingeleitet und im antiken Versmaß übertragen von Rudolf Helm. Zürich und Stuttgart 1957.
[—] Martialis in einem Auszuge: Marcus Valerius Martialis in einem Auszuge lateinisch und deutsch [...] von Karl Wilhelm Ramler. T. 1–5. Leipzig 1787–1793. [Nachlese 1794].
Meißner, Alcibiades: [August Gottlieb Meißner:] Alcibiades. T. 1–4. Leipzig 1781–1788.
Mendelsohn, Phaedon: Phaedon oder über die Unsterblichkeit der Seele in drey Gesprächen. / von Moses Mendelsohn. Berlin und Stettin 1767.
—, *Philosophische Gespräche: [Moses Mendelssohn:] Philosophische Gespräche. Berlin 1755.*
Mercier, Portrait de Philippe II: [Jean Louis Sébastien de Mercier:] Portrait de Philippe II, roi d'Espagne. A Amsterdam 1785.
Mettrie, de la, L'homme machine: [Mettrie, Julien Offray de la:] L'homme machine. Leiden 1748.
Meyer, [Neue] Beiträge: Beiträge zur Feststellung, Verbesserung und Vermehrung des Schiller'schen Textes [...]. Von Joachim Meyer [...]. Nürnberg 1858. – Neue Beiträge [...]. Nürnberg [1860].
Miller, Siegwart: [Johann Martin Miller:] Siegwart. Eine Klostergeschichte. T. 1–2. Leipzig 1776.
Minor, Aus dem Schiller-Archiv: Aus dem Schiller-Archiv. Ungedrucktes und Unbekanntes zu Schillers Leben und Schriften. Hrsg. von J[acob] Minor. Weimar 1890.
—, *Ein Billet über Schillers „Spaziergang": Jacob Minor: Ein Billet über Schillers „Spaziergang". In: Zeitschrift für Bücherfreunde 9 (1905/06). Bd 1. S. 120–121.*
—, *Schiller: Schiller. Sein Leben und seine Werke dargestellt von J[acob] Minor. Bd 1–2. Berlin 1890.*
Möller, Aufklärung in Preußen: Horst Möller: Aufklärung in Preußen. Der Verleger, Publizist und Geschichtsschreiber Friedrich Nicolai. Berlin 1974.
Mohr, Schiller's Lied von der Glocke: Louis Mohr: Schiller's Lied von der Glocke. Eine bibliographische Studie. Straßburg 1877.
Mommsen, Anthologie: Siehe Schiller, Anthologie.
Moritz, Götterlehre: Götterlehre oder mythologische Dichtungen der Alten. Zusammengestellt von Karl Philipp Moritz. [...]. Berlin 1791.
—, *Ueber die bildende Nachahmung des Schönen: Ueber die bildende Nachahmung des Schönen. Von Karl Philipp Moritz. Braunschweig 1788.*
—, *Vorbegriffe zu einer Theorie der Ornamente: Vorbegriffe zu einer Theorie der Ornamente von Karl Philipp Moritz. Berlin 1793.*
Morris, Zu den Xenien: Max Morris: Zu den Xenien. In: Euphorion 17 (1910). S. 147–148.
Moser, Schwäbische Chronick: Martin Crusii, [...] Schwäbische Chronick, Worinnen zu finden ist / was sich von Erschaffung der Welt an biß auf das Jahr 1596. in Schwaben, denen benachbarten Gegenden, auch vieler anderer Orten, zugetragen [...]. Aus dem Lateinischen erstmals übersetzt [...]. Von Johann Jacob Moser. [...] [Bd 1–2.] Franckfurt und Leipzig [...] 1738.
Müller, Ernst, Schiller. Ausgewählte Schriften: Friedrich Schiller. Ausgewählte Werke. Hrsg. und eingeleitet von Ernst Müller. Bd 1–7. Darmstadt 1954–1957.

—, Schillers Beiträge in Gökingks „Journal von und für Deutschland": Ernst Müller: Schillers Beiträge in Gökingks „Journal von und für Deutschland". In: Beilage zur „Allgemeinen Zeitung" (München) 1899. Nr 149. S. 5–7.
—, Schillers Jugenddichtung: Ernst Müller: Schillers Jugenddichtung und Jugendleben. Neue Beiträge aus Schwaben. Stuttgart 1896.
Müller, Friedrich (Maler), Balladen: Balladen vom Mahler Müller. Mannheim 1776.
Müller, Gottfried, Steibelt: Gottfried Müller: Daniel Steibelt / sein Leben und seine Klavierwerke (Etüden und Sonaten). Diss. Greifswald 1933.
Müller, Hermann, Schillers journalistische Tätigkeit: Hermann Müller: Schillers journalistische Tätigkeit an den „Nachrichten zum Nuzen und Vergnügen" im Jahre 1781. Diss. München. Stuttgart 1915.
Müller, Johannes, Geschichten schweizerischer Eidgenossenschaft: Der Geschichten schweizerischer Eidgenossenschaft / Erstes Buch. Von dem Anbau des Landes. Durch Johannes Müller [...]. Erster Theil. Leipzig 1786.
Müller, Richard, Schillers lyrische Jugenddichtung: Richard Müller: Schillers lyrische Jugenddichtung in der Zeit der bewußten Nachahmung Klopstocks. Diss. Marburg 1916.

Nachlese zu Schillers Werken: Siehe [Schiller] Nachlese zu Schillers Werken.
Nägeli, Lieder in Musik gesezt: Lieder in Musik gesezt von H[ans] G[eorg] Nægeli. Zürich o.J. [1795].
Naubert, Elisabeth, Erbin von Toggenburg: [Christiane Benedikte Eugenie Naubert:] Elisabeth, Erbin von Toggenburg. Oder Geschichte der Frauen von Sargans in der Schweiz. [...]. Leipzig 1789.
Naumann, Charlotte von Kalb: Ursula Naumann: Charlotte von Kalb. Eine Lebensgeschichte (1761–1843). Stuttgart 1985.
Neubeck, Die Gesundbrunnen: Die Gesundbrunnen. Ein Gedicht in vier Gesängen. Von Valerius Wilhelm Neubeck. Breslau 1795.
Neue und vermehrte Acerra philologica: Neue und vermehrte Acerra philologica / Das ist: Sieben Hundert Außerlesene nützliche lustige und denckwürdige Historien und Discursen auß den Griechischen und Lateinischen Scribenten zusammen getragen. [...]. Stettin 1688.
Neuhöffer, Schiller als Übersetzer Vergils: Rudolf Neuhöffer: Schiller als Übersetzer Vergils. In: Königliches Gymnasium Laurentianum zu Warendorf. Bericht über das Schuljahr 1892/93. Warendorf 1893. S. 1–41.
Nicolai, Anekdoten von König Friedrich II. von Preussen: Anekdoten von König Friedrich II. von Preussen, und von einigen Personen, die um Ihn waren. Nebst Berichtigung einiger schon gedruckten Anekdoten. Hrsg. von Friedrich Nicolai. Heft 1–6. Berlin und Stettin 1788–1792.
—, Anhang zu Friedrich Schillers Musen-Almanach für das Jahr 1797: Anhang zu Friedrich Schillers Musen-Almanach für das Jahr 1797. / von Friedrich Nicolai. [...]. Berlin und Stettin o.J. [1797].
—, Beschreibung einer Reise durch Deutschland und die Schweiz: Beschreibung einer Reise durch Deutschland und die Schweiz, im Jahre 1781. Nebst Bemerkungen über Gelehrsamkeit, Industrie, Religion und Sitten, von Friedrich Nicolai. Bd 1–12. Berlin und Stettin 1783–1796. – Bd 10: 1795; Bd 11: 1796; Bd 12: 1796.
—, Briefe die Neueste Litteratur betreffend: Siehe Lessing, Gotthold Ephraim, Briefe [...].

→, *Briefe über den itzigen Zustand der schönen Wissenschaften in Deutschland:* [Christoph Friedrich Nicolai:] Briefe über den itzigen Zustand der schönen Wissenschaften in Deutschland, [...] mit einer Vorrede von Gottlob Samuel Nicolai [...]. Berlin 1755.

→, *Freuden des jungen Werthers:* [Christoph Friedrich Nicolai:] Freuden des jungen Werthers / Leiden und Freuden Werthers des Mannes. [...]. Berlin 1775.
(Vgl. Ruppert, Goethes Bibliothek, Nr 1067.)

→, *Geschichte eines dicken Mannes:* [Christoph Friedrich Nicolai:] Geschichte eines dicken Mannes worin drey Heurathen und drey Körbe nebst viel Liebe. Bd 1–2. Berlin und Stettin 1794.

→, *Leben und Meinungen Sempronius Gundibert's:* [Christoph Friedrich Nicolai:] Leben und Meinungen Gundibert's eines deutschen Philosophen. Nebst zwey Urkunden der neuesten deutschen Philosophie. [...] Berlin und Stettin 1798.

Niethammer, *Geschichte des Maltheserordens nach Vertot:* Geschichte des Maltheserordens nach Vertot von M[agister] N[iethammer] bearbeitet und mit einer Vorrede versehen von Schiller. Bd 1–2. Jena 1792–1793.

Novalis, *Schriften:* Novalis. Schriften. Die Werke Friedrich von Hardenbergs. Hrsg. von Paul Kluckhohn (†) und Richard Samuel. Dritte [Bd 2–4: Zweite], nach den Handschriften ergänzte, erweiterte und verbesserte Auflage in vier Bänden und einem Begleitband. Stuttgart 1960 [Bd 2, 3], 1975 [Bd 4], 1977 [Bd 1].

Oellers, *Das verlorene Schöne:* Norbert Oellers: Das verlorene Schöne in bewahrender Klage. Zu Schillers „Nänie". In: Gedichte und Interpretationen. Bd 3: Klassik und Romantik. Hrsg. von Wulf Segebrecht. Stuttgart 1984. S. 182–195.

→, *Der „umgekehrte Zweck" der ‚Erzählung' „Der Handschuh":* Norbert Oellers: Der „umgekehrte Zweck" der ‚Erzählung' „Der Handschuh". In: Jahrbuch der Deutschen Schillergesellschaft 20 (1976). S. 387–401.

→, *Die Heiterkeit der Kunst:* Norbert Oellers: Die Heiterkeit der Kunst. Goethe variiert Schiller. In: Edition als Wissenschaft. Festschrift für Hans Zeller. Hrsg. von Gunter Martens und Winfried Woesler (= Beihefte zu editio. Bd 2). Tübingen 1991. S. 92–103.

→, *Ein unbekannter Brief an Schiller:* Norbert Oellers: Ein unbekannter Brief an Schiller. Mit weiteren Nachträgen zur Schiller-Nationalausgabe. In: Jahrbuch der Deutschen Schillergesellschaft 27 (1983). S. 9–16.

→, *„Herkules im Himmel" und „Orpheus in der Unterwelt":* Norbert Oellers: „Herkules im Himmel" und „Orpheus in der Unterwelt". Zu zwei Gedichtplänen Schillers. In: Impulse [...] 9 (1986). S. 75–89.

→, *Schiller:* Norbert Oellers: Schiller. Geschichte seiner Wirkung bis zu Goethes Tod 1805–1832. Bonn 1967.

→, *Schiller – Zeitgenosse aller Epochen:* Norbert Oellers: Schiller – Zeitgenosse aller Epochen. Dokumente zur Wirkungsgeschichte Schillers in Deutschland. T. 1. Frankfurt/M. 1970; T. 2. München 1976.

→, *Schillers „Das Reich der Schatten" und „Das Ideal und das Leben":* Norbert Oellers: Schillers „Das Reich der Schatten" und „Das Ideal und das Leben" – E i n Gedicht? In: Kulturwissenschaften. Festgabe für Wilhelm Perpeet. Hrsg. von Heinrich Lützeler. Bonn 1980. S. 292–305.

→, *Souveränität und Abhängigkeit:* Norbert Oellers: Souveränität und Abhängigkeit. Vom Einfluß der privaten und öffentlichen Kritik auf poetische Werke Schillers. In:

Untersuchungen zur Literatur als Geschichte. Festschrift für Benno von Wiese. Hrsg. von Vincent J. Günther u. a. Berlin 1973. S. 129–154.

Olearius, Gottorfische Kunst-Kammer: *Gottorfische Kunst-Kammer / Worinnen Allerhand ungemeine Sachen / So theils die Natur / theils künstliche Hände hervorgebracht und bereitet. Vor diesem Aus allen vier Theilen der Welt zusammengetragen / Und Vor einigen Jahren beschrieben / [...] Durch Adam Olearium [d. i. Adam Ölschläger], [...].* Schleswig 1674. [Virgeln nach dem Original.]

Ortlepp, Schillers Bibliothek: P[aul] Ortlepp: Schillers Bibliothek. Eine kurze geschichtliche Zusammenstellung der Werke, die der Dichter besaß oder benutzte. In: *Zuwachs der Großherzogl. Bibliothek zu Weimar in den Jahren 1911 bis 1913.* Weimar 1914. S. IX–LXXVI.

—, Schillers Bibliothek und Lektüre: Paul Ortlepp: Schillers Bibliothek und Lektüre. In: *Neue Jahrbücher für das klassische Altertum, Geschichte und deutsche Literatur* 18 (1915). S. 375–406.

Otto, Abriß einer Naturgeschichte des Meeres: *Abriß einer Naturgeschichte des Meeres. Ein Beytrag zur physischen Erdbeschreibung. / von Friedrich Wilhelm Otto [...]. Bd 1–2.* Berlin 1792–1794.

Ovid, Metamorphosen: *Publius Ovidius Naso: Metamorphosen. In deutsche Hexameter übertragen und mit dem Text hrsg. von Erich Rösch.* München und Zürich ¹⁰1983.

Palleske, Charlotte: *Charlotte. (Für die Freunde der Verewigten.) Gedenkblätter von Charlotte von Kalb.* Hrsg. von Emil Palleske. Stuttgart 1879.

Pausanias, Reisebeschreibung 1: *Des Pausanias ausführliche Reisebeschreibung von Griechenland aus dem Griechischen übersetzet und mit Anmerkungen erläutert von Johann Eustachius Goldhagen [...]. T. 1.* Berlin und Leipzig 1766.

Peppermüller, Zur Stoffgeschichte von Schillers „Kampf mit dem Drachen": Rolf Peppermüller: Zur Stoffgeschichte von Schillers „Kampf mit dem Drachen". In: *Studium Generale* 20 (1967). S. 313–318.

Pesch, Die Glocke: Johannes Pesch: *Die Glocke in Geschichte, Sage, Volksglaube, Volksbrauch und Dichtung.* Dülmen o. J. [1918].

Pestalozzi, Ueber Gesezgebung und Kindermord: [Johann Heinrich Pestalozzi:] *Ueber Gesezgebung und Kindermord / Wahrheiten und Träume, Nachforschungen und Bilder. Geschrieben 1780. Hrsg. 1783.* Frankfurt und Leipzig.

Petersen, Anthologie: Siehe Schiller, Anthologie.

Pfaff: Oberst Rieger und Graf Montmartin: Oberst Rieger und Graf Montmartin geschildert von Dr. Karl Pfaff. In: *Württembergische Jahrbücher für vaterländische Geschichte, Geographie, Statistik und Topographie* 1857. H. 2. Stuttgart 1859. S. 199–231.

Pfleiderer: W[ilhelm] Pfleiderer: Die Sprache des jungen Schiller in ihrem Verhältnis zur nhd. Schriftsprache. In: *Beiträge zur Geschichte der deutschen Sprache und Literatur* [PBB] 28 (1903). S. 273–424.

Pindar, Olympische und pythische Hymnen: *Pindars Olympische Siegshymnen. Verdeutscht von Friedrich Gedike [...].* Berlin und Leipzig 1777. – *Pindars Pythische Siegshymnen. Mit erklärenden und kritischen Anmerkungen verdeutscht von Friedrich Gedike [...].* Berlin und Leipzig 1779.

Platner, Gespräch über den Atheismus: Siehe Hume, Gespräche über natürliche Religion.

[Plutarch] Biographien des Plutarchs: Biographien des Plutarchs mit Anmerkungen. Von Gottlob Benedict von Schirach. T. 1 – 8. Berlin und Leipzig 1777 – 1780.
(Vgl. Schüddekopf, Schillers Bibliothek, Nr 154; Ortlepp, Schillers Bibliothek und Lektüre, 377.)
Preisschriften: Preisschriften über die Frage: Welche Fortschritte hat die Metaphysik seit Leibnitzens und Wolffs Zeiten in Deutschland gemacht? Von Johann Christoph Schwab, [...] Karl Leonhard Reinhold, [...] und Johann Heinrich Abicht [...]. Hrsg. von der Königl[ich] Preuß[ischen] Akademie der Wissenschaften. Berlin 1796.
Puls, Schillers Quelle für den „Taucher": Dierk Puls: Schillers Quelle für den „Taucher". In: Muttersprache 1959. S. 353 – 356.

Raabe, Die Horen: Paul Raabe: Die Horen. Einführung und Kommentar. Stuttgart 1959.
Racknitz, Darstellung und Geschichte des Geschmacks: Darstellung und Geschichte des Geschmacks an Arabesken von Joseph Friedrich Freyherrn zu Racknitz [...]. Leipzig 1796.
–, *Darstellung und Geschichte des Geschmacks der vorzüglichsten Völker:* Darstellung und Geschichte des Geschmacks der vorzüglichsten Völker in Beziehung auf die innere Auszierung der Zimmer und auf die Baukunst von Joseph Friedrich Freyherrn zu Racknitz [...]. Leipzig 1796.
Ramdohr, Charis: Charis oder / Ueber das Schöne und die Schönheit in den nachbildenden Künsten von Friederich Wilhelm Basilius von Ramdohr [...]. T. 1 – 2. Leipzig 1793.
(Vgl. Ruppert, Goethes Bibliothek, Nr 3203.)
Ramler, Lyrische Bluhmenlese: [Karl Wilhelm Ramler:] Lyrische Bluhmenlese. Bd 1 – 2. Leipzig 1774 – 1778.
–, *Oden aus dem Horaz:* Karl Wilhelm Ramlers Oden aus dem Horaz. Berlin 1769.
–, siehe auch Martial.
Reclams Musikführer. Franz Schubert: Reclams Musikführer. Franz Schubert. Von Walther Dürr und Arnold Feil unter Mitarbeit von Walburga Litschauer. Stuttgart 1991.
Redslob, Ein neues Schillerbild: Ernst Redslob: Ein neues Schillerbild und ein bisher unbekanntes Epigramm des Dichters. In: Jahrbuch der Goethe-Gesellschaft 10 (1924). S. 190 – 199.
Rehder, Die Kraniche des Ibycus: Helmut Rehder: Die Kraniche des Ibycus: The Genesis of a Poem. In: The Journal of English and Germanic Philology 48 (1949). S. 543 – 567.
Reichardt, Göthe's Lieder, Oden, Balladen und Romanzen in Musik von J[ohann] F[riedrich] Reichardt. Erste – Vierte Abtheilung. Leipzig o. J. [1809 – 1811].
–, *Lieder geselliger Freude:* Lieder geselliger Freude. Hrsg. von Johann Friedrich Reichardt. Abt. 1 – 2. Leipzig 1796 – 1797.
–, *Schillers lyrische Gedichte in Musik gesetzt:* Schillers lyrische Gedichte in Musik gesetzt [...] von Joh[ann] Friedr[ich] Reichardt. Heft 1 – 2. Leipzig [1810].
–, *Un Prussien en France en 1792:* Un Prussien en France en 1792. Strasbourg – Lyon – Paris. Lettres intimes de J[ohann] F[riedrich] Reichardt. Traduites et annotées par A. Laquiante. Paris 1892.
–, *Vertraute Briefe aus Paris:* Johann Friedrich Reichardt's vertraute Briefe aus Paris geschrieben in den Jahren 1802 und 1803. T. 1 – 3. Hamburg 1804.
–, *Vertraute Briefe über Frankreich:* Johann Friedrich Reichardt: Vertraute Briefe über Frankreich. Auf einer Reise im Jahr 1792 geschrieben. T. 1 – 2. Berlin 1792 – 1793.

Reil, Friedrich und Conradin Kreuzer, Der Gang zum Eisenhammer: Der Gang zum Eisenhammer. Eine große romantische Oper in 3 Aufzügen nach v. Schiller's gleichnamiger Ballade, von Friedrich Reil. In Musik gesetzt von Conradin Kreuzer [...]. Wien 1838.

Reil, Johann Christian, Von der Lebenskraft: Johann Christian Reil: Von der Lebenskraft. In: Archiv für die Physiologie [Halle] 1795. Bd 1. 1. Heft. S. 8–162.

Rein, Schiller in Rudolstadt: Berthold Rein: Schiller in Rudolstadt. In: Rudolstädter Heimathefte. Beiträge zur Heimatkunde des Kreises Rudolstadt. 1955. H. 4/5. S. 114–115.

Reinhard, Gedichte: Gedichte von Karl Reinhard. Erstes–Zweites Bändchen. Göttingen 1794.

Reinhold, Systematische Darstellung [...]: Karl Leonhard Reinhold: Systematische Darstellung aller bisher möglichen Systeme der Metaphysik. In: Der neue Teutsche Merkur. Januar 1794. S. 3–18; März 1794. S. 235–256.

–, Ueber das Fundament des philosophischen Wissens: Ueber das Fundament des philosophischen Wissens von C[arl] L[eonhard] Reinhold nebst einigen Erläuterungen über die Theorie des Vorstellungsvermögens. Jena 1791.

–, Versuch einer Beantwortung [...]: Versuch einer Beantwortung der von der erlauchten Königl. Ak. der Wissensch. zu Berlin aufgestellten Frage: „Was hat die Metaphysik seit Wolff und Leibnitz gewonnen?" Von Karl Leonhard Reinhold [...]. In: Preisschriften, 171–254.

–, Versuch einer neuen Theorie des menschlichen Vorstellungsvermögens: Versuch einer neuen Theorie des menschlichen Vorstellungsvermögens von Karl Leonhard Reinhold. Prag und Jena 1789.

Reinwald, Christophine, Schillers Jugendjahre: Schillers Jugendjahre. Eine Skizze von Christophine Reinwald, geb. Schiller. Mitgetheilt von Robert Boxberger. In: ALG 1 (1870). S. 452–460.

Restif de la Bretonne, Les contemporaines ou avantures des plus jolies femmes de l'âge présent: Les contemporaines ou avantures des plus jolies femmes de l'âge présent, recueillies par N[icolas]-E[dme] R.**[estif]-d.*[e]-l.*[a]-B.***[retonne]. [Bd 3.] á Leipsick 1780.

Reuschel, Zu zwei Anthologiegedichten Schillers: Kurt Reuschel: Zu zwei Anthologiegedichten Schillers. In: Euphorion 26 (1925). S. 108.

Richter, Johann Paul Friedrich, Hesperus, oder 45 Hundsposttage: Jean Paul: Hesperus, oder 45 Hundsposttage. Eine Biographie. Bd 1–4. Berlin 1795.

–, Sämtliche Werke: Jean Pauls Sämtliche Werke. Historisch-kritische Ausgabe. Hrsg. von der Preußischen Akademie der Wissenschaften [...]. Erste Abteilung: Zu Lebzeiten des Dichters erschienene Werke. Bd 1–19. – Zweite Abteilung: Nachlaß. Bd 1–5. – Dritte Abteilung: Briefe. Bd 1–9. 1 Ergänzungsband. Weimar 1927–1963 (Erste und Zweite Abteilung). Berlin 1952–1964 (Dritte Abteilung).

–, Vorschule der Aesthetik: Vorschule der Aesthetik nebst einigen Vorlesungen in Leipzig über die Partheien der Zeit, von Jean Paul. Erste–Dritte Abtheilung. Zweite, verbesserte und vermehrte Auflage. Stuttgart und Tübingen 1813.

Riedel, „Der Spaziergang": Wolfgang Riedel: „Der Spaziergang". Ästhetik der Landschaft und Geschichtsphilosophie der Natur bei Schiller. Würzburg 1989.

Riemann, Schiller in der Musik: Hugo Riemann: Schiller in der Musik. In: Bühne und Welt. Zeitschrift für Theaterwesen, Literatur und Musik 7 (1905). Mai-Heft 1. Schiller-Heft. S. 651–656.

Rousseau, Du contract social: Du contract social; ou principes du droit politique. Par J[ean] J[acques] Rousseau [...]. Amsterdam 1762.

—, Lettres de deux amans: Lettres de deux amans, Habitans d'une petite Ville au pied des Alpes. Recueilles et publiées par J[ean] J[acques] Rousseau. T. 1–6. Amsterdam 1761.

Rüffler, Johann Caspar Friedrich Manso: Alfred Rüffler: Johann Caspar Friedrich Manso. In: Schlesische Lebensbilder hrsg. von der Historischen Kommission für Schlesien. Bd 2. Breslau 1926. S. 110–119.

Ruppert, Goethes Bibliothek: Goethes Bibliothek. Katalog. Bearbeiter der Ausgabe: Hans Ruppert. Weimar 1958.

-s-, Fragmente: -s-: Fragmente, Schillers Jugendjahre betreffend. In: Der Freimüthige 1805. Nr 220 und 221 vom 4. und 5. November. S. 462–463, 466–467.

(Verfasser ist nicht, wie häufig angenommen, Johann Wilhelm Petersen, sondern vermutlich Karl Philipp Conz [vgl. Oellers, Schiller (1967), 103–106].)

Saint-Foix, Essais historiques sur Paris: [Germain François Poullain de Saint-Foix:] Essais historiques sur Paris / Nouvelle Édition, Revue, corrigée, & augmentée. Tome premier. A Londres [...] 1759.

Saint-Martin, Des erreurs et de la vérité: [Louis-Claude de Saint-Martin:] Des erreurs et de la vérité, ou les hommes rapellés au principe universel de la science; [...]. Par un Ph... Inc... Edinburgh [auch: Lyon] 1775; Frankfurt/M. ²1781.

Sallust, Werke und Schriften: Sallust: Werke und Schriften. Lateinisch-Deutsch. Hrsg. und übersetzt von Wilhelm Schöne unter Mitwirkung von Werner Eisenhut. 4., unveränderte Auflage. München 1969.

Salmen, Johann Friedrich Reichardt: Walter Salmen: Johann Friedrich Reichardt. Komponist, Schriftsteller, Kapellmeister und Verwaltungsbeamter der Goethezeit. Freiburg/Br. und Zürich 1963.

Salzmann, Carl von Carlsberg: Carl von Carlsberg oder über das menschliche Elend, von Christian Gotthilf Salzmann. T. 1–6. Leipzig 1783–1788.

Sattler, Geschichte des Herzogthums Würtenberg: Christian Friderich Sattlers [...] Geschichte des Herzogthums Würtenberg unter der Regierung der Graven. Bd 1–5. Tübingen [Bd 1], Ulm [Bd 2–5] 1757–1768.

Saupe, Xenien: Die Schiller-Goethe'schen Xenien. Erläutert von Ernst Julius Saupe. Leipzig 1852.

Saxl, Veritas filia temporis: Fritz Saxl: Veritas filia temporis. In: Philosophy & History / essays presented to Ernst Cassirer / edited by Raymond Klibansky and H. J. Paton. New York, Evanston, London 1963. S. 197–223.

Scharffenstein, Jugenderinnerungen: [Georg Friedrich Scharffenstein:] Jugenderinnerungen eines Zöglings der hohen Karlsschule in Beziehung auf Schiller. In: Morgenblatt für gebildete Stände 1837. Nr 56–58 vom 7.–9. März. S. 221–222, 226–227, 230–232.

Schatz, Griechische und Römische Alterthümer: Griechische und Römische Alterthümer, welche der berühmte P. Montfaucon ehemals samt den dazu gehörigen Supplementen in zehen Bänden in Folio, an das Licht gestellet hat, [...] in Deutscher Sprache hrsg. von M. Johann Jacob Schatzen [...]. Nürnberg 1757.

Schelling, Ideen zu einer Philosophie der Natur: Ideen zu einer Philosophie der Natur von F[riedrich] W[ilhelm] J[oseph] Schelling. Leipzig 1797.

Schiller, Charlotte, Briefe an einen vertrauten Freund: Briefe von Schiller's Gattin an einen vertrauten Freund. Hrsg. von Heinrich Düntzer. Leipzig 1856.

Schiller, Friedrich, Anthologie [Bülow]: Anthologie auf das Jahr 1782 von Friedrich Schiller. Mit einer einleitenden Abhandlung über das Dämonische und einem Anhange neu hrsg. von Eduard Bülow. Heidelberg 1850.

—, *Anthologie [Mommsen]: Anthologie auf das Jahr 1782. Hrsg. von Friedrich Schiller. Faksimiledruck der bei Johann Benedict Metzler in Stuttgart anonym erschienenen ersten Auflage. Mit einem Nachwort und Anmerkungen hrsg. von Katharina Mommsen. Stuttgart 1973.*

—, *Anthologie [Petersen]: Anthologie auf das Jahr 1782 / Hrsg. von Friedrich Schiller / Faksimile-Druck der bei Johann Benedict Metzler in Stuttgart anonym erschienenen ersten Auflage / Mit einem Nachwort und Anmerkungen von Julius Petersen / Stuttgart 1932.*

—, *Anthologie [Zobeltitz]: Anthologie auf das Jahr 1782. [...]. Hrsg. und mit einem Nachwort versehen von Fedor von Zobeltitz. Berlin o. J. [1905].*

—, *Gedichte: Gedichte von Friederich Schiller. Erster Theil. Leipzig 1800; Zweyter Theil. Leipzig 1803. – Erster Theil. Zweite von neuem durchgesehene Auflage. Leipzig 1804; Zweiter Theil. Zweite, verbesserte und vermehrte Auflage. Leipzig 1805.*

—, *Geschäftsbriefe: Geschäftsbriefe Schiller's. Gesammelt, erläutert und hrsg. von Karl Goedeke. Leipzig 1875.*

—, *Nachlese zu Schillers Werken [Hoffmeister]: Nachlese zu Schillers Werken nebst Variantensammlung. Aus seinem Nachlaß im Einverständniß und unter Mitwirkung der Familie Schillers hrsg. von Karl Hoffmeister. Bd 1–4 (= Supplemente zu Schillers Werken. Aus seinem Nachlaß [...] hrsg. von Karl Hoffmeister. Erste Abtheilung: Nachlese und Variantensammlung). Stuttgart und Tübingen 1840–1841.*

—, *Turandot: Turandot / Prinzessin von China. Ein tragicomisches Mährchen nach Gozzi von Schiller. Tübingen 1802.*

Schiller-Cotta: Briefwechsel zwischen Schiller und Cotta. Hrsg. von Wilhelm Vollmer. Stuttgart 1876.

Schiller-Humboldt: Briefwechsel zwischen Schiller und Wilhelm v. Humboldt. Mit einer Vorerinnerung über Schiller und den Gang seiner Geistesentwicklung von W. von Humboldt. Stuttgart und Tübingen 1830.

Schiller-Körner²: Schillers Briefwechsel mit Körner. Von 1784 bis zum Tode Schillers. Zweite vermehrte Auflage. Hrsg. von Karl Goedeke. T. 1–2. Leipzig 1874.

Schiller-Lotte: Schiller und Lotte. 1788. 1789. (Hrsg. von Emilie von Gleichen-Rußwurm geb. von Schiller.) Stuttgart und Augsburg 1856.

Schiller-Lotte³: Schiller und Lotte. 1788–1805. Dritte, den ganzen Briefwechsel umfassende Ausgabe, bearbeitet von Wilhelm Fielitz. Erstes–drittes Buch. Stuttgart 1879.

Schiller-Album: Schiller-Album der Allgemeinen deutschen National-Lotterie zum Besten der Schiller- und Tiedge-Stiftungen. Dresden 1861.

Schiller's Album: Schiller's Album. Eigenthum des Denkmals Schiller's in Stuttgart. [...]. 1837.

Schillers Anthologie-Gedichte. Kritisch hrsg. von Wolfgang Stammler. Bonn 1912 (= Kleine Texte für Vorlesungen und Übungen. Hrsg. von Hans Lietzmann. Nr 93).

Schillers Briefe: Siehe Jonas.

Schillers Persönlichkeit: Schillers Persönlichkeit. Urtheile der Zeitgenossen und Docu-

mente gesammelt von Max Hecker [T. 2–3 von Julius Petersen]. T. 1–3. Weimar 1904–1909.

Schillers sämmtliche Schriften [Goedeke]: Schillers sämmtliche Schriften. Historisch-kritische Ausgabe. Im Verein mit A. Elissen u. a. von Karl Goedeke. T. 1–15 II. Stuttgart 1867–1876.

Schillers Werke [Boxberger]: Schillers Werke. T. 1 und 2: Gedichte. Hrsg. von Robert Boxberger (= Deutsche National-Litteratur. Historisch-kritische Ausgabe. [...] hrsg. von Joseph Kürschner. Bd 118–119). Berlin und Stuttgart [1882].

Schillers Werke [Enzensberger]: Schillers Werke. Bd 1–4. Frankfurt/M. 1966. – Bd 3: Gedichte, Erzählungen. Gedichte ausgewählt von Hans Magnus Enzensberger, eingeleitet von Hans Mayer, textkritisch hrsg. von Dieter Schmidt [...].

Schillers Werke [Güntter/Witkowski]: Schillers Werke. Vollständige, historisch-kritische Ausgabe in zwanzig Teilen. Unter Mitwirkung von Karl Berger u. a. hrsg. von Otto Güntter und Georg Witkowski. Leipzig [1910–1911].

Schlegel, August Wilhelm, Vorlesungen über schöne Litteratur und Kunst: A[ugust] W[ilhelm] Schlegels Vorlesungen über schöne Litteratur und Kunst. T. 1–2. Heilbronn 1884.

–, *Sämmtliche Werke:* August Wilhelm Schlegel's sämmtliche Werke. Hrsg. von Eduard Böcking. Bd 1–12. Leipzig 1846–1847.

Schlegel, Friedrich, Briefe an seinen Bruder August Wilhelm: Friedrich Schlegels Briefe an seinen Bruder August Wilhelm. Hrsg. von Oskar F. Walzel. Berlin 1890.

–, *Die Griechen und Römer:* Die Griechen und Römer. Historische und kritische Versuche über das Klassische Alterthum, von Friedrich Schlegel. Bd 1 [mehr nicht erschienen]. Neustrelitz 1797.

Schlosser, Fortsetzung des Platonischen Gesprächs von der Liebe: Fortsetzung des Platonischen Gesprächs von der Liebe. Von J[ohann] G[eorg] Schlosser. Hannover 1796.

–, *Ueber die Seelenwanderung:* Ueber die Seelenwanderung von Joh[ann] Georg Schlosser. Basel 1781.

Schmid, Versuch einer Moralphilosophie: Versuch einer Moralphilosophie von M[agister] Carl Christian Erhard Schmid. Jena 1790.

Schmidt: Balladen und Romanzen der deutschen Dichter Bürger, Stollberg und Schiller. Erläutert und auf ihre Quellen zurückgeführt von Fr[iedrich] Wilh[elm] Val[entin] Schmidt. Berlin 1827.

Schmidt, Geschichte der Deutschen: Michael Ignaz Schmidts [...] Geschichte der Deutschen / Dritter Theil. Von Friederich dem Zweyten bis auf den Wenzeslaus. Nach der neuen von dem Verfasser verbesserten, und unter seinen Augen veranstalteten Auflage. Ulm 1786.

(Vgl. Schüddekopf, Schillers Bibliothek, Nr 194.)

Schmidt/Suphan: Xenien 1796. Nach den Handschriften des Goethe- und Schiller-Archivs hrsg. von Erich Schmidt und Bernhard Suphan (= Schriften der Goethe-Gesellschaft. Bd 8). Weimar 1893.

Schneegans, Schiller's sicilianische Dichtungen: August Schneegans: Schiller's sicilianische Dichtungen. In: Ders.: Sicilien. Bilder aus Natur, Geschichte und Leben. Leipzig 1887. S. 80–105.

Schneider, Boßler: Hans Schneider: Der Musikverleger Heinrich Philipp Boßler

1744–1812. Mit bibliographischen Übersichten und einem Anhang: Mariane Kirchgeßner und Boßler. Tutzing 1985.

[Schott] Geschichte von Württemberg: Geschichte von Württemberg bis zum Jahr 1740 von Friedrich von Schiller. (Zum ersten Male im Druck hrsg. zur 100jährigen Geburtstagsfeier des Verfassers.) Stuttgart 1859.
(Die Schrift stammt von Johann Gottlieb Schott, Lehrer an der Stuttgarter Karlsschule; vgl. darüber Weltrich, 246–252.)

Schottus, Παροιμίαι ἑλληνικαί: Παροιμίαι ἑλληνικαί. Adagia sive proverbia Græcorum ex Zenobio seu Zenodoto Diogeniano & Svidæ collectaneis [...] ab Andrea Schotto [...] Antverpiæ [...] [1612].

Schröder, Vom jungen Schiller: Edward Schröder: Vom jungen Schiller. Echtes, Unsichres und Unechtes. In: Nachrichten von der Königl. Gesellschaft der Wissenschaften zu Göttingen. Philologisch-historische Klasse aus dem Jahre 1904. S. 213–253.

Schubart, Gedichte aus dem Kerker: Chr[istian] Dan[iel] Friedr[ich] Schubarts Gedichte aus dem Kerker. Zürich 1785.

—, *Sämtliche Gedichte: Christian Friederich Daniel Schubarts sämtliche Gedichte. Von ihm selbst herausgegeben*. Bd 1–2. Stuttgart 1785–1786.

—, *Todesgesänge: Todesgesänge von Christian Friederich Daniel Schubart*. Ulm 1767.

Schubart's Leben in seinen Briefen: Christian Friedrich Daniel Schubart's Leben in seinen Briefen. Gesammelt, bearbeitet und hrsg. von David Friedrich Strauß. Mit einem Vorworte von Eduard Zeller. ²Bonn 1878.

Schubart's Leben und Gesinnungen: Schubart's Leben und Gesinnungen. Von ihm selbst, im Kerker aufgesezt. T. 1–2. Stuttgart 1791–1793.

Schüddekopf, Schillers Bibliothek: [Carl Schüddekopf:] Schillers Bibliothek. In: Zum 9. Mai 1905. Schiller-Ausstellung im Goethe- und Schiller-Archiv. [Hrsg. von Bernhard Suphan.] Weimar 1905. S. 47–83.

Schultz, Die Göttin Freude: Franz Schultz: Die Göttin Freude. Zur Geistes- und Stilgeschichte des 18. Jahrhunderts. In: Jahrbuch des Freien Deutschen Hochstifts 1926. S. 3–38.

Schwab, Urkunden über Schiller und seine Familie: Urkunden über Schiller und seine Familie, mit einem Anhange von fünf neuen Briefen, worunter ein ungedrucktes Autographon, zum Besten des Marbacher Denkmals gesammelt und hrsg. von Gustav Schwab. Stuttgart 1840.

Schwarzbauer, „Die Xenien von 1796/1893": Franz Schwarzbauer: „Die Xenien 1796/1893". In: Zeitschrift für deutsche Philologie 105 (1986). Sonderheft. S. 107–135.

Seedorf, Die Autobiographie des bremischen Theaterfreundes Dr. Daniel Schütte: Henrich Seedorf: Die Autobiographie des bremischen Theaterfreundes Dr. Daniel Schütte (1763–1850). In: Bremisches Jahrbuch. Hrsg. von der Historischen Gesellschaft des Künstlervereins. Bd 27 (1919). S. 115–131.

Seifert, Lessing-Bibliographie: Lessing-Bibliographie. Bearbeitet von Siegfried Seifert. Berlin und Weimar 1973.

Seneca, Briefe an Lucilius: L. Annaeus Seneca: Briefe an Lucilius. Gesamtausgabe I–II. Neu übersetzt und mit Erläuterungen sowie einem Essay ‚Zum Verständnis des Werkes' hrsg. von Ernst Glaser-Gerhard. Reinbek bei Hamburg 1965.

Seuffert, Deutsche Gesellschaft: Bernhard Seuffert: Geschichte der deutschen Gesellschaft in Mannheim. In: Anzeiger für deutsches Alterthum und deutsche Litteratur 6 (1880). S. 276–296.

Shaftesbury, Die Moralisten: Die Moralisten / eine Philosophische Rhapsodie. Oder Unterredungen über Gegenstände der Natur und Moral. [...] Herausgegeben im Jahr 1709. In: Des Grafen von Shaftesbury philosophische Werke. Aus dem Englischen übersezt. Bd 2. Leipzig 1777. S. 219–550.

Shakespear Theatralische Werke. Aus dem Englischen übersezt von Herrn [Christoph Martin] Wieland. Bd 1–8. Zürich 1762–1766.

[Shakespeare] William Shakespear's Schauspiele: William Shakespear's Schauspiele. Neue Ausgabe. Von Joh[ann] Joach[im] Eschenburg [...]. Bd 1–13. Zürich 1775–1782. – Nachdruck: Willhelm Shakespears Schauspiele. Von Joh. Joach. Eschenburg [...]. Neue verbesserte Auflage. Mannheim und Straßburg 1778–1783.
(Vgl. zur 1. Ausgabe Ortlepp, Schillers Bibliothek und Lektüre, S. 377.)

Simon, Schillers „Berühmte Frau": Philipp Simon: Schillers „Berühmte Frau". In: Euphorion 17 (1910). S. 287–298.

–, *Schillers „Venuswagen": Philipp Simon: Schillers „Venuswagen". In: Euphorion 20 (1913). S. 381–391.*

Sondermann, Böttiger: Karl August Böttiger. Literarischer Journalist der Goethezeit in Weimar. Von Ernst Friedrich Sondermann. Bonn 1983.

Spalding, Die Bestimmung des Menschen: Die Bestimmung des Menschen nebst einigen Zugaben. [...]. Neue, vermehrte Auflage. Leipzig 1794 [zuerst: 1748].

Spinoza, Tractatus theologico-politicus: [Benedictus de Spinoza:] Tractatus theologico-politicus continens Dissertationes aliquot, quibus ostenditur Libertatem Philosophandi [...]. Hamburg 1670.

Spittler, Entwurf der Geschichte der Europäischen Staaten: Entwurf der Geschichte der Europäischen Staaten vom Hofrath Spittler in Göttingen. T. 1–2. Berlin 1793–1794. – Spittler's Entwurf der Geschichte der Europäischen Staaten. Zweyter unveränderter Abdruck. Mit einer Fortsetzung bis auf die neuesten Zeiten versehen von Georg Sartorius. T. 1–2. Berlin 1807.
(Vgl. zur 1. Ausgabe Schüddekopf, Schillers Bibliothek, Nr 208.)

–, *Grundriß der Geschichte der christlichen Kirche: Grundriß der Geschichte der christlichen Kirche. Von L[udwig] T[imotheus] Spittler. Göttingen 1782; Zweyte verbesserte Auflage Göttingen 1785.*

Stadelmann, Die Bürgschaft: Franz Stadelmann: Die Bürgschaft. Separatdruck des Jahresberichtes des k. k. Staatsgymnasiums in Triest aus den Jahren 1896 und 1897.

Stäudlin, Proben einer deutschen Æneis: Proben einer deutschen Æneis nebst lyrischen Gedichten von Gotthold Friedrich Stæudlin. Stuttgart 1781.

–, *Vermischte poetische Stüke: Vermischte poetische Stüke. / von G[otthold] F[riedrich] Stäudlin. Tübingen 1782.*

Stammler, Anthologie-Gedichte: Siehe Schillers Anthologie-Gedichte.

Stefan, Revolutionstourismus: Inge Stefan: ‚Ich bin ja auch nicht ⟨...⟩ begierig, an meinem eigenen Körper Wirkungen der Revolution zu erleben.' Kritische Anmerkungen zum Revolutionstourismus, am Beispiel der ‚Vertrauten Briefe über Frankreich' (1792/3) von Johann Friedrich Reichardt. In: Reisen im 18. Jahrhundert. Neue Untersuchungen. Hrsg. von Wolfgang Griep, Hans-Wolf Jäger. Heidelberg 1986. S. 224–240.

Stenzel, „Zum Erhabenen tauglich": Jürgen Stenzel: „Zum Erhabenen tauglich". Spaziergang durch Schillers „Elegie". In: Jahrbuch der Deutschen Schillergesellschaft 19 (1975). S. 167–191.

Stolberg, Christian, Belsazer: Belsazer. Ein Schauspiel mit Choeren / An Klopstock. In: Schauspiele mit Choeren von den Brüdern Christian und Friedrich Leopold Grafen zu Stolberg. T. 1. Leipzig 1787. S. 83–228.

Stolberg, Christian und Friedrich Leopold: Gesammelte Werke [...]: Gesammelte Werke der Brüder Christian und Friedrich Leopold Grafen zu Stolberg. Bd 1–20. Hamburg 1820–1825.

(Vgl. Ruppert, Goethes Bibliothek, Nr 1164.)

Stolberg, Friedrich Leopold, Auserlesene Gespräche des Platon: Auserlesene Gespräche des Platon übersetzt von Friedrich Leopold Graf zu Stolberg. T. 1–3. Königsberg 1796 [recte 1795]–1797.

(Vgl. Ruppert, Goethes Bibliothek, Nr 1321.)

–, *Jamben:* Jamben von Friedrich Leopold Graf zu Stolberg. Leipzig 1784.

–, *Reise in Deutschland, der Schweiz, Italien und Sicilien:* Reise in Deutschland, der Schweiz, Italien und Sicilien. / von Friedrich Leopold Graf zu Stolberg. Bd 1–4. Königsberg und Leipzig 1794.

(Vgl. Ruppert, Goethes Bibliothek, Nr 3971.)

Streicher, Schillers's Flucht: [Andreas Streicher:] Schiller's Flucht von Stuttgart und Aufenthalt in Mannheim von 1782 bis 1785. Stuttgart und Augsburg 1836.

Sturz, Schriften: Schriften von Helfrich Peter Sturz. Erste–zweite Samlung. Leipzig 1779–1782.

Sulzer, Allgemeine Theorie der Schönen Künste: Allgemeine Theorie der Schönen Künste in einzeln, nach alphabetischer Ordnung der Kunstwörter auf einander folgenden, Artikeln abgehandelt, von Johann George Sulzer [...]. T. 1–4. Leipzig 1771–1774; 2. Ausgabe 1778–1779; Neue vermehrte zweyte Auflage 1792–1794.

–, *Ueber die Unsterblichkeit der Seele, als ein Gegenstand der Physik betrachtet:* Johann George Sulzer: Ueber die Unsterblichkeit der Seele, als ein Gegenstand der Physik betrachtet. In: Johann George Sulzers vermischte Schriften. Eine Fortsetzung der vermischten philosophischen Schriften desselben, nebst einigen Nachrichten von seinem Leben, und seinen sämtlichen Werken. T. 2. Leipzig 1781. S. 1–84.

Swedenborg, Arcana cœlestia: [Emanuel von Swedenborg:] Arcana cœlestia quæ in scriptura sacra, seu verbo domini sunt, detecta [...]. T. 1–8. [London] 1749–1756.

–, *De cœlo et ejus mirabilibus, et de inferno:* [Emanuel von Swedenborg:] De cœlo et ejus mirabilibus, et de inferno, ex auditis & visis. London 1758.

Tardel, Schillers Weser-Epigramm: Hermann Tardel: Schillers Weser-Epigramm. In: Bremisches Jahrbuch 35 (1935). S. 426–445.

Thümmel, Reise in die mittäglichen Provinzen von Frankreich: [Moritz August von Thümmel:] Reise in die mittäglichen Provinzen von Frankreich im Jahr 1785 bis 1786. T. 1–10. Leipzig 1791–1805.

Tieck, Romantische Dichtungen: Romantische Dichtungen von Ludwig Tieck. T. 1–2. Jena 1799–1800.

Tschudi, Chronicon Helveticum: Ægidii Tschudii [...] Chronicon Helveticum. Oder Gründliche Beschreibung / Der / So wohl in dem Heil. Römischen Reich als besonders in Einer Lobl. Eydgenoßschafft und angräntzenden Orten vorgeloffenen / Merckwürdigsten Begegnussen. [...] Erster Theil [...]. Basel 1734.

Ulyssis Aldrovandi [...] ornithologiae hoc est de avibus historiae Libri [...]. Bd 1–3. Bologna 1599–1603.
Uz, Lyrische Gedichte: Johann Peter Uz: Lyrische Gedichte. Berlin 1749.
—, *Sämmtliche Poetische Werke: Sämmtliche Poetische Werke von J[ohann] P[eter] Uz. Bd 1–2. Neue Auflage. Leipzig 1772.*

Vaihinger, Zwei Quellenfunde zu Schillers philosophischer Entwickelung: Hans Vaihinger: Zwei Quellenfunde zu Schillers philosophischer Entwickelung. In: Schiller als Philosoph und seine Beziehungen zu Kant. Festgabe der „Kantstudien". Berlin 1905. S. 125–141.
[Valerius Maximus] Valerii Maximi dictorum factorumque memorabilium libri novem [...]. Editio accurata. Zweibrücken 1783.
Vergil, Aeneis: Vergil: Aeneis. Lateinisch-deutsch. In Zusammenarbeit mit Maria Götte hrsg. und übersetzt von Johannes Götte. Mit einem Nachwort von Bernhard Kytzler. 6., vollständig durchgesehene und verbesserte Auflage. München und Zürich 1983.
[—], P. Virgilii Maronis opera: P. Virgilii Maronis opera varietate lectionis et perpetva adnotatione illvstrata a Chr[istian] Gottl[ob] Heyne [...]. Bd 1–4. Leipzig 1787–1789.
—, *siehe auch Voß.*
Vertot, Histoire des Chevaliers Hospitaliers de S. Jean de Jérusalem: Histoire des Chevaliers de S. Jean de Jérusalem, appellés depuis Chevaliers de Rhodes, et aujourd'hui Chevaliers de Malthe. Par M. l'Abbé de Vertot [...]. Nouvelle Edition augmentée des Status de l'Ordre, & des noms des Chevaliers. [...]. Bd 1–7. Paris 1772.
(Vgl. des näheren NA 12, 374.)
Viehoff, Schillers Gedichte erläutert: Schillers Gedichte erläutert und auf ihre Veranlassungen, Quellen und Vorbilder zurückgeführt nebst Variantensammlung von Heinrich Viehoff. Bd 1–3. Stuttgart ⁷1895 (zuerst: Bd 1–5. Stuttgart 1839–1841).
Volkmann, Historisch-kritische Nachrichten von Italien: Historisch-kritische Nachrichten von Italien, welche eine genaue Beschreibung dieses Landes, der Sitten und Gebräuche, der Regierungsform, Handlung, Oekonomie, des Zustandes der Wissenschaften, und insonderheit der Werke der Kunst nebst einer Beurtheilung derselben enthalten. Aus den ersten französischen und englischen Reisebeschreibungen und aus eignen Anmerkungen zusammengetragen von D[r.] J[ohann] J[akob] Volkmann. Bd 1–3. Leipzig 1770–1771.
Vollmann, Wieland statt Schiller: Rolf Vollmann: Wieland statt Schiller. Berichtigung einer Verfasserschaft. In: Jahrbuch der Deutschen Schillergesellschaft 14 (1970). S. 580–583.
Voltaire, Œuvres complètes: Œuvres complètes de Voltaire. De l'imprimerie de la société littéraire typographique. Bd 1–70. Kehl 1784/85–1789.
Voß, Des Publius Virgilius Maro Landbau: Publii Virgilii Maronis Georgicon libri quatuor. Des Publius Virgilius Maro Landbau, vier Gesänge. Übersetzt und erklärt von Johann Heinrich Voß. Eutin und Hamburg 1789.
—, *Ländliche Gedichte: Des Publius Virgilius Maro ländliche Gedichte / übersetzt und erklärt von Johann Heinrich Voß. Bd 1–4. Altona 1797–1800.*
—, *Luise: Luise / Ein lændliches Gedicht in drei Idyllen von Iohann Heinrich Voss. [Vollständige Ausgabe in der 2. Fassung.] Königsberg 1795.*
(Vgl. Ruppert, Goethes Bibliothek, Nr 1183.)
—, *siehe auch Homer.*

Voßkamp, Emblematisches Zitat: Wilhelm Voßkamp: Emblematisches Zitat und emblematische Struktur in Schillers Gedichten. In: Jahrbuch der Deutschen Schillergesellschaft 18 (1974). S. 388–406.

Wadzeck, Leben und Schicksale des berüchtigten Franz Rudolph von Grossing: Leben und Schicksale des berüchtigten Franz Rudolph von Grossing, eigentlich Franz Matthäus Grossinger genannt, nebst der Geschichte und Bekanntmachung der Geheimnisse des Rosen-Ordens von Friedrich Wadzeck. Frankfurt und Leipzig 1789.

Wagner, Geschichte der Hohen Carls-Schule: Heinrich Wagner: Geschichte der Hohen Carls-Schule [...]. Bd 1–2. Würzburg 1856–1857. Ergänzungsband Würzburg 1858.

Wahl, Ur-Xenien: Ur-Xenien / Nach der Handschrift des Goethe- und Schiller-Archivs in Faksimile-Nachbildung hrsg. von Hans Wahl (= Schriften der Goethe-Gesellschaft. Bd 47). Weimar 1934.

Weber, Die Kindsmörderin: Beat Weber: Die Kindsmörderin im deutschen Schrifttum von 1770–1795. Bonn 1974 (= Abhandlungen zur Kunst-, Musik- und Literaturwissenschaft 162).

Weltrich: Friedrich Schiller. Geschichte seines Lebens und Charakteristik seiner Werke. Unter kritischem Nachweis der biographischen Quellen. Von Richard Weltrich. Bd 1 [mehr nicht erschienen]. Stuttgart 1899.

–, *Schiller auf der Flucht:* Schiller auf der Flucht von Richard Weltrich. Hrsg. von Julius Petersen. Stuttgart und Berlin 1923.

Wernly, Lexikon der ästhetisch-ethischen Terminologie Friedrich Schillers: Julia Wernly: Prolegomena zu einem Lexikon der ästhetisch-ethischen Terminologie Friedrich Schillers. Leipzig 1909 (= Untersuchungen zur neueren Sprach- und Literaturgeschichte. Hrsg. von Oskar F. Walzel. N. F. 4. Heft).

Wieland, Agathon: [Christoph Martin Wieland:] Agathon. [...]. [2. Fassung.] T. 1–4. Leipzig 1773.
(Die 1. Fassung unter dem Titel „Geschichte des Agathon" erschien in zwei Bänden Frankfurt und Leipzig [d. i. Zürich] 1766–1767.)

–, *Anti-Ovid, oder die Kunst zu lieben:* [Christoph Martin Wieland:] Anti-Ovid, oder die Kunst zu lieben. Mit einem Anhang Lyrischer Gedichte. [...]. Amsterdam 1752.

–, *Combabus:* [Christoph Martin Wieland:] Combabus. Eine Erzählung. Leipzig 1770.

–, *Die Grazien:* [Christoph Martin Wieland:] Die Grazien. Leipzig 1770.

–, *Geheime Geschichte des Philosophen Peregrinus Proteus:* Geheime Geschichte des Philosophen Peregrinus Proteus. Von C[hristoph] M[artin] Wieland. T. 1–2. Karlsruhe 1791 [zuerst auszugsweise im „Teutschen Merkur" 1788. Juli. S. 61–96, August. S. 176–190; 1789. Februar. S. 131–164, März. S. 256–282].
(Vgl. Ruppert, Goethes Bibliothek, Nr 1202.)

–, *Idris:* Idris. Ein Heroisch-comisches Gedicht. Fünf Gesänge. Leipzig 1768.

–, *Musarion, oder die Philosophie der Grazien:* [Christoph Martin Wieland:] Musarion, oder die Philosophie der Grazien. Ein Gedicht, in drey Büchern. Leipzig 1768 [erweitert Leipzig 1769].

–, *Oberon:* [Christoph Martin Wieland:] Oberon. Ein Gedicht in / Zwölf Gesängen. Neue und verbesserte Ausgabe. Leipzig 1789. – Zuerst: Oberon / Ein Gedicht in Vierzehn Gesängen. Weimar 1780.

—, *Sämmtliche Werke:* C[hristoph] M[artin] Wielands sämmtliche Werke. Bd 1–39. Supplemente Bd 1–6. Leipzig 1794–1811.
(Einen Teil dieser Göschenschen Ausgabe besaß Schiller; vgl. Schüddekopf, Schillers Bibliothek, Nr 238.)
—, *Shakespear Theatralische Werke:* Siehe Shakespear Theatralische Werke.
—, *Sympathien:* [Christoph Martin Wieland:] Sympathien. O. O. [Zürich] 1756.
—, *Über die Abnahme des menschlichen Geschlechts:* w. [= Christoph Martin Wieland]: Betrachtung über die Abnahme des menschlichen Geschlechts. In: Der Teutsche Merkur. März 1777. S. 211–246.
—, siehe auch Horaz, Episteln.

Wiese, *Schiller:* Benno von Wiese: Friedrich Schiller. Stuttgart 1959.

[Wild, *Xenien-Kommentar*] Johann Wolfgang Goethe: Wirkungen der Französischen Revolution 1791–1797 I. Hrsg. von Reiner Wild (= Goethe, Sämtliche Werke, Münchner Ausgabe 4 I). München, Wien 1988. S. 1124–1192.

Winckelmann, *Gedanken über die Nachahmung der Griechischen Werke:* [Johann Joachim Winckelmann:] Gedanken über die Nachahmung der Griechischen Werke in der Malerey und Bildhauerkunst. Zweyte vermehrte Auflage. Dresden und Leipzig 1756 [1. Auflage: 1755].

—, *Geschichte der Kunst des Alterthums:* Johann Winckelmanns Geschichte der Kunst des Alterthums. Nach dem Tode des Verfassers hrsg. [...] von der kaiserlichen königlichen Akademie der bildenden Künste. T. 1–2 [in einem fortlaufend durchpaginierten Band]. Wien 1776 [1. Auflage: Dresden 1764].
(Schiller zitiert die Wiener Ausgabe in seiner Schrift „Ueber das Pathetische" [vgl. NA 20, 205].)

—, *Nachrichten von den neuesten Herculanischen Entdeckungen:* Johann Winckelmanns Nachrichten von den neuesten Herculanischen Entdeckungen / An Hn. Heinrich Fueßli aus Zürich [...]. Dresden 1764.

—, *Sendschreiben von den Herculanischen Entdeckungen:* Johann Winckelmanns Sendschreiben von den Herculanischen Entdeckungen. An den Hochgebohrnen Herrn, Herrn Heinrich Reichsgrafen von Brühl [...]. Dreßden 1762.
(Vgl. Schüddekopf, Schillers Bibliothek, Nr 241.)

Witkowski, *„Vom Dom umzingelt":* Georg Witkowski: Noch einmal „Vom Dom umzingelt" [...]. In: Zeitschrift für Bücherfreunde. N. F. 7 (1915). H. 3. S. 78–81.

Wolf, *Prolegomena ad Homerum:* Prolegomena ad Homerum sive de operum Homericorum prisca et genuina forma variisque mutationibus et probabili ratione emendandi. Scripsit Frid[ericus] Aug[ustus] Wolfius. [...]. Halle 1795.
(Vgl. Ruppert, Goethes Bibliothek, Nr 1300.)

Wolzogen, *Schillers Leben:* [Caroline von Wolzogen:] Schillers Leben, verfaßt aus Erinnerungen der Familie, seinen eignen Briefen und den Nachrichten seines Freundes Körner. T. 1–2. Stuttgart und Tübingen 1830.

—, *Literarischer Nachlaß:* Literarischer Nachlaß der Frau Caroline von Wolzogen. [Hrsg. von Karl Hase.] Bd 1–2. Leipzig ²1867 (1. Auflage: 1848–1849).

Wünsch, *Kosmologische Unterhaltungen:* [...] Christian Ernst Wünsch [...] / Kosmologische Unterhaltungen für junge Freunde der Naturerkenntniß. Bd 1–2. Leipzig ²1791–1794.

—, *Kosmologische Unterhaltungen für die Jugend:* [Christian Ernst Wünsch:] Kosmologische Unterhaltungen für die Jugend. Bd 1–3. Leipzig 1778–1780.

—, Versuche und Beobachtungen über die Farben des Lichtes: Versuche und Beobachtungen über die Farben des Lichtes / angestellet und beschrieben von Christian Ernst Wünsch [...]. Leipzig 1792.
(Vgl. Ruppert, Goethes Bibliothek, Nr 5291.)
Würtz, Ignaz Fränzl: Roland Würtz: Ignaz Fränzl. Ein Beitrag zur Musikgeschichte der Stadt Mannheim. Mainz 1970.
Wurzbach, Das Schiller-Buch: Constant Wurzbach von Tannenberg: Das Schiller-Buch. Festgabe zur ersten Säcular-Feier von Schiller's Geburt 1859. Wien.
Wurzbach, Aus Schillers Bibliothek: Wolfgang von Wurzbach: Aus Schillers Bibliothek. In: Zeitschrift für Bücherfreunde 4 (1900/01). Bd 1. S. 71–77.
Wychgram, Schiller: Schiller. Dem Deutschen Volke dargestellt von J[akob] Wychgram. [...] Vierte mit der dritten gleichlautende Auflage. [...] Bielefeld und Leipzig 1901 (1. Auflage: Bielefeld 1895).

Zedler, Universal Lexicon: Grosses vollständiges Universal Lexicon Aller Wissenschafften und Künste, welche bißhero durch menschlichen Verstand und Witz erfunden und verbessert worden [...]. Bd 1–64. Halle und Leipzig: Johann Heinrich Zedler 1732–1750.
Zimmermann, Von der Einsamkeit: Johann Georg Zimmermann [...] / von der Einsamkeit. Leipzig 1773.
Zobeltitz, Anthologie: Siehe Schiller, Anthologie.

VERTONUNGEN VON SCHILLERS GEDICHTEN DURCH KOMPONISTEN SEINER ZEIT

Das folgende Verzeichnis enthält Hinweise zu Gedichtvertonungen durch Komponisten, die nicht später als 1790 geboren sind. Art und Umfang der Angaben richten sich nach den Informationen in der unten (abgekürzt) zitierten Literatur, also nach der einschlägigen Schiller-Sekundärliteratur sowie nach den musikbibliographischen Werken. Dort, wo ein Quellennachweis fehlt, wurden Kompositionen autopsiert; dies betrifft insbesondere die Bestände des GSA und SNM. Für die in der Deutschen Staatsbibliothek Preußischer Kulturbesitz in Berlin lagernden Bestände konnte nur auf die Bibliothekskataloge zurückgegriffen werden. Vollständigkeit wurde nicht angestrebt, weder in Hinsicht auf die Sammlung von Kompositionen verschiedener Komponisten zu einem Gedicht noch in bezug auf verschiedene Vertonungen eines Gedichts durch einen und denselben Komponisten noch im Hinblick auf wiederholte Publikationen einer bestimmten Komposition. Ebenso wird gegebenenfalls von mehreren Quellen in der Regel nur eine zitiert, und zwar diejenige, welche die meisten Informationen bietet. Die Angabe ‚Handschrift' bedeutet lediglich, daß die Komposition in einem Manuskript vorliegt; von wessen Hand dieses stammt, konnte nicht in jedem Fall überprüft werden. Gelegentlich wurden Sammelpublikationen auch dann aufgenommen, wenn nicht ermittelt werden konnte, welche Gedichtvertonungen sie im einzelnen enthalten, aber aus dem Titel hervorgeht, daß Gedichte Schillers darunter sind.

Der e r s t e Teil des Verzeichnisses nennt, in alphabetischer Folge, die Komponisten zu den einzelnen Gedichten; diese sind in chronologischer Reihe fortlaufend numeriert; der z w e i t e Teil bietet biographische Daten zu den Komponisten und bibliographische Hinweise zu den Kompositionen; der d r i t t e Teil registriert die vertonten Gedichte alphabetisch und soll dem raschen Auffinden der Gedichttitel dienen.

Literaturhinweise (Auswahl)

Batka, Richard: Schiller und die Musik. In: Der Kunstwart 18 II (1905). S. 131–133.
Belling, Eduard: Die Metrik Schillers. Breslau 1883. S. 160–166 („Das Verhältnis der Schillerschen Dichtung zur Musik").
Blaschke, Julius: Schillers Gedichte in der Musik. In: Neue Zeitschrift für Musik. Nr 19 vom 3. Mai 1905. S. 397–404.
Brandstaeter, Franz August: Ueber Schiller's Lyrik im Verhältnisse zu ihrer musikalischen Behandlung, (allgemeine Betrachtung und specielle Aufzählung). Danzig (Schulprogramm) 1863.
Fischer, Hans: Bernhard Anselm Weber. Diss. (masch.) Berlin 1923.
Friederich, Martin: Text und Ton. Wechselbeziehungen zwischen Dichtung und Musik. Hohengehren 1973. S. 96–99.
Friedlaender, Max: Schillers Gedichte in der Musik. In: Berichte des Freien Deutschen Hochstifts zu Frankfurt am Main. N. F. 12 (1896). H. 2. S. 21*–36* [Friedlaender 1896].
Ders.: Das deutsche Lied im 18. Jahrhundert. Quellen und Studien. Bd 1–2. Stuttgart 1902 [Friedlaender 1902].

Ders.: Kompositionen zu Schillers Werken. In: Deutsche Rundschau 123 (April–Juni 1905). S. 261–271.
Fürnberg, Louis: Eine Aufgabe der Musikforschung. Zum Schillerjahr 1955. In: Musik und Gesellschaft (Berlin) 1955. H. 5. S. 150.
Kloß, Erich: Schiller und die Oper. In: Bühne und Welt. Zeitschrift für Theaterwesen, Literatur und Musik 7 (1905). Maiheft 1. Schiller-Heft. S. 635–638.
Klötzer, [Ludwig]: Schiller in seinen Beziehungen zur Musik. Beilage zum Jahresbericht des Gymnasiums zu Zittau. Ostern 1885. S. 1–24.
Ders.: Die Musik in Schillers Musenalmanach. Beilage zum Jahresbericht des Gymnasiums zu Zittau. Ostern 1904. S. 1–42.
Knudsen, Hans: Schiller und die Musik. Diss. Greifswald 1908 (S. 80–82 Hinweise auf ältere Literatur).
Kraft, Günther: „Hell klingt von allen Türmen das Geläut" – Lied und Musik im Lebens- und Schaffensbild v. Friedr. Schiller. In: Weimar. Ein Kulturspiegel für Stadt und Land Nr 11. 1959. S. 5–12.
Lorenz, Paul: Schiller und die Musik. In: Musikerziehung. Zeitschrift zur Erneuerung der Musikpflege (Wien) 13 (1959/60). S. 47–48.
Lyewski, Walter: Schiller in der Musik. In: Allgemeine Musikzeitung (Berlin) 61 (1934). S. 636–638.
Mittenzwei, Johannes: Schillers „musikalischer" Briefwechsel mit Körner. In: Ders.: Das Musikalische in der Literatur. Ein Überblick von Gottfried von Straßburg bis Brecht. Halle/S. 1962. S. 208–230.
Parzeller, Marga: Schiller und die Musik. In: Goethe. Neue Folge des Jahrbuchs der Goethe-Gesellschaft 18 (1956). S. 282–294.
Petzoldt, Richard: Gedanken und Werke als Schillers Gaben an die Musik. In: Musik in der Schule (Berlin [DDR]) 6 (1955). S. 57–65.
Riemann, Hugo: Schiller in der Musik. In: Bühne und Welt. Zeitschrift für Theaterwesen, Literatur und Musik 7 (1905). Maiheft 1. Schiller-Heft. S. 651–656.
Schaefer, Albert: Historisches und systematisches Verzeichnis sämtlicher Tonwerke zu den Dramen Schillers, Goethes, Shakespeares, Kleists und Körners. [...]. Leipzig 1886.
Scheffler, Walter: Friedrich Schiller und sein Verhältnis zur Musik. Eine zusammenfassende Betrachtung. In: Marbacher Zeitung, 7. November 1959.
Seifert, Wolfgang: Christian Gottfried Körner. Ein Musikästhetiker der deutschen Klassik. [Diss. Jena 1956.] Regensburg 1960.
Storck, Karl: Schiller in der Musik. In: Der Türmer. Monatsschrift für Gemüt und Geist 7 (1905). S. 280–282.
Tritremmel: Vierzig Schiller-Lieder. Eine Auswahl von Kompositionen zu Dichtungen von Friedrich von Schiller für ein- bis vierstimmigen Chor, mit oder ohne Klavierbegleitung zum Schulgebrauch gesammelt, bearbeitet und herausgegeben von Ferdinand Tritremmel, Gesanglehrer an den Mittelschulen in Wr.-Neustadt. Partitur-Ausgabe. [...] Wr.-Neustadt, 1905.
Witte, William: Schiller: Der Denker und die Gabe des Lieds. In: Monatshefte für deutschen Unterricht, deutsche Sprache und Literatur 68 (1976). S. 41–50.
Wittmann, Gertraud: Das klavierbegleitete Sololied Karl Friedrich Zelters. Diss. Gießen 1936.

Wurzbach: Das Schiller-Buch von Dr. Constant Wurzbach von Tannenberg [...]. Festgabe zur ersten Säcular-Feier von Schiller's Geburt 1859. Wien. S. 45–51.

Nachschlagewerke
und abgekürzt zitierte Literatur

Blaschke: Siehe oben.
Brandstaeter: Siehe oben.
Brockhaus Riemann: Brockhaus Riemann Musiklexikon in zwei Bänden. Hrsg. von Carl Dahlhaus und Hans Heinrich Eggebrecht. Wiesbaden und Mainz 1978–1979.
BSB: Bayerische Staatsbibliothek. Katalog der Musikdrucke. Bd 1–17. München, New York, London, Paris 1988–1990.
CPM: The Catalogue of Printed Music in the British Library to 1980. Bd 1–62. London, München, New York, Paris 1981–1987.
DCMC: The New York Public Library, Reference Department: Dictionary Catalog of the Music Collection. Bd 1–33. Boston/Mass. 1964.
DSB: Deutsche Staatsbibliothek Berlin. Alphabetischer Katalog der Musikabteilung ab 1701 (Mikrofiches). Verfasserkatalog.
Eitner: Robert Eitner: Biographisch-Bibliographisches Quellen-Lexikon der Musiker und Musikgelehrten christlicher Zeitrechnung bis Mitte des neunzehnten Jahrhunderts. 2. verbesserte Aufl. in 11 Bänden. Leipzig 1900 (Photomechanischer Nachdruck Graz 1959–1960).
Fellinger: Periodica Musicalia (1789–1830) im Auftrag des Staatlichen Instituts für Musikforschung Preußischer Kulturbesitz bearbeitet von Imogen Fellinger. Regensburg 1986.
Friedlaender, Das deutsche Lied: Siehe oben.
Friedlaender, Kompositionen: Siehe oben.
Friedlaender, Schillers Gedichte: Siehe oben.
Gerber I: Historisch-Biographisches Lexicon der Tonkünstler [...] zusammengetragen von Ernst Ludwig Gerber. T. 1–2. Leipzig 1790–1792.
Gerber II: Neues historisch-biographisches Lexikon der Tonkünstler [...] von Ernst Ludwig Gerber. T. 1–4. Leipzig 1812–1813/14. [Beide Werke erschienen als photomechanischer Nachdruck: Bd 1–3. Graz 1966–1977.]
GAN: Goethe-Archiv, Notensammlung (GSA).
Handbuch der musikalischen Litteratur: Handbuch der musikalischen Litteratur oder allgemeines systematisch geordnetes Verzeichniss der bis zum Ende des Jahres 1815 gedruckten Musikalien, auch musikalischen Schriften und Abbildungen mit Anzeige der Verleger und Preise. Leipzig 1817.
Handbuch der musikalischen Litteratur, 1.–10. Nachtrag: Handbuch der musikalischen Litteratur oder allgemeines systematisch geordnetes Verzeichniss gedruckter Musikalien, auch musikalischer Schriften und Abbildungen, mit Anzeige der Verleger und Preise. Erster–Zehnter Nachtrag. Leipzig 1818–1827.
Hofmeister: Handbuch der musikalischen Literatur [...]. Zweiter–Dritter Ergänzungsband [...]. Angefertigt von Ad. Hofmeister. Leipzig 1834–1839.
MGG: Die Musik in Geschichte und Gegenwart. Allgemeine Enzyklopädie der Musik. Unter Mitarbeit zahlreicher Musikforscher des In- und Auslandes hrsg. von Friedrich Blume. Bd 1–17. Kassel und Basel [u. a.] 1949/51–1986.

Musikalisches Conversations-Lexikon: Musikalisches Conversations-Lexikon. Eine Encyklopädie der gesammten musikalischen Wissenschaften. [...] bearbeitet und hrsg. von Hermann Mendel [Bd 7–11: begründet von Hermann Mendel. Fortgesetzt von [...] August Reissmann]. Bd 1–11. Berlin 1870–1879.
NYPL: The New York Public Library. Reference Department. Dictionary Catalog of the Music Collection. Vol. 1–33. Boston/Mass. 1964.
ÖNB: Österreichische Nationalbibliothek, Wien. Musiksammlung. Alter Katalog der Musikdrucke (Mikrofiches).
Riemann: Riemann Musik Lexikon. Zwölfte völlig neubearbeitete Aufl. in drei Bänden hrsg. von Willibald Gurlitt. Bd 3: Begonnen von Willibald Gurlitt, fortgeführt und hrsg. von Hans Heinrich Eggebrecht. Mainz 1959–1967; Ergänzungsband 1–2. Hrsg. von Carl Dahlhaus. Mainz 1972–1975.
RISM: Répertoire international des sources musicales. Einzeldrucke vor 1800. Redaktion Karl Heinz Schlager, Otto E. Albrecht, Ilse und Jürgen Kindermann. Bd 1–11. Kassel, Basel, London 1971–1986.
Seifert: Siehe oben.
The New Grove: The New Grove. Dictionary of Music and Musicians edited by Stanley Sadie. Bd 1–20. London, Washington, Hongkong 1980.
Tritremmel: Siehe oben.
Whistling: Handbuch der musikalischen Literatur [...] hrsg. von C[arl] F[riedrich] Whistling. Zweite ganz umgearbeitete, vermehrte und verbesserte Aufl. [...]. Leipzig 1828.
Wittmann: Siehe oben.
Wurzbach: Siehe oben.

1. Gedichte in der Reihenfolge ihres Erscheinens und ihre Komponisten

1781/82

1 „Sei willkommen friedliches Gefilde" ([Brutus und Caesar])
   Zumsteeg, Johann Rudolph

2 „Wilst dich Hektor, ewig mir entreisen" (Abschied Andromachas und Hektors [aus „Die Räuber"]; später: Hektors Abschied)
   Berger, Ludwig
   Crelle, August Leopold
   Grosheim, Georg Christoph
   Kleinheinz, Franz Xaver
   Paër, Ferdinando
   Reichardt, Johann Friedrich
   Tomášek, Václav Jan (Tomaschek, Wenzel Johann)
   Zumsteeg, Johann Rudolf
   > Es sind dieser zwoten Auflage verschiedene Klavierstüke zugeordnet, die ihren Werth bei einem grossen Theil des Musikliebenden Publikums erheben werden. Ein Meister sezte die Arien die darinn vorkommen in Musik, und ich bin überzeugt, daß man den Text bei der Musik ve r g e s s e n wird. *(Vorrede zur 2. Auflage der „Räuber"; NA 3, 9.)*
   (Vgl. auch unter Volksweisen.)

3 „*Schön wie Engel voll Walhallas Wonne*" (Amalia im Garten; später: Amalia [aus „Die Räuber"])
   Hellwig, Karl Friedrich Ludwig
   Körner, Christian Gottfried
   Zur Probe ob ich Sie verstanden habe habe ich ein Lied von Ihnen zu componiren versucht. *(Körner an Schiller, 4. oder 5. Juni 1784.)*
   Reichardt, Johann Friedrich
   Tomášek, Václav Jan (Tomaschek, Wenzel Johann)
   Zumsteeg, Johann Rudolph

4 „*Ein freies Leben führen wir*" ([Räuberlied][aus „Die Räuber"])
   Zumsteeg, Johann Rudolph
   (Vgl. auch unter Anonymus.)

5 „*Laura! Welt und Himmel weggeronnen*" (Die Entzükung / an Laura)
   Reichardt, Johann Friedrich
   Tomášek, Václav Jan (Tomaschek, Wenzel Johann)
   Zumsteeg, Johann Rudolph

6 „*Meine Laura! Nenne mir den Wirbel*" (Fantasie / an Laura)
   Christmann, Johann Friedrich
   Harder, August
   Reichardt, Johann Friedrich

7 „*Wenn dein Finger durch die Saiten meistert*" (Laura am Klavier)
   Rieff, Georg Joseph von

8 „*Banges Stöhnen, wie vor'm nahen Sturme*" (Elegie auf den Tod eines Jünglings; zuerst: Elegie auf den frühzeitigen Tod Johann Christian Weckerlins)
   Tomášek, Václav Jan (Tomaschek, Wenzel Johann)

9 „*Horch – die Gloken weinen dumpf zusammen*" (Die Kindsmörderin)
   Häser, August Ferdinand
   Pracht, August Wilhelm
   Romberg, Andreas Jacob

10 „*Schwer und dumpfig*" (In einer Bataille; später: Die Schlacht)
   Bachmann, Gottlob

11 „*Seelig durch die Liebe*" (Der Triumf der Liebe)
   Harder, August
   Romberg, Andreas Jacob
   Winter, Peter von

12 „*Mit erstorbnem Scheinen*" (Eine Leichenfantasie)
   Tomášek, Václav Jan (Tomaschek, Wenzel Johann)
   Zumsteeg, Johann Rudolph

13 „*Ich bin ein Mann! – wer ist es mehr?*" (Kastraten und Männer; später: Männerwürde)
   Reichardt, Johann Friedrich

14 „*Willkommen, schöner Jüngling!*" *(An den Frühling)*
   Boyneburgk, Friedrich von
   Elsner, Joseph Anton Franciskus
   Fuetsch, Joachim Joseph
   Harder, August
   Möllinger, Christian
   Mosel, Ignaz Franz Edler von
   Müller, Johann Michael
   Reichardt, Johann Friedrich
   Ries, Ferdinand
   Rosetti, Francesco Antonio
   Rungenhagen, Carl Friedrich
   Seidel, Friedrich Ludwig
   Stark, Ludwig
   Stümer, Johann Daniel Heinrich
   Tomášek, Václav Jan (Tomaschek, Wenzel Johann)
   Vagedes, Adolph von
   Weber, Jacob Gottfried
   Zumsteeg, Johann Rudolph

15 „*Schöne Frühlingskinder lächelt*" *(Meine Blumen; später: Die Blumen)*
   Behrens, Johann Jacob (?)
   Krufft, Nikolaus Freiherr von
   Methfessel, Johann Albert Gottlieb
   Reichardt, Johann Friedrich
   Sterkel, Johann Franz Xaver
   Vagedes, Adolph von
   Zelter, Carl Friedrich

16 „*Ewig starr an Deinem Mund zu hangen*" *(Das Geheimniß der Reminiszenz)*
   Harder, August
   Reichardt, Johann Friedrich

17 „*Horch – wie Murmeln des empörten Meeres*" *(Gruppe aus dem Tartarus)*
   Bachmann, Gottlob
   Kielmann, Daniel

18 „*Freund! genügsam ist der Wesenlenker*" *(Die Freundschaft)*
   Polt, Johann Joseph

19 „*Frisch athmet des Morgens lebendiger Hauch*" *(Morgenfantasie; später: Der Flüchtling)*
   Zumsteeg, Johann Rudolph

20 „*Vorüber die stönende Klage*" *(Elisium)*
   Bachmann, Gottlob
   Winter, Peter von

21 „*Ihr – ihr dort aussen in der Welt*" *(Graf Eberhard der Greiner)*
   Württemberg, Eugen Friedrich Karl Paul Ludwig, Herzog von

1786

22 „Nein – länger länger werd ich diesen Kampf nicht kämpfen" *(Freigeisterei der Leidenschaft; später: Der Kampf)*
   Kleinheinz, Franz Xaver

23 „Freude, schöner Götterfunken" *(An die Freude)*
   Ambrosch, Joseph Karl
   Bach, M.
   Beethoven, Ludwig van
   Er wird auch Schillers Freude und zwar j e d e Strophe bearbeiten. Ich erwarte etwas Vollkommenes, denn so viel ich ihn kenne, ist er ganz für das Große und Erhabene. *(Bartholomäus Fischenich an Charlotte Schiller, 26. Januar 1793; Charlotte 3, 101.)* – Zur späteren Vertonung vgl. S. 381.
   Berger, Ludwig
   Bergt, Christian Gottlob August
   Böhner, Johann Ludwig
   Christmann, Johann Friedrich
   Dalberg, Johann Friedrich Hugo von
   Danzi, Franz Ignaz
   Eisenhofer, Franz Xaver
   Fehr, Josef Anton
   Fischer von Waldheim, Gotthelf
   Grönland, Johann Friedrich
   Gruber, Georg Wilhelm
   Gyrowetz, Adalbert
   Häser, August Ferdinand
   Häusler, Ernst
   Harder, August
   Hausius, Carl Gottlob
   Haydn, Joseph
   Hurka, Friedrich Franz
   Kanne, Friedrich August
   Kirchner, Johann Heinrich
   Körner, Christian Gottfried
   Das Gedicht an die Freude ist von Körnern sehr schön komponiert. *(Schiller an Göschen, 29. November 1785.)*
   Wir haben gestern Deine Composition der Freude hier gespielt und alles war davon enthousiasmirt, von dem Chor besonders. In Gotha *[...]* kennt man D e i n e Composition allein und singt sie häufig. *(Schiller an Körner, 1. September 1788.)*
   Krufft, Nikolaus Freiherr von
   Müller, Johann Christian
   Nägeli, Hans Georg
   Naumann, Johann Gottlieb
   Die Wagnern hat mir Naumanns Musik zu der Freude gespielt, wo die vorletzten Verse der Strophe mir sehr gefielen *[...]*. Ueberhaupt, glaube ich, hast Du

oder wer mir die Composition tadelte, ihm zuviel gethan. Dein Chor gefällt mir ungleich beßer als seiner – aber im ganzen Lied ist ein herzliches strömendes Freudengefühl und eine volle Harmonie nicht zu verkennen. Sonst dünkt es mich ein wenig zu leicht und zu hüpffend. *(Schiller an Körner, 5. Januar 1787.)*

Polt, Johann Joseph
Reichardt, Johann Friedrich
Rellstab, Johann Carl Friedrich
Rheineck, Christoph
Romberg, Andreas Jacob
Rust, Friedrich Wilhelm
Schlözer, Carl von
Schubarth, Christian Friedrich Daniel

Von Schubarth existiert auch eine Composition meiner Freude *(Schiller an Körner, 19. Dezember 1787)*.

Schultz, Wilhelm
Schulz, A. B.
Schulz, Johann Peter Abraham
Schulze, C. F.
Seidel, Friedrich Ludwig
Telonius, Christian Gottfried
Tepper von Ferguson, Wilhelm
Wagenseil, Christian Jakob
Walter, Ignaz
Weber, Jacob Gottfried
Weyse, Christoph Ernst Friedrich
Willing, Johann Ludwig
Winter, Peter von
Zelter, Carl Friedrich
Zumsteeg, Johann Rudolph

Die Kompositionen von Naumann Reichardt etc sind mir bekannt; ich bin jedoch überzeugt daß noch etwas bessrers zu leisten ist. *(Zumsteeg an Schiller, 12. Februar 1800, über seine Komposition, die erst 1804 postum in „Kleine Lieder und Balladen mit Klavierbegleitung" erschienen ist.)*

(Vgl. auch unter Anonymus.)

1792

24 „Sie schweigt und Zevs Gebot getreu [...]" *(Dido [62. Strophe])*
    Reichardt, Johann Friedrich

1795

25 „Da! Nehmt sie hin, die Welt! [...]" *(Die Theilung der Erde)*
    Haydn, Joseph
    Hellwig, Karl Friedrich Ludwig
    Ruhberg, F. A. von
    Zelter, Carl Friedrich

26 „*Ein Regenstrom aus Felsenrissen*" *(Die Macht des Gesanges)*
   Kocher, Conrad
   Reichardt, Johann Friedrich
   Unter Reichards Composition ist mir die zur Macht des Gesanges die liebste.
   (Körner an Schiller, 28. Januar 1796, über die im „Musen-Almanach für das Jahr 1796" erschienene Komposition.)
   Romberg, Andreas Jacob

27 „*Glücklicher Säugling! Dir ist ein unendlicher Raum noch die Wiege*" *(Das Kind in der Wiege)*
   Reichardt, Johann Friedrich

28 „,*Unaufhaltsam enteilet die Zeit.*' [...]" *(Das Unwandelbare)*
   Reichardt, Johann Friedrich

29 „*Sieh, wie sie durcheinander in kühnen Schlangen sich winden*" *(Der Tanz)*
   Körner, Christian Gottfried
   Hier hast Du eine Composition des Tanzes. [...] Sorge nur, daß beim Vortrage das Tempo allmählig langsamer wird, doch so, daß der letzte langsamste Satz immer noch Bewegung genug behält. Dieser darf durchaus nicht schleppend werden. Durch ein volles Orchester würden freilich manche Stellen gewinnen. Was ich am meisten wünschte, wären Posaunen im letzten Satze für die langsamen Stellen des Basses. Auch vorher könnte man durch andere Blasinstrumente die Wirkung verstärken, etwa durch Clarinetten oder Bassethörner bei der Stelle: Es ist des Wohllauts – zähmt – durch Fagott bei den Worten: Ewig zerstört – entgegen ihm stimmt – durch Flöten mit Bratschen bei: Keinen drängend – Gewühl. *(Körner an Schiller, 9. September 1795.)*
   Für Deine Music tausend Dank. Sie ist überaus angenehm und stimmt trefflich zu den Gedanken. *(Schiller an Körner, 18. September 1795.)*
   Es machte mir viel Freude, und Du könntest in anonymer Stille über Deinen musikalischen Beruf urtheilen hören. *(Schiller an Körner, 21. September 1795.)*
   Ich danke für die Musik. Sie ist schön; aber doch berge ich nicht den Wunsch, daß außer dieser wirklich schönen Musik, den Tanz ein eigentlicher Ton-Künstler componirte. [...] Ein Stück dieser Art erfordert eine Gewandheit in luftigen Tönen, Sätzen, Sprüngen, Declamation, zu der der beste Liebhaber doch immer nur mit Mühe gelangt. *(Herder an Schiller, 30. September 1795.)*
   Wenn Sie Körnern bloß einiges Dilettantenverdienst um den „Tanz" zugestehen, so wird er zufrieden seyn. Den Gedanken in diesem Stück musicalisch auszudrücken, erfordert, da die Macht der Musik gewissermaßen der Gegenstand desselben ist, den ganzen Tonkünstler. *(Schiller an Herder, 3. Oktober 1795.)*

30 „*So willst du treulos von mir scheiden*" *(Die Ideale)*
   Haydn, Joseph
   Naumann, Johann Gottlieb
   Naumann hat mir die Composition der Ideale gezeigt. [...] Musik ist viel darin, und in einigen Stellen der Ausdruck glücklich. Aber in seiner ganzen

Methode ein solches Gedicht zu behandeln verstößt er noch gegen die ersten Grundsätze. Er hat eine Wuth einzelne Bilder zu mahlen, und seine Darstellung geht immer zuerst auf das Objekt von dem gesprochen wird, nicht auf den Zustand des Subjekts. *(Körner an Schiller, 25. November 1796.)*

Die Ideale von Naumann machen mir keine besondre Freude [...] *(Schiller an Körner, 18. Juni 1797).*

Das erste, wovon Schiller zu mir sprach, war diese Komposition *[Naumanns Vertonung der „Ideale"]*, über welche er ganz entrüstet war: wie ein so gefeierter berühmter Mann ein Gedicht so zerarbeiten könne, daß über sein Geklimper die Seele eines Gedichts zu Fetzen werde, und so ging's über alle Komponisten her. *(Bericht Zelters von seinem Besuch bei Schiller am 24. Februar 1802; NA 42, 337.)*

Reichardt, Johann Friedrich
Spech, Johann
Thierry, Amalia
Zelter, Carl Friedrich

31 „Senke, strahlender Gott, die Fluren dürsten" *(Der Abend / nach einem Gemählde)*
Krufft, Nikolaus Freiherr von
Württemberg, Eugen Friedrich Karl Paul Ludwig, Herzog von

32 „Ehret die Frauen! Sie flechten und weben" *(Würde der Frauen)*
Anschütz, Johann Andreas
Bečvařovski (Beczwarzowski), Anton Franz
(Von Caroline Jagemann bei einem Konzert in Weimar am 14. März 1802 mit Begleitung des Pianoforte gesungen; vgl. NA 31, 457.)
Bornhardt, Johann Heinrich Carl
Dalberg, Johann Friedrich Hugo von
Groß, Heinrich
Götzloff, Fr.
Guelden, Joseph Ernst
Häusler, Ernst
Held, Franz Xaver
Hellwig, Karl Friedrich Ludwig
Hurka, Friedrich Franz
Kreutzer, Conradin
Krufft, Nikolaus Freiherr von
Matthäi, Heinrich August
Nägeli, Hans Georg
Natorp, Bernhard Christoph Ludwig (?)
Reichardt, Johann Friedrich

Ihr schönes Gedicht hat sich gar gern und leicht komponirt: nur haben Sie, theurer Freund, in mehrern Strophen noch das Sylbenmaaß zu ergänzen, damit die Musik zu allen Strophen passe. Hier ist sie; ich hofe sie macht Ihnen Freude. *(Reichardt an Schiller, 4. September 1795, über seine im „Musen-Almanach für das Jahr 1796" erschienene Komposition.)*

Weniger gefällt mir die *[Komposition]* von der Würde der Frauen, besonders der 2ᵗᵉ Theil davon. Es fehlt ihm nicht an Geist und poetischem Gefühl, aber er kennt die Mittel seiner Kunst nicht genug, soviel er auch darüber geschwatzt hat. Seine Arbeiten haben für den Musiker eine Armuth und Trockenheit, die er selbst gern für Klassicität verkaufen möchte, die aber wirklich die Folge eines musikalischen Unvermögens ist. *(Körner an Schiller, 28. Januar 1796.)*
Rieff, Georg Joseph von
Schröter, Corona
    Auch die würde der Frauen hat sie sehr glücklich componirt, und die verschiedenen Strofen in einen sehr hübschen ton angegeben. *(Charlotte Schiller an Schiller, 7. März 1801.)*
Zelter, Carl Friedrich

33 „Sagt, wo sind die Vortreflichen hin [...]" *(Die Dichter der alten und neuen Welt; später: Die Sänger der Vorwelt)*
Zelter, Carl Friedrich
    [...] ich habe einige neue Compositionen von ihm gehört, unter denen der Kampf mit dem Drachen, die Sänger der Vorwelt, und Hero und Leander mir die liebsten sind. Geist und Charakter ist überhaupt an ihm nicht zu verkennen, nur scheint mir seine musikalische Ausbildung zu einseitig. *(Körner an Schiller, 19. Juni 1803.)*

1796

34 „In einem Thal bey armen Hirten" *(Das Mädchen aus der Fremde)*
Beethoven, Ludwig van
Ebers, Karl Friedrich *(?)*
Fischer, Anton Joseph
Gersbach, S. Joseph
Grosheim, Georg Christoph
Harder, August
Hurka, Friedrich Franz
Körner, Christian Gottfried
    Für Deine Composition meines Mädchens aus der Fremde habe ich Dir noch nicht gedankt. Sie war mir sehr willkommen und gefällt mir wohl. *(Schiller an Körner, 21. November 1796.)*
Machholdt, J. H. C.
Methfessel, Johann Albert Gottlieb
Müller, August Eberhard
Reichardt, Johann Friedrich
Seidel, Friedrich Ludwig
Stegmann, Carl David *(?)*
Sterkel, Johann Franz Xaver
Tag, Christian Gotthilf
Tomásek, Václav Jan *(Tomaschek, Wenzel Johann)*
Winneberger, Paul Anton
Wölfl, Joseph *(?)*

35 „Ist der holde Lenz erschienen?" (Klage der Ceres)
   Bachmann, Gottlob

36 „Nimmer, das glaubt mir, / Erscheinen die Götter" (Der Besuch; später: Dithyrambe)
   Bornhardt, Johann Heinrich Carl
   Crelle, August Leopold
   Grosheim, Georg Christoph
   Körner, Christian Gottfried
   Kreutzer, Conradin
   Reichardt, Johann Friedrich
   Schneider, Johann Christian Friedrich
   Schreiber, Christian
   Wollank, Friedrich Johann Ernst
   Zelter, Carl Friedrich (in Schillers „Musen-Almanach für das Jahr 1797" unter der Sigle „W.")
   Wie sind Sie mit der Music zufrieden? [...] der B e s u c h von mir hat einen sehr angenehmen Ausdruck. *(Schiller an Goethe, 9. Oktober 1796.)*
   Empfangen Sie meinen wärmsten Dank für die Melodien [...]. Ob ich mir sie gleich biß jetzt nicht in der gehörigen Vollkommenheit habe können vortragen lassen, so haben sie mich doch schon innig bewegt, besonders haben Mignon und der B e s u c h mich entzückt. *(Schiller an Zelter, 16. Oktober 1796.)*
   Zeltern sind däucht mich einige früheren Produkte besser gelungen. *(Körner an Schiller, 28. Oktober 1796.)*
   Der B e s u c h von Zelter scheint mir doch auch nicht verunglückt zu seyn, wenigstens mir macht er einen recht angenehmen Eindruck. *(Schiller an Körner, 21. November 1796.)*
   An Zelters Composition des Besuchs habe ich nur zu tadeln, daß er den lieblichen Rhythmus des Gedichts zerstört hat. Diesen Fehler wenigstens hoffe ich in der Beylage vermieden zu haben. *(Körner an Schiller, 25. November 1796.)*
   Seine *[Zelters]* Balladen- und Lieder-Melodien sind treflich und er trägt sie mit großem Ausdruck vor. Die Bajadere, der Zauberlehrer, der T a u c h e r, meine D i t h y r a m b e u. a. m. sind meisterhaft gesezt *(Schiller an Körner, 10. Juni 1803).*
   Nach meinem Gefühl [...] ist er *[Zelter]* ein Meister in derjenigen Composition, wo die Musik sich der Poesie als Begleiterin anschmiegt, und wo es darauf ankommt, den Character eines Gedichts zu treffen. Seine Melodie zum T a u c h e r [...] zu meiner D i t h y r a m b e und noch einigen sind mir Muster in ihrer Art. *(Schiller an Körner, 16. Juli 1803.)*
   (Vgl. auch unter Anonymus.)

1797

37 „Vor seinem Löwengarten" (Der Handschuh)
   Kleinheinz, Franz Xaver
   Winneberger, Paul Anton
   Zelter, Carl Friedrich
   [...] der Handschuh besonders hat sehr glückliche Stellen. Nur ist das Einzelne zu sehr gemahlt *(Körner an Schiller, 20. Juni 1802).*

38 „‚‚Ritter, treue Schwesterliebe [...]'" (Ritter Toggenburg)
   Reichardt, Johann Friedrich
   Rieder, Ambros(ius)
   Zumsteeg, Johann Rudolph
   Bei Breitkopf erscheint nächstens ein Heft kleiner Balladen und Lieder von mir *[Kleine Balladen und Lieder mit Klavierbegleitung. Erstes Heft]*, in welchem Du Deinen Ritter Toggenburg findest. [...] Ich hoffe, diese Kompositionen sollen Dir nicht mißfallen. *(Zumsteeg an Schiller, 12. Februar 1800.)*

39 „Weit in nebelgrauer Ferne" (Elegie / an Emma; später: An Emma)
   Eisenhofer, Franz Xaver
   Gaude, Theodor
   Grosheim, Georg Christoph
   Häusler, Ernst
   Harder, August
   Himmel, Friedrich Heinrich
   Klage, Carl
   Krufft, Nikolaus Freiherr von
   Lauska, Franz
   Radziwill, Anton Heinrich Fürst
   Reichardt, Johann Friedrich
   Sterkel, Johann Franz Xaver
   Tomášek, Václav Jan (Tomaschek, Wenzel Johann)
   Vagedes, Adolph von
   Württemberg, Eugen Friedrich Karl Paul Ludwig, Herzog von
   Zelter, Carl Friedrich
   Nehmen Sie meinen beßten Dank an für Ihre lieblichen und herzlichen Melodien *[u. a. Schillers „Elegie / an Emma"]* *(Schiller an Zelter, 7. August 1797).*

40 „Wer wagt es, Rittersmann oder Knapp" (Der Taucher)
   Bornhardt, Johann Heinrich Carl
   Edmer, Johann Christian
   Kanne, Friedrich August
   Kreutzer, Conradin
   Reichardt, Johann Friedrich
   Schröter, Corona
   Die Schrödern hat uns dem Taucher gesungen, dem sie sehr glücklich componirt hat, und so gut vorgetragen daß es einem einen rechten Genuß gab. Sie hat so einen Schwung in der Composition wie sie selten in andern Liedern hat, das ganze ist sehr einfach. *(Charlotte Schiller an Schiller, 7. März 1801.)*
   Sechter, Simon
   Uber, Christian Friedrich Hermann
   Winneberger, Paul Anton
   Zelter, Carl Friedrich

Darauf fing ich an von meinen Kompositionen seiner Gedichte zu sprechen und bat um Erlaubnis, den Wassertaucher auf dem Klavier vorzuspielen. Ich mochte etwa 5 Minuten gespielt haben, als ich merkte, daß ein Kopf durch die Türspalte herein horche. Ich kräftig fortspielend – auf einmal springt Schiller halb ungekleidet herein auf mich zu, umarmt mich heftig und ruft bewegt aus: „Sie sind mein Mann, Sie verstehen mich." *(Bericht Zelters über einen Besuch bei Schiller am 24. Februar 1802; NA 42, 337.)*

Er *[Zelter]* hat neuerdings meinen Taucher componiert und auf eine so glückliche Art, wie wir hier noch keine Romanze gehört haben. Die Melodie bleibt sich gleich durchs ganze Gedicht; sehr wenige kleine Variationen abgerechnet; aber sie ist so ausdrucksvoll und gefügig zugleich, daß sie auf jeden einzelnen Vers besonders berechnet scheint. *(Schiller an Körner, 28. Februar 1802.)*

Zelter hat mit vieler Begeisterung gearbeitet, und wie mich däucht, alles geleistet, was bey einer so schweren Aufgabe gefodert werden kann. Die Melodie ist sehr glücklich gewählt, und mit kleinen Abänderungen im Vortrage paßt sie würklich auf alle Strophen *[...]*. Der Charakter ist edel, und bey einigen Strophen besonders der Ausdruck sehr kräftig. Dieß letztere ist bey der Vielseitigkeit, die von dieser Musik gefodert wurde, kein kleines Verdienst. Nur möchte ich wissen ob Zelter allein alle Strophen bis zu Ende singt. Da das Clavier kein Zwischenspiel hat, so ist es für die Brust des Sängers sehr angreifend *[...]*. Auch verliert die schönste Musik ihren Reiz, wenn man sie über 20mal nach einander unverändert hört. Zelter hat nur für 4. Strophen die Melodie ganz geändert, und ich schätze ihn deßhalb daß er das Bunte vermieden hat. *(Körner an Schiller, 20. Juni 1802.)*

Seine *[Zelters]* Balladen- und Lieder-Melodien sind treflich *[...]* der Taucher *[...]* u.a.m. sind meisterhaft gesetzt *(Schiller an Körner, 10. Juni 1803).*

Nach meinem Gefühl *[...]* ist er *[Zelter]* ein Meister in derjenigen Composition, wo die Musik sich der Poesie als Begleiterin anschmiegt, und wo es darauf ankommt, den Character eines Gedichts zu treffen. *(Schiller an Körner, 16. Juli 1803.)*

41 „*Wohlauf Kameraden, aufs Pferd, aufs Pferd!*" (Reiterlied / Aus dem „Wallenstein") Körner, Christian Gottfried

[...] erst gestern nur hat er *[Körner]* es *[das „Reiterlied"]* mir nach seiner Komposition vorgesungen. Es macht eine sehr lebendige Wirkung, und zeichnet mit den wenigen, aber so festen und bestimmten Strichen auf eine unnachahmliche Weise den Charakter dieses wilden wüsten ewig umgetriebenen Lebens, den es zu schildern bestimmt ist. Dabei hat es in so hohem Grade die Natur eines Liedes, das *[sic]* es gewiß, in einer glücklichen und leichten Melodie vorgetragen, eine sehr populäre Verbreitung gewinnen wird. *(Humboldt an Schiller, 18. Juni 1797.)*

Deine Composition habe ich noch nicht recht ordentlich singen hören. So wie sie mir jezt ist gespielt und gesungen worden, hat sie mir zu wenig Feuer, und die dritte und vierte Zeile jeder Strophe, worauf gewöhnlich der Accent des Sinnes liegt, scheinen mir zu schwach angedeutet. *(Schiller an Körner, 18. Juni 1797.)*

Bey meiner Composition des Reuterliedes ist freylich viel vom Tempo und von einem gewissen Nachdruck beym Singen abhängig. Vielleicht wurde es zu langsam gespielt. Auch muß es mehr gesprochen als gesungen werden. Die Mitte mag vielleicht nicht das beste seyn *(Körner an Schiller, 25. Juni 1797).*

Krufft, Nikolaus Freiherr von
Schulz, Johann Philipp Christian
Weber, Bernhard Anselm
Zahn, Christian Jakob

Es war eine sonderbare Idee vom Musicus, die Cuirassire so hoch singen zu lassen, als kaum eine Weiberstimme hinaufreicht. Sonst aber hat die Melodie mir wohlgefallen. *(Schiller an Körner, 20. Oktober 1797.)*

Diejenige, welche Sie hier finden, scheint viel Gutes zu haben, nur kann sie sonderbarer weise, so wie sie ist, von Männerstimmen nicht gesungen werden. *(Schiller an Zelter, 20. Oktober 1797, über Zahns Komposition.)*

Hier folgt ein Reiterlied von mir, denn das in Deinem Almanach gedrukte hat jemand anders zum Verfasser; ich gebe Dir also hiemit, sowohl Deine Lobeserhebungen, als auch Deinen Tadel wegen der Höhe der Komposition, wieder zurük. Sein Verfasser ist wahrscheinlich Herr Zahn in Tübingen. *(Zumsteeg an Schiller, 24. November 1797.)*

Ich muss gestehen, daß mir diese Melodie äuserst wohl gefällt und mich, so wie alle die solche bei mir singen gehört, recht tief bewegt hat. Sagen Sie daher Herrn Zahn recht viel Schönes darüber von meinetwegen. *(Schiller an Cotta, 15. Dezember 1797.)*

Zahn soll uns allerdings noch mehr componieren, denn so oft ich seine Melodie zum Reiterlied höre, macht sie mir Vergnügen. *(Schiller an Cotta, 5. Januar 1798.)*

Zelter, Carl Friedrich

Meine Melodieen zu beiden Liedern *[Reiterlied, Die Worte des Glaubens]* haben eine Art von Sprödigkeit die mein Gefühl choquirt. Nehmen Sie sie also hin, so gut sie haben werden wollen. *(Zelter an Schiller, 15. November 1797.)*

Ich habe mit dem beigehenden „Reuterliede" seit Jahren nicht zufrieden werden können. *Es sei ihm, Zelter, lieb,* wenn es Schillern so, wie es nun ist, gefallen könnte, denn alle mir jetzt bekannten Kompositionen dieses Liedes sind unglückliche Versuche *(Goethe-Zelter 1, 34).*

Zumsteeg, Johann Rudolph

42 „Drey Worte nenn ich euch, innhaltschwer" (Die Worte des Glaubens)
Hellwig, Carl Friedrich Ludwig
Kreutzer, Conradin
Reichardt, Johann Friedrich
Salvini, Joseph de
Schmitt, Aloys
Vagedes, Adolph von
Zelter, Carl Friedrich

Meine Melodieen zu beiden Liedern *[Reiterlied, Die Worte des Glaubens]* haben eine Art von Sprödigkeit die mein Gefühl choquirt. *(Zelter an Schiller, 15. November 1797.)*

43 „Seht! da sitzt er auf der Matte" *(Nadoweßische Todtenklage; später Nadoweßiers Todtenlied)*
   Hummel, Johann Bernhard
   Zumsteeg, Johann Rudolph

44 „Der beßre Mensch tritt in die Welt" *(Licht und Wärme)*
   Bohrer, Joseph Anton
   Bornhardt, Johann Heinrich Carl
   Reichardt, Johann Friedrich
   Seidel, Friedrich Ludwig

45 „Sie konnte mir kein Wörtchen sagen" *(Das Geheimniß)*
   Grosheim, Georg Christoph
   Groß, Heinrich
   Krufft, Nikolaus Freiherr von
   Reichardt, Johann Friedrich
   Schulz, Johann Philipp Christian
   Seidel, Friedrich Ludwig
   Sterkel, Johann Franz Xaver
   Tomášek, Václav Jan *(Tomaschek, Wenzel Johann)*
   Zelter, Carl Friedrich
      Sie sollen mich in Ihrem Andenken behalten, Sie mögen wollen oder nicht und so schicke ich Ihnen ferner eins Ihrer Gedichte *[Das Geheimniß]* mit meiner Musik. Es wird doch einmahl gelingen und solte es auch dieses mahl wieder nicht geschehen seyn, wie ich denn selbst allerley gegen meine Noten einzuwenden habe. *(Zelter an Schiller, 20. Februar 1798.)*

46 „Ein frommer Knecht war Fridolin" *(Der Gang nach dem Eisenhammer)*
   Krebs, Xaver
   Kreutzer, Conradin
   Rong, Wilhelm Ferdinand
   Schönfeld, Carl Anton
   Sechter, Simon
   Seyfried, Ignaz Xaver Ritter von
   Weber, Bernhard Anselm

47 „Es reden und träumen die Menschen viel" *(Hofnung)*
   Berger, Ludwig
   Bohrer, Joseph Anton
   Bornhardt, Johann Heinrich Carl
   Czerny, Josef (?)
   Fischer, Anton Joseph
   Frantz, Klamer Wilhelm
   Grosheim, Georg Christoph
   Harder, August
   Hellwig, Karl Friedrich Ludwig
   Henkel, Johann Michael
   Kreutzer, Conradin

Krufft, Nikolaus Freiherr von
　　　Methfessel, Johann Albert Gottlieb
　　　Reichardt, Johann Friedrich
　　　Schmitt, Aloys
　　　Schneider, Johann Christian Friedrich
　　　Schulz, Johann Philipp Christian
　　　Schuster, Ignaz
　　　Steinacker, Carl
　　　Sutor, Wilhelm
　　　(Vgl. auch unter Anonymus.)

48　„Noch sah ich sie, umringt von ihren Frauen" *(Die Begegnung)*
　　　Bohrer, Joseph Anton
　　　Bornhardt, Johann Heinrich Carl
　　　Harder, August
　　　Reichardt, Johann Friedrich

　　　　　　　　　　1798

49　„Was rennt das Volk, was wälzt sich dort" *(Der Kampf mit dem Drachen)*
　　　Zelter, Carl Friedrich
　　　　In diesen Tagen habe ich den K a m p f m i t d e m D r a c h e n in Musik gesetzt, welches der zwölfzeiligen Strophen wegen eine schwierige Aufgabe für die Modulation war *(Zelter an Schiller, 7. April 1802).*

50　„Zu Dionys dem Tirannen schlich" *(Die Bürgschaft; später: Damon und Pythias)*
　　　Bachmann, Gottlob
　　　Kanne, Friedrich August
　　　Krebs, Xaver
　　　Mayer, August
　　　Sechter, Simon
　　　(Vgl. auch unter Anonymus.)

51　„Windet zum Kranze die goldenen Aehren" *(Bürgerlied; später: Das Eleusische Fest)*
　　　Reichardt, Johann Friedrich
　　　Sechter, Simon

52　„Der Eichwald brauset" *(Des Mädchens Klage)*
　　　Bachmann, Gottlob
　　　Berger, Ludwig
　　　Dalberg, Johann Friedrich Hugo von
　　　Ebell, Heinrich Carl
　　　Eberwein, Franz Carl Adalbert
　　　Franz, Stefan
　　　Haeser, Christian Wilhelm
　　　Harder, August
　　　Horstig, S.
　　　Hurka, Friedrich Franz

Körner, Christian Gottfried
Krufft, Nikolaus Freiherr von
Lehmann, Friedrich Adolph Freiherr von
Maurer, Franz Anton
Mosel, Ignaz Franz Edler von
Pitterlin, Friedrich Adolph
Reichardt, Johann Friedrich
Seidel, Friedrich Ludwig
Tomášek, Václav Jan (Tomaschek, Wenzel Johann)
Wagner, Karl Jakob
Weber, Bernhard Anselm
Weyse, Christoph Ernst Friedrich
Wiedebein, Johann Mathias
Württemberg, Eugen Friedrich Karl Paul Ludwig, Herzog von
Zelter, Carl Friedrich
Das Lied der Thekla hatte ich aus dem Almanach komponiert. Ich habe es einem Harfenschläger in den Mund gelegt, der es bald erzählend, bald, vom Anteil ergriffen, handelnd vorträgt. Hätte ich dazumal schon die „Piccolomini" gekannt, so wäre es wahrscheinlich anders ausgefallen, wenn auch die Schwere und Tiefe der Klage auch außer dem Zusammenhange eingreifend sein müßte. *(Zelter an Goethe, 21. September 1799; Goethe-Zelter 1, 8.)*
Zumsteeg, Johann Rudolph
(Vgl. auch unter Anonymus.)

1799

53 „Hör' ich das Pförtchen nicht gehen?" *(Die Erwartung)*
Dalberg, Johann Friedrich Hugo von
Gänsbacher, Johann Baptist
Kanne, Friedrich August
Kleinheinz, Franz Xaver
Krufft, Nikolaus Freiherr von
Reichardt, Johann Friedrich
Thierry, Amalia
Tomášek, Václav Jan (Tomaschek, Wenzel Johann)
Zelter, Carl Friedrich
Bey dem Gedichte: die Erwartung [...] fällt er *[Zelter]* zuweilen ins Gesuchte, aber der Schluß ist sehr schön. Er scheint einen Hang zu Bachischen Modulationen zu haben, die im Gesange nur sehr selten brauchbar sind. Daß er den Takt zu oft ändert will mir auch nicht gefallen. Er zerstört den poetischen Rhythmus. *(Körner an Schiller, 20. Juni 1802.)*
Zumsteeg, Johann Rudolph

54 „Fest gemauert in der Erden" *(Das Lied von der Glocke)*
Adam, Johann Georg
Eckersberg, Johann Wilhelm
Ich habe Dir noch von der Art Nachricht zu geben, wie der Baron Racknitz

neulich hier eine Aufführung Deines Gedichts, die Glocke, veranstaltet hat.
Zwischen der Declamation war Instrumental Musik – ein Choral (nicht
gesungen) und einzelne Stücke aus Opern und andern größern Werken von
verschiednen Meistern, auch einige von einem hiesigen Cammer Musikus
[Eckersberg] besonders dazu componirt. *(Körner an Schiller, 25. Februar 1805.)*
Frech, Johann Georg
Haydn, Joseph
Hurka, Friedrich Franz
Knecht, Justin Heinrich
Romberg, Andreas Jacob
Sechter, Simon
Zelter, Carl Friedrich

1800

55 „Drei Worte hört man bedeutungschwer" *(Die Worte des Wahns)*
   Reichardt, Johann Friedrich

56 „Leben athme die bildende Kunst [...]" *(Tonkunst)*
   Rungenhagen, Carl Friedrich

1801

57 „Seht ihr dort die altergrauen" *(Hero und Leander)*
   Bachmann, Gottlob
   Bouteiller, Guillaume de
   Brandl, Johann Evangelist
   Generali, Pietro
   Greindl, Joseph
   Reichardt, Johann Friedrich
   Seidel, Friedrich Ludwig
   Zelter, Carl Friedrich

58 „Edler Freund! [...]" *(An ***; später: Am Antritt des neuen Jahrhunderts)*
   Harder, August
   Hauer, Ernst
   Reichardt, Johann Friedrich
   Schnyder von Wartensee, Franz Xaver

59 „Das edle Bild der Menschheit zu verhöhnen" *(Voltaires Püçelle und die Jungfrau von Orleans; später: Das Mädchen von Orleans)*
   Reichardt, Johann Friedrich

1802

60 „Lieben Freunde! Es gab schön're Zeiten" *(An die Freunde)*
   Bornhardt, Johann Heinrich Carl
   Körner, Christian Gottfried
   Reichardt, Johann Friedrich
   Zelter, Carl Friedrich

61 „Wo ich sei, und wo mich hingewendet" (Thekla. Eine Geisterstimme)
   Bohrer, Joseph Anton
   Geijer, Erik Gustav
   Methfessel, Johann Albert Gottlieb
   Reichardt, Johann Friedrich
   Seidel, Friedrich Ludwig
   Sterkel, Johann Franz Xaver
   Tomášek, Václav Jan (Tomaschek, Wenzel Johann)
   Zumsteeg, Johann Rudolph

62 „Wohl perlet im Glase der purpurne Wein" (Die vier Weltalter)
   Bornhardt, Johann Heinrich Carl
   Harder, August
   Körner, Christian Gottfried
      Deine Melodien [Die vier Weltalter, An die Freunde], die wir jezt gehört haben,
      machen uns viele Freude, besonders macht das von den vier Weltaltern Glück.
      (Schiller an Körner, 17. März 1802.)
   Reichardt, Johann Friedrich
   Saalbach, J. G. F.
   Weber, Jacob Gottfried
   Zelter, Carl Friedrich
      Ihre Melodie zu den vier Weltaltern und An die Freunde ist vortreflich und hat
      mich höchlich erfreut. (Schiller an Zelter, 28. Februar 1803.)

63 „Und so finden wir uns wieder" (Die Gunst des Augenblicks)
   Bergt, Christian Gottlob August
   Blum, Carl Ludwig
   Bohrer, Joseph Anton
   Bornhardt, Johann Heinrich Carl
   Eberwein, Traugott Max(imilian)
   Harder, August
   Reichardt, Johann Friedrich
   Silcher, Philipp Friederich
   Zelter, Carl Friedrich
      In diesen Tagen habe ich ein neues Lied von Schillern: „Die Gunst des Augen-
      blicks", komponiert, worin eine anwachsend größere musikalische Form
      versucht ist (Zelter an Goethe, 19. Januar 1805; Goethe-Zelter 1, 105).

64 „Ach, aus dieses Thales Gründen" (Sehnsucht)
   Berger, Ludwig
   Crelle, August Leopold
   Dalberg, Johann Friedrich Hugo von
   Eisenhofer, Franz Xaver
   Gaede, Theodor
   Groß, Heinrich
   Harder, August
   Heine, Samuel Friedrich

Hurka, Friedrich Franz
Kreutzer, Conradin
Krufft, Nikolaus Freiherr von
Lauska, Franz
Lecerf, Justus Amadeus
Leidesdorf, Maximilian Joseph
Méhul, Etienne Nicolas
Pilz, Carl Philipp Emanuel
Reichardt, Johann Friedrich
Ries, Ferdinand
Romberg, Andreas Jacob
Ruhberg, F. A. von
Schneider, Johann Christian Friedrich
Schneider, Wilhelm
Seidel, Friedrich Ludwig
Seipelt, Joseph
Silcher, Philipp Friederich
Tomášek, Václav Jan (Tomaschek, Wenzel Johann)
Vagedes, Adolph von
Weber, Bernhard Anselm

1803

65 „Kein Augustisch Alter blühte" *(Die deutsche Muse)*
   Blum, Carl Ludwig

66 „Vier Elemente" *(Punschlied)*
   Eberwein, Traugott Max(imilian)
   Fischer von Waldheim, Gotthelf
   Fuetsch, Joachim Joseph
   Harder, August
   Reichardt, Johann Friedrich
   Schlözer, Carl von
   Zelter, Carl Friedrich

67 „Noch in meines Lebens Lenze" *(Der Pilgrim)*
   Bohrer, Joseph Anton
   Bornhardt, Johann Heinrich Carl
   Haeser, Christian Wilhelm
   Harder, August
   Kreutzer, Conradin
   Reichardt, Johann Friedrich
   Tomášek, Václav Jan (Tomaschek, Wenzel Johann)

68 „Zu Aachen in seiner Kaiserpracht" *(Der Graf von Habsburg)*
   Harder, August
   Reichardt, Johann Friedrich

Romberg, Andreas Jacob
Sechter, Simon
Zelter, Carl Friedrich

69 „Auf der Berge freien Höhen" (Punschlied. Im Norden zu singen)
Götzloff, Fr.
Mutzenbecher, Ludwig Samuel Dietrich
Reichardt, Johann Friedrich
Zelter, Carl Friedrich

1804

70 „An der Quelle saß der Knabe" (Liebesklage; später: Der Jüngling am Bache)
Abeille, Johann Christian Louis
Amon, Johann Andreas
André, Johann Anton
Blum, Carl Ludwig
Danzi, Franz Ignaz
Ehlers, Wilhelm
Götzloff, Fr.
Grosheim, Georg Christoph
Harder, August
Müller, Johann Michael
Oswald, Heinrich Siegmund (?)
Reichardt, Johann Friedrich
Reichardt, Luise
Righini, Vincenzo
Seidel, Friedrich Ludwig
Sämann, Carl Heinrich
Tomášek, Václav Jan (Tomaschek, Wenzel Johann)
Weber, Bernhard Anselm
Wendt, Johann Amadeus
(Vgl. auch unter Volksweisen.)

71 „Am Abgrund leitet der schwindlichte Steg" (Berglied)
Reichardt, Johann Friedrich
Theuss, Carl Theodor
Zelter, Carl Friedrich

72 „Es lächelt der See, er ladet zum Bade" (Eingangslied des Fischerknaben zu Beginn des „Wilhelm Tell")
Destouches, Franz Seraph von
Götzloff, Fr.
Mosel, Ignaz Franz Edler von
Tomášek, Václav Jan (Tomaschek, Wenzel Johann)
Weber, Bernhard Anselm

Tell ist mit entschiedenem Beifall sechmal [sic] innerhalb 14 Tagen gegeben worden. Mit meiner Musick, besonders mit der Ouverture war man zufrieden.

Nehmen Sie beikommende Gesänge als ein Zeichen meiner Hochachtung gütig auf. *(Weber an Schiller, 24. Juli 1804.)*

73 „Ihr Matten lebt wohl" *(Eingangslied des Hirten zu Beginn des „Wilhelm Tell")*
   Destouches, Franz Seraph von
   Gersbach, S. Joseph
   Götzloff, Fr.
   Mosel, Ignaz Franz Edler von
   Tomášek, Václav Jan (Tomaschek, Wenzel Johann)
   Weber, Bernhard Anselm

74 „Es donnern die Höhen, es zittert der Steg" *(Eingangslied des Alpenjägers zu Beginn des „Wilhelm Tell")*
   Destouches, Franz Seraph von
   Götzloff, Fr.
   Mosel, Ignaz Franz Edler von
   Tomášek, Václav Jan (Tomaschek, Wenzel Johann)
   Weber, Bernhard Anselm

75 „Mit dem Pfeil, dem Bogen" *(Jägerliedchen für Walther Tell; aus „Wilhelm Tell")*
   Götzloff, Fr.
   Harder, August
   Mosel, Ignaz Franz Edler von
   Weber, Bernhard Anselm

76 „Rasch tritt der Tod den Menschen an" *(Chor der barmherzigen Brüder; aus „Wilhelm Tell")*
   Beethoven, Ludwig van
   Feyer, Karl
   Götzloff, Fr.
   Mosel, Ignaz Franz Edler von
   Niemeyer, Johann Carl Wilhelm
   Weber, Bernhard Anselm

77 „Willst du nicht das Lämmlein hüten?" *(Der Alpenjäger)*
   Harder, August
   Lecerf, Justus Amadeus
   Reichardt, Johann Friedrich
   Rieder, Ambros(ius)
   Seidel, Friedrich Ludwig
   (Vgl. auch unter Anonymus.)

2. Verzeichnis der Komponisten und ihrer Werke

Werke, denen keine Quellenangabe folgt, wurden autopsiert. (Virgeln dienen lediglich dem Hinweis, daß orthographische Besonderheiten durch den Zeilenumbruch zu erklären sind.)

Abkürzungen

a capp.:	a cappella (für Singstimmen allein, ohne Instrumentalbegleitung).
ad lib.:	ad libitum (lat.: nach Belieben; Instrumental- oder Vokalstimme, deren Mitwirkung freigestellt ist).
arr.:	arrangiert.
Bar.:	Bariton.
Begl.:	Begleitung.
Beil.:	Beilage.
Clav./Klav.:	Clavier/Klavier.
gem.:	gemischt.
Ges.:	Gesang.
ges.:	gesetzt.
Guit.:	Guitarre.
H.:	Heft.
obl.:	obligat (begleitende solistische [Instrumental-] Stimme, die nicht wegbleiben darf).
op./Op.:	Opus.
Orch.:	Orchester.
Ouv.:	Ouvertüre.
Part.:	Partitur.
Pf./pf./ Pfte/Pianof.:	Pianoforte.
Singst.:	Singstimme(n).
Sopr.:	Sopran.
St.:	Stimme(n).
-st.	-stimmig.
Ten.:	Tenor.

Abeille, Johann Christian L o u i s (1761–1838), 1803 Konzertmeister, 1815 Hoforganist in Stuttgart.
    Der Jüngling am Bache von Friedr. Schiller mit Begleitung des Pianoforte von L. Abeille. Bey Breitkopf & Härtel in Leipzig.

Adam, Johann Georg, „gehört wahrsch. zum Teil noch dem 18. Jh. an, denn Whistling verzeichnet ihn 1817 mit 6 Orgelstücken" (Eitner 1, 38).
    Die Glocke von Friedrich von Schiller für eine Singstimme mit Begleitung des Piano-Forte gesetzt von J. G. Adam. Meissen, bei Friedrich Wilhelm Goedsche.

Ambrosch, Joseph Karl (1759–1822), Sänger auf vielen Bühnen, 1791 in Berlin, Liederkomponist.
    Schillers Lied an die Freude, lateinisch im Sylbenmaasse des Originals von Fueglistaller, f. 4 Maennerstimmen (Handbuch der musikalischen Litteratur, 1. Nachtrag, S. 56).

Amon (Ammon), J o h a n n Andreas (1763–1825), Sänger, Violinist, Hornist, um 1789 Musikdirektor in Heilbronn.
    Der Jüngling am Bache (Brandstaeter, S. 38, Nr 71).

André, Johann A n t o n *(1775 – 1842), Sohn des Musikalienhändlers Johann André (1741 – 1799), nach dessen Tod Leiter der väterlichen Verlagsbuchhandlung, Liederkomponist.*
   Der Jüngling am Bache (Blaschke, 399).

Anschütz, Johann Andreas (1772 – 1858), königlicher Staatsprokurator, Komponist, Pianist, 1808 Gründer einer Musikschule in Koblenz.
   Sechs Lieder von Goethe, Schiller u. Matthisson. (1 Singst.) m. Begl. d. Pfte. Bonn: N. Simrock.
      1. Würde der Frauen (DSB).

Bach, M.
   Ode an die Freude. In Musik ges. [...] Berlin 1791 (Wurzbach, S. 45, Nr 549).

Bachmann, Gottlob (1763 – 1840), Organist an der Nikolaikirche zu Zeitz.
   Des Maedchens Klage / ein Gedicht von Schiller in Musik gesezt von G. Bachmann / Augsburg in der Gombartischen Musik Handlung [Wurzbach, S. 45, Nr 552: 1799].
   Die Bürgschaft, Ballade von Schiller mit Begleitung des Pianoforte in Musik gesetzt [...] von G. Bachmann. Im Verlage des Kunst und Industrie Comptoirs zu Wien.
   Die Schlacht, von Schiller. Für eine Singstimme mit Pianoforte. Wien, Haslinger (Wurzbach, S. 45, Nr 553).
   Gruppe aus dem Tartarus u. Elisium von Schiller. Wien, Haslinger (Eitner 1, 293).
   Hero und Leander (Brandstaeter, S. 38, Nr 80).
   Klage der Ceres von Schiller. Wien, Riedl (Eitner 1, 292).

Bečvařovski (Beczwarzowski), Anton Franz (1754 – 1823), tschechischer Komponist, 1779 Organist in Braunschweig, 1800 in Berlin lebend.
   Würde der Frauen von Schiller. Braunschwg., Magazin (Eitner 1, 402).
   Wuerde der Frauen von Schiller. / in Musik gesetzt von Beczwarzowsky.

Beethoven, Ludwig van (1770 – 1827).
   [An die Freude] Sinfonie mit Schluß-Chor über Schillers Ode: „An die Freude" für großes Orchester, 4 Solo- und 4 Chor-Stimmen, componirt [...] von Ludwig van Beethoven. 125^(tes) Werk. Mainz und Paris, bey B. Schotts Söhnen. Antwerpen, bey A. Schott [Erstausgabe 1826]. S. 113 – 223 [komponiert 1823, aufgeführt 1824].
   (Eine frühere Komposition Beethovens [vgl. zu Nr 23] ist nicht überliefert.)
   Das Mädchen aus der Fremde (Entwurf) (Friedlaender, Das deutsche Lied 2, 395).
   Gesang der Mönche, aus Schiller's Wilhelm Tell, für zwei Tenore und Bass. [1839.] (CPM 4, 226; Friedlaender, Schillers Gedichte, 30*: komponiert 1817).

Behrens, Johann Jacob (geb. 1788), Organist an der Waisenhauskirche in Hamburg; Komponist von Orgelstücken, Kirchenchören und Liedern.
   Die Blumensprache (?), von Schiller [Die Blumen?]. Für eine Singstimme mit Pianoforte. Hamburg, Cranz (Wurzbach, S. 45, Nr 560).

Berger, Ludwig (1777 – 1839), Komponist in Dresden, St. Petersburg, Stockholm, London, 1815 Musiklehrer in Berlin.
   An die Freude („für 4stimmigen Männerchor; die Composition wird in den ‚Gesängen der jüngeren Liedertafel', Berlin 1820, erwähnt"; Friedlaender, Das deutsche Lied 2, 398).

Des Mädchens Klage (op. 35, Nr 3) (Friedlaender, Das deutsche Lied 2, 398).
Sechs Gedichte v. Goethe u. Schiller zum Klav. od. Guit. v. L. Berger. Offenbach a/M.:
  J. André [um 1808].
  1. Hoffnung.
  2. Sehnsucht.
  6. Hektors Abschied (DSB).
[Sechs] Gedichte von Goethe und Schiller. Für eine Singstimme mit Pianoforte. Op. 9. Offenbach, S. André [1809] (Wurzbach, S. 45, Nr 562).
  Hofnung (vgl. Friedlaender, Das deutsche Lied 2, 397).
Sehnsucht (Blaschke, 398).

Bergt, Christian Gottlob August (1772–1837), Organist und Komponist in Bautzen.
  Die Gunst des Augenblicks („dreistimmig mit Klavier"; Blaschke, 398; „f. Sopr., Ten. u. Bass"; Brandstaeter, S. 37, Nr 68).
  Hymne an die Freude, v. Schiller, nebst mehrern Hymnen, Balladen und Liedern (Gerber II, 352).

Blum (Blume, Blumer), Carl Ludwig (1786–1844), Regisseur der königlichen Oper Berlin, Dichter, Komponist zahlreicher Instrumentalwerke, Gesangstücke, kleiner Opern und Operetten.
  Der Jüngling am Bache („m. Guit."; Brandstaeter, S. 37, Nr 71).
  Die deutsche Muse, von Schiller, für vier Männerstimmen. Partitur und Stimmen. Berlin, Trautwein und Comp. (Wurzbach, S. 45, Nr 563).
  Die Gewalt des Augenblicks [Die Gunst des Augenblicks], f. 4 Männerst. m. Chor. Part. Leipzig: Breitkopf & Härtel (DSB; Brandstaeter, S. 37, Nr 68: op. 116).

Böhner, Johann Ludwig (1787–1860), 1811 Theaterkapellmeister in Nürnberg, anschließend auf Reisen, 1819/20 Zusammenbruch in Kopenhagen, danach in zunehmender geistiger Verwirrung in Thüringen lebend, in Gotha gestorben.
  An die Freude (1810; Blaschke, 398).

Bohrer, Joseph Anton (1783–1863), Violinist in München, Berlin, Paris und Stuttgart, 1834 Konzertmeister in Hannover.
  Der Pilgrim (Blaschke, 399).
  Hofnung (Blaschke, 400).
  Romanzen und Lieder von Schiller mit begleitendem Piano-Forte, komponirt [...] 10s Werk [...] Leipzig: A: Kühnel [ca. 1810].
    1. Der Pilgrim.
    2. Hoffnung.
    3. Licht und Wärme.
    4. Theckla [sic].
    5. Die Gunst des Augenblicks.
    6. Die Begegnung (NYPL 26, 736).
  6 Romanzen von Schiller. Wien, Mechetti (Handbuch der musikalischen Litteratur, 555).

Bornhardt, Johann Heinrich Carl (1774–1840), Klavier- und Gitarrenvirtuose, Musiklehrer in Braunschweig, Komponist zahlreicher Lieder und Liedersammlungen, Verfasser einer erfolgreichen Gitarrenschule.

Auswahl der auserlesensten Gesänge von Schiller, Goethe, Voss, Tiedge, Matthisson, Salis u. a. in Musik gesetzt von Mozart, Haydn, Reichard, Himmel, Hurka u. s. w.; fürs Piano, die Guitarre, Violine und Flöte arrangirt von Bornhardt. Hamburg 1808–1810, Vollmer. 5 Hefte (Wurzbach, S. 51, Nr 737).

Der Taucher. Ballade von Schiller mit Begleitung des Pianoforte componirt und dem erlauchtigen Grafen Herrn Joseph von Stollberg Stollberg unterthänig zugeeignet von J. H. C. Bornhardt. [...] Braunschweig im Musikalischen Magazine bei J. P. Spehr auf der Höhe.

Der Taucher / Ballade von Schiller zur Guitarre componirt von J. H. C. Bornhardt. [...]. 65tes Werck / Braunschweig im Musikalischen Magazine bei J. P. Spehr auf der Höhe.

Die vier Weltalter (Schiller) op. 76, 1811 (MGG 15, 961).

Dithyrambe m. Git.-Begl., 1811 (MGG 15, 961).

Sechs Lieder von Schiller mit begleitender Guitarre componirt von J. H. C. Bornhardt. 75tes Werk [...]. Braunschweig im Musikalischen Magazine bei Joh: Pet: Spehr auf der Höhe.

 An die Freunde, S. 2–3.
 Hofnung, S. 4.
 Licht und Wärme, S. 5.
 Die Gunst des Augenblicks, S. 6–7.
 Der Pilgrim, S. 8–9.
 Die Begegnung, S. 10–11.

Würde der Frauen mit Begltg. des Pfte. Braunschwg., Spehr (Eitner 2, 137; nach MGG 15, 961: 1797).

Bouteiller, Guillaume de *(geb. 1788), Verwaltungsbeamter und Komponist in Paris; gewann 1806 mit der Kantate „Héro et Léandre" ein Preisausschreiben des Institut de France.*

[Héro et Léandre] (vgl. Musikalisches Conversations-Lexikon 2, 158; MGG 9, 1260).

Boyneburgk, Friedrich von, *„ein fast in Vergessenheit gerathener, sehr fruchtbarer Componist, fertiger Klavierspieler und guter Clarinettist der jüngsten Vergangenheit" (Musikalisches Conversations-Lexikon 2, 161), Komponist zahlreicher Klavierstücke, außerdem von Liedern und Gesängen.*

Gesänge mit Begleitung des Pianoforte Componirt von Friedrich Frh$\underline{rn}$. von Boyneburgk. Erste Sammlung. Leipzig, bei Friedrich Hofmeister.

 An den Frühling, S. 7.

Brandl, Johann Evangelist *(1760–1837), 1789 Musikdirektor in Bruchsal, 1808 Zweiter Musikdirektor des großherzoglich-badischen Hoforchesters in Karlsruhe.*

Hero und Leander. Monodrama mit Chören. Op. 57. Carlsruhe, Velten (Eitner 2, 173).

Christmann, Johann Friedrich *(1752–1817), 1784 Pfarrer in Heutingsheim und Geisingen, Komponist und musikalischer Schriftsteller. (Vgl. in diesem Band S. 292.)*

An die Freude; in: Schiller's Ode an die Freude (siehe unten unter Anonymus).

Oden und Lieder für das Klavier von Johann Friedrich Christmann. Leipzig, bey Breitkopf und Härtel.

 An die Freude, S. 6–7.
 Fantasie / an Laura, S. 8–11.

Crelle, August Leopold (1780–1855), Geheimer Oberbaurat und Mathematiker in Berlin, Musikliebhaber und Komponist.
    Dithyrambe von Fr. Schiller. In Musik gesetzt für Männerstimmen, mit Begleitung des Pianoforte [...] von A. L. Crelle. Op. 9. In Berlin, bei Trautwein.
    Hectors Abschied von Schiller. Für Sopran und Baß mit Begleitung des Fortepiano componirt von A. L. Crelle. Op: 5. Berlin, in der Maurerschen Buchhandlung.
    Sehnsucht von Friedr. Schiller mit Begleitung des Pianoforte von A. L. Crelle. Bey Breitkopf & Härtel in Leipzig.

Czerny, Josef (?) (1785–1842), Klavierlehrer in Wien, 1824 Mitinhaber der Musikhandlung Cappi & Co.
    Hofnung (Blaschke, 400).

Dalberg, Johann Friedrich Hugo von (1760–1812), Bruder von Karl Theodor und Wolfgang Heribert von Dalberg, Domkapitular in Trier und Worms, Musiktheoretiker und Komponist in Erfurt und Aschaffenburg. (Vgl. auch die Erläuterungen zu Schillers Brief an Körner vom 20. Oktober 1788.)
    An die Freude; in: Schiller's Ode an die Freude (siehe unten unter Anonymus).
    Des Mädchens Klage, op. 21, Mainz, um 1800 (Friedlaender, Das deutsche Lied 2, 398).
    Deutsche Lieder m. Klav.-begl. von F. von Dalberg. (F. 1 Singst.) [op. 25.] Liv. 1. 2.
        1. Buch:
        Sehnsucht, Nr 4 (DSB).
    Die Erwartung, op. 25 (Friedlaender, Das deutsche Lied 2, 399).
    Lied der Thekla oder des Mädchens Klage von Schiller. / in Musik gesezt von F: von Dalberg. Oeuvre XXI. [...] Mainz bei Karl Zulehner.
    Ode an die Freude, von Schiller. Für eine Singstimme mit Pianoforte. Bonn, Simrock [1800] (Wurzbach, S. 46, Nr 572).
    Dass. Für eine Singstimme und Chor mit Pianoforte. Bonn, Simrock (Wurzbach, S. 46, Nr 573).
    Würde der Frauen. Für eine Singstimme mit Pianoforte. Bonn, Simrock (Wurzbach, S. 46, Nr 574).
    Zwölf Lieder in Musik gesetzt von F. H. von Dalberg. Erfurt bey Beyer und Maring 1799.
        Würde der Frauen, S. 1–3.
        An die Freude, S. 5–7.
    XII Lieder. Bonn 1800.
    Würde der Frauen (S. 2) (Friedlaender, Das deutsche Lied 2, 394).

Danzi, Franz Ignaz (1763–1826), Komponist in München, Hamburg und anderen Städten, 1807–1812 Hofkapellmeister in Stuttgart, 1812 in gleicher Funktion in Karlsruhe.
    Der Jüngling am Bache, op. 46 Nr. 3 (Friedlaender, Schillers Gedichte, 29*).
    Ode an die Freude von Schiller (Solo, Chor u. Klav.) (Eitner 3, 144).

Destouches, Franz Seraph von (1772–1844), 1799 Konzertmeister und Musiklehrer am Gymnasium in Weimar, 1810 Professor der Musiktheorie an der Universität Landshut, 1814–1816 Kapellmeister des Fürsten von Oettingen-Wallerstein, 1820–1841 landgräflich hessischer Kapellmeister.

Wilhelm Tell. Schauspiel v. Schiller mit Musik und für's Piano-Forte eingerichtet. [op. 14.] Mainz: Schott.
[Eingangslieder des Fischerknaben, Hirten und Alpenjägers] (DSB).

Doležálek, Jan Emanuel (1780–1858), tschechischer Komponist und Pianist in Prag.
Sechs Lieder von Schiller und Goethe. Für eine Singst. m. Pianof. Wien, Diabelli u. Comp. (Wurzbach, S. 46, Nr 577).

Ebell, Heinrich Carl (1775–1824), Regierungsrat in Oppeln, Komponist von Opern, Singspielen, Arien, Liedern, einem Oratorium und Instrumentalwerken, 1801–1804 Theaterkapellmeister in Breslau.
Des Mädchens Klage (SNM).

Ebers, Karl Friedrich (?) (1770/72–1836), Klavierspieler und Komponist, Musiklehrer in Berlin.
Das Mädchen aus der Fremde; in: *Wedemann's 100 auserlesene Volkslieder,* II, Weimar 1838, S. 76 (Friedlaender, Das deutsche Lied 2, 395).

Eberwein, Franz C a r l Adalbert (1786–1868), 1803 Hofmusikus in der herzoglichen Kapelle Weimar, 1810 Kammermusikus, 1818 Musikdirektor bei der Stadtkirche und Gesanglehrer, 1826 herzoglicher Musikdirektor und Dirigent der Oper in Weimar.
Des Mädchens Klage; in: *Museum für Pianoforte Musik und Gesang,* hrsg. von A[ugust] Mühling. Halberstadt bey C. Brüggemann, 1. Jg. [1828], 9. Heft, Nr 33, S. 101–103 (Fellinger, 886).

Eberwein, Traugott M a x (i m i l i a n) (1775–1831), 1817 Hofkapellmeister in Rudolstadt, Komponist von Singspielen und Liedern.
Die Gunst des Augenblicks (Schiller) (MGG 3, 1061).
Punschlied (komponiert 1813); in: Methfessels Commers- und Liederbuch, Rudolstadt 1818, abgedruckt in Erks Liederschatz (Friedlaender, Schillers Gedichte, 29*).

Eckersberg, Johann Wilhelm (1762–1821), Organist und Komponist in Dresden; hat „durch seine 1804 öffentlich aufgeführte Musik zu Schiller's ‚Glocke' sich Anerkennung erworben" (Musikalisches Conversations-Lexikon 3, 320).
Das Lied von der Glocke (Blaschke, 400).

Edmer, Johann Christian.
Der Taucher, eine Ballade von Schiller, in Musik gesetzt [...] von Iohann Christian Edmer. Halle, in Iohann Christian Hendels Verlage. 1802.

Ehlers, Wilhelm (1774–1845), Schauspieler, Sänger und Komponist (1801–1805) in Weimar.
Gesänge mit Begleitung der Chittarra eingerichtet von Wilhelm Ehlers. Tübingen, in der J. G. Cotta'schen Buchhandlung. 1804.
Liebes-Klage, S. 62–63.
Gesänge mit Begleitung der Guitarre eingerichtet von Wilhelm Ehlers. Neue Auflage. Berlin. bei Rudolph Werckmeister.
Liebesklage, S. 28.

Eisenhofer, Franz Xaver (1783–1855), Hofmeister, Lehrer, Gymnasialprofessor, schließlich Studienrektor in Würzburg, 1832 Kreisscholarch, 1840 Ehrendoktor der Philosophie an der Universität Würzburg.
    An die Freude (Blaschke, 398).
    An Emma, op. 4, 4 (6 Ges. f. 4 Mrst.) (Brandstaeter, S. 34, Nr 42).
    Die Sehnsucht / ein einstimmiger Gesang mit Begleitung des Piano-Forte von Friedrich von Schiller in Musik gesetzt von F. X. Eisenhofer. München bey Falter und Sohn.
    Die Sehnsucht, von Schiller. Für eine Singstimme mit Pianof. Mainz, Schott (Wurzbach, S. 46, Nr 580).

Elsner, Joseph Anton Franciskus (1766/69–1854), Theaterkapellmeister in Brünn und Warschau, 1815 Gründer einer Organistenschule in Warschau, aus dem 1821 das Konservatorium wurde.
    3 Gesänge von Fr. Schiller. Breslau, C. G. Förster (Eitner 3, 334).
    Gedicht an den Frühling, von Schiller. Für eine Singstimme mit Pianof. Coblenz, Hergt (Wurzbach, S. 46, Nr 581).

Fehr, Josef Anton (1765–1807), Pastor und Musiker, Musikdirektor und Schulinspektor in Kempten.
    Friedens Lied. „Goldner Friede sey willkommen". (1st. Chor m. Klav.) Das Lied an die Freude [S. 4] (1st. Chor m. Klav.) nebst sechs deutschen Tänzen f. Klav. Bregenz 1798: J. Brentano (DSB).

Feyer, Karl, „lebte zu Ende des 18. und im Anfang unseres Jahrhunderts in Berlin" (Musikalisches Conversations-Lexikon 3, 510).
    Neun Lieder f. 4 Männerst. Z. Gebr. f. Unterrichtsanst. u. Singvereine. [op. 33.] Offenbach: André.
    6. [Chor der barmherzigen Brüder] (DSB).

Fischer, Anton Joseph, „lebte an der Grenze des 18. und Anfange des 19. Jhs." (Eitner 3, 462), königlich-preußischer, -bayerischer und -württembergischer Hofsänger und Komponist von Opern und Liedern.
    VI. Lieder mit Begleitung am Klavier in Musick geszt von A. J. Fischer. Königl. Würtemberg. HofSänger. Stuttgart bei Carl Eichele.
    Das Mädchen aus der Fremde, S. 5–6.
    Hofnung, S. 7–8.

Fischer von Waldheim, Gotthelf (1771–1853), 1804 Professor der Naturgeschichte in Moskau, Geologe, Musikliebhaber.
    Lieder seinen Freunden gewidmet. 3. Aufl. m. Auswahl. (F. 1, 2 u. 4 gem. St. m. Klav. u. 3 St. a capp.) Part. Moscau (1850): Weintzell.
    An die Freude.
    Punschlied (DSB).

Frantz, Klamer Wilhelm (1773–1857), Theologe und Pfarrer in Ober-Börnecke in der Nähe von Magdeburg, danach in seiner Vaterstadt Halberstadt lebend, Komponist von Kirchenmusik und Liedern sowie Verfasser musiktheoretischer Werke.
    Hofnung; in: Jos. Theodosius Abs, 300 Lieder u. Gesänge, Halberstadt 1823 (Friedlaender, Das deutsche Lied 2, 397).

Franz, Stefan (1785 – nach 1850?), Violinist und (1816) Mitglied der k. k. Hofkapelle Wien, Musiklehrer, 1828 Orchesterdirektor im Burgtheater.
Sechs Lieder (f. 1 Singst.) m. Begl. d. Guitarre v. St. Franz. No 6. Vienne: L. Maisch.
Des Mädchens Klage, Nr. 2.

Frech, Johann Georg (1790 – 1864), 1820 Organist und Musikdirektor in Eßlingen.
Ouvertüre als Einleitung zu Schiller-Romberg's „Glocke" (Musikalisches Conversations-Lexikon 4, 50).

Fürstenau, Caspar (1772 – 1819), 1794 – 1811 Mitglied der Oldenburger Hofkapelle, danach auf Reisen, Komponist vor allem von Flöten- und Gitarrenwerken.
Sechs Lieder von Schiller u. a. mit Guit. Schott in Mainz (Eitner 4, 99).

Fuetsch, Joachim Joseph (1766 – 1852), Violoncellist, Komponist und Kammermusiker in Salzburg, 1817 – 1835 Domkapellmeister dort.
Gesänge von Schiller, Bürger, Göthe, Hölty &: für 3 Stimmen von J: Fuetsch Wien Im Verlage der K: K: priv: chemischen Druckerey am Graben.
An den Frühling, Nr 1.
Punschlied, Nr 4.

Gaede (Gäde), Theodor (ca. 1787 – 1829), Komponist von Ballettmusik, Klavierstücken und Liedern in Berlin.
Sehnsucht [...] v. Schiller (f. 1 Singst.) m. Begl. d. Fortepiano. Berlin: Concha (DSB).

Gänsbacher, Johann Baptist (1778 – 1844), Kapellmeister am Stephansdom in Wien.
Die Erwartung, von Schiller. Für eine Singstimme mit Pianoforte. Op. 57. Bonn, Simrock (Wurzbach, S. 46, Nr 586; MGG 4, 1234: 1810).

Gaude, Theodor (geb. 1782), Gitarrevirtuose und Gitarrenlehrer in Hamburg, Komponist von Liedern.
Sechs Lieder (f. 1 St.) m. begl. d. Guitarre v. T. Gaude. [op. 19.] H. 3. Bonn: N. Simrock.
1. An Emma (DSB).

Geijer, Erik Gustav (1783 – 1847), schwedischer Historiker, Dichter und Komponist, 1817 – 1847 Professor der Geschichte in Uppsala.
Musik f. Sang och f. Fortepiano utg. af. E. G. Geijer och A. F. Lindblad. (T. dtsch. u. schwed.) H. 1. Upsala: Palmblad & C. 1824.
Theklas Geisterstimme, S. 2 (DSB).

Generali, Pietro (1783 – 1832), italienischer Opern- und Kirchenmusikkomponist.
Hero und Leander (Kantate) (Blaschke, 399).

Gersbach, S. Joseph (1787 – 1830), Musiktheoretiker und Musiklehrer in Zürich, Yfferten, Rastatt, Nürnberg (bis 1823), zuletzt in Karlsruhe.
Das Mädchen aus der Fremde (DSB).
Eingangslied des Hirten zu Beginn des „Wilhelm Tell" (SNM).

Giuliani, Mauro Guiseppe Sergio Pantaleo (1781–1829), italienischer Gitarrenvirtuose und Komponist in Wien, Venedig, Rom und Neapel.
Sechs Lieder von Goethe, Schiller u. s. w. Für eine Singstimme mit Pianoforte. Op. 89. Wien, Haslinger (Wurzbach 46, Nr 588).

Götzloff, Fr., „ein am Ende des 18. Jhs. und Anfange des 19. zu Berlin lebender Dilettant" (Eitner 4, 298).
Der Jüngling am Bache; in: Zeit. f. d. eleg. Welt 1804, Beil. 9f. (Brandstaeter, S. 37, Nr 71).
Deutsche Lieder mit Begleitung des Pianoforte In Musik gesezt von Fr. Götzloff. [...]. Leipzig bei Breitkopf und Härtel.

1. Heft:

Der Jüngling am Bache, S. 2.
Punschlied. Im Norden zu singen, S. 25.
Idyllische Einleitung aus Wilhelm Tell (Fischerknabe, Hirte, Jäger), S. 26–29.

3. Heft:

Würde der Frauen, S. 14–18.
Lieder aus „Wilhelm Tell"; in: Zeit. f. d. el. W. 1804, Beil. 7 (Brandstaeter, S. 38).
Punschlied. Im Norden zu singen (Blaschke, 399).

Greindl, Joseph (1758–1826), Kapellmeister am Stephansdom in Wien.
Hero und Leander (Monodrama) (vgl. Musikalisches Conversations-Lexikon 4, 348).

Grönland, Johann Friedrich (1777–1843), dänischer Komponist, Musiklehrer in Altona.
An die Freude; in: Notenbuch zum Akademischen Liederbuch, II, Leipzig und Altona 1796, S. 44 (Friedlaender, Das deutsche Lied 2, 391).

Grosheim, Georg Christoph (1764–1841), Komponist, Musikpädagoge, Musikalienhändler, 1800–1802 Musikdirektor der Kasseler Hofkapelle.
Das Mädchen aus der Fremde [...]. Für die Guitarre. [Dass. Für das Pianoforte.] (Wurzbach, S. 46, Nr 589).
Dass.; in: Slg. teutscher Gedichte in Musik gesetzt [...] v. C. G. Grosheim. 5. Tl. 10 Lieder, Kassel o. J. (1800?), Wöhler u. Grosheim (MGG 5, 947; Friedlaender, Das deutsche Lied 2, 395).
Elegie an Emma; in: Samml. teutscher Ged. (Brandstaeter, S. 34, Nr 42).
Hektors Abschied / Ein Gedicht von F^R Schiller mit Guitarre oder Clavier Begleitung von G. C. Grosheim / Mainz, bei B. Schott Söhnen [CPM 25, 238: N. Simrock: Bonn, (1798)].
Slg. teutscher Gedichte in Musik gesetzt [...]. T. 1–5. Mainz u. a. (MGG 5, 947).

5. Teil:

Das Mädchen aus der Fremde.

6. Teil:

Dithyrambe.
Hoffnung.
Der Jüngling am Bache.
Das Geheimnis.
(Nach freundlicher Auskunft des Deutschen Musikalischen Archivs, Kassel.)

Groß, Heinrich, 1793 als Violoncellist in Schweden, 1795 Mitglied der königlichen Kapelle in Berlin.
  Das Geheimniss, von Schiller. Für eine Singstimme mit Pianoforte. Berlin, Paez (Wurzbach, S. 46, Nr 591).
  Monats-Früchte für Clavier [...]. Berlin. 2. Heft. August 1803.
    Das Geheimnis, S. 12–13 (Fellinger, 165).
  Dass. 5. Heft. Februar 1804.
    Würde der Frauen, S. 6–7 (Fellinger, 166).
  Sehnsucht (Blaschke, 398).

Gruber, Georg Wilhelm (1729–1796), Violinist, Kapellmeister und Musikverleger in Nürnberg.
  An die Freude. Einzeldruck [...]. Ein Rundgesang von Schiller. In die Musik gesetzt von Ge. Wilh. Gruber, Kapellmeister. Nürnberg auf Kosten des Tonsezers, o.J.; ausführlich recensirt in der Musikal. Real-Zeitung v. 17. Dec. 1788, Speier (Friedlaender, Das deutsche Lied 2, 391).

Guelden, Joseph Ernst.
  Musikalisches Quodlibet (f. 1 St. m. Klav. u. f. Klav.) v. Joseph Ernst Guelden. Berlin: Auf Kosten d. Verfass. 1804.
    Würde der Frauen, S. 3 (DSB).

Gyrowetz, Adalbert (1763–1850), böhmischer Komponist, Kapellmeister in Mailand, Paris, London und 1804–1831 am Wiener Hoftheater.
  An die Freude (Blaschke, 398).

Häser, August Ferdinand (1779–1844), 1800–1806 Kantor in Lemgo, 1806–1813 in Italien lebend, 1817 Chordirektor der Hofoper in Weimar, 1829 dort Kirchenmusikdirektor, Komponist von Opern und Kirchenwerken.
  An die Freude (gem. Ch.) (Blaschke, 398).
  Die Kindesmörderin. Ein Gedicht von F. Schiller in Musik gesetzt von A. F. Häser. Auf Kosten des Komponisten, gedruckt bei Breitkopf und Härtel in Leipzig. [Blaschke, 398: 1802].

Haeser, Christian Wilhelm (1781–1867), berühmter (Baß-)Sänger, Gesangslehrer in Dresden, Prag, Breslau, Wien und Stuttgart, Komponist von Opern, Gesängen und Liedern.
  Der Pilgrim (op. 18, b) (Brandstaeter, S. 39, Nr 81).
  3. Lieder für eine Altstimme.
    I.) Des Mädchens Klage. Thekla's Lied von Schiller. Musik von Wilhelm Häser (H: SNM).
  Neun deutsche Lieder f. 1 Singst. m. Begl. d. Pfte. Leipzig: C. F. Peters.
    5. D. Mädchens Klage (DSB).
  Sechs Gesänge für eine Baßstimme mit Pianofortebegleitung in Musik gesetzt von Wilh. Häser. 18^s Werk. Leipzig, / Bei Breitkopf & Härtel.
    Der Pilgrim, S. 14–16.

Häusler, Ernst (1760/61–1837), Violoncellist und Gesangslehrer, 1800 Kantor in Augsburg und königlich-bayerischer Musikdirektor.

Drei Gedichte von Schiller, Goethe und Pfeffel mit Begleitung des Pianoforte in Musik gesetzt [...] von E. Haeussler / Op. 43 / Augsburg bey Gombart & Comp.
　　An Emma, S. 1–3.
Würde der Frauen von Friedrich Schiller / In Musik gesezt von H^n Ernst Haeussler. Op. 25 / Augsburg in der Gombart'schen Musikhandlung.
Zwei Gedichte: Schillers Freude u. Mahlmanns Seitenstück (f. 1 St. u. Pfte.). Augsbg., Andr. Böhm (Eitner 4, 472).

Harder, August (1775–1813), Sänger, Pianist, Gitarrist, Komponist und Schriftsteller in Leipzig.
　　An Emma, von Schiller. Für eine Singst. mit Guitarrebegleit. Berlin, Schlesinger (Wurzbach, S. 46, Nr 593).
　　Ausgewählte Gesänge aus Schillers Gedichten mit Musik von J. F. Reichardt für die Guitarre arrangirt von A. Harder. Erstes–Zweites Heft. Leipzig und Berlin, im Kunst- und Industrie-Comptoir.

　　　　　　　　　　1. Heft:
　　　　Das Mädchen aus der Fremde, S. 2.
　　　　Des Mädchens Klage, S. 3.
　　　　Die Begegnung, S. 4.
　　　　Das Geheimniß der Reminiscenz, S. 6–7.
　　　　An den Frühling, S. 8.
　　　　Aechtes Glück [Am Antritt des neuen Jahrhunderts], S. 9.
　　　　Punschlied, S. 10.
　　　　An die Freude, S. 11.
　　　　An die Freude. (Neue Melodie), S. 12–13.
　　　　Die vier Weltalter, S. 14–15.

　　　　　　　　　　2. Heft:
　　　　Die Gunst des Augenblicks, S. 2.
　　　　Der Jüngling am Bache, S. 3.
　　　　Der Alpenjäger, S. 4–5.
　　　　Der Pilgrim, S. 6–7.
　　　　Fantasie an Laura, S. 8.
　　　　Hoffnung, S. 9.
　　　　Der Graf von Habsburg, S. 10–15.
　　Der Triumph der Liebe (Brandstaeter, S. 31, Nr 5).
　　Eudora od. Lieder, Romanzen u. Balladen. (F. 1 St.) u. d. Guitarre. H. 1. Lpzg u. Berlin: Kunst- u. Industr.-Compt.
　　Jägerliedchen für Walther Tell, Nr 2 (DSB).
Sehnsucht von Friedrich von Schiller mit Begleitung des Pianoforte, in Musik gesetzt [...] von August Harder. Op. 18. Berlin, im Kunst und Industrie-Comptoir.
Sehnsucht, von Friedr. Schiller. Für eine Singstimme mit Begleitung des Pianoforte. Op. 18. Berlin 1805, Schlesinger (Wurzbach, S. 46, Nr 594).

Hauer, Ernst, „etwa von 1810 bis 1828" Kantor in Dardesheim bei Halberstadt, „seitdem bis 1840" Musiklehrer an der Bürgerschule in Halberstadt (Musikalisches Conversations-Lexikon 5, 93), Komponist und Verfasser einer Singschule.

Am Antritt des neuen Jahrhunderts („Wahres Glück") 1859 f. Männerchor, auch für
1 St. (Brandstaeter, S. 37, Nr 67).

Hausius, Carl Gottlob (geb. 1755), Musikdilettant und Magister der Philosophie in Leipzig.
An die Freude; in: Frohe und gesellige Lieder für das Clavier, Leipzig o. J. (1794), S. 6
(Friedlaender, Das deutsche Lied 2, 391; vgl. ebd. 1, 53).

Haydn, Joseph (1732–1809), 1761–1790 Kapellmeister des Fürstenhauses Esterházy in
Eisenstadt und Esterház, zuletzt, nach Auflösung der Kapelle, in Wien lebend.
An die Freude (Blaschke, 398).
Auserlesene Sammlung von Gesängen für eine Bass-Stimme mit Begleitung des Piano-
Forte. N° 30. [Von Joseph Haydn.] Wien bey A. Diabelli u. Comp.
Die Theilung der Erde.
42 Canons für drey und mehrere Singstimmen von Joseph Haydn. (Aus der Original-
Handschrift des Componisten.) Bey Breitkopf & Härtel in Leipzig [1810].
10. Flucht der Zeit [Die Ideale, V. 5–8].
36. Das ist es was den Menschen zieret [Das Lied von der Glocke, V. 17–20]
(Joseph Haydn. Thematisch-bibliographisches Werkverzeichnis zusammengestellt
von Anthony van Hoboken. Bd 1–3. Mainz 1957–1978. Bd 2. S. 284).

Heine, Samuel Friedrich (1764–1821), Flötist, Komponist und Musikalienhändler in
Ludwigslust, 1809 Archivregistrator, 1815 Archivsekretär in Schwerin.
Sehnsucht (Brandstaeter, S. 38, Nr 81).

Held, Franz Xaver, „dem Verleger nach lebte er noch im 18. Jh." (Eitner 5, 95).
Würde der Frauen, von Schiller. Duett für Sopran (oder Tenor) und Bass mit Pianoforte. Op. 1. Augsburg, Rieger (Wurzbach, S. 47, Nr 600).

Hellwig, Karl Friedrich Ludwig (1773–1838), Vizedirektor der Berliner Singakademie,
1813 Dom-Organist und Gesangslehrer am Joachimsthaler Gymnasium und anderen
Schulen, 1815 Musikdirektor, Komponist von Liedern, Opern und Kirchenmusik.
Amalia „Schön wie Engel v. Walhallas Wonne" (Schiller) f. 1 Singst. u. Pfte., Bln.
1809 (MGG 6, 119–120).
Sechs Lieder mit Begleitung des Pianoforte in Musik gesetzt [...] von Ludwig Hellwig.
3^s Werk. II^s Heft. Leipzig, bei C. F. Peters.
Würde der Frauen, S. 2–3.
Die Theilung der Erde, S. 6–7.
Sechzehn Lieder (1st.) m. Begl. d. Pfte. comp. v. C. L. Helwig. Leipzig: Breitkopf u.
Härtel.
Hofnung, Nr 4.
Die Worte des Glaubens, Nr 10 (DSB).

Henkel, Johann Michael (1780–1851), Stadtkantor, bischöflicher Hofmusikus und
Gymnasialmusiklehrer in Fulda.
Sechs Lieder für Sopran, Alt, Tenor & Baß. Componirt [...] von M. Henkel. 2tes Heft.
[...] Offenbach ª/M, bei Johann André.
Hofnung, S. 4–6.

Himmel, Friedrich Heinrich (1765–1814), Kapellmeister in Berlin, Komponist von
Opern und Liedern.
   Sechs Lieder v. Robert, Pichler, Schiller u. a. (f. 1 St.) m. Begl. d. Pfte. [op. 42.] Leipzig:
   C. F. Peters.
   An Emma (DSB).

Horstig, S., geb. Aubigny von Engelbrunner (Engelbronner), Gattin des Konsistorialrats
Karl Gottlob Horstig (1763–1835) in Bückeburg, Sängerin und Komponistin.
   Gesänge für gebildete Freunde der Tonkunst, mit Begleitung des Pianoforte und der
   Guitarre von S. Horstig geb: d'Aubigny von Engelbrunner. 1te Samml.
   Thecla [Des Mädchens Klage], S. 10–11.

Hummel, Johann Bernhard (1760–um 1805), Musikverleger in Berlin, Pianist, Kompo-
nist.
   Zwölf deutsche Lieder m. Begl. d. Fortepiano's. Berlin: F. W. Maass [1799].
   Nadowessische Todtenklage, Nr 3 (DSB).

Hurka, Friedrich Franz (1762–1805), Sänger und Komponist in Berlin.
   Das Mädchen aus der Fremde; in: Musikalisches Journal. Herausgegeben von
   F. F. Hurka. Monat Mai. Berlin [o. J.], im Verlage der neuen Notendruckerei von
   F. W. Maaß. S. 7.
   Des Mädchens Klage (Friedlaender, Das deutsche Lied 2, 398).
   Lied von der Glocke, in Musik gesetzt für eine Singstimme mit Begleitung des Pianof.
   Hamburg; Berlin 1801 (Wurzbach, S. 47, Nr 603).
   Scherz und Ernst in XII. Liedern von F. F. Hurka / Dresden auf Kosten des Verfassers
   [MGG 6, 970: T. 1. ^{2}/1789, Hilscher].
   An die Freude, S. 20–21.
   Sechs deutsche Lieder als Neujahrs-Geschenk mit Begleitung des Forte Piano von
   F. F. Hurka.
   Des Mädchens Klage, o. S. (zeitgenössische Handschrift; GAN).
   Sehnsucht (Brandstaeter, S. 39, Nr 81).
   Würde der Frauen; in: Monats-Früchte für Clavier und Gesang 2 (1804/06). 6. Heft.
   S. 1–3 (Fellinger, 168).

Kanne, Friedrich August (1778–1833), Musikschriftsteller und -kritiker in Wien, 1809
Kapellmeister der Oper in Preßburg, 1810 wieder in Wien lebend, Komponist von
Opern, Liedern und Instrumentalmusik.
   An die Freude (Blaschke, 398).
   Der Taucher, Ballade von Schiller. Für d. Pianof. Leipzig 1803, Peters (Wurzbach,
   S. 47, Nr 605).
   Der Taucher. Ballade von Schiller für das Pianoforte gesetzt von Friedrich August
   Kanne. Penig bey F. Dienemann und Comp:
   Die Bürgschaft (Blaschke, 399).
   Die Erwartung / Gedicht von Schiller in Musik gesezt [...] von Friedr. August
   Kanne. Leipzig bei Hoffmeister und Kühnel [Wurzbach, S. 47, Nr 606: 1802].

Kielmann, Daniel (1778–1829).
Zwölf Lieder für eine Singstimme mit Begleitung des Pianoforte in Musik gesetzt von Daniel Kielmann [...]. Herausgegeben und den Freunden des verstorbenen Componisten gewidmet im Jahre 1842. Verlag und Eigenthum von Trautwein & C° in Berlin. Erstes Heft.
Gruppe aus dem Tartarus, S. 14–16.

Kirchner, Johann Heinrich (1765–1831), 1790 Stadtkantor in Rudolstadt, 1800 Diakon; Kirchenmusiker, Pädagoge.
12 Arien z. Gebrauch f. Singchöre (4st.) Sammlg. 1. Part. Rudolstadt: Langbein u. Klüger in Com. 1800.
An die Freude, S. 19.

Klage, Carl (1788–1850), Pianist, Gitarrist und Musiklehrer in Berlin.
An Emma, von Schiller. Für eine Singstimme mit Guitarrebegl. Berlin, Kriegar (Wurzbach, S. 47, Nr 607).

Kleinheinz, Franz Xaver (1765–1832), Klavierlehrer und Komponist in Wien, 1805 in Ungarn, später wieder in Wien, 1814 Kapellmeister in Budapest.
Der Handschuh, ein Gedicht von Friedrich Schiller, in Musik gesetzt [...] von Franz Xav: Kleinheinz. Werk XI. Im Verlage des Kunst und Industrie Comptoirs zu Wien.
Hektors Abschied. Ein Gedicht von Friedrich Schiller in Musik gesetzt und dem Grafen Georg von Bérényi gewidmet von Franz Xav. Kleinheinz. Werk 10. Im Verlage des Kunst- und Industrie-Comptoirs zu Wien, Kohlmarkt N° 269.
Der Kampf, ein Gedicht von Friedrich Schiller. Für eine Singst. Op. 14. Wien 1805 (Wurzbach, S. 47, Nr 611).
4 Gedichte v. F. Schiller: Hectors Abschied op. 10, Der Handschuh op. 11, Die Erwartung op. 13, Wien 1802, Industrie Comptoir, Der Kampf op. 14, ebda. 1803 (MGG 7, 1207).

Knecht, Justin Heinrich (1752–1817), Lehrer in Biberach, 1806–1808 Zweiter Musikdirektor am Stuttgarter Hof.
Das Lied von der Glocke (Schiller), Melodram, 1807 (MGG 7, 1267).

Kocher, Conrad (1786–1872), Organist und Chorleiter in Stuttgart, 1827 Musikdirektor an der Stiftskirche, Komponist zweier Opern, eines Oratoriums, Herausgeber von Choralbüchern.
Die Macht des Gesanges v. Schiller. [...] F. 4 Männerst., Chor u. Soli ges. [...] Stuttgart: J. B. Metzler 1826 (DSB).

Körner, Christian Gottfried (1756–1831), Gerichtsrat in Dresden, später Gouvernementsrat, Staatsrat im preußischen Innenministerium und Oberregierungsrat im Kultusministerium, Freund Schillers.
„Amaliens Lied aus den Räubern" (Schiller), 2stg. mit Begleitung (Seifert, 160).
An die Freude; in: Thalia. 2. Heft 1786, vor S. 1 (wo das Gedicht beginnt); Mildheimisches Liederbuch, Anhang, 1815, S. 166 (Friedlaender, Das deutsche Lied 2, 391).

An die Freude. Ein Rundgesang für freye Männer von Schiller. Mit Musik [von Christian Gottfried Körner]. 1786.
An die Freunde, vgl. Schiller an Körner, 17. März 1802 (nicht überliefert).
Das Mädchen aus der Fremde, vgl. Schiller an Körner, 21. November 1796 (nicht überliefert).
Der Besuch, vgl. Körner an Schiller, 25. November 1796 (nicht überliefert).
Der Tanz, vgl. Körner an Schiller, 9. September 1795, und Schiller an Körner, 18. September 1795 (nicht überliefert).
„Des Mädchens Klage" (Schiller), f. Solo mit ausgeschriebener Klavierbegleitung, Abschrift (Seifert, 161).
Gesang und Liebe in schönem Verein [...]. [Schlußverse von „Die vier Weltalter".] Canon zu 3 Stimmen (H: GSA).
Reiterlied, vgl. Schiller an Körner, 18. Juni 1797, und Körner an Schiller, 25. Juni 1797 (nicht überliefert).
Wohl perlet im Glase der funkelnde Wein [...] (Die vier Weltalter; H: GSA).

Krebs, Xaver, Leiter einer Theater- und Operngesellschaft, aus der 1810 das Darmstädter Hoftheater gebildet wurde.
Die Bürgschaft, Ballade von Schiller. Für eine Singst. m. Guitarrebegl. Leipzig, Peters (Wurzbach, S. 47, Nr 613).
Fridolin oder der Gang nach dem Eisenhammer. Ballade v. Schiller, ganz durchgeführt. Mit Guitarrebegleitung. Op. 11. Leipzig, Peters (Wurzbach, S. 47, Nr 614).
Sehnsucht von Friderich Schiller / In Music gesezt von Krebs in Stuttgart (H: SNM).

Kreutzer, Conradin (eigentlich: Konrad) (1780–1849), Kapellmeister, Dirigent und Musikdirektor u. a. in Stuttgart, Donaueschingen, Wien, Köln, zuletzt in Riga, Komponist eines umfangreichen Werks (besonders von Opern, Oratorien, Liedern).
Der Taucher. Romantische Oper in zwey Aufzügen. Musik von Conradin Kreutzer [...]. Klavier-Auszug. Wien, bey A. Pennauer [Eitner 5, 443: 24/1 1824].
Die Sehnsucht / Gedicht von Schiller für das Piano Forte von Conradin Kreutzer / Hannover in der Hofmusikhandlung von C. Bachmann.
Die Würde der Frauen. Für eine Singstimme mit Pianoforte. Op. 78. Leipzig, Kistner (Wurzbach, S. 47, Nr 617).
Drey Gedichte von Schiller mit Pianoforte Begleitung in Musik gesezt von Conradin Kreutzer. 32tes Werk. Augsburg bey Gombart & Comp.
  Die Worte des Glaubens, S. 2–7.
  Sehnsucht, S. 8–13.
  Hofnung, S. 14–19.
Fridolin, oder der Gang nach dem Eisenhammer, Oper in 3 Akten (Wien 16/12 1837) (Eitner 5, 443). Vgl. in diesem Band S. 345: Reil, Friedrich.
Pilgrim (Schiller) in Orpheon, Stg. 1842–1847 (MGG 7, 1777).
Würde der Frauen von Schiller [...] von Conradin Kreutzer (H: SNM).
12 Lieder und Romanzen, op. 75. 2 Hfte. Lpz., Probst (Eitner 5, 444).
Der Besuch, 1. Heft, Nr 5 (Friedlaender, Das deutsche Lied 2, 395).

Krufft, Nikolaus Freiherr von (1779–1818), Staatskanzleirat in Wien, Pianist und Komponist.
  An die Freude (Schiller) f. Singst., Chor u. Kl., Wien-Pesth (1812), Bureau d'arts et d'industrie (MGG 7, 1832).
  Die Sehnsucht. Für eine Singstimme mit Pianoforte componirt. Wien, Mechetti (Wurzbach, S. 47, Nr 620).
  Hoffnung, ein Gedicht von Friedrich Schiller. Für eine Bassst. mit Begl. des Claviers. Wien 1804 (Wurzbach, S. 47, Nr 619).
  Reiterlied [...] aus Schiller's Wallenstein, in Musik gesetzt (f. 4 Männerstimmen) nebst Marsch für's Clav. (über dasselbe Lied). Part. Wien: Mechetti (DSB).
  Sammlung deutscher Lieder m. Begl. d. Clav. (1 St. u. Klav.) Wien: Strauss 1812.
    1. Würde der Frauen.
    6. An Emma (DSB).
  Sechs Gesänge von Schiller In Musik gesetzt und der Freyin von Münck gebohrnen von Holzmeister gewidmet vom Freyherrn Niklas von Krufft. Wien bey Pietro Mechetti [um 1813].
    Der Abend (Senke, strahlender Gott), S. 1–3.
    Die Blumen, S. 4–7.
    Die Erwartung, S. 8–13.
    Das Geheimniss, S. 14–15.
    Des Mädchens Klage, S. 16–21.
    Sehnsucht, S. 22–23.

Lauska, Franz (1764–1825), Hofmusiker des Pfalzgrafen von Bayern in München, seit 1798 in Berlin als Klaviervirtuose und Musikpädagoge.
  12 Lieder (1 Singst.) mit Begl. d. Guitarre. Mainz: Schott.
    An Emma, S. 8.
    Sehnsucht, S. 12 (DSB).

Lecerf, Justus Amadeus (geb. 1789), 1825 Musikdirektor in Aachen, 1829 in Berlin, 1843 Musiklehrer in Dresden.
  Sechs Gesänge mit Begleitung des Pianoforte [...] von Just. Amad. Lecerf. Leipzig, im Bureau de Musique von C. F. Peters.
    Der Alpenjäger, S. 8ff.
  12 Balladen und Lieder, f. Mezzo-Sopran od. Alt. Heft 2–4. Berlin Kuhr; Lischke (Hofmeister 3, 360).
    Der Alpenjäger (Brandstaeter, 38, Nr 78).
    Sehnsucht, 3. Heft (Brandstaeter, 39, Nr 81).

Lehmann, Friedrich Adolph Freiherr von (1768–1841), Leutnant, um 1800 Legationsrat in Dessau, später Privatmann in Halle, Liederkomponist.
  Des Mädchens Klage, ein Gedicht von Schiller, fürs Clavier in Musik gesetzt. Leipzig 1802 (Wurzbach, S. 47, Nr 622).

Leidesdorf, Maximilian Joseph (1787–1840), Pianist, Klavier- und Gitarrenlehrer, Musikalienhändler in Wien.
  Die Sehnsucht von Schiller. Für eine Singst. mit Pianof. Op. 127. Wien, Mechetti (Wurzbach, S. 47, Nr 623).

Machholdt, J. H. C., „um 1793 Organist zu Lüneburg, gab Arien und Lieder in Rinteln 1793 heraus" (Eitner 6, 265).
  12 Lieder verschied. Dichter in Mus. gesetzt f. Ges. u. e. begl. Pfte v. J. H. C. Machholdt. Braunschweig: Auf Kosten d. Verf.
  Das Mädchen aus der Fremde, S. 17 (DSB).

Matthäi, Heinrich August (1781–1835), Konzertmeister am Theater und Gewandhaus in Leipzig, Komponist von Violinstücken und Liedern.
  Die Würde der Frauen (Männerchor mit Klavier) (Blaschke, 400).

Maurer, Franz Anton (1777–1803), Opernsänger in Wien, Frankfurt und München.
  Lied der Thecla aus Schiller's Wallenstein (f. 1 St. mit Klav.) München, Falter (Eitner 6, 394).

Mayer, August (erwähnt 1828 bei Whistling, 1079).
  Die Bürgschaft. Ballade von Friedrich Schiller, für eine Singstimme und Begleitung des Pianoforte gesetzt und Seiner Majestät dem Könige von Sachsen in tiefster Ehrfurcht gewidmet von August Mayer. Braunschweig im Musikalischen Magazine von I. P. Spehr auf der Höhe.

Méhul, Etienne Nicolas (1763–1817), französischer Komponist, Organist und Musiklehrer in Paris.
  Sehnsucht (Männerchor) (Blaschke, 398).

Methfessel, Johann Albert Gottlieb (1785–1869), 1810 Kammermusikus in Rudolstadt, 1822 Musikdirektor in Hamburg, 1832–1842 Hofkapellmeister in Braunschweig, Liederkomponist.
  Das Mädchen aus der Fremde (Guirl., No. 20) (Brandstaeter, S. 33, Nr 28).
  Hofnung; in: Lieder Kranz mit Begleitung des Pianoforte oder der Guitarre. Augsburg bey Gombart et Comp. 1 (ca. 1822/1823). 10. Heft. S. 1 (Fellinger, 652).
  Liederkranz z. Sammlg v. Gesängen u. Liedern m. Begl. d. Fortepiano u. d. Guitarre in Mus. ges. u. hrsg. v. Albert Methfessel, H. 1–3. Rudolstadt in Comm. der Hofbuchhandlung.

1. Heft:

  Die Blumen, Nr 6 (DSB).
  Sechs Lieder mit Begleitung des Fortepiano und der Guitarre componirt von Albert Methfessel. 24^s Werk. Leipzig, bei Fried. Hofmeister.
  Hofnung, S. 13.
  Thekla. Eine Geisterstimme (op. 93,2) (Brandstaeter, S. 36, Nr 56).

Möllinger, Christian (1754–1826), königlicher Hof- und Stadtuhrmacher in Berlin, Instrumentenmacher.
  [Sammlung ohne Titelblatt]
  An den Frühling [für eine Singstimme und Pianoforte], S. 30 (GAN, Nr 976).

Mosel, Ignaz Franz Edler von (1772–1844), Hofrat und Kustos der Hofbibliothek in Wien, Komponist.
  An den Frühling; in: Wedemann's 100 Volkslieder, Weimar 1836 (Friedlaender, Das deutsche Lied 2, 391).

3 Samlg. je 6 Gedichte f. 1 Singst. mit Pfte. Wien, Steiner & Co. (Eitner 7, 79).
    Des Mädchens Klage; in: 3. Sammlung (Brandstaeter, 35, Nr 53).
Sechs Gedichte für eine Singstimme mit Begleitung des Piano in Musik gesetzt und Herrn Michael Vogel k. k. Hof-Opern-Sänger gewidmet von I. F. von Mosel. Wien, bei S. A. Steiner und Comp.
    An den Frühling, S. 2–3.
    Ouv. u. Lieder zu Wilhelm Tell (Schiller), Kl. A. Wien, Haslinger (MGG 9, 621).

Müller, August Eberhard (1767–1817), Organist an der Nikolaikirche in Leipzig, 1804 Kantor an der Thomasschule, 1809 Großherzoglicher Kapellmeister in Weimar, Komponist von Kantaten, Singspielen, Chorgesängen, Liedern und Flöten- und Klaviermusik.
    VI deutsche Lieder mit Begleitung des Clavier von A: E: Müller. Braunschweig im Musikalischen Magazine auf der Höhe.
    Das Mädchen aus der Fremde, S. 5–6.

Müller, Johann Christian (gest. „1796 in den besten Jahren"; Musikalisches Conversations-Lexikon 7, 195), Violinist in Leipzig.
    An die Freude; in: Schiller's Ode an die Freude (siehe unten unter Anonymus).
    Friedrich Schiller's Ode an die Freude, in Musik gesetzt und der gerechten und vollkommenen Loge „zu den drei Flammen" in Görlitz gewidmet [...] Leipzig 1786 (Wurzbach, S. 48, Nr 639).

Müller, Johann Michael (1772–1835), Violinist, Musik-, Opern- und Orchesterdirektor in verschiedenen Städten, zuletzt zweiter Orchesterdirektor in Stuttgart und Konzertmeister in der Kapelle des Fürsten Esterhazy in Wien, danach wieder in Stuttgart lebend.
    Zwölf Gesänge mit Begleitung des Piano Forte. Ihrer Majestät der regierenden Königin von Baiern Allerunterthänigst gewidmet von J: M: Müller fürstlich Esterhazischen Conzertmeister und Musikdirektor.
    Der Knabe an der Quelle [Der Jüngling am Bache], S. 24–25.
    An den Frühling, S. 36–37 (zeitgenössische Handschrift; GAN).

Mutzenbecher, Ludwig Samuel Dietrich (1766–1838), königlich dänischer Postmeister und Justizrat in Altona.
    [Mutzenbecher und Zelter] *Schillers Punschlied im Norden zu singen fürs Forte-Piano und 2 Flöten von D.r Mutzenbecher und Zelter. Hamburg, bei Gottfr. Vollmer.*
    [Dies.] *Friedrich von Schiller's Punschlied im Norden zu singen, für Gesang, Clavier und zwei Flöten. Mainz 1804* (Wurzbach, S. 48, Nr 641).

Nägeli, Hans Georg (1773–1836), Musikalienhändler, Musikverleger in Zürich, Gründer des Zürcherischen Singinstituts von 1805.
    Teutonia. Rundgesänge und Liederchöre [mit Pianoforte] [...] Zürich: im Verlage des Autors (Fellinger, 280).
    An die Freude, Sechster Heft [1809], S. 135–142.
    Würde der Frauen, Siebenter Heft [1809], S. 156–159 (Fellinger, 282).

Naumann, Johann Gottlieb (1741–1801), Kapellmeister und Komponist in Dresden.
    An die Freude, vgl. Schiller an Körner, 5. Januar 1787.
    Die Ideale von Schiller und Nauman [!]. / nicht für Viele / Dresden, In P. C. Hilscher's Music Verlage.

Niemeyer, Johann Carl Wilhelm (1780–1839), Professor der Theologie, Lehrer am Franckeschen Waisenhaus in Halle, Verfasser eines Choralbuchs und musiktheoretischer Artikel.
   Lied der barmherzigen Brüder aus S c h i l l e r s Wilhelm Tell, für 3 Tenor- u. 3 Bassstimmen. Leipzig, Hofmeister (Whistling, 1019).

Oswald, Heinrich Siegmund (?) (geb. 1751), Schriftsteller und Komponist in Breslau, Verfasser mehrerer Liedersammlungen.
   Der Jüngling am Bache (Blaschke, 399).

Paër, Ferdinando (1771–1839), italienischer Komponist, Kapellmeister in Venedig, 1803–1806 in Dresden, dann in Paris.
   L'Addio di Ettore (Hektor's Abschied). Duett für Sopran und Tenor mit Pianoforte. Berlin, Schlesinger; Bonn, Simrock; Wien, Witzendorf (Wurzbach, S. 48, Nr 642).

Pilz, Carl Philipp Emanuel, „am Ende des 18. Jhs. Organist in Guben" (1771–1810?) (Eitner 7, 450).
   Sehnsucht. Gedicht von Schiller. Für den vierstimmigen Männergesang componirt [...]. Op. 1. (Partitur) Bautzen. F. A. Reichel (ÖNB).

Pitterlin, Friedrich Adolph (1760–1804), Musikdirektor in Secondas Theatergesellschaft in Leipzig, 1796 am Theater in Magdeburg, Komponist von Singspielen, Balletten u. a.
   Der Eichwald brauset etc. Lied aus Die beiden Piccolomini von Schiller in Musik gesezt von Pitterlin. Bei Breitkopf und Härtel in Leipzig.

Polt, Johann Joseph (1775–1861), Buch- und Musikalienhändler in Prag, Schriftsteller und Komponist.
   Der fröhliche Sänger. Eine Sammlung ergötzlicher Lieder. Zur Erheiterung für Freunde des Gesanges und alle frohe Gesellschaften. [...] Mit 86 Musikblättern. Wien, Lechner. 1825.
     Nr 7/60: Lied der Freude [An die Freude?] (ÖNB; vgl. dazu Brandstaeter, S. 32, Nr 18).
   S c h i l l e r' s „Freundschaft" in Musik gesetzt für Singstimme und Pianoforte (Constant von Wurzbach: Biographisches Lexikon des Kaiserthums Österreich. T. 23. 1872. S. 91).

Pracht, August Wilhelm, „Tonkünstler zu Königsberg in der Neumark um 1793" (Gerber II 3, 756).
   Die Kindesmörderin vom Herrn Hofrath Schiller. In Musik gesetzt von August Wilhelm Pracht, Musicdirector zu Königsberg in der Neumark. Op. CCLXIII. Berlin, im Verlage der Rellstabschen Musikhandlung.

Radziwill, Anton Heinrich Fürst (1775–1833), 1815 Statthalter in Posen, betätigte sich als Sänger und Cellist, großzügiger Förderer von Musik und Musikern.
   [An Emma.] Worte von Schiller. Musik vom Prinzen Anton Radziwill (H: SNM).

Reichardt, Johann Friedrich (1752–1814) (vgl. über ihn NA 2 II A, 484–486).
   An die Freude; in: Musikalischer Almanach, Berlin 1796 (Friedlaender, Das deutsche Lied 2, 391).
   Dass.; in: Schiller's Ode an die Freude (siehe unten unter Anonymus).

Ausgewählte Gesänge aus Schillers Gedichten mit Musik von J. F. Reichardt für die Guitarre arrangirt von A. Harder (vgl. Harder, August).

Das Unwandelbare; in: Arion. Sammlung auserlesener Gesangstücke mit Begleitung des Piano-Forte. [...] Braunschweig bei Fr. Busse. Bd 7 (1831), Nr 276, S. 77 (Fellinger, 879).

Der Jüngling am Bache, von Schiller. Für eine Singstimme mit Pianoforte. Berlin, Paez (Wurzbach, S. 48, Nr 651).

Der Taucher, Oper in 2 Akt. von Bürde. 1810 (Eitner 8, 166); [Der Taucher.] Auswahl der vorzüglichsten Gesänge und Tänze aus der Taucher, Oper in zwei Akten [...]. Im Clavierauszug, vom Autor. A. M. Schlesinger: Berlin [1811] (CPM 47, 264).

Des Mädchens Klage, von Schiller. Für eine Singstimme mit Pianoforte. Berlin, Paez (Wurzbach, S. 48, Nr 652).

Die Macht des Gesanges; in: Musen-Almanach für das Jahr 1796 (vor S. 1).

[Echtes Glück] „Ach umsonst auf aller Länder Charten" (Schiller) [An***, später: Am Antritt des neuen Jahrhunderts]; in: Monats-Früchte für Clavier und Gesang [...]. Berlin. 3. Heft. 19. Oktober 1803. Nr 27. S. 10 (Fellinger, 165).

Hero und Leander (Oper) (Blaschke, 399).

Lieder für die Jugend. Zweites Heft. [Ohne eigentliches Titelblatt; im Vorwort des ersten Heftes: Giebichenstein bei Halle / den 12. November 1799.]

    An den Frühling, S. 12–13.

Lieder der Liebe und der Einsamkeit zur Harfe und zum Clavier zu singen von Johann Fried. Reichardt. Leipzig, bei Gerhard Fleischer dem Jüngern.

    Die Ideale, S. 50–51.

Lieder der Liebe und Einsamkeit. Reichardts Lieder II. Samml. [Ex. des SNM und GSA ohne eigentliches Titelblatt].

    Des Mädchens Klage, S. 10–11.

Musikalischer Jugendfreund oder instructive Sammlung von Gesängen für die Jugend gebildeter Stände [...] von M. Friedrich Wilhelm Lindner [...]. Zweites Heft. Dritte verbesserte Auflage. Leipzig, bei Friedrich Christian Wilhelm Vogel [1819]; Drittes Heft. Leipzig, auf Kosten des Herausgebers [1812]. [Darin von Reichardt:]

2. Heft:

Der Alpenjäger. Romanze, S. 46–48.
Der Pilgrim, S. 66.

3. Heft:

Hoffnung, S. 37.
An den Frühling, S. 38.
Das Unwandelbare, S. 40.
Das Mädchen aus der Ferne [sic] (Die Göttin der Dichtkunst), S. 42.
Aechtes Glück [Am Antritt des neuen Jahrhunderts], S. 64.
Die Worte des Glaubens, S. 74–75.

Neue Lieder geselliger Freude. Herausgegeben von Johann Friedrich Reichardt. Zweites Heft. Leipzig, bei Gerhard Fleischer dem Jüngern. 1804.

    Punschlied (Vier Elemente), S. 38–39.
    An die Freunde, S. 58–60.

Schillers lyrische Gedichte in Musik gesetzt [...] von Joh. Friedr. Reichardt. Heft 1–2. Bey Breitkopf & Härtel in Leipzig [1810].

1. Heft:

Das Mädchen aus der Fremde, S. 1.
Das Geheimniss, S. 2–3.
Die Ideale (verschiedene Kompositionen), S. 4–7.
Das Eleusinische [sic] Fest, S. 8.
Des Mädchens Klage, S. 9.
Die Blumen, S. 10–11.
Die Begegnung, S. 12–13.
Die Erwartung, S. 14–17.
Thekla. Eine Geisterstimme, S. 18–19.
Das Geheimniss der Reminiszenz, S. 20–21.
Würde der Frauen, S. 22–23.
An den Frühling, S. 24.
An Emma, S. 25.
Sehnsucht, S. 26.
Aechtes Glück (An ***; später: Am Antritt des neuen Jahrhunderts, V. 25–36), S. 27.
Hektors Abschied, S. 28–31.
Die Macht des Gesanges, S. 32.
Punschlied, S. 33.
Die vier Weltalter, S. 33.
Männerwürde, S. 34.
Das Unwandelbare, S. 34.
An die Freude (zwei Kompositionen), S. 35–37.
Die Gunst des Augenblicks, S. 38.

2. Heft:

Der Jüngling am Bache, S. 1.
Der Alpenjäger, S. 2–3.
Die Entzükkung an Laura, S. 4.
Fantasie an Laura, S. 5.
Berglied, S. 6–7.
Der Pilgrim, S. 8–9.
Ritter Toggenburg, S. 10–13.
Licht und Wärme, S. 14–15.
Die Worte des Glaubens, S. 16–17.
Die Worte des Wahns, S. 18–19.
Hofnung, S. 20.
Dithyrambe, S. 20–21.
An die Freunde, S. 22–23.
Punschlied. Im Norden zu singen, S. 24.
Das Mädchen von Orleans, S. 25.
Der Graf von Habsburg, S. 26–31.
Aeneas zu Dido („Sie schweigt und Zeus Gebot getreu"), S. 32.
Amalia, S. 46.

Wiegenlieder für gute deutsche Mütter von Joh. Fried. Reichardt. Leipzig, bei Gerhard Fleischer d: Jüngern.
Das Kind in der Wiege, S. 23.
Hofnung, S. 40.

Reichardt, Luise (1779–1826), Tochter von Johann Friedrich Reichardt, Sängerin, 1814 Gesangslehrerin in Hamburg.
Der Jüngling am Bache (Blaschke, 399).

Rellstab, Johann Carl Friedrich (1759–1813), Musikverleger, Verlagsbuchhändler in Berlin.
An die Freude (Schiller), Ode op. 269, o. O. o. J. (Nachdr. bei J. A. Böhme, Hbg.: 14 Kompos. zu Schillers „Ode an die Freude") (MGG 11, 216); (siehe auch unten Schiller's Ode an die Freude unter Anonymus).

Rheineck, Christoph (1748–1797), Geschäftsmann, zeitweilig kirchlicher Musikdirektor an St. Martin in Memmingen.
Lieder m. Clavier Melodien, 5. Slg. Memmingen 1790 (MGG 11, 382).
 An die Freude (Friedlaender, Das deutsche Lied 2, 391).

Rieder, Ambros(ius) (1771–1855), österreichischer Violinist, Bratschist, Organist und Komponist von Kirchen- und Orgelmusik sowie Liedern, 1802 Chordirektor in Perchtoldsdorf bei Wien.
Der Alpenjäger ein Gedicht von Friedrich Schiller für den Gesang und das Pianoforte in Musik gesetzt [...] 32. Werk Wien. Chemische Druckerei (ÖNB).
Ritter Toggenburg (Blaschke, 400).

Rieff, Georg Joseph von (um 1760–nach 1821), 1795 Stadtsekretär in Mainz, 1821 in den Adelsstand erhoben, Komponist von Klavier- und Violinstücken und Liedern.
Frauenwürde, von Schiller. Für eine Singstimme mit Pianoforte. Bonn, Simrock (Wurzbach, S. 48, Nr 655).
Laura am Klavier (Blaschke, 398).

Ries, Ferdinand (1784–1838), Pianist, Violoncellist mit vielen Konzertreisen, 1824–1830 in Godesberg lebend, danach in Frankfurt/M.
An den Frühling; in: Lieder Kranz mit Begleitung des Pianoforte oder der Guitarre. Augsburg bey Gombart et Comp., 1. Jg. (ca. 1822/1823), 7. Heft, S. 16 (Fellinger, 651).
Sechs Lieder m. Begl. d. Pfte. [op. 35.] Hamburg: J. A. Böhme.
Sehnsucht, S. 8 (DSB).

Righini, Vincenzo (1756–1812), seit 1793 Hofkapellmeister in Berlin, Komponist, Gesangslehrer.
Der Jüngling am Bache. (Schiller.) [...] Ges. u. Klav. 1845. in: Gesang u. Saitenspiel (Bagel). 1. (40) (DSB).

Romberg, Andreas Jacob (1767–1819), 1790–1793 Geiger im kurfürstlichen Orchester Bonn, 1800 in Paris lebend, danach in Hamburg, 1815 Hofkapellmeister in Gotha.
An die Freude. Gedicht von Friedrich Schiller. Für vierstimmigen Männerchor mit Orchesterbegleitung komponiert von Andreas Romberg. (Nachgelassenes Werk)

> Begleitung für Pianoforte nach dem Originalmanuskript eingerichtet von Wilh. Koehler-Wümbach. Berlin [...] Chr. Friedrich Vieweg.
>
> Arie aus Schiller's Glocke (Denn mit der Freude Feierklange). Arrangirt mit Guitarre und Flöte. Hannover (Leipzig, Hoffmeister) (Wurzbach, S. 49, Nr 660).
>
> Das Lied von der Glocke. Für vier Singstimmen mit Pianoforte. Op. 25. (Op. 7 der Gesangstücke.) Bonn, Simrock (Wurzbach, S. 49, Nr 658).
>
> Das Lied von der Glocke von Schiller. In Musik gesezt von Andreas Romberg. [...] 1816.
>
> Der Graf von Habsburg / Ballade von Schiller in Musik gesetzt [...] von Andreas Romberg / Clavierauszug / Op. 43. 15tes Werk der Gesangstücke. Bonn und Cöln bey N. Simrock [...]. 1800.
>
> Die Gewalt der Liebe [Der Triumf der Liebe], von Schiller. [...] F. 4 gem. St. Part. [Ms. o. J.] (DSB).
>
> Die Glocke von Schiller. Mit Guitarrebegleitung. Bonn, Simrock.
>> Arie: Die Leidenschaft flieht.
>> Duett: O, zarte Sehnsucht, süsses Hoffen.
>> Sologesang: Denn mit der Freude Feierklange.
>> Solo: Vom Mädchen reisst sich stolz der Knabe.
>> (Wurzbach, S. 49, Nr 659.)
>
> Die Kindesmörderin von Fr. Schiller in Musik gesetzt von DR Andreas Romberg / Op. 27. 9tes Werk der Gesangstücke / Hamburg bey Iohann August Böhme [CPM 48, 407: c. 1810].
>
> Die Macht Des Gesanges von Friedrich Schiller. / in Musik gesetzt [...] gewidmet von DR Andreas Romberg. Op: 28. 10tes Werk der Gesangstücke. [...] Bonn bei N. Simrock.
>
> Sehnsucht. Gedicht von Schiller in Musik gesetzt und der Frau Belli Toderhorst geb. Schroeder aus wahrer Freundschaft zugeeignet von Andreas Romberg. Clavierauszug. Op. 44. 16tes Werk der Gesangstücke. Bonn und Cöln bey N. Simrock [...].
>
> Schiller's „lay of the bell," in vocal score with a separate accompaniment for the organ or pianoforte, composed by Andreas Romberg. London sacred music warehouse [...].

Rong, Wilhelm Ferdinand (1759–1842), um 1800 Musiklehrer und Verleger der eigenen Werke in Berlin, um 1812 Privatsekretär und Hausmusiklehrer auf mecklenburgischen Gütern, 1824 Musiklehrer in Bützow.
> Der Gang nach dem Eisenhammer. Ballade von Fr. v. Schiller. Für eine Singstimme, mit Begleitung des Pianoforte, in Musik gesetzt [...] von Johann Willhelm Ferdinand Rong, Kammer Musikus. Berlin, bei dem Verfasser [...] [1809].

Rosetti, Francesco Antonio, d. i. Franz Anton Rößler (um 1750–1792), Kapellmeister der fürstlich Öttingen-Wallersteinschen Hofkapelle, 1781 in Paris, 1783 Konzertreisen nach Ansbach und Mainz, danach Kapellmeister beim Herzog von Mecklenburg-Schwerin.
> An den Frühling; in Blumenlese für Klavierliebhaber. Eine musikalische Wochenschrift herausg. v. Boßler, Speier 1787, S. 38 (Friedlaender, Das deutsche Lied 2, 390).

Ruhberg, F. A. von (Komponist von „XII Variationen für das Pianoforte" [Meißen 1805?]; CPM 49, 328).

Die Theilung der Erde, von Schiller. Für eine Singstimme mit Pianoforte. Meissen, Gödsche (Wurzbach, S. 49, Nr 668).
Sehnsucht (Blaschke, 399).

Rungenhagen, Carl Friedrich (1778–1851), Dirigent und Komponist in Berlin, 1815 Vizedirektor, 1833 Direktor der Zelterschen Singakademie.
Lieder im Volkston f. Jung u. Alt (1- u. 2st.) m. Klav.-Begl. [...] (Berlin:) Anstalt d. chem. Schreib- u. Druckkunst (1822/3).
An den Frühling, Nr 23 (DSB).
Sechs deutsche Lieder von Göthe, Schiller, de la Motte Fouqué und St Schütze. / componirt [...] von C. F. Rungenhagen. Berlin, / In der Schlesingerschen Buch und Musikhandlung.
Tonkunst, S. 4.

Rust, Friedrich Wilhelm (1739–1796), 1775 fürstlicher Musikdirektor in Dessau, Violinist, Pianist, Komponist.
Oden und Lieder aus den besten deutschen Dichtern, mit Begleitung des Claviers, in Musik gesetzt von Friederich Wilhelm Rust [...]. Zweite Sammlung. Leipzig, bei Georg August Grieshammer, 1796.
An die Freude, S. 45 u. 46/47.

Saalbach, J. G. F., veröffentlichte im Jahr 1808 Klavierstücke.
Gesänge m. Begl. d. Pfte. v. J. G. F. Saalbach. No 7. Leipz. auf Kosten d. Verfass. gedr. b. Breitk & Härtel.
Die vier Weltalter (DSB).

Sämann, Carl Heinrich (gest. 1860), Organist an der Parochialkirche und 1824 Musikdirektor an der Universität Königsberg.
Der Jüngling am Bache (Blaschke, 399).

Salvini, Joseph de (nach Eitner 8, 405, u. CPM 50, 97, Kompositionen von 1762 u. 1800[?]), „ein Italiener, der sich in Deutschland niedergelassen hat" (Eitner 8, 405).
Die drei Worte des Glaubens, von Schiller. Für eine Singstimme mit Pianoforte. Bonn, Simrock; Hamburg, Cranz (Wurzbach, S. 49, Nr 670).

Schlözer, Carl von (1780–1859), kaiserlich russischer Generalkonsul in Lübeck, Komponist.
Huldigung der Freude, nach dem Schiller'schen Gedichte: An die Freude. Clavierauszug. Op. 15. Hamburg, Cranz (Wurzbach, S. 49, Nr 673).
Punschlied (Brandstaeter, Nr 33, S. 33).
Zwei Gedichte von Schiller. Für eine Singst. mit Pianof. Op. 6. Hamburg, Cranz (Wurzbach, S. 49, Nr 672).

Schmitt, Aloys (1788–1866), Klaviervirtuose und Musiklehrer in Frankfurt/M.
Die Hoffnung, von Schiller. Cantate für vier Singstimmen. Mainz, Schott (Wurzbach, S. 49, Nr 675).
Die Worte des Glaubens von Schiller, als Cantate bearbeitet [...] von Aloys Schmitt. 30tes Werk. Offenbach ^{a}/M, bey Joh: André.

Schneider, Johann Christian Friedrich *(1786–1853), Organist und Gesanglehrer in Leipzig, 1810 Musikdirektor der Secondaschen Operngesellschaft, 1816 Leiter der Singakademie, 1817 Musikdirektor am Stadttheater.*
    Sechs altdeutsche Lieder f. 4 Männerst. / 13. Sammlg d. Gesänge. Part. u. St. Leipzig: Breitkopf & Härtel.
    Hoffnung (DSB)
    Sechs Gesänge für Männerstimmen in Musik gesetzt von Friedr. Schneider [...]. Op. 64. Partitur und ausgesetzte Stimmen. Nach der Original-Handschrift herausgegeben. Berlin bei T. Trautwein [...].
    Dithyrambe, S. 7–8.
    Sehnsucht. Comp. von – pag. 14 / V. Mozart Album herausgegeben von August Pott. Braunschweig, Joh. Peter Spehr. 1842 (ÖNB).

Schneider, Wilhelm *(1783–1843), Organist und Musikdirektor an der Hauptkirche in Merseburg und Gesanglehrer am Gymnasium, Musikschriftsteller.*
    Lieder und Gesänge mit Begleitung des Pianoforte. Der Demoiselle Amalia Sebald zugeeignet von Wilhelm Schneider. Op. II. Leipzig bei Breitkopf und Härtel.
    Sehnsucht, S. 2.

Schnyder von Wartensee, Franz Xaver *(1786–1868), schweizerischer Komponist und Konzertpianist, 1817 Musiklehrer in Frankfurt, 1828 Gründer des Frankfurter Liederkranzes.*
    „Freund, umsonst auf allen Karten" (zum Schillerfest 1859) [Am Antritt des neuen Jahrhunderts], Luzern, Hospenthal (MGG 11, 1923).

Schönfeld, Carl Anton, *1819–1825 Kammermusikus in der königlichen Kapelle Berlin, später großherzoglich mecklenburgischer Kammermusikus in Ludwigslust.*
    [Fridolin. – Ich war ein armer Knabe.] Romanze aus der Oper: Fridolin. [Breitkopf und Haertel: Leipzig, 1832.] (CPM 50, 394.)

Schreiber, Christian *(1781–1857), Pfarrer, Superintendent, Kirchenrat in Lengsfeld bei Gotha, theologischer Schriftsteller, Dichter und Komponist.*
    Dithyrambe von Schiller (Der Freimüthige. Nr 98 vom 17. Mai 1805. O.S.).

Schröter, Corona *Elisabeth Wilhelmine (1751–1802), 1776 Kammersängerin in Weimar, Komponistin.*
    Der Taucher / Würde der Frauen: „weitere Vertonungen, u. a. v. Schiller (Der Taucher, Die Würde der Frauen), sind verschollen" (MGG 12, 88).

Schubarth, Christian Friedrich Daniel *(1739–1791), Organist in Ludwigsburg, Musiklehrer, Pianist, Schriftsteller, Publizist.*
    An die Freude (Friedlaender, Schillers Gedichte, 21*).

Schultz, Wilhelm, *„ist bekannt durch [...] An die Freude von Schiller in J. A. Boehme's Samlwk. [um 1800]" (Eitner 10, 96).*
    An die Freude (siehe unten unter Anonymus; Friedlaender, Das deutsche Lied 2, 391).

Schulz(e), A. B., *vertreten im Sammelwerk Schiller's Ode an die Freude bei Böhme in Hamburg (um 1800).*
    An die Freude; in: Schiller's Ode an die Freude (siehe unten unter Anonymus).

Clavier-Gesänge nebst zwölf Veränderungen auf das Lied aus dem Wunder-Igel: Flink wie mein Rädchen etc. von A. B. Schulze. Zweite Sammlung. Königsberg und Leipzig.
    An die Freude, S. 6–7.

Schulz, Johann Abraham Peter (1747–1800), 1776 Musikdirektor am königlichen französischen Theater Berlin, 1780 Hofkomponist des Prinzen Heinrich von Preußen in Rheinsberg, später (bis 1795) Kapellmeister am königlichen Theater in Kopenhagen.
    Ode an die Freude, von Friedrich Schiller. [...] Berlin 1791 (Wurzbach, S. 50, Nr 694).

Schulz(e), Johann Philipp Christian (1773–1827), 1800 Komponist für Secondas Gesellschaft in Leipzig, 1810 Musikdirektor des Gewandhauses und der zweiten Leipziger Singakademie.
    Acht vierstimmige Lieder mit willkührlicher Begl. d. Pfte. St. Leipzig: Breitkopf & Härtel.
        Hofnung, Nr 3 (DSB).
    Reiterlied; in: Fink's Musikalischer Hausschatz, Leipzig 1843, S. 322 (Friedlaender, Das deutsche Lied 2, 397).
    Sechs deutsche Gedichte von Schiller, Fouqué, Schmidt u. m. für 1 Singst. mit Begl. des Pianoforte. Maience: Schott.
        Das Geheimniß, S. 2 (DSB).

Schulze, C. F., vertreten im Sammelwerk Schiller's Ode an die Freude bei Böhme in Hamburg (um 1800).
    Ode an die Freude. [...] F. 1 Singst. m. Klav. in: Compositionen, Vierzehn, zu Schillers Ode (Böhme). (S. 11) (siehe unten unter Anonymus) (DSB).
    Ode an die Freude von Schiller / Music von .... S – . [C. F. Schulze.] Berlin, / Gedruckt bei G. F. Starke.

Schuster, Ignaz (1779–1835), Schauspieler und Sänger in Wien, Mitglied der Wiener Hofkapelle, Regisseur am Leopoldstädter Theater.
    Sechs Gesänge kom. u. ernsten Inhalts. (F. 3 u. 4 Männerst. m. u. o. Klav.) Wien: F. H. Ascher.
        Hofnung, Nr 6 (DSB).

Sechter, Simon (1788–1867), 1812 Klavier- und Gesanglehrer in Wien, Musiktheoretiker, 1851 Professor für Generalbaß und Kontrapunkt.
    Das Eleusische Fest (Blaschke, 399).
    Der Gang nach dem Eisenhammer (Blaschke, 400).
    Der Taucher (Blaschke, 400).
    Die Bürgschaft (Blaschke, 399).
    Graf von Habsburg. Componirt von [...] (Wurzbach, S. 50, Nr 695).
    Schiller's Lied von der Glocke. Gesungen ... in Wien ... 1813. [...]. Wien (1813): Hof- u. Staats-Druck (DSB).

Seidel, Friedrich Ludwig (1765–1831), Klavierlehrer in Berlin, 1792 Organist an der Marienkirche, 1808 Musikdirektor der königlichen Kapelle, 1822 Erster Kapellmeister.
    An den Frühling; in: Beilage IV. zur Berliner Musikal. Zeitung.

An die Freude; in: Schiller's Ode an die Freude (siehe unten unter Anonymus).
Das Geheimniss, von Schiller. Mit Begleitung des Pianoforte [...] Berlin 1808 (Wurzbach, S. 50, Nr 697).
Der Jüngling am Bache; in: Dritte musikalische Beilage zum Freimütigen, 1805 (Friedlaender, Schillers Gedichte, 28*).
Die Sehnsucht, von Schiller. Für eine Singstimme mit Pianoforte. (Ganz durchcomponirt.) Berlin, Paez (Wurzbach, S. 50, Nr 698).
Die Sehnsucht von Schiller f. Sopr. u. Instr. [...] 1805 (Eitner 9, 130).
Die Sehnsucht von Schiller. Mit Begleitung des Orchesters gesetzt von F. L. Seidel Königl. Musikdirektor (H: SNM).
Gesänge am Claviere. Von Friedrich Ludwig Seidel, Organist an der Marienkirche. Berlin, in der Frankeschen Buchhandlung, 1793.
    An die Freude, S. 20–21.
Hero und Leander (Melodrama) (Blaschke, 399).
Lieder mit Begleitung des Pianoforte in Musik gesetzt von F. L. Seidel [...]. Berlin, im Kunst- und Industrie-Comptoir (Wurzbach, S. 50, Nr 696: 1808).

    1. Heft:
Der Jüngling am Bache, S. 2–3.
Thekla's Geisterstimme, S. 6.
    5. Heft:
Der Alpenjäger, S. 4 (DSB).
    6. Heft:
Das Mädchen aus der Fremde, S. 2.
Licht und Wärme, S. 6 (DSB).

Licht und Wärme. [...] (F. gem. Chor). St. in: Schugt, J. G.: Gesänge, 5. (1) (DSB).
Thekla. Eine Geisterstimme; in: Erste musikalische Beilage zum Freimütigen, 1805, abgedruckt in Erks Liederschatz II (Friedlaender, Schillers Gedichte, 28*).
Dass.; in: Hamburgisches Journal des Gesanges mit Guitarre-Begleitung eingerichtet von A[madeus] E[berhard] Rodatz. Hamburg, bey Johann August Böhme [...]. 5. Heft (ca. 1808), S. 10 (Fellinger, 178).
Thekla's Geisterstimme [...] von Schiller mit Begleitung des Piano-Forte oder der Guitarre [von Friedrich Ludwig Seidel].
24 Lieder verschiedener Art z. Singen b. Pfte [...]. Berlin: Rellstab [vor 1804].
    Des Mädchens Klage, S. 36 (DSB).

Seipelt, Joseph (1787–1847), *Sänger und Komponist in Lemberg und anderen Städten; zuletzt Chordirektor am Theater an der Wien, Liederkomponist.*
    Sehnsucht, Vocalgesang [...] Op. 3. Wien, Diabelli et C. (Whistling, 1024).

Seyfried, Ignaz Xaver Ritter von (1776–1841), *1801–1827 Hauskomponist am Theater an der Wien.*
    Der Gang nach dem Eisenhammer (Oper) (Blaschke, 400).

Silcher, Philipp Friederich (1789–1860), *1815 Privatmusiklehrer in Stuttgart, 1817 Universitätsmusikdirektor und Musiklehrer am Tübinger Stift, Gründer der Akademischen Liedertafel (1829) und des Oratorienvereins (1839) in Tübingen, Liederkomponist, Volksliedsammler.*

Die Gunst des Augenblicks (1859) (Brandstaeter, S. 37, Nr 68).
Melodien aus Beethovens Sonaten und Sinfonien. Zu Liedern f. 1 Singst. (u. Klav.) einger. v. Fr. Silcher. H. 1–3. Stuttgart: G. A. Zumsteeg.
  1. Heft:
  Sehnsucht, Nr 3 (DSB).

Spech, Johann (1767–1836?), Klavierlehrer in Ofen, 1812 Kapellmeister des Stadttheaters Pest, 1816–1818 in Paris, danach wieder in Pest lebend, 1824 Übersiedlung nach Wien.
Die Ideale, von Schiller. Für eine Singstimme m. Pianof. Wien, Diabelli u. Comp. (Wurzbach, S. 50, Nr 699; MGG 12, 1022: 1829).

Stark, Ludwig (1831–1884), Mitbegründer der Musikschule in Stuttgart, Gesanglehrer.
5 Lieder f. Sopran, Alt, Tenor u. Bass. H. 1. Part. Mainz: Schott's Söhne.
  1. An den Frühling (DSB).

Stegmann, Carl David (?) (1751–1826), Pianist, Tenorsänger in Hamburg und Bonn, Komponist von Opern, Balletten, Liedern und Gesängen.
Das Mädchen aus der Fremde. „In einem Thal bei armen Hirten" v. Schiller. F. Sopr. m. Klav. v. C. F. [?] Stegmann. (Berlin: N. Simrock) (DSB).

Steinacker, Carl (1785–1815), Buchhändler in Leipzig, später Komponist in Wien; komponierte Lieder, u. a. „7 Gesänge f. 4 Männerstimmen" (Leipzig: Breitkopf & Härtel) (DSB).
  Hoffnung (Männerchor) (Blaschke, 400).

Sterkel, Johann Franz Xaver (1750–1817), Kanonikus, Pianist und Komponist in Mainz, 1793 Hofmusikdirektor dort, später in Würzburg und Regensburg, 1810 großherzoglich Frankfurter Hofmusikdirektor in Aschaffenburg, zuletzt in Würzburg.
  Das Geheimniß (Blaschke, 398).
  Das Mädchen aus der Fremde (Blaschke, 400).
  Gesaenge m. Begl. d. Pfte. v. Sterkel. Augsburg: Gombart [...]. (Sterkel: [Lieder und Gesänge.] Sammlg 9.) (DSB).
    Thekla. Eine Geisterstimme (Brandstaeter, S. 36, Nr 56).
  Sechs Gesänge m. Begl. d. Pfte v. Sterkel. [op. 14.] Berlin: J. Fr. Unger 1805.
    Die Blumen, Nr 5 (DSB).
  Sechs Lieder von Tiedge, Schiller u. s. w. Für eine Singstimme mit Pianoforte. Op. 11. Bonn, Simrock (Wurzbach, S. 50, Nr 701).
    An Emma, Nr 6 (DSB).

Stümer, Johann Daniel Heinrich (1789–1857), Opernsänger und Gesanglehrer in Berlin.
Fünf Gesänge f. Sopran oder Tenor m. Begl. d. Pfte. Berlin: T. Trautwein.
  An den Frühling, Nr 5 (DSB).

Sutor, Wilhelm (um 1774–1829), 1801 Konzertmeister in Stuttgart, 1815 Orchesterdirektor und 1818 Kapellmeister in Hannover, Pianist, Violinist, Komponist.
Vierstimmige Gesänge (f. 2 Ten. u. 2 Bässe) v. W. Sutor. St. Hannover: C. Bachmann.
  Hofnung, Nr 7 (DSB).

Tag, Christian Gotthilf (1735–1811), Organist und Kantor in Hohenstein-Ernstthal.
   Das Mädchen aus der Fremde; in: Leipziger Taschenbuch für Frauenzimmer auf das
   Jahr 1798 (Friedlaender, Das deutsche Lied 2, 395).

*Telonius, Christian Gottfried (1742–1802), Senatskanzlist, Zollschreiber in Hamburg,
Musikliebhaber und Komponist.*
   An die Freude; in: Anhang zu den „Freymäurer-Liedern mit Melodien, zwote Sammlung", Hamburg o. J., S. 12 (Friedlaender, Das deutsche Lied 2, 391).

*Tepper von Ferguson, Wilhelm (geb. 1775), Pianist, Komponist, 1801 kaiserlich russischer
Hofkapellmeister in Petersburg.*
   Schillers Ode an die Freude in Musik gesezt von Tepper von Ferguson / Hamburg bey
   Günther & Böhme.
   Dass. als Cantate für mehrere Stimmen mit Begleitung des Orchesters oder Claviers.
   Hamburg 1797 (Friedlaender, Das deutsche Lied 2, 579).

Theuss, Carl Theodor (1785–1847), Militärmusikdirektor und Komponist in Weimar.
   Lieder und Balladen f. (1, 3 od. 4) Singst., Pfte, Flöte u. Guitarre von C. Th. Theuss.
   H. 1–3. Part. Leipzig: Fr. Hofmeister.

2. Heft:

   Berglied, Nr 5 (DSB).

Thierry, Amalia, komponierte offenbar zu Anfang des 19. Jahrhunderts.
   Die Erwartung [...] (F. 1 Singst. u. Klav.) [Gedicht von Friedrich von Schiller] Offenbach a. M. [o. J.]: André (DSB).
   Die Ideale, von F. Schiller, in Musik gesetzt für's Forte-Piano. [...]. Bey Iohann August
   Böhme: Hamburg, [1805?] (CPM 56, 144).

*Tomášek, Václav Jan (Tomaschek, Wenzel Johann) (1774–1850), böhmischer Komponist,
1824 Gründer der Musikschule in Prag.*
   Drei Gesänge [...]. Für eine Singst. m. Pianof. Op. 34. Leipzig, Peters.
      An Emma (Wurzbach, S. 50, Nr 708).
   Eine Leichenphantasie (Blaschke, 398; Brandstaeter, S. 31, Nr 11: op. 25; The New
      Grove 19, 34: 1806).
   Elegie auf den Tod eines Jünglings (Schiller), op. 31 (Hamburg, 1807) (The New Grove
      19, 34).
   Gedichte von Friedrich von Schiller, I.–IV. Heft. Hamburg, Cranz (op. 85–88)
   (MGG 13, 470).

1. Heft (op. 85):

Das Geheimniss.
Amalie.
Sehnsucht.

2. Heft (op. 86):

Das Mädchen aus der Fremde.
Des Mädchens Klage.
Der Pilgrim.

3. Heft (op. 87):
Der Jüngling am Bache.
Thekla, eine Geisterstimme.
Die Entzückung an Laura.

4. Heft (op. 88):
Der Fischerknabe.
Der Hirt auf dem Berge.
Der Alpenjäger (zum Wilhelm Tell) (Wurzbach 50, Nr 705).

Gedichte von Friedrich v. Schiller. Heft 5. / in Musik gesetzt und den Manen des Dichters gewidmet von W. J. Tomaschek [...]. Op. 89. Hamburg bei A. Cranz.
Hectors Abschied, S. 3–10.
An den Frühling, S. 11–16.
Hectors Abschied, Duett f. Sopr., Bar., Orch., op. 89 (MGG 13, 469).
Leichenphantasie, Gedicht von Schiller. Für eine Singst. m. Pianof. Op. 25. Prag, Enders (Wurzbach, S. 50, Nr 709; Eitner 9, 420: Leichenphantasie auf Schiller's Tod [sic], op. 25. Prag, Enders).
Lyrische Gedichte von Schiller [...]. Für eine Singstimme mit Pianoforte. Leipzig, Hoffmeister (Wurzbach 50, Nr 706; Eitner 9, 421: 4 Hefte; Brandstaeter, 30: op. 89).
An den Frühling, op. 89, No. 2, als Duett (Friedlaender, Das deutsche Lied 2, 390).
Die Erwartung, 1. Heft (DSB; Wurzbach, S. 50, Nr 706).

Uber, Christian Friedrich Hermann (1781–1822), 1808 Musikdirektor der deutschen Oper in Kassel, 1814 Theaterkapellmeister in Mainz, danach in Dresden bei der Secondaschen Gesellschaft, 1817 Kantor an der Kreuzschule und Musikdirektor der Kreuzkirche in Dresden.
Der Taucher, Melodram (MGG 13, 1015).

Vagedes, Adolph von (1777–1842), 1818 Regierungs- und Baurat in Düsseldorf, 1830 in Köslin, später in Pempelfort bei Düsseldorf, Dichter und Komponist.
An den Frühling (Blaschke, 398).
An Emma (Blaschke, 398).
Die Worte des Glaubens (Blaschke, 401).
Meine Blumen (Blaschke, 398).
Sehnsucht (Blaschke, 399).

Wagenseil, Christian Jakob (1756–1839), Kreisrat in Kempten, Regierungsrat in Augsburg, Musikliebhaber.
Hymnus an die Freude v. Friedr. v. Schiller. [...] (3st. m. Orch.) Part. Augsburg: Gombart & Co. (1833) (DSB).

Wagner, Karl Jakob (1772–1822), Violinist und Hornist, Militärmusikmeister, Obermilitärmusikdirektor in Darmstadt, 1811 großherzoglich hessischer Hofkapellmeister.
Gesang aus Piccolomini ("Der Eichwald brauset") v. F. Schiller [Des Mädchens Klage]. (1 St.) m. Begl. d. Guit. Mainz: Schott (DSB).

Walter, Ignaz (1759–1822), Opernsänger und Komponist, 1792 musikalischer Leiter der Großmannschen Truppe in Hannover.

Romanzen und Oden mit Begleitung der Guitarre vom Ambrosch, Fleischmann und Walter / Braunschweig im Musikalischen Magazine auf der Höhe.
    An die Freude (von Ignace Walter), S. 7–8.

Weber, Bernhard Anselm (1764–1821), 1804 königlich preußischer Kapellmeister und Komponist in Berlin.
    „An der Quelle sass der Knabe" [Schiller (Der Jüngling am Bache)]; in: Monats-Früchte für Clavier und Gesang. 2. Jahrgang [1804/1806]. 2. Heft. S. 8–9 (Fellinger, 167).
    Der Gang nach dem Eisenhammer / Ballade von Schiller in Musik gesetzt von Bernhard Anselm Weber [...]. Partitur. Leipzig, im Bureau de Musique von C. F. Peters.
    Gang nach dem Eisenhammer. Ballade von Schiller in Musik gesetzt von Bernhard Anselm Weber [...]. Klavierauszug vom Musikdir. Chr. Schulz. Leipzig, im Bureau de Musique von C. F. Peters.
    Gesänge aus Wilhelm Tell von Schiller. In Musik gesetzt von B. A. Weber. Für Pianoforte oder Guitarre. Bei C. F. Peters / Bureau de Musique in Leipzig.
        Fischerknabe, S. 2.
        Hirte, S. 3.
        Alpenjäger, S. 4.
        Jägerliedchen für Walther Tell, S. 5.
    Gesänge beim Pianoforte zu singen von Bernh. Anselm Weber. II^{te} Sammlung. Leipzig, bei Hoffmeister & Kühnel. (Bureau de Musique) Wien, bei Hoffmeister.
        Des Mädchens Klage, S. 2–3.
    Gesänge, Marsch, und Chor zum Schauspiel Wilhelm Tell vom Herrn von Schiller. In Musik gesetzt von Bernhart Anselm Weber. Clavier-Auszug. Die complette Partitur ist durch die Rellstabsche Musikhandlung [...] zu haben. [...] Op. CCCXLIX. [...] Berlin, in Commission bei Rellstab
        [Eingangslied], S. 2–6.
        Jägerliedchen für Walther Tell, S. 7.
        Chor der barmherzigen Brüder, 10–11.
    Reiterlied (Friedlaender, Das deutsche Lied 2, 398).
    Sehnsucht. [...] (Schiller. F. 1 St. m. Klav.) [O. O. u. Verl.] (DSB).

Weber, Jacob Gottfried (1779–1839), Prokurator in Mannheim, 1814 Richter in Mainz, 1819 Generalstaatsprokurator in Darmstadt, Musikliebhaber und Komponist.
    An den Frühling (f. 1 St.) m. Guitarre od. Clav. Mainz: B. Schott Söhne (DSB).
    An die Freude (Blaschke, 398).
    Gesang und Liebe. Lied von F. Schiller [Die vier Weltalter] [...] für eine Singstimme mit Begleitung von Guitarre oder Pianoforte. Bei B. Schotts Söhnen: Mainz, [1820?] (CPM 60, 68).
    Liebe, Lust u. Leiden f. 1 Singst. m. Git. oder Pfte., op. 36, Mainz: Schott (MGG 14, 335).
        An den Frühling (Brandstaeter, 32, Nr 16).
    Lieder von Schiller, Göthe, H. v. Chezy, Clodius und Haug in Musik gesetzt für eine Singstimme mit Begleitung der Guitarre oder des Klaviers. Augsburg, [1820?] (CPM 60, 68).

Wendt, Johann Amadeus (1783–1836), Professor der Philosophie, philosophischer Schriftsteller, Musiktheoretiker und Komponist in Leipzig.
  Sechs Lieder von Schiller, Göthe, Herder und Tiek / In Musik gesetzt und mit Begleitung des Piano Forte von A. Wendt. Bonn und Cöln bey N. Simrock [1818].
  Der Jüngling am Bache, S. 3.

Weyse, Christoph Ernst Friedrich (1774–1842), 1805 Organist an der Domkirche zu Kopenhagen.
  Acht Gesänge m. Begl. d. Pfte v. C. E. F. Weyse. Kopenhagen: C. C. Lose & Delbanco.
  An die Freude, Nr 8 (DSB).
  Des Mädchens Klage; in: Nye Apollo (Kiøbenhavn) 8. Jg. (1822/1823), 1. Bd, S. 70–71 (Fellinger, 420).
  Romancer og Sange af C. E. F. Weyse. 2^{den} Serie. Nr 86.
  Der Eichwald brauset (Dybt Skoven bruser).
  Teklas [sic] Gesang aus Schillers Wallenstein, mit Begleitung der Guitarre componirt [...]. Copenhagen: C. C. Lose [ca. 1820] (NYPL 26, 736).

Wiedebein, Johann Mathias, „ein Musiker zu Braunschweig, der 1779 eine Sammlg. Oden und Lieder herausgab" (Eitner 10, 254).
  Romanzen und Lieder (f. 1 Singst.) m. Begl. d. Pfte. Braunschweig: Musik-Comtoir, Leipzig: Bender.
  Des Mädchens Klage, S. 8 (DSB).

Willing, Johann Ludwig (1755–1805), Musiklehrer, Musikalienhändler, Konzertmeister in Nordhausen.
  An die Freude; in: Schiller's Ode an die Freude (siehe unten unter Anonymus).

Winneberger (Wineberger), Paul Anton (1758–1821), Mitglied des Öttingenschen Hoforchesters in Wallerstein, 1792 Violoncellist im Orchester der französischen Oper in Hamburg, Musiklehrer.
  Der Handschuh, von Schiller. Für eine Singstimme mit Pianoforte. Hamburg, Böhme (Wurzbach, S. 50, Nr 716).
  Der Taucher, Ballade von Schiller. Hamburg, Böhme (Wurzbach, S. 50, Nr 715).
  Lieder der Liebe, Freundschaft u. des Genusses von Schiller und andern beliebten Dichtern in Musik gesetzt [...] von Winneberger. Hamburg bey Gottfried Vollmer.
  Das Mädchen aus der Fremde, S. 7–8.

Winter, Peter von (1754–1825), 1787 Vizekapellmeister in München, 1798 Hofkapellmeister in München, Opernkomponist.
  Elysium von Fr. Schiller, für vier Singstimmen. Musik von Peter von Winter. Kön. baier. Kapellmeister. Klavierauszug. Bey Breitkopf & Härtel in Leipzig.
  Schiller's Ode an die Freude. Für vier Singstimmen mit Pianoforte. Leipzig, Breitkopf u. Härtel (Wurzbach, S. 50, Nr 717).
  Triumph der Liebe, von Fr. Schiller für vier Singstimmen mit Begleitung des Orchesters von Peter von Winter. Bey Breitkopf & Härtel in Leipzig.

Wölfl, Joseph (?) (1773–1812), österreichischer Pianist und Komponist, 1801 in Paris, 1805 in London als Konzertpianist und Lehrer.
  Das Mädchen aus der Fremde (Blaschke, 400).

Wollank (Wollanck, Wollancke), Friedrich *Johann Ernst (1781–1831), 1813 Justizrat am königlichen Gericht zu Berlin, Mitglied der Zelterschen Liedertafel, Komponist.*
  Dithyrambe von Schiller / Für Solo-Stimmen und Chor mit obligater Pianoforte-Begleitung in Musik gesetzt von Friedrich Wollank. [...] Berlin bei T. Trautwein.

Württemberg, Eugen *Friedrich Karl Paul Ludwig, Herzog von (1788–1857), kaiserlich russischer General der Infanterie, Musikliebhaber und Komponist.*
  Compositionen E. v. W.
    III. Gesangstücke mit Klavierbegleitung.
      An Emma (1805), 3. Heft, S. 34–35.
      Graf Eberhard der Greiner (1804), 4. Heft, S. 56–59.
    IV. Mehrstimmige Gesänge mit Klavierbegleitung.
      Des Mädchens Klage, S. 24–26.
      Der Abend / nach einem Gemählde (1806), S. 36–40.
  Lieder und Gesänge ein und mehrstimmig vom Herzog Eugen von Württemberg. Breslau / F. E. C. Leuckart.
    An Emma (1805), S. 45–46.
    Graf Eberhard der Greiner (1804), S. 74–79.

Zahn, Christian Jakob (1765–1830), Jurist und Vizepräsident der Württembergischen Kammer, Teilhaber der Cottaschen Buchhandlung in Tübingen, Musikliebhaber und Komponist.
  Das Reiter-Lied. Comp: von Zahn. o. O. o. J.
  Reiterlied; in: Musen-Almanach für das Jahr 1798, Musikbeilage.

Zelter, Carl Friedrich (1758–1832), 1800 Direktor der Berliner Singakademie, 1809 Professor der Musik und Begründer der Berliner Liedertafel, 1822 Gründer des königlichen Instituts für Kirchenmusik. – Vgl. auch Mutzenbecher.
  An die Freude; in: Schiller's Ode an die Freude (siehe unten unter Anonymus).
  „An die Freude: Freude, schöner Götterfunken..." für Klavier „Zum Journal f. Gemeing. Decemb. 1792" (Bestandsverzeichnis GAN, Nr 1468; GSA).
  An die Freude. [...] F. Männerchor. St. in: Philomele. (Lpz., Peters). H. 1, 1 (DSB).
  An die Freunde (mehrere Kompositionen; H: GSA).
  An Emma (Brandstaeter, S. 34, Nr 42).
  Berglied [für 1 Singstimme und Fortepiano] (H: GSA).
  Das Geheimniß (vgl. oben, Abschnitt 1, zu Nr 45).
  Das Lied von der Glocke (Blaschke, 400).
  Der Besuch; in: Musen-Almanach für das Jahr 1797 (Unterschrift: W.).
  Dass. einstimmig in Reichardt's Liedern geselliger Freude, II, Leipzig 1797, S. 64; für Baßsolo und Männerchor, 1813, gedruckt in Berlin bei Trautwein (Friedlaender, Das deutsche Lied 2, 395).
  Der Graf von Habspurg. Ballade / 10 Mai 1804. [Für 1 Singstimme und Fortepiano.] (H: GSA.)
  Der Handschuh, Ballade von Schiller. Mit Guitarrebegleitung. Mainz, Schott (Wurzbach, S. 51, Nr 723).

Dass. Lied [...] in Musik gesetzt für's Piano-Forte (u. 1 Singst.) [...]. Hamburg: Böhme (DSB).
Der Kampf mit dem Drachen (vgl. oben, Abschnitt 1, zu Nr 49).
Der Taucher. Gedicht von F. Schiller in Musik gesetzt. [...] Bei Joh. Aug. Böhme: Hamburg [ca 1805] (CPM 62, 346).
Die Blumen (Blaschke, 398).
Die Dithyrambe (Wurzbach, S. 51, Nr 724).
Die Gunst des Augenblicks von Friedrich von Schiller, Vierstimmig in Musik gesetzt von Carl Friedrich Zelter. Berlin, Bei Rudolph Werckmeister.
Die Gunst des Augenblicks, von Friedrich von Schiller, vierstimmig in Musik gesetzt [Soli, Chor, pf, Orchester]. Berlin, Günther (RISM 9, 306).
Die Ideale (Wittmann, 29).
Die Worte des Glaubens (vgl. oben, Abschnitt 1, zu Nr 42).
Dithyrambe (für 1 Singstimme und Begl.; für Baßsolo; H: GSA).
Hero und Leander (Brandstaeter, S. 38, Nr 80).
Im Garten „Hör ich das Pförtchen nicht gehen" [Die Erwartung] (Schiller). Singst. u. Klav. in: Zeitung für die elegante Welt. 1802. Musikbeil. Nr 4 (DSB).
Lieder, Balladen und Romanzen für eine Singstimme mit Begleitung des Pianoforte componirt von C. F. Zelter. Berlin, in der Schlesinger'schen Buch- und Musikhandlung.
    Berglied, S. 13–18.
    Der Handschuh, S. 25–29.
Ode an die Freude (Schiller), Solo vv, chorus, pf (Berlin, 1793) (The New Grove 20, 665).
Ode an die Freude. / von Schiller und Zelter (H: SNM).
Punschlied (H: GSA).
Dass.; in: Ges. der Berl. Ldrtfl. (Brandstaeter, S. 33, Nr 33).
Punschlied. Im Norden zu singen (H: GSA).
Punschlied im Norden zu singen von F. Schiller. (F. 2 Singst.) m. Begl. d. Pfte. Part. Maience: Schott (DSB).
Reiterlied (für 6 Singstimmen; H: GSA).
Sammlung kleiner Balladen und Lieder in Musik gesetzt fürs Forte-Piano von C. F. Zelter. Erster Heft. Hamburg bey Johann August Böhme.
    Der Kampf mit dem Drachen, S. 18–22.
    Die vier Weltalter, S. 32–34.
Schiller's Ode an die Freude. [...] Berlin 1793 (Wurzbach, S. 51, Nr 721).
Sechs Deutsche Lieder f. d. Bass-St. m. Begl. d. Pfte. Berlin: T. Trautwein.
    5. Die Sänger der Vorwelt (DSB).
Würde der Frauen (Brandstaeter, S. 33, Nr 26).
Zelter's sämmtliche Lieder, Balladen und Romanzen für das Piano-Forte. IItes-IIItes Heft. Berlin. Im Kunst und Industrie-Comptoir.

2. Heft:
Die Teilung der Erde, S. 20–31.

3. Heft:

    Berglied, S. 13–18.
    Der Handschuh, S. 25–29.
    Zwölf Lieder am Clavier zu singen. / in Musik gesetzt von Carl Friedrich Zelter. Berlin, 1801. Auf Kosten des Verfaßers, und in Commission bey David Veit.
    Des Mädchens Klage, S. 10–13.
    Die Erwartung (u. d. T. Im Garten), S. 14–15.
    Der Handschuh, S. 17–23.

Zumsteeg, Johann Rudolph (1760–1802), 1781 Hofmusikus der Stuttgarter Hofkapelle, 1785 Musikmeister an der Karlsakademie, 1794 herzoglicher Konzertmeister, Opern- und Liederkomponist; Schulfreund Schillers.
    Amalia im Garten. Für eine Singstimme mit Klavier und Violinbegleitung. Augsburg, Gombart (RISM 9, 333).
    An den Frühling; in: Blumenlese für Klavierliebhaber. Eine musikalische Wochenschrift herausg. v. Boßler, II, Speier 1783 (Friedlaender, Das deutsche Lied 2, 390).
    Balladen und Lieder, in Musik gesezt fürs Piano-Forte... (Thekla's Geisterstimme). Hamburg-Altona, L. Rudolphus (RISM 9, 327).
    Composit. zu Schiller's Leichenphantasie. 1780 (Wurzbach, S. 51, Nr 729).
    Die Gesænge aus dem Schauspiel die Räuber von Friederich Schiller. Mannheim / In der Kuhrfürstlich Privilegirten Noten fabrique / Von Johann Michael Götz [1782].
        [Brutus und Caesar], S. 4–13.
        Amalia im Garten, S. 15–19.
        Abschied Andromachas und Hektors, S. 20–24.
        [Räuberlied], S. 25–27.
    Gesänge beim Clavier von J. R. Zumsteeg. N° 2. / in Worms bei J. M. Götz.
        Die Erwartung.
    Kleine Balladen und Lieder mit Klavierbegleitung von J. R. Zumsteeg. Bey Breitkopf und Härtel in Leipzig.

1. Heft:

    Ritter Toggenburg, S. 1–7.

2. Heft:

    Die Erwartung, S. 6–15.

3. Heft:

    Des Mädchens Klage, S. 33–34.
    Nadowessische Todtenklage, S. 42–43.

4. Heft:

    Reiterlied, S. 4–5.

5. Heft:

    Morgenfantasie, S. 48–51.

6. Heft:

    An die Freude, S. 22–24.
    Die Entzückung / an Laura, S. 40–48.

Lied der Thekla, aus Schillers Wallenstein [Des Mädchens Klage], für Pianoforte oder Guitarre. Hamburg, August Cranz (RISM 9, 334).
Ode an die Freude, von Schiller. Leipzig 1804. Peters (Wurzbach, S. 51, Nr 731); dass. Mit Guitarrebegleitung. Wien, Diabelli u. Comp. (Wurzbach, S. 51, Nr 732); dass. Für eine Singstimme mit Pianoforte. Wien, Diabelli u. Comp. [Mainz, Schott] (Wurzbach, S. 51, Nr 733).
Reiter-Lied, aus dem Wallenstein. Hamburg, Johann August Böhme (RISM 9, 334).
Ritter Toggenburg / Ballade von F. v. Schiller in Musik gesetzt von I. R. Zumsteeg / für die Gitarre eingerichtet von I. G. H. Hübner.
Ritter Toggenburg / Ballade von Schiller in Musik gesetzt von J. R. Zumsteeg. Hamburg bei A. Cranz.
Ritter Toggenburg, Ballade von Schiller, mit Begleitung der Guitarre, Violine und des Violoncello. Braunschweig 1803; Bonn, Simrock; Hannover, Bachmann (Wurzbach, S. 51, Nr 727); dass. Für Gesang mit Guitarre. Leipzig, Hoffmeister; Berlin, Paez; Hamburg, Böhme; Hamburg, Cranz; Mainz, Schott (Wurzbach, S. 51, Nr 728).
Dass. mit Begleitung des Piano-Forte. Berlin, Concha & Co. (RISM 9, 333).
[Dass.] The faithful knight, a ballad by F. Schiller, done into English by the translator of the German Erato, etc. and set to music by J. R. Zumsteeg. London [...] 1800.
Schiller's Ode an die Freude / Componirt von Zumsteeg. Leipzig bei Hoffmeister und Kühnel / Bureau de Musique.
Thekla. Eine Geisterstimme; in: Beil. zum Freimüth. 1805 (Brandstaeter, S. 36, Nr 56).

*

Anonymus

An die Freude

In: Melodien zum Taschenbuch für Freunde des Gesanges, Stuttgart 1796, S. 122 (Friedlaender, Das deutsche Lied 2, 391).
In: J. K. Pfenninger's „Ausgewählte Gesänge", I, Zürich 1792, S. 45 (Friedlaender, Das deutsche Lied 2, 391).
Ode an die Freude [für Sopran, Alt, Tenor und Baß] (H: SNM).
Schiller's Ode an die Freude, für das Clavier und zwei Flöten. Hamburg 1806 (Wurzbach, S. 51, Nr 734).
Schiller's Ode an die Freude. In Musik gesetzt von Anonymus, Christmann, J. C. Müller, W. Schul[t]z, C. F. Schulz, Seidel, Reichardt, Rellstab, Zelter. Op. CCLXIX, Berlin bei Rellstab o. J. [1799] (Friedlaender, Das deutsche Lied 2, 391–392; vgl. auch 1, 363).
Vierzehn Compositionen zu Schillers Ode an die Freude von Anonymus, von Dalberg, Christmann, J. C. Müller, W. Schulz, A. B. Schulz, C. F. Schulz[e], Seidel, Reichardt, Rellstab, Willing, Zelter und zwey Ungenannten [S. 18–19: F. F. Hurka]. Hamburg bey Johann August Böhme (Friedlaender, Das deutsche Lied 2, 392: um 1800).
Til Glæden „Skiønne Guddomsstraale, Glæden!" (Nach Schiller); in: Apollo. Et musikalsk Maanedsskrivt for Sang og Klaveer af forskiellige Componister. Kiøbenhavn. Bd 2. Nr 36. S. 30–31 (Fellinger, 74).

Der Alpenjäger
Einzeldruck (SNM).

Der Besuch
In: Melodieen zum Schillerschen Musenalmanach. S. 6–7 (von W.; GAN, Nr 1026, GSA).

Des Mädchens Klage
Lied von Schiller, in Musick gesetzt von C. V. (H: GSA).

Die Bürgschaft
H: SNM.

Hoffnung
In: Wiegenlieder für gute deutsche Mütter von Joh. Fried. Reichardt. Leipzig, bei Gerhard Fleischer d: Jüngern, S. 40.

Räuberlied
In: Musikalisches Wochenblatt [...]. [Hrsg. von Matthäus Stegmayer.] Wien, Cappi (Fellinger, 232).
Räuber-Lied von Fr: Schiller / Für's Forte-Piano / Hamburg / Bey Ioh: Aug: Böhme.

Thekla. Eine Geisterstimme
In: Sammlung deutscher Gedichte mit Begleitung des Piano Forte oder der Guitarre. N° 9. Worms bei G. Kreitner.
Thekla eine Geisterstimme von Friedrich v. Schiller mit Guitarre Begleitung / Frankfurt a/M bei A. Fischer.

Volksweisen

Der Jüngling am Bache
Volksweise (um 1810); in: Erks Liederschatz II, Seite 8 (Friedlaender, Schillers Gedichte, 28*).

Hektors Abschied
In: H. A. von Kamps „Melodien zu den Festliedern", I, Crefeld 1825 (Friedlaender, Das deutsche Lied 2, 390).

3. Verzeichnis der vertonten Gedichte

Abschied Andromachas und Hektors: Nr 2.
„Ach, aus dieses Thales Gründen": Nr 64.
Alpenjäger ([Eingangslied] zum „Wilhelm Tell"): Nr 74.
„Am Abgrund leitet der schwindlichte Steg": Nr 71.
Am Antritt des neuen Jahrhunderts: Nr 58.
Amalia: Nr 3.
Amalia im Garten: Nr 3.
An *** (Am Antritt des neuen Jahrhunderts): Nr 58.

An den Frühling: Nr 14.
„*An der Quelle saß der Knabe*": Nr 70.
An die Freude: Nr 23.
An die Freunde: Nr 60.
An Emma: Nr 39.
„*Auf der Berge freien Höhen*": Nr 69.
„*Banges Stöhnen, wie vor'm nahen Sturme*": Nr 8.
Berglied: Nr 71.
[Brutus und Caesar]: Nr 1.
Bürgerlied: Nr 51.
Chor der barmherzigen Brüder: Nr 76.
„*Da! Nehmt sie hin, die Welt!*": Nr 25.
Damon und Pythias: Nr 50.
„*Das edle Bild der Menschheit zu verhöhnen*": Nr 59.
Das Eleusische Fest: Nr 51.
Das Geheimniß: Nr 45.
Das Geheimniß der Reminiszenz: Nr 16.
Das Kind in der Wiege: Nr 27.
Das Lied von der Glocke: Nr 54.
Das Mädchen aus der Fremde: Nr 34.
Das Mädchen von Orleans: Nr 59.
Das Unwandelbare: Nr 28.
Der Abend / nach einem Gemählde: Nr 31.
Der Alpenjäger: Nr 77.
Der Antritt des neuen Jahrhunderts: Nr 58.
„*Der beßre Mensch tritt in die Welt*": Nr 44.
Der Besuch: Nr 36.
„*Der Eichwald brauset*": Nr 52.
Der Flüchtling: Nr 19.
Der Gang nach dem Eisenhammer: Nr 46.
Der Graf von Habsburg: Nr 68.
Der Handschuh: Nr 37.
Der Jüngling am Bache: Nr 70.
Der Kampf: Nr 22.
Der Kampf mit dem Drachen: Nr 49.
Der Pilgrim: Nr 67.
Der Tanz: Nr 29.
Der Taucher: Nr 40.
Der Triumf der Liebe: Nr 11.
Des Mädchens Klage: Nr 52.
Dido: Nr 24.
Die Begegnung: Nr 48.
Die Blumen: Nr 15.
Die Bürgschaft: Nr 50.
Die deutsche Muse: Nr 65.
Die Dichter der alten und neuen Welt: Nr 33.

Die Entzükung / an Laura: Nr 5.
Die Erwartung: Nr 53.
Die Freundschaft: Nr 18.
Die Gunst des Augenblicks: Nr 63.
Die Ideale: Nr 30.
Die Kindsmörderin: Nr 9.
Die Macht des Gesanges: Nr 26.
Die Sänger der Vorwelt: Nr 33.
Die Schlacht: Nr 10.
Die Theilung der Erde: Nr 25.
Die vier Weltalter: Nr 62.
Die Worte des Glaubens: Nr 42.
Die Worte des Wahns: Nr 55.
Dithyrambe: Nr 36.
„*Drei Worte hört man bedeutungschwer*": Nr 55.
„*Drey Worte nenn ich euch, innhaltschwer*": Nr 42.
„*Edler Freund!*": Nr 58.
„*Ehret die Frauen! Sie flechten und weben*": Nr 32.
„*Ein freies Leben führen wir*": Nr 4.
„*Ein frommer Knecht war Fridolin*": Nr 46.
„*Ein Regenstrom aus Felsenrissen*": Nr 26.
Eine Leichenfantasie: Nr 12.
([Eingangslieder] zum „Wilhelm Tell"): Nr 72 – 74.
Elegie / an Emma: Nr 39.
Elegie auf den frühzeitigen Tod Johann Christian Weckerlins: Nr 8.
Elegie auf den Tod eines Jünglings: Nr 8.
Elisium: Nr 20.
„*Es donnrn die Höhen, es zittert der Steg*": Nr 74.
„*Es lächelt der See, er ladet zum Bade*": Nr 72.
„*Es reden und träumen die Menschen viel*": Nr 47.
„*Ewig starr an Deinem Mund zu hangen*": Nr 16.
Fantasie / an Laura: Nr 6.
„*Fest gemauert in der Erden*": Nr 54.
Fischerknabe ([Eingangslied] zum „Wilhelm Tell"): Nr 72.
Freigeisterei der Leidenschaft: Nr 22.
„*Freude, schöner Götterfunken*": Nr 23.
„*Freund! genügsam ist der Wesenlenker*": Nr 18.
„*Frisch athmet des Morgens lebendiger Hauch*": Nr 19.
„*Glücklicher Säugling! Dir ist ein unendlicher Raum noch die Wiege*": Nr 27.
Graf Eberhard der Greiner: Nr 21.
Gruppe aus dem Tartarus: Nr 17.
Hektors Abschied: Nr 2.
Hero und Leander: Nr 57.
Hirte ([Eingangslied] zum „Wilhelm Tell"): Nr 73.
„*Hör' ich das Pförtchen nicht gehen?*": Nr 53.
Hofnung: Nr 47.

"Horch – die Gloken weinen dumpf zusammen": Nr 9.
"Horch – wie Murmeln des empörten Meeres": Nr 17.
"Ich bin ein Mann! – wer ist es mehr?": Nr 13.
"Ihr – ihr dort aussen in der Welt": Nr 21.
"Ihr Matten lebt wohl": Nr 73.
"In einem Thal bey armen Hirten": Nr 34.
In einer Bataille: Nr 10.
"Ist der holde Lenz erschienen?": Nr 35.
Jägerliedchen für Walther Tell: Nr 75.
Kastraten und Männer: Nr 13.
"Kein Augustisch Alter blühte": Nr 65.
Klage der Ceres: Nr 35.
Laura am Klavier: Nr 7.
"Laura! Welt und Himmel weggeronnen": Nr 5.
"Leben athme die bildende Kunst": Nr 56.
Licht und Wärme: Nr 44.
"Lieben Freunde! Es gab schön're Zeiten": Nr 60.
Liebesklage: Nr 70.
Männerwürde: Nr 13.
Meine Blumen: Nr 15.
"Meine Laura! Nenne mir den Wirbel": Nr 6.
"Mit dem Pfeil, dem Bogen": Nr 75.
"Mit erstorbnem Scheinen": Nr 12.
Morgenfantasie: Nr 19.
Nadoweßiers Todtenlied: Nr 43.
Nadoweßische Todtenklage: Nr 43.
"Nein – länger länger werd ich diesen Kampf nicht kämpfen": Nr 22.
"Nimmer, das glaubt mir / Erscheinen die Götter": Nr 36.
"Noch in meines Lebens Lenze": Nr 67.
"Noch sah ich sie, umringt von ihren Frauen": Nr 48.
Punschlied: Nr 66.
Punschlied. Im Norden zu singen: Nr 69.
[Räuberlied]: Nr 4.
"Rasch tritt der Tod den Menschen an": Nr 76.
Reiterlied: Nr 41.
Ritter Toggenburg: Nr 38.
"'Ritter, treue Schwesterliebe [...]'": Nr 38.
"Sagt, wo sind die Vortreflichen hin": Nr 33.
"Schön wie Engel voll Walhallas Wonne": Nr 3.
"Schöne Frühlingskinder lächelt": Nr 15.
"Schwer und dumpfig": Nr 10.
"Seelig durch die Liebe": Nr 11.
Sehnsucht: Nr 64.
"Seht! da sitzt er auf der Matte": Nr 43.
"Seht ihr dort die altergrauen": Nr 57.
"Sei willkommen friedliches Gefilde": Nr 1.

„Senke, strahlender Gott, die Fluren dürsten": Nr 31.
„Sie konnte mir kein Wörtchen sagen": Nr 45.
„Sie schweigt und Zevs Gebot getreu": Nr 24.
„Sieh, wie sie durcheinander in kühnen Schlangen sich winden": Nr 29.
„So willst du treulos von mir scheiden": Nr 30.
Thekla. Eine Geisterstimme: Nr 61.
Tonkunst: Nr 56.
„‚Unaufhaltsam enteilet die Zeit.' [...]": Nr 28.
„Und so finden wir uns wieder": Nr 63.
„Vier Elemente": Nr 66.
Voltaires Pücelle und die Jungfrau von Orleans: Nr 59.
„Vor seinem Löwengarten": Nr 37.
„Vorüber die stönende Klage": Nr 20.
„Was rennt das Volk, was wälzt sich dort": Nr 49.
„Weit in nebelgrauer Ferne": Nr 39.
„Wenn dein Finger durch die Saiten meistert": Nr 7.
„Wer wagt es, Rittersmann oder Knapp": Nr 40.
„Willkommen, schöner Jüngling!": Nr 14.
„Willst du nicht das Lämmlein hüten?": Nr 77.
„Wilst dich Hektor, ewig mir entreisen": Nr 2.
„Windet zum Kranze die goldenen Aehren": Nr 51.
„Wo ich sei, und wo mich hingewendet": Nr 61.
„Wohl perlet im Glase der purpurne Wein": Nr 62.
„Wohlauf Kameraden, aufs Pferd, aufs Pferd!": Nr 41.
Würde der Frauen: Nr 32.
„Zu Aachen in seiner Kaiserpracht": Nr 68.
„Zu Dionys dem Tirannen schlich": Nr 50.

VERZEICHNIS
DER VON SCHILLER AUTORISIERTEN DRUCKE
SEINER GEDICHTE

Die Angaben in eckigen Klammern beziehen sich auf den Abdruck der Texte in NA 1(I) und NA 2 I (II).

1776

Der Abend
Schwäbisches Magazin von gelehrten Sachen auf das Jahr 1776. 10. Stück. S. 715–719 [I 3–5].

1777

Der Eroberer
Schwäbisches Magazin von gelehrten Sachen auf das Jahr 1777. 3. Stück. S. 221–225 [I 6–9].

1780

Der Sturm auf dem Tyrrhener Meer
I. Buch der Aeneide
Eine Uebersezung
Schwäbisches Magazin von gelehrten Sachen auf das Jahr 1780. 11. Stück. S. 663–673 [II 8–12].

1781

Trauer-Ode auf den Todt des Hauptmanns Wiltmaister
Einzeldruck (Anfang Januar) 1781 (?); nicht überliefert [I 31–32].

Elegie auf den frühzeitigen Tod Johann Christian Weckerlins. / von seinen Freunden.
Stuttgart, den 16ten Januar 1781
Einzeldruck Stuttgart [I 33–37].
  Der Druck liegt in einer unzensierten (1.) und in einer zensierten (2.) Fassung vor (vgl. NA 2 II A, 39–41); in einer 3. Fassung nahm Schiller das Gedicht mit dem Titel „Elegie auf den Tod eines Jünglings" in die „Anthologie auf das Jahr 1782" (S. 26–32) auf [I 57–60].

LIEDER AUS DEM SCHAUSPIEL „DIE RÄUBER"
Die Räuber. Ein Schauspiel. Frankfurt und Leipzig, 1781.
Erschienen im Mai/Juni 1781 [II 13–18].

Abschied Andromachas und Hektors
Die Räuber, S. 64–65 [II 16].
Mit dem Titel „Hektors Abschied" aufgenommen in Gedichte 1 (1800), S. 301–302 [vgl. II 120]; vorgesehen für die Prachtausgabe (1. Buch) [II 199].

Amalia im Garten
Die Räuber, S. 112 [II 15].
Mit dem Titel „Amalia" aufgenommen in Gedichte 2 (1803), S. 78–79 [vgl. II 139]; vorgesehen für die Prachtausgabe (1. Buch) [II 210].

[Räuberlied]
Die Räuber, S. 161–162 u. 89 (V. 21–24) [II 17–18].

[Brutus und Caesar]
Die Räuber, S. 168–170 [II 13–14].

Die Entzükung / an Laura
Schwäbischer Musenalmanach / Auf das Jahr 1782. Hrsg. von Gotthold Friedrich Stäudlin. Tübingen. S. 140–142 [I 23–24].
Erschienen im September 1781. In einer umgearbeiteten Fassung unter der Überschrift „Die seeligen Augenblike / an Laura" in der „Anthologie auf das Jahr 1782" (S. 38–41) erneut gedruckt [I 64–65]; mit dem ursprünglichen Titel (Die Entzükkung [...]) aufgenommen in Gedichte 2 (1803), S. 88–89 [vgl. II 140].

Der Venuswagen
Einzeldruck o. O. u. J. 24 S. [I 15–23].
Erschien anonym bei Metzler in Stuttgart, wahrscheinlich Ende 1781.

1782

ANTHOLOGIE AUF DAS JAHR 1782
Anthologie auf das Jahr 1782. Gedrukt in der Buchdrukerei zu Tobolsko [I 41–134].
Erschienen im Februar 1782. Auf „Zueignung", „Widmung" und „Vorrede" (vgl. NA 22, 83–86) folgen die Gedichte, unter ihnen von Schiller:

Die Journalisten und Minos
S. 1–6 [I 43–45].

Fantasie / an Laura
S. 7–11 [I 46–48].
Aufgenommen in Gedichte 2 (1803), S. 80–84 [vgl. II 139].

Bacchus im Triller
S. 12–15 [I 49–50].

An die Sonne
S. 16–18 [I 51–52].

Laura am Klavier
S. 19–21 [I 53–54].
Aufgenommen in Gedichte 2 (1803), S. 85–87 [vgl. II 139].

Die Herrlichkeit der Schöpfung. Eine Fantasie
S. 22–25 [I 55–56].

Elegie auf den Tod eines Jünglings
S. 26–32 [I 57–60].

Roußeau
S. 33–37 [I 61–63].
Gekürzt aufgenommen in Gedichte 2 (1803), S. 234 [vgl. II 156].

Die seeligen Augenblike / an Laura
S. 38–41 [I 64–65].
Unter dem früheren Titel „Die Entzükung [Entzückung] / an Laura" gekürzt aufgenommen in Gedichte 2 (1803), S. 88–89 [vgl. II 140].

Spinoza
S. 41 [I 65].

Die Kindsmörderin
S. 42–48 [I 66–69].
Aufgenommen in Gedichte 2 (1803), S. 90–96 (Die Kindesmörderin) [vgl. II 140]; vorgesehen für die Prachtausgabe (1. Buch) [II 211–214].

In einer Bataille / von einem Offizier
S. 49–53 [I 70–72].
Unter dem Titel „Die Schlacht" aufgenommen in Gedichte 2 (1803), S. 142–146 [vgl. II 142].

An die Parzen
S. 54–57 [I 73–74].

Der Triumf der Liebe, eine Hymne
S. 58–68 [I 75–80].
In einer 2. Fassung aufgenommen in Gedichte 2 (1803), S. 97–107 [vgl. II 140].

Klopstok und Wieland
S. 68 [I 81].

Gespräch
S. 69 [I 81].

Vergleichung
S. 70–71 [I 82].

Die Rache der Musen
S. 72–75 [I 83–84].

Das Glück und die Weisheit
S. 76–77 [I 85].
In einer 2. Fassung aufgenommen in Gedichte 2 (1803), S. 157–158 (Das Glück und die Weißheit) [II 143].

An einen Moralisten
S. 78–81 [I 86–87].
In einer 2. Fassung aufgenommen in Gedichte 2 (1803), S. 177–178 [II 147].

Grabschrift eines gewissen – Physiognomen
S. 81 [I 87].

Eine Leichenfantasie
S. 82–87 [I 88–90].

Aktäon
S. 100 [I 91].

Zuversicht der Unsterblichkeit
S. 100 [I 91].

Vorwurf, an Laura
S. 101–105 [I 92–94].

Ein Vater an seinen Sohn
S. 110–111 [I 95].

Die Messiade
S. 111 [I 95].

Kastraten und Männer
S. 115–122 [I 96–99].
Unter dem Titel „Männerwürde" in einer 2. Fassung aufgenommen in Gedichte 2 (1803), S. 171–176 [II 144–146].

An den Frühling
S. 123–124 [I 100].
Aufgenommen in Gedichte 2 (1803), S. 140–141 [vgl. II 142].

Hymne an den Unendlichen
S. 126–127 [I 101].

Die Gröse der Welt
S. 128–130 [I 102].
Aufgenommen in Gedichte 2 (1803), S. 168–170 (Die Größe der Welt) [vgl. II 143].

Meine Blumen
S. 132–133 [I 103].
In einer 2. Fassung mit dem Titel „Die Blumen" aufgenommen in Gedichte 1 (1800), S. 47–48 [vgl. II 109].

Das Geheimniß der Reminiszenz
S. 137–146 [I 104–108].
In einer 2. Fassung aufgenommen in Gedichte 2 (1803), S. 237–240 [vgl. II 157]; vorgesehen für die Prachtausgabe (1. Buch) [II 203–204].

Gruppe aus dem Tartarus
S. 147 [I 109].
Aufgenommen in Gedichte 2 (1803), S. 150 [vgl. II 142].

Die Freundschaft
S. 148–151 [I 110–111].

Der Wirtemberger
S. 162 [I 112].

Melancholie / an Laura
S. 166–172 [I 112–115].

Die Pest
S. 173–174 [I 116].

Das Muttermal
S. 174 [I 116].

Monument Moors des Räubers
S. 177–180 [I 117–118].

Morgenfantasie
S. 184–186 [I 119–120].
Unter dem Titel „Der Flüchtling" aufgenommen in Gedichte 2 (1803), S. 147–149 [vgl. II 142].

An Minna
S. 190–192 [I 120–121].
Mit geringen Veränderungen aufgenommen in Gedichte 2 (1803), S. 154–156 [vgl. II 142]; danach in einer 2. Fassung in Gedichte ²2 (1805), S. 154–156 [II 165–166].

Elisium. Eine Kantate
S. 196–198 [I 122–123].
Aufgenommen in Gedichte 2 (1803), S. 151–153 [vgl. II 142].

Quirl
S. 198 [I 123].

Die schlimmen Monarchen
S. 244–250 [I 124–127].

Graf Eberhard der Greiner von Wirtemberg. Kriegslied
S. 251–256 [I 128–130].
Aufgenommen in Gedichte 2 (1803), S. 135–139 [vgl. II 141].

Baurenständchen
S. 260–262 [I 131–132].

Die Winternacht
S. 268–271 [I 133–134].

Todenfeyer am Grabe Philipp Friderich von Riegers
Einzeldruck Stuttgart; erschienen im Mai 1782 [I 37–39].

INSCHRIFTEN FÜR GRABMÄLER
Wirtembergisches Repertorium der Litteratur. Eine Vierteljahr-Schrift. 2. Stück. 1782 [II 19].
Erschienen im Oktober 1782. Darin stammen folgende vier Inschriften von Schiller:

[Luther]
S. 222.

[Keppler]
S. 223.

[Haller]
S. 224.

[Klopstock]
S. 224.

1783

Wunderseltsame Historia [...]
Meiningische wöchentliche Nachrichten. 5. Stück. Sonnabends den 1 Hornung, oder Februar 1783. S. 19–20 [I 142–146].

1785

Unserm theuren Körner
Einzeldruck auf buntem Papier bei Georg Joachim Göschen in Leipzig vom Juli 1785; nicht überliefert [I 151–152]. (Vgl. in diesem Band S. 294.)

1786

An die Freude
Thalia. Zweytes Heft. 1786. S. 1–5 [I 169–172].
Erschienen im Februar 1786. In einer bearbeiteten, um die Schlußstrophe gekürzten Fassung aufgenommen in Gedichte 2 (1803), S. 121–127 [vgl. II 141]; vorgesehen für die Prachtausgabe (1. Buch) [II 185–187].

Freigeisterei der Leidenschaft
Thalia. Zweytes Heft. 1786. S. 59–63 [I 163–165].
Erschienen im Februar 1786. In einer 2. Fassung unter dem Titel „Der Kampf" aufgenommen in Gedichte 1 (1800), S. 279–280 [II 119].

Resignation. Eine Phantasie
Thalia. Zweytes Heft. 1786. S. 64–69 [I 166–169].
Erschienen im Februar 1786. In einer 2. Fassung aufgenommen in Gedichte 1 (1800), S. 293–297 [vgl. II 120]; vorgesehen für die Prachtausgabe (4. Buch) [II 401–403].

Die unüberwindliche Flotte
Thalia. Zweytes Heft. 1786. S. 76–78 [I 173–174].
Erschienen im Februar 1786. Aufgenommen in Gedichte 2 (1803), S. 128–131 [vgl. II 141].

1788

Die Götter Griechenlandes
Der Teutsche Merkur 1788. Märzheft. S. 250–260 [I 190–195].
In einer 2., erheblich gekürzten Fassung aufgenommen in Gedichte 1 (1800), S. 281–287 [vgl. II 120]; vorgesehen für die Prachtausgabe (4. Buch) [II 363–367]; die 1. Fassung wurde mit dem Hinweis Für die Freunde der ersten Ausgabe abgedruckt noch einmal publiziert in Gedichte 2 (1803), S. 209–220 [vgl. II 151].

Die berühmte Frau
Pandora oder Kalender des Luxus und der Moden für das Jahr 1789. S. 1–8 [I 196–200].
Erschienen im Oktober 1788. Aufgenommen in Gedichte 2 (1803), S. 159–167 [vgl. II 143].

1789

Die Künstler
Der Teutsche Merkur 1789. Märzheft. S. 283–302 [I 201–214].
Aufgenommen in Gedichte 2 (1803), S. 41–65 [vgl. II 138]; vorgesehen für die Prachtausgabe (4. Buch) [II 383–396].

[Aus „Iphigenie in Aulis" übersetzt aus dem Euripides]
[Die Hochzeit der Thetis]

Thalia. Siebentes Heft. 1789. S. 20–22 [II 20–21].

Erschienen im Mai 1789. Unter demselben, nun von Schiller formulierten Titel aufgenommen in Gedichte 1 (1800), S. 327–329 [vgl. II 124].

Die Phönizierinnen. aus dem Euripides übersezt
Einige Scenen

Thalia. Achtes Heft. 1789. S. 1–41 [vgl. II 22].

Erschienen im Oktober/November 1789. Aufgenommen in Gedichte 2 (1803), S. 309–358 [vgl. II 157].

1792

Die Zerstörung von Troja
im zweyten Buch der Aeneide
Neu übersetzt

Thalia. Erstes Stück des Jahrganges 1792. S. 11–78. Vorrede: S. 3–10 [II 327–360; Vorrede: II 22–25].

Erschienen im Januar 1792. In einer überarbeiteten 2. Fassung unter dem Titel „Die Zerstörung von Troja. Freie Uebersetzung des zweiten Buchs der Aeneide" aufgenommen in Gedichte 1 (1800), S. 207–261 [vgl. II 118] und noch einmal leicht bearbeitet in Gedichte ²1 (1804), S. 207–261; diese Fassung wurde für die Prachtausgabe (3. Buch) [II 327–360] vorgesehen.

Dido. Viertes Buch der Aeneide

Thalia. Zweytes Stück des Jahrganges 1792. S. 131–172 [Strophe 1–82]; Drittes Stück. S. 283–306 [Strophe 83–128, unter dem Titel „Didos Tod. Beschluß des vierten Buchs der Aeneide"] [II 25–59].

Erschienen im März (2. Stück) und Juni 1792 (3. Stück). In einer 2. Fassung mit dem Titel „Dido. Freie Uebersetzung des vierten Buchs der Aeneide" aufgenommen in Gedichte 2 (1803), S. 241–305 [vgl. II 157].

1795

DIE HOREN 1795. 9. STÜCK

Horen 1795. 9. Stück.

Erschienen im September 1795. In diesem „Horen"-Stück wurden folgende Gedichte Schillers veröffentlicht:

Das Reich der Schatten

S. 1–10 [I 247–251].

In einer 2. Fassung unter dem Titel „Das Reich der Formen" aufgenommen in Gedichte 1 (1800), S. 262–269 [vgl. II 118], diese, unter erneut geänderter Überschrift: „Das Ideal und das Leben", in Gedichte ²1 (1804), S. 262–269 [vgl. II 164]; vorgesehen für die Prachtausgabe (4. Buch) [II 396–400].

Natur und Schule
S. 89–93 [I 252–253].
In einer 2. Fassung unter dem Titel „Der Genius" aufgenommen in Gedichte 1 (1800), S. 23–27 [vgl. II 108]; vorgesehen für die Prachtausgabe (3. Buch) [II 302–303].

Das verschleierte Bild zu Sais
S. 94–98 [I 254–256].
Aufgenommen in Gedichte 2 (1803), S. 108–112 [vgl. II 140].

Der philosophische Egoist
S. 126–127 [I 257].
Aufgenommen in Gedichte 1 (1800), S. 192–193 [vgl. II 116].

Die Antike an einen Wanderer aus Norden
S. 128–129 [I 257].
In einer 2. Fassung mit der Überschrift „Die Antike an den nordischen Wandrer" aufgenommen in Gedichte 1 (1800), S. 150 [vgl. II 111]; vorgesehen für die „Votivtafeln" (Nr [52]: [...] Wanderer) in der Prachtausgabe (3. Buch) [II 324].

Deutsche Treue
S. 130–131 [I 258].
In einer 2. Fassung aufgenommen in Gedichte 1 (1800), S. 200–201 [II 117].

Weißheit und Klugheit
S. 132 [I 258].
In einer 2. Fassung (Weisheit und Klugheit) aufgenommen unter die „Votivtafeln" (Nr [21]) in Gedichte 1 (1800), S. 310 [vgl. II 121]; vorgesehen für die „Votivtafeln" (Nr [27]) in der Prachtausgabe (3. Buch) [II 319].

An einen Weltverbesserer
S. 133 [I 259].
In einer 2. Fassung aufgenommen unter die „Votivtafeln" (Nr [25]) in Gedichte 1 (1800), S. 312 [vgl. II 122]; vorgesehen für die „Votivtafeln" (Nr [29]) in der Prachtausgabe (3. Buch) [II 319–320].

Das Höchste
S. 134 [I 259].

Ilias
S. 135 [I 259].

Unsterblichkeit
S. 136 [I 259].

DIE HOREN 1795. 10. STÜCK
Horen 1795. 10. Stück.

Erschienen im Oktober 1795. – In diesem "Horen"-Stück wurde folgendes Gedicht Schillers veröffentlicht:

Elegie

S. 72–85 [I 260–266].
In einer 2. Fassung unter dem Titel "Der Spaziergang" aufgenommen in Gedichte 1 (1800), S. 49–65 [vgl. II 109]; vorgesehen für die Prachtausgabe (3. Buch) [II 308–314].

DIE HOREN 1795. 11. STÜCK

Horen 1795. 11. Stück.
Erschienen im November 1795. – In diesem "Horen"-Stück wurden folgende Gedichte Schillers veröffentlicht:

Die Theilung der Erde

S. 27–28 [I 267–268].
In einer 2. Fassung aufgenommen in Gedichte 1 (1800), S. 30–31 [vgl. II 108]; vorgesehen für die Prachtausgabe (4. Buch) [II 406–407].

Die Thaten der Philosophen

S. 29–30 [I 268–269].
Unter dem Titel "Die Weltweisen" aufgenommen in Gedichte 2 (1803), S. 113–116 [vgl. II 140].

Theophanie

S. 40 [I 269].
Aufgenommen in Gedichte 2 (1803), S. 208 [vgl. II 151]; vorgesehen für die "Votivtafeln" (Nr [60]) in der Prachtausgabe (3. Buch) [II 325].

Einem jungen Freund
als er sich der Weltweißheit widmete

S. 41–42 [I 270].
Aufgenommen in Gedichte 2 (1803), S. 132–133 [vgl. II 141].

Archimedes und der Schüler

S. 42 [I 270].
Aufgenommen in Gedichte 1 (1800), S. 149 [vgl. II 111]; vorgesehen für die "Votivtafeln" (Nr [11]) in der Prachtausgabe (3. Buch) [II 316].

MUSEN-ALMANACH FÜR DAS JAHR 1796

Erschienen im Dezember 1795. – Der Almanach enthält folgende Gedichte von Schiller:

Die Macht des Gesanges

S. 1–3 [I 225–226].
Aufgenommen in Gedichte 2 (1803), S. 73–75 [vgl. II 139].

Das Kind in der Wiege
S. 4 [I 227].
Aufgenommen in Gedichte 2 (1803), S. 208 [vgl. II 151].

Odysseus
S. 6 [I 227].
Aufgenommen in Gedichte 1 (1800), S. 33 [vgl. II 109]; vorgesehen für die „Votivtafeln" (Nr [59]) in der Prachtausgabe (3. Buch) [II 325].

Das Unwandelbare
S. 24 [I 227].
Aufgenommen in Gedichte 2 (1803), S. 208 [vgl. II 151]; vorgesehen für die „Votivtafeln" (Nr [36]) in der Prachtausgabe (3. Buch) [II 321].

Zevs zu Herkules
S. 28 [I 227].

Der Tanz
S. 32–35 [I 228].
In einer 2. Fassung aufgenommen in Gedichte 1 (1800), S. 12–14 [vgl. II 108]; vorgesehen für die Prachtausgabe (3. Buch) [II 299].

Einer jungen Freundin ins Stammbuch
S. 36–37.
Geringfügig veränderte Fassung einer nicht publizierten Stammbucheintragung für Charlotte von Lengefeld vom 3. April 1788 [I 189]. Aufgenommen in Gedichte 2 (1803), S. 119–120 [vgl. II 141].

Spruch des Confucius
S. 39 [I 229].
Aufgenommen in Gedichte 1 (1800), S. 66 [vgl. II 109]; vorgesehen für die Prachtausgabe (4. Buch) [II 412].

Würden
S. 48 [I 229].
In einer 2. Fassung aufgenommen in Gedichte 1 (1800), S. 194 [vgl. II 116]; vorgesehen für die „Votivtafeln" (Nr [28]) in der Prachtausgabe (3. Buch) [II 319].

Deutschland und seine Fürsten
S. 53 [I 229].

Pegasus in der Dienstbarkeit
S. 62–67 [I 230–232].
In einer 2. Fassung unter dem Titel „Pegasus im Joche" aufgenommen in Gedichte 1 (1800), S. 187–191 [II 113–115].

Der spielende Knabe
S. 79–80 [I 233].
Aufgenommen in Gedichte 2 (1803), S. 117–118 [vgl. II 140].

Die Ritter des Spitals zu Jerusalem
S. 90–91 [I 233].
In einer 2. Fassung unter dem Titel „Die Johanniter" aufgenommen in Gedichte 1 (1800), S. 197 [II 116].

Der Sämann
S. 97 [I 233].
Aufgenommen in Gedichte 1 (1800), S. 186 [vgl. II 112]; vorgesehen für die „Votivtafeln" (Nr [22]) in der Prachtausgabe (3. Buch) [II 318].

Die zwei Tugendwege
S. 110 [I 234].
Aufgenommen in Gedichte 1 (1800), S. 206 (Die zwey Tugendwege) [vgl. II 117]; vorgesehen für die „Votivtafeln" (Nr [45]: Die zwei Tugendwege) in der Prachtausgabe (3. Buch) [II 322].

Die Ideale
S. 135–140 [I 234–237].
In einer 2. Fassung aufgenommen in Gedichte 1 (1800), S. 42–46 [vgl. II 109]; vorgesehen für die Prachtausgabe (4. Buch) [II 367–369].

Der Kaufmann
S. 144 [I 237].
In einer 2. Fassung aufgenommen in Gedichte 1 (1800), S. 185 [vgl. II 112]; vorgesehen für die „Votivtafeln" (Nr [66]) in der Prachtausgabe (3. Buch) [II 326].

Ein Wort an die Proselytenmacher
S. 155 [I 238].
In einer 2. Fassung unter dem Titel „An die Proselytenmacher" aufgenommen in Gedichte 1 (1800), S. 198 [vgl. II 116]; vorgesehen für die „Votivtafeln" (Nr [10]) in der Prachtausgabe (3. Buch) [II 315].

Der beste Staat
S. 157 [I 238].
Aufgenommen unter die „Votivtafeln" (Nr [29]) in Gedichte 1 (1800), S. 314 [vgl. II 122]; vorgesehen für die „Votivtafeln" (Nr [30]) in der Prachtausgabe (3. Buch) [II 320].

Der Abend, nach einem Gemählde
S. 165–166 [I 238].
Aufgenommen in Gedichte 1 (1800), S. 41 [vgl. II 109]; vorgesehen für die Prachtausgabe (1. Buch) [II 208].

Der Metaphysiker
S. 171 [I 239].
Aufgenommen in Gedichte 1 (1800), 199 [vgl. II 116].

Columbus
S. 179 [I 239].
Aufgenommen in Gedichte 1 (1800), S. 32 (Kolumbus) [vgl. II 109]; vorgesehen für die „Votivtafeln" (Nr [37]) in der Prachtausgabe (3. Buch) [II 321].

Würde der Frauen
S. 186–192 [I 240–243].
In einer 2. Fassung aufgenommen in Gedichte 1 (1800), S. 330–333 [vgl. II 124]; vorgesehen für die Prachtausgabe (1. Buch) [II 205–206].

Stanzen an den Leser
S. 203–204 [I 244].
Unter dem Titel „Abschied vom Leser" aufgenommen in Gedichte 1 (1800), S. 334–335 [vgl. II 124]; mit der Überschrift „Sängers Abschied" vorgesehen für die Prachtausgabe (4. Buch) [II 417].

DIE HOREN 1795. 12. STÜCK
Horen 1795. 12. Stück.
Erschienen Ende Dezember 1795. – In diesem „Horen"-Stück wurden folgende Gedichte Schillers veröffentlicht:

Menschliches Wissen
S. 55 [I 271].
Aufgenommen in Gedichte 1 (1800), S. 72 [vgl. II 110]; vorgesehen für die „Votivtafeln" (Nr. [25]) in der Prachtausgabe (3. Buch) [II 318–319].

Die Dichter der alten und neuen Welt
S. 56–57 [I 271].
In einer 2. Fassung unter dem Titel „Die Sänger der Vorwelt" aufgenommen in Gedichte 1 (1800), S. 169–170 [vgl. II 112], und in einer 3. Fassung in Gedichte ²1 (1804), S. 169–170; vorgesehen für die Prachtausgabe (3. Buch) [II 298].

Schön und Erhaben
S. 57 [I 272].
Aufgenommen in Gedichte 2 (1803), S. 200–201 [vgl. II 149]; in Gedichte ²2 (1805), S. 200–201, unter dem Titel „Die Führer des Lebens" [vgl. II 166].

Der Skrupel
S. 61 [I 272].

Karthago
S. 114 [I 272].
Aufgenommen in Gedichte 2 (1803), S. 134 [vgl. II 141].

Ausgang aus dem Leben

S. 114 [I 272].
In einer 2. Fassung mit der Überschrift "Die idealische Freiheit" aufgenommen unter die "Votivtafeln" (Nr [35]) in Gedichte 1 (1800), S. 316 [II 122]; in der ursprünglichen Fassung noch einmal abgedruckt in Gedichte 2 (1803), S. 207 [vgl. II 151].

1796

DIE HOREN 1796. 1. STÜCK

Horen 1796. 1. Stück.
Erschienen im Januar 1796. – In diesem "Horen"-Stück wurde folgendes Gedicht Schillers veröffentlicht:

Der Dichter an seine Kunstrichterin

S. 74 [I 272].

MUSEN-ALMANACH FÜR DAS JAHR 1797

Der sogenannte ‚Xenien-Almanach' erschien Ende September 1796. Es folgten eine "Zweyte Ausgabe" des Almanachs Anfang Dezember 1796 und eine "Dritte Auflage" Ende Februar 1797. – Der Almanach enthält folgende Gedichte von Schiller:

Das Mädchen aus der Fremde

S. 17–18 [I 275].
Aufgenommen in Gedichte 1 (1800), S. 3–4 [vgl. II 108]; vorgesehen für die Prachtausgabe (1. Buch) [II 184].

Pompeji und Herkulanum

S. 19–24 [I 276–277].
Um zwei Verse erweitert aufgenommen in Gedichte 1 (1800), S. 288–292 [vgl. II 120]; vorgesehen für die Prachtausgabe (3. Buch) [II 304–305].

Politische Lehre

S. 32 [I 278].
Aufgenommen unter die "Votivtafeln" (Nr [23]) in Gedichte 1 (1800), S. 311 [vgl. II 122]; vorgesehen für die "Votivtafeln" (Nr [14]) in der Prachtausgabe (3. Buch) [II 316].

Die beste Staatsverfassung

S. 32 [I 278].

An die Gesetzgeber

S. 32 [I 278].

Würde des Menschen

S. 33 [I 278].

Majestas populi

S. 33 [I 278].
Aufgenommen unter die „Votivtafeln" (Nr [24]) in Gedichte 1 (1800), S. 311 [vgl. II 122]; vorgesehen für die „Votivtafeln" (Nr [15]) in der Prachtausgabe (3. Buch) [II 316].

Das Ehrwürdige

S. 33 [I 278].

Klage der Ceres

S. 34–41 [I 279–282].
Aufgenommen in Gedichte 1 (1800), S. 5–11 [vgl. II 108]; vorgesehen für die Prachtausgabe (4. Buch) [II 372–375].

Jetzige Generation

S. 49 [I 283].
Aufgenommen unter die „Votivtafeln" (Nr [12]) in Gedichte 1 (1800), S. 307 [vgl. II 121]; vorgesehen für die „Votivtafeln" (Nr [12]) in der Prachtausgabe (3. Buch) [II 316].

Falscher Studiertrieb

S. 49 [I 283].

Jugend

S. 51 [I 283].

Quelle der Verjüngung

S. 51 [I 283].

Der Aufpasser

S. 56 [I 283].
Aufgenommen unter die „Votivtafeln" (Nr [20]) in Gedichte 1 (1800), S. 309 [vgl. II 121]; vorgesehen für die „Votivtafeln" (Nr [32]) in der Prachtausgabe (3. Buch) [II 320].

Die Geschlechter

S. 59–62 [I 284].
Aufgenommen in Gedichte 1 (1800), S. 69–71 [vgl. II 110]; vorgesehen für die Prachtausgabe (3. Buch) [II 307–308].

Der Naturkreis

S. 62 [I 285].

Der epische Hexameter

S. 67 [I 285].
Aufgenommen unter die „Kleinigkeiten" in Gedichte 2 (1803), S. 204 [vgl. II 150].

Das Distichon

S. 67 [I 285].
Aufgenommen unter die „Kleinigkeiten" in Gedichte 2 (1803), S. 204 [vgl. II 150]; vorgesehen für die „Votivtafeln" (Nr [56]) in der Prachtausgabe (3. Buch) [II 324].

Die achtzeilige Stanze
S. 67 [I 285].
Aufgenommen unter die "Kleinigkeiten" in Gedichte 2 (1803), S. 204 [vgl. II 150]; vorgesehen für die "Votivtafeln" (Nr [57]) in der Prachtausgabe (3. Buch) [II 324].

Das Geschenk
S. 71 [I 285].
Aufgenommen in Gedichte 1 (1800), S. 195 [vgl. II 116].

Grabschrift
S. 71 [I 285].

Der Homeruskopf als Siegel
S. 85 [I 285].
Aufgenommen unter die "Votivtafeln" (Nr [55]) in Gedichte 1 (1800), S. 324 [vgl. II 124]; vorgesehen für die "Votivtafeln" (Nr [62]) in der Prachtausgabe (3. Buch) [II 325].

Der Genius mit der umgekehrten Fackel
S. 87 [I 286].

Macht des Weibes
S. 88 [I 286].
Aufgenommen in Gedichte 1 (1800), S. 196 [vgl. II 116].

Tugend des Weibes
S. 89 [I 286].

Weibliches Urtheil
S. 89 [I 286].

Forum des Weibes
S. 89 [I 286].

Das weibliche Ideal. An Amanda
S. 90–91 [I 287].

Die schönste Erscheinung
S. 91 [I 287].

An die Astronomen
S. 99 [I 287].
In einer 2. Fassung aufgenommen unter die "Votivtafeln" (Nr [27]) in Gedichte 1 (1800), S. 313 [vgl. II 122]; vorgesehen für die "Votivtafeln" (Nr [16]) in der Prachtausgabe (3. Buch) [II 317].

Innerer Werth und äussere Erscheinung
S. 104 [I 287].
Aufgenommen mit dem Titel „Inneres und Aeußeres" unter die „Votivtafeln" (Nr [31]) in Gedichte 1 (1800), S. 315 [vgl. II 122]; vorgesehen für die „Votivtafeln" (Nr [34]) in der Prachtausgabe (3. Buch) [II 320].

Freund und Feind
S. 104 [I 288].
Aufgenommen unter die „Votivtafeln" (Nr [32]) in Gedichte 1 (1800), S. 315 [vgl. II 122]; vorgesehen für die „Votivtafeln" (Nr [35]) in der Prachtausgabe (3. Buch) [II 321].

Der griechische Genius / an Meyer, in Italien
S. 107 [I 288].

Erwartung und Erfüllung
S. 111 [I 288].

Das gemeinsame Schicksal
S. 111 [I 288].

Menschliches Wirken
S. 114 [I 288].

Der Vater
S. 114 [I 288].

Der Besuch
S. 120–121 [I 289].
In einer 2. Fassung unter dem Titel „Dithyrambe" aufgenommen in Gedichte 1 (1800), S. 151–152 [vgl. II 111]; vorgesehen für die Prachtausgabe (1. Buch) [II 188].

Liebe und Begierde
S. 125 [I 290].

Güte und Größe
S. 125 [I 290].

Der Fuchs und der Kranich. An F. Nicolai
S. 142 [I 290].

Die Sachmänner
S. 151 [I 290].

Tabulae votivae
S. 152–182 [I 291–304].
In neuer Zusammenstellung, teilweise geändert und vereinzelt mit neuer Überschrift

unter dem Titel „Votivtafeln" aufgenommen in Gedichte 1 (1800), S. 303 – 324 [vgl. II 120 – 124]. Von den „Tabulae votivae" wurden übernommen: Nr 1 – 6, 8 – 12, 15 – 18 (Nr 16 [Der Philister] jetzt: „Der gelehrte Arbeiter"; Nr 17 [Das ungleiche Schicksal] jetzt: „Die Gunst der Musen"), 21, 23, 32/33, 39, 41, 43, 52, 53, 56, 58, 59, 62, 67 – 69 (Nr 68 [Der Nachahmer und der Genius] jetzt: „Der Nachahmer"), 73, 74, 79, 83 – 87, 99 (insgesamt 40). Dazu kommen: 12 Epigramme aus „Horen" und „Musen-Almanachen" 1795 – 1797, in dieser Reihenfolge: „Jetzige Generation", „Der Aufpasser", „Weisheit und Klugheit", „Politische Lehre", „Majestas populi", „An einen Weltverbesserer", „An die Astronomen", „Der beste Staat", „Inneres und Aeußeres", „Freund und Feind", „Die idealische Freiheit", „Der Homeruskopf als Siegel"; ein Epigramm aus den „Xenien": Nr 180 (Der astronomische Himmel, jetzt: „Astronomische Schriften"); drei neue Epigramme: „Die drey Alter der Natur", „Tonkunst", „Der Gürtel". Es sind insgesamt 55 „Votivtafeln" („Tabulae votivae" Nr 32 u. 33 wurden zu einem Epigramm zusammengefaßt).

Für die „Votivtafeln" in der Prachtausgabe (3. Buch) [II 314 – 326] bestimmte Schiller folgende „Tabulae votivae": Nr 1 – 6, 8, 15 – 18, 21, 23, 32/33, 41, 43, 52, 53, 56, 59, 62, 67 – 69, 73, 74, 79, 84 – 87, 99 (insgesamt 33).

Vielen

S. 187 – 191 [I 305 – 306].

Einer

S. 192 – 195 [I 307 – 308].

Xenien

S. 197 – 203 [recte: 302] [I 309 – 360].

Teilweise verändert, unter neuen Titeln und zu größeren Gruppen zusammengefaßt aufgenommen in Gedichte 1 (1800): Nr 390 – 412 als „Shakespears Schatten" (S. 275 – 278) [vgl. II 118], Nr 180 in 2. Fassung als „Astronomische Schriften" (S. 314 unter den „Votivtafeln" [Nr (28)]) [vgl. II 122]; – und in Gedichte 2 (1803): Nr 320 – 322 als „Griechheit" (S. 179), Nr 331/330 als „Die Sonntagskinder" (S. 180), Nr 366 – 368 als „Die Homeriden" (S. 181), Nr 371 – 389 als „Die Philosophen" (S. 182 – 188), Nr 288, 45 (Bibliothek schöner Wissenschaften, jetzt: „Die Danaiden") und 22 (S. 189) [vgl. jeweils II 148], Nr 11 und 14 (S. 190), Nr 309 – 318 als „Jeremiade" (S. 191 – 193), Nr 62 und 53 (S. 193), Nr 97 – 98 u. 100 – 113 als „Die Flüsse" (S. 194 – 199) [vgl. jeweils II 149].

Für die Prachtausgabe bestimmte Schiller die „Xenien" Nr 45, 180, 288 (als „Votivtafeln" Nr [64], [63] u. [50]) und 390 – 412 (3. Buch) [vgl. II 326, 325 u. 323].

1797

MUSEN-ALMANACH FÜR DAS JAHR 1798

Der sogenannte ‚Balladen-Almanach' erschien im Oktober 1797. – Der Almanach enthält folgende Gedichte von Schiller:

Der Ring des Polykrates. Ballade

S. 24–29 [I 363–365].
Aufgenommen in Gedichte 1 (1800), S. 143–148 [vgl. II 111], mit einigen Varianten in Gedichte ²1 (1804), S. 143–148, in dieser Fassung vorgesehen für die Prachtausgabe (2. Buch) [II 242–244].

Der Handschuh. Erzählung

S. 41–44 [I 366–367].
Mit verändertem Schluß aufgenommen in Gedichte 1 (1800), S. 139–142 [vgl. II 111]; vorgesehen für die Prachtausgabe (2. Buch) [II 274–276].

Ritter Toggenburg. Ballade

S. 105–109 [I 368–370].
Aufgenommen in Gedichte 1 (1800), S. 73–77 [vgl. II 110]; vorgesehen für die Prachtausgabe (2. Buch) [II 272–274].

Elegie / an Emma

S. 115–116 [I 371].
In einer 2. Fassung unter dem Titel „An Emma" aufgenommen in Gedichte 1 (1800), S. 300 [vgl. II 120]; vorgesehen für die Prachtausgabe (1. Buch) [II 207].

Der Taucher. Ballade

S. 119–130 [I 372–376].
Aufgenommen in Gedichte 1 (1800), S. 129–138 [vgl. II 111]; vorgesehen für die Prachtausgabe (2. Buch) [II 266–271].

Reiterlied. Aus dem Wallenstein

S. 137–140 [I 377–378].
Ohne die vom Chor gesprochenen Worte und mit der Schlußstrophe aus „Wallensteins Lager" vorgesehen für die Prachtausgabe (1. Buch) [II 217–218].

Die Urne und das Skelet

S. 147 [I 378].

Das Regiment

S. 156 [I 378].

Die Worte des Glaubens

S. 221–222 [I 379].
Aufgenommen in Gedichte 1 (1800), S. 28–29 [vgl. II 108]; vorgesehen für die Prachtausgabe (4. Buch) [II 370].

Nadoweßische Todtenklage

S. 237–239 [I 380–381].
Aufgenommen in Gedichte 1 (1800), S. 202–204 [vgl. II 117]; unter dem Titel „Nadoweßiers Todtenlied" vorgesehen für die Prachtausgabe (1. Buch) [II 219–220].

Der Obelisk

S. 240 [I 382].
Aufgenommen unter die „Kleinigkeiten" in Gedichte 2 (1803), S. 205 [vgl. II 150]; vorgesehen für die „Votivtafeln" (Nr [53]) in der Prachtausgabe (3. Buch) [II 324].

Der Triumphbogen

S. 240 [I 382].
Aufgenommen unter die „Kleinigkeiten" in Gedichte 2 (1803), S. 205 [vgl. II 150]; vorgesehen für die „Votivtafeln" (Nr [55]) in der Prachtausgabe (3. Buch) [II 324].

Die schöne Brücke

S. 240 [I 382].
Aufgenommen unter die „Kleinigkeiten" in Gedichte 2 (1803), S. 206 [vgl. II 150].

Das Thor

S. 240 [I 382].
Aufgenommen unter die „Kleinigkeiten" in Gedichte 2 (1803), S. 206 [vgl. II 150].

Die Peterskirche

S. 255 [I 382].
Aufgenommen unter die „Kleinigkeiten" in Gedichte 2 (1803), S. 206 [vgl. II 150]; vorgesehen für die „Votivtafeln" (Nr [54]) in der Prachtausgabe (3. Buch) [II 324].

Licht und Wärme

S. 258 [I 383].
Aufgenommen in Gedichte 1 (1800), S. 184 [vgl. II 112]; vorgesehen für die Prachtausgabe (4. Buch) [II 410].

Breite und Tiefe

S. 263 [I 384].
Aufgenommen in Gedichte 2 (1803), S. 202–203 [vgl. II 150]; vorgesehen für die Prachtausgabe (4. Buch) [II 411].

Die Kraniche des Ibycus. Ballade

S. 267–277 [I 385–390].
Aufgenommen in Gedichte 1 (1800), S. 155–164 [vgl. II 112]; vorgesehen für die Prachtausgabe (2. Buch) [II 245–250].

Das Geheimniß

S. 299–300 [I 391].
Aufgenommen in Gedichte 1 (1800), S. 15–16 [vgl. II 108]; vorgesehen für die Prachtausgabe (1. Buch) [II 196].

Der Gang nach dem Eisenhammer. Ballade

S. 306–318 [I 392–398].
Aufgenommen in Gedichte 1 (1800), S. 171–183 [vgl. II 112]; vorgesehen für die Prachtausgabe (2. Buch) [II 280–286].

1798

DIE HOREN 1797. 10. STÜCK

Horen 1797. 10. Stück.
Erschienen im Februar 1798. — In diesem „Horen"-Stück wurden folgende Gedichte Schillers veröffentlicht:

Hofnung

S. 107 [I 401].
Aufgenommen in Gedichte 1 (1800), S. 205 (Hoffnung) [vgl. II 117]; vorgesehen für die Prachtausgabe (4. Buch) [II 409].

Die Begegnung

S. 109–110 [I 402].
Aufgenommen in Gedichte 1 (1800), S. 89–90 [vgl. II 110].

MUSEN-ALMANACH FÜR DAS JAHR 1799

Erschienen im Oktober 1798. — Der Almanach enthält folgende Gedichte von Schiller:

Das Glück

S. 62–68 [I 409–411].
In einer 2. Fassung aufgenommen in Gedichte 1 (1800), S. 17–22 [vgl. II 108], mit weiteren Varianten in Gedichte ²1 (1804), S. 17–22; vorgesehen für die Prachtausgabe (3. Buch) [II 300–301].

Der Kampf mit dem Drachen. Romanze

S. 151–164 [I 412–420].
Aufgenommen in Gedichte 1 (1800), S. 113–128 [vgl. II 111]; vorgesehen für die Prachtausgabe (2. Buch) [II 288–296].

Die Bürgschaft

S. 176–182 [I 421–425].
Aufgenommen in Gedichte 1 (1800), S. 34–40 [vgl. II 109]; unter dem Titel „Damon und Pythias" vorgesehen für die Prachtausgabe (2. Buch) [II 250–254].

Bürgerlied

S. 189–199 [I 426–432].
Unter dem Titel „Das Eleusische Fest" aufgenommen in Gedichte 1 (1800), S. 78–88 [vgl. II 110]; vorgesehen für die Prachtausgabe (4. Buch) [II 376–382].

Poesie des Lebens / An***

S. 202–203 [I 433].
Aufgenommen in Gedichte 1 (1800), S. 153–154 [vgl. II 112]; vorgesehen für die Prachtausgabe (4. Buch) [II 415–416].

Des Mädchens Klage

S. 208–209 [I 434].
Aufgenommen in Gedichte 1 (1800), S. 67–68 [vgl. II 110]; vorgesehen für die Prachtausgabe (1. Buch) [II 200].

Prolog zu Wallensteins Lager

S. 241–247 [II 61–64].

1799

MUSEN-ALMANACH FÜR DAS JAHR 1800

Erschienen im Oktober 1799. – Der Almanach enthält folgende Gedichte von Schiller:

Spruch des Konfucius

S. 209–210 [vgl. II 106].
Aufgenommen in Gedichte 1 (1800), S. 112 [vgl. II 110]; vorgesehen für die Prachtausgabe (4. Buch) [II 413].

Die Erwartung

S. 226–229 [vgl. II 106].
Aufgenommen in Gedichte 1 (1800), S. 165–168 [vgl. II 112]; vorgesehen für die Prachtausgabe (1. Buch) [II 201–202].

Das Lied von der Glocke

S. 243–264 [vgl. II 106].
Aufgenommen in Gedichte 1 (1800), S. 91–111 [vgl. II 110]; vorgesehen für die Prachtausgabe (1. Buch) [II 227–239].

1800

GEDICHTE. ERSTER TEIL. 1800

Gedichte von Friederich Schiller. Erster Theil. Leipzig, 1800. / bey Siegfried Lebrecht Crusius.
Erschienen im August 1800. – Der Band enthält folgende Gedichte [vgl. II 108–124]:

	Seite
Das Mädchen aus der Fremde	3–4
Klage der Ceres	5–11
Der Tanz	12–14
Das Geheimniß	15–16
Das Glück	17–22
Der Genius	23–27
Die Worte des Glaubens	28–29
Die Theilung der Erde	30–31
Kolumbus	32
Odysseus	33

Die Bürgschaft. Ballade	34–40
Der Abend, nach einem Gemählde	41
Die Ideale	42–46
Die Blumen	47–48
Der Spaziergang	49–65
Spruch des Confucius	66
Des Mädchens Klage	67–68
Die Geschlechter	69–71
Menschliches Wissen	72
Ritter Toggenburg. Ballade	73–77
Das Eleusische Fest	78–88
Die Begegnung	89–90
Das Lied von der Glocke	91–111
Spruch des Konfucius	112
Der Kampf mit dem Drachen. Romanze	113–128
Der Taucher. Ballade	129–138
Der Handschuh. Erzählung	139–142
Der Ring des Polykrates. Ballade	143–148
Archimedes und der Schüler	149
Die Antike an den nordischen Wandrer	150
Dithyrambe	151–152
Poesie des Lebens. An ***	153–154
Die Kraniche des Ibycus. Ballade	155–164
Die Erwartung	165–168
Die Sänger der Vorwelt	169–170
Der Gang nach dem Eisenhammer. Ballade	171–183
Licht und Wärme	184
Der Kaufmann	185
Der Sämann	186
Pegasus im Joche	187–191
Der philosophische Egoist	192–193
Würden	194
Das Geschenk	195
Macht des Weibes	196
Die Johanniter	197
An die Proselytenmacher	298 [recte: 198]
Der Metaphysiker	199
Deutsche Treue	200–201
Nadowessische Todtenklage	202–204
Hoffnung	205
Die zwey Tugendwege	206
Die Zerstörung von Troja. Freie Uebersetzung des zweiten Buchs der Aeneide	207–261
Das Reich der Formen	262–269
An Göthe als er den Mahomet von Voltaire auf die Bühne brachte	270–274
Shakespears Schatten	275–278
Der Kampf	279–280

Die Götter Griechenlandes	*281–287*
Pompeji und Herkulanum	*288–292*
Resignation	*293–297*
Die Worte des Wahns	*298–299*
An Emma	*300*
Hektors Abschied	*301–302*
Votivtafeln	*303–324*
[1] „Was der Gott mich gelehrt [...]"	*303*
[2] Die verschiedne Bestimmung	*303*
[3] Das Belebende	*304*
[4] Zweierlei Wirkungsarten	*304*
[5] Unterschied der Stände	*304*
[6] Das Werthe und Würdige	*305*
[7] Die moralische Kraft	*305*
[8] Mittheilung	*305*
[9] An *	*306*
[10] An **	*306*
[11] An ***	*306*
[12] Jetzige Generation	*307*
[13] An die Muse	*307*
[14] Der gelehrte Arbeiter	*307*
[15] Pflicht für jeden	*308*
[16] Aufgabe	*308*
[17] Das eigne Ideal	*308*
[18] An die Mystiker	*309*
[19] Der Schlüssel	*309*
[20] Der Aufpasser	*309*
[21] Weisheit und Klugheit	*310*
[22] Die Uebereinstimmung	*310*
[23] Politische Lehre	*311*
[24] Majestas populi	*311*
[25] An einen Weltverbesserer	*312*
[26] Meine Antipathie	*313*
[27] An die Astronomen	*313*
[28] Astronomische Schriften	*314*
[29] Der beste Staat	*314*
[30] Mein Glaube	*314*
[31] Inneres und Aeußeres	*315*
[32] Freund und Feind	*315*
[33] Licht und Farbe	*315*
[34] Schöne Individualität	*316*
[35] Die idealische Freiheit	*316*
[36] Die Mannichfaltigkeit	*317*
[37] Die drey Alter der Natur	*317*
[38] Der Genius	*318*
[39] Der Nachahmer	*318*

[40] Genialität	319
[41] Die Forscher	319
[42] Die schwere Verbindung	320
[43] Korrektheit	320
[44] Das Naturgesetz	320
[45] Wahl	321
[46] Tonkunst	321
[47] Sprache	321
[48] An den Dichter	322
[49] Der Meister	322
[50] Der Gürtel	322
[51] Dilettant	323
[52] Die Kunstschwätzer	323
[53] Die Philosophieen	323
[54] Die Gunst der Musen	324
[55] Der Homeruskopf als Siegel	324
Nänie	325–326
Die Hochzeit der Thetis	327–329
Würde der Frauen	330–333
Abschied vom Leser	334–335

Unter diesen Gedichten wurden folgende sechs zum erstenmal publiziert:

An Göthe
als er den Mahomet von Voltaire auf die Bühne brachte
S. 270–274 [vgl. II 118].
Vorgesehen für die Prachtausgabe (4. Buch) [II 404–406].

Die Worte des Wahns
S. 298–299 [vgl. II 120].
Vorgesehen für die Prachtausgabe (4. Buch) [II 371].

Die drey Alter der Natur
S. 317 [vgl. II 123].
Votivtafel Nr [37]. Vorgesehen für die „Votivtafeln" (Nr [51]) in der Prachtausgabe (3. Buch) [II 323].

Tonkunst
S. 321 [vgl. II 123].
Votivtafel Nr [46]. Vorgesehen für die „Votivtafeln" (Nr [58]) in der Prachtausgabe (3. Buch) [II 325].

Der Gürtel
S. 322 [vgl. II 123].
Votivtafel Nr [50]. Vorgesehen für die „Votivtafeln" (Nr [44]) in der Prachtausgabe (3. Buch) [II 322].

Nänie
S. 325–326 [vgl. II 124].
Vorgesehen für die Prachtausgabe (3. Buch) [II 326].

1801

Der Fischer.
Lied der Hexen im Macbeth
Macbeth / ein Trauerspiel von Shakespear zur Vorstellung auf dem Hoftheater zu Weimar eingerichtet von Schiller. Tübingen 1801. S. 10–12 (V. 104–143) [II 126–127].
Erschienen im April 1801.

Hero und Leander
Taschenbuch für Damen auf das Jahr 1802. Hrsg. von Huber, Lafontaine, Pfeffel und andern. Tübingen. S. 153–162 [vgl. II 127].
Erschienen im September 1801. Aufgenommen in Gedichte 2 (1803), S. 6–19 [vgl. II 136]; vorgesehen für die Prachtausgabe (2. Buch) [II 259–266].

An ***
Taschenbuch für Damen auf das Jahr 1802. Hrsg. von Huber, Lafontaine, Pfeffel und andern. Tübingen. S. 167–168 [II 128–129].
Erschienen im September 1801. In einer 2. Fassung unter dem Titel „Der Antritt des neuen Jahrunderts. An ***" aufgenommen in Gedichte 2 (1803), S. 3–5 [vgl. II 136]; unter dem Titel „Am Antritt des neuen Jahrhunderts. An ***" vorgesehen für die Prachtausgabe (4. Buch) [II 362–363].

Voltaires Püçelle und die Jungfrau von Orleans
Taschenbuch für Damen auf das Jahr 1802. Hrsg. von Huber, Lafontaine, Pfeffel und andern. Tübingen. S. 231 [II 129].
Erschienen im September 1801. In einer 2. Fassung unter dem Titel „Das Mädchen von Orleans" aufgenommen in Gedichte 2 (1803), S. 76–77 [vgl. II 139].

1802

[Rätsel]
[Kennst du das Bild auf zartem Grunde]
Turandot Prinzessin von China. Ein tragicomisches Mährchen nach Gozzi von Schiller. Tübingen 1802. S. 51.
Erschienen im September 1802. Aufgenommen unter die „Parabeln und Räthsel" (Nr 6) in Gedichte 2 (1803), S. 228 [II 155].

[Rätsel]
[Wie heißt das Ding, das wen'ge schätzen]
Turandot Prinzessin von China. Ein tragicomisches Mährchen nach Gozzi von Schiller. Tübingen 1802. S. 54–55.

Erschienen im September 1802. Aufgenommen unter die „Parabeln und Räthsel" (Nr 8) in Gedichte 2 (1803), S. 231 [II 155–156].

An die Freunde

Taschenbuch für Damen auf das Jahr 1803. Hrsg. von Huber, Lafontaine, Pfeffel und andern. Tübingen. S. 1–2 [vgl. II 130].

Erschienen im September 1802. Aufgenommen in Gedichte 2 (1803), S. 38–40 [vgl. II 138]; vorgesehen für die Prachtausgabe (1. Buch) [II 225–226].

Thekla. Eine Geisterstimme

Taschenbuch für Damen auf das Jahr 1803. Hrsg. von Huber, Lafontaine, Pfeffel und andern. Tübingen. S. 201–202 [vgl. II 130].

Erschienen im September 1802. Aufgenommen in Gedichte 2 (1803), S. 31–32 [vgl. II 138]; vorgesehen für die Prachtausgabe (1. Buch) [II 198].

Die vier Weltalter

Taschenbuch für Damen auf das Jahr 1803. Hrsg. von Huber, Lafontaine, Pfeffel und andern. Tübingen. S. 205–208 [vgl. II 130].

Erschienen im September 1802. Aufgenommen in Gedichte 2 (1803), S. 33–37 [vgl. II 138]; vorgesehen für die Prachtausgabe (1. Buch) [II 193–195].

Kassandra

Taschenbuch für Damen auf das Jahr 1803. Hrsg. von Huber, Lafontaine, Pfeffel und andern. Tübingen. S. 210–214 [vgl. II 130].

Erschienen im September 1802. Aufgenommen in Gedichte 2 (1803), S. 66–72 [vgl. II 139]; vorgesehen für die Prachtausgabe (2. Buch) [II 255–258].

Drei Räthsel

1
[Von Perlen baut sich eine Brücke]

2
[Ich wohne in einem steinernen Haus]

3
[Unter allen Schlangen ist Eine]

Taschenbuch für das Jahr 1803. Der Liebe und Freundschaft gewidmet. Frankfurt am Mayn, bei Friedrich Wilmans. S. 213–214 [II 131–132].

Erschienen Ende September 1802. Aufgenommen unter die „Parabeln und Räthsel" (Nr 1, 9 u. 7) in Gedichte 2 (1803), S. 223, 232 u. 229–230 [vgl. II 153, 156 u. 155].

Die Gunst des Augenblicks

Taschenbuch zum geselligen Vergnügen. Dreizehnter Jahrgang 1803. Hrsg. von W. G. Becker. Leipzig, bei Christian Adolph Hempel. S. 205–206 [vgl. II 132].

Erschienen im Oktober 1802. Aufgenommen in Gedichte 2 (1803), S. 20–22 [vgl. II 136]; vorgesehen für die Prachtausgabe (4. Buch) [II 414–415].

Die Antiken in Paris

Taschenbuch zum geselligen Vergnügen. Dreizehnter Jahrgang 1803. Hrsg. von W. G. Becker. Leipzig, bei Christian Adolph Hempel. S. 231 [vgl. II 132].

Erschienen im Oktober 1802. Unter dem Titel „Die Antiken zu Paris" aufgenommen in Gedichte 2 (1803), S. 25 [vgl. II 136]; vorgesehen für die Prachtausgabe (4. Buch) [II 408].

Sehnsucht

Taschenbuch zum geselligen Vergnügen. Dreizehnter Jahrgang 1803. Hrsg. von W. G. Becker. Leipzig, bei Christian Adolph Hempel. S. 251–252 [vgl. II 132].

Erschienen im Oktober 1802. Aufgenommen in Gedichte 2 (1803), S. 23–24 [vgl. II 136]; vorgesehen für die Prachtausgabe (1. Buch) [II 197].

Dem Erbprinzen von Weimar als Er nach Paris reiste

Taschenbuch zum geselligen Vergnügen. Dreizehnter Jahrgang 1803. Hrsg. von W. G. Becker. Leipzig, bei Christian Adolph Hempel. S. 293–294 [II 133–134].

Erschienen im Oktober 1802. In einer 2. Fassung aufgenommen in Gedichte 2 (1803), S. 28–30 [II 137–138].

1803

GEDICHTE. ZWEITER TEIL. 1803

Gedichte von Friederich Schiller. Zweyter Theil. Leipzig bey Siegfried Lebrecht Crusius 1803 [vgl. II 136–157].

Erschienen im Mai 1803. – Der Band enthält folgende Gedichte:

	Seite
Der Antritt des neuen Jahrhunderts. An ***	3–5
Hero und Leander. Ballade	6–19
Die Gunst des Augenblicks	20–22
Sehnsucht	23–24
Die Antiken zu Paris	25
Die deutsche Muse	26–27
Dem Erbprinzen von Weimar als er nach Paris reis'te	28–30
Thekla. Eine Geisterstimme	31–32
Die vier Weltalter	33–37
An die Freunde	38–40
Die Künstler	41–65
Kassandra	66–72
Die Macht des Gesanges	73–75
Das Mädchen von Orleans	76–77
Amalia	78–79
Fantasie an Laura	80–84
Laura am Klavier	85–87
Die Entzückung an Laura	88–89
Die Kindesmörderin	90–96
Der Triumph der Liebe. Eine Hymne	97–107

Das verschleierte Bild zu Sais	*108–112*
Die Weltweisen	*113–116*
Der spielende Knabe	*117–118*
Einer jungen Freundin ins Stammbuch	*119–120*
An die Freude	*121–127*
Die unüberwindliche Flotte	*128–131*
Einem jungen Freund als er sich der Weltweisheit widmete	*132–133*
Karthago	*134*
Graf Eberhard der Greiner von Wirtemberg	*135–139*
An den Frühling	*140–141*
Die Schlacht	*142–146*
Der Flüchtling	*147–149*
Gruppe aus dem Tartarus	*150*
Elisium	*151–153*
An Minna	*154–156*
Das Glück und die Weißheit	*157–158*
Die berühmte Frau. Epistel eines Ehmanns an einen andern	*159–167*
Die Größe der Welt	*168–170*
Männerwürde	*171–176*
An einen Moralisten	*177–178*
Griechheit	*179*
Die Sonntagskinder	*180*
Die Homeriden	*181*
Die Philosophen	*182–188*
B. B. [irrtümlich für G. G.]	*189*
Die Danaiden	*189*
Der erhabene Stoff	*189*
Der moralische Dichter	*190*
Der Kunstgriff	*190*
Jeremiade	*191–193*
Wissenschaft	*193*
Kant und seine Ausleger	*193*
Die Flüsse	*194–199*
Schön und Erhaben	*200–201*
Breite und Tiefe	*202–203*
Kleinigkeiten	*204–206*
Der epische Hexameter	*204*
Das Distichon	*204*
Die achtzeilige Stanze	*205*
Der Obelisk	*205*
Der Triumphbogen	*205*
Die schöne Brücke	*206*
Das Thor	*206*
Die Peterskirche	*206*
Zenith und Nadir	*207*
Ausgang aus dem Leben	*207*

Das Kind in der Wiege 208
Das Unwandelbare 208
Theophanie 208
Die Götter Griechenlandes. Für die Freunde der ersten Ausgabe abgedruckt 209–220
Das Spiel des Lebens 221–222
Parabeln und Räthsel 223
    1. *Von Perlen baut sich eine Brücke* 223
    2. *Es führt dich meilenweit von dannen* 224
    3. *Auf einer großen Weide gehen* 225
    4. *Es steht ein groß geräumig Haus* 226
    5. *Zwei Eimer sieht man ab und auf* 227
    6. *Kennst du das Bild auf zartem Grunde* 228
    7. *Unter allen Schlangen ist Eine* 229–230
    8. *Wie heißt das Ding, das wen'ge schätzen* 231
    9. *Ich wohne in einem steinernen Haus* 232
    10. *Ein Vogel ist es und an Schnelle* 233
Roußeau 234
Punschlied 235–236
Das Geheimniß der Reminiszenz. An Laura 237–240
Dido. Freie Uebersetzung des vierten Buchs der Aeneide 241–305
Der Pilgrim 306–308
Scenen aus den Phönizierinnen des Euripides 309–358

Unter diesen Gedichten wurden folgende zehn zum erstenmal publiziert:

Die deutsche Muse

S. 26–27 *[vgl. II 136].*
Vorgesehen für die Prachtausgabe (4. Buch) [II 408].

Zenith und Nadir

S. 207 *[II 150].*

Das Spiel des Lebens

S. 221–222 *[II 152].*

Parabeln und Räthsel

2
[Es führt dich meilenweit von dannen]

S. 224 *[II 153].*

3
[Auf einer großen Weide gehen]

S. 225 *[II 153–154].*

4
[Es steht ein groß geräumig Haus]

S. 226 *[II 154].*

S. 227 [II 154].

5
[Zwei Eimer sieht man ab und auf]

S. 233 [II 156].

10
[Ein Vogel ist es und an Schnelle]

Punschlied
S. 235–236 [vgl. II 156].
Vorgesehen für die Prachtausgabe (1. Buch) [II 215].

Der Pilgrim
S. 306–308 [vgl. II 157].
Vorgesehen für die Prachtausgabe (1. Buch) [II 220–221].

Liebesklage
Gesänge mit Begleitung der Chittarra eingerichtet von Wilhelm Ehlers. Tübingen, in der J. G. Cotta'schen Buchhandlung 1804. S. 62–63 [II 160–161].
 Erschienen (Ende) 1803. Unter dem Titel „Der Jüngling am Bache" auch in dem im September 1804 erschienenen „Taschenbuch für Damen auf das Jahr 1805" (S. 1–2) veröffentlicht [vgl. II 163]. Unter diesem Titel aufgenommen in Gedichte ²2 (1805), S. 338–340 [vgl. II 168]; vorgesehen für die Prachtausgabe (1. Buch) [II 222].

Der Graf von Habspurg
Taschenbuch für Damen auf das Jahr 1804. Hrsg. von Huber, Lafontaine, Pfeffel und andern. Tübingen. S. 1–5 [vgl. II 162].
 Erschienen im September 1803. Aufgenommen in Gedichte ²2 (1805), S. 316–322 (Der Graf von Habsburg) [vgl. II 168]; vorgesehen für die Prachtausgabe (2. Buch) [II 276–279].

Das Siegesfest
Taschenbuch für Damen auf das Jahr 1804. Hrsg. von Huber, Lafontaine, Pfeffel und andern. Tübingen. S. 116–122 [vgl. II 162].
 Erschienen im September 1803. Aufgenommen in Gedichte ²2 (1805), S. 323–331 [vgl. II 168]; vorgesehen für die Prachtausgabe (1. Buch) [II 189–193].

Punschlied. Im Norden zu singen
Taschenbuch zum geselligen Vergnügen. 1804. Hrsg. von W. G. Becker. Leipzig. S. 163–165 [vgl. II 162].
 Erschienen (Ende) 1803. Aufgenommen in Gedichte ²2 (1805), S. 332–334 [vgl. II 168]; vorgesehen für die Prachtausgabe (1. Buch) [II 223–224].

1804

GEDICHTE. ERSTER TEIL. 2. AUFLAGE 1804
Gedichte von Friederich Schiller. Erster Theil. Zweite von neuem durchgesehene Auflage. Leipzig, 1804. / bei Siegfried Lebrecht Crusius [vgl. II 164].

Erschienen im Juni 1804. In diesem Band trägt das in der 1. Auflage „Das Reich der Formen", ursprünglich „Das Reich der Schatten" überschriebene Gedicht den Titel „Das Ideal und das Leben".

Berglied
Taschenbuch für Damen auf das Jahr 1805. Hrsg. von Huber, Lafontaine, Pfeffel und andern. Tübingen. S. 173 – 174 [vgl. II 163].

Erschienen im September 1804. Aufgenommen in Gedichte ²2 (1805), S. 313 – 315 [vgl. II 168]; vorgesehen für die Prachtausgabe (1. Buch) [II 216 – 217].

Der Alpenjäger
Taschenbuch zum geselligen Vergnügen. Funfzehnter Jahrgang. 1805. Hrsg. von W. G. Becker. Leipzig, bei Christian Adolph Hempel. S. 279 – 281 [vgl. II 163].

Erschienen Ende 1804. Aufgenommen in Gedichte ²2 (1805), S. 335 – 337 [vgl. II 168]; vorgesehen für die Prachtausgbe (2. Buch) [II 287 – 288].

1805

GEDICHTE. ZWEITER TEIL. 2. AUFLAGE 1805
Gedichte von Friederich Schiller. Zweiter Theil. Zweite, verbesserte und vermehrte Auflage. Leipzig, 1805. / bei Siegfried Lebrecht Crusius [vgl. II 165 – 168].

Erschienen im April 1805. Der Band weist folgende Unterschiede zur 1. Auflage aus: Er ist um die zuletzt entstandenen Gedichte vermehrt:

	Seite
Berglied [mit einer Anmerkung; vgl. II 168]	*313 – 315*
Der Graf von Habsburg. Ballade [mit einer Anmerkung; vgl. II 162]	*316 – 322*
Das Siegesfest	*323 – 331*
Punschlied. Im Norden zu singen	*332 – 334*
Der Alpenjäger	*335 – 337*
Der Jüngling am Bache	*338 – 340*

Darüber hinaus enthält der Band folgende drei neue Gedichte unter den nun insgesamt 13 Rätseln (in neuer Numerierung):

Parabeln und Räthsel

7
[Ein Gebäude steht da von uralten Zeiten]
S. 229 [II 167].

9
[Wir stammen, unsrer sechs Geschwister]
S. 232 – 233 [II 167 – 168].

12
[Ich drehe mich auf einer Scheibe]
S. 236 [II 168].

Das Gedicht „An Minna" ist in einer 2. Fassung abgedruckt; das Epigramm „Schön und erhaben" trägt nun den Titel „Die Führer des Lebens".

REGISTER

I. STICHWORTVERZEICHNIS
ZU „TABULAE VOTIVAE" UND „XENIEN"

Das Stichwortverzeichnis soll – ohne den Anspruch statistischer Vollständigkeit – Hinweise auf Themen und Hintergründe, Anspielungen und Anlässe sowie die Adressaten der Epigramme geben. Dabei spielt keine Rolle, ob der Bezug des Epigramms nachgewiesen oder nur indirekt gegeben ist oder nur vermutet wird. Die Zahlen bezeichnen die Nummern von „Tabulae votivae" (T) und „Xenien" (X). Wenn nähere Angaben zu Personen fehlen, finden sich solche in den Erläuterungen u n d im Personenregister. Stichworte in [ ] stammen von den Bearbeitern; vgl. dazu jeweils die Erläuterungen. Titel sind in Originalorthographie, Stichworte modernisiert wiedergegeben. Werktitel, die mit einem Artikel beginnen, sind nach ihrem ersten selbständigen Substantiv eingeordnet, alle anderen nach ihrem Anfangswort. Zusammengesetzte Stichworte werden in der Regel doppelt verzeichnet, unter beiden enthaltenen Begriffen: Das Stichwort „ewige Bildungen" ist also sowohl unter ‚Bildungen, ewige' wie auch unter ‚ewige Bildungen', das Stichwort „Leipziger Markt" sowohl unter ‚Leipziger Markt' wie auch unter ‚Markt, Leipziger' zu finden.

Aberwitz: T 71.
Adel: T 5.
Adelung, Johann Christoph: X 86, 105, 140, 141.
adlig: X 119.
[„Advokaten, Die" (Iffland)]: X 406.
„Aeneis" [Vergil]: X 245, 334, 335, 347, 486.
Ärzte: X 458.
Ästhetik: X 311.
ästhetisch, -er: X 1.
[—] Richter: T 88.
Affekt: X 325, 399, 531.
Aischylos: X 403.
Akademie nützlicher Wissenschaften: X 287.
[„Alcibiades" (Meißner)]: X 363.
Alexandriner: X 539.
Alkibiades: X 363.
All, unendliches: T 69.
„Allerhöchste Entschliessung" [über Druck und Nachdruck von Büchern (Joseph II.)]: X 286.
„Allgemeine deutsche Bibliothek" [Nicolai]: X 73, 81, 142, 254.

„Allgemeine Literatur-Zeitung" [Schütz]: X 372, 505, 528, 593.
allmächtige Kraft: T 81.
Almanache: X 359.
alte, -s
— Geschlecht: X 101.
— deutsche Tragödie: X 315.
alten Griechen, die: X 395.
Altertum: X 129.
Alxinger, Johann Baptist von (1755 bis 1797), Schriftsteller in Wien, Sekretär des Wiener Hoftheaters: X 42.
Amalgam: X 21.
„An den Herausgeber Deutschlands, Schillers Musen-Almanach betreffend" [Friedrich Schlegel]: X 302 bis 307.
„An die Freude" [Schiller]: X 496.
Analytiker: X 56.
Anarchasis: X 235.
„Andromache" [Euripides / Racine]: X 403.
„Anekdoten von König Friedrich II." [Nicolai]: X 143.

„Annalen der Philosophie und des philosophischen Geistes" [Jakob]: X 70, 253, 309, 491.
Anthologie: X 524.
Antiquar: X 16.
Antonius: X 403.
„Apollo" [Meißner]: X 523.
Apolog: X 476.
Arabesken: X 540, 541, 543.
Archenholtz, Johann Wilhelm von: X 261.
Architekt: T 97.
Architektur: X 542–544.
„Archiv der Zeit und ihres Geschmacks, Berlinisches" [Friedrich Ludwig Wilhelm Meyer, Rambach]: X 255, 518.
Ariosto, Ludovico: X 588.
Aristokrat, -en: X 158, 212.
aristokratisch: X 174, 211.
Aristoteles: X 372.
Armenier: X 138.
Armut, [poetische]: X 41.
Arvelius, Martin Heinrich (1761–1799), Schriftsteller in Reval: X 157.
Astronomen: T 40; X 180.
astronomisch: X 180.
Athen: T 100.
Aufklärung: X 574.
[—, Romane der]: X 317.
Auktion: X 294.
„Auserlesene Gespräche des Platon" [Friedrich Leopold Graf zu Stolberg]: X 26, 116, 118, 600, 601.
Autor, -en: T 90, 91, 95; X 7, 50, 151, 319.
—, der deutsche: T 95.

Babo, Joseph Marius: X 515.
Baggesen, Jens Immanuel: X 128, 275.
Basalt: X 162.
basaltisch: X 161.
Basreliefs: X 549.
[Bayern]: X 99, 111.
Becker, Rudolf Zacharias: X 71, 252, 319.
Becker, Wilhelm Gottlieb: X 132, 134, 276, 525.
Bedeutung [eines Kunstwerks]: T 96.

bedürftige Natur: X 483.
Begriff, -e: T 62; X 296, 297, 302, 432.
„Beispielsammlung zur Theorie und Literatur der schönen Wissenschaften" [Eschenburg]: X 139.
„Beiträge zur weitern Ausbildung der Deutschen Sprache von einer Gesellschaft von Sprachfreunden" [Campe]: X 151.
Belebende, das: T 3.
belebende Kraft: T 66.
„Belsazer" [Christian Graf zu Stolberg]: X 23.
Berkeley, George: X 377.
Berlepsch, Emilie von: X 561.
Berlin: X 358, 573.
berlinisch, -er: X 84.
— Sand: X 524.
„Berlinische Monatsschrift" [Biester]: X 81.
Bertuch, Friedrich Justin: X 262.
„Beschreibung einer Reise durch Deutschland und die Schweiz" [Nicolai]: X 184–187, 189, 191–193, 197, 199, 200, 202, 205, 206, 467–470, 472, 473, 575.
Bestimmung [des Menschen]: T 2.
„Bestimmung des Menschen, Die" [Spalding]: X 293.
„Bibliothek der schönen Wissenschaften und der freyen Künste" [Dyk]: X 45, 46, 69, 83, 104, 309, 339, 340, 489, 505, 581, 582.
Bibra, Philipp Sigmund von: X 250.
Biester, Johann Erich (1749–1816), Bibliothekar in Berlin: X 81.
„Bijoux indiscrets, Les" [Diderot]: X 113.
Bilden, lebendiges: T 12.
bildende, -r
— Geist: T 68.
— Kraft: T 66.
Bildung: X 200, 218.
—, ruhige: X 93.
Bildungen, ewige: T 2.
Birken, Siegmund (Sigismund) von

(1626–1681), Mitglied des Nürnberger Dichterkreises der Pegnitzschäfer: X 109.
Blatt, Jenaer: X 528.
Böhmer, Caroline: X 273, 281, 347.
böser Geist: X 114.
Böttiger, Karl August: T 10; X 155, 226, 494.
„Borussias" [Jenisch]: X 268, 536.
„Bothe, Der Wandsbecker" [Claudius]: X 18.
Bouterwek, Friedrich (1766–1828), Professor der Beredsamkeit in Göttingen: X 282, 316.
„Briefe die Neueste Litteratur betreffend" [Lessing, Mendelssohn, Nicolai]: X 144, 535.
Briefe über ästhetische Bildung [„Ueber die ästhetische Erziehung des Menschen" (Schiller)]: X 199.
Brun, Friederike: X 273.
Buch, Bücher: T 25, 89; X 115, 267, 276, 434, 474, 489, 575.
Buchhändler: X 286, 293.
Buchstabe: X 57.
Bühnen: X 396, 411.
Bürger, Gottfried August: X 345, 510.
bürgerlich: X 402.
Büsch, Johann Georg (1728–1800), Professor der Mathematik am Gymnasium in Hamburg, Direktor der dortigen Handelsakademie, Mitarbeiter an Reichardts „Frankreich": X 212.
Bußfertigen, die: X 485.

„C. M. Wielands sämmtliche Werke" [Göschen]: X 284.
„Cäcilie von der Tiver" [Woltmann]: X 157.
Cäsar: X 106, 403.
„Calender der Musen und Grazien" [Schmidt]: X 246.
Campe, Johann Heinrich: X 87, 149, 151, 152.
„Carl von Carlsberg" [Salzmann]: X 148.

Carstens, Asmus Jakob: X 135.
Charakter, moralischer: T 7.
—, schöner: T 7.
„Charaktere der vornehmsten Dichter aller Nationen" [Dyk, Jacobs, Manso, Schatz]: X 88.
charakteristisch: X 324.
charakterlos: X 324.
„Charis" [Ramdohr]: X 119.
Charité: X 148.
Charitinnen: X 255, 560.
Chorizonten: X 91.
Christ: X 116.
christlich, -er: X 16.
— Herkules: X 118.
Christlichmoralische, das: X 402.
Claudius, Matthias: X 18.
Comédie: X 298.
contrebandes: X 3.
Corneille, Pierre: X 530, 531.
Cramer, Karl Friedrich: X 212, 230–231, 235, 236, 439.

Dämon, -en: T 47; X 257.
Delikatesse, moralische: X 228.
delphischer Gott: T 37; X 138.
[Demokratie]: X 443.
demokratisch: X 211, 433.
denken: T 58; X 374.
Descartes, René: X 374.
deutlich, -e: X 467.
— Prosa: X 317, 467.
Deutlichkeit: X 199.
deutsch, -e, -er, -es: X 105, 256, 283, 597.
— Dichter: X 284.
— Geist: X 453.
— Genie: X 516.
— Genius: T 102.
— Journal: X 251.
— Körper: X 453.
— Kunst: T 100; X 454.
— Leser: X 562.
— Lustspiel: X 136.
— Meisterstück: X 133.
— Nationalcharakter: X 96.
— Prosa: X 597.

(deutsch)
— Reich, das: X 95, 252.
— Rhein: X 454.
„Deutsche Monatsschrift" [Gentz, Fischer]: X 81, 256.
Deutsche, -n, der/die: T 103; X 96, 218, 221, 251, 323, 421, 422, 424, 448, 574.
Deutscher: T 102.
Deutschland: T 91; X 95, 105, 124, 215, 231, 233, 236, 253, 267, 272, 309, 318, 363, 505, 514, 521, 575.
—, das gelehrte: X 95.
—, das politische: X 95.
„Deutschland" [Reichardt]: X 208, 221–229, 236, 251, 420, 434, 450.
Devisen: X 602.
Dichter: T 85, 87; X 9, 47, 67, 147, 177, 270, 304, 500, 588, 590.
—, deutscher: X 284.
—, moralischer: X 11.
Dichterstunde: X 553.
Dichtkunst: X 122.
Dichtungskraft: T 66.
Diderot, Denis: X 113.
Dilettant: T 87; X 432.
Ding, -e, an sich: X 294, 379.
Dioskuren: X 357, 478.
Diskurse, vernünftige: T 80.
Distichon, Distichen: X 2, 68, 503, 569.
Donau: X 99, 100, 191, 192, 455, 577, 578.
„Dorf Döbritz, Das" [Schmidt von Werneuchen]: X 514.
Dramaturgen: X 391.
Dramaturgie: X 395.
Dülon (Dulon), Ludwig (1769–1826), Flötist, 1792–1798 russisch-kaiserlicher Kammermusikus in Petersburg, später in Stendal und Würzburg lebend: X 290.
Dyk, Johann Gottfried: X 45, 46, 69, 83, 88, 104, 292, 489, 580, 582, 594.

Edle, das: X 486.
—, der: X 475.
Eitelkeit: X 12.

Elbe: X 86, 105, 579.
„Elektra" [Sophokles / Euripides]: X 403.
empfinden, schön: T 8.
empfindende Welt: T 3, 61.
empfindsames Volk: X 19.
Empfindung: T 94; X 10.
Empiriker: T 35, 37.
empirischer Querkopf: X 190.
Engel: X 480.
Engel, Johann Jakob: X 527.
Enthusiasmus: X 562.
„Entwurf einer Theorie und Literatur der schönen Wissenschaften" [Eschenburg]: X 85.
Epigramm: X 107, 128.
epigrammatisch: X 315.
„Epigramme" [Martial]: X Motto, 269, 417, 418, 452, 497, 570, 591, 592.
„Epistel an Ramler" [Nicolay]: X 131.
Epoche, große: X 31.
Erdichtung, poetische: X 599.
Erdichtungen: X 134.
Erfahrung: X 457.
erhabene, -r
— Seelen: T 47.
— Stoff: X 22.
— Trieb: X 214.
„Erholungen" [Wilhelm Gottlieb Becker]: X 276.
Eridanus: X 87.
erkennen [sich selbst]: T 23.
„Erreurs et de la Verité, Des" [Saint-Martin]: X 18.
Erzieher: T 61.
„Erziehung des Menschen, Ueber die ästhetische" [Schiller]: X 199.
Eschen, Friedrich August (1776–1800), Schriftsteller, Hauslehrer in der Schweiz: X 226.
Eschenburg, Johann Joachim: X 81, 85, 139, 151, 390, 597.
Ettinger, Carl Wilhelm: X 83.
Etymologie: X 238.
„Eudämonia, oder deutsches Volksglük" [Hoffmann]: X 449, 519.

STICHWORTE ZU „TABULAE VOTIVAE"/„XENIEN" 459

Euripides: X 403.
Europa: X 532.
Euxin: X 577.
Ewald, Johann Ludwig: T 44; X 258, 517.
ewige, -s
— Bildungen: T 2.
— Leben: X 278.

„Fähndrich, Der" [Schröder]: X 404, 406.
Fajaken: X 100, 456.
falsche Messias, der: X 596.
Farbe: T 53.
[Farbenlehre]: T 26–28; X 164–176.
[Faust] „Doktor Faust's Bund mit der Hölle" [Schink]: X 272.
Fehler: T 75, 76.
Feßler, Ignaz (1756–1839), Professor der Orientalistik in Lemberg, Schriftsteller: X 316.
Fichte, Johann Gottlieb: T 11; X 198, 380, 511.
Fischer, Gottlob Nathanael: X 81, 256.
„Flora" [Zahn / Huber]: X 521.
„Flüchtlinge" [Michaelis]: X 522.
Flüsse, geistliche: X 110.
[Flüsse]: X 97–113.
Forberg, Karl Friedrich (1770–1848), Adjunkt der philosophischen Fakultät in Jena, 1797 Gymnasiallehrer in Saalfeld, Philosoph: X 154, 155.
Form, -en: T 62; X 186, 187.
Formalphilosophie: X 187.
formlos: X 186.
Forscher: X 444.
Forster, Johann Georg: X 336, 337, 347–349.
—, Therese, geb. Heyne (1764–1829), dessen Frau (seit 1794 verh. mit L. F. Huber): X 347.
„Fortsetzung des Platonischen Gesprächs von der Liebe" [Schlosser]: X 479.
[Frankfurt/M.]: X 101.
Frankreich: X 231, 236, 421, 424, 448.
„Frankreich" [Reichardt]: X 208–217, 221, 236, 420, 421.

Frankreich, Ludwig XVI. von: X 350.
Franz II. (1768–1835), römisch-deutscher Kaiser (als Franz I. Kaiser von Österreich): X 451.
französisches Gut: X 3.
Franzosen: X 515.
Franztum: X 93.
[Frauen in der Politik]: X 441, 442.
Freiheit: T 70; X 214, 337, 416, 429, 577.
Freiheitsapostel: X 422.
Freiheitsbaum: X 347.
Freiheitspriester: X 429.
fremde Wörter: X 152.
Fréron, Elie-Cathérine: X 534.
Freude: T 51.
„Freuden des jungen Werthers" [Nicolai]: X 355.
Freund, -e: T 14; X 239, 586.
frömmelnde Schwätzer: X 156.
Frömmling: T 44.
Fromme: X 14.
fromme gesunde Natur: T 46.
fühlen: T 58.
„Für Töchter edler Herkunft" [Hermes]: X 13.
[Fulda (Fluß)]: X 112.
Furcht: T 51.
Furien: X 273.

Gänsegeschlecht: X 340.
Gallier: X 97.
gallische Sprung, der: T 102.
Gallomanie: X 320.
Ganze, das: T 59.
—, das menschliche: X 461.
Ganzes: T 18.
Garve, Christian: X 156, 226.
Gattung: T 2.
gebildete Sprache: T 87.
Gebildetes: T 68.
Geck: X 24.
Gedanke, -n: T 66; X 133, 164, 254.
„Gedanken über Herrn Schillers Gedicht: Die Götter Griechenlands" [Friedrich Leopold Graf zu Stolberg]: X 117.
Gedicht, -e: X 124, 132–134, 159, 500.

Gedichtchen: X 159.
„Gedichte" [Arvelius]: X 157.
„Gedichte" [Reinhard]: X 295.
Gedike, Friedrich: X 589.
„Geduld, Ueber die" [Garve]: X 156.
gefallen [dem Publikum]: T 83.
Gehalt: T 9; X 445, 466.
„Geheime Geschichte des Philosophen Peregrinus Proteus" [Wieland]: X 360.
Geheimnis, das wahre: T 52.
Geist: T 8, 84; X 57, 141, 200, 241, 307, 359, 398, 456, 482, 498.
—, bildender: T 68.
—, böser: X 114.
—, deutscher: X 453.
—, guter: X 114.
—, lebendiger: T 84.
—, schöner: T 19.
—, strebender: T 30.
Geistergemeine: T 7.
„Geisterseher, Der" [Schiller]: X 138.
Geisterwelt: T 42.
geistige Liebe: T 47; X 565.
geistliche Flüsse: X 110.
Gelehrsamkeit: T 16.
gelehrte
— Deutschland, das: X 95.
— Gesellschaften: X 288, 516.
— Zeitungen: X 319.
Gelehrter: X 174.
Gellert, Christian Fürchtegott: X 313, 314.
Gemeine, das: X 486.
gemeine Natur, -en: T 5; X 9.
Gemeinplatz: X 144.
Gemüt, -er, schönes, -e: T 7, 47; X 461.
geniales Geschlecht: X 331.
genialische Kraft: T 81.
Genialität: T 69.
Genie: T 73; X 275, 462, 464, 465, 531.
—, deutsches: X 516.
—, wissenschaftliches: X 58.
Genius: T 67–71; X 157.
—, deutscher: T 102.
„Genius der Zeit, Der" [Hennings]: X 257.

Gentz, Friedrich: X 81, 256.
Genuß: T 45.
[Gerechtigkeit, poetische]: X 410, 412.
„Gerichtshof der Liebe, Der" [Woltmann]: X 157.
Germanien: X 97.
Gesang: X 146, 147.
Geschichte: X 299.
„Geschichte eines dicken Mannes" [Nicolai]: X 142.
Geschlecht, altes: X 101.
—, geniales: X 331.
—, holdes: X 568.
—, kleines: X 31.
—, leichtes: X 542, 543.
—, schreibendes: X 561.
—, wildes: X 125.
Geschmack: T 16, 73; X 27, 108, 139, 282, 394.
geschmacklos: X 292.
Geschmacksrichter: X 47.
Geschwindschreiber: X 330.
Gesellschaft von Sprachfreunden: X 151, 179.
Gesellschaften, gelehrte: X 288, 516.
Gesetz, -e: T 36; X 444.
„Gespräch über den Atheismus" [Platner]: X 66.
[„Gespräche unter vier Augen" (Wieland)]: X 281.
Gestalt: T 66; X 470.
—, schöne: T 63.
Gesundbrunnen: X 108.
„Gesundbrunnen, Die" [Neubeck]: X 108.
Gewissen: T 42; X 384.
Gewissensskrupel: X 388.
Gewölb: X 547.
Giebichenstein: X 80.
Glaube: T 41.
Glaubwürdigkeit: T 25.
Gleichheit: X 337.
Gleim, Johann Ludwig Wilhelm: X 81, 247, 343, 344.
Glied [des Ganzen]: T 18.
Glut, höllische: T 50.

Göschen, Georg Joachim: X 284.
„Göthe. Ein Fragment" [Friedrich Schlegel]: X 392.
Goethe, Johann Wolfgang von: T 12; X 137, 164–176, 183, 270, 283, 304, 392, 403, 501, 507, 509.
Götter: X 158, 431, 523, 552–554, 561, 578.
„Götter Griechenlandes, Die" [Schiller]: X 117.
Götter, griechische: X 117.
[Götterbesuch:] X 552–554.
Göttin: T 96; X 62, 261, 429, 467.
Göttinger
— Musenalmanach: X 571.
— Universität: X 289.
— Würste: X 366–368, 370.
Göttliche, das: T 57, 63.
göttliche Musen: X 563.
Goldenes Zeitalter (Goldene Zeit, Goldenes Alter): X 32, 309, 313, 318.
Gorgone: X 413.
Gote: X 550.
„Gothaische gelehrte Zeitungen" [Ettinger]: X 83, 340.
Gott: T 1, 43, 44, 58; X 22, 127, 277, 554, 555, 557.
—, delphischer: T 37; X 138.
Gottesurteil: X 295.
Gottheit: X 466.
„Gotthold Ephraim Lessings Leben" [Karl Gotthelf Lessing]: X 356.
Gottsched, Johann Christoph: X 346.
Gräcomanie: X 320.
„Grammatisch-kritisches Wörterbuch der Hochdeutschen Mundart" [Adelung]: X 105, 141.
Grazie, -n: X 33, 76, 246, 419, 435, 482, 579.
Grieche, der: X 326.
—, der weiseste: X 601.
Griechen, die alten: X 395.
Griechheit: X 321.
griechische, -er
— Götter: X 117.
— Schönheit: T 102.
— Tragödie: X 325, 326.

— Zahn: X 75.
grobe Natur: T 42.
Größe [poetische]: T 74.
große Epoche: X 31.
— Moment, der: X 31.
— Natur: X 411.
Großen, die: X 216.
Großsprecher: X 223.
Grünau: X 514.
Gut, französisches: X 3.
Gute, das [moralisch]: T 44.
Gute, das [poetisch]: T 76, 77, 88, 99; X 51, 207, 308.
guter Geist: X 114.
Gutes: T 4, 68.

häuslich: X 402.
„Hagestolzen, Die" [Iffland]: X 406.
Haller, Albrecht von: X 353.
Hallischer Ochs [Ludwig Heinrich von Jakob]: X 70.
„Hamburgische Dramaturgie" [Lessing]: X 395.
„Hamlet" [Shakespeare]: X 328, 398.
Harmonie: X 327.
harmonisch: X 327, 556.
Harmonische, das: T 65.
Harsdörffer, Georg Philipp (1607–1658), Mitglied der Pegnitzschäfer: X 109.
Harstall, Adalbert III. von (1737–1814), Fürstbischof von Fulda: X 112.
Haschka, Lorenz Leopold: X 413.
Heinrich, Christian Gottlieb: X 299.
Heinse, Wilhelm: X 504, 588.
Hennings, August Friedrich von: X 257.
Herder, Johann Gottfried (1744–1803): T 13; X 183, 509, 587.
Herkules, christlicher: X 118.
herrliche Seele: T 13.
Hermes, Johann Timotheus: X 13, 14, 24, 25, 480, 481.
[—, Romane von]: X 24, 25.
Herz: T 12, 21, 23, 29, 44, 59, 60, 62, 63, 92; X 129, 228, 239, 303, 325, 352, 392, 482.
„Hesperus" [Jean Paul]: X 499.

Heß, Jonas Ludwig von (1756–1823), Mediziner und Schriftsteller in Hamburg: X 212, 226.
Heuchler: X 207, 229.
Heusinger, Johann Heinrich Gottlieb (1766–1837), Pädagoge, Privatdozent in Jena, Lehrer am Kadettenkorps, an der Pagerie und an der Militärakademie in Dresden: T 61.
Hexameter: X 536.
Heydenreich, Karl Heinrich (1764 bis 1801), Professor der Philosophie in Leipzig: T 42; X 122, 460, 596.
Heynatz, Johann Friedrich (1744–1809), Rektor des Lyzeums in Frankfurt/O., außerordentlicher Professor der Beredsamkeit und der schönen Wissenschaften: X 151.
Heyne, Christian Gottlob: X 366–368.
„Hildegard von Hohenthal" [Heinse]: X 504.
Himmel: T 48, 50; X 79, 180, 551, 555, 566.
Himmelreich: T 45; X 117.
Hippokrene: X 346.
historische Kunst: X 512.
Höchste, das/der: T 56.
höchste, -r
— Substanz, die: X 479.
— Zweck der Kunst: X 279.
Hölle: X 334, 372, 385.
Höllenhund: X 529.
höllische Glut: T 50.
Hof: X 502.
Hoffmann, Leopold Alois: X 449.
Hofmann, Karl Gottlieb: X 267.
Holberg, Ludwig von: X 314.
holdes Geschlecht: X 568.
Homer: X 264, 336–346, 349, 351, 357, 366–370, 500.
Horaz: T 101.
„Horen, Die" [Schiller]: X 193, 197, 199, 260.
Huber, Ludwig Ferdinand: X 521.
—, Therese, dessen Frau: s. Forster, Therese.

Humanität: X 480, 482.
Humboldt, Wilhelm von: T 12, 90; X 568.
Hume, David: X 385.
Humor: X 399.
Hus, Jan: X 171.
Hutton, James (1726–1797), schottischer Geologe: X 161–163.
Hymen: X 521.
Hymenäus: X 517.
hypochondrisch: X 109.

ideal: X 513.
Ideal, -e: T 22; X 249.
—, das eigene: T 58.
Idealwelt: X 558.
Idee, -n: T 22, 45.
Iffland, August Wilhelm: X 120, 400 bis 402, 404, 406.
„Ilias" [Homer]: X 366, 367, 370.
Ilm: X 103.
Individualität, schöne: T 59.
Insekten: X 240.
„Iphigenie auf Tauris" [Goethe]: X 403.
„Iphigenie bei den Tauriern" [Euripides]: X 403.
Irren, das: T 27.
Irrtum: T 26, 27, 29, 30, 38; X 18, 165, 166, 446, 595.
—, nützlicher: T 26.

Jacobi, Johann Georg: X 247.
Jacobs, Christian Friedrich Wilhelm: X 69, 88.
„Jäger, Die" [Iffland]: X 120, 404.
Jahrhundert [achtzehntes]: X 31.
Jakob, Ludwig Heinrich von: T 42; X 53, 54, 70, 253, 296, 297, 460, 491, 492, 602.
Jambe: X 26.
„Jamben" [Friedrich Leopold Graf zu Stolberg]: X 26.
Jean Paul: s. Richter, Johann Paul Friedrich.
Jena: X 471, 505, 573.
Jenaer Blatt: X 528.
— Zeitung: X 372.

Jenisch, Daniel: X 128, 268, 269, 295, 536.
Jeremiaden: X 309.
„Jerusalem, Das befreyte" [Manso]: X 34, 488.
[Jesuiten]: X 81.
Joseph II., Kaiser von Österreich: X 286, 451.
Journal, -e: X 221, 222, 224, 245, 420.
—, deutsches: X 251.
„Journal des Luxus und der Moden" [Bertuch, Kraus]: X 262.
„Journal von und für Deutschland" [Bibra]: X 250.
Jünger, Johann Friedrich (1759–1797), Schriftsteller in Leipzig: X 226.
Jünglinge: X 484.
Jüngstes Gericht: X 52.
Jugend: X 67.
Jung-Stilling, Johann Heinrich: X 19.
Juvavien: X 111.
Juvenal: X 206.

Kalabrien: X 52.
Kalb, Charlotte von: X 585.
Kalender: X 245, 248, 263, 343.
kamtschadalisch: X 28.
Kant, Immanuel: T 42, 44, 61; X 53, 63, 187, 189, 190, 200, 294, 296, 379, 385, 388, 389, 509, 602.
Kantianer: X 602.
[Kantische Philosophie]: X 187, 189, 190, 200, 201, 204, 294, 296, 297, 388, 509.
Kauderwelsch: X 105.
Kerner, Johann Georg (1770–1812), Arzt, Schriftsteller in Hamburg: X 212.
„Kind der Liebe, Das" [Kotzebue]: X 404, 406.
Kinder der Welt: X 14.
Kirche: X 3.
Klaj, Johann (1616–1656), Mitglied des Nürnberger Dichterkreises der Pegnitzschäfer: X 109.
kleines Geschlecht: X 31.
Kleinigkeitsgeist: X 180.

Kleist, Franz Alexander von (1769 bis 1797), bis 1790 preußischer Offizier, später Legationsrat in Berlin, lebte auf seinem Gut Falkenhagen bei Frankfurt/O. und in Ringenwalde: X 133.
Klopstock, Friedrich Gottlieb: T 11, 78; X 11, 22, 92, 131, 348, 352, 353, 501.
„König Ödipus" [Sophokles]: X 327.
Körner, Christian Gottfried: T 90.
Körper: T 49, 85.
—, deutscher: X 453.
Kollekte: X 132.
„Komisches Theater der Franzosen" [Dyk]: X 292, 594.
Komödie: X 136, 314, 400.
Konstantinopel: X 596.
Korrektheit: T 74.
Kosegarten, Gotthard Ludwig (Theobul): X 126.
„Kosmologische Unterhaltungen" [Wünsch]: X 180.
Kothurn: X 315, 397.
Kotzebue, August Friedrich Ferdinand von: X 9, 155, 271, 400–402, 404, 406, 572.
Kraft
—, allmächtige: T 81.
—, belebende: T 66.
—, bildende: T 66.
—, genialische: T 81.
—, moralische: T 8.
—, [poetische]: T 79.
—, römische: T 102.
Kraus, Georg Melchior: X 262.
Kritik: X 500.
[Kritik]: X 567.
„Kritik der reinen Vernunft" [Kant]: X 379.
Kritiker: X 301, 307, 471.
kritische Wölfe: X 581.
Künste: T 34; X 256.
Künstler: T 100; X 24, 279, 512.
Kunst: X 279, 462, 512, 537.
—, deutsche: T 100; X 454.
—, historische: X 512.
„Kunst zu lieben, Die" [Manso]: X 35–40, 335, 537, 590.

Kunstjünger: T 75.
Kunstschwätzer: T 99.
Kunstwerk: T 80, 83.
—, Bedeutung eines -s: T 96.
kurzweilige Philosoph, der: X 64.

Lafontaine, August Heinrich Julius (1758–1831), Prediger und Schriftsteller in Halle: X 212.
Laster: T 43; X 412.
Lavater, Johann Kaspar: T 44, 46; X 11, 12, 20, 21, 509.
Leben: T 3, 25, 62, 66; X 141, 153, 361, 549, 551, 569, 586.
—, ewiges: X 278.
„Leben von Antonius und Cleopatra, Das" [Shakespeare]: X 403.
Lebendige, das: T 64.
lebendige, -r, -s
— Bilden: T 12.
— Geist: T 84.
— Welt: T 2.
lehrendes Wort: T 12.
Leibnitz, Gottfried Wilhelm: X 378.
leichtes Geschlecht: X 542, 543.
„Leiden des jungen Werthers, Die" [Goethe]: X 355.
Leipzig, -er: X 83, 88, 313, 505, 594.
— Markt: X 286.
— Musenalmanach: X 104.
Leopoldina: X 455.
Leser: T 89, 90, 94; X 114, 115, 317, 562, 599.
—, deutsche: X 562.
Lessing, Gotthold Ephraim: X 10, 144, 196, 314, 338–341, 346, 356, 394, 395, 475, 535, 574.
Lessing, Karl Gotthelf: X 196, 356.
Leutra: X 471.
Licht: T 31, 53.
Liebe: T 47, 103; X 92, 335, 442, 479, 504, 555–557.
—, geistige: T 47; X 565.
„Lieder geselliger Freude" [Reichardt]: X 496.
literarischer Zodiakus: X 68–90.

[Literatur, zeitgenössische]: X 310–318, 341.
[Literaturkritik, moralische]: X 508.
[Literaturkritiker]: X 581, 598.
„Lob der Stadt Berlin" [Ramler]: X 524, 571.
„Lobrede auf den König" [Engel]: X 527.
Logik: X 310.
London: X 502.
lotharingisch: X 98.
„Lucians von Samosata Sämtliche Werke" [Wieland]: X 361.
„Luise" [Voß]: X 120, 129, 514.
Lukian: X 361, 362.
Lust: T 62.
Lustspiel, deutsches: X 136.
[Lustspiel, sächsisches]: X 313.
Luther, Martin: X 171.
Luthertum: X 93.
Luxus: X 262.
lyrisch: X 74.
„Lyrische Blumenlese" [Ramler]: X 524.

„Mährchen" [Goethe]: X 137, 507.
Märtyrer: X 169, 171, 196.
Main: X 101, 448.
Majolica: X 17.
Manier: X 392.
Mannigfaltigkeit: T 62.
Manso, Johann Friedrich Kaspar: X 10, 33–42, 88, 89, 128, 226, 335, 487, 488, 537, 538, 580, 590.
Marie Antoinette (1755–1793), Frau Ludwigs XVI: X 350.
Markt, Leipziger: X 286.
Martial: X Motto, 269, 364, 418, 452, 497, 570, 591, 592.
Maschine: X 265, 285.
Meiners, Christoph: X 265.
Meißen: X 105.
Meißner, August Gottlieb: X 363, 523.
Meister: T 86, 93; X 164, 302, 331, 432.
Meister, Leonhard: X 266.
Meisterstück, deutsches: X 133.
Melodien: X 145, 432.
Mendelssohn, Moses: X 144, 354, 574.

Mensch [als Gattungswesen]: T 8, 97; X 11, 12, 407, 481, 501, 549, 554, 558.
Menschen [als Gattung]: X 22, 32, 96, 214, 446, 523, 558, 566, 583.
„Menschenhaß und Reue" [Kotzebue]: X 271.
Menschenverstand [gesunder]: X 204, 310.
Menschheit: T 2, 4; X 293.
menschlich: T 42.
menschliche Ganze, das: X 461.
Menschlichkeit: T 47; X 481.
Menschlichkeiten: X 172, 173, 481.
Menschlichste, das: T 42.
Menuettschritt: X 315.
Mereau, Sophie, geb. Schubert (1770 bis 1806), Schriftstellerin in Jena: X 226.
„Merkur, Der Neue Teutsche" [Wieland]: X 259.
Messe [Buch-]: X 7.
„Messias, Der" [Klopstock]: X 131, 352, 353, 501.
Messias, der falsche: X 596.
Metaphysik: X 294, 492.
Metaphysiker: T 32, 33; X 457.
Meyer, Friedrich Ludwig Wilhelm: X 255, 518.
Meyer, Johann Heinrich: T 12; X 183.
Michaelis, Salomo Heinrich Karl August: X 522.
mineralogischer Patriotismus: X 162.
„Minerva" [Archenholtz]: X 261.
Mittel: T 13.
mittelmäßig: X 256.
Mittelmäßige, das: T 76.
Mittelmäßigkeit: T 75; X 465.
Mode: X 262.
Modephilosophie: X 200.
Moderezension: X 277.
moderne Tragödie: X 325, 326.
Modernen, die: X 324, 326.
—, Poesie der: X 324.
Moment, der große: X 31.
[Monarchie]: X 443.
Monodistichon, -en: X 332, 416.

Moral: T 42, 46, 47; X 508.
moralisch, -e, -er
— Charakter: T 7.
— Delikatesse: X 228.
— Dichter: X 11.
— Kraft: T 8.
[— Literaturkritik]: X 508.
— Schwätzer: T 42.
— Zwecke der Poesie: X 177.
Moralist, -en: T 97; X 127.
[Moralphilosophie]: X 460.
Moritz, Karl Philipp: X 44, 490.
Mosel: X 98.
Motte, Antoine Houdart de la (1672 bis 1731), französischer Dichter: X 403.
Müchler, Karl Friedrich (1763–1857), Kriegsrat in Berlin: X 226.
„Mündel, Die" [Iffland]: X 406.
Musaget: X 416.
Muse, -n: T 15, 17, 97, 98; X 22, 107, 127, 147, 246, 332, 333, 413, 467, 577.
—, göttliche: X 563.
„Musen-Almanach" [Voß]: X 130, 248.
„Musen-Almanach für das Jahr 1796" [Schiller]: X 249.
„Musen-Almanach für das Jahr 1797" [Schiller]: X 237, 263.
Musenalmanach, Göttinger: X 571.
Musenalmanach, Leipziger [Schmid]: X 104.
Musik: X 222, 430, 504.
— fürs Denken: X 145.
„Musikalisches Wochenblatt" [Reichardt]: X 222.
Mylius, Christlob (1722–1754), Vetter Lessings, Schriftsteller, Lustspieldichter: X 313.
Mystiker: T 52.

Nachahmer: T 68.
Nachwelt: X 518.
Naivetät: X 313.
Nation: X 96.
Nationalcharakter, deutscher: X 96.
„National-Zeitung der Teutschen" [Rudolf Zacharias Becker]: X 319.

natürlich: X 304, 312, 513.
Natur: T 22, 67, 69, 81; X 12, 20, 21, 35, 51, 120, 126, 188, 244, 249, 275, 306, 316, 323, 395, 396, 411, 462, 595.
—, bedürftige: X 483.
—, gemeine: X 9.
—, grobe: T 42.
—, große: X 411.
—, fromme gesunde: T 46.
—, unendliche: X 411.
—, unsterbliche: X 483.
—, wilde: X 548.
Naturen, gemeine: T 5.
—, schöne: T 5.
Naturforscher: X 181, 182.
Naturgesetz: T 79.
Neigung: X 388.
„Nekrolog merkwürdiger Deutschen" [Schlichtegroll]: X 44, 77, 178, 179.
[Neptunisten]: X 161–163.
Neubeck, Valerius Wilhelm (1765–1850), Kreisphysikus in Steinau (Schlesien): X 108.
„Neue allgemeine deutsche Bibliothek" [Nicolai]: X 73, 81, 142, 254.
„Neue Bibliothek der schönen Wissenschaften und der freyen Künste" [Dyk]: X 45, 46, 69, 83, 104, 309, 339, 340, 489, 505, 581, 582.
„Neue Deutsche Monatsschrift" [Gentz]: X 81.
neue Propheten: X 63.
Newton, Isaac: T 26–28; X 164–176.
[Newtonianer]: T 31; X 164, 168, 169, 173, 174.
Nicolai, Christoph Friedrich: T 10; X 9, 10, 56, 73, 84, 128, 142–144, 184 bis 206, 218, 238, 240, 254, 334, 355, 467–477, 498, 529, 574–576.
[—, Romane von]: X 498.
Nicolay, Ludwig Heinrich von: X 131.
Not: T 34, 37.
[Nürnberg]: X 109.
nützlich: X 186.
„Oberdeutsche allgemeine Litteraturzeitung": X 78.

„Oberon" [Wieland]: X 274.
[Oden auf Friedrich d. Gr. (Ramler)]: X 106.
„Odyssee" [Homer]: X 336–346, 349, 357, 366–369, 390–394, 413, 414.
[Österreich, -er]: X 100, 455, 456.
„Œuvres complètes" [Voltaire]: X 532.
Olymp: X 555.
„Orest" [Voltaire]: X 403.
„Orestes" [Euripides]: X 403.
„Orestes und Pylades" [de la Motte]: X 403.
„Orestie" [Aischylos]: X 403.
organische Welt: T 3.
Orléans, Ludwig Philipp Joseph, Herzog von (1747–1793): X 350.
„Otto von Wittelsbach" [Babo]: X 515.
Ovid: X 38, 537.
Ozean: X 454.

„Pantheon der Deutschen" [Hofmann]: X 267.
Pariser: X 235, 430.
Parnaß: X 85, 117.
Paroxysmus: X 426.
Parteigeist: X 94, 423.
Parze: X 273.
Pastorenlatein: X 25.
Patriot: X 232.
Patriotismus, mineralogischer: X 162.
Pedant: X 24, 37, 152.
„Pegasus in der Dienstbarkeit" [Schiller]: X 306.
[Pegnitz]: X 109.
[—schäfer]: X 109.
Peregrinus Proteus: X 360–362.
Periode: X 280.
pfäffisch: X 122.
Pflicht: T 18, 42, 47; X 389, 593.
„Phaedon" [Mendelssohn]: X 354.
Phantasie: T 65; X 10.
phantasieren: X 302.
Phantast: X 275.
Philister: T 16, 17, 20, 22; X 43, 207, 237, 243.

Philosoph, -en: T 48; X 58, 361, 444, 595, 596.
—, der kurzweilige: X 64.
[Philosophen]: X 371–389.
[—, zeitgenössische]: X 55, 57, 63, 123, 310, 311, 375, 595, 596.
Philosophie, -n: T 39; X 122, 399.
[—, Kantische]: X 187, 189, 190, 200, 201, 204, 294, 296, 297, 388, 509.
philosophische, -r
— Querköpfe: X 189.
— Roman: X 316.
[—] Vorstellung: X 381.
„Philosophische Sittenlehre" [Jakob]: X 296, 297.
[„Philosophisch-kritischer Versuch, schlecht zu schreiben" (Jenisch)]: X 295.
Phlogiston: X 170.
Physiker: T 32, 33; X 457.
Pindar: T 101; X 589.
Platitüde: X 304.
Platner, Ernst: X 64–66.
Plattheit: X 576.
Pleiße: X 104.
[Plutonisten]: T 26–28; X 161–163.
Pöbel: X 238, 424, 425.
Pölitz, Karl Heinrich Ludwig: X 285.
Poesie: X 22, 177, 467, 495.
— der Modernen: X 324.
Poet, -en: X 4, 46, 58, 104, 116, 307, 310, 410, 412, 495.
poetische, -r, -s
[—] Armut: X 41.
— Erdichtung: X 599.
[— Gerechtigkeit]: X 410, 412.
[—] Größe: T 74.
[—] Kraft: T 79.
[—] Reichtum: X 41.
[—] Schwäche: T 82.
[—] Tugenden: T 76.
— Werk: X 508.
Politik: X 311.
politische Deutschland, das: X 95.
Pompeji: X 550.
populär: X 402.

Porphyrogeneta: X 350.
„Porträt der Mutter, Das" [Schröder]: X 406.
Präzeptor: X 36.
Preußen, Friedrich II., König von: X 106, 143, 527, 536.
—, Friedrich Wilhelm II., König von: X 451.
„Preussische Kriegslieder" [Gleim]: X 344.
Priester: X 214.
„Prolegomena ad Homerum" [Wolf]: X 264.
Prophet, -en: X 20, 596.
—, neue: X 63.
Prosa: X 176, 280, 309, 317, 318.
—, deutliche: X 317, 467.
—, deutsche: 597.
Prosaiker: X 104.
prosaisch: X 40, 272.
Publikum: X 260, 275, 312.
Pufendorf, Samuel Freiherr von: X 387.
Purist: X 152.

Querkopf, -köpfe
—, empirischer: X 190.
—, philosophische: X 189.

Racine, Jean Baptiste (1639–1699), französischer Dramatiker: X 403.
Racknitz, Joseph Friedrich Freiherr von: X 27, 28.
Rambach, Friedrich Eberhard: X 255, 518.
Ramdohr, Friedrich Wilhelm Basilius von: X 119.
Ramler, Karl Wilhelm: X 74, 106, 358, 359, 524, 571.
Raum: X 135.
Recensendum: X 528.
Redner: T 25.
Regel: T 79; X 542.
Regenten, schlechte: X 50.
Regierer: X 234.
Reich
—, das deutsche: X 95, 252.
—, stygisches: X 524.

Reichardt, Johann Friedrich: T 10; X 50, 80, 145–147, 208–217, 219–229, 236, 240, 251, 420, 421, 423, 430–437, 439, 450, 496.
„Reichs-Anzeiger" [Rudolf Zacharias Becker]: X 71, 252, 283, 309, 505, 593.
Reichtum [poetischer]: X 41.
Reimer: X 130.
„Reinecke Fuchs" [Goethe]: X 270, 498, 501.
Reinhard, Karl von: X 295, 571.
Reinhard, Karl Friedrich, Graf von (1761–1837), Diplomat in französischem Dienst: X 212.
Reinhold, Karl Leonhard: X 371, 373, 381.
Reisebeschreiber: X 334.
Religion: T 41.
Repräsentanten: X 439, 443.
Retzer, Joseph Friedrich von (1754 bis 1824), Zensor in Wien: X 572.
Revolutionen: X 93.
Rezensent, -en: X 50, 51, 128, 142, 307.
Rezension: X 300, 345.
[— „Über Bürgers Gedichte" (Schiller)]: X 345.
[— von Arvelius' „Gedichten" (Alxinger)]: X 157.
[— von Nicolais „Geschichte eines dicken Mannes" (Trapp)]: X 142.
[— von Schillers „Musen-Almanach für das Jahr 1796" (Friedrich Schlegel)]: X 302–307.
Rhapsoden: X 366.
Rhein: X 97, 98, 448, 454, 578.
—, deutscher: X 454.
Rhythmus: X 133.
Richter [ästhetischer]: T 88.
Richter, Johann Paul Friedrich: X 41, 42, 276, 499, 502.
„Ring, Der" [Schröder]: X 406.
Römer: X 418.
römische Kraft: T 102.
„Roland der Wüthende" [Heinse]: X 588.

Rom: T 100.
Roman, -e: X 316, 480.
[— der Aufklärung]: X 317.
—, philosophischer: X 316.
[Romane von Hermes]: X 24, 25.
[— von Nicolai]: X 498.
Romanhelden: X 24.
Rotüre: X 63.
Roturier: X 119.
Rüdiger, Johann Christian Christoph (1751–1822), Professor der Kameralwissenschaften in Halle, Sprachkundler: X 151.
ruhige Bildung: X 93.
Ruhm: T 95.

Saale: X 102.
Sabbatai Zwi: X 596.
Sachsen-Gotha, Ernst II. Ludwig, Herzog von (1745–1804): X 180.
Sachsen-Weimar-Eisenach, Karl August von: X 102.
[sächsisches Lustspiel]: X 313.
Säule, -n: X 545, 546.
Saint-Martin, Louis-Claude de (1743 bis 1803), französischer Mystiker: X 18.
Salzach: X 111.
Salzmann, Christian Gotthilf: X 148, 282.
Sand, berlinischer: X 524.
Sansculott: X 158, 233.
Satire: X 576.
„Saturae" [Juvenal]: X 206.
schädliche Wahrheit: T 26.
Scharade: X 282.
Schardt, Sophie Friederike Eleonore von, geb. von Bernstorff (1755–1819), Frau des Weimarischen Geheimen Regierungsrats Ernst Carl Konstantin von Schardt, Schwägerin Charlotte von Steins: X 281.
Schatten: X 333, 356, 558.
Schatz, Georg Gottlieb: X 88, 505.
Schauspiel: X 326.
Schauspielerin: X 298.
Schelling, Friedrich Wilhelm Joseph (1775–1854): X 56, 181.

Schicksal: X 407, 454.
Schiller, Friedrich: X 138, 249, 260, 263, 302–306, 496, 506, 509.
Schink, Johann Friedrich: X 272, 391.
Schirach, Gottlob Benedikt von: X 421.
schlechte Regenten: X 50.
Schlegel, August Wilhelm: X 341, 342.
Schlegel, Friedrich: X 47, 301–308, 320–331, 341, 342, 392.
Schlegel, Johann Elias: X 315, 341, 346.
Schlichtegroll, Adolf Heinrich Friedrich: X 44, 77, 178, 490.
Schlosser, Johann Georg: T 44, 45, 49; X 63, 247, 479, 517.
Schmarotzer: X 216, 525.
Schmid, Christian Heinrich (1746–1800), Professor der Beredsamkeit in Gießen, Schriftsteller: X 104.
Schmid, Karl Christian Ehrhard: X 383.
Schmidt (von Werneuchen), Friedrich Wilhelm August: X 246, 514.
Schmierer: X 48, 130.
schön, -e, -er, -es: T 55.
— Charakter: T 7.
— empfinden: T 8.
— Geist: T 19.
— Gemüt(er): T 7, 47; X 461.
— Gestalt: T 63.
— Individualität: T 59.
— Naturen: T 5.
Schöne, das: T 55.
Schönes: T 4; X 188, 499, 565.
Schöngeist: T 19, 20.
Schönheit: T 9, 20, 55, 62, 63; X 540, 555.
—, griechische: T 102.
Schöpfer: T 21, 69.
Schöpfung: T 81; X 161, 203.
Schreckensmänner: X 215.
schreibendes Geschlecht: X 561.
Schriften für Damen und Kinder: X 149, 150.
Schröder, Friedrich Ludwig: X 400–402, 404, 406, 515.
Schütz, Christian Gottfried: X 82.
Schule: X 164, 168.
Schwäche [poetische]: T 82.

Schwärmer: T 22, 46, 48; X 207, 440, 446.
Schwätzer: X 48, 232.
—, frömmelnde: X 156.
—, moralische: T 42.
Schweizer: X 97.
[„Schwestern, Die zärtlichen" (Gellert)]: X 314.
Seele, -n: T 6, 84; X 378, 379, 473, 482, 507, 517, 565.
—, erhabene: T 47.
—, herrliche: T 13.
Seelenregister: X 473.
[Selbsterkenntnis]: T 23.
Seraph: T 49.
Shakespeare, William: X 328, 390–393, 395, 397–399, 401, 403, 405, 407, 409, 411, 597.
Sibylle: X 273.
[Siegeshymnen (von Pindar, übersetzt von Gedike)]: X 589.
Sieveking, Georg Heinrich (1751–1799), Kaufmann in Hamburg: X 212.
sittliche Welt: T 5, 61.
Sklave: T 51.
Sokrates: X 600, 601.
Sophokles: X 327, 403.
Spalding, Johann Joachim: X 293.
spanischer Pfeffer: X 364.
Spiel: T 14; X 127, 414, 456.
Spieler: X 146.
„Spieler, Der" [Iffland]: X 406.
Spinoza, Baruch de: X 376.
Spittler, Ludwig Timotheus: X 440, 512.
Sprache, -n: T 84, 85; X 133, 141, 152, 310.
—, gebildete: T 87.
—, tote: T 101.
Sprachforscher: 141.
Sprachfreunden, Gesellschaft von: X 151, 179.
Spree: X 106.
Sprung, der gallische: T 102.
Staat: X 3, 219, 427, 428.
Staatsverbesserer: X 428.
Stahl, Georg Ernst: X 170.
Stand, Stände: T 5; X 289.
—, die drei: X 233.

Starke, Gotthelf Wilhelm Christoph (1762–1830), Rektor der Stadtschule in Bernburg, 1799 Oberhofprediger in Ballenstedt, Dichter: X 226.
Stil: T 86; X 472.
Stoff: T 65, 68; X 20, 106, 107, 187, 267, 270.
—, erhabener: X 22.
Stolberg, Christian Graf zu: X 23, 72, 125, 357, 478.
Stolberg, Friedrich Leopold Graf zu: T 44; X 15–17, 26, 49, 52, 63, 72, 116–118, 125, 247, 278, 279, 357, 478, 517, 600, 601.
strebender Geist: T 30.
Strengling: T 44.
„Studium der Griechischen Poesie, Über das" [Friedrich Schlegel]: X 320–331.
stygisches Reich: X 524.
styptisch: X 450.
Subjekt: T 24.
Substanz, die höchste: X 479.
Sulzer, Johann Georg(e): X 88, 352.
Systeme: T 38.

Tabulae votivae: T 1.
Tadel: T 74, 77, 82.
tadeln: T 92; X 239.
Tadler: T 92; X 126.
Talent: T 90; X 65, 279, 502.
„Taschenbuch von J. G. Jacobi und seinen Freunden": X 247.
„Taschenbuch zum geselligen Vergnügen" [Wilhelm Gottlieb Becker]: X 132, 525.
Tasso, Torquato: X 34.
Teleologe: X 15.
Tempel: X 546.
Teufel: X 14, 272, 306.
[Theater, zeitgenössisches]: X 396, 398, 400, 402, 404, 406, 408, 410–412.
Theophagen: T 45.
Theoretiker: T 36.
Thor: X 579.
Thümmel, Moritz August von (1738 bis 1817), Coburgischer Geheimer Rat und Minister, Schriftsteller in Gotha: X 154.
Tierkreis: X 68–90.
Tod: X 16, 549.
„Tod Caesars, Der" [Voltaire]: X 403.
Tor, der: T 71; X 136, 347.
Tore, die [Stadt-]: X 548.
Torus: X 578.
tote Sprachen: T 101.
tragisch: X 398.
Tragöden: X 391.
Tragödie: X 530.
—, alte deutsche: X 315.
—, griechische: X 325, 326.
—, moderne: X 325, 326.
„Tragödie von Julius Caesar, Die" [Shakespeare]: X 403.
Transzendentalphilosophen: X 181, 182.
Trapp, Ernst Christian: X 142, 151.
Trauerspiele: X 315.
Trieb, erhabener: X 214.
Triebfedern: T 51.
Türke: X 596.
Tugend, -en: T 43, 44; X 135, 224, 311, 412, 465.
—, [poetische]: T 76.
tugendhaft: X 274, 388.

„Über den Einfluß der Grazien" [Manso]: X 33.
[„Ueber die ästhetische Erziehung des Menschen" (Schiller)]: X 199.
„Ueber die Unsterblichkeit der Seele" [Sulzer]: X 352.
„Ueber Verläumdung der Wissenschaften" [Manso]: X 487.
Überzeugung [politische]: X 423.
Ueltzen, Wilhelm Franz (1759–1808), Pfarrer in Langlingen bei Celle: X 572.
Uhlich, Adam Gottfried (1720–1753), Lustspieldichter: X 313.
unendliche, -es
— All: T 69.
— Natur: X 411.
Unger, Johann Gottlieb: X 450.

[Universität Göttingen]: X 289.
unsterbliche Natur: X 483.
[Unterwelt]: X 332–413.
„Urania für Kopf und Herz" [Ewald]: X 258.
Urteil: X 10, 51.

Väter: X 483.
„Verbrechen aus Ehrsucht" [Iffland]: X 406.
Verfassung: X 232, 440.
Vergil: X 245, 334, 335, 347, 486.
„Vernichtung, Die" [Richter]: X 276.
vernünftig, -e: X 596.
— Diskurse: T 80.
— wollen: T 8.
Vernünftiges: X 384.
Vernunft: T 22, 46, 59, 63, 67; X 59, 184, 204, 323, 457.
Vers, -e: X 176, 309, 318, 551.
Verständige, der: T 68.
Verstand: T 64, 67, 69, 70; X 59, 281, 321, 322, 325, 463, 464.
„Versuch einer Moralphilosophie" [Karl Christian Ehrhard Schmid]: X 383.
„Versuch einer neuen Theorie des menschlichen Vorstellungsvermögens" [Reinhold]: X 373, 381.
[„Versuche und Beobachtungen über die Farben des Lichtes" (Wünsch)]: X 175.
Vielwisser: T 40.
Vieweg, Hans Friedrich (1761–1835), Verleger und Buchhändler in Berlin: X 81, 256.
Virtuose: X 290.
Völker: X 102, 425.
Volk: T 47; X 55, 84, 156, 212, 385, 519, 541.
—, empfindsames: X 19.
vollendet in sich: T 56.
Vollkommene, das: T 82.
Voltaire (François-Marie Arouet): X 403, 532–534.
Vorstellung [philosophische]: X 381.
Voß, Johann Heinrich: X 75, 120, 129, 130, 247, 248, 514.

[Vulkanisten]: T 26–28; X 161–163.

Wackenroder, Wilhelm Heinrich (1773 bis 1798), Schriftsteller in Berlin: X 226.
Wahnwitz: T 71.
wahre Geheimnis, das: T 52.
Wahres: T 11.
Wahrheit: T 9, 20, 21, 28, 30, 32, 33, 54; X 18, 54, 56, 58, 181, 209, 210, 329, 491, 567, 599.
—, schädliche: T 26.
Weimar: X 76, 573.
Weiser: X 600.
weiseste Grieche, der: X 601.
Weisheit: X 64.
Weiße, Christian Felix (1726–1804), Schriftsteller und Publizist in Leipzig: X 149, 313, 315, 346.
welsch: X 283.
Welt: T 21, 80, 81, 89; X 299, 378.
—, empfindende: T 3, 61.
—, lebendige: T 2.
—, organische: T 3.
—, sittliche: T 5, 61.
Weltenschöpfer: X 15.
Weltmann: X 444, 446.
Werk, poetisches: X 508.
Werner, Abraham Gottlob (1749–1817), Geologe und Mineraloge an der Bergakademie Freiberg: X 161 bis 163.
Werte, das: T 6.
Weser: X 107, 579.
Wieland, Christoph Martin: T 11; X 10, 40, 76, 183, 259, 274, 280, 284, 360–362, 495.
Wien: X 290, 455, 520.
wilde, -es
— Geschlecht: X 125.
— Natur: X 548.
„Wilhelm Meister" [Goethe]: X 283.
„William Shakespear's Schauspiele" [Eschenburg]: X 390, 597.
Wirklichkeit: X 599.
Wirkungsarten: T 4.

Wissenschaft: T 34; X 62.
wissenschaftliches Genie: X 58.
„Wissenschaftslehre" [Fichte]: X 380.
Witz: T 70, 71; X 10.
witzig: X 292, 313, 531.
„Wochenstube, Die" [Holberg]: X 314.
Wölfe, kritische: X 581.
Wolf, Friedrich August: T 16; X 264, 370, 500.
wollen, vernünftig: T 8.
Woltmann, Karl Ludwig (1770–1817), Professor der Geschichte in Jena: X 157.
Wort, Wörter
— fremde: X 152.
— lehrendes: T 12.
Wünsch, Christian Ernst: X 175, 180.
„Würde der Frauen" [Schiller]: X 305.
Würdige, das: T 6.
Würste, Göttinger: X 366–368, 370.

Xenien: X 2, 4, 205, 332, 364, 365, 413, 417, 419.
[Xenien]: X 29, 30, 43, 49, 67, 68, 90, 91, 114, 115, 124, 159, 160, 237, 242–244, 263, 333, 416, 418, 438, 500, 503, 520, 526, 551, 569, 583.

Zahn, Christian Jakob: X 521.

Zahn, griechischer: X 75.
„Zamori" [Franz Alexander von Kleist]: X 133.
Zeit: X 135, 153, 466, 550.
„Zeit und Raum" [Carstens]: X 135.
Zeitalter, Goldenes (Goldene Zeit, Goldenes Alter): X 32, 309, 313, 318.
[zeitgenössische, -s]
[— Literatur]: X 310–318, 341.
[— Philosophen]: X 55, 57, 63, 123, 310, 311, 375, 595, 596.
[— Theater]: X 396, 398, 400, 402, 404, 406, 408, 410–412.
Zeitschriften: X 208.
Zeitschriftsteller: X 433.
Zeitung, Jenaer: X 372.
Zeitungen, gelehrte: X 319.
Zelter, Karl Friedrich: X 226.
Zensur: X 520.
Zodiakus, literarischer: X 68–90.
Zofenfranzösisch: X 25.
Zschokke, Johannes Heinrich Daniel (1771–1848), Schriftsteller, 1796 Seminarleiter in Reichenau in Graubünden: X 212.
Zufall: T 34.
Zweck, -e: T 13.
— der Kunst, höchster: X 279.
— der Poesie, moralische: X 177.

II. HINWEISE
ZU MYTHOLOGISCHEN NAMEN UND BEGRIFFEN

Das Register ist sachbezogen und nicht rein statistisch; es enthält daher auch Hinweise auf mythologische Gestalten, die nicht ausdrücklich genannt, aber unmißverständlich gemeint sind. Wenn z. B. in „Pegasus in der Dienstbarkeit" ein lustiger Gesell auftritt (V. 71), dann wird die Stelle unter „Apollon" angegeben; Cytherens Sohn (Poesie des Lebens, V. 29) findet man unter „Eros"; in der Regel werden die Gottheiten also unter ihrem griechischen Namen angeführt und erläutert.

Die Verweise betreffen gelegentlich auch Stellen, an denen mythologische Namen oder Begriffe adjektivisch gebraucht sind; so ist z. B. „äolisch" unter „Aiolos" verzeichnet, „chaotisch" unter „Chaos". Um allzu viele Verweisungen zu vermeiden, werden verschiedene Schreibweisen von Namen deren heute üblicher Form subsumiert; „Elisium" ist also unter „Elysium" registriert, „Föbus" unter „Phoibos", „Zypria" unter „Cypria". Entsprechend wird mit Kurzformen wie „Achill", „Admet", „Ulyß" verfahren; sie sind unter „Achilleus", „Admetos" und „Ulysses" angeführt.

Die römischen Ziffern beziehen sich auf NA 1 (I) und 2 I (II), die arabischen Zahlen auf die Seiten dieser Bände. Seitenangaben mit vorangestelltem * verweisen auf Texte aus der Abteilung „Zweifelhaftes und Unechtes".

Abates, Gefährte des Aeneas: II 11.
Acamas, griechischer Heerführer vor Troja: II 338.
Achates, Gefährte des Aeneas: II 11.
Acheron (vgl. unter Unterwelt): I 65, 81, 251, 350; II 55, 405.
Achilleus (Achilles), Sohn des Peleus und der Thetis, Enkel des Aiakos, größter Held der Griechen vor Troja, tötete im Zweikampf Hektor, der zuvor seinen Freund Patroklos besiegt hatte, und Penthesileia mit ihren Amazonen; fiel, wie vom sterbenden Hektor vorausgesagt, am Skäischen Tor vor Troja durch einen von Apollon gelenkten Pfeil des Paris, der ihn in die Ferse traf, die einzig verwundbare Stelle seines Körpers: I 350, 410; II 10, 16, 191, 192, 199, 255, 257, 258, 301, 306, 326, 328, 335, 338, 348, 350, 351.
Admetos (vgl. unter Alkestis): I 193; II 365.
Adonis, Sohn des Kinyras und der Myrrha; wurde seiner Schönheit wegen von Aphrodite geliebt, auf der Jagd von einem Eber getötet: I 190; II 326, 364, *456.
Aeakus s. Aiakos.
Aegide s. Aegis.
Aegis, „ein ganz ungeheueres Thier, welches die Erde hervor brachte" (Hederich, 87); von Athene erlegt, die sich aus seiner Haut einen unverwundbaren Brustharnisch oder Schild machte, auf den sie das Haupt der Medusa setzte (vgl. Ilias 5, 738–742). Auch anderen Göttern, Zeus und Hera, diente die Aegide als unüberwindlicher und Schrecken erregender Schutzschild: I 158, 411; II 189, 301, 336.
Aegisthos s. Aigisthos.
Aeneas, Sohn des Anchises und der Aphrodite, trojanischer Held; wurde im Zweikampf mit Diomedes (vgl. dort) von Aphrodite gerettet; konnte nach dem Sturz Trojas mit seinem Vater und den Stadtgöttern entkommen; begab sich auf eine Irrfahrt, die ihn nach Latium führte, wo er nach

(Aeneas) dem Kampf gegen die Rutuler Gatte der Lavinia wurde und die Stadt Lavinium gründete. Sein Sohn Iulus erbaute Alba Longa, dessen Tochterstadt Rom wurde; vgl. die Erläuterungen zu „Der Sturm auf dem Tyrrhener Meer", „Dido" und „Die Zerstörung von Troja": II 8, 10, 25, 26, 29–33, 35–44, 46–50, 52–58, 327–360.

Aeolus (Äolus) s. Aiolos.

Agamemnon, Sohn des Atreus und der Aerope, Bruder des Menelaos, Gatte der Klytaimnestra, Vater der Elektra, der Iphigenie und des Orestes, König von Mykenai. Unter seiner Führung brachen die Griechen nach Troja auf; als die griechische Flotte durch eine Windstille am Auslaufen gehindert wurde, sollte A., einem Rat des Sehers Kalchas folgend, seine Tochter Iphigenie auf der Insel Aulis zum Opfer bringen; zu Beginn der Opferhandlung aber entführte die Göttin Artemis Iphigenie als ihre Priesterin ins Land der Taurer. Nach der Rückkehr aus Troja wurde A. von seiner Gemahlin Klytaimnestra und ihrem Geliebten Aigisthos umgebracht: I 276, 352; II 89, 190, 304, 331, 345, 348.

Aglaia, eine der Chariten: I 340.

Aiakos (Aeakus), Sohn des Zeus und der Aigina, Großvater des Achilleus und des Aias; wurde wegen seiner Gerechtigkeitsliebe nach seinem Tod als Totenrichter in der Unterwelt eingesetzt: I 172, 193; II 83, 365.

Aias (Ajax), 1. (der „große" A.) Sohn des Telamon und der Periböa oder der Euriböa, griechischer Held vor Troja. Nach dem Tod des Achilleus beanspruchte A. dessen Waffen für sich; als sie jedoch Odysseus zugesprochen wurden, geriet er vor Empörung in Wahnsinn und tötete sich selbst: I 351; II 191.

2. (der „kleine" A., der „lokrische" A.) Sohn des Oileus, Königs von Lokris. Bei der Eroberung Trojas vergewaltigte er Kassandra, die Tochter des Priamos, ohne Rücksicht auf die heilige Stätte der Athena, zu welcher sich die Seherin geflüchtet hatte. Die Göttin verfolgte ihn dieses Frevels wegen und ließ auf der Heimfahrt der Griechen A.' Flotte untergehen; A. selbst, zunächst gerettet, kam schließlich durch Poseidons Hand um: II 8, 191, 345.

Aidäs s. Hades.

Aigina, Tochter des Flußgottes Asopos und der Metope. Zeus entführte sie auf die (nach ihr benannte) Insel Ägina und zeugte mit ihr den Aiakos: I 193; II 365.

Aigisthos (Aegisthos) (vgl. unter Agamemnon): II 89.

Aiolos, röm. Aeolus, Sohn des Zeus und der Melanippe, Beherrscher der Winde, lebte auf der sagenhaften Aiolosinsel: I 241; II 8, 9, 11, 206.

Ajax s. Aias.

Aktaion (Aktäon), Sohn des Aristaios und der Autonoe. Als er auf der Jagd Artemis und ihre Nymphen beim Baden belauschte, wurde er von der Göttin in einen Hirsch verwandelt und von den eigenen Hunden zerrissen (vgl. Metamorphosen 3, 138 bis 252): I 91.

Alcid, Herakles als Enkel des Alkaios: I 251; II 400.

Alethes, Gefährte des Aeneas: II 11.

Alkestis, Tochter des Pelias und der Anaxibia, Gemahlin des Admetos, Königs von Thessalien. Auf Bitten des Apollon wurde dem Admetos von den Parzen gewährt, daß sein Leben verlängert werde, wenn sich jemand freiwillig für ihn opfere. A. ging für ihn in den Tod, Herakles aber befreite

MYTHOLOGISCHE NAMEN UND BEGRIFFE

(Alkestis)
sie wieder aus den Händen des Todes: I 193; II 365.

Amalthea, Name der Ziege, die den kleinen Zeus nährte, oder der Nymphe, die Zeus mit der Milch der Ziege aufzog; das abgebrochene Horn der Ziege wurde von Zeus zum unerschöpflichen, segenspendenden Füllhorn gemacht: I 263; II 311.

Amathunt (vgl. unter Aphrodite): I 191.

Amathusia, Beiname der Aphrodite oder Venus: I 190, 195; II 77, 363.

Ammon (vgl. unter Iarbas): II 35, 36.

Amor (vgl. unter Eros): I 22, 50, 76, 78, 89(?), 136, 157, 191, 276, 284, 289, 304, 307, 313, 324, 406, 409, 431, 433; II 44, 49, 89, 91, 152, 188, 209, 259, 264, 300, 304, 308, 364, 381, 416, 422, *457.

Amphitrite, Tochter des Nereus und der Doris, Gemahlin des Poseidon: II 128, 362.

Anadyomene: Beiname der Aphrodite („die dem Meer Entstiegene'): I 124.

Anchises, Sohn des Kapys und der Themis, König von Dardanos bei Troja, von Aphrodite Vater des Aeneas: II 42, 43, 46, 54, 340, 351, 352, 354–358, 360.

Androgeos, griechischer Heerführer vor Troja: II 343, 344.

Andromache (Andromacha), Gattin des Hektor, Mutter des Astyanax; nach dem Tod Hektors und dem Fall Trojas geriet sie als Sklavin in den Besitz des Neoptolemos, des Sohnes des Achilleus: I 359; II 16, 199, 306, 347.

Anna, Schwester der Dido: II 25–28, 46, 48, 49, 52, 55, 58.

Antaios, Sohn des Poseidon und der Gaia, ein Riese; er pflegte Fremdlinge zum Ringkampf zu zwingen und tötete sie; immer wenn er die Erde, d. h. seine Mutter Gaia (die ‚Göttin Erde'), berührte, gewann er neue Kraft. Herakles bezwang ihn, indem er ihn in die Luft hob und erwürgte: II 371.

Aphrodite, röm. Venus, Tochter des Zeus und der Dione; Göttin der Liebe und Schönheit. Sie war mit dem hinkenden Schmiedegott Hephaistos vermählt, den sie mit Ares betrog. Aus ihrer Verbindung mit Ares ging u. a. Eros, röm. Amor, hervor. – A. trug mit Hera und Athene einen Schönheitswettbewerb aus, den sie durch das Urteil des Paris gewann. Diesem half sie dafür, Helena zu gewinnen. Im Trojanischen Krieg stand sie auf der Seite der Trojaner. – A. liebte den Adonis, der auf der Jagd von einem Eber getötet wurde. – Sie trug verschiedene Beinamen, u. a. Kypris (röm. Cypria) und Kythereia (röm. Cythere, Cytherea) nach den Inseln Kypros und Kythera, wo sich Kultstätten der Göttin befanden, oder Amathusia (Amathuntia) nach Amathus (Amathunt) auf Zypern, wo sie nach ihrer Geburt aus dem Schaum des Meeres an Land gekommen und von den Horen erzogen worden sein soll. – Vielfach gab es die Unterscheidung zwischen der „himmlischen" A. (Urania) als Göttin der edlen Liebe und der „gemeinen" A. (Pandemos) als Göttin der Sinnlichkeit. – Vgl. auch unter Amathusia, Anadyomene, Cypria, Cythere, Urania: I 20, 22, 76, 79, 80; II 52, 264, 322, 326, 352, 353, 355, 416.

Apollon, röm. Apollo, Sohn des Zeus und der Leto, Zwillingsbruder der Artemis. Kurz nach der Geburt tötete er den Python-Drachen von Delphi und übernahm das Orakel. Zu seinen Attributen gehören Leier und Bogen. Er wurde als Gott der Künste, insbesondere der Musik, und als Führer der Musen (Musaget) verehrt, der die Gabe der Dichtkunst verlieh;

(Apollon)
zugleich Vater der Weissagekunst, war er Vermittler poetischer und prophetischer Begeisterung, entsprechend der römischen Vorstellung vom „poeta vates". Der Bogen kennzeichnet A. als Gott der Sühne, dessen Pfeile Krankheit und Tod brachten. Er galt als Garant der sittlichen Ordnung und des edlen Maßes. Überdies wurde er als Sonnengott, unter dem Beinamen Phoibos, röm. Phoebus, verehrt. – Vgl. auch unter Musaget, Phoibos, Thymbraeus, Zynthius: I 83, 93, 190, 232, 295, 323, 326, 336, 385, 410, 431, 433; II 21, 32, 42, 43, 74, 85, 87, 88, 92, 97, 115, 171, 245, 255, 256, 301, 331, 337, 341, 364, 381, 416 *448, *456.

Arachne, Tochter des Idmon, eines Purpurfärbers aus Kolophon, berühmt für ihre Kunst des Teppichwebens; im Wettkampf mit Athene fertigte sie ein Gewebe, das die erotischen Abenteuer der Götter darstellte; zur Strafe wurde sie in eine Spinne (griech. ἀράχνη) verwandelt (vgl. Metamorphosen 6, 5–145): I 47.

Ares, röm. Mars, Sohn des Zeus und der Hera, Gott des Krieges. Vgl. unter Mars.

Ariadne, Tochter des kretischen Königs Minos; sie verliebte sich in Theseus und half ihm, nach seinem Sieg über den Minotaurus wieder aus dem Labyrinth herauszufinden, indem sie ihm vorher einen Faden-Knäuel gab, den er beim Eindringen in das Labyrinth hinter sich abwickelte: II 259.

Artemis, röm. Diana, Tochter des Zeus und der Leto, Zwillingsschwester des Apollon, Göttin der Jagd, Schutzherrin der Jugend und Jungfräulichkeit; ihre Waffe war wie die des Bruders der Bogen, mit dem sie die Töchter der Niobe tötete. – Einer ihrer Beinamen war Delia: I 430; II 380.

Askanius (Ascanius), griech. Askanios, oder Iulus, Sohn des Aeneas und der Kreusa; er floh mit seinem Vater aus Troja und wurde in Italien zum Gründer von Alba Longa (vgl. auch unter Aeneas): II 29, 32, 33, 37, 39, 42, 43, 54, 55, 351, 352, 354–356, 360.

Astraia (Asträa), Göttin der Gerechtigkeit; verließ zu Beginn des Eisernen Zeitalters die Erde und wurde zum Sternbild der Jungfrau; zu ihren Attributen gehört die Augenbinde als Zeichen der Unparteilichkeit: I 21, 264.

Astyanax, kleiner Sohn des Hektor und der Andromache; wurde von den Griechen nach der Eroberung Trojas von einem Turm gestürzt, um die männliche Nachkommenschaft des trojanischen Königshauses auszulöschen: I 354; II 16, 199, 347.

Athena (Athene), röm. Minerva, Tochter des Zeus, Schirmherrin Athens; sprang in voller Rüstung aus dem Haupt des Zeus hervor, als Hephaistos dieses mit einer Axt spaltete; galt als Kriegs- und Friedensgöttin. Sie nahm am Kampf der Olympier gegen die Giganten teil und stand auf der Seite der Griechen beim Kampf um Troja, weil Paris ihr im Schönheitswettbewerb mit Aphrodite und Hera den Preis vorenthalten hatte. Von Perseus erhielt sie das Schlangenhaupt der Meduse Gorgo, mit dem sie ihren Ziegenfellschild schmückte (vgl. auch unter Aegis).

Als Friedensgöttin schützte sie den äußeren und inneren Frieden der Staaten, besonders Athens. Sie brachte den Menschen Pflug und Rechen, Spinnrocken und Webstuhl. Als Göttin der Weisheit war sie Beschützerin der Philosophen, Dichter und Redner. Die Eule war ihr heiliges Tier. Sie galt als Lehrerin aller handwerklichen Kunstfertigkeiten.

(Athena)
Um Attika und Athen mußte sich A. mit Poseidon auseinandersetzen; der Streit sollte zugunsten desjenigen entschieden werden, der dem Land das wertvollere Geschenk mache; Poseidon erschuf das Pferd oder ließ, nach anderer Überlieferung, eine Quelle entspringen, A. den ersten Ölbaum wachsen; darauf wurde ihr der Sieg zugesprochen.
Einer ihrer Beinamen ist Tritonia oder Tritogeneia, nach dem See Triton in Afrika, wo sie, anderer Überlieferung zufolge, geboren worden sein soll; deshalb wird sie auch Tritonide genannt (vgl. auch unter Pallas, Tritonia): I 208, 213, 270; II 190, 334, 337, 390, 395.

Atlas, Sohn des Titanen Iapetos und der Okeanide Klymene; stand im Westen der Erde und trug den Himmel auf seinen Schultern: II 37, 38, 48.

Atreus, König von Mykene, Vater des Agamemnon und des Menelaos: II 190, 304, 331.

Atropos (vgl. unter Moiren): I 272, 308.

Aurora (vgl. unter Eos): I 48, 75, 89, 92, 119, 249, 281, 282, 306; II 25, 52, 260, 261, 374, 375, 398, *449.

Automedon, Wagenlenker des Achilleus vor Troja: II 348.

Avernus, See bei Cumä in Mittelitalien, nie von der Sonne beschienen, galt als einer der Eingänge zur Unterwelt: I 19, 207; II 26, 50, 390.

Bacchantin (vgl. unter Dionysos): I 276; II 255, 304.

Bacchus (vgl. Dionysos): I 49, 50, 262, 289, 321; II 91, 188, 192, 255, 310, 414, 426.

Barce, Amme des Sychaeus, Dienerin der Dido: II 55.

Bromius, Beiname des Dionysos („der Lärmende"), „welchen er von dem Donnern und Krachen bekommen, welches sich bey dessen Geburt erhub" (Hederich, 566): II 21, 28.

Calchas s. Kalchas.
Camönen s. Kamenen.
Capys, ein Trojaner, der mit Aeneas nach Italien ging: II 328.
Centauren s. Kentauren.
Ceres (vgl. Demeter): I 78, 247, 262, 279–282, 306, 426–429, 432; II 108, 310, 357, 372–382, 397, 414.

Chaos, das unermeßliche Leere, der klaffende, leere Raum. Nach Hesiod gingen am Anfang der Welt Erebos und Nyx aus dem Ch. hervor, nach anderer Überlieferung entstand das Ch. aus der Dunkelheit: I 31, 46, 53, 102, 105, 110; II 50, *460.

Charis, nach Homers „Ilias" (18, 382–383) als personifizierte Anmut Gattin des Schmiedekünstlers Hephaistos; vgl. auch unter Chariten und Grazien: I 242, 283, 321, 323, 409; II 206, 300.

Chariten (Charitinnen) (vgl. Grazien): I 191, 199, 340, 433; II 92.

Charon (vgl. zu Unterwelt): I 43, 199; II 14, 88, 400.

Charybdis (Charybde) (vgl. unter Skylla und Charybdis): I 19, 227, 372; II 266, 325.

Chiron, griech. Cheiron, Sohn des Kronos und der Philyra, weiser Kentaur, der in einer Höhle des Peliongebirges wohnte; Erzieher des Iason: II 21.

Choroebus s. Koroebos.
Chronion, Beiname des Zeus: I 77; II 43, 400.
Chronos s. Kronos.
Cimothori s. Cymothoë.
Cocytus s. Kokytos.
Coelus (vgl. Uranos): II *451.
Cupido (vgl. Eros): I 15, 208, 238.
Cybele s. Kybele.

Cyllenius (vgl. Kyllenios): I 312; II 36.
Cymothoë, Tochter des Nereus und der Doris, eine der fünfzig Meernymphen, „welche von κῦμα, Welle, und θέω, ich laufe, so viel als Wellenlauf heißt" (Hederich, 843): II 12.
Cypria, Beiname der Aphrodite: I 16, 81, 195, 213; II 29, 43, 395.
Cythere (Cytherea), Beiname der Aphrodite: I 190, 191, 200, 209, 433; II 27, 30, 31, 36, 364, 391, 416.

Daidalos (Dädalus), mythischer Baumeister und Erfinder, berühmter Kunsthandwerker. Bekannt ist die Geschichte von D. und seinem Sohn Ikaros und den vom Vater gefertigten Flügeln, mit deren Hilfe beide aus dem Labyrinth auf Kreta fliehen wollten. Ovid erzählt davon in den „Metamorphosen" (8, 183–235): I 263.
Danae, Tochter des Akrisios, Königs von Argos, und der Eurydike. Nach einem Orakelspruch fürchtete Akrisios den Tod durch einen Enkel und sperrte Danae in ein unterirdisches Gewölbe ein; in Gestalt eines Goldregens drang Zeus zu ihr vor; Danae gebar den Perseus; Akrisios setzte Mutter und Kind auf dem Meer aus: II 101.
Danaiden, die fünfzig Töchter des Danaos. Als dieser mit seinem Bruder Aigyptos, dem Vater von fünfzig Söhnen, in Streit um die Herrschaft in Ägypten geriet, baute er mit Hilfe Athenes ein fünfzigruderiges Schiff und floh nach Argos; die Söhne des Aigyptos folgten ihnen und verlangten, die Töchter des Danaos zu heiraten; der gab diesen Dolche und beauftragte sie, ihre Männer in der Hochzeitsnacht zu töten. Die D. starben unverheiratet, mußten aber für ihre Untat in der Unterwelt Wasser in ein durchlöchertes Faß schöpfen: II 148, 326, *470.

Danaos, Vater der Danaiden: II *470.
Daphne, Tochter des Flußgottes Peneios. Apollon liebte sie und verfolgte sie, als sie floh; ehe der Gott sie eingeholt hatte, wurde sie auf ihr Gebet hin in einen Lorbeerbaum verwandelt: I 190.
Dardanos, Sohn des Zeus, galt als Ahnherr Trojas: II 43, 360.
Deiopeia, vielleicht eine der Töchter des Nereus und der Doris (vgl. Hederich, 881): II 9.
Deiphobos, Sohn des Priamos; nach Paris' Tod Gatte der Helena: II 340.
Delia, Beiname der Artemis: II 332.
Delphi (vgl. Apollon, Pythia): I 17.
Demeter, röm. Ceres, Tochter des Kronos und der Rheia, Schwester des Zeus; die „Mutter Erde", Göttin der Fruchtbarkeit und des Wachstums in Acker- und Getreidebau. Sie soll „Erfinderinn der Gesetze seyn, [...] und mit solchen insonderheit die Menschen angehalten haben, daß einer dem andern das, was ihm gehöret, gegeben, oder doch gelassen habe" (Hederich, 676); daher trug sie die Beinamen Thesmia und Thesmophora (‚die Gesetzgebende').
Ihre Tochter Persephone, röm. Proserpina, die sie mit Zeus hatte, wurde von Hades geraubt und als Gattin in die Unterwelt entführt. D. irrte auf der Suche nach dem Kind umher. Dabei kam sie zum König Keleos von Eleusis, dem sie befahl, einen Tempel zu bauen; des Königs Sohn Triptolemos übergab sie Weizen und hieß ihn, den Ackerbau (und ihren Kult) überall zu verbreiten. Nachdem sie durch Helios von dem Raub erfuhr, zog sich D. zurück und ließ die Erde keine Saaten und Früchte mehr tragen. Als Hermes Persephone zurückholte, gab ihr Hades einen Granatapfel (der als Ehesymbol galt)

(Demeter)
zu essen, der sie auf ewig an die Unterwelt band. Auf Vermittlung des Zeus aber kam schließlich eine Vereinbarung zustande, wonach Persephone einem Teil des Jahres in der Unterwelt, die übrige Zeit jedoch auf dem Olymp zubringen sollte.
Mit der alljährlichen Wiederkehr Persephones verband sich die Vorstellung des periodischen Wechsels von Blühen und Sterben in der Natur. – Vgl. auch zu „Bürgerlied": I 190, 261; II 28, 309, 364.

Deukalion, Sohn des Prometheus. Er rettete sich und seine Gemahlin Pyrrha in einer Arche als einzige Überlebende aus einer Sintflut. Zeus gewährte ihnen die Bitte, neue Menschen erschaffen zu können: Auf sein Geheiß warfen sie Steine hinter sich, aus denen Männer und Frauen entstanden (vgl. Metamorphosen 1, 348–415): I 76, 77, 191; II 364.

Diana (vgl. Artemis): II 50.

Dido oder Elissa, Tochter des Königs von Tyros, Gemahlin des Sychaeus, Schwester der Anna und des Pygmalion, Königin von Karthago; vgl. auch die einleitenden Erläuterungen zu „Dido". „Eigentlich hieß diese Königinn Elissa, welches von El-Issa so viel, als eine Heldinn oder göttliche und tapfere Frau [...] oder auch meines Gottes Lamm heißt" (Hederich, 921): II 25–59, 157, 327, 329, 349.

Diomedes, Sohn des Tydeus und der Deipyle; griechischer Held vor Troja, der mit Aeneas einen Zweikampf austrug, aus dem dieser nur mit Hilfe seiner Mutter Aphrodite gerettet wurde (vgl. Ilias 5, 311–318); als den Griechen geweissagt wurde, die Eroberung Trojas hänge vom Besitz des trojanischen Athene-Bildes ab, schlichen sich D. und Odysseus in die Stadt und raubten das Palladion (vgl. Aeneis 2, 162–168): II 10, 192, 334, 335.

Dione, Mutter der Aphrodite. „Sie wird sonst auch gar oft für die Venus selbst genommen." (Hederich, 941.) In der antiken Literatur wurde ihr oft als Epitheton ornans das Attribut „lächelnd" beigelegt (vgl. An einen Moralisten, V. 1): I 86, 103; 209.

Dionysos, röm. Bacchus, Sohn des Zeus und der Semele, Gott des Weines und der Baumzucht und Vegetation überhaupt. Die Anhänger des D. erlebten „Enthusiasmos" (sie waren ‚des Gottes voll') und „Ekstasis" (sie waren aus dem Alltag ‚herausgetreten'); sie folgten dem Gott in begeistertem Rausch. Beim D.-Kult mischten sich weibliche Mänaden (auch Bakchai, Bacchantinnen), efeubekränzt, in Rehfellen und mit Thyrsusstäben in der Hand, in die Schar der (männlichen) Satyrn. – Vgl. auch unter Bromius: I 192; II 365.

Dioskuren (Dioscuren) (vgl. Kastor und Polydeukes): I 353; II 82.

Dis, römischer Gott der Unterwelt, dem Hades entsprechend: II 89.

Dryaden (Einzahl: Dryas), Baum- und Waldnymphen: I 190, 263; II 311, 363.

Dymas, Gefährte des Aeneas: II 342, 345.

Echo, eine schöne Bergnymphe; sie war mit dem Verlust ihrer Sprache bestraft worden, weil sie „die Juno mit ihrem Plaudern aufhielt, wenn sie den Jupiter bey den Nymphen zu ertappen vermeynte, bis sich alles vor ihr hinweg begeben konnte." (Hederich, 970.) E. konnte nur die Rufe anderer nachsprechen. In dieser Weise verliefen auch die Gespräche mit dem jungen Narkissos, in den sie sich verliebte, der sie aber verschmähte;

(Echo)
aus Gram zog E. sich in die Berge und Schluchten zurück, magerte bis auf die Knochen ab; ihr Gebein wurde zuletzt in einen Felsen verwandelt, und es blieb nur ihre Stimme übrig: II 426.

Elissa (Elisa) (vgl. Dido): II 33, 42, 45, 48, 49, 51.

Elpenor, der jüngste der Gefährten des Odysseus; er war zusammen mit ihm in die Gewalt der Zauberin Kirke geraten; dort schlief er betrunken auf dem Dach von Kirkes Haus ein und stürzte zu Tode (vgl. Odyssee 10, 552–560): I 350.

Elysium (vgl. zu Unterwelt): I 4, 7, 12, 17, 54, 65, 75, 80, 89, 99, 122, 123, 152, 169, 178, 193, 203, 228; II 16, 142, 165, 185, 365, 385, *449, *451, *452.

Eos, röm. Aurora, Tochter des Titanen Hyperion und der Titanin Theia, Schwester des Helios und der Selene; Göttin der Morgenröte: II 31, 53, 265.

Epaphos, Sohn des Zeus und der Io, König von Ägypten: II *448.

Epeus (griech. Epeios), einer der Griechen vor Troja; er baute mit Athenes Hilfe das hölzerne Pferd: I 338.

Epytos, Gefährte des Aeneas: II 342.

Erebos, röm. Erebus (vgl. Unterwelt): I 8, 43; II 50, *447.

Eridanos (vgl. unter Phaeton): I 319.

Erinyen (Erinnyen), röm. Furien, unterirdische Rachegöttinnen mit Schlangenhaaren und drohend geschwungenen Fackeln; sie bestraften jede Freveltat, indem sie den Täter unermüdlich bis in den Tod verfolgten; eines ihrer Opfer war Orestes. Ihre Namen werden mit Allekto, Teisiphone und Megaira angegeben. Gelegentlich auch als Einzelgöttin: Erinys (griech. Ἐρινύς) (vgl. auch unter Eumeniden): I 62, 68, 193, 197, 248, 365, 388; II 244, 248, 249, 304, 365.

Eris, Schwester des Kriegsgottes Ares, Göttin des Streits und der Zwietracht: I 242; II 137, 206, 258.

Eros, röm. Amor (auch Cupido), Sohn des Ares und der Aphrodite, Gott der Liebe; zu seinen Attributen gehörte u. a. die Fackel, die er der Artemis geraubt hatte; er trug sie, „um die Entzündung der Liebe in den Gemüthern der Menschen zu bemerken." (Hederich, 812): I 431, 433; II 25, 209, 262, 264, 381, 416.

Eumeniden, euphemistische Bezeichnung für die Erinyen („die Wohlgesinnten', nach griech. εὐμένια: Wohlwollen, Gnade): I 47, 68, 207, 390; II 48, 213, 250, 389.

Europa, Tochter des Agenor, Königs von Phoinikien. Zeus in der Gestalt eines Stiers entführte E. nach Kreta und zeugte mit ihr drei Söhne, Minos, Rhadamanthys und Sarpedon: I 193; II 365.

Eurus, griech. Euros, Ostwind: II 10, 11.

Eurydike (vgl. unter Orpheus): II 326, 425.

Eurypylos, einer der Griechen vor Troja: II 331.

Fama (lat.: Ruf, Ruhm), römische Personifikation des sich weiter verbreitenden Gerüchts, „die jüngste Tochter der Erde. [...]. Sie brachte solche den Göttern zum Verdrusse hervor, damit sie deren Händel allenthalben bekannt machen sollte. [...] Man bildete sie mit Flügeln [...]. Sonst war sie über und über voller Federn, unter deren jeder sie ein Auge, und dabey eben so viel Ohren, Mäuler und Zungen hatte. Sie schlief niemals, sondern flog des Nachts durch die Welt" (Hederich, 1104): I 10, 143; II 34, *444.

Faun, krummnasiges, gehörntes und bocksfüßiges Wesen; Faune waren „eine Art Waldgötter" (Hederich,

(Faun)
1106): I 147, 192, 262, 276; II 34, 304, 310, 365.
Flora, Göttin der Blumen und Blüten, Frühlingsgöttin: I 89, 103; II 87, 209.
Fortuna (vgl. Tyche): I 35, 58, 85, 92; II 143, 191.
Furien (Einzahl: Furie) (vgl. Erinyen): I 84, 342; II 48, 54, 56, 343, 351.

Ganymeda (vgl. Hebe): I 191.
Ganymedes, Sohn des Tros und der Kallirrhoe; seiner Schönheit wegen wurde er von Zeus durch einen Adler von der Erde entführt und zum Mundschenk an der olympischen Göttertafel gemacht: I 409; II 20, 300.
Garamantis, eine Nymphe (vgl. unter Iarbas): II 35.
Genius, nach römischer Vorstellung eine Art persönlicher Schutzgeist, ein Wesen „mit der mittlern Natur zwischen den Göttern und Menschen" (Hederich, 1143), jedem einzelnen Menschen bei seiner Geburt mitgegeben. Der Geburtstag war ein Festtag des Genius. Darüber hinaus sollte es noch andere Genien „für ganze Häuser, Zünfte, Innungen, Städte und Länder geben" (Hederich, 1144). Ursprünglich wohl eine Personifikation der Zeugungskraft: I 97, 118, 151, 168, 193, 239, 249, 253, 271, 272, 276, 300, 304, 328; II 108, 123, 145, 298, 302–304, 317, 321, 365, 398, 404.
Giganten, wildes, im Gegensatz zu den Titanen sterbliches Riesengeschlecht mit ungeheuren Kräften, von der Erde (Gaia) geboren aus dem Blutstropfen des verstümmelten Uranos. Im Kampf gegen die olympischen Götter („Gigantomachie") unterlagen sie nur, weil Herakles in den Kampf eingriff: I 225; II 34.
Gorgo, Gorgona, meist in der Mehrzahl: Gorgonen, drei Töchter des Phorkys und der Keto, Medusa, Stheno und Euryale, mit Flügeln, Schlangenhaaren und mächtigen Zähnen. Jeden, der sie ansah, ließ ihr Blick zu Stein erstarren. Perseus tötete Medusa und schenkte deren Haupt der Athene, die es in ihrem Schild führte: I 360; II 353.
Grazien, griech. Chariten, drei Töchter des Zeus und der Eurynome, Aglaia (‚Glanz'), Euphrosyne (‚Frohsinn') und Thaleia (‚Blüte'). Sie traten im Gefolge des Apollon und Hermes und der Aphrodite auf und brachten Schönheit, Anmut und Freude. Wie im Fall der Musen ist gelegentlich auch von einer einzelnen Grazie oder Charis die Rede, oft als personifizierte Anmut verstanden: I 10, 11, 87, 187, 189, 191, 197, 199, 209, 220, 313, 318, 339, 433; II 60, 70, 74, 76, 95, 205, 364, 391.

Hades, röm. Pluto, Sohn des Kronos und der Rheia, Bruder des Zeus und des Poseidon, Gatte der Persephone, Gott der Unterwelt (vgl. auch dort): I 78, 227, 280; II 56, 234, 325, 326, 373, 425.
Hebe, Tochter des Zeus und der Hera, früher auch Ganymeda genannt. Sie kredenzte an der Göttertafel den Nektar. H. wurde als Göttin der Jugend verehrt (vgl. auch Herakles): I 191, 251, 289; II 188, 259, 400.
Hekabe, röm. Hecuba (Hekuba), Tochter des Dymas, Gemahlin des Priamos, Mutter des Hektor, des Paris und der Kassandra; nach dem Untergang Trojas geriet sie in die Hände des Odysseus. Vgl. unter Hekuba.
Hekate, Tochter des Titanen Perses und der Asteria. Mit einer Fackel in der Hand und Schlangen im Haar gleicht sie den Erinyen. Sie war Herrin alles nächtlichen Unwesens, der Zauberei, Hexerei und Giftmischerei: I 125, 350; II 34, 54, 59, 78, 261.

Hektor, Sohn des Priamos und der Hekabe, Gatte der Andromache und Vater des Astyanax; größter Held der Trojaner im Kampf um die Stadt; er fiel im Zweikampf mit Achilleus: I 410; II 10, 16, 120, 192, 199, 338–340, 349, 350.

Hekuba (vgl. Hekabe): II 192, 349, 350.

Helena, Tochter des Zeus und der Leda, Stieftochter des Tyndareos, Gattin des Menelaos; sie wurde von Paris aus Sparta entführt und war damit Anlaß für die Fahrt der Griechen nach Troja: II 190, 351, 352.

Helikon, Berg in Böotien, Sitz der Musen: I 23, 83.

Helios, röm. Sol, Sohn des Titanen Hyperion und der Titanin Theia, Bruder der Eos und der Selene; Sonnengott, der ‚alles Sehende'. Am Tage fuhr H. in einem von Flügelrossen gezogenen Wagen über den Himmel; nachts weilte er im Westen im Land der Hesperiden oder im Okeanos. – Vgl. auch unter Titan: I 190, 387; II 31, 224, 247, 363.

Helle und Phrixos, Kinder des thebanischen Königs Athamas; sie flohen vor ihrer Stiefmutter auf einem fliegenden Widder mit goldenem Fell nach Kolchis; unterwegs stürzte Helle ins Meer, das nach ihr „Hellespont" genannt wurde: II 262, 263.

Hephaistos, röm. Vulcanus (Vulkan), Sohn des Zeus und der Hera, Gott des Feuers, der Schmiede und der Handwerker. Obwohl er von Geburt lahm war, erhielt er die schönste Göttin, Aphrodite, zur Gattin. In der „Ilias" wird auch Charis als seine Frau genannt (vgl. 18, 383).

Aus seiner unterirdischen Werkstatt stammten die kostbarsten Waffen und Geräte: die Rüstung des Achilleus, insbesondere der Schild, dessen kunstvolle Gestaltung in der „Ilias" ausführlich geschildert wird (vgl. 18, 478–607), außerdem Harnisch, Helm, Haarbusch, Beinschienen und Schwert (vgl. 18, 608–616; 19, 367–374), ferner das Zepter des Zeus, der Wagen des Helios, die Pfeile des Eros u. a. m. Vgl. auch unter Mulciber: I 410, 429; II 21, 194, 301, 379.

Hera, röm. Juno, Tochter des Kronos und der Rheia, also Schwester und Gemahlin des Zeus, damit Götterkönigin. Zu ihren Eigenschaften gehörten Eifersucht, mit der sie die Seitensprünge ihres Gemahls verfolgte, und unversöhnlicher Haß, mit dem sie auf seiten der Griechen die Trojaner bekämpfte und den flüchtenden Aeneas bis nach Italien verfolgte; auch den Herakles traf ihr Zorn. – Vgl. auch unter Lucina, Saturnia: I 78, 251, 431; II 29–31, 54, 381, 400.

Herakles, röm. Hercules (Herkules), Sohn des Zeus und der Alkmene. Die eifersüchtige Hera schickte zwei große Schlangen, die den acht Monate alten H. töten sollten; dieser aber packte und erwürgte sie. H., in Theben erzogen, wurde der größte Heros der Griechen. Auf Geheiß des delphischen Orakels verbrachte er zwölf Jahre im Dienst des Eurystheus, des Herrn von Mykenai; in dessen Auftrag hatte er zwölf Arbeiten zu vollbringen: die Tötung des nemeischen Löwen (1) und der Hydra von Lerna (2), den Fang der kerynitischen Hirschkuh (3) und des erymanthischen Ebers (4), die Tötung der stymphalischen Vögel (5), die Reinigung der Ställe des Augeias (Augias) (6), den Fang des kretischen Stiers (7), die Zähmung der Rosse des Diomedes (8), den Raub des Wehrgehenks der Hippolyte (9), der Rinder des Geryoneus (10) und der Äpfel der Hesperiden (11), die Überwältigung des Höllenhundes Kerberos (12). Die

MYTHOLOGISCHE NAMEN UND BEGRIFFE 483

(Herakles)
Überlieferung berichtet darüber hinaus von vielen anderen Taten und Abenteuern.
Der griechische Philosoph Prodikos erzählt die Parabel von H. am Scheideweg: Statt des bequemen Wegs der Lust wählt der junge H. den schweren Weg der Tugend, der ihn zur Unsterblichkeit führt.
Über H.' Tod wird Folgendes überliefert: Seine von Eifersucht beunruhigte Gattin Deianeira schickte H., im Glauben, es handle sich um einen Liebeszauber, ein Gewand, das sie mit dem Blut des Kentauren Nessos bestrichen hatte. Dieses aber wirkte als Gift, und H. erlitt schwere Verletzungen, als er versuchte, sich das Kleid vom Leib zu reißen. Er begab sich auf den Berg Oite, ließ sich dort von Philoktetes auf einem Scheiterhaufen verbrennen und wurde in den Olymp aufgenommen, wo er die Hebe zur Gattin erhielt. Ovids „Metamorphosen" (9, 262–272) ergänzen den Bericht, indem sie hinzufügen, daß das Feuer die Ähnlichkeit des Herakles mit seiner Mutter zerstört habe, dagegen die Züge seines unsterblichen Vaters habe hervortreten lassen. – Vgl. auch unter Alcid: I 194, 251, 414; II 290, 306, 307, 365, 400.

Hercules (Herkules) (vgl. Herakles): I 15, 227, 276, 323, 357–360; II 69, 304, 422.

Hermes, röm. Mercurius (Merkur), Sohn des Zeus und der Maia, Götterbote mit Flügelschuhen, Reisehut und Heroldsstab, der auch als Zauberstab gedeutet wurde, den er von Apollo bekommen habe; mit dessen Hilfe konnte er Menschen einschläfern und aufwecken, ihnen Träume senden und die menschlichen Seelen in die Unterwelt schicken und von dort wieder heraufholen (vgl. Äneis 4, 242–245); als ‚Psychopompos', Seelengeleiter, führte er die Seelen der Verstorbenen in die Unterwelt. Außerdem galt er als Gott der Hirten, der Diebe, der glücklichen Funde und der Erfindungen (auch auf geistigem Gebiet, im Erklären und Auslegen), der Redner, des Handels und der Kaufleute. – Vgl. auch unter Kyllenios: I 225, 262, 277, 409, 431, 433; II 37, 39, 42, 52, 300, 305, 310, 381, 416.

Hero und Leander, berühmtes Liebespaar der Antike: II 127, 136, 259–266.

Heroen, Halbgötter, meist der Verbindung eines Gottes oder einer Göttin mit einem Menschen entstammend (Einzahl: Heros): I 191, 207, 359; II 307, 364, 389.

Hesperiden, Töchter des Atlas und der Hesperie (oder der Nyx); sie wohnten im Garten der Götter in der Nähe des Atlasgebirges und hüteten die goldenen Äpfel, das Hochzeitsgeschenk der Gaia für Zeus und Hera, das zudem von Ladon, einem hundertköpfigen Drachen, bewacht wurde: II 48.

Hesperus, Sohn oder Bruder des Atlas, der Abendstern; er wurde als schönster der Sterne verehrt: I 75, 89, 249; II 201, 261, 398.

Himere; die Göttin der Morgenröte, Eos, wurde gelegentlich Hemera (griech. ἡμέρα: Tag) genannt: I 191.

Hippokrene (Hippukrene), Quelle auf dem Berge Helikon in Böotien, Sitz der Musen: I 351.

Horen, Töchter des Zeus und der Themis, verkörperten zunächst die Zeit, die etwas reifen läßt, dann auch die Jahreszeiten (lat. hora: Stunde; im Plural: Jahreszeiten): I 236, 244, 281, 341, 430, 433; II 374, 380, 414, 415, 417.

Hydra, neunköpfige Wasserschlange im lernäischen Sumpf, deren Köpfe

(Hydra)
doppelt nachwuchsen, sobald sie abgeschlagen wurden. Die Tötung der H. war die zweite der zwölf Arbeiten des Herakles: I 68, 240, 251, 270; II 205, 213, 400.

Hymenaios (Hymen), Sohn des Dionysos und der Aphrodite, nach anderer Überlieferung des Apollon und einer Muse; griechischer Gott der Hochzeit: I 192, 196, 406; II 26, 31, 41, 42, 52, 87, 256.

Hypanis, Gefährte des Aeneas: II 342, 345.

Hyperion, einer der Titanen, Vater des Sonnengottes Helios, mit diesem oft gleichgesetzt. Seine Eigenschaften wurden auf Apollon übertragen (vgl. Die Götter Griechenlandes, 1. Fassung, V. 36). Dieser mußte zur Strafe für die Tötung der Kyklopen ein Jahr lang bei dem thessalischen König Admetos als Hirt dienen: I 191.

Iarbas, „König in Getulien, den man für Jupiter Ammons Sohn hält, welchen er mit einer garamantischen Nymphe [Garamanten: innerafrikanischer Volksstamm], oder die Garamantis geheißen, erzeuget hat. [...] Weil sich Dido geweigert hatte, ihn zum Gemahle zu nehmen, so fieng er mit den Ihrigen Krieg an, [...] bis endlich ihr Tod die Sache beylegete" (Hederich, 1325–1326): II 27, 35, 41.

Ilioneus, Gefährte des Aeneas: II 11.

Io, Tochter des Inachos, des Königs von Argos, Priesterin der Hera. Sie wurde von Zeus geliebt; als Hera sie überraschte, verwandelte sie I. in eine weiße Kuh. Später erlangte sie ihre menschliche Gestalt wieder und gebar Zeus den Epaphos, der König von Ägypten wurde: II *448.

Iokaste (Jokaste) (vgl. unter Oidipus): I 349.

Iphigenie, Tochter des Agamemnon und der Klytaimnestra; sie sollte der Artemis geopfert werden, damit die Windstille beendet würde, durch welche die griechische Flotte vor der Ausfahrt nach Troja in Aulis festgehalten wurde: II 332.

Iphitos (Iphytus), Gefährte des Aeneas: II 346.

Iris, Tochter des Thaumas und der Elektra, geflügelte Götterbotin, die sich des Regenbogens als Straße vom Himmel zur Erde bediente: I 191, 251, 263, 281, 282; II 59, 312, 374, 375, 400, 415.

Iulus (vgl. Ascanius): II 37, 41–43, 54, 55, 351, 354, 355, 357, 358, 360.

Iuno s. Juno, Hera.

Iupiter s. Jupiter.

Janus, römischer Gott der Tore und Durchgänge, des Ein- und Ausgangs, in übertragenem Sinn auch des Anfangs und Endes. Er wurde oft mit zwei Gesichtern dargestellt, deren eines nach vorn, deren anderes nach hinten blickte, wie eine Tür nach zwei Seiten geht: I 15.

Jarbas s. Iarbas.

Jokaste s. Iokaste.

Juno (vgl. Hera): II 28, 33, 359.

Jupiter (vgl. Zeus): I 17, 158, 208, 213, 267, 280, 289, 302, 308, 325, 353, 409; II 8, 26, 30, 55, 74, 89, 96, 188, 300, 352, 354, 355, 359, 373, 390, 395, 407.

Kalchas (Calchas), Seher und Wahrsager der Griechen, der vor Beginn des Trojanischen Krieges einen zehn Jahre währenden Kampf vorhergesagt hatte (vgl. Ilias 2, 328–329): II 189, 331, 332, 334.

Kamenen (auch Kamönen): italische Quellgottheiten, den griechischen Musen gleichgesetzt: I 213, 431; II 20, 364, 381, 395.

Kassandra, Tochter des Priamos und der Hekabe; von Apollon erhielt sie die Sehergabe; als sie die Liebe des Gottes zurückwies, bestrafte dieser sie dadurch, daß er ihre Prophezeiungen nirgends Glauben finden ließ: II 130, 139, 171, 193, 255–258, 337, 342, 344, 345.

Kastor und Polydeukes, röm. Pollux, die Dioskuren, Zwillingssöhne des Zeus und der Leda. Im Kampf mit ihren Vettern Lynkeus und Idas wurde K. von Idas getötet, P. dagegen besiegte Lynkeus. Als P. in den Olymp aufgenommen wurde, erwirkte er bei Zeus, daß er mit seinem Bruder zusammenbleiben durfte. So lebten sie abwechselnd auf dem Olymp und in der Unterwelt. – Sie galten als Helfer der Menschheit, insbesondere als Retter in Seenot, und wurden später mit dem Tierkreiszeichen der Zwillinge am Himmel identifiziert: I 194, 208; II 82, 365, 390.

Kekrops, ältester König von Attika; er galt als Erbauer der athenischen Burg und Schöpfer der ersten Gesetze und sozialen Einrichtungen: II 247.

Kentauren, wilde Fabelwesen mit menschlichem Oberkörper und dem Rumpf eines Pferdes, oft neben Satyrn und Bacchantinnen im Gefolge des Dionysos: I 276, 324; II 20, 21, 74, 304.

Kerberos (vgl. zu Unterwelt): I 78; II 88, *448.

Kloanthus, Gefährte des Aeneas, Ahnherr des römischen Geschlechts der Cluentii: II 39.

Klotho (vgl. Moiren): I 74.

Klytaimnestra, Gattin des Agamemnon: II 48.

Kokytos, röm. Cocytus (Kozytus), ‚Strom der Wehklage', einer der Unterweltflüsse: I 18, 44, 54, 79, 92, 109, 282; II 16, 59, 199, 375.

Komos, röm. Comus, Gott der Gastmähler und Gelage, gelegentlich mit Bacchus identifiziert: I 321.

Koroebos (Choroebus), Sohn des phrygischen Königs Mygdon, Verlobter der Kassandra: II 258, 342, 344, 345.

Kozytus s. Kokytos.

Kreusa, Gattin des Aeneas: II 351, 352, 354–360.

Kronion, Zeus als Sohn des Kronos: I 251.

Kronos (auch Chronos), röm. Saturnus: einer der Titanen, Sohn des Uranos und der Gaia, Vater des Zeus. Er bemächtigte sich im Kampf gegen seinen Vater der Weltherrschaft; um einem ähnlichen Schicksal zu entgehen, verschlang er seine Kinder. Zeus aber wurde gerettet und stürzte K. (Über die problematische Gleichsetzung mit Chronos vgl. die Erläuterungen zu „Der Venuswagen", V. 107; NA 2 II A, 30.): I 24, 65, 78, 94, 158.

Kupido s. Cupido, Eros.

Kybele (Cybele), phrygische Gottheit; sie wurde als ‚Große Mutter' bezeichnet oder Mutter der Götter. „Sie trägt eine Krone, wie eine Mauer, mit Thürmen, auf dem Kopfe" (Hederich, 829); Löwen und Panther zogen ihren Wagen: I 262, 431; II 310, 360, 381.

Kyllenios, röm. Cyllenius, Beiname des Hermes, der in einer Höhle des Berges Kyllene in Arkadien geboren wurde. Vgl. unter Hermes.

Lachesis (vgl. unter Moiren): I 74, 343.

Laertes, Vater des Odysseus: II 328.

Laokoon, Apollonpriester in Troja; als er dessen Bewohner vor dem hölzernen Pferd warnte, das die Griechen zurückgelassen hatten, wurden er und seine beiden Söhne von zwei Meeresschlangen angefallen und erwürgt (vgl. Aeneis 2, 199–227): I 250; II 328, 335, 336.

Latinus, König von Latium, Vater der Lavinia: II 359.
Latona (vgl. Leto): II 331.
Lavinia, Tochter des Latinus; nach Aeneas' Ankunft in Italien und siegreichem Kampf gegen den Konkurrenten Turnus wurde L. dessen Gattin: II 359.
Leander s. Hero und Leander.
Leda: Gemahlin des Tyndareos, Geliebte des Zeus, der ihr in Gestalt eines Schwans beiwohnte, woraus Helena und die Zwillinge Kastor und Polydeukes hervorgingen: I 77; II *475.
Lethe (vgl. zu Unterwelt): I 43, 45, 79, 353; II 14, 16, 37, 193, 199.
Leto, röm. Latona, Tochter des Titanen Koios und der Phoibe, von Zeus Mutter Apollons: II 364.
Leukothea, Meeresgöttin. Ino, die Tochter des Kadmos, Gemahlin des Athamas, wurde in eine Meergottheit verwandelt, als sie auf der Flucht vor dem wahnsinnig gewordenen Athamas ins Meer sprang; als Göttin hieß Ino L.: II 265.
Libertas, Tochter Jupiters und der Juno, römische Göttin der Freiheit: II 76.
Linus, Sohn des Apollon und der Muse Urania, nach anderer Überlieferung des Oeagrus und der Muse Kalliope (und anderer Elternpaare). „Er erfand zuerst die Rhythmen und Melodien, und unterwies darinnen insonderheit wiederum den Herkules, Orpheus und Thamyris" (Hederich, 1471): II 365.
Lucina, Beiname der Hera, röm. Juno, der Schutzgöttin Karthagos: II 27.
Luna (vgl. Selene): I 6, 76, 247; II *456.

Machaon, Sohn des Heilgottes Asklepios, griechischer Heerführer vor Troja: II 338.
Mänaden (Einzahl: Mänas) (vgl. unter Dionysos): I 192; II 40, 365.
Maia (Maja), eine Bergnymphe, Tochter des Atlas, von Zeus Mutter des Hermes: II 52.
Mars (vgl. Ares): II 68.
Mavors, „eine gemeine Benennung des Mars, dessen Namen Mars eben durch Zusammenziehung daraus gemacht seyn soll" (Hederich, 1538): I 61.
Medusa, eine der Gorgonen. Perseus schlug der M. den Kopf ab und schenkte ihn der Athene (vgl. auch unter Aegis): I 192.
Megaira (vgl. unter Erinyen): I 78.
Melpomene (vgl. unter Musen): I 84, 358; II 306, 405, 406.
Menelaos, Sohn des Atreus und der Aerope, Bruder des Agamemnon, Gatte der Helena, König von Sparta; vgl. unter Aphrodite und Paris: I 410; II 190, 301, 331, 338, 345, 348.
Mentor, Jugendfreund des Odysseus, Verwalter von dessen Haus, Ratgeber des Telemachos während Odysseus' zwanzigjähriger Abwesenheit von Ithaka: I 213; II 395.
Merkur (Merkurius) (vgl. Hermes): I 341; II 17, 38.
Midas, Sohn des Gordios und der Kybele, König von Phrygien: II *456.
Minerva (vgl. Athene): I 262, 339, 341, 411, 429, 430; II 8, 301, 310, 327, 334, 335, 380.
Minos, Sohn des Zeus und der Europa, König von Kreta. Wegen seiner gerechten Herrschaft wurde M. nach seinem Tode, zusammen mit seinem Bruder Rhadamanthys, als Totenrichter in der Unterwelt eingesetzt: I 43–45, 78, 172, 193; II 13, 86, 365.
Minotaurus, Sohn eines Stiers und der Pasiphaë. Er war, nach gewöhnlicher Überlieferung, ein Mensch mit einem Stierkopf. Er wurde von Minos, dem kretischen König, im Labyrinth von Knossos eingesperrt und bekam Menschen zum Fraß vorgeworfen; die

(Minotaurus) Athener mußten ihm alljährlich sieben Knaben und sieben Mädchen opfern, bis Theseus ihn tötete: I 124, 414; II 290.

Mnemosyne, Göttin des Gedächtnisses und der Erinnerung, von Zeus Mutter der neun Musen: I 293; II 325.

Mnestheus, Gefährte des Aeneas, Ahnherr der römischen Gens Memmia: II 39.

Moiren, röm. Parzen, die drei Schicksalsgöttinnen Klotho, Lachesis und Atropos. Sie hatten das Leben des Menschen in ihrer Hand: Die erste hielt den Spinnrocken, die zweite spann den Lebensfaden, die dritte schnitt ihn durch. Nach anderer Vorstellung wurde der Faden von Klotho gesponnen, von Lachesis zugeteilt, von Atropos durchgeschnitten. Gelegentlich ist auch von einer einzelnen Parze die Rede: I 225, 247, 248; II 397.

Momos, röm. Momus, die Personifikation des Tadels; er hatte „ein freyes Maul" und war nicht bereit, seine „Meynung aus Schame" zu verschweigen (Hederich, 1660): II 129.

Mulciber, „ein Beynamen des Vulcan [griech. Hephaistos], welchen er von mulceo [besänftigen], für mollio [mäßigen, mildern; weich machen] hat, weil durch das Feuer das Eisen bey dem Schmieden weich gemacht wird" (Hederich, 1666): I 263; II 311.

Musaget, Beiname des Apollon (griech. μουσηγέτης: Musenführer): II 74.

Musen, Töchter des Zeus und der Mnemosyne, Göttinnen der Künste, deren gewöhnlich neun angenommen werden: Erato (Lyrik, Liebesdichtung), Euterpe (lyrische Poesie mit Flötenbegleitung), Kalliope (epische Dichtung und Wissenschaft), Kleio (Geschichtsschreibung), Melpomene (Gesang und Tragödie), Polyhymnia (ernster Gesang mit Instrumentalbegleitung), Terpsichore (Tanz), Thaleia (Komödie), Urania (Astronomie). Ursprünglich gab es nur eine einzelne Muse; sie war die Schutzgottheit der Rhapsoden; sie verkörperte Gedächtniskraft und wurde traditionell zu Beginn eines Werkes angerufen; daher galt auch Mnemosyne, die Göttin des Gedächtnisses und der Erinnerung, als Mutter der neun Musen: I 23, 28, 64, 75, 83, 84, 105, 124, 148, 185, 187, 188, 209, 230, 244, 292, 293, 304, 307, 311, 322, 324, 327, 339, 350, 360, 410, 433; II 21, 25, 64, 68, 70, 80, 92, 95, 113, 121, 124, 194, 195, 203, 301, 325, 326, 391, 408, 415−417, *448, *456−458.

Mygdon, phrygischer König: II 342.

Najaden, Quell- und Flußnymphen, zu deren Attributen Urnen gehörten: I 76, 87, 190; II 363.

Nemesis, griechische Göttin des rechten Maßes, der ausgleichenden Gerechtigkeit, der Vergeltung von Gutem und Bösem (griech. νέμειν: das Gebührende zuteilen). Abbildungen zeigen sie mit einem Zaum, einer Elle oder einem anderen Maß (vgl. Hederich, 1704): I 228, 264, 387(?); II 249(?), 299.

Neoptolemos, (bei den Römern oft) Pyrrhus: Sohn des Achilleus und der Deidameia: II 191, 338, 350, 355.

Neptun (vgl. Poseidon): I 173, 237, 320, 386; II 189, 326, 328, 353.

Nereiden, fünfzig Töchter des Nereus und der Doris, freundliche Meernymphen im Gefolge des Poseidon, unter ihnen Thetis, die Mutter des Achilleus: II 20, 21, 326.

Nereus, Sohn des Pontos und der Gaia, Meergott; durch die Okeanide Doris Vater der fünfzig Nereiden: II 326.

Nestor, Sohn des Neleus und der Chlo-

(Nestor)
ris, König von Pylos; er nahm in hohem Alter am Zug der Griechen nach Troja teil; seine Beredsamkeit und sein weiser Rat wurden sprichwörtlich: II 192.

Nike, röm. Victoria, Tochter des Titanen Pallas und der Styx, Personifikation des Sieges, den Zeus oder Athene verliehen. Daher tragen Statuen dieser Götter häufig kleine Figuren der Siegesgöttin in den Händen. Vgl. unter Victoria.

Niobe, Tochter des Tantalos und der Dione. Sie hatte mit dem thebanischen König Amphion vierzehn Kinder; als sie damit der Leto gegenüber, die nur zwei Kinder hatte, Apollon und Artemis, prahlte, nahmen diese Rache: Artemis tötete die sieben Töchter, Apollon die sieben Söhne der N., die von Zeus in einen Stein verwandelt wurde, der fortwährend Tränen vergießt: I 190; II 192, 364, 426.

Nymphen, Töchter des Zeus, Göttinnen der freien Natur, im Gefolge des Dionysos weibliche Partner der begehrlichen Satyrn und Silenen: I 86, 99, 208, 430; II 147, 380, 390.

Odysseus, röm. Ulixes (Ulysses): Sohn des Laertes und der Antikleia, König von Ithaka; griechischer Held im Kampf um Troja, zeichnete sich durch Tapferkeit und List aus. Die Rückkehr nach Griechenland wurde zu einer zehn Jahre währenden Irrfahrt, die Homer in der „Odyssee" beschreibt. Nach seiner Ankunft fand O. sein Haus voller Freier, die um seine Gattin Penelope warben; er nahm Rache an ihnen und tötete sie: I 227, 352; II 89, 190, 191, 325, 328, 430.

Oidipus, röm. Oedipus, Sohn des Laios und der Iokaste in Theben. Apollon warnte Laios durch das delphische Orakel, er werde einen Sohn zeugen, der ihn ermorden und seine Mutter heiraten werde. Laios ließ O. nach der Geburt aussetzen. O. wurde jedoch aufgefunden und von dem kinderlosen Königspaar Polybos und Merope in Korinth aufgezogen. Als O., herangewachsen, in Delphi den unheilvollen Orakelspruch vernahm, versuchte er, dessen Erfüllung zu verhindern, indem er nicht zu seinen vermeintlichen Eltern nach Korinth zurückkehrte. Ohne es zu wissen, tötete er jedoch seinen leiblichen Vater und heiratete seine Mutter.

Als in Theben eine Pest ausbrach, riet das Orakel, nach dem Mörder des Laios zu suchen. Die schreckliche Wahrheit wurde enthüllt; Iokaste erhängte sich; O. stach sich die Augen aus, wurde von seinen Söhnen Eteokles und Polyneikes aus der Stadt vertrieben, wanderte als blinder Greis, von seiner Tochter Antigone begleitet, bettelnd nach Attika; dort fand er im Hain der Eumeniden in Kolonos Aufnahme: I 349.

Oileus, König von Lokris, Vater des ‚lokrischen' Aias: II 8, 191.

Okeanos, einer der Titanen, Sohn des Uranos und der Gaia, Herrscher über die Meere; Synonym für das Weltmeer: I 75.

Olymp (griech. Olympos, röm. Olympus), Gebirge in Thessalien; nach antiker Vorstellung Sitz der Götter; gelegentlich Bezeichnung für den Himmel: I 8, 9, 32, 77, 158, 194, 195, 247, 251, 263, 289, 409, 410, 427; II 34, 37, 38, 42, 43, 45, 91, 188, 301, 312, 358, 359, 365, 377, 396, 400, *445.

Olympius, Beiname des Zeus: II 49.

Ophiuchus, Sternbild, das auf verschiedene mythologische Figuren (Herakles, Phorbas, Äskulap u. a.) gedeutet

MYTHOLOGISCHE NAMEN UND BEGRIFFE 489

(Ophiuchus) wurde; dargestellt als Figur, die „eine den Hals emporstreckende Schlange in der Hand hält" (Hederich, 1791): I 319.

Oreaden, Bergnymphen: I 190, 279, 430; II 33, 92, 363, 372, 380.

Orestes, Sohn des Agamemnon und der Klytaimnestra, Bruder der Elektra und der Iphigenie. Nach der Ermordung seines aus Troja heimkehrenden Vaters durch Klytaimnestra und Aigisthos vollzog O. auf Geheiß Apollons die Blutrache und wurde als Muttermörder von den Erinyen bis zum Wahnsinn verfolgt. Nach einem Teil der Überlieferung wurde O. von der Verfolgung befreit, nachdem er das Bild der Artemis vom Hof des Taurerkönigs nach Griechenland zurückgeholt hatte: I 193, 359; II 48, 304, 306, 365.

Orion, Sohn des Poseidon und der Euryale, ein riesenhafter Jäger; nach einem Teil der Überlieferung verfolgte er die Pleiaden, bis alle von Zeus als Sternbilder an den Himmel versetzt wurden: I 93; II 28, 89.

Orkus (vgl. zu Unterwelt): I 6, 78, 193, 247, 279, 280, 410; II 13, 199, 301, 326, 330, 352, 365, 372, 373, 397, 425.

Orontes, ein Heerführer des Aeneas, der die Lykier befehligte: II 11.

Orpheus, Sohn des thrakischen Flußgottes Oiagros und der Muse Kalliope, berühmter Sänger und Kitharaspieler. Mit seinem Gesang und seinem Spiel vermochte er Pflanzen und Tiere zu bezaubern, sogar Steine in Bewegung zu setzen. Die größte Wirkung seiner Kunst bewies der Sänger, als er in der Unterwelt Kerberos und die Erinyen, schließlich auch Hades so in Rührung versetzte, daß seine Gattin Eurydike, die am Biß einer Giftschlange gestorben war, aus dem Totenreich entlassen wurde. Bedingung war jedoch, daß O. sich vor der Rückkehr an die Oberwelt nicht nach Eurydike umsehen durfte. Als O., von Liebe und Sehnsucht überwältigt, dennoch zurückblickte, entschwand Eurydike, diesmal für immer, in der Unterwelt: I 23, 64, 78, 79, 193; II 365, 425, 426, *476.

Ozeanus s. Okeanos.

Palamedes, Sohn des Nauplion, des Königs von Euböa, und der Klymene; als Odysseus sich wahnsinnig stellte, um nicht mit nach Troja ziehen zu müssen, überführte P. ihn des Betrugs; Odysseus rächte sich, indem er P. in den falschen Verdacht des Hochverrats brachte, worauf dieser gesteinigt wurde: II 330.

Pallas, Beiname der Athena („das Mädchen'): I 270; II 8, 189, 334.

Pan, Sohn des Hermes und einer Nymphe, griechischer Wald- und Weidegott mit Bocksgestalt. Er trat im Gefolge des Dionysos und als Anführer der lüsternen Satyrn und Silene auf: I 191.

Pandora, wurde auf Befehl von Zeus von Hephaistos geschaffen. Zeus übergab ihr ein Tongefäß, in dem alle Übel und Krankheiten eingeschlossen waren. P. wurde von Hermes zur Strafe für den Feuerdiebstahl des Prometheus auf die Erde gebracht. Als sie ihre Büchse öffnete, wurde die Menschheit von allen Leiden heimgesucht; nur die Hoffnung blieb in dem Gefäß zurück: I 20.

Panthus, Apollonpriester in Troja: II 341, 345.

Paris, Sohn des Priamos und der Hekabe. Im Streit zwischen Hera, Athene und Aphrodite um die Frage, wer die anderen an Schönheit übertreffe, entschied P. für Aphrodite. Mit Hilfe der Göttin entführte er Helena, die Gattin des

(Paris) Menelaos, nach Troja; damit veranlaßte er den Trojanischen Krieg, in dem er sich lediglich als Bogenschütze auszeichnete. Im Zweikampf mit Menelaos wurde er von Aphrodite gerettet. Ein Pfeil des P. tötete den Achilleus: I 410; II 21, 301, 352.

Parnassos (Parnaß), Berg bei Delphi, Sitz der Musen: I 319, 323.

Parzen (auch in Einzahl: Parze) (vgl. Moiren): I 34, 57, 62, 73, 74, 192, 210, 225, 272, 280, 308, 342, 409; II 122, 300, 373, 392.

Patroklos, Sohn des Menoitios, bester Freund des Achilleus, fiel vor Troja durch Hektor (vgl. den 16. Gesang der „Ilias"): II 16, 101, 191, 199.

Pegasos, röm. Pegasus, geflügeltes Roß, Abkömmling des Poseidon und der Medusa; unter seinem Hufschlag entstand die Quelle Hippokrene auf dem Musenberg Helikon in Böotien; daher gilt P. als Dichterroß: I 83, 159, 160, 230–232, 319, 346; II 113–115.

Peleus, Sohn des Aiakos und der Endeis, Vater des Achilleus: I 351; II 20.

Pelias, Gefährte des Aeneas: II 346.

Penaten, gelegentlich mit den Laren gleichgesetzt: römische Schutzgötter des Hauses (lat. lares familiares); daneben gab es die lares patrii, „Götter, unter deren Schutze ganze Städte und Länder stunden" (Hederich, 1929); vgl. in diesem Sinn Vergils „Äneis" (1, 68): I 262, 277; II 305, 311.

Penelope, Gattin des Odysseus. Sie wartete zwanzig Jahre auf die Rückkehr ihres Gatten von Troja, dem sie trotz der Bedrängung durch eine Vielzahl von Freiern die Treue hielt: I 352; II 190.

Penelos, böotischer Heerführer vor Troja: II 345.

Pentheus, König von Theben, widersetzte sich dem Dionysos-Kult in Böotien, wurde von der eigenen Mutter und deren Schwestern im Rausch getötet: II 48.

Periphas, griechischer Krieger vor Troja aus dem Stamm der Aitoler: II 348.

Persephone, röm. Proserpina (vgl. Demeter): I 190; II 50, 364, 397.

Phaeton, Sohn des Helios und der Klymene. Er bat den Vater, den Sonnenwagen lenken zu dürfen. Als er aus der Bahn geriet, Himmel und Erde mit Feuer überzog, schlug Zeus ihn mit einem Blitz (vgl. Metamorphosen 2, 1–328). Ph. stürzte in den Fluß Eridanos; am Ufer des Flusses weinten die Heliaden, seine Schwestern, um ihren Bruder, und ihre Tränen wurden zu Bernstein verwandelt: I 118.

Philoktet, griech. Philoktetes, König von Meliboia in Thessalien. Er hatte vom sterbenden Herakles dessen immertreffenden Bogen mit den Giftpfeilen erhalten. Dieser Bogen spielte bei der Eroberung Trojas eine wichtige Rolle, weil ein Orakel geweissagt hatte, daß die Griechen ohne ihn nicht siegen würden: I 193; II 365.

Philomele, Tochter des Pandion und der Zeuxippe. Sie wurde von ihrem Schwager Tereus vergewaltigt und dadurch zum Schweigen gebracht, daß er ihr die Zunge herausriß; Ph. aber verriet ihrer Schwester Prokne das Verbrechen, indem sie es auf einem Gewebe andeutete. Beide Schwestern rächten das Verbrechen, indem sie Itys, den Sohn des Tereus, töteten; als dieser darauf Ph. in blinder Wut verfolgte, verwandelte Zeus alle in Vögel: Tereus in einen Wiedehopf (oder Habicht), Ph. in eine Schwalbe (oder Nachtigall) und Prokne in eine Nachtigall (oder Schwalbe): I 190, 284; II 308, 364.

Phlegyas, Vater des Ixion, Büßer in der Unterwelt, weil er den Apollon-

(Phlegyas) tempel in Delphi in Brand gesteckt hatte: I 351.

Phönix, Sohn des Amyntor, Hof- und Waffenmeister des Achilleus: II 359.

Phoibos, röm. Phöbus ('leuchtend', 'rein'), Beiname des Apollon, gelegentlich auch des Helios: I 73, 77, 84, 159, 231, 238 (Helios), 289, 409; II 28, 91, 114, 188, 208, 300, *456.

Phrixos s. Helle und Phrixos.

Pleiaden, sieben Töchter des Atlas und der Pleione; sie wurden, samt dem sie verfolgenden Orion, als Sternbild an den Himmel versetzt: II 327.

Pluto (vgl. Hades): I 279; II 260, 372, *447–453.

Polites, Sohn des Priamos und der Hekabe: II 350, 351, 355.

Pollux (vgl. unter Kastor und Polydeukes): I 208; II 390.

Polydeukes s. Kastor und Polydeukes.

Polyhymnia (vgl. unter Musen): II 64, 325.

Polyphem, Sohn des Poseidon, einäugiger Kyklop in der „Odyssee" (9. Gesang), der Odysseus und seine Gefährten gefangennahm und sechs von ihnen auffraß, bevor es Odysseus gelang, ihn zu blenden und mit den anderen zu entkommen: II 81.

Polyxene, Tochter des Priamos, Schwester der Kassandra: II 255, 257.

Pomona, römische Göttin des Obstes, der reifenden Früchte: II 87.

Poseidon (auch Posidaon), röm. Neptun, Sohn des Kronos und der Rheia, Bruder des Zeus und des Hades, Gemahl der Amphitrite, Gott des Meeres. Nach dem Bericht P.s in Homers „Ilias" (15, 184–199) wurden die drei Reiche Himmel, Meer und Unterwelt unter den gleichberechtigten Brüdern Zeus, P. und Hades verteilt, die Erde und der Olymp gehörten allen gemeinsam. Mit Apollon zusammen baute P. dem König Laomedon die Mauern Trojas, wurde aber um seinen Lohn betrogen und gehörte seitdem zu den erbittertsten Gegnern der Trojaner; im Trojanischen Krieg stand er deshalb auf der Seite der Griechen. (Zum Streit mit Athene um den Besitz Attikas vgl. unter Athena.): I 262, 263, 385, 410, 430; II 11, 245, 246, 262, 266, 300, 310, 311, 381.

Posidaon (vgl. Poseidon): I 106; II 12.

Priamos, Sohn des Laomedon, König von Troja, Vater des Hektor, Paris und der Kassandra: II 16, 21, 189, 199, 255, 328, 333, 337, 339, 342, 344, 346, 347, 349–351, 355, 359, 360, 399.

Prometheus, einer der Titanen. Im Kampf um die Herrschaft versuchte er, Zeus mit geistigen Waffen, List und Schlauheit, zu überwinden. Als Zeus einen von P. initiierten Betrug bei einem Opfer durchschaute, raubte er den Menschen zur Strafe das Feuer. P. entwendete es ihm wieder und brachte es zur Erde zurück. Er wurde bestraft, indem er an einen Felsen im Kaukasus geschmiedet wurde, wo ihm ein Adler die stets nachwachsende Leber (den, wie geglaubt wurde, Sitz der Begierde) zerhackte. Herakles tötete schließlich den Adler.

P. galt vielfach als Schöpfer des Menschengeschlechts: Er bildete Menschen aus Ton (oder Erde und Wasser) und hauchte ihnen Leben ein. Den ersten von ihm geschaffenen Menschen belebte er mit Minervas Hilfe durch Feuer (vgl. Hederich, 2091): I 15, 61, 304; II *452.

Proserpina (vgl. Persephone, auch unter Demeter): I 78, 247, 350; II 258, 397.

Psyche, Geliebte des Eros, der sich ihrer außerordentlichen Schönheit wegen in sie verliebte; sie gilt zugleich als Personifikation der menschlichen Seele (griech. ψυχή): II 70.

Pudicitia, römische Göttin der Schamhaftigkeit; zu ihren Attributen gehört der Schleier: I 264; II 312.

Pygmalion: 1. berühmter Bildhauer, der sich in eine von ihm selbst geschaffene weibliche Statue verliebte und Aphrodite bat, sie mit Leben zu erfüllen; die Göttin erfüllte ihm die Bitte (vgl. Metamorphosen 10, 243–297): I 76, 235; II 367.
2. Bruder der Dido: II 27, 41, 57.

Pylades, Sohn des Stropios, des Onkels von Orestes, dessen Freund. P. begleitete Orestes auf der Fahrt ins Taurerland: I 193; II 365.

Pyrrha (vgl. unter Deukalion): I 75, 191, 280; II 364, 373.

Pyrrhus (vgl. Neoptolemos): II 347, 348, 350, 351.

Pythia, Priesterin des Apollon, Wahrsagerin im Orakel zu Delphi: I 18; II 98.

Python, Drache, der das Orakel der Gaia, seiner Mutter, in Delphi bewachte; er wurde von Apollon besiegt: I 409; II 74, 256, 300.

Rhadamanthys, Sohn des Zeus und der Europa, Bruder des Minos, einer der Unterweltrichter: I 172, 193, 308; II 365.

Rheia (Rhea), Tochter des Uranos und der Gaia, Schwester und Gemahlin des Kronos, Mutter des Zeus und der anderen Kroniden: II *450.

Rhipheus, Gefährte des Aeneas: II 342, 345.

Salmoneus, Sohn des Aiolos, „führete sich dergestalt stolz und verwegen auf, daß er sich selbst dem Jupiter gleich zu machen suchte" (Hederich, 2154), worauf dieser ihn mit einem Blitz erschlug: II 88.

Sarpedon, Sohn des Zeus, fiel vor Troja als Bundesgenosse der Trojaner durch Patroklos: II 10.

Saturnia, „ein gemeiner Beynamen der Juno [griech. Hera], welchen sie von ihrem Vater, dem Saturn [griech. Kronos], hat, jedoch auch insgemein nur, wenn sie als zornig aufgeführet wird" (Hederich, 2163): II 8, 9, 11, 30, 59, 353.

Saturnius, Jupiter als Sohn des Saturn, griech. Kronos: I 158.

Saturnus (vgl. Kronos): I 18, 48, 109, 158, 195; II 194.

Satyr (vgl. Dionysos): I 192; II 365, *456, *457.

Selene, röm. Luna, Tochter des Titanen Hyperion und der Titanin Theia, Schwester des Helios und der Eos; Göttin des Mondes: I 194, II 366.

Sergestus, Gefährte des Aeneas, Ahnherr des römischen Hauses der Sergier: II 39.

Sibyllen, gottbegeisterte Frauen, die in Ekstase die Zukunft kündeten: I 342; II 426.

Sichäus s. Sychaeus.

Silenos (Silenus): Begleiter des Dionysos; er wurde glatzköpfig, dickbäuchig, stumpfnasig und als Eselsreiter dargestellt: II *456.

Sinon, einer der Griechen vor Troja; er ließ sich von den Trojanern gefangennehmen und überredete sie, das hölzerne Pferd in die Stadt zu schaffen: II 329–335, 338, 341.

Sirenen, nach Homers „Odyssee" (12, 158–200) zauberische Wesen, deren Gesang vorüberfahrende Seeleute auf ihre Insel lockte, wo sie getötet wurden: I 18.

Sisyphos (Sisyphus), Sohn des thessalischen Königs Aiolos und der Enarete, nach Homers „Ilias" (6, 152–153) Erbauer der Stadt Korinth; S. galt als Verkörperung von Schlauheit und List, mit deren Hilfe er Thanatos (den

(Sisyphos) ‚Tod') und Hades überwand. Am bekanntesten ist S. als Büßer in der Unterwelt; seine Buße bestand in ewiger vergeblicher Arbeit; er mußte einen Felsblock eine Anhöhe hinaufbewegen, der, sobald er oben war, wieder herabrollte (vgl. Odyssee 11, 593–600): I 352.

Skylla und Charybdis, Meeresungeheuer, die zusammen eine Meerenge sperrten. Auf der einen Seite saugte die Charybdis dreimal am Tag das Meerwasser ein und stieß es brüllend wieder hervor, auf der anderen Seite bedrohte Skylla, ein Untier mit sechs Köpfen, die Seeleute. Odysseus verlor durch sie sechs seiner Männer (vgl. Odyssee 12, 73–110). Strabo lokalisierte beide in der Meerenge von Messina: I 227; II 325.

Sphinx, Wesen aus dem Leib eines geflügelten Löwen mit einem Frauenkopf; die Sphinx in Theben stellte der Sage nach die Rätselfrage nach einem Ding mit zwei, drei und vier Füßen; als Ödipus das Rätsel löste (der Mensch als Mann, als Greis [mit Stock] und als Säugling [auf allen Vieren]), stürzte sie sich von einem Felsen, und die Stadt war befreit: I 277; II 325.

Sthenelos, Sohn des Kapaneus, griechischer Heerführer vor Troja: II 338.

Styx (vgl. zu Unterwelt): I 43, 45, 247, 248, 279, 281, 282, 289, 429; II 88, 188, 199, 258, 260, 326, 372, 374, 375, 379, 397, 425.

Sychaeus (Sichaeus), Gemahl der Dido, wurde von deren Bruder Pygmalion seines Reichtums wegen umgebracht: II 26, 47, 49, 52, 55, 57.

Syrinx, Nymphe, die auf der Flucht vor Pan in ein Schilfrohr verwandelt wurde: I 190; II 364.

Tantalos, Sohn des Zeus. Nach verschiedenen Verfehlungen gegen die olympischen Götter wurde T. zu ewiger Qual in die Unterwelt verbannt: Er mußte Hunger und Durst leiden, obwohl er bis zum Kinn im Wasser stand und über ihm Äpfel an den Ästen eines Baumes hingen; die Nahrung entzog sich ihm, sooft er sie zu erreichen suchte: I 99, 190, 352; II 364.

Tartaros (Tartarus) (vgl. Unterwelt): I 109, 358; II 142, 306, *447, *452.

Teiresias (Tiresias), berühmter thebanischer Seher, von Athene mit Blindheit geschlagen, weil er sie nackt beim Bade erblickte: I 357; II 306.

Telamon, Sohn des Aiakos und der Endeis, Bruder des Peleus: I 351.

Telemachos, Sohn des Odysseus und der Penelope: I 213; II 395.

Tellus, römische Erdgöttin, der griechischen Gaia entsprechend, auch mit Ceres, griech. Demeter, verwandt: II 26, 33, 34, 358, *451.

Terminus, „ein Gott der Römer, welcher zuerst von dem Numa Pompilius eingeführt wurde, als er die Felder und andere liegende Gründe durch gewisse Gränzsteine unterschied, und wollte, daß solche für heilig gehalten werden und also unverrückt bleiben sollten" (Hederich, 2317–2318): I 430; II 380.

Terpsichore (vgl. unter Musen): II 64.

Tethys, Tochter des Uranos und der Gaia, Schwester und Gemahlin des Okeanos, Göttin des Meeres: I 238; II 208, 261.

Teukros, Sohn des Telamon und der Hesione, Halbbruder des (‚großen') Aias, griechischer Held vor Troja: II 191.

Thaleia, röm. Thalia (vgl. unter Musen): I 147, 148, 358; II 62, 306.

Themis, Tochter des Uranos und der Gaia, Göttin der Gerechtigkeit und Gesetzlichkeit: I 410, 429; II 301, 379.

Thersites, „der häßlichste Mensch unter allen Griechen vor Troja, als der nicht nur schielete, hinkete, einen ungeheuern spitzigen Kopf, und eine bucklichte Brust, sondern auch [...] ein unverschämtes Maul hatte" (Hederich, 2345): II 191.

Theseus, Sohn des Aigeus, König von Athen, Nationalheros von Attika; befreite die Athener vom Minotaurus auf Kreta: I 387, 414; II 290.

Thessandros, griechischer Heerführer vor Troja: II 338.

Thetis, Tochter des Nereus und der Doris, eine der Nereiden, der Meeresnymphen im Gefolge des Poseidon: I 238(?); II 20, 21, 124, 258, 326.

Thimät s. Thymoetes.

Thoas, Sohn des Andraemon und der Gorgo, König von Kalydon und Pleuron in Ätolien: II 338.

Thymbraeus, Beiname des Apollon nach seinem Heiligtum in Thymbra bei Troja: II 255.

Thymoetes, einer der Ältesten im Rat des Priamos; ihm war am gleichen Tag, an dem Hekabe den Paris gebar, ein Sohn geboren worden; weil das Orakel verkündete, durch einen an diesem Tage geborenen Knaben werde Unheil über Troja kommen, ließ Priamos Frau und Sohn des Th. töten; Paris wurde auf dem Ida ausgesetzt; Th. gab aus Rache den Rat, das hölzerne Pferd der Griechen in die Stadt zu schaffen: II 328.

Tiresias s. Teiresias.

Titan, Beiname des Helios: I 279; II 31, 345, 360, 372.

Titanen, sechs Söhne und sechs Töchter des Uranos und der Gaia. Unter Führung des jüngsten von ihnen, Kronos, kam es zum Kampf der Titanen gegen die Kroniden mit Zeus an der Spitze. Sieger der ‚Titanomachie', der Titanenschlacht, die sich auf den Gebirgen Othrys und Olymp abspielte, blieb Zeus: I 205; II 387.

Tithon, trojanischer Jüngling, den Eos seiner Schönheit wegen entführte: II 53.

Tityos, Sohn des Zeus und der Elare, ein Riese. Geboren wurde er nach dem Tod seiner Mutter von der Erde, nachdem Zeus seine Geliebte vor der eifersüchtigen Hera in der Erde versteckt hatte. Apollon tötete ihn mit einem Pfeil, weil er sich an Leto vergreifen wollte. In der Unterwelt zerhackte ihm ein Geierpaar die stets nachwachsende Leber (nach antiker Vorstellung Sitz der Begierde): I 79; II 89.

Triton, Sohn des Poseidon, halb Mensch, halb Fisch: II 12.

Tritonia (auch Tritonide), Beiname der Athena: I 192; II 336, 344, 345, 353.

Tyche, röm. Fortuna, eine der Okeaniden. Göttin des Glücks und Unglücks, des (blinden) Schicksals. Bildliche Darstellungen zeigen sie oft mit einem Steuerruder (als Lenkerin des Schicksals) und Füllhorn oder auf einem Rad oder einer Kugel stehend (zum Zeichen der Vergänglichkeit des Glücks). Vgl. unter Fortuna.

Tydeus, Sohn des Oineus und der Periböa oder Euryböa oder auch Althäa, Vater des Diomedes: II 10, 192.

Tyndareos, Gatte der Leda, Stiefvater der Helena: II 351.

Ucalegon, einer der Ratsherren des Priamos: II 340.

Ulysses (Ulixes) (vgl. Odysseus): I 213; II 190, 327, 330–332, 334, 338, 359, 395.

Unterwelt (auch Tartaros, Erebos, Hades, Orkus): das von Hades und Persephone beherrschte Reich der Toten unter der Erde, in dem die Seelen der Verstorbenen als Schatten weiterlebten.

(Unterwelt)
Hermes in seiner Funktion als Psychopompos (Seelengeleiter) führte die Seelen in die Unterwelt; Charon, der Totenfährmann, setzte sie über die Unterweltflüsse, darunter Styx, der die Unterwelt nach Vergils „Aeneis" (6, 439) neunfach umfloß, Acheron, Kokytos, den Klagefluß, bei dem die Verstorbenen ihre Sünden und den Verlust des irdischen Daseins beweinten; Kerberos, der Höllenhund, hielt Wache, um die Seelen passieren, aber nicht wieder fortgehen zu lassen. Die Totenrichter Minos, Aiakos und Rhadamanthys hielten Gericht. Die Frommen gingen in die vom Lethe (dem Strom des Vergessens) umflossenen Gefilde Elysiums ein, wo sie in ewiger Glückseligkeit lebten, die Verurteilten wurden in den (eigentlichen) Tartaros gestoßen, „um daselbst beständig gepeiniget zu werden" (Hederich, 2290). Nach Homers „Ilias" (10, 13–16) war dieser Ort der Finsternis ein tiefer Abgrund unter der Erde, nach der „Aeneis" (6, 548–636) mit einem stählernen Tor verschlossen, von einer dreifachen Mauer umgeben sowie dem Feuerstrom Phlegeton umflossen: I 34, 57, 225; II 234.

Urania: 1. eine der Musen; sie hat ihren Namen von griech. οὐρανός (Himmel), „so fern, als solches die ganze Welt bedeutet, die allgemeine Wissenschaft göttlicher und menschlicher Dinge bedeutet" (Hederich, 2478): I 340.
2. Beiname der Aphrodite: I 80, 195, 202, 203, 213; II 384, 385, 395, 422.

Uranide, Zeus als Enkel des Uranos: I 247.

Uranos, röm. Coelus, Gemahl der Gaia, Vater der Titanen und Kyklopen, Ahnherr aller Götter. Vgl. unter Coelus.

Venus (vgl. Aphrodite): I 15–23, 190, 195, 409–411, 431; II 77, 266, 300, 301, 360, 363, 381, 422.

Vertumnus, römischer Gott des Wechsels der Jahreszeiten und des Pflanzenwuchses; er wurde als „Feld- und Gartengottheit" dargestellt, in der Gestalt eines Jünglings: „[...] er trägt in der linken Hand eine Schale mit allerhand Gartenfrüchten, in der rechten aber hält er ein Füllhorn" (Hederich, 2450): I 281; II 374.

Vesta, römische Göttin des heiligen Herdfeuers, Beschützerin des Hauses und des Staates: II 340, 351.

Victoria (vgl. Nike): I 277; II 305.

Vulcanus (Vulkan) (vgl. Hephaistos): I 323.

Xenios, röm. Xenius (der Gastliche), Beiname des Zeus als des Schutzgottes der Gastfreundschaft: I 385; II 94, 245.

Zephyros (Zephyrus, Zephyr), der Westwind, Bote des Frühlings: I 92, 119, 228, 241, 247, 279; II 11, 206, 299, 372, 396.

Zerberus s. Kerberos.

Zeus, röm Jupiter, Sohn des Kronos (daher gelegentlich mit dem Beinamen Chronion) und der Rheia, Bruder des Poseidon und des Hades, höchster Gott der Griechen, unumschränkter Herrscher über Götter und Menschen, thronte auf dem Olymp.

Z. wurde nur durch die List seiner Mutter Rheia vor seinem Vater Kronos gerettet, der seine Kinder zu verschlingen pflegte, weil er von ihnen gestürzt zu werden fürchtete, wie es dann durch Zeus und seine Brüder Hades und Poseidon auf Weissagung der Gaia geschah; nach dem Sieg über den Vater fiel Zeus die Herrschaft über Himmel und Erde,

(Zeus)
Poseidon die über das Meer, Hades die über die Unterwelt zu; nach Homers „Ilias" (15, 191) wurde das Los geworfen. – Vgl. auch unter Chronion, Olympius, Xenios: I 17, 83, 158, 159, 191, 227, 267, 268, 279, 308, 311, 385, 409, 411, 422, 428, 429, 432; II 9, 29, 35, 37, 38, 41, 49, 53, 54, 56, 77, 88, 94, 189–191, 194, 245, 252, 261, 263, 300, 301, 326, 341, 353, 354, 356, 372, 373, 378, 379, 382, 396, 406, 407, *448, *450, *451, *476.

Zynthius, Beiname des Apollon nach seinem Heiligtum auf dem Kynthos auf der Insel Delos: I 93.

III. PERSONENREGISTER

Das Register enthält Personen sowie deren Werke und Publikationen, die in den Gedichttexten – direkt oder indirekt – genannt oder angesprochen sind; es ist also nicht rein statistisch angelegt. Wenn z. B. im Gedicht „Ein Wort an die Proselytenmacher" jener weise Mann erwähnt wird, findet sich ein entsprechender Eintrag unter Archimedes, von dem hier die Rede ist; wenn sich Xenion Nr 11 „An einen gewissen moralischen Dichter" richtet, ist die Stelle unter Klopstock registriert. Dies gilt für die Fälle, in denen Personen (oder Werke) mittelbar bezeichnet, aber unmißverständlich gemeint sind; dagegen sind vermeintliche Adressaten von „Tabulae votivae" und „Xenien", über die in den Erläuterungen Vermutungen angestellt werden, nicht aufgenommen worden. Sie sind im „Stichwortverzeichnis zu ‚Tabulae votivae' und ‚Xenien'" enthalten. Wo ein Name adjektivisch gebraucht ist, wird er unter dem Personennamen verzeichnet, also Blumauerischen unter Blumauer, Klopstockischen unter Klopstock. Personen im Textteil „Zweifelhaftes und Unechtes" (NA 2 I, 439–478) sind nicht registriert worden.

Die römischen Zahlen I und II verweisen auf NA 1 bzw. 2 I, die darauf folgenden Zahlen auf die Seiten dieser beiden Textbände. Berufs- und Ortsangaben zu den Personen beziehen sich, wenn nichts anderes angegeben ist, auf die Zeit von Entstehung oder Veröffentlichung des jeweiligen Gedichts. Weltliche Fürstlichkeiten und Könige sind unter dem Namen ihres Landes zu finden, römisch-deutsche Kaiser unter ihrem Vornamen, ebenso Kaiser und Könige des Altertums. Die Aufnahme der Namen richtet sich nach der heute üblichen Schreibweise, um unnötige Verweisungen zu vermeiden; Confucius etwa findet sich unter Konfuzius, Shakespear unter Shakespeare, Virgil unter Vergil. Werktitel dagegen werden in der Regel nach dem Original zitiert.

Adelung, Johann Christoph (1732–1806), Lexikograph und Grammatiker, Oberbibliothekar in Dresden: I 319, 326.

Äsop (6. Jahrhundert v. Chr.), griechischer Fabeldichter: I 86.

Alexander der Große, König von Makedonien (356–323 v. Chr.): I 18; II 145.

Alkibiades (um 450–404 v. Chr.), griechischer Feldherr und Staatsmann: I 353.

Amasis, ägyptischer König der 26. Dynastie (570–526 v. Chr.): I 363–365; II 242–244.

Antonius (Marcus Antonius) (um 82–30 v. Chr.), römischer Staatsmann und Feldherr: I 359.

Archenholtz, Johann Wilhelm von (1743–1812), Historiker in Hamburg. Minerva: I 341.

Archimedes (um 285–212 v. Chr.), griechischer Mathematiker und Mechaniker: I 238, 270; II 111, 315, 316.

Arion aus Methymna (7. Jahrhundert v. Chr.), griechischer Dichter und Musiker: I 191.

Ariosto, Ludovico (1474–1533), italienischer Dichter: II 96.

Aristarchos aus Samothrake (217 bis 145 v. Chr.), Vorsteher der Bibliothek zu Alexandria, befaßte sich mit Erklärung und Textkritik der griechischen Dichtung, besonders des Homer: I 196.

Aristoteles (384–322), griechischer Philosoph: I 355.

Arminius (18/16 v. Chr.–19/21 n. Chr.), Anführer der Cherusker, der die Römer im Teutoburger Wald schlug: I 93.

Arnim, Marie Henriette Elisabeth von (1768–1847), Tochter der verwitweten Dresdner Kammerdame Friederike Johanna Elisabeth von Arnim: I 179, 180.
Augustus Octavianus (63 v. Chr.–14 n. Chr.), römischer Kaiser: II 408.

Babo, Joseph Marius (1756–1822), Theaterintendant in München, Bühnenschriftsteller.
  Otto von Wittelsbach: II 86.
Baggesen, Jens Immanuel (1764–1826), dänisch-deutscher Schriftsteller: I 217; II 71.
Bayern, Maximilian III. Joseph, Kurfürst von (1727–1777): I 81.
Becker, Rudolf Zacharias (1752–1822), Schriftsteller in Gotha: I 318, 340, 348.
  National-Zeitung der Teutschen: I 348.
  Reichs-Anzeiger: I 340, 343, 347; II 85, 97.
Becker, Wilhelm Gottlieb (1753–1813), Schriftsteller, Inspektor des Antiken- und Münzkabinetts in Dresden: I 325; II 88.
  Erholungen: I 343.
  Taschenbuch zum geselligen Vergnügen: I 325; II 88.
Behaghel von Adlerskron, Conrad Gustav Johann (1766–1842), baltischer Edelmann aus Friedrichshof bei Dorpat und (bis 1788) Kapitän in der Petersburger Garde, Student in Jena und (Ostern 1791) in Stuttgart: I 218.
Berkeley, George (1685–1753), englischer Philosoph und Theologe: I 355.
Berlepsch, Emilie Dorothea Friederike von, geb. von Oppel (1757–1830), Schriftstellerin in Weimar: II 92.
Bertuch, Friedrich Justin (1747–1822), Kaufmann in Weimar, Verleger und Buchhändler, Legationsrat.
  Journal des Luxus und der Moden: I 341.

Bibra, Philipp Sigmund von (1750 bis 1803), Domkapitular und Regierungspräsident in Fulda.
  Journal von und für Deutschland: I 339.
Blumauer, Johann Aloys (1755–1798), Schriftsteller und Buchhändler in Wien: II 25.
Bodemann, Friedrich Ludwig Joseph (1772–1825), Student der Theologie in Jena: I 221.
Böhmen, Ottokar II. König von (1233–1278): II 162, 276.
Böhmer, Caroline s. Schelling.
Böttiger, Karl August (1760–1835), Altphilologe und Archäologe, Gymnasialdirektor und Oberkonsistorialrat für Schulangelegenheiten in Weimar, seit 1804 Leiter des Pageninstituts in Dresden: II 84.
Brennus (4. Jahrhundert v. Chr.), keltischer Heerführer: II 128, 362.
Brun, Friederike Sophie Christiane, geb. Münter (1765–1835), Lyrikerin und Reiseschriftstellerin in Rom und Kopenhagen: I 221.
Brutus (Marcus Iunius Brutus) (85 bis 42 v. Chr.), republikanischer Verschwörer gegen Caesar: II 13, 14.
Büel, Johannes (1761–1830), Schweizer Pädagoge und Theologe, 1802–1803 auf einer Reise besuchsweise in Gotha, Weimar, Dresden und Wien: II 171.
Bürger, Gottfried August (1747–1794), (1784) Privatdozent für Ästhetik in Göttingen, Dichter und Übersetzer, Mitglied des Göttinger Hainbundes: I 351; II 86.

Caesar (Gaius Julius Caesar) (100–44 v. Chr.): I 322, 359, 410; II 13, 14, 300, 306.
Campe, Joachim Heinrich (1746–1818), Schulrat in Braunschweig, Schriftsteller, Sprachkundler: I 319, 328.

Carstens, Asmus Jakob (1754–1798), Maler in Berlin und Rom.
Zeit und Raum (Gemälde): I 325.
Cassius (Gaius Cassius) (gest. 42 v. Chr.), republikanischer Verschwörer gegen Caesar: II 13.
Cato (M. Porcius Cato Censorius) (234 bis 149 v. Chr.), römischer Feldherr und Staatsmann: I 309.
Claudius, Matthias (1740–1815), Schriftsteller in Hamburg, Herausgeber des „Wandsbecker Bothen": I 311.
Der Wandsbecker Bothe: I 311.
Conz, Karl Philipp (1762–1827), Mitschüler Schillers auf der Karlsschule in Stuttgart, Schriftsteller und Übersetzer, 1793 Diakon in Vaihingen, 1794 in Ludwigsburg, 1804 Professor der klassischen Philologie und (1812) der Beredsamkeit in Tübingen: I 28.
Corneille, Pierre (1606–1684): II 88.
Cortez, Hernando (1485–1547), spanischer Seefahrer, Eroberer Mexikos: I 22.
Cramer, Karl Friedrich (1752–1807), Schriftsteller, Buchdrucker und Buchhändler in Paris: I 337, 338.
Creuzer, Georg Friedrich (1771–1858), Student der Theologie in Jena: I 219.

Dalberg, Carl Theodor Anton Maria Reichsfreiherr von (1744–1817), 1802 Kurfürst von Mainz, Erzkanzler des Deutschen Reichs: II 179.
Descartes, René (1596–1650), französischer Philosoph und Mathematiker: I 355.
Diderot, Denis (1713–1784), französischer Dichter, Kunstkritiker, Enzyklopädist: I 323.
Les bijoux indiscrets: I 323.
Dionysios der Ältere (430–367 v. Chr.), Tyrann von Syrakus: I 421, 422, 424, 425; II 250, 251, 253, 254.
Drusus (Drusus Nero Claudius) (38–9 v. Chr.), römischer Feldherr: II 426.
Dyk, Johann Gottfried (1750–1813), Schriftsteller und Buchhändler in Leipzig: I 317, 345; II 95, 97.
Bibliothek (Neue Bibliothek) der schönen Wissenschaften und der freyen Künste: I 314, 319, 350; II 83, 85, 148.
Charaktere der vornehmsten Dichter aller Nationen: I 320.
Komisches Theater der Franzosen: I 345; II 97.

Eboli, Anna Mendoza Prinzessin von, (1540–1592) Frau des Ruy Gomez de Silva, Prinzen von Eboli: I 160.
Elwert, Immanuel Gottlieb (1759 bis 1811), Mitschüler Schillers auf der Karlsschule in Stuttgart, Stadt- und Amtsphysikus in Cannstatt: I 26.
Empedokles von Agrigent (um 490 – um 430 v. Chr.), griech. Politiker und Philosoph: II 426.
Engel, Johann Jakob (1741–1802), Schriftsteller in Schwerin, bis 1794 Leiter des Nationaltheaters in Berlin, Mitarbeiter an Schillers „Horen": II 88.
Lobrede auf den König: II 88.
England, Elisabeth I. Königin von (1533–1603): I 174.
Eppstein, Werner von (gest. 1284), 1259–1284 Erzbischof von Mainz: II 162.
Eschenburg, Johann Joachim (1743 bis 1820), Schriftsteller, Übersetzer, Literaturtheoretiker in Braunschweig: I 319, 326; II 97.
Beispielsammlung zur Theorie und Literatur der schönen Wissenschaften: I 326.
William Shakespear's Schauspiele: I 357; II 97, 306.
Ettinger, Carl Wilhelm (1741–1804), Verlagsbuchhändler in Gotha.
Gothaische gelehrte Zeitungen: I 319.

Euripides (485/80 – 407/06 v. Chr.), griechischer Tragiker: II 20, 22, 124, 157.
Die Phönizierinnen: II 22, 157.
Iphigenie in Aulis: II 20, 21.
Ewald, Johann Ludwig (1747 – 1822), Schriftsteller und Generalsuperintendent in Detmold: I 340; II 87.
Urania für Kopf und Herz: I 340.

Fabricius (Gaius Fabricius Luscinus) (3. Jahrhundert v. Chr.), römischer Feldherr und Staatsmann, galt als Muster römischer Tugend und Sittenstrenge: I 309.
Feder, Johann Georg (1740 – 1821), Professor der Philosophie in Göttingen: I 269.
Fichte, Johann Gottlieb (1762 – 1814), 1794 – 1799 Professor der Philosophie in Jena, in Berlin privatisierend, 1805 Professor in Erlangen, 1810 in Berlin: I 333, 356; II 86.
Fischer, Gottlob Nathanael (1748 – 1800), Rektor der Martinischule in Halberstadt, königlich-preußischer Konsistorialrat.
Deutsche Monatsschrift: I 340.
Flakkus s. Horaz.
Forster, Johann Georg (1754 – 1794), Forschungsreisender, Natur- und Völkerkundler, politischer Schriftsteller: I 350 – 352.
Frankreich, Karl VII. König von (1403 – 1461): II 429.
—, Franz I. König von (1494 – 1547): I 366, 367; II 274, 275.
—, Ludwig XIV. König von (1638 – 1715): I 16; II 404.
—, Ludwig XV. König von (1710 – 1774): I 16.
Franz II. (1768 – 1835), 1792 – 1806 römisch-deutscher Kaiser (als Franz I. 1804 – 1835 Kaiser von Österreich): II 78.
Fréron, Elie-Cathérine (1719[?] – 1776), französischer Schriftsteller und Publizist: II 89.

Fryne, angeblich eine griechische Hetäre (4. Jahrhundert v. Chr.): I 19, 92, 124.

Garve, Christian (1742 – 1798), Schriftsteller, Philosoph in Breslau: I 328.
Ueber die Geduld: I 328.
Gedike, Friedrich (1754 – 1803), Prorektor und Oberkonsistorialrat in Berlin, Mitherausgeber der „Berlinischen Monatsschrift": II 96.
[Pindars] Siegeshymnen: II 96.
Gellert, Christian Fürchtegott (1715 bis 1769).
Die zärtlichen Schwestern: I 347.
Gentz, Friedrich (von) (1764 – 1832), 1793 preußischer Kriegsrat, Schriftsteller in Berlin, 1802 in österreichischem Staatsdienst.
Deutsche Monatsschrift: I 340.
Gleim, Johann Wilhelm Ludwig (1719 bis 1803): I 351.
Preussische Kriegslieder: I 351.
Göschen, Georg Joachim (1752 – 1828), Verleger in Leipzig: I 344.
Goethe, Johann Wolfgang von (1749 bis 1832): I 330, 342; II 85, 118, 174, 404.
Die Leiden des jungen Werthers: I 26, 352.
Mährchen: I 326.
Reinecke Fuchs: I 342; II 84, 85.
Wilhelm Meisters Lehrjahre: I 343.
Xenien s. unter Schiller.
—, Julius August Walter von (1789 bis 1830), dessen Sohn: II 171.
Graß, Karl Gotthard (1767 – 1814), Student der Theologie in Jena, später Schriftsteller und Landschaftsmaler: I 217.
Griesbach, Friederike Juliane, geb. Schütz (1755 – 1831), Frau des Theologieprofessor Johann Jakob Griesbach in Jena, Hauswirtin Schillers: I 404, 405.
Groß, Johannes, 1789 – 1792 Student der Sprachwissenschaft und Philosophie

(Groß) in Jena, 1803–1838 Professor am evangelischen Lyzeum in Preßburg (Bratislava): I 218.

Großing, Franz Rudolph von (geb. 1752), Publizist, Abenteurer, Betrüger: I 198.

Habsburg, Rudolf I. Graf von (1218 bis 1291), 1273 deutscher König: II 162, 168, 276–279.

Haller, Albrecht von (1708–1777), schweizerischer Arzt, Naturforscher, Dichter, 1736–1753 Professor der Anatomie, Chirurgie und Botanik in Göttingen, danach Verwaltungsbeamter in der Schweiz: I 352; II 19.

Haschka, Lorenz Leopold (1749–1827), Jesuit, Dichter, Professor für Ästhetik in Wien: I 360.

Heinse, Johann Jakob Wilhelm (1746–1803), Dichter und Übersetzer, Bibliothekar in Mainz: II 85, 96.
Hildegard von Hohenthal: II 85.
Roland der Wüthende: II 96.

Hennings, August Friedrich von (1746–1826), dänischer Diplomat, Kammerherr in Plön, Schriftsteller.
Der Genius der Zeit: I 340.

Herbert, Franz Paul Freiherr von (1759–1811), Chemiker und Fabrikbesitzer aus Klagenfurt, studierte 1790–1791 Philosophie in Jena (s. auch Niethammer): I 219.

Hermann s. Arminius.

Hermes, Johann Timotheus (1738 bis 1821), evangelischer Theologe, Prediger und Schriftsteller in Breslau: I 312; II 82.
Für Töchter edler Herkunft: I 310.

Herodes (der Große) (um 72–4 v. Chr.), römischer Statthalter in Galiläa: I 82.

Heyne, Christian Gottlob (1729–1812), Professor der klassischen Philologie in Göttingen: I 354.

Hoffmann, Leopold Alois (1748–1806), Professor für Rhetorik in Wien, Publizist: II 78.
Eudämonia, oder deutsches Volksglük: II 78, 87.

Hofmann, Karl Gottlieb (1762–1799).
Pantheon der Deutschen: I 342.

Hohenheim, Franziska Theresia Reichsgräfin von, geb. von Bernardin (1748–1811): I 10–13.

Holberg, Ludvig von (1684–1754), dänischer Dichter und Bühnenschriftsteller.
Die Wochenstube: I 347.

Homer: I 205, 259, 266, 268, 285, 341; II 85, 124, 314, 325, 387 (Mäonide).
Ilias: I 207, 259, 354; II 389.

Horaz (Quintus Horatius Flaccus) (65–8 v. Chr.): I 304; II 102.
De arte poetica: I 221; II 102.
Epistulae: II 102.
Oden: I 26.

Hoven, Christian Daniel von (1732 bis 1823), Hauptmann in Ludwigsburg: I 88, 89.

—, Christoph August von (1761–1780), dessen Sohn, Mitschüler Schillers auf der Karlsschule in Stuttgart: I 88–90.

Huber, Ludwig Ferdinand (1764–1804), Schriftsteller und Publizist (zur „Xenien"-Zeit 1796) in Bôle bei Neufchâtel, später Redakteur von Cottas „Allgemeiner Zeitung" und kurpfalzbayrischer Landesdirektionsrat.
Flora: II 87.

Humboldt, Friedrich Wilhelm Christian Karl Ferdinand von (1767 bis 1835): II 93.

Hume, David (1711–1776), englischer Philosoph: I 356.

Hus, Jan (Johannes) (um 1370–1415), tschechischer Kirchenreformer: I 330.

Ibycus (6. Jahrhundert v. Chr.), Sänger und Schriftsteller am Hofe des Polykrates von Samos: I 385–387, 389, 390; II 112, 245–247, 249, 250.

Iffland, August Wilhelm (1759–1814), Schauspieler, Bühnenschriftsteller in Mannheim, seit 1796 Theaterdirektor in Berlin: I 324; II 61.
[Dramen]: I 359.
Imhoff, Anna Amalia von (1776–1831), Dichterin und Hofdame in Weimar: II 171.

Jacobi, Johann Georg (1740–1814), Professor der schönen Wissenschaften in Freiburg/Br.
Taschenbuch von J. G. Jacobi und seinen Freunden: I 339.
Jacobs, Christian Friedrich Wilhelm (1764–1847), Gymnasiallehrer in Gotha: I 317.
Charaktere der vornehmsten Dichter aller Nationen: I 320.
Jakob, Ludwig Heinrich von (1759 bis 1827), Professor der Philosophie in Halle: I 315, 317, 340, 345; II 83, 84, 98.
Annalen der Philosophie und des philosophischen Geistes: I 340; II 83.
Philosophische Sittenlehre: I 345.
Jean Paul s. Richter, Johann Paul Friedrich.
Jenisch, Daniel (1762–1804), Prediger an der Nicolaikirche in Berlin, Schriftsteller: I 342, 345; II 89.
Borussias: I 342; II 89.
Jesus von Nazaret (7/6 v. Chr.–30 n. Chr.): II 195.
Johannes XXII. (um 1245–1334), 1316 Papst: I 258; II 117.
Josaphat, 868–851 v. Chr. König von Juda: I 142, 143, 145, 146.
Joseph II. von Österreich (1741–1790), 1765 römisch-deutscher Kaiser, bis zum Tode Maria Theresias (1780) nur Mitregent der österreichischen Monarchie: I 344.
Allerhöchste Entschliessung [über Druck und Nachdruck von Büchern]: I 344.
Jung-Stilling, Johann Heinrich (1740 bis 1817), Mediziner, 1787 Professor der Ökonomie, Finanz- und Kameralwissenschaften in Marburg, Schriftsteller: I 311.
Justi, Karl Wilhelm (1767–1846), Student in Jena, 1791 Prediger, 1793 Professor der Philosophie in Marburg: I 219.
Juvenal (Decimus Iunius Iuvenalis) (um 50–um 130), römischer Satirendichter.
Saturae: I 219.

Kant, Immanuel (1724–1804): I 315, 317, 345, 356; II 98, 149.
Kempff, Karl Georg Christoph (geb. 1753), Mitschüler Schillers auf der Karlsschule in Stuttgart, 1778 Bereiter, 1794 herzoglicher Stallmeister: II 69, 70.
Kepler, Johannes (1571–1630), Mathematiker und Astronom in Prag und Linz, später im Dienst Wallensteins: II 19.
Klopstock, Friedrich Gottlieb (1724 bis 1803): I 81, 163, 310, 311, 325; II 19, 22, 85, 100.
Der Messias: I 95, 310, 311, 325; II 85.
Der Zürchersee: II 100.
Körner, Christian Gottfried (1756 bis 1831): I 150–159.
—, Anna Maria Jakobine (Minna), geb. Stock (1762–1843), dessen Frau: I 152, 155–157.
Kolumbus, Christoph (1451–1506): I 22, 239; II 109, 321, 429.
Konfuzius (um 551–um 479 v. Chr.), chinesischer Philosoph: II 109, 110, 412, 413.
Kosegarten, Gotthard Ludwig (Theobul) (1758–1818), Propst in Altenkirchen auf Rügen: I 324.
Kotzebue, August Friedrich Ferdinand von (1761–1819).
[Dramen]: I 359.
Menschenhaß und Reue: I 342.

Kraus, Georg Melchior (1737–1806), Direktor der Zeichenschule in Weimar.
Journal des Luxus und der Moden: I 341.

Lais, die Ältere (5. Jahrhundert v. Chr.) und die Jüngere (4. Jahrhundert v. Chr.); beide sollen griechische Hetären gewesen sein: II 101.

Langbein, August Friedrich Ernst (1757–1835), Schriftsteller in Berlin: I 346.

Lavater, Johann Kaspar (1741–1801), Prediger und Schriftsteller in Zürich: I 87, 198, 311.

Leclos, Ninon de (1616–1706), Geliebte des Kardinals Richelieu, Romanfigur in Rousseaus „Émile": I 197.

Leibniz, Gottfried Wilhelm (1646 bis 1716): I 268, 355.

Lengefeld, Louise Juliane Eleonore Friederike, geb. von Wurmb (1743–1823), 1789 Hofmeisterin in Rudolstadt, Schwiegermutter Schillers: I 196.

Lessing, Gotthold Ephraim (1729 bis 1781): I 310, 333, 350, 351, 353, 357; II 81, 89, 94, 306.
Briefe die Neueste Litteratur betreffend: I 327; II 89.
Hamburgische Dramaturgie: I 358; II 306.

—, Karl Gotthelf (1740–1812), dessen Bruder: I 353.

Locke, John (1632–1704), englischer Philosoph: I 268.

Ludwig IV., der Bayer, von Wittelsbach (1282–1347), Herzog von Oberbayern, 1314 König, 1327 König von Italien, 1328 römisch-deutscher Kaiser: I 258; II 117.

Lukian (Lukianos aus Samosata) (um 120–nach 180), griechischer Dichter: I 353.

Luther, Martin (1483–1546): I 320; II 19.

Lyonnet, Pierre (1707–1789), französischer Insektenforscher: I 105.

Manso, Johann Kaspar Friedrich (1760 bis 1826), Gymnasialdirektor in Breslau, Schriftsteller und Übersetzer: I 313, 314, 320, 350; II 83, 89, 96.
Charaktere der vornehmsten Dichter aller Nationen: I 320.
Das befreyte Jerusalem: I 313.
Die Kunst zu lieben: I 313, 350; II 89.
Über den Einfluß der Grazien: I 313.

Marcellus (Marcus Claudius Marcellus) (gest. 208 v. Chr.), römischer Konsul und Feldherr: I 270.

Marius (Gaius Marius) (156–86 v. Chr.), römischer Konsul: I 97; II 145.

Martial (Marcus Valerius Martialis) (um 40–um 102): I 354; II 74, 96.
Epigramme: I 309; II 79, 84, 94, 96.

Maximilian I. (1459–1519), 1493 römischer König, 1508 römischer Kaiser: II 426.

Mechel, Christian von (1737–1818), Kupferstecher und Kunsthändler in Basel: II 179.

Medici, florentinisches Patriziergeschlecht des 15. und 16. Jahrhunderts: II 408.

Meiners, Christoph (1747–1810), Professor der Philosophie in Göttingen: I 341.

Meißner, August Gottlieb (1753–1807), Professor der Ästhetik in Prag, später Konsistorialrat und Schuldirektor in Fulda: II 87.
Apollo: II 87.

Meister, Leonhard (1741–1811), Professor für Geographie und Geschichte in Zürich: I 341.

Mendelssohn, Moses (1729–1786), Kaufmann, philosophischer Schriftsteller in Berlin: I 352; II 94.
Briefe die Neueste Litteratur betreffend: I 327; II 89.
Phaedon: I 352.

Meyer, Friedrich Ludwig Wilhelm (1759–1840), Schriftsteller in Berlin.
Berlinisches Archiv der Zeit und ihres Geschmacks: I 340; II 87.
Meyer, Johann Heinrich (1760–1832), Direktor der Zeichenschule in Weimar: I 288.
Michaelis, Salomo Heinrich Karl August (1768–1844), Verlagsbuchhändler in Neustrelitz.
Flüchtlinge: II 87.
Milton, John (1608–1674), englischer Dichter: I 163.
Minelli(us), Johann (1625–1683), holländischer Philologe, Schulrektor in Rotterdam: I 134.
Moritz, Karl Philipp (1756–1793): II 83.
Moser, Christoph Ferdinand (1759 bis 1800), Schulkamerad Schillers in Lorch, später Pfarrer in verschiedenen schwäbischen Gemeinden, Schriftsteller und Pädagoge: I 26; II 100.

Nero (Nero Claudius Caesar) (37–68 n. Chr.), römischer Kaiser: I 165.
Neumann, Christiane Amalie Louise (1778–1797), Schauspielerin in Weimar: I 185.
Newton, Isaac (1643–1727), englischer Physiker, Mathematiker und Astronom: I 46, 110, 329, 330.
Nicolai, Christoph Friedrich (1733 bis 1811), Schriftsteller und Buchhändler in Berlin: I 28, 290, 318, 319, 326, 327, 332–334, 336, 338, 350, 352; II 80–82, 84, 88, 94.
Allgemeine (Neue allgemeine) deutsche Bibliothek: I 326, 340.
Anekdoten von König Friedrich II. von Preussen: I 326.
Beschreibung einer Reise durch Deutschland und die Schweiz: I 332 bis 334; II 81, 94.
Briefe die Neueste Litteratur betreffend: I 327; II 89.
Freuden des jungen Werthers: I 352.
Geschichte eines dicken Mannes: I 326.
Nicolay, Ludwig Heinrich von (1737 bis 1820), russischer Staatsrat und Schriftsteller in Petersburg.
Epistel an Ramler: I 325.
Niethammer, Friedrich Immanuel (1766 bis 1848), Student der Philosophie in Jena, später Professor der Philosophie in Jena und Würzburg: I 219.
Nösselt, Sophie (1776–1857), Tochter des Theologieprofessors Johann August Nösselt in Halle: I 220.

Oertzen, Leopold Karl Ludwig Graf von (1778–1807), Oberforst- und Wildmeister in Bautzen: II 175.
Österreich, Friedrich III., der Schöne, Herzog von (um 1286–1330), 1314 Gegenkönig zu Ludwig dem Bayern: I 258; II 117.
Orth, Heinrich Friedrich Ludwig (geb. 1760), Mitschüler Schillers auf der Karlsschule in Stuttgart, Jurist, Kanzleiadvokat und (1789) Richter in Heilbronn, nach Entfernung aus seinem Amt 1795 verschollen: I 27.
Ovid (Publius Ovidius Naso) (43 v. Chr.–18 n. Chr.): I 17, 313; II 89.

Pausanias (2. Jahrhundert n. Chr.), griechischer Schriftsteller und Reisebeschreiber: I 191.
Reisebeschreibung von Griechenland: I 191.
Peregrinus Proteus (2. Jahrhundert n. Chr.), griechischer Philosoph: I 353.
Perilaos (Perillos), soll ein Erzgießer am Hofe des Tyrannen Phalaris von Agrigent im 6. Jahrhundert v. Chr. gewesen sein: I 62.
Phidias (5. Jahrhundert v. Chr.), griechischer Bildhauer: I 191.
Philadelphia, Jakob (geb. 1735), in

(Philadelphia) in Amerika geborener, in Europa auftretender Zauberkünstler und Magier: I 53.
Picard, Louis-Benoit (1769–1828), französischer Bühnendichter.
Médiocre et rampant ou le moyen de parvenir: II 160.
Pindar (Pindaros aus Kynoskephalai) (518/22–nach 446 v. Chr.): I 191, 304; II 96.
Pizarro, Francisco (1478–1561), spanischer Seefahrer, Eroberer Perus: I 22.
Platner, Ernst (1744–1818), Professor der Physiologie und Philosoph in Leipzig: I 317.
Gespräch über den Atheismus: I 317.
Plutarch (um 46–um 120), griechischer Schriftsteller: II 101.
Parallelbiographien: II 101.
Podmaniczky, Sándor von (1758–1830), 1784–1786 Student der Rechte in Göttingen, ungarischer Politiker: II 101.
Pölitz, Karl Heinrich Ludwig (1772 bis 1838), Professor der Moral und Geschichte an der Ritterakademie in Dresden: I 344.
Polen, Vanda Herzogin von (8. Jahrhundert): II 438.
Polykleites (2. Hälfte des 5. Jahrhunderts v. Chr.), griechischer Bildhauer: I 253.
Polykrates (gest. um 523/522 v. Chr.), Tyrann von Samos: I 363–365; II 111, 242–244.
Pompeius (Gnaeus Pompeius) (106–48 v. Chr.), römischer Staatsmann und Feldherr: I 97.
Preußen, Friedrich II. (Friedrich der Große) König von (1712–1786): I 44, 45, 322, 326; II 89, 408.
—, Friedrich Wilhelm II. König von (1744–1797), dessen Neffe: II 78.
Pufendorf, Samuel Freiherr von (1632–1694), Jurist und Historiker, Professor des Natur- und Völkerrechts in Heidelberg, später in Schweden: I 269, 357.

Rahbek, Knut Lyne (1760–1850), dänischer Dichter, Dramatiker, Übersetzer und Publizist: I 150.
Rambach, Friedrich Eberhard (1767 bis 1826), Gymnasiallehrer in Berlin, Dramatiker.
Berlinisches Archiv der Zeit und ihres Geschmacks: I 340; II 87.
Ramdohr, Friedrich Wilhelm Basilius von (1752–1822), Jurist, Diplomat und Schriftsteller in Celle.
Charis: I 323.
Ramler, Karl Wilhelm (1725–1798), Professor der schönen Künste, 1786–1796 Mitdirektor der Königlichen Schauspiele in Berlin, Dichter und Übersetzer, Herausgeber lyrischer Anthologien: I 318, 322, 353; II 94.
Lob der Stadt Berlin; bei Gelegenheit eines Granatapfels, der daselbst zur Reife gekommen war: II 88.
Lyrische Blumenlese: II 88.
[Oden auf Friedrich d. Gr.]: I 322.
Rausch, Christian (1754–1799[?]), in Langenberg bei Gera: II 102.
Reichardt, Johann Friedrich (1752–1814), Kapellmeister, Komponist, politischer Schriftsteller in Berlin: I 319, 327, 334–337, 340; II 75–77, 84.
Deutschland: I 334, 336, 340; II 75, 78.
Frankreich: I 334–336; II 75.
Reinhard, Karl von (1769–1840), Schriftsteller, Übersetzer, Privatdozent für Ästhetik in Göttingen: I 345; II 94.
[Göttinger] Musenalmanach 1796: II 94.
Reinhold, Karl Leonhard (1758–1823), Professor der Philosophie in Jena und Kiel: I 356.
Reinwald, Wilhelm Friedrich Hermann (1737–1815), Bibliothekar, später auch Hofrat in Meiningen, seit 1786 Schillers Schwager: II 70.

Rhein, Ludwig II. (der Strenge) (1229–1294), Herzog von Bayern und Pfalzgraf bei Rhein: II 276.
Richter, Johann Paul Friedrich (Jean Paul) (1763–1825): I 314; II 84, 85.
Die Vernichtung. Eine Vision: I 343.
Hesperus: II 84.
Rieger, Philipp Friedrich (1722–1782), Kommandant der Festung Hohenasperg: I 37–39.
Rousseau, Jean Jacques (1712–1778): I 61–63; II 156.
Lettres de deux amans: I 86; II 147.
Rüdiger (Ritiger, Rithogarus) (8. Jahrhundert), deutscher Fürst: II 438.

Sabbatai Zwi (Schabbatai Zewi) (1626 bis 1676), jüdischer Messias-Prätendent, Begründer der Sekte der Sabbatäer: II 97.
Sachsen-Coburg-Saalfeld, Ernst Friedrich Herzog von (1724–1800): I 142–146.
—, Sophie Antoinette Herzogin von (1724–1802), dessen Frau: I 146.
Sachsen-Meiningen, Georg Friedrich Karl Herzog von (1761–1803): I 142, 143, 145, 146.
—, Eleonore Herzogin von, geb. Prinzessin von Hohenlohe-Langenburg (1763 bis 1837), dessen Frau: I 142.
Sachsen-Weimar, Bernhard Herzog von (1604–1639): II 133, 137.
Sachsen-Weimar-Eisenach, Anna Amalia von, geb. Prinzessin von Braunschweig-Wolfenbüttel (1739–1807): I 188.
—, Louise Auguste Herzogin von, geb. Prinzessin von Hessen-Darmstadt (1757–1830), deren Schwiegertochter, Frau von Herzog Karl August: I 188.
—, Karl Friedrich Erbprinz von (1783–1853), ältester Sohn Herzog Karl Augusts: II 133, 134, 137, 138.
Sänftel, Johann Joseph (von), Leibarzt des bayerischen Kurfürsten Maximilian III. Joseph in München: I 81.

Sallust (Gaius Sallustius Crispius) (86 bis 35 v. Chr.), römischer Geschichtsschreiber: I 150.
De Catilinae coniuratione: I 28, 150.
Salomo, etwa 965–926 v. Chr. König von Juda und Israel: I 305.
Salzmann, Christian Gotthilf (1744 bis 1811), Theologe, Schriftsteller, Pädagoge, Begründer des Erziehungsinstituts Schnepfenthal: I 327.
Carl von Carlsberg: I 327.
Sanherib, 704–681 v. Chr. König von Assyrien: 142–146.
Scharffenstein, Georg Friedrich (1758 bis 1817), Mitschüler Schillers auf der Karlsschule in Stuttgart, später württembergischer Offizier, Bataillonskommandant und Brigadekommandeur: I 10.
Schatz, Georg Gottlieb (1763–1795), Privatgelehrter, Kritiker und Übersetzer in Gotha: I 320; II 85.
Charaktere der vornehmsten Dichter aller Nationen: I 320.
Schelling, Dorothea Caroline Albertine, geb. Michaelis, verw. Böhmer, gesch. Schlegel (1763–1809), 1796 Frau August Wilhelm Schlegels, 1803 Frau Friedrich Wilhelm Joseph Schellings: I 351.
Schiller, Johann Kaspar (1723–1796), Hofgärtner in Stuttgart und Obristwachtmeister, Schillers Vater: II 66, 67, 100.
—, Elisabetha Dorothea, geb. Kodweiß (1732–1802), Schillers Mutter: II 66, 67.
—, Johann Christoph Friedrich (seit 7. September 1802) von (1759–1805): I 26, 27, 88, 118, 134, 137, 160, 189, 196, 217, 219–221, 339, 346; II 66–68, 70, 85, 100–102, 171, 179.
Anthologie auf das Jahr 1782: I 40, 150.
Der Parasit (Übersetzung): II 160.
Die Horen: I 333, 341.

(Schiller)
Die Jungfrau von Orleans: II 129, 139.
Die Phönizierinnen (Übersetzung) (s. auch Scenen aus den Phönizierinnen): II 22.
Die Räuber: I 118; II 13.
Don Karlos: I 159, 160, 183; II 100.
Gedichte:
Die Götter Griechenlandes: I 323.
Pegasus in der Dienstbarkeit: I 346.
Würde der Frauen: I 346.
Xenien: I 309, 312, 317, 320, 323, 324, 328, 334, 338, 350, 354, 360; II 74, 85, 88, 91, 93.
Iphigenie in Aulis (Übersetzung): II 20.
Macbeth (Bearbeitung): II 126.
Musen-Almanach für das Jahr 1796: I 339.
Musen-Almanach für das Jahr 1797: I 338, 341; II 87.
Scenen aus den Phönizierinnen (Übersetzung) (s. auch Die Phönizierinnen): II 157.
Über Bürgers Gedichte: I 351.
Ueber die ästhetische Erziehung des Menschen: I 333.
Wallenstein: I 377; II 61–64.
Wilhelm Tell: II 176–178.
—, Luise Antoinette Charlotte, geb. von Lengefeld (1766–1826), dessen Frau: I 189; II 60.
—, Karl Friedrich Ludwig (1793–1857), dessen Sohn: I 404, 405.
Schink, Johann Friedrich (1755–1835), Literaturkritiker und Dramaturg in Berlin: I 342.
Doktor Faust's Bund mit der Hölle: I 342.
Schirach, Gottlob Benedikt von (1743 bis 1804), 1770 Professor der Moral und der Politik in Helmstedt, 1780 dänischer Legationsrat in Altona, Historiker und Publizist: II 75.
Schlegel, Caroline s. Schelling.
Schlegel, Karl Wilhelm Friedrich (1772–1829): I 346–349.

An den Herausgeber Deutschlands, Schillers Musen-Almanach betreffend: I 346.
Über das Studium der Griechischen Poesie: I 348, 349.
Schlichtegroll, Adolf Heinrich Friedrich (1765–1822), Gymnasiallehrer in Gotha: I 318, 331; II 83.
Nekrolog merkwürdiger Deutschen: I 314, 331.
Schlosser, Johann Georg (1739–1799), badischer Regierungsbeamter, Jurist und Schriftsteller in Ansbach, Schwager Goethes: I 290, II 87.
Fortsetzung des Platonischen Gesprächs von der Liebe: II 82.
Schmid, Karl Christian Ehrhard (1761 bis 1812), Professor der Philosophie in Jena: I 356.
Schmidt, Carolina Christina (1762 bis 1842), Tochter des Wirklichen Geheimen Assistenzrates Johann Christoph Schmidt in Weimar: I 183.
Schmidt, Friedrich Wilhelm August (1764–1838), Pfarrer in Werneuchen: I 339.
Calender der Musen und Grazien: I 339.
Das Dorf Döbritz: II 86.
Schmidt, Johann Nikolaus (1735–1786), freiherrlich von Marschalkischer Verwalter aus Walldorf bei Meiningen: I 137–140.
Schneider, Wilhelmina Friederica (1755 bis 1795), Frau des Leipziger Buchhändlers Carl Friedrich Schneider, 1785 mit Schiller, während dessen Leipziger Zeit, befreundet: II 100.
Schröder, Friedrich Ludwig (1744 bis 1816), Theaterdirektor und Dramatiker in Hamburg: II 86.
[Dramen]: I 359.
Schütte, Daniel (1763–1850), Jurist in Bremen: II 101.
Schütz, Christian Gottfried (1747–1832),

(Schütz)
Professor der Beredsamkeit und Dichtkunst in Jena, 1803 in Halle: I 319.
Allgemeine Literatur-Zeitung: I 355; II 85, 88, 97.
Seneca (Lucius Annaeus Seneca) (4 v. Chr.–65 n. Chr.), römischer Philosoph und Redner: II 100.
Epistulae morales ad Lucilium: II 100.
Shakespeare, William (1564–1616): I 357–359; II 97, 118, 306, 307, 404.
Hamlet: I 349, 358; II 306.
Macbeth: II 126.
Simonides von Keos (um 556–um 467 v. Chr.), griechischer Lyriker.
[Epigramm auf die Spartaner am Thermopylenpaß]: I 263; II 311.
Slevoigt, Caroline Auguste, Tochter des Pfarrers Christian August Friedrich Slevoigt in Dorndorf bei Dornburg: I 406.
Sokrates (um 470–399 v. Chr.): I 62; II 97, 98.
Solon (um 640–nach 561 v. Chr.), athenischer Politiker und Gesetzgeber: I 202; II 384.
Sophokles (um 496–um 406 v. Chr.), griechischer Tragiker.
König Ödipus: I 349.
Sorel (Soreau), Agnes (um 1409–1450), Geliebte des französischen Königs Karl VII.: II 429.
Spalding, Johann Joachim (1714–1804), evangelischer Theologe und Moralphilosoph, 1764 Propst in Berlin.
Die Bestimmung des Menschen: I 345.
Spangenberg, Wilhelm Gottlieb (1763 bis 1827), Student der Rechte in Jena: I 150.
Spanien, Philipp II. König von (1527 bis 1598): I 159, 173.
—, Carlos Prinz von (1545–1568), dessen Sohn: I 160.
Spinoza, Baruch de (1632–1677): I 65, 355.

Spittler, Ludwig Timotheus (1752 bis 1810), Professor der Geschichte in Göttingen: II 77, 86.
Städlin, Gotthold Friedrich (1758 bis 1796), Advokat in Stuttgart, Dichter und Publizist: I 83.
Schwäbischer Musenalmanach / Auf das Jahr 1782: I 84.
Stolberg-Stolberg, Christian Graf zu (1748–1821), Amtmann in Tremsbüttel, Schriftsteller: I 318, 324, 353; II 82.
Belsazer: I 312.
—, Friedrich Leopold Graf zu (1750 bis 1819), dessen Bruder, Regierungspräsident in Eutin: I 311, 312, 315, 318, 323, 324, 353, II 82, 87, 97.
Auserlesene Gespräche des Platon: I 323.
Gedanken über Herrn Schillers Gedicht: Die Götter Griechenlandes: I 323.
Jamben: I 312.
Sturm, Benjamin Gottlieb, 1790–1794 Student der Medizin in Jena, danach Praktikus in Reichenbach im Vogtland: I 406.
Sturm, Henriette (1752–1816), Pflegetochter Henriette von Wolzogens: I 137–141.
Sulzer, Johann Georg(e) (1720–1779), Professor der Mathematik am Joachimsthaler Gymnasium in Berlin, Philosoph und Ästhetiker: I 320, 352.
Swedenborg, Emanuel von (1688–1772), schwedischer Naturforscher und Theosoph: II 426.

Tablitz (Tablic), Bohuslaus (Bohuslav) (1769–1823), slowakischer Dichter, 1790–1792 Student in Jena: II 102.
Tasso, Torquato (1544–1595), italienischer Dichter: I 313.
Terenz (Publius Terentius Afer) (um 190–159 v. Chr.), römischer Komödiendichter: I 134.

Theoderich der Große (um 456–526), König der Ostgoten: II 426.
Thespis (6. Jahrhundert v. Chr.), attischer Dichter: I 207; II 389, 405.
Thielmann, Johann Adolf von (1765 bis 1824), Rittmeister in Dresden, Freund Körners: I 220.
Titus s. Vespasian.
Tizian (Tiziano Vecellio) (1477–1576), venezianischer Maler: I 21.
Trapp, Ernst Christian (1745–1818), Pädagoge und Schriftsteller in Wolfenbüttel.
[Rezension von Nicolais „Geschichte eines dicken Mannes"]: I 326.
Tschudi, Aegidius (1505–1572), schweizerischer Geschichtsschreiber: II 162.

Unger, Johann Friedrich Gottlieb (1753–1804), Verleger in Berlin: II 78.
d'Urfé, Honoré (1567–1625), französischer Dichter.
L'Astrée: I 86; II 147.

Vanda s. Polen.
Varus (Publius Quin[c]tilius Varus) (um 46–9 v. Chr.), römischer Feldherr: I 93.
Vergil (Publius Vergilius Maro) (70 bis 19 v. Chr): II 22–25.
Aeneis: I 339, 342, 350, 351; II 8–12, 22–59, 83, 118, 157, 327–360.
Vespasian (Titus Flavius Vespasianus) (9–79 n. Chr.), römischer Kaiser: I 277; II 305.
Voltaire (François-Marie Arouet) (1694 bis 1778): II 89, 118, 129, 139, 404 bis 406.
La pucelle d'Orléans: II 129, 139.
Mahomet: II 118, 404.
Œuvres complètes: II 89.
Voß, Johann Heinrich (1751–1826), Rektor in Otterndorf und (1782) in Eutin, 1802, nach frühzeitiger Pensionierung, als Privatgelehrter an der Universität Jena, 1805 in Heidelberg, Dichter und Übersetzer (Homer, Ovid, Vergil, Horaz, Hesiod, Aristophanes und Shakespeare): I 318, 324, 325, 339; II 22.
Luise: I 325; II 86.
Musen-Almanach: I 339.

Wallenstein, Albrecht Eusebius Wenzel von (1583–1634), Herzog von Friedland und Mecklenburg: II 61, 63, 64, 198.
Wekherlin (Weckherlin, Weckerlin), Johann Christoph (1731–1791), Apotheker in Stuttgart: I 34.
—, Margarete Christiane, geb. Andreä (1736–1803), dessen Frau: I 33, 57.
—, Johann Christian (1759–1781), deren Sohn, Mitschüler Schillers auf der Karlsschule in Stuttgart: I 27, 33–37, 57–60.
Wieland, Christoph Martin (1733 bis 1813): I 81, 310, 314, 318, 341, 343, 344, 353; II 70, 101.
Combabus: I 98; II 146.
Der Neue Teutsche Merkur: I 341.
Geheime Geschichte des Philosophen Peregrinus Proteus: I 353.
Idris: I 150; II 23.
Musarion: I 219; II 101.
Oberon: II 23, 421.
Psyche unter den Grazien: II 70.
Sämmtliche Werke: I 344.
Wiltmaister (Wiltmeister, Wildmeister), Joseph Anton von (1739–1780), Hauptmann im Augéschen Grenadierregiment in Stuttgart: I 31, 32.
Winter, Philipp Heinrich (1744–1812), Magister und Oberpräzeptor der Lateinschule in Ludwigsburg: II 67.
Wittelsbach s. Ludwig IV., der Bayer.
Wolf, Friedrich August (1759–1824), Professor der klassischen Literatur in Halle: I 341, 354; II 85.
Prolegomena ad Homerum: II 85.
Wolzogen, Henriette Freiin von, geb. Marschalk von Ostheim (1745 bis

(Wolzogen) 1788), in Bauerbach: I 138, 140, 141.

Wünsch, Christian Ernst (1744–1828), Professor der Mathematik und Physik in Frankfurt/O.: I 330.
Versuche und Beobachtungen über die Farben des Lichts: I 330.

Württemberg, Eberhard II. Graf von (1315–1392): I 128–130; II 141.

—, Ulrich von (1343–1388), dessen Sohn: I 128–130.

Württemberg, Karl Eugen Herzog von (1728–1793): I 32, 37, 38; II 69, 70.

Zahn, Christian Jakob (1765–1830), Dr. jur., Kaufmann und Schriftsteller in Tübingen, Teilhaber der Cottaschen Buchhandlung.
Flora: II 87.

Zelter, Carl Friedrich (1758–1832), Komponist in Berlin: II 162.

Zenon aus Kition (um 335–264 v. Chr.), griechischer Philosoph, Begründer der Stoa: I 87.

Zilling, Georg Sebastian (1725–1799), Generalsuperintendent an der Lateinschule in Ludwigsburg: II 68, 69.

—, Catharina Louisa, geb. Georgii (gest. 1784), dessen Frau: II 69.

Zimmermann, Johann Georg (1728 bis 1795), Arzt in Hannover, philosophischer Schriftsteller: I 21.

IV. REGISTER DER GEDICHTÜBERSCHRIFTEN UND GEDICHTANFÄNGE

Die Gedichtüberschriften sind, zur mühelosen Unterscheidung von den Gedichtanfängen, mit Kapitälchen gedruckt. – *Die halbfetten Zahlen 1 und 2 beziehen sich auf die Bände 1 und 2 I der Nationalausgabe; die halbfetten Buchstaben A und B verweisen auf die Bände 2 II A und 2 II B der Nationalausgabe.* – *Zusätze des Herausgebers sind, mit Ausnahme der eckigen Klammern, kursiv gesetzt.* – *Auf Gedichte aus der Abteilung „Zweifelhaftes und Unechtes" wird durch ein vor die Bandzahl gesetztes Sternchen hingewiesen.* – *Die Angaben erfolgen selbstverständlich nicht in modernisierter, sondern in der Original-Orthographie, so daß beispielsweise der Anfang von „Vorschlag zur Güte" unter „Theilt [...]" und nicht unter „Teilt [...]" aufzufinden ist.*

	Text	Anm.
A.D.B.	1, 340	A 543
A.D.PH.	1, 340	A 543
A.D.Z.	1, 340	A 544
A.F.K.N.H.D.	1, 306	A 423; A 424
s. auch VIELEN		
A.L.	1, 305	A 423
s. auch VIELEN		
A propos Tübingen!	1, 333	A 525
Aber da meinen die Pfuscher	1, 324	A 499
Aber das habt ihr ja alles bequemer	1, 359	A 599
Aber, erscheint sie selbst	1, 316	A 477
Aber ich bitte dich Freund	1, 359	A 598
Aber jetzt rath ich euch	1, 360	A 600
Aber nun kommt ein böses Insekt	1, 319	A 484
Aber schöner ists noch	2, 100	B 92
Aber seht ihr in B * * * *	1, 319	A 488
Aber wie bin ich es müde	2, 95	B 86
ABERWITZ UND WAHNWITZ	1, 300	A 408
ABSCHEU	1, 337	A 535
ABSCHIED ANDROMACHAS UND HEKTORS	2, 16	B 18
s. auch HEKTORS ABSCHIED		
ABSCHIED VOM LESER *Überschrift:*	2, 124	
s. auch SÄNGERS ABSCHIED *und* STANZEN AN DEN LESER		
ABSCHIED VON NICOLAI	2, 94	B 85
Accipe facundi Culicem	1, 342	A 550
Ach, aus dieses Thales Gründen	2, 197	B 145
Ach das ist Frerons unsterblicher Schnabel	2, 89	B 76
Ach, das ist nur mein Leib	1, 353	A 583
Ach! ihm mangelt leider die spannende Kraft	1, 351	A 576
Ach! Mir geschieht ganz recht!	2, 88	B 75
Ach! Wie schrumpfen allhier	1, 352	A 581
Ach, wie sie F r e y h e i t schrien	1, 350	A 574

	Text	Anm.
ACHERONTA MOVEBO	1, 350	A 572
ACHILLES	1, 350	A 575
Ade! Die liebe Herrgottssonne gehet	1, 133	A 123
Adel ist auch in der sittlichen Welt	2, 315	B 197
AERZTE	2, 79	B 56
AFFICHE	1, 312	A 465
AGAMEMNON (Bürger Odysseus!)	1, 352	A 579
AGAMEMNON (Nicht der gewaltige Dis)	2, 89	B 76
AJAX	1, 351	A 577
Ajax, Telamons Sohn!	1, 351	A 577
AKTÄON	1, 91	A 86
ALCIBIADES	1, 353	A 584
ALEXANDRINER	2, 89	B 77
All ihr andern, ihr sprecht nur ein kauderwelsch	1, 322	A 494
Alle die andern, sie haben zu tragen	2, 90	B 77
Alle Gewässer durchkreuzt', die Heimat zu finden	2, 325	B 213
Alle Gewässer durchkreuzt' Odysseus	1, 227	A 215
Alle Schöpfung ist Werk der Natur	1, 302	A 411
Alle sind sie entwichen des Lebens Schatten	2, 92	B 81
Allen Formen macht er den Krieg	1, 332	A 523
Allen gehört, was du denkst	1, 298	A 402
Allen habt ihr die Ehre genommen	1, 330	A 519
Aller Dinge Gehalt	2, 80	B 58
Alles an diesem Gedicht ist vollkommen	1, 325	A 503
Alles beginnt der Deutsche mit Feierlichkeit	1, 340	A 542
Alles, du ruhige, schließt sich in deinem Reiche	1, 285	A 317
Alles in Deutschland hat sich in Prosa (CHORUS)	1, 348	A 567
Alles in Deutschland hat sich in Prosa (JEREMIADEN AUS DEM REICHS-ANZEIGER)	1, 347	A 564
Alles ist nicht für alle	1, 329	A 515
Alles kann mislingen	1, 314	A 469
Alles mischt die Natur so einzig	1, 311	A 462
Alles nennt sich jetzt so	2, 97	B 89
„Alles, opfert' ich hin [...]"	2, 319	B 204
Alles, sagst du mir, opfert' ich hin	1, 259	A 270
Alles schreibt, es schreibt der Knabe	2, 92	B 81
Alles sey recht was du thust	2, 316	B 200
Alles sey recht, was du thust	1, 278	A 307
Alles streitende löst sich	2, 92	B 80
Alles unser Wissen ist ein Darlehn der Welt	1, 218	A 205
Alles war nur ein Spiel!	1, 360	A 601
Alles will jetzt den Menschen von innen	1, 295	A 394
Alles will jetzt den Menschen von innen	2, 318	B 202
ALMANSARIS UND AMANDA	1, 342	A 552
Als Alexander einst zu Ammons Sitze gelangt war . Anfang:	*2, 469	B 279

GEDICHTÜBERSCHRIFTEN UND GEDICHTANFÄNGE

	Text	Anm.
Als Centauren gingen sie einst	1, 324	A 500
Als der Prophet nicht gerieth	2, 97	B 89
Als du die griechischen Götter geschmäht	1, 323	A 497
[ALS VIER FRÄULEINS EINEN LORBEERKRANZ SCHICKTEN]	2, 70	B 37
Also eure Natur, die erbärmliche	1, 359	A 600
Also sieht man bey euch den leichten Tanz der Thalia	1, 358	A 597
Alsobald knallet in G **	1, 318	A 480
ALTE DEUTSCHE TRAGÖDIE	1, 347	A 566
s. auch JEREMIADE		
ALTE JUNGFERN UND MANSO	2, 83	B 63
Alte Prosa komm wieder	1, 348	A 567
Alte Vasen und Urnen!	1, 311	A 461
Am Abgrund leitet der schwindlichte Steg	2, 216	B 155
AM ANTRITT DES NEUEN JAHRHUNDERTS. AN ***	2, 362	B 229
s. auch AN *** (Edler Freund! Wo öfnet sich dem Frieden) und DER ANTRITT DES NEUEN JAHRHUNDERTS. AN ***		
Am Pfluge, wie die Chronik lehrt	*2, 453	B 272
AM 7. AUGUST 1785	1, 158	A 137
AMALIA	2, 210	B 152
	Überschrift: 2, 139	
s. auch AMALIA IM GARTEN		
AMALIA IM GARTEN	2, 15	B 18
s. auch AMALIA		
AMOR (Plan)	2, 422	B 248
AMOR, ALS SCHULCOLLEGE	1, 313	A 468
Amor der lächelnde kommt	2, 91	B 80
AN *	1, 292	A 387
	Überschrift: 2, 121	
AN ** (Du willst wahres mich lehren?)	1, 292	A 388
	Überschrift: 2, 121	
AN ** (Gerne plagt ich auch dich)	1, 328	A 513
AN *** (Dich erwähl ich zum Lehrer)	1, 292	A 388
	Überschrift: 2, 121	
AN *** (Edler Freund! Wo öfnet sich dem Frieden)	2, 128	B 99
s. auch AM ANTRITT DES NEUEN JAHRHUNDERTS. AN *** und DER ANTRITT DES NEUEN JAHRHUNDERTS. AN ***		
AN *** (Nein! Du erbittest mich nicht)	1, 328	A 513
AN ****	1, 303	A 415
AN xxx	2, 96	B 87
AN xxx (Plan)	2, 422	B 248
[AN CARL KATZ NACH SUBIACCO] Überschrift:	*2, 475	B 283
[AN CAROLINE SCHMIDT]	1, 183	A 157
An dem Eingang der Bahn liegt die Unendlichkeit offen	1, 288	A 329
An dem schönsten Rosenstrauch	*B 291	B 292
AN DEMOISELLE SLEVOIGT	1, 406	A 643

	Text	Anm.
AN DEN DICHTER	1, 302; 2, 322	A 413; B 208
Überschrift:	2, 123	
AN DEN FRÜHLING	1, 100	. . . A 91
Überschrift:	2, 142	
AN DEN LESER	1, 323	. . . A 497
An der Quelle saß der Knabe	2, 160; 2, 222	B 112; B 159
An des Eridanus Ufern umgeht mir	1, 319	. . . A 489
AN DEUTSCHE BAULUSTIGE	1, 312	. . . A 465
AN DIE ASTRONOMEN *(Erste Fassung)*	1, 287	. . . A 325
AN DIE ASTRONOMEN *(Zweite Fassung)*	2, 317	. . . B 200
Überschrift:	2, 122	
AN DIE BUSSFERTIGEN	2, 83	. . . B 62
AN DIE ERNSTHAFTEN XENIEN	2, 74	. . . B 43
AN DIE FREUDE *(Erste Fassung)*	1, 169	. . . A 146
AN DIE FREUDE *(Zweite Fassung)*	2, 185	. . . B 135
Überschrift:	2, 141	
AN DIE FREUNDE	2, 225	. . . B 160
Überschrift:	2, 130; 2, 138	
AN DIE FREYER	1, 360	. . . A 601
AN DIE FROMMEN	2, 70	. . . B 39
AN DIE GESETZGEBER	1, 278	. . . A 308
AN DIE HERREN N.O.P.	1, 315	. . . A 474
AN DIE JÜNGLINGE	2, 83	. . . B 62
AN DIE MENGE	2, 97	. . . B 89
AN DIE MORALISTEN *(Lehret! Das ziemet euch wohl)*	1, 304	. . . A 417
AN DIE MORALISTEN *(Richtet den herrschenden Stab)*	1, 324	. . . A 500
AN DIE MUSE *(Nimm dem Prometheus die Fackel)*	1, 304	. . . A 418
AN DIE MUSE *(Was ich ohne dich wäre)*	1, 292; 2, 326	A 389; B 215
Überschrift:	2, 121	
AN DIE MYSTIKER	1, 298; 2, 319	A 400; B 203
Überschrift:	2, 121	
AN DIE OBERN	1, 335	. . . A 531
AN DIE PARZEN	1, 73	. . . A 71
AN DIE PHILISTER	1, 339	. . . A 539
AN DIE PROSELYTENMACHER	2, 315	. . . B 199
Überschrift:	2, 116	
s. auch EIN WORT AN DIE PROSELYTENMACHER		
AN DIE SONNE	1, 51	. . . A 52
AN DIE VÄTER	2, 82	. . . B 62
AN DIE VOREILIGEN VERBINDUNGSSTIFTER	1, 331	. . . A 522
AN EINEN GEWISSEN MORALISCHEN DICHTER	1, 310	. . . A 458
s. auch DER MORALISCHE DICHTER		
AN EINEN HERRN +tz+	2, 94	. . . B 84
AN EINEN MORALISTEN *(Erste Fassung)*	1, 86	. . . A 80
AN EINEN MORALISTEN *(Zweite Fassung)*	2, 147	. . . B 107

GEDICHTÜBERSCHRIFTEN UND GEDICHTANFÄNGE 515

	Text	Anm.
An einen Quidam	2, 96	B 87
An einen Weltverbesserer (Erste Fassung)	1, 259	A 270
An einen Weltverbesserer (Zweite Fassung)	2, 319	B 204
Überschrift:	2, 122	
An einige Repräsentanten	2, 77	B 49
[An Elisabeth Henriette von Arnim]	1, 179	A 156
An Emma	2, 207	B 151
Überschrift:	2, 120	
s. auch Elegie an Emma		
An Fanny . . . . Überschrift:	*2, 455	B 273
An gewisse Collegen	1, 315	A 474
An gewisse Umschöpfer	1, 324	A 499
An Göthe als er den Mahomet [...] auf die Bühne brachte	2, 404	B 238
Überschrift:	2, 118	
An Kant	1, 317	A 477
[An Körner. In dessen Exemplar der Anthologie]	1, 150	A 135
[An Körner. Zu dessen Hochzeit, 7. August 1785]	1, 153	A 136
An Laura	*2, 459	B 273
An Madame B** und ihre Schwestern	1, 342	A 551
An mehr als Einen	1, 335	A 531
An meine Freunde	2, 96	B 87
An Minna (Erste Fassung)	1, 120	A 114
Überschrift:	2, 142	
An Minna (Zweite Fassung)	2, 165	B 114
[An Pius VI.]	B 288	B 288
An Schwätzer und Schmierer	1, 315	A 474
An seinen Lobredner	1, 314	A 471
s. Jean Paul Richter		
An unsere Repräsentanten	2, 77	B 51
Anacharsis dem ersten nahmt ihr den Kopf weg	1, 338	A 537
Anacharsis der Zweyte	1, 338	A 537
Analytiker	1, 316	A 476
Anatomieren magst du die Sprache	1, 326	A 505
Andenken an Seifersdorf . . . . Überschrift:	*2, 478	B 286
Andre französische Stücke, von Dyk	2, 97	B 89
Anecdoten von Friedrich II.	1, 326	A 508
Animi imperio, corporis servitio	1, 28	A 37
Anschlagzettel zum Otto v. Wittelspach [...]	2, 86	B 71
Anthologie auf das Jahr 1782	1, 41	A 45
Antwort (Ach! ihm mangelt leider die spannende Kraft)	1, 351	A 576
Antwort (Ach! Mir geschieht ganz recht!)	2, 88	B 75
Antwort (Freylich walten sie noch)	1, 351	A 576
Antwort (Geh doch, ein hektisches Bürschgen)	2, 89	B 76
Antwort auf obigen Avis	1, 345	A 560
s. Sachen so gestohlen worden		

	Text	Anm.
Apollo der Hirt	2, 92	B 80
Apollos Bildsäule in einem gewissen Gartentempel	2, 85	B 68
Apolog	2, 82	B 60
Arabesken	2, 90	B 77
Archimedes und der Schüler	1, 270; 2, 316	A 297; B 199
	Überschrift: 2, 111	
Architectur	2, 90	B 77
Archiv der Zeit	2, 87	B 72
Arg genug hab ich's gemacht	2, 96	B 87
[Arie aus „Oberon"]	2, 421	B 246
Aristokraten mögen noch gehn	1, 335	A 530
Aristokratisch gesinnt ist mancher Gelehrte	1, 330	A 520
Aristokratische Hunde, sie knurren auf Bettler	1, 335	A 530
Aristoteles	1, 355	A 588
s. auch Die Philosophen		
Arm in Arm mit Euch	2, 100	B 92
Arm in Arme nun geht ihr zur Herrlichkeit ein	2, 87	B 71
Arme basaltische Säulen!	1, 329	A 516
Armer empirischer Teufel!	1, 332	A 524
Armer Moritz!	2, 83	B 64
Armer Naso, hättest du doch	1, 313	A 469
Ars longa	B 291	B 291
Astronomen seyd ihr	1, 296	A 397
Astronomische Schriften	2, 325	B 215
	Überschrift: 2, 122	
s. auch Der astronomische Himmel		
Auch das Schöne muß sterben!	2, 326	B 216
Auch gut! Philosophie hat eure Gefühle geläutert	1, 358	A 596
Auch ich war in Arkadien geboren	1, 166; 2, 401	A 143; B 237
Auch in der sittlichen Welt ist ein Adel	1, 291	A 385
Auch mich bratet ihr noch als Huß vielleicht	1, 330	A 519
Auch Nicolai schrieb an dem treflichen Werk?	1, 327	A 508
Auch noch hier nicht zur Ruh, du Unglückselger!	1, 352	A 580
Auch zum Lieben bedarfst du der Kunst?	1, 313	A 467
Auction	1, 345	A 559
Auf das empfindsame Volk hab ich nie was gehalten	1, 311	A 462
Auf dem Umschlag sieht man die Charitinnen	1, 340	A 544
Auf den Widder stoßt ihr zunächst	1, 317	A 480
Auf der Asphodelos Wiese verfolgt er	2, 89	B 76
Auf der Berge freien Höhen	2, 223	B 159
Auf des Degens Spitze die Welt jetzt liegt	*2, 471	B 281
Auf die Ankunft des Grafen von Falkenstein in Stuttgart	*2, 443	B 267
Auf diesen Höhen sah auch ich	*2, 468	B 278
Auf einen Pferdemarkt – vielleicht zu Haymarket	1, 230; 2, 113	A 221; B 95
Auf einer großen Weide gehen	2, 153	B 110

GEDICHTÜBERSCHRIFTEN UND GEDICHTANFÄNGE 517

	Text	Anm.
Auf ewig bleibt mit dir vereint	1, 27	A 36
AUF GEWISSE ANFRAGEN	1, 328	A 514
Auf ihr Distichen frisch!	1, 305	A 421
Auf Saal-Athen, und spitze deine Ohren!	*Anfang:* *2, 474	B 283
Auf theoretischem Feld ist weiter nichts	1, 356	A 591
AUF ZWEY SUDLER DIE EINANDER LOBEN	2, 95	B 86
AUFGABE	1, 298; 2, 315	A 402; B 198
Überschrift:	2, 121	
AUFGELÖSSTES RÄTHSEL	1, 349	A 570
Aufgerichtet hat mich auf hohem Gestelle	1, 382; 2, 324	A 617; B 212
AUFMUNTERUNG	1, 324	A 499
[AUFSCHRIFTEN FÜR EIN HOFFEST]	1, 10	A 24
Augen leyht dir der Blinde	1, 338	A 537
[AUS DEM BEGRÜSSUNGSGEDICHT FÜR DEN OBERPRÄZEPTOR PHILIPP HEINRICH WINTER IM JUNI 1771]	2, 67	B 34
Aus dem Leben heraus sind der Wege zwey	1, 272; 2, 122	A 302; B 97
Aus dem Umkreis der Seestücke	2, 429	B 255
Aus der Aesthetik, wohin sie gehört	1, 347	A 565
Aus der „Anthologie auf das Jahr 1782".	*2, 446	B 269
Aus der schlechtesten Hand kann Wahrheit	1, 292; 2, 121	A 387; B 97
AUS EINER DER NEUESTEN EPISTELN	1, 325	A 502
Aus „Iphigenie in Aulis"	2, 20	B 21
Aus Juvaviens Bergen ström' ich	1, 322	A 496
[AUS „SELIM UND SANGIR"]	1, 10	A 23
[AUS „TEUFEL AMOR"]	1, 136	A 124
AUSGANG AUS DEM LEBEN	1, 272	A 302
Überschrift:	2, 151	
s. auch DIE IDEALISCHE FREIHEIT		
Ausgeartetes Kind der bessern menschlichen Mutter	1, 272	A 301
AUSNAHME	1, 338	A 538
AUSWAHL	2, 85	B 67
Auszuziehen versteh ich	1, 336	A 534
B**	1, 343	A 552
B**s TASCHENBUCH	1, 325	A 502
B. B. *s.* G. G.		
B.T.R.	2, 84	B 65
BAALSPFAFFEN	1, 335	A 531
Bacchus der lustige führt mich	1, 321	A 493
BACCHUS IM TRILLER	1, 49	A 51
BACCHUS UND DIE TYRRHENISCHEN SCHIFFER *(Plan)*	2, 426	B 252
Bald ist die Menge gesättigt	2, 76	B 47
Banges Stöhnen, wie vor'm nahen Sturme	1, 57	A 60
Banges Stöhnen, wie vorm nahen Sturme	1, 33	A 39
BAURENSTÄNDCHEN	1, 131	A 123

	Text	Anm.

[BEANTWORTUNG DER FRAGE DES HERZOGS: „WELCHER IST UNTER
  EUCH DER GERINGSTE?"] . . . . 2, 69 . . . B 36
BECKERS TASCHENBUCH . . . . 2, 88 . . . B 74
BEDEUTUNG . . . . 1, 303 . . . A 417
BEDIENTENPFLICHT . . . . 1, 316 . . . A 477
BEDINGUNG . . . . 1, 298 . . . A 402
Beklagen soll ich dich? . . . . 1, 196 . . . A 176
BELSATZER EIN DRAMA . . . . 1, 312 . . . A 463
BERGLIED . . . . 2, 216 . . . B 155
                                    Überschrift: 2, 163; 2, 168
Beschütz uns Heiland, JEsu Christ . . . . . . *Anfang:* *2, 442 . . . B 266
BESORGNISS . . . . 2, 87 . . . B 72
„Bessern, bessern soll uns der Dichter!" . . . . 1, 331 . . . A 520
Betagter Renegat der lächelnden Dione! . . . . 1, 86 . . . A 80
BEYSPIELSAMMLUNG . . . . 1, 326 . . . A 505
[BIANCA] . . . . 2, 437 . . . B 262
Bianca eine reiche und edle Gräfin . . . . 2, 437 . . . B 262
„Bibliothek für das andre Geschlecht [...]" . . . . 1, 327 . . . A 510
BIBLIOTHEK SCHÖNER WISSENSCHAFFTEN (Wirket ein Buch) . . 2, 83 . . . B 63
BIBLIOTHEK SCHÖNER WISSENSCHAFTEN (Jahre lang schöpfen) 1, 314 . . . A 472
  s. auch DIE DANAIDEN (Jahre lang schöpfen)
Bilden wohl kann der Verstand . . . . 1, 299 . . . A 405
Blinde, weiß ich wohl, fühlen . . . . 1, 316 . . . A 476
Blößen giebt nur das Reiche dem Tadel . . . . 1, 301 . . . A 410
BORUSSIAS . . . . 1, 342 . . . A 549
BÖSE GESELLSCHAFT . . . . 1, 335 . . . A 530
BÖSE WAARE . . . . 2, 76 . . . B 46
BÖSE ZEITEN . . . . 1, 347 . . . A 565
  s. auch JEREMIADE
BÖSER KAMPF . . . . 2, 80 . . . B 58
BREITE UND TIEFE . . . . 1, 384; 2, 411   A 620; B 243
                                  Überschrift: 2, 150
Breiter wird immer die Welt . . . . 1, 345 . . . A 560
BRIEFE ÜBER ÄSTHETISCHE BILDUNG . . . . 1, 333 . . . A 526
[BRUTUS UND CAESAR] . . . . 2, 13 . . . B 16
Bücher und Menschen verschluckt . . . . 2, 81 . . . B 58
BUCHHÄNDLER-ANZEIGE . . . . 1, 345 . . . A 558
Bücket euch, wie sichs geziemt . . . . 1, 318 . . . A 482
BÜRGER . . . . 2, 86 . . . B 69
Bürger erzieht ihr der sittlichen Welt . . . . 1, 299 . . . A 403
Bürger Odysseus! Wohl dir! . . . . 1, 352 . . . A 579
BÜRGERLIED . . . . 1, 426 . . . A 651
  s. auch DAS ELEUSISCHE FEST

C.F. . . . . 1, 306 . . . A 424
  s. auch VIELEN

GEDICHTÜBERSCHRIFTEN UND GEDICHTANFÄNGE 519

	Text	Anm.
C.G.	1, 305	A 422
s. auch VIELEN		
Canonen und Kartaunen	*2, 467	B 277
Carmen, quo Viro	2, 68	B 34
CHARADE *(*Nichts als dein erstes fehlt dir*)*	1, 343	A 554
CHARADE *(*Zwey Sylben*)* . . . . Überschrift:*	*2, 478	B 286
CHARIS	1, 323	A 498
CHARLOTTE	2, 95	B 86
CHOR DER BARMHERZIGEN BRÜDER	2, 178	B 124
CHORUS	1, 348	A 567
s. auch JEREMIADE		
Christlicher Herkules, du ersticktest so gerne	1, 323	A 498
Coffers führen wir nicht	1, 309	A 456
Cogito ergo sum	1, 355	A 589
COLUMBUS *(später:* KOLUMBUS*)*	1, 239; 2, 321	A 233; B 206
Überschrift:	2, 109	
COMÖDIE	1, 347	A 566
s. auch JEREMIADE		
Corpori leges	2, 19	B 20
COSMOPOLITEN . . . . *Überschrift:*	*2, 471	B 281
CURRUS VIRUM MIRATUR INANES	1, 339	A 540

Da die Franzosen nunmehr ihr Theater eröfnet	2, 86	B 71
Da die Metaphysik vor kurzem	1, 345	A 559
Da ihr noch die schöne Welt regieret	2, 363	B 230
Da ihr noch die schöne Welt regiertet	1, 190	A 162
Da ist kein anderer Rath, du mußt suchen	1, 357	A 592
Da! Nehmt sie hin, die Welt!	1, 267	A 294
Dacht' ichs doch! Wissen sie nichts vernünftiges mehr	1, 356	A 591
Damit lock ich, ihr Herrn, noch keinen Hund	1, 356	A 591
DAMON UND PYTHIAS	2, 250	B 175
s. auch DIE BÜRGSCHAFT		
Danaos, Argiver König . . . . *Anfang:*	*2, 470	B 280
[DANKSAGUNGSGEDICHT AN ... GEORG SEBASTIAN ZILLING]	2, 68	B 34
Darf der Deutsche in diesem Augenblicke	2, 431	B 257
Darum haßt er dich ewig Genie!	2, 80	B 58
DAS AMALGAMA	1, 311	A 462
DAS BELEBENDE	1, 291; 2, 314	A 385; B 197
Überschrift:	2, 120	
DAS BILD DER ISIS	2, 171	B 117
DAS BLINDE WERKZEUG	1, 292	A 388
DAS BRÜDERPAAR	1, 324	A 500
DAS DESIDERATUM	1, 310	A 457
DAS DEUTSCHE REICH	1, 320	A 491

		Text	*Anm.*
DAS DISTICHON		1, 285; 2, 324	A 318; B 213
	Überschrift: 2, 150		
DAS DOPPELTE AMT		2, 74	... B 41
DAS DORF DÖBRITZ		2, 86	... B 70
Das edle Bild der Menschheit zu verhöhnen		2, 129	... B 101
DAS EHRWÜRDIGE		1, 278	... A 310
DAS EIGNE IDEAL		1, 298	... A 402
	Überschrift: 2, 121		
DAS ELEUSISCHE FEST		2, 376	... B 235
	Überschrift: 2, 110		
s. auch BÜRGERLIED			
DAS GEHEIMNISS		1, 391; 2, 196	A 636; B 145
	Überschrift: 2, 108		
DAS GEHEIMNISS DER REMINISZENZ. AN LAURA *(Erste Fassung)*		1, 104	... A 97
DAS GEHEIMNISS DER REMINISZENZ. AN LAURA *(Zweite Fassung)*		2, 203	... B 149
	Überschrift: 2, 157		
DAS GEHEIMNISS DER SIEBEN PFORTEN *(Plan)*		2, 427	... B 252
DAS GEMEINSAME SCHICKSAL		1, 288	... A 328
DAS GESCHENK		1, 285	... A 320
	Überschrift: 2, 116		
Das Gesetz sey der Mann		1, 378	... A 614
DAS GEWÖHNLICHE SCHICKSAL		1, 303	... A 416
DAS GLÜCK *(Erste Fassung)*		1, 409	... A 643
DAS GLÜCK *(Zweite Fassung)*		2, 300	... B 192
	Überschrift: 2, 108		
DAS GLÜCK UND DIE WEISHEIT *(Erste Fassung)*		1, 85	... A 80
DAS GLÜCK UND DIE WEISSHEIT *(Zweite Fassung)*		2, 143	... B 107
DAS GOLDNE ALTER		1, 347	... A 566
s. auch JEREMIADE			
DAS GÖTTLICHE		1, 299	... A 404
DAS GROBE ORGAN		1, 333	... A 527
DAS HÖCHSTE		1, 259	... A 271
DAS IDEAL UND DAS LEBEN		2, 396	... B 236
	Überschrift: 2, 164	... B 114
s. auch DAS REICH DER FORMEN *und* DAS REICH DER SCHATTEN			
DAS IRDISCHE BÜNDEL		1, 297	... A 400
Das ist eben das wahre Geheimniß		1, 298; 2, 319	A 400; B 203
DAS JOURNAL DEUTSCHLAND		1, 340	... A 542
DAS KENNZEICHEN *(Freyheits Priester! ihr habt die Göttin)*		2, 76	... B 46
DAS KENNZEICHEN *(Was den konfusen Kopf)*		2, 81	... B 59
DAS KIND IN DER WIEGE		1, 227	... A 215
	Überschrift: 2, 151		
Das Leben ist kurz		B 290	... B 290
Das Liebesbündniß schöner Seelen		1, 150	... A 133
DAS LIED VON DER GLOCKE		2, 227	... B 162
	Überschrift: 2, 106; 2, 110		

GEDICHTÜBERSCHRIFTEN UND GEDICHTANFÄNGE 521

	Text	Anm.
Das Local	2, 75	B 44
Das Mädchen aus der Fremde *(Erste Fassung)*	1, 275	A 303
Das Mädchen aus der Fremde *(Zweite Fassung)*	2, 184	B 134
	Überschrift: 2, 108	
Das Mädchen von Orleans . . . . *Überschrift:*	2, 139	B 106
s. auch Voltaires Püçelle und die Jungfrau von Orleans		
Das Mährchen	1, 326	A 504
Das Merkmal	2, 75	B 44
Das Mittel *(Warum sagt du uns das in Versen?)*	1, 331	A 520
Das Mittel *(Willst du in Deutschland wirken als Autor)*	1, 303	A 416
Das Mittelmässige und das Gute	1, 301	A 410
Das Monodistichon	2, 74	B 42
Das Motto	1, 334	A 529
Das Muttermal	1, 116	A 110
Das Naturgesetz	1, 301; 2, 321	A 411; B 207
	Überschrift: 2, 123	
Das Neue . . . . *Überschrift:*	*2, 471	B 281
Das Neue, das Neue sucht jedermann . . . . . . *Anfang:*	*2, 471	B 281
Das neueste aus Rom	1, 325	A 503
Das Orakel . . . . *Überschrift:*	*2, 469	B 279
Das Paket	1, 339	A 541
Das philosophische Gespräch	1, 317	A 479
Das Privilegium *(Blößen giebt nur das Reiche dem Tadel)*	1, 301	A 410
Das Privilegium *(Dichter und Kinder, man giebt sich mit beyden nur ab)*	1, 317	A 479
Das Publicum im Gedränge	1, 347	A 565
s. auch Jeremiade		
Das Regiment	1, 378	A 614
Das Reich der Formen . . . . *Überschrift:*	2, 118	B 96
s. auch Das Ideal und das Leben *und* Das Reich der Schatten		
Das Reich der Schatten	1, 247	A 238
s. auch Das Ideal und das Leben *und* Das Reich der Formen		
Das Requisit	1, 335	A 531
Das Schiff *(Plan)*	2, 426	B 252
Das Schoosskind	1, 294	A 393
Das Siegesfest	2, 189	B 137
	Überschrift: 2, 162; 2, 168	
Das sind Grillen! Uns selbst	1, 359	A 599
Das Spiel des Lebens	2, 152	B 108
Das Subjekt	1, 294	A 391
Das Thor	1, 382	A 619
	Überschrift: 2, 150	
Das Unentbehrliche	1, 334	A 528
Das ungleiche Schicksal	1, 293	A 389
s. auch Die Gunst der Musen		

	Text	Anm.
DAS UNGLEICHE VERHÄLTNISS	1, 346	A 564
DAS UNVERZEIHLICHE	1, 314	A 469
DAS UNWANDELBARE	1, 227; 2, 321	A 216; B 206
Überschrift:	2, 151	
DAS VERBINDUNGSMITTEL	1, 310	A 458
Das verkauft er für Humanität?	2, 82	B 61
Das verlohnte sich auch den delphischen Gott	1, 326	A 505
DAS VERSCHLEIERTE BILD ZU SAIS	1, 254	A 262
Überschrift:	2, 140	
Das verwünschte Gebettel!	1, 309	A 457
DAS WEIBLICHE IDEAL	1, 287	A 324
DAS WERTHE UND WÜRDIGE	1, 291; 2, 315	A 386; B 198
Überschrift:	2, 120	
DAS WIDERWÄRTIGE	1, 310	A 457
DAS ZÜCHTIGE HERZ	1, 337	A 535
Daß dein Leben Gestalt, dein Gedanke Leben gewinne	1, 300	A 405
Daß der Deutsche doch alles zu einem Aeussersten treibet	1, 348	A 569
Daß du der Fehler schlimmsten, die Mittelmäßigkeit, meidest	1, 301	A 410
Daß du mein Auge wecktest .... *Anfang:*	*2, 468	B 278
Daß ihr den sichersten Pfad gewählt	1, 295	A 395
Daß ihr seht, wie genau wir den Titel des Buches erfüllen	1, 343	A 553
Daß Verfassung sich überal bilde!	1, 337	A 537
DAVID HUME	1, 356	A 591
s. auch DIE PHILOSOPHEN		
DECISUM	1, 357	A 592
s. auch DIE PHILOSOPHEN		
Dein Fürst ist da – laß rund herum erschallen	*2, 445	B 268
Deine Collegen verschreyst und plünderst du!	1, 337	A 535
Deine Größe Berlin pflegt jeder Fremde zu rühmen	2, 94	B 84
Deine liebliche Kleinheit, dein holdes Auge	1, 306	A 424
Deine Muse besingt, wie Gott sich der Menschen	1, 311	A 463
Deinen heiligen Nahmen kann nichts entehren	1, 340	A 546
Deinen Nahmen les' ich auf zwanzig Schriften	1, 341	A 548
Delia – mein dich zu fühlen!	1, 177	A 155
DELIKATESSE IM TADEL	1, 302	A 412
DEM BUCHHÄNDLER	2, 82	B 60
DEM ERBPRINZEN VON WEIMAR *(Erste Fassung)*	2, 133	B 104
DEM ERBPRINZEN VON WEIMAR *(Zweite Fassung)*	2, 137	B 105
DEM GROSSSPRECHER	1, 336	A 533
Dem König Theoderich begegnen drei graue Weiber	2, 426	B 251
DEM ZUDRINGLICHEN	1, 343	A 553
Den Lorbeer übersandten mir	2, 70	B 37
Den Philister verdrießt, den Schwärmer necke	1, 334	A 529
Den philosophschen Verstand lud einst	1, 290	A 332
Den Satz, durch welchen alles Ding	1, 268	A 295

GEDICHTÜBERSCHRIFTEN UND GEDICHTANFÄNGE 523

	Text	Anm.
Denk ich, so bin ich!	1, 355	A 589
DER ABEND	1, 3	A 18
DER ABEND NACH EINEM GEMÄHLDE *(später:* DER ABEND, NACH [...], *dann:* DER ABEND. NACH [...]*)*	1, 238; 2, 208	A 231; B 151
Überschrift: **2, 109**		
DER ALMANACH ALS BIENENKORB	1, 338	A 538
DER ALPENJÄGER	2, 287	B 188
Überschrift: **2, 163; 2, 168;** *(als Plan:)* **2, 426**		B 252
DER ANONYME FLUSS	1, 323	A 496
s. auch DIE FLÜSSE		
DER ANTIQUAR	1, 311	A 460
DER ANTRITT DES NEUEN JAHRHUNDERTS. AN * * *. *Überschrift:* **2, 136**		
s. auch AM ANTRITT DES NEUEN JAHRHUNDERTS. AN * * * *und* AN * * * *(Edler Freund! Wo öfnet sich dem Frieden)*		
DER ÄSTHETISCHE THORSCHREIBER	1, 309	A 455
DER ASTRONOMISCHE HIMMEL	1, 331	A 521
s. auch ASTRONOMISCHE SCHRIFTEN		
DER AUFPASSER	1, 283; 2, 320	A 314; B 205
Überschrift: **2, 121**		
DER BÄR WEHRT DIE FLIEGEN	2, 87	B 72
DER BERUFENE LESER	1, 303	A 415
DER BERUFENE RICHTER	1, 302	A 414
Der beßre Mensch tritt in die Welt	1, 383; 2, 410	A 619; B 243
DER BESTE STAAT	1, 238; 2, 320	A 231; B 204
Überschrift: **2, 122**		
DER BESUCH	1, 289	A 330
s. auch DITHYRAMBE		
DER BÖSE GESELLE	1, 327	A 510
DER BUNTE STYL	2, 81	B 59
DER COMMISSARIUS DES JÜNGSTEN GERICHTS	1, 315	A 475
DER DICHTER AN SEINE KUNSTRICHTERIN	1, 272	A 302
Der Eichwald brauset	1, 434; 2, 200	A 657; B 148
DER EINFÄLTIGE BAUER	*2, 454	B 272
DER EPISCHE HEXAMETER	1, 285	A 318
Überschrift: **2, 150**		
DER ERHABENE STOFF	1, 311	A 463
Überschrift: **2, 148**		
DER EROBERER *(Dir Eroberer, dir schwellet)*	1, 6	A 21
DER EROBERER *(Mag die Welt)* . . . . *Überschrift:* *2, 477		B 285
DER ERSATZ	1, 323	A 497
DER ESCHENBURGISCHE SHAKESPEARE	2, 97	B 89
DER FALSCHE MESSIAS ZU CONSTANTINOPEL	2, 97	B 89
DER FISCHER	2, 421	B 247
DER FISCHER. LIED DER HEXEN IM MACBETH	2, 126	B 98

	Text	Anm.
DER FLIEGENDE FISCH	1, 320	A 489
DER FLÜCHTLING . . . . *Überschrift:*	2, 142	B 106
s. auch MORGENFANTASIE		
DER FROMME DER ZUM HEUCHLER WIRD *(Plan)*	2, 427	B 252
Der Frühling kam	1, 184	A 158
DER FUCHS UND DER KRANICH	1, 290	A 332
DER GANG NACH DEM EISENHAMMER 1, 392;	2, 280	A 637; B 188
Überschrift:	2, 112	
DER GEIST UND DER BUCHSTABE	1, 316	A 476
DER GELEHRTE ARBEITER	2, 321	B 207
Überschrift:	2, 121	
s. auch DER PHILISTER		
DER GENIUS *("Glaub' ich, sprichst du […]")*	2, 302	B 193
Überschrift:	2, 108	
s. auch NATUR UND SCHULE		
DER GENIUS *(Wiederho[h]len zwar)* 1, 300;	2, 317	A 406; B 201
Überschrift:	2, 123	
DER GENIUS MIT DER UMGEKEHRTEN FACKEL	1, 286	A 321
DER GLÜCKLICHE	1, 333	A 525
DER GLÜCKSTOPF	1, 310	A 457
DER GRAF VON HABSBURG *(zunächst:* DER GRAF VON HABSPURG*)*	2, 276	B 184
Überschrift: 2, 162;	2, 168	B 114
DER GRIECHISCHE GENIUS	1, 288	A 327
Der grobe Schulz im Tartarus	*2, 447	B 272
DER GÜRTEL	2, 322	B 209
Überschrift:	2, 123	
DER HALBVOGEL	1, 336	A 532
DER HANDSCHUH *(Erste Fassung)*	1, 366	A 605
DER HANDSCHUH *(Zweite Fassung)*	2, 274	B 184
Überschrift:	2, 111	
DER HAUSIERER	1, 337	A 536
DER HEINSISCHE ARIOST	2, 96	B 87
Der Himmel dräut mit brausendem Ergusse . . . *Anfang:*	*2, 478	B 286
DER HÖLLENHUND	2, 88	B 75
DER HOMERUSKOPF ALS SIEGEL 1, 285;	2, 325	A 321; B 214
Überschrift:	2, 124	
DER HYPOCHONDRISCHE PLUTO	*2, 447	B 272
Der ist zu furchtsam, jener zu kühn	1, 300	A 407
DER JUNGE WERTHER	1, 352	A 582
DER JÜNGLING AM BACHE	2, 222	B 159
Überschrift: 2, 163;	2, 168	
s. auch LIEBESKLAGE		
DER KAMPF	2, 119	B 96
s. auch FREIGEISTEREI DER LEIDENSCHAFT		
DER KAMPF MIT DEM DRACHEN 1, 412;	2, 288	A 646; B 190
Überschrift:	2, 111	

GEDICHTÜBERSCHRIFTEN UND GEDICHTANFÄNGE 525

	Text	Anm.
DER KAUFMANN	1, 237; 2, 326	A 230; B 215
Überschrift: 2, 112		
DER KENNER	1, 311	A 461
DER KLOSTERBRUDER . . . . *Überschrift:* *2, 476		B 284
DER KUNSTGRIFF	1, 310	A 459
Überschrift: 2, 149		
DER KURZWEILIGE PHILOSOPH	1, 317	A 478
DER LASTTRÄGER	1, 334	A 527
DER LEICHNAM	1, 353	A 583
Der Lettern neuen Schnitt dem Leser zu empfehlen	*2, 469	B 279
DER LETZTE MÄRTYRER	1, 330	A 519
DER LETZTE VERSUCH	1, 336	A 532
DER LEVIATHAN UND DIE EPIGRAMME	1, 325	A 501
DER MANN MIT DEM KLINGELBEUTEL	1, 309	A 456
DER MEISTER	1, 302; 2, 322	A 414; B 208
Überschrift: 2, 123		
DER MENSCH . . . . *Überschrift:* *2, 470		B 280
DER METAPHYSIKER	1, 239	A 232
Überschrift: 2, 116		
DER MODERNE HALBGOTT	1, 323	A 498
DER MORALISCHE DICHTER . . . . *Überschrift:* 2, 149		
s. auch AN EINEN GEWISSEN MORALISCHEN DICHTER		
DER MORALISCHE UND DER SCHÖNE CHARACTER	1, 291	A 386
DER NACHAHMER	2, 317	B 201
Überschrift: 2, 123		
s. auch DER NACHAHMER UND DER GENIUS		
DER NACHAHMER UND DER GENIUS	1, 300	A 406
s. auch DER NACHAHMER		
Der Name Wirtemberg	1, 112	A 106
DER NATURKREIS	1, 285	A 317
DER OBELISK	1, 382; 2, 324	A 617; B 212
Überschrift: 2, 150		
DER PATRIOT	1, 337	A 537
DER PHILISTER	1, 293	A 389
s. auch DER GELEHRTE ARBEITER		
DER PHILOSOPH UND DER SCHWÄRMER	1, 297	A 399
DER PHILOSOPHISCHE EGOIST	1, 257	A 265
Überschrift: 2, 116		
DER PILGRIM	2, 220	B 158
Überschrift: 2, 157		
DER PLAN DES WERKS	1, 332	A 523
Der Poet ist der Wirth und der letzte Actus die Zeche	1, 360	A 600
DER PROPHET	1, 311	A 462
DER PURIST	1, 328	A 512
DER QUELLENFORSCHER	1, 332	A 525

		Text	Anm.
DER RING DES POLYKRATES	. . . . 1, 363;	2, 242	A 601; B 174
	Überschrift:	2, 111	
DER SÄMANN *(Erste Fassung)*	. . . .	1, 233	. . . A 225
	Überschrift:	2, 112	
DER SÄMANN *(Zweite Fassung)*	. . . .	2, 318	. . . B 202
DER SATYR UND MEINE MUSE	. . . .	*2, 456	. . . B 273
Der scherzenden, der ernsten Maske Spiel	. . . .	2, 61	. . . B 30
Der Schiffer ruft, die Segel schwellen	. . . . . . Anfang:	*2, 476	. . . B 284
DER SCHLECHTE DICHTER	. . . .	2, 96	. . . B 88
DER SCHLÜSSEL	. . . . 1, 294;	2, 320	A 391; B 205
	Überschrift:	2, 121	
DER SCHÖNE GEIST UND DER SCHÖNGEIST	. . . .	1, 293	. . . A 390
DER SCHULMEISTER ZU BRESLAU	. . . .	1, 313	. . . A 468
DER SKRUPEL	. . . .	1, 272	. . . A 301
Der Sohn, der seinen vielen Brüdern	. . . .	2, 174	. . . B 120
s. auch: Ein Bruder ist's von vielen Brüdern			
DER SPAZIERGANG	. . . .	2, 308	. . . B 195
	Überschrift:	2, 109	
s. auch ELEGIE			
DER SPIELENDE KNABE	. . . .	1, 233	. . . A 223
	Überschrift:	2, 140	
DER SPRACHFORSCHER	. . . .	1, 326	. . . A 505
Der steigt über den Menschen hinauf	. . . .	2, 85	. . . B 67
DER STERBENDE FREIGEIST *(Plan)*	. . . .	2, 427	. . . B 252
DER STÖPSEL	. . . .	2, 75	. . . B 45
DER STRENGLING UND DER FRÖMMLING	. . . .	1, 296	. . . A 398
DER STURM AUF DEM TYRRHENER MEER	. . . .	2, 8	. . . B 12
Der Tag kam, der der Sonne Dienst	. . . .	1, 186	. . . A 159
DER TANZ *(Erste Fassung)*	. . . .	1, 228	. . . A 217
DER TANZ *(Zweite Fassung)*	. . . .	2, 299	. . . B 191
	Überschrift:	2, 108	
DER TAUCHER	. . . . 1, 372;	2, 266	A 608; B 183
	Überschrift:	2, 111	
DER TELEOLOG	. . . .	1, 311	. . . A 460
DER TOD	. . . .	*2, 462	. . . B 275
DER TODFEIND	. . . .	1, 332	. . . A 524
DER TREUE SPIEGEL	. . . .	1, 331	. . . A 522
DER TRIUMF DER LIEBE *(Erste Fassung)*	. . . .	1, 75	. . . A 72
DER TRIUMPH DER LIEBE *(Zweite Fassung)*	. . . Überschrift:	2, 140	. . . B 106
DER TRIUMPHBOGEN	. . . . 1, 382;	2, 324	A 618; B 212
	Überschrift:	2, 150	
DER TROUBADOUR ODER DER WANDERSÄNGER *(Plan)*	. . . .	2, 426	. . . B 252
s. auch WANDERSÄNGER			
DER UNGEHEURE ORION	. . . .	2, 89	. . . B 76
DER UNTERSCHIED *(Lächelnd sehn wir den Tänzer)*	. . . .	1, 300	. . . A 409

	Text	Anm.
DER UNTERSCHIED (Unberufene Schwärmer!)	2, 77	B 49
DER VATER	1, 288	A 329
DER VENUSWAGEN	1, 15	A 28
DER VERLORNE ABEND ... Überschrift:	*2, 478	B 286
DER VIRTUOSE	1, 344	A 558
DER VORZUG	1, 299	A 403
DER WÄCHTER ZIONS	1, 335	A 530
DER WAHRE GRUND	1, 297	A 400
DER WEG ZUM RUHME	1, 303	A 417
DER WELT LAUF	1, 330	A 518
DER WICHTIGE	1, 332	A 523
DER WIDERSTAND	1, 330	A 520
DER WIRTEMBERGER	1, 112	A 106
DER WOLF IN SCHAFSKLEIDERN	2, 75	B 44
DER WOLFISCHE HOMEER (Mit hartherzger Critik hast du)	2, 85	B 67
DER WOLFISCHE HOMER (Sieben Städte zankten sich drum)	1, 341	A 548
DER ZEITPUNKT	1, 313	A 465
DER ZEITSCHRIFFTSTELLER	2, 76	B 47
DER ZWEYTE OVID	1, 313	A 469
DERSELBE	1, 332	A 525
s. DER QUELLENFORSCHER		
DERSELBE ÜBER DIE VERLÄUMDUNG DER WISSENSCHAFTEN	2, 83	B 63
s. MANSO VON DEN GRAZIEN		
DES MÄDCHENS KLAGE	1, 434; 2, 200	A 657; B 148
Überschrift:	2, 110	
Desto besser! Geflügelt wie ihr	1, 350	A 572
Desto besser! So gebt mir	1, 355	A 588
DEUTLICHE PROSA	1, 348	A 567
s. auch JEREMIADE		
Deutsch in Künsten gewöhnlich heißt mittelmäßig!	1, 340	A 544
[DEUTSCHE GRÖSSE]	2, 431	B 257
Deutsche haltet nur fest an eurem Wesen	2, 78	B 52
DEUTSCHE KUNST	1, 304	A 418
DEUTSCHE MONATSCHRIFT	1, 340	A 544
Deutsche schreiben das Werk	2, 75	B 44
DEUTSCHE TREUE (Erste Fassung)	1, 258	A 267
DEUTSCHE TREUE (Zweite Fassung)	2, 117	B 96
DEUTSCHER GENIUS	1, 304	A 419
DEUTSCHER NATIONALCHARACTER	1, 321	A 492
DEUTSCHES LUSTSPIEL	1, 326	A 504
Deutschland? aber wo liegt es?	1, 320	A 491
Deutschland fragt nach Gedichten nicht viel	1, 324	A 499
DEUTSCHLAND UND SEINE FÜRSTEN	1, 229	A 221
Deutschlands größte Männer und kleinste sind hier	1, 342	A 549
DEUTSCHLANDS REVANCHE AN FRANKREICH	1, 337	A 536

	Text	Anm.
Dialogen aus dem Griechischen	1, 323	A 497
Dich erklärte der Pythia Mund	2, 98	B 91
Dich erwähl ich zum Lehrer, zum Freund	1, 292	A 388
Dich, o Dämon! erwart ich	1, 340	A 545
Dich zu greifen ziehen sie aus	1, 295	A 394
Dichter bitte die Musen, vor ihm dein Lied	1, 327	A 510
Dichter, ihr armen, was müßt ihr nicht alles hören	1, 315	A 474
Dichter und Kinder, man giebt sich mit beyden nur ab	1, 317	A 479
Dichter und Liebende schenken sich selbst	1, 310	A 457
Dichtungskraft	1, 300	A 405
Dido *(Erste Fassung)*	2, 25	B 24
Dido *(Zweite Fassung)* . . . . . . *Überschrift:*	2, 157	B 112
Die achtzeilige Stanze	1, 285; 2, 324	A 319; B 213
Überschrift:	2, 150	
Die Addressen	1, 329	A 515
Die Alten und Neuen	*2, 453	B 272
Die alten und neuen Helden	*2, 454	B 272
Die Antike an den nordischen Wanderer	2, 324	B 211
(zunächst: [...] Wandrer*) . . . . . . Überschrift:*	2, 111	
s. auch Die Antike an einen Wanderer aus Norden		
Die Antike an einen Wanderer aus Norden	1, 257	A 266
s. auch Die Antike an den nordischen Wanderer		
Die Antiken in Paris . . . . *Überschrift:*	2, 132	
s. auch Die Antiken zu Paris		
Die Antiken zu Paris	2, 408	B 240
Überschrift:	2, 136	
s. auch Die Antiken in Paris		
Die Aufgabe	1, 320	A 490
Die Basreliefs	2, 91	B 79
Die Bedingung	2, 93	B 83
Die Begegnung	1, 402	A 641
Überschrift:	2, 110	
Die Belohnung	1, 303	A 416
Die berühmte Frau	1, 196	A 176
Überschrift:	2, 143	
Die beste Staatsverfassung	1, 278	A 307
Die Bestimmung	2, 77	B 49
Die Blumen	2, 209	B 152
Überschrift:	2, 109	
s. auch Meine Blumen		
Die bornierten Köpfe	1, 316	A 477
Die Braut der Hölle *(Plan)*	2, 427	B 252
s. auch Rosamund oder die Braut der Hölle		
Die Bürgschaft	1, 421	A 649
Überschrift:	2, 109	
s. auch Damon und Pythias		

GEDICHTÜBERSCHRIFTEN UND GEDICHTANFÄNGE 529

	Text	Anm.
Die **chen Flüsse	1, 322	A 496
s. auch Die Flüsse		
Die Danaiden (Danaos, Argiver König) .... Überschrift:	*2, 470	B 280
Die Danaiden (Jahre lang schöpfen wir schon)	2, 326	B 215
Überschrift:	2, 148	
s. auch Bibliothek schöner Wissenschaften (Jahre lang schöpfen)		
Die der schaffende Geist einst	1, 102	A 94
Die deutsche Muse	2, 408	B 242
Überschrift:	2, 136	
Die Dichter der alten und neuen Welt	1, 271	A 299
s. auch Die Sänger der Vorwelt		
Die Dichterstunde	2, 91	B 80
Die drei Alter der Natur (zunächst: Die drey [...])	2, 323	B 211
Überschrift:	2, 123	
Die drey Stände	1, 337	A 537
Die dreyfarbige Kokarde	1, 352	A 579
Die Dykische Sippschaft	2, 95	B 86
Die Echo (Plan)	2, 426	B 252
Die Eiche	2, 78	B 54
Die Entstehung der rothen Rosen	*B 291	B 292
Die Entzückung an Laura . . . . . Überschrift:	2, 140	
s. auch Die seeligen Augenblike an Laura		
Die Entzükung an Laura	1, 23	A 32
Die Epopeen	2, 85	B 67
Die Erste ist ein stechend Ding	2, 172	B 119
Die Erwartung	2, 201	B 149
Überschrift:	2, 106; 2, 112	
Die Erzieher	1, 299	A 403
Die Fajaken	2, 79	B 55
Die Flüsse (Xenien 97, 98, 100–113) . . . Überschrift:	2, 149	
Die Foderungen	2, 86	B 70
Die Forscher	2, 318	B 202
Überschrift:	2, 123	
s. auch Metaphysiker und Physiker (Alles will) und Die Versuche		
Die französischen Bonmots	2, 81	B 59
Die Freundschaft	1, 110	A 101
Die Führer des Lebens . . . . Überschrift:	2, 166	B 114
s. auch Schön und erhaben		
Die Geschlechter	1, 284; 2, 307	A 315; B 195
Überschrift:	2, 110	
Die Geschlechter (Überschrift)	B 290	B 290
Die Götter (Plan)	2, 427	B 252
Die Götter Griechenlandes (Erste Fassung)	1, 190	A 162
Überschrift:	2, 151	
Die Götter Griechenlandes (Zweite Fassung)	2, 363	B 230
Überschrift:	2, 120	

34 Schiller 2 II B

	Text	Anm.
DIE GRÖSE DER WELT *(später:* DIE GRÖSSE DER WELT*)*	1, 102	A 94
Überschrift:	2, 143	
DIE GRUFT DER KÖNIGE	1, 14	A 26
DIE GUNST DER MUSEN	2, 325	B 214
Überschrift:	2, 124	
s. auch DAS UNGLEICHE SCHICKSAL		
DIE GUNST DES AUGENBLICKS	2, 414	B 244
Überschrift:	2, 132; 2, 136	
DIE HAUPTSACHE	1, 337	A 537
DIE HERRLICHKEIT DER SCHÖPFUNG	1, 55	A 58
DIE HÖCHSTE HARMONIE	1, 349	A 570
[DIE HOCHZEIT DER THETIS]	2, 20	B 21
DIE HOCHZEIT DER THETIS . . . . *Überschrift:*	2, 124	
DIE HOMERIDEN *(Xenien 366–368)* . . . . . . *Überschrift:*	2, 148	
DIE HOREN AN NICOLAI	1, 333	A 526
DIE IDEALE *(Erste Fassung)*	1, 234	A 227
DIE IDEALE *(Zweite Fassung)*	2, 367	B 232
Überschrift:	2, 109	
DIE IDEALISCHE FREIHEIT	2, 122	B 97
s. auch AUSGANG AUS DEM LEBEN		
DIE IDEALWELT	2, 92	B 81
DIE INSEKTEN	1, 338	A 538
DIE JOHANNITER	2, 116	B 95
s. auch DIE RITTER DES SPITALS ZU JERUSALEM		
DIE JOURNALE DEUTSCHLAND UND FRANKREICH	2, 75	B 43
DIE JOURNALISTEN UND MINOS	1, 43	A 47
DIE KINDESMÖRDERIN *(Zweite Fassung)*	2, 211	B 153
Überschrift:	2, 140	
DIE KINDSMÖRDERIN *(Erste Fassung)*	1, 66	A 66
DIE KRANICHE DES IBYCUS	1, 385; 2, 245	A 621; B 174
Überschrift:	2, 112	
DIE KRITISCHEN WÖLFE	2, 95	B 86
DIE KRONEN	2, 78	B 54
DIE KUNDEN	1, 310	A 457
Die Kunst lehrt die geadelte Natur	1, 217	A 204
DIE KUNST ZU LIEBEN	1, 313	A 467
DIE KÜNSTLER	1, 201; 2, 383	A 178; B 235
Überschrift:	2, 138	
DIE KUNSTSCHWÄTZER	1, 304; 2, 323	A 418; B 210
Überschrift:	2, 124	
DIE MACHT DES GESANGES	1, 225	A 213
Überschrift:	2, 139	
DIE MANNICHFALTIGKEIT *(Erste Fassung)*	1, 299	A 404
DIE MANNICHFALTIGKEIT *(Zweite Fassung)*	2, 318	B 203
Überschrift:	2, 123	

GEDICHTÜBERSCHRIFTEN UND GEDICHTANFÄNGE 531

	Text	Anm.
Die Messiade	1, 95	A 88
Die Mitarbeiter	1, 336	A 534
Die Möglichkeit	1, 329	A 518
Die moralische Kraft	1, 292; 2, 315	A 386; B 198
	Überschrift: 2, 120	
Die Muse schweigt, mit jungfräulichen Wangen	1, 244; 2, 417	A 237; B 246
Die Natur gab uns nur Daseyn	1, 219	A 207
Die neue Entdeckung	2, 80	B 57
Die neuesten Geschmacksrichter	1, 315	A 474
Die Nornen *(Plan)*	2, 427	B 252
Die Pest	1, 116	A 109
Die Peterskirche	1, 382; 2, 324	A 619; B 212
	Überschrift: 2, 150	
Die Philosophen *(Xenien 371–389)*	Überschrift: 2, 148	
Die Philosophieen *(Zweite Fassung)*	2, 124	B 97
Die Philosophien *(Erste Fassung)*	1, 296	A 396
Die Phönizierinnen	Überschrift: 2, 22	B 22
s. auch Scenen aus den Phönizierinnen		
Die Priesterinnen der Sonne	1, 186	A 159
Die Quellen	1, 295	A 395
Die Rache der Musen	1, 83	A 79
Die Ritter des Spitals zu Jerusalem	1, 233	A 224
s. auch Die Johanniter		
Die Sachmänner	1, 290	A 333
Die Sänger der Vorwelt	2, 298	B 191
	Überschrift: 2, 112	
s. auch Die Dichter der alten und neuen Welt		
Die Schatten auf einem Maskenball	Überschrift: *2, 470	B 280
Die Schlacht	Überschrift: 2, 142	
s. auch In einer Bataille		
Die schlimmen Monarchen	1, 124	A 117
Die schöne Brücke	1, 382	A 618
	Überschrift: 2, 150	
Die schönste Erscheinung	1, 287	A 325
Die schwere Verbindung	1, 301; 2, 323	A 409; B 210
	Überschrift: 2, 123	
Die sechs Geschwister, die freundlichen Wesen	2, 174	B 121
s. auch: Wir stammen, unsrer sechs Geschwister		
Die seeligen Augenblike an Laura	1, 64	A 65
s. auch Die Entzückung an Laura		
Die Sicherheit	1, 301	A 411
Die Sonne zeigt, vollendend gleich dem Helden	1, 3	A 18
Die Sonntagskinder *(Jahre lang bildet der Meister)*	1, 349	A 571
Die Sonntagskinder *(Xenien 331 und 330)*	Überschrift: 2, 148	
Die Staatsverbesserer	2, 76	B 46

	Text	Anm.
DIE STOCKBLINDEN	1, 316	A 476
DIE SYSTEME	1, 295	A 396
DIE THATEN DER PHILOSOPHEN	1, 268	A 295
s. auch DIE WELTWEISEN		
DIE THEILUNG DER ERDE *(Erste Fassung)*	1, 267	A 294
DIE THEILUNG DER ERDE *(Zweite Fassung)*	2, 406	B 240
Überschrift:	2, 108	
Die Traurigkeit blühet vor Ihr auf	1, 10	A 24
DIE TRIEBFEDERN	1, 297	A 400
Die Tugend wollte geliebt seyn	1, 10	A 24
DIE UEBEREINSTIMMUNG	1, 293; 2, 316	A 390; B 200
Überschrift:	2, 122	
DIE UNBERUFENEN *(Tadeln ist leicht, erschaffen so schwer)*	1, 303	A 416
DIE UNBERUFENEN *(Wissen wollt ihr und handeln)*	2, 78	B 51
DIE UNÜBERWINDLICHE FLOTTE	1, 173	A 152
Überschrift:	2, 141	
DIE URNE UND DAS SKELET	1, 378	A 613
DIE VERSCHIEDENE BESTIMMUNG *(Erste Fassung)*	1, 291	A 384
DIE VERSCHIEDNE BESTIMMUNG *(Zweite Fassung)*	2, 314	B 196
Überschrift:	2, 120	
DIE VERSUCHE	1, 295	A 394
s. auch DIE FORSCHER		
DIE VIELWISSER	1, 296	A 397
DIE VIER WELTALTER	2, 193	B 140
Überschrift:	2, 130; 2, 138	
DIE WAIDTASCHE	1, 334	A 528
Die Weisheit wohnte sonst auf großen Folio-Bogen	2, 175	B 121
Die Weisheit wohnte sonst auf großen Foliobogen	1, 221	A 211
DIE WELTWEISEN	*Überschrift:* 2, 140	
s. auch DIE THATEN DER PHILOSOPHEN		
DIE WINTERNACHT	1, 133	A 123
DIE WOHLTHÄTER *(Plan)*	2, 422	B 248
DIE WORTE DES GLAUBENS	1, 379; 2, 370	A 614; B 233
Überschrift:	2, 108	
DIE WORTE DES WAHNS	2, 371	B 234
Überschrift:	2, 120; 2, 126	
DIE XENIEN	1, 334	A 528
DIE ZERGLIEDERER	1, 295	A 394
DIE ZERSTÖRUNG VON TROJA *(Vorrede zur ersten Fassung)*	2, 22	B 22
DIE ZERSTÖRUNG VON TROJA *(Zweite Fassung)*	2, 327	B 218
Überschrift:	2, 118	
DIE ZWEI TUGENDWEGE *(1800: DIE ZWEY [...])*	1, 234; 2, 322	A 226; B 209
Überschrift:	2, 117	
DIE ZWEY FIEBER	1, 348	A 568
s. auch GRIECHHEIT *(Kaum hat das kalte Fieber)*		

GEDICHTÜBERSCHRIFTEN UND GEDICHTANFÄNGE 533

	Text	Anm.
DIE ZWEY SINNE	2, 81	B 59
DIE ZWEY TUGENDWEGE s. DIE ZWEI TUGENDWEGE		
Diese nur kann ich dafür erkennen	1, 278	A 307
Diese vierzig kann einer sich nehmen	2, 77	B 49
DIESELBE (Immer für Weiber und Kinder!)	1, 327	A 511
s. SCHRIFTEN FÜR DAMEN UND KINDER		
DIESELBE (Invaliden Poeten ist dieser Spittel)	1, 314	A 473
s. BIBLIOTHEK SCHÖNER WISSENSCHAFTEN (Jahre lang schöpfen)		
Diesen ist alles Genuß	1, 297	A 398
DIESER MUSENALMANACH	1, 341	A 547
Dieser schreckliche Mann recensirte für Jena	2, 85	B 68
Dieses Werk ist durchaus nicht in Gesellschaft zu lesen	1, 326	A 507
Dieß alte fest gegründete Gebäude	2, 175	B 121
s. auch: Ein Gebäude steht da von uralten Zeiten		
Dieß ist Musik fürs Denken!	1, 327	A 509
Dieß leichte Schiff, das mit Gedankenschnelle	2, 174	B 120
s. auch: Es führt dich meilenweit von dannen		
DILETTANT	1, 302; 2, 323	A 414; B 210
Überschrift:	2, 124	
DIOSCUREN (Einen wenigstens hofft' ich von euch)	1, 353	A 583
DIOSCUREN (Seine Unsterblichkeit theilt)	2, 82	B 61
Dir Eroberer, dir schwellet mein Busen auf	1, 6	A 21
Distichen sind wir	1, 309	A 456
DISTINCTIONSZEICHEN	1, 328	A 515
DITHYRAMBE	2, 188	B 136
Überschrift:	2, 111	
s. auch DER BESUCH		
Doch auch die Weisheit kann Unsterblichkeit erwerben	1, 219	A 208
[DON JUAN]	2, 422	B 248
DON JUAN (Plan)	2, 427	B 252
DONAU	2, 95	B 85
DONAU BEY WIEN	2, 79	B 55
DONAU IN B * *	1, 321	A 493
DONAU IN O * *	1, 321	A 493
s. auch DIE FLÜSSE		
DOPPELTER IRRTHUM	2, 78	B 51
Drängt sich nicht gar Amathusia	2, 77	B 50
DREI RÄTHSEL	2, 131	B 102
s. auch PARABELN UND RÄTHSEL und [ZU DEN PARABELN UND RÄTSELN]		
Drei Worte hört man bedeutungschwer	2, 371	B 234
Drei Worte nenn' ich euch, innhaltschwer	2, 370	B 233
Dreifach ist der Schritt der Zeit	2, 412	B 243
Dreifach ist des Raumes Maaß	2, 413	B 244
Drey Worte nenn ich euch, innhaltschwer	1, 379	A 614
Dreyfach ist der Schritt der Zeit	1, 229	A 219

	Text	Anm.
DRINGEND	1, 355	. . . A 588
s. auch DIE PHILOSOPHEN		
Drohend hält euch die Schlang'	1, 319	. . . A 486
Drucken fördert euch nicht	1, 330	. . . A 518
DRUSUS ERSCHEINUNG *(Plan)*	2, 426	. . . B 252
Du bestrafest die Mode	1, 341	. . . A 547
Du erhebest uns erst zu Idealen	1, 339	. . . A 541
Du nur bist mir der würdige Dichter!	1, 346	. . . A 563
Du selbst, der uns von falschem Regelzwange	2, 404	. . . B 238
Du vereinigest jedes Talent	1, 303	. . . A 415
Du verkündige mir von meinen jungen Nepoten	1, 351	. . . A 575
Du willst wahres mich lehren?	1, 292	. . . A 388
Dumm ist mein Kopf und schwer wie Blei	1, 159	. . . A 138
Dunkel sind sie zuweilen	1, 333	. . . A 526
Dux Serenissime!	2, 69	. . . B 36
E * * HYMENÄUS ZU DER ST * UND SCH *. HEIRATH	2, 87	. . . B 71
E.v.B. −	2, 92	. . . B 81
Ecce rubet quidam	2, 84	. . . B 66
Edler Freund! Wo öfnet sich dem Frieden	2, 128; 2, 362	B 99; B 229
„Edler Schatten, du zürnst?"	1, 353	. . . A 582
Edles Organ, durch welches das deutsche Reich	1, 340	. . . A 542
Ehmals hatte man Einen Geschmack	1, 312	. . . A 464
EHRENRETTUNG DER PUCELLE *(Plan)*	2, 427	. . . B 252
s. auch VOLTAIRES PUÇELLE UND DIE JUNGFRAU VON ORLEANS		
Ehret die Frauen! Sie flechten und weben	1, 240; 2, 205	A 234; B 150
Ehret ihr immer das Ganze	1, 278	. . . A 310
EIN ACHTER	1, 356	. . . A 591
s. auch DIE PHILOSOPHEN		
Ein alter Satyr spukte	*2, 456	. . . B 273
Ein asphaltischer Sumpf	1, 313	. . . A 467
Ein bedenklicher Fall!	1, 357	. . . A 592
Ein blühend Kind, von Grazien und Scherzen	1, 189; 2, 60	A 161; B 29
Ein Bruder ist's von vielen Brüdern	Anfang: *2, 475	. . . B 284
s. auch: Der Sohn, der seinen vielen Brüdern		
EIN DEUTSCHES MEISTERSTÜCK	1, 325	. . . A 503
EIN DRITTER	1, 355	. . . A 589
s. auch DIE PHILOSOPHEN		
Ein edles Herz und die Musen	1, 28	. . . A 37
Ein frommer Knecht war Fridolin	1, 392; 2, 280	A 637; B 188
EIN FÜNFTER	1, 356	. . . A 590
s. auch DIE PHILOSOPHEN		
Ein Gebäude steht da von uralten Zeiten	2, 167	. . . B 115
s. auch: Dieß alte fest gegründete Gebäude		
Ein großes Fest! − Laßt, Freunde, laßt erschallen!	1, 11	. . . A 25

GEDICHTÜBERSCHRIFTEN UND GEDICHTANFÄNGE 535

	Text	Anm.
Ein Jüngling, den des Wissens heißer Durst	1, 254	A 262
Ein Mühlwerk mit verborgner Feder	2, 173	B 119
Ein paar Jahre rühret euch nun	2, 88	B 74
Ein Regenstrom aus Felsenrissen	1, 225	A 213
EIN SECHSTER	1, 356	A 590
s. auch DIE PHILOSOPHEN		
EIN SIEBENTER	1, 356	A 591
s. auch DIE PHILOSOPHEN		
Ein treffend Bild von diesem Leben	1, 179	A 156
Ein Uhrwerk mit verborgner Feder	2, 173	B 119
EIN VATER AN SEINEN SOHN	1, 95	A 88
EIN VIERTER	1, 355	A 590
s. auch DIE PHILOSOPHEN		
Ein Vogel ist es und an Schnelle	2, 156	B 112
Ein vor allemal willst du ein ewiges Leben	1, 343	A 553
EIN WECHSELGESANG	1, 177	A 155
EIN WORT AN DIE PROSELYTENMACHER	1, 238	A 230
s. auch AN DIE PROSELYTENMACHER		
EIN ZWEYTER	1, 355	A 589
s. auch DIE PHILOSOPHEN		
Eine Collection von Gedichten?	1, 325	A 502
EINE DRITTE	1, 346	A 563
s. NEUSTE KRITIKPROBEN		
Eine gesunde Moral empfiehlt dieß poetische Werk dir	2, 86	B 69
Eine Granate o Zeus	2, 88	B 74
Eine große Epoche hat das Jahrhundert gebohren	1, 313	A 465
Eine hohe Noblesse bedien ich heut	1, 344	A 558
Eine kannt' ich, sie war wie die Lilie schlank	1, 305	A 422
EINE LEICHENFANTASIE	1, 88	A 82
Eine Leiter zu Gott ist die Liebe	2, 82	B 61
Eine Maschine besitz ich	1, 344	A 555
Eine nur ist sie für alle	1, 298	A 401
Eine spaßhafte Weisheit dociert hier	1, 317	A 478
Eine würdige Sache verfechtet ihr	1, 348	A 569
EINE ZWEYTE	1, 346	A 563
s. NEUSTE KRITIKPROBEN		
[EINEM AUSGEZEICHNETEN ESSER]	1, 27	A 37
Einem ist sie die hohe, die himmlische Göttinn	1, 316	A 477
EINEM JUNGEN FREUND ALS ER SICH DER WELTWEISSHEIT WIDMETE		
(später: [...] WELTWEISHEIT [...])	1, 270	A 297
Überschrift:	2, 141	
Einem Käsehandel verglich er eure Geschäfte?	1, 344	A 556
Einen Bedienten wünscht man zu haben	1, 344	A 558
Einen Fischer fand ich zerlumpt und arm	2, 126	B 98
Einen wenigstens hofft' ich von euch	1, 353	A 583

	Text	Anm.
EINER	1, 307	A 425
EINER AUS DEM CHOR	1, 354	A 586
EINER AUS DEM HAUFEN	1, 355	A 589
s. auch DIE PHILOSOPHEN		
Einer Charis erfreuet sich jeder	1, 283	A 313
Einer, das höret man wohl	1, 317	A 479
EINER JUNGEN FREUNDIN INS STAMMBUCH	2, 60	B 29
Überschrift: 2, 141		
s. auch [IN DAS STAMMBUCH CHARLOTTENS VON LENGEFELD]		
Eines verzeih ich mir nicht	2, 92	B 82
Eines wird mich verdrießen	2, 87	B 72
EINFÜHRUNG	2, 80	B 58
[EINGANGSLIED] *(aus „Wilhelm Tell")*	2, 176	B 123
E i n i g sollst du zwar seyn	1, 298	A 402
Einig sollst du zwar seyn	2, 318	B 203
Einige Freunde des Verfassers	2, 22	B 22
Einige steigen als leuchtende Kugeln	1, 312	A 465
Einige wandeln zu ernst	1, 341	A 546
EINLADUNG	1, 338	A 539
Einmal sollst du dich nur und nur Einem	2, 92	B 81
Einsam steh'n des öden Tempels Säulen	*2, 467	B 277
Einzelne Saiten begrüßen mich noch	2, 79	B 55
− − eitel ist, und flüchtiger als Wind	2, 101	B 92
ELBE	1, 322	A 494
s. auch DIE FLÜSSE		
ELEGIE	1, 260	A 273
s. auch DER SPAZIERGANG		
ELEGIE AN EMMA	1, 371	A 608
s. auch AN EMMA		
ELEGIE AUF DEN FRÜHZEITIGEN TOD [...] WECKERLINS	1, 33	A 39
ELEGIE AUF DEN TOD EINES JÜNGLINGS	1, 57	A 60
Elisische Gefühle drängen	1, 12	A 25
ELISIUM	1, 122	A 115
Überschrift: 2, 142		
ELPÄNOR	1, 350	A 573
Eltern die ich zärtlich ehre	2, 66	B 33
EMPEDOCLES *(Plan)*	2, 426	B 252
EMPFINDUNGEN DER DANKBARKEIT	1, 11	A 25
EMPIRIKER	1, 295	A 395
EMPIRISCHER QUERKOPF	1, 332	A 524
Endlich erblickt' ich auch den gewaltigen Herkules!	1, 357	A 593
Endlich erblickt' ich auch die hohe Kraft	2, 306	B 194
Endlich ist es heraus, warum uns Hamlet so anzieht	1, 349	A 570
Endlich zog man sie wieder ins alte Wasser	1, 329	A 517
ENTGEGENGESETZTE WIRKUNG	1, 349	A 570

	Text	Anm.
Enthousiasmus suchst du bey deutschen Lesern?	2, 92	B 82
ENTZÜCKUNG AN LAURA *(Überschrift)*	B 290	B 290
Entzweit mit einem Favoriten	1, 85; 2, 143	A 80; B 107
ER	1, 357 – 360	A 594 – 600
s. auch SHAKESPEARS SCHATTEN		
ER IN PARIS	2, 76	B 46
Er stand auf seines Daches Zinnen	1, 363; 2, 242	A 601; B 174
– Erdreiste eure Räthsel aufzulösen	2, 173	B 120
s. auch: Von Perlen baut sich eine Brücke		
ERHOLUNGEN. ZWEYTES STÜCK	1, 343	A 553
ERIDANUS	1, 319	A 489
Ernsthaft beweisen sie dir, du dürftest nicht stehlen	2, 80	B 57
ERREURS ET VERITÉ	1, 311	A 461
Erst habt ihr die Großen beschmaußt	1, 335	A 531
Erster und Letzter, Du, allwaltender . . . . Anfang:	*2, 476	B 285
ERWARTUNG UND ERFÜLLUNG	1, 288	A 328
Es führt dich meilenweit von dannen	2, 153	B 109
s. auch: Dieß leichte Schiff, das mit Gedankenschnelle		
Es geben sich viele für Weltbürger aus . . . . . . Anfang:	*2, 471	B 281
Es glänzen viele in der Welt	1, 384; 2, 411	A 620; B 243
Es ist so angenehm, so süß	*2, 464	B 275
Es lächelt der See, er ladet zum Bade	2, 176	B 123
Es liebt sich der Vogel im freien Wald	2, 428	B 254
Es reden und träumen die Menschen viel	1, 401; 2, 409	A 641; B 242
Es rollt dahin. Tod und Verderben hüllen	*2, 472	B 282
Es steht ein groß geräumig Haus	2, 154	B 110
Es tanzen drei Schwestern freundlich und hold	2, 430	B 256
Es tanzen drei Töchter freundlich und hold	2, 430	B 256
Es tönen die Hörner von ferne herüber	*2, 465	B 275
Es will Erinnerung mich liebend schmücken . . Anfang:	*2, 478	B 286
Etwas nützet ihr doch, die Vernunft	1, 316	A 477
Etwas wünscht' ich zu sehn	1, 347	A 564
ETYMOLOGIE	1, 338	A 538
Euch bedaur' ich am meisten	1, 315	A 474
Euch wundert, daß Quirls Wochenblatt	1, 123	A 117
EURE ABSICHT	2, 75	B 45
Euren Preiß erklimme meine Leyer	1, 124	A 117
Ewig klar und spiegelrein und eben	1, 247	A 238
Ewig starr an Deinem Mund zu hangen	1, 104	A 97
Ewig starr an deinem Mund zu hangen	2, 203	B 149
Ewig strebst du umsonst	1, 298	A 402
Ewigklar und spiegelrein und eben	2, 396	B 236
EXEMPEL	1, 330	A 519
Fallen verzeih ich dir gern	2, 83	B 62
FALSCHER STUDIERTRIEB	1, 283	A 313

	Text	Anm.
Falschheit nur und Verstellung	2, 93	B 82
FANTASIE AN LAURA	1, 46	A 49
Überschrift:	2, 139	
Fastenspeisen dem Tisch des frommen Bischoffs	1, 323	A 496
Faust hat sich leider schon oft in Deutschland	1, 342	A 551
Feierlich empfangen wir die Sonne . . . *Anfang:*	*2, 477	B 286
Fein genug ist dein Gehör	2, 81	B 59
FEINDLICHER EINFALL	1, 314	A 471
Feindschaft sey zwischen euch	1, 331	A 522
Fest gemauert in der Erden	2, 227	B 162
FICHTE	2, 86	B 69
FICHTE UND ER	1, 333	A 526
FISCHE	1, 320	A 489
Flach ist mein Ufer und seicht mein Bächlein	1, 322	A 494
Fliegen möchte der Strauß	1, 336	A 532
FLORA	2, 87	B 73
Flora Deutschlands Töchtern gewidmet	2, 87	B 73
FLÜCHTLINGE	2, 87	B 73
Flüchtlinge, sagt wer seyd ihr?	2, 87	B 73
FORMALPHILOSOPHIE	1, 332	A 523
Forsche der Philosoph, der Weltmann handle!	2, 78	B 51
Fort fort mit eurer Thorheit!	2, 70	B 39
Fort ins Land der Philister	1, 314	A 471
Fort jetzt ihr Musen! Fort Poësie!	2, 80	B 58
Fortzupflanzen die Welt	1, 301	A 411
FORUM DES WEIBES	1, 286	A 324
FRAGE *(Du verkündige mir)*	1, 351	A 575
FRAGE *(Melde mir auch, ob du Kunde)*	1, 351	A 576
FRAGE IN DEN REICHSANZEIGER	1, 343	A 554
F r a n k r e i c h faßt er mit einer	1, 334	A 529
FRANZÖSISCHE LUSTSPIELE VON DYK	1, 345	A 558
FRATZEN	1, 297	A 399
Frau Ramlerin befiehlt ich soll sie	1, 82	A 78
Frauen richtet mir nie des Mannes einzelne Thaten	1, 286	A 324
Frei von Tadel zu seyn ist der niedrigste Grad	2, 322	B 207
FREIGEISTEREI DER LEIDENSCHAFT	1, 163	A 141
s. auch DER KAMPF		
Freilich tauchet der Mann kühn	1, 333	A 526
Fremde Kinder lieben wir nie so sehr	1, 294	A 393
Freude, schöner Götterfunken	1, 169; 2, 185	A 146; B 135
Freude war in Trojas Hallen	2, 255	B 176
Freund! genügsam ist der Wesenlenker	1, 110	A 101
FREUND UND FEIND	1, 288; 2, 321	A 327; B 206
Überschrift:	2, 122	
Freund, wandle froh auf den betretnen Pfaden	1, 218	A 206

	Text	Anm.
Freunde, bedenket euch wohl	1, 349	A 570
Freunde, treibet nur alles mit Ernst und Liebe	1, 304	A 419
Freust du dich deines Lebens o Wandrer	1, 285	A 320
Freut euch des Schmetterlings nicht	1, 339	A 539
Frey von Tadel zu seyn, ist der niedrigste Grad	1, 301	A 410
Freyheit des Geistes	B 289	B 289
Freyheits Priester! ihr habt die Göttin	2, 76	B 46
Freylich kann ich dich nicht in schlängelnden Wellen	2, 90	B 78
Freylich walten sie noch und bedrängen	1, 351	A 576
Fridrich Schiller	B 288	B 288
Friede! Zerreißt mich nur nicht!	1, 354	A 586
Frisch athmet des Morgens lebendiger Hauch	1, 119	A 113
Frivole Neugier	1, 326	A 505
Fröhlich dienen wir eines dem andern	2, 90	B 78
Fromme gesunde Natur! Wie stellt die Moral	1, 297	A 399
Frostig und herzlos ist der Gesang	1, 327	A 509
Früh morgens zehen Advokaten	*2, 455	B 273
[Für Alexander Baron von Podmaniczky]	2, 101	B 93
[Für Amalie von Imhoff]	2, 171	B 118
[Für August von Goethe]	2, 171	B 117
[Für August Wilhelm Iffland]	B 291	B 291
[Für Behaghel von Adlerskron]	1, 218	A 206
[Für Bohuslaus Tablitz]	2, 102	B 94
[Für Carl Theodor von Dalberg]	2, 179	B 124
[Für Christian Rausch]	2, 102	B 94
[Für Christian von Mechel]	2, 179	B 125
[Für Daniel Schütte]	2, 101	B 92
[Für den Mundharmonikaspieler Koch]	*2, 467	B 277
[Für denselben] s. [Für Karl Wilhelm Justi] (Doch auch die Weisheit)		
Für die historische Kunst hast du reichlich gesäet	2, 86	B 69
[Für einen Kunstfreund]	1, 221	A 211
[Für einen Unbekannten] (Das Leben ist kurz)	B 290	B 290
[Für einen Unbekannten (Friedrich Nicolai)] (Ein edles Herz)	1, 28	A 37
[Für einen Unbekannten] (Freyheit des Geistes)	B 289	B 289
[Für einen Unbekannten] (Jede Erden Wonne muß)	*2, 469	B 279
[Für einen Unbekannten] (Multa renascentur)	2, 102	B 94
[Für einen Unbekannten] (vale et fave)	2, 172	B 118
[Für einen Unbekannten] (Zerstöre keinem Kinde)	*2, 468	B 278
[Für F.L. (nicht: C.) J. Bodemann]	1, 221	A 212
[Für Ferdinand Moser] (Ille vir, qui nullo bono)	2, 100	B 91
[Für Ferdinand Moser] (Seelig ist der Freundschafft)	1, 26	A 34
[Für Franz Paul v. Herbert (?)]	1, 219	A 206
[Für Friederike Brun]	1, 221	A 212
[Für Friedrich Nicolai] s. [Für einen Unbekannten] (Ein edles Herz)		

	Text	Anm.

[FÜR GEORG FRIEDRICH CREUZER] . . . . 1, 219 . . . A 207
FÜR H. v. T. . . . . 1, 220 . . . A 209
[FÜR HEINRICH FRIEDRICH LUDWIG ORTH] . . . . 1, 27 . . . A 35
[FÜR IMMANUEL ELWERT] *(Ist einer krank und ruhet gleich)* . 1, 27 . . . A 35
[FÜR IMMANUEL ELWERT] *(So eingeschrenkt der Mensch ist)* . 1, 26 . . . A 35
[FÜR JENS BAGGESEN] . . . . 1, 217 . . . A 204
[FÜR JOHAN NICLAS LINDAHL] . . . . B 289 . . . B 289
[FÜR JOHANN CHRISTIAN WEKHERLIN] . . . . 1, 27 . . . A 36
[FÜR JOHANNES BÜEL] . . . . 2, 171 . . . B 117
[FÜR JOHANNES GROSS] . . . . 1, 218 . . . A 205
[FÜR JOSEPH VON STICHANER] . . . . B 288 . . . B 288
[FÜR KARL GRASS] . . . . 1, 217 . . . A 204
[FÜR KARL PHILIPP CONZ] . . . . 1, 28 . . . A 37
[FÜR KARL WILHELM JUSTI] *(Doch auch die Weisheit)* . . . 1, 219 . . . A 208
[FÜR KARL WILHELM JUSTI] *(Summum crede nefas)* . . . . . 1, 219 . . . A 208
[FÜR LEOPOLD VON OERTZEN] . . . . 2, 175 . . . B 121
[FÜR RAHBEK] . . . . 1, 150 . . . A 133
[FÜR SOPHIE NÖSSELT] . . . . 1, 220 . . . A 210
[FÜR SPANGENBERG] . . . . 1, 150 . . . A 134
FÜR TÖCHTER EDLER HERKUNFT . . . . 1, 310 . . . A 459
[FÜR WILHELMINA FRIEDERICA SCHNEIDER] . . . . 2, 100 . . . B 92
Fürchte nicht, sagte der Meister, des Himmels Bogen . . 1, 382; 2, 324 A 618; B 212
Fürchterlich bist du im Kampf . . . . 1, 325 . . . A 501
Furiose Geliebten sind meine Forcen . . . . 1, 345 . . . A 560

G.D.Z. . . . . 1, 340 . . . A 545
G.G. *(Erste Fassung)* . . . . 1, 344 . . . A 557
G.G. *(Zweite Fassung)* . . . . 2, 323 . . . B 211
         Überschrift: 2, 148
Gabe von obenher ist, was wir schönes . . . . 1, 304 . . . A 418
GANS . . . . 1, 319 . . . A 488
Ganz hypochondrisch bin ich vor langer Weile . . . . . . 1, 322 . . . A 495
GARVE . . . . 1, 328 . . . A 514
GEDANKEN BEI DEM SCHEIDEN DES 1798STEN JAHRES . . . . . *2, 472 . . . B 282
[GEDICHT ZUM NEUJAHR 1769] . . . . 2, 66 . . . B 33
Gedichte aus dem Drama „Die zwey Emilien" . . . . . . *2, 476 . . . B 284
GEDIKES PINDAR . . . . 2, 96 . . . B 88
Gedräng im Orkus, Bewegung, Saitenklang . . . . 2, 425 . . . B 250
GEFÄHRLICHE NACHFOLGE . . . . 1, 349 . . . A 570
Gegen den Aufgang ström ich . . . . 2, 95 . . . B 85
Geh doch, ein hektisches Bürschgen . . . . 2, 89 . . . B 76
Geh Karl Reinhard, Du lügst . . . . 2, 94 . . . B 83
Geh und predige das n e u e Evangelium . . . . 1, 219 . . . A 206
GEHEIMNISS DER REMINISCENZ *(Überschrift)* . . . . B 290 . . . B 290
Geht mir dem Krebs in B*** aus dem Weg . . . . 1, 318 . . . A 481
Geistige Liebe, sie ist der Seelen . . . . 2, 93 . . . B 82

GEDICHTÜBERSCHRIFTEN UND GEDICHTANFÄNGE 541

	Text	Anm.
„Geistreich nennt man dieß Werk? [...]"	1, 290	A 333
Gelbroth und grün macht das Gelbe	1, 330	A 520
[GELEGENHEITSGEDICHT] . . . . Überschrift:	*2, 477	B 286
GELEHRTE ZEITUNGEN	1, 348	A 567
GENIALISCHE KRAFT	1, 302	A 411
GENIALITÄT *(Erste Fassung)*	1, 300	A 407
GENIALITÄT *(Zweite Fassung)*	2, 317	B 202
Überschrift:	2, 123	
GERANIUM	1, 306	A 423
s. auch VIELEN		
Gern erlassen wir d i r die moralische Delikatesse	1, 337	A 535
Gerne dien ich den Freunden	1, 357	A 592
Gerne hört man dir zu	2, 85	B 67
Gerne plagt ich auch dich	1, 328	A 513
GESANG DER HELOISE UND IHRER NONNEN AM GRABE ABÄLARDS		
Überschrift:	*2, 478	B 286
GESCHICHTE EINES DICKEN MANNES	1, 326	A 507
GESCHWINDSCHREIBER	1, 349	A 571
s. auch DIE SONNTAGSKINDER		
GESELLSCHAFT VON SPRACHFREUNDEN	1, 327	A 511
GESPRÄCH	1, 81	A 77
GESTÄNDNISS	1, 353	A 584
GESUNDBRUNNEN ZU ***	1, 322	A 495
s. auch DIE FLÜSSE		
Gevatter! hört 'nmal die Späße!	*2, 454	B 272
Gewiß! bin ich nur überm Strome drüben	1, 81	A 76
GEWISSE MELODIEN	1, 327	A 509
GEWISSE ROMANE	2, 82	B 61
GEWISSE ROMANHELDEN	1, 312	A 463
GEWISSEN LESERN	1, 323	A 497
GEWISSENSSCRUPEL	1, 357	A 592
s. auch DIE PHILOSOPHEN		
GEWÖLB	2, 90	B 78
„Glaub' ich, sprichst du, dem Wort [...]"	2, 302	B 193
Glauben sie nicht der Natur	1, 358	A 595
Glaubst du denn nicht, man könnte	1, 338	A 539
Glaubt mir, es ist kein Mährchen	1, 283	A 314
Glaubt nicht der arme Mensch mit Jupiters Tochter	2, 96	B 88
GLAUBWÜRDIGKEIT	1, 294	A 392
Gleich zur Sache, mein Freund	1, 355	A 588
GLÜCK AUF DEN WEG	1, 320	A 490
Glücklich nenn ich den Autor	1, 303	A 417
Glücklicher Säugling! Dir ist ein unendlicher Raum	1, 227	A 215
GOLDNES ZEITALTER	1, 313	A 466
GÖSCHEN AN DIE DEUTSCHEN DICHTER	1, 344	A 555

	Text	Anm.
GOtt der Wahrheit, Vater des Lichts . . . . . . *Anfang:* *2, 442	. . .	B 266
„Gott nur siehet das Herz" 1, 287; 2, 320	A 326;	B 206
GOTTESURTHEIL 1, 345	. . .	A 559
GRABSCHRIFT *(Freust du dich deines Lebens)* 1, 285	. . .	A 320
GRABSCHRIFT *(Hier liegt ein Mann)* *2, 446	. . .	B 272
GRABSCHRIFT *(O! fürchte nicht)* . . . . *Überschrift:* *2, 476	. . .	B 284
GRABSCHRIFT EINES GEWISSEN – PHYSIOGNOMEN 1, 87	. . .	A 81
GRAF EBERHARD DER GREINER VON WIRTEMBERG 1, 128	. . .	A 121
Überschrift: 2, 141		
Gräßlich preisen Gottes Kraft 1, 116	. . .	A 109
Gratiam cecinit 2, 19	. . .	B 20
Grausam handelt Amor mit mir! 1, 307	. . .	A 425
GRENZSCHEIDE 2, 91	. . .	B 78
GRIECHHEIT *(Griechheit was war sie?)* 1, 348	. . .	A 569
GRIECHHEIT *(Xenien 320–322)* . . . . *Überschrift:* 2, 148		
Griechheit was war sie? 1, 348	. . .	A 569
GRIECHISCHE UND MODERNE TRAGÖDIE 1, 349	. . .	A 570
Grimmig wirgt der Todt durch unsre Glieder! 1, 31	. . .	A 38
Gröblich haben wir dich behandelt 1, 334	. . .	A 528
Große Monarchen erzeugtest du 1, 229	. . .	A 221
GRUPPE AUS DEM TARTARUS 1, 109	. . .	A 101
Überschrift: 2, 142		
GUERRE OUVERTE 1, 315	. . .	A 474
Gut, daß ich euch, ihr Herren, in pleno 1, 355	. . .	A 587
Gute Männer, mit Noth habt ihr dem Beil 2, 77	. . .	B 49
GÜTE UND GRÖSSE 1, 290	. . .	A 331
GUTER RATH *(Accipe facundi Culicem)* 1, 342	. . .	A 550
GUTER RATH *(Freunde, treibet nur alles)* 1, 304	. . .	A 419
Gutes aus Gutem das kann 1, 300; 2, 317	A 406;	B 201
Gutes in Künsten verlangt ihr? 1, 304; 2, 323	A 418;	B 210
Gutes Jena, dich wäscht die Leutra 2, 81	. . .	B 59
H.S. 1, 311	. . .	A 462
H.W. 1, 305	. . .	A 423
s. auch VIELEN		
Ha du bist mir der frechste von allen Schmarotzern 2, 88	. . .	B 74
HALLER *(Ach! Wie schrumpfen allhier)* 1, 352	. . .	A 581
[HALLER] *(Corpori leges)* 2, 19	. . .	B 20
Halt, Passagiere! Wer seyd ihr? 1, 309	. . .	A 455
Haltet ihr denn den Deutschen so dumm 2, 75	. . .	B 44
Hängen auch alle Schmierer und Reimer 1, 325	. . .	A 501
Hart erscheint noch die kämpfende Kraft 2, 86	. . .	B 69
Hast du an liebender Brust das Kind der Empfindung . . . 1, 303	. . .	A 416
Hast du auch wenig genug verdient 1, 336	. . .	A 532
Hast du den Säugling gesehn 1, 257	. . .	A 265

GEDICHTÜBERSCHRIFTEN UND GEDICHTANFÄNGE 543

	Text	Anm.
Hast du etwas, so gieb es her	1, 291	A 386
Hast du etwas, so theile mir's mit	2, 315	B 198
Hast du jemals den Schwank vom Fuchs	2, 82	B 60
Hätte deine Musik doch den Parisern gefallen	2, 76	B 46
Hättest du Phantasie, und Witz und Empfindung	1, 310	A 457
HAUSRECHT	1, 339	A 539
Heil Dir, edler deutscher Mann	1, 153	A 136
Heil'ge Nacht du sinkest nieder ...... Anfang: *B 293		B 293
Heilig wäre mir nichts?	2, 96	B 87
Heilig waren vordem die Thore	2, 91	B 78
Heilige Freiheit! Erhabener Trieb der Menschen	1, 335	A 531
Hekate! Keusche! dir schlacht ich die Kunst zu lieben	1, 350	A 573
HEKTORS ABSCHIED	2, 199	B 148
Überschrift: **2,** 120		
s. auch ABSCHIED ANDROMACHAS UND HEKTORS		
HELF GOTT	1, 309	A 457
HERACLIDEN	1, 357	A 593
s. auch SHAKESPEARS SCHATTEN		
HERCULES	1, 357	A 593
s. auch SHAKESPEARS SCHATTEN		
HERKULES IM HIMMEL *(Plan)*	2, 422	B 248
HERO UND LEANDER	2, 259	B 179
Überschrift: **2,** 127; **2,** 136		
Herr! diese Mauren geht vorbei	2, 422	B 248
HERR LEONHARD * *	1, 341	A 548
HERR SCHATZ, A.D. REICHSANZEIGER	2, 85	B 68
Herrlich kleidet sie euch	1, 233; 2, 116	A 224; B 95
Herrlich siehst du im Chor der Oreaden sie ragen	2, 92	B 81
Herzgeliebte Eltern	2, 66	B 33
Herzlich ist mir das Laster zuwider	1, 296; 2, 317	A 398; B 201
HERZOGIN VANDA	2, 438	B 263
Heuchler ferne von mir!	1, 337	A 535
Heut Bürger, singet Harfenlieder	*2, 443	B 267
Heute vor fünftausend Jahren hatte Zeus	1, 158	A 137
Hexen lassen sich wohl durch schlechte Sprüche citiren	1, 313	A 466
Hieltest du deinen Reichthum nur halb so zu Rathe	1, 314	A 469
Hier ist Messe, geschwind, packt aus	1, 310	A 457
Hier ist William Shakespear	2, 97	B 89
Hier liegt ein Mann, er starb zu früh	*2, 446	B 272
Hier ligt ein Eichbaum umgerissen	1, 65	A 65
Hier wo deine Freundschaft guten Menschen	1, 220	A 209
HILDEGARD VON HOHENTHAL	2, 85	B 67
Himmelan flögen sie gern	1, 297	A 400
HISTORISCHE QUELLEN	1, 338	A 537
Hochbeglücket, mein Freund, wer fern ..... Anfang: *2, 475		B 283

	Text	Anm.
HÖCHSTER ZWECK DER KUNST	1, 343	A 553
HOCHZEITGEDICHT AUF DIE VERBINDUNG HENRIETTEN N. [...]	1, 137	A 125
HOFFNUNG *(Allen habt ihr die Ehre genommen)*	1, 330	A 519
HOFNUNG *(später:* HOFFNUNG*) (Es reden)*	1, 401; 2, 409	A 641; B 242
Überschrift:	2, 117	
Holder Knabe, Dich liebt das Glück	2, 171	B 117
Hölle, jetzt nimm dich in Acht	1, 350	A 572
Hör' ich das Pförtchen nicht gehen?	2, 201	B 149
Hör ich über Geduld dich edler Leidender reden	1, 328	A 514
Horch – die Glocken hallen dumpf zusammen	2, 211	B 153
Horch – die Gloken weinen dumpf zusammen	1, 66	A 66
Horch – wie Murmeln des empörten Meeres	1, 109	A 101
Höre den Tadler!	1, 324	A 500
HOREN. ERSTER JAHRGANG	1, 341	A 546
HÖRSÄLE AUF GEWISSEN UNIVERSITÄTEN	1, 344	A 557
Hört Nachbar, muß euch närrisch fragen	1, 81	A 77
Hüben über den Urnen! Wie anders ists als wir dachten!	1, 352	A 580
HUMANITÄT	2, 82	B 62
Hunderte denken an sich bey diesem Nahmen	2, 95	B 86
Hundertmal werd ichs euch sagen	1, 329	A 518
Hungrig kamen wir an und nakt	2, 97	B 89
Hüpfe nur leichtes Geschlecht	2, 90	B 78
HYMNE AN DEN UNENDLICHEN	1, 101	A 92
ICH	1, 355–359	A 589–599
s. auch DIE PHILOSOPHEN *und* SHAKESPEARS SCHATTEN		
Ich bin alles was ist, was war und was seyn wird	2, 171	B 117
Ich bin ein Mann! Wer ist es mehr?	2, 144	B 107
Ich bin ein Mann! – wer ist es mehr?	1, 96	A 89
Ich bin ich, und setze mich selbst	1, 356	A 590
Ich drehe mich auf einer Scheibe	2, 168	B 116
s. auch: Was schneller läuft als wie der Pfeil vom Bogen		
Ich wags mit jedem andern	2, 421	B 246
Ich wohne in einem steinernen Haus	2, 131	B 103
Anfang:	2, 156	B 112
Ihr – ihr dort aussen in der Welt	1, 128	A 121
Ihr verfahrt nach Gesetzen	1, 295	A 395
Ihr waret nur für Wenige gesungen	1, 150	A 135
ILIAS	1, 259	A 271
Ille vir, qui nullo bono	2, 100	B 91
ILM	1, 321	A 494
s. auch DIE FLÜSSE		
Im Frühling unsrer Lebenstage	*Anfang:* *2, 476	B 284
Im Hexameter steigt des Springquells flüssige Säule	2, 324	B 213
Im Hexameter steigt des Springquells silberne Säule	1, 285	A 318

GEDICHTÜBERSCHRIFTEN UND GEDICHTANFÄNGE 545

		Text	Anm.
Im October 1788	Überschrift:	*2, 468	B 278
Im Schatten kühl der Kirchhoflinden		*2, 462	B 275
Im Ueberfahren		2, 88	B 74
Im Vorbeygehn stutzt mir		1, 319	A 488
Immer bellt man auf euch!		1, 335	A 531
Immer für Weiber und Kinder!		1, 327	A 511
Immer strebe zum Ganzen		1, 293; 2, 315	A 390; B 198
Immer treibe die Furcht den Sclaven		1, 297	A 400
Immer zerreisset den Kranz des Homer		1, 259	A 271
Immer zu, du redlicher Voß!		1, 339	A 541
Immer zum Glücke des Volks befördert Eudämonia		2, 87	B 72
[In das Fremdenbuch von Schwarzburg-Paulinzella (I)]		*2, 467	B 277
[In das Fremdenbuch von Schwarzburg-Paulinzella (II)]		*2, 468	B 278
In das Gewolk hinauf sendet mich nicht		2, 89	B 77
In das Grab hinein pflanzte der menschliche Grieche		1, 378	A 613
[In das Stammbuch Charlottens von Lengefeld]		1, 189	A 161
s. auch Einer jungen Freundin ins Stammbuch			
In dem Gürtel bewahrt Afrodite der Reize Geheimniß		2, 322	B 209
In den Meinungen Streit		B 289	B 289
In den Ocean schifft mit tausend Masten der Jüngling		1, 288	A 328
In der Art versprechen wir euch		2, 86	B 70
In der Dichtkunst hat er mit Worten herzlos geklingelt		1, 324	A 499
In der Schönheit Gebiet sind wir die freiesten Bürger		2, 90	B 77
[In die Holy Bible für Frau von Lengefeld]		1, 196	A 175
In einem Thal bei armen Hirten		2, 184	B 134
In einem Thal bey armen Hirten		1, 275	A 303
In einer Bataille		1, 70	A 70
s. auch Die Schlacht			
In frischem Duft, in ew'gem Lenze		1, 217	A 204
In Juda — schreibt die Chronika		1, 142	A 126
In langweiligen Versen und abgeschmackten Gedanken		1, 313	A 468
Innerer Werth und äussere Erscheinung		1, 287	A 326
s. auch Inneres und Aeusseres			
Inneres und Aeusseres		2, 320	B 206
	Überschrift:	2, 122	
s. auch Innerer Werth und äussere Erscheinung			
Inschriften für Grabmäler		2, 19	B 20
Invaliden Poeten ist dieser Spittel gestiftet		1, 314	A 473
Ioannes Kepplervs fortvna maior		2, 19	B 20
Iphigenie s. Aus „Iphigenie in Aulis"			
Irrthum wolltest du bringen und Wahrheit		1, 311	A 461
Ist das Knie nur geschmeidig		2, 77	B 48
Ist denn die Wahrheit ein Zwiebel		1, 316	A 476
Ist der holde Lenz erschienen?		1, 279; 2, 372	A 310; B 234
Ist dieß die Frau des Künstlers Vulkan?		1, 323	A 498

	Text	Anm.
Ist ein Irrthum wohl schädlich?	1, 294	A 392
Ist einer krank und ruhet gleich	1, 27	A 35
„Ist es denn wahr, sprichst du [...]"	1, 252	A 259
Ist nur erst Wieland heraus	1, 344	A 555
Ista quidem mala sunt	2, 79	B 54
Ist's ein Geschenk das an den Staub uns kettet	*2, 466	B 276
ITEM AM THOR DES HIMMELS	*2, 455	B 273
s. PASSANTEN-ZETTEL AM THOR DER HÖLLE		
Ja das fehlte nun noch zu der Entwicklung der Sache	1, 337	A 536
Ja der Mensch ist ein ärmlicher Wicht	1, 310	A 458
Ja! Du siehst mich unsterblich!	1, 352	A 582
Ja, ein derber und trockener Spaß	1, 358	A 596
Ja ich liebte dich einst	2, 96	B 87
JÄGERLIEDCHEN FÜR WALTHER TELL	2, 177	B 123
Jahre lang bildet der Meister	1, 349	A 571
Jahre lang schon bedien ich mich meiner Nase	1, 356	A 592
Jahre lang schöpfen wir schon in das Sieb	1, 314; 2, 326	A 472; B 215
Jahre lang steh ich so hier	1, 351	A 578
JAKOB DER KANTIANER	2, 98	B 91
Jambe nennt man das Thier	1, 312	A 464
JAMBEN	1, 312	A 464
J – B	1, 315	A 475
JEAN PAUL RICHTER	1, 314	A 469
Jede Erden Wonne muß sich mit Leiden gatten	*2, 469	B 279
Jede Wahrheit vertrag ich	2, 93	B 83
Jede, wohin sie gehört!	1, 297	A 399
Jedem Besitzer das seine!	1, 337	A 537
Jeden anderen Meister erkennt man	1, 302; 2, 322	A 414; B 208
Jeder, siehst du ihn einzeln, ist leidlich klug	1, 344	A 557
Jeder, sieht man ihn einzeln, ist leidlich klug	2, 323	B 211
Jeder treibe sein Handwerk	1, 346	A 562
Jeder wandle für sich	1, 331	A 522
Jedermann schürfte bey sich	1, 329	A 516
Jener fodert durchaus, daß dir das Gute misfalle	1, 296	A 398
Jener mag gelten, er dient doch als fleißiger Knecht	1, 293	A 390
Jener steht auf der Erde	1, 297	A 399
Jener will uns natürlich, der ideal	2, 86	B 70
JEREMIADE (Xenien 309–318)	Überschrift: 2, 149	
JEREMIADEN AUS DEM REICHS-ANZEIGER	1, 347	A 564
s. auch JEREMIADE		
JETZIGE GENERATION (Erste Fassung)	1, 283	A 312
JETZIGE GENERATION (Zweite Fassung)	2, 316	B 199
	Überschrift: 2, 121	
Jetzo ihr Distichen nehmt euch zusammen	1, 317	A 479

GEDICHTÜBERSCHRIFTEN UND GEDICHTANFÄNGE 547

	Text	Anm.
Jetzo nehmt euch in Acht	1, 318	A 482
Jetzo wäre der Ort	1, 319	A 484
Jetzt kein Wort mehr ihr Flüße	1, 323	A 496
Jetzt noch bist du Sibylle	1, 342	A 551
[JOH. SIMON KERNER] Überschrift:	*2, 446	B 269
JOSEPHS II. DICTUM, AN DIE BUCHHÄNDLER	1, 344	A 556
JOURNAL DES LUXUS UND DER MODEN	1, 341	A 547
JUGEND	1, 283	A 313
Jüngsthin gieng ich mit dem Geist der Grüfte	1, 14	A 26
JUPITERS KETTE	1, 325	A 501
Just das Gegentheil sprech ich	1, 355	A 589
K **	1, 324	A 500
KAISER MAX *(Plan)*	2, 426	B 252
KALENDER DER MUSEN UND GRAZIEN	1, 339	A 540
[KAMPF UND ERGEBUNG]	*2, 477	B 285
Kamtschadalisch lehrt man euch bald	1, 312	A 465
Kannst du nicht a l l e n gefallen	1, 302	A 412
Kannst du nicht schön empfinden	1, 292; 2, 315	A 386; B 198
KANT UND SEINE AUSLEGER	1, 315	A 475
Überschrift:	2, 149	
KARL VON KARLSBERG	1, 327	A 510
KARTHAGO	1, 272	A 301
Überschrift:	2, 141	
KASSANDRA	2, 255	B 176
Überschrift:	2, 130; 2, 139	
KASTRATEN UND MÄNNER	1, 96	A 89
s. auch MÄNNERWÜRDE		
KASTRATEN UND MÄNNER *(Überschrift)*	B 290	B 290
Kaum entschwangen sie sich der Schau	2, 8	B 12
Kaum hat das kalte Fieber der Gallomanie uns verlassen	1, 348	A 568
Kein Augustisch Alter blühte	2, 408	B 242
Kein Lebender und keine Lebende	1, 183	A 157
Keine Gottheit erschiene mehr?	1, 221	A 212
Keine lockt mich von euch	1, 306	A 423
KEINE RETTUNG	2, 81	B 60
Keinem Gärtner verdenk ichs	1, 339	A 539
Keiner sey gleich dem andern	1, 298; 2, 315	A 402; B 198
Keines von beyden! Uns kann nur das christlichmoralische	1, 358	A 597
Kennst du das Bild auf zartem Grunde	2, 155	B 111
Kennt ihr im Reinecke Fuchs die appetitliche Höhle?	2, 84	B 66
KENNZEICHEN	2, 76	B 48
[KEPPLER]	2, 19	B 20
Kinder der verjüngten Sonne	2, 209	B 152
Kinder werfen den Ball an die Wand	1, 292	A 388

	Text	Anm.
KLAGE DER CERES	1, 279; 2, 372	A 310; B 234
	Überschrift: 2, 108	
KLATSCHROSE	1, 306	. . . A 423
s. auch VIELEN		
KLEINIGKEITEN	*Überschrift:* 2, 150	
KLINGKLANG	1, 324	. . . A 499
Klingklang! Klingklang!	1, 15	. . . A 28
[KLOPSTOCK]	2, 19	. . . B 20
Klopstock, der ist mein Mann	1, 325	. . . A 502
KLOPSTOK UND WIELAND	1, 81	. . . A 76
KOLUMBUS *s.* COLUMBUS		
Komm Comödie wieder	1, 347	. . . A 566
Kommst du aus Deutschland?	1, 353	. . . A 584
Kommt ihr den Zwillingen nah	1, 318	. . . A 481
König Belsatzer schmaußt in dem ersten Akte	1, 312	. . . A 463
[KÖNIG THEODERICH]	2, 426	. . . B 251
Konnte denn die Nadel dich nicht, nicht der Hobel ernähren	2, 84	. . . B 65
Könnte Menschenverstand doch ohne Vernunft	1, 334	. . . A 528
Köpfe schaffet euch an, ihr Liebden!	1, 352	. . . A 580
KORNBLUME	1, 306	. . . A 424
s. auch VIELEN		
KORREKTHEIT	1, 301; 2, 322	A 410; B 207
	Überschrift: 2, 123	
Kriechender Epheu, du rankest empor	2, 84	. . . B 65
KRITISCHE STUDIEN	1, 331	. . . A 521
KUNSTGRIFF	1, 336	. . . A 533
Kurz ist mein Lauf und begrüßt	1, 321	. . . A 493
KURZE FREUDE	1, 329	. . . A 517
KURZE SCHILDERUNG DES MENSCHLICHEN LEBENS	*2, 441	. . . B 265
L***	1, 353	. . . A 582
L. B.	1, 305	. . . A 421
s. auch VIELEN		
L. D.	1, 305	. . . A 422
s. auch VIELEN		
L. W.	1, 306	A 422; A 425
s. auch VIELEN		
Lächelnd sehn wir den Tänzer auf glatter Ebene straucheln	1, 300	. . . A 409
Lächerlichster, du nennst das Mode	1, 333	. . . A 527
Lange kann man mit Marken	1, 316	. . . A 476
Lange neckt ihr uns schon	1, 315	. . . A 474
Lange werden wir euch noch ärgern	1, 335	. . . A 531
Längst aber krank vom Pfeil des Liebesgottes	2, 25	. . . B 24
Laß dich den Tod nicht reuen Achill	1, 350	. . . A 575
Laß die Sprache dir seyn, was der Körper den Liebenden	1, 302; 2, 322	A 413; B 208

	Text	Anm.
Lasset euch ja nicht zu Ungers altdeutscher Eiche verführen	2, 78	. . . B 54
Laßt sodann ruhig die Gans in L***g	1, 319	. . . A 488
Laura am Klavier *(Erste Fassung)*	1, 53	. . . A 57
Laura am Klavier *(Zweite Fassung)* . . . . . . *Überschrift:*	2, 139	
Laura – Sonnenaufgangsglut	1, 112	. . . A 106
Laura, über diese Welt zu flüchten	1, 64	. . . A 65
Laura! Welt und Himmel weggeronnen	1, 23	. . . A 32
Leben athme die bildende Kunst	2, 325	. . . B 213
Leben gab ihr die Fabel	2, 323	. . . B 211
Lebend noch exenterieren sie euch	1, 331	. . . A 521
Lebet, ist Leben in euch	2, 93	. . . B 83
Lebt wohl	2, 428	. . . B 255
Lehre an den Kunstjünger	1, 301	. . . A 410
Lehret! Das ziemet euch wohl	1, 304	. . . A 417
Leider von mir ist gar nichts zu sagen	1, 322	. . . A 495
Leidlich hat Newton gesehen, und falsch geschlossen . . .	1, 330	. . . A 519
Les fleuves indiscrets	1, 323	. . . A 496
s. auch Die Flüsse		
Letzte Zuflucht	1, 295	. . . A 396
Licht und Farbe	1, 298; 2, 323	A 400; B 209
Überschrift:	2, 122	
Licht und Wärme	1, 383; 2, 410	A 619; B 243
Überschrift:	2, 112	
Liebe du mächtige knüpfst den Olympus, die Erde	2, 91	. . . B 80
Liebe und Begierde	1, 290	. . . A 331
Lieben Freunde! Es gab schön're Zeiten	2, 225	. . . B 160
Lieber möcht' ich fürwahr	1, 351	. . . A 575
Liebesklage	2, 160	. . . B 112
s. auch Der Jüngling am Bache		
Lieblich sieht er zwar aus	1, 286	. . . A 321
Lieblich und zart sind deine Gefühle	1, 346	. . . A 563
Lieblichen Honig geb' er dem Freund	1, 338	. . . A 538
Lieblichen Lohn hat du dir von der Schönen	2, 93	. . . B 83
Lied *(Der Schiffer ruft)* . . . . *Überschrift:*	*2, 476	. . . B 284
Lied [I]	*2, 464	. . . B 275
Lied [II]	*2, 465	. . . B 275
Lied aus „Der Parasit"	2, 160	. . . B 112
Lieder aus dem Schauspiel „Die Räuber"	2, 13	. . . B 15
Lieder aus „Wilhelm Tell"	2, 176	. . . B 122
Liegt der Irrthum nur erst, wie ein Grundstein	1, 329	. . . A 518
Lies uns nach Laune nach Lust	1, 323	. . . A 497
Litterarischer Adresscalender	1, 346	. . . A 562
Litterarischer Zodiacus	1, 317	. . . A 479
Litteraturbriefe	1, 327	. . . A 508
Lobt ihn, er schmiert ein Buch	2, 81	. . . B 60

	Text	Anm.
LOCKEN DER BERENICE	1, 318	A 483
LOUISE VON VOSS	1, 325	A 501
LUCIAN VON SAMOSATA	1, 353	A 584
LUCRI BONUS ODOR	1, 334	A 528
[LUTHER]	2, 19	B 20
LYRISCHE BLUMENLESE	2, 88	B 74
M***	1, 341	A 548
M. R.	1, 306	A 423; A 424
s. auch VIELEN		
Mach auf, Frau Griesbach; ich bin da	1, 404	A 642
MACHT DES WEIBES	1, 286	A 322
Überschrift:	2, 116	
Mächtig erhebt sich der deutsche Rhein	2, 79	B 55
Mächtig führt er den Bogen	2, 92	B 80
Mächtig seyd ihr, ihr seyds	1, 286	A 322
Mädchen halt – wohin mit mir du Lose?	1, 92	A 86
Mag die Welt in thörichtem Erstaunen	*Anfang:* *2, 477	B 285
MAJESTAS POPULI *(Erste Fassung)*	1, 278	A 309
MAJESTAS POPULI *(Zweite Fassung)*	2, 316	B 200
Überschrift:	2, 122	
Majestät der Menschennatur!	1, 278; 2, 316	A 309; B 200
Manch verwandtes Gemüth treibt mit mir im Strohm	2, 92	B 82
Manche Gefahren umringen euch noch	1, 320	A 490
Manchen Lakay schon verkauftet ihr uns	1, 337	A 536
Manches Seelenregister enthalten die Bände	2, 81	B 59
Männer richten nach Gründen	1, 286	A 323
MÄNNERWÜRDE	2, 144	B 107
s. auch KASTRATEN UND MÄNNER		
MANNICHFALTIGKEIT	1, 305	A 421
s. auch VIELEN		
MANSO VON DEN GRAZIEN	1, 313	A 466
MARTIAL	1, 354	A 585
Martial, wenn ihrs nicht wißt, bewirthete einst	2, 74	B 42
Martinvs Lvthervs	2, 19	B 20
MAYN	1, 321	A 493
s. auch DIE FLÜSSE		
Mehr als zwanzig Personen sind in dem Mährchen	1, 326	A 504
MEIN GLAUBE	1, 296; 2, 320	A 397; B 205
Überschrift:	2, 122	
MEINE ANTIPATHIE	1, 296; 2, 317	A 398; B 201
Überschrift:	2, 122	
MEINE BLUMEN	1, 103	A 96
s. auch DIE BLUMEN		
MEINE BLUMEN *(Überschrift)*	B 290	B 290

GEDICHTÜBERSCHRIFTEN UND GEDICHTANFÄNGE 551

	Text	Anm.
Meine Burgen zerfallen zwar	1, 321	A 493
Meine Freude verdarb er mir garstig	2, 84	B 66
Meine Laura! Nenne mir den Wirbel	1, 46	A 49
Meine Reis' ist ein Faden	1, 332	A 523
Meine Ufer sind arm, doch höret	1, 321	A 494
Meine Wahrheit bestehet im Bellen	1, 335	A 530
Meine zarte Natur schockiert das grelle Gemählde	1, 346	A 563
MEISSNERS APOLLO	2, 87	B 73
MEISTER UND DILETANT	2, 76	B 47
MELANCHOLIE AN LAURA	1, 112	A 106
Melde mir auch, ob du Kunde vom alten Peleus vernahmest	1, 351	A 576
Melodien verstehst du noch leidlich elend zu binden	2, 76	B 47
Mensch! Ich bitte guk heraus!	1, 131	A 123
Menschenhaß? Nein, davon verspürt' ich	1, 342	A 551
MENSCHENHASS UND REUE	1, 342	A 551
MENSCHLICHES WIRKEN	1, 288	A 329
MENSCHLICHES WISSEN	1, 271; 2, 318	A 298; B 203
Überschrift:	2, 110	
Menschlichkeit kennest du nicht, nur Menschlichkeiten	2, 82	B 62
MENSCHLICHKEITEN	1, 330	A 519
MERKUR	1, 341	A 546
Messieurs! Es ist der Gebrauch	1, 309	A 456
METAPHYSIKER UND PHYSIKER *(Alles will jetzt den Menschen)*	1, 295	A 394
s. auch DIE FORSCHER		
METAPHYSIKER UND PHYSIKER *(Welches Treiben zugleich)*	2, 79	B 56
Meynst du, er werde größer	1, 314	A 471
Mich umwohnet mit glänzendem Aug das Volk der Fajaken	1, 321	A 493
Millionen beschäftigen sich, daß die Gattung bestehe	2, 314	B 196
Millionen sorgen dafür, daß die Gattung bestehe	1, 291	A 384
MINERALOGISCHER PATRIOTISMUS	1, 329	A 516
MINERVA	1, 341	A 547
Mir her, ich sang der Könige Zwist!	1, 354	A 585
Mir kam vor wenig Tagen	1, 43	A 47
Mit dem hundertsten Theil sind wir zufrieden	2, 78	B 52
Mit dem Pfeil, dem Bogen	2, 177	B 123
Mit dem Philister stirbt auch sein Ruhm	1, 293; 2, 325	A 389; B 214
Mit der Eule gesiegelt?	1, 339	A 541
Mit der linken regiert er die Leyer	2, 85	B 68
MIT ERLAUBNISS	1, 326	A 505
Mit erstorbnem Scheinen	1, 88	A 82
Mit hartherzger Critik hast du den Dichter entleibet	2, 85	B 67
Mit müdem Schritte steigt vom fernen Hügel . . . *Anfang:*	*2, 455	B 273
Mit seinen Baßen unzufrieden	2, 421	B 247
Mit Sturm und Schwerd lag einst um Ihre Mauren *Anfang:*	*2, 442	B 266
Mittelmäßigkeit ist von allen Gegnern der schlimmste	2, 80	B 58

	Text	Anm.
MITTHEILUNG *(Erste Fassung)*	1, 292	A 387
MITTHEILUNG *(Zweite Fassung)*	2, 121	B 97
MODEPHILOSOPHIE	1, 333	A 527
MODERECENSION	1, 343	A 553
Möge dein Lebensfaden sich spinnen	1, 343	A 553
Mögt ihr die schlechten Regenten mit strengen Worten	1, 315	A 474
MONUMENT MOORS DES RÄUBERS	1, 117	A 111
Monument von unsrer Zeiten Schande!	1, 61	A 61
MORAL DER PFLICHT UND DER LIEBE	1, 297	A 399
MORALISCHE SCHWÄTZER	1, 296	A 397
MORALISCHE ZWECKE DER POESIE	1, 331	A 520
MORGENFANTASIE	1, 119	A 113
s. auch DER FLÜCHTLING		
MORGENGEDANKEN . . . . *Überschrift:* *2, 442		B 266
MORITZ	2, 83	B 64
MOSES MENDELSOHN	1, 352	A 582
Motto zu VIELEN *(Auf ihr Distichen frisch!)*	1, 305	A 421
Motto zu XENIEN *(Triste supercilium)*	1, 309	A 455
MOTTOS	1, 336	A 534
Multa renascentur *([FÜR BOHUSLAUS TABLITZ])*	2, 102	B 94
Multa renascentur *([FÜR EINEN UNBEKANNTEN])*	2, 102	B 94
MUSE	1, 350	A 572
s. auch XENIEN *(Muse, wo führst du uns hin?)*		
Muse, wo führst du uns hin?	1, 350	A 572
MUSE ZU DEN XENIEN	1, 360	A 600
Musen und Grazien! oft habt ihr euch schrecklich verirrt	1, 339	A 540
Muß ich dich hier schon treffen, Elpänor?	1, 350	A 573
Müssig gelt ich dir nichts	2, 90	B 78
N. REISEN XI. BAND. S. 177	1, 333	A 525
N. Z. S. O. A. D.	1, 305	A 423
s. auch VIELEN		
Nach Calabrien reis't er	1, 315	A 475
Nach dem fernen Westen wollt ich steuern	2, 429	B 255
NACH EBEN DEMSELBEN	2, 96	B 88
s. NACH MARTIAL		
NACH MARTIAL	2, 96	B 88
NACHÄFFER	1, 324	A 499
NACHBILDUNG DER NATUR	1, 324	A 498
Nächst daran strecket der Bär zu K**	1, 318	A 481
NACHT UND TRÄUME . . . . *Überschrift:* *B 293		B 293
Nachtviole, dich geht man am blendenden Tage vorüber.	1, 305	A 423
NADOWESSIERS TODTENLIED	2, 219	B 157
s. auch NADOWESSISCHE TODTENKLAGE		

GEDICHTÜBERSCHRIFTEN UND GEDICHTANFÄNGE

	Text	Anm.
Nadowessische Todtenklage	1, 380	A 615
Überschrift:	2, 117	
s. auch Nadowessiers Todtenlied		
Nahe warst du dem Edeln	2, 81	B 60
Nänie	2, 326	B 216
Überschrift:	2, 124	
Natur und Schule	1, 252	A 259
s. auch Der Genius („Glaub' ich, sprichst du [...]")		
Natur und Vernunft	1, 293	A 391
Naturforscher und Transscendental-Philosophen	1, 331	A 522
Neben an gleich empfängt euch sein Nahmensbruder	1, 317	A 480
Neckt euch in Breslau der fliegende Fisch	1, 320	A 489
Nehmt hin die Welt! rief Zeus	2, 406	B 240
Nein das ist doch zu arg!	1, 336	A 532
Nein! Du erbittest mich nicht	1, 328	A 513
Nein – länger länger werd ich diesen Kampf nicht kämpfen	1, 163	A 141
Nein, länger werd' ich diesen Kampf nicht kämpfen	2, 119	B 96
Nekrolog	1, 314	A 472
Nelken! wie find' ich euch schön!	1, 306	A 423; A 424
Nenne Lessing nur nicht	1, 333	A 526
Neueste Behauptung	1, 349	A 569
Neueste Farbentheorie von Wünsch	1, 330	A 520
Neueste Theorie der Liebe	2, 82	B 61
Neugier	1, 347	A 564
[Neujahrswunsch 1799]	*2, 474	B 282
Neuste Kritikproben	1, 346	A 562
Neuste Schule	1, 312	A 464
Newton hat sich geirrt?	1, 329	A 518
Nicht an Reitz noch an Kraft fehlts deinem Pinsel	2, 84	B 66
Nicht aus meinem Nektar hast du dir Gottheit getrunken	1, 227	A 216
Nicht bloß Beyspielsammlung, nein	1, 326	A 505
Nicht der gewaltige Dis, mich tödtet' Aegisthos	2, 89	B 76
Nicht doch! Aber es schwächten die vielen wäßrigten Speisen	1, 354	A 585
Nicht in Welten, wie die Weisen träumen	1, 196	A 175
Nicht ins Gewühl der rauschenden Redouten	1, 73	A 71
Nicht lange	2, 75	B 45
Nicht so, nicht so ihr Herrn	2, 95	B 86
Nicht viel fehlt dir, ein Meister nach meinen Begriffen	1, 346	A 562
Nichts als dein erstes fehlt dir	1, 343	A 554
Nichts ist der Menschheit so wichtig	1, 345	A 558
Nichts kann er leiden was groß ist	1, 332	A 525
Nichts! Man siehet bey uns nur Pfarrer	1, 359	A 597
Nichts mehr davon, ich bitt euch	1, 278	A 308
Nichts mehr von diesem tragischen Spuk	1, 358	A 596
Nichts soll werden das Etwas	1, 324	A 499

	Text	Anm.
NICOLAI *(Nicolai reiset noch immer)*	1, 332	A 522
NICOLAI *(Zur Aufklärung der Deutschen)*	2, 94	B 84
NICOLAI AUF REISEN	2, 94	B 84
Nicolai entdeckt die Quellen	1, 332	A 525
Nicolai reiset noch immer	1, 332	A 522
Nie erscheinen die Götter allein, das glaubt mir	2, 91	B 80
Nie verläßt uns der Irrthum	1, 294	A 393
Niemand wollte sie freyn, ihn niemand lesen	2, 83	B 63
NIKOLAIS ROMANE	2, 84	B 66
Nimm dem Prometheus die Fackel	1, 304	A 418
Nimmer belohnt ihn des Baumes Frucht	1, 293	A 389
Nimmer, das glaubt mir	1, 289; 2, 188	A 330; B 136
Nimmer labt ihn des Baumes Frucht	2, 321	B 207
Nimms nicht übel, daß nun auch deiner gedacht wird!	1, 326	A 505
Nimms nicht übel mein Heros	1, 359	A 599
Nimmst du die Menschen für schlecht	2, 78	B 51
NIOBE *(Plan)*	2, 426	B 252
Noch ein Phantom stieg ein	2, 88	B 74
Noch in meines Lebens Lenze	2, 220	B 158
Noch sah ich sie, umringt von ihren Frauen	1, 402	A 641
Noch zermalmt der Schreken unsre Glieder	1, 37	A 43
Non fumum ex fulgore	1, 221	A 212
Nun erwartet denn auch, für seine herzlichen Gaben	1, 341	A 547
„Nun Freund, bist du versöhnt [...]"	1, 353	A 584
Nur an des Lebens Gipfel, der Blume	1, 291; 2, 314	A 385; B 197
Nur das feurige Roß, das muthige, stürzt auf der Rennbahn	1, 301	A 411
Nur das leichtere trägt auf leichten Schultern	1, 293	A 390
Nur ein weniges Erde beding ich mir	2, 315	B 199
Nur Etwas Erde außerhalb der Erde	1, 238	A 230
NUR ZEITSCHRIFTEN	1, 334	A 529
Nur zwey Tugenden giebts	1, 290	A 331
O die Natur, die zeigt auf unsern Bühnen sich wieder	1, 358	A 595
O! fürchte nicht dem tiefen Schmerz	*Anfang:* *2, 476	B 284
O ich Thor! Ich rasender Thor!	1, 351	A 578
O Knechtschaft, D o n n e r t o n dem Ohre	1, 27	A 35
O mihi post ullos nunquam venerande Decane	2, 68	B 34
O, so soll denn all mein Flehen	*2, 459	B 273
O wie schätz ich euch hoch!	1, 327	A 511
O wie viel neue Feinde der Wahrheit!	1, 283	A 313
Ob dich der Genius ruft?	1, 328	A 514
Ob die Menschen im Ganzen sich bessern?	1, 313	A 466
Oberon s. [ARIE AUS „OBERON"]		
Obsequium verum Tua jussa paterna per omnem	2, 69	B 36
ODE AUF DIE GLÜCKLICHE WIEDERKUNFT [...]	*2, 445	B 268

GEDICHTÜBERSCHRIFTEN UND GEDICHTANFÄNGE 555

	Text	Anm.
ODYSSEUS	1, 227; 2, 325	A 215; B 213
	Überschrift: 2, 109	
ODYSSEUS *(Überschrift)*	B 290	B 290
Oedipus reißt die Augen sich aus	1, 349	A 570
Oeffnet die Coffers. Ihr habt doch nichts	1, 309	A 456
Oefnet die Schranken! Bringet zwey Särge!	1, 345	A 559
Oefters nahmst du das Maul schon so voll	1, 336	A 533
Oft, wenn das wunde Herz noch blutet	*2, 468	B 278
Ohne das mindeste nur dem Pedanten zu nehmen	1, 312	A 463
Ominos ist dein Nahm'	1, 338	A 538
Omnes homines, qui sese student	1, 150	A 134
OPHIUCHUS	1, 319	A 486
ORPHEUS *(Plan)*	2, 426	B 252
[ORPHEUS IN DER UNTERWELT]	2, 425	B 250
ORPHISCHER GESANG	*Überschrift:* *2, 476	B 285
OVID	2, 89	B 76
P** BEY N***	1, 322	A 495
s. auch DIE FLÜSSE		
PANTHEON DER DEUTSCHEN I. BAND	1, 342	A 549
PARABELN UND RÄTHSEL	2, 153; 2, 167	B 109; B 114
s. auch DREI RÄTHSEL *und* [ZU DEN PARABELN UND RÄTSELN]		
Parasit s. Lied aus „Der Parasit"		
Parentes, quos diligo ex corde toto	2, 66	B 33
PARTHEYGEIST	1, 320	A 491
PASSANTEN-ZETTEL AM THOR DER HÖLLE	*2, 455	B 273
PEGASUS IM JOCHE	2, 113	B 95
s. auch PEGASUS IN DER DIENSTBARKEIT		
PEGASUS IN DER DIENSTBARKEIT	1, 230	A 221
s. auch PEGASUS IM JOCHE		
PEGASUS, VON EBEN DEMSELBEN	1, 346	A 563
s. SCHILLERS WÜRDE DER FRAUEN		
PEREGRINUS PROTEUS	1, 353	A 583
PFAHL IM FLEISCH	1, 333	A 526
PFARRER CYLLENIUS	1, 312	A 464
PFLICHT FÜR JEDEN	1, 293; 2, 315	A 390; B 198
	Überschrift: 2, 121	
Pfui! heilige Dreifaltigkeit!	1, 14	A 27
PHANTASIE	1, 299	A 405
PHANTASIE AN LAURA *(Überschrift)*	B 290	B 290
PHILISTER UND SCHÖNGEIST	1, 293	A 390
PHILOSOPH	2, 97	B 89
PHILOSOPHEN	1, 355	A 587
s. auch DIE PHILOSOPHEN		
Philosophen verderben die Sprache, Poeten die Logik	1, 347	A 565

	Text	Anm.
PHILOSOPHISCHE ANNALEN	2, 83	B 64
PHILOSOPHISCHE QUERKÖPFE	1, 332	A 524
Philosophscher Roman, du Gliedermann	1, 348	A 567
PHLEGYASQUE MISERRIMUS OMNES ADMONET	1, 351	A 578
PLEISSE	1, 322	A 494
s. auch DIE FLÜSSE		
„Pöbel! wagst du zu sagen wo ist der Pöbel?"	2, 75	B 45
POESIE DES LEBENS. AN * * *	1, 433; 2, 415	A 655; B 245
Überschrift:	2, 112	
POETISCHE ERDICHTUNG UND WAHRHEIT	2, 97	B 90
POLITISCHE LEHRE	1, 278; 2, 316	A 307; B 200
Überschrift:	2, 122	
POLIZEY TROST	2, 81	B 59
POLYPHEM AUF REISEN	2, 81	B 58
POMPEJI	2, 91	B 79
POMPEJI UND HERKULANUM (Erste Fassung)	1, 276	A 304
POMPEJI UND HERKULANUM (Zweite Fassung)	2, 304	B 194
Überschrift:	2, 120	
PORPHYROGENETA, DEN KOPF UNTER DEM ARME	1, 352	A 580
Prächtig habt ihr gebaut. Du lieber Himmel!	1, 295	A 396
Prahlt doch nicht immer so mit euren Nebelgestirnen	1, 287	A 325
Prangt mit dem Farben Aurorens	1, 306	A 423
Preis dir, die du dorten heraufstrahlst	1, 51	A 52
Preise dem Kinde die Puppen	1, 343	A 553
PREISFRAGE DER ACADEMIE NÜTZL. WISSENSCHAFTEN	1, 344	A 556
PREISFRAGE ZUR AUFMUNTERUNG DES DEUTSCHEN GENIES	2, 87	B 71
Priams Veste war gesunken	2, 189	B 137
Prinzen und Grafen sind hier von den übrigen Hörern	1, 344	A 557
PROCUL PROFANI	2, 83	B 62
PROFESSOR HISTORIARUM	1, 345	A 560
PROLOG (Der Frühling kam)	1, 184	A 158
PROLOG (Sie – die, gezeugt aus göttlichem Geschlechte)	1, 147	A 133
PROLOG ZU WALLENSTEINS LAGER	2, 61	B 30
PROSAISCHE REIMER	1, 314	A 469
PROSELYTENMACHER (Überschrift)	B 290	B 290
PUFFENDORF	1, 357	A 592
s. auch DIE PHILOSOPHEN		
PUNSCHLIED	2, 215	B 153
Überschrift:	2, 156	
PUNSCHLIED. IM NORDEN ZU SINGEN	2, 223	B 159
Überschrift:	2, 162; 2, 168	
„PURE MANIER"	1, 357	A 594
s. auch SHAKESPEARS SCHATTEN		
QUELLE DER VERJÜNGUNG	1, 283	A 314
Querkopf! schreiet ergrimmt in unsere Wälder Herr Nickel	1, 332	A 524

	Text	Anm.
Qui gravis es nimium	2, 94	B 83
QUI PRO QUO	2, 82	B 62
QUIRL	1, 123	A 117

RAMLER IM GÖTT. M. ALM. 1796	2, 94	B 83
RANUNKELN	1, 306	A 423
s. auch VIELEN		
Rasch tritt der Tod den Menschen an	2, 178	B 124
[RÄTSEL] *(Ein Bruder ist's von vielen Brüdern)* . *Überschrift:*	*2, 475	B 284
[RÄTSEL] *(Ein Mühlwerk mit verborgner Feder)*	2, 173	B 119
s. auch: Ein Uhrwerk mit verborgner Feder		
[RÄTSEL] *(Wer kraftvoll sein Geschick bezwungen)*	*2, 475	B 283
Räuber *s. Lieder aus dem Schauspiel „Die Räuber" und*		
MONUMENT MOORS DES RÄUBERS		
[RÄUBERLIED]	2, 17	B 20
Raum und Zeit hat man wirklich g e m a h l t	1, 325	A 503
RECENSENDUM	2, 88	B 74
RECENSION	1, 346	A 561
RECHNUNGSFEHLER	1, 354	A 586
s. auch DIE HOMERIDEN		
Recht gesagt Schloßer! Man l i e b t was man hat	1, 290	A 331
RECHTSFRAGE	1, 356	A 592
s. auch DIE PHILOSOPHEN		
Redde aquilam	B 288	B 288
Rede leiser mein Freund	1, 353	A 584
Rede nicht mit dem Volk, der Kant hat sie alle verwirret	1, 356	A 591
Reget sich was, gleich schießt der Jäger	1, 334	A 528
Reich ist an Blumen die Flur	1, 305	A 421
REICHSANZEIGER	1, 340	A 542
REICHSLÄNDER	2, 79	B 55
Rein zuerst sey das Haus	1, 316	A 477
REINECKE FUCHS	1, 342	A 551
Reiner Bach, du entstellst nicht den Kiesel	1, 331	A 522
Reise behutsam o Wahrheit	2, 83	B 64
REITERLIED	1, 377; 2, 217	A 612; B 157
s. auch REITERLIED [Schlußstrophe]		
REITERLIED [Schlußstrophe]	*2, 471	B 281
Religion beschenkte diß Gedicht	1, 95	A 88
Repräsentant ist jener der ganzen Geistergemeine	1, 291	A 386
RESIGNATION *(Erste Fassung)*	1, 166	A 143
RESIGNATION *(Zweite Fassung)*	2, 401	B 237
Überschrift:	2, 120	
REVOLUTIONEN	1, 320	A 491
RHAPSODEN	1, 354	A 585
s. auch DIE HOMERIDEN		

	Text	Anm.

Rhein . . . . 1, 321 . . . A 492
   s. auch Die Flüsse
Rhein und Donau . . . . 2, 95 . . . B 85
Rhein und Mosel . . . . 1, 321 . . . A 492
   s. auch Die Flüsse
Richter . . . . 2, 85 . . . B 67
Richter in London! Was wär er geworden! . . . . 2, 85 . . . B 67
Richtet den herrschenden Stab auf leben und handeln . . . 1, 324 . . . A 500
Ring und Stab! O seid mir . . . . 1, 285 . . . A 320
Ringe, Deutscher, nach römischer Kraft . . . . 1, 304 . . . A 419
Rings um schrie, wie Vögelgeschrey . . . . 1, 357 . . . A 593
Ritter Toggenburg . . . . 1, 368; 2, 272   A 607; B 183
                                             Überschrift: 2, 110
„Ritter, treue Schwesterliebe […]". . . . . 1, 368; 2, 272   A 607; B 183
Roman . . . . 1, 348 . . . A 567
   s. auch Jeremiade
Rosamund oder die Braut der Hölle . . . . . Überschrift: 2, 427 . . . B 254
   s. auch Die Braut der Hölle
Rosenknospe, du bist dem blühenden Mädchen gewidmet . . 1, 305 . . . A 421
Rousseau (Erste Fassung) . . . . 1, 61 . . . A 61
Rousseau (Zweite Fassung) . . . . Überschrift: *2, 156
Ruhen mög' er von den Schmerzen . . . . . . Anfang: *2, 478 . . . B 286
Rührt sonst einen der Schlag . . . . 1, 333 . . . A 525

Saale . . . . 1, 321 . . . A 493
   s. auch Die Flüsse
Sachen so gestohlen worden . . . . 1, 345 . . . A 560
Sachen so gesucht werden . . . . 1, 344 . . . A 558
Sag doch Odysseus, das muß ein tüchtig gesegneter Kerl seyn 2, 89 . . . B 76
Sage Freund, wie find ich denn dich in des Todes Behausung 1, 353 . . . A 583
Sagt! was füllet das Zimmer mit Wohlgerüchen? . . . . 1, 306   A 423; A 424
Sagt, wo sind die Vortreflichen hin . . . . 1, 271; 2, 298   A 299; B 191
Sagt, wo steht in Deutschland der Sanscülott? . . . . . . 1, 337 . . . A 537
Sahest du nie die Schönheit im Augenblicke des Leidens . . 1, 287 . . . A 325
Saiten rühret Apoll, doch er spannt auch . . . . 2, 74 . . . B 41
Salmoneus . . . . 2, 88 . . . B 75
Salzach . . . . 1, 322 . . . A 496
   s. auch Die Flüsse
Sängers Abschied . . . . 2, 417 . . . B 246
   s. auch Abschied vom Leser und Stanzen an den Leser
Sangir liebte seinen Selim zärtlich . . . . 1, 10 . . . A 23
Sapere aude . . . . 2, 102 . . . B 94
Säule . . . . 2, 90 . . . B 78
Scandal . . . . 1, 347 . . . A 565
   s. auch Jeremiade

GEDICHTÜBERSCHRIFTEN UND GEDICHTANFÄNGE 559

	Text	*Anm.*
SCENEN AUS DEN PHÖNIZIERINNEN . . . . *Überschrift:*	2, 157	
s. auch DIE PHÖNIZIERINNEN		
Schade, daß die Natur nur Einen Menschen aus dir schuf	1, 311	. . . A 462
Schade daß ein Talent hier auf dem Katheder verhallet. . . .	1, 317	. . . A 478
Schade fürs schöne Talent des herrlichen Künstlers!	1, 343	. . . A 553
Schädliche Wahrheit, wie zieh ich sie vor	1, 294	. . . A 392
Schaffen wohl kann sie den Stoff	1, 299	. . . A 405
SCHARADE	2, 172	. . . B 119
Schauerlich stand das Ungethüm da	1, 357	. . . A 594
SCHAUSPIELERIN	1, 345	. . . A 560
SCHEIDEBRIEF AN MINNA *(Überschrift)*	B 290	. . . B 290
Scheusal! Was bellst du?	2, 88	. . . B 75
SCHILLERS ALMANACH VON 1796	1, 339	. . . A 541
SCHILLERS WÜRDE DER FRAUEN	1, 346	. . . A 563
SCHINKS FAUST	1, 342	. . . A 551
Schlechtes zu fertigen ist doch so leicht	2, 76	. . . B 48
Schmeichelnd locke das Thor den Wilden herein	1, 382	. . . A 619
Schmeichelt der Menge nur immer!	2, 75	. . . B 45
Schneidet, schneidet ihr Herrn	1, 331	. . . A 521
Schnell' ich den Pfeil auf dich	2, 94	. . . B 84
Schon Ein Irrlicht sah ich verschwinden	1, 330	. . . A 519
Schön erhebt sich der Agley	1, 305	. . . A 423
Schön ist es, wenn des Geistes zarte Hülle . . . . *Anfang:*	*2, 470	. . . B 280
Schon so lang umarm' ich die lotharingische Jungfrau . . .	1, 321	. . . A 492
SCHÖN UND ERHABEN	1, 272	. . . A 300
Überschrift:	2, 149	
s. auch DIE FÜHRER DES LEBENS		
Schön wie Engel voll Walhallas Wonne	2, 15	. . . B 18
Schön wie Engel voll Wallhallas Wonne	2, 210	. . . B 152
Schöne Frühlingskinder lächelt	1, 103	. . . A 96
SCHÖNE INDIVIDUALITÄT	1, 298; 2, 318	A 402; B 203
Überschrift:	2, 122	
Schöne Naivetät der Stubenmädchen zu Leipzig	1, 347	. . . A 566
SCHÖNHEIT	1, 298	. . . A 401
Schönheit ist ewig nur Eine	1, 298	. . . A 401
SCHÖPFUNG DURCH FEUER	1, 329	. . . A 516
Schreckensmänner wären sie gerne	1, 335	. . . A 531
Schreib die Journale nur anonym	1, 336	. . . A 533
Schreiben wollt er und leer war der Kopf	2, 94	. . . B 84
SCHRIFTEN FÜR DAMEN UND KINDER	1, 327	. . . A 510
Schüttle den Staat wie du willst	2, 75	. . . B 45
Schwänden dem inneren Auge die Bilder sämmtlicher Blumen	1, 306	A 422; A 425
Schwatzet mir nicht soviel von Nebelflecken	2, 317	. . . B 200
SCHWEDENBORG UND SEINE GEISTER *(Plan)*	2, 426	. . . B 252
Schwer und dumpfig	1, 70	. . . A 70

	Text	Anm.
Schwere Prüfungen mußte der griechische Jüngling bestehen	1, 270	A 297
Schwindelnd trägt er dich fort	1, 285	A 318
Sechzig Ducaten erhalt	2, 87	B 71
SECTIONS-WUTH	1, 331	A 521
Seele legt sie auch in den Genuß	2, 82	B 62
Seelig durch die Liebe	1, 75	A 72
Seelig ist der Freundschafft himmlisch Band	1, 26	A 34
Seestücke s. Aus dem Umkreis der Seestücke		
Sehen möcht ich dich Nickel	1, 333	A 525
Sehet auch, wie ihr in S*** den groben Fäusten entschlüpfet	1, 318	A 483
Sehet wie artig der Frosch nicht hüpft!	1, 346	A 561
SEHNSUCHT *(Erste Fassung)*	*Überschrift:* 2, 132	
SEHNSUCHT *(Zweite Fassung)*	2, 197	B 145
	Überschrift: 2, 136	
Seht! da sitzt er auf der Matte	1, 380; 2, 219	A 615; B 157
Seht ihr die lustigen Brüder ins Erdgetümmel sich mischen	2, 74	B 43
Seht ihr dort die altergrauen Schlößer	2, 259	B 179
Seht ihr in Leipzig die Fischlein	1, 320	A 489
Seht, was versucht nicht der Mensch	2, 91	B 79
Sei willkommen friedliches Gefilde	2, 13	B 16
Seid ihr da glücklich vorbei, so naht euch	1, 319	A 487
SEIN HANDGRIFF	1, 336	A 534
SEIN SCHICKSAL	2, 79	B 55
SEINE ANTWORT	1, 351	A 575
s. ACHILLES		
Seine Götter ruft der Meerkönig zusammen	2, 430	B 255
Seine Meinung sagt er von seinem Jahrhundert	1, 332	A 523
Seine Schüler hörten nun auf, zu sehn und zu schließen	1, 330	A 520
Seine Unsterblichkeit theilt mit dem sterblichen Bruder	2, 82	B 61
Selig, welchen die Götter	1, 409; 2, 300	A 643; B 192
Selten erhaben und groß	1, 320	A 490
Seltsames Land! Hier haben die Flüsse Geschmack	1, 322	A 495
Senke, strahlender Gott, die Fluren dürsten	1, 238; 2, 208	A 231; B 151
Setze nur immer Mottos auf deine Journale	1, 336	A 534
Setzet immer voraus, daß der Mensch im Ganzen	1, 278	A 308
Sey mir gegrüßt mein Berg	1, 260; 2, 308	A 273; B 195
Sey willkommen an des Morgens goldnen Thoren	1, 151	A 135
SHAKESPEARS SCHATTEN *(Xenien 390–412)*	2, 306	B 194
	Überschrift: 2, 118	
Sicher ruhst du auf uns und warum?	2, 90	B 78
Sie – die, gezeugt aus göttlichem Geschlechte	1, 147	A 133
Sie ist unsterblich wie ich	1, 10	A 24
Sie kömmt – sie kömmt des Mittags stolze Flotte	1, 173	A 152
Sie konnte mir kein Wörtchen sagen	1, 391; 2, 196	A 636; B 145
Sieben Jahre nur währte der Krieg	1, 342	A 549

GEDICHTÜBERSCHRIFTEN UND GEDICHTANFÄNGE 561

	Text	Anm.
Sieben Städte zankten sich drum	1, 341	A 548
Sieh dort erblaßt ein gewisser, erröthet	2, 96	B 88
Sieh in dem zarten Kind zwei liebliche Blumen	2, 307	B 195
Sieh in dem zarten Kind zwey liebliche Blumen	1, 284	A 315
Sieh Schäzchen wie der Bub mir gleicht	1, 116	A 110
Sieh! voll Hofnung vertraust du der Erde	1, 233	A 225
Sieh, wie sie durcheinander in kühnen Schlangen	1, 228	A 217
Siehe, voll Hoffnung vertrautest du der Erde	2, 318	B 202
Siehe wie schwebenden Schritts im Wellenschwung	2, 299	B 191
Siehe, wir hassen, wir streiten	1, 288	A 328
Siehest du Wieland, so sag ihm	1, 353	A 583
SINNGEDICHT AUF DIE STADT STUTTGARD BEI DER ANWESENHEIT DES GRAFEN VON FALKENSTEIN . . . . *Überschrift:* *2, 442		B 266
Sinnreich bist du, die Sprache von fremden Wörtern	1, 328	A 512
SISYPHUS	1, 352	A 580
So bringet denn die letzte volle Schaale	2, 137	B 105
So bringet denn die lezte volle Schaale	2, 133	B 104
So eingeschrenkt der Mensch ist	1, 26	A 35
So erhaben, so groß ist, so weit entlegen der Himmel!	1, 331	A 521
So muß man Franzisken belohnen	1, 10	A 24
So schlimm steht es warrlich noch nicht	2, 76	B 46
So thun sich Ihr alle Herzen auf	1, 10	A 24
So tritt herunter, große Vorsehung	2, 100	B 92
So unermeßlich ist, so unendlich erhaben der Himmel!	2, 325	B 215
So wars immer mein Freund	1, 301	A 411
So war's immer mein Freund	2, 321	B 207
So willst du treulos von mir scheiden	1, 234; 2, 367	A 227; B 232
SOCRATES *(*Dich erklärte der Pythia Mund*)*	2, 98	B 91
SOCRATES *(*Weil er unwissend sich rühmte*)*	2, 97	B 90
Sohn der Erde! So tief liegst du da	2, 89	B 75
Sollte Kantische Worte der hohle Schädel nicht fassen?	2, 98	B 91
Sorgend bewacht der Verstand	2, 80	B 57
Spaltet immer das Licht!	1, 295	A 394
Sperat infestis, metuit secundis	1, 26	A 34
Spiele, Kind, in der Mutter Schooß!	1, 233	A 223
SPINOZA	1, 65	A 65
SPITTLER	2, 86	B 69
SPRACHE	1, 302; 2, 322	A 413; B 208
Überschrift: 2, 123		
Sprache gab mir einst Ramler	1, 322	A 494
SPREE	1, 322	A 494
s. auch DIE FLÜSSE		
SPRUCH DES CONFUCIUS	1, 229; 2, 412	A 219; B 243
Überschrift: 2, 109		
SPRUCH DES KONFUCIUS	2, 413	B 244
Überschrift: 2, 106; 2, 110		

	Text	Anm.
Stanze dich schuf die Liebe	2, 324	B 213
Stanze, dich schuf die Liebe	1, 285	A 319
STANZEN AN AMALIEN . . . . Überschrift: *2, 470		B 280
STANZEN AN DEN LESER	1, 244	A 237
s. auch ABSCHIED VOM LESER und SÄNGERS ABSCHIED		
Stehlen morden huren balgen	2, 17	B 20
Steil wohl ist er, der Weg zur Wahrheit	1, 315	A 475
Stempel, Stamina, Pistill . . . . Anfang: *2, 446		B 269
STERILEMQUE TIBI PROSERPINA VACCAM	1, 350	A 573
Steure muthiger Segler!	1, 239; 2, 321	A 233; B 206
Still doch von deinen Pastoren	1, 312	A 464
Still war's, und jedes Ohr hieng an Aeneens Munde	2, 327	B 218
Stille kneteten wir Salpeter	1, 312	A 465
STOSSGEBET	1, 328	A 515
Streiche jeder ein Distichon weg	2, 85	B 67
Strenge wie mein Gewissen bemerkst du	1, 283; 2, 320	A 314; B 205
Suchst du das Höchste, das Größte?	1, 259	A 271
Suchst du das Unermeßliche	1, 382; 2, 324	A 619; B 212
Sucht ihr das menschliche Ganze!	2, 80	B 57
Südwärts hinter euch heulen der Hekate nächtliche Hunde	2, 78	B 52
SULZER	1, 352	A 580
Summum crede nefas	1, 219	A 208
SURENNEN GESPENST (Plan)	2, 426	B 252
Süßer Amor verweile	1, 136	A 124

TABULAE VOTIVAE	1, 291	A 333; A 384
s. auch VOTIVTAFELN		
Tadeln ist leicht, erschaffen so schwer	1, 303	A 416
TANTALUS	1, 351	A 578
TASCHENBUCH	1, 339	A 540
TASSOS JERUSALEM VON DEMSELBEN	1, 313	A 467
s. MANSO VON DEN GRAZIEN		
Tausend andern verstummt	1, 288	A 327
Tell s. Lieder aus „Wilhelm Tell"		
TEMPEL	2, 90	B 78
[TEUFEL AMOR]		
s. [AUS „TEUFEL AMOR"]		
Theile mir mit, was du weißt	1, 292	A 387
Theilt euch wie Brüder!	1, 354	A 586
THEKLA. EINE GEISTERSTIMME	2, 198	B 147
Überschrift: 2, 130; 2, 138		
THEKLA UND DIE GRÄFIN (Plan)	2, 426	B 252
[THEMEN GEPLANTER GEDICHTE]	2, 422; 2, 426	B 248; B 252
THEOPHAGEN	1, 297	A 398

GEDICHTÜBERSCHRIFTEN UND GEDICHTANFÄNGE 563

	Text	Anm.
THEOPHANIE	1, 269; 2, 325	A 296; B 214
	Überschrift: 2, 151	
THEORETIKER	1, 295	. . . A 395
Theuer ist mir der Freund	1, 288; 2, 321	A 327; B 206
Thoren hätten wir wohl	1, 326	. . . A 504
TITYOS	2, 89	. . . B 75
Töchterchen, dein Geschäfft sind nicht die Werke des Krieges	2, 77	. . . B 50
Töchtern edler Geburt ist dieses Werk zu empfehlen. . . .	1, 310	. . . A 459
TODENFEYER AM GRABE PHILIPP FRIDERICH VON RIEGERS . . .	1, 37	. . . A 43
TODTE SPRACHEN	1, 304	. . . A 419
Todte Sprachen nennt ihr die Sprache des Flakkus	1, 304	. . . A 419
TONKUNST	2, 325	. . . B 213
	Überschrift: 2, 123	
TRAUER-ODE AUF DEN TODT DES HAUPTMANNS WILTMAISTER	1, 31	. . . A 38
Trauerspiele voll Salz, voll epigrammatischer Nadeln. . . .	1, 347	. . . A 566
Träum' ich? Ist mein Auge trüber?	1, 120; 2, 165	A 114; B 114
Trefliche Künste dankt man der Noth	1, 295	. . . A 395
Treibet das Handwerk nur fort	1, 315	. . . A 474
Treu wie dem Schweitzer gebührt, bewach ich	1, 321	. . . A 492
Treuer alter Homer!	1, 285; 2, 325	A 321; B 214
Trille! Trille! blind und dumm	1, 49	. . . A 51
Triste supercilium	1, 309	. . . A 455
TRIUMPH DER SCHULE	1, 329	. . . A 518
TRIUMPHGESANG DER HÖLLE	1, 14	. . . A 27
Trocken bist du und ernst	1, 341	. . . A 547
Trockne deine Thränen, gute Seele!	*2, 460	. . . B 275
TROST (Laß dich den Tod nicht reuen Achill)	1, 350	. . . A 575
TROST (Mit dem hundertsten Theil sind wir zufrieden) . . .	2, 78	. . . B 52
TROST (Nie verläßt uns der Irrthum)	1, 294	. . . A 393
TROST AM GRABE	*2, 460	. . . B 275
TUBEROSE	1, 305	. . . A 423
s. auch VIELEN		
TUGEND DES WEIBES	1, 286	. . . A 323
Tugend und Grazien wetteiferten	1, 10	. . . A 24
Tugenden brauchet der Mann	1, 286	. . . A 323
Tulpen! ihr werdet gescholten	1, 306	A 423; A 424
Ueber das Herz zu siegen ist groß	1, 299	. . . A 403
UEBER DER KAMMERTHÜRE MANCHES BERÜHMTEN	2, 71	. . . B 40
Ueber Europa hinweg, das ihm huldigte	2, 89	. . . B 75
Ueber Ströme hast du gesetzt und Meere durchschwommen	1, 257; 2, 324	A 266; B 211
Ueberal weicht das Weib dem Manne	1, 287	. . . A 324
Ueberall bist du Poët	2, 84	. . . B 65
Ueberascht dich der stärkere Sinn	2, 83	. . . B 62

	Text	Anm.
UEBERFLUSS UND MANGEL	2, 81	B 59
UEBERGANG	2, 95	B 86
UEBERSCHRIFTEN DAZU	1, 327	A 509
s. GEWISSE MELODIEN		
[ÜBERSCHRIFTEN VOLLENDETER GEDICHTE]	B 290	B 290
UEBERSETZUNG	2, 74	B 42
Ueberspringt sich der Witz	1, 300	A 408
UEBERTREIBUNG UND EINSEITIGKEIT	1, 348	A 569
Ueberzeugung sonderst du leicht von stumpfem Partheygeist	2, 75	B 44
Uebrigens haltet euch ja von dem Dr***r Wassermann ferne	1, 319	A 488
Um den Scepter Germaniens stritt mit Ludwig dem Bayer	1, 258; 2, 117	A 267; B 96
UMWÄLZUNG	1, 336	A 532
„Unaufhaltsam enteilet die Zeit."	1, 227; 2, 321	A 216; B 206
„Unbedeutend sind doch auch manche [...]"	1, 328	A 515
Unbeerdiget irr ich noch stets	2, 88	B 74
Unberufene Schwärmer! wir werden euch ewig verfolgen	2, 77	B 49
UND ABERMALS MENSCHLICHKEITEN	1, 330	A 520
s. MENSCHLICHKEITEN		
Und so finden wir uns wieder	2, 414	B 244
Unerschöpflich an Reitz, an immer erneuerter Schönheit	2, 179	B 125
Unerschöpflich wie deine Plattheit ist meine Satyre	2, 94	B 85
UNGEBÜHR	1, 316	A 477
UNGER ÜBER SEINE BEYDEN VERLAGSSCHRIFTEN: WILHELM MEISTER UND DAS JOURNAL DEUTSCHLAND	*2, 469	B 279
UNGLÜCKLICHE EILFERTIGKEIT	1, 350	A 574
Unglückselige Zeit!	2, 87	B 72
UNMÖGLICHE VERGELTUNG	1, 337	A 535
UNSCHULDIGE SCHWACHHEIT	1, 325	A 503
Unser einer hats halter gut	1, 322	A 496
UNSER VORGÄNGER	2, 74	B 42
Unsere Reyhen störtest du gern	1, 333	A 526
Unsere Stimme zum König hat jener Drache	2, 77	B 51
UNSERM THEUREN KÖRNER	1, 151	A 135
Unsre Gedichte nur trift dein Spott?	1, 325	A 503
Unsre Poeten sind seicht	1, 346	A 564
Unsre Tragödie spricht zum Verstand	1, 349	A 570
Unsrer liegen noch tausend im Hinterhalt	1, 338	A 539
UNSTERBLICHKEIT	1, 259	A 272
Unter allen, die von uns berichten, bist du mir der liebste	1, 314	A 472
Unter allen Schlangen ist Eine	2, 131	B 103
Anfang:	2, 155	B 111
Unter dem leichten Geschlecht erscheinst du schwer	2, 90	B 77
Unter der Menge strahlest du vor	1, 305	A 423
Unter der Tanzenden Reihn, eine Traurende	2, 171	B 118

GEDICHTÜBERSCHRIFTEN UND GEDICHTANFÄNGE 565

	Text	Anm.
Unter mir, über mir rennen die Wellen	1, 382	A 618
UNTER VIER AUGEN	1, 343	A 554
UNTERSCHIED DER STÄNDE *(Erste Fassung)*	1, 291	A 385
UNTERSCHIED DER STÄNDE *(Zweite Fassung)*	2, 315	B 197
Überschrift:	2, 120	
UNTERTHÄNIGSTES PRO MEMORIA	1, 159	A 138
UNVERMUTHETE ZUSAMMENKUNFT	1, 353	A 583
URANIA	1, 340	A 546
vale et fave	2, 172	B 118
Vanda heißt die Angel	2, 438	B 263
VENUS IN DER SCHLACHT	2, 77	B 50
VENUS URANIA *(Plan)*	2, 422	B 248
Ver nobis Winter pollicitusque bonum	2, 67	B 34
VERDIENST	1, 336	A 532
VERFASSER DES HESPERUS	2, 84	B 66
VERFEHLTER BERUF *(Konnte denn die Nadel dich nicht)*	2, 84	B 65
VERFEHLTER BERUF *(Schade daß ein Talent)*	1, 317	A 478
VERFEHLTER BERUF *(Schreckensmänner wären sie gerne)*	1, 335	A 531
VERGEBLICHES GESCHWÄTZ	1, 301	A 411
VERGLEICHUNG	1, 82	A 78
VERKEHRTE WIRKUNG	1, 333	A 525
VERKEHRTER BERUF	2, 78	B 51
VERLEGENE WAARE	2, 75	B 44
VERLEGER VON P** SCHRIFTEN	1, 344	A 555
VERNÜNFTIGE BETRACHTUNG	1, 328	A 512
VERSCHIEDENE DRESSUREN	1, 335	A 530
Verse! Wo irret ihr hin?	2, 91	B 79
VERSTAND	1, 299	A 405
Viele Bücher genießt ihr	1, 323	A 497
Viele duftende Glocken, o Hiazinte	1, 305	A 423
Viele Läden und Häuser sind offen in südlichen Ländern	1, 339	A 540
Viele rühmen, sie habe Verstand	1, 343	A 554
Viele sind gut und verständig	1, 299; 2, 318	A 404; B 203
VIELE STIMMEN	1, 354	A 585
s. auch DIE HOMERIDEN		
Viele Veilchen binde zusammen!	1, 305	A 422
VIELEN	1, 305	A 420
Vieles hast du geschrieben	1, 336	A 532
Vier Elemente	2, 215	B 153
VISITATOR	1, 309	A 456
Vollendet! Heil dir!	1, 117	A 111
Völlig charakterlos ist die Poesie der Modernen	1, 349	A 569
VOLTAIRES PÜÇELLE UND DIE JUNGFRAU VON ORLEANS	2, 129	B 101
s. auch DAS MÄDCHEN VON ORLEANS		

	Text	Anm.
Von dem Ding weiß ich nichts	1, 356	A 590
Von dem unsterblichen Friedrich, dem einzigen	1, 326	A 508
VON DER AKADEMIE	1, 11	A 26
VON DER ÉCOLE DES DEMOISELLES	1, 12	A 26
Von der Sonne fliehen wir weg	2, 95	B 85
Von Perlen baut sich eine Brücke	2, 131	B 102
	Anfang: 2, 153	B 109

s. auch: – Erdreiste eure Räthsel aufzulösen

	Text	Anm.
Vor dem Aristokraten in Lumpen bewahrt mich	1, 328	A 515
Vor dem Raben nur sehet euch vor	1, 318	A 483
Vor dem Tod erschrickst du?	1, 259	A 272
Vor der nördlichen Krone und vor der südlichen	2, 78	B 54
Vor der zerstöhrenden [Zeit]	2, 91	B 79
Vor Jahrhunderten hätte ein Dichter dieses gesungen?	1, 342	A 551
Vor Mittag nichts – Mittags ein Heid, zwey Kinder	*2, 455	B 273
Vor seinem Löwengarten	1, 366; 2, 274	A 605; B 184
Vormals im Leben ehrten wir dich	1, 350	A 575
Vorn herein ließt sich das Lied nicht zum besten	1, 346	A 563
Vornehm nennst du den Ton der neuen Propheten?	1, 317	A 477
Vornehm schaut ihr im Glück auf den blinden Empiriker	1, 295	A 396
VORSATZ	1, 334	A 529
VORSCHLAG DES R. ANZEIGERS, DIE A.L.Z. BETREFFEND	2, 97	B 88
VORSCHLAG ZUR GÜTE	1, 354	A 586
Vorstellung wenigstens ist; ein Vorgestelltes ist also	1, 356	A 591
Vorüber die stönende Klage	1, 122	A 115
Vorüber war der Sturm, der Donner Rollen	1, 55	A 58
VORWURF AN LAURA	1, 92	A 86
VORWURF AN LAURA *(Überschrift)*	B 290	B 290
VOSSENS ALMANACH	1, 339	A 541
VOTIVTAFELN	2, 314	B 196
	Überschrift: 2, 120	

s. auch TABULAE VOTIVAE

	Text	Anm.
W. R. L. K. W. J.	1, 306	A 423; A 424

s. auch VIELEN

	Text	Anm.
Wxx UND Jxx	2, 94	B 84
W. v. H.	2, 93	B 83
WAHL	1, 302	A 412
	Überschrift: 2, 123	
WAHRHEIT	1, 298	A 401
Wahrheit ist niemals schädlich	1, 294	A 393
Wahrheit sag ich euch, Wahrheit und immer Wahrheit	1, 334	A 529
Wahrheit suchen wir beide	2, 316	B 200
Wahrheit suchen wir beyde	1, 293	A 390
Wahrlich, wahrlich, arme Jammersöhne	*2, 441	B 265

GEDICHTÜBERSCHRIFTEN UND GEDICHTANFÄNGE

	Text	Anm.
Wallenstein s. Prolog zu Wallensteins Lager und Reiterlied und Reiterlied [Schlußstrophe]		
[Wandersänger (I)]	2, 428	B 254
Wandersänger [II]	2, 428	B 255
s. auch Der Troubadour oder der Wandersänger		
War es immer wie jezt?	2, 316	B 199
War es stets so wie jetzt?	1, 283	A 312
Wäre Natur und Genie von allen Menschen verehret	1, 343	A 552
Wäre sie unverwelklich die Schönheit	1, 299	A 404
Warlich, es füllt mit Wonne das Herz	1, 325	A 501
„Warlich, nichts lustigers weiß ich [...]"	1, 354	A 586
Warnung (Deutsche haltet nur fest)	2, 78	B 52
Warnung (Eine würdige Sache)	1, 348	A 569
s. auch Griechheit (Xenien 320–322)		
Warnung (Unsrer liegen noch tausend im Hinterhalt)	1, 338	A 539
Wart! Deine Frau soll dich betrügen	1, 91	A 86
Wärt ihr, Schwärmer, im Stande die Ideale zu fassen	1, 293	A 391
„Warum fährst du nicht zu? [...]"	2, 87	B 73
Warum kann der lebendige Geist dem Geist nicht erscheinen!	1, 302; 2, 322	A 413; B 208
Warum plagen wir, einer den andern?	1, 328	A 512
Warum sagst du uns das in Versen?	1, 331	A 520
Warum schiltst du die einen so hundertfach?	1, 338	A 538
Warum tadelst du manchen nicht öffentlich?	1, 338	A 538
Warum vereint man zwey Liebende nicht?	2, 95	B 85
Warum verzeyht mir Amanda den Scherz	1, 342	A 552
Warum will sich Geschmack und Genie so selten vereinen?	1, 301; 2, 323	A 409; B 210
„Was bedeutet dein Werk"?	1, 303	A 417
Was belohnet den Meister?	1, 303	A 416
Was das entsetzlichste sey	1, 313	A 468
Was das Lutherthum war ist jetzt das Franzthum	1, 320	A 491
Was den konfusen Kopf so ganz besonders bezeichnet	2, 81	B 59
Was der berühmte Verfasser des menschlichen Elends	1, 327	A 510
Was der Gott mich gelehrt	1, 291; 2, 314	A 384; B 196
Was der Griechen Kunst erschaffen	2, 408	B 240
Was die Natur bedarf, die bedürftige	2, 82	B 62
Was? du hier in der Qual	2, 88	B 75
Was du mit Beissen verdorben	2, 77	B 48
Was du mit Händen nicht greifst	1, 333	A 527
Was ein christliches Auge nur sieht	1, 311	A 460
Was? Es dürfte kein Cesar auf euren Bühnen sich zeigen	1, 359	A 597
„Was für ein Dünkel! [...]"	2, 97	B 89
Was für Waare du ihnen gebracht, das wissen die Götter	2, 76	B 46
Was heißt zärtlicher Tadel?	1, 302	A 412

	Text	Anm.
Was ich ohne dich wäre, ich weiß es nicht 1, 292;	2, 326	A 389; B 215
Was in Frankreich vorbey ist das spielen Deutsche	2, 75	. . . B 44
Was ist das schwerste von allem?	2, 79	. . . B 56
Was ist der Mensch? . . . . *Anfang:*	*2, 470	. . . B 280
Was mich bewegt	2, 84	. . . B 65
Was mit glühendem Ernst die liebende Seele gebildet . . .	2, 85	. . . B 68
Was nur einer vermag	1, 324	. . . A 498
Was nutzt	1, 294	. . . A 392
Was rennt das Volk, was wälzt sich dort 1, 412;	2, 288	A 646; B 190
Was schadet	1, 294	. . . A 392
Was schneller läuft als wie der Pfeil vom Bogen	2, 175	. . . B 121
s. auch: Ich drehe mich auf einer Scheibe		
Was sie gestern gelernt, das wollen sie heute schon lehren .	1, 349	. . . A 571
Was sie im Himmel wohl suchen	1, 297	. . . A 400
Was? Sie machen Kabale, sie leyhen auf Pfänder	1, 359	. . . A 598
Was uns ärgert, du giebst mit langen entsetzlichen Noten .	1, 334	. . . A 528
Was uns belustigt, du mußt uns aus eigenem Laden verkaufen	2, 82	. . . B 60
Was vor züchtigen Ohren dir laut zu sagen erlaubt sey? . .	1, 272	. . . A 301
Was zürnst du uns'rer frohen Jugendweise	2, 147	. . . B 107
Wechselwirkung	1, 292	. . . A 388
Wegen Tiresias mußt' ich herab, den Seher zu fragen . . .	1, 357	. . . A 595
Weibliches Urtheil	1, 286	. . . A 323
Weil der furchtbare Bund doch einmal für jederman denkt	2, 97	. . . B 88
Weil du doch alles beschriebst	1, 341	. . . A 548
Weil du liesest in ihr, was du selber in sie geschrieben 1, 271;	2, 318	A 298; B 203
Weil du vieles geschleppt und schleppst	1, 334	. . . A 527
Weil ein Vers dir gelingt in einer gebildeten Sprache . . 1, 302;	2, 323	A 414; B 210
Weil er unwissend sich rühmte	2, 97	. . . B 90
Weil es Dinge doch giebt	1, 355	. . . A 589
Weil ihr in Haufen euch stellt	2, 95	. . . B 86
Weinend kamen einst die Neune	1, 83	. . . A 79
Weisheit und Klugheit *(Zweyte Fassung)*	2, 319	. . . B 204
Überschrift:	2, 121	
Weissheit und Klugheit *(Erste Fassung)*	1, 258	. . . A 269
Weit in nebelgrauer Ferne 1, 371;	2, 207	A 608; B 151
Weit von fern erblick ich dich schon	1, 306	. . . A 423
Welch erhabner Gedanke!	1, 329	. . . A 518
„Welch unnützes Geschwätz."	2, 96	. . . B 88
Welche noch kühnere That, Unglücklicher	1, 357	. . . A 594
Welche Religion ich bekenne? 1, 296;	2, 320	A 397; B 205
Welche Verehrung verdient der Weltenschöpfer	1, 311	. . . A 460
Welche wohl bleibt von allen den Philosophieen? . . 1, 296;	2, 124	A 396; B 97
Welchen Leser ich wünsche?	1, 303	. . . A 415
Welches Genie das größte wohl sey?	2, 80	. . . B 57
Welches Treiben zugleich nach reiner Vernunft	2, 79	. . . B 56

GEDICHTÜBERSCHRIFTEN UND GEDICHTANFÄNGE 569

	Text	Anm.
Welches Wunder begiebt sich?	1, 276; 2, 304	A 304; B 194
Wem die Verse gehören?	1, 320	A 490
Wem zu glauben ist, redliche Freunde	1, 294	A 392
Wenige Treffer sind gewöhnlich in solchen Boutiquen	1, 310	A 457
Weniger findet man nirgend des Mondscheins	2, 71	B 40
Wenn dein Finger durch die Saiten meistert	1, 53	A 57
Wenn du gegessen und getrunken hast	1, 27	A 37
Wenn nicht alles mich trügt	1, 345	A 560
Wenn rohe Kräfte feindlich sich entzweyen	2, 179	B 124
Wenn Schaam und Weißheit sich vereinen	1, 220	A 210
Wenn sie, von Menschenwittrung gelockt	2, 95	B 86
WER GLAUBTS?	1, 329	A 518
Wer ist der Wüthende da	1, 352	A 579
Wer ist zum Richter bestellt?	1, 302	A 414
Wer kraftvoll sein Geschick bezwungen	*2, 475	B 283
„Wer möchte sich an Schattenbildern weiden [...]".	1, 433; 2, 415	A 655; B 245
Wer verläumdet sie denn?	2, 83	B 63
Wer von euch ist der Sänger der Ilias?	1, 354	A 585
Wer wagt es, Rittersmann oder Knapp	1, 372; 2, 266	A 608; B 183
WESER	1, 322	A 495
s. auch DIE FLÜSSE		
WESER UND ELBE	2, 95	B 85
Weß Geistes Kind im Kopf gesessen	1, 87	A 81
Wichtig wohl ist die Kunst und schwer	1, 294	A 391
[WIDMUNG] (Eingang der TABULAE VOTIVAE und VOTIVTAFELN)	1, 291; 2, 314	A 384; B 196
	Überschrift: 2, 120	
Wie auf dem û fortan der theure Schnörkel zu sparen?	1, 344	A 556
Wie beklag ich es tief, wenn eine herrliche Seele	1, 292	A 388
Wie bewirth ich die Götter?	2, 91	B 80
Wie die Himmelslüfte mit den Rosen	1, 95	A 88
Wie die Nummern des Lotto	1, 348	A 567
Wie die Säule des Lichts auf des Baches Welle	1, 229; 2, 319	A 220; B 204
Wie doch ein einziger Reicher	1, 315	A 475
Wie heißt das Ding, das wen'ge schätzen	2, 155	B 111
Wie lieblich erklang der Hochzeitgesang	2, 20	B 21
Wie schön ist es auf lorbeervoller Bahn	2, 101	B 93
Wie schön, o Mensch, mit deinem Palmenzweige	1, 201; 2, 383	A 178; B 235
Wie schön, wie lieblich in der weiten Ferne	*2, 477	B 285
Wie sie die Glieder verrenken, die Armen!	1, 336	A 534
Wie sie knallen die Peitschen!	1, 339	A 540
Wie sie mit ihrer reinen Moral uns, die schmutzigen, quälen!	1, 296	A 397
Wie sie sich quälen, das Edle mit ihrem Gemeinen zu gatten	2, 83	B 62
Wie? So ist wirklich bey euch der alte Kothurnus zu sehen	1, 358	A 595
„Wie tief liegt unter mir die Welt [...]"	1, 239	A 232

37 Schiller 2 II B

	Text	Anm.
Wie tief sank unser Sekulum herunter!	*2, 454	B 272
Wie unterscheidet sich Grobheit von Biederkeit?	2, 76	B 48
Wie verfährt die Natur, um hohes und niedres im Menschen	1, 310	A 458
Wiederhohlen zwar kann der Verstand	1, 300	A 406
Wiederholen zwar kann der Verstand	2, 317	B 201
WIEDERHOLUNG	1, 329	A 518
Wieland, wie reich ist dein Geist!	1, 314	A 469
Wieland zeigt sich nur selten	1, 341	A 546
Will sich Hektor ewig von mir wenden	2, 199	B 148
Willkommen schöner Jüngling!	1, 100	A 91
Willst du alles vertilgen, was deiner Natur nicht gemäß ist	1, 332	A 524
Willst du dich selber erkennen	1, 294; 2, 320	A 391; B 205
Willst du Freund die erhabensten Höhn	1, 258	A 269
Willst du Freund die erhabensten Höh'n	2, 319	B 204
Willst du in Deutschland wirken als Autor	1, 303	A 416
Willst du jenem den Preiß verschaffen	1, 301	A 410
Willst du nicht das Lämmlein hüten?	2, 287	B 188
Wilst dich Hektor, ewig mir entreisen	2, 16	B 18
Windet zum Kranze die goldenen Aehren	1, 426; 2, 376	A 651; B 235
Wir Fajaken wir suchen kein Lob in Kämpfen des Geistes	2, 79	B 55
Wir modernen, wir gehn erschüttert	1, 349	A 570
Wir stammen, unsrer sechs Geschwister	2, 167	B 115
s. auch: Die sechs Geschwister, die freundlichen Wesen		
Wir versichern auf Ehre, daß wir einst witzig gewesen	1, 345	A 558
Wird der Poet nur gebohren?	1, 316	A 477
Wirke Gutes, du nährst der Menschheit göttliche Pflanze	1, 291; 2, 314	A 385; B 197
Wirke so viel du willst, du stehest doch ewig allein da	1, 288	A 329
Wirket ein Buch, wir beweisen euch klar	2, 83	B 63
Wissen möchtet ihr gern die geheime Struktur	2, 79	B 56
Wissen wollt ihr und handeln	2, 78	B 51
WISSENSCHAFT	1, 316	A 477
	Überschrift: 2, 149	
WISSENSCHAFTLICHES GENIE	1, 316	A 477
WITZ UND VERSTAND	1, 300	A 407
Wo du auch wandelst im Raum	2, 150	B 108
Wo Franziska hineintrit wird ein Tempel	1, 10	A 24
Wo ich den deutschen Körper zu suchen habe	2, 79	B 55
Wo ich sei, und wo mich hingewendet	2, 198	B 147
Wo Partheyen entstehn, hält jeder sich hüben und drüben	1, 320	A 491
Woche für Woche zieht der Bettelkarren	1, 340	A 543
Wodurch giebt sich der Genius kund?	1, 300; 2, 317	A 407; B 202
Woher nehmt ihr denn aber das große gigantische Schicksal	1, 359	A 599
Wohin segelt das Schiff?	1, 237; 2, 326	A 230; B 215
Wohin wenden wir uns?	1, 347	A 565

GEDICHTÜBERSCHRIFTEN UND GEDICHTANFÄNGE

	Text	Anm.
Wohl, Ariosto, bist du ein wahrhaft unsterblicher Dichter	2, 96	B 87
Wohl auf, Kameraden, auf's Pferd	2, 217	B 157
Wohl perlet im Glase der purpurne Wein	2, 193	B 140
Wohlauf Kameraden, aufs Pferd	1, 377	A 612
WOHLFEILE ACHTUNG	1, 320	A 490
Wohne du ewiglich Eines	1, 298; 2, 323	A 400; B 209
Wollt ihr in meinen Kasten sehn?	2, 152	B 108
Wollt ihr zugleich den Kindern der Welt	1, 310	A 459
„Woran erkenn ich den besten Staat?"	1, 238	A 231
„Woran erkenn' ich den besten Staat?"	2, 320	B 204
„Worauf lauerst du hier?"	1, 352	A 582
Wozu nützt denn die ganze Erdichtung?	2, 97	B 90
Wunderlich finden zuweilen sich menschliche Nahmen	2, 96	B 88
WUNDERSELTSAME HISTORIA DES BERÜHMTEN FELDZUGES [...]	1, 142	A 126
Wünscht ihr den Musageten zu sehn	2, 74	B 42
WÜRDE DER FRAUEN *(Erste Fassung)*	1, 240	A 234
WÜRDE DER FRAUEN *(Zweite Fassung)*	2, 205	B 150
Überschrift:	2, 124	
WÜRDE DES MANNES *(Plan)*	2, 422	B 248
WÜRDE DES MENSCHEN	1, 278	A 308
WÜRDEN	1, 229; 2, 319	A 220; B 204
Überschrift:	2, 116	
XENIEN	1, 309	A 333; A 426
Xenien aus dem Nachlaß	2, 73	B 41
XENIEN *(Coffers führen wir nicht)*	1, 309	A 456
XENIEN *(Distichen sind wir)*	1, 309	A 456
XENIEN *(Muse, wo führst du uns hin?)*	1, 350	A 572
s. auch MUSE		
XENIEN *(Nicht doch! Aber es schwächten)*	1, 354	A 585
Xenien nennet ihr euch?	1, 354	A 585
Xenien? ruft ihr. O greifet doch zu	2, 74	B 42
Zehnmal gelesne Gedanken auf zehnmal bedrucktem Papiere	1, 340	A 543
ZEICHEN DER HUNDE	2, 78	B 52
ZEICHEN DER JUNGFRAU	1, 318	A 482
ZEICHEN DER WAAGE	1, 319	A 484
ZEICHEN DER ZWILLINGE	1, 318	A 481
ZEICHEN DES BÄRS	1, 318	A 481
ZEICHEN DES FUHRMANNS	1, 318	A 480
ZEICHEN DES KREBSES	1, 318	A 481
ZEICHEN DES LÖWEN	1, 318	A 482
ZEICHEN DES PEGASUS	1, 319	A 488
ZEICHEN DES RABEN	1, 318	A 483
ZEICHEN DES SCHÜTZEN	1, 319	A 487

	Text	Anm.
ZEICHEN DES SCORPIONS	1, 319	A 484
ZEICHEN DES STEINBOCKS	1, 319	A 488
ZEICHEN DES STIERS	1, 317	A 480
ZEICHEN DES WASSERMANNS	1, 319	A 488
ZEICHEN DES WIDDERS	1, 317	A 480
Zeigt sich der Glückliche mir	1, 269; 2, 325	A 296; B 214
ZEIT	2, 80	B 58
ZENITH UND NADIR	2, 150	B 108
Zerstöre keinem Kinde	*2, 468	B 278
ZEUS ZU HERKULES *(Überschrift)*	B 290	B 290
ZEVS ZU HERKULES	1, 227	A 216
ZEVS ZUR VENUS	2, 77	B 50
Zieh holde Braut, mit unserm Segen	1, 406	A 643
Zierde wärst du der Gärten	1, 306	A 424
Zu Aachen in seiner Kaiserpracht	2, 276	B 184
Zu Archimedes kam ein wißbegieriger Jüngling	1, 270; 2, 316	A 297; B 199
Zu dem Tummelplaz der muntern Freude	Anfang: *2, 470	B 280
[ZU DEN PARABELN UND RÄTSELN]	2, 173	B 120
s. auch DREI RÄTHSEL und PARABELN UND RÄTHSEL		
Zu den Toden immer das Beste	2, 86	B 69
Zu Dionys dem Tirannen schlich Möros	1, 421	A 649
Zu D i o n y s dem Tyrannen schlich D a m o n	2, 250	B 175
Zu was Ende die welschen Nahmen für deutsche Personen?	1, 343	A 554
ZUCHT	1, 294	A 393
Zum erstenmal – nach [*nicht:* noch] langer Musse	1, 137	A 125
ZUM GEBURTSTAG	1, 343	A 553
ZUM GEBURTSTAG DER FRAU GRIESBACH	1, 404	A 642
[ZUM GEBURTSTAGE DES HOFRATS LODER]	*Überschrift:* *2, 474	B 283
Zum Kampf der Wagen und Gesänge	1, 385; 2, 245	A 621; B 174
Zum neuen Jahr schau Jedermann	*2, 474	B 282
Zum neuen Leben ist der Todte hier erstanden	1, 91	A 86
ZUR ABWECHSLUNG	1, 312	A 465
Zur Aufklärung der Deutschen hast du	2, 94	B 84
Zur Erbauung andächtiger Seelen	1, 323	A 497
Zur N a t i o n euch zu bilden, ihr hoffet es	1, 321	A 492
Zürne nicht auf mein fröhliches Lied	1, 272	A 302
ZUVERSICHT DER UNSTERBLICHKEIT	1, 91	A 86
[ZUVERSICHT IM GLAUBEN]	*2, 466	B 276
Zwanzig Begriffe wurden mir neulich diebisch entwendet	1, 345	A 560
Zwei Eimer sieht man ab und auf	2, 154	B 110
Zwei sind der Pfade, auf welchen der Mensch zur Tugend	1, 234	A 226
Zwei sind der Wege, auf welchen der Mensch zur Tugend	2, 322	B 209
ZWEIERLEI WIRKUNGSARTEN s. ZWEYERLEY WIRKUNGSARTEN		
Zwey Jahrzehende kostest du mir	2, 86	B 69
Zwey Journale giebt er heraus	2, 75	B 43

GEDICHTÜBERSCHRIFTEN UND GEDICHTANFÄNGE 573

	Text	Anm.
Zwey Sylben, und du nennst ein Wort . . . . *Anfang:* *2, 478		B 286
Zweyerley Dinge laß ich passieren 1, 355		A 590
Zweyerley Genien sinds, die durch das Leben dich leiten . 1, 272		A 300
ZWEYERLEY WIRKUNGSARTEN *(später:* ZWEIERLEI WIRKUNGSARTEN*)* 1, 291; 2, 314	A 385;	B 197
Überschrift: 2, 120		
Zwischen Himmel und Erd, hoch in der Lüfte Meer . . . 1, 101		A 92

INHALTSVERZEICHNIS
des zweiten Bandes
Teil II B

INHALT

Gedichttitel, die von den Herausgebern stammen, sind in eckige Klammern eingeschlossen. Gedichte ohne Titel werden mit ihren Anfangsworten in kursiver Schrift angeführt; dies geschieht auch – zur Unterscheidung – hinter gleichlautenden Gedichttiteln. Die Überschriften der 188 Distichen der „Xenien" aus dem Nachlaß, der 55 Epigramme der „Votivtafeln" aus dem 1. Teil der „Gedichte" (1800) sowie der 66 „Votivtafeln" aus dem 3. Buch der Prachtausgabe sind nicht einzeln verzeichnet; sie können mit Hilfe des Inhaltsverzeichnisses und des „Registers der Gedichtüberschriften und Gedichtanfänge" in NA 2 I ermittelt werden. Gedichte, auf deren Texte in NA 2 I nur verwiesen wird, sind durch kleinere Schrift kenntlich gemacht. Im Schlußteil („Zweifelhaftes und Unechtes") sind auch die abgedruckten, aber nicht von Schiller stammenden Gedichte so gekennzeichnet. Wenn keine anderen Angaben gemacht werden, bestehen die Anmerkungen zu den einzelnen Gedichten aus den Abschnitten ENTSTEHUNG, ÜBERLIEFERUNG, (gegebenenfalls) LESARTEN sowie ERLÄUTERUNGEN.

GEDICHTE (ANMERKUNGEN ZU BAND 2 I)

Vorbemerkung 7
Verzeichnis der Siglen und Abkürzungen 8

Gedichte
Zweiter Band
Teil I

Nachträge zu Band 1

In den Jahren 1780–1798 gedruckte Gedichte

Der Sturm auf dem Tyrrhener Meer. 1. Buch der Aeneide. Eine Uebersezung 12
Lieder aus dem Schauspiel „Die Räuber" 15
    [Brutus und Caesar] 16
    Amalia im Garten 18
    Abschied Andromachas und Hektors 18
    [Räuberlied] 20
[Inschriften für Grabmäler] 20
    [Luther] 20
    [Keppler] 20
    [Haller] 20
    [Klopstock] 20
Aus „Iphigenie in Aulis" übersetzt aus dem Euripides
    [Die Hochzeit der Thetis] 21
Die Phönizierinnen aus dem Euripides übersetzt 22
Die Zerstörung von Troja im zweyten Buch der Aeneide. Neu übersetzt
    [Vorrede zur ersten Fassung] 22

Dido. Viertes Buch der Aeneide 24
Einer jungen Freundin ins Stammbuch 29
Prolog zu Wallensteins Lager 30

Aus dem Nachlaß
In den Jahren 1769–1796 entstandene Gedichte

[Gedicht zum Neujahr 1769] 33
[Aus dem Begrüßungsgedicht für den Oberpräzeptor Philipp Heinrich Winter
    im Juni 1771]. 34
[Danksagungsgedicht an Magister Georg Sebastian Zilling] 34
[Beantwortung der Frage des Herzogs: „Welcher ist unter euch der Geringste?"] 36
[Als vier Fräuleins einen Lorbeerkranz schickten] 37
An die Frommen 39
Ueber der Kammerthüre manches Berühmten 40

Xenien aus dem Nachlaß

[Nicht in den Musen-Almanach für das Jahr 1797 aufgenommene Xenien
    Goethes und Schillers aus einer Sammelhandschrift] 41
[Xenien Schillers von Anfang 1796, die nicht in den Musen-Almanach für das
    Jahr 1797 und nicht in die Sammelhandschrift aufgenommen wurden] . . 83

Stammbuchblätter 1776–1792

[Für Ferdinand Moser] 91
[Für Wilhelmina Friederica Schneider] 92
[Für Daniel Schütte] 92
[Für Alexander Baron von Podmaniczky] 93
[Für einen Unbekannten] *(Multa renascentur)* 94
[Für Christian Rausch] 94
[Für Bohuslaus Tablitz] 94

Gedichte in der Reihenfolge ihres Erscheinens 1799–1805

Musen-Almanach für das Jahr 1800 95

Gedichte. Erster Theil. 1800

Pegasus im Joche 95
Die Johanniter 95
Deutsche Treue 96

Das Reich der Formen 96
Der Kampf. 96
Votivtafeln
    Mittheilung 97
    Die idealische Freiheit 97
    Die Philosophieen 97

Gedichte 1800–1802
in Taschenbüchern auf die Jahre 1801–1803

Der Fischer. Lied der Hexen im Macbeth 98
An *** *(Edler Freund!)* 99
Voltaires Püçelle und die Jungfrau von Orleans 101
Drei Räthsel 102
    1 *Von Perlen baut sich eine Brücke* 102
    2 *Ich wohne in einem steinernen Haus* 103
    3 *Unter allen Schlangen ist Eine* 103
Dem Erbprinzen von Weimar als Er nach Paris reiste 104

Gedichte. Zweyter Theil. 1803

Dem Erbprinzen von Weimar als er nach Paris reis'te 105
Das Mädchen von Orleans 106
Der Triumph der Liebe 106
Der Flüchtling 106
Das Glück und die Weißheit 107
Männerwürde 107
An einen Moralisten 107
Zenith und Nadir 108
Das Spiel des Lebens 108
Parabeln und Räthsel 109
    1 *Von Perlen baut sich eine Brücke* 109
    2 *Es führt dich meilenweit von dannen* 109
    3 *Auf einer großen Weide gehen* 110
    4 *Es steht ein groß geräumig Haus* 110
    5 *Zwei Eimer sieht man ab und auf* 110
    6 *Kennst du das Bild auf zartem Grunde* 111
    7 *Unter allen Schlangen ist Eine* 111
    8 *Wie heißt das Ding, das wen'ge schätzen* 111
    9 *Ich wohne in einem steinernen Haus* 112
    10 *Ein Vogel ist es und an Schnelle* 112
Dido. Freie Uebersetzung des vierten Buchs der Aeneide 112

INHALTSVERZEICHNIS 579

Letzte Gedichte
1803–1805

Lied aus „Der Parasit"
Liebesklage 112
Der Graf von Habspurg 114
Das Ideal und das Leben 114
An Minna 114
Die Führer des Lebens 114
Parabeln und Räthsel 114
   7 *Ein Gebäude steht da von uralten Zeiten* 115
   9 *Wir stammen, unsrer sechs Geschwister* 115
  12 *Ich drehe mich auf einer Scheibe* 116

Gedichte aus dem Nachlaß
in der Reihenfolge ihrer möglichen Entstehung
1800–1805

[Für August von Goethe] 117
[Für Johannes Büel:] Das Bild der Isis 117
[Für Amalie von Imhoff] 118
[Für einen Unbekannten] *(vale et fave)* 118
Scharade 119
[Rätsel] *(Ein Mühlwerk)* 119
[Zu den Parabeln und Rätseln]
  – *Erdreiste eure Räthsel aufzulösen* 120
  Der Sohn, der seinen vielen Brüdern 120
  Dieß leichte Schiff, das mit Gedankenschnelle 120
  Die sechs Geschwister, die freundlichen Wesen 121
  Was schneller läuft als wie der Pfeil vom Bogen 121
  Dieß alte fest gegründete Gebäude 121
[Für Leopold von Oertzen] 121
Lieder aus „Wilhelm Tell" 122
  [Eingangslied] 123
  Jägerliedchen für Walther Tell 123
  Chor der barmherzigen Brüder 124
[Für Carl Theodor von Dalberg] 124
[Für Christian von Mechel] 125

Ausgabe letzter Hand
nach dem Plan der Prachtausgabe 126

Gedichte. Erstes Buch

Das Mädchen aus der Fremde 134
An die Freude 135

Dithyrambe 136
Das Siegesfest 137
Die vier Weltalter 140
Das Geheimniß 145
Sehnsucht 145
Thekla. Eine Geisterstimme 147
Hektors Abschied 148
Des Mädchens Klage 148
Die Erwartung 149
Das Geheimniß der Reminiszenz 149
Würde der Frauen 150
An Emma 151
Der Abend. Nach einem Gemählde 151
Die Blumen 152
Amalia 152
Die Kindesmörderin 153
Punschlied 153
Berglied 155
Reiterlied 157
Nadoweßiers Todtenlied 157
Der Pilgrim 158
Der Jüngling am Bache 159
Punschlied. Im Norden zu singen 159
An die Freunde 160
Das Lied von der Glocke 162

Gedichte. Zweites Buch

Der Ring des Polykrates 174
Die Kraniche des Ibycus 174
Damon und Pythias 175
Kassandra 176
Hero und Leander 179
Der Taucher 183
Ritter Toggenburg 183
Der Handschuh 184
Der Graf von Habsburg 184
Der Gang nach dem Eisenhammer 188
Der Alpenjäger 188
Der Kampf mit dem Drachen 190

Gedichte. Drittes Buch

Die Sänger der Vorwelt 191
Der Tanz 191

INHALTSVERZEICHNIS

Das Glück	192
Der Genius	193
Pompeji und Herkulanum	194
Shakespears Schatten	194
Die Geschlechter	195
Der Spaziergang	195
Votivtafeln	196
Nänie	216
Die Zerstörung von Troja. Freie Uebersetzung des zweiten Buchs der Aeneide	218

Gedichte. Viertes Buch

Am Antritt des neuen Jahrhunderts. An ***	229
Die Götter Griechenlandes	230
Die Ideale	232
Die Worte des Glaubens	233
Die Worte des Wahns	234
Klage der Ceres	234
Das Eleusische Fest	235
Die Künstler	235
Das Ideal und das Leben	236
Resignation	237
An Göthe als er den Mahomet von Voltaire auf die Bühne brachte	238
Die Theilung der Erde	240
Die Antiken zu Paris	240
Die deutsche Muse	242
Hoffnung	242
Licht und Wärme	243
Breite und Tiefe	243
Spruch des Confucius	243
Spruch des Konfucius	244
Die Gunst des Augenblicks	244
Poesie des Lebens. An ***	245
Sängers Abschied	246

Pläne, Entwürfe und Fragmente in der Reihenfolge der möglichen Entstehung

[Arie aus „Oberon"]	246
Der Fischer	247
[Themen geplanter Gedichte] *(Venus Urania [u. a.])*	248
[Don Juan]	248

[Orpheus in der Unterwelt] 250
[König Theoderich] 251
[Themen geplanter Gedichte] *(Schwedenborg und seine Geister [u. a.])* 252
Rosamund oder die Braut der Hölle 254
[Wandersänger (I)] 254
Wandersänger [II] 255
[Aus dem Umkreis der Seestücke] 255
Es tanzen drei Töchter/Schwestern 256
[Deutsche Größe] 257
[Bianca] 262
Herzogin Vanda 263

Zweifelhaftes und Unechtes
in der Reihenfolge der mutmaßlichen Entstehung

Kurze Schilderung des menschlichen Lebens 265
Morgengedanken. Am Sonntag (Von Christian Friedrich Daniel Schubart) 266
Sinngedicht auf die Stadt Stuttgard bei der Anwesenheit des Grafen von Falkenstein
(Von Balthasar Haug) 266
Auf die Ankunft des Grafen von Falkenstein in Stuttgart 267
Ode auf die glückliche Wiederkunft unsers gnädigsten Fürsten 268
[Joh. Simon Kerner] (Von Johann Michael Armbruster) 269
Aus der „Anthologie auf das Jahr 1782" 269
    Grabschrift 272
    Der hypochondrische Pluto 272
    Die Alten und Neuen 272
    Der einfältige Bauer 272
    Die alten und neuen Helden 272
    Passanten-Zettel am Thor der Hölle 273
    Item am Thor des Himmels 273
    An Fanny (Von Jakob Friedrich Abel?) 273
    Der Satyr und meine Muse 273
An Laura 273
Trost am Grabe 275
Der Tod 275
Lied [I] 275
Lied [II] 275
[Zuversicht im Glauben] 276
[Für den Mundharmonikaspieler Koch] 277
[In das Fremdenbuch von Schwarzburg-Paulinzella (I)] 277
[In das Fremdenbuch von Schwarzburg-Paulinzella (II)] 278
Im October 1788 (Von Gustav Schilling) 278
Oft, wenn das wunde Herz noch blutet 278

[Für einen Unbekannten] *(Zerstöre keinem Kinde)* 278
[Für einen Unbekannten] *(Jede Erden Wonne muß)* 279
Das Orakel (Von Johann Gottfried Herder) 279
Unger über seine beyden Verlagsschriften: Wilhelm Meister und das Journal
 Deutschland 279
Der Mensch (Von Joachim Lorenz Evers) 280
Die Danaiden (Von Johann Diederich Gries) 280
Stanzen an Amalien bei Uebersendung des Damenkalenders von Lafontaine etc. auf 1798
 (Von Karl Ludwig Methusalem Müller) 280
Die Schatten auf einem Maskenball (Von Amalie von Imhoff) 280
Cosmopoliten (Von Karl Ludwig Woltmann?) 281
Das Neue (Von Karl Ludwig Woltmann?) 281
Reiterlied [Schlußstrophe] 281
Gedanken bei dem Scheiden des 1798sten Jahres. Meiner Freundin Sarah von Phul
 gewidmet 282
[Neujahrswunsch 1799] 282
[Zum Geburtstage des Hofrats Loder] (Von Christian Gottfried Schütz) 283
[An Carl Katz nach Subiacco] (Von Karl August Böttiger?) 283
[Rätsel] *(Wer kraftvoll sein Geschick bezwungen)* 283
[Rätsel] *(Ein Bruder ist's von vielen Brüdern)* (Von Goethe) 284
Gedichte aus dem Drama „Die zwey Emilien" (Von Charlotte von Stein) 284
Orphischer Gesang (Von Friedrich Bouterwek) 285
[Kampf und Ergebung] 285
Der Eroberer (Von Karl Müchler) 285
[Gelegenheitsgedicht] (Von Friedrich Messerschmid) 286
Andenken an Seifersdorf (Von Friedrich Messerschmid) 286
Der verlorene Abend (Von Friedrich Messerschmid) 286
Gesang der Heloise und ihrer Nonnen am Grabe Abälards (Von Friedrich Messerschmid) 286
Charade (Von Johann Heinrich[?] Scherber) 286

Nachträge zu Band 1 und 2 I
in der Reihenfolge der Entstehung

[An Pius VI.] 288
[Für Joseph von Stichaner] 288
[Für einen Unbekannten] *(Freyheit des Geistes)* 289
[Für Johan Niclas Lindahl] 289
[Überschriften vollendeter Gedichte] 290
[Für einen Unbekannten] *(Das Leben ist kurz)* 290
[Für August Wilhelm Iffland] 291

Nachträge zu „Zweifelhaftes und Unechtes"

Die Entstehung der rothen Rosen 291
Nacht und Träume (Von Matthäus Edler von Collin) 293

Ergänzungen und Korrekturen zu Band 2 II A 294

ANHANG

Schillers Lyrik. 299

Verzeichnis der abgekürzt zitierten Literatur. 324

Vertonungen von Schillers Gedichten durch Komponisten seiner Zeit . . . 357

    1. Gedichte in der Reihenfolge ihres Erscheinens und ihre Komponisten . 360

    2. Verzeichnis der Komponisten und ihrer Werke 379

    3. Verzeichnis der vertonten Gedichte 416

Verzeichnis der von Schiller autorisierten Drucke seiner Gedichte 421

REGISTER

    I. Stichwortverzeichnis zu „Tabulae votivae" und „Xenien" 455

    II. Hinweise zu mythologischen Namen und Begriffen 473

    III. Personenregister 497

    IV. Register der Gedichtüberschriften und Gedichtanfänge 511